书名题签：韩启德

U0899708

中華科學技術大詞典

—— 地学卷 ——

全国科学技术名词审定委员会　编

名誉总主编　路甬祥
总　主　编　白春礼

2019年·北京

图书在版编目(CIP)数据

中华科学技术大词典. 地学卷/全国科学技术名词审定委员会编. —北京:商务印书馆,2019
ISBN 978-7-100-17330-8

Ⅰ. ①中… Ⅱ. ①全… Ⅲ. ①科学名词—名词术语—中国—词典②地球科学—科学名词—名词术语—中国—词典 Ⅳ. ①H03②P-61

中国版本图书馆 CIP 数据核字(2019)第 070496 号

权利保留,侵权必究。

中华科学技术大词典

地学卷

全国科学技术名词审定委员会 编

商 务 印 书 馆 出 版

(北京王府井大街 36 号 邮政编码 100710)

商 务 印 书 馆 发 行

北京中科印刷有限公司印刷

ISBN 978-7-100-17330-8

2019 年 6 月第 1 版 开本 787×1092 1/16

2019 年 6 月北京第 1 次印刷 印张 36½

定价:120.00 元

《中华科学技术大词典》

编辑委员会

名誉总主编：路甬祥

总　主　编：白春礼

副总主编（以姓氏笔画为序）：

孙寿山　李济生　张礼和　张伯礼　张焕乔　陆汝铃

陈运泰　武　寅

常务副总主编：刘　青

编辑委员会委员（以姓氏笔画为序）：

丁一汇　于殿利　才　磊　王　杰　王　璞　王存忠

王英杰　仇伟立　叶大年　代晓明　白春礼　冯　军

曲爱国　朱　星　朱建平　乔格侠　任图生　邬　江

刘　青　刘功臣　刘志荣　刘连安　刘虎威　孙寿山

严加安　严海军　李宇明　李胜利　李济生　余桂林

辛德培　汪朝光　宋　彤　张　晖　张玉森　张礼和

张先恩　张伯礼　张柏春　张晓林　张焕乔　陆汝铃

陈　竺　陈运泰　陈超志　武　寅　周明鑑　周洪波

饶克勤　娄　宇　洪定一　顾红雅　奚大华　高素婷

唐绪军　陶文沂　黄　行　黄群慧　韩布新　程　晓

储成才　温昌斌　谢地坤　路甬祥　裴亚军　潘书祥

《中华科学技术大词典·地学卷》

编辑委员会

主　编：王存忠

副主编：丁一汇　叶大年　程　晓

编辑委员会委员（以姓氏笔画为序）：

丁一汇　王兰宁　王永栋　王存忠　王凌霄　叶大年

宁津生　邬　江　许忠淮　李玉英　李永祺　李　京

李清泉　李维京　杨　凯　杨主明　吴正文　吴寅泰

邱新法　张　宏　张　斌　周明煜　周明鑑　郑　度

胡晓春　宫辉力　姚建新　倪东鸿　徐　峰　黄清华

董　青　程　晓　蔡运龙　廖立兵　樊　玉

《中华科学技术大词典》项目部

主　任：张　晖

副主任：代晓明

成　员：吴　屾　白　杨　王　海

路甬祥序

全国科学技术名词审定委员会(以下简称"全国科技名词委")在其成立30多年来工作的基础上,对科学技术名词审定工作和海峡两岸科技名词对照工作的成果进行系统梳理,编纂出版《中华科学技术大词典》,有利于发挥其规范科学技术名词和加强海峡两岸各领域交流的重要作用。同时,也是全国科技名词委工作成果的重要展示。

科学技术名词作为科学技术概念的语言表达,产生于科技领域,应用于社会各个方面,是科技和经济社会融合发展的结晶。通过科学技术名词的规范表述,促进科技理论、知识和思想的传播交流,这是科学技术名词工作的根本宗旨。科学技术名词也是中华文化宝库的重要组成部分,它凝结着人类智慧和中华民族的创造,映射出科学技术和人类文明进步的轨迹。做好科学技术名词审定、公布、推广等各方面工作,有利于传承弘扬中华优秀科学文化,提高全民族科学文化素养,促进社会文明和谐发展,促进国际经济政治、科技文化的交流与合作。依托全国科技名词委30多年来的工作成果,在会聚数千位科技专家和学术精英的智慧结晶、融合现代科学和中华文化的新理念之基础上,编纂出版《中华科学技术大词典》,必将在普及现代科学技术和传承中华优秀文化中发挥积极作用,也具有宝贵的历史价值。

编纂一部集科技名词规范成果之大成的大型工具书,是当前科技名词规范化工作发展的需要。我国科技名词审定工作从全国科技名词委成立伊始,已经在基础科学、工程技术、农业、医学、人文社会科学等领域审定公布了130多种、40多万条的学科规范名词,出版了近30个学科的海峡两岸科技名词对照本,为我国科技发展和两岸科教文化交流发挥了重要的基础性作用。但是,以往的公布和出版工作都是分学科进行的,其优势是有利于开展审定工作,方便单个学科或行业领域的使用,而不足之处在于次序分散,不利于跨学科,以及综合性、交叉性学科领域的使用,也不利于科技名词的系统认知和社会普及。将这些名词系统分类和编纂集成,有利于学科向综合性、交叉性、系统性方向发展和创新。因而,编纂一部综合性的科学技术名词工具书,既是审定公布工作的深化与延伸,也是响应社会各界规范使用科技名词的基本诉求,必将在促进科技文化交流和实现协同创新方面发挥十分重要的作用。

科学技术名词也是海峡两岸科教文化交流的重要载体。由于历史的原因,海峡两岸分隔近70年,其间正是现代科技大发展时期,新名词术语层出不穷,两岸专家分别定名,形成大量名词术语之间的差异。台湾大学一位气象学教授曾举例说,两岸用同一种语言,但对于同样的气象探测设备,大陆称"无线电探空气球",台湾称"雷保";对于同样的云层气象条件,台湾称"逸入",大陆称"夹卷",造成学术交流的障碍。凡此种种概念相同而称谓不同的情况,约占科技名词术语三分之一以上,严重影响到两岸科技、文化、教育、经贸等各领域的交流和发展。海峡两岸各界对名词术语差异所造成的语言障碍都普遍有相似的经历和深刻的认识。1993年4月,两岸第一次"汪辜会谈"顺乎民意，把探讨“海峡两岸科技名词统一”列入了共同协议之中。随之全国科技名词委制定了《关于开展海峡两岸科学技术名词统一工作的意见》，决定加强与台湾地区学者和有关机构的交流合作，促进两岸科技名词的交流对照与统一工作。此后 20 多年来，两岸科技名词工作成绩斐然，已先后出版了近 30 种分学科的“海峡两岸名词对照本”。本次编纂出版《中华科学技术大词典》，广泛收集审选了各学科名词，成为囊括近百个学科、约 50 万条科技名词的综合性大词典。它的问世，将面向海峡两岸民众，释疑解惑，互动交流，协同科学认知，增进文化认同，为两岸科学文化等各领域的交流合作架起桥梁。它是促进科技创新发展，促进中华文化传承，促进两岸交流与祖国统一的科学文化工程，也是两岸专家学者的共同愿望，意义重大、影响深远。

《中华科学技术大词典》的出版，是两岸专家相互配合、共同努力的结果。双方专家也在这次合作中加深了相互了解，取得了广泛共识。大词典的问世是两岸学术界和专家合作的成果，是海峡所不能阻断的科教文化交流的缩影。我相信在两岸专家共同努力下，两岸科教文化的交流会呈现更加良好的局面。

《中华科学技术大词典》的出版，是我国科学技术名词规范化事业不断发展的重要见证，也是两岸科技文化交流中具有重要意义的盛事。故为序，以示衷心祝贺！

路甬祥

2018 年 8 月 28 日

白春礼序

历经两岸专家学者多年来的共同努力,《中华科学技术大词典》即将问世了,这是两岸科技名词交流对照工作的一件盛事,也是两岸科教文化、经济社会等各个领域交流合作的一项基础工作,我感到由衷的欣慰。

中华文字是历史渊源的载体、民族精神的血脉,是人类文化的瑰丽成果。它不同于西方拼音文字,构成了中国人独有的思维方式和文化传统,使海峡两岸及中华文化圈内所有人民引为自豪。

科学技术名词是中华文化的重要组成部分,许多科学技术名词的定名都折射出中华文化艰辛的发展历程。特别是近代以来,中华民族历经苦难,举步维艰,大批先辈科学家肩负着沉重的历史责任,化解万难,在引进消化西方先进科技概念的基础上,结合中国的文化传统,创制了一大批具有中华文化品位和特点的名词术语,为我国近代科技跟上世界科技的发展创造了条件。

尽管经过了近70年的两岸分隔,但共同的历史传统和语言文化,无时无刻不在提醒着人们,海峡两岸同根同源、同文同宗,都是中华文明的继承者、弘扬者。但是,由于两岸社会长期处于相互隔绝的状态,其间正是全球科学技术飞速发展的历史时期,对于人类社会在相互学习、共同发展中产生的科学技术概念,两岸使用同样的文字却分别定名,其表达科学技术概念的词素词义,悄然发生了不同的演变,给两岸人民带来了交流的障碍,影响了两岸科教文化、经济贸易、人文社会等领域的交流合作。早在30年前恢复交流后不久,就有大陆学者关注到两岸科技名词的不同发展路径,意识到两岸科技名词的差异是造成两岸认知差距的原因之一,因而呼吁从促进计算机信息处理的角度出发,积极研究并推进海峡两岸科技名词的统一,消除语言障碍。

科技名词交流是海峡两岸专家学者的共同呼声。1993年首轮“汪辜会谈”达成的协议中就有探讨两岸科技名词统一的内容。全国科学技术名词审定委员会始终积极、稳妥地推动此项工作,这一举措也逐步得到两岸科技界的广泛认同。多年来两岸合作增加,交往频繁,文化上水乳交融,大陆和台湾地区科技名词交流互鉴,不少过去为一方独有的名词术语,已经逐步从分歧趋于一致。在此形势下,两岸合作编纂一部涵盖科学与技术各领域名词术语的科学技术大词典正逢其时。

2010年7月,两岸科学技术领域专家学者议定,在前期合作的基础上,合编《中华科学技术大词典》等辞书;同时双方协商决定利用信息技术,采用云计算平台开展数据库建设。在两岸专家学者多轮协商并形成共识的基础上,大词典编纂工作得以全面展开。

《中华科学技术大词典》的编纂突出了基础性、通用性、实用性,以广泛收录全球通用的现代科技概念为主,适当收录一些双方各自特有的名词术语,反映两岸科学技术名词差异,以方便两岸科技交流和一般民众使用,并为学习汉语的外国人提供帮助。同时为便于两岸读者使用,对于两岸不同的通用字形采取了分别呈现的形式。这种安排不仅便于双方大众阅读,同时也有助于双方逐步了解对方用字用词的现实情况,以达到化异为同的目的。几年来两岸专家学者实事求是、相互尊重、学风严谨、科学务实，奉献了各自的学识和心智，在两岸文化交流合作中又迈出坚实的一步。我们这次编纂出版《中华科学技术大词典》，既是过去两岸科技名词工作的延续，也为今后在更大的领域开展两岸学术交往，为科技文化、经济社会的进一步交流合作创造了基础条件。多年来的两岸科技名词交流实践充分说明，罔顾历史，无论是对传统文化的否定与切割，还是出于政治私利操控的"去中国化"，都经不住历史长河的冲刷，终将因得不到公众的支持而烟消云散。维护两岸和平发展是两岸同胞的民意主流，本次编纂工作一直得到台湾方面有关机构和广大专家学者的协助与支持，编纂成果也将为两岸各界共享，成为促进两岸关系和平发展的一件鲜活的、生动的实例。

《中华科学技术大词典》集科学与技术领域名词术语之大成，汇聚了两岸无数专家学者的智慧，必将发挥传承与弘扬中华文化的历史和现实作用。经过两岸专家学者的不懈努力，《中华科学技术大词典》即将出版，借此机会，我谨向 30 多年来支持和参与科技名词工作的两岸专家学者致以诚挚的敬意！向参与此次词典编纂工作的所有专家学者，向全国科学技术名词审定委员会事务中心和词典项目部的同仁们，向支持本词典出版的国家出版基金规划管理办公室和投入精干队伍保障出版质量的商务印书馆，表示由衷的感谢！

白春礼

2019 年夏

前 言

2009 年 7 月，以“推进和深化两岸文化教育交流合作”为主题的第五届两岸经贸文化论坛在长沙举行，倡议两岸民间合作编纂中华语文工具书。2010 年 7 月，两岸合编中华语文工具书第二轮会谈决定，两岸合编的工具书由语言文字领域拓展到科学技术领域，以全国科学技术名词审定委员会(以下简称“全国科技名词委”)和台湾教育研究院为实施者，组织两岸专家合作编纂《中华科学技术大词典》。2011 年 3 月，两岸专家共同提出编纂出版《中华科学技术大词典》的总体方案。2013 年 12 月，《中华科学技术大词典》正式纳入《2013—2025 年国家辞书编纂出版规划》，2016 年 6 月《中华科学技术大词典》获得国家出版基金项目支持。

《中华科学技术大词典》成立编辑委员会，由白春礼院士担任总主编，路甬祥院士为名誉总主编。同时设立词典项目部，负责编纂的日常组织工作。各领域先后共有 500 多位专家学者参加了本词典的编纂和审定。

《中华科学技术大词典》在全国科技名词委审定公布的 130 多种学科名词和已出版的近 30 种海峡两岸科技名词对照本的基础上，参考台湾方面公布的名词数据库资料编纂而成。全书共收录 96 个学科，约 50 万条科技名词；并实现大陆名与台湾名，中文名和英文名的对照功能。全书按照学科领域和学科特点，共分为 10 卷，即数理化卷、地学卷、生物学卷、工程技术卷(上、中、下)、农业卷、医学卷、社会科学卷、人文科学卷。

本词典收录的各学科名词具有以下特点：一是在全国科技名词委公布名词的基础上，参照台湾方面的收词范围扩展而来，基本上反映出海峡两岸科学技术发展现状；二是体现了规范性，充分利用科技名词规范化工作的成果；三是注重科学文化的传承，既收录了当代科学技术领域的科技名词，也适当收录了反映中国近代以来科学和文化发展脉络的科技名词。本词典是两岸专家学者对多年来科技名词领域交流、对照和统一工作成果的一次大规模整理和总结，是两岸合作编写工具书的最新成果，是两岸专家学者的智慧结晶，是两岸共同弘扬中华文化的一次重要实践。

本词典作为两岸专家共同参与编纂的工具书，契合了两岸科学技术发展的现实需求，为两岸在科技、教育、文化、经贸等方面的交流合作提供了必不可少的对照性词汇，可成为两岸各领域交流的参考和依据。同时，可用作全球华语地区科技界人士的参考读物。

本词典编纂期间，编审专家以严肃的科学态度，认真工作，持之以恒，默默奉献。台湾教育研究院及台湾各学科的部分专家学者参与了词目编选，特别是对台湾名、英文名等进行了仔细审读。在此，我们向他们表示衷心的感谢。

《中华科学技术大词典》涉及学科广泛，尤其是进行如此大规模的两岸科技名词梳理、遴选、编纂及全面对照，没有先例，难度巨大，编纂中难免会有疏漏错误之处，欢迎广大专家学者和读者批评指正。

《中华科学技术大词典》编辑委员会

2019 年 3 月 1 日

《中华科学技术大词典·地学卷》编纂说明

《中华科学技术大词典·地学卷》(以下简称《地学卷》)是《中华科学技术大词典》的第 2 卷，主要包括大气科学、地质学、地理学、地球物理学、海洋科技、古生物学、矿物学、测绘学、地理信息系统等 9 个分支，共收录词条约 42 500 条。全部词条按照大陆名音序排序，以便查检。

《地学卷》收词以全国科学技术名词审定委员会审定、公布的学科名词和已经出版的海峡两岸对照名词为基础。在初稿的基础上组织专家进行了初审，主要工作内容包括三方面：一是对存在的格式、书写、拼写、翻译不准确等问题进行校正；二是对大陆和台湾名词概念不对应、词条内涵发生变化以及不适合作为科技名词的词汇，进行了调整、替代和删除；三是对初稿中没有却特别基础、重要、常用的词予以收录。分卷编辑据此加以校核，形成一审稿。之后由《中华科学技术大词典》项目部进行数据处理，各学科词条合库查重筛选，形成二审稿。针对二审稿，第二次组织专家深入细致地审查，解决初审遗留问题，检查处理编辑加工过程中的疏漏，形成三审稿。随后，分卷主编第三次组织专家审查，形成终审稿。终审稿由分卷主编和副主编再次把关后，形成报批稿，报送《中华科学技术大词典》编辑委员会审查批准后，交由商务印书馆出版。

本卷词典所涉及的 9 个学科中，各学科均已公布过科技名词，其中，大气科学、地理学、海洋科技、测绘学、地理信息系统等 5 个学科出版过海峡两岸名词对照本，具有良好的前期工作基础，词条质量较高，为本卷词典的顺利出版打下了坚实的基础。

我们邀请了 35 位地学和出版领域专家学者参加了本卷词典的编纂和审定工作。编审专家学者严谨认真的工作态度和默默奉献的工作精神，保证了本书的高质量出版。台湾同仁对相关学科的两岸名词对照工作给予了很大帮助，体现了两岸专家密切合作的精神风范。

《中华科学技术大词典》项目部和全国科学技术名词审定委员会事务中心各审定室的同志们对词典的出版给予了大力的支持。从组建分卷编辑委员会开始，他们就积极参与，协助联系专家，承担了提供稿件资料、协助组织召开编委会、开展专项检查、誊录与复核编校意见等多项繁杂工作。此外，气象出版社的崔晓军、郭佳佳、冷家召、丁翊等参加了部分编纂工作。

值此词典出版之际，我们向所有为词典编纂出版工作做出贡献的专家、学者和同仁们表示衷心的感谢。

由于时间仓促，编者水平有限，难免有各种不足和差错，诚望读者批评指正。

《中华科学技术大词典·地学卷》编辑委员会

2018 年 8 月 28 日

目　录

词目英文索引

（二维码）

凡　例

1. 词条收录

1.1 本词典所收词条涵盖基础科学、工程技术、农业科学、医学、社会科学、人文及其他领域共计 96 个学科，例如数学、物理学、化学、天文学、地质学、测绘学、动物学、植物学、航天科学技术、建筑学、机械工程、电子学、材料科学技术、资源科学技术、农学、土壤学、医学、中医药学、经济学、法学、语言学、教育学等。

1.2 本词典收录的词条包括海峡两岸通用的，以及海峡两岸有差异的科学技术名词共约 50 万条。

1.3 本词典收录的词条按照科学技术相关学科领域归类，共分为 10 卷。依次为数理化卷、地学卷、生物学卷、工程技术卷（上、中、下）、农业卷、医学卷、社会科学卷、人文科学卷。

2. 词条构成

2.1 本词典所收词条由词目（中文）及其对应的英文构成。

2.2 词目采用两岸名称对照的形式，大陆名列前，台湾名列后，中间以“ / ”分隔。例如：

电灼式印刷机/放電式列印機

拉克斯-密格拉蒙定理/拉克斯-米爾格雷定理

2.3 词目的字形，分别采用两岸各自通用的字形。例如：

自然循环/自然循環

作业控制中心/作業控制中心

2.4 词目中的大陆名有两条（或以上）同义词时，分别以两条（或以上）词目列出。例如：

背景/背景

本底/背景

2.5 词目中的大陆名对应两条（或以上）台湾同义词时，台湾名在词目中并行排列，中间以逗号隔开。例如：

出口融资/出口融資，籌集出口資金

横节理/横節理，交錯劈理，Q 節理

2.6 词目中的大陆名对应两个（或两个以上）台湾名概念时，对应的台湾名分别以①② ……列出。例如：

质量/ ①質量，②品質

槽轮/ ①間歇工作輪，星形輪，日内瓦輪，②有槽帶輪

2.7 词目中大陆名和台湾名中“[ ]”内的字为可省略部分。例如：

等离[子]体动力学/電漿動力學

2.8 词目中大陆名和台湾名中“( )”内的汉字、西文字母、阿拉伯数字、罗马数字为该词的特殊标注（如天体名的备注、化合物结构标示、数学概念的符号标识等）。例如：

虹神星(小行星 7 号)/虹神星(7 號小行星)

聚(β-氨基丙酸)/聚(β-胺基丙酸)

广义 (g,k) 特征标 / 廣義(g,k) 特徵[標]

2.9 本词典收录的词条不单独标出所属学科。

3. 词目排序

3.1 词目按大陆名的首字汉语拼音字母次序排列，首字同音的按笔画排列，笔画少的在前，多的在后；笔画相同的按起笔笔形(横、竖、撇、点、折)的次序排列，起笔笔形相同的按第二起笔笔形的次序排列，以此类推。首字相同的按第二字的汉语拼音字母次序排列，以此类推。

3.2 词目中含有西文字母或阿拉伯数字、罗马数字时，按词目中的汉字汉语拼音排序；词首或词中的西文字母或阿拉伯数字、罗马数字一律不参加排序。

4. 词目对应的英文(或其他外文)

4.1 词目对应的外文主要为英文，也有极少量的其他文种词语或字母。例如拉丁文、法文、德文及希腊字母等。遇有其他外文时，遵从其特殊形式。

4.2 词目对应的英文，在词目之后列出。例如：

计算机辅助设计/電腦輔助設計 computer-aided design

4.3 词义相同的英文并行排列，中间以逗号隔开。例如：

粗钢/粗鋼 crude steel, raw steel

4.4 英文名词一般采用单数形式，必须或习惯采用复数形式的英文名词除外。

4.5 以人名、地名等命名的专有名词，其对应的英文，首字母为大写。

4.6 英文如有英美拼法差异时，一般采用美式拼法。

4.7 英文中出现拉丁文词时，一般遵从各学科领域的格式惯例。例如：

肠产毒性大肠杆菌/腸產毒性大腸桿菌 enterotoxigenic *Escherichia coli* (生物学卷)

南方古猿/南[方古]猿 *Australopithecus* (地学卷)

奥斯特线虫属/牛胃絲蟲屬 Ostertagia (农业卷)

尺头/尺頭 caput ulnare(拉)(医学卷)

4.8 英文中出现汉语拼音转写词语时，一般遵从汉语拼音分词习惯。例如：

芎菊上清丸 xiongju shangqing pills

5. 附录

本词典后附有国际单位制、希腊字母表、地质年代表、元素周期表。

6. 索引

6.1 本词典列有词目首字音序索引和词目首字笔画索引。

6.2 本词典附有词目英文索引(扫描二维码查取)。

词目首字音序索引

（字右边的号码指词典正文的页码）

词目首字笔画索引

（字右边的号码指词典正文的页码）

A

阿贝比长原理/亞貝比長原理 Abbe comparator principle
阿贝聚光镜/亞貝聚光透鏡 Abbe condenser
阿贝投影/亞爾勃斯投影 Albers projection
阿波罗测图摄影机系统/阿波羅製圖攝影機系統 Apollo mapping camera system
阿波罗全景摄影机/阿波羅全景攝影機 Apollo panoramic camera
阿波罗全景照相机/阿波羅全景攝影機 Apollo panoramic camera
阿伯尼水准仪/阿伯尼水準儀 Abney level
阿伯斯投影/亞爾勃斯投影 Albers projection
阿达马变换/哈達馬變換 Hadamard transformation
阿尔班螈类/阿爾班螈類 albanerpetontids
阿尔卑斯地震带/阿爾卑斯地震帶 Alps seismic belt
阿尔卑斯阶段/阿爾卑斯階段 Alpine stage
阿尔卑斯期/阿爾卑斯 Alpine Age
阿尔卑斯型构造/阿爾卑斯型構造 Alpine type tectonics
阿尔卑斯运动/阿爾卑斯[造山]運動 Alpine orogeny
阿尔卑斯造山带/阿爾卑斯造山帶 Alpine orogenic belt
阿尔必阶/阿爾必階 Albian Stage
阿尔必期/阿爾布期 Albian Age
阿尔法海脊/阿爾法海脊 Alpha Ridge
阿尔法数/阿爾法指數 alpha index
阿尔戈马造山运动/阿爾岡紋造山運動 Algoman orogeny
阿尔泰造山带/阿勒泰型造山帶 Altaides
阿尔梯普兰诺板块/阿爾梯普蘭諾板塊 Altiplano plate
阿尔文层/阿爾文層 Alfven layer
阿法尔三角/阿法爾三角 Afar triangle
阿富汗[竹]蜓属/阿富汗蜓 *Afghanella*
阿根廷海盆/阿根廷海盆 Argentine Basin
阿古拉斯海流/阿古拉斯海流 Agulhas Current
阿基坦阶/阿啟坦階 Aquitanian Stage
阿基坦期/阿啟坦期 Aquitanian Age
阿克苏群/阿克蘇 Aksu Group
阿拉伯地理学/阿拉伯地理學 Arabic geography
阿拉伯海/阿拉伯海 Arabian Sea
阿拉伯海盆/阿拉伯海盆 Arabian Basin
阿拉伯文明/阿拉伯文明 Arabic civilization
阿拉善群/阿拉善岩群 Alxa Group
阿兰德鱼类/阿蘭德魚類 arandaspids
阿雷尼格阶/阿利尼克階 Arenigian Stage
阿雷尼格期/阿利尼克期 Arenigian Age
阿留申岛弧/阿留申島弧 Aleutian Island Arc
阿留申低压/阿留申低壓 Aleutian low
阿留申海沟/阿留申海溝 Aleutian Trench
阿留申海流/阿留申海流 Aleutian current
阿留申海盆/阿留申海盆 Aleutian Basin
阿硫铁银矿/含銀黃鐵礦 argentopyrite
阿隆索[地租]模型/阿隆索[競租]模式 Alonso model
阿伦阶/阿倫階 Aalenian Stage
阿伦期/阿倫期 Aalenian Age
阿蒙顿斯第二定律/阿蒙頓斯第二定律 Amontons' second law
阿蒙顿斯第一定律/阿蒙頓斯第一定律 Amontons' first law
阿蒙顿斯定律/阿蒙頓斯定律 Amontons' laws
阿米巴细胞/變形細胞 amebocyte
阿米兰特海沟/阿米蘭特海溝 Amirante Trench
阿穆尔板块/阿莫爾板塊 Amuria plate，Amurian plate，AM
阿普尔顿异常/阿普爾頓異常 Appleton anomaly
阿普特阶/阿普特階 Aptian Stage
阿普特期/阿普特期 Aptian Age
阿瑟尔阶/亞瑟爾階 Asselian Stage
阿瑟尔期/亞瑟爾期 Asselian Age
阿什及尔阶/阿西極階 Ashgillian Stage
阿什及尔期/阿西極期 Ashgillian Age
阿斯曼干湿表/阿斯曼乾濕計 Assmann psychrometer
阿特贝里限度/阿特堡限度 Atterberg limit
阿特达班阶/阿特達班階 Atodabanian Stage
阿特达班期/阿特達班期 Atodabanian Age
阿瓦拉慈龙类/阿瓦拉慈龍類 alvarezsaurids
锕射气/錒射氣 actinon，An

哀牢山群/哀牢山岩群 Ailaoshan Group
埃迪卡拉动物群/埃迪卡拉動物群 Ediacara fauna
埃迪卡拉纪/埃迪卡拉紀 Ediacaran Period
埃迪卡拉系/埃迪卡拉系 Ediacaran System
埃佛勒斯椭球/埃弗爾士橢球體 Everest spheroid, Everest ellipsoid
埃克曼层/埃克曼層,艾克曼層 Ekman layer
埃克曼尺度高度/艾克曼尺度高度 Ekman scaling height
埃克曼抽吸/埃克曼抽吸,艾克曼泵 Ekman pumping
埃克曼流/艾克曼流 Ekman flow
埃克曼螺旋/艾克曼螺旋 Ekman spiral
埃克曼螺旋线/艾克曼螺線 Ekman spiral
埃克曼漂流/艾克曼漂流 Ekman drift current
埃克曼深度/艾克曼深度 Ekman depth
埃克曼输送/艾克曼輸送 Ekman transport
埃克曼数/艾克曼數 Ekman number
埃克特第四投影/艾克特第四投影 Eckert Ⅳ projection
埃隆阶/埃隆階 Aeronian Stage
埃隆期/埃隆期 Aeronian Age
埃洛石/禾樂石 halloysite
埃玛图/能量圖 emagram, energy diagram
埃姆斯阶/埃姆斯階 Emsian Stage
埃姆斯期/埃姆斯期 Emsian Age
埃斯特朗地球辐射表/埃氏地面輻射計 Angstrom pyrgeometer
埃唐日阶/埃唐日階 Hettangian Stage
埃唐日期/埃唐日期 Hettangian Age
癌症分布/癌症分布 cancer distribution
矮小动物群/矮小動物群 depauoerate fauna
矮型/矮型,不正常的小型 nanism
艾达台网/艾達臺網 IDA Network
艾俄瓦冰期/艾俄瓦冰期 Iowan glacial stage
艾费尔阶/艾斐爾階 Eifelian Stage
艾费尔期/艾斐爾期 Eifelian Age
艾里地壳均衡理论/愛黎地殼均衡理論 Airy theory of isostasy, Airy hypothesis of isostasy
艾里-海斯卡宁均衡/愛黎-海斯肯寧均衡 Airy-Heiskanen isostasy
艾里-海斯卡宁模型/愛黎-海斯肯寧模型 Airy-Heiskanen model
艾里-海斯卡宁重力改正/愛黎-海斯肯寧重力改正 Airy-Heiskanen gravity correction
艾里-海斯卡宁重力化算/愛黎-海斯肯寧重力化算 Airy-Heiskanen gravity reduction
艾里假说/愛黎假説 Airy hypothesis
艾里均衡补偿/愛黎均衡補償 Airy isostatic compensation
艾里[均衡]假说/愛黎均衡假説 Airy isostatic hypothesis
艾里悬浮理论/愛黎托浮理論 Airy floating theory
艾里[震]相/愛黎相位 Airy phase
艾伦法则/艾倫法則,艾倫定律 Allen's rule, Allen rule
艾伦律/艾倫法則,艾倫定律 Allen's rule, Allen rule
艾萨卫星/艾莎衛星,環境探測衛星 Environmental Survey Satellite, ESSA
艾氏螺旋/艾氏螺旋 Airy's spiral, Airy spiral
艾特肯核/艾肯核 Aitken nucleus
艾托斯卫星/改良泰洛斯作業衛星 improved TIROS operational satellite, ITOS
爱奥尼亚地图/愛奧尼亞地圖 Ionian map
爱奥尼亚哲学家/愛奧尼亞哲學家 Ionian philosophers
爱根核/艾肯核 Aitken nucleus
爱根计尘器/艾肯計塵器 Aitken dust counter
爱丽斯木角石/愛麗斯木角石 Ellesmeroceras
爱琴海板块/愛琴海板塊 Aegean Sea plate
爱氏海葵属/艾氏珊瑚 *Edwardsia*
爱特肯计尘器/艾肯計塵器 Aitken dust counter
爱因斯坦求和约定/愛因斯坦求和約定 Einstein summation convention
暧昧榴石/曖昧石 griphite
安粗岩/二長安山岩 latite
安达曼海盆/安達曼海盆 Andaman Basin
安达曼-尼科巴岛弧/安達曼-尼科巴島弧 Andaman-Nicobar Island Arc
安的列斯海流/安地列斯海流 Antilles Current
安第斯型大陆边缘/安第斯型大陸邊緣 Andean type continental margin
安第斯造山带/安第斯造山帶 Andean orogenic belt
安多矿/安多礦,砷鋨礦 anduoite
安夫虫/安夫蟲,雙凹蟲 Amphoton
安哥拉海盆/安哥拉海盆 Angola Basin
安加拉植物群/安加拉植物群,安加拉植物相 Angara flora
安康矿/鉻釩鋇礦 ankangite
安勒杉/安勒杉 Ernestiodendron
安纳托利亚板块/安納托利亞板塊 Anatolia plate, Anatolian plate
安奈杉/安勒杉 Ernestiodendron
安尼阶/安尼西階 Anisian Stage
安尼期/安尼西期 Anisian Age

安片框/装片框 backing frame
安平精度/定平精度 setting accuracy
安琪马属/安琪獸 *Anchitherium*
安全岛/安全島 safety island
安全端口层/安全端口層 secure sockets layer, SSL
安全关闭地震/安全關閉地震 safe shutdown earthquake
安全建筑/安全建築 safe building
安全净空/安全上方淨空 safe overhead clearance
安全浓度/安全濃度 safe concentration
安全设施/預防性維護 maintenance prevention, MP
安全系数/安全因數 factor of safety, FS
安全限度/安全限度 safe level
安全装置/保安裝置 safeguard
安山斑岩/安山斑岩 andesite-porphyry
安山岩/安山岩 andesite
安山岩型喷发/安山岩型噴發 andesite eruption
安氏求积仪/安氏求積儀 Amsler planimeter
安芸-克里斯托菲逊-胡斯比法/安藝-克里斯托菲遜-胡斯比法 Aki-Christoffersson-Husebye method
氨/氨 ammonia
氨氮/胺基氮 amino nitrogen
氨基葡糖/氨基葡萄糖,葡萄糖胺 glucosamine
3-氨基-2-羟基丙磺酸/3-氨基-2-羥基丙磺酸 3-amino-2-hydroxypropanesulfonic acid
氨基酸地层学/氨基酸地層學 amino stratigraphy
氨基酸地质温度计/氨基酸地質溫度計 amino acid geothermometer
氨基酸法/氨基酸法 amino acid method
氨基酸年代测定/氨基酸年代學 amino chronology
氨基酸生物地球化学/氨基酸生物地球化學 biogeochemistry of amino acid
氨基酸外消旋年代测定/氨基酸外消旋定年法 amino acid racemization dating
氨基酸旋光法定年/氨基酸旋光法定年,氨基酸消旋法測年 amino acid racemization age method
氨水法/氨氣法 ammonia process
鞍/鞍 saddle
鞍部/鞍部 saddle
鞍前区/頭鞍前區 preglabellar area
鞍山群/鞍山群 Anshan Group
鞍形气压场/鞍形氣壓場 col pressure field
鞍型/鞍型 saddle
鞍状构造/鞍[狀構造] saddle structure
铵冰晶石/銨水晶石 ammonium cryolite
铵钾矾/銨鉀礬 taylorite
铵明矾/銨明礬 tschermigite
铵石膏/水銨鈣礬 koktaite
铵铀云母/銨鈾雲母 uramphite
岸边水道/沿岸水路 shore lead
岸礁/岸礁,裙礁 fringing reef, shore reef
岸线/海岸線,海濱線 coastline
岸线测量/海岸線測量,海濱線測量 coastline measurement
岸线前移/岸線前移 advance of a shoreline
岸线图/岸線圖 shoreline map
按单制造/訂單生産 build-to-order, BTO
暗层生物/暗層生物 stygobiotic organism
暗淡煤/暗煤,暗炭 dull coal
暗调原稿/暗調原稿 low-key copy
暗反应/黑暗反應 dark reaction
暗沸绿岩/暗沸綠岩 bogusite
暗河/伏流 underground river
暗礁/暗礁,堡礁,礁堤 reef, reef barrier
暗绿帘石/暗簾石 arendalite
暗绿玉/暗綠玉 chloromelanite
暗绿云母/暗綠雲母 adamsite
暗煤/暗煤 durain
暗瓶/暗瓶 dark bottle
暗色矿物/暗色礦物 dark colored mineral
暗色岩/暗色岩 melanocrate
暗色指数/比色指數 color index
暗室/暗室 dark room
暗沃土/黑沃土,軟黑土 mollisol, dark fertile soil
暗匣/底片暗匣 dark slide
暗霞正长岩/暗霞正長岩 malignite
暗棕壤/暗棕壤 dark brown forest soil, dark brown soil
昂斯特伦浑浊度系数/埃氏濁度係數 Angstrom turbidity coefficient
凹岸/基蝕坡,切割坡 undercut slope
凹版印刷法/凹版印刷法 copper printing process
凹多边形/凹多邊形 concave polygon, re-entrant polygon
凹痕/缺口 notch
凹坑状装饰/凹坑狀裝飾 cavernous sculpture
凹扭形贝属/凹扭形貝 *Sulcatostrophia*
凹透镜/凹透鏡 concave lens
凹凸棒石/绿坡縷石,鎂鋁海泡石,厄帖浦石 attapulgite
凹凸接触/凹凸接觸 concavo-convex contact
凹凸体[震源模式]/凹凸體[震源模式] asperity source model
凹凸透镜/凹凸透鏡 concave-convex lens
凹凸印刷/壓凹凸 embossing
凹线沟/凹線溝,紋孔線 pit-line
凹星虫/麗仙介 Cypridina

螯合物/螯合物 chelate
螯合作用/生物化學作用 chelation
拗拉槽/拗拉槽,斷陷槽,拗拉谷 aulacogen
拗陷/拗陷,凹陷,沈陷 depression
拗陷区/拗陷區 down-warped basin
拗陷型被动大陆边缘/拗陷型被動大陸邊緣 depression type passive continental margin
奥布霍夫判据/奥布霍夫準則 Obukhov criterion
奥长花岗岩/淺色奥長花崗岩,奥長閃長岩 trondhjemite
奥长石/奥長石,富鈉長石 oligoclase
奥杜瓦伊事件/奥杜瓦地磁事件 Olduvai event
奥-高公式/奥-高公式 Ostrovski-Gauss formula
奥克洛现象/奥克洛現象 Oklo phenomenon
奥列尼奥克阶/奥列尼奥克階 Olenekian Stage
奥列尼奥克期/奥列尼奥克期 Olenekian Age
奥罗万辐射波能/奥羅萬輻射波能 Orowan radiated wave energy
奥米伽海图/奥米伽海圖 omega chart
奥佩尔带/奥佩爾帶 Oppel zone
奥斯特/奥斯特 oersted
奥陶纪/奥陶紀 Ordovician Period
奥陶纪大辐射/奥陶紀輻射 Ordovician radiation
奥陶系/奥陶系 Ordovician System
奥泽克刺目/奥澤克刺目 Ozarkodinida
澳大利亚界/澳大利亞界 Australian realm
澳大利亚植物区/澳大利亞植物區 Australian kingdom
澳洲板块/澳洲板塊 Australian plate
澳洲玻陨石/澳洲曜石 australite

B

八叉树/八元樹 octree
八都群/八都岩群 Badu Group
八分仪/八分儀 octant
八进制记数法/八進位記數法 octal notation
八进制码/八進制碼 octal code
八面沸石/八面沸石 faujasite
八面体/八面體 octahedron
八面体铁陨石/八面鐵隕石,八面石[鋭鈦礦] octahedrite
八射珊瑚亚纲/八射亞綱 Octoseptata
八腕[亚]目/八腕亞目 Octopoda
巴/巴 bar
巴巴多斯海洋和气象试验/巴貝多海洋氣象試驗 Barbados Oceanographic and Meteorological Experiment, BOMEX
巴顿阶/巴爾頓階 Bartonian Stage
巴顿期/巴爾頓期 Bartonian Age
巴尔米拉环礁板块/巴爾米拉環礁板塊 Balmoral Reef plate
巴尔-斯特劳德双像符合测距仪/巴斯特雙像符合測距儀 Barr and Stroud double image coincidence range finder
巴克龙属/巴克龍 *Bactrosaurus*
巴兰德木属/巴氏蕨 *Barrandeina*
巴雷姆阶/巴雷姆階 Barremian Stage
巴雷姆期/巴雷姆期 Barremian Age
巴萨基学派/巴薩基學派 Passarge school
巴什基尔阶/巴什基爾階 Bashkirian Stage
巴什基尔期/巴什基爾期 Bashkirian Age
巴什库尔干群/巴什庫爾幹群 Baxkorgan Group
巴士海峡/巴士海峽 Bass Strait, Bashi Channel
巴斯勒氏介属/巴斯勒氏介 *Basslerites*
巴塘管/巴塘管 Bourdon tube
巴塘温度表/巴塘溫度計 Bourdon thermometer
巴特定律/巴特定律 Båth's law
巴通阶/巴通統階 Bathonian Stage
巴通期/巴通統期 Bathonian Age
巴韦诺双晶/巴溫諾雙晶,斜坡面雙晶 Baveno twin
巴西海盆/巴西海盆 Brazil Basin
巴西[暖]海流/巴西海流 Brazil Current
巴西双晶/巴西[式]雙晶 Brazil twin
巴音西别群/巴音西別群 Bayinxibie Group
巴约阶/拜納階,巴若桑階 Bajocian Stage
巴约期/拜納期,巴若桑期 Bajocian Age
疤木属/疤木 *Ulodendron*
把基鲎/把基鱟 Burgessia
钯华/鈀華,鈀礦 palladinite
靶道工程测量/靶道工程測量 target road engineering survey
靶区优选/目標選擇 target selection
坝址勘查/壩址勘查 dam site investigation
霸王龙/霸王龍,暴龍 Tyrannosaurus
霸王龙类/霸王龍類,暴龍類群 tyrannosauroids
白贝罗定律/白貝羅定律 Buys Ballot law
白炽灯/白熱電燈 incandescent lamp
白道/白道 moon path
白垩/白堊 chalk
白垩纪/白堊紀 Cretaceous Period
白垩纪静磁带/白堊紀靜磁帶 Cretaceous quiet zone, CQZ
白垩兽类/白堊獸類 cimolestans
白垩系/白堊系 Cretaceous System
白垩质/白堊質 cement
白岗岩/白崗岩 alaskite
白果/銀杏,公孫樹 ginkgo
白化体/白化體 albino
白化[现象]/白化[現象] albinism
白肌/白肌 white musle
白浆土/白漿土 Baijiang soil
白浪/白頭浪 whitecap
白磷钙石/白磷鈣礦 whitlockite
白磷铁矿/白磷鐵礦 tinticite
白令海/白令海 Bering Sea
白令陆桥/白令大陸橋 Bering land bridge
白榴石/白榴石 leucite
白榴石响岩/白榴響岩 leucite phonolite
白榴岩/白榴岩 leucitite
白龙堆/白龍堆 bailongdui
白露/白露 white dew
白氯铅矿/白氯鉛礦 mendipite
白钠镁矾/白鈉鎂礬 bloedite
白硼钙石/白硼鈣石 priceite, pandermite

白硼锰石/白硼錳石 sussexite
白铍石/白鈹石 leucophanite, leucophane
白片岩/白片岩 whiteschist
白铅矿/白鉛礦 cerussite
白球温度表/白球溫度計 white bulb thermometer
白沙阶/白沙階 Baishan Stage
白沙期/白沙期 Baishan Age
白砷石/白砷石 claudetite
白霜/白霜 hoar frost
白铁矿/白鐵礦 marcasite
白钨矿/白鎢礦 scheelite
白硒铅石/白硒鉛礦 molybdomenite
白烟囱/海底白色煙囱 white smoker
白羊[菊]石属/單脊菊石 *Arietites*
白油墨/白墨 white ink
白玉-中甸岛弧带/白玉-中甸島弧帶 Baiyu-Zhongdian island arc belt
白云鄂博矿/碳鈰鈉鋇石 baiyuneboite
白云母/白雲母 muscovite
白云石/白雲石,白雲岩 dolomite
白云石化[作用]/白雲石化作用 dolomitization
白云碳酸盐岩/白雲碳酸鹽岩 dolomite carbonatite
白云岩/白雲岩 dolomite, dolostone
白噪声/白噪,白雜訊 white noise
白针柱石/白針柱石 leifite
白脂晶石/白脂晶石 fichtelite
白侏罗统/白侏羅統 White Jura
百/百 hecto
百分比/百分比,百分率 percent
百分度/百分度 centigrade
百分率/百分率,百分比 percent
百分频率效应/百分比頻率效應 percent frequency effect
百分数/百分比,百分率 percent
百分温标/百分溫標 centigrade temperature scale
百分温度计/百分溫度計 centigrade thermometer
百分误差/百分誤差 percentage error
百慕大海隆/百慕達海隆 Bermuda Rise
百慕大高压/百慕達高壓 Bermuda high
百帕/百帕 hectopascal, hPa
百万分率/百萬分率 parts per million, ppm
百万分体积比/百萬體積分率 parts per million by volume, ppmv
百万字节/百萬位元組 megabyte, MB
百叶窗式快门/百葉窗式快門 venetian blind shutter
百叶箱/百葉箱 screen, louver screen
柏式纹孔/柏木形紋孔 cupressoid pitting
摆/[垂]擺,惰性擺 pendulum
摆长/擺長 pendulum length
摆动/游移 vacillation
摆动现象/游移現象 vacillation phenomena
摆动循环/游移週期 vacillation cycle
摆动中心/擺動中心 center of pendulum
摆动周期/擺動週期 pendulum period
摆幅周期弧改正/擺幅週期弧改正 arc correction to pendulum period
摆日/擺日 pendulum day
摆式地震仪/二重擺地震儀 pendulum seismograph
摆式倾斜仪/擺式傾斜儀 pendulum-type tiltmeter
摆仪架弯曲/彎曲擺 flexure of pendulum
拜尔里定律/拜爾里定律 Byerlee's law
拜尔里摩擦系数/拜爾里摩擦係數 Byerlee friction coefficient
班布依群/班布依群 Banmbui Group
班达海板块/班達海板塊 Banda Sea plate
班达海沟/班達海溝 Banda Trench
班达海盆/班達海盆 Banda Basin
班格马尔群/班格瑪律群 Bangemall Group
班矛虫/班矛蟲 Diacanthaspis
颁布/頒布 publish
斑点/斑點,細點 macula, punctate
斑点板岩/斑點板岩 spotted slate, knotted slate
斑点状构造/斑點狀構造 spotted structure
斑晶/斑晶 phenocryst
斑块/斑塊 patch
斑块分布/區塊分布 patchiness
斑龙/斑龍,巨齒龍 Megalosaurus
斑铜矿/斑銅礦,孔雀銅[礦] bornite
斑岩/斑岩 porphyry
斑岩铜矿床/斑岩銅礦 porphyry copper deposit
斑杂构造/斑雜構造,不均一構造 taxitic structure
斑状变晶结构/斑狀變晶結構 porphyloblastic texture
斑状花岗岩/斑狀花崗岩 porphyritic granite
斑状结构/斑狀組織 porphyritic texture, inequigranular texture
搬运/搬運 transport
搬运力/搬運力 competence
搬运作用/搬運[作用] transportation
瘢痕/有瘢的,有疤的 cicatricose
板垫作用/板底作用 underplating
板骨/板骨 tabulare
板间地热带/板塊間地熱帶 interplate geothermal belt
板间地震/板[塊]間地震 interplate earthquake
板间海沟地震/板間海溝地震 interplate trench

earthquake
板间耦合/板間耦合 interplate coupling
板块/板[塊] plate
板块边界/板塊邊界 plate boundary
板块边界[带]/板塊邊界[帶] plate boundary zone
板块边界地震学/板塊邊界地震學 plate boundary seismology
板块边界事件/板塊邊界事件 plate boundary event, PBE
板块[大地]构造学/板塊構造[學] plate tectonics
板块动力学/板塊動力學 plate dynamics
板块缝合线/板塊縫合線 suture, suture zone
板块构造/板塊構造 plate tectonic
板块构造说/板塊構造學説 plate tectonics theory
板块绝对运动/板塊的絶對運動 absolute motion of plate, absolute plate motion
板块冷却模型/板塊冷却模型 cooling plate model
板块碰撞/板塊碰撞 plate collision
板块潜入/板塊潛入 slab penetration
板块驱动力/板塊驅動力 plate driving force
板块驱动[作用]/板塊驅動[作用] plate driving
板块三联点/板塊三聯點 triple junction of plates
板块运动/板塊運動[學] plate motion
板块运动学/板塊運動學 plate kinematics
板磷钙铝石/板磷鈣鋁石 davisonite
板硫锑铅矿/單斜輝鉛銻礦 semseyite
板内变形作用/板内變形作用 intraplate deformation
板内地热系统/板塊内地熱系統 intraplate geothermal system
板内地震/板塊内地震 intraplate earthquake
板内地震活动性/板内地震活動性 intraplate seismicity
板内火山/板塊内火山 intraplate volcano
板内火山活动/板塊内部火山作用 intraplate volcanism
板内式/板内式 intratabular
板内形变/板内形變 intraplate deformation
板内应力/板内應力 intraplate stress
板内应力场/板内應力場 intraplate stress field
板内造山带/板内造山帶 intraplate orogenic belt
板硼钙石/板硼石 inyoite
板劈理/板[岩]劈理 slaty cleavage
板片浮力/板片浮力 slab buoyancy
板片拉力/板片拉力 slab pull
板片吸力/板片吸力 slab suction
板铅铀矿/板鉛鈾礦 curite
板羟砷铋石/砷酸鉍礦 atelestite
板鳃类/板鰓類 elasmobranchs
板舌/板舌 plate tongue
板钛矿/板鈦礦 brookite
板体顶端埋深/板體頂端埋深 depth of top of sheet
板条/板條 plate lath, batten
板铁矾/板鐵礬 rhomboclase
板溪群/板溪群 Banxi Group
板岩/板岩 slate
板缘式/板緣式 penitabular
板缘造山带/板緣造山帶 orogen in plate margin
板桩/板樁 sheet pile
板状腹/板狀腹 tabulate venter
板状构造/板狀構造,碟狀構造 platy structure
板状硅藻土/板狀矽藻土 tripolite
板状交错层理/板狀交錯層理 tabular cross-bedding, planar cross-bedding
板状壳/板狀殼 platycone
板状磷锌矿/板狀磷鋅礦 hibbenite
板状劈理/板狀劈理 slaty cleavage
板足鲎目/板足鱟亞綱,廣翅鱟 Eurypterida
版本/版本 version
版本管理/版本管理 version management
版本合并/版本合并 version merging
版本检验/版本檢驗 checkout version
版本一致/版本一致 version reconciliation
版本一致性/版本一致性 synchronization version
版本注释/版本附註 edition note
版次/版次,發行版次 edition code, issue number
版面滚墨/提墨 rolling up
版面视图/版面視圖 layout view
版权/版權 copyright
半暗煤/半暗煤 semidull coal
半宝石/半寶石,次符寶石 semi-precious stone
半贝壳状的/次貝狀的 subconchoidal
半变异函数/半變異函數,半變異量 semivariogram
半长轴/半長軸 semi-major axis
半潮/半潮 half tide
半潮面/半潮面,半潮位 half tide level
半承压水层/半承壓水層 semi-confined aquifer
半齿质/半齒質 semidentine
半翅类/半翅目 Hemiptera
半导体激光器/半導體雷射器 semiconductor laser
半导线法/半導線法 semi-traverse method
半岛/半島 peninsula
半岛效应/半島效應 peninsula effect
半地堑/半地塹 half garben
半地转方程/半地轉方程 semi-geostrophic equation
半地转理论/半地轉理論 semi-geostrophic theory

半地转运动/半地轉運動 semi-geostrophic motion
半短轴/半短軸 semi-minor axis
半浮游生物/半浮游生物 melopelagic plankton
半干旱/半乾燥 semi-arid
半干旱带/半乾燥帶 semi-arid zone
半干旱气候/半乾燥氣候 semi-arid climate
半干旱区/半乾燥區 semi-arid region
半隔板/半隔板,偏側隔 hemiseptum
半固定沙丘/半固定沙丘 semi-fixed dune
半环鱼/半環魚 hemicyclaspis
半荒漠/半沙漠 semi-desert
半脊贝/半脊貝 hemipronites
半迹/半浮雕 semi-relief
半胶合板/半膠合板 henidium
半解析空中三角测量/半解析空中三角測量 semi-analytical aerial triangulation
半金星介/半金星介 Semi-cytherura
半经验气候模式/半經驗氣候模式 semi-empirical climate model
半晶质/半晶質 hemicrystalline, merocrystalline
半颈式/半頸式 hemichoanitic
半径/半徑 radius
半距等高线/半距等高線,間曲線 half-interval contour
半控制像片镶嵌图/半控制像片鑲嵌圖 semi-controlled photograph mosaic
半扩张速率/半擴張速率 half spreading rate
半棱柱体/半柱 hemiprism
半棱锥体/半錐 hemipyramid
半亮煤/半亮煤 semi-bright coal
半面体/半面體 hemihedron
半模型/半模型 half model
半年波/半年波 semi-annual wave
半年风振荡/半年風震盪 semi-annual wind oscillation
半年温度振荡/半年温度震盪 semi-annual temperature oscillation
半年振荡/半年振盪 half-yearly oscillation, semi-annual oscillation
半年[周期]潮/半年潮 semi-annual tide
半农半牧区/半農半牧區 farming-pastoral region
半女神介/半女神介 Hemicythere
半坡面/半坡面,半穹窿 hemidome
半谱方法/半譜法 semi-spectral method
半脐型/半臍型 hemiomphalous
半潜式工作船/半潛式工作船 semi-submersible barge
半潜式钻井船/半潛式平臺 semi-submersible rig
半潜式钻井平台/半潛式鑽井平臺 semi-submersible drilling rig
半潜式钻井装置/半潛式鑽井設備 semi-submersible drilling unit
半鞘翅/半鞘翅 hemielytron
半球/半球 hemisphere
半球模式/半球模式 hemispherical model
半热带的/半熱帶[的] semi-tropical
半日变化/半日變化 semi-diurnal variation
半日波/半日波 semi-diurnal wave
半日潮/半日潮 semi-diurnal tide
半日潮港/半日潮港 semi-diurnal tidal harbor
半日潮流/半日潮流 semi-diurnal current
半色调/半色調 halftone
半色调屏/半色調網目屏 halftone screen
半色调网点/半色調網點 halftone dot
半色调影像/半色調影像 halftone image
半深海沉积/半深海堆積 bathyal deposit
半深海环境/半深海環境 bathyal environment
半深海相/半深海相 bathyal facies, hemipelagic facies
半湿润区/半濕區 semi-humid region
半数效应浓度/半效應濃度 median effective concentration, EC50
半数致死剂量/半數致死劑量 median lethal dosage, LD50
半衰期/半衰期 half-life, half life
半水力充填坝/半水力充填壩 demi-hydraulic fill dam
半水生/半水生 semi-aquatic
半丝质体/半絲煤素 semi-fusinite
半苏铁目/半蘇鐵目 Hemicycadales
半索动物门/半索動物門 Hemichordata
半头帕海胆/半頭帕海膽 Hemicidaris
半透明[性]/半透明[性],半透明度 translucence
半透膜/半透膜 semi-permeable membrane
半透性/半通透性 semi-permeability
半凸贝/半凸貝 Hemiptychina
半挖半填斜坡/半挖半填斜坡 cut and fill slop
半微量分析/半微[量]分析 semi-micro analysis
半文像的/半文像的 semi-pegmatitic
半无烟煤/半無煙煤 semi-anthracite
半咸水/半鹹水 brackish water
半咸水种/半[淡]鹹水種 brackish water species
半显式格式/半顯式格式 semi-explicit scheme
半星海胆/半球蛸枕 Hemiaster
半形态对称/半形態對稱 hemimorphic symmetry
半盐水/半鹹水 brackish water

半隐式法/半隱式法 semi-implicit method
半隐式格式/半隱法 semi-implicit scheme
半永久性低压/半永久[性]低壓 semi-permanent depression
半永久性高压/半永久[性]高壓 semi-permanent high
半永久性活动中心/半永久性活動中心 semi-permanent action center
半原地花岗岩/半原地花崗岩 hypautochthonous granite
半缘型壳/半緣型殼 hemiperipheral shell
半远洋沉积[物]/半遠洋沈積[物] hemipelagic deposit
半月贝/半月貝 Cresceis
半月波/半月波 fortnightly wave
半月片/半月片 semilunar plate
半月形腕骨/半月形腕骨 semilunate carpal
半泽氏虫/半澤氏蟲 Hanzawaia
半褶贝/半凸貝 Hemiptychina
半正定的/半正定的 positive semi-definite
半滞留期/半滯留期 residence half-time
半周期/半週期 semi-period
半烛煤/半燭煤 semi-cannel coal
半椎鱼目/半椎魚目 Semi-onotidae
半自动数字化/半自動數化 semi-automated digitizing
半自然植被/半自然植被 semi-natural vegetation
半自形晶/半自形結構 hypidiomorphic texture
半自形晶体/半自形晶 subhedral crystal, subhedron
半自形粒状/半自形粒狀 hypidiomorphic granular
伴生剪节理/伴生剪節理 associated shear joint
伴生矿物/伴生礦物 associated mineral
伴生气/伴產氣 associated gas
伴生细胞/伴細胞 companion cell
伴随模式/伴隨模式 adjoint model
瓣齿鱼属/瓣齒魚 *Petalodus*
瓣甲鱼类/瓣甲魚類,瓣甲魚目 petalichthyids
瓣轮叶属/瓣輪葉 *Lobatannularia*
瓣膜/殼瓣,裂瓣 valve
瓣鳃纲/瓣鰓綱 Lamellibranchiata
瓣鳃类/斧足綱,斧足貝 Lamellibranchiata Pelecypoda, pelecypod
瓣鳃类幼体/瓣鰓類幼體 lamellibranchia larva
瓣鳃牙系/瓣鰓牙系 Lamellibranchiata Pelecypoda
邦联式数据库/邦聯式資料庫,聯邦式資料庫 federated database
绑定/綁定 binding
棒/棒,桿 bar, rod
棒锤状隔壁/棒錘狀隔壁,棒杆狀隔壁 rhopaloid septum
棒轮藻科/棒輪藻科 Clavatoraceae
棒石/棒石 rhabdolith, rabdolith
棒纹/棒狀紋飾 baculum
棒纹粉类/棒紋粉類 Clavatipollenites
棒形齿/棒形齒 pencil-shaped tooth
傍人/準人猿,巴蘭猿人 *Paranthropus*
傍猿属/副猿 *Parapithecus*
傍轴光线/近軸光線 paraxial ray
傍轴光线方程/傍軸光線方程 paraxial ray equation
包/封包 package
包裹体/包[裹]體,包裹物 inclusion, inclosure, enclosure
包裹体地球化学/包裹體地球化學 fluid inclusion geochemistry
包含/包含 inclusion
包含变晶结构/包含變晶結構 poikiloblastic texture
包含结构/嵌晶狀組織 poikilitic texture
包价旅游/套裝旅遊 package tourism
包卷层理/旋卷層理 convolute bedding
包壳/結殼,被殼 encrustation
包络面/包絡面 enveloping surface
包络线/包絡線 envelope
包络线反应谱/響應包跡譜 response envelope spectrum
包气带/包氣帶,飽和氣帶,滲流帶 aeration zone, vadose zone, unsatured zone
包气带水/包氣帶水,滲流水 vadose water
包珊瑚式/包珊瑚式 amplexid type
包珊瑚属/包珊瑚 *Pesudoamplenno*, *Amplexus*
包氏作用/包氏作用 Bauschinger effect
包体/包[裹]體 inclosure
包体结构/包體結構 inclusion texture
包头矿/包頭礦,錫鋇鈦鈮礦 baotite
包围细胞/包圍細胞 enveloping cell
包辛格效应/包氏作用 Bauschinger effect
包装印刷/包裝印刷 package printing
苞鳞/苞片 bract
苞片/苞片 bract
孢粉/孢粉 spore and pollen
孢粉分析/孢粉分析,花粉分析,孢子分析 pollen analysis, spore-pollen analysis
孢粉类型/孢粉類型,孢粉型態 palynomorph
孢粉素/孢粉質 sporo-pollenin
孢粉统计/孢粉統計[學] spore-pollen statistic
孢粉图谱/孢粉圖譜,孢子花粉圖解,孢粉分布圖 pollen diagram, palynogram

孢粉相/孢粉相 palynofacies
孢粉学/孢粉學 palynology
孢粉植物群/孢粉植物群 palynoflora
孢粉组合/孢粉組合 palynological assemblage
[孢]囊/孢囊,胞囊 cyst
孢型/孢型,孢狀質 sporomorph
孢质/孢質 sporonin
孢子/孢子 spore
孢子虫类/孢子綱 Sporozoa
孢子堆/孢子囊群 sorus
孢子煤/孢子煤 spore coal
孢子囊/孢子囊 sporagia
孢子囊柄/孢囊柄,孢子囊托 sporangiophore
孢子囊梗/孢囊柄,孢子囊托 sporangiophore
孢子囊群/孢子囊群 sorus
孢子泥煤/孢子泥煤,胞子泥煤 fimmenite
孢子体/孢子體,孢煤素[質] sporinite, sporophyte
孢子叶/孢子葉 sporophyll
胞管/胞管 theca
胞管间壁/胞管間壁 interthecal septum
胞管口/胞管口 thecal aperture
胞管密度/胞管間隔 thecal spacing
胞管束/胞管束 thecal grouping
胞管掩盖/胞管重疊 thecal overlapping
胞外聚合物/胞外聚合物 extracellular polymeric substance, EPS
胞质镜煤/胞質鏡煤 telovitrain
剥刺石笋/剥刺石筍 choked stalagmite
剥纸/剥紙 picking
雹瓣/雹瓣 hail lobe
雹暴/雹暴 hailstorm
雹暴记录器/雹暴記録器 hailstorm recorder
雹飑/雹颮 hail squall
雹核/雹胚,雹心 hail embryo
雹击线/雹擊線 hailstreak
雹块/雹塊 hailstone
雹粒/雹粒 hail pellet
雹胚/雹胚,雹心 hail embryo
雹雨分离器/雹雨分離器 hail-rain separator
雹灾/雹災 hail damage
薄壁区/薄壁區 leptoma
薄冰壳/薄冰殼 sun crust
薄层土/薄層土 Leptosol
薄电阻层/薄電阻層 thin resistive layer
薄甲目/薄甲類 leptostracans
薄幕层云/霧狀層雲 stratus nebulosus, St neb
薄幕卷层云/霧狀卷層雲 cirrostratus nebulosus, Cs neb
薄囊蕨亚纲/薄囊蕨亞綱 Leptosporangiatae
薄扭形贝属/薄扭形貝屬 Leptostrophia
薄皮构造/薄皮構造[運動] thin-skinned tectonics
薄片/薄片 thin section
薄片方解石/紙石 paper spar
薄透镜/薄透鏡 thin lens
薄皱贝属/薄皺貝 *Leptaena*
饱和/飽和 saturation
饱和比湿/飽和比濕 saturation specific humidity
饱和差/飽和差 saturation deficit
饱和持水量/飽和水氣容量 saturation moisture capacity
饱和储油层/飽和儲油層 oil-saturated reservoir bed
饱和储油岩/飽和儲油岩 oil-saturated reservoir rock
饱和带/飽和帶 saturated zone
饱和导水率/飽和導水率 saturated hydraulic conductivity
饱和等温剩磁/飽和等温剩磁 saturated isothermal remanent magnetization, SIRM
饱和地面径流/飽和地表徑流 saturation overland flow
饱和点/飽和點 saturation point
饱和度/飽和[度] saturation, degree of saturation
饱和度指数/飽和指數 saturation index
饱和厚度/飽和厚度 saturation thickness
饱和空气/飽和空氣 saturated air
饱和卤/飽和鹵 saturated bittern
饱和潜水/飽和潛水 saturation diving
饱和区/飽和區 zone of saturation
饱和曲线/飽和曲線 saturation curve
饱和溶氧量/飽和溶氧量 saturation dissolved oxygen
饱和水汽压/飽和水汽壓,飽和蒸汽壓 saturation vapor pressure, saturated vapor pressure
饱和速率/飽和速率 saturation rate
饱和烃/飽和煙 satuated hydrocarbons
饱和土液化/飽和土液化 liquefaction of suturated soil
饱和温度/飽和温度 saturation temperature
饱和系数/飽和係數 coefficient of water saturation, saturation coefficient
饱和压力/飽和壓力 saturation pressure
饱和岩/飽和岩 saturated rock
饱和盐水/飽和鹽水 saturated brine
饱和液体/飽和液體 saturated liquid
饱和蒸汽/飽和蒸汽 saturated vapor
饱和蒸汽压/飽和蒸汽壓 saturation steam pressure

饱和状态/飽和狀態 saturation condition
宝贝螺/寶貝螺 Cypraea
宝贝属/寶貝螺 *Cypraea*
宝光[环]/光環 glory
宝石/寶石 gemstone, precious stone
宝石虫属/寶石蟲 *Nileus*
宝石矿物学/寶石礦物學 gem mineralogy
宝石学/寶石學 gemology
宝兴型/寶興型 Baoxing type
宝音图群/寶音圖群 Baoyintu Group
保存周期/保存週期 retention period
保护/保護,保存,保育 preservation
保护区/保護區 protected area
保护生物学/保育生物學 conservation biology
[保]护桩/護樁 guard stake
保健地理/保健地理,健康照護地理 geography of health care
保健用盐生植物/保健用鹽生植物 halophytic health plant
保留征收/保留徵收 reserved for land expropriation
保留字/保留字 reserved word
保守性/保守性,守恆性 conservatism
保守主义改革/保守主義革命 conservative revolution
保守组分/守恆成分 conservative constituent
保税区/保稅區,免稅區 duty-free zone
保温保压取芯器/壓-温岩芯採樣器 pressure-temperature core sampler, PTCS
保压取芯器/壓力岩芯採樣器 pressure core sampler, PCS
堡礁/堡礁 barrier reef
堡垒玛瑙/堡壘瑪瑙 fortification agate
堡状层积云/堡狀層積雲 stratocumulus castellanus, Sc cas
堡状高积云/堡狀高積雲 altocumulus castellanus, Ac cas
堡状卷积云/堡狀卷積雲 cirrocumulus castellanus, Cc cas
堡状卷云/堡狀卷雲 cirrus castellanus, Ci cas
报表轮转印刷机/電腦報表輪轉機 form press
报对/報對 true alarm
报水深/報水深 calling the sounding
抱板群/抱板群 Baoban Group
抱球虫/抱球蟲 Globigerina
抱球虫泥/抱球蟲泥 globigerina mud
抱球虫泥灰岩/抱球蟲泥灰岩 globigerinid marl
抱球虫软泥/抱球蟲泥,球房蟲軟泥 globigerina ooze, globigerina mud
鲍恩比/鮑文比,博文比[率] Bowen ratio
鲍尔太阳指数/鮑爾太陽指數 Baur solar index
鲍灵/鮑靈 paolin
鲍螺/鮑螺 Ormer
鲍马层序/鮑瑪層序 Bouma sequence
鲍马序列/鮑瑪層序 Bouma sequence
鲍文反应系列/鮑氏反應系列 Bowen's reaction series
鲍伊三角平差法/鮑威平差法 Bowie method of triangulation adjustment
鲍伊效应/鮑威效應 Bowie effect
鲍鱼属/九孔貝 *Haliotis*
暴发高潮/高潮 paroxysm
暴发洪水/暴洪 flash flood
暴露/暴露,曝露 exposure
暴时变化/暴時變化 storm-time variation
暴雨/暴雨,雨暴,大豪雨 hard rain, rain storm, torrential rain
暴雨径流/暴雨徑流 storm flow
曝辐[射]量/曝輻[射]量 radiance exposure
曝光/曝光 exposure
曝光过度/曝光過量 over exposure
曝光计/曝光計,光度計 exposure calculator, photometer
曝光间隔/曝光間隔 exposure interval
曝光密度曲线/曝光密度曲線 density exposure curve
爆发/爆發 outbreak
爆发簇射/爆發射叢 explosive shower
爆发[破]火山口/爆發火山臼 explosion caldera
爆发性整体流/爆發性整體流 bursty bulk flow, BBF
爆发指数/爆炸指數 explosive index
爆裂法[测温]/爆裂法測温 decrepitation method
爆裂火山口/爆裂破火山口 caldera explosion
爆裂温度/爆裂温度 decrepitation temperature
爆破角砾岩型铀矿/爆破角礫岩型鈾礦 U-ore of explosion-breccia type
爆炸/爆炸 explosion
爆炸次声/爆炸次聲 infrasound of explosion
爆炸地震/爆裂地震 explosion earthquake
爆炸地震学/爆炸地震學 explosion seismology
爆炸电磁脉冲/爆炸電磁脈衝 electromagnetic pulse of explosion
爆炸反射界面/爆炸反射介面 exploding reflector
爆炸反射面偏移/爆炸反射面偏移 exploding reflector migration
爆炸火山口/爆裂火山口 explosion crater

爆炸剂/爆炸劑 blasting agent
爆炸气浪/爆炸風 blast
爆炸声呐/爆炸聲納 sonar for explosion
爆炸信号/爆發時刻 time break
爆炸验证信号/爆炸驗證信號 confirm time break
爆炸源/爆炸源 explosion source
爆炸震源/爆炸震源 explosive source
杯部/杯部，萼部 caliculum
杯环孢类/杯環孢類 Patellisporites
杯龙目/杯龍目 Cotylosauria
杯棚珊瑚/杯棚珊瑚，杯蛛網珊瑚屬 Cyathoclisia
杯腔/杯腔 cup
杯体/杯體 cup
杯形器/杯形器，杯形托 cupule
杯穴/杯穴 cuphole
杯柱珊瑚/杯柱珊瑚 Cyathaxonia
杯状穴/杯狀穴 cuphole
北安第斯板块/北安第斯板塊 North Andes plate
北半球/北半球 northern hemisphere
北俾斯麦板块/北俾斯麥板塊 North Bismarck plate
北冰洋/北冰洋 Arctic Ocean
北冰洋表层水/北極海表層水 Arctic surface water
北冰洋底层水/北極海深層水 Arctic Ocean deep water
北冰洋气团/北極氣團 Arctic air mass
北冰洋深层水/北極海深層水 Arctic Ocean deep water
北冰洋烟[状海]雾/北極蒸汽霧 arctic sea smoke, Arctic smoke
北冰洋中脊/北冰洋中洋脊 Mid Arctic Ridge
北部[森林]气候/極北氣候 boreal climate
北部湾/北部灣 Beibu Gulf
北磁极/北磁極，磁北極 north magnetic pole
北大河群/北大河群 Beidahe Group
北大陆中纬环球地震带/北大陸中緯環球地震帶 north continent midlatitude seismiczone
北大西洋公约组织/北大西洋公約組織 North Atlantic Treaty Organization, NATO
北大西洋流/北大西洋洋流 North Atlantic Current
北大西洋深层水/北大西洋深層水 North Atlantic deep water
北大西洋涛动/北大西洋[大氣]振盪 North Atlantic Oscillation, NAO
北方带/北方帶 boreal
北方灰化土/北方淋澱土 nordic podzol
北方两洋分布/兩洋北方分布 amphi boreal distribution
北海/北海 North Sea
北回归线/北回歸線 Tropic of Cancer
北极/北極 north pole, boreal pole, Arctic Pole
北极冰山/北極陳冰 arctic pack
北极大陆空气/北極大陸空氣 arctic continental air
北极大陆气团/北極大陸氣團 arctic continental air mass
北极反气旋/北極反氣旋 arctic anticyclone
北极锋/北極鋒 arctic front
北极浮冰群/北極陳冰 arctic pack
北极光/北極光 aurora borealis, northern polar light
北极海流/北極海流 arctic current
北极距/北極距 north polar distance
北极空气/北極空氣 arctic air
北极霾/北極霾 arctic haze
北极气候/北極氣候 arctic climate
北极气团/北極氣團 arctic air mass
北极气旋/北極氣旋 Arctic cyclone
北极区/北極區 arctic zone
北极圈/北極圈 arctic circle
北极群岛地区/北極群島區域 Arctic archipelago region
北极涛动/北極振盪 Arctic Oscillation, AO
北极星/北極星 Polaris, north star, polar star
北极星测量仪/北極星測量儀 polastrodial
北极星任意时角法/北極星任意時角法 method by hour angle of Polaris
北极仪/北極儀 polar attachment
北加拉帕戈斯板块/北加拉帕戈斯板塊 North Galapagos plate
北京猿人/北京原人 Sinanthropus pekenensis
北美板块/北美板塊 North America plate
北美草原/[北美]大草原 North American Prairie
北美海盆/北美海盆 North American Basin
北美基准/北美基準面 North American datum, NAD
北太平洋涛动/北太平洋振盪 North Pacific Oscillation, NPO
北投石/北投石 hokutolite
北向/向北縱坐標 northing
北向点/北向點 north point
北楔齿兽类/北楔齒獸類 boreosphenidans
北新赫布里底海沟/北新赫布里底海溝 North New Hebrides Trench
北亚构造域/北亞構造域 North Asia domain
北移假定值/北移假定值 false northing
北柱兽类/北柱獸類 arctostylopids
贝地蜡/貝地蠟 baikerite
贝蒂互易定理/貝蒂互易定理 Betti's reciprocity

theorem
贝尔纳图/白納耳圖表 Bernal chart
贝尔瑙蕨属/貝氏蕨[屬] *Bernoullia*
贝格曼法则/包曼氏法則,勃格曼氏通則 Bergmann's rule
贝吉龙机制/白吉龍機制 Bergeron mechanism
贝加尔湖科学钻探/貝加爾湖科學鑽探 Lake Baikal scientific drilling
贝壳/[貝]殼 conch
贝壳瓣/殼瓣,裂瓣 valve
贝壳带/貝殼帶 mussel band
贝壳状断口/貝殼[狀]斷口 conchoidal fracture
贝克曼城镇体系模型/貝克曼城鎮體系模型 Beckmann model of city system
贝克-纳恩摄影机/貝克能攝影機 Baker-Nunn camera
贝克线/貝克線 Becke line
贝库斯效应/貝庫斯效應 Backus effect
贝类传染病毒/貝類傳染病毒 shellfish contagious virus
贝类毒素/貝毒 shellfish toxin
贝类学/貝類學 conchology
贝里阿斯阶/倍里亞斯階 Berriasian Stage
贝里阿斯期/倍里亞斯期 Berriasian Age
贝纳胞/本納胞 Benard cell
贝纳对流/本納對流 Benard convection
贝尼奥夫[变磁阻]地震仪/班尼奥夫地震儀 Benioff variable reluctance seismometer
贝尼奥夫带/班尼奥夫帶,班氏帶 Benioff zone
贝尼奥夫地震仪/班尼奥夫地震儀 Benioff seismograph
贝尼奥夫断层面/班尼奥夫斷層面 Benioff fault plane
贝尼奥夫应变/班尼奥夫應變 Benioff strain
贝尼奥夫应变地震仪/班尼奥夫應變地震儀 Benioff strain seismometer
贝软体碳化石/貝石 molluskite
贝塞尔大地主题解算公式/白塞爾大地主題解算公式 Bessel formula for solution of geodetic problem
贝塞尔法/白塞爾法 Bessel method
贝塞尔根数/白塞爾基數 Besselian elements
贝塞尔公式/白塞爾公式 Bessel formula
贝塞尔函数/白塞爾函數 Bessel function
贝塞尔恒星常数/白塞爾恆星常數 Besselian star constant
贝塞尔内插公式/白塞爾内插法公式 Bessel interpolation formula
贝塞尔内插系数/白塞爾内插係數 Besselian interpolation coefficients
贝塞尔年/白塞爾年 Besselian year
贝塞尔日数/白塞爾日數 Besselian day number
贝塞尔椭球/白塞爾橢球體 Bessel ellipsoid
贝塞尔星数/白塞爾恆星數 Besselian star number
贝氏拟态/貝氏擬態 Batesian mimicry
贝塔数/貝塔數,貝塔指標 beta index
贝叶斯定理/貝葉斯定理,貝氏定理,貝氏理論 Bayes theorem, Bayes' theorem
贝叶斯分类/貝葉斯分類 Bayesian classification
贝叶斯统计/貝氏統計 Bayesian statistics
贝叶斯推理/貝氏推理 Bayesian inference
备份/備份 backup
备选键/後補鍵 candidate key
背鞍/背鞍 dorsal saddle
背板/背板 tergum
背瓣/背瓣 dorsal valve
背边缘内面线/背邊緣内面線 dorsal intramarginal suture
背部/背部 dorsal part
背侧/背側 dorsal
背匙板/背匙板 cruralium
背冲断层/背衝斷層 back thrust
背冲式/背衝式 back punching
背窗孔/背三角孔 notothyrium
背窗台/背三角臺 notothyrial
背萼/背萼 dorsal cup
背风/背風 alee
背风波/背風波 lee wave
背风槽/背風槽 lee trough
背风面/背風面 lee side, leeside
背风坡/背風坡 leeward slope
背风坡低压/背風低壓 lee depression
背腹压缩旋环/背腹壓縮旋環 depressed whorl
背弧带/背弧帶 back-arc zone
背弧海/背弧海 back-arc sea
背棘鱼型鳞/背棘魚型鱗 Nostolepis type scale
背脊/背脊 dorsal ridge
背甲/背甲 carapace
背甲目/背甲目 Notostraca
背角/背角 dorsal angle
背景/背景 background
背景地震活动/背景地震活動 background seismicity
背景辐射/背景輻射 background radiation
背景理论/脈絡理論 contextual theory
背景灭绝/背景值滅絶 background extinction
背景图像/背景影像 background image

背景噪声/背景噪音,背景雜訊 background noise, ambient noise
背景值/背景值 background value
背壳/背瓣 dorsal valve
背孔/背孔 dorsal foramen
背面影像地图/背面像片圖 back-up photomap
背鳍/背鰭 dorsal fin
背三角板/背三角板 chilidium
背三角孔/背三角孔 notothyrium
背三角孔腔/背三角孔腕 notothyrial cavity
背三角双板/背三角雙板 chilidial plate
背三角台/背三角臺 notothyrial
背散射/後向散射,反[向]散射 backscattering, backscatter
背凸形/背凸形 dorsi-biconvex
背驼式/背負 piggyback
背腕板/背腕板 dorsal arm plate
背斜/背斜[層] anticline
背斜鼻/背斜鼻 anticlinal nose
背斜构造理论/背斜構造理論 anticline theory
背斜油气藏/背斜油氣藏 anticlinal oil-gas deposit
背斜轴/背斜軸 anticlinal axis
背形/背斜狀構造 antiform
背形向斜/背形向斜 antiformal syncline
背阳扇区/背陽扇區 away sector
背叶/背葉 dorsal lobe
钡冰长石/鋇冰長石 hyalophane
钡长石/鋇長石 celsian
钡尔虫/鋇爾蟲 Gumbelina
钡沸石/鋇沸石 edingtonite
钡钙大隅石/鋇錳大隅石,矽鋁鋇鈣石 armenite
钡交沸石/鋇交沸石,鋇鈣十字石 wellsite, kurtzite
钡解石/鋇解石,碳酸鈣鋇礦 barytocalcite, alstonite
钡闪叶石/鋇閃葉石 barytolamprophyllite
钡烧绿石/鋇燒綠石 bariopyrochlore
钡砷铀云母/鋇砷鈾雲母 heinrichite
钡铁钛石/針鋇鈦石 bafertisite
钡细晶石/鋇細晶石 bariomicrolite
钡硝石/鋇硝石 nitrobarite, nitrobaryte
钡硬锰矿/鋇硬錳礦 romanechite
钡铀云母/[磷]鋇鈾雲母,磷鋇鈾礦 uranocircite
倍潮/頻潮因素 overtide
倍角复测法/倍角測量 doubling an angle
倍经[横]距法/倍經[橫]距法 method of double meridian distance
倍九法/倍九法 method of multiplied nine days
倍平行距/倍緯距 double parallel distance
倍纬距/倍緯距 double parallel distance
倍子午距/倍子午距 double meridian distance
被层/被層 ectophram
被唇纲/被唇綱,被唇目 Phylactolaemata
被动边缘/被動邊緣 passive margin
被动充填/被動填充 passive fill
被动大陆边缘/被動大陸邊緣,被動陸緣,鈍性陸緣 passive continental margin
被动雷达校准器/被動雷達校準器 passive radar calibrator
被动散布/被動散布 passive dispersal
被动声呐/被動聲納 passive sonar
被动[式]传感器/被動[式]感測器 passive sensor
被动式环境氡检测器/被動式環境氡檢測器 passive environmental radon monitor, PERM
被动式遥感/被動式遥測 passive remote sensing
被动式遥感器/被動式遥測器 passive remote sensor
被动卫星/無能源衛星 passive satellite
被动系统/被動系統 passive system
被动[型]裂谷/被動型裂谷 passive rift
被动遥感/被動式遥測 passive remote sensing
被动遥感技术/被動遥感技術 passive remote sensing technique
被动源电磁场/被動源電磁場 passive source electromagnetic field
被动源[方]法/被動源方法 passive source method
被动褶皱/被動褶皺 passive folding
被囊/被囊 encyst
被囊动物/被囊動物 tunicate
被囊类/被囊類 Tunicata
被腔/被腔 ectocoel
被食者/被掠者 prey
被子植物/被子植物 angiosperm
被子植物门/被子植物[亞]門,被子植物綱 Angiospermae, angiospermophyta
被子植物亚纲/被子植物亞綱 Angiospermophytinae
本初子午线/[本初]子午線,格林子午線 prime meridian, Greenwich meridian
本底/背景 background
本底场/背景場 background field
本底辐射/背景輻射 background radiation
本底[观测]站/背景站 background station
本底活性/背景活性 background activity
本底空气污染/背景空氣汙染 background air pollution
本底浓度/背景濃度 background concentration
本底污染/背景汙染 background pollution
本底污染观测/背景汙染觀測 background pollution observation
本地化/地方化 localization

本地化程度/地方化程度,在地内涵 local content
本地化经济/在地化經濟 localization economies
本地气候学/本地氣候學 domestic climatology
本地种/本土種,原生種 indigenous species, native species
本多夫定律/本多夫定律 Bendorf law
本格拉海流/本格拉海流 Benguela Current
本构方程/基本構成方程式,物性方程式 constitutive equation
本构关系/物性關係,組成關係 constitutive relation
本内带羽叶属/本内帶羽葉 *Taeniozamites*
本内苏铁/本内蘇鐵 Bennettites
本内苏铁纲/本内蘇鐵綱 Bennettiopsida
本内苏铁目/本内蘇鐵目 Bennettitales
本能行为/本能行爲 instinctive behavior
本生灯焰/本生燈焰 Bunsen burner flame
本体/[本]體 corpus
本溪角石/本溪角石 Pensioceras, Penchioceras
本影食/本影食 umbral eclipse
本站气压/測站氣壓 station pressure
本征磁化率/本徵磁化率 intrinsic magnetic susceptibility
本征模函数/本徵模函數 intrinsic mode function, IMF
本征矢[量]/本徵向量,特徵向量 eigenvector
本征矢量分析/本徵向量分析,特徵向量分析 eigenvector analysis
本征值/本徵值,特徵值 eigenvalue
苯胺油墨/苯胺印墨 aniline ink
崩滑断层/崩滑斷層 slump fault
崩滑褶皱/崩滑褶皺 slump fold
崩溃/崩潰 breakdown
崩碎波/溢出型碎波 spilling breaker
崩塌/崩瀉 avalanche
崩移/崩移 slide
鼻额点/鼻根 nasion
鼻骨/鼻骨 nasal bone
鼻间片/鼻間片 internasal plate
鼻孔/[噴]氣孔 blowhole, fumarole
鼻眶前孔/鼻眶前孔 nasoantorbital fenestra
鼻旁隆起/鼻旁隆起 paranasal ridge
鼻哨/鼻型雷嘯 nose whistler
鼻中隔/鼻[中]隔 nasal septum
比/比 ratio
比电离/比電離 specific ionization
比尔定律/比爾定律 Beer law
比活度/比活度 specific activity
比碱度/比鹼度 specific alkalinity
比较地理学/比較地理學 comparative geography
比较地图学/比較地圖學 comparative cartography
比较分析/比較分析 comparative analysis
比较观察镜/比較觀察鏡 comparison viewer
比较晶体化学/比較晶體化學 comparative crystal chemistry
比较水文学/比較水文學 comparative hydrology
比较无线电探空气球/比較雷保 comparative rabal
比较行星学/比較行星學 comparative planetology
比较研究/比較研究 comparative studies
比较优势/比較優勢,比較利益 comparative advantage
比例/比例 scale
比例尺/比例尺,縮尺 scale
比例尺逻辑/比例尺邏輯,尺度辯證 dialectics of scales
比例范围/比例範圍 scale range
比例量表/比例量表 ratio scaling
比例误差/比例誤差 proportional error
比例因子/比例因子 scale factor
比例增强/比值增強 ratio enhancement
比率/比率 ratio
比曼视距弧/貝門視距弧 Beaman's stadia arc
比黏度/比黏度 specific viscosity
比气体常数/個别氣體常數 specific gas constant
比热/比熱 specific heat
比热[容]/比熱容量 specific heat capacity
比容/比容 specific volume
比容量/比容量 specific capacity
比容偏差/比容偏差,比容異常 specific volume anomaly
比色法/比色法 colorimetry
比色管/比色管 color comparison tube
比色计/比色計 colorimeter, chromometer
比色指数/比色指數 color index
比湿[度]/比濕度 specific humidity
比特/位元 bit
比吸收系数/吸收比度 specific absorption
比耶对切透镜/比勒對切透鏡 Billet split lens
比值变换/比值變換 ratio transformation
比值型岩相图/比型岩相圖,統計岩相圖 ratio-type lithofacies map
比重/比重 specific gravity, specific weight
比重计/比重計,比重瓶 pycnometer
彼得森电导率/皮德森導電率 Pederson conductivity
笔石/筆石 graptolite
笔石簇/筆石簇,總群體 synrhabdosome
笔石纲/筆石綱,筆石[類] graptolite, Graptolithina

笔石体/筆石體 rhabdosome
笔石体复杂化/筆石體複雜化 complication of rhabdosome
笔石相/筆石相 graptolite facies
笔石枝/筆石枝 stipe
笔式绘图机/筆式繪圖機 pen plotter
笔铁矿/筆鐵礦 pencil-ore
笔头差/筆頭差 pen equation
俾路支兽/俾路支獸 Baluchitherium
币形裂纹/圓幣型裂縫 penny-shaped crack
必需氨基酸/必需氨基酸,必要氨基酸 essential amino acid
必需元素/[生命]必要元素 essential element
毕雷氏虫/貝氏蟲 Bailiella
毕灵贝属/伯靈貝 *Billingsella*
毕氏钢标/畢爾貝鋼標 Bilby steel tower
毕旭甫光环/畢旭光環 Bishop corona
闭合/閉合 closure
闭合差/閉合差 closing error, closure error
闭合单体/封閉胞 closed cell
闭合导线/閉合導線,閉合支[導]線 closed traverse, cut-off line
闭合点/閉合點 closing station
闭合度/閉合度 closure, structural closure
闭合方位角/閉合方位角 closing azimuth
闭合回线场/閉合回線場,閉合回路場 closed loop field
闭合角/閉合角 concluded angle
闭合拟合矢量/閉合擬合向量 closure fitting vector
闭合盆地/封閉盆地 closed basin
闭合水准环线/閉合水準環線 level loop, level circuit
闭合水准路线/閉合水準路線 closed leveling line
闭合系统/封閉系統 closed system
闭合[细]胞状云型/封閉胞雲型 closed cellular cloud pattern
闭合线/閉合線 closing line
闭合褶皱/閉合褶皺 closed fold
闭肌/收肌 adductor
闭角石属/閉角石 *Phragmoceras*
闭壳肌/閉殼肌 adductor muscle
闭[壳]肌痕/閉[殼]肌痕,收肌痕 adductor scar
闭塞盆地/閉塞盆地,局限盆地 silled basin
闭珊瑚属/閉珊瑚 *Pycnactis*
闭式循环海水温差发电系统/封閉式海洋温差發電 closed cycle OTEC
闭锁断层/閉鎖斷層 locked fault
闭锥/閉錐,疊錐 phragmocone
庇护所/庇護所 refuge
庇里贝/庇里貝 Pilina
铋华/鉍華,鉍苯 bismite
铋矿床/鉍礦床 bismuth deposit
铋砷镍钴矿/巴登石 badenite
秘鲁海沟/秘魯海溝 Peru Trench
秘鲁海流/秘魯洋流 Peru Current
秘鲁海盆/秘魯海盆 Peru Basin
碧矾/碧[鎳]礬,翠礬 morenosite
碧侯群/碧侯群 Bihou Group
碧空/碧空,晴天 blue sky
碧口群/碧口群 Bikou Group
碧玺/碧璽,電氣石 tourmaline
碧玄岩/碧玄岩,試金石 basanite
碧玉岩/碧玉,碧石 jasperite
蔽光层积云/蔽光層積雲 stratocumulus opacus, Sc op
蔽光层云/蔽光層雲 stratus opacus, St op
蔽光高层云/蔽光高層雲 altostratus opacus, As op
蔽光高积云/蔽光高積雲 altocumulus opacus, Ac op
壁/壁 wall
壁部构造/壁部構造 thecal structure
壁侧沉积/壁側沈積 mural deposit
壁唇/壁唇 parietal lip
壁分离/壁分離 mural separation
壁后沉积/壁後沈積 hyposeptal deposit
壁间/壁間 intervallum
壁间室/壁間室,中隔 interseptum
壁角石/壁角石,房角石 Cameroceras
壁龛/崖腳穴 niche
壁龛式分叉/壁龕式分叉 niche with projection
壁孔/壁孔,壁胞 mural pore, thecal pore
壁垒/障礙 barrier
壁前沉积/壁前沈積 episeptal deposit
壁腔/壁腔 thecal pore
壁珊瑚/壁珊瑚 Porpites
壁外生长物/壁外生長物 tersoid
壁旋褶/壁旋褶,内唇頂中隆 parietal fold
避雷器/避雷器 lightning arrester, LA
避雷针/避雷針,導閃器 lightning rod, lightning conductor
避难所/避難所,庇護所 refuge
避难种/避難種 refugia species
臂/臂 arm
边长中误差/邊長中誤差 mean square error of side length
边方程式/邊方程式 side equation

边方程式检核/邊方程式檢核 side equation test
边际概率密度/邊際機率密度 marginal probability density
边际农民/邊際農民 marginal farmer
边际生产力/邊際生產力 marginal productivity
边疆/邊疆 frontier
边疆城市/邊境城市 frontier city
边疆学说/邊境理論 frontier thesis
边交会法/邊交會法 linear intersection
边角测量/三角三邊測量 triangulateration, angulateration
边角交会法/邊角交會法 linear-angular intersection
边角网/三角三邊網 triangulateration network
边界/邊界 boundary
边界测量/邊界測量,經界測量,鑒界測量 boundary survey
边界层/邊界層 boundary layer
边界层抽吸作用/邊界層抽吸[作用] boundary layer pumping
边界层顶/邊界層頂 top of boundary layer
边界层动力学/邊界層動力[學] boundary layer dynamics
边界层急流/邊界層噴流 boundary layer jet stream
边界层廓线仪/邊界層剖線儀 boundary layer profiler
边界层雷达/邊界層雷達 boundary layer radar
边界层模式/邊界層模式 boundary layer model
边界层气候/邊界層氣候 boundary layer climate
边界层气象学/邊界層氣象[學] boundary layer meteorology
边界层探空仪/邊界層雷送 boundary layer radiosonde
边界断层/邊界斷層 border fault
边界连接/邊緣連接 edge join
边界品位/最低可採品位 cut-off grade
边界驱动对流/邊界驅動對流 edge-driven convection
边界条件/邊界條件 boundary condition
边界效应/邊界效應 boundary effect
边境区/過境區 transit area
边框/邊框 border box
边幕式断裂/邊幕式斷裂 side curtain fracture
边泡虫/邊泡蟲 Marginopora
边坡/邊坡,坡面,坡度 side slope, slope
边坡稳定性观测/邊坡穩定性觀測 observation of slope stability
边坡桩/邊坡樁 slope stake
边石/緣石 rimstone
边蚀光度计/邊蝕光度計 limb occultation photometer
边域成种/邊域性物種形成 peripatric speciation
边缘/邊緣,邊界 limb, border, edge
边缘包体/邊包體 periphery inclusion
边缘波/邊波,[沙]岸緣波 edge wave
边缘城市/邊緣城市 edge city
边缘地/邊緣地區 peripheral area
边缘地槽/邊緣地槽 marginal geosynciline
边缘断层/週圍斷層 peripheral fault
边缘断陷槽/邊緣斷陷槽 marginal aulacogen
边缘隔离居群/邊緣隔離居群 peripherally isolated population
边缘沟/邊緣溝 border furrow
边缘海/[邊]緣海,陸緣海 marginal sea
边缘弧/邊緣弧,邊界弧,陸緣島弧 border arc
边缘混合岩化作用/邊緣混合岩化作用 marginal migmatization
边缘检测/邊緣檢測,邊緣偵測 edge detection
边缘检测滤波器/邊緣檢測濾鏡 edge detection filter
边缘孔/緣孔 marginal pore
边缘面线/邊緣面線 marginal suture
边缘拟合法/邊緣附合法 edge fitting method
边缘盆地/邊緣盆地,邊緣海盆 marginal basin
边缘匹配/邊緣匹配,邊緣契合 border matching
边缘强化/邊緣強化 edge enhancement
边缘索/邊緣索 marginal cord
边缘土地/邊際土地 marginal land
边缘效应/邊緣效應 edge effect
边缘增强/邊緣增強,邊緣強化 edge enhancement
边缘增生/邊緣增生,邊緣增積 marginal accretion
边缘注水/邊緣注水 contour flooding, periferal water flooding
边值问题/邊[界]值問題 boundary value problem
边桩/邊樁 border pile
编队测深/編隊測深 formation sounding
编稿地图/編稿底圖 map base
编稿图/編稿圖 compilation manuscript
编绘/編纂 compilation
编绘流程图/編圖流程表 compilation flow chart
编绘图/編纂圖 compiled map
编绘图板/編纂圖版 compilation board
编绘原图/編繪原圖,編審原圖,編製原圖 compiled original
编辑/編輯 edit
编辑草图/編輯草圖 edit sketch
编辑工具条/編輯工具列 editor toolbar

编辑校核/編輯校核　edit verification
编辑器/編輯器　editor
编码/編碼　coding, encoding
编码处理/編碼處理　encoding process
编码规则/編碼規則　encoding rule
编码经纬仪/編碼經緯儀　code theodolite
编码模式/編碼模式　encoding schema
编码模型/編碼模型　encoding model
编码数据串/編碼資料串　encoded data string
编码值域/編碼值域　coded value domain
编图比例尺/編纂比例尺　compilation scale
编图程序/編圖程式　compilation process
编图资料示意图/圖料精度表　reliability diagram
编译/編譯　compile
编译器/編譯器　compiler
编译语言/編譯器語言　compiler language
蝙蝠虫/蝙蝠蟲屬　*Drepanura*
蝙蝠粪石/蝙糞石　chiropterite
鞭节/鞭節　flagellum
鞭毛/鞭毛　flagellum
鞭毛虫/鞭毛蟲　flagellate
鞭毛室/[領]鞭毛室　flagellate chamber
鞭毛室出水孔/鞭毛室水孔　apopyle
鞭毛室入水孔/吸水孔,前幽孔　prosopyle
鞭器/鞭器　vibraculum
扁颚鳄/扁顎鱷　Platyonathus
扁颚龙/扁顎龍,新頜龍　Compsoganthus
扁方三八面体/扁方三八面體　dyakisdodecahedron
扁腹角石属/扁腹角石　*Platyventroceras*
扁卷虫属/扁卷蟲　*Planorbulina*
扁卷螺属/平卷螺　*Planorbis*
扁率/扁[橢]率,地球扁率　oblateness, flattening
扁平虫属/平旋蟲　*Planulina*
扁平肛道类/扁平肛道型　platyproct
扁体亚类/扁體亞類　platymorphs
扁头虫/扁頭蟲　Crepicepalina
扁椭球/扁橢球,扁橢圓球體　oblate spheroid, oblate ellipsoid
扁形动物门/扁形動物門　Platyhelminthes
扁形动物亚门/扁形動物亞門　Homalozoa
扁芽式/寬芽式　platycalycal type
卞氏兽属/卞氏獸龍　*Bienotherium*
变埃洛石/變質水高棱土　metahalloysite
变凹型椎体/變凹型椎體　anomocoelous centrum
变斑晶/變斑晶,斑狀變晶　porphyroblast
变比例投影/變比例投影　varioscale projection
变彩/變彩　play of color
变差系数/變異係數　coefficient of variation
变成构造/變質構造　metamorphic structure
变磁畴/變磁疇　transdomain
变磁阻仪/變磁阻儀　resistivity variometer
变动/變動　fluctuation
变短领鹦鹉螺/變短領鸚鵡螺　Cyrtochoanites
变分法/變分法　variational method
变分客观分析/變分客觀分析　variational objective analysis
变幅指数/變幅指數　range index
变感器/變量計　variometer
变格运动/變格運動　tectonization of change structural framework
变褐铁矾/變質水鐵礬　metahohmannite
变化/變化　variation
变化[地]磁场/變化[地]磁場　variated geomagnetic field
变化检测/變遷偵測　change detection
K-L 变换/K-L 變換　K-L transform
z 变换/z 轉換　z-transform
变换断层/變換斷層　transfer fault
变换光束测图/仿射測圖　affine plotting
变换模式/對話模式　conversational mode
变辉长岩/變輝長岩　meta-gabbro
变基性岩/變基性岩　metabasite
变胶状构造/變膠狀構造　metacolloidal structure
变焦镜头/變焦鏡頭　convertible lens
变焦立体镜/縮放立體鏡　zoom stereoscope
变焦透镜系统/可變焦距透鏡組　zoom lens system
变焦系统/變焦系統　zoom system
变焦转绘仪/縮放轉繪儀　zoom transferscope
变晶/變晶　crystalloblast
变晶结构/變晶組織　crystalloblastic texture
变晶系列/變晶系　crystalloblastic series
变距网格/變距網格　variable grid
变口目/變口目,偏口,變口苔蘚蟲類　Trepostomida
变蓝磷铝铁矿/變藍磷鋁鐵礦　metavauxite
变量/變量,[隨機]變數　variate, variable
变量图/變異圖　variogram
变磷铝石/柱磷鋁石,斜磷鉛石　metavariscite, clinovariscite
变率/變率,變異度　variability
变密度测井[图]/濃淡變化測録　variable density log
变泥质岩/變泥質岩　metapelite
变频法/變頻法　variable-frequency method
变色[海]水/變色水　discolored water
变生包裹体/變生包裹體　metamorphosed inclusion
变石/變石　alexandrite
变铈铌钙钛矿/變鈰鈮鈣鈦礦　metaloparite

变水钒钙石/變水釩鈣石 metarossite
[变]水锆石/水鋯石 malacon, malakon
变态/變態 metamorphosis
变态叶/無脈羽葉 aphlebia
变铜砷铀云母/變翠砷銅鈾礦 metazeunerite
变铜铀云母/低水銅鈾雲母 metatorbernite
变位/斷層帶變位 shift
变温动物/變温動物,冷血動物 poikilotherm, ectotherm
变温[动物]的/冷血的 poikilothermic
变温有机体/變温有機體 poikilotherm
变纤钠铁矾/變纖鈉鐵礬 metasideronatrite
变线仪/變線儀 variomat
变形/變形[作用],畸變 deformation, distortion
变形半径/變形半徑 deformation radius
变形场/變形場 deformation field
变形虫的/變形蟲狀的 amoeboid
变形虫状细胞/變形細胞 amebocyte
变形观测/變形觀測 deformation observation
变形观测控制网/變形觀測控制網 control network for deformation observation
变形光学系统/光學變像系統 anamorphotic optical system
变形机制/變形機制 deformation mechanism
变形[类]温度表/變形温度計 deformation thermometer
变形连续条件/變形連續條件 deformation continuity condition
变形路径/變形路徑 deformation path
变形裸子植物门/變形裸子植物 Metagymnospermae
变形模量/變形模數 deformation modulus
变形碛/變形磧 deformation till
变形双晶[作用]/變形雙晶 deformation twinning
变形条带/變形帶 deformation band
变形椭圆/變形橢圓 indicatrix ellipse
变形纹/變形紋 deformation lamella
变形协调条件/變形協調條件 deformation compatibility condition
变性气团/變性氣團 transformed air mass
变性土/反轉土,膨轉土,黏裂土 vertisol
变压场/變壓場 allobaric field
变压风/變壓風 allobaric wind
变压计/變量儀 variograph
变异/變異,變種,突變 mutation, variation
变异应力/變異應力 altered stress
变铀矾/變鈾鈣礦 meta-uranopilite
变余斑状结构/變餘斑狀結構 blastoporphyritic texture
变余半自形结构/變餘半自形結構 blastohypidiomorphic texture
变余层理构造/變餘層理構造 blastobedding structure
变余沉积/變餘沈積物 palimpsest sediment, metarelict sediment
变余构造/變餘構造 palimpsest structure
变余辉长结构/變餘輝長結構 blastogabbroic texture
变余火山碎屑[状]结构/變餘火山碎屑[狀]結構 blastopyroclastic texture
变余交织结构/變餘交織結構 blastopilotaxitic texture
变余结构/變餘結構 palimpsest texture
变余砾状结构/變餘礫狀結構 blastopsephitic texture
变余糜棱岩/變餘糜棱岩,變晶糜棱岩,變晶磨嶺岩 blastomylonite
变余气孔构造/變餘氣孔構造 blastovesicular structure
变余砂状结构/變餘砂狀結構 blastopsemmitic texture
变余杏仁状构造/變餘杏仁狀構造 blastoamygdaloidal structure
变针钒钙石/釩鈣石 metahewettite
变正形贝/伴正形蜿[貝] Metaorthis
变质沉积岩/變質沈積岩 metasedimentary rock
变质成矿作用/變質成礦作用 metamorphic metallization
变质重结晶[作用]/變質重結晶[作用] metamorphic recrystallization
变质带/變質帶 metamorphic zone
变质反应/變質反應 metamorphic reaction
变质分泌成矿作用/變質分泌成礦作用 metallization by metamorphic secretion
变质分异作用/變質分異作用 metamorphic differentiation
变质核杂岩/變質核雜岩 metamorphic core complex
变质火山岩/變質火山岩 metavolcanic rock
变质级/變質度 metamorphic grade
变质建造/變質層 metamorphic formation
变质阶段/變質階段 metamorphic episode
变质结构/變質結構 metamorphic texture
变质矿床/變質礦床 metamorphic deposit
变质矿物共生/變質礦物共生 metamorphic mineral paragenesis

变质年龄/變質年齡 metamorphic age
变质期/變質期 metamorphic epoch
变质生成矿床/變質生成礦床 metamorphogenic deposit
变质事件/變質事件 metamorphic event
变质水/變質水[分] metamorphic water
变质水方硼石/變質水方硼石 metahydroboracite
变质梯度/變質梯度 metamorphic gradient
变质体制/變質體制 metamorphic regime
变质相/變質相 metamorphic facies
变质相系/變質相系列 metamorphic facies series
变质相组/變質相組 metamorphic facies group
变质旋回/變質旋回 metamorphic cycle
变质亚相/變質亞相 metamorphic subfacies
变质岩/變質岩 metamorphic rock
变质岩石学/變質岩石學 metamorphic petrology
变质作用/變質作用 metamorphism
变质作用类型/變質作用類型 type of metamorphism
变种/變種 variety
便捷距离/便捷距離 convenience distance
便携式三分量磁通门磁力仪/可攜式三分量磁通門磁力儀 portable three-component fluxgate magnetometer
便携式智能磁力仪/可攜式智能磁力儀 portable intelligent magnetometer
便携式自动验潮仪/輕便自動驗潮計 portable automatic tide gauge
遍历法/遍歷法 traversal method
遍历性/遍歷性 ergodicity
遍在矿物/遍有礦物,普存礦物 ubiquitous mineral
辫状河/辮狀河,網狀河,交織河道 braided stream, braided river
标称精度/公稱精度 nominal accuracy
标尺/水平標尺 rod, scale
标尺改正/標尺改正 rod correction
标尺水准器/標尺水準器 rod level
标尺游标/標尺游標 rod vernier
标尺圆水准器/標尺圓水準器 circular rod level
标船/標船 mark boat
标定/率定 calibration
标定事件/標定事件 calibration event
标度/標度 scale
标度不变性/標度不變性 scale invarince, scaling invarince
标度关系/標度關係 scaling relation
标度律/標度律 scaling law
标度因子/標度因子 scale factor
标杆/標桿 range pole
标竿测试/基準測試 benchmark testing
标高差改正/標高差改正 correction for skew normal
标记/標記 flag
标记冲突/標簽衝突 label conflict
标记重捕法/標示再捕法 tagging recapture method
标记基因/標記基因 marker gene
标记值/標記值 tagged value
标界/定界,分界 demarcation
标界测量/標界測量 survey for marking of boundary
标量波动方程/純量波動方程式 scalar wave equation
标量磁力仪/標量磁力儀 scalar magnetometer
标量大地电磁阻抗/標量大地電磁阻抗 scalar magnetotelluric impedance
[标量]地震矩/[標量]地震矩 scalar seismic moment
标量辐照度/標量輻照度 scalar irradiance
标量慢度/標量慢度 scalar slowness
标[量]势/純量勢 scalar potential
标签/標簽 tag
标识/標識 identity, identification, ID
标识点/標示點 label point
标识符/標識符 identifier
标题行/標題行 header line
标位无线电信标/標位無線電標桿 marker radiobeacon
标位信标/標位標桿 marker beacon
标型矿物/指標礦物 typomorphic mineral
标型元素/標型元素 typomorphic element, typochemical element
标志层/標準層,示準層,指標層 key bed
标志灯/回照燈 signal lamp
标志杆/識别桿 identification post
标志化石/標準化石 index fossil
标注/標註,標簽 label
标桩/標樁 post
标准/標準 standard
CDT 标准/CDT 標準 Canyon Diablo troilite Standard
PDB 标准/PDB 標準 Peedee Belemnite standard
SLAP 标准/SLAP 標準 standard light Antarctic precipitation
SMOW 标准/標準平均大洋水 standard mean ocean water
标准层/標準[氣壓]層,指標層 standard pressure

level, key bed
标准差分类/標準差分類 standard deviation classification
标准穿透试验/標準穿入試驗 standard penetration test
[标准]大都市统计区/[標準]都會統計區 Standard Metropolitan Statistical Area, SMSA
标准大气/標準大氣 standard atmosphere
标准大气压/標準大氣壓 standard atmosphere pressure
标准单位/標準單位 standard unit
标准等压面/標準等壓面 standard isobaric surface
标准地层/標準地層 stratotype
标准[电]测井/標準[電]測井 standard electric logging, standard logging
标准电池/標準電池 standard cell
标准电极电势/標準電極勢 normal electrode potential
标准符号/標準圖例 standard symbol
标准工业分类码/標準工業分類碼 standard industrial classification code, SIC code
标准观测时间/標準觀測時間 standard time of observation
标准贯入试验/標準貫入試驗 standard penetration test, SPT
标准轨距/標準軌距 standard gauge
标准海水/標準海水 standard seawater, normal seawater
标准化/標準化,常態化,規格化 normalization, standardization
标准化过程/標準化過程 standardization process
标准化石/標準化石,指標化石 index fossil, guide fossil, type fossil
标准化数据处理/標準化資料處理 standard processing method
标准化死亡率/標準化死亡率 standardized mortality
标准交换格式/標準交換格式 standard interchange format, SIF
标准经线/標準經線 standard meridian
标准卷尺/標準卷尺,基準卷尺 standard tape, reference tape
标准米尺/標準公尺 prototype meter
标准模板/標準模板 normal template
标准年代学/正古生物定年學 orthochronology
标准浓度/標準濃度,規定濃度 normal concentration
标准配置点/標準配置點 Gruber point
标准偏差/標準差 standard deviation
标准平均大洋水/標準平均大洋水,標準平均海水 standard mean ocean water, SMOW
标准剖面/標準剖面 standard section
标准气候平均值/標準氣候平均值 climatological standard normal
标准气压表/標準氣壓計 normal barometer
标准设计反应谱/標準設計反應譜 standard design response spectrum
标准深度/標準深度 standard depth
标准时/標準時[間] standard time
标准时间系统/標準時間系統 standard time system
标准时区/標準時區 standard time zone
标准水层深度/標準深度 standard depth
标准通风干湿表/標準通風乾濕儀 standard aspirated psychrometer
标准图幅/標準圖幅 map of standard format
标准纬线/標準緯線 standard parallel
标准温压/標準溫壓 standard temperature and pressure, STP
标准误差/標準誤差 standard error
标准线性固体/標準線性固體 standard linear solid
标准雨量计/標準雨量計 standard raingauge
标准蒸发器/標準[蒸發]皿 standard pan
标准正交性/標準正交性 orthonormality
标准值/標準值 normal value
标准质子梯度仪/標準質子梯度儀 standard proton gradiometer
标准重力/標準重力 standard gravity
标准状态/標準狀態 standard condition
标准走时表/標準走時表 standard traveltime table
飑/颮 squall
飑锋/颮鋒 squall front
飑线/颮線 squall line
飑线回波/颮線回波 squall line echo
飑[线]云/颮雲 squall cloud
表/表格 table
EMS 表/EMS 表 EMS scale
表层/表層 surface layer
表层沉积物/表層沈積物 epigenic sediment
表层声道/折音層 surface duct
表层水/表層水 surface water
表层[洋]流/表層洋流 surface current
表差/表差 chronometer error
表达式/表達式 expression
表观光学特性/表觀光學特性 apparent optical properties
表观耗氧量/表觀耗氧量 apparent oxygen

utilization, AOU
表观解离常数/表觀解離常數 apparent dissociation constant
表观年龄/表觀年齡 apparent age
表观溶度积/表觀溶度積 apparent solubility product
表观温度/視溫度 apparent temperature
表壳/表殼 cortical shell
表壳层/殼皮,殼外層 periostracum
表壳构造/表殼構造 suprastructure
表壳岩/外殼岩 supracrustal rock
表卤水/表鹵水 surface brine
表面/表面 surface
表面边界条件/表面邊界條件 surface boundary condition
表面波/表面波 surface wave
表面粗糙度/表面粗糙度 surface roughness
表面[电]势/表面[電]勢 surface potential
表面电位/表面電位 surface potential
表面混合层/表面混合層 surface mixed layer
表面活性剂/表面活性劑,表面活化劑 surfactant, surface active agent
表面极化/表面極化 surface polarization
表面离子交换/表面離子交換 surface ion exchange
[表]面力/表面力 surface force
表面络合物/表面絡合物,表面錯合物 surface complex
表面模式/表面模式 surface mode
表面模型/表面模型 surface model
表面膜/表面膜 surface film
表面双性解离/表面雙性解離 surface amphoteric ionization, surface comphoteric ionigation
表面通量/地面通量 surface flux
表面吸附/表面吸附 surface absorption
表面应力/表面應力 surface stress
表面张力/表面張力 surface tension
表面张力波/表面張力波,毛細波 capillary wave
表面自由能/表面自由能 surface free energy
表膜/表膜,外膜,薄膜 pellicle
表皮/表皮,周皮,外皮 periderm
表栖附生/表棲生物 epibiosis
表珊瑚/表珊瑚 Hapsiphyllum
表上漂浮生物/表上漂浮生物 epineuston
表生成岩作用/表生成岩作用,後生成岩作用 epidiagenesis
表生底栖/底上底棲生物 epibenthos
表生动物/表生動物相,表棲動物群 epifauna
表生构造/表生構造 hypergene structure, supergene structure
表生矿物/表生礦物,次生礦物 hypergene mineral, supergene mineral
表生异常/表生異常 hypogene anomaly
表视图/表視圖 table view
表速/指示空速 indicated air speed, IAS
表土层/表土層 surface soil layer, top soil
表现世界/表現世界 world of appearances
表型/表[現]型 phenotype
表型单元/外表同型種 phenon
表征图/表型圖,表現圖 phenogram
表征[再现]/表徵[再現] representation
裱糊地图/裱背地圖 linen-backed map
别羊齿/别羊齒 Alloiopteris
别藻蓝蛋白/别藻藍蛋白,異藻藍素 allophycocyanin
宾干姆流体/賓干姆流體 Binghman fluid
宾夕法尼亚亚纪/賓夕法尼亞亞紀 Pennsylvanian Subperiod
宾夕法尼亚亚系/賓夕法尼亞亞系 Pennsylvanian Subsystem
滨/[海]濱,岸 shore, seaboard
滨岸/向岸的,登岸的 onshore
滨岸海湾/濱岸海灣 coastal embayment
滨齿兽类/濱齒獸類 aegialodontids
滨海城市/沿海城市 coastal city
滨海带/濱海帶,沿岸帶 littoral zone
滨海湖/濱海湖 loch
滨海旅游/海岸旅遊 coastal tourism
滨海气候/海岸氣候,沿海氣候 coastal climate
滨海气象[学]/濱岸氣象[學] coastal meteorology
滨海区/臨海區 seafront
滨海相/濱海相,潮灘相 littoral facies
滨河床沙坝/河道沙洲 channel bar, sand bar
滨螺/濱螺 Littorina
滨面/濱前 shore face
滨外坝/濱外沙洲,離岸沙洲,岸外壩 offshore bar
滨外沙埂/海濱障島,障島海灘 shore barrier, barrier beach
滨外水域/離岸水域 offshore waters
滨外滩/濱外灘 offshore beach
滨西太平洋成矿域/濱西太平洋成礦域 West Pacific Marginal metallogenic megaprovince
濒危遗产/瀕危襲産 heritage in danger
濒危种/瀕危種 endangered species
膑骨/髕骨 patella
冰/冰 ice
冰岸水道/冰岸水道 shore lead
[冰]雹/[冰]雹 hail
冰雹生成区/冰雹生成區 hail generation zone

[冰]雹云/雹雲 hail cloud
冰暴/冰暴 ice storm
冰擦痕/冰擦痕 glacial stria
冰槽扇/冰槽扇 alp
冰长石/冰長石 adularia
冰川/冰川 glacier
冰川拔蚀作用/冰拔,拔蝕 plucking
冰川崩溃/冰洪流 glacier burst
冰川编目/冰川編目 glacier inventory
冰川变化/冰川變動 glacial fluctuation
冰川冰/冰川冰 glacier ice
冰川冰结构/冰川冰結構 glacier ice texture
冰川波动/冰川變動 glacial fluctuation
冰川补给/冰川補給 alimentation of glacier
冰川擦痕/冰擦痕 glacial stria
冰川槽谷/冰川槽 glacial trough
冰川带/冰川帶 glacial zone
冰川地貌/冰河地形 glacial landform
冰川地质学/冰河地質學 glacial geology
冰川反气旋/冰原反氣旋 glacial anticyclone
冰川反气旋学说/冰原反氣旋説 glacial anticyclone theory
冰川泛滥/冰川泛濫 glacier flood
冰川分类/冰川分類 classification of glacier
冰川风/冰川風 glacier breeze, glacial wind
冰川后退/冰川後退 glacier retreat
冰川积累区/冰川積累區 accumulation area of glacier
冰川减退/冰川減退,冰川消退,冰消 deglaciation
冰川裂隙/冰隙 crevasse
冰川流域/冰川盆地 glacial basin
冰川泥石流/冰川土石流 glacial debris flow
冰川年代学/冰河年代學 glacier chronology
冰川盆地/冰川盆地 glacial basin
冰川漂砾/冰川漂礫 glacial erratic boulder
冰川平衡线/冰川平衡線 equilibrium line
冰川气候/冰川氣候 glacioclimate
冰川气候学/冰川氣候學,冰河氣候學 glacioclimatology
冰川前进/冰川前進 glacier advance
冰川融水径流/冰川融水徑流 glacier melt water runoff
冰川三角洲/冰河三角洲 glacial delta
冰川时代/冰期 glacial epoch
冰川水/冰川水 glacial water
冰川水文学/冰河水文學 glaciohydrology
冰川挖掘[作用]/冰拔[作用] glacial plucking
冰川物理学/冰川物理學 physics of glacier
冰川物质平衡/冰川塊體平衡 glacier mass balance
冰川相/冰川相 glacial facies
冰川消融区/冰融區 ablation area of glacier
冰川消退/冰川消退,冰川減退,冰消 deglaciation
冰川学/冰川學,冰河學 glaciology
冰川跃动/冰川湧動 glacier surging
冰川运动/冰河運動,冰河流動 glacier motion
冰川阻塞湖/冰川堰塞湖 glacier-dammed lake
冰川作用/冰川作用,冰河作用,冰化 glaciation
冰岛低压/冰島低壓 Icelandic low
冰岛盆地漂移/冰島盆地漂移 Iceland basin excursion
冰岛岩/冰島岩 icelandite
冰点/冰點,凝固點 freezing point, ice point
冰点降低/冰點降低 freezing point depression
冰点线/冰點線 freezing point line
冰冻等时线/等凍時線 isopectrics
冰冻学/冰凍學,冰河學 cryology
冰斗/冰斗 cirque, glacial cirque
冰斗冰川/冰斗冰川 cirque glacier
冰分布图/冰圖 ice chart
冰盖/冰蓋,冰冠 ice cap, ice cover
冰沟群/冰溝群 Binggou Group
冰海沉积/冰海沈積 iceberg deposit
冰河沉积/冰河沈積 glacio-river deposit
冰核/冰核 ice nucleus
冰后回弹/冰後回彈 post-glacial rebound
冰后隆升/冰後隆昇 post-glacial uplift
冰后期/冰後期,後冰期 post-glacial period
冰后期气候/冰後期氣候 post-glacial climate
冰湖沉积/冰湖沈積 glacio-lacustrine deposit
冰湖溃决洪水/冰湖潰決洪水 glacial lake outburst flood
冰花/冰花 shuga
冰积区/積冰區 accumulation area
冰积[作用]/積冰量,累積 accumulation
冰架/冰架,冰棚 ice shelf
冰架水/冰棚水 ice shelf water
冰间湖/冰間水道,冰中湖 polynya
冰间水道/冰間航路 lead lane
冰界/冰界 ice limit
冰晶/冰晶 ice crystal
冰晶石/冰晶石 cryolite
冰块/冰塊 ice cake
冰肋/冰肋,冰川汙線帶 ogives, Forbes bands
冰冷风/冰冷風 ice wind
冰砾阜/冰礫階 kame
冰砾阜阶地/冰礫階地,冰礫臺地 kame terrace

冰砾阜群/冰礫阜群 kame complex
冰粒/冰粒 ice particle
冰流/冰流 ice stream
冰帽/冰帽 ice cap
冰面饱和水汽压/純冰面飽和水汽壓 saturation vapor pressure with respect to ice
冰钠长石系/冰鈉長石系 adularia-albite series
冰瀑布/冰瀑[布] icefall, ice fall
冰期后的/後冰期的 post-glacial
冰期后海平面/冰期後海平面 post-glacial sea level
冰碛/冰磧 moraine
冰碛阶地/冰磧階地 moraine terrace
冰碛平原/冰磧平原 till plain
冰碛扇/冰磧扇 moraine fan
冰碛物/冰磧石,冰磧土 till
冰碛岩/冰磧岩 tillite
冰碛阻塞湖/冰磧堰塞湖 moraine-dammed lake
冰情/冰情 ice phenomena, sea ice condition
冰丘/冰丘 hummock
冰融/下溶 undermelting
冰塞/冰塞 frazil jam
冰山/冰山 iceberg
冰山运输模型/冰山運輸形態 iceberg form of transport
冰舌/冰舌 glacier tongue
冰蚀/冰蝕 glacial erosion
冰蚀槽/冰蝕槽,冰河谷 glacier trough
冰蚀谷/冰川槽 glacial trough
冰蚀湖/冰蝕湖 glacial erosion lake
冰蚀平原/冰蝕平原 ice-scoured plain
冰蚀作用/冰蝕[作用] glacial erosion
冰水沉积/冰水沈積 glaciofluvial deposit
冰水沉积平原/外洗平原 outwash plain
冰水沉积[物]/冰河水沈積物 glacio aqueous sediment, glaciofluvial deposit
冰水混合云/冰水混合雲 ice-water mixed cloud
冰水扇/冰水扇,外洗扇 outwash fan
冰透镜体/冰透鏡體 ice lens
冰丸/冰珠 ice pellet
冰雾/冰霧,凇霧 ice fog, rime fog
冰隙/無冰區 polynya
冰下河道/冰下河道 subglacial channel
冰消作用/消冰[量] ablation
冰楔多边形/冰楔多邊形 ice wedge polygon
冰楔假型/冰楔鑄型 ice wedge cast
冰芯/冰芯 ice core
冰芯定年/冰芯定年 ice core dating
冰芯记录/冰芯記録 ice core record
冰穴/冰穴 ice cave
冰雪化学/冰河化學 glaciochemistry
冰雪气候/冰雪氣候,冰凍氣候 nival climate
冰[雪]圈/冰圈 cryosphere
冰雪灾害/冰雪災害 disaster from snow and ice
冰原/冰原 ice field
冰原岛/冰原島 nunatak
冰缘/冰緣 periglacial
冰缘地貌/冰緣地形 periglacial landform
冰缘期/冰緣期 periglacial stage
冰缘气候/冰緣氣候 periglacial climate
冰缘线/冰緣線 ice edge
冰缘岩柱/冰緣岩柱 periglacial tor
冰缘作用/冰緣作用 periglacial process
冰云/冰[晶]雲 ice cloud
冰沼土/凍原土 tundra soil
冰针/冰針 ice needle, needle ice, frazil ice
冰洲石/冰洲石 iceland spar
冰柱/冰柱 ice pillar
冰组构图/冰組構圖 ice fabric diagram, Sohmidt diagram
兵要地志图/兵要地志圖 military geography map
丙烷/丙烷 propane
柄节/柄節,花莖 scape
柄细胞/柄細胞 pedicel cell
柄眼目/柄眼螺類,有柱腹足目 Stylommatophora
饼沙钱/餅沙錢 Echinodiscus
屏气潜水/閉氣潛水 breath hold diving
并合/合并 coalescence
并合系数/合并效率 coalescence efficiency
并列沙滩/并列沙灘 apposition beach
并系[性]/側系統 paraphyly
并行处理/并聯處理 parallel processing
并行处理器/并聯處理器 parallel processor
并行管理/平行管理 concurrency management
并行通信/并聯通訊 parallel communication
并行应用/平行應用 concurrent use
并行与分布式编程/并行與分散式程式設計 parallel and distributed programming
并胸腹节/并胸腹節 propodeum
病带/病帶 disease belt
病毒/病毒 virus
病毒性出血败血症/病毒性出血敗血症 viral hemorrhagic septicemia
病毒性红细胞坏死症/病毒性紅血球壞死症 viral erythrocytic necrosis
病毒性上皮增生症/病毒性上皮增生症 viral epidermal hyperplasia

病毒性神经坏死病/病毒性神經壞死病 viral nervous necrosis
病理生物气象学/病理生物氣象學 pathological biometeorology
病原复合体/病原複合體 pathogen complex
病原菌地理/病原菌地理學 geography of pathogenic microbe
Lg 波/Lg 波 Lg wave
P 波/P 波,縱波,壓縮波 P-wave, longitudinal wave
Pn 波/Pn 波 Pn wave
S 波/S 波,横波,剪力波 S-wave, transverse wave
SH 波/SH 波,水平剪切波 SH wave
SV 波/SV 波 SV wave
波包/波包[絡] wave packet
波参数/波浪參數 wave parameter
波槽/波槽 wave trough
波长/波長 wavelength, wave length
波长分光仪/波長分光儀 wavelength spectrometer
波场/波場 wave field
波场模拟/波場模擬 wave field modeling
波场外推/波場外推 wave field extrapolation
波场延拓成像/波場延拓成像 wave field extension imaging
波成构造/波成構造 wave built structure
波成阶地/波成階地,波成臺地 wave built terrace
波传播/波傳播 wave propagation
波茨坦重力标准/波茨坦標準重力 Potsdam standard of gravity
波茨坦重力系统/波茨坦[重力]系統 Potsdam absolute gravimetric system, Potsdam gravity system
波带板/波帶板 zone plate
波导/波導 wave guide
波导区电磁场/波導區電磁場 electromagnetic field in waveguide region
[波的]转换/[波的]轉換 conversion of wave
波动/波動 wave motion
波动方程/波[動]方程,波動方程式 wave equation
波动方程偏移/波動方程偏移 wave equation migration
波动解/波動解 wave solution
波动理论/波動説 wave theory
波动强迫[作用]/波強迫[作用] wave forcing
波动说/地殼波動學説 undation theory
波动性气旋/波狀氣旋 wave cyclone
波陡/波尖度 wave steepness
波度比重计/波梅比重計 Baume hydrometer
波段/波段 wave range, band
L 波段/L 波段 L-band
波段比/波段比率 band ratio
K 波段测距/K 波段測距 K-band ranging
波段交错格式/波段交錯格式 band interleaving format
波段顺序格式/波段循序格式 band sequential format
波多黎各海沟/波多黎各海溝 Puerto Rico Trench
波恩近似/波恩近似法 Born approximation
波尔多阶/布爾多階 Burdigalian Stage
波尔多期/布爾多期 Burdigalian Age
[波]峰/[波]峰 wave crest, peak
波峰线/波峰線 crest line
波幅/波幅 wave amplitude
波幅谱/振幅譜 amplitude spectrum
波幅增大/波增強 wave amplification
波干涉/波干擾 wave interference
波高/波高,浪高 wave height, wave elevation
[波]谷/[波]谷,[波]槽 trough, wave trough
波痕/波痕,漣痕 ripple mark
波痕指数/波痕指數 ripple index
波候/波候 wave climate
波活动性/波活動[性] wave activity
波集/波集 wave ensemble
波脊/波脊 wave ridge
波径/波徑 wave path
波控三角洲/浪控三角洲 wave dominated delta
波廓线/波剖面 wave profile
波浪/波浪 wave
波浪补偿/起伏補償 heave compensation, compensation of undulation
波浪补偿器/波浪補償器,垂盪補償器 heave compensator
波浪冲刷/波浪沖刷 wave wash
波[浪]反射/波反射 wave reflection
波浪后报/波浪後報 wave hindcasting
[波]浪基面/波浪基面 wave base
波浪均夷作用/波浪均夷作用 wave planation
波浪力线性化/波力線性化 linearization of wave force
波浪玫瑰图/波浪玫瑰圖 wave rose diagram
波浪能/波[浪]能 wave energy
波浪能转换/波能轉換 wave energy conversion
波浪爬高/溯上,沖刷高度 run up, swash height
波浪破碎带/波浪破碎帶 zone of wave breaking
波浪侵蚀/波[浪侵]蝕,浪蝕 wave erosion
波浪三角洲/波浪三角洲 wave delta

波[浪]散射/波散射 wave scatter
波浪水槽/波浪水槽,斷面水槽 wave flume, wave tank
波浪水池/平面水池,平面水槽 wave basin
波浪镶嵌构造说/波浪鑲嵌構造説 wavy mosaic tectonics
波[浪]衍射/波繞射 wave diffraction
波浪预报/波浪預報 wave forecast
波[浪]折射/波[浪]折射 wave refraction
波浪状镶嵌构造说/波浪狀鑲嵌構造説 wavy mosaic structure
波浪作用/波浪作用 wave action
波利亚-艾根伯格过程/波利亞-艾根伯格過程 Polya-Eggenberger process
波列/波列 wave train
波龄/波齡 wave age
波罗的地盾/波羅的地盾 Baltic shield
波罗的海/波羅的海 Baltic Sea
波罗-科普原理/波柔-柯培原理 Porro-Koppe principle
波罗望远镜/波柔式望遠鏡 Porro telescope
波模/波模,波樣式 wave mode
波模式/波模式 wave pattern
波能密度/波能密度 wave energy density
波能通量/波能通量 wave energy flux
波频/波頻 wave frequency
波频散/波頻散 wave dispersion
波剖面/波剖面 wave profile
波谱/波譜 wave spectrum
[波]谱分析/[波]譜分析 spectral analysis
波谱集群/波譜集群 spectrum cluster
波谱特征空间/波譜特徵空間 spectrum feature space
波谱特征曲线/波譜特徵曲線 spectrum character curve
波谱响应曲线/波譜回應曲線 spectrum response curve
波前/波前 wavefront
波前重建/波前重建 wavefront reconstruction
波前发散/波前發散 wavefront divergence
波前方程/波前方程 wavefront equation
波前构建/波前構建 wavefront construction
波前速度/波前速度 wavefront velocity
波曲群/波曲群 Boqu group
波群/波群 wave group
波扰动/波擾動 wave disturbance
波射线/波射線 wave ray
波蚀/波蝕 wave cut
波蚀海滨线/波蝕海濱線 wave etched shoreline
波蚀阶地/波蝕階地,波蝕臺地 wave cut terrace
波矢[量]/波向量 wave vector
波束/[波]束 beam
波束充塞系数/波束填塞係數 beam filling coefficient
波束角/波束角 wave beam angle, beam angle
波束宽度/波束寬度 beam width
波束展宽/波束加寬 beam broadening
波数/波數 wavenumber
波数空间/波數空間 wavenumber space
波数滤波/波數濾波 wavenumber filtering
波数矢量/波數向量 wavenumber vector
波衰减/波衰減 wave attenuation, wave decay
波瞬态/波瞬變 wave transience
波斯特尔投影/波斯特投影 Postel projection
波斯通贝属/線刺貝 *Buxtonia*
波斯湾/波斯灣 Persian Gulf
波速/波速,波相速度 wave speed, wave velocity, wave celerity
P 波速度/P 波速度 P-wave velocity
S 波速度/S 波速度 S-wave velocity
波特/鮑 baud
波特兰期/波特蘭期 Portlandian Age
波特率/鮑率 baud rate
波瓦姆群/波瓦姆群 Bowam Group
波位相/波相 wave phase
波纹玛瑙/堡壘瑪瑙 fortification agate
波纹扭形贝/波紋扭形貝 Cymostrophia
波吸收/波吸收 wave absorption
波希尼斯克方程/布氏方程 Boussinesq equation
波系/波系 wave system
波向/波向 wave direction
波形/波形 waveform
波形分析/波形分析 waveform analysis
波型/波模,波樣式 wave mode
波型扰动/波型擾動 wave type disturbance
波压/波壓 wave pressure
波源/波源 wave source
波阵面/波前 wave front
波至/到達 arrival
波至属性/波至屬性 attribute of an arrival
波至组合/波至組合 association of arrivals
波致流/波引致流,波浪衍生流 wave induced current
波周期/波週期 wave period
波状层积云/波狀層積雲 stratocumulus undulatus, Sc un

波状层理/波狀層理 wavy bedding
波状层云/波狀層雲 stratus undulatus, St un
波状高层云/波狀高層雲 altostratus undulatus, As un
波状高积云/波狀高積雲 altocumulus undulatus, Ac un
波状卷层云/波狀卷層雲 cirrostratus undulatus, Cs un
波状卷积云/波狀卷積雲 cirrocumulus undulatus, Cc un
波状沙地/波狀沙地 waveform sand
波状梯型/波狀梯型 trapeziform sinuate
波状消光/波狀消光 wavy extinction
波状云/波狀雲 billow cloud, wave cloud
波状运动/波狀運動 undulatory motion
波状振荡运动/波狀振盪運動 wave oscillatory movement
波阻/波阻 wave drag
波阻抗/波阻抗 wave impedance
波组/波組 wavepacket
波作用量/波作用量 wave action
玻恩-奥本海默近似/玻恩-歐本海默近似法 Born-Oppenheimer approximation
玻尔效应/波爾效應 Bohr effect
玻尔兹曼常数/波兹曼常數 Boltzmann constant
玻古安山岩/玻紫安山岩 boninite
玻化岩/玻化岩 buchite
玻环孢类/波環孢類,波環孢屬 Sinulatisporites
玻基斑状结构/玻基斑狀結構 vitroporphyritic texture
玻基碧玄岩/似碧玄岩 basanitoid
玻基辉橄岩/玻基輝橄岩 limburgite
玻基交织结构/玻晶交織結構 hyalopilitic texture
玻基玄武岩/玻基玄武岩,矽質玄武岩 tholeiitic basalt, vitrobasalt
玻晶交织结构/玻晶交織結構 hyalopilitic texture
玻璃光泽/玻璃光澤 vitreous luster
玻璃海绵/玻璃海綿 glass sponge
玻璃海绵类/玻璃海綿綱,六射海綿綱 Hyalospongia
玻璃介属/玻璃介 *Candona*
玻璃网目屏/玻璃網屏 glass screen
玻璃陨石/玻隕石 tektite
玻璃质[结构]/玻璃組織 vitreous texture
玻什-大森地震仪/玻什-大森地震儀 Bosh-Omori seismograph
玻屑/玻屑 vitric fragment
玻屑凝灰岩/玻璃凝灰岩 vitric tuff
玻意耳定律/波以耳定律 Boyle law
玻质纯橄岩/蛇紋基橄岩,麥美奇岩 meymechite
钵水母纲/鉢水母綱 Scyphozoa
钵水母类/鉢水母類 scyphozoan
剥离断层/剝離斷層 denudational fault, detachment fault
剥露机制/剝露機制 exhumation mechanism
剥蚀面/剝蝕面 denudation surface
剥蚀平原/侵蝕平原 plain of denudation
剥蚀速率/剝蝕速率 denudation rate
剥蚀[作用]/剝蝕作用,溶蝕作用 denudation
剥削理论/剝削理論 theory of exploitation
播撒/種[雲] seeding
播撒率/種雲率 seeding rate
播云/種雲 cloud seeding
播云剂/種雲劑 cloud seeding agent
伯格反褶积/伯格反褶積 Burg deconvolution
伯格曼法则/貝格曼律 Bergmann rule
伯格曼律/貝格曼律 Bergmann rule
伯格数/伯格數 Burger number
伯克兰电流/白克蘭電流 Birkeland current
伯克利学派/柏克萊學派 Berkeley school
伯里奇-诺波夫模式/伯里奇-諾波夫模式 Burridge-Knopoff model
伯努利方程/白努利方程 Bernoulli equation
伯斯迪克反演/伯斯迪克反演 Bostick inversion
伯兹赫德板块/伯兹赫德板塊 Birds Head plate
帛琉海沟/帛琉海溝 Palau Trench
泊松比/帕松比 Poisson ratio
泊松方程/帕方程式 Poisson equation
泊松分布/帕松分布 Poisson distribution
泊松公式/帕松公式 Poisson formula
泊松关系/帕松關係 Poisson relation
泊松过程/帕松過程 Poisson process
泊松体/泊松體 Poisson body
泊位/泊位,航席,停船位置 berth
柏丹格图表/柏丹格圖表 Peutinger Table
柏拉图年/柏拉圖年 Platonic year
柏拉图形而上学/柏拉圖形上學 Plato's metaphysics
柏拉图真理概念/柏拉圖真相概念 Plato's conception of Truth
勃林沸石/鮑林沸石,方複沸石 paulingite
勃砷铅石/氧砷鉛礦 paulmooreite
铂电阻温度计/鉑電阻溫度計 platinum resistance thermometer
铂-钴[比色]法/鉑-鈷[比色]法 platinum cobalt method

铂系元素/鉑族元素,鉑屬元素 platinum group element
铂族元素/鉑族元素,鉑屬元素 platinum group element
博彩旅游/博奕旅遊 gambling
博尔特气枪/博爾特氣槍 Bolt airgun
博斯星表/鮑氏星表 Boss catalog of stars
博弈论/博奕理論,賽局理論 game theory
渤海低压/渤海低壓 Bohai Sea low
渤海海峡/渤海海峽 Bohai Strait
渤海沿岸流/渤海沿岸流 Bohai Coastal Current
箔条测风法/箔條測風法 chaff wind technique
薄膜水/薄膜水,膜狀水 film water
薄膜水迁移/薄膜水遷移 film water migration
卟啉/卟啉 porphyrin
补偿/補償 compensation
补偿大地水准面/補償大地水準面,補助大地水準面 compensated geoid, cogeoid
补偿点/補償點,平準點 compensation point
补偿光强度/補償光照強度,平準光強度 compensation light intensity
补偿校正/補償校正 compensation correction
补偿流/補償流 compensation current
补偿滤色镜/補正濾光片 compensating filter
补偿贸易/補償貿易 compensatory trade
补偿气流/補償流 compensation current
补偿器/補正器 compensator
补偿器补偿误差/補償器補償誤差 compensating error of compensator
补偿深度/補償深度 depth of compensation
补偿式定标气压表/補償刻度氣壓計 compensated scale barometer
补偿式绝对日射表/補償日射強度計 compensating pyrheliometer
补偿式天空辐射表/補償式天空輻射儀 compensated pyranometer
补偿线性矢量偶极/補償線性向量偶極 compensated linear vector dipole, CLVD
补偿线性向量偶极/補償線性向量偶極 compensated linear vector dipole, CLVD
补偿质量/補償質量 compensation mass
补充曝光/輔助曝光 supplementary exposure
补充观测/輔助觀測 supplementary observation
补充量/補充量,入添量 recruitment
补充群体/補充系群 recruitment stock
补充[天气]预报/輔助預報 supplementary weather forecast
补给/補注 recharge
补角/補角 supplement of angle
补型/新型 neotype
捕获波/陷波 trapped wave
捕获辐射/捕獲輻射 trapped radiation
捕获温度/捕獲溫度 trapping temperature
捕获物/被掠者 prey
捕获系数/收集效率 collection efficiency
捕获压力/捕獲壓力 trapping pressure
捕捞过度/過度漁撈,過漁 overfishing
捕捞强度/捕撈強度 fishing intensity
捕虏体/捕虜體,捕虜岩 xenolith
捕食/捕食,掠食 predation
捕食迹/捕食跡 predation trace
捕食摄食者/捕食攝食者 raptorial feeder
捕食者/捕食者,掠食者 predator
捕食者-被捕食者模型/捕食者-被捕食者模式 prey-predator model
捕鱼许可制度/捕魚許可制度 fishing licence system
捕捉/相接 snapping
捕捉范围/捕捉範圍 snapping extent
捕捉环境/捕捉環境 snapping environment
捕捉距离/相接距離 snapping distance
捕捉容差/捕捉容差 snapping tolerance
捕捉特性/捕捉特性 snapping properties
捕捉提示/捕捉提示 snap tip
捕捉优先级/捕捉優先級 snapping priority
哺乳动物/哺乳動物 mammal
哺乳动物型动物/哺乳動物型動物 mammaliamorphs
哺乳纲/哺乳綱 Mammalia
不饱和烃/不飽和烴 unsaturated hydrocarbon
不饱和岩/不飽和岩 undersaturated rock
不闭合多边形/漏隙多邊形 leaking polygon
不变纬度/不變緯度 invariant latitude
不称河/不稱河,錯置河 misfit stream
不成对骨/不成對骨 unpaired bone
不等瓣壳/不等瓣殼 inequivalved shell
不等粒斑状结构/不等粒斑狀結構 inequigranular porphyritic texture
不等粒状/不等粒狀 inequigranular
不定风/不定風 variable wind
不定根/氣根 adventitious root
不定转移系统/非傳遞系統 intransitive system
不冻地/不凍層 tabetisol
不对称/不對稱 asymmetry
不对称波痕/不對稱波痕 asymmetrical ripple mark
不对称褶皱/不對稱褶皺 asymmetrical fold
不飞鸟/不飛鳥 Diatryma

不规则波/不規則波 irregular wave
不规则古杯类/不規則古杯類 irregulares
不规则海胆目/不規則海膽目 irregulata Echinoids, irregular Echinoids
不规则三角网/不規則三角網 triangulated irregular network, TIN
不规则三角网数据集/不規則三角網數據集 TIN dataset
不规则三角网图层/不規則三角網圖層 TIN layer
不规则三角网线类型/不規則三角網線類型 TIN line type
不规则水底/不規則水底 irregular water bottom
不规则噪声抑制/不規則噪聲抑制 irregular noise suppression
不含时泊松过程/不含時泊松過程 time-independent Poisson process
不混溶包裹体/不混溶包裹體 immiscible inclusion
不混溶岩浆/不混溶岩漿 immiscible maga
不活动板块/不活動板塊 inactive plate
不活跃锋/不活躍鋒 inactive front
不极化电极/不極化電極 non-polarizing electrode
不坚实岩层/弱岩 incompetent rock
不减压潜水/不減壓潛水 non-decompression diving
不经济/非經濟 diseconomies
不均匀/不均勻 non-uniform
不均匀沉陷/不均勻沈陷 differential settlement
不均匀收缩/伸縮差,不均勻收縮 differential shrinkage
不均匀性/不均勻性 inhomogeneity
不可更新资源/不可更新資源,非再生資源,不可再生資源 non-renewable resources
不可恢复的环境影响/不可復原的海洋環境衝擊 irreversible marine environmental impact
不可逆过程/不可逆過程 irreversible process
不可逆绝热过程/不可逆絕熱過程 irreversible adiabatic process
不可压缩流体/不可壓縮流體 incompressible fluid
不可压缩性/不可壓縮性 incompressibility
不可预报损失/不可預報損失 unpredictable loss
不可预报性/不可預報性 unpredictability
不可展面/不可展面 undevelopable surface
不可知论/不可知論 agnosticism
不冷凝气体/不可凝氣體 incondensable gas
不连续带/不連續帶 zone of discontinuity
不连续多年冻土/不連續多年凍土 discontinuous permafrost
不连续反应/不連續反應 discontinuous reaction
不连续面/不連續面 surface of discontinuity
不连续[性]/不連續[性] discontinuity
不良锚地/不良泊位 foul berth
不平衡/不平衡 disequilibrium
不确定性/不確定性 uncertainty
不确定[性]原理/測不準原理 uncertainty principle
不溶性/不溶[解]性 insolubility
不实枝/營養性頂枝 sterile telome
不适定问题/不適定問題 ill posed problem
不适指数/不舒適指數 discomfort index
不舒适区/不舒適區 discomfort zone
不同时性/非同步化,異步化 asynchronization
不透辐射热性/不透熱性 athermancy
不透明/不透明[的] opaque
不透明层/不透明層 opaque layer
不透水/不透水 impermeable
不透水层/不透水層,絕水層 aquifuge, impermeable layer
不透水[的]/不透水的,防水的 watertight, WT
不完全方向观测/不完全方向觀測 incomplete set of direction observation
不完整式地槽/不完整式地槽 imperfect geosyncline
不稳定爆发/不穩定爆發 unstable exploding
不稳定波/不穩定波 unstable wave
不稳定[度]/不穩度 instability
不稳定滑动/不穩定滑動 unstable sliding
不稳定能量/不穩定能量 instability energy
不稳定气团/不穩定氣團 unstable air mass
不稳定渗流/不穩定滲流 transient seepage flow
不稳定条件/不穩[定]條件 unstable condition
不稳定线/不穩定線 instability line
不稳定性/不穩定性 instability
不稳定最优波长/不穩定最佳波長 unstable optimum wave length
不稳态/不穩態,不穩定狀態 non-steady state, unsteady state
不稳型重力仪/不穩型重力儀,無定向重力儀 astatic gravimeter, unstable gravimeter
不相容元素/不相容元素 incompatible element
不谐调褶皱/不和諧褶皺 disharmonic fold
不锈材料/非腐蝕材料 non-corrosive material
不一致年龄/不一致年齡 discordia age
不晕透镜/消球差透鏡,慧差透鏡 aplanatic lens
不整合/不整合 discordance, unconformity
不整合脉型铀矿/不整合脈型鈾礦 unconformity-vein type uranium deposit
不整合侵入体/不整接侵入 discordant intrusion
不整合圈闭/不整合封閉 unconformity trap
不正规半日潮/不規則半日潮 irregular semi diurnal

tide
不正规全日潮/不規則全日潮　irregular diurnal tide
布标点/布標點　signalized point
布丁/布丁,石香腸　boudin
布尔表达式/布林運算式　Boolean expression
布尔东管/巴塘管　Bourdon tube
布尔诺漂移/布爾諾偏移　Brno excursion
布尔运算符/布林運算子　Boolean operators
布干维尔海沟/布干維爾海溝　Bougainville Trench
布格电气石/鈉鐵電氣石　buergerite, buergerita
布格定律/鮑桂定律　Bouguer law
布格改正/布格改正,布蓋重力修正　Bouguer correction
布格校正/布格化算,布蓋修正　Bouguer reduction, Bouguer gravity reduction
布格平板/布格平板　Bouguer plate
布格梯度/布格梯度　Bouguer gradient
布格晕/鮑桂暈　Bouguer halo
布格重力/布格重力　Bouguer gravity
布格[重力]异常/布格異常,布蓋重力異常　Bouguer anomaly, Bouguer gravity anomaly
布哈丁贝属/波音哈貝　*Bornhardtina*
布拉德型探针/布拉德型探針　Bullard probe
布拉风/布拉風　bora
布拉格定律/布拉格定律　Bragg's law
布拉格阶/布拉格階　Pragian Stage
布拉格期/布拉格期　Pragian Age
布拉格散射/布拉格散射,布雷格散射　Bragg scattering
布拉维法则/布氏定律　law of Bravais
布拉维晶格/布拉菲晶格　Bravais lattice
布拉维指数/布拉菲指數　Bravais indices
布莱克海台/布萊克海臺　Blake Plateau
布莱克漂移/布萊克漂移,布萊克偏移　Blake excursion
布莱克事件/布萊克事件　Blake event
布赖恩-考克斯模式/布萊恩-卡克斯模式　Bryan and Cox model
布朗扩散/布朗擴散　Brownian diffusion
布朗热改正/布朗改正,布朗修正　Browne correction
布朗运动/布朗運動　Brownian motion
布利登指数/布利登指數　Briden index
布列兹虫/布列茲蟲　Brizalina
布龙模式/布龍模式　Brune's model
布隆斯方程/布隆斯方程式　Bruns equation
布隆斯公式/布隆斯公式　Bruns formula
布隆斯项/布隆斯項　Bruns term
布吕克纳周期/布呂克納週期　Bruckner cycle
布伦顿袖珍罗盘/布倫頓羅盤　Brunton pocket compass
布伦特-维赛拉频率/布維頻率　Brunt-Vaisala frequency
布容期/布容尼斯期　Brunhes epoch
布容正向极性期/布容正向極性期,布容尼斯正向期　Brunhes normal polarity chron
布儒斯特角/布魯斯特角　Brewster angle
布西内斯克方程/布氏方程　Boussinesq equation
布西内斯克近似/布氏近似　Boussinesq approximation
布耶哈马问题/布耶哈馬問題　Bjerhammar problem
步测/步測　pacing
步长/步長　step size
步程计/計步器,步測計,步度計　pace counter, fally register
步带/步帶　ambulacrum
步带板/步帶板　ambulacral plate
步带沟/步帶溝　ambulacral groove
步带孔/步帶孔　ambulacral pore
步带系/步帶系[統],水管系統　ambulacral system
步行模式/步行模式　walk mode
部分饱和/部分飽和　partial saturation
部分叠加/部分疊加　partial stack
部分干旱/部分乾旱　partial drought
部分混合河口/部分混合河口　partially mixed estuary
部分平衡/部分平衡　partial equilibrium
部分热剩磁/部分熱殘磁性,部分熱剩餘磁化強度　partial thermoremanent magnetization, PTRM
部分热剩磁检验/部分熱剩磁檢驗　partial thermoremanent magnetization check, PTRM check
部分熔融/部分熔融　partial melting
部分同调/部分同調　partial coherence
部分无滞剩磁/部分非磁滯殘磁化,部分非磁滯剩磁　partial ARM, PARM
部分应力降/部分應力降　partial stress drop
部落/岩族　tribe

C

擦痕/[斷面]擦痕,擦面 slickenside, striation
擦痕面/擦痕面 slickenside
裁剪/裁取 clip
裁切线/裁切線 cutting marks
裁弯取直/曲流切斷 meander cutoff
采剥工程断面图/採剥工程斷面圖 striping and mining engineering profile
采剥工程综合平面图/採剥工程綜合平面圖 synthetic plan of striping and mining
采场测量/礦場測量 stope survey
采点间精度/採點間精度 between-sites precision
采点内精度/採點内精度 within-sites precision
采集/採集,獲取 capture, cull
采集脚印/採集腳印 acquisition footprint
采集链/採集鏈 acquisition link
采掘工程平面图/採掘工程平面圖 mining engineering plan
采矿工程师/礦業工程師 mining engineer
采暖度日/加熱度日 heating degree day
采气强度/採氣強度 gas production intensity
采气指数/採氣指數 gas well production index
采区联系测量/礦區聯繫測量 connection survey in mining panel
采水点/採水點 water sampling point
采水器/採水器 water sampler
采水样/採水樣,水樣採集 water sampling
采水装置/採水裝置 water sampling device
采样/採樣,取樣,抽樣 sampling, sample
采样策略/取樣策略 sampling strategy
采样点地层温度/採樣點地層溫度 formation temperature of sampling point
采样间隔/採樣間隔,取樣間隔 sample interval, sampling interval
采样密度/取樣密度 sampling density
采样模式/取樣模式 sampling schema
采样频率/採樣頻率 sampling frequency
采样周期/採樣週期 sampling period
采油/採油 oil production
采油强度/採油強度 oil production intensity
采油指数/採油指數 oil production index
彩票理论/彩票理論 lottery theory
彩色编码/彩色編碼 color coding
彩色变换/彩色變換 color transformation
彩色复制/彩色複製 color reproduction
彩色感光材料/彩色感光材料 color sensitive material
彩色合成/彩色合成,色彩合成 color composition, color composite
彩色红外/彩色紅外 color infrared, CIR
彩色红外片/彩色紅外片 color infrared film
彩色监视器/彩色監視器,紅-綠-藍三色監視器 RGB monitor
彩色校样/多色打樣 color proof
彩色蒙片法/修色片 color masking
彩色喷墨绘图仪/彩色噴墨繪圖機 color ink-jet spray plotter
彩色片/彩色軟片 color film
彩色摄影/彩色攝影 color photography
彩色凸版印刷/彩色凸版印刷 chromotype
彩色图/彩色圖 color map
彩色线画校样/彩色線畫校樣 dye line proof
彩色相片/彩色相片 color photograph
彩色样图/彩色樣圖 color manuscript
彩色样张/彩色樣張 color proof sheet
彩色印刷/彩色印刷 color printing
彩色增强/彩色增強 color enhancement
彩色正片/彩色正片 positive chrome
彩色坐标系/彩色坐標系 color coordinate system
菜单/選單,功能表 menu
菜单按钮/選單按鈕 menu button
菜单盒/選單盒 menu box
菜单控制程序/選單控制程式 menu controlled program
菜单条/選單列 menu bar
菜单项/選單項目 menu item
菜园土/菜園土 vegetable garden soil
蔡司平行四边形/蔡司平行四邊形 Zeiss parallelogram
[蔡司]平行四边形控制器/平行四邊形控制器 parallelogram inverter
参考/参考,参照 reference
参考比例尺/参考比例尺 reference scale

参考标石/参考標石　witness monument, witness mark, witness corner
参考层/参考層　reference level
参考大气/参考大氣　reference atmosphere
参考地图/参考地圖　reference map
参考点/参考點　reference point
参考模型/参考模型,参考模式　reference model
参考剖面/基準剖面　reference section
参考数据/参考資料　reference data
参考数据源/参考資料來源　reference data source
参考椭球/参考橢球[體]　reference ellipsoid
参考椭球定位/参考橢球定位　orientation of reference ellipsoid
参考椭球面/参考橢球面　reference ellipsoid surface
参考文件/参考文件　reference file
参考文献/参考文獻　reference
参考站/参考站　reference station
参考桩/参考樁　reference stake
参考子午线/参考子午線　guide meridian
参考坐标系/参考坐標系　reference coordinate system
参数/參數　parameter
参数方程式/參數方程式　parametric equation
参数估计/參數估計　parameter estimation
参数化/參數化　parameterization
参数井/參數井　parameter well
参数空间/參數空間　parameter space
参数空间反演/參數空間反演　parameter space inversion
参数模式/參數模式　parametric model
参数平差/參數平差　parameter adjustment
参数曲线/參數曲線　parametric curve
参照/參照,參考　reference
参照点/參照點　reference point
参照方格/參考方格　gird of reference
参照基准/參照基準　reference datum
参照数据/參照資料　reference data
参照完整性/參照完整性　referential integrity
参照系/參照系　reference system
参照效应/參照效應　reference effect
残差/剩餘誤差,改正數,剩餘[值]　residual error, remainder error
残磁稳定性/殘磁穩定性　stability of remanent magnetization
残毒含量/殘留量　residual level
残毒积累/殘留蓄積　residue accumulation
残积风化层/殘積風化層　residual regolith
残积和机械富集作用/殘積和機械富集作用　residual and mechanical concentration
残积景观/殘積景觀　eluvial landscape
残积矿床/殘積礦床,殘留礦床　residual deposit
残积土/殘積土,殘餘土壤,原積土　residual soil
残积物/殘積物,殘積層　residue, eluvium
残留/殘留　relict, residue
残留层/殘留層　residual layer
残留层理/殘留層理　relict bedding
残留沉积[物]/殘留沈積物　relict sediment
残留[大]洋盆/殘留洋盆　remnant ocean basin
残留构造/殘餘構造　relict structure
残留含水量/殘留含水量　residual water content
残留弧/殘留島弧　remnant arc
残留膜层/殘膜　residual coating
残留体/殘遺體　relict
残留烟囱/殘留煙囱　relict smoker
残留因素/殘留因素　relic factor
残缕结构/殘縷結構　helicitic texture
残丘/殘丘　monadnock
残山/殘山　relict mountain
残体群落/生物殘留群　liptocoenosis
残遗体/殘遺體　relict
残遗土/殘遺土　relict soil
残遗种/殘遺種,孑遺種　relict species
残影体/雲狀殘岩　skialith
残余变形/殘餘變形　residual deformation
残余层理/殘留層理　relict bedding
残余多年冻土/殘餘永凍土　relict permafrost
残余构造/殘餘構造　relict structure
残余矿物/殘餘礦物　residual mineral
残余量/殘餘量　residual volume
残余氯腐蚀/殘餘氯腐蝕,殘留氯蝕　residual chlorine corrosion
残余强度/殘餘強度　residual strength
残余水饱和度/殘餘水飽和度　residual water saturation
残余天然气饱和度/殘餘天然氣飽和度　residual gas saturation
残余物/殘餘物　residue
残余岩浆/殘餘岩漿,岩精　residual magma
残余应力/殘餘應力,殘留應力　residual stress
残余油饱和度/殘餘油飽和度　residual oil saturation
残植煤/殘植煤　liptobiolith
苍帘石/蒼簾石　beustite
苍山群/蒼山群　Cangshan Group
苍珊瑚/藍珊瑚　Heliopore
沧浪铺阶/滄浪鋪階　Canglangpuan Stage, Tsanglangpuan Stage

沧浪铺期/滄浪鋪期 Canglangpuan Age, Tsanglangpuan Age
沧龙类/滄龍 Mosasaurus
藏精器/藏精器 antheridium
藏卵器/藏卵器,卵囊 oogonium
藏卵室/藏卵室 archegonial chamber
操纵限制/操縱限制 steering constraint
操作/操作 operation
操作代码/操作代碼 operation code
操作对象/運算對象 operand
操作系统/作業系統 operating system, OS
操作优先权/操作優先權 operator precedence
操作员/操作員 operator
操作中心/作業中心 operation center
漕河/漕河 waterway of grain transporting
漕运/漕運 grain transporting
槽/中槽,中凹 sulcus
槽波/音槽波 channel wave
槽波地震[法]/槽波地震[法] channel wave seismic, in-seam seismic method
槽齿类/槽齒類 thecodontians
槽齿目/槽齒目 Thecodontia
槽齿系/槽齒系,槽牙系 thecodont dentition
槽沟/槽溝 furrow
槽谷/槽谷,箱形谷 box valley
槽孔模片辐射三角测量/槽孔模片輻射三角測量 slotted template radial triangulation
槽生齿/槽生齒 thecodont teeth
槽台成矿说/槽臺成礦説 geosyncline-platform metallogenesis theory
槽探/槽探,開溝,挖溝 trenching
槽线/槽線 trough line
槽牙系/槽牙系,槽齒系 thecodont dentition
槽褶缘型/槽褶緣型 sulciplicate
槽铸型/流槽鑄型 flute cast
槽状交错层理/槽狀交錯層 trough cross-bedding
草案/草稿 draft
草本的/草本的 herbaceous
草本群体/草本的 herbaceous
草本植物/草本植物 herb
草测/草測,踏勘 reconnaissance, sketch survey
草场模型/牧場模式 pasture model
草丛湿地/草叢濕地 grass wetland
草丛沼泽/草叢沼澤 grass swamp
草地退化/牧場退化 pasture degradation
草甸/草地,草場 meadow
草甸草原/濕[貧]草原 meadow steppe
草甸土/濕草原土 meadow soil
草甸沼泽化/草地沼澤化 meadow paludification, swampiness of meadow
草方格沙障/草方格沙柵 grass pane sandfence
草库伦/封閉的草原 enclosed grassland
草莓状结构/草莓狀組織,球叢狀組織 framboidal texture
草酸铵石/草酸銨石 oxammite
草酸铁矿/草酸鐵礦 humboldtine
草苔虫素/苔蘚蟲素 bryostatin
草图/草圖 sketch map, sketch
草图操作/草圖操作 sketch operation
草图工具/草圖工具 sketch tool
草图约束/草圖約束 sketch constraint
草温表/草温計 grass thermometer
草原/草原 steppe
草原动物/貧草原動物 steppe faunal group
草原气候/草原氣候 prairie climate, steppe climate
草原气候亚类/草原氣候 steppe climate
草原土壤/草原土,貧草原土壤 steppe soil
侧鞍/側鞍 lateral saddle
侧板/側板,肋部 pleuron, side plate, pleura
侧帮探测/側幫探測 detection of rib
侧壁/肋[骨]脊 rib
侧边搭接/側方超蓋 side lap
侧边界条件/側邊界條件 lateral boundary condition
侧步带板/副步帶板 adambulacral plate
侧齿/側齒 lateral tooth
侧刺鱼目/肋刺目 Pleuracanthodii
侧断坡/側斷坡 lateral ramp
侧反射/側向反射 lateral reflection
侧方观测/側方觀測 flank observation
侧方交会/側方交會 side intersection
侧方交会观测/側方交會觀測 axial lateral observation
侧分泌说/側分泌説 lateral secretion theory
侧分枝/側出分枝式 lateral branching
侧风/側風 lateral wind
侧风传感器/側風感應器 crosswind sensor
侧伏/傾伏角 pitch, rake
侧隔板/側隔板,側隔壁 lateral septum
侧弓亚纲/側弓目 Parapsida
侧航法/側航法 crabbing
侧击波/側擊波 side swipe
侧口盾/側口板 adoral plate
侧联合/側聯合 lateral commissure
侧裂火山口/寄生火口 adventive crater
侧面波/側向波 lateral wave
侧内沟/側內溝 alar fossula

侧颞孔/側顳孔 lateral temporal fenestra
侧片/側片,側板 lateral plate
侧碛垄/側冰磧 lateral moraine
侧腔类/腹鰓目 Pleurocoela
侧区/側區 lateral field, lateral area
侧扫声呐/側掃聲納 side scan sonar, SSS
侧扫声呐镶嵌图/側掃聲納鑲嵌圖 side scan sonar mosaic
侧生齿/側生齒 pleurodont teeth
侧生动物/副生動物 parazoa
侧视机载雷达/空載側視雷達 side-looking airborne radar
侧视雷达/[空中]側視雷達 side-looking radar, SLR
侧视螺旋环数/螺旋環數 number of convolutions
侧视声呐/側視聲納 side-looking sonar, SLS
侧腕板/側腕板 lateral arm plate
侧涡扩散率/側向渦流擴散係數 lateral eddy diffusivity
侧向测井/側向測井 lateral logging
侧向承载桩/側向力承載樁 laterally loaded pile
侧向重叠/側向重疊 sidle
侧向非均匀地球模型/側向非均匀地球模型 laterally heterogeneous sphere earth model
侧向非均匀介质/側向非均匀介質 laterally heterogeneous medium
侧向混合/側向混合 lateral mixing
侧向加积/側向加積作用 lateral accretion
侧向均匀地球模型/側向均匀地球模型 laterally homogeneous sphere earth model
侧向均匀介质/側向均匀介質 laterally homogeneous medium
侧[向侵]蚀/側[向侵]蝕 lateral erosion
侧向扫描系统/側向掃描系統 side-scanning system
侧向投射过程/側向投射過程 side-shot course
侧向位移/側向位移 side offset
侧向像片/側翼像片 wing photograph
侧向应力/側向應力 lateral stress
侧向运移/側向移位 lateral migration
侧压力系数/側壓力係數 lateral pressure coefficient
侧牙/側牙 lateral tooth
侧芽/側芽生,側分芽 lateral budding
侧叶/側葉 lateral lobe
侧羽叶/側羽葉 Pterophyllum
侧缘/側,翼 flank
侧重咬合/側重咬合 active occlusion
侧椎体/側椎體 pleurocentrum
侧足/疣足 Parapodium
测雹板/測雹板 hailpad
测标/測標 measuring mark, survey mark
测波浮标/測波浮標 wave buoy
测波仪/測波儀 wave gauge
测不准原理/測不準原理 uncertainty principle
测锤/鉛錘 plummet body
测锤脂/測錘填料 arming
测点/測點,測站 survey point, survey station
测氡仪/測氡儀 radon meter
测段/測段,[水準測量]鎖部 link, section
测风绘图板/測風繪圖板 pilot balloon plotting board
测风经纬仪/測風經緯儀 balloon theodolite, aerological theodolite
测风雷达/測風雷達 windfinding radar
测风气球观测/測風氣球觀測 pilot balloon observation
测风塔/測風塔 anemometer tower
测高法/測高術 altimetry
测高计/測高計,沸點氣壓計 hypsometer
测高平均温度/壓高平均氣温 barometric mean temperature
测高仪/測高儀 altimeter
测光计/測光計 actinometer
测[光]轴计/測軸計 axometer
测候网/測站網 reseau
测回/測回 observation set
测绘标准/測繪標準 standard of surveying and mapping
测绘学/測繪學 surveying and mapping, SM
测绘仪器/測繪儀器 instrument of surveying and mapping
测角精度/測角精度 angular accuracy
测角游标/測角游標 angular vernier
测角中误差/測角中誤差 mean square error of angle observation
测井/測井 logging, well logging
γ-γ 测井/γ-γ 測井 γ-γ logging
测井地层学/測井地層學 logging stratigraphiy
测井物理模型实验/測井物理模型實驗 well log physical model experiment
测井约束反演/測井約束反演 logging constrained inversion
测距觇标/測距覘標 range signal
测距定位系统/測距定位系統 range positioning system
测距光楔/測距光楔 distance measuring wedge
测距经纬仪/測距經緯儀 distance theodolite, range transit

测距雷达/測距雷達 range-only radar
测距盲区/測距盲區 range hole
测距误差/測距誤差 distance measuring error
测距仪/測距儀 distance measuring instrument, rangefinder
测链/測鏈,測鎖 chain
测链丈量/測鏈測量 chain survey
测量/測量 measure, surveying
测量标志/測量標志,測量覘標 survey mark, survey signal
测量残差/量測殘差 measurement residual
测量层/測量層 survey layer
测量觇标/測量覘標 observation target
测量船/測量船 survey vessel
测量单位/測量單位 unit of measure
测量底片/測量軟片 topographic base film
测量电极/測量電極 potential electrode
测量对象/測量對象 survey object
测量工程/測量工程 survey project
测量规范/測量規範 specifications of survey
测量基点桩/測量基點樁 survey datum monument
测量控制网/測量控制網 surveying control network
测量类/測量類 survey class
测量平差/測量值平差 survey adjustment
测量数据集/測量數據集 survey dataset
测量误差/量測誤差 measurement error
测量误差配赋/測量配賦 balancing a survey
测量学/測量學 surveying
测量仪定向/測量儀定位 orientation of surveying instrument
测流/水流觀測 current surveying
测流杆/測流漂桿,浮桿 float rod, drifting pole
测露表/露量計 drosometer
测旗/測量旗 fanion, flag
测钎/測針 chaining pin
测设/測設,放樣,釘樁 layout, setting out, laying off
测深标志/測深標 sounding mark
测深锤/測深錘,水鉈 sounding lead
测深法/測深法 sounding method
测深杆/測深桿,涉水標尺 sounding pole
测深管/測深管 sounding tube
测深机/測深機 sounding machine
测深基准面/測深基準面,深度化歸基準面 datum for sounding reduction, sounding datum
测深记录/測深記録 sounding record
测深间隔/測點間距 sounding interval
测深绞车/測深絞車 sounding winch
测深校准/水深點調整 alignment of sounding
测深精度/測深精度 total accuracy of sounding
测深密度/測深密度 frequency of sounding
测深绳/測深繩,測錘繩,測深線 lead line, sounding line
测深绳改正/測深繩改正 lead line correction
测深手簿/水深記録簿 sounding book
测深数据/水深資料 bathymetric data
测深索/測深鋼索 sounding wire
测深台/測深臺 sounding chair
测深图/測深圖 fathogram
测深图板/測深圖板 sounding board
测深线/測深線,測深繩,測錘繩 lead line, sounding line
测深仪/測深儀,深度計 depth sounder, bathometer
测深仪读数精度/測深儀讀數精度 reading accuracy of sounder
测深仪发射线/測深儀發射線 transmiting line of sounder
测深仪回波信号/測深儀回波信號 echo signal of sounder
测深仪记录纸/測深儀記録紙 recording paper of sounder
测深仪器/測深儀器 sounding apparatus
测绳/測程繩 log line
测湿公式/濕度公式 psychrometric formula
测试判定/測試判定 test verdict
测试平台/測試平臺 testbed
测试线/試測線 random line
测[水]深法/測深術 bathymetry
测速板/測速板 log-chip
测速标/測速標 marks for measuring velocity
测图/製圖[測量] cartographical surveying, mapping
测图版/描繪紙 plotting sheet
测图底片/測圖軟片 topographic base film
测图卫星/測圖衛星 mapping satellite
测图相机/製圖攝影機 mapping camera
测微鼓/測微鼓 micrometer drum
测微密度计/微點感測器 microdensitometer
测微目镜/測微目鏡 micrometer eyepiece
测微器/測微器 micrometer
测微器行差/測微器行差 run of micrometer
测温法/測温法,測温術 thermometry
测雾仪/測霧儀 fog detector
测线/測線 survey line, profile
测线采样/測線採樣 profile sampling
测斜罗经/測斜羅盤儀 clinometer compass

测斜照准仪/測斜照準儀　sight vane alidade
测银比重计/測銀比重計　argentometer
测云镜/測雲鏡　cloud mirror
测云雷达/測雲雷達　cloud detection radar
测云器/測雲器　nephoscope
测站/測站　survey station, instrumental station
测站归心/測站歸心　station centering
测站水平角闭合差/測站水平角閉合差　closing the horizon
测震学/測震學　seismometry
K 策略/K 策略　K-strategy
r 策略/r 策略　r-strategy
参差型椎体/參差型椎體　diplasiocoelous centrum
参差状断口/參差狀斷口　uneven fracture
层/[圖]層　layer, bed
D 层/D 域　D region
E 层/E 層　E horizon
F1 层/F1 層　F1 layer
F2 层/F2 層　F2 layer
层次/層次　level
层次存储/階層式儲存　hierarchical storage
层次的/階層式的　hierarchical
层次分区/階層式分區　hierarchical districts
层次关系/階層式關係　hierarchical relationship
层次化/階層化　hierarchization
层次计算机网络/階層式電腦網路　hierarchical computer network
层次结构/階層式結構　hierarchical structure
层次空间关系/階層式空間相關　hierarchical spatial relationship
层次模型/階層式模型　hierarchical model
层次数据结构/階層式資料結構　hierarchical data structure
层次数据库/階層式資料庫　hierarchical database
层次数据库结构/階層式資料庫結構　hierarchical data base structure
层次数据模型/階層式資料模型　hierarchical data model
层次文件结构/階層式檔案結構　hierarchical file structure
层次细节模型/層次細節模型　level of detail, LOD
层次序列/階層式序列　hierarchical sequence
层叠扩散/層級擴散　cascade diffusion
层化海洋/層化海洋　stratified ocean
层积云/層積雲　stratocumulus, Sc
层间改正/層間改正　plate correction
层间喀斯特/層間喀斯特　interstratal karst
层间流/層間流　interaquifer flow
层间劈理/層間劈理　interlaminar cleavage
层间水/層間水　interstratified water
层间岩溶/層間岩溶　interstratal karst
层间越流/層間流動,滲漏,交叉流　leakage, cross flow
层结/成層　stratification
层结大气/成層大氣　stratified atmosphere
层结湖/層結湖　stratified lake
层结流体/成層流體　stratified fluid
层结曲线/成層曲線　stratification curve
层孔虫目/層孔蟲目,層孔蟲綱　Stromatoporida, Stromatoporoidea
层孔虫属/層孔蟲　*stromatoporoid*, *Stromatopora*
层孔海绵类/層孔海綿類,層孔蟲　stromatoporoids
层控矿床/層控礦床　strata-bound deposit
层理/層理,紋層　bedding
层流/層流　laminar flow
层流边界层/層流邊界層,片流邊界層　laminar boundary layer
层面/層[理]面,層平面　bedding plane, bedding surface
层面暴露标志/層面暴露標志　level exposure sign
层面改正/層面改正,層面修正　bedding correction
层面构造/層面構造　bedding plane structure
层面劈理/層面劈理　bedding cleavage, bedding-plane cleavage
层内角砾岩/層內角礫岩　intraformational breccia
层内砾岩/層內礫岩　intraformational conglomerate
层内运移/層內運移　internal migration
层凝灰岩/層凝灰岩　tuffite
层侵纪/層侵紀　Rhyacian Period
层侵系/層侵系　Rhyacian System
层位/層位　horizon
层位拉平/層位拉平　horizon flattening
层文件/圖層檔案　layer file
层析成像/斷層掃描　tomography
层析成像法/層析成像法　tomographic method
层析成像反演/層析成像反演　tomographic inversion
层析成像模型/層析成像模型　tomographic model
层析反演静校正/層析反演靜校正　static correction by tomography inversion
层型/標準地層　stratotype
层序/次序,順序,序列　sequence
层序地层学/層序地層學　sequence stratigraphy
层序划分/層序劃分　classification of sequence
层序划分标志/層序劃分標志　sequence subdivision mark
层序界面/層序邊界　sequence boundary, SB

层云/層雲　stratus
层状/層狀　stratiform
层状畴/層狀磁域　lamellar domain
层状地貌/層狀地貌　stratified relief
层状硅酸盐/層狀矽酸鹽　phyllosilicate
层状回波/層狀回波　layered echo, stratified echo
层状火山/層狀火山　stratovolcano
层状矿床/層狀礦床　stratiform deposit
层状硫化物/層狀硫化物　stratiform sulfide
层状侵入体/層狀侵入體　layered intrusion
层状水合物/層狀水合物　layered hydrate
层状纤维结构/層狀纖維結構　lamello-fibrillar structure
层状油气藏/層狀油氣藏　systematic stratified reservoir
层状云/層狀雲　stratiform cloud
叉板/分叉板　forked plate
叉笔石/叉筆石　Dicellograptus
叉骨/叉骨　furcula, wishbone
叉骨突/叉骨突　hypocleidum
叉红藻胶/叉紅藻膠　furcellaran
叉棘/叉棘　pedicellaria
叉形的/分叉的　furcate
叉叶纲/叉葉綱　Dicranophyllopsida
叉羽羊齿属/叉羽羊齒　*Ptilozamites*
叉羽叶属/叉羽羊齒　*Ptilozamites*
叉状闪电/叉閃　forked lightning
差动弹道风/分層彈道風　differential ballistic wind
差动风/層差風　differential wind
差动平流/差異平流　differential advection
差分定位/差分定位　differential positioning
差分法/差分法　difference method
差分方程/差分方程　difference equation
差分模式/有限差分模式　finite difference model
差分全球定位系统/差分全球定位系統　differential global positioning system, differential GPS, DGPS
差分吸收激光雷达/差分吸收雷射雷達　differential absorption ladar
差分植被指数/差分植被指數　difference vegetation index, DVI
差异风化/差異風化　differential weathering
差异侵蚀/差異侵蝕　differential erosion
差异世界/差異世界　world of difference
差异压实作用/差異化固結作用,分異化壓縮作用　differential compaction
差异应力/差異應力　differential stress
差异阈/差異界檻值　difference threshold
差值分析/差值分析　differential analysis
差值图像/差分影像　difference image
插件/插件　plug-in
插晶菱沸石/插晶菱沸石　levynite
插入/插入　insert
插入机会/插入機會,介入機會　intervening opportunity
插入式/插入式　insert
插入数据源/插入數據源　plug-in data source
插值法/内插法　interpolation
查帕拉尔群落/查帕拉爾群落,硬葉常綠矮木林,荆棘灌叢　chaparral
查普曼层/查普曼層　Chapman layer
查普曼理论/查普曼理論　Chapman theory
查普曼生成函数/查普曼生産函數　Chapman production function
查询/查詢,搜尋　query, inquiry, search
查询表达式/查詢表達式　query expression
查询窗口/查詢視窗　query window
查询服务器/查詢服務器　query server
查询界面/查詢介面　query interface
查询网络服务/查詢網路服務　query web service
查询语言/查詢語言　query language
查找表/對照表　look-up table, LUT
查找关注点/查找關注點　find point of interest
查找路径/查找路徑　find route
拆沉作用/拆沈作用　delamination
拆离/析離,分離　decoupling
拆离断层/滑脱斷層,脱卸斷層　detachment fault
拆离构造/拆離構造　detachment structure
拆卸式觇标/拆卸式覘標　knockdown target
柴达木石/褐鐵鋅礬　chaidamuite
觇板罗盘仪/覘板羅盤儀　circumferentor
觇板式标尺/覘板式標尺　target rod
觇孔/覘孔　peep hole, bore hole
觇孔罗盘仪/覘孔羅盤儀　peep-sight compass
觇孔照准仪/覘孔照準儀　peep-sight alidade
觇牌/目標,覘標　target
[产层]有效厚度/[産層]有效厚度　net pay thickness
产出剖面测井/産出剖面測井　fluid yield profile logging
产额函数/産出函數,降伏函數　yield function
产量预报/産量預報　yield forecasting
产流/産流,徑流的生成　runoff generation
产卵/産卵　oviposition, egg laying
产卵场/産卵場　spawning ground
产卵洄游/産卵洄游,生殖洄游　spawning migration, breeding migration

产卵量/孕卵數,生殖力　fecundity
产卵器/産卵器　ovipositor
产能系数/産能係數　reservoir capacity
4D产品/4D産品　DLG, DOM, DEM and DTM products
产品规范/産品規格　product specification
产沙率/産沙率　sediment production rate
产水量/産水量　water yield
产业垂直联系/垂直産業關連　vertical industrial linkage
产业带区位/産業帶區位　industrial belt location
产业惯性/産業慣性　industrial inertia
产业集群/産業集群　industrial cluster
产业间关联/産業内部關聯　inter-industry linkage
产业联系/産業關聯　industrial linkage
产业区理论/工業區理論　industrial district theory
产业水平联系/産業水平聯繫　horizontal industrial linkage
产油区/産油區　oil producing region
产铀岩体/産鈾岩體　uranium productive massif
产状/産狀　occurrence, attitude
产状[要素]/産狀要素,位態　attitude, occurrence element
铲齿象属/鏟齒象　*Platybelodon*
铲头虫/金秋頭蟲　Dikelocephalus
铲形断层/鏟狀斷層,犁狀斷層,上凹曲面斷層　listric fault
铲形门齿/鏟形門齒　shovel-shaped incisor
铲叶属/沙氏銀杏　*Saportaea*
颤沼/顫沼,踐動沼　quaking bog
长版活/長版　long run
长背龙/長背龍　Clidastes
长鼻目/長鼻目　Proboscidea
长鼻三趾马/長鼻三趾馬　Proboscihipparion
长波/長波　long-wave
长波槽/長波槽　long-wave trough
长波长静校正异常/長波長静校正異常　long-wavelength statics anomaly
长波辐射/長波輻射　long-wave radiation
长波红外/長波紅外　long-wave infrared, LWIR
长波近似/長波[長]近似　long-wave approximation
长波调整/長波調整　adjustment of long-wave
长城/長城　the Great Wall
长城纪/長城紀　Changchengian Period
长城群/長城群　Changcheng Group
长城系/長城系　Changchengian System
长城站/長城站　Great Wall Station
长程航空图/長程航空圖　long-range air navigation chart
长程有序/長序排列,長距秩序排列　long-range order
长翅目/長翅目　Mecoptera
长度标准检定场/長度標準檢定場　standard field of length
长度不符值/長度閉合差　linear discrepancy
长度方程/長方程式　length equation
长度改正/長度改正　length correction
长隔壁/長隔,一級隔壁　major septum
长弧法/長弧法　long-arc method
长江冲淡水/長江沖淡水,長江河口水舌　Changjiang Diluted Water, Changjiang River Plume
长颈式/長頸式　macrochoanitic
长宽比/長寬比,縱橫比　aspect ratio
长浪/長浪　swell
长偏移距瞬变电磁测深/長偏移距瞬變電磁測深　long offset transient electromagnetic sounding
长偏移距瞬变电磁法/長偏移距瞬變電磁法　long offset transient electromagnetic method, LOTEM
长期变化/長期變化　secular variation
长期磁变/長期磁變　secular magnetic variation
长期[地震]预报/長期[地震]預報　long-term earthquake forecasting
长期[地震]预测/長期[地震]預測　long-term earthquake prediction
长期地质灾害/長期地質災害　long-term geological hazard
长期光行差/長期光行差　secular aberration
长期平均/長期平均　period average
长期摄动/長期攝動　secular perturbation
长期生态研究/長期生態研究　long-term ecological research
长期视差/長期視差　secular parallax
长期岁差/長期歲差　secular precession
长期性浮游生物/永久浮游生物　permanent plankton
长期预报/長期預報　long-range forecast
长山虫属/長山蟲　*Changshania*
长山阶/長山層階　Changshanian Stage
长山期/長山層期　Changshanian Age
长[射]程计划/長[射]程計劃　Longshot
长身贝属/長生蜿　*Productus*
长石/長石　feldspar
长石化作用/長石化[作用]　feldspathization
长石砂岩/長石砂岩　arkose, feldspar sandstone
长事务处理/長交易處理　long transaction
长寿断层/長壽斷層　long-lived fault

长寿区/長壽區　longevous area
长狭海湾/谷灣　ria
长兴阶/長興階　Changxingian Stage, Changhsingian Stage
长兴期/長興期　Changxingian Age, Changhsingian Age
长焰煤/長焰煤　long-flame coal
长叶杉/長葉杉　Elatides
长翼/長翼　long limb
长翼高/長翼高　long limb height
长英麻粒岩/長英麻粒岩　leptite
长英指数/長英指數　felsic index
长英质片麻岩/灰色片麻岩　felsic gneiss
长涌/卷浪　roller
长垣/平背斜　placanticline
长源距声波测井仪/長源距聲波測井儀　long-spaced sonic tool
长周期/長週期　long period
长周期大地电磁测深仪/長週期大地電磁測深儀　long-period magnetotelluric instrument
长周期地震波/長週期地震波　long-period seismic wave
长周期地震动/長週期地震動　long-period ground motion
长周期地震学/長週期地震學　long-period seismology
长周期地震仪/長週期地震儀　long-period seismograph
长周期噪声/長週期雜訊　long-period noise
长周期震源研究/長週期震源研究　long-period source study
长轴/長軸　macro-axis
长嘴猪/長嘴豬　Helohyus
肠骨/腸骨　ilium
肠状混合岩/腸狀混成岩　ptygmatite
肠状褶皱/腸狀褶皺　ptygmatic fold, ptygma
尝试法/嘗試法　trial and error procedure, trial and error technique
常规/常規　routine
常规观测/傳統觀測　conventional observation
常规化/定型化　routinization
常规雷达/傳統雷達　conventional radar
常规潜水/正規潛水　conventional diving
常规油气/常規油氣　conventional oil-gas
常规资料/傳統資料　conventional meteorological data
常见种/常見種　common species
常流河/常流河　perennial streams
常绿阔叶林/常綠闊葉林　evergreen broadleaved forest
常年/平年　ordinary year
常人方法论/常民方法論[學]　ethnomethodology
常水位/常水位　normal water level, ordinary water level
常速叠加/常速疊加　constant-velocity stacking
常速偏移/常速偏移　constant-velocity migration
常态层序/常態層序　normal sequence
常温/常溫　normal temperature
常压潜水/大氣壓潛水　atmospheric diving
常用对数/常用對數　common logarithm
厂址测量/廠址測量　surveying for site selection
场/場　field
场地的危险性曲线/場地的危險性曲線　hazard curve for the site
场地类别/場地類別　site classification
场地烈度/場地烈度　site intensity
场地渗流问题/場地滲流問題　site-percolation problem
场地条件/立地條件　site condition
场地土/場地土　site soil
场地相关反应谱/場地相關反應譜　site specific response spectrum
场地效应/場地效應　site effect
场景/景象　scene
场景地理学/場景地理學　geography of spectacle
场镜/場鏡　field lens
场阑/視野限度　field stop
场面气压/場面氣壓　airdrome pressure
场曲/像場彎曲　curvature of the image field
场所/場所，地域　locale, place
场所感/地方感　sense of place
场所与非场所/場所與非場所，地方與非地方　Place and placelessness
场向不规则结构/場向不規則結構　field-aligned irregularity
场向电流/場向電流　field-aligned current
场[致]反向/場反轉　field-reversal
敞田/敞田　openfield
敞田制度/敞田制度　openfield system
超变质水/超變質水　ultrametamorphic water
超变质作用/超變質作用　ultrametamorphism
超层/外層　exophragm
超长波/超長波　ultra-long wave
超长期[天气]预报/超長期預報　extra-long-range weather forecast
超潮波/超潮波　transtidal wave

超纯水/超純水 ultrapure water
超大型矿床/超大型礦床 superlarge mineral deposit
超带/超帶 superzone, megazone
超导磁力仪/超導磁力儀 SQUID magnetometer, superconductive magnetometer
超导效应/超導效應 superconductivity effect
超导重力仪/超導重力儀 superconductor gravimeter, superconductive gravimeter
超低频/超低頻 super-low frequeny, SLF
超低频波/超低頻波 ultra-low frequency wave, ULF wave
超低频电磁探测仪/超低頻電磁探測儀 ultra-low frequency electromagnetic detector
超地转风/超地轉風 supergeostrophic wind
超定/超定 overdeterminated
超定参数化/超定參數化 overparameterized
超定问题/超定問題 overdeterminated problem
超额征收/超額徵收 excess condemnation
超覆/超覆 overlap
超覆扩张中心/超覆擴張中心 overlapping spreading center
超高精度磁力仪/超高精度磁力儀 ultra-precision magnetometer
超高空/超高空 superhigh altitude
超高频/超高頻 ultra-high frequency, UHF
超高频雷达/超高頻雷達 UHF radar
超高曲线/超高曲線 raised curve
超高温变质作用/超高溫變質作用 ultra-high temperature metamorphism, UHT
超高压变质作用/超高壓變質作用 ultra-high pressure metamorphism, UHP
超高压实验/超高壓實驗 ultra-high pressure experiment
超固结/過分壓密 over consolidation
超光谱/超光譜,高光譜 hyperspectrum
超光谱遥感/超光譜遥測 ultraspectral remote sensing
超广角航空摄影机/超廣角航空攝影機,特寬角航空攝影機 super-wide angle aerial camera, ultra-wide angle aerial camera
超广角镜头/超廣角鏡頭 extra-wide angle lens
超基性岩/超基性岩 ultrabasic rock
超级单体/超大胞 supercell
超级单体风暴/超大胞風暴 supercell storm
超级地幔冷焰/超級地幔冷焰 super cold plume
超级[地幔]焰/超級地幔柱,超級地函柱 superplume
超级[地幔]柱/超級地幔柱,超級地函柱 superplume
超级地体/超級地體 super terrane
超级排列/超級排列 super spread
超级压光/超級壓光 super calendering
超焦点距离/超焦點距離 hyperfocal distance
超近摄影测量/超近攝影測量 macrophotogrammetry
超绝热递减率/超絕熱遞減率 superadiabatic lapse rate
超绝热温度梯度/超絕熱温度梯度 superadiabatic temperature gradient
超绝热直减率/超絕熱直減率,超絕熱遞減率 superadiabatic lapse rate
超空间/超空間 hyperspace
超立体感/超高立體 hyperstereoscopy
超链接/超鏈結 hyperlink
超临界二氧化碳/超臨界二氧化碳 supercritical carbon dioxide
超临界反射/超臨界反射 supercritical reflection
超临界含矿流体/超臨[界]含礦流體 ore-bearing supercritical fluid, supracritical ore fluid
超临界流动/超臨界流 supercritical flow
超临界流体/超臨界流體 supercritical fluid
超临界水/超臨界水 supercritical water
超临界状态/超臨界狀態 supercritical state
超滤膜萌发法/超薄膜培養法 ultrafiltration membrane culture method
超慢速扩张[洋]脊/超慢速擴張[洋]脊 ultraslow spreading ridge
超媒体/超媒體 hypermedia
超镁铁质岩/超鎂鐵質岩 ultramafic rock
超糜棱岩/超糜棱岩 ultramylonite
超碰撞带/超碰撞帶 super collision zone
超期发生/超祖系形性發生,新生狀發生,高次形成 hypermorphosis
超前巷道/導坑 pilot drift, advance heading, pilot tunnel
超前探测/超前探測 in-advance detection
超强台风/超級颱風 super typhoon, super TY
超倾型/超傾型 hypercline
超群/超群 supergroup
超深深度/超深深度 hadal depth
超深渊带/超深淵帶 hadal zone, ultra abyssal zone
超深渊动物/超深淵動物區系,超深淵動物相 hadal fauna, ultra abyssal fauna
超渗产流/超滲徑流 runoff generation from excess rain
超渗地表径流/超滲地表徑流 infiltration-excess

overland flow
超声波探伤/超音波探傷檢測 ultrasonic technique, UT
超声测风仪/超音波風速計 ultrasonic anemometer
超声成像/超聲成像 ultrasonic imaging
超声成像测井/超聲波成像測井,超音波成像測井 ultrasonic image logging
超声回波图/回聲測深圖,音測圖 echogram
超顺磁颗粒/超順磁顆粒 superparamagnetic particle
超松弛/超鬆弛 overrelaxation
超塑性流动/超塑性流動 superplastic flow
超塑性糜棱岩/超塑性糜棱岩 superplastic mylonite
超塑性蠕变/超塑性蠕變 superplastic creep
超酸性岩/超酸性岩 ultraacidic rock
超算误差/超出誤差 commission error
超梯度风/超梯度風 supergradient wind
超图/超圖[形] hypergraph
超微构造/超微構造 ultrastructure
超微古生物学/超微古生物學 nannopaleontology
超微化石/超微化石 nannofossil, ultramicrofossil
超微化石软泥/超微化石軟泥 nannofossil ooze
超微量分析/超微[量]分析 ultramicro analysis
超微体化石/超微體化石 micro-microfossil
超微微型浮游生物/超微微浮游生物 femtoplankton
超微型浮游动物/超微浮游動物 picozooplankton
超微型浮游生物/超微浮游生物 picoplankton, ultraplankton
超微型浮游植物/超微浮游植物 picophytoplankton
超文本/超文字 hypertext
超文本传输协议/超文字轉换協定 hypertext transfer protocol, HTTP
超文本链接标记语言/超文字鏈結標記語言 hypertext markup language, HTML
超文本链接置标语言/超文字鏈結標記語言 hypertext markup language, HTML
超文本置标语言阅读器/超文字置標語言閱讀器 HTML viewer
超显性/超顯性 overdominance
超雄鱼/超雄魚 super male fish
超压/過壓[力] overpressure
超盐水/超鹽水,高鹽水 ultrahaline water, hyperhaline water
超越概率/超過機率 exceedance probability
超越论者/先[超]驗論者 transcendentalist
超折射/超折射 superrefraction
超折射回波/超折射 superrefraction
超重油/特稠油 extra-heavy oil
巢域/活動圈 home range
潮差/潮[汐]差 tidal range, tidal difference
潮池/潮池 tidal pool
潮高/潮高 height of tide
潮共振/潮共振 tidal resonance
潮沟/潮溝 tidal creek
潮痕/潮線 tidemark
潮混合/潮混合 tidal mixing
潮积物/潮積物,潮積岩 tidalite
潮间带/潮間帶,潮間地區 intertical zone, littoral zone
潮间带沉积物/潮間帶沈積物 intertidalite
潮间带生态学/潮間帶生態學 intertidal ecology
潮间地/潮間地,海埔地,沿岸帶 tidal land
潮间沙洲/潮間沙洲 intertidal bar
潮阶/潮階 tidal terrace
潮控三角洲/潮汐主宰的三角洲 tide dominated delta
潮龄/潮齡 tide age, tidal age
潮流/[週期]潮流 tidal current
潮流表/潮流表 current table, tidal current table
潮流差/潮流差 current difference
潮流发电/潮差發電 tidal current generation
潮流界/潮流界 tidal current limit
潮流玫瑰图/潮流玫瑰圖 tidal current rose
潮流能/潮流能量 tidal current energy
潮流沙脊/潮流沙脊 tidal ridge
潮流矢量图/潮流時距曲線 tidal hodograph
潮流图/潮流圖 tidal current chart
潮流椭圆/潮流橢圓 tidal ellipse
潮流挖蚀/潮流挖蝕 tidal scour
潮区界/潮區界,汐止 tidal limit
潮上带/潮上帶,上潮帶 uptidal zone, supralittoral zone, supratidal zone
潮升/潮昇 tidal rise, rise of tide
潮时提前/潮期提前 priming of the tide
潮时滞后/潮期延遲 lagging of the tide
潮滩/潮灘,潮埔,潮坪 tidal flat
潮滩沉积/潮坪沈積 tidal flat sediment
潮土/潮土 fluvo-aquic soil
潮位/潮位 tide level
潮坞/潮塢 tidal basin
潮汐/潮[汐] tide
潮汐表/潮汐表 tide table
潮[汐]波/潮[汐]波 tidal wave
潮汐汊道/入潮口 tidal inlet
潮汐常数/潮汐常數 tidal constant
潮汐带/潮汐帶 tidal zone
潮汐电站/潮汐發電站 tidal power station

潮汐非调和常数/潮汐非調和常數 nonharmonic constant of tide, tidal nonharmonic constant
潮汐非调和分析/潮汐非調和分析 tidal nonharmonic analysis
潮汐分析/潮汐分析 tidal analysis
潮汐风/潮汐風 tidal wind, tidal breeze
潮汐改正/潮汐改正數,潮汐修正 tide reducer, tidal correction
潮汐基准面/潮汐基準面 tidal datum
潮汐加速度/潮汐加速度 tidal acceleration
潮汐校正/潮汐修正 tidal correction, tide correction
潮汐校正值/潮汐校正值 tidal correction value
潮汐理论/潮汐説 tidal theory
潮汐力/潮汐力 tidal force
潮汐摩擦/潮汐摩擦 tidal friction
潮汐能/潮汐能 tidal energy
潮汐平衡理论/潮汐平衡説 tidal equilibrium theory
潮汐剖面/潮汐剖面 tidal profile
潮[汐]日/潮[汐]日 tidal day
潮汐三角洲/潮汐三角洲 tidal delta
潮汐沙波/潮汐沙波 tidal sand wave
潮汐沙脊/潮汐沙脊 tidal sand ridge
潮汐摄动/潮汐攝動 tidal perturbation
潮汐调和常数/潮汐調和常數 harmonic constant of tide, tidal harmonic constant
潮汐调和分析/潮汐調和分析 tidal harmonic analysis, harmonic analysis of tide, tidal analysis
潮汐通道/潮汐[航]道,潮流口 tidal channel, tidal inlet
潮汐推算/潮汐推算,潮信推算 tide prediction
潮汐推算仪/潮汐推算機 tide predicting machine
潮汐效应/潮汐效應 tidal effect
潮汐信号/潮汐信號 tide signal
潮汐信号灯/潮汐燈號 tidal light
潮汐形变/潮汐變形 tidal deformation
潮汐学/潮汐學 tidology
潮汐延时/潮遲率 daily retardation
潮汐因子/潮汐因子 tidal factor
潮汐应变/潮汐應變 tidal strain
潮汐应力/潮汐應力 tidal stress
潮汐预报/潮汐推算 tidal prediction
潮汐预报基准面/潮汐預報基準面 datum of tide prediction
潮汐运动/潮汐運動 tidal movement, tidal motion
潮汐振荡/潮汐振盪 tidal oscillation
潮汐重力/潮汐重力 tidal gravitation force
潮汐重力变化/潮汐重力變化 tidal gravity change
潮汐重力改正/潮汐重力改正 tidal gravity correction
潮汐周期/潮汐週期 tidal cycle
潮下带/潮下帶 subtidal zone
潮信表/潮信表 tidal information panel
潮序/潮序 sequence of tide
潮沼/潮沼 tidal marsh
潮[致]余流/潮汐餘流 tide induced residual current
车轮矿/[車]輪礦 wheel-ore, bournonite
车载水准测量/機動水準測量 motorized leveling
尘埃层顶/塵地平 dust horizon
尘埃浓度/含塵量 dust loading
尘壁/塵牆 dust wall
尘降/落塵 dust fall
尘卷风/塵卷風 dust devil, dust whirl
尘霾/塵霾 dust haze
尘幔/塵幔 dust veil
尘雾/塵霧 dust fog
尘旋/塵卷風 dust devil, dust whirl
辰砂/辰砂,紅砂,銀朱 vermilion, cinnabar
沉船/沈船 wreck
沉船打捞/沈船打撈 wreck raising
沉船勘测/沈船勘測 wreck surveying
沉垫/基墊 mat
沉淀分带/沈澱分帶 precipitation zoning
沉淀物/沈積物 sediment
沉淀作用/沈澱[作用] precipitation
沉火山碎屑岩/沈火山碎屑岩 sed-volcanic pyroclastic rock
沉积变质矿床/沈積變質礦床 sedimento-metamorphic deposit, metamophosed sedimentary deposit
沉积层-水界面/沈積層-水介面 sediment-water interface
沉积层序/堆積層序 depositional sequence
[沉积]成岩作用/成岩作用 diagenesis
沉积地球化学/沈積地球化學 sedimentary geochemistry
沉积动力学/沈積動力學 sediment dynamics
沉积分异作用/沈積分異[作用] sedimentary differentiation
[沉积]缝合线/縫合面 stylolite
沉积俯冲/沈積俯衝 sediment subduction
沉积盖层/沈積蓋層 sedimentary cover
沉积构造/沈積構造 sedimentary structure
沉积过路作用/沈積過路作用 sediment bypassing
沉积后碎屑剩磁/堆積後碎屑殘磁化 post-depositional DRM
沉积环境/沈積環境,堆積環境 sedimentary

environment
[沉积]间断/間斷,缺層　hiatus
沉积建造/沈積岩層　sedimentary formation
沉积接触/沈積接觸　sedimentary contact
沉积结构/沈積組織　sedimentary texture
沉积矿床/沈積礦床　sedimentary deposit
沉积模式/堆積模式　depositional model
沉积喷流矿床/沈積噴流礦床　sedimentary exhalative deposit
沉积扇顶端/沈積扇頂端　fan apex
沉积生物/沈積生物　sedimentary organism
沉积剩磁/沈積殘留磁,堆積殘磁作用,堆積殘留磁化　depositional remanent magnetization, DRM, depositional remanence
沉积水/沈積水　sedimental water
沉积速度/沈降速度,澱積速度　deposition velocity
沉积速率/沈積速率,澱積速率　deposition rate, sedimentation rate
沉积碎屑剩磁/堆積碎屑殘磁化　depositional DRM
沉积体系/堆積體系,堆積系統　depositional system
沉积体系域/沈積體系域　depositional systems tract
沉积物/沈積物　sediment
沉积物捕获器/沈積物搜集器,沈積捕集器　sediment trap
沉积物流速/沈滓速度　sediment velocity
沉积物通量/沈積[物]通量　sediment flux
沉积相/沈積相　sedimentary facies
沉积相模式/沈積相模式　sedimentary facies model
沉积相组合/沈積相組合　sedimentary facies association
沉积楔/沈積楔　sedimentary wedge
沉积旋回/沈積循環　cycle of sedimentation
沉积学/沈積[岩]學　sedimentology
沉积岩/沈積岩,水成岩　sedimentary rock
沉积中心/沈積中心　depocenter
沉积重力流/沈積物重力流　sediment gravity flow
沉积组合/沈積組合　sedimentary association
沉积[作用]/沈積作用　sedimentation, deposition
沉积作用型海面变化/沈積[作用]型海面變化　sedimento-eustasy
沉降/沈降,下沈,陷落　subsidence
沉降带/沈降帶　subsiding belt
沉降地块/陷落地塊　depressed block
沉降[地]区/衰退區域　depressed region
沉降风/落塵風　fall wind
沉降观测/沈降觀測,沈陷觀測　settlement observation
沉降海岸/沈降海岸　subsided coast
沉降核素/沈降核素　fallout nuclide
沉降流/沈降流　downwelling
沉降盆地/沈降盆地　subsiding basin
沉降速度/沈降速度,沈澱速度　settling velocity
沉降速率/沈降速率,沈澱速率　settling rate
沉降物/沈降物　fallout
沉井/沈井　sinking well
沉没海岸/沈水海岸　submergent coast
沉没海滩/下沈海灘　submerged beach
沉凝灰岩/沈積凝灰岩　sedimentary tuff, reworked tuff
沉水盐生植被/沈水鹽生植被　immersed halophyte vegetation
沉陷/沈陷,坳陷　ebbing
沉箱/沈箱　caisson
沉性卵/沈性卵　demersal egg
陈蔡群/陳蔡群　Chencai Group
陈[化]海水/陳化海水　aged seawater
陈氏介属/譚氏介　*Tanella*
晨昏电场/晨昏電場　dawn-dusk electric field
衬度/對比,對照　contrast
称量瓶/稱量瓶　weighing bottle
称雪器/稱雪計　weighting snow-gauge
称重式气压表/稱重式氣壓器　weighing barometer
称重式雨量器/稱重式雨量器　weighing raingauge
撑杆/支撐桿　brace
撑铰器/鎖骨　clavicle
成本-效益分析/成效分析　cost-benefit analysis
成冰纪/成冰紀　Cryogenian Period
成冰系/成冰系　Cryogenian System
成冰阈温/冰核閥值温度　threshold temperature of ice nucleation
成层冰碛/層狀冰磧　stratified drift
成层高积云/層狀高積雲　altocumulus stratiformis, Ac str
成层卷积云/層狀卷積雲　cirrocumulus stratiformis, Cc str
成层状层积云/層狀層積雲　stratocumulus stratiformis, Sc str
成分成熟度/成分成熟度　component maturity
成钙质细胞/鈣質細胞　calicoblast
成果误差/結果誤差,真差　true error, resultant error
成核阈温/成核低限　nucleation threshold
成核作用/成核[作用]　nucleation
成矿带/成礦帶　metallogenic belt
成矿建造/成礦建造　metallogenic formation
成矿[控制]因素/成礦因子　metallogenic factor

成矿流体/成礦流體 ore-forming fluid, mineralizer
成矿母岩/母岩 mother rock
成矿谱系/成礦譜系 metallogenic lineage
成矿期/成礦期 metallogenic epoch
成矿壳层/成礦殼層 ore-forming level
成矿区/成礦區 metallogenic region
成矿热液/成礦熱液 core-forming fluid
成矿时代/成礦時代 metallogenic epoch
成矿系列/成礦系列 minerogenetic series
成矿系统/成礦系統 metallogenic system
成矿序列/成礦序列 minerogenetic series, metallogenic series
成矿学/成礦學,礦床成因論 metallogeny
成矿预测/成礦預測 metallogenic prediction
成矿域/成礦域 metallogenic megaprovince
成矿元素/成礦元素 metallogenic element, ore forming element
成陆巨旋回/成陸巨旋回 chelogenic cycle
成煤物质/成煤物質 coal-forming material
成煤作用/成煤作用 coal-forming process
成生联系/成生聯繫 genetic relation
成熟度/成熟度,壯年期 maturity
成熟腐泥/成熟腐泥 eu sapropel
成熟期/成熟期,成體期 mature stage, adult stage
成熟土壤/成熟土壤 mature soil
[成]双变质带/成雙變質帶 paired metamorphic belt
成体期/成體期,成熟期 mature stage, adult stage
成铁纪/成鐵紀 Siderian Period
成铁系/成鐵系 Siderian System
成土因素/成土因子 soil-forming factor
成网阳离子/成網陽離子 network-former cation
成像/成像 imaging
成像道集/成像道集 image gather, imaging gather
成像点道集的剩余时差分析/成像點道集的剩餘時差分析 residual moveout analysis of image gathers
成像光谱仪/成像光譜儀 imaging spectrometer
成像雷达/成像雷達,影像雷達 imaging radar
成像射线/影像射線 image ray
成像条件/成像條件 image-forming condition
成像系统/成像系統 imaging system
成像仪/成像器 imager
成型机/成型機,立體壓模機 forming machine, cure oven
成型土/成型土 patterned ground
成雪阶段/成雪階段 snow stage
成岩过程/成岩過程 diagenetic process
成岩相/成岩相 diagenetic facies
成因地层层序/成因地層層序 genetic stratigraphic sequence
成因矿物学/成因礦物學 genetic mineralogy
承德矿/承德礦 chengdeite
承受力/承受力 stress
承压地下水/受壓地下水 confined groundwater
承压水/承壓水,自流水,受壓水 artesian water, confined water
承压水层/自流水層 artesian aquifer
承压水头/壓力水頭,壓力水位差 confined head, piezometric head
承压水位/水壓平面 confined level, piezometric level
承载力/承載[能]力 bearing capacity
承载量/承載量,負載力 carrying capacity
城邦/城邦 city-state
城郊经济学/城郊經濟學 economics of outskirts
城墙群/城牆岩群 Chengqiang Group
城市/城市 city
城市安全/城市安全 city safety
城市边缘区/都市外緣 urban fringe
城市病/城市病 city disease
城市布局/都市布局 urban layout
城市测量/都市測量 urban survey
城市测量数据库/城市測量資料庫 database for urban survey
城市场/都市場 urban field
城市成长阶段/都市成長階段 urban growth stage
城市创业主义/都市創業主義 urban entrepreneurialism
城市道路等级/都市道路階層 urban road hierarchy
城市等级体系/都市階層 urban hierarchy
城市地理信息系统/都市地理資訊系統 urban geographic information system, urban GIS, UGIS
城市地理学/都市地理學 urban geography
城市地貌学/都市地形學 urban geomorphology
城市地图/都市地圖 urban map, city map
城市地图集/都市地圖集 urban atlas
城市地形测量/城市地形測量 urban topographic survey
城市地形图/城市地形圖 topographic map of urban area
城市地域结构/都市地域結構 structure of urban area
城市地质/城市地質學 urban geology
城市复兴/都市重振 urban rehabilitation
城市腹地/城市腹地 city hinterland
城市感应/城市識覺 city perception

城市高速交通系统/都市大眾運輸系統 urban mass transport system
城市革命/都市革命 urban revolution
城市更新/都市更新 urban renewal
城市管理信息系统/都市管理資訊系統 urban management information system, UMIS
城市管理主义/都市管理主義 urban managerialism
城市管治/都市治理 urban governance
城市规划/城市規劃,都市計劃 urban planning, city layout
城市规划区/都市計劃區 urban planning area
城市规划桩/都市計劃樁 urban planning stake
城市规模/城市規模 city size
城市规模等级/都市規模等級 order of urban size
城市规模分布/城市規模分布 city size distribution
城市过密/過度集中 over-concentration
城市合理规模/最適城市規模 optimum city size
城市核心/都市核心 urban core
城市化/都市化 urbanization
城市化地区/都市化地區 urbanized area
城市化经济/都市化經濟 urbanization economies
城市化曲线/都市化曲線 urbanization curve
城市化水平/都市化程度 degree of urbanization
城市化效应/都市化[效應] urbanization effect
城市环境/都市環境 urban environment
城市环境地质学/城市環境地質學 urban environmental geology
城市环境污染/都市環境汙染 urban environmental pollution
城市基础地理信息系统/城市基礎地理資訊系統 urban geographical information system, UGIS
城市基础设施/都市基礎設施 urban infrastructure
城市集聚区/都市聚集 urban agglomeration
城市计划/都市計劃 urban program
城市交通/都市交通 urban transport
城市交通规划/都市交通規劃 urban traffic planning
城市结构/都市結構 urban structure
城市结构规划/都市結構規劃 urban structural planning
城市经济基础理论/都市經濟基礎理論 urban economic base theory
城市经济区/都市經濟區 urban economic region
城市经济学/都市經濟學 urban economics
城市经济职能/都市經濟機能 urban economic function
城市经理人与守门人/都市經理人與守門人 urban managers and gatekeepers
城市空气污染/城市空氣汙染 urban air pollution
城市控制测量/城市控制測量 urban control survey
城市扩展/都市擴張 urban expansion
城市连续建成区/都市道 urban tract
城市旅游/都市旅遊 urban tourism
城市蔓延/都市蔓延 urban sprawl
城市密度梯度/都市密度梯度 urban density gradient
城市密度梯度律/都市密度梯度律 urban density gradient law
城市起源/城市起源 city origin
城市气候/都市氣候 urban climate
城市区域/城市區域,市區 city region
城市全景图/城市全景圖 city panorama
城市群岛/都市列嶼 urban archipelago
城市热岛效应/都市熱島[效應] urban heat island effect
城市人口/都市人口 urban population
城市人口结构/都市人口結構 urban population structure
城市人口预测/都市人口預測 urban population projection
城市容量/都市容量 urban capacity
城市设计/都市設計 urban design
城市社会学/都市社會學 urban sociology
城市社会运动/都市社會運動 urban social movement
城市社区/城市社區 city community
城市生活方式/都市生活風格 urban style of life
城市生态经济学/都市生態經濟學 economics of urban ecology
城市生态系统/都市生態系統 urban ecological system
城市生态学/都市生態學 urban ecology
城市生长极/都市成長極 urban growth pole
城市首位度/城市首位度 urban primacy ratio
城市首位律/首要城市定律 law of the primate city
城市疏散/都市去中心化 urban decentralization
城市衰退/都市衰退 urban decline
城市水文学/都市水文學 urban hydrology
城市体系/都市體系 urban system
城市天气/城市天氣 urban weather
城市图/城市圖 city map
城市土地经济学/都市土地經濟學 economics of urban land
城市网络/都市網路 urban network
城市文化/都市文化 urban culture
城市问题/都市問題 urban issue, urban problem
城市污水/城市汙水 municipal sewage

城市雾/城霧　town fog
城市吸引力/都市吸引力　urban attraction
城市系统动力学模式/都市系統動力學模式　urban system dynamic model
城市详细规划/都市細部規劃　urban detailed planning
城市信息系统/都市資訊系統　urban information system
城市形态/都市形態　city form, urban morphology
城市遥感/都市遥測　urban remote sensing
城市意象/城市意象　city image
城市影响分析/都市影響分析　urban impact analysis
城市影响区/都市影響區　urban shadow
城市用地评价/都市用地評價　land evaluation for urban development
城市用地选择/都市用地選擇　land option for urban development
城市远郊/都市遠郊　exurban
城市运动/都市運動　urban movement
城市再开发/都市再開發　urban redevelopment
城市增长/都市成長　urban growth
城市政策/都市政策　urban policy
城市职能/城市機能　city function
城市职能分类/城市機能分類　functional classification of cities
城市职能指数/都[市中]心機能指數　functional index of urban centers
城市制图/城市製圖　urban mapping
城市中心/都市中心　urban center
城市中轴线/都市計劃中軸線　central axis of urban planning
城市专门化指数/城市中心專業化指數　specialization index of urban centers
城市自然地理学/都市自然地理學　urban physical geography, physical geography of city
城市总体规划/都市總體規劃　urban master planning
城乡环境/城鄉環境　urban-rural circulation
城乡交错带/城鄉交錯帶　rural-urban fringe
城乡连续带/城鄉連續帶　urban-rural continuum
城乡一体化/城鄉整合　rural-urban integration
城镇发展轴线/都市發展軸線　urban development axis
城镇规划/市鎮計劃　town plan
城镇景观/城鎮景觀　townscape
城镇真形/城鎮真形　town shape
城镇中的破落街区/貧民區　skid row, slum
城址选择/城址選擇　selection of city site
城址转移/市址變遷　change of city site
城中村/都市村　urban village
乘常数/乘常數　multiplication constant
乘幂定律/冪律　power law
程函方程/艾康方程　eikonal equation
程控放大器/程式控制放大器　program control amplifier
程序/程序,程式　routine, program
程序标识码/程序標識碼　progID
程序跟踪/程式追蹤　program tracking
程序缺陷/錯誤　bug
程序组/程序組　batch
澄江阶/澄江階　Chengjiangian Stage
澄江期/澄江期　Chengjiangian Age
澄江生物群/澄江生物群　Chengjiang biota
橙钒钙石/橙釩鈣石　pascoite
橙汞矿/橙汞石,辰汞礦　montroydite
橙红铀矿/水鉛鈾礦　masuyite
橙黄铀矿/橙黄鈾礦　vandendriesscheite
橙砷钠石/橙紅砷鈉石　durangite
橙玄玻璃/橙玄玻璃　palagonite
吃水/吃水　draft
吃水标志/吃水標記　draft mark
吃水修正/吃水修正　draft correction
池塘养殖/池塘養殖　pond culture
弛菊石属/弛菊石　*Lytoceras*
弛豫/弛豫　relaxation
弛豫理论/弛豫理論　relaxation theory
弛豫谱/鬆弛譜　relaxation spectrum
弛豫时间/弛緩時間　relaxation time
驰龙类/奔龍類　dromaeosaurids
迟珊瑚属/遲珊瑚　*Bradyphyllum*
持久形变/持久形變　permament deformation
持久性/持久性　durability
持久性有机污染物/持久性有機汙染物　persistent organic pollutant, POP
持力层/承載層　bearing stratum
持水度/持水度　sustain capacity
持续时间/持續時間,延時　duration, duration time
持续性/持續性　persistence
持续性趋势/持續性趨勢　persistence tendency
持续性锁定/持續性鎖定　persistent lock
持续性预报/持續性預報　persistence forecast
匙虫/匙蟲　spoon worm
匙形台/匙板　spondylium
尺长改正/尺長改正　correction for tape length
尺垫/尺墊　rod support, pedal disc
尺度/尺度　scale

尺度变形/尺度變形 scale deterioration, scale variation
尺度辩证法/尺度論證 scale dialectics
尺度参数/尺度参數 scale parameter
尺度点/尺度點 scale point
尺度分析/尺度分析 scale analysis, scaling
尺度风格/尺度風格 dimension style
尺度逻辑/尺度邏輯,比例尺邏輯,規模邏輯 dialectics of scale, scale logic
尺度相互作用/尺度交互作用 scale interaction
尺度效应/尺度效應 scale effect
尺度要素/尺度要素 dimension feature
尺度要素类/尺度要素類 dimension feature class
尺度因子/尺度因子 scale factor
尺骨/尺骨,橈骨 radius, ulna
尺骨乳状突起/尺骨乳頭狀突起 ulnar papillae, quill knob
尺夹/尺夾 tape clip
尺台/標尺臺 foot plate, turning plate
尺腕骨/尺側腕骨 ulnare
尺桩/水準尺樁 foot pin
齿板/齒板,牙板 dental plate, radula
齿层/層,板 lamella
齿带/扣帶,環臺 cingulum
齿拱/拱,弓形 arch
齿沟/溝,槽 furrow
齿骨/齒骨 dentale, dentary
齿骨-鳞骨关节/齒骨-鱗骨關節 dentary-squamosal joint
齿冠/齒冠 crown
齿颌超目/齒頜總目 Odontognathae
齿脊/齒脊 carina
齿胶磷矿/齒綠松石 odontolite
齿鲸亚目/齒鯨亞目 Odontoceti
齿菊石式/菊面石式,菊面石的 ceratitic
齿菊石式缝合线/齒菊石式縫合線,菊面石式縫合線 ceratitic suture
齿菊石属/菊面石 *Ceratites*
齿列/齒列,牙系,齒系 dentition
齿鳞/齒鱗 cosmid-scale
齿轮虫/齒輪蟲 Elphidium
齿片/片,葉,刃狀 blade
齿舌/齒舌,齒板 radula
齿式/齒式,牙式 dental formula, dentition formula
齿突/突起 process
齿窝/矛槽,鉸窩 socket
齿系/齒系,牙系,異齒型 dentition, diagenodont
齿隙/齒隙,齒虛位 diastema
齿形虫/多牙蟲 Dentalina
齿形粒状变晶结构/齒形粒狀變晶結構 serrate granoblastic texture
齿羊齿类/齒羊齒類 odontopterids
齿羊齿属/齒羊齒 *Odontopteris*
齿叶/葉 lobe
齿垣/胸牆,女兒牆,墣牆 parapet
齿质/齒質,牙質 dentine
齿质层/齒質層 cosmine layer
齿轴/軸 axis
耻骨/恥骨 public bone
耻骨前突/上恥突 prepubic process
赤潮/赤潮,紅潮 red tide
赤潮毒素检测/赤潮毒素檢測 detection of red tide toxin
赤潮监测/赤潮監測 red tide monitoring
赤潮生物/赤潮生物 red tide organism
赤潮遥感/赤潮遥測 red tide remote sensing
赤潮灾害/赤潮災害 red tide disaster
赤潮治理/赤潮治理 harnessing of red tide
赤池[弘次]信息量准则/Akaike 資訊準則 Akaike information criterion
赤池准则/赤池準則 Akaike criterion
赤道/赤道 Equator
赤道半径/赤道半徑 equatorial radius
赤道波导/赤道波導 equatorial wave guide
赤道部/赤道部 ambitus
赤道槽/赤道槽 equatorial trough
赤道潮/赤道潮 equatorial tide
赤道带/赤道帶 equatorial zone, equatorial belt
赤道低压/赤道低壓 equatorial low
赤道地平视差/赤道地平視差 equatorial horizontal parallax
赤道电集流/赤道電噴射流 equatorial electrojet
赤道东风带/赤道東風[帶] equatorial easterlies
赤道辐合带/赤道輻合帶 equatorial convergence belt
赤道环/赤道環 cingulum
赤道缓冲带/赤道過渡帶 equatorial buffer zone
赤道流/赤道流 equatorial current
赤道轮廓/赤道輪廓 amb
赤道面/赤道面 equatorial aspect, equatorial plane
赤道逆流/赤道反流 equatorial countercurrent
赤道暖流/赤道暖流 equatorial drift
赤道平面/赤道平面 equatorial plane
赤道β平面/赤道β[平]面 equatorial β-plane, equatorial beta plane
赤道气候/赤道氣候 equatorial climate

赤道气团/赤道氣團 equatorial air mass
赤道潜流/赤道潛流,赤道下層海流 equatorial undercurrent
赤道圈/赤道圈 equatorial circle
赤道卫星/赤道衛星 equatorial satellite
赤道无风带/赤道無風帶 equatorial calms, doldrums
赤道西风带/赤道西風[帶] equatorial westerlies
赤道星/赤道星體 equatorial stars
赤道星距/赤道星距 equatorial interval
赤道仪/赤道儀 equatorial
赤道仪望远镜/赤道儀望遠鏡 equatorial telescope
赤道异常/赤道異常 equatorial anomaly
赤道雨林/赤道雨林 equatorial rainforest
赤道轴/赤道軸 equatorial axis
赤道坐标系/赤道坐標系 equinoctial coordinate system
赤底统/赤底統 Rotliegendes
赤矾/赤礬,鈷礬 bieberite
赤红壤/赤紅壤 latosolic red soil
赤经/赤經 right ascension
赤经岁差/赤經歲差 precession in right ascension
赤经章动/赤經章動 nutation in right ascension
赤路矿/黄鉬碲鉍礦 chiluite
赤平网格图/赤平網格圖 stereonet
赤铁矾/赤鐵礬 botryogen
赤铁矿/赤鐵礦 hematite
赤铜矿/赤銅礦 cuprite
赤纬/赤緯,[磁]偏角 declination
赤纬圈/赤緯圈 parallel of declination, declination circle
赤纬岁差/赤緯歲差 precession in declination
赤杨/赤楊 Alnus
翅/翅 wing
翅骨/翅骨 pteroid
翅脉/翅脈 vein
翅室/[小]室 cell
翅羊齿/翅羊齒 Neuropteris
翅痣/翅斑 pterostigma, stigma
冲/衝[位] opposition
冲并效率/收集效率 collection efficiency
冲涤/雨除 rainout
冲断层/逆[衝]斷層 thrust
冲断推覆体/逆衝斷層推覆體 thrust nappe
冲断褶隆/衝斷褶隆 thrust culmination
冲沟/[沖]蝕溝,雛谷 gully, gullet
冲换时间/沖換時間 flushing time
冲击变质作用/衝擊變質作用 impact metamorphism
冲击波/衝擊波,震波 shock wave
冲击地震/衝擊地震 impact earthquake
冲击岩/撞擊石 impactite
冲积层/沖積[表]層,沖積礦床,沖積砂礫 alluvium, alluvial deposit
冲积平原/沖積平原,河成平原,河灘 alluvial plain, river plain
冲积砂矿/沖積砂礦 alluvial placer
冲积扇/沖積扇 alluvial fan
冲积扇湾/沖積扇灣 fan bay
冲积土/沖積土 fluvisol, alluvial soil
冲积物/沖積物,沖積[表]層,沖積砂礫 alluvial deposit, alluvium
冲积相/沖積相 alluvial facies
冲积锥/沖積錐 alluvial cone
冲胶片/沖片 processing film
冲浪/沖浪 surfing
冲浪带/沖浪帶 surf zone
冲量/衝量 impulse
冲流带/沖流帶,沖濺帶,流濺帶 swash zone
冲绳海槽/沖繩海槽 Okinawa Trough
冲刷带/沖刷帶,掃浪帶 wash zone
冲突/衝突 conflict
冲突解决方案/衝突解決方案 conflict resolution
冲洗/雨洗 washout
冲洗带/滲透帶 flushed zone
冲溢/溢流 washover, overflow
冲淤/蝕積 cut and fill
充电法/充電法 excitation-at-the-mass method
充分成长风浪/完全發展風浪 fully developed sea
充填矿床/充填礦床 filling mineral deposit
充填作用/充填作用 cavity filling
虫颚/蟲牙 scolecodont
虫颚原始集群/蟲顎原始集群 scolecodont natural assemblage
虫黄藻/蟲黄藻,共生藻 zooxanthella
虫孔/穿洞,潛穴 burrow, worm burrow
虫媒植物/蟲媒植物 insect-pollinated plant
虫室/蟲室,犬管[孔] gallery, zoecium, autopore
虫牙/蟲牙 scolecodont
虫印石/蟲印石 lumbricaia
重采样/重採樣,重新取樣 resampling
重齿亚目/重牙齒目 Duplicidentata
重叠/重疊 overlap, overlaying
重叠冰/筏浮冰 rafted ice
重叠多边形/重疊多邊形 overlaid polygon
重叠环/重疊環 overlapping ring

重叠扩张中心/重疊擴張中心 overlapping spreading center
重叠平均/交疊平均 overlapping average
重叠调整器/重疊調整器 overlap regulator
重叠像对/重疊像對 overlapping pair
重叠原理/重疊原理,疊置定律 principle of superposition, law of superposition
重定居/重新拓殖 recolonization
重放/重放 playback
重放窗口/重放窗口 playback window
重放模式/重放模式 playback mode
重分类/重分類 reclassification
重复读数/重複讀定 double reading
重复分凝成冰/重複分凝成冰 repeated ice segregation
重复脉冰/重複脈冰 repeated vein ice
重复潜水/重複潛水,反覆潛水 repeated diving
重复性/重複性 repeatability
重构区域地理/重構區域地理 reconstructed regional geography
重积作用/重褶皺作用 refolding
重脚目/重腳目,原腳目 Embrithopoda
重接/重接 reset
重结晶[作用]/重結晶作用,再結晶作用 recrystalization
重匹配/重匹配 rematching
重庆群/重慶群 Chongqing Group
重曲折晶石/重曲折晶石 double refracting spar
重现间隔/重現期 recurrence interval
重现期/重現期,回復期,回歸期 return period
重现群落/重現群落 recurrent community
重现周期/重現[週]期,回復期 recurrence period, return period
重牙齿目/重牙齒目 Duplicidentata
重演/重演 recapitulation
重影/雙影 slur
重褶齿猬属/古蝟獸 *Zalambdalestes*
重褶齿猬亚目/重褶齒亞目,古刺蝟類 Zalambdonta
重褶形齿/重褶齒型 zalambdodont
重褶褶皱/重褶褶皺,再褶曲 refolded fold, refolding fold
重褶作用/再褶曲[作用] refolding
重置年龄/重置年齡 resetting age
重组/重組 recombination
抽水试验/抽水試驗 pumping test
抽提物/萃取物 extractive
抽吸性涡旋/吸氣渦旋 suction vortex
抽象/抽象化 abstraction
抽象测试方法/抽象測試方法 abstract test method
抽象测试模块/抽象測試模型 abstract test module
抽象测试套件/抽象測試組 abstract test suite
抽象测试项/抽象測試案例 abstract test case
抽象程度/抽象程度 abstraction level
抽象符号/抽象符號 abstract symbol
抽象世界/抽象世界 abstract universe
抽象数据类型/抽象資料型態 abstract data type, ADT
抽样技术/抽樣技術 technique of sampling
抽样率/抽樣率 sampling rate
抽样模式/取樣模式 sampling schema
稠度/稠度 consistency
稠度界限/稠度限度 consistency limit
稠度指数/一致性指數 consistency index
稠密数据/稠密資料 dense data
稠油/稠油 thick oil
臭葱石/臭蔥石 scorodite, skorodite
臭水/臭水 stinking water
臭碳酸盐软泥/臭碳酸鹽軟泥 fetid carbonate ooze
臭氧/臭氧 ozone
臭氧测定仪/臭氧儀 ozonograph
臭氧层/臭氧層 ozonosphere, ozone layer
臭氧层顶/臭氧層頂 ozonopause
臭氧层空洞/臭氧層破洞 ozone hole
臭氧层损耗/臭氧層損耗 depletion of ozone layer
臭氧洞/臭氧洞 ozone hole
臭氧分布/臭氧分布 ozone distribution
臭氧[观测]雷达系统/臭氧雷達系統 ladar system for ozone
臭氧光化学/臭氧光化學 ozone photochemistry
臭氧耗竭/臭氧耗竭 ozone depletion
臭氧计/臭氧計 ozonometer
臭氧收支/臭氧收支 ozone budget
臭氧探空仪/臭氧送 ozonesonde
臭氧图/臭氧圖 ozonogram
臭氧云/臭氧雲 ozone cloud
臭氧总量/臭氧總量 total ozone
出版说明/出版說明 credit legend
出版用地图文件/出版用地圖文件 published map file
出版原图/出版原圖 final original
出边/出面邊,破圖廓 bleeding edge, border break
出潮口/出潮口 tidal outlet
出境旅游/出境旅遊 outbound tourism
出口基础理论/出口基礎理論 export base theory
出口加工区/出口加工區 export processing zone
出口区/出區 exit region

出流河/出流河　effluent stream
出梅/出梅　ending of Meiyu
出溶/出溶作用,凝析作用,離溶作用　exsolution
出溶结构/出溶構造　exsolution texture
出射窗/出射視野　exit window
出射顶点/發射頂點　emergent vertex
出射光瞳/出射瞳孔　exit pupil
出射角/出射角　angle of emergence
出射节点/發射節點　emergent nodal point
出生率/出生率　natality, birth rate
出水管/出水管　exhalent siphon, excurrent canal
出水管道区/出水後院區,後幽門管　apochete
出水孔/出水孔　apopore
出水口/出水孔,排水孔,口孔　oscule, osculum
出芽生/分芽[生]　budding
出芽生殖/分芽[生]　budding
出游动机的推拉因素/推拉因子　push-pull factor
出游方式/出遊方式　mode of trip
初冰期/初冰期　freezing period
初波/初波　primary wave
初步环境评估/初級環評　initial environmental evaluation
初测/初測　preliminary survey
初次运移/初次運移　primary migration
初次运移量/初次運移量　primary migration quantity
初定期/初定期　initial stable stage
初定震中/初定震央　preliminary determination of epicenter, PDE
初动/初動　first motion, first movement
初动近似/初動近似　first motion approximation
初动期/初動期　initial mobility period
初房/初房,胎殼　proloculus, protoconch
初个虫/初[個]蟲　primary zooid
初估值/初估[值]　first guess
初级产业/初級產業,第一級產業　primary industry
初级合作/原始合作　protocooperation
初级膜/初級膜　primary film
初级生产力/初級生產力,基礎生產力　primary productivity
初级生产量/初級生產量,基礎生產量　primary production
初级生产者/初級生產者　primary producer
初级污着膜/初級汙著膜　primary fouling film
初级消费者/初級消費者　primary consumer
初雷等时线/等雷線　homobront
初龙型类/初龍類　archosauromorphs
初龙亚纲/祖龍亞綱,初龍類　Archosauria
初糜岩/原生糜棱岩　protomylonite
初期冰/初期冰　young ice
初期微动/初期微震　preliminary tremor
初熔温度/共熔溫度　eutectic temperature
初渗/初滲　initial infiltration
初生冰/初生冰　new ice
初生矿床/初生礦床　juvenile ore deposit
初生水/初生水,岩漿水,一次水　juvenile water, primary water
初始比值/初始比值　initial ratio
初始参考地球模型/初時參考地球模型　preliminary reference earth model, PREM
初始磁化率/初始磁化率　initial magnetic susceptibility
初始地形/初始地形　initial landform
初始化变分方法/初始化變分法　variational method for initialization
初始熔体/初始熔體　initial melt
初始条件/初始條件　initial condition
初始拓扑/初始拓撲　preliminary topology
初始岩浆/原生岩漿　primary magma
初始应力/初[始]應力,起始應力　initial stress, primary stress
初霜/初霜　first frost
初算/初算,概算　field computation, preliminary computation
初相/初相　initial phase
初学者/業餘博學者　learnt amateur
初针/初針,中横棒　crepis
初值化/初始化　initialization
初至/初達　first arrival, first break
初至波/初[達]波,P 波　primary wave
除垢剂/除垢劑　descaling agent
除垢能力/去垢能力　descaling capability
除气作用/除氣　outgassing
除锈/除銹　rust removal
锄形分子/斧形分子　dolabrate element
雏地槽/雛地槽　rudimentary geosyncline
雏地台/雛地臺　rudimentary platform
雏晶/雛晶　crystallite
雏形器官/萎退器官　rudimentary organ
雏形土/始成土,發育土　Cambisol
雏形种/起始種　incipient species
处理/處理　processing
处理成果磁盘/處理成果磁片　processed production disk
处理的质量控制/處理的品質控制　quality control in processing

处理后污水/處理後流出物 processed effluent
处暑/處暑 End of Heat
储采比/儲採比 reserve-production ratio
储层/儲層 reservoir bed formation
储层地质模型/儲層地質模型 geological reservoir model
储层地质学/儲層地質學 reservoir geology
储层流动单元/儲層流動單元 reservoir flow unit
储层毛细管压[强]/儲層毛細管壓[強] capillary pressure of reservoir bed
储层性质/儲層性質 reservoir property
储矿构造体系/儲礦構造體系 structure for ore housing
储量/儲量 reserve
储气层/儲氣層 gas reservoir bed
储热构造/儲熱構造 reservoir structure
储热构造异常/儲熱構造異常 reservoir structure anomaly
储油构造/儲油構造 oil-bearing structure
储油气层/儲油氣層 reservoir formation
储油岩/儲油岩 reservoir rock
触发地震/觸發地震 initiating earthquake
触发机制/激發機制 trigger mechanism, triggering mechanism
触发作用/激發作用 trigger action
触环角石式壳/觸環角石殼,大飛角石殼 tarphyceracone
触角/第二觸角,大觸角 antenna
触角电位图/觸角電位圖 electroantennogram, EAG
触觉地图/觸覺地圖 tactual map, tactile map
触区/觸區,墊區 adnation area, adnated area
触手/觸手,觸臂 brachiole, tentacle
触手冠/觸手冠 lophophore
川流/水流 stream current
氚/氚 tritium
穿插双晶/穿插雙晶,貫通雙晶,穿插孿晶 penetration twin, interpenetration twin
穿晶裂隙/穿晶裂隙 transgranular fracture
穿孔/穿孔 perforation
穿孔颗石/穿孔球菌,穿孔球石 trematolith
穿孔型隔壁/穿孔型隔壁 perforate septum
穿孔有孔类/細孔有孔目 Perforate Foraminifera
穿孔中央板/穿孔中央板 perforated central plate
穿时/穿時 diachronous
穿时性/穿時性 diachronism
穿透对流/穿透對流 penetrative convection
穿透深度/穿透深度 penetration depth
传播/傳遞 propagation
传播介质/傳播介質 propagation medium
传播矩阵/傳播矩陣 propagator matrix
传播矢量/傳播向量 propagation vector
传导/傳導 conduction
传导电流/傳導電流 conduction current
传导热流/傳導熱流 conductive heat flow
传导热流模拟/傳導熱流模擬 conductive heat flow modeling
传导热梯度/傳導熱梯度 conductive thermal gradient
传导热通量/傳導熱通量 conductive heat flux
传导性/傳導性 conductivity
传递函数/傳遞函數 transfer function
传感器/傳感器,感測器 sensor
传感器采集服务/感測器服務 sensor collection service, SCS
传感器模型语言/感測器模式語言 sensor model language, SML
传感器网络/感測器網路 sensor web
传距角/距離角 distance angle
传媒地理/媒體地理[學] geography of media
传染病分布/傳染病分布 infectious disease distribution
传染病模型/傳染模式 infection model
传染型余震序列模型/傳染型餘震序列模型 epidemic type aftershock sequence
传染性胰脏坏死病/傳染性胰臟壞死病 infectious pancreatic necrosis
传染性造血器官坏死病/傳染性造血器官壞死病 infectious hematopoietic necrosis
传热/熱傳遞 heat transfer
传声系数/傳聲係數 coefficient of sound transmission
传送/傳送 transmission
传送带/傳送帶,輸送帶 conveyor
传统病/傳統病 traditional disease
传统海洋产业/傳統海洋産業 traditional marine industry
传统区域经济学/傳統區域經濟學 traditional regional economics
传压介质/傳壓介質 pressure transmitting medium
传真版/傳真版 facsimile edition
传真[天气]图/傳真圖 facsimile weather chart
传质热对流/傳質熱對流 mass transfer by heat advection
传质热对流通量/傳質熱對流通量 advective heat flux
传质系数/傳質係數 mass transfer coefficient

船舶观测/船舶觀測　ship observation
船舶海浪观测/船舶波浪觀測　ship wave observation
船舶居住性/船舶居住性　ship habitability
船舶油污水处理方法/船舶油汙水處理　watercraft oil contaminated water treatment
船厂/造船廠　shipyard
船底[生物]污着/船底[生物]汙著　ship bottom fouling
船菊石属/船菊石　*Scaphites*
船蛆/蛀船蟲　teredo
船蛆迹遗迹相/船蛆跡遺跡相　Teredolites ichnofacies
船台/造船臺　ship building berth
船体[生物]污着/船體[生物]汙著　ship fouling
船尾波/艉波　stern wave
船坞/船塢　dock
船行波/船波　ship wave
船用分光光度计/船用分光光度計　shipboard spectrophotometer
船用气压表/船用氣壓計　ship barometer
船员适应性/船員適應性　seaman's adaptation
船员体格条件/船員體格條件　physical fitness of seaman
船载磁法测量/船載磁力測量　shipborne magnetic survey
船载声呐/船載聲納　shipboard sonar
船载重力仪/船載重力儀　shipboard gravimeter, shipborne gravimeter
串级理论/串級理論　cascade theory
串孔/串孔　cuniculus, cuniculi
串行化/串行化　serialization
串行化文件/串行化文件　serialization file
串行通信/序列式通訊　serial communication
串珠虫属/串珠蟲　*Textularia*
串珠湖/串珠湖　pater noster lake
串珠状构造/串珠構造,膨縮構造　pinch-and-swell structure
串珠状闪电/串珠狀閃電　pearl-necklace lightning
创孔海百合属/創孔海百合　*Traumatocrinus*
创口海百合/創孔海百合　traumatocrinus
窗格构造/窗格構造　fenestral structure
窗函数/窗制函數　window function
窗孔管/窗孔管,格孔管　fenestrated tubule
窗孔目/窗格目　Fenestrida
窗口视图/一覽圖視窗　overview window
窗棂构造/圓柱構造　mullion
床板/床板　tabula
床板带/床板帶,横板帶　tabularium
床板内墙/床板内牆　cyathotheca
创始者控制群落/創始者控制群聚　founder controlled community
创始者效应/創始者效應　founder effect
创世和谐/創世和諧　harmony of Creation
创投基金/風險投資基金　venture capital fund
创新/創新　innovation
创新分析/創新分析,革新分析　analysis of innovation
创意旅游/創意旅遊　creative tourism
创造论/創造論　Creation
吹蚀/吹蝕　deflation
吹雪/吹[積]雪　driven snow, snow drift
垂摆/[垂]擺,惰性擺　pendulum
垂摆水准仪/垂擺水準儀　pendulum level
垂摆照准仪/垂擺照準儀　pendulum alidade
垂核面/垂核面　vertical epipolar plane
垂核线/垂核線　vertical epipolar line
垂球/垂球　plumb bob
垂球挂钩/垂球掛鉤　plumb hook
垂球架/垂球架　plumb bob holder
垂曲改正/下垂改正　correction for sag
垂丝水准器/垂絲水準器　plumb-line level
垂线/垂線　vertical
垂线方向/直立方向　vertical direction
垂线偏差/垂線偏差　deflection of the vertical
垂线偏差分量/垂線偏差分量　deflection component
垂线偏差改正/垂線偏差改正　correction for deflection of the vertical
垂线偏差异常/異常偏差　deflection anomaly
垂向分辨率/垂直解析度　vertical resolution
垂向均匀河口/完全混合河口　full mixed estuary
垂向控制/垂向控制　vertical control
垂向拉伸/垂向拉伸　vertical stretch
垂直变形/垂直扭曲　vertical deformation
垂直草图测绘仪/垂直像片草圖測繪儀　vertical sketch master
垂直磁偶极电磁场/垂直磁偶極電磁場　vertical magnetic dipole electromagnetic field
垂直地带/垂直分布帶　altitudinal belt
垂直地带性/垂直成帶性　altitudinal zonality
垂直地震剖面/垂直震測剖面　vertical seismic profile, VSP
垂直地震剖面法/垂直地震剖面法　vertical seismic profiles survey, VSP survey
垂直电场强度/垂直電場強度　magnitude of vertical electric field

垂直叠加/垂直疊加 vertical stacking
垂直度盘/垂直度盤 vertical circle
垂直方程式/垂直方程式 perpendicular equation
垂直放大/垂直放大 vertical exaggeration
垂直分布/垂直分布 vertical distribution
垂直分带/垂直晶帶 vertical zoning
垂直风切变/垂直風切 vertical wind shear
垂直风速/垂直風速 vertical wind velocity
垂直风速表/垂直風速計 vertical anemometer
垂直风速仪/垂直風速儀 vertical anemoscope
垂直杆/垂直桿 cut of cylinder
垂直共面线圈系统/直立線圈共面系統 vertical coplanar coils system
垂直环流/垂直環流 vertical circulation
垂直混合/垂直混合 vertical mixing
垂直极化/垂直[偏]極化 vertical polarization
垂直间隙/垂直淨空 vertical clearance
垂直角/垂直角,縱角,高程角 vertical angle
垂直净空/垂直淨空 vertical clearance
垂直空间剖面图/空間剖面 vertical section figure
垂直控制/高程控制 level control, vertical control
垂直扩大/垂直放大 vertical exaggeration
垂直扩散/垂直擴散 vertical diffusion
垂直廓线/垂直剖線 vertical profile
垂直论/垂直論 hypothesis of verticle movement
垂直慢度/垂直慢度 vertical slowness
垂直毛细管/垂直毛細管 normal pore canal
垂直能见度/垂直能見度 vertical visibility
垂直扭曲/垂直扭曲 vertical deformation
垂直农业/垂直農業 vertical farming
垂直偏振/垂直偏極化 vertical polarization
垂直平流/垂直平流 vertical advection
垂直剖面图/垂直剖面 vertical cross section
垂直企业/垂直企業 vertical corporation
垂直气候带/垂直氣候帶 vertical climatic zone
垂直圈/垂直圈 vertical circle
垂直射束雷达/垂直射束雷達 vertical-beam radar
垂直摄影像片/垂直攝影像片 vertical photograph
垂直时间剖面图/垂直時間剖面 vertical time cross section
垂直式偶极测深[法]/垂直式偶極測深[法] perpendicular dipole sounding
垂直速度/垂直速度 vertical velocity
垂直探鱼仪/垂直魚探儀 vertical fish finder
垂直同轴线圈系统/直立同軸線圈系統 vertical coaxial coils system
垂直拖/垂直拖曳 vertical haul
垂直外资/垂直國外直接投資 vertical foreign direct investment
垂直温度梯度/垂直溫度梯度 vertical temperature gradient
垂直稳定度/垂直穩定度 vertical stability
垂直涡动扩散系数/垂直渦動擴散係數 vertical coefficient of eddy diffusion
垂直涡度/垂直渦度 vertical vorticity
垂直向地震计/垂直向地震計 vertical-component seismometer
垂直[向运动的]摆/垂直[向運動的]擺 vertical-motion pendulum
垂直消光系数/垂直消光係數 vertical extinction coefficient
垂直形变/垂直扭曲 vertical deformation
垂直咬合/垂直咬合 orthal occlusion
垂直移动/垂直遷移 vertical migration
垂直运动/垂直運動,垂直動作 vertical motion, vertical movement
垂直折光差/垂直折光差 vertical refraction error
垂直折光系数/垂直折光係數 vertical refraction coefficient
垂直轴/垂直軸 vertical axis
垂直坐标/垂直坐標 vertical coordinate
垂准等高仪/垂擺等高儀 pendulum astrolabe
垂准仪/錘準器 plumb aligner
锤测法/錘測法 plummet method
锤测航行区/錘測航行區 on soundings
锤测深法/鉛錘測深法 leading method
锤测员/錘測手 leadsman
锤骨/槌骨 malleus
锤球/測錘 plummet, plumb
春分/春分 Vernal Equinox, Spring Equinox
春分潮/春分大潮 vernal equinoctial tide
春分点/春分點 first point of Aries, vernal equinox, spring equinox
纯冰面饱和水气压/純冰面飽和蒸氣壓 saturation vapor pressure in the pure phase with respect to ice
纯地理学/純地理學 reine geographie
纯橄榄岩/純橄欖岩 dunite
纯合性/純合性,同質接合性 homozygosity
纯合子/純合子,同質接合子 homozygote
纯剪切/純剪 pure shear
纯洁冰/藍冰 blue ice
纯拉伸/純拉伸 pure extension
纯相位滤波器/純相位濾波器 pure-phase filter
纯压缩/純壓縮 pure compression
纯应变/純應變 pure strain
纯重力异常/純重力異常 pure gravity anomaly

唇/唇 lip, labrum
唇板/唇板 labrum
唇瓣/唇瓣,唇板,垂唇 hypostoma, hypostome
唇瓣线/唇瓣線,口後溝 hypostomal suture
唇基/唇基,額,盾部 clypeus
唇口虫/唇口蟲 Chilostomella
唇口苔藓目/唇口苔蘚蟲目 Cheilostonata
词素/詞素 morpheme
茨康目/茨康目,線銀杏目 Czekanowskiales
茨康诺司基叶/契干葉 Czekanowskia
瓷硼钙石/瓷硼鈣石 bakerite
瓷石/瓷石 porcelain stone, china stone
磁棒/磁棒 bar magnet
磁暴/磁暴 magnetic storm
磁暴二倍法/磁暴二倍法 two-time method of geomagnetic storm related
磁暴后效/磁暴後效 after-effect of magnetic storm
磁暴月相二倍法/磁暴月相二倍法 "two-time method" of magnetic storm related to Lunar phase
磁北/磁北 magnetic north
磁北极/磁北極,北磁極 north magnetic pole
磁变仪/磁變[記録]儀 variometer
磁测深仪/磁測深儀 magnetic sounder
磁测站/磁力站 magnetic station
磁层/磁層,磁圈 magnetosphere
磁层暴/磁層暴 magnetospheric storm
磁层顶/磁層頂 magnetopause
磁层对流/磁層對流 magnetospheric convection
磁常变/磁常變 magnetic secular change
磁场/磁場 magnetic field
磁[场]传感器/磁感測器 magnetic sensor
磁场谱/磁場譜 magnetic field spectrum
磁场强度/磁場強度 magnetic field intensity, magnetic field strength
磁赤道/磁赤道 magnetic equator, aclinic line, dip equator
磁赤铁矿/磁赤鐵礦,氧磁鐵礦 maghemite
磁充电法/磁充電法 magnetic charging method
磁重联/磁重聯 magnetic reconnection
磁畴/磁疇 magnetic domain
磁畴壁/磁疇壁 magnetic domain wall
磁畴构造/磁疇結構 magnetic domain structure
磁畴图案/磁疇圖案 pattern of magnetic domain
磁带记录器模式/磁帶記録器模式 magnetic tape recorder model
磁地方时/磁地方時 magnetic local time
磁电阻率法/磁[測]電阻率法 magnetometric resistivity method
磁叠印/磁疊印 magnetic overprinting
磁法调查/磁力測量,磁力測勘 magnetic observation, magnetic survey
磁法勘探/磁力探勘,地磁探測 magnetic prospecting
磁法物理模型实验/磁法物理模型實驗 magnetic physical model experiment
磁方位角/磁方位 magnetic azimuth
磁粉探伤/磁粉探傷檢測 magnetic particle technique, MT
磁感风杯风速表/轉杯磁感風速計 cup-generator anemometer
磁感应/磁感應 magnetic induction
磁感应矢量/磁感應向量 magnetic induction arrow
磁刚度/磁剛度,磁剛性 magnetic rigidity
磁各向异性/磁各向異性 magnetic anisotropy
磁钩扰/磁鉤 magnetic crochet
磁海洋电测深/磁海洋電測深 magnetometric offshore electrical sounding
磁化/磁化 magnetization
磁化率/磁化率,磁感率 susceptibility, magnetic susceptibility
磁化率测井/磁化率測井 magnetic susceptibility logging
磁化率计/磁化率計 magnetic susceptibility meter
磁化率椭球/磁化率橢球 magnetic susceptibility ellipsoid
磁化率-温度曲线/磁化率-温度曲線 susceptibility versus temperature curve
磁化率仪/磁化率儀 magnetic susceptibility kappameter
磁化率张量/磁化率張量 magnetic susceptibility tensor
磁化率主轴/磁化率主軸 principal axis of magnetic susceptibility
磁黄铁矿/磁黄鐵礦,輝銅鐵礦 pyrrhotite
磁激发极化法/磁激發極化法,磁感應極化法 magnetic induced polarization method, MIP method
磁极/磁[傾]極 magnetic pole
磁极反转/磁極反轉 magnetic polarity reversal
磁极归化/磁極歸化 reduced to the magnetic pole
磁极移轨迹/磁極移軌跡 wandering path of geomaguctic pole
磁极游移曲线/磁極游移曲線 polar wandering curve
磁晶各向异性/磁晶異向性 magnetocrystalline anisotropy
磁静带/磁平静帶 magnetic quiet zone

磁静日/磁静日　magnetically quiet day
磁矩/磁力矩　magnetic moment
磁雷诺数/磁雷諾數　magnetic Reynolds number
磁离子理论/磁離[子]説　magneto-ionic theory
磁力/磁力　magnetic force
磁力测量/磁力測量,磁力測勘　magnetic observation, magnetic survey
磁力点/磁力點　magnetic point
磁[力宁]静/磁力寧静　magnetically quiet
磁力扫海测量/磁力掃海測量　magnetic sweeping
磁力梯度仪/磁力梯度儀　magnetic gradiometer
磁[力]图/磁[力]圖,地球磁偏圖　magnetic chart
磁力线/磁力線　magnetic line of force
磁力仪/磁力儀,磁力計　magnetometer
磁力仪台阵/磁力儀臺陣　magnetometer array
磁力异常/磁力異常　magnetic anormaly
磁力异常区/磁力異常區　magnetic anomaly area
磁流体动力波/磁流體動力波　magnetohydrodynamic wave
磁流体动力学/磁流體動力學　magnetohydrodynamics, MHD
[磁]罗经航向/[磁]羅經航向　compass course
磁罗盘/磁羅經　magnetic compass
磁罗盘误差/磁羅盤誤差　error of magnetic compass
[磁]脉动/[磁]脈動　magnetic pulsation
磁面理/磁面理　magnetic foliation
磁南极/磁南極,南磁極　south magnetic pole
磁黏滞性/磁黏性　magnetic viscosity
磁偶极场/磁偶極場　magnetic dipole field
磁偶极时/磁偶極時　magnetic dipole time
磁耦合/磁耦合　magnetic coupling
磁偏计/磁偏計　declinometer
磁偏角/磁偏角　magnetic declination, declination
磁偏角弧/磁偏角弧　declination arc
磁偏转/磁變　magnetic deflection
磁[平]静带/磁平静帶　magnetic quiet zone
磁屏蔽/磁屏蔽　magnetic shielding
磁强计/磁力儀　magnetometer
磁鞘/磁鞘　magnetosheath
磁倾赤道/磁傾赤道,地磁赤道　dip equator
磁[倾]极/磁極　dip pole, magnetic pole
磁倾角/[地]磁傾角　magnetic dip, magnetic inclination
磁倾仪/磁傾度盤　magnetic dip circle, dip circle
磁倾针/磁傾計　dip needle
磁清洗/洗磁　magnetic cleaning, magnetic washing
磁情记数/磁性數　magnetic character figure
磁圈/磁圈,磁層　magnetosphere
磁扰/磁[干]擾　magnetic disturbance
磁扰日/磁擾日　magnetically disturbed day
磁日变/磁日變　magnetic daily variation, magnetic diurnal variation
磁绳/磁繩　flux rope
磁弹性各向异性/磁彈性各向異性　magnetoelastic anisotropy
磁铁矿/磁鐵礦　magnetite
磁通[量]/磁通量　magnetic flux
磁通门磁力仪/磁通門磁強計,磁通閘磁強計,磁閘式地磁儀　flux-gate magnetometer
磁通闸磁力仪/磁通閘磁力計　saturable core magnetometer
磁湾扰/磁灣　magnetic bay
磁尾/磁尾　magnetotail
磁尾中性片/磁尾中性片　neutral sheet
磁纬/磁緯　magnetic latitude
磁线理/磁線理　magnetic lineation
磁象限角/磁方向　magnetic bearing
磁小体/磁小體　magnetosome
磁蟹幼体/瓷蟹幼蟲　porcellana larva
磁形状各向异性/磁形狀各向異性　magnetic shape anisotropy
磁性/磁性　magnetic property
磁性参量/磁參數　magnetic parameter
磁性地层学/磁性地層學,地磁地層學　magnetostratigraphy, magnetic stratigraphy
磁性分离/磁性分離　magnetism separation
磁性构造学/磁性構造學　magnetotectonics
磁性基底/磁性基盤　magnetic basement
磁性时期/地磁期　magnetic epoch
磁悬浮列车/磁浮列車　maglev train, magnetic suspension train
磁亚暴/磁亞暴　magnetic substorm
磁异常/磁[力]異常　magnetic anomaly
磁异常图/磁異常圖　magnetic anomaly map
磁余纬/磁餘緯　magnetic colatitude
磁元素/磁元素　magnetic element
磁源重力异常/磁體重力異常　gravity anomaly due to magnetic body, pseudogravity anomaly
磁月日变/磁月球日變　magnetic lunar daily variation
磁云/磁雲　magnetic cloud
磁照图/磁強記録圖,地磁記録圖,磁力圖　magnetogram
磁针/磁針　magnetic needle
磁针偏角/磁針偏角　declination of the needle
磁致伸缩/磁應變　magnetostriction

磁致伸缩各向异性/磁致伸縮各向異性 magnetostrictive anisotropy
磁致伸缩应变各向异性/磁致伸縮應變各向異性 magnetostriction-strain anisotropy
磁周年差/磁年差 magnetic annual variation
磁轴/磁軸 magnetic axis
磁子午线/磁子午線 magnetic meridian
磁自反转/磁自反轉 magnetic self-reversal
磁阻效应/磁阻效應 magneto-resistance effect
磁组构/磁組構 magnetic fabric
磁坐标/磁坐標 magnetic coordinate
雌核发育技术/雌核發育技術 gynogenesis technique
雌黄/雌黄 orpiment
雌配子/雌配子,大配子 female gamete, megagamete
雌配子体/大配子體 megagametophyte
雌蕊/雌蕊 pistil
雌性先熟/先雌後雄 protogeny
雌雄同体/雌雄同體 hermaphrodite, monoecism
雌雄异体/雌雄異體 gonochorism, dioecism
雌雄异体的/雌雄異株的 dioecious
雌雄异株的/雌雄異株的 dioecious
雌雄异株植物/雌雄異株植物 dioecian plant
次板块/次板塊 subplate
次标准海水/次標準海水,副標準海水 substandard seawater
次波/次波,S 波 secondary wave, S-wave
次层型/次層型 hypostratotype
次成河/次成河,後成河,走向河 subsequent river, subsequent stream
次成体/次成體,亞成體 subadult, adolecent
次大陆/次大陸 subcontinent
次地转风/次地轉風 subgeostrophic wind
次符宝石/次符寶石,半寶石 semi-precious stone
次辐板/次輻板,間板 secondary radial
次隔壁/次隔壁 secondary septum
次沟/次溝 hypostria
次火山岩/半深成岩 subvolcanic rock
次级房贷/次級房貸 subprime lending
次级房贷风暴/次級房貸風暴 subprime crisis
次级环流/次環流 secondary circulation
次级拉分盆地/次級拉分盆地 secondary pull-apart basin
次级生产力/次級生產力 secondary productivity
次级生产量/次級生產量 secondary production
次级消费者/次級消費者 secondary consumer
次级余震/次級餘震 secondary aftershock
次级造山运动/次級造山運動 secondary orogeny
次季节时间尺度/次季節時間尺度 subseasonal time scale
次季节振荡/次季振盪 subseasonal oscillation
次尖/次尖 hypocone
次胶体悬浮物/次膠體懸浮物 subcolloidal suspension
次生层/次生層 secondary layer
次生磁场/次生磁場 secondary magnetic field
次生磁化[强度]/次生磁化 secondary magnetization
次生代谢物/二次代謝物 secondary metabolite
次生单晶/次生晶,新生晶 neocryst
次生低压/副低壓 secondary depression
次生地形/次生地形 sequential landform
次生地震地表破裂/次生地震地表破裂 secondary earthquake surface rupture
次生地震灾害/次生地震災害 secondary earthquake disaster
次生腭/次生顎 secondary palate
次生富集带/次生富集帶 zone of secondary enrichment
次生伽马能谱测井/次生伽瑪能譜測井 induced gamma-ray spectral logging
次生构造/次生構造 secondary structure
次生构造岩/次生構造岩 secondary tectonite
次生[海]岸/次生海岸 secondary coast
次生弧/次生弧 secondary arc
次生环境/次生環境 secondary environment
次生黄土/次生黄土 secondary loess
次生加大/次生加大,次生擴大 secondary enlargement
次生节理/次生節理 secondary joint
次生结构面/次生結構面 secondary structure plane
次生矿物/次生礦物 secondary mineral
次生灭绝/次生滅絕 secondary extinction
次生气旋/副氣旋 secondary cyclone
次生韧皮部/次生韌皮部 secondary pholem
次生剩磁/次生剩磁,次生殘磁化 secondary remanent magnetization
次生双晶/次生雙晶 secondary twin
次生水/後生水,再生水 epigenetic water
次生污染/次生汙染 secondary pollution
次生污染物/次生汙染物,二次汙染物,二級汙染物,次級汙染物 secondary pollutant
次生细胞壁/次生細胞壁 secondary wall
次生线理/次生線理 secondary lineation
次生演替/次生演替,次級消長 secondary succession
次生异常/次生異常 secondary anomaly
次生油气藏/次生油氣藏 secondary oil-gas pool

次生枝/次生枝 secondary branch
次生植物演替/次生植物演替 secondary plant succession
次生自然环境/次生自然環境 secondary natural environment
次生组织/次生組織 secondary tissue
次声/超低頻音 infrasound
次声[波]/次聲波,聲外波 infrasonic wave
次声检测/次聲檢測 infrasound detection
次梯度风/次梯度風 subgradient wind
次天气尺度系统/次綜觀[尺度天氣]系統 subsynoptic scale weather system
次天气尺度 Ω 系统/次綜觀 Ω 天氣系統 subsynoptic Ω system
次透辉石/次透輝石 salite
次网格尺度/次網格尺度 subgrid scale
次网格[尺度]参数化/次網格尺度參數化 subgrid scale parameterization
次网格尺度过程/次網格尺度過程 subgrid-scale process
次像元/亞像素 subpixel
次旋回/次旋回 secondary cycle
次要构件/次要構件 secondary member
次要矿物/次要礦物 auxiliary mineral
次要无机成分/次要無機成分 minor inorganics
次有蹄类/次有蹄類 Subungulata
次元素/次要元素,少量元素 minor element
次褶/次褶 hypoflexus
次正形贝属/次正形蜿 *Metorthis*
刺/刺 spine
刺板顶柱珊瑚属/脊板頂珊瑚 *Lophocarinophyllum*
刺棒长细胞型/刺狀長細胞型 elongate echinate long cell
刺胞动物门/刺絲蟲動物門 Cnidaria
刺穿盐丘/鹽貫入構造 salt diapir
刺串/串,簇,群 cluster
刺点/刺點 prick point
刺点器/刺點器 point marker
刺隔壁珊瑚属/刺隔壁珊瑚 *Tryplasma*
刺海林檎/刺海林檎 Echinocystoidea
刺花介/刺女神介 Echinocythereis
刺蕨/刺蕨 Drepanophycus
刺壳虫属/刺殼蟲 *Acidaspis*
刺粒型/刺球型 globular echinate
刺毛海绵类/刺毛海綿類,海刺毛類,刺毛珊瑚 chaetetids
刺女神介/刺女神介 Echinocythereis
刺球菌/刺球菌 rabdolith
刺球类/刺球類 hystrichospheres
刺参黏多糖/刺參黏多醣 acidic mucopolysaccharide of Apos tichopus japonicus
刺丝胞/刺絲胞,刺細胞,刺囊 nematocyst, nematocyte
刺丝囊/刺絲囊 nematocyst
刺缩式/刺縮式 skolochorate
刺网/刺網,内顎葉 lacinia
刺纹/海膽,鐘形圓飾 echinus
刺吸式口器/刺吸式口器 piercing-sucking mouthpart
刺细胞/刺細胞 cnidoblast
刺针/針筆 pricker
刺柱突/單放多刺針 acanthostyle
刺状隔壁/刺狀隔壁 acanthine septum
刺状饰纹/刺殼針,棘刺 spine
葱叶/蔥葉 Araliaephyllum
从属褶皱/從屬褶皺 subordinate fold
丛林旅游/叢林旅遊 jungle tourism
丛状/叢狀 fasciculate
凑整误差/化整誤差 round-off error
粗安岩/粗安岩,粗面安山岩 trachyandesite
粗白榴岩/粗白榴岩 italite
粗班龙/粗班龍 Trachelosaurus
粗冰/凇冰 rime ice
粗糙层/粗糙層 roughness layer
粗糙度/粗糙度 roughness
粗糙度参数/粗糙參數 roughness parameter
粗糙度长度/粗糙長度 roughness length
粗糙度系数/粗糙係數 roughness coefficient
粗层/粗層 latilamina
粗差/粗誤差 gross error
粗差检测/錯誤檢測 gross error detection
粗齿龙/粗龍,鴨咀龍 Trachodon
粗大石器/粗大石器 macrolith
粗放/粗放 extensive
粗放养殖/粗放[式]養殖 extensive culture
粗化/粗粒化 coarse granulation
粗结构地形/粗大地形 coarse texture topography
粗菊石属/粗菊石 *Trachyceras*
粗砾/粗礫,瓜礫,中礫 cobble
粗粒结构/粗粒結構 macrometric structure
粗粒体/粗粒體 macrinite
粗码/粗碼,原始取得碼 coarse acquisition code
粗面斑岩/粗面斑岩 trachy porphyry
粗面结构/粗面狀結構 trachytic texture
粗面介属/瘤蜕介 *Trachyleberis*
粗面玄武岩/粗面玄武岩 trachybasalt

粗面岩/粗面岩 trachyte
粗面英安岩/粗面英安岩 trachydacite
粗铅法/粗鉛法 rough lead method
粗腔海绵属/環夢海綿 *Girtyocoelia*
粗网格/粗網格 coarse mesh
粗玄结构/粒間[充填]組織 intergranular texture
醋氯钙石/醋[酸]氯鈣石 calclacite
醋酸纤维素系列膜/醋酸纖維素系列膜 cellulose acetate series membrane
醋酸盐胶片/醋酸鹽膠片 acetate film
簇/簇團,群 cluster
簇粗壳线/簇粗線 fascicostae
簇磷铁矿/簇磷鐵礦,簇[晶]磷鐵礦 beraunite
簇栅珊瑚/簇栅珊瑚 Corwenia
簇线/簇線 fascicostellae
簇状珊瑚/簇狀珊瑚 Fasciphyllum
窜流系数/竄流係數 interpore flow coefficient
催化/催化 catalysis
催化剂/催化劑 catalyst
脆海百合/脆海百合 Haplocrinus
脆裂层/脆裂層 schizosphere
脆裂带/脆裂帶 brittle fracture zone
脆硫铋铅矿/脆硫鉍鉛礦 sakharovaite
脆硫砷铅矿/脆硫砷鉛礦,斜硫砷鉛礦 sartorite, scleroclase
脆硫锑铅矿/脆硫銻鉛礦,羽毛礦 jamesonite
脆硫锑银铅矿/脆硫銻銀鉛礦,銀毛礦 owyheeite
脆-韧性剪切带/脆-韌性剪切帶 brittle ductile shear zone
脆性/脆性,脆度 brittleness
脆性变形/脆性變形 brittle deformation
脆性变形机制/脆性變形機制 brittle deformation mechanism
脆性材料/脆性材料 brittle material
脆性断层/脆性斷層 brittle fault
脆性断裂/脆性斷裂 brittle fracture
脆性剪切带/脆性剪切帶,脆性變形帶 brittle shear zone
脆性破坏/脆性損毀 brittle failure
脆性区/脆性區 brittle regime
脆性现象/脆性現象 brittle phenomenon
脆延边界/脆延邊界 brittle-ductile boundary
脆延转换/脆性延性過渡 brittle-ductile transition
脆银矿/脆銀礦 stephanite
淬火熔体/淬火熔體 quench melt
淬火 pH 值/淬火 pH 值 quenching pH value
翠峰山群/翠峰山群 Cuifengshan Group
翠镍矿/翠鎳礦 zaratite
翠砷铜矿/翠砷銅礦 euchroite
村落/村落 village
存储关键字/存儲關鍵字 storage keyword
存储器/儲存 storage, memory
存储芯片/記憶體晶片 memory chip
存档/歸檔 archiving
存活率/存活率,活存率 survival rate
存活曲线/存活曲線 survivorship curve
存取/存取,進入 access
存取安全性/存取安全性 access security
存取方法/存取方法 access method
存取分组/存取群組 access group
存取级/存取等級 access level
存取技术/存取技術 access technology
存取控制/存取控制 access control
存取类型/存取類型 access type
存取链接方式/存取鏈結方式 access linking mechanism
存取路径/存取路徑 access path
存取目录/存取目録 access directory
存取权限/存取權限 access right
存取时间/存取時間 access time
措尔纳悬挂法/澤耳納懸掛 Zollner suspension
锉棘鱼类/銼棘魚類,銼棘魚目 ischnacanthiforms
错置/錯置 anachronism

D

搭接结点/複疊接合 overlapping joint
达尔马提亚型海岸/達爾馬提安型海岸 Dalmatian coastline
达尔曼虫/[小]達爾曼蟲 Dalmanites, Dalmanitina
达尔曼虫属/達爾曼蟲 *Dalmanites*
达尔文介/達爾文介 Darwinula
达尔文理论/達爾文理論 Darwin's theory
达尔文学说/達爾文學説 Darwinism
达尔文主义/達爾文主義 Darwinism
达肯大坂群/達肯大阪群 Dakendaban Group
达拉阶/達拉階 Dalan Stage
达拉期/達拉期 Dalan Age
达瑞威尔阶/達瑞威爾階 Darriwilian Stage
达瑞威尔期/達瑞威爾期 Darriwilian Age
达西定律/達西定律 Darcy's law
达西渗流/達西滲流 Darcy flow
达因/達因 dyne
达因测风仪/達因風速計 Dines anemometer
鞑靼阶/韃靼階 Tatarian Stage
鞑靼期/韃靼期 Tatarian Age
打孔定位系统/打孔定位系統 punch register system
打孔套印法/打孔套印法 pre-punch register system
打捞/救難 salvage
打样/打樣 proofing
打样图/打樣圖,校驗繪圖 layout drawing, proof plot
打印机/打印機,印表機 printer, PRN
打桩船/打樁船 floating pile driver, piling barge
大板块/大板塊 megaplate, macroplate
大瓣鱼目/大瓣魚目 Macropetalichthyida
大孢子/大孢子 megaspore
大孢子囊/大孢子囊 megasporangium
大孢子叶/大孢子葉 megasporophyll
大堡礁/大堡礁 Great Barrier Reef
大鼻龙类/大鼻龍類 captorhinids
大鼻龙亚目/大鼻龍亞目 Capitorhinomorpha
大比例尺/大比例尺 large scale
大比例尺地图/大比例尺地圖 large-scale map
大比例尺地形图/大比例尺地形圖 large-scale topographical map
大比例尺图测量/大比例尺測量 large-scale survey
大别岩群/大别岩群 Dabie Group Complex
大冰原/冰層 ice sheet
大波痕/大波痕 megaripple
大层序/大層序 megasequence
大长身贝/大長身貝 Gigantoproductus
大潮/大潮[汐] spring tide
大潮差/大潮差 spring range
大潮潮流/大潮潮流 spring tidal current
大潮低潮/大潮低潮 spring low water
大潮低潮基准面/大潮低潮基準面 low water springs datum
大潮高潮/大潮高潮 spring high water
大潮高潮面/大潮高潮面 spring high water
大潮升/大潮昇 spring rise
大城市地区/都會區域 metropolitan area
大城市连绵区/[特]大都會 megalopolis
大尺度/大尺度 macroscale
大尺度环流/大尺度環流 large scale circulation
大尺度天气[过程]/大尺度天氣[過程] large scale weather process
大带羊齿属/大帶羽葉 *Macrotaeniopteris*
大地参照系/大地參考系統 geodetic reference system
大地测量/大地測量 geodetic survey
大地测量边值问题/大地測量邊值問題 geodetic boundary value problem
大地测量参考架/大地測量參考架 geodetic reference frame
大地测量参考模型/大地測量參考模型 geodetic reference model
大地测量参考系/大地參考系統 geodetic reference system
大地测量地面定位/大地測量地面定位 geodetic ground positioning
大地测量地震学/大地測量地震學 geodetic seismology
大地测量定位/大地測量定位 geodetic positioning
大地测量基准/大地測量基準 geodetic datum
大地测量平差/大地測量平差 geodetic adjustment
大地测量数据库/大地測量資料庫 geodetic

database
大地测量学/大地測量學 earth geodesy
大地测量仪器/大地測量儀器 geodetic instrument
大地测量折射/大地測量折射 geodetic refraction
大地测量资料/大地測量資料 geodetic data
大地测量资料反演/大地測量資料反演 geodetic data inversion
大地赤道/大地赤道 geodetic equator
大地电场/大地電場 telluric field
大地电磁测深/大地電磁測深 magnetotellurics sounding, MT
大地电磁测深法/大地電磁測深法 magnetotelluric sounding
大地电磁场/大地電磁場 magnetotelluric field
大地电磁法/大地電磁法 magnetotelluric method, MT
[大地电磁]静位移/[大地電磁]静位移 magnetotelluric static shift
[大地电磁]局部畸变/[大地電磁]局部畸變 magnetotelluriclocal distortion
大地电磁仪器/大地電磁儀器 magnetotelluric instrument
大地电磁阻抗/大地電磁阻抗 magnetotelluric impedance
[大地电磁阻抗]张量分解/[大地電磁阻抗]張量分解 impedance tensor decomposition
大地电流/大地電流,地面電流,地曳流 earth current, telluric current
大地电流法/大地電流法 telluric current method
大地反算问题/大地反算問題 inverse geodetic problem
大地方位标/大地方位標 geodetic azimuth mark
大地方位角/大地方位角,指角 geodetic azimuth
大地高/大地高度 geodetic height
大地沟/大地溝,大海溝帶 Fossa Magna
[大地]构造背景/大地構造背景,大地構造環境 tectonic setting
大地构造槽/大地槽,大向斜 geotectocline
大地构造单元/大地構造單元 geotectonic element, geotectonic unit
[大地]构造过程/[大地]構造過程 tectonic process
大地构造假说/大地構造學説 geotectonic hypothesis
[大地]构造模式/大地構造模型 tectonic model
大地构造侵蚀作用/隱没刮蝕 geotectonic erosion
大地构造图/[大地]構造圖 geotectonic map
大地构造旋回/大地構造旋回 geotectonic cycle
[大地]构造学/大地構造學,動力構造學 geotectonics
大地构造演化/大地構造演化 geotectonic evolution
[大地]构造运动/構造運動 geotectonic movement
大地基准/大地基準 geodetic datum
大地基准定位参数/大地基準定位參數 datum position parameter
大地计算/大地計算 geodetic computation
大地经度/大地經度 geodetic longitude
大地控制/大地控制 geodetic control
大地控制点/大地控制點 geodetic control
大地控制点登记簿/大地控制點登記冊 register of geodetic point
大地平行圈/大地平行圈 geodetic parallel
大地全息术/大地全像術 earth holography
[大地]热流/大地熱流 terrestrial heat flow
大地热流密度/熱流密度 heat flow density
大地热流通量/大地熱流通量 terrestrial heat flux
大地三角形/大地三角形 geodetic triangle
大地摄影测量/大地攝影測量 geodetic photogrammetry
大地水准测量/大地水準測量 geodetic leveling
大地水准面/大地水準面,大地平均面 geoid
大地水准面差距/大地水準面差距,大地水準面起伏 geoidal undulation, warping of geoid, geoid separation
大地水准面潮汐/大地水準面潮汐 geoid tide
大地水准面等高线/大地水準面等高線 geoid contour
大地水准面高/大地水準面高 geoidal height, geoid height
大地水准面起伏/大地水準面起伏 geoidal undulation, warping of geoid, geoid undulation
大地水准面异常/大地水準面異常 geoid anomaly
大地天顶/大地天頂 geodetic zenith
大地天顶延迟/大地天頂延遲 atmosphere zenith delay
大地天文点/大地天文點 astrogeodetic point
大地天文法/大地天文法 astrogeodetic method
大地天文学/大地天文學 geodetic astronomy
大地网/大地網 geodetic network
大地微动/大地微動 micro-vibration of ground
大地纬度/大地緯度 geodetic latitude
大地位/重力位,地球勢 geopotential
大地位单位/重力位元單位 geopotential unit, gpu
大地位高/重力位高度 geopotential altitude
大地位面/重力等位面 geopotential surface, geop
大地位置/大地位置 geodetic position

大地位置反算/大地位置反算 inverse position computation, back solution
大地吸收[振幅]补偿/大地吸收[振幅]補償 earth absorption amplitude compensation
大地线/大地線 geodesic
大地线微分方程/大地線微分方程 differential equation of geodesic
大地原点/大地原點 geodetic origin
大地圆/大地圓 geodetic circle
大地震/強烈地震 violent earthquake
大地主题正解/大地主題正解 direct solution of geodetic problem
大地主题正算/大地位置正算[問題] direct position computation, direct geodetic problem
大地子午圈/大地子午圈,大地子午線 geodetic meridian
大地子午线/大地子午線,大地子午圈 geodetic meridian
大地坐标/大地坐標,地理坐標 geodetic coordinate
大地坐标系/大地坐標系 geodetic coordinate system
大定源装置/大定源裝置 fixed circle
大都市/大都會 metropolis
大都市村庄/大都市村莊 metropolitan village
大都市化/大都會化 metropolization
大都市劳动力区/大都市勞動力區 metropolitan labor area, MLA
大都市区/大都市區 metropolitan area, metropolitan region
大都市人口普查区/都會人口普查區 census metropolitan area
大都市-卫星城假说/大都會-衛星城假説 metropolis-satellite hypothesis
大风/大風 gale
大风警报/大風警報,強風警報 gale warning
大功率激电仪/大功率激電儀 high-power IP instrument
大骨节病/大骨節病 Kaschin-Beck disease
大骨针/大針骨 megasclere
大规模生产/大規模生産,大量生産 mass production
大海洋生态系统/大海洋生態系 large marine ecosystem, LME
大寒/大寒 Great Cold
大旱/大旱 great drought
大旱年/大旱年 severe drought year
大河狸属/大河貍,巨河貍 *Trogontherium*
大核/大核 large nuclei
大红山群/大紅山群 Dahongshan Group
大洪山虫属/太洪山蟲 *Taihungshania*
大洪水/大洪水 deluge
大华夏超级大陆/大華夏超級大陸 cathaysiana supercontinent
大化石/大化石,巨體化石 macrofossil
大环角石/大環角石 Gyroceratites
大回归潮差/回歸潮差 tropic range
大火成岩省/大火成岩省 large igneous province, LIP
大戟叶/大戟葉 Euphorbiophyllum
大角度反射/廣角反射 wide angle reflection
大距/距角 elongation
大孔径地震台阵/大孔徑地震陣列 large-aperture seismic array, LASA
大块冰/大塊冰 massive ice
大块浸解/大塊浸解 bulk maceration
大矿囊/金包,富礦囊 bonanza
大肋节/大肋節 macropleural segment
大离子/大離子 large ion
大离子亲石元素/大離子親石元素 large ion lithophile element, LILE
大理论/大理論,巨型理論 grand theory
大理石/大理石 marble
大理岩/大理岩 marble
大量生产/大量生産,大規模生産 mass production
大量元素/主[要]元素 major element
大鳞大麻哈鱼胚胎细胞系/國王鮭魚胚胎細胞系 chinook salmon embryo cell line, CHSE
大柳沟群/大柳溝群 Daliugou Group
大陆/大陸 continent
大陆板块/大陸板塊 continental plate
大陆板块边界/大陸板塊邊界 continental plate boundary
大陆板块边界带/大陸板塊邊界帶 continental plate boundary zone
大陆边缘/大陸邊緣,陸緣 continental margin
大陆边缘岛弧-海沟系/大陸邊緣島弧-海溝系 continental margin arc-trench system
大陆边缘盆地/大陸邊緣盆地 continental margin basin
大陆边缘区/大陸邊緣區 continental margin tract
大陆冰川均衡过程/大陸冰川均衡過程 continental glacier isostatic process
大陆冰盖/大陸冰被 continental ice sheet
大陆车阀说/大陸車閥説 continental brack hypothesis
大陆重建/大陸重建,大陸復原 continental reconstruction

大陆岛/大陸島 continental island
大陆-岛屿模型/大陸-島嶼模型 continent island model
大陆地台/大陸地臺 continental platform
大陆地震/大陸地震 continental earthquake
大陆度/大陸度,陸性度,陸性率 continentality
大陆度指数/陸性指數 continentality index
大陆分裂/大陸分裂 continental splitting
大陆风/大陸風 continental wind
大陆根/大陸根 continental root
大陆根柱构造/大陸根柱構造 continental roots plume tectonics
大陆构造学/大陸構造學 continental tectonics
大陆化作用/大陸化,陸殼化 continentization
大陆汇聚带/大陸滙聚帶 continental convergence zone
大陆架/[大]陸架,[大]陸棚 continental shelf
[大]陆架波/大陸棚波 shelf wave
大陆架地形测量/大陸棚地形測量 continental shelf topographic survey
大陆架公约/大陸礁層公約 Convention on the Continental Shelf
大陆架界限委员会/大陸礁層界限委員會 Commission on the Limits of the Continental Shelf, CLCS
大陆架外部界限/大陸棚外緣 outer limit of the continental shelf
大陆阶地/大陸階地 continental terrace
大陆克拉通/大陸克拉通,大陸古陸 continental craton, hedreocraton
大陆扩张/大陸擴張 continental spreading
大陆拉张带/大陸拉張帶 continental extensional zone
大陆裂谷/大陸裂谷 continental rift, continental rift valley
大陆裂谷带/大陸裂谷帶 continental rift zone
大陆裂谷模式/大陸裂谷模式 continental rift model
大陆裂谷系/大陸裂谷系 continental rift system
大陆裂谷[张裂]速率/大陸裂谷[張裂]速率 continental rifing rate
大陆裂谷[作用]/大陸裂谷[作用] continental rifting
大陆隆/大陸隆起 continental rise
大陆盆山过渡带/大陸盆山過渡帶 transitional zone of continental basin and mountain
大陆碰撞/大陸碰撞 continental collision
大陆碰撞带/大陸碰撞帶 continental collision zone
大陆碰撞力/大陸碰撞力 continental collision force
大陆漂移/大陸漂移,大地漂移 continental drift
大陆漂移说/大陸漂移[假]説,魏格納假説 continental drift theory
大陆拼合/大陸擬合接 continental fitting
大陆坡/大陸[斜]坡 continental slope
大陆气团/大陸氣團 continental air mass
大陆桥运输/大陸橋運輸 continental bridge transport
大陆热流/大陸熱流 continental heat flow
大陆形变/大陸形變 continental deformation
大陆型地壳构造域/大陸型地殼構造域 continent crustal structure domain
大陆[性]冰川/大陸冰川 continental glacier
大陆性气候/大陸性氣候 continental climate
大陆性气溶胶/大陸性氣[懸]膠 continental aerosol
大陆岩石层/大陸岩石圈 continental lithosphere
大陆岩石圈/大陸岩石圈 continental lithosphere
大陆溢流玄武岩/大陸溢流玄武岩 continental flood basalt
大陆增生/大陸增生 continental accretion
大陆增长作用/大陸增長,大陸成長 continental growth
大陆钻探/大陸鑽探 continental drilling
大旅游/大旅遊 grand tour
大卖场/大賣場 mass market
大勐龙群/大勐龍群 Damenglong Group
大灭绝/大滅絶 mass extinction
大鲵属/大鯢螈 *Megalobatrachus*
大年/大年 great year
大女神介/大女神介 Cytheretta
大配子/大配子 megagamete
大配子体/大配子體 megagametophyte
大坪阶/大坪階 Dapingian Stage
大坪期/大坪期 Dapingian Age
大气本底[值]/大氣背景[值] atmospheric background
大气边界/大氣邊界 atmospheric boundary
大气边界层/大氣邊界層 atmospheric boundary layer
[大气]标高/均勻大氣高度 scale height, atmosphere scale height
大气波/大氣波 atmospheric wave
大气波导/大氣波導 atmospheric duct
大气不透明度/大氣不透明度 atmospheric opacity
[大气]不稳定度/大氣不穩度 atmospheric instability
大气参量/大氣參數 atmospheric parameter
大气参数/大氣參數 atmospheric parameter

大气[层]/大氣[層] atmosphere
大气层结/大氣成層 atmospheric stratification
大气长波/大氣長波 atmospheric long wave
大气潮[汐]/大氣潮[汐] atmospheric tide
大气尘埃/大氣塵埃 atmospheric dust
大气尘粒/塵象 lithometeor
大气成分/大氣組成 atmospheric composition
大气臭氧/大氣臭氧 atmospheric ozone
大气臭氧总量/大氣臭氧總量 atmospheric total ozone
大气传输模式/大氣透射模式 atmospheric transmission model
大气传输特性/大氣傳輸特性 characteristics of atmospheric transmission
大气窗[口]/大氣窗[口] atmospheric window
大气簇射/空氣射叢 air shower
大气电场/大氣電場 atmospheric electric field
大气电导率/空氣導電率 air conductivity
大气电学/大氣電[學] atmospheric electricity
大气动力学/大氣動力學 atmospheric dynamics
大气反演/大氣反演 atmospheric retrieval
大气放射性/大氣放射性 atmospheric radioactivity
大气分层/大氣成層 atmospheric stratification
大气浮游生物/大氣浮游生物 air plankton, aerial plankton
大气辐射/大氣輻射 atmospheric radiation
大气辐射收支/大氣輻射收支 atmospheric radiation budget
大气改正/大氣改正 atmospheric correction
大气光化学/大氣光化學 atmospheric photochemistry
大气光解[作用]/大氣光解 atmospheric photolysis
大气光谱/大氣光譜 atmospheric optical spectrum
大气光学/大氣光學 atmospheric optics
大气光学厚度/大氣光[學]厚度 atmospheric optical thickness
大气光学现象/大氣光學現象 atmospheric optic phenomena
大气光学质量/大氣光學質量 atmospheric optical mass
大气痕量气体/大氣微量氣體 atmospheric trace gas
大气候/大氣候 macroclimate
大气候学/大氣候學 macroclimatology
大气化学/大氣化學 atmospheric chemistry
大气环境/大氣環境 atmospheric environment
大气环境评价/大氣環境評估 assesment of atmospheric environment
大气环境容量/大氣環境容量 atmospheric environment capacity
大气环流/大氣環流 general atmospheric circulation, atmospheric circulation
大气环流模式/大氣環流模式 general circulation model, GCM
大气环流水/大氣環流水 atmospheric water
大气浑浊度/大氣濁度 atmospheric turbidity
大气活动中心/大氣活動中心 atmospheric center of action
大气结构/大氣結構 atmospheric structure
大气净化/大氣清除 atmospheric scavenging
大气科学/大氣科學 atmospheric science
大气可预报性/大氣可預報度 atmospheric predictability
大气扩散/大氣擴散 atmospheric diffusion
大气扩散方程/大氣擴散方程 atmospheric diffusion equation
大气离子/大氣離子 atmospheric ion
大气路径长度/大氣路徑長度 atmospheric path length
大气路径辐射/大氣路徑輻射 atmospheric path radiance
大气密度/大氣密度 atmospheric density
大气模式/大氣模式,大氣模型 atmospheric model
大气能见度/大氣能見度 meteorological visibility
大气能量学/大氣能量學 atmospheric energetics
大气逆辐射/大氣反輻射 atmospheric counter radiation
大气偏振/大氣極化 atmospheric polarization
大气品位/空氣品質 air quality
大气起源/大氣起源 origin of atmosphere
大气强迫/大氣強迫 atmospheric forcing
大气圈/[大]氣圈,氣界 atmosphere
大气扰动/大氣擾動 atmospheric disturbance
大气热机/大氣引擎 atmospheric engine
大气热力学/大氣熱力學 atmospheric thermodynamics
大气生物学/大氣生物學 aerobiology
大气声学/大氣聲學 atmospheric acoustics
大气湿度/大氣濕度 atmospheric humidity
大气输入/大氣輸入 atmosphere input
大气衰减/大氣衰減 atmospheric attenuation
大气水/天水,雨水 meteoric water
大气探测/大氣探測 atmospheric probing
大气透过率/大氣透過率 atmospheric transmissivity
[大气]透明度/大氣透明[度] atmospheric transparency
大气透射率/大氣透射率 atmospheric transmissivity

大气湍流/大氣亂流 atmospheric turbulence
[大气]稳定度/大氣穩定[度] atmospheric stability
大气涡度/大氣渦度 atmospheric vorticity
大气涡旋/大氣渦旋 atmospheric vortex
大气污染/大氣汙染,空氣汙染 atmospheric pollution, air pollution
大气污染监测/大氣汙染監測 atmospheric pollution monitoring
大气污染物/大氣汙染物 atmospheric pollutant
大气污染源/[大氣]汙染源 atmospheric pollution source
大气物理[学]/大氣物理學 atmospheric physics
大气吸收/大氣吸收 atmospheric absorption
大气现象/大氣現象 meteor, atmospheric phenomena
大气消光/大氣消光 atmospheric extinction
大气效应/大氣效應 atmospheric effect
大气悬浮物/大氣懸浮物 atmospheric suspended matter
大气盐度/大氣鹽度 atmospheric salinity
大气演化/大氣演化 evolution of atmosphere
大气氧化剂/大氣氧化劑 atmospheric oxidant
大气遥感/大氣遥[感探]測 atmospheric remote sensing
大气移除/大氣移除 atmospheric removal
大气杂质/大氣雜質 atmospheric impurity
大气噪声/大氣噪音,大氣雜訊 atmospheric noise
大气折射/大氣折射 atmospheric refraction
大气振荡/大氣振盪,大氣潮 atmospheric oscillation
大气制动/大氣煞車 atmospheric braking
大气质量/大氣質量 atmospheric mass
大气阻力/大氣阻力 atmospheric drag
大气阻力摄动/大氣阻力攝動 atmospheric drag perturbation
大倾斜角像片/平傾斜像片 high oblique photograph
大球型外壳/大球型 megalospheric
大森地震仪/大森地震儀 Omori seismograph
大森定律/大森定律 Omori's law
大森公式/大森公式 Omori's formula
大森关系式/大森關係式 Omori's relation
大森-宇津定律/大森-宇津定律 Omori-Utsu law
大生活用海水技术/生活用海水技術 domestic seawater technology
大生活用海水排海标准/生活用海水排海標準 outfall standard of domestic seawater
大生活用海水水质标准/生活用海水水質標準 quality standard of domestic seawater
大手指/大手指 major digit
大暑/大暑 Greater Heat
大塘阶/大塘階 Datangian Stage
大塘期/大塘期 Datangian Age
大天气型/整體大氣型態 gross weather pattern
大田制度/大田制度 field system
大头菊石属/大頭菊石 *Macrocephalites*
大头鲵类/大頭鯢類 capitosaurids
大椭圆/大橢圓 great ellipse
大网/上網 clathria
大尾蜻蜓属/巨蜻蜓 *Meganeura*
大尾型三叶虫/大尾類 macropygous
大温暖期/高温期 megathermal period
大温暖气候/高温氣候 megathermal climate
大无定向磁力仪/大無定向磁力儀 parastatic magnetometer
大西洋/大西洋 Atlantic Ocean
大西洋边缘/大西洋邊緣 Atlantic margin
大西洋赤道潜流/大西洋赤道潛流 Atlantic Equatorial Undercurrent
大西洋陆桥/大西洋陸橋 Atlantic land bridge
大西洋期/大西洋[冰後]期 Atlantic phase
大西洋型大陆边缘/大西洋型大陸邊緣 Atlantic type continental margin
大西洋型海岸/大西洋型海岸 Atlantic type coast
大西洋中脊/大西洋中[洋]脊 Mid Atlantic Ridge
大像幅摄影机/大像幅攝影機 large format camera, LFC
大行星/大行星 major planet
大型底栖生物/大型底棲生物 macrobenthos
大型动物/大型動物 macrofauna
大型浮游生物/大[型]浮游生物 macroplankton
大型构造/粗顯構造 macrostructure
大型古生物学/巨體古生物學 megapaleontology
大[型]科学/大[型]科學 big science
大型漂浮植物/大型漂浮植物 pleustophyte
大型平移断层/横移斷層,横向斷層,走滑斷層 transcurrent fault
大型叶/大[型]葉 megaphyll
大型有孔虫/大型有孔蟲 larger foraminifera
大型藻类/大型藻類 macroalgae
大型蒸发器/蒸發槽 evaporation tank
大型种/大型種 macrospecies
大型自动导航浮标/大型自動導航浮標 large automatic navigation buoy, LANBY
大学城/大學城 campus town
大学-科学城/大學-科學城 university-science city
大雪/大雪 Heavy Snow
大眼幼体/大眼幼體 megalopa larva

大洋板块/海洋板塊 oceanic plate
[大洋]表层水/表層水 oceanic surface water
大洋层/大洋層 oceanic layer
大洋潮汐/大洋潮汐 oceanic tide
[大洋]次表层水/次表層水 oceanic subsurface water
[大洋]底层水/底層水 oceanic bottom water
大洋地势图/大洋地勢圖,通用海洋水深圖 general bathymetric chart of the oceans, GEBCO
大洋对流层/海洋對流層 oceanic troposphere
大洋浮游生物/大洋性浮游生物 oceanic plankton
大洋航线预报/大洋航線預報 ocean shipping routes forecast
大洋化假说/地殼海洋化作用 oceanizational hypothesis
大洋环流/大洋環流,海洋環流 gyre, ocean circulation
[大洋环流]西岸强化/西方強化,西向強化 westward intensification ocean circulation
[大洋]冷水团/冷水團 ocean cold water mass
大洋裂谷/大洋裂谷 oceanic rift
大洋裂谷系/大洋裂谷系 oceanic rift valley system
大洋盆地/海洋盆地 oceanic basin
大洋区/大洋區 oceanic zone
大洋缺氧事件/大洋缺氧事件 oceanic anoxic event
大洋上层浮游生物/大洋上層浮游生物,表層浮游生物 epipelagic plankton
大洋上层生物/大洋上層生物 epipelagic organism
[大洋]上层水/上層水 oceanic upper water
大洋上升流/大洋上昇流 oceanic upwelling
大洋深层生物/深層帶生物 bathypelagic organism
大洋生物/水層生物 pelagic organism
大洋水/大洋海水 ocean water
大洋水深图/大洋水深圖 ocean sounding chart
大洋脱氮速率/大洋脱氮速率 oceanic denitrification rate
大洋型地壳/大洋型地殼,海洋地殼,洋殼 oceanic crust
大洋型地壳构造域/大洋型地殼構造域 oceanic crustal structural domain
大洋性鱼类/水層魚類 pelagic fishes
大洋岩石圈/海洋岩石圈 oceanic lithosphere
大洋中层浮游生物/[大洋]中層浮游生物 mesopelagic plankton
大洋中层生物/大洋中層生物 mesopelagic organism
[大洋]中层水/中層水 oceanic intermediate water
大洋中动力实验/洋中動力學試驗 mid ocean dynamics experiment, MODE
[大]洋中脊玄武岩/中洋脊玄武岩 mid-ocean ridge basalt
大洋中央裂谷/大洋中央裂谷,洋中裂谷 mid ocean valley
[大洋]中央水/中央水 oceanic central water
大洋中央峡谷/洋中峽谷 mid ocean canyon
大洋钻探计划/海洋鑽探計劃 Ocean Drilling Program, ODP
大冶群/大冶群 Daye Group, Tayeh Group
大一头沉孢类/大一頭沈孢類,大一頭沈孢屬 Macrotorispora
大隅石/大隅石 osumilite
大羽羊齿/大羽羊齒 Gigantopteris
大羽羊齿目/大羽羊齒目 Gigantopteridales
大羽羊齿植物群/大羽羊齒植物群 Gigantopteris flora
大雨/大雨 heavy rain
大雨期/大雨期 great pluvial
大圆/大圓 great circle
大圆海图/日晷圖 gnomonic chart
大圆航法/大圈航法 great circle sailing
大圆航迹/大圈航跡 great circle track
大圆航线/大圓航線,大圈航線,大圓圈線 orthodrome, great circl route
大圆航线图/大圓圈航行圖,大圓海圖 great circle sailing chart
大圆航线终航向/終程大圈航向 final great circle course
大圆航向/大圈航向 great circle course
大圆弧线/大圓弧線 orthodromic line, great circle line
大圆路径/大圓航線 great circle course
大掌骨/大掌骨 major metacarpal
大震/大震 major earthquake
大震速报/大震速報 large earthquake prompt report
大众流行/大眾流行 mass fashion
大众文化/大眾文化 mass culture
大众消费/大眾消費 mass consumption
歹字型构造/歹字型構造 eta-type structure
代/代 Era
代表种/代表種 characteristic species
代换骨/代换骨,交代骨 replacement bone
代理/代理人程式 agent
代理对象/代理對象 proxy object
代理商/掮客,經紀人 broker
代码/代碼 code
代数模型/代數模型 algebraic model
代用气候记录/代用氣候記録 proxy climate record

代用资料/代用資料　proxy data
带/[區]帶　band, zone, belt
X 带/X 波段　X-band
带尺显微镜/分微尺顯微鏡　estimation microscope
带垫板结点/結點板結點　gusset point
带化石/分帶化石　zone fossil
带间哑层/帶間啞層,帶内啞層　barren inerzone
带宽/帶寬,頻寬　bandwidth
带模式/頻帶模式　band model
带内哑层/帶内啞層,帶間啞層　barren intrazone
带通滤波/帶通濾波　band-pass filtering
带通滤波[器]/帶通濾波器　band-pass filter
带通滤光片/帶通濾光片　band-pass filter
带限/帶限　band limited
带线/帶線,小帶　fasciole
带谐函数/帶諧函數　zonal harmonic, sectorial harmonics
带谐系数/帶諧係數　coefficient of zonal harmonics
带薪假期/帶薪假期　paid vacation
带型城市/線型城市　linear city
带羊齿类/帶羊齒類,帶羊齒型　taeniopterids
带羊齿属/帶羊齒　*Taeniopteris*
带羽毛恐龙/有羽毛恐龍　feathered dinosaur
带羽叶/帶羽葉　Doratophyllum
带云母/帶雲母　taeniolite
带状发展/帶狀發展　ribbon development
带状分布/帶狀分布　zonal distribution, zonation
带状分析/帶狀分析　zonal analysis
带[状]光谱/帶狀譜　band spectrum
带状回波/帶狀回波　banded echo
带状基线尺/帶狀基線尺　base measuring tape
带状平面图/帶狀平面圖　zone plan
带状闪电/帶狀閃電　ribbon lightning, band lightning
带状图解/帶狀圖　ribbon diagram
带状消光/帶狀消光　banded extinction
带状云系/帶狀雲系　banded cloud system
带状褶劈/帶狀褶劈理　zonal crenulation cleavage
带阻滤波/帶阻濾波　band-reject filtering
带阻滤光片/波段外濾光片　band-stop filter
贷款政策/貸款政策　mortgage policy
待定系数/未定係數　undetermined coefficient
待定系数法/未定係數法　method of undetermined coefficient, undefined coefficient method
袋角石式壳/袋角石式殼　ascoceroid conch
袋形虫/宦官蟲　Baggina
袋状滩/袋狀灘,袋形灘,灣頭灘　pocket beach
丹巴矿/方鋅銅礦　danbaite
丹尼阶/丹麥階,達寧階　Danian Stage
丹尼期/丹麥期,達寧期　Danian Age
丹霞地貌/丹霞地形　Danxia landform
丹洲群/丹洲群　Danzhou Group
担轮幼虫/擔輪幼蟲　trochophore
担轮幼体/擔輪幼體,擔輪子幼蟲　trochophore larva
担山石群/擔山石群　Danshanshi Group
单摆/單擺　simple pendulum
单板/半膠合板　henidium
单板类/單板類　Monoplacophora
单瓣腭/單瓣腭　anaptycha
单孢体/單孢體,單分體　monad
单倍二倍性/單倍兩倍性　haplodiploidy
单倍体/單倍體　haploid
单倍体育种技术/單倍體育種技術　haploid breeding technique
单倍体综合征/單倍體症候群　haploid syndrome
单笔石类/單筆石類　monograptids
单笔石属/單筆石　*Monograptus*
单边光滑/單側匀滑　one sided smoothing
单边贸易/單邊貿易　unilateral trade
单变度/單變度　univariant
单波束/單波束　single beam
单波束回声测深仪/單音束測深儀　single beam echo sounder
单槽缘型/單槽緣型,單褶緣型　unisulcate
单侧差分/單側差分　one sided difference
单侧断裂/單側斷裂　unilateral faulting
单侧破裂/單側斷裂　unilateral faulting
单侧[破裂]断层/單側[破裂]斷層　unilateral rupture fault
单侧破裂扩展/單側破裂擴展　unilateral rupture propagation
单层/單[分子]層　monolayer
单差相位观测/單差相位觀測　single difference phase observation
单程时间/單程時間　one-way time
单程衰减/單程衰減　one-way attenuation
单程水准测量路线/單程水準線　single-run level line
单齿片分子/單齒片分子　segminate element
单齿片台形分子/單齒片臺形分子　segminiplanate element
单齿片舟形分子/單齒片舟形分子　segminiscaphite element
单畴颗粒/單磁區顆粒,單域粒子　single domain particle
单唇型气孔/單唇型氣孔　haplocheilic type stomata

单磁畴模式/單磁疇模式 single-domain model
单带型/單帶型 monozonal
单带型珊瑚/單帶型珊瑚 single-zoned coral
单岛硅酸盐/單島矽酸鹽,島狀矽酸鹽 nesosilicate
单点定位/單點定位 point positioning, single point positioning
单点目标/單點目標 pin-point target
单点系泊/單點繫泊 single point mooring, SPM
单顶极学说/單元顛峰論 monoclimax hypothesis
单独法相对定向/獨立像對定向 independent relative orientation
单独像对相对定向法/旋像定向法 swing-swing method of relative orientation
单房室壳/單房室殼 unilocular test
单房有孔虫/單房有孔蟲 unilocular foraminifera
单分子[骨骼]器官/單分子[骨骼]器官 unimembrate skeletal apparatus
单分子膜/單分子膜 unimolecular film
单峰分布/單峰分布 unimodal distribution
单峰假说/單元顛峰論 monoclimax hypothesis
单缝/單裂縫[孢粉] monolete suture
单缝孢/單縫孢 monolete spore
单个记号/單個記號 single token
单个使用/單個使用 single use
单个土体/單土體 pedon
单弓目/單弓目 Synapsida
单弓型颅/單弓型顱 synapsid of skull
单沟/單溝[花粉] monocolpate, monosulcate
单沟型/單溝型 ascon
单古杯纲/單古杯海綿亞綱 Monocyathea
单航线摄影/單航帶攝影 single-strip photography
单核城市/單核心市 nuclear city
单环海百合/單環海百合 monocyclic crinoids
单环式/單環[式] monocyclic
单基线法气压测高/單基準氣壓測高法 single-base method of barometric altimetry
单阶段体系/單階段體系 single stage system
单节曝光/單節曝光 one stop exposure
单晶/單晶 single crystal, unit crystal
单精度/單精度 single precision
单镜头多光谱摄影机/單鏡多光譜攝影機 single-lens multiband camera
单镜头摄影/單物鏡攝影 single-lens photography
单镜头摄影机/單物鏡攝影機 single-lens camera
单蕨/單蕨 Danaea
单壳的/單瓣殼 univalve
单孔/單孔 monoporate
单孔目/單孔目 Monotremata
单口盖/單口蓋,單瓣腭 anaptycha, anaptychus
单矿岩/單礦岩 monomineralic rock
单肋式/單肋式 monopleural type
单力/單力 single force
单力偶/單耦合 single couple
单力偶源/單力偶源 single-couple source
单粒子事件/單事件效應 single event effect
单链硅酸盐/單鏈矽酸鹽 single chain silicate
单列/單列 uniserial
单锚腿/單錨腿 single anchor leg
单面/單面 pedion
单面高冠齿/單面高冠齒,單側高冠齒 semi-hypsodont
单面山/單面山 cuesta
单配性/單配制 monogamy
单片坐标量测仪/單像坐標量測儀 monocomparator
单频/單頻 monochromatic
单频道扫描仪/單頻道掃描器 single channel scanner
单[气]囊/單[氣]囊 monosaccate
单曲线/單曲線 simple curve
单圈圆顶海百合目/單圈圓頂海百合目,單環海百合目 Disparata, Monobathra
单色/單色 monochrome
单色辐射/單色輻射 monochromatic radiation
单色色度计/單色色度計 monochromatic colormeter
单色透明正片/單色透明正片 monochrome
单色影像/單色影像 monochromatic image
单射海绵目/單射海綿目 Monactinellida
单食性/單食性 monophagy
单室房的/單房的 unilocular
单属科/單屬科 unigeneric
单态类/單態類 singleton
单体/單體[分子],胞 cell, monomer
单体风暴/單胞風暴 single-cell storm
单体回波/單胞回波 cell echo
单体珊瑚/單體珊瑚 solitary coarl
单体型/單倍型 haplotype
单通道热红外扫描仪/單頻道熱掃描器 single channel thermal scanner
单通滤波[器]/單過濾器 unitary filter
单筒手持水准仪/單眼手持水準儀 monocular hand level
单头肋/單頭肋 unicapitate rib, monocephalous rib
单投影器法/單投影器定位法 single-projector method
单维管束双囊粉型/單維管束雙囊粉型 haploxylonoid

单位捕捞强度/單位努力漁獲量 catch-per-unit effort, CPUE
单位层型/單位[地]層型 unit stratotype
单位过程线/單位水歷線 unit hydrograph
单位[阶跃]函数/單位步階函數 unit step function
单位权/單位權 unit weight
单位权方差/單位權方差 variance of unit weight
单系[性]/單系統 monophyly
单系釉质/單系釉質 uniserial enamel
单细胞的/單細胞的 unicellular
单细胞植物/原生植物[門] Protophyta, protophyte
单相关/單相關 simple correlation
单向观测/單向觀測 nonreciprocal observation
单像测图仪/單像測圖儀 single-photo plotter
单像摄影测量/單像攝影測量 single-image photogrammetry, monoscopic photogrammetry
单斜/單斜 monocline
单斜断块隆起/單斜斷塊隆起 uniclinal block upwarping
单斜对称/單斜對稱 monoclinic symmetry
单斜辉石/單斜輝石 clinopyroxene
单斜辉石岩/單斜輝石岩 clinopyroxenite
单斜晶系/單斜晶系 monoclinic crystal system
单形/單位形 unit form
单型种/單型種 monotypic species
单性卵/夏卵 summer egg
单性鱼养殖/單性魚養殖 monosex fish culture
单性鱼育种/單性魚育種,單性魚繁殖 monosex fish breeding
单旋转法/單旋轉定位法 single-swing method
单眼/單眼 ocellus
单养/單養 monoculture
单叶菊石属/單葉菊石 *Monophyllites*
单一对象访问协议/簡單物件存取協定 simple object access protocol, SOAP
单用户地理数据库/單用户地理數據庫 single-user geodatabase
单油层/單油層 individual reservoir
单游标/單游標 single vernier
单羽榍/單羽榍 monacanth
单元景观/單元景觀 elementary landscape
单元期/單倍體 haploid
单元型/單倍型 haplotype
单元自动演化[算法]/細胞自動機 cellular automata
单圆锥投影/簡單圓錐投影 simple conic projection
单站定位/單站定位 single station location
单站[天气]预报/單站預報 single station weather forecast
单种闭果/穎果,單種閉果[植物] caryopsis
单周期/單週期 monocycle
单轴海绵目/單軸目 Monaxonida
单轴晶体/單軸晶體 uniaxial crystal
单轴[式]骨针/單[軸]骨針 monaxon, uniaxial spicule
单轴应变/單軸應變 uniaxial strain
单轴张力/單軸向張力 uniaxial tension
单柱匙形台/單柱匙板 spondylium simplex, spondylium
单柱类/單柱目,單柱[的] Monomyaria, monomyarian
单锥/單錐 simple cone
单子叶植物/單子葉植物 monocotyledon
单子叶植物纲/單子葉植物亞綱 Monocotyledones
单籽体/單子體 monosperm
淡钡钛石/淡鋇鈦石,白鈦石 leucosphenite
淡沸绿岩/暗沸綠岩 bogusite
淡硅锰石/水矽錳礦,淡紅矽錳礦 leucophoenicite
淡红沸石/淡紅沸石,紅輝沸石,微紅沸石 stellerite
淡化/淡化,脱鹽 desalination
淡化厂/淡化廠 desalination plant
淡化过程/淡化過程 desalination process
淡化焓/淡化熱函 enthalpy of desalting
淡化技术/淡化技術 desalination technology
淡化膜/淡化膜 desalination membrane
淡化水/淡化水 desalted water
淡积云/淡積雲 cumulus humilis, Cu hum
淡水/淡水 fresh water
淡水湖/淡水湖 fresh water lake
淡水径流/淡水徑流 fresh water run off
淡水生物/淡水生物 limnobios
淡水湿地/淡水濕地 water wetland
淡水沼泽/淡水沼澤 fresh water swamp
淡咸水界面/淡鹹水介面 interface of fresh-saline water
弹道/彈道 trajectory
弹道测量/彈道測量 trajectory measurement
弹道风/彈道風 ballistic wind
弹道空气密度/彈道空氣密度 ballistic air density
弹道气象学/彈道氣象[學] ballistic meteorology
弹道摄影测量/彈道攝影測量 ballistic photogrammetry
弹道摄影机/彈道攝影機 ballistic camera
弹道温度/彈道溫度 ballistic temperature
蛋白石/蛋白石 opal
蛋白制版法/蛋白製版法 albumin process

蛋黄钒铝石/蛋黄釩鋁石 vanalite
蛋形亚类/蛋形亞類 ovimorphs
氮铬矿/氮鉻礦,隕石礦物 carsbergite
氮化作用/氮化作用 nitrogenation
氮麻醉/氮醉 nitrogen narcosis
氮[气]/氮 Nitrogen
氮铁矿/氮鐵礦 siderazotite
氮同化[作用]/氮同化作用 nitrogen assimilation
氮循环/氮循環 nitrogen cycle, nitrogen circulation
氮氧潜水/氮氧潛水 nitrogen oxygen diving
当地地名/地方名 local name
当地径流/當地徑流 local runoff
当地平均海面/當地平均海面 local mean sea level
当量/當量 equivalent weight
当量估计/當量估計 yield estimation
当量浓度/當量濃度 normal concentration
当前工作区/當前工作區 current workspace
当前任务/當前任務 current task
当前坐标/當前坐標 current coordinate
挡潮闸/擋潮閘 tide sluice
挡土墙/擋土牆 retaining wall
档案/歷史檔案 archive
档差改正/檔差改正 correction of scale difference
刀蚌属/刀蛤 *Yoldia*
氘核/氘核 deuteron
导标/定向標,引導標志 leading beacon, leading mark
导波/導波 guided wave
导弹定向测量/導彈定向測量 missile orientation survey
导弹试验场工程测量/導彈試驗場工程測量 engineering survey of missile test site
导电式盐度计/導電式鹽度計 conductive salinometer
导管/導管 duct
导管传播/波導傳播 ducted propagation
导管架/套管架 jacket
导管架吊耳/套管架吊孔 jacket lifting eye
导管架定位/套管架定位 jacket positioning
导管架就位/平臺現場定位 platform positioning on the site
导管架腿柱/套管架腳柱 jacket leg
导管架下水驳船/套管架下水駁船 jacket launching barge
导管架桩基平台/套管架樁基平臺 jacket pile driven platform
导管架组片/套管架嵌板 jacket panel
导航/導航 navigation
导航测风/導航測風 navaid wind-finding
导航服务/航行服務 navigation service
导航设备/航海設備 navigation equipment
导航台定位测量/導航臺定位測量 navigation station location survey
导航图/航行圖 navigation chart
导航系统/導航系統 navigation system
导[流]堤/導流堤,突堤 jetty, training mole
导热系数/導熱係數,熱傳導係數 thermal conduction coefficient, thermal conductivity
导入/載入 import
导入高程测量/導入高程測量 induction height survey
导数/導數 derivative
导水系数/可透性係數,輸送係數,透水係數 transmissibility coefficient
导水性/導水率,導水係數 transmissivity
导体/導體 conductor
导线/導線 traverse, polygonal course, course of traverse
导线闭合差/導線閉合差 traverse error of closure
导线边/導線邊 traverse leg
导线测量/導線測量 traverse survey
导线测量用表/導線計算表 traverse table
导线点/導線點 traverse point
导线横向误差/導線橫向誤差 lateral error of traverse
导线角度闭合差/導線角度閉合差 angle closing error of traverse
导线角度配赋/導線角度配賦 balancing the traverse angle
导线结点/導線結點 junction point of traverses
导线路线/導線路線 traverse course
导线平差计算/導線平差計算 computation and adjustment of traverse
导线曲折系数/導線曲折係數 meandering coefficient of traverse
导线全长闭合差/導線全長閉合差 total length closing error of traverse
导线网/導線網 traverse network
导线相对闭合差/導線相對閉合差 relative length closing error of traverse
导线站/導線站 traverse station
导线折角/導線角 traverse angle
导线纵向误差/導線縱向誤差 longitudinal error of traverse
导向索/導引索 guideline
导向索恒张力器/導引索恆張力器 permanent

guideline tensioner
导炸索/導炸索 explosive cord
岛弧/島弧,弧形列島 island arc
岛弧地热带/島弧地熱帶 island arc geothermal zone
岛弧海沟系/島弧海溝系 island arc-trench system
岛架/島架,島棚 insular shelf, island shelf
岛链/島鏈 island chain
岛陆联测/島陸聯測 island-mainland connection survey
岛坡/島坡 insular slope, island slope
岛丘/島[狀]丘 inselberg
岛式防波堤/島式防波堤,離岸堤 detached breakwater, isolated breakwater
岛式码头/離岸碼頭 detached wharf, offshore terminal
岛[屿]/島[嶼] island
岛屿测量/島嶼測量 island survey
岛屿生物地理学/島嶼生物地理學理論 theory of island biogeography
岛屿图/島嶼圖 island chart
岛状多边形/島形多邊形 island polygon
岛状丘/島[狀]丘 inselberg
到场有效性/存在的可用性 presence availability
到时/到達時間 arrival time
到时差/到達時間差 arrival time difference
倒摆/可倒擺 reversible pendulum
倒槽/倒槽 inverted trough
倒锤[线]观测/倒錘[線]觀測 inverse plummet observation
倒春寒/晚春寒 late spring cold
倒钩状水系格局/倒鉤狀水系型 barbed drainage pattern
倒镜/倒鏡 reversed telescope, face right
倒镜读数/倒鏡讀數 reversed reading
倒立摆/倒擺 inverted pendulum
倒石堆/崖錐堆積 talus
倒 V 事件/倒 V 事件 inverted-V event
倒歪型尾/倒歪形尾 reversed heteocercal tail
倒向/同向構造 vergence
倒像/倒像 inverted image
倒心形的/反正形 obcordate
倒转/逆行,反轉,後退 retrograde
倒转层序/倒轉層序 reversed stratigraphic sequence
倒转检验/倒轉試驗 reversal test
倒转翼/倒轉翼 reversed limb
倒转褶皱/倒轉褶皺,倒轉褶曲 overturned fold
道编辑/道編輯 trace editing
道尔顿定律/道爾頓定律 Dalton law
道尔顿数/道爾頓數 Dalton number
道格拉斯-普克算法/道格拉斯-普克演算法 Douglas-Peucker algorithm
道格统/道格統 Dogger Series
道集/描線聚排 gather, trace gather
CMP 道集/CMP 道集 CMP gather
CSP 道集/CSP 道集 CSP gather
道间均衡/道均衡 trace equalization
道路标线/道路標線 delineater
道路定桩/路權樁釘定 layout of right-of-way stake
道路工程测量/公路工程測量 road engineering survey
道路绘制器/道路繪製器 road gauge
道路勘测/路線勘測 route reconnaissance
道路勘察/道路勘察 road reconnaissance
道路填方/道路填土 road fill
道路图/道路圖 road map
道路网络/公路網 road network
道路中心线/道路中心線 road center line
道路中心桩/道路中心樁 road centerline stake
道马矿/道馬礦,硫砷銅鉑礦 daomanite
道内插/道内插 trace interpolation
道炮比/道炮比 receiver to source ratio
道威棱镜/杜夫棱鏡 Dove prism
德拜-休克尔理论/德拜-休克爾理論 Debye Hückel theory
德拜-休克尔强电解质理论/德拜-休克爾強電解質理論 Debye Hückel theory of strong electrolyte
德拜-休克尔限制定律/德拜-休克爾限制定律 Debye Hückel limiting law
德胡普变换/德胡普變換 De Hoop transformation
德雷克海峡/德雷克海峽 Drake Passage
德诺耶半椭圆投影/德諾葉半橢圓投影 Denoyer semilliptical projection
德氏贝/德氏貝 Derbya
德氏虫/德氏蟲 Damesella
德氏犀类/德氏獸 Teilhardia
德坞阶/德塢階 Dewuan Stage
德坞期/德塢期 Dewuan Age
灯标/燈標 light beacon
灯船/燈船 light vessel, light ship
灯浮标/燈浮 light buoy
灯高/燈高 height of light
灯光节奏/燈光節奏 flashing rhythm of light
灯光能见距离/光可視範圍 visual range of light
灯光射程/燈光射程 light range
灯[光性]质/燈質 characteristic of light
灯光周期/燈光週期 light period

灯色/燈色 light color
灯塔/燈塔 lighthouse
灯心草/燈心草 Juncus
灯心草属/燈心草 *Juncus*
登船平台/登船橋臺 boat landing bridge
登船桥台/登船橋臺 boat landing bridge
登封岩群/登封岩群 Dengfeng Group Complex
登记/登記 check-in
登录/登入 login, logon
登相营群/登相營群 Dengxiangying Group
等孢粉百分数线/等花粉線 isopolls
等比容面/等比容面 isosteric surface
等比线/等比線,等角水平線 isometric parallel
等边壳/等邊殼 equilateral shell
等变高线/等變高線 isallohypse
等变温线/等變温線 isallotherm, thermisopleth
等变形线/等變形線 distortion isogram
等变压风/等變壓風 isallobaric wind
等变压线/等變壓線 isallobar
等变质反应级/等變質反應級 isoreaction grade
等变质级/等變質度線 isograde
等冰期线/等凍期線 isopag
等潮差线/等潮差線,同潮差線 co-range line, corange line
等潮流图/等潮流圖 cotidal current chart
等潮时/等潮時 cotidal hour
等潮时线/等潮[時]線,同潮線 cotidal line
等称笔石属/等稱筆石 *Isograptus*
等称虫属/等稱蟲 *Isotelus*
等齿/對齒類 Isodont
等翅目/等翅目 Isoptera
等磁力线/等磁力線,等磁強線 isodynamic line, isomagnetic line
等磁偏图/等磁偏線圖 isogonic chart
等磁偏线/等磁偏線 isogonic line, isogon
等磁强线/等磁線 isomagnetic line
等磁倾/等磁傾 isoclinal
等磁倾图/等磁傾線圖 isoclinal chart
等磁倾线/等磁傾線 isoclinal line, magnetic isoclinic line
等磁图/等磁圖 isomagnetic chart
等磁异常线/等磁異常線 magnetic isoanomalous line
等待时间/等待時間 wait time
等地温面/等地温線 geoisotherm
等地温线/等地温線 geoisotherms
等顶贝/等頂貝 Homotreta
等反射率线/等反射率線 isoreflectance line
等费线/等費線 isodapane
等分法/分中法 bisecting method, double centering
等分线/等分線 bisectrix
等风速线/等風速線 isotach
等风向线/等風向線 isogon
等伽线/等重力線 isogal
等高点法/等高點法 trace contour method
等高法/等高法 equal altitude
等高观测/等高觀測 equal-altitude observation
等高距/等高線間距,等高線間隔 contour interval
等高距注记/等高距註記 contour interval note
等高棱镜/等高棱鏡 contour prism
等高面/等高面 constant height surface
等高平面位置显示器/等高面位置指示器 constant altitude plan position indicator, CAPPI
等高圈/高度圈 circle of equal altitude
等高线/等高線 contour, isohypse, contour line
等高线版/等高線版 separation of contour line
等高线标注/等高線標示 contour tagging
等高线法/等高線[土方計算]法 contour method
等高线内插法/等高線插繪法 interpolation of contour
等高线图/等高線圖 contour map, contour chart
等高线晕渲表示法/等高線暈渲表示法 line-and-half toning
等高仪/等高儀 astrolabe
等海百合属/等稱百合 *Isocrinus*
等焓/等焓 isoenthalpy
等焓线/等焓線 isoenthalpic
等厚度线/等厚度線 isopleth of thickness, constant thickness line
等厚线图/等厚[線]圖 isopach map
等化学系列/等化學岩系 isochemical series
等回波线/等回波線 iso-echo contour
等积地图投影/等積地圖投影,同正弦投影 homolosine map projection
等积投影/等積投影 equivalent projection, equal area projection, equiareal projection
等基线/等基線 isobase
等级/階層 hierarchy
等级感/等級感 ordered perception
等级规模法则/等級規模法則 rank-size rule
等级结构/等級結構 hierarchical organization
等级相关/等級相關 rank correlation
等极/等極 isopolar
等价电位/等當電位 equivalence potential
等间隔分类/等間隔分類 equal interval classification
等角点/等角點 isocenter

等角点辐射三角测量/等角點輻射三角測量 isocenter radial triangulation
等角定位格网/等角定位格網 equiangular positioning grid
等角航线/恆向線,大圓圈線 rhumb line, loxodrome
等角投影/等角投影,正形投影 conformal projection, equiangle projection
等角[现象]/等角[現象] isogonism
等角仪/等角儀 equiangulator
等结构/等構造的 isostructural
等解冻线/等解凍線 isotac
等精度[曲线]图/等精度[曲線]圖 equiaccuracy chart
等距量表/等距量表 interval scaling
等距平线/等距平線 isanomaly
等距投影/等距投影 equidistant projection
等距圆弧格网/等距圓弧網格 equilong circle arc grid
等距圆柱投影/等距圓柱投影 cylindrical equidistant projection
等距圆锥投影/等距圓錐投影 conical equidistant projection
等绝对涡度路径/等絶對渦度軌跡 constant absolute vorticity trajectory, CAVT
等离子体层/游離氣體層,離子層,電漿層 plasmasphere
等离子体层顶/外游離層頂層,離子層頂,電漿層頂 plasmapause
等离子体幔/等離子體幔,電漿幔 plasma mantle
等离子体片/等離子體片 plasmasheet
等离子体团/電漿團 plasmoid
等粒级/等粒級 equivalent grade
等粒结构/等粒狀結構 equigranular texture
等粒状/等粒狀 equigranular
等量/等量 isometric
等量纬度/等量緯度 isometric latitude
等列层/等列層 isopedin
等烈度线图/等烈度線圖 isoseismal map
等流时线/等流時線 isochrone
等露点线/等露點線 isodrosotherm
等煤级线/等煤級線 isorank
等密度面/等密度面 isopycnic surface
等密度线/等密度線 isopycnic line
等密度线影像地图/多色像片圖 pictomap
等年变线/等磁[年]變線 isopore, isoporic line
等年温较差线/等年溫差線 isoparallage
等偏角/等磁偏角 isogonal
等偏摄影/等偏攝影 parallel-averted photography
等气候线/等氣候線 isoclimatic line
等倾角线/等傾線 isocline, line of equal inclination
等倾摄影/等傾攝影 equally tilted photography
等倾线/等磁傾角線 isoclinic line
等权代替法/等權代替法 method of equal-weight substitution
等热量线/等熱量線 isocals
等日照线/等日照線 isohel
等容气球/等容氣球 tetroon, constant volume balloon
等容线/等容線 isometric line
等色线/等水色線 isochromatic line
等色岩/等色岩,暗輝正長岩 shonkinite
等熵/等熵 isentropy
等熵分析/等熵分析 isentropic analysis
等熵过程/等熵過程 isentropic process
等熵流[动]/等熵流 isentropic flow
等熵面/等熵面 isentropic surface
等熵面图/等熵圖 isentropic chart
等熵凝结高度/等熵凝結高度 isentropic condensation level
等熵线/等熵線 isentrope
等熵坐标系/等熵坐標系 constant entropy coordinate system
等深流/等深[海]流 contour current
等深[流沉]积岩/等深流岩,平積岩 contourite
等深线/等深線 depth contour, isobath, isobathymetric line
等渗性/等滲性,等滲壓 isosmoticity
等湿度线/等濕度線 isohume
等时法/等時法 isochrone method
等时面/等時面 isochronous surface
等时线/等時線,同時線 isochrone
等时线截距/等時線截距 intercept of isochron
等时线年龄/等時線年齡 isochron age
等时线斜率/等時線斜率 slope of isochron
等势面/等勢面,等位面 equipotential surface
等势线/等勢線,等位線 equipotential line
等视差面/等視差面 surface of equal parallax
等属形的/等屬形的 isogenotypic
等水色带/等水色帶 equal color band
等水位线/等水位線 contour of water table, phreatic water contour
等水压线/等水壓線 piezometric contour
等态论/等態論 isostateism
等体积波/等體積波 equivoluminal wave
等天顶距测经法/等天頂距定經度 equal-zenith-

distance method of longitude determination
等同周期/恆等週期,同週期 identity period
等尾虫/等尾蟲 Homotelus
等尾型三叶虫/等尾類,等尾目 isopygous
等位基因/等位基因,對偶基因 allele
等位势面/等位勢面 constant geopotential surface
等温变化/等溫變化 isothermal change
等温层/等溫層,同溫層 isothermal layer
等温大气/等溫大氣 isothermal atmosphere
等温过程/等溫過程 isothermal process
等温膨胀/等溫膨脹 isothermic expansion, isothermal expansion
等温深度线/等溫深度線,等溫深度面 isobathytherm
等温剩磁/等溫殘磁 isothermal remanent magnetization, IRM
等温线/等溫線 isotherm
等物候线/等物候線 isophenological line, isophane
等物理系列/等構岩系 isophysical series
等线贝属/等線貝 *Isogramma*
等小长身贝属/等小長身蜿 *Productellana*
等效摆长/等效擺長 length of equivalent simple pendulum
等效电导/等效電導 equivalent conductance
等效电流系/等效電流系 equivalent current system
等效反射[率]因子/相當反射率因子 equivalent reflectivity factor
等效风区/等效風域 equivalent fetch
等效风时/等效延時 equivalent duration
等效机场高度/等效機場高度 equivalent altitude of aerodrome
等效黏滞性/等效黏滯性 effective viscosity
等效晴空辐射率/相當晴空輻射率 equivalent clear column radiance
等效输入噪声/相等輸入時的雜訊 equivalent input noise
等效体力/等效體力 body force equivalence, equivalent body force
等效应点系/等效應點系 equiposition
等斜线/等斜線,等磁傾角線 isodip line, isoclinic line
等斜褶皱/等斜褶皺,等斜褶曲 isoclinal fold
等型/同型 isotype
等雪量线/等雪線 isochion
等压点/等壓點 isopiestic point
等压面/等壓面 isobaric surface
等压面坡度/等壓面梯度 slope of anisobaric surface
等压线/等壓線 isobar, isopiestics, isostatic curve
等压相当温度/等壓相當溫度 isobaric equivalent temperature
等盐[度]线/等鹽[度]線 isohaline
等雨量线/等雨量線 isopluvial, isohyet
等雨线/等雨線 isohyets
等月变线/等月變線 isodiaphore
等云量线/等雲量線 isoneph
等震线/等震[度]線 isoseismal line, isoseismal curve
等值灰度尺/等值灰度尺 equal value gray scale
等值焦距/等值焦距 equivalent focal length
等值区域/等值區域 choropleth
等值区域图/等值區域圖,分級著色圖 choropleth map
等值区域线/等值區域線 choroisopleth
等值区域制图/等值區製圖 choroplethic mapping
等值线/等值線,等高線,等濃線 isoline, contour line, isopleth
等值线标注/等值線標示 contour tagging
等值线地图/等值線地圖 isoline map
等值线法/等值線法 isoline method
等值线生成/等值線繪製 contouring
等值线图/等值[線]圖,等高線圖 map of isolines, isarithmic map, isoline map
等值线显示/等值線顯示 contour display
等轴碲锑钯矿/方碲銻鈀礦 testibiopalladite
等轴晶系/等軸晶系 regular system, tesseral system
等轴硫钒铜矿/方硫釩銅礦 sulvanite
等轴褶皱/等軸褶皺 equiaxial fold
等柱类/等柱[的],單痕目 homomyarian, isomyarian, Isomyaria
等椎目/等椎目 Isospondlyi
等足目/等足目 Isopoda
瞪羚羊属/羚羊科之一屬 *Gazella*
镫骨/鐙骨 stapes
低岸线/低海岸線 low shoreline
低层大气/低層大氣 lower atmosphere
低场磁化率/低場磁化率 low-field susceptibility
低潮/低潮,乾潮 low tide, low water, LW
低潮岸线/低潮岸線 low tide shoreline
低潮标志/低潮標志,低水位線 low water mark
低潮不等/低潮不等 low water inequality
低潮基准面/低潮基準面 low water datum
低潮间隙/低潮間隔 low water interval
低潮面/低潮面 low water level
低潮憩流/低潮憩流 low tide slack water
低潮停潮/低潮憩潮 low water stand

低潮线/低潮線 low water line, LWL
低吹尘/低吹塵 drifting dust
低吹沙/低吹沙 drifting sand
低吹雪/低吹雪 drifting snow
低当量爆炸/低當量爆炸 low-yield explosion
低低潮/較低低潮 lower low water, LLW
低低潮基准面/較低低潮基準面 lower low water datum
低低潮间隙/較低低潮間隔 lower low water interval
低地/低地 lowland
低度城市化/低度城市化 under-urbanization
低发病区/低發病區 disease area with low incidence
低反差相纸/低反差相紙 low contrast paper
低分辨率/低解析度 low resolution
低分辨率[云图]传真/低解析度傳真 low resolution facsimile, LR-FAX
低峰态/平峰 platykurtosis
低高潮/[較]低高潮 lower high water, LHW
低高潮间隙/[較]低高潮間隔 lower high water interval
低共熔点/[低]共熔點 eutectic point
低估/低估 underestimate
低冠齿/低冠齒 brachyodont
低轨卫星/低軌衛星 low altitude satellite
低活性淋溶土/低活性淋溶土 lixisol
低级编程语言/低階語言 low level language
低空/低空 low altitude
低空风切变/低層風切 low level wind shear, LLWS
低空急流/低層噴流 low level jet stream, LLJ
低空探空仪/低空雷送 low altitude radiosonde
低能海岸/低能海岸 low energy coast
低黏度带/低黏度帶 low viscosity zone
低频/低頻 low frequency, LF
低频磁化率/低頻磁化率 low-frequency susceptibility
低频地震学/低頻地震學 low-frequency seismology
低频检波器/低頻檢波器 low-frequency geophone
低平海岸/低平海岸 flat coast, low coast
低平火山口/低平火山口 maar
低[气]压/低[氣]壓 low pressure
低切滤波/低切濾波 low-cut filtering
低熟油/低熟油 immature oil
低水位/低水位 low water, LW
低水位期/低水位期 lowstand
低水位线/低水位線,低潮標志 low water mark
低速层/低速層,風化層 low velocity layer
低速带/低速帶 low velocity zone
低速区/低速區 low velocity zone, LVZ
低速岩石层/低速岩石層 low velocity lithosphere
低通滤波/低通濾波 lowpass filtering
低通滤波[器]/低通濾波器 low-pass filter
低通滤光片/低通濾光片 low-pass filter
低位沼泽/低位沼澤 lowmoor
低温/低温 microtherm
低温地球化学/低温地球化學 low temperature geochemistry
低温地热田/低温地熱田 low temperature geothermal field
低温多效蒸馏/低温多效蒸餾 low temperature multi-effect distillation
低温过热水/低温過熱水 low temperature superheated water
低温气候/低温氣候 microthermal climate
低温热年代学/低温熱年代學 low temperature thermochronology
低温热水/低温熱水 low temperature hot water
低温石英/低温石英 low-quartz
低温水热矿床/低温熱液礦床,淺成熱液礦床,淺層熱液礦床 epithermal deposit
低温水热矿脉/淺成熱液礦脈 epithermal vein
低温退磁/低温退磁 low temperature demagnetization, LTD
低硒带/低硒帶 low selenium belt
低狭盐种/低狹鹽種 oligostenohaline species
低压槽/低壓槽 trough, low pressure trough, trough of low pressure
低压加深/低壓加深 deepening of a depression
低压路径/低壓路徑 track of a depression
低压填塞/低壓填塞 filling of a depression
低压相系/低壓[變質]相系 low-pressure facies series
低盐水/低鹽水 less saline water
低盐特性/低鹽特性 low salinity characteristic
低云/低雲 low cloud
低指数/低指數 low index
堤/堤 barrier
堤岸测量/堤岸測量 bank survey
堤岸线/堤岸線 berm line
堤防/堤防 embankment
滴定[分析]法/滴定[分析]法 titrimetry, titration
滴定剂/滴定劑 titrant
滴定碱度/滴定鹼度 titration alkalinity
滴汞电极/滴汞電極 dropping mercury electrode
滴管/滴管 dropper
滴谱/滴譜 droplet spectrum

滴谱参数/滴譜參數 drop-size distribution parameter
滴谱仪/集滴器 droplet collector
[狄拉克]δ-函数/狄拉克 δ-函數,狄悦克得他函數 Dirac δ-function
迪开石/狄克石 dickite
迪可斯特朗算法/狄格斯特演算法 Dijkstra Algorithm
迪克斯方程/迪克斯方程 Dix equation
笛管珊瑚属/笛珊瑚 *Syringopora*
笛卡儿积/笛卡爾積 Cartesian product
笛卡儿直角坐标系/笛卡爾直角坐標系 rectangular Cartesian coordinate system
笛卡儿坐标/笛卡爾坐標 Cartesian coordinate
笛卡儿坐标系/笛卡爾坐標系[統] Cartesian coordinate system, Cartesian coordinate
笛苔藓虫/笛苔蘚蟲,圓管苔蘚蟲 Fistulipora
抵费地/抵費地 cost equivalent land
抵价地/抵價地 compensation equivalent land
底/底 base
底板/底[板],基板,下盤 basal plate, floor
底板测点/底板測點 floor station
底板冲断层/底衝斷層 floor thrust, sole thrust
底板探测/底板探測 detection of floor
底表动物/底表動物,附著動物 epifauna
底表生物/附生生物,表生生物 epibiont
底表植物/底表植物,附著植物 epiflora
底波/底波 bottom wave
底层/基底層 basal layer
底层密度流/底層密度流 bottom density current
底层水/底[層]水 bottom water
底层鱼类/底層魚類 demersal fishes
底超/底超,底覆 baselap
底刺/基刺 basal spine
底点辐射三角测量/天底點輻射三角測量,像底點輻射三角測量 nadir radial triangulation
底点纬度/底點緯度 latitude of pedal
底覆/底覆,底超 baselap
底痕/底痕 sole mark
底迹/下浮雕 hyporelief
底孔/底孔,基孔 basal pore, basal orifice
底砾岩/[基]底礫岩 basal conglomerate
底流/底流 undertow, bottom flow
底面/底面 basal pinacoid
底摩擦/底摩擦 bottom friction
底摩擦层/海底摩擦層 bottom frictional layer
底内底栖性/底內底棲性 endobenthic
底内动物/底內動物,內棲動物 infauna, endofauna
底内植物[群]/底內植物[群] inflora, endoflora
底辟/貫入褶曲,擠入構造 diapir
底辟盐体构造/衝頂構造鹽體 diapir salt
底辟作用/底闢作用,貫入作用 diapirism
底片滤光镜组合/底片濾光鏡組合 film-filter combination
底栖带/底棲帶 benthic zone
底栖动物/底棲動物 zoobenthos
底栖生物/底棲生物[群] benthic, benthos, benthic organism
底栖[生物]的/底棲的,棲底的 benthonic
底栖生物群落/底棲生物群落 benthic community
底栖生物学/底棲生物學 benthology
底栖性表下漂浮生物/底棲性表下漂浮生物 bentho-hyponeuston
底栖植物/底棲植物,水底植物 benthophyte, phytobenthos
底碛/底磧 ground moraine
底色/底色 base color
底色去除/底色去除 under color removal
底色增益/底色增益 under color addition
底上固着生物群落/底上固著生物群落 sessile epifaunal community
底食者/底食者 benthivore
底视探测仪/底部探測儀 bottom-side sounder
底水锥进/底水錐進 bottom water coning
底突/端節 mucron
底图/底圖 base map
底土/底土 subsoil, ocean floor
底土层/底土層 substratum
底拖网/底拖網 bottom trawl, dredge
底心格子/底心晶格 base-centerd lattice
底应力/海底應力 bottom stress
底缘/邊緣 margin
底缘退缩带/底緣倒退帶 zone of recessive basal margin
底质/底質,基質 quality of the bottom, bottom characteristic, substratum
底质采样/底質採樣 bottom characteristics sampling
底质调查/底質調查 bottom characteristics exploration
底质分布图/底質分布圖 bottom sediment chart
底柱/基柱 basal pillar
底锥/基錐 basal cone
底座/整置座 mounting
地背斜/地背斜 geanticline
地标/地標 landmark
地标导航/地標航行 terrestrial navigation
地表表层相关多次波衰减/地表表層相關多次波衰

减 free-surface surface-related multiple elimination attenuation, SRME
地表波/地[表]波 ground wave
地表冲断层/表面衝斷層 surface thrust
地表地热显示/地表地熱顯示 surface geothermal manifestation
地表地震断层/地表地震斷層 surface earthquake fault
地表断层/地表斷層 surface fault
地表辐射收支/地表輻射收支 surface radiation budget
地表径流/地表徑流 surface flow
地表面热量平衡/地表熱量平衡 heat balance of earth surface
地表模型内插区/内插區 zone of interpolation
地表能量转换/地表能量轉換 energy transformation on earth surface
地表热流/地表熱流 surface heat flow
地表水/地表水 surface water
地表水资源量/地表水資源量 surface water resources
地表温度/表面温度 surface temperature
地表物质迁移/地表物質遷移 matter migration on earth surface
地表物质循环/地表物質循環 matter cycle on earth surface
地表一致性/表面一致 surface consistent
地表一致性反卷积/地表一致性反卷積 surface consistent deconvolution
地表一致性静校正/表面一致静態修正 surface consistent static correction
地表一致性振幅补偿/地表一致性振幅補償 surface consistence amplitude compensate
地表移动观测站/地表移動觀測站 observation station of surface movement
地槽/地槽 geosyncline
地槽地台说/地槽地臺説 geosyncline-platform theory
地槽对偶/地槽對偶 geosynclinal couple
地槽封闭/地槽封閉 geosyncline close
地槽迁移/地槽遷移 migration of geosyncline
地槽双对偶/地槽雙對偶 geosynclinal bicouple
地槽系/地槽系 geosynclinal system
地槽型成矿建造/地槽型成礦建造 geosyncline type of metallogenic formation
地槽型建造/地槽型建造 geosynclinal formation
地槽型褶皱/地槽型褶皺 geosynclinal type fold
地层/地層 strata, stratum
地层孢粉学/地層孢粉學 stratigraphic palynology
地层标志/地層標志 stratigraphic marker
地层表/地層表 stratigraphic table
地层剥蚀油气藏/地層剥蝕油氣藏 stratigraphic erosional reservoir
地层测试器/地層測驗器 formation tester
地层层序律/上位定律,疊積定律,疊置定律 law of superposition
地层大区/地層大區 stratigraphic superregion
地层单位/地層單位 stratigraphic unit
地层地球化学/地層地球化學 stratigraphic geochemistry
地层典/地層典 stratigraphic lexicon
地层对比/地層對比 stratigraphic correlation
地层对比图解/地層對比圖解 stratigraphic correlation diagram
地层分类/地層分類,地層劃分 stratigraphic classification
地层分区/地層分區,地層劃分 stratigraphic subregion, stratigraphic regionalization
地层格架/地層格架 stratigraphic framework
地层古生物学/地層古生物學 stratigraphic palaeontology
地层规范/地層規範 stratigraphic code
地层滑距/地層滑距 stratigraphic gap
地层间断/地層間斷,層缺 stratigraphic break
地层接触关系/地層接觸關係 stratigraphic contact relationship
地层结构/地層結構 stratigraphic texture
地层界线/地層邊界 stratigraphic boundary
地层静态温度/地層静態温度 static temperature of formation
地层离距/層位離距 stratigraphic separation
地层连续/連續性 continuity
地层命名/地層命名 stratigraphic nomenclature
地层剖面/地層剖面 stratigraphic section
地层倾角仪/地層傾斜儀 dipmeter
地层区/地層區 stratigraphic region
地层圈闭/地層圈閉,地層封閉 stratigraphic trap
地层圈闭油气藏/地層圈閉油氣藏 stratigraphic trap of oil and gas
地层缺失/地層間斷,小堆積間斷 lacuna
地层渗漏/地層漏移 stratigraphic leak, stratigraphic leakage
地层术语/地層術語 stratigraphic terminology
地层图/地層圖 stratigraphic map
地层微电阻率扫描测井/地層微電阻率掃描測井 formation microelectrical scanner logging

地层温度/地層温度,生成温度 formation temperature
地层小区/地層社區 stratigraphic minor region
地层学/地層學 stratigraphy
地层压裂/地層壓裂 reservoir fracturing
地层指南/地層指南 stratigraphic guide
地层柱[状图]/[地層]柱狀圖,柱狀剖面 stratigraphic columnar, stratigraphic column
地产界测量/界址測量 property boundary survey
地磁/地磁 earth magnetism, geomagnetism
[地]磁暴/地磁暴 geomagnetic storm
地磁北极/地磁北極 geomagnetic north pole
地磁变化/地磁變化 geomagnetic variation
地磁测量/地磁測量 geomagnetic survey
地磁测量[技术]/地磁測量[技術] geomagnetic measurement technique
地磁测流仪/地磁測流儀 geomagnetic electrokinetography, GEK
地磁测深法/地磁測深法 geomagnetic deep sounding, GDS
[地磁]长期变化/[地磁]長期變化 geomagnetic secular variation
地磁场/地[球]磁場 geomagnetic field, earth magnetic field
[地]磁场变化/[地]磁場變化 variation of geomagnetic field
地磁场环境/地磁場環境 geomagnetic field environment
地磁场漂移/地磁場漂移 geomagnetic field drift
地磁赤道/地磁赤道 geomagnetic equator
地磁导航/地磁導航 geomagnetic navigation
地磁等年变线/地磁等年變線 isopor
地磁感应器/地磁感應器 earth inductor
[地]磁观象台/地磁觀測所 magnetic observatory
地磁活动/地磁效應 geomagnetic activity
地磁基准图/地磁基準圖 geomagnetic benchmark map
地磁极/地磁極 geomagnetic pole
地磁极性超期/地磁極性超期,地磁極性超時 polarity superchron
地磁极性倒转/地磁極倒轉,地磁[極]反轉 geomagnetic reversal, geomagnetic polarity reversal
地磁极性反向/地磁[極]反轉,地磁極倒轉 geomagnetic reversal, geomagnetic polarity reversal
地磁极性[反向]年表/地磁極[反轉]年代表 time-scale geomagnetic polarity reversal
地磁极性年表/地磁極性年表 geomagnetic polarity timescale, GPTS
地磁经纬仪/地磁經緯儀 magnetism theodolite
地磁南极/地磁南極 geomagnetic south pole
地磁年代学/地磁編年學 geomagnetic chronology
地磁偏角/地磁偏角 geomagnetic declination
地磁偏移/地磁偏移 geomagnetic excursion
[地磁]漂移/地磁偏移 geomagnetic excursion
[地]磁倾角/[地]磁傾角 dip angle, magnetic inclination, geomagnetic inclination
地磁扰动/地磁擾動 geomagnetic disturbance
地磁势/地磁勢 geomagnetic potential
地磁图/地磁圖 magnetic map, geomagnetic chart
[地磁]微脉动/微脈動 micropulsation
地磁纬度/地磁緯度 geomagnetic latitude
[地磁]西向漂移/[地磁]西向漂移 geomagnetic westward drift
地磁穴/地磁穴 geomagnetic cavity
地磁[学]/地磁[學] geomagnetism
地磁寻靶/地磁尋靶 geomagnetic seek target
地磁要素/地磁元素 geomagnetic element
[地]磁仪器/[地]磁儀器 magnetic instrument, geomagnetic instrument
地磁异常/地磁異常 geomagnetic anomaly
地磁元素/地磁元素 geomagnetic element
地磁指数/地磁指數 geomagnetic index
地磁轴/地磁軸 geomagnetic axis
地磁坐标/地磁坐標 geomagnetic coordinate
地磁坐标系/地磁坐標系 geomagnetic coordinate system
地带/地帶 zone
地带性/地帶性 zonality
地底点/地底點 ground nadir point
地点/地點 site
地电测量/地電測量 geoelectric survey
地电场/地電場 geoelectric field
地电断面/地電剖面 geoelectric cross section
地电脉冲/地電脈衝 ground pulse
地电模型/地電模型 geoelectric model
地电信号/地電信號 electro-telluric signal
地动仪/微震計,微震儀 microseismometer
地段图/地段圖 pracellary plan
地盾/地盾 shield
地方/地域,場所 locale, place
地方标准时/地方標準時 local standard time, LST
地方病/地方病 endemic disease
地方和地域问题/地方和地域 places and territories
地方恒星时/地方恆星時 local sidereal time
地方基准/地方基準點 local datum
地方历史/地方史 local history

地方模型/地方模式 local model
地方平时/地方平時 local mean time
地方嵌入/地方嵌入 local embeddedness
地方认同/地方認同 place identification
地方社会/當地社會 local society
地方社区/地方社區 place community
地方生态基础/地方生態基礎 local ecological basis
地方时/地方時 local time
地方时角/地方時角 local hour angle
地方视时/地方視時 local apparent time
地方文化/地方文化 local culture
地方效用/地方效用 place utility
地方性/地方性,地域性 locality
地方性地层单位/地方性地層單位 local stratigraphic unit
地方性风/地方風,局部風 local wind
地方性降水/局部降水 local precipitation
地方性天气/當地天氣 local weather
地方性震级/地方性震級 local magnitude, ML
地方性震中距/地方性震中距 local distance
地方与非地方/地方與非地方,場所與非場所 place and placelessness
地方月时/地方月時 local lunar time
地方震/地方性地震,局部地震 local earthquake, local shock
地方震级/地方震級,近震規模 local magnitude
地方震震相/地方震震相 local earthquake phase
地方种/地方種,特有種 endemic species
地方主义/地方主義 localism
地方子午线/地方子午線 local meridian
地方坐标系/地方坐標系統,局部坐標系統 local coordinate system
地缝合线/地縫合線,大地縫,地殼縫合 suture, geosuture
地固坐标系/地固坐標系,地球固定坐標系統 body-fixed coordinate system, earth-fixed coordinate system, earth-fixed coordinate
地光/地光,震光 earthquake light
地滚/地滚[波] ground roll
地核/地核 earth core
地核场/鐵心磁場 core field
地核动力学/地核動力學 earth core dynamics
地核力能学/地核力能學 earth core energetics
地基/基礎 foundation
地基承载能力/基礎承載力 foundation capability
地基失效/地基失效 foundation failure, ground failure
地基土/地基土壤 foundation soil
地基系统/地基系統 ground-based system
地基灾害/地基災害 ground disaster
地基整体稳定性/基礎整體穩定性 ground general stability
地级市/地級市 prefecture city
地极/地極 earth pole
地极坐标系/地極坐標系 coordinate system of the pole
地籍/地籍 cadastre
地籍簿/土地登記簿 land register
地籍册/地籍冊 cadastral lists, land terrier
地籍测量/地籍測量 cadastral survey
地籍调查/地籍調查,地籍測量 cadastral inventory, cadastral survey
地籍更新/地籍更新 renewal of the cadaster
地籍管理/地籍管理 cadastral management
地籍控制测量/地籍控制測量 cadastral control survey
地籍名册/地籍清冊 cadastral inventory
地籍清单/地籍清單 cadastral list
地籍区段/地籍區段 cadastral district
地籍属性/地籍屬性 cadastral attribute
地籍数据层/地籍圖層 cadastral layer
地籍数据库/地籍資料庫 cadastral database
地籍图/地籍圖 cadastral map
地籍图重测/地籍圖重測 resurvey of cadastral map
地籍图叠加/地籍圖套疊 cadastral overlay
地籍图幅/地籍圖幅 cadastral sheet
地籍图序列/地籍圖序列 cadastral map series
地籍信息/地籍資訊 cadastral information
地籍信息系统/地籍資訊系統 cadastral information system
地籍修测/地籍圖複丈 cadastral revision
地籍要素/地籍圖徵 cadastral feature
地籍制图/地籍製圖,地籍圖測製 cadastral mapping
地籍注册系统/地籍註冊系統 deeds registry system
地价/地價 land value
地角/角,岬 cape
地界变更/地域變更,經界變更 change of boundary
地界测量/地界測量 land boundary survey
地界图测制/地界圖測製 parcellary mapping
地景/地景,景觀 landscape
地景类型学/地景類型學,景觀類型學 landscape typologies
地块/區塊,古地塊 lot, massif
地块编号/編地號 numbering of land parcel
地块测量/户地測量 parcel survey
地块模拟器/地形模擬器 land-mass simulator

地蜡/地蠟,石蠟 ozocerite
地垒/地壘,地疊 horst
地类/地目 land category
地类变更/地目變更 change in land category
地类界/地類界 classification land boundary
地类界图/地類界圖 land boundary map
地理北/地理北 geographical north
地理北极/地理北極 north geographical pole
地理边界/地理邊界 geographic boundary
地理边缘效应/地理邊界效應 boundary effect in geography
地理编码/地理編碼,地碼編定 geocoding, geographic coding, geocode
地理编码编辑器/地理編碼編輯器 geocoding editor
地理编码参考数据/地理編碼參考數據 geocoding reference data
地理编码处理/地理編碼處理 geocoding process
地理编码服务/地理編碼服務 geocoding service, geocode service
地理编码服务器/地理代碼伺服器 geocode server
地理编码平台/地理編碼平臺 geocoding platform
地理编码索引/地理編碼索引 geocoding index
地理编码系统/地理編碼系統 geocoding system
地理编码样式/地理編碼樣式 geocoding style
地理编码引擎/地理編碼引擎 geocoding engine
地理变换/地理轉換 geographic transformation
地理标记语言/地理標記語言,地理置標語言 geographic markup language, GML
地理标识符/地理標識,地理辨識符號 geographic identifier
地理参考数据/地理參考資料 geographically referenced data
地理参数/地理參數 geographical parameter
地理参照系/地理參考系統 geographic reference system, GEOREF
地理查询语言/地理查詢語言 geographic query language, GQL
地理场/地理場 geographical field
地理迟滞效应/地理遲滯效應 retarding effect in geography
地理大发现/地理大發現 the great discoveries of geography
地理代数/地理代數 geo-algebra
地理带/地理帶 geographic zone
地理单元/地理單元 geographical unit
地理的宇宙因素/地理的宇宙因素 cosmographic dimension of geography
地理底图/地理底圖 geographic base map, cartographic base
地理地带性周期律/地理帶週期律 periodic law of geographic zonality
地理调查/地理調查,地理測量 geographic survey
地理定位/地理定位 geolocation
地理动态系统/地理動態系統 dynamic geosystem
地理对象/地理對象 geographic object
地理反馈/地理回饋 geographical feedback
地理方位角/地理方位角 geographic azimuth
地理方向/地理方向 geographic direction
地理分布/地理分布 geo-distribution, geographical distribution
地理分析/地理分析 geographic analysis
地理风险决策/地理風險決策 risk decision-making in geography
地理格局/地理圖案 geographical patterning
地理格网/地理網格,地理方格 geographic grid
地理隔离/地理隔離 geographical isolation, geographic isolation
地理个性/地域個性 geographic personality
地理功能/分區功能 geographical function
地理关系模型/地緣關係模型 geo-relational model
地理过程/地理過程 geographical process
地理耗散结构/地理耗散結構 geographical dissipative structure
地理环境/地理環境 geographical environment
地理环境虚拟/虛擬地理環境 virtual geographical environment
地理环境应力/強調地理環境 stress of geographical environment
地理基础文件/地理基礎文件 geographic base file, GBF
地理集/地理集 geographical set
地理加权回归/地理加權回歸 geographic weighted regression
地理教育/地理教育 geographical education
地理节律性/地理節奏 geographical rhythm
地理结构/地理結構 geographical structure
地理界线/地理界線 geographical boundary
地理经度/地理經度 geographic longitude, geographical longitude
地理经圈/地理經圈 geographic vertical
地理精度/地理精度 geographic accuracy
地理景观/地理景觀 geographic landscape, geographical landscape
地理矩/地理矩 geographical moment
地理考察/地理調查 geographical survey
地理可视化/地理可視化,地理視覺化 geographic

visualization
地理空间/地理空間 geographical space
地理空间对策/地理空間決策 spatial strategy in geography
地理空间门户/地理空間入口 geospatial portal
地理空间数据仓库/地理空間資料倉儲 geospatial data warehouse
地理空间数据交换网站/地理空間資料交換網站 geospatial data clearinghouse
地理空间效应/地理空間效應 spatial effect in geography
地理空间信息/地理空間資訊 geospatial information
地理空间信息学/地理空間資訊學 geomatics
地理控制论/地理控制論 geocontrol theory
地理连续过渡说/地理連續性理論 continuity theory of geography
地理联系率/地理關聯係數 coefficient of geographical linkage
地理流/地理流 geographical flow
地理名称/地理名稱 geographic name
地理模拟/地理模擬 geographical simulation
地理模型/地理模型 geographic model, geographical model
地理模型检验/地理模式檢驗 test of geographical model
地理目标/地理物件 geographic object
地理谱/地理頻譜 geographical spectrum
地理区/地理區 geographical region
地理区域/地文區 physiographic province
地理趋稳性/地理趨穩性 trend to stability in geography
地理人口统计学/地理人口統計學 geodemographics
地理熵/地理熵 geographical entropy
地理时空耦合/地理時空耦合 temporal and spatial coupling in geography
地理实体/地理實體 geographic entity
地理势/地理潛勢 geographical potential
地理视距/地理視距 geographical viewing distance, geographic viewing distance
地理数据/地理資料 geographic data
地理数据集/地理資料集 geographic data set
地理数据计算机处理/地理資料電腦處理 computer manipulation of geographic data
地理数据库/地理資料庫 geographic database, geodatabase
地理数据库管理/地理資料庫管理 geographic database management, GDBM
地理数据库管理系统/地理資料庫管理系統 geographic database management system
地理数据库类别/地理資料庫目録 geographic database category
地理数据库数据模型/地理資料庫資料模型 geodatabase data model
地理数据文件/地理資料檔 geographic data file, GDF
地理思想体系/地理知識學 geosophy
地理索引/地理索引 geographic index
地理索引文件/地理索引檔 geographically indexed file
地理特征/地理圖徵 geographic feature
地理通名/地理通名,地名通名 geographical general name, general geographical name
地理同异互补论/地理同異互補論 complementation theory of similarity and variability in geography
地理统计/地理統計 geostatistics
地理图/地理圖 geographical map
地理拓扑空间/地理拓撲空間 topological space in geography
地理纬度/地理緯度 geographic latitude, geographical latitude
地理纬圈/地理緯度圈 geographic parallel
地理位置/地理位置 geographic position, geographical location, geographic location
地理系统/地理系統 geographical system
地理系统边界/地理系統邊界 boundary of geosystem
地理系统的连锁反应/地理系統的連鎖反應 chain reaction of geosystem
地理系统的冗余水平/地理系統的冗餘級別 redundant level of geosystem
地理系统分类/地理系統分類 classification of geosystem
地理系统分析/地理系統分析 geographic system analysis
地理系统工程/地理系統工程 geosystem engineering
地理系统敏感性/地理系統敏感性 sensitivity of geosystem
地理系统识别/地理系統識別 identification of geosystem
地理系统稳定性/地理系統穩定性 stability of geosystem
地理细化模型/地理細化模型 geospecific model
地理相关模型/地理相關模型 georelational model
地理相关数据模型/地理相關數據模型

georelational data model
地理协同论/地理協同論 synergetics in geography
地理信息/地理資訊 geographic information
地理信息标准/地理資訊標準 geographic information standard
地理信息传输/地理資訊傳輸 geographic information communication
地理信息分析/地理資訊分析 geographic information analysis
地理信息服务体系/地理資訊服務體系 geographic information service system
地理信息科学/地理資訊科學 geographic information science
地理信息网络/地理資訊網路 geography network, g.net
地理信息系统/地理資訊系統 geographic information system, GIS
地理信息系统服务器/地理資訊系統伺服器 GIS server
地理信息系统革命/地理資訊系統革命 revolution of GIS
地理学/地理學 geography
地理学传统知识/地理傳知 geographical lore
地理学二元论/地理學二元論 geographical dualism
地理学方法论/地理學方法論 geographical methodology
地理学史/地理學史 history of geography
地理学思想史/地理學思想史 history of geographic thought
地理学体系/地理科學體系 system of geographical science
地理学想象力/地理想像[力] geographical imagination
地理学与公正/地理學與正義 geography and justice
地理学哲学/地理哲學 geographical philosophy
地理学者观点/地理學者觀點 geographer's eye
地理学者技能/地理學者技能 geographer's craft
地理循环/地理週期 geographical cycle
地理要素/地理要素,地理物徵 geographic element, geographic feature, geographical element
地理要素数据/地理圖徵資料 geographic feature data
地理要素数据集/地理資料庫圖徵資料集 geodatabase feature data set
地理-遗传分类/地理-遺傳分類 geographic-genetic classification
地理因果律/地理因果律 rule of causation in geography
地理因子/地理因子 geographical factor
地理优化/地理最佳化 geographical optimization
地理有序性/地理秩序 geographical ordering
地理预测/地理預測 geographical forecasting
地理阈值/地理閾值 geographical threshold
地理战略区域/地理戰略區域 geostrategic region
地理障碍/地理障礙 geographical barrier
地理政策/地理政策 geographical policy
地理制图/地理製圖 geocartography, geographic mapping
地理置标语言/地理置標語言,地理標記語言 geographic markup language, GML
地理置标语言应用模式/地理標記語言應用標準 GML application schema
地理中心/地理中心 geographic center
地理中心效应/地理中心效應 central effect in geography
地理专名/地理專名 specific geographical name
地理子午线/地理子午線 geographic meridian
地理综合/地理綜合 geographical synthesis
地理坐标/地理坐標 geographic coordinate, geographical coordinate
地理坐标参考系/地理[坐標]参考系統 geographical reference system, georeference system
地理[坐标]参照/地理[坐標]参考 georeference
地理[坐标]参照系/地理[坐標]参考系統 georeference system
地理坐标网/地理網格 graticule
地理坐标网格/地理坐標網 geographical coordinate net
地理坐标系/地理坐標,經緯度坐標系統 latitude-longitude coordinate system, geographic coordinates
地沥青/地瀝青 land asphalt
地裂缝/地裂縫 ground fissure
地裂现象/地裂現象 fracture phenomenon
地裂运动/塊裂運動 taphrogeny
地幔/地幔,地函 mantle
地幔残留物/地幔殘留物 mantle residue
地幔弛豫/地幔弛豫 mantle relaxation
地幔等时线/地幔等時線 mantle isochron
地幔底辟假说/地幔底闢假說 mantle diapirism hypothesis
地幔地球化学/地幔地球化學,地函地球化學 mantle geochemistry
地幔地震/地幔地震 mantle earthquake
地幔动力学/地幔動力學 mantle dynamics
地幔对流/地幔對流 mantle convection
地幔对流环/地幔對流環,地函對流環 mantle

convection cell
地幔对流说/地幔對流説 mantle convection theory
地幔拱起/地幔拱起 arching of mantle
地幔过渡带/地幔過渡帶 mantle transition zone
地幔混合/地幔混合 mantle mixing
地幔间断面/地幔間斷面 mantle discontinuity
地幔流变[性]/地幔流變[性] mantle rheology
地幔流动/地幔流動 mantle flow
地幔隆起/地幔隆起 mantle bulge
地幔[面]波/地函表面波 mantle surface wave
地幔黏性/地幔黏性 mantle viscosity
地幔黏[性]力/地幔黏[性]力 mantle viscous force
地幔热流/地幔熱流 mantle heat flow
地幔蠕动说/地幔蠕動説 hypothesis of mantle creep
地幔拖曳力/地幔拖曳力 mantle drag force
地幔楔/地幔楔形體 mantle wedge
地幔楔体/地幔楔形體 mantle wedge
地幔岩/地函岩,輝橄岩 pyrolite
地幔岩石学/地幔岩石學 mantle petrology
地幔焰/地幔柱,地函柱 mantle plume
地幔运动/地函運動 mantle movement
地幔柱/地幔柱,地函柱 mantle plume
地幔柱说/地幔柱説 mantle plume theory
地貌/地貌,地形[學] landform
地貌变形/地貌變形 geomorphic deformation
地貌表示法/測高學 hypsography
地貌彩色晕渲/地貌彩色暈渲 landform coloration
地貌倒置/地形倒置 inversion of landform
地貌过程/地形過程 geomorphological process
地貌类型隶属函数/地形類型的隸屬函數 membership function of geomorphic type
地貌类型图/地貌類型圖 geomorphic map
地貌临界/地形閾值 geomorphic threshold
地貌年代学/地形年代學 geomorphochronology
地貌平衡/地形平衡 geomorphic equilibrium
地貌熵/地形熵 entropy in geomorphology
地貌水准面/地形平夷面 geomorphological level surface
地貌碎部/地貌細部 hypsographic detail
地貌特征/地貌特徵 geomorphic feature
地貌图/地貌學圖,地形學圖 geomorphological map
地貌系统/地形系統 geomorphic system
地貌形成作用/地形形成作用 landform forming process
地貌形态示量图/地貌形態示量圖 morphometric map
地貌形态图/地貌形態圖 choromorphographic map
地貌学/地形學 geomorphology
地貌晕渲/地貌暈渲 wash drawing, tinted hill shading
地貌晕渲法/地貌暈渲法 hill toning
地貌晕渲图/地貌暈渲圖 wash-off relief map
地貌组合/地形組合 landform assemblage
地貌最小功原理/地形最小功理論 theory of minimum energy dissipation in geomorphology
地冕/地冕 geocorona
地面边界层/地面邊界層 surface boundary layer
地面边界条件/表面邊界條件 surface boundary condition
地面采集设备/地面採集設備 ground acquisition equipment
地面槽/地面槽 surface trough
地面侧向增幅/地面側向增幅 ground gained sideways
地面查证/地面檢查 ground follow-up
地面沉降/地層下陷,地表下陷 land subsidence, surface subsidence
地面沉陷/地基沈陷,地基沈落,地基坍陷 ground subsidence
地面粗糙度/地面粗糙度 surface roughness
地面导线测量/地面導線測量 ground polygonometry
地面反射变化/地面反射 ground swing
地面分辨率/地面分辨率,地面解像力,地面解析度 ground resolution
地面分析/地面分析 surface analysis
地面风/地面風 surface wind
地面锋/地面鋒 surface front
地面辐射/地面輻射 terrestrial radiation
地面覆盖/地面涵蓋 ground coverage
地面干涉雷达/地面干涉雷達 surface interferencing radar
地面高程/地面高 ground elevation, ground height, ground level
地面观测/地面觀測 surface observation
地面加速度/地面加速度 ground acceleration
地面接收半径/地面接收半徑 ground receiving radius
地面接收站/地面接收站 ground receiving station
地面-井中方式/地面-井中方式 surface-borehole variant
地面径流/地面徑流 surface runoff
地面距离/地面距離 ground distance
地面控制/地面控制 ground control
地面控制点/地面控制點 ground control point, GCP

地面力/地面力　ground force
地面立体测图仪/地面立體測圖儀　terrestrial stereoplotter
地面量距/地面測距　surface-taping
地[面]裂缝/表面裂縫　ground crack, ground fissure, surface crack
地面隆升/地面隆昇　ground uplift
地面能见度/地面能見度　surface visibility, ground visibility
地面逆温/地面逆温　surface inversion, ground inversion
地面剖面记录仪/地面縱斷面記録儀　terrain profile recorder
地面气温/地面氣温　surface air temperature
地面气压/地面氣壓　surface pressure
地面前向增幅/地面前向增幅　ground gained forward
地面摄谱仪/地面攝譜儀　terrestrial spectrograph
地面摄影测量/地面攝影測量　terrestrial photogrammetry
地面摄影机/地面攝影機　terrestrial camera
地面摄影三角测量/地面攝影三角測量　terrestrial phototriangulation
地面湿静力能量分析/地面濕静能分析　surface wet static energy analysis
地面实况/地表實況,地面真像　ground truth
地面塌陷/地面塌陷　surface collapse
地面[天气]图/地面[天氣]圖　surface weather chart, surface chart
地面拖曳/表面曳力　surface drag
地面温度/地面温度　earth surface temperature
地面温度表/地面温度計　surface geothermometer
地面雾/地面霧　ground fog
地面响应/地面回應　ground response
地面形变/地面形變　ground deformation
地面预报图/地面預報圖　surface forecast chart
地面运动/地動　ground motion
地面运动估计/地面運動估計　estimation of ground motion
地面站/地面站　ground station
地面照度/地面照度　illuminance of ground
地面折射/地面折射　terrestrial refraction
地面振动/地基振動　ground vibration
地面震动/地面震動　ground shaking
地面状态/地面狀況　state of ground
地面锥形法/地面角錐體　ground pyramid
地面资料/地面資料　surface data
地名/地名　geographical name, place name, toponym
地名标准化/地名標準化　place name standardization, standardization of geographical name
地名调查/地名調查　geographical name survey
地名结构/地名結構　construction of geographical name
地名录/地名録,地名辭典,地名詞典　gazetteer
地名罗马化/地名拼音化　romanization of geographical name
地名术语/地名術語　terminology of geographical name
地名数据库/地名資料庫　place name database, toponymic database
地名索引/地名索引　geographical name index, gazetteer index, names index
地名信息系统/地名資訊系統　geographic name information system
地名学/地名學　toponomastics, toponymy, toponomy
地名雅化/地名雅化　geographical name refinement
地名译写/地名轉換　geographical name conversion
地名正名/地名正名　orthography of geographical name
地名转写/地名譯註　geographical name transcription, geographical name transliteration
地名准则/地名準則　toponymic guideline
地模/同地區模式標本　topotype
地炮/地炮　ground artillery
地平俯角/地平俯角　dip of horizon
地平合线/地平遁線　vanishing ground
地平经圈/地平經圈　vertical circle
地平经纬仪/地平經緯儀,高度方位儀　altazimuth
地平圈/地平圈　horizon
地平纬圈/地平緯圈　altitude circle
地平线/地平線　horizon line, skyline
地平线摄影机/地平線攝影機　horizon camera
地平线像片/地平線像片　horizon photograph
地平坐标系/地平坐標系　horizontal coordinate system
地气系统反照率/地氣系統反照率　albedo of earth atmosphere system
地-气相互作用/陸-氣交互作用　air-land interaction
地堑/地塹　graben
地壳/地殼　earth crust, crust
地壳波浪系统/地殼波浪系統　crustal wave system
地壳波浪运动/地殼波浪運動　crustal wave movement

地壳波密带/地殼波密帶 crustal wave dense belt
地壳波疏带/地殼波疏帶 crustal wave sparse belt
地壳沉陷/地殼沈降 crustal subsidence
地壳传递函数/地殼轉換函數 crustal transfer function
地壳存留年龄/地殼存留年齡 crustal residence age
地壳地震/地殼地震 crustal earthquake
地壳地震反射率[法]/地殼地震反射率[法] crustal seismic reflectivity
地壳叠接消减带/地殼疊接消減帶 crust overlap subduction zone
地壳动定转化递进说/地殼動定轉化遞進説 theory of progression with transformation between mobile and stable regions
地壳断层系/地殼斷層系 crustal fault system
地壳对接消减带/地殼對接消減帶 crust butting subduction zone
地壳反射/地殼反射 crustal reflection
地壳根/地殼根 crust root
地壳构造/地殼構造,地殼結構 crustal structure, earth crust structure
地壳构造反演/地殼構造反演 crustal structure inversion
地壳校正/地殼校正 crust correction
[地壳]均衡/[地殼]均衡 isostasy, crust isostasy, crustal isostasy
地壳均衡补偿/地殼均衡補償 isostatic compensation
地壳均衡补偿深度/地殼均衡補償深度 depth of isostatic compensation
地壳均衡改正/地殼均衡糾正 isostatic correction
地壳均衡回弹/地殼均衡回彈 isostatic rebound
地壳均衡[说]/地殼均衡[理論] isostasy
地壳均衡调整/地殼均衡調整 isostatic adjustment
地壳均衡型海面变化/地殼均衡型海面變化 isostatic eustasy
地壳隆升/地殼隆昇 crustal uplift
地壳倾斜/地殼傾斜 crustal inclination, crustal tilt
地壳蠕动说/地殼蠕動説 crustal creep hypothesis
地壳速度模型/地殼速度模型 crustal velocity model
地壳微脉动/地殼微脈動 crust micropulsation
地壳稳定性/地殼穩定性 crust stability
地[壳]形变/地殼變形,地殼變動 crustal deformation
地壳形变观测/地殼變動觀測 crust deformation measurement
地壳演化/地殼演化 crust evolution
地壳运动/地殼運動,地殼變動 movement of earth crust, crustal movement
地壳运动程式/地殼運動程式 process and manner of crustal movement
地壳运动方式/地殼運動方式 manner of crustal movement
地壳运动过程/地殼運動過程 process of crustal movement
地倾斜/地傾斜,傾地斜 earth tilt, ground tilt
地倾斜观测/地傾斜觀測 ground tilt measurement
地穹运动/地穹運動 arcogenesis, arcogeny
地球/地球 globe, earth
地球半径/地球半徑 earth radius
地球扁率/地球扁[平]率 flattening of earth, compression of earth
地球变平换算/地球變平换算 earth-flattening transformation
地球变平近似/地球變平近似 earth-flattening approximation
地球表层系统/地球表層系統 earth surface system
地球表面/地球表面 earth surface
地球成因学/地球成因學 geocosmogony
地球的能量收支/地球的能量收支 energy budget of earth
地球的平衡形状/地球的平衡形狀 equilibrium figure of earth
地球电磁场/地球電磁場 geo-electromagnetic field
地球电磁学/地球電磁學 geo-electromagnetics, geo-electromagnetism
地球定向参数/地球定向參數 earth orientation parameter, EOP
地球动力扁率/地球動力扁率 dynamic ellipticity of earth
地球动力学/地球[動]力學 geodynamics
地球动力因子/地球動力因子 dynamic factor of earth
地球发电机/地球發電機 geodynamo
[地球]反射太阳辐射/反射全天空輻射 reflected global solar radiation
地球反照率/地球反照率 albedo of earth
地球辐射/地球輻射 terrestrial radiation, earth radiation
地球辐射带/地球輻射帶 earth radiation belt
地球辐射平衡/地球輻射平衡 terrestrial radiation balance
地球辐射收支试验/地球輻射收支實驗 earth radiation budget experiment, ERBE
地球辐射收支卫星/地球輻射收支衛星 earth radiation budget satellite

地球干涉量度学/地球干涉量度學 terrestrial interferometry
地球弓形激波/地球弓形震波 earth bow shock
地球公转/地球公轉 earth revolution
地球构造反演/地球構造反演 earth structure inversion
地球观测系统/地球觀測系統 earth observing system, EOS
地球观测系统计划/地球觀測系統計劃 plan earth observing system
[地球]轨道特征/軌道特徵 orbital characteristic
地球-海洋耦合/地球-海洋耦合 earth-ocean coupling
地球红外辐射/地球[紅外線]輻射 terrestrial infrared radiation
地球化学/地球化學 geochemistry
地球化学背景/地球化學背景 geochemical background
地球化学标记/地球化學標記 geochemical signature
地球化学测井/地球化學測井 geochemical log
地球化学分散/地球化學分散 geochemical dispersion
地球化学封闭体系/地球化學封閉體系 geochemical closed system
地球化学环境/地球化學環境 geochemical environment
地球化学活动性/地球化學活動性 geochemical mobility
地球化学景观/地球化學景觀 geochemical landscape
地球化学景观制图/地球化學景觀製圖 geochemistry landscape mapping
地球化学开放体系/地球化學開放體系 geochemical open system
地球化学勘查/地化探勘 geochemical exploration, geochemical prospecting
地球化学联系/地球化學鏈接 geochemical link
地球化学模型/地球化學模型 geochemical model
地球化学屏障/地球化學屏障 geochemical barrier
地球化学普查/地球化學普查 geochemical reconnaisance
地球化学生态学/地球化學生態學 geochemical ecology
地球化学省/地球化學省 geochemical province
地球化学输运/地球化學輸運 geochemical transport
地球化学体系/地球化學體系 geochemical field
地球化学填图/地球化學填圖 geochemical mapping
地球化学图/地球化學圖 geochemical chart
地球化学相/地球化學相 geochemical facies
地球化学详查/地球化學詳查 geochemical detailed survey
地球化学旋回/地質化學循環 geochemical cycle
地球化学循环/地球化學循環 geochemical cycle
地球化学演化/地球化學演化 geochemical evolution
地球化学异常/地球化學異常 geochemical anomaly
地球化学障/地球化學障 geochemical barrier
地球化学指标/地球化學指標 geochemical indicator
地球化学指纹/地球化學指紋 geochemical fingerprint
地球化学自组织/地球化學自組織 geochemical self-organization
地球环境/地球環境 earth environment
地球监测/地球監測,監測地球 earth monitoring
地球介质的本构关系/地球介質的本構關係 constitutive relation of earth medium
地球静止轨道/地球静止軌道,地球同步軌道 geostationary orbit
地球静止环境卫星/地球同步作業環境氣象衛星 geostationary operational environmental satellite, GOES
地球静止气象卫星/[地球]同步氣象衛星 geostationary meteorological satellite, GMS
地球均衡作用/地球均衡作用 earth equilibrium
地[球科]学/地[球科]學 geoscience, earth science
地球科学数据库/地球科學資料庫 database for earth science
地球科学网格/地球科學網格 Geo-network, GEON grid
地球科学信息技术/地球科學資訊技術 geoscience information technique
地球空间/地球空間 geospace
地球空间信息学/地球空間資訊學,地理空間資訊學 geomatics, geoinformatics
地球离心力势/地球離心力勢 centrifugal potential of earth
地球流体/地球流體 terrestrial fluid
地球模拟器/地球模擬器 earth simulator
地球模型/地球模型,地球模式 earth model
地球内部化学/地球内部化學 interior chemistry of earth
地球内部结构/地球内部結構 earth interior structure
地球内的热传输/地球内的熱傳輸 heat transport in earth
地球内辐射带/地球内輻射帶 earth inner radiation belt

[地球]内核/[地球]内核 earth inner-core
地球谱学/地球譜學 terrestrial spectroscopy
地球浅层构造/土工結構物 earth structure
地球球体/地球球體 earth spheroid
地球曲率/地球曲率 curvature of earth
地球曲率订正/地球曲率訂正 earth curvature correction
地球曲率与折光差/地球曲度差與折光差,兩差 error due to curvature and refraction
地球圈层/地球圈層 earth sphere
地球热容量/地球熱容量 heat capacity of earth
地球热史/地球熱史 earth thermal history
地球三轴说/地球三軸説 theory of triaxial earth
地球摄动/地球擾動 terrestrial perturbation
地球生理学/地球生理學 geophysiology
地球生态学/地生態學 geoecology
地球生物学/地球生物學,土壤生物學 geobiology
地球四面体/地球四面體 earth tetrahedron
地球体/地球體 geoid
地球同步轨道/地球同步軌道 earth-synchronous orbit, earth synchronous orbit, geosynchronous orbit
地球同步卫星/地球同步衛星 geostationary satellite, geosynchronous satellite
地球同步运转环境卫星/地球同步運轉環境衛星 geostationary opertional environmental satellite, GOES
地球椭球体/地球橢球體 earth ellipsoid
地球外辐射带/地球外輻射帶 earth outer radiation belt
[地球]外核/[地球]外核 earth outer-core
地球外射/地球外射 outgoing terrestrial radiation
地球外摄影/地球外攝影 extra terrestrial photography
地球外重力场/地球外重力場 earth external gravity field
地球微生物学/地球微生物學,地質微生物學 geomicrobiology
地球卫星/地球衛星 earth satellite
地球卫星专题遥感/地球衛星專題遥感 earth satellite thematic sensing
地球位/地球勢,重力位 geopotential
地球位数/重力位數 geopotential number
地球位系数/地球位係數 potential coefficient of earth
地球温度计/地質溫度計,地温計 geothermometer
地球物理测井/地球物理測井 geophysical well-logging
地球物理场/地球物理場 geophysical field
地球物理大数据/地球物理大資料 geophysical big data
地球物理观测/地球物理觀測 geophysical observation
地球物理计算模型/地球物理計算模型 calculation model for geophysics
地球物理勘探/地球物理勘探 geophysical exploration, geophysical prospecting
地球物理可视化/地球物理視覺化 visualization of the geo-information
地球物理模拟/地球物理類比 geophysical analog
地球物理年/地球物理年 geophysical year
地球物理数据/地球物理資料 geopysical data
地球物理数据共享/地球物理資料共用 geophysical data sharing
地球物理数据信息交换/地球物理資料資訊交換 exchange of geophysical data
地球物理卫星/地球物理衛星 geophysic satellite
地球物理信息采集/地球物理資訊採集 geophysics information acquisition
地球物理信息技术/地球物理資訊技術 geophysical information technique
地球物理信息学/地球物理資訊學 geophysical informatics
地球物理学/地球物理學 geophysics, physics of earth
地球物理异常/地球物理異常 geophysical anomaly
地球物理侦测/地球物理偵測 geophysical reconnaissance and measurement
地球系统/地球系統 earth system
地球系统的状态变数/地球系統的狀態變數 state variable of geosystem
地球信息/地球資訊 geo-information
地球信息机理/地球資訊學 geo-informatics
地球信息科学/地球資訊科學 geo-information science
地球形状/地球形狀,地球原子 earth shape, figure of earth, earth figure
[地球]岩石层/固體地球，岩石圈 earth lithosphere
地球仪/地球儀 globe
地球引力摄动/地球引力擾動 terrestrial gravitational perturbation
地球引力势/地球引力勢 gravitational potential of earth
地球有效半径/地球有效半徑 effective radius of earth
[地球]正常等位面/地球正常重力位面 earth-

spherop

地球质心椭球体/地球質心橢球體 earth-centered ellipsoid

[地球]中间层/[地球]中間層 earth mesosphere

地球重力场和海洋环流探测卫星/地球重力場和海洋環流探測衛星 gravity field and steady-state ocean circulation explorer, QOCE

地球重力场模型/地球重力[場]模型 earth gravity model, earth gravitational model, EGM

地球重力势/地球勢,重力位 geopotential, gravity potential of earth

地球资源观测卫星/地球資源觀測衛星 earth resources observation satellite

地球资源观测系统/地球資源觀測系統 earth resources observation system, EROS

地球资源[技术]卫星/地球資源[技術]衛星 earth resources technology satellite, ERTS

地球资源卫星/地球資源衛星 earth resources satellite, ERS

地球资源信息系统/地球資源資訊系統 earth resources information system, ERIS

地球子午线/地球子午線 terrestrial meridian

地球自转/地球自轉 earth rotation

地球自转参数/地球自轉參數 earth rotation parameter, ERP

地球自转角速度/地球自轉角速度 rotational angular velocity of earth

地[球自]转偏向力/地球自轉偏向力 deflection force of earth rotation

地球坐标系统/地球坐標系統 spherical coordinate system

地区/地區,地域 area

地区编码/地區編碼 district coding

地区竞争优势/區域比較優勢 regional comparative advantage

地区空间数据基础设施/區域空間資料基礎建設 regional spatial data infrastructure, RSDI

地区性海[平]面变化/地區性海[水]面變化 regional sea level change

地区一览图/地區一覽圖 chorographic map

地圈/地圈,陸圈,陸界 geosphere

地圈-生物圈计划/地圈-生物圈計劃 geosphere-biosphere plan

地热/地熱 geotherm

地热饱和蒸汽/地熱飽和蒸汽 geothermal saturated steam

地热地球化学/地熱地球化學 geothermal geochemistry

地热[地质]背景/地熱[地質]背景 geothermal setting

地热地质学/地熱地質學 geothermic geology

地热电站/地熱發電站 geothermal power station

地热调查/地熱調查,地熱測量 geothermal survey

地热发电/地熱發電 geothermal power generation

地热发电装机容量/地熱發電裝機容量 installed geothermal power capacity

地热供热/地熱供熱 geothermal heating

地热含水层/地熱含水層 geothermal aquifer

地热活动/地熱活動[性] geothermal activity

地热井/地熱井 geothermal well

地热开发/地熱開發 geothermal development

地热勘探/地熱勘探 geothermal prospecting

地热利用/地熱利用 geothermal implementation

地热流体/地熱流體 geothermal fluid

地热卤水/地熱鹽水 geothermal brine

地热能/地熱能 geothermal energy

地热剖面/地熱等温線 geotherm profile

地热省/地熱省 geothermal province

地热水库/地熱水庫 geothermal reservoir

地热梯度/地熱梯度 geothermal gradient

地热田/地熱田 geothermal field

地热田异常/地熱田異常 geothermal field anomaly

地热系统/地熱系統 geothermal system

地热现象/地熱現象 geothermal phenomenon

地热[学]/地熱[學] geothermics

地热遥感/地熱遥[感探]測 geothermal remote sensing

地热异常/地熱異常,地熱導常[情況] geothermal anomaly

地热异常带/地熱異常帶 geothermal anomalous zone

地热异常区/地熱異常區 geothermally-anomalous area

地热源/地熱源 geothermal source

地热蒸汽/地熱蒸汽 geothermal steam

地热资源/地熱資源 geothermal resources

地热资源基数/地熱資源基數 geothermal resources base

地热钻机/地熱鑽機 geothermal drilling rig

地生态学/地生態學 geoecology

地声/震聲,地鳴 earthquake sound

地史学/地史學,歷史地質學 historical geology

地势曲线/地勢曲線 hypsometric curve

地势图/高程[地]圖 hypsometric map, relief map

地速/地速 ground speed

地台/地臺 platform

地台盖层/地臺蓋層 platform cover
地台回春/地臺回春 platform rejuvenation
地台活化/地臺活化 platform activation
地台基底/地臺基底 platform basement
地台浅部/地臺淺部,邊緣地臺,臺地淺部 epiplatform
地台型成矿建造/地臺型成礦建造 platformal metallogenic formation
地台型建造/地臺型建造 platformal formation
地台型褶皱/地臺型褶皺 platformal type fold
地体/地體 terrane
地体影响/地貌影響 terrain influence
地体增生/地體增生 terrane accretion
地图/地圖 map
T-O 地图/T-O 地圖 T and O map
地图比例尺/地圖比[例]尺 map scale
地图比例尺分类/地圖比例尺分類 classes of map scale
地图编绘/地圖編繪 map compilation
地图编辑/地圖編輯 map editing
地图编辑大纲/地圖編輯大綱 map editorial policy
地图编辑软件/地圖編輯軟體 cartographic editing software
地图编辑系统/地圖編輯系統 cartographic editing system
地图编制/地圖編纂 map compilation
地图变形/地圖變形 map distortion
地图表示法/地圖表示法 cartographic presentation
地图表示方法/地圖標記法 cartographic representation
地图表示手段/地圖呈現方法 means of cartographic representation
地图插图/地圖插圖 inset map
地图查询/地圖查詢 map query
地图传输/地圖傳輸 cartographic communication
地图传输论/地圖傳輸論 cartographic communication theory
地图代数/地圖代數 map algebra
地图叠置/地圖套疊 map overlay
地图叠置分析/地圖疊置分析,地圖套置分析,地圖套疊分析 map overlay analysis
地图定位文件/地圖位置檔案 map positional file
地图发行量/地圖發行數 map run
地图方法/製圖方法 cartographic method
地图[放大]因子/地圖因子 map factor
地图分发/地圖供應 map distribution
地图分幅系统/地圖分幅系統 sheet line system
地图分类/地圖分類 cartographic classification, map classification
地图分色/地圖分色 map color separation
地图分析/地圖分析 cartographic analysis
地图服务器/地圖伺服器 map server
地图符号/地圖符號 map symbol, cartographic symbol
地图符号库/地圖符號庫 map symbol bank
地图符号学/地圖符號學 cartographic semiology, map semiology
地图负载量/地圖負載量 map load
地图复杂性/地圖複雜性 map complexity
地图复制/地圖複製 map reproduction
地图概括/地圖概括 cartographic generalization
地图感受/地圖感受 map perception
地图感知论/地圖識覺理論 cartographic perception theory
地图格网/地圖網格 map grid
地图跟踪数字化/地圖跟蹤數位化 map scout digitizing
地图更新/地圖更新,地圖修測,地圖修正 map revision
地图功能/地圖功能 map function
地图供应/地圖供應 map distribution
地图归纳法/地圖歸納法 cartographic induction method
地图规范/地圖規範,製圖規範 map specification, cartographic specification
地图缓存/地圖緩存 map cache
地图绘图员/地圖繪圖員 cartographic draftsman, cartographic draughtsman
地图集/地圖集 atlas
地图集格网/地圖集方格 atlas grid
地图集类型/地圖集類型 atlas type
地图集浏览/地圖集遊覽 atlas touring
地图集信息系统/地圖集資訊系統 atlas information system
地图集制图学/地圖集地圖學 atlas cartography
地图检查/地圖檢查 map test
地图接边/地圖校正 map adjustment
地图接图表/地圖圖表 map index
地图界限/地圖界限 map limit
地图经验论/地圖經驗理論 cartographic experience theory
地图精度/地圖精度 map accuracy
地图句法/地圖語法 cartographic syntax
地图可靠性/地圖可靠性 map reliability
地图可视化/地圖視覺化 cartographic visualization
地图刻绘/地圖刻繪 map scribing, cartographic

scribing
地图库/地圖庫 map library
地图利用/地圖利用 map use
地图量算/地圖量算,地圖量測 cartometry, map measurement
地图模式论/地圖模式論 cartographic modeling theory
地图模型/地圖模型 cartographic model, map model
地图模板/地圖模板 map template
地图目录/地圖目録,地圖書目 map catalog, carto-bibliography
地图内容结构/地圖内容結構 cartographic organization
地图判读/地圖判讀 map interpretation, cartographic interpretation
地图匹配/地圖匹配 map matching
地图评价/地圖評價 cartographic evaluation, map evaluation, map critique
地图潜[在]信息/地圖潛[在]資訊 cartographic potential information
地图清晰性/地圖清晰性 map clarity
地图认知/地圖認知 cartographic cognition
地图容量/地圖容量,地圖内容負載量 load of map content, map capacity
地图扫描数字化/地圖掃描數位化 map scanning digitizing
地图扫描仪/地圖掃描儀 cartographic scanner
地图色标/地圖色標,演色表 color chart, map color standard
地图色彩库/地圖色庫 map color bank
地图色谱/地圖色譜 map color atlas
地图设计/地圖設計 map design, cartographic design
地图生产/地圖生産 map production
地图生产系统/地圖生産系統 map production system, MPS
地图输出/地圖輸出 map output
地图数据/地圖資料 cartographic data
地图数据磁带/製圖磁帶 carto-tape
地图数据概念/地圖資料概念 cartographic data concept
地图数据格式标准/地形圖資料格式標準 cartographic data format standard
地图数据检索/地圖資料檢索 map data retrieval
地图数据交换格式/地圖資料交换格式 mapping data interchange format, MDIF
地图数据结构/地圖資料結構 map data structure
地图数据库/地圖資料庫 cartographic database, map database
地图数据库管理系统/地形圖資料庫管理系統 cartographic database management system
地图数据模型/地形圖資料模型 cartographic data model
地图数据文件/地圖資料檔 map data file
地图数学模型/地圖數學模型 map mathematic model
地图数字化/地圖數位化,地圖數[值]化 map digitizing
地图特征码/地圖特徵碼 map feature code
地图统一协调性/地圖統一與協調 map unity and concert
地图投影/地圖投影 map projection
地图投影变形/地圖投影變形 map projection distortion
地图投影分类/地圖投影分類 map projection classification
地图投影系统/地圖投影系統 map projection system
地图投影转换/地圖投影轉换 map projection transformation
地图图层/圖層,資料層 map coverage
地图图符编号/地圖代號 map reference code
地图图幅/地圖圖幅 map sheet, chart sheet
地图图型/地圖圖型 map form
地图拓扑/地圖位相關係 map topology
地图网络服务/地圖網路服務 map web service
地图文件/地圖文件 map document
地图文字库/地圖文字形檔 map verbal bank
地图系列/地圖系列 map series
地图显示/地圖顯示 map display
地图信息/地[形]圖資訊 cartographic information
地图信息传输/地圖訊息傳輸 cartographic communication
地图信息论/地圖資訊理論 cartographic information theory
地图信息系统/地[形]圖資訊系統 cartographic information system, CIS
地图序列号/圖組號 map series number
地图选取/地圖選取 cartographic selection
地图学/地圖學 cartography
地图学史/地圖學史 history of cartography
地图学者/地圖學者 cartographer
地图研究法/地圖研究法 cartographic methodology
地图演绎法/地圖演繹法 cartographic deduction method

地图要素/地圖地物 cartographic feature
地图易读性/地圖易讀性 map legibility, map readability
地图印刷/地圖印刷,地圖製印 map printing
地图用户/地圖用户 cartographic user
地图语言/地圖語言 cartographic language
地图语义/地[形]圖語義 cartographic semantics
地图语用/地圖語用[學] cartographic pragmatics
地图元素/地圖元素 map element
地图阅读/地圖閱讀 map reading
地图整饰/地圖整飾,地圖修飾 map decoration
地图纸/地圖紙 geography paper
[地图]制图/製圖 map making, mapping
地图制图软件/地圖製圖軟體 cartographic software
地图制图员/[地圖]製圖員 cartographer
地图制图专家系统/地圖製圖專家系統 map mapping expert system
地图制图专业/地圖製圖科 cartography department
地图注记/地圖註記 map lettering, map annotation
地图准确度/地圖準確度 map accuracy
地图准确度规范/地圖精度規格 map accuracy specification
地图综合/地圖縮編 map generalization
地图作者/地圖作者 map author
地图坐标网/地圖格網 map graticule
地图坐标原点/地圖坐標原點 map origin
地洼构造说/地窪構造説 diwa theory, geodepression theory
地洼期/地窪期 period of diwa, period of geodepression
地洼说/地窪説 tectonics of diwa
地洼型成矿建造/地窪型成礦建造 metallogenic formation of diwa type
地洼型建造/地窪型建造 diwa type formation
地外辐射/外太空輻射 extraterrestrial radiation
地外环境/地外環境 extraterrestrial environment
地外震学/地外震學 extraterrestrial seismology
地弯运动/地彎運動 ground bending motion
地温/地温 geotemperature
地温表/地質温度計,地温計 geothermometer
地温年变化/地温年變化 annual variation of geotemperature
地温日变化/地温日變化 diurnal variation of geotemperature
地温梯度/地温梯度 geothermal gradient
地文单元/地文單位 physiographic unit
地文期/地文期 physiographic stage
地文学/地文學 physiography
地物波谱特性/地物波譜特性,物件光譜特性 object spectrum characteristic
地物测绘/地物測繪 topographic planimetry
地物回波/地面回波 ground echo
地物密度/地物密度 density of detail
地系统/大地系統 geosystem
地峡/地峽 isthmus
地下冰/地下冰 underground ice, ground ice
地下淡水/地下淡水 fresh groundwater
地下导线/地下導線 underground traverse
地下地质学/地下地質學 subsurface geology
地下工程/地下工程 underground engineering
地下管线测量/地下管線測量 underground pipeline survey
地下河/地下河 underground river
地下核试验引发地震/地下核子試驗引發地震 earthquake caused by underground nuclear test
地下街/地下街 underground street
地下径流/地下水徑流 groundwater runoff
地下径流系数/地下徑流係數 coefficient of groundwater runoff
地下流体/地下流體 underground fluid
地下流体地震前兆/地下流體地震前兆 subsurface-fluid precursor of earthquake
地下流体观测网/地下流體觀測網 underground fluid network
地下流体观测站/地下流體觀測站 underground fluid observation station
地下流体流动观测网/地下流體流動觀測網 mobile observation network for underground fluid
地下流体异常/地下流體異常 subsurface-fluid anomaly
地下卤水/地下鹵水 subsurface brine
地下埋设物/地下埋設物 underground property
地下气体/地下氣體 ground gas, underground gas
地下热卤水/地下熱鹵水 underground geothermal brine
地下热[卤]水型矿床/地下熱[鹵]水型礦床 hot geothermal brine type deposit
地下热水/地下熱水 geothermal water
地下水/地下水 groundwater, underground water
地下水保护/地下水保護 groundwater conservation
地下水补给/地下水補注 groundwater recharge
地下水储量/地下水儲蓄 groundwater reserve
地下水地化地震前兆/地下水地化地震前兆 hydrogeochemical precursor of earthquake
地下水动力学/地下水動力學 groundwater dynamics

地下水动态/地下水動態 dynamics of subsurfsce fluid
地下水分类/地下水分類 classfication of groundwater
地下水观测/地下水觀測 groundwater observation
地下水降落漏斗/地下水洩降錐 groundwater depression cone
地下水均衡/地下水平衡 groundwater balance
地下水库/地下水庫 ground reservoir
地下水类型/地下水類型 groundwater type
地下水流/地下水流 groundwater flow
地下水面/地下水面 water table
地下水年龄/地下水年齡 groundwater age
地下水屏障/地下水屏障 groundwater barrier
地下水人工回灌/地下水人工回灌 artificial groundwater recharge
地下水入海/地下水入海 submarine groundwater discharge
地下水水文学/地下水水文學 groundwater hydrology
地下水微观动态/地下水微觀動態 micro-dynamics of subsurface fluid
地下水位/地下水位,地下水面 groundwater level, level of subsoil water, water table
地下水位振荡/地下水位振盪 oscillation of groundwater level
地下水资源/地下水資源 groundwater resources
地下铁道测量/地下鐵道測量 subway survey, ground railway survey
地[下通]道/地下道 underpass
地下网格/地下網格 subsurface grid
地下咸水/地下鹹水 saline groundwater
地下油库测量/地下油庫測量 ground oil depot survey
地下中心线标定/地下中心線標定 alignment of ground center-line
地向斜/地向斜 geosyncline
地象/地象 geophenomena
地斜/地斜 geocline
地心/地心 center of earth, centrosphere
地心大地基准/地心大地基準 geocentric geodetic datum
地心基准/地心基準 geocentric datum
地心经度/地心經度 geocentric longitude
地心距/地心距 geocentric distance
地心偶极场/地心偶極場 geocentric dipole field
地心视差/地心視差 geocentric parallax
地心天顶/地心天頂 geocentric zenith
地心纬度/地心緯度 geocentric latitude
地心引力常数/地心引力常數 geocentric gravitational constant
地心坐标/地心坐標 geocentric coordinate
地心坐标系/地心坐標系[統] geocentric coordinate system
地形/地形[學],地貌,地形起伏 relief, topography
地形变测量/地形變測量 ground deformation measurement
地形标志物/地形標 topographic signal
地形波/地形波 orographic wave
地形槽/地形槽 topographic trough
地形测量/地形測量 topographic survey
地形测量学/地形[測量]學 topography
地形成熟期/地形壯年期 topographic maturity
地形垂线偏差/地形偏差 topographic deflection, topographic deflection of the vertical
地形等高线/地形等高線 topographic contour
地形等压线/地形等壓線 topographic isobar
地形低压/地形低壓 orographic depression
地形底图/基本地形圖 base map of topography
地形点/地形點 ground point
地形分析/地形分析 terrain analysis, topographic analysis
地形分析功能/地形分析功能 topographic function
地形锋生/地形鋒生 orographic frontogenesis
地形浮雕/地形浮雕 terrain emboss
地形改正/地形改正 topographic correction, terrain correction
地形锢囚锋/地形囚錮鋒 orographic occluded front
地形观测实验/地形觀測實驗 topography experiment, TOPEX
地形绘图/地形繪製 topographic plot
地形急流/地形噴流 barrier jet
地形降水/地形降水 orographic precipitation
地形校正/地形校正 terrain correction, topographical correction
地形静止锋/地形滯留鋒 orographic stationary front
地形老年期/地形老年期 topographic old age
地形雷暴/地形雷雨 orographic thunderstorm
地形轮回/地形輪回 geomorphic cycle, topographic cycle
地形罗斯贝波/地形羅士培波 topographic Rossby wave
地形模型/地形模型 terrain model, relief model
地形剖面/地形剖面 profile
地形剖面图/地形縱斷面圖 topographic profile
地形起伏位移/高差位移 relief displacement

地形气候/地形氣候 topoclimate
地形气候学/地形氣候學 topoclimatology
地形强迫效应/地形強迫[作用] topographic forcing effect
地形区域/地形區域 topographic region
地形数据库/地形資料庫 topographic database, topographical database
地形特性/地形特徵 terrain feature
地形透视图/地形透視圖 perspective of the ground
地形图/地形圖 topographic map
地形图更新/地形圖更新 revision of topographic map
地形图图式/地形圖圖式,地形圖符號 topographic map symbol
地形拖曳/地形拖曳 orographic drag
地形线划图/地形線劃圖 topographic line map, TLM
地形小气候/地形微氣候 contour microclimate
地形信息/地形資訊 terrain information
地形学/地形學 geomorphology
地形雪线/地形雪線 orographic snowline
地形要素/地物 topographic feature
地形因子/地形因子 terrain factor
地形影响/地形效應 terrain effect
地形幼年期/地形幼年期 topographic infancy
地形雨/地形雨 orographic rain
地形雨量/地形雨量 orographic rainfall
地形[障碍]急流/地形噴流 barrier jet
地形质量/地形質量 topographic mass, terrain mass
地形重力改正/地形重力改正 topographic gravity correction
地形重力归算/地形重力歸算 topographic gravity reduction
地形重力异常/地形重力異常 topographic gravity anomaly
地学/地球科學 geoscience
地学分析/地學分析 geo-analysis
地学集成计算环境/整合地學計算環境 integrated geo-computational environment
地学计算/地學計算 geocomputation
地学数据/地學資料 geodata
地学数据处理/地學資料處理 geodata processing
地学数据同化/地學資料同化 geodata assimilation
地学数据挖掘/地學資料採擷 geodata mining
地学统计/地理統計 geostatistics
地学信息处理/地理處理 geoprocessing
地学信息分析/地學資訊分析 geo-information analysis
地学信息共享/地學資訊共用 geo-information sharing
地学信息基础设施/地學資訊基礎設施 geo-cyber infrastructure
地学信息平台/地學資訊平臺 geo-information platform
地学信息图谱/地學資訊地圖集 geo-informatic atlas
地学信息系统/地球資訊系統 geo-information system
地学知识发现/地學知識發現 geo-knowledge discovery
地衣/地衣 lichen
地应力/地殼應力 crustal stress
地应力场/地應力場 stress field in the earth crust
地域背景/地域脈絡 areal context
地域差异/地域差異 areal differentiation
地域分异规律/領域分異規則 rule of territorial differentiation
地域过程/領域歷程 territorial process
地域结构/領域結構 territorial structure
地域社会指标/領域社會指標 territorial social indicator
地域生产综合体/地域生產綜合體 territorial production complex
地域系统/領域系統 territorial system
地域研究传统/地域研究傳統 area studies tradition
地域专业化/地域專業化 areal specialization
地缘政治变迁/地緣政治變遷 geopolitical transition
地缘政治学/地緣政治學 geopolitics
地猿/地猿 Ardipithecus
地云闪电/地雲放電 ground-to-cloud discharge
地震/地震 earthquake
地震安全性/地震安全性 seismic safety
地震安全性评价/地震安全性評價 seismic safety evaluation
地震保险/震災保險 earthquake insurance
地震保险风险管理/地震保險風險管理 risk management of earthquake insurance
地震暴/地震暴 earthquake storm
地震避难场所/地震避難場所 earthquake shelter
地震标度律/地震標度律 earthquake scaling law
地震标准层/地震標準層 key bed, seismic marker horizon
地震表面波/地震表面波 seismic surface wave
地震冰川学/地震冰川學 seismic glacialcgy
地震波/[地]震波 seismic wave, earthquake wave
地震波场/地震波場 seismic wavefield

地震波传播/震波傳播 seismic wave propagation
[地震]波导/[地震]波導 seismic wave guide
[地震]波的衰减/[地震]波的衰減 seismic wave attenuation
[地震波的]隧道效应/[地震波的]隧道效應,穿隧效應 tunneling effect of seismic wave
地震波动方程/地震波動方程 seismic wave equation
地震波反射/震波反射 seismic reflection
地震[波]反射法/地震反射法,反射震測法 seismic reflection method
地震波放大/地震波放大 amplification of seismic wave
地震波高/地震波高 seismic wave height
地震波激发/地震波激發 excitation of seismic wave
地震波能量/地震能 earthquake energy, seismic wave energy
地震波频率/地震波頻率 seismic wave frequency
地震波频散/地震波頻散 seismic wave dispersion
地震波谱/地震波譜 seismic wave spectrum
地震波散射/地震波散射 seismic wave scattering
地震[波]双折射/地震[波]雙折射 seismic birefringence
地震波速变化/地震波速變化 seismic velocity change
地震波速[度]/震波速度 seismic wave velocity
地震波形反演/地震波形反演 seismic waveform inversion
地震波折射/震波折射 seismic refraction
[地震波]走时/[地震波]走時 travel time
地震波走时层析成像/地震波走時層析成像 seismic travel time tomography
地震波走时反演/地震波走時反演 seismic wave travel time inversion
地震波走时异常/地震波走時異常 seismic travel time anomaly
地震参数/地震參數 seismic parameter, earthquake parameter
地震测井/地震測井 well shooting
地震测量/地震測量 seismic measurement
地震测深/地震測深 seismic sounding
地震层位/地震層位 seismic horizon
地震层析成像/地震層析成像,震波層析成像術 seismic tomography, ST
地震层序/震測層序 seismic sequence
[地]震颤/地顫 earth tremor
[地震]场地烈度/[地震]場地烈度 seismic site intensity
地震巢/震巢 earthquake nest
地震成核/地震成核 earthquake nucleation
地震成因/地震成因 cause of earthquake
[地震]成因断层/[地震]成因斷層 causative fault
地震成因网络假说/地震成因網路假說 network hypothesis of earthquake formation
地震重复率/地震重複率 earthquake recurrence rate
地震触发/地震觸發 earthquake triggering
地震触发器/地震誘發力 seismic trigger
地震船/[海上]震測船 marine seismic vessel, seismic ship
地震次生效应/地震次生效應 secondary earthquake effect
地震丛集/地震叢集 temporal clustering of earthquake
地震丛聚/地震叢聚 earthquake clustering
地震大地测量学/地震大地測量學 earthquake geodesy
地震大小/地震大小 earthquake size, shock size
地震大小分布/地震大小分布 earthquake size disribution
地震带/地震帶 seismic belt
[地震]单检/[地震]單檢 mono sensor
地震导波/地震導波 seismic guided wave
地震导波陷落区/地震導波陷落區 trapped seismic guided wave zone
地震道/地震道,震測描線 seismic channel, seismic trace
[地震]等值线图偏移/等值線圖移位 contour map migration
地震地表破裂/地震地表破裂 earthquake surface rupture
地震地表破裂带/地震地表破裂帶 earthquake surface rupture zone
地震地层学/震測地層學 seismic stratigraphy
地震地基失效/地震地基失效 ground failure due to earthquake
地震[地壳]形变/地震[地殼]形變 seismic crust deformation
地震地下流体/地震地下流體 seismo-subsurface fluid
地震地质条件/地震地質條件 seismic geologic condition
地震地质学/地震地質學 seismogeology, earthquake geology
地震地质灾害/地震地質災害 earthquake-induced geological disaster, seismic geologic hazard
地震电磁法/地震電磁法 seismic electromagnetic

method
地震电磁效应/地震電磁效應 seismoelectromagnetic effect
地震电缆/震測電纜 seismic cable
地震-电离层耦合/地震-電離層耦合 seismo-ionospheric coupling
地震调查/地震調查 seismic survey
地震定量/地震定量 quantification of earthquake
地震定位/地震定位 earthquake location
地震定位法/地震定位法 earthquake location method
地震定位技术/地震定位技術 earthquake location technique
地震动参数区划图/地震動參數區劃圖 seismic ground motion parameter zonation map
地震动持续时间震级/地震動持續時間震級 magnitude of ground motion duration, Md
地震动力学/地震動力學 earthquake dynamics
地震动衰减/地震動衰減 ground motion attenuation
[地震动]衰减关系/[地震動]衰減關係 ground motion attenuation relation
[地震动]衰减规律/[地震動]衰減規律 ground motion attenuation law
[地震]动态监测/[地震]動態監測 dynamic earthquake monitoring
地震动灾害/地震動災害 earthquaqke ground motion disaster
地震断层/地震斷層 earthquake fault, seismic fault
地震对/地震對 earthquake doublet
[地震发生的]间歇性/間歇性 intermittence
地震发生的沙堆模型/地震發生的沙堆模型 sand-pile model of earthquake occurrence
地震发生概率/地震發生概率 probability of earthquake occurrence
地震反演理论/地震反演理論 seismic inversion theory
地震反演问题/地震反演問題 seismic inverse problem
地震反应谱/地震反應譜 earthquake response spectrum
地震防灾对策强化地区/地震防災對策強化地區 area under intensified measures against earthquake disaster
地震放大器/震波放大器 seismic amplifier
地震分布/地震分布 earthquake distribution
地震辐射/地震輻射 seismic radiation
地震复发时间/地震復發時間 earthquake recurrence interval, earthquake recurrence time
[地震]盖层/[地震]蓋層 seismic lid
地震概率/地震概率 earthquake probability
地震工程[学]/地震工程[學] earthquake engineering
地震沟槽/地震溝槽 earthquake trough
地震构造带/地震構造帶 seismic-tectonic zone
地震构造区/地震構造區,地震造構區 seismotectonic province, seismic-tectonic province
地震构造图/地震構造圖 seismic structural map
地震构造线/地震構造線 seismotectonic line
地震构造学/地震構造學,地震造構學 seismotectonics
地震鼓包/地震鼓包 earthquake mole track
地震观测/地震觀測 earthquake observation, seismic observation
地震观测系统/地震觀測系統 seismic observatory system
地[震]光/地[震]光 earthquake lightning, EQL
地[震]光现象/地[震]光現象 earthquake light phenomenon, earthquake lumious phenomenon
地震海啸/地震海嘯 seismic sea wave
地震海洋学/地震海洋學 seismic oceanography
地震耗散的总能量/地震耗散的總能量 total energy dissipated in an earthquake
地震滑移率/地震滑移率 seismic slip rate
地震活动带/地震活動帶 seismically active belt
地震活动率/地震活動率 seismicity rate
地震活动区/地震活動區 seismically active zone
地震活动图/地震頻度圖 seismicity map
地震活动性/地震活動性,地震活動度 seismic activity, seismicity
地震活动性区划/地震活動性區劃 seismic activity zoning
地震活动性时空图像/地震活動性時空圖像 spatio-temporal seismicity pattern
地震活动性图/地震頻度圖 seismicity map
地震活动性图像/地震活動性圖像 seismicity pattern
地震火灾/地震火災 earthquake fire
地震机制/地震機制 earthquake mechanism
地震基本参数/地震基本參數 basic seismic parameter
地震基本烈度/地震基本烈度 basic seismic intensity
地震基岩/地震基岩 seismic bedrock
地震激发/地震激發 seismic excitation
地震计/地震計,地震儀 seismometer
[地震计的]相位特性/相位特性 phase characteristic

[地震计的]振幅特性/振幅特性 amplitude characteristic
地震记录/地震記録 seismic recording
[地震]记录长度/[地震]記録長度 recording length
地震记录器/地震記録器 seismographic recorder
地震记录系统/震測記録系統 seismic recording system
地震间接经济损失/地震間接經濟損失 earthquake-caused indirect economic loss
地震监测/地震監測 seismic surveillance
[地震]检波器/檢波器,受波器 geophone, seismic detector
地震鉴别/地震鑒別 seismic discrimination
[地震]接收点/接收點 receiver point
[地震]接收点静校正/[地震]接收點靜校正 receiver statics
地震接收组合/震測受波點陣列 seismic station array
地震解释/震測解釋 seismic interpretation
地震经济损失/地震經濟損失 earthquake economic loss
地震警报/地震警報 earthquake warning
地震救灾/地震救災 earthquake disaster relief
地震矩/地震[力]矩 seismic moment
[地震矩的]矩心/[地震矩的]矩心 centroid of seismic moment tensor
地震矩函数/地震矩函數 seismic moment function
地震矩亏空/地震矩虧空 seismic moment deficit
地震矩率函数/地震矩率函數 seismic moment rate function
[地震]矩密度张量/[地震]矩密度張量 seismic moment-density tensor
地震矩释放率/地震矩釋放率 seismic moment release rate
[地震]矩张量/[地震]矩張量 seismic moment tensor
[地震]矩张量解/[地震]矩張量解 seismic moment tensor solution
[地震]矩张量源/[地震]矩張量源 seismic moment tensor source
地震勘探/地震勘探,震波探勘 seismic prospecting
[地震勘探]暗点/暗點 dim spot
地震勘探船/震測船 seismic vessel
[地震勘探]道内动平衡/動平衡 dynamic equalization
[地震勘探]亮点/亮點 bright spot
[地震勘探]平点/平點 flat spot
地震[抗灾]对策/地震[抗災]對策 countermeasure against earthquake disaster, earthquake countermeasure
地震可预测性/地震可預測性 earthquake predictability
地震空间分布/地震空間分布 spatial disribution of earthquakes
地震空区/地震空白區 seismic gap
地震控制/地震控制 earthquake control
地震力/地震力 earthquake force, seismic force
地震力学/地震力學 earthquake mechanics
地震烈度/地震烈度,地震強度 earthquake intensity, seismic intensity
地震烈度表/地震烈度表 earthquake intensity scale, seismic intensity scale
地震烈度评定/地震烈度評定 estimate of seismic intensity
地震烈度区划/地震烈度區劃 seismic intensity regionalization
地震烈度区划图/地震烈度區劃圖 seismic intensity zonation map
地震烈度速报/地震烈度速報 seismic intensity quick report
地震烈度图/地震烈度圖 seismic intensity map
地震烈度小区划/地震烈度小區劃 seismic intensity microzonation
地震烈度异常/地震烈度異常,異常震強區 abnormal seismic intensity, abnormal intensity
地震烈度异常区/地震烈度異常區 region of anomalous seismic intensity
地震烈度因子/地震烈度因子 seismic intensity factor
地震轮回/地震輪回 seismic cycle
[地震]马赫数/[地震]馬赫數 seismic Mach number
[地震]盲区/盲區 blind zone
地震面波/地震表面波 seismic surface wave
地震面波反演/地震面波反演 seismic surface wave inversion
地震模拟/地震體驗 earthquake simulation
地震模拟器/地震模擬器 earthquake simulator
地震模型/震測模擬 seismic modeling
地震模型[学]/地震模型[學] seismology model
地震目录/地震目録 earthquake catalogue
地震能矩比/地震能矩比 seismic energy-to-moment ratio
地震能量/地震能量 seismic energy
地震能量分配/地震能量分配 partitioning of seismic energy
地震耦合因子/地震耦合因子 seismic coupling

factor

地震频度/地震頻度，地震頻率　earthquake frequency, seismic frequency

地震频谱分析/地震頻譜分析　seismic frequency spectrum analysis

地震平静[期]/地震平静[期]　seismic quiescence

地震破裂/地震破裂　earthquake rupture

[地震]破裂成核/[地震]破裂成核　earthquake rupture nucleation

[地震]破裂成核点/[地震]破裂成核點　earthquake rupture nucleation point

地震破裂[持续]时间/地震破裂[持續]時間　earthquake rupture duration time

地震破裂方向性效应/地震破裂方向性效應　earthquake rupture directivity effect

[地震]破裂过程/[地震]破裂過程　earthquake rupture process, rupture extension

地震破裂记忆性/地震破裂記憶性　memory of earthquake rupture

地震破裂扩展/地震破裂擴展　earthquake rupture propagation, rupture extension

地震破裂力学/地震破裂力學　earthquake rupture mechanics

[地震]破裂起始/[地震]破裂起始　earthquake rupture initiation, earthquake rupture nucleation

[地震]破裂起始点/[地震]破裂起始點　earthquake rupture initiation point, earthquake rupture nucleation point

[地震破裂]起始区/[地震破裂]起始區　nucleation zone

[地震]破裂前缘/[地震]破裂前緣　earthquake rupture front

地震剖面/地震剖面，震測剖面　seismic profile, seismic section

地震剖面[图]/地震剖面[圖]　seismic section

地震谱震级/地震譜震級　seismic spectral magnitude

地震起始/地震起始　earthquake initiation

地震迁移/地震遷移　earthquake migration

[地震]前兆/地震前兆　earthquake precursor

地震强度分析/地震強度分析　earthquake strength level analysis

地震区/震區　earthquake province, earthquake region, seismic zone

地震区划/地震區劃，地震區域劃分　seismic regionalization, seismic zoning, seismic zonation

地震区划图/震帶圖　seismic zoning map

[地震]全三维处理/[地震]全三維處理　full 3D processing

地震热力学/地震熱力學　earthquake thermodynamics

[地震]热异常/熱異常　thermal anomaly

[地震]三维测网/[地震]三維測網　3-D survey grid, 3-D network

地震社会学/地震社會學　seismosociology

地震社会影响/地震社會影響　social impact of earthquake

地震射线/地震射線　seismic ray

地震射线参数/地震射線參數　seismic ray parameter

地震射线方法/地震射線方法　seismic ray method

地震射线理论/地震射線理論　seismic ray theory

[地震]剩余偏移/剩餘移位　residual migration

[地震]时变比例/時變訂比　time variant scaling

地震时间分布/地震時間分布　temporal distribution of earthquake

[地震]时间切片/時間切面　time slice

地震时空分布/地震時空分布　spatio-temporal distribution of earthquake

[地震]时深转换/時深轉換　time depth conversion

[地震]实时相关/[地震]即時相關　realtime correlation

地震事件/震波跡象　seismic event

地震释放的总能量/地震釋放的總能量　total energy released in an earthquake

地震首波/地震首波　seismic head wave

[地震]属性/屬性　attribute

地震术语/地震術語　seismic nomenclature

地震数采系统/地震數採系統　seismic data acquisition system

地震数据/震測資料　seismic data

地震[数据]采集站/地震[數據]採集站　seismic acquisition unit

[地震]数据处理/[地震]資料處理，震測資料處理　processing of seismic data, seismic data processing

地震数据处理系统/地震資料處理系統　seismic data processing system

地震数据叠加/地震資料疊加　seismic data stack

地震数据反滤波[器]/地震資料反濾波[器]　seismic data inverse filter

地震数据交互处理/地震資料交互處理　seismic data interactive processing

地震数据解卷积/地震資料解卷積　seismic data deconvolution

地震数据解释/地震資料解釋　interpretation of seismic data

地震数据批处理/地震資料批次處理　seismic data batch processing

地震数据偏移/地震資料偏移 migration of seismic data, seismic data migration
地震数据数字滤波/地震資料數位濾波 seismic digital filtering
地震数据预白化/地震資料預白化 prewhitening of seismic data
地震数据预处理/地震數據預處理 seismic data preprocessing
地震衰减/地震衰減 seismic attenuation
[地震]衰减关系/[地震]衰減關係 seismic attenuation relation
[地震]双检/[地震]雙檢 dual sensor
地震水文学/地震水文學 earthquake hydrology
地震台/地震[測]站 seismic station
地震台精密测量/地震臺精密測量 precise survey at seismic station
地震台网/地震臺網 seismic network
[地震]台阵/地震陣列 seismic array
地震弹性属性/地震彈性屬性 seismic elastic attribute
地震探查/震波探勘 seismic exploration
地震体波/地震體[內]波 seismic body wave, bodily seismic wave
地震通报/地震通報 earthquake bulletin
地震统计[学]/地震統計[學] earthquake statistics
地震图/地震圖,震波記録 seismogram
地震图包络线/地震圖包絡線 seismogram envelope
地震图解释/地震圖解釋 seismogram interpretation
地震图拟声/地震圖擬聲 sonification of seismogram
地震图像识别/地震圖像識别 seismic pattern recognition
地震危险区/地震多發區 earthquake-prone area
地震危险[性]/地震危險性,地震危害度 earthquake risk, seismic risk
地震危险性分析/地震危險性分析 seismic hazard analysis
地震危险性概率分析/地震危險性概率分析 probabilistic seismic hazard analysis, PSHA
地震危险性评估/地震危險性評估 seismic hazard assessment
地震危险性图/地震危險性圖 seismic hazard map
地震位错/地震位錯 earthquake dislocation, seismic dislocation
地震物理模式/物理震波模型,物理地震模型 physical seismic model
地震物理模型实验/地震物理模型實驗 seismic physical model experiment
地震物理[学]/地震物理[學] earthquake physics, physics of earthquake
地震吸收带/地震吸收帶 seismic absorption band
地震系列/地震序列 earthquake series
地震系数/震度 seismic coefficient
地震系统/震測系統 seismic system
地震现场/地震現場 earthquake occurrence site
地震现场安全鉴定/地震現場安全鑒定 safety assesment in post-earthquake field
地震现场调查/地震現場調查 seismological field survey
地震现场紧急救助/地震現場緊急救助 emergency rescue at earthquake site
地震现象学/地震現象學 earthquake phenomenology
地震线/地震線 earthquake line
地震相/震測相 seismic facies
[地震]小区划/[地震]小區劃 seismic microregionalization, seismic microzonation, seismic microzoning
地震效率/地震效率 seismic efficiency, earthquake efficiency
地震效率[系数]/地震效率[係數] seismic efficiency coefficient
地震信号处理/地震信號處理 seismic signal processing
地震信号传输设备/地震信號傳輸設備 seismic signal transmission equipment
地震信号存储系统/地震信號存儲系統 seismic signal storage system
地震信号自动检测/地震信號自動檢測 automated detection of seismic signal
地震形变/地震形變 earthquake deformation, seismic deformation
地震序列/地震序列,震測層序 earthquake sequence, seismic sequence
地震学/地震學 seismology
地震学联合研究会/地震學聯合研究會 Incorporated Research Institution for Seismology, IRIS
地震学史/地震學史 history of seismology
地震岩石层/地震岩石層 seismic lithosphere
地震岩性模拟/地震岩性模擬 lithologic modeling by seismic data
地震研究观测台/地震研究觀測臺 Seismic Research Observatory, SRO
地震液化作用/地震液化作用 seismic liquefaction
地震仪/地震儀 seismograph
地震仪标定/地震儀標定 seismograph calibration

地震仪参数/地震儀參數 seismograph parameter
[地震]仪器车/操測車 doghouse, recording truck
地震仪特性/地震儀特性 seismograph characteristic
地震仪系统/地震儀系統 seismograph system
地震遗迹/地震遺跡 earthquake remains
地震遗址/地震遺址 earthquake relic
地震异常/地震異常 seismic anomaly
地震[引发的]海啸/地震[引發的]海嘯 earthquake-generated tsunami
地震影区/震影 earthquake shadow
地震影响场区划/地震影響場區劃 zoning of seismic influence site
地震影响系数/地震影響係數 seismic influence coefficient
地震应变率张量/地震應變率張量 seismic strain rate tensor
地震应急/地震應急 earthquake emergency response
地震应急措施/地震應急措施 measure for earthquake emergncy response
地震应急预案/地震應急預案 plan senario for earthquake emergncy response
[地震]应力降/[地震]應力降 seismic stress drop
地震有感范围/地震有感範圍 earthquake felt area
[地震]有效波/有效波 effective wave
地震预报/地震預報,地震預測 earthquake forecasting
地震预测/地震預測,地震預報 earthquake prediction
地震预测二倍法/地震預測二倍法 "two-time method" of earthquake prediction
地震预测三要素/地震預測三要素 three elements of earthquake prediction
地震预防/地震預防 earthquake prevention
地震预警/地震預警 earthquake early warning, EEW
地震预警系统/地震預警系統 earthquake warning system
地震原生效应/地震原生效應 primary earthquake effect
地震灾变事件地层/地震災變事件地層 catastrophic event stratigraphy of seism
地震灾害/地震災害,震災 earthquake disaster, seismic disaster, earthquake hazard
地震灾[害风]险分析/地震災[害風]險分析 earthquake risk analysis, seismic risk analysis
地震灾害预测/地震災害預測 earthquake disaster prediction
地震灾难/地震災難 earthquake catastrophe
地震灾情/地震災情 earthquake disaster affection
地震灾区/地震災區 earthquake stricken area
地震灾区卫生防疫/地震災區衛生防疫 epidemic prevention in earthquake disaster area
地震再保险/地震再保險 earthquake reinsurance
地震载荷/地震負載 earthquake loading
地震噪声/地震噪音 seismic noise
地震折射法/地震折射法 seismic refraction method
地震震级/地震規模 earthquake magnitude
[地震]震相/震相 seismic phase
地震[震源]参数/地震[震源]參數 earthquake source parameter, seismic source parameter
地震[震源]体积/地震[震源]體積 earthquake source volume
地震正演问题/地震正演問題 seismic forward problem
地震直接经济损失/地震直接經濟損失 earthquake-caused direct economic loss
地震重点监测防御区/地震重點監測防禦區 key area for earthquake surveillance and protection
地震重点危险区/地震重點危險區 critical earthquake risk area
地震周期/地震週期 earthquake period
地震周期性/地震週期性 earthquake periodicity
[地震]转换波/[地震]轉換波 converted seismic wave
地震资料/震測資料 seismic data
地震资料处理/震測資料處理 seismic data processing
地震子波/地震子波 seismic wavelet
地震子波处理/地震子波處理 seismic wavelet processing
地震子波分析/地震子波分析 seismic wavelet analysis
地震子波相位校正/地震子波相位校正 seismic wavelet phase correction
地震自相似性/地震自相似性 earthquake self-similarity
[地震]走时表/[地震]走時表 seismic traveltime table, seismological table
地震族/地震族 earthquake family
地震阻抗/地震阻抗 seismic impedance
地震作用/地震作用 seismicity, seismic action
地植物方法/地植法 geobotanical method
地址/位址 address
IP 地址/IP 地址 IP address
地址编码/地址編碼 address coding
地址存取类型/地址存取類型 address access type

地址地理编码/地址地理編碼,位址地理編碼 address geocoding
地址范围/地址範圍 address range
地址匹配/地址匹配,地址對位 address matching
地址总线/位址匯流排 address bus
地志/地志 chorography
地志学/地志學 chorography
地质/地質 geology
地质测量/地質調查 geological survey
地质大循环/地質大循環 geological cycle
地质导向测井/地質導向測井 logging for guiding drilling
地质点测量/地質點測量 geological point survey
地质工程/地質工程 geoengineerig
地质构造/地質構造 geological structure
地质构造体系/地質構造體系 geological structure system
地质环境/地質環境 geologic environment
地质建造/地質建造 geological formation
地质雷达/地質雷達 geological radar
地质类脂物/地質類脂 geolipid
地质力学/地質力學 geomechanics
地质略图/地質略圖 geological scheme
地质年表/地質年代表 geologic time scale, geological time table
地质年代/地質年代 geologic time, geochron
地质年代测定/地質年代測定法 geochronometry
地质年代单位/地質時間單位 geochronologic unit, geologic-time unit
地质年代学/地質年代學 geochronology
地质剖面测量/地質剖面測量 geological profile survey
地质剖面图/地質剖面圖 geological section map
地质气候/地質氣候 geological climate
地质时代/地質時代,地質年齡,地質年代 geologic age, geological age
地质时期/地質年代,地質時間 geologic time, geological time
地质事件/地質事件 geologic event
地质数据库/地質資料庫 geological database
地质体/地質體 geologic body
地质图/地質圖 geological map, geologic map
地质温度计/地質溫度計,地溫計 geothermometer
地质学/地質學 geology
地质学家/地質學者 geologist
地质压力计/地質壓力計 geobarometer
地质遥感/地質遥[感探]測 geological remote sensing
地质遗迹/地質遺跡 geologic heritage
地质灾害/地質災害 geologic disaster, geologic hazard
地质制图/地質製圖 geological mapping
地质柱状剖面/地質柱狀剖面 geologic column
地质作用[过程]/地質作用 geologic process
地中海/地中海 Mediterranean Sea
地中海地震带/地中海地震帶 Mediterranean seismic belt, Mediterramean seismic zone
地中海环流/地中海環流 Mediterranean circulation
地中海季风/地中海季風 Etesians
地中海气候/地中海氣候 Mediterranean climate
地中海气团/地中海氣團 Mediterranean air mass
地轴/地軸 earth axis, earth's axis
地主点/地面主點 ground principal point
地转参数/地轉參數 geostrophic parameter
地转方法/地轉方法 geostrophic method
地转风/地轉風 geostrophic wind
地转惯性不稳定/地轉慣性不穩度 geostrophic inertial instability
地转剪切形变/地轉切變變形 geostrophic shearing deformation
地转流/地轉[氣]流 geostrophic flow, geostrophic current
地转流函数/地轉流函數 geostrophic stream function
地转偏差/地轉偏差 geostrophic deviation
地转平衡/地轉平衡 geostrophic equilibrium, geostrophic balance
地转平流/地轉平流 geostrophic advection
地转切变/地轉切變 geostrophic shear
地转适应/地轉調整 geostrophic adjustment
地转涡度/地轉渦度 geostrophic vorticity
地转运动/地轉運動 geostrophic motion
地租梯度/地租梯度 rent gradient
帝国主义/帝國主義 imperialism
帝汶珊瑚属/帝汶珊瑚 *Timorphyllum*
帝翁戎螺/帝翁戎螺,皇翁戎螺 Mikadotrichus
递变层理/級序層理,粒級層 graded bedding
递归/遞回 recursion
递归滤波/遞歸濾波 recursive filter, recursive filtering
递阶扩散/階層擴散 hierarchic diffusion
递阶系统/階層系統 hierarchical system
递进变形/漸進變形[作用] progressive deformation
递进变质带/遞增變質帶 progressive metamorphic zone
递进变质作用/前進變質作用 progressive

metamorphism
递进成矿说/遞進成礦説 progressive metallogenesis
递推公式/遞推公式 recurrence formula
第二产业/[第]二級産業 secondary industry
第二触角/第二觸角，大觸角 antenna
第二帝国/第二帝國 Second Reich
第二范式/第二級正規劃 second normal form, 2NF
第二级产业部门/第二級産業[部門] secondary sector
第二阶/第二階 Stage 2
第二节点/第二節點 second nodal point
第二居所/第二寓所 second home
第二类错报/第二類型錯誤 type-Ⅱ error
第二类[地震]空区/第二類[地震]空區 seismic gap of the second kind
第二类地震前兆/第二類地震前兆 earthquake precursor of the second kind
第二类条件[性]不稳定/第二類條件不穩度 conditional instability of the second kind, CISK
第二期/第二期 Age 2
第二世/第二世 Epoch 2
第二统/第二統 Series 2
第二型冷锋/第二型冷鋒 type Ⅱ cold front
第二性征/第二性徵 secondary sexual characteristics
第三产业/第三級産業 tertiary industry
第三级产业部门/第三級産業部門 tertiary sector
第三级产业化/第三級産業化 tertiarization
第三纪/第三紀 Tertiary Period
第三阶/第三階 Stage 3
第三臼齿先天缺失/第三臼齒先天缺失 congenital absence of third molar
第三空间/第三空間 third space
第三期/第三期 Age 3
第三期蠕变/第三期潛變 tertiary creep
第三世/第三世 Epoch 3
第三世界/第三世界 the Third World
第三统/第三統 Series 3
第十阶/第十階 Stage 10
第十期/第十期 Age 10
第四纪/第四紀 Quaternary Period
第四纪孢粉学/第四紀孢粉學 Quaternary palynology
第四纪冰川作用/第四紀冰川作用 Quaternary glaciation
第四纪冰期/第四紀冰期 Quaternary glacial, Quaternary ice age
第四纪沉积类型/第四紀沈積類型 original type of Quaternary deposit
第四纪地质学/第四紀地質學 Quaternary geology
第四纪海[平]面变化/第四紀海[平]面變化 Quaternary sea level change
第四纪黄土/第四紀黄土 Quaternary loess
第四纪气候/第四紀氣候 Quaternary climate
第四纪气候记录/第四紀氣候記録 Quaternary climate record
第四阶/第四階 Stage 4
第四期/第四期 Age 4
第四世界/第四世界 the Forth World
第四系/第四系 Quaternary System
第五阶/第五階 Stage 5
第五期/第五期 Age 5
第一产业/第一級産業，初級産業 primary industry
第一触角/第一觸角，小觸角 antennule
第一节点/第一節點 first nodal point
第一类错报/第一類型錯誤 type-Ⅰ error
第一类[地震]空区/第一類[地震]空區 seismic gap of the first kind
第一类地震前兆/第一類地震前兆 earthquake precursor of the first kind
第一型冷锋/第一型冷鋒 type Ⅰ cold front
第一性征/第一性徵 primary sexual characteristics
碲铋华/碲鉍華 montanite
碲铋矿/碲[輝]鉍礦 tellurobismuthite, telluric bismuth
碲铂矿/碲鉑礦 moncheite
碲汞矿/碲汞礦 coloradoite
碲金矿/碲金礦 calaverite
碲金银矿/碲金銀礦 petzite
碲锰锌石/鋅錳碲礦 spiroffite
碲镍矿/碲鎳礦 melonite
碲铅矿/碲鉛礦 altaite
碲铁矾/碲鐵礬 poughite
碲铁石/碲鐵礦 durdenite
碲铜矿/[黑]碲銅礦 rickardite
碲铜石/碲銅礬 teineite
碲硒矿/硒碲 selen-tellurium
碲银矿/碲銀礦 hessite
颠倒采水器/顛倒式採水器，南森瓶 reversing water sampler, Nansen bottle
颠倒式回声测深仪/顛倒式測深儀 inverted echo sounder, IES
颠倒温度表/顛倒[式]温度計 reversing thermometer
颠倒压力效应/顛倒壓力效應 inverted barometer effect
典范/典範 paradigm

典范矩阵/正則矩陣 canonical matrix
典型变量/典型變數 canonical variable
典型草原/典型貧草原 typical steppe
典型方程/正則方程 canonical equation
典型回归/典型回歸 canonical regression
典型年/典型年 typical year
典型图形平差/典型圖形平差 adjustment of typical figures
典型相关/正則相關 canonical correlation
典型相关分析/典型相關分析 canonical correlation analysis
点/點 point, dot
点标识符字段/點標識符字段 point identifier field
点冲突/點衝突 point collision
点断平衡/斷續平衡,斷續均衡 punctuated equilibrium
点方式/點方式 point mode
点分布图/點分布圖 dot distribution map
点格局分析/點形態分析 point pattern analysis
点礁/塊礁 patch reef
点接触/點接觸 point contact
点聚图/散布圖 scatter diagram
点每英寸/點每英寸 dot per inch, dpi
点密度图/點密度圖 dot density map
点名称前缀/點名稱前綴 point name prefix
点名称注记/點名稱註記 point name flag
点模式数字化/點模式數位化 point mode digitizing
点目标/點目標 point target
点缺陷/點缺陷 point defect
点群/點群 mass point, point cluster, point group
点沙坝/河曲沙洲 point bar
点蚀/點蝕 pitting corrosion
点事件/點事件 point event
点图/點子圖 dot map
点图层/點圖層 point coverage
点位成果表/點位成果表 point position data
点位浮标/位置浮 station buoy
点位数据资料/點位資料 position data, position reference
点位系统/點位系統 point position system
点位中误差/中誤差 mean square error of a point
点涡/點渦旋 point vortex
点下对中/點下對中 centering under point
点线层叠加/點線圖層疊合 line-on-point overlay
点要素/點要素 point feature
点与坐标分析/點與坐標分析 point and coordinate analysis
点源/點源 point source
点源电场/點源電場 point source electrical field
点源污染/點源汙染 point source pollution
点在多边形中叠加/點在多邊形中疊加 point-in-polygon overlay
点之记/點之記 description of station
点值法/點值法,點圓法 dot method
点值法地图/點描法地圖 dot distribution map
点值图/點值圖 dot map
点轴系统模式/點軸模式 pole-axis model
点状符号/點[狀]符號 point symbol
点状符号法/點狀符號法 dot symbol method
碘钙石/碘鈣石 lautarite
碘铬钙石/碘鉻鈣石 dietzeite
碘汞矿/硒汞礦 coccinite
碘化银[云]催化/碘化銀種雲 silver iodide seeding
碘缺乏病/碘缺乏病 iodine deficient disorder
碘铜矿/碘銅礦 marshite
电测井/電測井 electrical logging
电测深/電性探測 electrical sounding
电测湿度表/電濕度計 electrical hygrometer
电测温度表/電阻溫度計 electrical thermometer
电场/電場 electric field
电场谱/電場譜 electric field spectrum
电场强度/電場強度 electric field intensity
电成像测井仪/電成像測井儀 electrical imaging logging tool
电磁波/電磁波 electromagnetic wave
电磁波测距/電磁測距 electromagnetic distance measurement
电磁波测距法/無線電聲波測距法 radio acoustic ranging
电磁波测距仪/電磁波測距儀 electromagnetic distance measuring instrument
电磁波传播[时延]改正/電磁波傳播[時延]改正 correction for radio wave propagation of time signal
电磁波谱/電磁波譜 electromagnetic spectrum, EMS
电磁波探测系统/無線電聲波探測系統 radio acoustic sounding system
电磁测井/電磁測井 electromagnetic logging
电磁测深法/電磁測深法 electromagnetic sounding method
电磁场/電磁場 electromagnetic field
电磁场畸变/電磁場畸變 electromagnetic distortion
电磁地球物理学/電磁地球物理學 electromagnetic geophysics
电磁阀/電磁閥 solenoid valve
电磁[方]法/電磁法 electromagnetic method

电磁辐射/電磁輻射,電磁放射 electromagnetic radiation, EMR, electromagnetic emission
电磁干扰/電磁干擾 electromagnetic interference
电磁感应/電磁感應 electromagnetic induction
电磁感应法/電磁感應法 electromagnetic induction method
电磁海流计/地磁測流器 geomagnetic electrokinetograph, GEK
电磁脉冲检测/電磁脈衝檢測 electromagnetic pulse dectection, EMP detection
电磁脉冲震源/電磁振動激勵器 electromagnetic vibration exciter
电磁前兆/電磁前兆 electromagnetic precursor
电磁扰动/電磁擾動 electromagnetic disturbance
电磁式地震仪/電磁地震儀 electromagnetic seismograph
电磁数据观测/電磁資料,觀察資料 electromagnetic data observation
电磁现象/電磁現象 electromagnetic phenomenon, EM phenomenon
电磁效应/電磁效應 electromagnetic effect
电磁学/電磁[學] electromagnetism
电磁仪器/電磁儀器 electromagnetic instrument
电磁噪声/電磁噪音 electromagnetic noise
电磁阵列剖面法/電磁陣列剖面法 electromagnetic array profiling, EMAP
电磁震源/電磁振動器 electromagnetic vibrator
电导率变化/電導率變化 electrical conductivity change
电导率测井/電導率測井 conductivity logging
电[的]动理学效应/電動力效應 electrokinetic effect
电动式地震仪/電動地震儀 electrodynamic seismograph
电镀版/電鍍版 electroplate
电法调查/電性調查,電法測量 electrical survey
电法监测/電法監測 electrical transmission monitoring
电法勘探/電法勘探 electrical prospecting
电法勘探仪/電法勘探儀 electrical prospecting instrument
电法物理模型实验/電法物理模型實驗 electrical physical model experiment
电干扰/電氣噪音 electric noise
电感/電感 inductance
电感受器/電感受器 electroreceptor
电感型换能器/電感型換能器 inductance transducer
电光转换/電光轉換 electro-optic conversion
电荷耦合器件/電荷耦合器件,電荷耦合裝置,電荷耦合元件 charge coupled device, CCD
电荷耦合摄影机/電荷耦合攝影機 charge-coupled device camera, CCD camera
电化学保护/電化學防蝕,電解防蝕 electrochemical protection
电化学腐蚀/電化學腐蝕 electrochemical corrosion
电化学极化/電化學極化 electrochemical polarization
电化学探空仪/電化送 electrochemical sonde
电火花震源/火花電爆器 sparker
电极/電極 electrode
电极电势/電極電勢,電極電位 electrode potential
电极电位测井/電極電位測井 electrode potential logging
电极放电/電極放電 electrode discharge
电极化率/電極化率 electric susceptibility
电极极化/電極極化 electrode polarization
电极排列/電極排列,電極系 electrode array
电极式盐度计/電極式鹽度儀 electrode type salinometer
电集流/電[子]噴流,電噴射流 electrojet
电接风杯风速表/轉杯電接風速計 cup-contact anemometer
电接[式]风速表/電接風速計 contact anemometer
电解/電解 electrolysis
电解槽/電解槽 electrolytic tank
电解池/電解[電]池 electrolytic cell
电解质/電解質,電離質 electrolyte
电觉器官/電覺器官 electroreceptive organ
电觉鱼类/電覺魚類 electroreceptive fish
电缆[水平偏转]羽角/電纜[水平偏轉]羽角 cable feathering
电缆噪声/電纜雜訊 cable noise
电离层/電離層,游離層 ionosphere
电离层暴/電離層暴,游離層暴 ionospheric storm
电离层测高仪/游離層觀測儀,電離層探測裝置 ionosonde
电离层顶/電離層頂,游離層頂 ionopause
电离层改正/電離層改正 ionospheric correction
[电离层]连续波测高仪/連續波電離層送 continuous wave ionosonde
电离层突扰/電離層突擾 ionospheric sudden disturbance
电离层行扰/電離層行擾,電離層擾動 travelling ionospheric disturbance, TID
电离层折射改正/電離層折射改正 ionospheric refraction correction
电离电势/電離位[能] ionization potential

电离度/電離度，游離度　degree of ionization
电离辐射/電離化輻射　ionizing radiation
电离粒子/電離化粒子，電離化質點　ionizing particle
电离气体/電離氣體　ionized gas
电离图/電離圖[解]　ionogram
电离作用/電離[作用]，離子化作用　ionization, electrolytic dissociation
电流畸变/電流畸變　telluric distortion
电码表/電碼表　code table
电码段/電碼段　code section
电码符号/電碼符號　code symbol
电码格式/電碼格式　code form
电码说明/電碼説明　code specification
电码型式/電碼格式　code form
电码种类/電碼種類　code kind
电码组/電碼組　code group
电模拟法/電模擬法　electrical analogue method
电偶极场/電偶極場　electric dipole field
电偶极矩/電偶極矩　electric dipole moment
电气设备/電氣設備　electrical apparatus
电气石/電氣石，碧璽　tourmaline
电容放电式风速表/[電容器]放電風速計　condenser discharge anemometer
电容率/電容率，介電係數　permittivity
电渗析/電滲析　electrodialysis, ED
电渗析淡化法/電滲析淡化法　electrodialysis process for desalination
电渗析法/電滲析法　electrodialysis process
电渗析器/電滲析器　electrodialyzer, electrodialysis unit
电势差/電勢差　potential change
电势滴定/電勢滴定，電位滴定[法]　potentiometric titration, potentiometry, electrolytic titration
电视地图/電視地圖　television map
电视会议/視訊會議　video conference
电缩作用/電伸縮[現象]　electro-striction
电位表/電位表，電勢表　potentiometer
电位差计/電位表，電勢表　potentiometer
电位滴定[法]/電位滴定[法]，電勢滴定　potentiometric titration, potentiometry, electrolytic titration
电位式海图记录仪/電位式海圖記録儀　potentiometric chart recorder
电线积冰/電線積冰　wire icing
电信革命/電信革命　telecommunication revolution
电信网络/電信網路　telecommunication network
电性/電性　electric property
电性各向同性/電性各向同性　isotropy of electrical structure
电性各向异性/電性各向異性　anisotropy of electrical structure
电性结构剖面/電阻率剖面圖　electrical structure section
电性[结构]倾向/電性[結構]傾向　electrical dip
电性[结构]走向/電性[結構]走向　electrical strike
电性岩石层/電性岩石層　electric lithosphere
电性主轴方向/電性主軸方向　major electrical direction
电压/電壓　voltage
电压灵敏度/電壓靈敏度　voltage sensitivity
电压型换能器/電壓轉换器　voltage transducer
电鱼/電魚　electric fish
电渔法/電魚法　electric fishing
电源/電源　power
电源站/電源供應裝置　power supply unit
电晕放电/電暈放電　corona discharge
电噪声/電氣噪音　electric noise
电铸版/電鍍凸版　electrotyping
电子笔/電子筆　electronic pen
电子彩色修版/電子彩色修整　electronic color retouching
电子测距/電子測距　electronic distance measurement, EDM
电子测距尺/電子測距尺　electrotape
电子测距系统/電子測距系統　electronic ranging system
电子测距仪/電子測距儀　electronic distance measuring instrument, EDMI
电子测量方位/電子式方位測量　electronic bearing
电子成像系统/電子成像系統　electronic imaging system
电子出版系统/電子出版系統　electronic publishing system
电子导体/電子導[電]體　electronic conductor
电子地图/電子地圖　electronic map
电子地图集/電子地圖集　electronic atlas
电子地震仪/電子地震儀　electronic seismograph
电子雕刻凹版印刷/電子雕刻凹版　electronic engraved gravure
电子分色机/電子分色機　color scanner
电子伏特/電子伏特　electron volt, eV
电子挂网/電子過網　electronic screening
电子海图/電子海圖　electronic chart, electronic navigational chart, ENC
电子海图数据库/電子海圖資料庫　electronic chart database, ECDB

电子海图显示[与]信息系统/電子海圖顯示[及]資訊系統 electronic chart display and information system, ECDIS
电子行扫描仪/電子線性掃描器 electronic line scanner
电子航海图/電子航圖 electronic navigational chart, ENC
电子绘图板/電子繪圖板 electronic drawing tablet
电子经纬仪/電子經緯儀 electronic theodolite
电子刻版法/電子刻版法 electrography
电子刻图机/電子刻圖機 electronic engraver
电子平板仪/電子平板儀 electronic planetable
电子求积仪/電子求積儀 electronic planimeter
电子扫描/電子掃描 electronic scanning
电子闪光装置/電子閃光燈 electronic flash equipment
电子商务/電子商務 electronic commerce
电子手簿/電子手簿 data recorder
电子数据采集/電子資料收集 electronic data collection
电子数据处理/電子資料處理 electronic data processing, EDP
电子数据交换/電子數據交換 electronic data interchange, EDI
电子数字经纬仪/電子數值經緯儀 electronic digitized theodolite
电子水准仪/電子水平儀 electronic level
电子速测仪/電子速測儀 electronic tacheometer
电子透镜/電子透鏡 electron lens
电子图像相关器/電子影像關聯器 electronic image correlator
电子网点发生器/電子網點產生器 electronic dot generation
电子微探针/電子微探針 electron microprobe
电子文档管理系统/電子文件管理系統 electronic document management system, EDMS
电子显微镜/電子顯微鏡 electron microscope
电子显微摄影测量/電子顯微攝影測量 nanophotogrammetry
电子相关/電子相關 electron correlation
电子印刷/電子印刷 electronographic printing
电子印像机/電子曬像機 electronic printer
电子制版/電子製版,電鑄版 electronic platemaking, electro-forming
电子总含量/電子總含量,總電子含量 total electron content, TEC
电子组页系统/電子組頁系統 electronic page-makeup system, EPMS
电阻/電阻 resistance
电阻率/電阻率 resistivity
电阻率测井/電阻率測井 resistivity logging
电阻率测深法/電性探測 electrical sounding
电阻率测深剖面/電阻率測深剖面 resistivity sounding profile
电阻率层析成像/電阻率層析成像 electrical resistivity tomography
电阻率法/電阻率法 resistivity method
电阻率各向异性/電阻率各向異性 electric resistivity ansiotropy
电阻率-孔隙度交汇图/電阻率-孔隙度交匯圖 resistivity-porosity cross plot
电阻率剖面法/電阻率剖面法 resistivity profiling
垫圈/襯墊 cushion
淀积[作用]/澱積作用,沈澱作用 illuviation, precipitation
叼口/咬口邊 leading edge
凋萎湿度/凋萎濕度 wilting moisture
凋萎系数/凋萎係數 wilting coefficient
貂熊属/狼獾 *Gulo*
雕笔石/雕筆石 Glyptograptus
雕画迹/雕畫跡 graphoglyptid trace
雕刻版/雕版 engraving plate
雕刻铜版/雕刻凹銅版 engraved copper plate
雕正形贝/雕正形蜿 Glyptorthis
吊舱系统/吊艙系統 towed bird system
吊点/吊點 lifting lug
吊桶水温/吊桶溫度 bucket temperature
吊桶水温表/吊桶水溫計 bucket thermometer
吊装分析/吊裝分析 lifting analysis
钓鱼岛石/釣魚島石,鋁鈉石 diaoyudaoite
调查船/研究船 research vessel
调绘/註記 annotation
调绘像片/註記像片 annotated photograph
掉头区/回船池 turning basin, maneuvering basin
跌水潭/瀑[布]潭 plunge pool, plunge basin
迭代法/疊代法 iterative method
迭代反演/反覆運算反演 iteration inversion
迭代过程/疊代過程 iterative procedure
迭代深度偏移/反覆運算深度偏移 iterative depth migration
迭鳞贝属/魚鱗貝 *Lepismatina*
叠层构造/疊層構造 stromatolitic structure
叠层面/疊層面,疊層混合岩 stromatolith
叠层石/疊層石 stromatolite
叠层石生物层/疊層石生物層[礁] stromatolitic biostrome

叠层石生物礁/疊層石生物礁 stromatolitic bioherm
叠覆/疊覆,重疊 overlap
叠覆造山作用/疊覆造山作用 superimposed orogeny
叠合解释/疊合解釋 overlay interpretation
叠后反卷积/疊後反卷積 poststack deconvolution
叠后偏移/疊後偏移 poststack migration
叠后深度偏移/疊後深度偏移 poststack depth migration
叠弧/疊弧 superimposed arc
叠加/疊加,疊合,疊置 superposition, overlay, stacking
叠加操作/重疊處理 overlay operation
叠加场/疊加場 superimposed field
叠加成矿作用/疊加成礦作用 superimposed mineralization
叠加定律/疊置律 law of superposition
叠加[方]法/疊加[方]法 stacking technique
叠加分析/套疊分析 overlay analysis
叠加构造岩/疊加構造岩 superimposed tectonic rock
叠加能量最大值法/疊加能量最大值法 stack-power maximization
叠加剖面图/疊加剖面圖 stacked profiles map
叠加速度/疊加速度 stacking velocity
叠加速度分析/疊加速度分析 stacking velocity analysis
叠加图/疊加圖,重合圖 stacking chart
叠加异常/疊加異常 superimposed anomaly
叠加原理/疊置原理 superposition principle
叠加褶皱/疊加褶皺 superimposed fold
叠加作用/疊加作用 duplicate effect
叠前反卷积/疊前反卷積 prestack deconvolution
叠前偏移/疊前偏移 prestack migration
叠前频率波数偏移/疊前頻率波數偏移 prestack f-k migration
叠前深度偏移/疊前深度偏移 prestack depth migration
叠前时间偏移/疊前時間偏移 prestack time migration
叠前数据弹性参数反演/疊前資料彈性參數反演 elastic parameter inversion on prestack data
叠前相关/疊前相關 correlation before stack
叠套矿床/疊套礦床 telescoped deposit
叠瓦构造/疊瓦構造 imbricated structure, schuppen structure
叠瓦蛤属/蛣蛤 *Inoceramus*
叠瓦式/疊瓦式 imbricate
叠瓦型洪积扇/覆瓦型洪積扇 imbricated proluvial fan
叠瓦状断层/覆瓦斷層 imbricate fault
叠瓦状构造/覆瓦狀構造 healed structure
叠网状装饰/疊網狀裝飾 superimposed sculpture
叠印/疊印,套印 overprint, overprinting
叠栅条纹图/疊柵條紋圖 moire topography
叠置/疊置,疊合 flap, overlay
叠置滨线/疊置濱線 contraposed shoreline
叠置河/疊置河 superimposed river
叠锥/疊錐,套錐 cone-in-cone
叠锥构造/疊錐構造 cone-in-cone structure
碟状构造/碟狀構造 dish structure
碟状幼体/碟狀幼體,碟狀幼蟲 ephyra larva
丁坝/突堤 groin
丁伯根城镇体系模型/丁伯根城市體系模式 Tinbergen's model of city system
丁菲蕨属/丁菲蕨 *Thinnefeldia*
丁氏贝/丁氏貝 Tingia
丁烷/丁烷 butane
顶板/頂壁,上盤 roof
顶板测点/頂板測點 roof station
顶板冲断层/頂板衝斷層 roof thrust
顶板逆冲断层/頂板逆衝斷層 roof thrust, top thrust
顶板探测/頂板探測 detection of roof
顶薄褶皱/頂薄褶皺 supratenuous fold
顶部梅花形构造/玫瑰花式 rosette
[顶部]注气/[頂部]注氣 crestal gas injection
顶超/頂超 toplap
顶底位移/頂底位移 layover
顶点/頂點 vertex
顶端标志/頂端標志 top mark
顶峰/峰 peak
顶峰带/頂峰帶,盛期,富集帶 abundance zone, acme zone
顶峰群落/極頂群落,極盛群落 climax community
顶副镜/頂副鏡 top telescope
顶骨/頂骨 parietal bone
顶厚褶皱/頂厚褶皺 thick-top fold
顶积层/頂層 topset
顶极[群落]/極頂群落,演替顛峰,極相[群落] climax community, climax
顶极土壤/終極土壤 climax soil
顶甲/頂甲 parietal shield
顶尖/尖,頂端 apex
顶角/頂角 apical horn

顶孔/頂孔　apical pore, apical orifice
顶孔贝属/頂孔貝　*Acrotreta*
顶孔低平区/頂孔低區　obelic depression
顶蚀作用/頂蝕作用　stoping
顶视探测仪/頂視探測儀　top-side sounder
顶体/頂體　parietal organ
顶系/頂系,極系　apical system
顶线/頂線　apical line
顶枝/頂枝　telome
顶枝系统/頂枝系統　telome system
顶枝学说/頂枝學説　telome theory
顶质/頂質　acrodine
顶柱包珊瑚属/頂包珊瑚　*Lophamplexus*
顶柱珊瑚属/頂柱珊瑚　*Lophophyllidium*
订正/訂正　reduction
订正因子/訂正因子　reduction factor
订正预报/預報修正　forecast amendment
定边坡/定邊坡　layout of side slope
定鞭金藻毒素/溶血性毒素　prymnesin
定标曲线/檢準曲線　calibration curve
定测/定測　location survey
定长记录格式/固定長度記録格式　fixed length record format
定长三脚架/定長三腳架　straight-leg tripod
定常流[动]/定常流　steady flow
定常涡旋/穩態渦旋　steady vortex
定常系统/穩態系統　time invariant system, steady system
定常震区/定常震區　stationary seismic area
定点法/定點法　controlling point method
定点观测/定點觀測　fixed point observation
定点海浪观测/定點波浪觀測　fixed point wave observation
定点海洋观测站/定點海洋觀測站　fixed oceanographic station
定点器/定點器,求心器,移點器　plumbing arm, centering bracket
定点统计图表法/定點統計圖表法　locating diagram method
定高气球/等高氣球　constant level balloon
定积土/定積土,原積土　sedentary soil
定界/定界,劃定境界,定限　delimitation
定界符/定界符,分隔符號　delimiter
定界区/劃界區　delimited area
定镜照准仪/定鏡照準儀　fixed tube alidade
定居/萌芽　ecesis
π定理/π定理　π-theorem
定量测定/定量測定　quantitative testing
定量的/定量的　quantitative
定量地层学/定量地層學　quantitative stratigraphy
定量地球化学/定量地球化學　quantitative geochemistry
定量地图/定量地圖　quantitative map
定量地震学/定量地震學　quantitative seismology
定量分析/定量分析　quantitative analysis
定量降水预报/定量降水預報　quantitative precipitation forecast, QPF
定量判读/定量判讀,量化判讀　quantitative interpretation
定量评价/定量評價　quantitative assessment
定量效应/定量效應　quantitative effect
定量预报/定量預報　quantitative forecast
定量资料/定量資料　quantitative data
定年/定年　dating, age dating
定栖者/定棲者　resident
定期集市体系/定期市集體系,週期市場體系　periodic market system
定期兼职/兼職定期　part-time regular
定期修测/定期修測　cyclic revision
定曲线/定曲線　alignment curve
定容比热/定容比熱　specific heat at constant volume
定深器/定深器　depressor
定深扫海/定深掃海　sweeping at definite depth
定时控制器/時間間隔器　intervalometer
定时数据/定時資料　fixed time data
定丝法/定絲法[視距測量]　fixed hair method
定态/平穩態　stationary state
定态解/恆定解　steady state solution
定体[积]比热/定容比熱　specific heat at constant volume
定位/定位　orientation, localization, positioning
定位标记/定位標記　positioning mark
定位标石/定位標石　location monument
定位参照系/定位參考系統　positional reference system
定位点间距/定位點間距　positioning space
定位格网/港埠防禦方格　harbor defence grid
定位检索/定位檢索　retrieval by window
定位器/定位器　locator
定位摄影机/定位攝影機　positioning camera
定位统计图表法/定位統計圖表法　positioning diagram method
定位误差/定位誤差　position error
定位系统/定位系統　positioning system

定线测量/定線測量 alignment survey
定线工程师/定線工程師 locating engineer
定线桩/定線樁 alignment stake
定向/定向,定方位 orientation
定向薄片/定向薄片 oriented thin section
定向测雨器/向風雨量計 vector gauge
定向垂直运动/定向垂直運動 directional vertical motion
定向点/定位標點 orientation point
定向改正/方位改正 orientation correction
定向构造/定向構造 oriented structure
定向进化/定向進化,定向演化 orthogenesis
定向经纬仪/定向經緯儀 jig transit
定向连接测量/定向連接測量 orientation connection survey
定向连接点/定向連接點 connection point for orientation, connection point
定向切变/方向風切 directional shear
定向天线/定向天線 directional antenna
定向运动/定向運動 orienteering
定向运动地图/定向運動地圖 orienteering map
定心/定心 centering
定心杆/定心桿 plumbing bar
定性的/定性的 qualitative
定性地图/定性地圖 qualitative map
定性分析/定性分析 qualitative analysis
定性检索/定性檢索 retrieval by header
定性判读/定性判讀,質性判讀 qualitative interpretation
定性研究/定性研究 qualitative investigation
定性资料/定性資料 qualitative data
定压比热/定壓比熱 specific heat at constant pressure
定义训练区/定義訓練區 defined study area
定影/定影 fixing
定影液指示剂/定影液指示劑 hypo indicator
定源场/定源場 fixed source field
定源法/定源法 fixed source method
定制/定製 custom
定制方法/定製方法 custom behavior
定制工具/定製工具 custom tool
定制工具集/定製工具集 custom toolset
定制图比例/按比展繪 cartographic scalling
定桩测量/定樁測量 staking survey
东岸磁异常/東岸磁異常 east coast magnetic anomaly, ECMA
东澳大利亚海流/東澳大利亞海流 East Australian Current
东北低压/東北低壓 Northeast China low
东北季风/東北季風 northeast monsoon
东北角石属/滿洲角石 *Manchuroceras*
东北太平洋海盆/東北太平洋海盆 Northeast Pacific Basin
东边界流/東方邊界流 eastern boundary current
东大距/東距角 eastern elongation
东方洞正形贝/東方洞正形貝 Eosotrematorthis
东方主义/東方主義 Orientalism
东非地堑/東非地塹 East African Graben
东非裂谷/東非裂谷 East African Rift Valley
东非人属/東非猿人,曾建古猿 *Zinjanthropus*
东风波/東風波 easterly wave
东风带/東風帶 easterly zone, easterly belt, easterlies
东风急流/東風噴流 easterly jet
东风漂流/東風漂流 East Wind Drift
东岗岭阶/東崗嶺階 Dongganglingian Stage
东岗岭期/東崗嶺期 Dongganglingian Age
东格陵兰海流/東格陵蘭海流 East Greenland Current
东海气旋/東海氣旋 East China Sea cyclone
东海沿岸流/東海沿岸流 Donghai Coastal Current, East China Sea Coastal Current
东焦群/東焦群 Dongjiao Group
东经 90°海岭/東經 90 度海脊,東經九十度洋脊,東九十度脊 Ninety East Ridge
东距角/東距角 eastern elongation
东美拉尼西亚海沟/東美拉尼西亞海溝 East Melanesia Trench
东南大风/東南大風 southeaster
东南风/東南風 southeaster
东南极冰盖/東南極冰棚 East Antarctic Ice Sheet
东南极克拉通/東南極克拉通,東南極古陸 East Antarctic Craton
东南季风/東南季風 southeast monsoon
东南信风/東南信風 southeast trade, southeast trade winds
东偏/東偏 eastern declination
东太平洋海隆/東太平洋海隆,東太平洋脊,東太平洋隆起 East Pacific Rise
东西构造带/東西構造帶 latitudinal tectonic belt
东亚大槽/東亞主槽 East Asian major trough
东亚季风/東亞季風 East Asian monsoon
东洋界/東洋界 Oriental realm
东移假定值/東移假定值 false easting
东印度洋海脊/東印度洋海脊 East Indian Ridge
冬半年/冬半年 winter half year

冬半球/冬半球 winter hemisphere
冬干寒冷气候/冬乾寒冷氣候 cold climate with dry winter
冬干温和[气候]/冬乾温和[氣候] winter dry moderate
冬干温暖气候/冬乾温暖氣候 warm climate with dry winter
冬寒气候类/冬寒氣候 winter cold climate
冬[季]/冬[季] winter
冬季风/冬[季]季風 winter monsoon
冬季洄游/冬季洄游,越冬洄游 overwintering migration
冬季严寒指数/冬季嚴寒指數 winter severity index
冬季异常/冬季異常 winter anomaly
冬卵/冬卵 winter egg
冬眠/冬眠 dormancy, winter dormancy, hibernation
冬湿寒冷气候/冬濕寒冷氣候 cold climate with moist winter
冬温常湿气候亚类/冬天温和多雨氣候 winter moderate and rainy climate
冬温冬干气候/冬天温和乾燥氣候 winter moderate and winter dry climate
冬温冬干气候亚类/冬天温和乾燥氣候 winter moderate and winter dry climate
冬温气候类/冬天温和氣候 winter moderate climate
冬温夏干气候/冬天温和夏天乾燥氣候 winter moderate and summer dry climate
冬性指数/冬性指數 wintriness index
冬至/冬至 winter solstice, December solstice
氡/氡 radon, Rn
氡法测量/氡法測量 radon measurement
氡辐射/氡放射 radon emission
氡-镭水异常/氡-鐳水異常 anomaly of Rn-Ra water
氡气测量/氡氣測量 radon survey
氡[气]浓度等值线图/氡[氣]濃度等值線圖 contour map of radon concentration
动电现象/動電現象 electro-kinetic phenomenon
动电效应/動電效應 electro-kinetic effect
动感/動感 autokinetic effect
动画/動畫 animation
动画地图/動畫地圖 animated map
动画引导/動畫引導 animated steering
动画制图/動畫地圖製作 animated mapping
动校不足/動校不足 undercorrection in normal moveout
动校正/動校正 normal moveout correction, NMO correction
动校正拉伸/動校正拉伸 NMO correction stretching
动力边界条件/動力學邊界條件 dynamic boundary condition
动力变质作用/動力變質作用 dynamic metamorphism, dynamolmetamorphism
动力播云/動力種雲 dynamic cloud seeding
动力不稳定[性]/動力不穩度 dynamic instability
动力槽/動力槽 dynamic trough
动力初值化/動力初始化 dynamic initialization
动力大地测量学/動力大地測量學 dynamic geodesy
动力地貌学/動力地形學 dynamic geomorphology
动力定位/動力定位,動態定位 dynamic positioning
动力定位钻井船/動力定位式鑽井架 dynamic positioning rig
动力对流/動力對流 dynamic convection
动力分析/動力學分析 dynamic analysis
动力高度/動力高度 dynamic height
动力构造地质学/動力構造地質學 dynamic structural geology
动力海洋学/動力海洋學 dynamical oceanography
动力[计算]方法/動力方法 dynamic computation method
动力结构/動力結構 dynamical structure
动力可预报性/動力可預報度 dynamical predictability
动力米/動力公尺 dynamic meter
动力模型试验/動力模型試驗 dynamic model test
动力黏性/動力黏性 dynamic viscosity
动力黏性系数/動力黏性係數 dynamic viscosity coefficient
动力气候学/動力氣候學 dynamic climatology
动力气象学/動力氣象學 dynamic meteorology
动力驱动/動力驅動 motivational drive
动力驱动机制/動力驅動機制 dynamic drive
动力试验/動力試驗 dynamic test
动力卫星大地测量/衛星大地測量動力法 dynamic satellite geodesy
动力稳定[性]/動力穩[定]度 dynamic stability
动力相似/動力相似 dynamic similarity
动力形状因子/動力扁率 dynamical form factor
动力[性]低压/動力低壓 dynamic low
动力学/動力學 dynamics
动力学扁率/力學扁率 dynamical ellipticity
动力学模拟/動力學模擬 dynamical simulation
动力学模型/動力學模式 dynamical model
动力学强度/動力強度 dynamic strength
动力学椭率/力學橢率 dynamic ellipticity

动力作用/動力影響 dynamic effect
动量方程/動量方程 momentum equation
动量交换/動量交換 momentum exchange
动量守恒/動量守恆 momentum conservation
动量下传/動量下傳 downward momentum transport
动摩擦/動摩擦 kinetic friction, dynamic friction
动能/動能 kinetic energy
动圈式换能器/動圈式換能器 moving-coil type transducer
动热变质作用/動熱變質作用 dynamothermal metamorphism
动三轴试验/動三軸試驗 dynamic tri-axial test
动丝法[视距测量]/動絲法[視距測量] movable hair method
动态变量/動態變數 dynamic variable
动态变质作用/動力變質[作用] kinetic metamorphism
动态超文本标记语言/動態超文本標記語言 dynamic HTML
动态触发/動態觸發 dynamic triggering
动态地景仿真/動態景觀模擬 dynamic landscape simulation
动态地图/動態[地]圖 dynamic map
动态定位/動態定位 kinematic positioning
动态断层强度/動態斷層強度 dynamic fault strength
动态范围/動態範圍 dynamic range
动态放大率/動力放大 dynamic magnification
动态分段/動態分割 dynamic segmentation
动态恢复作用/動態恢復作用 dynamic recovery effect
动态机械放大率/動態機械放大率 dynamical mechanical magnification
动态监测/動態監測 dynamic monitoring
动态聚集/動態聚集 dynamic clustering
动态决策/動態決策 dynamic decision making
动态链接库/動態鏈結庫 dynamic link library, DLL
动态射线追踪/動態射線追蹤[法] dynamic ray tracing, ray dynamic tracing
动态数据交换/動態資料交換 dynamic data exchange, DDE
动态系统/動態系統 dynamical system
动态遥感器/動態遥感器 dynamic sensor
动态要素类/動態要素類别 dynamic feature class
动态应力触发/動態應力觸發 dynamic stress trigging
动[态]应力降/動[態]應力降 dynamic stress drop
动物成因/動物的 zoogene
动物地理学/動物地理學 zoogeography, animal geography
动物分布区/動物分布區 animal distribution area
动物界/動物界 Animalia, animal kingdom
动物命名法则/動物命名法規 zoological nomenclature rule
动物区系/動物相 fauna
动物区系的/動物群的 faunal
动物区系演替率/生物續替定律 law faunal succession
动物群/動物群 faunal group, fauna
动物群顺序定律/生物續替定律 law faunal succession
动物群岩层带/動物群帶 faunizone, faunichron
动物演化/動物群演化 faunal evolution
动物遗迹群/動物遺跡群 ichnofauna
动线地图/動線地圖 arrowhead map
动压/動力壓 dynamic pressure
动压负荷运动/動壓負荷運動 dynamic load caused movement
动压力/動力壓 dynamic pressure
动源法/震源移動法 moving source method
动藻迹遗迹相/動藻跡遺跡相 Zoophycos ichnofacies
冻拔/凍拔 frost jacking
冻害/凍害 freezing injury, freezing damage
冻季/凍季 freezing season
冻结/凍結,結冰,冷凍 freezing, congelation
冻结层间水/凍結層間水 interpermafrost water
冻结层上水/永凍層上水 suprapermafrost water
冻结层下水/永凍層下水 subpermafrost water
冻结锋面/凍結鋒面 freezing front
冻结核/凍結核 freezing nucleus
冻结力/凍結力 adfreeze strength
冻结敏感土/凍結敏感土 frost-susceptible ground
冻结速度/凍結速率 freezing rate
冻结温度/凍結溫度 freezing temperature
冻结学/凍原學 cryopedology
冻结缘/凍結緣 frozen fringe
冻结指数/凍結指數 freezing index
冻蓝闪石/凍藍閃石 barroisite
冻露/冰露 frozen dew
冻霾/霜霾 frost haze
冻融分选/凍結淘選 frost sorting
冻融潜移/凍融潛移 frost creep
冻融蠕流/土石緩滑 solifluction
冻融循环/凍融循環 freeze-thaw cycle
冻融作用/結凍作用 frost action

冻缩开裂/凍縮開裂　frost cracking, thermal contraction cracking
冻土/凍土,凍原　frozen ground, frozen earth, gelesol
冻土动力学/凍土動力學　permafrost dynamics
冻土力学/凍土力學　mechanics of frozen ground
冻土流变性/凍土流變性　rheological properties of frozen soil
冻土器/凍土器　frozen soil apparatus
冻土强度/凍土強度　strength of frozen soil
冻土区/凍土區,冰凍岩帶　cryolithozone
冻土相分析/凍土相分析　permafrost facies analysis
冻土学/凍土學,凍原學　cryopedology, geocryology
冻雾/凍霧　freezing fog
冻雨/凍雨,冰雨　freezing rain, glaze
冻原/凍原,苔原　tundra
冻原气候/苔原氣候　tundra climate
冻胀/冰舉　frost heaving
冻胀力/冰舉力　frost heaving force
冻胀丘/凍脹丘　frost mound
洞壁凹槽/洞壁凹槽　cave notch
洞脊贝属/洞脊貝　*Porambonites*
洞穴冰/洞穴冰　cavity ice
洞穴堆积/洞穴堆積　cave deposit
洞穴化学淀积物/洞穴化學澱積物,洞穴灰華　speleothem
洞穴珊瑚/洞穴珊瑚　cave coral
洞穴珊瑚状沉积/珊瑚層系,洞礁　coral formation
洞穴碎屑沉积/洞穴碎屑沈積　clastic cave sediment
洞穴学/洞穴學　speleology
胴甲鱼类/反弓[魚]類　antiarchs
胴甲鱼目/胴甲目　Antiarchi
胴壳鱼/胴殼魚　Duncleostus
斗坑/斗坑　embrasure cavity
斗隙/斜隙,斜口　embrasure
陡峻海岸/陡峻海岸　bold coast
陡崖/懸崖,陡岸　cliff, bluff
豆房沟角石/豆房溝角石　Tofangoceras
豆腐岩/豆腐岩　tofu rock
豆海百合属/豆海百合　*Pisocrinus*
豆粒/豆石,豆岩　pisolite
豆石介目/豆石介目　Leperditicopida
豆石介属/豆石介　*Leperditia*
豆蝬属/豆蝬,豆紡錘蟲　*Pisolina*
豆形棘皮纲/豆形棘皮綱　Cyamoidea
豆艳花介属/豆神介　*Leguminocytherie*
豆状构造/豆狀構造　pisolitic structure
豆状集合体/豆狀集合體　pisolitic aggregate
逗点云/逗點雲　comma cloud
逗点云系/逗點雲系　comma cloud system
痘痕/坑,穴　pit
都/首都　capital of a country
都市国家/都市國家　urban nation
都市精英/都市精英　urban elite
都市景观/都市景觀　urban landscape
毒害废弃物/毒害廢棄物　hazardous waste
毒理学/毒物學　toxicology
毒力/毒力,致病力　virulence
毒气/毒氣　poisonous gas
毒砂/毒砂,硫砷鐵礦,砷白鐵礦　arsenopyrite
毒砂矿床/毒砂礦床　arsenopyrite deposit
毒石/毒石　pharmacolite
毒素/毒素　toxin
毒铁石/毒鐵礦　pharmacosiderite
毒瓦斯/毒瓦斯　black damp
毒重石/毒重石,碳酸鋇礦,天青重晶岩　barolite
毒重石矿床/毒重石礦床　witherite deposit
独角龙属/獨角龍　*Monoclonius*
独角犀牛/犀牛　Rhinoceros
独居石/獨居石　monazite
独立潮/獨立潮　independent tide
独立交会高程点/獨立交會高程點　elevation point by independent intersection
独立模型法空中三角测量/獨立模型立體空中三角測量　independent model aerial triangulation
独立平台/獨立平臺　independent platform
独立日数/獨立日數　independent day number
独立同步扫描/獨立同步掃描　independent simultaneous sweep, ISS
独立性检验/獨立性檢驗　independence test
独立样本/獨立樣本　independent sample
独立坐标系/獨立坐標系,工程坐標系　independent coordinate system, engineering coordinate system
独模/單型,獨一模式標本　monotype
独特的/殊異性　idiographic
独特性[研究]取向/殊相研究取向　idiographic approach
独有衍征/獨有裔徵,近裔自性,獨具特徵　autapomorphy
读数/讀數　reading
读数镜/讀數鏡　reading glass
读数显微镜/讀數顯微鏡　reading microscope
读数线/讀數線　reading line
杜安定理/杜亨定理　Duhem theorem
杜德森编码/杜德森編碼　Doodson argument number

杜德森常数/杜德森常數 Doodson constant, Doodson's constant
杜能模式/邱念模型 von Thünen model
杜能圈/邱念圈 von Thünen ring
度/度 degree
度分秒/度分秒 degree-minute-second, DMS
度假营/度假營 holiday camp
度量/量度 measure
度量摄影测量/量度攝影測量學 metrical photogrammetry
度盘/度盤 circle
度盘变换/度盤設定 circle setting
度盘变换钮/對零螺旋 circle setting knob
度盘偏心[差]/度盤偏心,度盤之離心誤差 eccentricity of circle
度盘湿度表/刻度盤濕度計 dial hygrometer
度盘水准仪/度盤水準器 plate level
度盘位置/度盤位置 position of circle
度盘温度表/刻度盤溫度計 dial thermometer
度日/度日 day degree, degree day
22 度晕/二十二度暈 22° halo
46 度晕/四十六度暈 46° halo
镀膜机/流布機 coating machine
镀膜透镜/鍍膜透鏡 coated lens
端点/端點 dead end
端点激发/端點激發 single-ended shooting
端点连接/終點連接 end-point connectivity
端口数/端口數 port number
端粒/端粒 telomere
端粒酶/端粒酶 telomerase
端生齿/端生齒,端生牙 acrodont, acrodont teeth
端员/純礦物 end-member, minal
短半衰期核种/短半衰期核種 short lived radionuclide
短棒图/棒形圖 stick plot
短波长静校正异常/短波長靜校正異常 short-wavelength statics correction anomalies
短波辐射/短波輻射 shortwave radiation, short wave radiation
[短波]频率急偏/頻率急偏 sudden frequency deviation, SFD
短波突然衰落/短波衰退 short wave fade-out, SWF
短程有序/短程有序 short-range order
短粗壳/粗短角石式殼 brevicone
短耳兔属/短耳兔,鼠兔 *Ochotona*
短隔壁/短隔板 breviseptum
短弧法/短弧法 short-arc method
短喙螈/短喙螈 Euryodus
短颈式/短頸式 ellipochoanitic
短冷期/短冷期 snap
短裸甲藻毒素/雙鞭甲藻毒素 brevetoxin
短期地壳运动/短期地殼運動,幕式構造運動 episodic movement
短期地震概率模型/短期地震概率模型 short-term earthquake probability model
短期地震前兆/短期地震前兆 short-term earthquake precursor
短期[地震]预报/短期[地震]預報 short-term earthquake forecasting
短期[地震]预测/短期[地震]預測 short-term earthquake prediction
短期聚落/短期聚落 camp settlement
短期[天气]预报/短期[天氣]預報 short-range weather forecast
短丝绺/短絲流 short grain
短途旅游者/短途旅遊者 excursionist
短夏/短夏 pointed summer
短叶杉属/短葉杉 *Brachyphyllum*
短直领类/短直頜類,鸚鵡螺類 Stenosiphonata
短周期地震仪/短週期地震儀 short-period seismograph
短周期分潮/短週期分潮 short-period constituent
短周期台阵/短週期臺陣 short-period array
短周期噪声/短週期雜訊 short-period noise
短轴/短軸 minor axis
短柱石/短柱石 narsarsukite
短嘴贝属/短嘴貝 *Paurorhyncha*
段名/段名 section name of land
断层/斷層 fault
断层隘口/斷層隘口 fault gap
断层标度/斷層標度 fault scaling
断层擦痕/斷層擦痕 fault striation
断层擦面/擦面,斷面擦痕 slickenside
断层长度/斷層長度 fault length
断层尺度/斷層尺度 fault dimension
断层带/斷層帶 fault zone
断层带流体显示/斷層帶流體顯示 fault zone fluid manifestation
断层地震/斷層地震 fault earthquake
断层动力学/斷層動力學 dynamics of faulting
断层分段/斷層分段 fault segmentation
断层谷/斷層谷 fault valley
断层海岸/斷層海岸 fault coast
断层滑移/斷層滑移 fault slip
断层活动段/斷層活動段 fault active segment

断层迹线/斷層跡線　fault trace
断层角砾岩/斷層角礫岩　fault breccia
断层阶地/斷層階地　fault terrace
断层镜面/斷層鏡面　fault mirror
断层宽度/斷層寬,斷層滑距　fault width
断层扩展/斷層擴展　fault expansion
断层面/斷層面　fault plane
断层面积/斷層面積　fault area
断层面解/斷層面解　fault-plane solution, fault plane solution
断层面外的余震/斷層面外的餘震　off-fault aftershock
断层摩擦定律/斷層摩擦定律　friction criterion of fault
断层摩擦滑动/斷層摩擦滑動　fault friction slip
断层泥/斷層泥,脈壁泥　fault gouge
断层黏滑/斷層黏滑　fault stick slip
断层强度/斷層強度　fault strength
断层取向/斷層取向　faulting orientation
断层圈闭/斷層封閉　fault trap
断层泉/斷層泉　fault spring
断层蠕动/斷層蠕動　faulty peristalsis
断层蠕滑/斷層蠕滑　fault creep
断层蠕滑事件/斷層蠕滑事件　fault creep event
[断层]三角面/[斷層]三角面　triangular facet
断层生长指数/斷層生長指數　fault growth index
断层拖曳/斷層拖曳　fault drag
断层湾/斷層灣　fault embayment
断层位错模式/斷層位元錯模式　fault dislocation model
断层位移/斷層位移　fault displacement
断层稳滑/斷層穩滑　fault stable slip
断层系统/斷層系　fault system
断层峡谷/斷層[峽]谷　fault rift
断层线/斷層線　fault line
断层线隘口/斷層線隘口　fault-line gap
断层线崖/斷層線崖　fault-line scarp
断层效应/斷層效應　fault effect
断层形态[学]/斷層形態[學]　fault morphology
断层崖/斷層崖　fault scarp, fault escarpment, fault cliff
断层延展/斷層延展　fault propagation
断层岩/斷層岩　fault rock
断层褶皱/斷層褶皺　fault fold
断层[作用]/斷層[作用]　faulting
断错/斷錯　dislocation, displacement
断错崩积楔/斷錯崩積楔　colluvial wedge
断错脊/斷錯脊　offset ridge
断点/斷點　break
断端线/斷端線　fault tipline
断虹/斷虹　broken rainbow
断滑褶皱/脱卸褶皺　detachment fold
断角介/斷角介　Mutilus
断距/斷距　fault displacement, separation
断口/斷口　fracture
断块/斷塊　fault block
断块构造层/斷塊構造層　tectonic layer of fault block
断块构造说/斷塊構造説　block faulting tectonics
断块裂谷/斷塊裂谷　rift-block valley
断块区/斷塊區　fault block area
断块山/斷塊山　fault block mountain
断裂/斷裂　fracture
断裂带/斷裂帶,破裂帶　fracture zone
断裂地槽/塊裂地槽　taphrogeosyncline
断裂点/斷裂點　breaking point
断裂点理论/斷裂點理論　break point theory
断裂动力学模式/斷裂動力學模式　dynamic fracture model
断裂构造/斷裂構造　fault structure
断裂角/斷裂角　fracture angle
断裂力学/斷裂力學　fracture mechanics
断裂强度/裂斷強度　breaking strength, fracture strength, rupture strength
断裂韧性/斷裂韌性　fracture toughness
断裂造山/斷裂造山　fracture orogeny
断面/斷面　section
断面观测/斷面觀測　sectional observation
断面检测/斷面檢查法　cross section test
断面面积/横斷面面積　cross sectional area
断面图/斷面圖　section map
断面仪/斷面儀　profiler
断面照准仪/斷面照準儀　sectional alidade, sectioning alidade
断盘/斷盤　fault wall
断片/斷片　fragment, section, discerption
断坪/坪,平[地]　flat
断坡/逆衝地塹　ramp
断坡背斜/斷坡背斜　ramp anticline
断塞湖/斷塞湖　fault sag lake
断头河/斷頭河　beheaded river
断弯褶皱/斷彎褶皺　fault bend fold
断线/斷線　breakline
断陷盆地/斷陷盆地　fault subsidence basin
断陷塘/凹陷池　sag pond
断续式地槽/斷續式地槽　intermittent geosyncline

断续褶皱/斷續褶皺 interrupted fold
断展褶皱/斷展褶皺 fault propagation fold
断褶/斷褶 fault-folded
断褶山/斷褶山 fault-folded mountain
椴树属/椴屬,田麻 *Tilia*
煅烧/煅燒 calcination
堆垛层/堆垛層 stacking layer
堆垛层错/堆積缺陷 stacking fault
堆垛滑动/堆垛滑動 stack sliding
堆积岛/堆積島 deposition island, accumulated island
堆积阶地/堆積階地 accumulation terrace, constructional terrace
堆积平原/堆積平原 plain of accumulation
堆积速率/堆積速率 accumulation rate
堆积物/堆積物 deposit
堆积循环/堆積循環,堆積旋回 depositional cycle
堆积岩/堆積,累加 cumulate, cumulus
堆积作用/堆積[作用] accumulation
堆墨/堆墨 ink piling
堆珊瑚/堆珊瑚 Acervularia
队列/佇列 queue
对半校正/半半改正 half and half adjustment
对比/對比 contrast
对比度/反差比率 contrast ratio
对比拉伸/對比拉伸,反差擴展 contrast stretching, contrast stretch
对比流域/對比流域 comparative watershed
对比区/控制空域 control area
对比温度/訂正温度 reduced temperature
对比压/對比壓 contrast pressure
对比遥测光度计/對比遥測光度計 contrast telephotometer
对笔石/對筆石 Didymograptus
对笔石属/對筆石 *Didymograptus*
对部/對部 counter quadrant
对槽缘型/對槽緣型 episulcate
对侧部/對側部 counter-lateral quadrant
对侧隔壁/對側隔壁 counter-lateral septum
K 对策/K 策略 K-strategy
r 对策/r 策略 r-strategy
对称/對稱 symmetry
对称不稳定/對稱不穩度 symmetric instability
对称带状构造/對稱帶狀構造 symmetrical banded structure
对称点/對稱點 point of symmetry
对称辐射/對稱輻射 symmetric radiation
对称辐射源/對稱輻射源 symmetric radiator
对称过渡系列/對稱-過渡系列 symmetry-transition series
对称尖棱褶皱/尖棱褶皺,尖頂褶皺 chevron fold
对称面/對稱面 plane of symmetry
对称剖面法/對稱剖面法 symmetrical profiling
对称竖直曲线/對稱豎曲線 symmetric vertical curve
对称四极测深/對稱四極測深 symmetrical four-pole sounding
对称四极排列/對稱四極排列 symmetrical four electrode array
对称心/對稱中心 center of symmetry, symmetry center
对称型/對稱類 symmetry class
对称要素/對稱要素 symmetry element
对称褶皱/對稱褶皺,對稱褶曲 symmetrical fold
对称振型/對稱振型,對稱震動模式 symmetrical mode
对称轴/對稱軸 axis of symmetry, symmetry axis
对齿目/對齒目 Symmetrodonta
对齿兽类/對齒獸類 symmetrodontans
对冲断层谷/對衝斷層谷 ramp valley, ramp trough
对冲基金/避險基金 hedge fund
对冲式/對衝式 hedging
对底板/對底板 zygous basal plate
对地观测/地球觀測 earth observation, EO
对地观测集成技术/地球觀測整合技術 integrated technology for earth observation
对地观测数据管理系统/對地觀測資料管理系統 earth observation data management system, EODMS
对地观测卫星/對地觀測衛星 earth observation satellite
对地观测系统/對地觀測系統 earth observation system, EOS
对地航向/越地航向 course over ground, COG
对地静止卫星/地球同步衛星 geostationary satellite, geosynchronous satellite
对点器/對點器 centering device
对分鲕粒/對分鮞粒,二分鮞粒 bipartite oolite
对隔壁/對隔壁 counter septum
对关节/對關節,不可動關節 syzygy
对弧亚类/對弧亞類 diacromorphs
对话框/對話框,對話視窗 dialog box
对角目镜/對角目鏡,折軸目鏡 diagonal eyepiece
对景图/對景圖 front view
对空气象广播/飛行氣象資料廣播 VOLMET broadcast

对立面/對蹠點 antipodes
对流/對流 convection, convection current
对流边界层/對流邊界層 convective boundary layer, CBL
对流不稳定性/對流不穩定 convective instability
对流参数化/對流參數化 convective parameterization
对流参数化郭氏方案/郭氏對流參數法 Kuo's convective scheme
对流层/對流層 troposphere
对流层臭氧/對流層臭氧 tropospheric ozone
对流层顶/對流層頂 tropopause
对流层顶波动/對流層頂波動 tropopause wave
对流层顶漏斗/漏斗狀對流層頂 tropopause funnel
对流层顶折叠/對流層頂折疊 tropopause folding
对流层化学/對流層化學 tropospheric chemistry
对流层气溶胶/對流層氣溶膠 tropospheric aerosol
对流层上部/高對流層 upper troposphere
对流层折射/對流層折射 tropospheric refraction
对流层折射改正/對流層折射改正 tropospheric refraction correction
对流层中层气旋/中層氣旋 midtropospheric cyclone
对流尺度/對流尺度 convective scale
对流单体/對流胞,對流圈,對流環 convection cell
对流方式/對流方式 convective style
对流高度/對流高度 ceiling of convection
对流过程/對流過程 convective process
对流环/對流環,對流圈 convection cell
对流回波/對流回波 convective echoes
对流混合/對流混合 convective mixing
对流加热/對流加熱 convective heating
对流冷却/對流冷却 convective cooling
对流模式/對流模式 convection model
对流凝结高度/對流凝結高度,對流凝結層 convective condensation level, CCL
对流区[域]/對流區[域] convective region
对流热流/對流熱流 convective heat flow
对流体/對流體 convective body
对流调整/對流調整 convective adjustment
对流型水热系统/對流型水熱系統 convective hydrothermal system
对流性降水/對流降水 convective precipitation
对流性雷暴/對流雷雨 convective thunderstorm
对流[性]稳定度/對流穩度 convective stability
对流学说/對流説 convectional theory
对流循环/對流循環 convective circulation
对流雨/對流雨 convective rain
对流元胞/對流胞 convection cell, convective cell
对流云/對流雲 convective cloud
对马海流/對馬海流 Tsushima Current
对马海峡/對馬海峽 Tsushima Channel
对内沟/對内溝 counter fossula
对偶独立地图编码/雙獨立地圖編碼 dual independent map encoding, DIME
对偶断层/對偶斷層 paired fault
对日照/對日照 Gegenschein, counterglow
对生受精/對生受精 geminate fertilization
对数变换/對數轉換 logarithmic transform
对数尺/對數比例尺,對數分度 logarithmic scale
对数-正态假说/對數-常態假説 log normal hypothesis
对虾白斑症/對蝦白斑病,對蝦白斑症候群 white spot syndrome of prawn
对虾红腿病/對蝦紅腿病 red appendages disease of prawn
对向笔石/對向筆石 Jianograptus
对向方向角法/對向方向角法 method by reciprocal bearing
对向观测/對向觀測 reciprocal observation
对向水准测量/對向水準測量 reciprocal leveling
对象/物件 object
对象池技术/物件池 object pooling
对象定义语言/物件定義語言 object definition language
对象管理组/物件管理團隊 Object Management Group, OMG
对象技术/物件技術 object technology
对象库/物件庫 object library
对象类/物件類别 object class
对象链接与嵌入/物件鏈結與嵌入 Object Linking and Embedding, OLE
对象模型图/物件模型圖 object model diagram
对象指向分析/物件導向式分析 object-oriented analysis
对消比/對消比 cancellation ratio
对叶蕨目/對葉蕨目,軛蕨目 Zygopteridales
对应分析/對應分析 correspondence analysis
对照区/控制空域 control area
对中杆/對中桿,對點桿 centering rod
对中三脚架/求心三腳架 centering tripod
对中误差/定心誤差 centering error
对转子/對轉子,對轉節 antitrochanter
敦煌岩群/敦煌岩群 Dunhuang Group Complex
钝肛道类/鈍肛道型 amblyproct
钝管海绵属/中管海綿 *Amblysiphonella*
钝脚目/鈍腳目 Amblypoda

钝锥虫属/錐頭蟲 *Conocoryphe*
盾/盾 shield
盾板/胸骨,腹甲,腹板 plastron, sternum
盾齿龙类/盾齒龍類,盾齒龍目 placodontians
盾齿龙目/盾齒龍亞目 Placodontia
盾鳃/盾鰓目 Aspidobranchia
盾齿龙属/盾齒龍 *Placodus*
盾海胆属/蛸沙錢 *Clypeaster*
盾甲龙类/覆盾甲龍類 thyreophorans
盾鳞/盾鱗,皮齒 placoid scale
盾鳞目/小瘤魚目 Thelodonti
盾龙圆盘蜥属/盾龍 *Discosauricus*
盾皮鱼纲/盾皮魚綱 Placodermi
盾皮鱼类/盾皮魚類 placoderms
盾纹面/盾紋面 escutcheon
盾形火山/盾狀火山 shield volcano
盾状火山/盾狀火山 shield volcano
盾状云/盾狀雲 shield cloud
盾籽目/盾籽目 Peltaspermales
多板纲/多板綱 Polyplacophora
多板类/多板綱 Polyplacophora
多板目/有甲目 Loricata
多倍体/多倍體 polyploid
多倍体育种技术/多倍體育種技術 polyploid breeding technique
多倍投影测图仪/多倍投影測圖儀 multiplex aeroprojector
多倍投影器/多倍投影器 multiplex projector
多倍仪/多倍測圖儀,多倍投影繪圖儀 multiplex plotter, multiplex
多倍仪测绘台/多倍儀測標檯 multiplex tracing table
多倍仪加密/多倍投影控制擴展 multiplex extension
多倍仪加密控制/多倍儀控制 multiplex control
多倍仪空中三角测量/多倍儀三角測量 multiplex triangulation
多壁珊瑚属/多壁珊瑚 *Polythecalis*
多边贸易/多邊貿易 multilateral trade
多边形/多邊形 polygon
G多边形/G-多邊形 G-polygon
多边形地图/多邊形地圖 polygonal map, polygon map
多边形叠加/多邊形疊合 polygon overlay
多边形-弧段拓扑/多邊形-弧段拓撲 polygon-arc topology
多边形-弧段拓扑数据结构/多邊形-弧拓撲結構 polygon-arc topology
多边形化/多邊形化 polygonization
多边形检索/多邊形擷取 polygon retrieval
多边形结构/多邊形結構 polygon structure
多边形内点判断/點與多邊形疊合處理 point-in-polygon operation
多边形内线判断/線與多邊形疊合處理 line-in-polygon operation
多边形平差法/多邊形平差法 adjustment by method of polygon
多边形图层/多邊形圖層 polygon coverage
多边形要素/多邊形要素 polygon feature
多变度/多變度 multivariant
多波道/多波道,多頻道 multichannel
多波道处理/多波道處理,多頻道處理 multichannel processing
多波段/多波段 multiband
多波段接受器/多頻道接收儀 multichannel receiver
多波段图像/多波段圖像 multispectral image, MSI
多波多分量勘探/多波多分量勘探 multi-wave multicomponent exploration
多波谱扫描仪/多波譜掃描儀 multispectral scanner, MSS
多波束/多波束 multibeam
多波束测深/多波束測深 multibeam echo sounding
多波束测深系统/多波束測深系統 multibeam sounding system, multibeam bathymetric system
多波束测深仪/多波束測深儀,多音束測深儀 multibeam echo sounder, multibeam bathometer
多波束回声测深仪/多聲束[回音]測深儀 multibeam echo sounder
多波束声呐/多波束聲納 multibeam sonar
多波源/多波源 multiple source
多层壁管珊瑚属/多層壁管珊瑚 *Multithecopora*
多层结构/多層結構 multilayer organization
多层模式/多層模式 multilevel model
多成分/多成分,多元素,多分子 multielement
多成因矿床/多成因礦床 polygenetic ore deposit
多重地震/多重地震 multiple earthquake
多重回声/複回聲 multiple echo
多重目的摄影概念/像片多用途概念 multi-purpose photo concept
多重透视圆柱投影/雙重透視圓柱投影 multiple perspective cylindrical projection
多畴颗粒/多磁域顆粒 multidomain grain
多畴热剩磁/多磁域熱殘磁 multidomain thermal remanence
多磁畴热剩磁理论/多磁疇熱剩磁理論 multidomain TRM theory

多次波衰减/多次波衰減 multiple attenuation, multiple elimination
多次反射/多次反射,複反射 multiple reflection
多次覆盖/多次覆蓋 multiple coverage
多次散射/多次散射 multiple scattering
多次闪击/多次閃擊 multiple stroke
多次生殖/多次生殖 iteroparity
多次线性回归分析/多種線性回歸分析 multiple linear regression analysis
多单体回波/多胞回波 multiple-cell echo
多道地震反射/多道地震反射 multichannel seismic reflection
多道地震仪/多道地震儀 multichannel seismic instrument
多道分析器/多頻道分析儀 multichannel analyzer
多道几何配置记录迹线/多道幾何配置記録跡線 multichannel geometry trace
多底井/分支井 multilateral well
多点/多點 multipoint
多点水准断面法/多點水準斷面法 multilevel cross section
多点系泊/多點錨碇 multipoint mooring
多点要素/多點圖徵 multipoint feature
多度空间生态位概念/多空間尺度生態區位之概念 multidimensional niche concept
多对多/多對多 many-to-many
多对多关系/多對多關係 many-to-many relationship
多对一/多對一 many-to-one
多对一关系/多對一關係 many-to-one relationship
多房室的/多室的 multilocular
多房室壳/多室殼,多房殼 multilocular test
多房有孔虫亚纲/多房有孔目 Multilocular Foraminifera
多菲内双晶/多菲內雙晶 Dauphiné twin
多分量地震技术/多分量地震技術 multicomponent seismic technique
多分量记录/多分量記録 multicomponent record
多分体/多分體,多子體 polyad
多分枝分子/多分枝分子 multiramate element
多分子[骨骼]器官/多分子[骨骼]器官 multimembrate skeletal apparatus
多功能电法仪/多功能電法儀 multifunctional electric device
多沟/多溝 stephanocolpate
多光谱/多光譜 multispectrum
多光谱扫描仪/多光譜掃描器 multispectral scanner, MSS
多光谱摄影机/多光譜攝影機 multiband camera, multispectral camera
多光谱数据集/多光譜資料集 multispectral data set
多光谱图像/多譜段影像 multispectral image
多硅钙铀矿/多矽鈣鈾礦 haiweeite, ranquilite
多硅锂云母/多矽鋰雲母,多矽鱗雲母 polylithionite
多核城市/多核心城市 multiple nuclear city
多级采样器/串級採塵器 cascade impactor
多级纠正/多級糾正,多步驟糾正 multistage rectification, multiple-stage rectification
多级闪蒸/多級閃急蒸餾法 multi-stage flash distillation
多级摄影概念/多層航高攝影概念 multilevel photography concept
多季性陆地结冰/陳陸冰 taryn
多甲藻类/多甲藻類 peridinioids
多甲藻素/甲藻黄素 peridinin
多焦点投影/多焦點投影 polyfocal projection
多角珊瑚属/多角珊瑚 *Prismatophyllum*
多角亚类/多角亞類 polygonomorphs
多角柱状/多角柱狀 ceroid
多阶段体系/多段系統,多階系統 multistage system
多金属结核/多金屬結核 polymetallic nodule
多金属结壳/多金屬結殼 polymetal crust
多金属矿床/多金屬礦床 polymetallic deposit
多金属硫化物/多金屬硫化物 polymetallic sulfide
多镜头摄影机/多物鏡攝影機 multiple-lens camera
多孔/多孔,數孔花粉 stephanoporate
多孔虫/多孔蟲[屬] *Cellanthus*
多孔动物/多孔動物 poriferans
多孔动物门/多孔動物門 Porifera
多孔粉类/多孔粉類 Polyporites
多孔沟/多孔溝 stephanocolporate
多孔玄武岩/多孔玄武岩 vesicular basalt
多孔支撑层/微孔支撐 microporous support
多孔状的/細胞狀[結構] cellular
多块滑动/多塊滑動 multi-block slide
多缆[地震]记录/多纜[地震]記録 multicable seismic recording
多肋粉类/多肋粉類 Multistriatiti
多里斯系统/多里斯系統 Doppler Orbitograph and Radio Positioning Intergrated by Satellite, DORIS
多利棱镜/多利稜鏡 Doli prism
多裂梯型/多裂梯型 trapeziform polylobate
多裂圆柱型/多裂圓柱型 cylindrical polylobate
多瘤齿兽类/多瘤齒獸類,多尖齒獸目 multituberculates
多瘤齿兽目/多尖齒目,多瘤類 Multituberculata
多路编排/多路編排 multiplex

多路解编/解編 demultiplex
多路径误差/多路徑誤差 multipath error
多路径效应/多路徑效應 multipath effect
多氯联苯/多氯聯苯 polychlorinated biphenyl, PCB
多毛类/多毛類,多毛綱 polychaete
多毛隐居目/定居多毛亞綱 Polychaeta sedentaria
多媒体/多媒體 multimedia
多媒体 GIS/多媒體 GIS multimedia GIS
多媒体地图/[多]媒體地圖 multimedia map, media map
多媒体电子地图集/多媒體電子地圖集 multimedia electronic atlas
多媒体关系数据库/多媒體關聯資料庫 multimedia relational database
多媒体关系数据库管理系统/多媒體關聯資料庫管理系統 multimedia relational database management system
多媒体系统/多媒體系統 multimedia system
多门齿类/多門齒類,原多齒類 Polyprotodontia
多米诺理论/骨牌理論 domino theory
多米诺式断层/骨牌式斷層 domino-style fault
多面体/多面體 polyhedron
多面体投影/多面體投影 polyhedric projection
多面旋转棱镜/多面旋轉稜鏡 multifacet rotating prism
多模式网络/多模式網路 multimodal network
多囊植物/多囊植物 polysporangiophyte
多内核模式/多核心模式 multiple-nuclei model
多年冰/多年冰 multiyear ice
多年[的]/多年[的] secular
多年冻土/永凍土,永凍層 permafrost, perennially frozen ground, pergelisol
多年冻土进化/永凍土積夷,永凍土擴張 permafrost aggradation
多年冻土南界/永凍土南界 southern limit of permafrost
多年冻土上限/永凍土上限,永凍層面 permafrost table
多年冻土退化/永凍土退化 permafrost degradation
多年冻土下界/永凍土下界 low limit of permafrost
多年冻土下限/永凍土下限 permafrost base
多年平均海面/多年平均海面 multiyear mean sea level
多年生冻胀丘/凍脹穹丘 pingo
多频率水位/常現水位 most frequent water level
多频探鱼仪/多頻魚探儀 multifrequency fish finder
多频振幅相位法/多頻振幅相位法 multiple frequency amplitude-phase method
多平衡态/多平衡態[系統] multiple equilibria, multi equilibriumstates
多瓶采水器/輪盤式採水器 rosette water sampler
多普勒变换/都卜勒變換 Doppler shift
多普勒单点定位/都卜勒單點定位 Doppler point positioning
多普勒导航系统/都卜勒導航系統 Doppler navigation system
多普勒定位/都卜勒定位 Doppler positioning
多普勒定位系统/都卜勒定位系統 Doppler positioning system
多普勒短弧法定位/都卜勒短弧法定位 Doppler positioning by the short arc method
多普勒海流计/都卜勒海流儀 Doppler current meter
多普勒激光雷达/都卜勒光達 Doppler lidar
多普勒极定位/都卜勒極定位 Doppler pole position
多普勒计数/都卜勒計數 Doppler count
多普勒雷达/都卜勒雷達 Doppler radar
多普勒联测定位/都卜勒聯測定位 Doppler translocation
多普勒频宽/都卜勒頻寬 Doppler bandwidth
多普勒频率/都卜勒頻率 Doppler frequency
多普勒频移/都卜勒位移 Doppler shift
多普勒[谱线]增宽/都卜勒加寬 Doppler broadening
多普勒声[雷]达/都卜勒聲達 Doppler sodar
多普勒声呐/都卜勒聲納 Doppler sonar
多普勒速度/都卜勒速度 Doppler velocity
多普勒天气雷达/都卜勒雷達 Doppler radar
多普勒效应/都卜勒效應 Doppler effect
多谱段扫描仪/多譜段掃描器,多光譜掃描器 multispectral scanner, MSS
多谱段摄影/多光譜攝影 multiband photography, multispectral photography
多谱段摄影机/多光譜攝影機 multiband camera, multispectral camera
多谱段遥感/多譜段遙感,多光譜遥測 multispectral remote sensing
多谱段影像/多譜段影像 multispectral image
多期变质作用/多相變質[作用] polymetamorphism
多期摄影/多時期攝影 multi-date photography
多歧分支/多分枝 polytomy
多歧式/多分枝 polytomy
多鳍鱼类/多鰭魚類 polypteriforms
多[气]囊/多[氣]囊 multisaccate
多腔珊瑚/多腔珊瑚 Polytcoelia, polycoelia
多色分光光度术/多色分光光度測定[法] multichromatic spectrophotometry

多色性/多色性 pleochroism, polychroism
多色印刷/多色印刷 polycolor printing
多射海绵目/多射海綿目 Heteractinellida
多射珊瑚亚纲/[多射]珊瑚亞綱 Zoantharia
多摄影机系统/多攝影機系統,多像機系統 multiple-camera system, multi-camera system
多生齿/多[生]齒 hyperodontia
多时间尺度/多重時間尺度 multiple time scale
多时相分析/多時相分析 multi-temporal analysis
多时相数据集/多時段資料集 multi-temporal data set
多时相遥感/多時相遥感,多日期遥測 multi-temporal remote sensing
多食性/多食性 polyphagy
多视技术/多視技術 multi-look technique
多水氯硼钙石/七水氯硼鈣石 hydrochlorborite
多水硼钙石/多水硼鈣石 tertschite
多台定位/多臺定位 multiple station location
多体性/多體性 polysomy
多条电缆记录/多條電纜記録 multicable recording
多通道磁通门磁力仪/多通道磁通門磁力儀 multi-channel fluxgate magnetometer
多通道接受器/多通道接收器 multichannel receiver
多通道微波扫描辐射仪器/多頻道微波掃描輻射計 scanning multifrequency microwave radiometer, SMMR
多途效应/多途效應 multipath effect
多湾海岸/多灣海岸,港灣海岸,灣形海岸 embayed coast
多维数据/多維資料 multi-dimensional data
多物镜摄影像片/多物鏡攝影像片 multiple-lens photograph
多系发生/多元[演化]的,多祖演化的 polyphyletic
多系[性]/多元,多系統 polyphyly
多系演化/多系列演化 polyphyletic evolution
多项式改正/多項式校正法 polynomial correction
多相机组合/多像機組合 multiple-camera assembly
多相流体/多相流體 multiple-phase fluid
多相性/多相性 inhomogeneity
多效真空蒸馏法/多效真空蒸餾法 multi-effect vacuum distillation process
多效蒸馏/多效蒸餾 multi-effect distillation
多斜褶皱/多斜褶皺 polyclinal fold
多星等高法/多星等高法 equal-altitude method of multi-star
多形/多形 polymorph
多型/多型 polytype
多型性/多型性 polytypism
多型种/多型種 polytypic species
多旋回/多旋回 polycycle
多旋回成矿作用/多旋回成礦作用 polycyclic metallogeny
多旋回叠合盆地/多旋回疊合盆地 polycyclic superimposed basin
多旋回复合造山带/多旋回複合造山帶 polycyclic composite orogenic belt
多旋回构造说/多旋回構造説 polycyclic tectonics
多旋壳/多環殼 multispiral
多循环海岸/多循環海岸 multicycle coast
多牙虫/多牙蟲 Dentalina
多样化/多樣化,雜異化 diversification
多样性/多樣性 diversity
α 多样性/α 多樣性 alpha-diversity
β 多样性/β 多樣性 beta-diversity
γ 多样性/γ 多樣性 gamma-diversity
δ 多样性/δ 多樣性 delta-diversity
多样性稳定假说/多樣性穩定性假説 diversity-stability hypothesis
多样性指数/多樣性指標 diversity index
多样性中心/多樣性中心 center of diversity
多要素地图/多要素地圖 multicomponent map
多因复成矿床/多因複成礦床 polygenetic compound ore deposit
多用户/多使用者 multi-user
多用户操作系统/多使用者操作系統 multi-user operating system
多用户数据库/多用户地理資料庫 multi-user geodatabase
多用途地籍/多目標地籍 multipurpose cadastre
多用途地籍测量/多目標地籍測量 multipurpose cadastral survey
多用途欧洲地面相关信息网络/多目標歐洲地面相關資訊網路 multipurpose European ground related information network, MEGRIN
多余观测/多餘觀測 redundant observation
多余性误差/多餘性誤差 commission error
多雨地区/多雨地區 pluvial region
多雨期/多雨期 pluvial period
多雨气候/多雨氣候 rainy climate
多遇地震烈度/多遇地震烈度 intensity of frequently occurred earthquake
多元大气/多元大氣 polytropic atmosphere
多元顶极理论/多極相理論,多顛峰理論 polyclimax theory
多元分析/多元分析 multivariate analysis
多元过程/多元過程 polytropic process

多元回归/多重回歸 multiple regression
多元混合物/多元混合物,多組分混合物 multicomponent mixture
多元论/多元論 pluralism
多元社会/多元社會 plural society
多元时间序列/多元時間序列 multivariate time series
多元统计分析/多元統計分析 multivariate statistical analysis
多元韦伯问题/多源韋伯問題 mulit-source Weber problem
多元文化的熔炉/多元文化熔爐 multicultural melting pots
多元文化方案/多元文化方案 program of multiculturalism
多元文化主义/多元文化主義 multiculturalism
多元最优插值/多元最佳内插法 multivariate optimum interpolation
多圆锥投影/多圓錐投影 polyconic projection
多源多缆海上地震采集/多源多纜海上地震採集 multi-source and multi-streamer offshore seismic acquisition
多源空间数据/多維資料 multidimensional data
多云/多雲 cloudy
多云天空/多雲天空 cloudy sky
多枝笔石体/多枝筆石體 multiramous rhabdosome
多制式联运/多制式聯運 inter-modism
多质心/多重形心 multiple centroids
多轴式骨针/多軸針 polyaxons
多字型构造/多字型構造 Xi-type structural system, ξ-type structural system
多足纲/多足綱 Myriapoda
多组分反渗透膜/多組分[多項]逆滲透膜 multicomponent reverse osmosis membrane
惰性气体饱和/惰性氣體飽和度 saturation of inert gas
惰性组分/惰性成分 inert component
惰质组/惰煤素 inertinite

E

[俄罗斯]全球导航卫星系统/[俄羅斯]全球導航衛星系統 global navigation satellite system, GLONASS
[俄罗斯]全球轨道导航卫星系统/全球軌道衛星導航系統 global orbiting navigation satellite system
俄歇簇射/奥杰射叢 Auger shower
[俄]新地岛/[俄]新地島 Novaya Zemlya
峨边群/峨邊群 Ebian Group
峨眉龙/峨嵋龍 Omeisaurus
峨嵋山玄武岩/峨嵋山玄武岩 Emeishan Basalt, Omeishan Basalt
锇铱矿/銥鋨礦 osmiridium
鹅耳枥属/櫪樹 *Carpinus*
鹅掌楸属/鵝掌楸屬(木蘭科) *Liriodendron*
蛾螺型/蛾螺型 bucciniform
额/額 frons, front
额顶窗/額頂窗 frontoparietal fenestra
额顶骨/額頂[骨] frontoparietal, frontoparietal bone
额定光力射程/公稱光程 nominal range
额尔齐斯石/矽鈉石 ertixiite
额骨/額骨 frontal bone
额间缝/額縫 metopic suture
额外肩胛骨/額外肩胛骨 extrascapular plate
额外前视/額外前視 extra foresight
厄尔尼诺/艾尼紐,聖嬰[現象] El Nino
厄尔尼诺-南方涛动/聖嬰南方震盪 ENSO
厄立特里亚古海/厄文特里亞古海 Erythraean
厄特沃什改正/厄特渥斯修正 Eötvös correction
厄特沃什加速度/厄特沃什加速度 Eötvös acceleration
厄特沃什效应/厄特沃什效應 Eötvös effect
轭螺贝属/軛螺貝[屬] *Zygospira*
轭脉/翅重脈 jugal vein
轭形齿/軛形齒 zygodont
恶劣天气/劇烈天氣 severe weather
恶劣天气飞行/超天氣層飛行 overweather flight
鄂尔多斯地台/鄂爾多斯地臺 Ordos platform
鄂霍次克海/鄂霍次克海 Sea of Okhotsk
鄂霍次克海高压/鄂霍次克海高壓 Okhotsk high
萼板/萼板 thecal plate
萼杯/萼杯,背萼 dorsal cup
萼部/萼[部],杯部 calice, caliculum, calyx
萼盖/萼蓋,口蓋,蒴蓋 tegmen, operculum
萼内分芽/萼內分芽 calcinal budding
萼片/萼片 sepal
萼[器]/萼 calyx
腭方软骨/腭方軟骨 palatoquadrate cartilage
腭骨齿/腭骨齒 palatal tooth
腭旋褶/腭[旋]褶,口蓋中隆 palatal fold
鹗头贝属/顎頭蜿 *Stringocephalus*
颚/顎 jaw
颚骨/顎骨 palatine
颚角/螯肢 chelicera, corniculus
颚口亚目/有顎類 Gnathostomata
鳄类/鱷類 crocodilians
鳄目/鱷目 Crocodilia
恩硫铋铜矿/直硫鉍銅礦 emplectite
恩索/聖嬰南方振盪 El-Nino Southern Oscillation, ENSO, El Niño and Southern Oscillation
恩索事件/聖嬰南方振盪事件 ENSO event
鲕粒/鮞粒,鮞石,鮞狀岩 oolite, ooid
鲕粒亮晶灰岩/鮞晶石灰岩,晶膠鮞狀石灰岩 oosparite
鲕粒泥质灰岩/鮞粒泥質灰岩 oomicrite
鲕绿泥石/鮞綠泥石,蔥綠泥石 metachlorite, chamosite
鲕状/魚卵石 roe stone
鲕状构造/鮞狀構造 oolitic structure
鲕状集合体/鮞狀集合體 oolitic aggregate
鲕状石/鮞狀石 ooide
鲕状燧石/鮞狀燧石 oöcastic chert
鲕状岩/鮞狀岩,鮞石 oolite, ammite, ammonite
耳/耳板[海膽] auricle
耳凹/耳凹,耳切口 otic notch
耳石/耳石 otolith, otoconium
耳形介属/輝金介 *Aurila*
耳翼/耳[翼] ears
耳羽叶属/耳羽葉 *Otozamites*
耳枕裂/耳枕裂 otico-occipital fissure
耳枕区/耳枕部 otico-occipital
耳状幼体/耳狀幼體 auricularia larva
迩人/更新猿 Plesianthropus

饵料生物/餌料生物　food organism
二倍体/二倍體,雙倍體　diploid
二倍照准部互差/二倍照準部互差　discrepancy between twice collimation error
二叉的/二分肢　bifurcate
二叉树/雙分樹,二元樹　binary tree, B-tree
二长花岗岩/二長花崗岩　monzonitic granite
二长结构/二長結構　monzonitic texture
二长闪长岩/二長閃長岩　monzodiorite
二长岩/二長岩　monzonite
二齿兽/二齒獸　Dicynodon
二齿兽类/二齒獸類　dicynodontians
二齿兽亚目/二齒獸亞目　Dicynodontia
二次采油/二次採油　secondary depletion
二次代谢物/二次代謝物　secondary metabolite
二次符合读数/二次符合讀數　double coincidence reading
二次辐射/再發射　re-emission
二次回波/二程回波　second trip echo
二次迁移/二次遷移　secondary migration
二次色/二次色　second color
二次生油/二次生油　secondary oil generation
二次污染物/二次汙染物,次生汙染物,二級汙染物,次級汙染物　secondary pollutant
二次型/二次形　quadratic form
二次运移/二期移棲　secondary migration
二次运移方式/二次運移方式　way of secondary migration
二道凹群/二道凹群　Erdaowa Group
二等导线/二等導線　second order traverse
二等三角测量/二等三角測量　second order triangulation
二等水准测量/二等水準測量　second order leveling
二叠纪/二疊紀　Permian, Permian Period
二叠系/二疊系　Permian System
二分差/分點差　equation of the equinoxes
二分点/[春秋]分點　equinox, Equinoxes
二分鲕粒/二分鮞粒,對分鮞粒　bipartite oolite
二分裂/二分裂[生殖]　binary fission
二分圈/分點圈　equinoctial colure
二分体/二分體　dyad
二辉橄榄岩/二輝橄欖岩　lherzolite
二辉[辉石]岩/二輝岩　websterite
二回羽叶/小羽片　pinnula
二级隔壁/次級隔壁,小隔壁　minor septum
二级环流/次環流　secondary circulation
二级气候站/次級氣候站　second order climatological station
二级腕板/二級腕板　secundibrach distichal
二极型/二極型,二源型　diarch
二甲[基]硫/二甲基硫　dimethyl sulfide
二阶段体系/二階段體系　two stage system
二阶应力/二階應力　second-order stress
二进制/二進制,二進位　binary
二进制大型目标/二進位大型物件　binary large object
二聚体/二聚物　dimer
二类水体/第二類水體　case 2 water
二连石/黑鈲鎂鐵石　erlianite
二流方程/二相流方程式　two flow equation
二流近似/雙流近似　two-stream approximation
二轮列/雙環海百合　dicyclic crinoids
二年冰/次年冰　second year ice
二十二碳六烯酸/二十二碳六烯酸　docosahexenoic acid, DHA
二十面体/二十面體　icosahedron
二十四节气/二十四節氣　twenty-four solar terms
二十碳五烯酸/二十碳五烯酸　eicosapentenoic acid, EPA
二水泻盐/二水瀉鹽　sanderite
二维板块模型/二維板塊模型　two-dimensional plate model
二维地震勘探/二維地震勘探　2-D seismic exploration
二维地震数据处理/二維地震資料處理　2-D seismic data processing
二维反演/二維反演　two-dimensional inversion
二维分布/二元分布　bivariate distribution
二维结构/二維結構　two-dimensional structure
二维滤波/二維濾波　two-dimensional filtering
二维模型走时曲线/二維模型走時曲線　two-dimensional model traveltime curve
二维湍流/二維亂流　two-dimensional turbulence
二[向]色性/二色性　dichroism
二项分布/二項分布　binomial distribution
二项式平滑/二項[式]匀滑　binomial smoothing
二氧化氮/二氧化氮　nitrogen dioxide
二氧化硅相图/二氧化矽相圖　phase diagram of SiO_2
二氧化硫/二氧化硫　sulfur dioxide
二氧化碳/二氧化碳　carbon dioxide
二氧化碳包裹体/二氧化碳包裹體　carbon dioxide fluid inclusion
二氧化碳大气浓度/大氣二氧化碳濃度　carbon dioxide atmospheric concentration
二氧化碳带/二氧化碳帶　carbon dioxide band

二氧化碳当量/二氧化碳當量　carbon dioxide equivalence
二氧化碳法/二氧化碳法　carbon dioxide survey
二氧化碳施肥/二氧化碳施肥　carbon dioxide fertilization
二氧化碳-温室反馈/二氧化碳温室反饋　carbon dioxide greenhouse feedback
二氧化碳中毒/二氧化碳中毒　carbon dioxide poisoning
二氧化物/二氧化物　dioxide
二元分布/二元分布　bivariate distribution
二元结构/二元結構　dual-texture
二元时间序列/二元時間序列　bivariate time series
二元同步控制/二元同步控制　binary synchronous control
二元系相图/二元系相圖　binary diagram
二值图像/二值圖像　binary image
二至点/二至點　solstices
二至圈/二至圈　solsticial colure, solstitial colure
二轴晶/雙軸晶體　biaxial crystal

F

发达资本主义/先進資本主義 advanced capitalism
α-ω发电机/α-ω發電機 α-ω dynamo
发电机区/發電機區,動力區域 dynamo region
发电机学说/發電機學説 dynamo theory
发电机运动学理论/發電機運動學理論 kinematic dynamo theory
发电器官/發電器官 electric organ
发光/發光 luminescence
发光二极管/發光二極體 light-emittig diode, LED
发光器/發光器 photophore
发光强度/發光強度 luminous intensity
发光生物/發光生物 luminous organism
发光细菌/發光細菌 photobacteria
发光油墨/發光油墨 fluorescence ink
发光作用/發光作用 ablaze
发泡油墨/發泡印墨 blister ink
发散边界/擴張邊界 divergent boundary, diverging boundary
发散带/輻散區,輻散帶 divergence belt, divergence zone
发散透镜/發散透鏡 diverging lens
发射/發射,放射 emission, emittance
发射机/發射機 transmitter
发射率/發射率,放射率 emissivity
发射线圈/發射線圈 transmitting coil
发展地理学/發展地理學 development geography
发展区/發展區 developing area
发展适宜性指数/發展相適性指標 development suitability index
发震断层/發震斷層 earthquake-generating fault, seismogenic fault
发震构造/孕震構造 seismogenic structure
发震构造体系/發震構造體系 earthquake-triggering tectonic system, earthquake-generating tectonic system
发震时刻/發震時間 origin time
筏式养殖/筏式養殖 raft culture
ACH 法/ACH 法 ACH method
FTAN 法/FTAN 法 FTAN method
WKBJ 法/WKBJ 法 Wentzel-Kramers-Brillouin-Jeffreys method, WKBJ method
τ法/τ法 τ method
τ-p 法/τ-p 法 τ-p method
法方程/法方程式 normal equation
法国地球观测卫星/史波特衛星 Satellite Pour L'observation De La Terre, SPOT
法国学派/法國學派 French school
法截面/法截面 normal section
法截面方位角/法截面方位角 normal section azimuth
法截线/法截線 normal section line
法拉第旋转/法拉第旋轉 Faraday rotation
法拉隆板块/法拉榮板塊 Farallon plate
法拉荣板块/法拉榮板塊 Farallon Plate
法律地理学/法律地理學 geography of law
法律地球物理[学]/法律地球物理[學] forensic geophysics
法律地震学/法理地震學 forensic seismology
法美联合大洋中部海下研究/法美聯合大洋中部海下研究 French American Mid Ocean Undersea Study, FAMOUS
法门阶/法門階 Famennian Stage
法门期/法門期 Famennian Age
法平面剪切裂纹/法平面剪切裂紋 anti-plane shear crack
法术型/秘術型 magic type
法向入射射线/法向入射射線 normal-incidence ray
法向应变/正應變 normal strain
法向应力/正[向]應力 normal stress
法伊改正/法伊改正 Faye correction
法伊异常/空間變異 Faye anomaly
法制米尺/法制公尺 French legal meter
发珊瑚/髮珊瑚 Pilophyllum
发型/髮型 hair form
发状/髮狀 hairy
帆翼龙类/帆翼龍類 istiodactylids
翻斗[式]雨量计/傾斗雨量計 tilting bucket raingauge
翻卷褶皱/包卷褶皺,旋卷形褶皺 convolute fold
翻土/鬆土 scarification
翻吻/翻吻,陷入吻 introvert

翻印/翻印片 repromat
翻转/翻轉 overturning
凡兰吟阶/凡蘭吟階 Valanginian Stage
凡兰吟期/凡蘭吟期 Valanginian Age
矾石/礬石 aluminite
钒钡铜矿/釩鋇銅礦 vesignieite
钒铋矿/釩鉍礦 pucherite
钒磁铁矿/釩磁鐵礦 coulsonite
钒矾/釩礬 minasragrite
钒钙铜矿/鈣釩銅礦 calciovolborthite, tangeite
钒钙铀矿/鈣釩鈾礦 tyuyamunite
钒钾铀矿/鉀釩鈾礦 carnotite
钒铝铀矿/水釩鋁鈾礦 vanuralite
钒锰铅矿/釩錳鉛礦 pyrobelonite
钒钠铀矿/釩鈉鈾礦 strelkinite
钒铅矿/釩鉛礦 vanadinite, wicklowite
钒铜矿/釩銅礦 stoiberite
钒铜铀矿/水釩銅鈾礦 sengierite
钒铀矿/釩鈾礦 uvanite
钒云母/釩雲母 roscoelite
钒赭石/釩石 shcherbinaite
繁殖群/繁殖亞族群 deme
反本质论/反本質論 anti-essentialism
反差/反差 contrast
反差控制/反差控制 contrast control
反差扩展/反差擴展 contrast stretching
反差系数/反差係數 contrast coefficient
反差增强/反差增強,反差擴展,對比增強 contrast enhancement, contrast stretch
反潮/反潮 counter tide
反称笔石类/反稱筆石類,反稱筆石科 anisograptids
反称虫属/多型蟲 *Polymorphina*
反冲断层/反衝斷層 recoil fault
反刍兽类/新反芻類 pecora
反刍亚目/反芻亞目 Ruminantia
反磁力吸引体系/反磁吸體系理論 theory of counter-magnetic system
反等时线/反等時線 inverse isochron
反电子欺骗技术/反電子欺騙技術 anti-spoofing, AS
反定位服务/反定位服務 reverse geocoder service
反对称振型/反對稱振型,反對稱振動模式 antisymmetrical mode
反厄尔尼诺/反聖嬰 anti El Nino, La Niña
反方位角/反方位角 back azimuth
反方向角/反方向角 back bearing
反复潜水/反覆潛水,重複潛水 repeated diving
反光罗经/反光羅盤儀 mirror compass
反光晒印[相片]/反射原稿 reflection copy
反基腔/反基腔 basal cavity inverted
反季风/反季風 antimonsoon
反假日/反日 anthelion
反接/反接 reverse
反警报/反警報 anti-alarm
反距离律/反距律 inverse distance law
反距离权重/反距離權重 inverse distance weighted, IDW
反口的/反口的 aboral
反口极/反口極 antiapertural pole
反口面/反口面 abactinal surface, aboral surface
反馈/反饋,回饋 feedback
反馈分析/回饋分析 feedback analysis
反馈机制/回饋機制 feedback mechanism
反馈滤波/回饋濾波 feedback filtering
反馈式地震计/回饋式地震計 feedback type seismometer
反馈式电磁地震仪/回饋式電磁地震儀 feedback-electromagnetic seismograph
反立体模型/反立體模型 pseudoscopic model
反立体像/反立體像 pseudoscopic image
反立体效应/反立體觀察 pseudoscopic effect
反滤波/逆濾波器 inverse filter
反 Q 滤波/反 Q 濾波 inverse Q filtering
反滤层/反濾層 inverted filter
反面/反面 reverse view
反鸟类/反鳥類 enantiornithine
反频散/逆頻散 inverse dispersion
反气旋/反氣旋 anticyclone
反气旋环流/反旋式環流 anticyclonic circulation
反气旋生成/反氣旋生成 anticyclogenesis
反气旋消散/反氣旋消滅 anticyclolysis
反气旋[性]切变/反旋式切變 anticyclonic shear
反气旋性曲率/反旋式曲率 anticyclonic curvature
反气旋[性]涡度/反旋式渦度 anticyclonic vorticity
反气旋[性]涡旋/反旋式渦旋 anticyclonic vortex
反前刺/反前刺 antecrochet
反潜识别区/反潛識别區 submarine defense identification zone
反曲点/反曲點 point of reverse curvature
反日/反日 anthelion
反山根/反山根 antiroot
反射/反射 reflection
反射比/反射率 reflectivity
反射波/反射波 reflected wave, reflection wave
反射波谱/反射波譜 reflectance spectrum
反射波剩余静校正/反射波剩餘靜校正 reflection

residual static correction
反射波走时曲线/反射波走時曲線 traveltime curve for reflection
反射层/反射層 reflector
反射地球辐射/反射地球輻射 reflected terrestrial radiation
反射地震勘探/反射震測 reflection seismic exploration
反射地震学/反射震測學 reflection seismology
反射定律/反射定律 law of reflection
反射辐射/反射輻射 reflected radiation
反射光/反射光 catoptric light
反射红外/反射紅外線 reflective infrared
反射弧/反射弧 reflex arc
反射角/反射角 reflection angle, angle of reflection
反射结构/反射形態 reflection configuration
反射矩阵/反射矩陣 reflection matrix
反射棱镜/反射棱鏡 reflecting prism
反射立体镜/反光立體鏡 reflecting telescope
反射率/反射率,反射性 reflectivity, reflectance
反射率表/反照計 albedometer
反射率法/反射率法 reflectivity method
反射率分析法/反射率分析法 reflectance analysis
反射能力/反射能力 reflecting power
反射式海滩/反射式沙灘 reflective beach
反射太阳辐射/反射太陽輻射 reflected solar radiation
反射投影器/反射投影器 reflecting projector
反射望远镜/反射望遠鏡 catoptric telescope, reflecting telescope
反射系数/反射係數 reflection coefficient
反射系统/反射系統 catoptric system
反射颜色指数/反射顏色指數 reflection color index
反射因子/反射因子 reflectivity factor
反射走时/反射走時 reflection traveltime
反射走时层析成像/反射走時層析成像 reflection traveltime tomography
反伸中心/倒反中心 inversion center
反渗透淡化法/逆滲透淡化法 desalination by reverse osmosis
反渗透法/反滲透法,逆滲透法 reverse osmosis process, reverse osmotic method, anti-osmotic method
反渗透膜/逆滲透膜 reverse osmosis membrane
反时针方向读数/反時針方向讀數 anticlockwise reading
反时针扭动/反時針扭動 counterclockwise shearing
反视立体图/立體反視圖 pseudoscopic view
反束光导管摄影机/回訊攝影機 return beam vidicon camera
反梯度风/反梯度風 countergradient wind
反梯度热通量/反梯度熱量通量 countergradient heat flux
反条纹长石结构/反條紋長石結構 anti stripe feldspar structure
反条纹结构/反條紋結構 reverse stripe structure
反铁磁性矿物/反鐵磁性礦物 antiferromagnetic mineral
反歪尾/反歪尾[鰭] hypocercal fin
反文化/反文化 counterculture
反相关/反相關 anticorrelation
反向磁化/反磁化 reversed magnetization
反向断层/反傾斷層 antithetic fault
反向极化/反向極化 reverse polarization
反向极性/反向極性 reversed polarity
反向曲线/反向曲線 reverse curve
反像/反像 wrong-reading, mirror reverse
反硝化[作用]/脱硝[作用] denitrification
反信风/反信風 antitrade
反S形构造/反S形構造 reversed S-shaped structure
反序法/反序法 antithetic indicated
反絮凝[作用]/反絮凝作用,去絮凝作用 deflocculation
反演/反演 inversion
$\tau(p)$反演/$\tau(p)$反演 $\tau(p)$ inversion
反演法/反演法 inverse method
反演算法/反演算法 inverse algorithm
反[演]问题/反演問題 inverse problem
反演轴/倒轉軸 inversion axis, reversed axis
反应边/反應緣 reaction rim
反应边结构/反應邊結構,冠狀組織 reaction rim texture, corona texture
反应矿物/反應礦物 reaction mineral
反应扩散模型/反應擴散模式 reaction-diffusion model
反应力矿物/反應力礦物 antistress mineral
反应速率/反應速率 reaction rate
反应速率常数/速率常數 rate constant
反应物/反應物 reactant
反应系列/反應系列 reaction series
反照电子/反照電子 albedo electron
反照率/反照率,反射率 albedo
反照率表/反照率表 albedometer
反照率计/反照率計 albedometer, albedograph
反照中子/反照中子 albedo neutron

反褶积/反褶積 deconvolution
反转/返回 rollback
反转负片/翻轉負片 inverted negative
反转构造/反轉構造 inversion structure
反转片/反轉片 reversal film
反自然/反自然 antinature
反作用力/反作用力,反應力 reacting force
返祖/返祖 atavism
犯罪地理学/犯罪地理學 geography of crime
泛北极植物区/泛北極植物區 Holarctic kingdom
泛大陆/[古]泛大陸,盤古大陸,原始大陸 Pangaea, Pangea
泛大陆解体大阶段/泛大陸解體大階段 megastage of Pangea disintegration
泛大陆形成大阶段/泛大陸形成大階段 megastage of Pangea formation
泛大洋/泛古洋,古太平洋 Panthalassa
泛蛋白/泛蛋白 ubiquitin
泛地槽/盤狀地槽 pan-geosyncline
泛地台/泛地臺 pan-platform
泛滥平原/泛濫平原 flood plain
泛南极植物区/泛南極植物區 Holantarctic kingdom
泛女神介/泛女神介 Pontocythere
泛热带/泛熱帶 Pantropical
泛素/泛蛋白 ubiquitin
泛域土/泛域土 azonal soil
范艾伦带/範艾侖帶 Van Allen belt
范艾伦辐射带/範艾倫輻射帶 Van Allen radiation belt
范本文件/範本文件 pattern file
范畴经济/範疇經濟 economy of scope
范畴数据分析/類别資料分析 categorical data analysis
范德波尔方程/範德波爾方程 Van der Pol's equation
范德瓦耳斯方程/凡得瓦方程 Van der Waals equation
范拉诺旱期/凡拉諾乾期 verano
范式/範式,正規形式 normal form, NF
范数/範數 norm
L1 范数反褶积/L1 範數反褶積 L1-norm deconvolution
L1 范数剩余静校正/L1 範數剩餘静校正 L1-norm residual statics
L1 范数折射静校正/L1 範數折射静校正 L1-norm refraction statics
范托夫定律/凡何夫定律 van't Hoff's law
范围/[地圖]範圍 coverage, extension, range
范围法/範圍法,面積法 area method
范围分辨率/距離解析度 range resolution
范围图/區域地圖 areal map
梵净山群/梵淨山群 Fanjingshan Group
方案/方案,[方]法 scheme, solution
方差/方差,變方 variance
方差比/方差比 variance ratio
方差分析/方差分析 variance analysis
方差谱/方差譜 variance spectrum
方差缩减/方差低減 variance reduction
方差-协方差传播律/方差-協方差傳播律 variance-covariance propagation law
方差-协方差矩阵/方差-協方差矩陣 variance-covariance matrix
ω 方程/ω 方程 ω-equation
方程项/方程式項次 equation item
方轭骨/方軛骨 quadratojugal bone
方法论/方法論 methodology
方法论的个体论/方法論的個體論 methodological individualism
方沸橄玄岩/方沸橄玄岩 caltorite
方沸石/方沸石 analcime, analcite
方沸玄武岩/方沸玄武岩 analcite basalt
方格长身贝属/方格長身貝 *Dictyoclostus*
方格法/方格法 square method, checkerboard method
方格状水系格局/格子狀水系 trellis drainage pattern
方镉矿/方鎘石 monteponite
方骨-关节骨关节/方骨-關節骨關節 quadratearticular joint
方钴矿/方[砷]鈷礦 skutterudite
方管苔藓虫属/早阪氏蟲 *Tetrapora hayasakaia*
方花介属/正女神介 *Quadracythere*
方解石/方解石 calcite
方解石补偿深度/方解石補償深度 calcite compensation depth, CCD
方解石化/方解石化[作用] calcitization
方解石脉矿床/方解石脈礦床 calcite vein deposit
方晶石墨/方晶石墨 cliftonite
方块地形图/方塊地形圖 topographic quadrangle
方框罗针/方框羅針 trough compass, box compass
方里网/方里網 kilometer grid
方硫镍矿/[方]硫鎳礦 vaesite
方硫铁镍矿/硫鐵鎳礦 bravoite
方镁石/方鎂石 periclase, periclasite
方锰矿/方錳礦 manganosite
方面导向/剖面導向 aspect-oriented

方钠石/方鈉石　sodalite
方钠霞玄岩/方鈉霞玄岩　pollenite
方镍矿/鎳砷鈷礦　nickel-skutterudite
方硼石/方硼石　boracite
方铅矿/方鉛礦　galena, salenite
方山/方山,平頂山　mesa
方石英/方石英,變方矽石　cristobalite
方锑金矿/方金銻礦　aurostibite
方锑矿/方銻礦　senarmontite
方铁矿/方鐵礦　wuestite
方铁锰矿/方鐵錳礦　bixbyite
方头虫属/方鞍蟲　*Quadraticephalus*
方钍石/方釷石　thorianite
方位/方位　bearing
方位等积投影/方位等積投影　azimuthal equal-area projection
方位等距投影/方位等距離投影　azimuthal equidistant projection
方位电阻率测井仪/方位電阻率測井儀　azimuth resistivity logging tool
方位方向/方位方向　azimuth direction
方位改正/方位改正,方位修正　orientation correction, azimuth correction
方位角/方位[角],天體方位角　azimuth, azimuth angle
方位角闭合差/方位角閉合差　error of closure in azimuth
方位角表/方位角表　azimuth table
方位角导线/方位角導線　azimuth traverse
方位角法/方位角法　azimuth method
方位角法导线测量/方位角法導線測量　running traverse by azimuth
方位角方程式/方位角方程式　azimuth equation
方位角分辨率/方位分辨率,方位解析度　azimuth resolution
方位角时差/方位角時差　azimuth moveout, AMO
方位角误差/方位角誤差　azimuth error
方位角中误差/方位角中誤差　mean square error of azimuth
方位模糊/方位模糊　azimuth ambiguity
方位平均/方位平均　azimuth averaging
方位圈/羅盤分劃圖　compass rose
方位投影/[正]方位投影　azimuthal projection
方位图/方位圖　orientation diagram
方位元素/方位元素　orientation data
方位坐标/方位坐標　azimuth coordinate
方向/方向　orientation
方向闭合/方向閉合　closing direction
方向分辨率/方向解析率　resolution in bearing
方向附合导线/方向附合導線　direction-annexed traverse
方向改正器/方向改正器　rectoblique plotter
方向观测法/方向法　method of direction observation, method by series
方向观测组/方向觀測組　sets of direction observation
方向角/方向角　bearing
方向角法导线测量/方向角法導線測量　running traverse by bearing
方向经纬仪/方向經緯儀　direction theodolite instrument
方向滤波器/單向濾鏡　directional filter
方向星/方向星　azimuth star
方向性/方向性　directivity
方向性函数/方向性函數　directivity function
方向桩/方向樁　bearing picket
方向字段/方向字段　direction field
方形叶状/方形葉狀　quadra-lobate
方言/方言　dialect
方陨铁/六面體式隕鐵　hexahedrite
方照高潮/矩像高潮　quadrature high water
方志/方志　gazetteer, record of local geography
方柱石/方柱石　scapolite
方锥珊瑚/方錐珊瑚　Goniophyllum
芳[香]烃/芳香族煙,芳[族]煙　aromatic hydrocarbon
防雹/抑雹　hail suppression
防雹火箭/防雹火箭　antihail rocket
防波堤/防波堤,海堤,突堤　breakwater, sea wall, groin
防沉板/防沈墊板　mud mat
防反印喷雾器/防反印噴霧器　anti-offset spray
防风带/防風帶　shelter belt
防风栅栏/風屏　wind shield
防光晕层/防光暈層　anti-halation layer
防洪/防洪　flood control
防洪水库/防洪水庫　flood control reservoir
防护漆/防護漆,防護塗層　protective coating
防护区/海上設施保護區　safety zone
防护涂层/防護塗層,防護漆　protective coating
防静电喷雾器/防靜電噴霧器　anti-static spray
防沙堤/攔砂堤,攔砂壩　sediment barrier
防沙林/防風林　windbreak forest
防蚀/防蝕,腐蝕控制　corrosion control, corrosion prevention
防蚀处理/抗氧處理　cronak treatment

防霜/防霜　frost prevention
防水/防水　waterproof
防水地图/防水地圖　waterproof map
防水纸/防水紙　water repellent paper
防污/抗附著,抗汙損　anti-fouling
防污染区/防汙染區　anti-pollution zone
防灾/防災　disaster prevention
防灾对策/防災對策　anti-disaster measure
防灾减灾/防災減災　prevention and mitigation of disaster
防震缝/防震縫　aseismic joint
防震减灾/防震減災　prevention and mitigation of earthquake disaster
防震性能/防震性能　antiknock quality, earthquake-resisting capacity, seismic capacity
房地产地籍/房地產地籍　real estate cadaster
房角石属/房角石,壁角石　*Cameroceras*
房室/房室,殼房,小室　chamber, loculus
房屋震害预测/房屋震害預測　earthquake disaster prediction of building
房柱式构造/房柱構造　room pillar structure
仿古旅游/仿古旅遊　antique tourism
仿射变换/仿射轉換　affine transformation
仿射变形/仿射變形　affine deformation
仿射纠正/仿射糾正　affine rectification
仿射立体测图/仿射立體測圖儀　affine stereoplotter
仿射收缩/仿射收縮　affine shrinkage
仿射投影/仿射投影　affine projection
仿生学/仿生學　bionics
仿真/仿真,模擬　simulation, emulation
访古旅游/訪古旅遊　historical tourism
访问/進入,存取　access
访问级/存取等級　access level
纺锤结构/紡錘結構　fusellar fabric
纺锤螺/紡錘螺　Fusus, Fusinus
纺锤螺属/紡錘螺　*Fusus, Fusinus*
纺锤条/紡錘條　fuselli
纺锤蜓属/蜓[屬],紡錘蟲[屬]　*Fusulina*
纺锤组织/紡錘組織　fusellar tissue
纺足目/紡足目　Embaiidina, Embioptera
放大/放大　blow up, zoom in
放大倍率/放大倍率　magnifying power
放大倍数/放大因數　amplification, amplification factor
放大反光立体镜/放大反光立體鏡　magnifying mirror stereoscope
放大机/放大機　enlarger
放大镜窗口/放大鏡視窗　magnifier window
放大透镜/放大透鏡　amplifying lens
放电/放電　discharge
放流量系数/放流量係數　coefficient of discharge
放热地面/放熱地面　hot ground surface
放射层孔虫属/星狀層孔蟲　*Actinostroma*
放射虫/放射蟲　radiolaria
放射虫硅质岩/放射蟲矽質岩　radiolarian bedded chert
放射虫气候指数/放射蟲氣候指數　radiolarian climatic index
放射虫软泥/放射蟲軟泥　radiolarian ooze
放射虫燧石/放射蟲燧石　radiolarian chert
放射虫土/放射蟲土　radiolarian earth
放射虫岩/放射蟲岩　radiolarite
放射刺/放射刺,放射針　radial spine
放射地质学/放射地質學　radiogeology
放射杆/放射桿　radial trabecula
放射化学/放射化學,輻射化學　radiation chemistry
放射化学分析/放射化學分析　radiochemical analysis
放射化学污染/放射化學沾汙　radiochemical contamination
放射活化分析/放射活化分析　radioactivation analysis
放射脊/放射脊　radial ridge
放射壳饰/放射刻蝕　radial sculpture
放射梁/放射梁　radial beam
放射毛细管/放射毛細管　radial pore canal
放射强度/放射性強度　radioactive intensity
放射生态学/放射生態學　radioecology
放射系/放射系列　radioactive series
放射线脊装饰/放射線脊裝飾　radial lirae sculpture
放射线藻属/放射線藻　*Actinophycus*
放射性/放射性,放射作用　radioactivity
α放射性/α放射性　α-radioactive
放射性标准/放射性標準　radioactive standard
放射性测井/放射性測井　radioactivity logging
放射性测量/放射性量測,輻射測量術　radioactive measurement, radiometry
放射性尘埃/放射性塵埃　radioactive dust
放射性沉降/放射[性]落塵　radioactive fallout
放射性调查/放射性測勘　radioactivity survey
放射性定年/放射性定年　radioactive dating
放射性定年法/放射性定年法　radiometric dating
放射性发射/放射性射氣,活性射氣　active emanation, radioactive emanation
放射性方法/放射法　radioactive method
放射性方法测量参数/放射性方法測量參數　survey

parameter of radioactive method
放射性废弃物固化/放射性廢棄物固化 solidification of radioactive waste
放射性废水/放射性廢水 radioactive wastewater
放射性废物/放射性廢[棄]物 radioactive waste
放射性废物的海洋处置/放射性廢物的海洋處置 marine disposal of radioactive waste
放射性废液/放射性廢液 radioactive waste liquid
放射性辐射/放射性輻射 radioactive radiation
放射性核素/放射性核種 radioactive nuclide
[放射性]活度/放射活性 radioactivity
放射性检测/放射性探測儀器 radiac
放射性勘探/放射性勘探 radioactivity prospecting
放射性矿物/放射性礦物 radioactive mineral
放射性漏泄/放射性[物質的]滲漏 radioactive leak
放射性平衡/放射性平衡 radioactive equilibrium
放射性气体异常/放射性氣體異常 radioactive gas anomaly
放射性热能/放射性熱能 radiogenic heat
放射性热融化假说/放射性熱融化假說 asthenolith hypothesis
放射性射气/放射性射氣,活性射氣 active emanation, radioactive emanation
放射性生热率/放射性生熱率 radioactive heat production rate
放射性示踪测井/放射性示蹤劑測井 radioactive tracer logging
放射性示踪法/放射性示蹤法 radioactive tracer method
放射性示踪分析/放射性示蹤劑分析法 radiotracer analysis
放射性示踪物/放射性示蹤物 radioactive tracer
放射性衰变/放射性衰變 radioactive decay
放射性衰变率/放射性衰變率 radioactive decay rate
放射性水/放射性水 radioactive water
放射性碳测年/放射性碳定年 radiocarbon dating
放射性碳地层学/放射性碳地層學 radiocarbon stratigraphy
放射性碳定年/放射性碳定年[法] radiocarbon dating, radioactive dating
放射性碳计时/放射性碳定年 radiocarbon dating
放射性碳示踪剂/放射性碳示蹤劑 radiocarbon tracer
放射性同位素/放射性同位素 radioactive isotope, radioisotope
放射性同位素年代学/放射性同位素年代學 radioactive isotope chronology
放射性同位素 X 射线荧光法/放射性同位素 X 射線螢光法 radioisotope X-ray fluorescence
放射性同位素示踪剂/放射性同位素示蹤劑 radioisotope tracer
放射性蜕变/放射性蛻變 radioactive decay, radioactive disintegration
放射性污染/放射性汙染,活性汙染 active pollution, radioactive contamination, radioactive pollution
放射性物理模型实验/放射性物理模型實驗 radioactivity physical model experiment
放射性物质/放射性物質 radiating matter, radioactive matter, radioactive substance
放射性旋回说/放射性旋回說 hypothesis of radioactive cycle
放射性仪器/放射性儀器 radioactive apparatus
放射性异常解释/放射性異常解釋 interpretation of radioactive anomaly
放射性元素/放射性元素 radioactive element, radioelement
放射性晕/放射性暈 radioactive halo
放射源/放射源 radioactive source
放射钟/放射性鐘 radioactive clock
放射状出水管道区/放射後院出水區 radial apochete
放射状断层/放射狀斷層 radial fault
放射状集合体/放射狀集合體 radiated aggregate
放射状节理/放射狀節理 radiate joint
放射状矿脉/放射狀礦脈 radiated vein
放射状水系/放射狀水系 radial drainage
放射自显影/放射顯跡圖 autoradiography
放射走廊型城市形态/放射走廊型都市形態 urban pattern of radiating corridor
放样/放樣,測設,釘樁 layout, setting out, laying off
放样测量/放樣測量 layout survey, setting-out survey
飞尘/飛塵 fly ash
飞点扫描像机/光點掃描攝影機 scanning-spot camera
飞点扫描仪/飛點掃描器 flying spot scanner
飞灰/飛灰 fly ash
飞机测温/飛機測溫術 aircraft thermometry
飞机颠簸/飛機顛簸 aircraft bumpiness
飞机积冰/飛機積冰 aircraft icing
飞机气象探测/飛機氣象探測 airplane meteorological sounding
飞机探测/飛機探空 aircraft sounding
飞机天气侦察/飛機氣象偵察 aircraft weather

reconnaissance
飞机尾迹/飛機尾跡 aircraft trail
飞机尾流/飛機尾流 aircraft wake
飞来峰/飛來峰,孤立斷塊 klippe
飞行天气实况/實際飛行天氣 actual flying weather
飞行员气象报告/飛行員氣象報告 pilot meteorological report
飞行侦察/飛行偵察 reconnaissance
非饱和带/未飽和帶,滲流帶,包氣帶 unsaturated zone, vadose zone
非保守量/非保守量 non-conservative quantity
非保守浓度/非保守濃度 non-conservative concentration
非保守元素/非守恆元素 non-conservative element
非宾干姆流体/非賓干姆流體 non-Binghman fluid
非哺乳动物的哺乳动物形动物/非哺乳動物的哺乳動物形動物 non-mammalian mammaliaforms
非不变性/非不變性,非恆定性 non-stationarity
非测量特征/非量測特徵 non-metric feature
非常规观测/非傳統觀測 non-conventional observation
非常规油气/非常規油氣 unconventional oil-gas
非潮流/非潮流 non-tidal current
非潮汐变化/非潮汐變化 non-tidal variation
非潮汐海洋载荷/非潮汐海洋載荷 non-tide ocean loading
非潮汐加速/非潮汐加速 non-tidal acceleration
非潮汐重力变化/非潮汐重力變化 non-tidal gravity changes
非成像传感器/非成像感測器 non-imaging sensor
非锤测航行区/非錘測航行區 off soundings
非达西渗流/非達西滲流 non-Darcy flow
非地带性/非地帶性 azonality
非地理信息/非地理資訊 non-geographic information
非地形摄影测量/非地形攝影測量 non-topographic photogrammetry
非地转风/非地轉風 ageostrophic wind
非地转运动/非地轉運動 ageostrophic motion
非点源/非點源 non-point source
非点源污染/非點源汙染 non-point source pollution
非电解质/非電解質 non-electrolyte
非对流性降水/非對流降水 non-convective precipitation
非法聚落/非法聚落,棚户區,違章建築區 squatter settlement, shantytown
非法占用/非法占用 squatting
非共轴/非共軸 non-co-axial
非共轴递进变形/非共軸遞進變形 non-co-axial progressive deformation
非构造节理/非構造節理 non-tectonic joint
非构造裂隙/非構造裂隙 non-tectonic fissure
非贯通融区/非貫通融區 closed talik
非[规]定时/非定時 offtime
非规范化/反正規化 denormalization
非活动断层/非活動斷層 inactive fault
非火山地热区/非火山型地熱區 non-volcanic geothermal region
非火山型被动大陆边缘/非火山型被動大陸邊緣 non-volcanic type passive continental margin
非火山震颤/非火山震顫 non-volcanic tremor
非基本活动/非基礎生産活動 non-basic activity
非甲烷烃/非甲烷煙 non-methane hydrocarbon
非监督分类/非監督[式]分類 unsupervised classification
非监督式分类/非監督式分類 unsupervised classification
非结构化数据/無位相關係資料 spaghetti data
非结构化数据模型/無位相資料模式 spaghetti data model
非金属矿/非金屬礦 non-metallic ore
非金属矿产/非金屬礦産 non-metallic minerals
非金属矿床/非金屬礦床 non-metallic mineral deposit
非金属矿物/非金屬礦物 non-metallic mineral
非晶形霜/無定形霜 amorphous frost
非晶质/非晶質[體] amorphous body, amorphous noncrystalline
非静水压状态/非静水壓狀態 non-hydrostatic state
非聚焦合成天线/非聚焦合成天線 unfocused synthetic antenna
非绝热过程/非絶熱過程 diabatic process
非绝热加热/非絶熱加熱 diabatic heating
非均衡发展/失衡發展 uneven development
非均匀变形/非均匀變形 non-uniform deformation
非均匀的/不均匀的 heterogeneous
非均匀介质/不均匀介質 inhomogeneous medium
非均匀流/非均匀流 non-uniform flow
非均匀强度/非均匀強度 inhomogeneous strength
非均匀性/不[均]匀性,不均性 inhomogeneity, heterogeneity
非均匀应变/不均應變 heterogeneous strain, inhomogeneous strain
非均质/非均質體的,異向性的 anisotropic
非均质层/不[均]匀層 heterosphere
非可递系统/非傳遞系統 intransitive system

非空间数据/非空間資料　non-spatial data, aspatial data
非矿异常/非礦異常　non-ore anomaly
非离子型表面活性剂/非離子型表面活化劑　non-ionic surfactant
非量测摄影机/非測量攝影機　non-metric camera
非零偏移距波场模拟/非零偏移距波場模擬　non-zero-offset wavefield modeling
非零偏移距旅行时方程/非零偏移距旅行時方程　non-zero-offset traveltime equation
非密度制约/密度無關　density independent
非黏性流体/非黏滯流體　inviscid fluid
非偶极磁场/非偶極磁場　non-dipole magnetic field
非偏移吸收/非偏向吸收　non-deviative absorption
非齐次波动方程/非齊次波動方程　inhomogeneous wave equation
非齐次性/非齊　inhomogeneity
非腔式/非腔式　acavate
非强干/軟弱的　incompetent
非倾斜负片架纠正仪/非傾斜底片架糾正儀　non-tilting-negative-plane rectifier
非倾斜透镜纠正仪/非傾斜透鏡糾正儀　non-tilting-lens rectifier
非球面透镜/非球面透鏡　aspheric lens
非球形对称性/非球形對稱性　non-spherical symmetry
非扰动太阳/無擾動太陽　undisturbed sun
非生物限制元素/非生物限制元素　biounlimited element
非生物资源/非生物資源　non-living resource
非生源景观/非生物景觀　abiogenic landscape
非生殖洄游/兩向洄游　amphidromous migration
非石灰海绵类/非石灰海綿類　Non-calcarea
非时间性数据/非時間性資料　atemporal data
非时间性数据库/非時間性資料庫　atemporal database
非实时数据/非即時資料　non-real-time data
非数值方法/非數值逼近法　non-numerical approximation
非双力偶源/非雙力偶源　non-double-couple source
非双曲时差/非雙曲時差　non-hyperbolic moveout
非顺序索引文件/非循序索引檔　indexed non-sequential file
非碎屑岩/非碎屑岩　non-clastic rock
非碳酸盐硬度/非碳酸鹽硬度,永久硬度　non-carbonate hardness, permanent hardness
非天气资料/非天氣資料　non-synoptic data
非同步遥相关/非同步遥相關　asynchronous teleconnection
非筒状褶皱/非圓柱狀褶曲　non-cylindrical fold
非透入性的/非透入性　non-penetrative
非透入性构造/非透入性構造　non-penetrative structure
非图形属性数据/非圖形屬性資料　non-graphic attribute data
非图形数据/非圖形資料　non-graphic data
非完整井/非完整井　partially penetrating well
非威尔逊旋回/非威爾遜旋回　non-Wilson cycle
非维管束植物/非維管束植物　non-vascular plant
非稳定流/未穩定流　unsteady flow, non-steady flow
非稳态流动/未穩流　unsteady-state flow
非系统性节理/非系統性節理　non-systematic joint
非纤维素系列膜/非纖維素系列膜　non-cellulosic series membrane
非线性/非線性　nonlinear, nonlinearity
非线性波/非線性波　nonlinear wave
非线性不稳定/非線性不穩定　nonlinear instability
非线性层析成像/非線性層析成像　nonlinear tomography
非线性地震学/非線性地震學　nonlinear seismology
非线性反演/非線性反演　nonlinear inversion
非线性极化/非線性極化　nonlinear polarization
非线性扫描/非線性掃描　nonlinear sweep
非线性物质/非線性材料　nonlinear material
非线性最优化/非線性最佳化　nonlinear optimization
非线性最优化技术/非線性最適化技巧　nonlinear optimization technique
非相干回波/不協調回波　incoherent echo
非相干雷达/非相干雷達　incoherent radar
非相干散射雷达/非相干散射雷達　incoherent scattering radar
非相关噪声/不相關雜訊　uncorrelated noise
非相关噪声衰减/非相關雜訊衰減　uncorrelated noise attenuation
非絮凝结构/非絮凝結構　deflocculated structure
非旋转变形/非旋轉變形　non-rotational deformation
非旋转应变/無旋[轉]應變　irrotational strain
非选择性散射/非選擇性散射　non-selective scattering
非寻常波/非常波,異常波　extraordinary wave
非岩浆侵位/非岩漿侵位　non-magmatic emplacement
非因果性/非因果性　non-causality
非优化行为/非最適行爲　non-optimal behavior
非语义信息/非語義資訊　non-semantic information

非圆柱状褶皱/非圓柱狀褶皺　non-cylindrical fold
非造礁珊瑚/非造礁珊瑚　ahermatypic coral
非炸药震源/非炸藥震源　non-explosive source
非政府组织/非政府組織　non-governmental organization, Non-Governmental Organisation
非周期变化/非週期變化　non-periodic variation
非周期流/非週期流　aperiodic flow
非周期信号/非週期信號　aperiodic signal
非周期振荡/非週期振盪　aperiodic oscillation
非洲-阿拉伯-欧亚板块碰撞带/非洲-阿拉伯-歐亞板塊碰撞帶　Africa-Arabic-Eurasia plate collision zone
非洲板块/非洲板塊　Africa plate, African plate, AF
非洲犀/非洲犀　Diceros bicomis
非洲象/非洲象　Loxodonta africana
非自记水位计/普通水位計　non-recording gauge
菲利普虫属/費氏蟲　*Phillipsia*
菲利普星珊瑚属/費氏星珊瑚　*Phillipsastrea*
菲列罗公式/菲列羅公式　Ferrero formula
菲律宾板块/菲律賓海洋板塊　Philippines plate
菲律宾岛弧/菲律賓島弧　Philippine Island Arc
菲律宾海沟/菲律賓海溝　Philippine Trench
菲尼克斯板块/菲尼克斯板塊　Phoenix Plate
菲涅耳公式/夫累涅爾公式　Fresnel formula
霏细斑岩/霏細斑岩　felsite-porphyry
霏细结构/霏細狀結構　felsitic texture
霏细岩/霏細岩，致密長石岩　felsite
鲱形目/鯡形目　Clupeiformes
肥煤/肥煤　fat coal
腓侧跗骨/腓側跗骨　fibulare
腓骨/腓骨　fibula
斐翁戎螺/斐翁戎螺　Perotrochus
榧螺属/榧螺屬　*Oliva*
蜚蠊/蜚蠊目　Blattaria, Blattodea
翡翠/翡翠　jadeite
肺螺亚纲/有肺目　Pulmonata
肺鱼类/肺魚類　dipnoans
肺鱼目/肺魚亞綱　Dipnoi
肺鱼形类/肺魚形類　dipnomorphs
肺鱼亚纲/肺魚亞綱　Dipnoi
[废气]凝结尾迹/凝結尾跡　exhaust contrail
[废气]排放/[廢氣]排放　emission
废气尾迹/凝結尾　contrail
[废气]蒸发尾迹/蒸發尾跡　exhaust evaporation trail
废弃物分类/廢棄物分類　classification of waste
废弃物预处理/廢棄物預處理，廢棄物前處理　pretreatment of waste
废石堆/廢石堆　spoil
废水/廢水，汙水　wastewater
废水处理/汙水處理　wastewater treatment, wastewater disposal
[废水]排放/[廢水]排放　discharge
废水特性/汙水特徵　wastewater characterization
沸点/沸點　boiling point
沸点气压测高/沸點氣壓測高法　barometric hypsometry
沸点气压计/沸點氣壓計，測高計　hypsometer
沸煌岩/方沸鹼煌岩　monchiquite
沸绿岩/沸綠岩　teschenite
沸泥塘/沸泥塘　boiling mud pool
沸泉/沸泉　boiling spring
沸石/沸石　zeolite
沸石矿床/沸石礦床　zeolite deposit
沸石水/沸石水　zeolitic water
沸水硅磷钙石/磷方沸石　viseite
沸腾包裹体/沸騰包裹體　boiling inclusion
费伯克蜓属/韋氏蜓　*Verbeekina*
费雷尔环流/佛雷爾環流胞　Ferrel cell
费罗子午线/斐洛子午線　Ferro meridian
费马原理/費馬原理　Fermat's principle
费宁-梅内斯公式/維寧-莫尼茲公式　Vening-Meinesz formula
费宁-梅内斯均衡重力归算/維寧-莫尼茲重力歸算　Vening-Meinesz gravity reduction
费用函数/成本函數　cost function
分版原图/分版原圖，分色原稿　flaps, separate manuscript
分瓣投影/分瓣投影　interrupted projection
分贝/分貝　decibel, dB
分贝反射率因子/分貝反射率因子　decibel reflectivity factor, dBz
分辨单元/解像單元　resolution cell
分辨率/解像力，解析[度]　resolution
分辨率检验砧板/解像力檢驗標　resolution power target
分辨率融合/分辨率融合　resolution merging
分辨能力/解像力，解析能力　resolving power, resolution power
分辨像元/解像像元　resolution pixel
分布/分布　distribution
分布函数/分布函數　distribution function
分布目标/分布目標　distributed target
分布区/分布區　areal
分布区间断/地區分離，地區分裂　areal disjunction

分布区型/區欄位型別 areal type
分布区中心/地區中心 areal center
分布式处理/分散式處理 distributed processing
分布式处理网络/分散式處理網路 distributed processing network
分布式关系数据库结构/分散式資料庫結構 distributed relational database architecture, DRDA
分布式计算/分散式計算 distributed computing
分布式计算环境/分散式計算環境 distributed computing environment
分布式计算模型/分散式計算模型 distributed computing model
分布式计算系统/分散式計算系統 distributed computing system
分布式结构/分散式結構 distributed architecture
分布式内存/分散式記憶體 distributed memory
分布式数据处理/分散式資料處理 distributed data processing
分布式数据管理/分散式資料管理 distributed data management, DDM
分布式数据库/分散式資料庫 distributed database, DDB
分布式数据库管理系统/分散式資料庫管理系統 distributed database management system, DDBMS
分布式网络系统/分散式網路系統 distributed network system, DNS
分布式系统/分散式系統 distributed system
分布式组件对象模型/分布式組件對象模型 distributed component object model, DCOM
分布型/分布類型 distribution pattern
分布学/分布學 chorology
分步沉淀/分步沈澱,分級沈澱 fractional precipitation
分层/分層[現象] layer, stratification
分层潮/分層潮 stratified current
分层地球模型/層狀地球模型 layered earth model
分层地图可视化/圖層視覺化 layered map visualization
分层介质/成層介質 layered medium
分层设色/分層設色 elevation tint, hypsometric tinting, altitude tinting
分层设色表/分層設色表 graduation of tint
分层设色法/分層設色法 hypsometric layer, hypsography, hypsometric method
分层设色高度表/分層設色高度表 altitude-tint legend
分层设色图/分層設色圖 chorochromatic map, hypsometric map
分层显示/等高線顯示 contouring display
分层作用/分層 delamination
分叉/分叉,分歧[點] bifurcation
分叉线/支線 branch line
分汊型河道/分汊型河道 branching river channel
分岔/分歧 bifurcation
分岔系数/分岔係數,分叉係數 fork factor
分潮/分潮,因數潮,潮因數 constituent, tidal constituent, tidal component
K1 分潮/K1 分潮 K1-component, K1-constituent
K2 分潮/K2 分潮 K2-component, K2-constituent
M2 分潮/M2 分潮 M2-component, M2-constituent
M6 分潮/M6 分潮 M6-component, M6-constituent
MS4 分潮/MS4 分潮 MS4-component, MS4-constituent
N2 分潮/N2 分潮 N2-component, N2-constituent
O1 分潮/O1 分潮 O1-component
O4 分潮/O4 分潮 O4-component
P1 分潮/P1 分潮 P1-component, P1-constituent
分潮迟角/分潮遲角 epoch of partial tide
分潮日/分潮日 constituent day
分潮时/分潮時 constituent hour
分潮振幅/潮差幅 amplitude of partial tide
分带纠正/分帶糾正 zonal rectification
分带统计/分帶統計 zonal statistics
分带序列/分帶序列 zoning sequence
分带子午线/分帶子午線 zone dividing meridian
分道通航制/分道航行設計 traffic separation scheme, TSS
分点潮/二分點潮 equinoctial tide
分点大潮/二分點大潮 equinoctial spring
分点岁差/分點歲差 precession of the equinoxes
分段/分段 level slicing
分段式水尺/分段式水尺 sectional staff gauge
分段丈量/分段丈量 freaking tape
分封制/分封制 system of enfeoffment
分割/分割 partition
分割策略/分割策略 split policy
分割法/分割法 split method
分割符/分割符 split character
分隔/分隔 delimitation
分隔符/分隔符號 delimiter
分隔褶劈/分隔褶劈理 discrete crenulation cleavage
分工法测图/分工法測圖,微分法測圖 differential method of photogrammetric mapping
分光光度[测定]法/分光光度測定法 spectrophotometry
分光光度滴定/分光光度滴定 spectrophotometric

titration
分光光度计/分光光度計,光譜光度計 spectrophotometer
分光计/分光計 spectrometer
分光镜/分光鏡 beam splitter
分光仪/分光計 spectrometer
分化程度/分化程度 differentiated degree
分喙石燕/分喙石燕 Choristites
分级/分級 hierarchy
分级沉淀/分級沈澱,分步沈澱 fractional precipitation
分级符号地图/分級符號地圖 graduated symbol map
分级间距/分級間距 class interval
分级设色地图/分級設色地圖 graduated color map
分级统计图法/分級統計圖法 choropleth technique
分级预报/分級預報,分類預報 categorical forecast
分解/分解 resolution, decompose
分解参数/分解參數 parsing parameter
分解者/分解者 decomposer
分界/分界,定界 demarcation
分块/分片 tiling
分块改正/區塊改正 block correction
分块记录/區塊記録 blocked record
分类/分類 classification
分类表/分類表 classification table
分类单位延限带/分類單位延伸帶 taxon-range zone
分类单元/分類單元 taxon
分类法/分類學 taxonomy
分类分析/類别分析 classification analysis
分类规则/分類規則 classification rule
分类间距/分類間距 class interval
分类阶元/分類層級,類别 category
分类码/分類碼 classification code
分类模式/分類模式 classification schema
分类器/分類器 classifier
分类清单/分類清單 class list
分类生物地理/分類生物地理學 taxonomic biogeography
分类图/分類圖 classification map
分类误差/分類誤差 error of commission
分类学/分類學 taxonomy
α分类学/α分類學 alpha taxonomy
β分类学/β分類學 beta taxonomy
γ分类学/γ分類學 gamma taxonomy
分类影像/分類影像 classified image
分类与区划/分類與分區 classification and regionalization
分类预报/分類預報,分級預報 categorical forecast
分类正确率/分類正確率 percentage correctly classified
分类准确度/分類準確性 classification accuracy
分离结晶作用/分離結晶作用,分化結晶作用 fractional crystallization
分离匙形台/分離匙板 spondylium discretum
分离说/分離説 fragmentation hypothesis
分离显式格式/分離顯式格式 split-explicit scheme
分立极光/分立極光 discrete aurora
分裂参数/分裂參數 splitting parameter
分裂法/分離法 splitting method
分流/分流 diffluence
分流河段/分流,減河,支流 distributary
分馏/分餾 fractionation
分凝冰/分凝冰 segregated ice
分凝成冰/分凝成冰 ice segregation
分凝势/分凝勢 segregation potential
分凝作用/分凝作用 segregation
分配/分配 partition
分配系数/分配係數 partition coefficient
分配性资源/分配性資源,配置性資源 allocative resources
分片/分刮 slicing
分频剩余静校正/分頻剩餘静校正 residual static correction with different frequency band
分歧理论/分歧理論 bifurcation theory
分区/分區 districting
分区分级统计图法/分區分級統計圖法 regional classified statistic graph method
分区和平差/區域聯組及平差 block formation and adjustment
分区密度地图/分區密度地圖,區域密度圖 dasymetric map
分区统计图/分區統計圖 chorogram
分区统计图表法/分區統計圖[表]法 chorisogram method, cartodiagram method, regional diagram method
分区统计图法/分區統計圖法 cartogram method, choroplethic method
分区云图/分區雲圖 sectorized cloud picture
分区制/分區制 zoning
分权/分權 devolution
分犬齿珊瑚/分犬齒珊瑚 Heterocaninia
分散/分散,分離 dispersion, disarticulation
分散孢子/分散孢子 dispersal spore
分散场/分散場 dispersion field
分散城市/分散城市 dispersed city

分散集团型城市形态/分散型都市形態 urban pattern of dispersed component
分散角/分散角,輻射角,擴散角 angle of divergence
分散流/分散流 dispersion train
分散系数/分散係數 dispersion coefficient
分散元素/分散元素 dispersed element
分散晕/分散暈 dispersion halo
分色/分色 color separation
分色参考图/分色參考圖 color separation
分色清绘/分色清繪 separate drawing
分色样张/逐色樣張 progressive proof
分色原图/分色原圖 keyed original ground
分珊瑚/分珊瑚 Disphyllum
分生孢子/分生孢子囊,無性孢子囊 conidium
分数比例尺/分數比例尺 representative fraction, RF, fractional scale
分数地图比例尺/分數地圖比例尺 fractional map scale
分数应力降/分數應力降 fractional stress drop
分水岭/分水嶺,分水線,分水界 watershed divide, watershed, water divide
分涂/分色清繪 separate drawing
分腕板/分腕板 axillary
分位数分类/分位數分類 quantile classification
分析地图/分析地圖 analytical map
分析方法/分析方法 analytical method
分析模型/解析模式 analytical model
分析设备/分析設備 analytical equipment
分析性思维/分析性思維 analytical thought
分系统/次系 subsystem
分形/分形,碎形,非整數維 fractal
分形标度性/分形標度性 fractal scaling
分形分析/碎形分析 fractal analysis
分形几何[学]/碎形幾何 fractal geometry
分选指数/分選率 sorting index
分选作用/分選作用,淘選作用 sorting
分压[力]/分壓 partial pressure
分异层理/分異層理 differential bedding
分异指数/分異指數 differentiation index, DI
分域采样/分域採樣 stratigraphical sampling
分支/分支 clade
分支泊松过程/分支卜瓦松過程 branching Poisson process
[分]支点/分支點 branching point
分支构造/分支構造 branch structure
分支函数/分支函數 branched function
分支井/分支井 multilateral well
分支系统学/支序[分類]學 cladistics
分枝混合岩/分枝混合岩 ramification migmatite
分枝型/分枝型,分枝形 dentritic
分至月/分至月 tropical month
分子地层学/分子地層學 molecular stratigraphy
分子古生物学/分子古生物學 molecular palaeontology
分子化石/分子化石 molecular fossil
分子晶格/分子晶格 molecular crystal lattice
分子扩散/分子擴散 molecular diffusion
分子埋藏学/分子埋藏學 molecular taphonomy
分子黏性/分子黏性,分子黏滯度 molecular viscosity
分子黏滞系数/分子黏性係數 molecular viscosity coefficient
分子散射/分子散射 molecular scattering
分子有机地球化学/分子有機地球化學 molecular organic geochemistry
分子钟/分子鐘 molecular clock
分组平差/分組平差 adjustment in groups
汾渭裂谷系/汾渭裂谷系 Fen-Wei rift system
焚风/焚風 foehn
焚风波/焚風波 foehn wave
焚风气候学/焚風氣候學 foehn climatology
焚风墙/焚風牆 foehn wall
焚风效应/焚風效應 foehn effect
鼢鼠属/鼢鼠 *Siphneus, Myospalax*
粉砂/粉砂 silt
粉砂屑石灰岩/粉砂屑灰岩 calcisiltite
粉砂岩/粉砂岩 siltstone
粉体流/粉體流 pulverulent flow
粉子山群/粉子山群 Fenzishan Group
粪化石/糞化石,蜕落化石 coprolite, castings
粪粒/糞粒 faecal pellet, fecal pellet
粪粒体/糞化石 coprolite
粪泥/糞泥 copropel
粪球/糞球 fecal pellet
粪生的/糞成的,排洩的 coprogenic
丰度/豐度 abundance
丰度-生物量曲线/豐度-生物量曲線,AB曲線 abundance biomass curve
丰水年/豐水年 high flow year
丰水期/濕季 wet season
风/風 wind
风暴/風暴,暴[風] storm
风暴潮/[風]暴潮,風暴激浪,暴風浪 storm tide, storm surge
风暴潮警报/風暴潮警報,暴潮預警 storm surge warning

风暴潮预报/[風]暴潮預報　storm surge forecasting
风暴潮灾害/[風]暴潮災害　storm surge disaster
风暴沉积[物]/風暴沈積,風暴堆積　storm deposit
风暴冲积扇/風暴沖積扇　washover fan
风暴高潮/風暴高潮　storm high water
风暴警报/風暴警報　storm warning
风暴脉动/風暴脈動　storm microseism
风暴台地/風暴臺地　storm terrace
风暴信号/目視風暴信號　visual storm signal
风暴岩/暴浪岩,風暴堆積　tempestite
风暴眼/風暴眼　eye of storm
风暴涌/風暴湧浪　storm swell
风暴中心/暴風中心　storm center
风杯风速计/葉輪風速計,葉片式風速計　vane anemometer
风场/風場　wind field
风场评价/風場評估　wind site assessment
风成波痕/風成波痕　air current ripple
风成沉积/風成沈積　aeolian deposit
风成的/風成的　eolian
风成地貌/風成地形　aeolian landform
风成堆积/風成堆積　aeolian accumulation
风成过程/風成作用　eolian process
风成沙/風成沙　aeolian sand
[风成]沙丘/[風成]沙丘　aeolian dune
风成碎屑岩/風成碎屑岩　anemoclastic rock
风成相/風成相　aeolian
风成雪波/風雪紋　wind ripple
风成岩/風成岩　eolianite
风承载物质/風成物質　wind-borne material
风吹程/風吹程,風區　wind fench
风的垂直切变/垂直風切　vertical wind shear
风电场/風能場　wind farm
风洞/風洞　wind tunnel
风海流/風驅流　wind driven current
风害/風害　wind damage
风寒因子/風寒因子　wind-chill factor
风寒指数/風寒指數　wind-chill index
风荷载/風荷載　wind load
风花/風花圖,風頻圖　wind rose
风化层/風化層　regolith
风化层底面/風化層底部　base of weathering
风化窗/風化窗　tafoni
风化带/風化帶　belt of weathering
风化基面/風化基面　basal surface of weathering
风化壳/風化殼　weathered crust, weathering crust
风化壳矿床/風化殼礦床　weathering-crust mineral deposit
风化矿床/風化礦床　weathering mineral deposit
风化破碎作用/風化破碎作用,成屑作用　detrition
风化指数/風化指數　weathering index, slacking index
风化[作用]/風化[作用]　weathering
风积地貌/風積地形　wind-accumulated landform
风积土/風積土　aeolian soil
风积物/風積物　aeolian deposit
风级/風級　wind scale, wind force scale
风口/風口　wind gap
风浪/風浪　wind wave
风浪等级/風浪等級　sea scale
风浪[能]谱/風浪能譜　wind wave spectrum
风[浪]区/風浪區,風域　fetch
风棱石/風稜石　wind-faceted stone, ventifact
风力/風力　wind force
风力工程/風力工程　wind engineering
风力作用/風力作用　wind force action
风玫瑰[图]/風玫瑰圖,風頻圖,風花圖　wind rose, wind rose diagram
风能/風能　wind energy
风能玫瑰[图]/風能玫瑰圖　wind energy rose
风能密度/風能密度　wind energy density
风能潜力/風能潛勢　wind energy potential
风能区划/風能分界　wind energy demarcation
风能资源/風能資源　wind energy resources
风能资源储量/風能含量　wind energy content
风漂流/風吹流　wind drift
风频率图/風頻圖,風花圖,風玫瑰圖　wind rose, wind rose diagram
风谱/風譜　wind spectrum
风切变/風切[變]　wind shear
风琴管振型/風琴管震動模式　organ-pipe mode
风三角/三角風羽　pennant
风沙地貌/風沙地形　aeolian sand landform
风沙动力学/風成動力學　eolian dynamics
风沙工程学/風沙工程學　sand-laden wind engineering
风沙环境/風沙環境　desert environment
风沙流/風沙流　wind drift sand flow, sand-laden wind
风沙土/風沙土　aeolian sandy soil
风沙土改良/風沙土改良　amelioration of aeolian sandy soil
风沙物理学/風沙物理學　blown sand physics
风生海流/風生海流　wind-generated current
风生海洋环流/風成[海洋]環流　wind-driven ocean circulation

风生海洋噪声/風生海洋噪音　wind generated noise
风生环流/風生環流,風吹環流　wind-driven circulation
风时/吹風時間,[吹風]延時　wind duration
风蚀/風蝕　wind erosion
风蚀壁龛/風蝕壁龕　wind-eroded habitacle
风蚀残丘/風蝕殘丘,風蝕雅爾當地形　wind-eroded yardang landform
风蚀城堡/風蝕城堡　wind-eroded castle
风蚀地/風蝕地　wind-eroded ground
风蚀地貌/風蝕地形　wind erosion landform
风蚀谷/風蝕谷　wind valley
风蚀湖/風蝕湖　wind erosion lake
风蚀坑/吹蝕穴　blowout pit
风蚀蘑菇/風蝕蘑菇　wind-eroded mushroom rock
风蚀洼地/風蝕窪地　deflation hollow
风蚀柱/風蝕柱　deflation column
风蚀[作用]/風蝕[作用]　eolation
风矢/風矢　wind arrow
风矢杆/風向桿　wind shaft
风矢量/風向量　wind vector
风水/風水　geomancy
风速/風速　wind speed
风速表/風速計　anemometer
风速测定法/測風術　anemometry
风速对数廓线/對數風速剖線　logarithmic velocity profile
风速计/風速儀　anemograph
风速廓线/風速剖線　wind speed profile
风速脉动/風速擾動　wind velocity fluctuation
风速羽/風羽　barb
风土/風土　fudo
风险/風險　risk
风险评价/風險評估　risk assessment
风险准备金/風險準備金　preparative bankroll for venture
风险资本/創投資本　venture capital
风向/風向　wind direction
风向标/風標　wind vane
风向袋/風袋　wind cone
风向风速表/風向風速計　anemorumbometer
风向量/風向量　wind vector
风向突变线/風變線　wind-shift line
风效应/風效應　wind effect
风斜表/風傾計　anemoclinometer
风讯信号杆/風訊信號桿　wind signal pole
风压/風壓　wind pressure
风压系数/風壓係數　coefficient of wind pressure
风应力/風應力　wind stress
风应力旋度/風應力旋度　wind stress curl
风灾/風災　wind damage
风增水/風抬昇,風湧昇　wind set up
风障/風障,防風[林]　wind break, windbreak
风振/風力振盪　wind induced oscillation
风阻影响/風阻效應　windage effect
枫香属/楓　*Liquidambar*
封闭膜/閉被細胞壁　closing membrane
封闭式旅游/封閉式旅遊　enclave tourism
封闭式循环/封閉式循環　closed cycle
封闭式循环水养殖/封閉式循環水養殖　closed culture with circulating water
封闭体系/封閉系統,閉合系統　closed system
封闭系统/封閉系統,閉合系統　closed system
封闭系统冻结/封閉系統凍結　closed system freezing
封闭型细胞状云/封閉胞雲　closed cloud cells
封存水/原生水　connate water
封建主义/封建制度　feudalism
封面/封面　first cover
封土/封土　grave mound
封印木属/封印木　Sigillaria
封印木穗属/封印木穗　*Sigillariostrobus*
封装/封裝　encapsulation
峰/峰[頂]　peak, mount
峰丛/峰叢,灰岩錐丘　Fengcong, cone karst
峰带/峰帶　peak band
峰林/峰林　Fenglin, tower karst
峰速/波峰速度　wave crest velocity
峰隙/波峰間隙　wave clearance
峰值地动加速度/尖峰地面加速度　peak ground acceleration, PGA
峰值地动速度/尖峰地面速度　peak ground velocity, PGV
峰值加速度/峰值加速度　peak acceleration
峰值速度/峰值速度　peak velocity
峰值位移/峰值位移　peak displacement
峰值形成/峰值形成　spiking
锋/鋒[面]　front
锋面/鋒面　frontal surface
锋面波动/鋒[面]波　frontal wave
锋面分析/鋒[面]分析　front analysis
锋面过境/鋒[面]過境　frontal passage
锋面降水/鋒[面]降水　frontal precipitation
锋面逆温/鋒[面]逆溫　frontal inversion
锋面坡度/鋒面坡度　frontal slope
锋面天气/鋒[面]天氣　frontal weather

锋面雾/鋒[面]霧 frontal fog
锋面雨/鋒面雨 frontal rain
锋区/鋒[面]帶 frontal zone
锋生/鋒生 frontogenesis
锋生函数/鋒生函數 function of frontogenesis
锋下云/鋒下雲 subfrontal cloud
锋线/鋒線 frontal line
锋消/鋒消 frontolysis
蜂巢层/蜂巢層 keriotheca
蜂巢状构造/蜂巢構造 honeycomb structure
蜂窝岩/蜂窩岩 honeycomb rock
蜂窝状沙丘/蜂窩狀沙丘 honeycomb dune
冯·诺伊曼条件/馮紐曼條件 Von Neumann condition
缝合带/縫合帶,縫合處 suture
缝合孔/縫合孔 sutural pore
缝合片/縫合片 sutural lamina
缝合线/縫合線 suture, suture line, stylolite
缝合线状劈理/縫合線狀劈理 stylolitic cleavage
凤凰石/鳳凰石 fenghuanglite
凤山阶/鳳山階 Fengshanian Stage, Fungshanian Stage
凤山期/鳳山期 Fengshanian Age, Fungshanian Age
凤阳群/鳳陽群 Fengyang Group
缝/縫 raphe
缝间骨/縫間骨 sutural bone
佛罗里达流/佛羅里達洋流 Florida Current
佛罗里斯人/佛羅勒斯人 Homo floresiensis
佛七鼠/佛七鼠 Florentiomys
佛氏菊石/佛氏菊石 Flemingites
夫琅和费线/夫朗和非譜線 Fraunhofer line
肤色/膚色,皮膚顏色 skin color
跗猴亚目/跗猴亞目 Tarsioidea
跗基节/蹠骨 metatarsus
跗间关节/跗内關節 intratarsal joint
跗节/跗節,跗骨 tarsus
跗跖骨/跗蹠骨 tarsometatarsus
跗跖骨远端血管孔/跗蹠骨遠端血管孔 distal vascular foramen of tarsometatarsus
孵化/孵化 hatching
孵化率/孵化率,孵化力 hatchability
孵育场/孵育場 nursery area
孵育囊/育幼袋,育兒袋 brood pouch
孵育区/孵育場 nursery area
孵育型产卵生物/孵育型産卵生物 brood spawner
敷挂褶皱/敷掛褶皺 sedentary fold
敷管船/布管船 pipe-laying vessel
弗拉斯阶/弗拉斯階 Frasnian Stage
弗拉斯期/弗拉斯期 Frasnian Age
弗来契珊瑚/弗來赤珊瑚 Fletcheria
弗劳德数/佛勞德數,夫如數 Froude number
弗洛阶/弗洛階 Floian Stage
弗洛期/弗洛期 Floian Age
弗氏粉类/弗氏粉類 Florinites group
伏击掠食者/埋伏掠食者 ambush hunter
伏脂杉目/伏脂杉目 Voltziales
扶壁/拱壁 buttress
扶尺员/標尺手 rodman
扶桑虫/扶桑蟲 Fosalina
扶突/拱壁 buttress
扶正分析/扶正分析 uprighting analysis
芙蓉世/芙蓉世 Furongian Epoch
芙蓉统/芙蓉統 Furongian Series
芙蓉铀矿/芙蓉鈾礦,硫鋁鈾礦 furongite
服务/服務 service
GIS Web 服务/GIS 網路服務 GIS Web Service
服务界面/服務介面 service interface
服务链/服務鏈 service chain
服务模式/服務模式 service model
服务器/伺服器 server
服务器产品/伺服器產品 server product
服务器端组件/服務器端組件 servlet
服务器端组件连接/服務器端組件連接 servlet connector
服务器端组件引擎/服務器端組件引擎 servlet engine
服务器对象/伺服器物件 server object
服务器对象隔离/伺服器物件隔離 server object isolation
服务器对象类型/伺服器物件類型 server object type
服务器环境/服務器環境,服務器上下文 server context
服务器目录/服務器目録 server directory
服务器上下文/服務器上下文,服務器環境 server context
服务请求/服務要求 service request
服务区/服務區 service area
服务业/服務業 services industries
服务业地理学/服務業地理學 geography of services
服务元数据/服務詮釋資料 service metadata
服务远程化/服務遠端化 tele-mediation of services
氟硅钠石/氟矽鈉石 malladrite
氟硅铌钠矿/氟矽鈮鈉礦 chalcolamprite
氟硅钇石/氟矽釔石 rowlandite
氟磷钙石/氟磷鈣石 spodiosite

氟磷灰石/氟磷灰石 fluorapatite
氟磷铝石/氟鋁磷石 fluellite
氟磷镁石/[氟]磷鎂石,氟鎂石 wagnerite
氟磷锰石/氟磷酸鐵錳礦 triplite
氟磷铁镁矿/鐵氟磷鎂石,鎂瀝青 magniotriplite
氟磷铁石/鐵磷灰石 zwieselite
氟铝钙石/水鋁氟石 prosopite
氟铝镁钠石/氟鋁鎂鈉石 weberite
氟铝钠锶石/氟鋁鈉鍶石 jarlite
氟铝石膏/鋁氟石膏 creedite
氟氯铅矿/氟鉛礦 matlockite
氟镁钠石/氟鎂鈉石 neighborite
氟镁石/氟鎂石,針鎂鉬礦 sellaite, belonesite
氟钠镁铝石/氟鈉鎂鋁石 ralstonite
氟钠钛锆石/氟鈦鋯鈉石 seidozerite
氟硼钾石/氟硼鉀石 avogadrite
氟硼镁石/氟硼鎂石 fluoborite
氟硼钠石/氟鈾鈹石 ferruccite
氟砷钙镁石/氟砷鈣鎂石 tilasite
氟铈矿/氟鈰[鑭]礦,氟矽鈰石 fluocerite
氟碳钡铈矿/氟碳鋇鈰礦 cordylite
氟碳钙铈矿/氟碳鈣鈰石 parisite
氟碳铈矿/氟[碳]鈰礦 bastnaesite
氟盐/氟[鈉]鹽 villiaumite
氟氧铋矿/氟[氧]鉍礦 zavaritskite
氟中毒/氟中毒 fluorosis
俘能波/俘能波 trapped wave
浮胞/浮胞 floating vesicle
浮标测流法/浮標測流法 float run
浮标固定式/浮標固定式 anchored buoy type
浮标控制法/浮標控制法 buoy-control method
浮标系统/浮標系統 buoyage system
浮鳔/浮鰾 swimming bladder
浮冰/浮冰 floe ice
浮冰带/冰帶 ice belt
浮尘/塵 dust
浮点/浮點 floating point
浮雕式地貌立体表示法/浮雕式地貌表示法 orthographical relief method
浮雕影像地图/浮雕影像地圖 picto-line map
浮动测标/浮動測標 floating mark
浮动基准面/浮動基準面 float datum
浮动立标/浮立標桿 buoyant beacon
浮动式人工岛/浮動式人工島 floating artificial island
浮杆/浮桿,測流漂桿 float rod, drifting pole
浮礁/浮礁 floating reef
浮浪幼体/實囊幼蟲,實囊幼生 planula larva
浮力/浮力 buoyancy force
浮力沉垫/浮力沈墊 buoyant mat
浮力频率/浮力頻率 buoyancy frequency
浮力速度/浮力速度 buoyancy velocity
浮力效应/浮力效應 effect of buoyancy, buoyancy effect
浮力振荡/浮力振盪 buoyancy oscillation
浮码头/浮筒,浮箱,躉船 pontoon
浮泥/浮泥 fluid mud
浮泡/染色體基質 calymma
浮升烟羽/浮揚煙流 buoyant plume
浮生/過[度]生長 overgrowth
浮石/浮石 pumice
浮式防波堤/浮式防波堤 floating breakwater
浮式结构/浮式構架 floating structure
浮式码头/浮式碼頭 floating-type wharf, floating pier, pon-toon wharf
浮式软管/浮式軟管 floating hose
浮式生产储油装置/浮式生産貯油船 floating oil production and storage unit, FPSO
浮式生产平台/浮式生産平臺 floating production platform
浮式天然气液化装置/浮式天然氣液化裝置 floating liquid natural gas unit, FLNG
浮式钻井平台/浮式鑽井平臺 floating drilling rig
浮筒/浮筒,浮箱,躉船 pontoon
浮箱/浮箱,浮筒,躉船 pontoon
浮性卵/浮性卵 pelagic egg
浮岩/浮石,泡沫岩 pumice
浮游的/浮游的,浮游性 planktonic
浮游动物/浮游動物,漂浮動物,動物性浮游生物 zooplankton
浮游动物食者/浮游動物食者 zooplanktivore
浮游类病毒/浮游病毒,病毒浮游生物 viroplankton
浮游生物/浮游生物,漂浮生物 plankton, floating organism
浮游生物泵/浮游生物幫浦 plankton pump
浮游生物当量/浮游生物當量 plankton equivalent
浮游生物记录器/浮游生物記録器 plankton recorder
浮游生物体/浮游生物體 planker
浮游生物网/浮游生物網 plankton net
浮游生物消长/浮游生物週期性波動 plankton pulse
浮游生物学/浮游生物學 planktology, planktonology
浮游生物指示器/浮游生物指示器 plankton indicator

浮游细菌/浮游細菌 planktobacteria
浮游性表下漂浮生物/浮游性表下漂浮生物 plankto-hyponeuston
浮游性底栖生物/浮游性底棲生物 planktobenthos
浮游有机物/水中的有機物 seston
浮游有孔虫/浮游性有孔蟲 planktonic foraminifera
浮游植物/浮游植物,植物性浮游生物 phytoplankton
浮游植物水华/浮游植物藻華 phytoplankton bloom
浮鱼礁/浮魚礁 floating fish reef
浮褶/浮褶 floating fold
浮子验潮仪/浮動驗潮計,浮筒式驗潮計 float gauge
符号/符號 symbol
符号层/符號層 symbol level
符号化/符號化 symbolization
符号景观/符號景觀,徵象地景 symbolic landscape
符号模型/符號模式 symbolic model
符号盘/符號盤 multi-symbol disc
符号识别码/符號識別碼 symbol ID code
符号学/符號學,象徵學 symbology
符号学者/符號學者 semiologist
符合气泡/符合氣泡 split bubble
符山石/符山石,維蘇威石 vesuvianite
幅频响应/幅頻響應 amplitude frequency response, AFR
辐板/輻板 septal lamella, radial plate
辐出率/輻射發射率 radiance emittance, radiant emittance
辐辏状层积云/輻狀層積雲 stratocumulus radiatus, Sc ra
辐辏状高层云/輻狀高層雲 altostratus radiatus, As ra
辐辏状高积云/輻狀高積雲 altocumulus radiatus, Ac ra
辐辏状卷云/輻狀僞卷雲 cirrus radiatus, Ci ra
辐盾/輻盾,放射盾 radial shield
辐肛板/輻肛板 radianal
辐合/輻合 convergence
辐合槽/匯合槽 convergence trough
辐合带/輻合帶 convergence zone, convergence belt
辐合线/輻合線 convergence line
辐聚式水系格局/輻聚式水系型 convergent drainage pattern
辐亮度/輻射亮度 radiance
辐鳍鱼类/輻鰭魚類,條鰭魚類 actinopterygians
辐散/輻散 divergence
辐散风/輻散風 divergent wind
辐散线/輻散線 divergent line
辐射/輻射 radiation
α 辐射/α 輻射 α radiation
辐射背景/輻射背景,輻射本底 radiation background
辐射边界条件/輻射邊界條件 radiating boundary condition
辐射测绘/輻射測繪 radial plot
辐射测量/輻射測量法 survey by radiation
辐射常数/輻射常數 radiation constant
辐射传输/輻射傳送,輻射轉移 radiation transfer
辐射传输方程/輻射傳輸方程 radiation transfer equation
辐射带/輻射帶 radiation belt
辐射[的]地震能/輻射[的]地震能 radiated seismic energy
辐射度量学/輻射測量術 radiometry
辐射对称/輻射對稱 radial symmetry
辐射-对流模式/輻射-對流模式 radiative convective model
辐射[发射]度/輻射[發射]率 radiance emittance, radiant emittance
辐射反馈/輻射反饋 radiation feedback
辐射分辨率/輻射解析度 radiometric resolution
辐射功率/輻射功率 radiant power
辐射沟/放射溝,輻管 radial canal
辐射加热/輻射加熱 radiation heating
辐射监测系统/輻射監測系統 radiation monitoring system
辐射校正/輻射校正 radiant correction, radiometric correction
辐射冷却/輻射冷却 radiation cooling
辐射灵敏度/輻射感應度 radiometric sensitivity
辐射率/輻射[發射]率 radiance, radiant emittance
辐射密度/輻射密度 radiant density
辐射面/輻射面 radiant surface
辐[射]能/輻射能 radiant energy, radiance energy, radiating energy
辐射能密度/輻射能密度 radiant energy density
辐射能通量/輻射能通量 radiant energy flux
辐射逆温/輻射逆温 radiation inversion
辐射碰撞/輻射碰撞 radiative collision
辐射平衡/輻射平衡 radiation balance
辐射平衡表/輻射平衡計 radiation balance meter
辐射平面测绘仪/輻射平面測繪儀 radial planimetric plotter
辐射气候/輻射氣候 radiation climate
辐射强度/輻射強度 radiant intensity, radiation

intensity
辐射取样/輻射取樣 radiometric sampling
辐射热传输/輻射熱傳遞 radiative heat transfer
辐射热交换/輻射熱交換 radiative heat exchange
辐射三角测量/輻射三角測量 radial triangulation
辐射收支/輻射收支 radiation budget
辐射霜/輻射霜 radiation frost
辐射探测器/輻射探測器 radiation detector
辐射探空仪/輻射探空儀,輻射送 radiation sonde
辐射通量/輻射通量 radiant flux, radiation flux
辐射图/輻射圖 radiation chart
辐射温度表/輻射溫度計 radiation thermometer
辐射雾/輻射霧 radiation fog
辐射吸收/輻射吸收 radiation absorption
辐射吸收剂量/輻射吸收劑量 absorbed radiation dose
辐射系数/輻射係數 radiation coefficient
辐射系统发育/輻射發育 radiation phylogenesis
辐射线/輻射線 radiant ray
辐射线测量仪/輻射線測繪儀 radial line plotter
辐射线格网/輻射線格網 radial positioning grid
辐射型/輻射型 radiation pattern
辐射压摄动/輻射壓攝動 radiation pressure perturbation
辐射遥感器/輻射遥感器,輻射感應器,輻射傳感器 radiation sensor
辐射仪/輻射計 radiometer
辐射元件/輻射元件 radiant element
辐射致冷/輻射致冷 radiative cooling
辐射中心/輻射中心 radial center
辐射转移/輻射轉移 radiative transfer
辐射状/輪形 rotate
辐照度/輻照度 irradiance, irradiation
辐照度比/輻照反射率 irradiance reflectance
辐照量/輻射曝量 radiant exposure
蜉蝣目/蜉蝣目 Ephemerida, Ephemeroptera
福布什下降/福布希衰減[宇宙線] Forbush decrease
福丁气压表/福丁氣壓表 Fortin barometer
福克兰海流/福克蘭洋流 Falkland Current
福利地理学/福利地理學 welfare geography
福利国家/福利國家 welfare state
福利经济学/福利經濟學 welfare economics
福磷钙铀矿/磷鈣鈾礦 phosphuranylite, phosphoruranylite
福特主义/福特主義 Fordism
福特主义模式/福特主義模式 fordist model
幞状积云/幞狀積雲 cumulus pileus, Cu pil
抚顺群/撫順群 Fushun Group
抚养比/撫養比 dependency ratio
斧石/斧石 axinite
斧石化作用/斧石化[作用] axinitization
斧足类/斧足綱,斧足貝 Lamellibranchiata Pelecypoda, pelecypod
俯冲板块/俯衝板塊,隱没板塊 subducting plate, subduction plate
俯冲板片/俯衝板片 subducting slab
俯冲带/俯衝帶,隱没帶 subduction zone, underthrust belt, subduction belt
俯冲地震/俯衝地震 underthrusting earthquake
俯冲断层/俯衝斷層 underthrust
俯冲复合体/隱没複合體 subduction complex
俯冲工厂/俯衝工廠 subduction factory
俯冲逆冲/俯衝逆衝 subduction thrust
俯冲逆断层/俯衝逆斷層 subduction thrust fault
俯冲侵蚀/隱没侵蝕 subduction erosion
俯冲侵蚀[作用]/俯衝侵蝕作用,隱没侵蝕 subduction erosion, subducting erosion
俯冲侵位/俯衝侵位 subducting emplacement
俯冲通道/俯衝通道 subduction channel
俯冲型移动带/俯衝型移動帶 mobile belt of subduction type
俯冲岩石层/隱没岩石圈 subducting lithosphere
俯冲造山带/俯衝造山帶 subduction orogenic belt
俯冲增生/俯衝增生 subduction accretion
俯冲增生作用/俯衝增生作用 subducting accretion
俯冲[作用]/隱没[作用] subduction
俯角/俯角 angle of depression, depression angle
俯仰/俯仰 pitch
辅刺/輔刺 by-spine
辅点/補點 subsidiary station, supplementary station
辅正求积仪/補正求積儀 compensating planimeter
辅助标准纬圈/輔助標準緯線 auxiliary standard parallel
辅助测线/試測線 random line
辅助测站/輔助測站 auxiliary station
辅助船舶观测/輔助船舶觀測 auxiliary ship observation, ASO
辅助反射镜/輔助反光鏡 auxiliary reflector
辅助控制测量/補點控制測量 supplementary control survey
辅助控制点/補助控制點 supplemental control point
辅助口孔/輔助口孔 accessory aperture
辅助鳃盖/輔助鰓蓋 ancillary gill-cover
辅助数据/輔助資料 ancillary data
辅助水准点/輔助水準點 supplementary bench

mark
辅助水准器/輔助水準器 auxiliary level
辅助天气观测/間綜觀觀測 intermediate synoptic observation
辅助天气观测时间/間標準時 intermediate standard time
辅助望远镜/輔助望遠鏡 auxiliary telescope
辅助桩/副樁 auxiliary stake
辅助子午线/輔助子午線 auxiliary guide meridian
腐解/腐解 decay
腐烂/腐爛 decompose
腐泥/腐[殖]泥 sapropel
腐泥褐煤/腐殖褐煤 saprodite
腐泥化作用/腐泥化[作用] putrefaction, saprofication
腐泥煤/腐泥煤 sapropelite
腐泥无烟煤/腐泥無煙煤 sapanthracite
腐泥烟煤/腐泥煙煤 sapanthracon
腐生菌/腐生菌 saprobic bacteria
腐蚀/腐蝕,侵蝕 corrosion, etch
腐蚀刻板机/腐蝕機 etching machine
腐蚀控制/腐蝕控制,防蝕 corrosion control, corrosion prevention
腐蚀速率/腐蝕速率 corrosion rate
腐蚀微生物/腐蝕微生物 corrosion causing bacteria
腐蚀性海水/腐蝕性海水 corrosion seawater
腐蚀作用/腐蝕作用 corrosive action
腐殖腐泥煤/腐殖腐泥煤 humosapropelic coal
腐殖化作用/腐殖化作用 humification
腐殖煤/腐殖煤 humulite
腐殖酸/腐殖酸 humic acid
腐殖土/腐殖土 mucks
腐殖质/腐殖質 humus
腐殖质积累作用/腐殖質積累作用 humus accumulation
腐殖组/腐殖煤 huminite
父节点/父節點 parent node
付印样/審竣樣張 OK sheet
负变压线/降壓線 katallobar
负变压中心/降壓[中心] katallobaric center
负催化剂/負催化劑,緩化劑 negative catalyst
负地貌/負地形 negative landform
负电荷/負電荷 negative charge
负电势/負電勢,負電位 negative potential
负电子/負電子 negatron
负反馈/負反饋,負回饋 negative feedback
负浮力/負浮力 negative buoyancy
负荷变质作用/荷重變質作用,深埋變質作用 load metamorphism
负荷潮/負荷潮 load tide
负荷压力/負荷壓力 load pressure
负荷铸型/荷重鑄型,負載構成 load cast, load structure
负横距/負橫距 departure west, departure minus
负花状构造/負花狀構造 negative flower structure
负角/負角 negative angle
负离子/負離子 negative ion
负片/負像片,陰片 negative, negative photograph
负熵/負熵 negentropy
负深度/負值深度 minus sounding
负视速度法/負視速度法 negative apparent velocity method
负透镜/負透鏡 negative lens
负相关/反相關 anticorrelation
负向构造/負向構造 negative structure
负延长/延性負 length fast, negative elongation
负异常/負異常 negative anomaly
负载平衡/負載平衡 load balance
负责任旅游/責任旅遊 responsible tourism
负折射/負折射 negative refraction
附壁沉积/附壁沈積 parietal deposit
附表底栖生物/底上底棲生物 epibenthos
附参数条件平差/附參數條件平差 condition adjustment with parameters
附带征收/附帶徵收 incidental expropriation
附合导线/附合導線 connecting traverse
附合水准路线/附合水準路線 annexed leveling line
附肌痕/附肌痕 accessory muscle scar
附加鞍/附加鞍 accessory saddle
附加冰/附加冰 superimposed ice
附加观测/附加觀測 intermediary measurement
附加势/附加勢 additional potential
附加位/附加位 additional potential
附加叶/副葉 accessory lobe
附加引潮势/附加引潮勢 additional tidal potential
附尖/附尖 style
附孔/附孔 accessory opening
附生生物/附生生物,表生生物 epibiont
附生植物/附生植物,附著植物 epiphyte
附属板/輔助板 accessory plate
附属虹/複虹 supernumerary rainbow
附属颈/附屬頸 subsidiary neck
附属云/附屬雲 accessory cloud
附属种/追隨種,衛星種 satellite species
附条件参数平差/附條件參數平差 parameter adjustment with constraint

附图/分圖　nautical plan, subplan
附肢/附肢,附件,垂　appendices
附栉虫属/隱蔽蟲　*Asaphiscus*
附着/黏合[作用]　agglutination
附着浮游生物/附著浮游生物,寄生游泳動物　epinekton
附着痕/附著痕　attachment scar
附着基生物/附著基生物　basibiont
附着力/附著力,黏附力　adhesive force
附着力测试仪/附著力測試儀　adhesive tester
阜平阶段/阜平階段　Fupingian stage
阜平岩群/阜平岩群　Fuping Group Complex
阜新群/阜新群　Fuxin Group
复摆/複擺　compound pendulum, physical pendulum
复背斜/複背斜　anticlinorium
复冰作用/復冰作用　regelation
复测/複丈　revision survey
复测法/複測法,複測　repetition method
复测经纬仪/複測經緯儀　repeating theodolite, repeating instrument
复层积云/重疊層積雲　stratocumulus duplicatus, Sc du
复齿目/複齒目,兔形目　Lagomorpha
复大孢子/複大孢子,滋長孢子　auxospore
复电阻率法/複電阻率法　complex resistivity method
复发间隔/重現期　recurrence interval
复发时间/重現時間　recurrence time
复钒矿/複釩礦　vanoxite
复傅立叶级数/複傅氏級數　complex Fourier series
复钙作用/復鈣作用　recalcification
复高层云/重疊高層雲　altostratus duplicatus, As du
复高积云/重疊高積雲　altocumulus duplicatus, Ac du
复沟型/複溝型　rhagon
复沟型海绵/複溝型海綿　Leucon
复合/複合　recombination
复合边界/複合邊界　compound border
复合层型/複合層型　composite stratotype
复合城市/複合城市　conurbation
复合顶枝/複合頂枝　syntelome
复合动态事件/複合動態事件　complex dynamic event
复合辐射/複合輻射　recombination radiation
复合火山/[複]合火山　compound volcano
复合拉分盆地/複合拉分盆地　composite pull-apart basin
复合连接要素/複合接點圖徵　complex junction feature
复合模/複合模　composite mould
复合膜/複合膜　composite membrane, thin film composite
复合沙丘/複合沙丘　compound dune
复合山链/複合山鏈　composite mountian chain
复合索引/複合索引　composite index
复合透镜/複透鏡　compound lens
复合图/複合地圖　composite map, integrated map
复合土地利用/複合土地利用　multiple land use
复合线型要素/複合線性圖徵　complex edge feature
复合[型]洪积扇/複合[型]洪積扇　compound proluvial fan
复合[型]阶地/複合[型]階地　compound terrace
复合型沙丘/複合型沙丘　complex dune
复合循环/複合循環　composite loopback
复合要素/複合圖徵　complex feature
复合元素/複合元素　compound element
复合造山带/複合造山帶　composite orogen
复合指标/複合指標　composite indicator
复活/再活動作用　reactivation, rejuvenation
复活岛断裂带/復活島斷裂帶,復活島破裂帶　Easter fracture zone
复活岛破裂带/復活島破裂帶,復活島斷裂帶　Easter fracture zone
复活断层/復活斷層　revived fault, renewed fault
复活节岛板块/復活節島板塊　Easter plate
复活效应/復活效應,拉撒路效應　Lazarus effect
复活种/復活種　Lazarus species
复介电常数/複介電常數　complex dielectric constant
复卷云/重疊卷雲　cirrus duplicatus, Ci du
复垦测量/復墾測量　reclamation survey
复矿岩/多礦物岩石　polymineralic rock
复理石/複理岩,弗立希　flysch
复理石建造/複理石建造　flysch formation
复六方双锥/複六方雙錐　dihexagonal bipyramid
复曲点/複曲點　point of compound curve
复曲线/複曲線　compound curve
复三方双锥/複三方雙錐　ditrigonal bipyramid
复色法/複色法　multiple method
复式岸/複式海岸　composite coast
复体珊瑚/群體珊瑚　compound coral
复铁矾/複鐵礬　bilinite
复通道蜓属/複通道蜓　*polydiexodina*
复稀金矿/複稀金礦　polycrasite
复系釉质/多系釉質　multiserial enamel
复线水准线/複水準線　multiple level line
复相关/複相關　multiple correlation

复相关系数/複相關係數 coefficient of multiple correlation, multiple correlation coefficient
复向斜/複向斜 synclinorium
复消色差透镜/消三色差透鏡 apochromatic lens
复协调褶皱/複協調褶皺 polyharmonic fold
复型/複型,複製品 replica
复眼/複眼 compound eye, holochroal eye
复羽榍/覆刺,覆榍 rhabdacanth
复原图/復原地質圖 palinspastic map
复原作用/回春作用 rejuvenation
复杂表面/複合表面 complex surface
复杂地震/複雜地震 complex earthquake
复杂对象/複合物件 complex object
复杂多边形/複合多邊形 complex polygon
复杂[黑子]群/複雜[黑子]群 complex group
复杂目标/複合物件 complex object
复杂破裂过程/複雜破裂過程 complex rupture process
复杂气象飞行/超天氣層飛行 overweather flight
复杂蜃景/蜃景 fata morgana
复杂系统/複雜系統 complex system
复杂响应/複雜回應 complex response
复杂性/複雜性 complexity
复照仪/複照儀,暗房式照像機,長廊式照相機 reproduction camera
复照硬版/沖版 processing plate
复折射率/複折射指數 complex index of refraction
复正方双锥类/複正方雙錐類 ditetrigonal class
复制版/複製版 duplicate plate
复制软片/複製軟片 duplicating film
复中柱/中柱,壓軸 axial column, central column
复种指数/複種指數 multi-cropping index
复轴经纬仪/複軸經緯儀 double center theodolite, double center transit
复柱/複柱 biprism
复籽体/複子體,多子體 polysperm
副胞管/副胞管,雙胞 bitheca
副钡长石/副鋇長石 paracelsian
副变质岩/副變質岩 para-metamorphic rock
副层型/副層型 parastratotype
副层序/副層序 parasequence
副层序组/副層序集 parasequence set
副长石/似長石 feldspathoid
副潮/副潮 secondary tide
副齿柱/副齒柱 posttrite
副脆硫锑铅矿/副脆硫銻鉛礦,副羽毛礦 parajamesonite
副大盾虫/副大盾蟲 Paramegraspis
副大圆/副圈 secondary great circle
副底板/副底板 parabasal plate
副蝶骨/副蝶骨 parasphenoid
副纺锤蜓属/副紡錘蟲,副蜓 *Parafusulina*
副锋/副鋒 secondary front
副隔壁/副隔壁 septulum
副合沟/副合溝 parasyncolpate
副黑钒矿/副黑釩礦,副鐵釩礦 paramontroseite
副黑铜矿/副黑銅礦 paramelaconite, paratenovite
副回声/側回聲 side echo
副基铁矾/副基鐵礬,副碳鈉礬 parabutlerite
副极带/副北極帶 subarctic zone
副极地/副極地[的] subpolar
副极地冰川/副極地冰川 subpolar glacier
副极地低压/副極地低壓 subpolar low
副极地高压/副極地高壓 subpolar high
副极地环流/副極區渦旋 subpolar gyre
副极地气候/副極地氣候,副北極氣候 subarctic climate, subpolar climate
副极光带/副極光帶 subauroral zone
副铰齿/副鉸齒 accessory denticle, accessory denticula
副铰窝/副鉸窩 accessory socket
副颈片/副頸片 paranuchal plate
副口环/副口環,副旋脊 parachomata
副矿物/副礦物 accessory mineral
副蓝磷铝铁矿/副藍磷鋁鐵礦 paravauxite
副冷锋/副[冷]鋒 secondary cold front
副磷锌矿/副磷鋅礦 parahopeite
副硫锑钴矿/副硫銻鈷礦 paracostibite
副氯羟硼钙石/副水氯硼鈣石 parahilgardite
副轮/副輪,副標記 accessory mark
副马属/副馬 *Parahippus*
副明神介/副明神介 Paracytheridea
副模/副模式標本 paratype
副钠沸石/副鈉沸石 paranatrolite
副爬行类/副爬行類,副爬蟲類 parareptiles
副片麻岩/副片麻岩 para-gneiss
副气旋/副氣旋 secondary cyclone
副羟氯铅矿/斜水氯鉛石,單斜水氯鉛礦 paralaurionite
副热带/副熱帶 subtropics, subtropical zone
副热带的/副熱帶[的] subtropical
副热带东风带/副熱帶東風[帶] subtropical easterlies
副热带反气旋/副熱帶反氣旋 subtropical anticyclone
副热带辐合/副熱帶輻合 subtropical convergence

副热带辐合带/間熱帶輻合帶　subtropical convergence zone
副热带高压/副熱帶高壓　subtropical high, subtropical anticyclone
副热带环流/亞熱帶渦旋　subtropical gyre
副热带急流/副熱帶噴[射氣]流　subtropical jet, subtropical jet stream
副热带季风带/副熱帶季風區　subtropical monsoon zone
副热带模态水/副熱帶模態水　subtropical mode water
副热带气候/副熱帶氣候　subtropical climate
副热带气旋/副熱帶氣旋　subtropical cyclone
副热带无风带/副熱帶無風帶　subtropical calm zone, subtropical calms
副热带西风带/副熱帶西風[帶]　subtropical westerlies
副砷锑矿/副砷銻礦　paradocrasite
副砷铁石/副砷鐵礦　parasymplesite
副水碳铝钙石/副水鋁鈣石　para-alumohydrocalcite
副台/副站　slave station
副图名/副圖名　map subtitle
副望远镜/旁置望遠鏡　side telescope
副卫细胞/副衛細胞　subsidiary cell
副硒铋矿/副硒鉍礦　paraguanajuatite
副[斜长]角闪岩/副[斜長]角閃岩　para-amphibolite
副斜方砷镍矿/副斜方砷鎳礦　pararammelsbergite
副性征/第二性徵　secondary sexual characteristics
副旋脊/副旋脊,副口環　parachomata
副验潮站/次驗潮站　secondary tide station, subordinate station
副猿属/副猿　*Parapithecus*
副针绿矾/副針綠礬,菱鎂鐵礬　paracoquimbite, slavikite
副枕骨突/副枕突　paroccipital process
副枕角石属/副枕角石　*Parapiloxera*
副中心/副中心　sub-center
副钟/子鐘　slave clock
副柱铀矿/副柱鈾礦　paraschoepite
傅里叶变换/傅立葉變換,傅利葉轉換,傅氏變換　Fourier translation, FT
傅里叶分析/傅立葉分析,傅氏分析　Fourier analysis
傅里叶积分/傅立葉積分　Fourier integral
傅里叶级数/傅立葉級數　Fourier series
傅里叶逆变换/傅立葉反轉換,逆傅立葉轉換　inverse Fourier transform
傅里叶谱/傅立葉譜　Fourier spectrum
富冰冻土/富冰凍土　ice-rich soil, ice-rich permafrost
富钙铝包体/富鈣鋁包體　calcium-aluminium-rich inclusion
富钙无球粒陨石/富鈣無球粒隕石　calcium-rich achondrite
[富]钴结壳/[富]鈷結殼　cobalt-rich crust
富硅高岭石/富矽高嶺石　anauxite
富辉正长岩/暗輝正長岩,暗色岩　shonkirite
富集系数/濃度係數　concentration coefficient
富金线/富[礦]線　pay streak
富矿体/富礦體　ore shoot
富铝化[作用]/鋁鐵土化　allitization
富镁铝榴石石榴石/富鎂鋁榴石石榴石　pyrope-rich garnet
富气/富氣　rich gas, fat acid gas, unstripped gas
富水程度/富水程度　water storage capacity
富水硼镁石/五水硼鎂石　kurnakovite
富水性/富水性　water yield property
富铁铝风化壳/富鐵鋁風化殼　ferrallitic-rich weathering crust
富铁铝化作用/聚鐵鋁化作用,紅壤化　laterization
富图纳板块/富圖納板塊　Futuna plate
富营养化/富營養化　eutrophication
富营养化指数/優養化指數　eutrophication index
富铀岩体/富鈾岩體　uranium-rich massif
腹鞍/腹鞍　ventral saddle
腹板/腹板,腹甲　sternum, hypoplax
腹瓣/腹瓣,腹殼　ventral valve
腹边缘/腹邊緣　doublure
腹边缘板/腹邊緣板,吻片　rostral plate
腹边缘线/腹邊緣線　rostral suture
腹部/腹部　abdomen, ventral part, venter
腹侧/腹側,腹面　ventral, ventral side
腹侧主动脉/胸側主動脈　ventral side aorta
腹刺/腹刺　mesial spine
腹沟/腹[面]溝　ventral groove
腹后室/腹後室,腹後節,腹後段　post-abdominal segment
腹菊石/腹棱角石　Gastrioceras
腹孔/腹孔　gastropore
腹棱角石/腹棱角石　Gastrioceras
腹面细槽/腹面細槽　distal grooves
腹鳍/腹鰭　ventral fin
腹气管/腹氣管　extrasiphonata, ventral trachea
腹腔纲/腹腔綱,無絞綱　Gastrocaulia

腹鳃目/腹鰓目　Pleurocoela
腹三角板/三角板　deltidium
腹三角孔/三角孔　delthyium, delthyrium
腹室/腹室,腹部　abdomen
腹湾/腹彎,水囊彎,膠彎　hyponomic sinus
腹腕板/腹腕板　ventral arm plate
腹泻性贝毒/腹瀉性貝毒　diarrhetic shellfish poison, DSP
腹叶/腹葉,外葉　siphonal lobe, ventral lobe
腹缘/腹緣　ventral edge
腹足类/腹足類　gastropods
覆翅/覆翅　tegmen
覆盖/覆蓋,遮蔽　cover, overlay
覆盖层/覆蓋層　overburden, tectum
覆盖次数渐减带/覆蓋次數漸減帶　fold taper zone
[覆盖]范围矩形/地圖範圍矩形　extent rectangle
覆盖逆温/冠蓋逆溫　capping inversion
覆盖区/涵蓋區　coverage
覆盖图/涵蓋圖　overlay
覆盖型喀斯特/覆蓋型喀斯特　covered karst
覆盖映绘/覆蓋圖映繪　overlay tracing
覆膜/覆膜　laminating

G

伽/加爾 gal
伽略金方法/蓋勒肯法 Galerkin's method
伽马/伽瑪 gamma
伽马测量/伽瑪測量 γ survey
伽马等值线图/伽瑪等值線圖 gamma-contour map
伽马放射性/伽瑪放射性 γ activity, gamma radioactivity
伽马分布/伽瑪分布 gamma distribution
伽马-伽马测井/伽瑪-伽瑪測井 gamma-gamma logging
伽马检测仪/伽瑪檢測儀 γ detector
伽马能谱测量/伽瑪能譜測量 gamma-spectrometry
伽马射线能量/伽瑪射線能量 γ ray energy
伽马射线谱/伽瑪射線譜 γ-ray spectrum
伽马[射线]强度等值图/伽瑪[射線]強度等值圖 contour map of gamma ray intensity
伽马衰变/γ衰變 γ attenuation, γ decay
伽马指数/伽瑪指數 gamma index
改进的大森定律/改進的大森定律 modified Omori's law
改进型甚高分辨率辐射计/先進高解析率輻射計 advanced very high resolution radiometer, AVHRR
改良多圆锥投影/修正多圓錐投影 modified polyconic projection
改向河/改向河 diverted river
改造成矿作用/改造成礦作用 reforming mineralization
钙板藻灰泥/鈣板藻灰泥 coccoconite
钙层土/鈣層土 pedocal
钙长辉长无球粒陨石/倍長輝長岩,倍長輝長無粒隕石 eucrite
钙长石/鈣長石 anorthite
钙钒华/鈣釩華 pintadoite
钙沸石/鈣沸石,纖維沸石 scolecite
钙铬榴石/[雜]鈣鉻榴石 uvarovite
钙硅酸盐岩/鈣矽酸鹽岩 calc-silicate rock
钙华叠层石/鈣華疊層石,石灰華疊層石 tufa stromatolite
钙华阶地/石灰華階地 travertine terrace
钙化襞/鈣化襞 duplicature
钙化软骨/鈣化軟骨 calcified cartilage
钙积土/鈣積土 calcisol
钙积作用/鈣化作用 calcification
钙钾铁矾/鈣鉀鐵礬 calcium-jarosite
钙碱性火山岩/鈣鹼性火山岩 calc-alkaline volcanic rock
钙碱性系列/鈣鹼性系列 calc-alkaline series
钙碱性玄武岩/鈣鹼性玄武岩 calc-alkali basalt
钙碱指数/鈣鹼指數 calc-alkali index
钙铝矾/鈣礬石 ettringite
钙铝黄长石/鈣鋁黃長石 gehlenite
钙铝榴石/鈣鋁榴石 grossular
钙芒硝/鈣芒硝,灰芒硝 glauberite
钙镁电气石/鈣鎂電氣石 uvite
钙镁橄榄石/鈣鎂橄欖石 monticellite
钙锰橄榄石/鈣錳橄欖石 glaucochroite
钙锰辉石/錳鈣輝石 johannsenite
钙锰矿/鈣錳礦 todorokite
钙锰石/鈣錳石 rancieite
钙砷铀云母/砷鈣鈾礦 uranospinite
钙十字沸石/鈣十字[沸]石 phillipsite
钙水碱/水鈣鹼 pirssonite
钙钛矿/鈣鈦礦 perovskite, perofskite
钙钛矿结构/卜羅夫基組織 perovskite structure
钙铁非石/鐵鈣非石 rhoenite
钙铁辉石/鈣鐵輝石 hedenbergite
钙铁榴石/鈣鐵榴石 andradite
钙霞石/鈣霞石,吉岡石 cancrinite
钙铀云母/鈣鈾雲母 autunite
钙藻/灰藻 calcareous algae
钙质层/鈣質層,鈣質殼 caliche
钙质沉积物/鈣質沈積物 calcareous sediment
钙质骨针/鈣質骨針 calcareous spicules
钙质海绵/鈣質海綿 calcareous sponge, calcispongiae
钙质海绵纲/鈣質海綿綱 Calcarea
钙质海绵类/鈣質海綿類 calcareans
钙质结核/鈣質結核 caliche nodule
钙质壳/鈣質殼 calcareous test, calcareous shell
钙质母细胞/鈣質細胞 calicoblast
钙质片麻岩/鈣質片麻岩 calc-gneiss
钙质片岩/鈣質片岩 calc-schist

钙质软泥/石灰質軟泥　calcareous ooze
钙质微生物岩/鈣質微生物岩,石灰質微生物岩　calcimicrobialite, calcareous microbialite
钙质小刺/鈣質棘　calcareous spine
钙质有孔目/鈣質有孔目　Calcareous Foraminifera
钙柱石/鈣柱石　meionite
盖/口蓋　opercula
盖层/覆蓋層,[被]蓋　cover strata, overburden
盖层断块/蓋層斷塊　superficial fault block
盖层断裂/蓋層斷裂　superficial fault
盖层构造/蓋層構造　cover structure
盖层纪/蓋層紀　Calymmian Period
盖层系/蓋層系　Calymmian System
盖层压力/覆蓋壓力　overburden pressure
盖层褶皱/蓋層褶皺　cover fold
盖革[定位]法/蓋革[定位]法　Geiger location method
盖革计数器/蓋革計數器　Geiger counter
盖形虫属/蓋形蟲　*Operculina*
盖娅假说/蓋婭假說　Gaia hypothesis
盖子植物/蓋子植物　Chlamydospermae
盖子植物亚门/蓋子植物亞門　Chlamydospermophytinae
概率/概率,或然率,機率　probability
U 概率/U 概率　U probability
概率分布/機率分配　probability distribution
[概率]分布律/[概率]分布律　distribution law
概率函数/機率函數　probability function
概率论/機率説　probability theory
概率密度函数/機率密度函數　probability density function
概率模型/概率模式　probability model
概率判决函数/概率判決函數　probability decision function
概率评分/機率評分　probability score
概率图/機率地圖　probability map
概率型商业引力模式/商業引力概率模式　probabilistic formulation of business attraction
概率性方法/機率方法　probabilistic method
概率性预报/概率性預報　probabilistic forecasting
概率预报/機率預報　probability forecast
概率增益/概率增益　probability gain
概略地貌/概略地貌　approximate relief
概略读数/概略讀數　rough reading
概略方位/概略方位　preliminary orientation, insufficient orientation
概略位置/概略位置　preliminary position
概念模式/概念模式,概念綱要　conceptual model, conceptual schema
概念模式语言/概念模式語言,概念綱目語言　conceptual schema language
概念模型/概念模型,概念模式　conceptual model
概念图示/概念圖示　conceptual schema
概然误差/或然誤差　probable error
概然值/或是值　probable value
概算/概算,初算　field computation, preliminary computation
概要纵断面/概要縱斷面　synoptic profile
干版/乾平版　dry plate
干版平版印刷/乾式平印　dry planography
干冰/乾冰　dry ice
干沉降/乾沈降　dry deposition
干出/不淹　uncovers
干出高度/涸高度　drying height
干出礁/涸礁,可淹及可涸礁　drying reef
干出水深/涸深度　drying sounding
干出滩/潮間灘　dry shoal
干出线/涸線　drying line
干对流/乾對流　dry convection
干对流调整/乾對流調整　dry convection adjustment
干谷/乾谷　dry valley
干寒土/乾寒土　dry permafrost
干旱/乾旱　drought
干旱带/乾旱帶　arid zone
干旱化/乾旱化　aridification
干旱频数/乾旱頻率　drought frequency
干旱气候/乾旱氣候,乾燥氣候　arid climate
干旱区/乾旱區　arid region, arid zone
干旱区水文学/乾旱區水文學　arid region hydrology
干旱土/乾境土　aridisol
干涸湖/乾涸湖　extinct lake
干化/乾化　desiccation
干季/乾季,枯水季　dry season
干洁气柱辐射率/晴空輻射率　clear column radiance
干静力能量/乾静能　dry static energy
干绝热递减率/乾絶熱遞減率　dry adiabatic lapse rate
干绝热过程/乾絶熱過程　dry adiabatic process
干空气/乾空氣　dry air
干酪根/油母[質]　kerogen
干冷锋/乾冷鋒　dry cold front
干罗经/乾羅盤　dry compass
干霾/乾霾　dry haze
干模式/乾模式　dry model
干年/乾年　dry year
干暖盖/乾暖蓋　dry and warm lid

干期/乾期 dry spell
干气/乾氣 dry gas, lean gas
干球温度/乾球温度 dry-bulb temperature
干球温度表/乾球温度計 dry-bulb thermometer
干扰背景/干擾背景 disturbing background
干扰竞争/互涉競爭 interference competition
干扰信号/干擾信號 interference signal
干热风/乾熱風 dry-hot wind
干热岩[体]/熱乾岩 hot dry rock
干热岩型地热资源/熱乾岩型地熱資源 geothermal resources of hot dry rock type
干热指标/乾熱指數 xerothermal index
干三角洲/乾三角洲 dry delta
干舌/乾舌 dry tongue
干涉/直接互涉 interference
干涉测量/干涉術 interferometry
干涉测量术/干涉測量術 interferometry
干涉雷达/干涉雷達 interometry SAR, INSAR
干涉滤光片/干涉濾光片 interference filter
干涉色/干涉色 interference color
干涉图/干涉圖,干涉像 interference figure
干涉仪/干涉儀 interferometer, Fizeau interferometer
干湿表/乾濕計 psychrometer
干湿球湿度计/乾濕球濕度計 psychrometer
干湿球温差/濕球降差 wet-bulb depression
干湿球温度计/乾濕球温度計 wet and dry hygrometer
干式摄影/乾式照像 dry photography
干撕膜法/乾揭膜法 dry strip method
干温[气候]期/乾熱期 xerothermal period
干雾/乾霧 dry fog
干线/乾線 dry line
干雪/乾雪 dry snow
干雪崩/乾雪崩 dust avalanche
干盐湖/乾鹽湖,間歇湖 playa
干盐湖相/乾鹽湖相 playa facies
干燥[的]/乾燥[的] arid
干燥度/乾[燥]度 aridity
干燥剂/乾燥劑,脱水劑 desiccant
干燥率/乾燥率 drying power
干燥气候/乾燥氣候 dry climate
干燥区域/乾燥區域 aridity region
干燥因子/乾燥因子 aridity factor
干燥指数/乾燥指數 aridity index
干燥[作用]/乾燥[作用],乾化[作用] desiccation
干增长/乾成長 dry growth
干蒸汽田/乾蒸汽田 dry steam field
甘汞矿/甘汞,汞膏[礦] calomel
甘露聚糖/甘露聚醣,甘露糖膠 mannan
甘露[糖]醇/甘露[糖]醇 mannitol
甘露糖胶/甘露糖膠,甘露聚糖 mannan
甘肃贝/甘肅長身貝 Kansuella
甘糖酯/甘糖酯 propylene glycol mannurate sulfate, PGMS
甘陶河群/甘陶河群 Gantaohe Group
甘油牛磺酸/甘油牛磺酸 glyceryltaurine
杆沸石/桿沸石,鎂沸石 thomsonite
杆校准/測深校正板檢校 bar check
杆菊石属/桿菊石 *Baculites*
杆菊石锥/桿石殼 bactriticone
杆棱石属/桿棱石 *Bactrites*
杆石属/桿棱石 *Bactrites*
杆式扫海/横桿掃海 bar sweeping
杆状构造/窗櫺構造,棒條構造 rodding structure
感光/感光 sensitization
感光材料/感光材料 sensitive material
感光测定/感光量測術 sensitometry
感光灯/感光燈 actinic light
感光乳剂/感光乳劑 emulsion
感光特性曲线/感光特性曲線 characteristic curve of photographic emulsion
感觉管/感覺管 sensory canal
感觉区/感覺區 recognized region
感觉温度/感覺温度 sensible temperature
感热/[可]感熱 sensible heat
感热通量/可感熱通量 sensible heat flux
感受效果/感受效果 perceptual effect
感应测井/感應測井 induction logging
感应尺度/感應尺度 inductive scale
感应电导示温仪/感應電導示温儀 inducted conductivity temperature indicator
感应干扰/電感[性]干擾 induction influence, inductive disturbance, inductive interference
感应激发极化法/感應激發極化法 inductive induced polarization method
感应脉冲瞬变法/感應脈衝瞬變法 induced pulse transient method
感应矢量/感應向量 induction vector
感应式磁力仪/感應式磁力儀 induction magnetometer, search coil magnetometer
感应[型]畸变/感應型畸變 induction distortion
感应学说/感應説 influence theory
感应盐度计/感應式鹽度儀 inductive salinometer
感知/識覺 perception
感知研究/識覺研究 perceptual studies

橄榄古铜球粒陨石/橄欖古銅球粒隕石 olivine-bronzite chondrite
橄榄辉长岩/橄欖輝長岩 olivine gabbro
橄榄拉斑玄武岩/橄欖矽質玄武岩 olivine tholeiite
橄榄石/[貴]橄欖石 olivine
橄榄石-尖晶石边界/橄欖石-尖晶石邊界 olivine-spinel boundary
橄榄石-尖晶石相变/橄欖石-尖晶石相變 olivine-spinel phase change
橄榄铜矿/橄欖銅礦,毛銅礦 olivenite
橄榄岩/橄欖岩 peridotite
橄榄陨铁/橄欖隕鐵,石鐵隕石 pallasite
橄榄紫苏球粒陨石/橄欖紫蘇球粒隕石 olivine-hypersthene chondrite
干流/主流 main stream
干区/幹區 stem region
干群/幹群 stem group
干线公路网主枢纽/高速公路網主樞紐 arterial hub of highway network
干线水准测量/幹線水準測量 primary leveling
赣南矿/氟鉍礦 gananite
冈特测链/甘特鎖 Gunter chain
冈田[软海绵]酸/岡田[軟海綿]酸 okadaic acid
冈瓦纳构造域/岡瓦納構造域 Gondwana domain
冈瓦纳古[大]陆/岡瓦納古陸 Gondwana land
冈瓦纳植物群/岡瓦納植物群 Gondwana flora
刚齿兽/剛齒獸 Metalophodon
刚度/剛度,剛性 rigidity
刚度模量/剛性模數 modulus of rigidity
刚度系数/勁度係數 stiffness coefficient
刚盖近似/硬蓋近似 rigid lid approximation
刚毛/剛毛 seta
刚毛丛/剛毛叢 chaetae
刚体边界条件/剛體邊界[條件] rigid boundary condition
刚体旋转/剛體旋轉 rigid body rotation
刚性板块/剛性板塊 rigid plate
刚性[的]/剛性的,硬的 rigid
刚性平移/剛性平移 rigid parallel motion
刚玉/[純]剛玉,剛石 corundum
刚玉岩/剛玉岩 corundolite
肛板/肛板 anal plate
肛管/肛管 anal tube
肛尖板/肛尖板 anideltoid
肛孔/肛孔 anispracle
肛围/肛圍 periproct
肛下小带/肛下小帶 subanal fasciole
肛锥/肛錐 anal pyramid
纲/綱 class
钢尺/鋼尺 steel rule
钢筋混凝土加固的建筑/鋼筋混凝土加固的建築 reinforced concrete building
钢卷尺/鋼卷尺 steel tape
钢丝录音机模型/鋼絲答録機模型 wire videocorder type
岗巴群/崗巴群 Gamba Group
港界/港界,港埠線 harbor boundary, harbor line, port boundary
港口/港口,港灣 port, harbor
港口城市/港口城市 port city
港口地域群体/港區合營 areal combination of ports
港口堆场/儲存場 storage yard
港口腹地/港口腹地,港灣腹地 harbor hinterland, port back land
港口工程/港口工程,港灣工程 port engineering, harbor engineering
港口工程测量/港口工程測量 harbor engineering survey
港口集疏运系统/集散物流系統 system of freight collection, distribution and transportation
港口陆域/港口陸域 port land area, port terrain
港口设施/港灣設施 harbor accommodation
港口淤积/港灣淤積 harbor siltation
港口资源/港口資源 port resources
港口综合吞吐能力/港口綜合吞吐能力 comprehensive handling capacity of port
港区/港區 port area
港区仓库/倉庫 warehouse
港湾测量/港灣測量 harbor survey, harbor surveying
港湾[海]岸/港灣海岸,灣形海岸,多灣海岸 embayed coast
港湾锚地图集/港灣錨地圖集 anchorage atlas
港湾图/港圖 harbor chart
港塭养殖/魚塭養殖 marine pond extensive culture
港址/港址 harbor site
港作船/港灣工作船 harbor boat
高保真彩色印刷/高傳真彩色印刷 high fidelity color printing
高壁珊瑚属/高壁珊瑚 *Montlivaltia*
高标/高標 tower
高层大气/高層大氣 upper atmosphere
[高层]大气探测火箭/大氣探測火箭 atmospheric sounding projectile
高层云/高層雲 altostratus, As
高差/高[程]差 difference of elevation

高差表/高差計 cathetometer
高差位移/高差位移,高程投影差 relief displacement, height displacement
高差位移改正/高差位移改正,投影差改正 correction for relief displacement, correction for relief
高差仪/微差高程儀,精密氣壓計 statoscope
高场强元素/高場強元素 high field-strength element, HFSE
高潮/高潮,滿潮 high tide, high water, HW
高潮岸线/高潮濱線 high tide shoreline
高潮标志/高潮標志 high water mark
高潮不等/高潮不等 high water inequality
高潮间隙/高潮間隔 high water interval
高潮阶地/高潮階地,高潮棚地,滿潮階地 high water bench, high tidal terrace
高潮面/高潮面,滿潮面 high tidal level
高潮停潮/高潮憩潮 high water stand
高潮线/高潮線,滿潮線 high water line
高程/高程,標高,高度 height, elevation, altitude
高程测量/高程測量 hypsometry
高程层/高程圖層 elevation layer
高程差/高[程]差 difference of elevation
高程导线/高程導線 height traverse
高程点/高程點 elevation point
高程分层设色/高程分層設色 elevation tints
高程归算/高程化算 height reduction
高程基准/高程基準[面] height datum, vertical datum
高程加密/高程接橋 vertical bridging
高程校正/高度改正 elevation correction
高程解析率/高程解析率 resolution in elevation
高程控制测量/高程控制測量 vertical control survey
高程控制点/高程控制點 vertical control point
高程控制基准/高程控制基準 vertical control datum
高程控制网/高程控制網 vertical control network
高程立体三角测量/高程立體三角測量 vertical stereotriangulation
高程索引/高程索引 elevation index
高程投影差/高程投影差,高差位移 relief displacement, height displacement
高程系统/高程系統 height system
高程异常/高程偏倚 height anomaly
高程中误差/高程中誤差 mean square error of height
高程注记/高程註記 elevation number, elevation notation
高吹尘/高吹塵 blowing dust
高吹沙/高吹沙 blowing sand
高吹雪/高吹雪 blowing snow
高次轴/高次軸 axis of the higher degree
高低潮/[較]高低潮 higher low water, HLW
高低潮间隙/較高低潮間隔 higher low water interval
高地/高地 highland
高地海岸/高地海岸 upland coast
高地气候/高地氣候 highland climate
高地沼泽/高地沼澤 upland swamp
高点/高點 high spot
高度/高度 altitude, height, level
高度标尺/高度表 altitude scale, altitude tints, gradient tints
高度表/高度計 altimeter
高度表拨定[值]/高度表撥定值 altimeter setting
高度方位距离位置显示器/高度方位距離指示器,高方距 height-azimuth-range-position indicator, HARPI
高度方位仪/高度方位儀,地平經緯儀 altazimuth
高度分层河口/鹽楔河口 salt wedge estuary
高度计/高度計,高度儀,測高儀 altigraph, altimeter
高度角/仰角 elevation angle, altitude angle, angle of elevation
高度矩阵/高度矩陣 altitude matrix
高度位移/高度位移 elevation displacement
高度效应/高度效應 altitude effect
高尔夫旅游/高爾夫旅遊 golf tourism
高发病区/高發病區 disease area with high incidence
高反差/高反差 high contrast
高反差显影液/高反差顯影液 high contrast developer
高反差像纸/高反差像紙 high contrast paper
高分辨率成像/高解析度成像 high resolution imaging
高分辨[率]干涉探测器/高解析度干涉探測器 high resolution interferometric sounder
高分辨[率]红外辐射探测器/高解紅外[輻射]探測儀 high resolution infrared radiation sounder, HRIRS
高分辨[率]图像传输/高解析度圖像傳輸,高解圖像傳送 high resolution picture transmission, HRPT
高分辨率[云图]传真/高解析度傳真 high resolution facsimile, HR-FAX
高氟水/高氟水 high-fluorine water

高高潮/[較]高高潮 higher high water, HHW
高高潮间隙/較高高潮間隔 higher high water interval
高冠齿/高冠齒,高冠牙 hypsodont
高光谱/高光譜,超光譜 hyperspectrum
高光谱遥感/高光譜遥測 hyperspectral remote sensing
高光谱影像/高光譜影像 hyperspectral image
高轨卫星/高軌衛星 high altitude satellite
高海拔多年冻土/高山永凍土 high altitude permafrost, alpine permafrost
高焓流体/高焓流體 high-enthalpy fluid
高活性淋溶土/高活性淋溶土 Luvisol
高活性强酸土/高活性強酸土 Alisol
高肌介目/高肌介目,介形類 Bradoricopida
高积云/高積雲 altocumulus, Ac
高级语言/高階語言 high-level language
高技术产业/高科技産業 high-tech industry
高技术园区/高科技園區 high-tech park
高阶速度分析/高階速度分析 higher-order velocity analysis
高阶振型/高階振動模式 higher mode
高空/高空 high altitude
高空病/高空病 aeroembolism
高空槽/高空槽 upper trough
高空大气层/特高層大氣 aeronomosphere
高空大气学/高層大氣物理學 aeronomy
高空电位计/空中電場儀 alti-electrograph
高空反气旋/高空反氣旋 upper-level anticyclone
高空分析/高空分析 upper-air analysis
高空风/高空風 upper wind
高空风分析图/風徑圖 hodograph
高空锋/高空鋒 upper front
高空锋区/高空鋒區 upper frontal zone
高空观测/高空觀測 upper-air observation
高空急流/高空噴流 upper-level jet stream
高空脊/高空脊 upper-level ridge
高空冷锋/高空冷鋒 upper cold front
高空霾/高空霾 haze aloft
高空气候学/高空氣候學 aeroclimatology
高空气象计/高空氣象儀 aerometeorograph, aerograph
高空气象学/高空氣象學 aerology
高空气象仪/高空氣象儀 aerometeorograph, aerograph
高空气旋/高空氣旋 upper-level cyclone
高空摄影/高空攝影 high-altitude aerial photography
高空探测/高空探測 aerial exploration
高空[天气]图/高空圖 upper-air chart
高空西风带/高空西風帶 upper-air westerlies
高空信风/高空信風 overtrades
高空站/高空站 upper-air station
高空资料/高空資料 upper-air data
高黎贡山群/高黎貢山群 Gaoligongshan Group
高立式沙障/高立式沙障 upright sandfence
高丽角石/高麗角石 Coreaceras
高亮显示/強調 highlighting
高灵敏度磁通门磁力仪/高靈敏度磁通門磁力儀 high sensitivity fluxgate magnetometer
高岭石/高嶺石,高嶺土 kaolin
高岭土/高嶺土,高嶺石 kaolin
高铝矿物/高鋁礦物 high aluminum mineral
高铝玄武岩/高鋁玄武岩 high-alumina basalt
高密磁盘/高密度磁片 high density diskette
高密度底流/高密度底流 density underflow
高密度电阻率法/高密度電阻率法 high density resistivity method
高密度数字磁带/高密度數位磁帶,高密度數值磁帶 high density digital tape, HDDT
高牛磺酸/高牛磺酸 homotaurine
高频/高頻 high frequency, HF
高频大地测量学/高頻大地測量學 high frequency geodesy
高频地波雷达/高頻地波雷達 high frequency ground wave radar
高频地震/高頻地震 high frequency earthquake
高频地震学/高頻地震學 high frequency seismology
高频增强滤波/高頻增強濾波 high frequency emphasis filtering
高平原/高平原 upland plain
高[气]压/高[氣]壓 high pressure
高气压生理学/高壓生理學 hyperbaric physiology
高气压医学/高壓醫學 hyperbaric medicine
高热变质作用/高熱變質作用 pyrometamorphism
高山矮曲林/高山矮曲林 alpine krummholz
高山病分布/高山病分布 mountain sickness distribution
高山草场轮牧/山牧季移 alpine transhumance, rotation of alpine pasture
高山草甸土/高山濕草原土 alpine meadow soil
高山草原土/高山草原土 alpine steppe soil
高山带/高山帶 alpine belt, alpine zone
高山动物群/高山動物群 alpine faunal group
高山[观测]站/高山站,山地站 mountain observation station
高山湖/高山湖 alpine lake

高山辉/高山輝　alpine glow
高山季节移牧/山牧季移　alpine transhumance, rotation of alpine pasture
高山气候/高山氣候　alpine climate
高山气压表/高山氣壓表,高山氣壓計　mountain barograph, mountain barometer
高山气压计/高山氣壓計,高山氣壓表　mountain barograph, mountain barometer
高山土壤/高山土　alpine soil
高水位/高水位　high water level
高水位观察/高水位觀察　high water observation
高水位期/高水位期　highstand
高斯/高斯　Gauss
高斯扁圆盒/高斯扁圓盒　Gaussian pill box
高斯波束/高斯波束　Gaussian beam
高斯地图投影/高斯地圖投影　Gauss map projection
高斯定理/輻散定理　divergence theorem
高斯法则/高氏法則　Gause rule
高斯反演/高斯反演　Gauss inversion
高斯分布/高斯分布　Gaussian distribution
高斯-克吕格格网/高斯-克魯格網格　Gauss-Krüger grid
高斯-克吕格投影/高斯-克魯格投影　Gauss-Krüger projection
高斯-克吕格坐标/高斯-克魯格坐標　Gauss-Krüger coordinate
高斯目镜/高斯目鏡　Gauss eyepiece
高斯平面子午线收敛角/高斯子午線收斂　Gauss grid convergence
高斯平面坐标/高斯平面坐標　Gauss plane coordinate
高斯平面坐标系/高斯平面坐標系　Gauss plane coordinate system
高斯期/高斯期　Gauss epoch
高斯曲率/高斯曲率　Gaussian curvature
高斯-赛德尔迭代法/高斯賽德疊代　Gauss-Seidel iteration
高斯-赛德尔法/高斯-塞德法　Gauss-Seidel method
高斯散度定理/高斯散度定理　Gauss divergence theorem
高斯摄动方程/高斯衛星運動方程式　Gauss variational equations
高斯束偏移/高斯束偏移　Gauss beam migration, Gaussian beam migration
高斯特阶/高斯特階　Gorstian Stage
高斯特期/高斯特期　Gorstian Age
高斯投影方向改正/高斯投影方向改正　arc-to-chord correction in Gauss projection
高斯投影距离改正/高斯投影距離改正　distance correction in Gauss projection
高斯纬度/高斯緯度　Gaussian latitude
高斯系数/高斯係數　Gauss coefficient
高斯约化法/高斯約化法　Gaussian elimination, Gauss method of subsitution
高斯噪声/高斯雜訊　Gaussian noise
高斯噪声谱/高斯雜訊譜　Gaussian noise spectrum
高斯中纬度公式/高斯中緯度公式　Gauss mid-latitude formula
高斯坐标/高斯坐標　Gaussian coordinate
高速公路/高速公路　freeway, express highway
高速数采系统/高速數採系統　system of high speed data sampling
高台虫属/高臺蟲　*Kaotaia*
高台矿/高臺礦　gaotaiite
高蹄类/高蹄類　altungulates
高通滤波/高通濾波　high pass filtering
高通滤波[器]/高通濾波器　high pass filter
高通滤光片/高通濾光片　high pass filter
高纬度多年冻土/高緯度多年凍土　high-latitude permafrost
高位地址内存区/高層記憶體區段　high memory area
高位沼泽/高位沼澤　highmoor
高温带/温度帶　thermal zone
高温地热田/高温地熱田　high-temperature geothermal field
高温地热系统/高温地熱系統　high-temperature geothermal system
高温发酵/高温發酵　thermophilic fermentation
高温过热水/高温過熱水　high-temperature superheated water
高温交代矿床/熱液交代礦床　pyrometasomatic deposit
高温水/高温熱水　high-temperature hot water
高温水热矿床/深成熱液礦床　hypothermal deposit
高温消化/高温消化　thermophilic digestion
高狭盐种/高狹鹽種　polystenohaline species
高咸水/高鹽水　haline water
高性能工作站/高性能工作站　high-performance workstation
高压坝/高壓阻塞　high pressure barrier
高压变质带/高壓變質帶　high pressure metamorphic belt
高压釜/高壓釜,熱壓器　autoclave
高压脊/高壓脊　ridge
高压救生舱/高壓救生艙　hyperbaric lifeboat, HBL

高压神经综合征/高壓神經症候群　high pressure nervous syndrome
高压相系/高壓[變質]相系　high pressure facies series
高压氧舱/高壓氧氣艙　hyperbaric oxygen chamber
高压氧医学/高壓氧醫學　hyperbaric oxygen medicine
高压氧治疗/高壓氧治療　hyperbaric oxygen therapy
高盐水/高鹽水,超鹽水　ultrahaline water, hyperhaline water
高原/高原　plateau
高原冰川/高原冰川　plateau glacier
高原季风/高原季風　plateau monsoon
高原气候/高原氣候　plateau climate
高原气象学/高原氣象[學]　plateau meteorology
高原相/高原相　plateau facies
高原玄武岩/高原玄武岩　plateau basalt
高原沼泽/高原沼澤　plateau swamp
高云/高雲　high cloud
高枝杉/高枝杉　Elatocladus
高指数/高指數　high index
高锥目/高錐螺目　Hypseloconidea
高自旋状/高自旋態　high spin state
睾酮/睾固酮,雄性荷爾蒙　testosterone
篙里山虫属/高里山蟲　*Kaolishania*
缟状云/帆狀[雲]　velum, vel
稿图/稿圖　manuscript map
稿图架/原稿架　copy holder
锆石/鋯石　zircon
锆针钠钙石/針鋯鈉鈣石,羅森布希石　rosenbuschite
戈壁/戈壁　gobi
戈尔德施米特规则/戈爾德施米特規則　Goldschmidt's rule
戈尔投影/高爾投影　Gall projection
哥德式文化/哥德式文化,蠻風文化　gothic culture
革翅目/革翅目　Dermaptera
革新分析/革新分析,創新分析　analysis of innovation
格孔壳/格孔殼　lattice shell
格拉芬堡台阵/Graefenberg 陣列　Graefenberg array
格拉姆磁间段/格雷姆磁間隔　Graham magnetic interval
格里菲斯能/格里菲斯能　Griffith energy
格里菲斯准则/格里菲斯準則　Griffith criterion
格里历/格[列高]里曆　Gregorian calendar
格林定理/格林定理　Green theorem
格林函数/格林函數　Green function
格林尼治民用时/格林威治民用時,世界時　Greenwich civil time, GCT
格林尼治平恒星时/格林威治平恆星時　Greenwich mean sidereal time
格林尼治平时/格林[威治]平時,格林威治標準時間　Greenwich mean time, GMT
格林尼治时间/格林威治時間　Greenwich time, Greenwich mean time, GMT
格林尼治时角/格林威治時角　Greenwich hour angle, GHA
格林尼治视时/格林威治視時　Greenwich apparent time
格林尼治子午圈/格林威治子午圈　Greenwich meridian
格林尼治子午线/格林[威治]子午線,本初子午線　Greenwich meridian, prime meridian
格林张量/格林張量　Green tensor
格[罗威]氏纺锤虫/格[羅威]氏紡錘蟲,格[羅威]氏蜓　Gallowaiinella
格舍尔阶/基什爾階　Gzhelian Stage
格舍尔期/基什爾期　Gzhelian Age
格式/格式　format
B-N 格式/B-N 格式　Backus-Naur Form
CGG 格式/CGG 格式　Compagnie Générale de Géophysique data format, CGG data format
GeoTIFF 格式/GeoTIFF 格式　Geo TIFF
GIF 格式/GIF 格式　graphic interchange format, GIF
GRISYS 格式/GRISYS 格式　GRISYS format
JPEG 格式/JPEG 圖檔　joint photographic experts group format, JPEG
S-57 格式/S-57 格式　S-57 Format
SEG-Y 格式/SEG-Y 格式　Society of Exploration Geophysicists format, SEG-Y format
TIFF 格式/TIFF 格式,標記影像檔案格式　tagged image file format, TIFF
格式化/格式化　formatting
格式转换/格式轉换　format conversion
格网/方格,網格　grid
格网板/網格版　grid board
格网标记/網格核對記號　grid tick
格网参照/網格參考,方格參照　grid reference
格网磁偏角/方格磁角　grid magnetic angle, grivation
格网单元尺寸/網格單元尺寸　cell size
格网-多边形数据格式转换/網格-多邊形資料格式轉换,方格-多邊形資料格式轉换　grid to polygon conversion

格网方阵/網格方陣 grid squares
格网分辨率/網格解析度 grid resolution
格网格式/網格格式 grid format
格网恒向线/網格恆向線 grid rhumb line
格网-弧段数据格式转换/網格-弧線[數據格式]轉换 grid to arc conversion
格网间距/網格間距 grid interval
格网数据/網格資料,方格資料 grid data
格网原点/方格原點 origin of grid
格网坐标/網格坐標,方格坐標 grid coordinates
格状水系/格[子]狀水系 trellis drainage, trellis drainage network
C 格子/C 格子 C-lattice
F 格子/F 晶格 F-lattice
I 格子/I 格子 I-lattice
格子采样/格子採樣 cell sampling
格子双晶/格子狀雙晶 cross-hatched twin, gridiron twining
格子蜓/格子蜓 *Cancellina*
格子状结构/格狀結構 grating texture
蛤素/蛤素 mercenene
隔板/隔板,横板,横隔膜 diaphragm, septum
隔板槽/隔板槽 septalium
隔板突起/隔壁突起,隔壁脊 septal ridge
隔壁/隔壁,隔膜 septum
隔壁刺/隔壁刺 septal spine
隔壁沟/隔壁溝 septal furrow, septal groove
隔壁管/隔壁管 septal funnel
隔壁厚结带/隔壁厚結帶 septal sterozone
隔壁嵴/隔壁脊,隔壁突起 septal ridge
隔壁间骨/隔壁間骨骼 interseptal skeleton
隔壁间区/隔壁間區 interseptal loculi
隔壁颈/隔壁頸 septal neck
隔壁孔/隔壁孔 septal foramen, septal pore
隔壁肋/隔壁脊,外隔壁 costa
隔壁领/隔壁領 septal collar
隔壁内墙/隔壁內牆 phyllotheca
隔壁生长程序/隔壁生長程序 septal insertion
隔壁通道/隔壁通道 septal canal
隔壁外壁/隔片壁 septotheca
隔壁组合/隔壁組合 septal grouping
隔槽式褶皱/隔槽式褶皺 wide spaced synclines
隔档式褶皱/隔擋式褶皺 separated block-type fold
隔离/隔離 segregation
隔离分化/隔離演化,地理割裂 vicariance
隔离机制/隔離機制 isolating mechanism
隔离演化/隔離演化 vicariance
隔离演化生物地理学/隔離演化生物地理學 vicariance biogeography
隔离指数/隔離指數 indices of segregation
隔离种/島嶼種 insular species
隔膜/隔膜 septum
隔室模型/隔室模型 compartment model
隔室式水准器/可調整起泡水準器 level chambered spirit
隔水层/阻水層 aquifuge, confining bed, aquitard
隔水套管/套管 conductor tube
隔水套管构架/套管構架 conductor frame
隔水性/隔水性 water resisting property
隔站观测法/隔站觀測法 alternate station method
隔振座/防振座 antivibration mounting
膈脊/膈脊 diaphragm
葛氏角石/葛氏角石 *Grabauites*
个案研究/個案研究 case study
个别体片断化/個體片面化,個體零碎化 individualizing fragmentation
个虫/個蟲,苔蘚蟲 zooid
个例研究/個案研究 case study
个人地理数据库/個人地理資料庫 personal geodatabase
个人生命轨迹/個人生活軌跡 trajectories of individuals
个体/個體 individual
个体变异定律/個體變異定律 law of individual variability
个体发生/個體發生[史],個體發育 ontogenesis, ontogeny
个体发育/個體發育,個體發生[史] ontogenesis, ontogeny
个体化/個體化 individuation
个体生态学/個體生態學 autoecology, autecology
各态历经系统/遍歷系統 ergodic system
各向同性/各向同性,等向性,均向[性] isotropy
各向同性程函方程/各向同性程函方程 isotropic eikonal equation
各向同性[的]/各向同性的,等向性的 isotropic
各向同性固体/各向同性固體 isotropic solid
各向同性介质/各向同性介質,均向性介質 isotropic medium
各向同性矩张量/各向同性矩張量 isotropic moment tensor
各向同性射线理论/各向同性射線理論 isotropic ray theory
各向同性湍流/均向亂流,均向擾動 isotropic turbulence
各向异性/各向異性,非等向性,非均向性 anisotropy

各向异性偏移/各向異性偏移　anisotropic migration
各向异性倾角时差校正/各向異性傾角時差校正　anisotropic dip-moveout correction
各向异性速度分析/各向異性速度分析　anisotropic velocity analysis
铬钾矿/鉻鉀礦　lopezite
铬绿脱石/鉻膨潤石，鉻高嶺石　volchonskoite, volkonskoite
铬泥浆/鉻泥漿　chrome mud
铬铅矿/鉻鉛礦　crocoite
铬铁矿/鉻鐵礦　chromite
铬铁矿浆/鉻鐵礦漿　chromite ore magma
铬斜绿泥石/鉻[斜]綠泥石　kaemmererite
根齿/根齒，根牙　rooted tooth
根带/根帶　root zone, rhizic zone
根节点/根節點　root node
根珊瑚属/根珊瑚　*Rhizophyllum*
根系层/根層　root layer
根牙/根牙，根齒　rooted tooth
根[状]茎/假根莖　rhizomoid, rhizome
根足虫/根足蟲　rhizopod
根足虫类/根足亞綱　Rhizopoda
根座属/根木，石松銀座　*Stigmaria*
跟踪/跟蹤　track
跟踪滤波器/追蹤濾器　tracking filter
跟踪摄影机/追蹤攝影機　tracking camera
跟踪数字化/追蹤數值化　tracing digitizing
跟踪系统/追蹤系統　tracking system
跟踪站/追蹤站　tracking station, track station
跟座/臼齒後尖　talon
更新/更新，修測　revision, update
更新世/更新世　Pleistocene Epoch
更新世冰期/更新世冰期　Pleistocene ice age
更新统/更新統　Pleistocene Series
更新周期/修測週期　revision cycle
耕种期/耕作期　ploughing season
耕作土壤/耕作土壤　cultivated soil
耕作土壤学/耕作土壤學　edaphology
耕作制度/耕作制度　farming system
梗节/梗節　pedicel
工厂化农业/工廠化農業　factory farming
工厂化养殖/企業化養殖　industrial culture
工厂排放水/工廠排放廢水　plant effluent
工厂现状图测量/工廠現狀圖測量　survey of present state at industrial site
工程/工程　project
工程测链/工程測鏈　engineer's chain
工程测量/工程測量　engineering survey
工程测量学/工程測量學　engineering surveying
工程船/工作船　working craft
工程地球物理[学]/工程地球物理學　engineering geophysics
工程地震/工程地震學　engineering seismology
工程地质测绘/工程地質測繪　engineering geological mapping
工程地质调查/工程地質調查　engineering geological survey
工程地质勘察/工程地質探勘　engineering geological investigation
工程地质类比法/工程地質類比法　engineering geological analogy
工程地质评价/工程地質評價　engineering geological assessment
工程地质条件/工程地質條件　engineering geological condition
工程地质学/工程地質學　engineering geology
工程动力地质学/工程動力地質學　engineering geodynamics
工程冻土学/工程凍土學　engineering geocryology
工程活动断层/工程活動斷層　engineering active fault
工程经纬仪/工程經緯儀　engineer's theodolite
工程控制网/工程控制網　engineering control network
工程摄影测量/工程攝影測量　engineering photogrammetry
工程视点/工程觀點　engineering viewpoint
工程数据/工程數據　project data
工程水准仪/工程水準儀　engineer's level
工程图/工程地圖　engineering map
工程文件夹/工程文件夾　project folder
工程坐标系/工程坐標系，獨立坐標系　engineering coordinate system
工具包/工具包　toolkit
工具集/工具集　toolset
工具提示/工具提示　tool tip
工具条/工具條　toolbar
工具箱/工具箱　toolbox
工蕨类/工蕨類　zosterophytes
工矿区/工礦區　industrial and mining area
工频干扰/工頻干擾　operating frequency interference
工商业用地/工商業用地　commercial and industrial sites
工业标准/工業標準　industrial standard

工业布局/工業布局 industrial allocation
工业测量/工業測量 industrial survey
工业测量系统/工業測量系統 industrial measuring system
工业城市/工業城市 industrial city
工业地带/工業地帶 industrial belt
工业地理学/工業地理學 industry geography
工业地图集/工業地圖集 industrial atlas
工业地域类型/工業地欄位型別 industrial areal pattern
工业地域综合体/工業地域綜合體 industrial territorial complex
工业废水/工業廢水 industrial wastewater
工业分散/工業分散 industrial dispersal
工业复合体/工業組合 industrial complex
工业化/工業化 industrialization
工业化国家/工業化國家 industrialized countries
工业基地/工業基地 industrial base
工业集聚/工業聚集 industrial agglomeration
工业矿物和岩石/工業礦物和岩石 industrial minerals and rocks
工业扩散/工業擴散 industrial diffusion
工业旅游/工業旅遊 industrial tourism
工业气候/工業氣候 industrial climate
工业气流/工業氣流 commercial gas flow
工业区/工業區 industrial zone
工业区位/工業區位 industrial location
工业区位论/工業區位理論 industrial location theory
工业区位模式/工業區位模式 model of industrial location
工业摄影测量/工業攝影測量 industrial photogrammetry
工业摄影测量学/工業攝影測量學 industrial photogrammetry
工业生产协作/工業生產合作 industrial production cooperation
工业枢纽/工業樞紐 industrial junction
工业体系/工業體系 industrial system
工业污染/工業汙染 industrial pollution
工业印刷/工業印刷 industry printing
工业油流/工業油流 commercial oil flow
工业园/工業園區 industrial park
工业噪声/工業噪音 industrial noise
工业资本主义/工業資本主義 industrial capitalism
工艺岩石学/工藝岩石學 technological petrology
工作空间/工作空間 workspace
工作零碎化/工作零碎化 job fragmentation
工作流/工作流 work flow
工作目录/工作目録 working directory
工作区/工作空間 workspace
XML 工作区文档/XML 工作區文檔 XML workspace document
工作顺序/工作順序 work order
工作站/工作站 workstation
弓笔石/弓筆石 *Cyrtograptus*
弓鲛属/弓鮫 *Hybodus*
弓角石/弓角石 Cyrtoceras
弓角石式壳/弓角石[式]殼 cyrtoceracone
弓鳍鱼类/弓鰭魚類,弓鰭魚目 Amiiforms
弓鞘角石/弓鞘角石 Cyrtovaginoceras
弓形贝/魚筐貝 Cyrtina
弓形脊/弓形脊 arcuate ridge
弓形壳/弓角殼 cyrtocone
弓状脊椎/弓狀脊椎 apsidospondylous vertebra
弓锥目/弓錐目 Cyrtonellidea
弓锥亚纲/弓錐亞綱 Aspidospondyli
弓锥状/弓錐狀 cyrtoconic
公地测量/公地測量 public land survey
公共保健系统/公共保健系統 public health care system
公共财政地理学/公共財政地理學 geography of public finance
公共服务业地理学/公共服務業地理學 geography of public services
公共管理地理学/公共管理地理學 geography of public administration
公共空间/公共空間 public space
公共设施/公共設施 public facilities, public utilities of building, utilities
公共设施测量/公共設施測量 utility surveying
公共设施网络地图/公共設施網路地圖 utility network map
公共设施网络服务/公共設施網路服務 utility web service
公共设施信息系统/公共設施資訊系統 utility information system
公共土地测量系统/公共土地測量系統 public land survey system
公共网关接口/通用閘道介面 common gateway interface, CGI
公共虚拟服务/公共虛擬服務 public virtual server
公共选择理论/公共選擇理論 public choice theory
公共语言运行环境/CLR 執行環境 common language runtime, CLR
公共政策地理学/公共政策地理學 geography of

public policy
公海/公海　high seas
公海捕鱼和生物资源养护公约/公海捕魚和生物資源保育公約　Convention on Fishing and Conservation of the Living Resources of the High Seas
公海公约/公海公約　Convention on the High Seas
公海渔业/公海漁業,遠洋漁業　fishing on the high seas
公害/公害　public nuisance
公路编号/公路編號　road marker
公路定线/公路定線　highway location
公路图/公路圖　highway map, automobile map
公路网/公路網　road networks
公路运输/公路運輸　highway transport
公民权/公民權　citizenship
公平/公平　equity
公平原则/公平原則　equitable principle
公司空间扩展/公司空間擴展　corporation spatial expansion
公孙树目/公孫樹目,銀杏目　Ginkgoales
公务旅行/公務旅行　business travel
公用对象请求代理程序体系结构/CORBA 架構　common object request broker architecture, CORBA
公有土地/公有土地　public land, public domain
公元前/公元前　before Christ, BC
公转/公轉　revolution
功利主义/效用主義　utilitarianism
功利主义者/效用主義者　utilitarian
功率/功率　power
功率谱/功率譜　power spectrum
功率谱方法/功率譜法　power spectral method
功率谱密度/功率譜密度　power spectral density
功能/功能　function
功能反应/功能反應　functional response
功能冗余性/功能冗餘性　functional redundancy
功能形态学/功能形態學　functional morphology
功能主义趋向/機能主義研究取向　functionalist approach
攻击[性]拟态/攻擊[性]擬態　aggressive mimicry
供电电极/電流電極　current electrode
供电电极距/供電電極距　power supply electrode spacing
供水/供水　water supply
供水工程/給水工程　water supply engineering
供水量/供水量　water supply
供水水文地质学/供水水文地質學　water supply hydrogeology
供应域/供應域　supply area
肱二头肌脊/肱二頭肌脊,二頭肱肌脊　bicipital crest
肱骨/肱骨　humerus
肱骨背结节/肱骨背結節　dorsal tubercule of humerus
肱骨腹结节/肱骨腹結節　ventral tubercule of humerus
肱骨内髁/肱骨内上髁　entepicondyle of humerus
肱骨外髁/肱骨外上髁　ectepicondyle of humerus
宫城/宫城　imperial palace
龚岔群/龔岔群　Gongcha Group
巩膜[骨]环/鞏膜環　sclerotic ring
巩膜片/鞏膜板　sclerotic plate
汞/汞　mercury
汞钯矿/汞鈀膏礦　potarite
汞矾/汞礬　schuetteite
汞铅矿/二鉛汞礦　leadamalgam
拱壁/拱壁　buttress
拱点/遠近點　apsis
拱极星/環極星　circumpolar star
拱曲运动/拱曲運動　arcogeny, arcogenesis
拱曲褶皱/拱曲褶皺　bending fold
拱曲作用/拱曲作用　arch effect
拱线/遠近線　apsidal line
共沉淀/共沈澱　coprecipitation
共成像点道集/共成像點道集　common-imaging-point gather
共存/共存　coexistence
共存分析/共存分析　coexistence approach
共存延限带/共存延伸帶　concurrent-range zone
共大地水准面/補助大地水準面　co-geoid
共轭大陆边缘/共軛大陸邊緣　conjugate continental margin
共轭断层/共軛斷層　conjugate faults
共轭剪切带/共軛剪切帶　conjugated shear zone
共轭角/共軛角　conjugate angles, explementary angles
共轭节理/共軛節理　conjugate joints
共轭矩阵/共軛矩陣　conjugate matrix
共轭距离/共軛距離　conjugate distance
共轭算子/共軛算子　conjugate operator
共轭膝折/共軛膝折　conjugate kink
共轭雁列带/共軛雁列帶　conjugate echelon belt
共轭褶皱/共軛褶皺　conjugate fold
共反射点/共反射點　common-reflection-point, CRP
共反射面叠加/共反射面疊加　common-reflection-surface, CRS stack

共骨骼/共骨[骼],間骨骼 coenosteum, coenenchyma
共价/共價 covalence
共接收点道集/共接收點道集 common-receiver gather
共结点/共結點 married point
共结系/共熔系統 eutectic system
共聚合作用/共聚合作用 copolymerization
共聚作用/共聚作用 interpolymerization
共面/共面 coplane
共面方程/共面方程式 coplanarity equation
共面条件/共面條件 coplanarity condition
共面条件方程式/共面條件方程式 coplanarity condition equation
共模/共模,共型 syntype
共炮点道集/共炮點道集 common-shot gather
共偏移距剖面/共偏移距剖面 common-offset section
共栖/共棲,[片利]共生 commensalism
共深度点叠加/共深度點疊加 common depth point stacking, CDP stacking
共深度点网格/共深度點網格 common depth point grid, CDP grid
共生的/共生的 commensal
共生多年冻土/共生永凍土 syngenetic permafrost
共生关系/共生[現象] symbiosis
共生矿/共生礦 paragenic ore
共生生物/共生生物 symbiont
共生序数/共生序數 paragenes
共生者/共生者 symbiont
共通沟/共有溝 common canal
共同边界/相連界線 conjoint boundary
共同景观/共同景觀 common landscape
共同市场/共同市場 common market
共同衍征/共衍徵,共衍性狀 synapomorphy
共同祖征/共同祖徵 symplesiomorphy
共位群/同功群,棲位 guild
共线/共線[性] collinear
共线法/共線法 collinearity method
共线方程校正法/共線方程校正法 collinear equation correction
共线方程式/共線方程式 collinearity equation
共线条件/共線條件 collinearity condition
共线中心/共線中心 center of collineation
共相科学/共相科學 nomothetic sciences
共享/共用,分享 share
共享边界/共享邊界 shared boundary
共享顶点/共享頂點 shared vertex
共型/同型 cotype
共有基金/共同基金 mutual fund
共有土地/共有土地 joint land ownership
共源点/同源點 common source point
共源点道集/共源點道集 common source point gather
共振/[相互]共振 resonance, coupled oscillation
共振槽/共振槽 resonance trough
共振理论/共振説 resonance theory
共振柱试验/共振柱試驗 resonant column test
共中心点/同中點 common midpoint
共中心点道集/同中點聚排 common midpoint gather
共中心点叠加/共中心點疊加 common midpoint stacking
共中心点法/同中點法 common midpoint method
共中心点覆盖次数/共中心點覆蓋次數 common midpoint fold, CMP fold
共轴/共軸 coaxial
共轴递进变形/共軸遞進變形 coaxial progressive deformation
共轴褶皱/共軸[褶皺] coaxial fold
共转换点道集/共轉換點道集 common-conversion-point gather
共转相互作用区/共轉相互作用區 corotating interaction region, CIR
共祖距离/共祖距離 patristic distance
共祖相似性/共祖相似性 patristic similarity
勾边处理/邊緣處理 edge crispening
沟/溝 colpus
沟壁珊瑚属/溝壁珊瑚 *Aulacophyllum*
沟边缘/孢槽緣 furrow rim
沟鞭藻类/渦鞭藻,甲藻,腰鞭毛藻 dinoflagellates
沟鞭藻囊孢/溝鞭藻囊孢 dinocyst
沟谷/溝谷 ravine
沟谷密度/蝕溝密度 density of gully
沟[谷侵]蚀/侵蝕溝蝕 gully erosion
沟弧盆系/溝弧盆系 trench-arc-basin system
沟间区/溝間區 mesocolpium
沟口螺形/溝口螺形,管口式 siphonostomatous
沟肋虫属/溝肋蟲 *Solenopleura*
沟鳞鱼属/溝鱗魚 *Bothriolepis*
沟膜/溝膜 colpus membrane
沟膜孢/槽切膜 furrow membrane
沟渠构造/溝渠構造 channel structure
沟珊瑚属/溝珊瑚 *Bothrophyllum*
沟蚀/溝蝕 gulley erosion
沟系/溝道系統 canal system

沟铸型/溝鑄型 groove cast
钩菊石/鉤菊石 Hamites
钩卷云/鉤卷雲 cirrus uncinus, Ci unc
钩形贝属/倒鉤貝 *Uncinulus*
钩状回波/鉤狀回波 hook-shaped echo
钩状毛细胞型/鉤狀毛細胞型 unacicular hair cell
钩状沙嘴/鉤狀沙嘴 hooked spit
钩状突/鉤狀突 uncinate process
钩状褶皱/鉤狀褶皺 hook fold
钩啄石燕属/鉤啄石燕 *Rostrospirifer*
构像方程/構像方程 imaging equation
构造/構造,結構 structure
[构造]板块/[構造]板塊 tectonic plate
构造薄膜/構造薄膜 structural film
构造鼻/構造鼻 structural nose
构造变动/地殼變動 diastrophism
构造变形/構造變形 tectonic deformation
构造变形场/構造變形場 tectonic deformation field
构造变形机制/構造變形機制 tectonic deformation mechanism
构造变形面/構造變形面 tectonic deformation surface
构造变形相/構造變形相 tectonic deformation facies
构造剥蚀[作用]/構造剝蝕作用 tectonic denudation
构造不整合/構造不整合 structural discordance
构造层/構造層 structural bed
构造层次/構造層準 structural level
构造层模型/構造層模型 tectosphere model
构造层位/構造階層 tectonic level
构造超压/構造加壓 tectonic overpressure
构造沉降/構造沈降 tectonic subsidence
构造成生时期/構造成生時期 tectonic formation period
构造尺度/構造尺度 tectonic scale
构造窗/構造窗 window
构造磁效应/構造磁效應 tectonomagnetic effect
构造大阶段/構造大階段 tectonic megastage
构造单元/造構單元 tectonic unit, tectonic element
构造等级/構造等級 construction class, tectonic magnitude, tectonic order
构造等值线/構造等高線 structural contour
构造地层单位/構造地層單位 structural stratigraphic unit
构造地层地体/構造地層地體,構造地層區 tectono-stratigraphic terrane
构造地层学/構造地層學 tectostratigraphy
构造地块/構造地塊 tectonic block
构造地貌/構造地形 structural landform
构造地貌格局/構造地形類型 morphotectonic pattern
构造地貌结构/構造地形結構 morphotectonic structure
构造地貌学/構造地形學 structural geomorphology
构造地球化学/構造地球化學 tectonogeochemistry
构造地震/構造地震 tectonic earthquake
构造地质[学]/構造地質學 structural geology, structural geology and tectonics
构造电效应/構造電效應 tectonoelectric effect
构造叠加/構造疊加 tectonic superposition
构造断块/構造斷塊 tectonic block
构造发育史/構造發育史 structural growth history
构造反演/構造反演 structural inversion
构造反演技术/構造反演技術 structural inversion technique
构造方向/構造方向 tectonic grain
构造分析/構造分析 tectonic analysis
构造复合/構造[體系]複合 compounding of structure
构造复原/構造復原 tectonic restoration
构造格架/構造骨架 tectonic framework
构造古地理/構造古地理 tectono-paleogeography
构造谷/構造谷 tectonic valley
构造硅化带/構造矽化帶 structural silicification zone
构造海岸/構造海岸 tectonic coast
构造[横]剖面/構造[横]剖面 structural cross section
构造湖/構造湖 tectonic lake
构造回返/構造回返 tectonic inversion
构造活动带/構造活動帶 active tectonic zone
构造活动性/構造活動性 tectonic activity
构造极性/構造極性 tectonic polarity
构造几何学/構造幾何學 structural geometry
构造继承性/構造繼承性 tectonic inheritance
构造阶地/構造階地,構造臺地 tectonic terrace
构造阶段/構造階段 tectonic stage
构造节理/構造節理 tectonic joints
构造解析图/構造解析圖 structural analysis chart
构造经线/構造經線 tectonic longitude line
构造均匀性/構造均勻性 structural homogeneity
构造类型/構造類型 structural type
构造联合/構造聯合 conjunction of structure
构造裂隙/構造裂隙 structural fissure
构造隆升/構造隆昇 tectonic uplift
构造模拟/構造模擬 tectonic simulation
构造模式/造構模型 tectonic model

构造盆地/構造盆地,造構盆地 tectonic basin
构造剖面/構造剖面 structure section
构造期/構造期 tectonic period
构造迁移/構造移動 tectonic transport, tectonic flow
构造桥/構造橋 structural bridge
构造侵位/構造侵位 tectonic emplacement
构造圈/構造圈 tectonosphere
构造圈闭/構造封閉 structural trap
构造群落/構造群落 tectonic community
构造热/構造熱 tectonic heating
构造热年龄/構造熱年齡 tectono-thermal age
构造热事件/構造熱事件 tectothermal event
构造热演化/構造熱演化 tectono-thermal evolution
构造蠕动/構造蠕動 tectonic creep
构造三角带/構造三角帶 tectonic triangle zone
构造世代/構造世代 tectonic generation
构造体系/造構系 structural system, tectonic system
构造体系等级/構造體系等級 tectonic system level
构造体系联合/構造體系聯合 conjunction of structural system
构造体系图/構造體系圖 structural system map
构造体系序次/構造體系序次 sequence of tectonic system
构造体制/構造體制 tectonic regime
构造透镜体/構造凸鏡體 tectonic lens
构造图/構造圖 structural map
构造图式/構造樣式 structural pattern
构造脱顶/構造脱頂 decollement
构造物理模型/構造物理模型 tectonophysical model
构造物理[学]/構造物理學 tectonophysics
构造系统/造構系 structural system, tectonic system
构造细粒化/構造細粒化 tectonic grain refinement
构造线/構造線 structure line
构造楔/構造楔 tectonic wedge
构造新生性/構造新生性 new character of tectonics
构造形迹/構造形象 structural feature
构造形式/構造形式 structural form, tectonic pattern
构造型/構造型 stereotype
构造型式/構造型式,構造類型 structural type, tectonic type
构造型式图/構造型式圖 structure diagram
构造序列/構造層序 structural sequence
构造序幕/構造序幕 tectonic episode
构造旋回/造構輪回,大地構造循環 tectonic cycle
构造学/構造學,大地構造運動學 tectonics
构造岩/構造岩 tectonite
构造岩浆区/構造岩漿區 tectonomagmatic province
构造岩石学/構造岩石學 structural petrology
构造岩相带/構造岩相帶 structure and lithological zone
构造演化/構造演化 structural evolution
构造样式/構造型式 tectonic style
构造要素/構造要素 structural element
构造应变场/構造應變場 tectonic strain field
构造应力/構造應力 tectonic stress
构造应力场/構造應力場 tectonic stress field
构造应力方向/構造應力方向 tectonic stress orientation
构造油气藏/構造油氣藏 structural pool
构造域/結構域 structural domain
构造运动地貌/構造地形 tectonic landform, morphotectonics
构造运动学/構造運動學 structural kinematics
构造整合/構造整合 structure conformity
[构造]置换/構造置換,調移,换位 transposition, transposition of structures
构造主轴/構造主軸 structure principal axis
构造组合/構造組合 tectonic association
构造作用/構造作用 tectonism
构造作用力/大地構造作用力 tectonic force
购物旅游/購物旅遊 shopping tour
购物娱乐中心/購物中心 shopping mall
估读显微镜/指標顯微鏡 index microscope, index line microscope
估计深度/推定深度 unsurveyed clearance depth
估价单/估價單 estimating paper
孤雌生殖/孤雌生殖,單性生殖 parthenogenesis
孤峰/石灰岩殘丘 hums
孤立波/孤立波 solitary wave
孤立单体/隔離細胞 isolated cell
孤立等高线/孤立的等高線 isolated contour line
孤立冕洞/孤立冕洞 isolated coronal hole
孤立危险物标志/孤障標志 isolated danger mark
孤立系统/孤立系統,隔離系 isolated system
孤立型地震/孤立型地震 isolated earthquake
孤立子/孤立子 soliton
古 DNA/古 DNA ancient DNA
古巴矿/古巴礦,直黄銅礦 cubanite
古板块/古板塊 fossil plate
古板块构造/古板塊構造 paleo-plate tectonics, fossil plate tectonics
古板块构造[学]/古板塊構造[學] palaeoplate

tectonics, fossil plate tectonics
古半翅目/古半翅目 Protohemiptera
古孢粉学/古孢粉學 palaeopalynology
古孢子体/古孢子體 protosporogonite
古杯动物/古杯動物 Archaeocyatha
古杯动物门/古杯動物門 Archaeocyatha
古杯海绵类/古杯海綿綱 Pleospongia
古杯类/古杯類 archaeocyathids
古杯属/古杯 *Archaeocythus*
古北界/古北界 Palaearctic realm
古北矿/矽高鐵石 gupeiite
古病理学/古病理學 palaeopathology
古残磁/古殘磁 fossil remanence
古草本植物/原始草植物 palaeoherb plant
古长期变化/古長期變化 palaeosecular variation
古城遗址/古城遺址 ruins of ancient city
古尺长/古尺長 stadium
古齿亚目/古齒亞目 Palaeodonta
古齿猪/古[齒]豬 Archaeonodon
古翅类/古翼類 Paleoptera, paleopterans
古大地构造/古地質構造學 palaeotectonics
古大地构造图/古構造圖 paleotectonic map
古大陆再造[图]/古大陸再造[圖] paleocontinental reconstruction map
古代生物分子/古代生物分子 ancient biomolecule
古代文化遗产/古代文化遺産 ancient heritage
古德分瓣等积投影/古特分瓣同正弦投影 Goode interrupted homolosine projection
古德分瓣投影/古特分瓣投影 Goode interrupted projection
古登堡-里克特关系/古登堡-里克特關係 Gutenberg-Richter relation
古登堡-里克特震级/古登堡-里克特震級 Gutenberg-Richter magnitude
古登堡速度模型/古登堡速度模型 Gutenberg velocity model
古等称虫/始等稱蟲 Eoistelus
古地磁场/古地磁場 paleomagnetic field
古地磁场长期变化/古地磁場長期變化 paleomagnetic secular variation
古地磁赤道/古地磁赤道 palaeogeomagnetic equator
古地磁磁力仪/古地磁磁力儀 paleomagnetic magnetometer
古地磁地层学/古地磁地層學 paleomagnetic stratigraphy
古地磁方向/古地磁方向 paleomagnetic direction
古地磁极/古地磁極 paleomagnetic pole
古地磁极精度参量/古地磁極精度參量 precision parameter for paleomagnetic pole
古地磁模式/古地磁模式 paleomagnetic pattern
古地磁欧拉极/古地磁歐拉極 paleomagnetic Euler pole
古地磁强度/古地磁強度 palaeogeomagnetic intensity
古地磁数据库/古地磁資料庫 paleomagnetic database
古地磁[学]/古地磁[學] paleomagnetism
古地磁主成分分析/古地磁主成分分析 paleomagnetic principal component analysis, PCA
古地理图/古地理圖 paleogeographic map
古地理位置/古地理位置 paleogeographic position
古地理学/古地理學 paleogeography
古地[球]磁场强度/古地[球]磁場強度 geomagnetic paleointensity, paleomagnetic intensity
古地热系统/古地熱系統 ancient geothermal system, fossil geothermal system
古地热学/古地熱學 palaeogeothermics
古地台/古地臺 ancient platform, paleo-platform
古地图/古地圖 ancient map
古地温/古地温 paleogeotemperature
古地震/古地震 paleoearthquake
古地震地貌标志/古地震地貌標志 paleoearthquake geomorphic indicator
古地震地质标志/古地震地質標志 paleoearthquake geologic indicator
古地震定年/古地震定年 paleoearthquake dating
古地震发生地/古地震發生地 paleoseismic site
古地震构造/古地震構造 paleoseismic structure
古地震事件层/古地震事件層 paleoearthquake event horizon
古地震学/古地震學 paleoseismology
古地中海/古地中海,特提斯海 Tethys
古地中海海道/古地中海海道,特提斯海道 Tethys Seaway
古典地方/古典地方 classical lands
古动物地理区/古動物地理區 paleozoogeographic province
古动物地理学/古動物地理學 palaeozoogeography
古动物学/古動物學 paleozoology, palaeozoology
古硐井群/古硐井群 Gudongjing Group
古泛足纲/古泛足綱 Palaeopontopoda
古风积土/古風積土 ancient aeolian soil
古封印木属/古封印木[屬] *Archaeosigillaria*
古俯冲带/古隱没帶,古消減帶 fossil subduction zone
古腹足亚纲/古腹足亞綱 Protogastropoda

古构造/古構造 ancient structure
古构造分析/古構造分析 analysing palaeo-structure
古构造体系/古構造體系 paleo-structural system
古构造应力场/古構造應力場 paleotectonic stress field
古海岸线/古海岸線 paleocoast line
古海百合目/古海百合綱 Palaeocrinoidea
古海流/古洋流,古[水]流 paleocirculation, paleocurrent
古海洋学/古海洋學 paleoceanogrpahy
古河道/古河道 paleochannels
古颌超目/古頜總目 Palaeognathae
古颌总目/古頜總目 Palaeognathae
古鲎/古鱟 Hemiaspis
古狐兽属/擬狐獸 *Vulpavus*
古滑坡/古滑坡 ancient landslide
古环境/古環境 palaeoenvironment
古脊椎动物学/脊椎古生物學 vertebrate palaeontology
古季风/古季風 paleomonsoon
古甲壳目/古殼目 Archaeostraca
古剑珊瑚属/古劍珊瑚 *Palaeosmilia*
古介形虫/古介形蟲,前尖蟲 Aluta
古介形纲/古殼目 Archaeostraca
古近纪/古近紀,古第三紀 Paleogene Period, Paleogene
古近系/古第三系 Paleogene System
古经度/古經度 palaeolongitude
古鲸亚目/古鯨亞目 Archaeoceti
古喀斯特/古喀斯特 paleokarst
古孔目/古孔目,古穴目 Palaeotremata
古口/古口 archaeopyle
古昆虫学/古昆蟲學 palaeoentomology
古棱齿象属/古棱象 *Palaeoloxodon*
古裂谷/古裂谷 palaeorift
古芦木/古蘆木 Archaeocalamites
古陆/古陸 ancient land, old land
古陆核心区/古陸核心區 ancient nuclear area
古鹿褶/古鼷鹿褶 Palaeomeryx-fold
古马通/古馬通 Phlebopteris
古貘/古貘 Lophodon
古南美有蹄亚目/古南美有蹄亞目 Notioprogonia
古鸟属/古鳥,原鳥 *Archaeornis*
古鸟亚纲/古鳥亞綱 Archaeornithes
古贫齿亚目/古貧齒亞目 Palaeonodonta
古气候/古氣候 paleoclimate
古气候重建/古氣候重建 paleoclimatic reconstruction
古气候模拟/古氣候模擬 paleoclimate modeling
古气候序列/古氣候序列 paleoclimatic sequence
古气候学/古氣候[學] paleoclimatology
古气候证据/古氣候證據 paleoclimate evidence
古潜山/潛山,埋藏丘 buried hill
古强度/古強度 palaeointensity
古趋性学/古趨性學,古行動學 palaeotaxiology
古热带植物区/古熱帶植物區 Paleotropic kingdom
古热流/古熱流 palaeo-heat flow
古人/尼安德塔人 homo sapiens neanderthalensis
古人类学/[考]古人類學 palaeoanthropology
古蠕虫类/古蠕蟲類 paleoscolecidians
古乳齿象属/古乳齒象 *Palaeomastodon*
古沙丘/古沙丘 fossil dune, ancient sand dune
古珊瑚属/古珊瑚 *Palaeophyllum*
古深度/古深度 paleobathymetry, paleodepth
古生产力/古生產力 paleoproductivity
古生代/古生代 Paleozoic Era
古生代演化动物群/古生代演化動物群 Palaeozoic Evolutionary Fauna
古生界/古生界 Paleozoic Erathem
古生境/古生境 paleohabitat
古生态/古生態 paleoecology
古生态学/古生態學 paleoecology
古生物地理区/古生物地理區 palaeobiogeographic province
古生物地理学/古生物地理學 paleobiogeography
古生物化学/古生物化學 palaeobiochemistry
古生物区/古生物區 paleontologic province
古生物瞬时/古生物瞬時 paleontologic instant
古生物相/古生物相 paleontologic palaeontological facies
古生物学/古生物學 paleontology
古生物钟/古生物鐘 palaeontological clock
古生物种/古生物種 paleontological species
古食肉类/肉齒類,肉齒目 creodonts
古食肉目/[古]肉食亞目 Creodonta
古兽目/古獸目 Pantotheria
古鼠/古鼠 Eomys
古水/化石水 fossil water
古水文地质学/古水文地質學 paleohydrogeology
古水文学/古水文學 paleohydrology
古松柏粉类/古松柏粉類,古松柏粉屬 Palaeoconiferus
古苔类/古苔類 protohepaticites
古太古代/古太古代 Paleoarchean Era
古太古界/古太古界 Paleoarchean Erathem
古特提斯/古特提斯 Paleo-Tethys, Paleotethys

古特有植物/舊特有植物 palaeoendemic plant
古特有种/古特有種 paleoendemic
古铜钙长无球粒陨石/古銅鈣無球隕石 howardite
古铜-橄榄石铁陨石/古銅-橄欖石鐵隕石 bronzite-olivine stony-iron meteorite
古铜辉石/古銅輝石 bronzite
古铜-鳞英石铁陨石/古英鐵鎳隕石 siderophyre
古凸贝属/古凸貝 *Palaeostrophia*
古土壤/古土壤 paleosoil
古兔属/古兔 *Palaeolagus*
古网翅目/古網翅目 Palaeodictyoptera
古纬度/古緯度 paleolatitude
古温标/古温標 palaeotemperature indicator
古温度/古温[度] paleotemperature
古温跃层/古温躍層,古斜温層 paleo-thermocline
古无脊椎动物学/無脊椎古生物學 invertebrate palaeontology
古鼷鹿属/古鹿 *Archaeomeryx*
古藓类/古蘚類 protomuscites
古消减带/古消減帶,古隱没帶 fossil subduction zone
古新世/古新世 Paleocene Epoch
古新统/古新統 Paleocene Series
古行为学/古行爲學 palaeoethology
古鳕类/古鱈魚類 palaeoniscoids
古鳕鱼目/古鱈目 Palaeoniscoidea
古岩溶/古岩溶 ancient karst
古盐度/古鹽度 paleosalinity
古猋/古猋 Dinictis
古羊齿/古蕨 Archaeopteris
古羊齿目/古羊齒目 Archaeopteridales
古羊齿属/古蕨 *Archaeopteris*
古洋脊/古洋脊 fossil ridge
古洋流/古洋流,古[水]流 paleocirculation, paleocurrent
古叶状体/古葉體,原葉體 protothallus
古遗迹学/古生痕學 palaeoichnology, palichnology
古银杏属/古銀杏 *Baiera*
古隐没带/古隱没帶,古消減帶 fossil subduction zone
古油藏/古油藏 palaeo-reservoir
古有甲目/古有甲目,古有甲類 Palaeoloricata
古鱼类学/古魚類學 palichthylogy
古语遗留区/古語遺留區 area of survival archaic language
古元古代/古原生代 Paleoproterozoic Era
古元古界/古原生界 Paleoproterozoic Erathem
古圆货贝属/古圓貨貝 *Palaeobolus*
古陨击坑/隕石痕 astrobleme
古藻类学/古藻類學 palaeoalgology
古造山带/古造山帶 ancient orogenic belt
古丈阶/古丈階 Guzhangian Stage
古丈期/古丈期 Guzhangian Age
古褶带/古褶帶 Palaeofold belt
古直翅目/古直翅目 Protorthoptera
古植代/古植代 Paleophytic Era, paleophyte
古植物地理学/古植物地理學 palaeophytogeography
古植物区系/古植物區系 paleoflora
古植物省/古植物區 paleobotanic province
古植物学/古植物學 palaeobotany
古栉齿型/古櫛齒型,古櫛齒亞綱 palaeotaxodont
古种子学/古果實學 palaeocarpology
古周囊孢类/古週囊孢類,古週囊孢屬 Archaeoperisaccus
古猪/古[齒]豬 Archaeonodon
古椎鱼目/古椎魚目 Palaeospondyloidea
古椎鱼属/古椎魚 *Palaeospondylus*
古足介目/古足目 Palaeocopida
古足亚目/古足亞目 Palaeocopa
谷/[波]谷 valley, sinus
谷边碛/谷磧 valley train
谷地/谷地 cove
谷风/谷風 valley breeze
谷风环流/谷風環流 valley wind circulation
谷岭构造/谷嶺構造 valley-and-ridge structure
谷雾/谷霧 valley fog
谷雨/穀雨 Grain Rain
股骨/股骨,大腿骨 femur
股骨第四转子/股骨第四轉子 fourth trochanter of femur
股骨滑车间窝/股骨轉子間窩 intertrochanteric fossa of femur
股骨嵴/壁柱狀股骨 pilaster of femur
股骨内转子/股骨内轉子 internal trochanter of femur
股骨收肌脊/股骨收肌脊 adductor crest of femur
股节/腿節 femur
股票/股票 stocks
骨棒/横棒 synapticula
骨层/骨層 bone bed
骨骼工具/骨器 bone tools
骨化/骨化 ossification
骨灰/骨灰 bone ash
骨甲鱼类/骨甲[魚]類 osteostracans

骨甲鱼亚纲/骨魚目,骨魚類,骨甲目 Osteostraci
骨架/骨架 carcass
骨架叠层石/骨架叠層石 skeletal stromatolite
骨架航线/控制航線 control strip
骨架灰岩/骨構灰岩 framestone
骨角砾岩/骨[屑]角礫岩 bone breccia, osseous breccia
骨粒/骸粒 skeletal grain
骨磷矿/骨磷礦 bone coal phosphate
骨鳞/骨鱗 bony scale
骨鳞鱼属/骨鱗魚 *Osteolepis*
骨螺属/骨螺,鬼里螺 *Murex*
骨煤/硬灰煤 bone coal
骨片/骨片,細骨石 sclerite
骨炭/硬灰煤 bone coal
骨屑/骨屑 skeletal fragment
骨屑层/骨層 bone bed
骨学/骨骼學 osteology
骨针/骨針 spicule, bone needle
骨针岩/骨針岩 spicularite
骨质化/骨化 ossification
骨质腱桥/骨質腱橋 supratendinal bridge
骨状燧石/骨燧石 bone chert
骨锥/骨錐 bone awl
钴华/鈷華 erythrite
钴镍黄铁矿/方硫鈷礦 cobalt pentlandite
鼓骨/鼓骨 tympanic bone
鼓膜/鼓膜 tympanic membrane
鼓泡/鼓泡,耳泡 tympanic bulla
鼓丘/鼓丘[形構造],蛋丘 drumlin, drum
鼓山阶/鼓山階 Drumian Stage
鼓山期/鼓山期 Drumian Age
鼓室/鼓室,鳴腔 tympanum
鼓室道/鼓室道 tympanic canal
固氮细菌/固氮菌 nitrogen fixing bacteria
固氮藻类/固氮藻類 nitrogen fixing algae
固氮[作用]/固氮作用 nitrogen fixation
固定冰/固定冰,岸冰 fast ice
固定参考点/固定參考點 fixed reference point
固定测站/固定測站 fixed station
固定船舶站/固定船舶站 fixed ship station
固定地震台/固定地震臺 fixed seismic station, permanent seismic station
固定高程/固定高程 fixed elevation
固定光圈系统/固定光圈系統 constant aperture system
固定颊/固定頰 fixed cheek, fixigena
固定颊前区/固定頰前區 anterior area of fixigena
固定颊眼区/固定頰眼區 palpebral area of fixigena
固定论/固定論 fixism
固定平极/固定平極 fixed mean pole
固定沙丘/固定沙丘 fixed sand dune
固定时间系统/固定時間系統 constant time system
固定式结构/固定式結構 fixed structure
固定式平台/固定式平臺 fixed platform
固定式人工岛/固定式人工島 fixed artificial island
固定式钻井平台/固定式鑽井平臺 fixed drilling platform
固定误差/固定誤差 fixed error
固定相移/固定相移 fixed phase drift
固结纪/固結紀 Statherian Period
固结试验/固結試驗 consolidation test
固结系/固結系 Statherian System
固结系数/固結係數 coefficient of consolidation
固结仪/固結計,壓實計 consolidometer
固结[作用]/固結[作用],凝固[作用] consolidation, accretion
固流体/流岩體 rheid
固流限/固流限 rheidity
固流褶皱作用/固流褶皺作用 rheid folding
固溶度线/固溶度線 solvus
固溶体/固溶體,固體溶液 solid solution
固溶线/溶[離]線,固溶體分解線 solvus
固沙造林/固沙造林 afforestation of sands
固态存储记录/固態存儲記録 solid state storage recording
固态扫描仪/固態掃描器 solid state scanner
固态位移/固態位移 solid displacement, solid migration
固体边界条件/固體邊界條件 solid boundary condition
固体潮/固體潮,地潮,地球潮汐 solid earth tide, earth tide
固体潮校正/固體潮校正 earth tidal correction
固体潮模型/固體潮模型 earth tide model
固体潮效应/固體潮效應 effect earth tide
固体地球大气耦合/固體地球大氣耦合 solid earth-atmospheric coupling
固体地球物理[学]/[固體]地球物理學 solid earth geophysics
固体废物/固體廢物 solid waste
固体废物污染/固體廢物汙染 solid waste pollution
固体激光器/固體雷射器 solid state laser
固体介质压力容器/固體介質壓力容器 confining pressure vessel with solid media
固相/固相 solid phase

固相线/固相線 solidus
固胸型肩带/擔弓型肩帶 arciferal pectoral girdle
固有频率/固有頻率 natural frequency
固有腕板/固有腕板 fixed brachial
固有无震区/固有無震區 inherently aseismic region
固有振荡/固有振盪,自然振盪 natural oscillation
固有振动/固有振動 proper vibration
固有周期/固有週期,自然週期 natural period
固着/固著 sessile
固着匙板/固著匙板 sessile spondylium
固着蛤/固著蛤,厚殼蛤 rudists
固着根/固著器,附著根 holdfast
固着痕/固著痕 attachment scar
固着器/固著器,附著器 holdfast
固着生物/固著生物 sessile organism
固着羽枝板/固著羽枝板 fixed pinnular
顾家石/密黄長石 gugiaite
崮山阶/崮山階 Gushanian Stage, Kushanian Stage
崮山期/崮山期 Gushanian Age, Kushanian Age
锢囚/囚錮 occlusion
锢囚点/囚錮點 point of occlusion
锢囚锋/囚錮鋒 occluded front
锢囚气旋/囚錮氣旋 occluded cyclone
瓜达鲁普世/瓜達路世 Guadalupian Epoch
瓜达鲁普统/瓜達路統 Guadalupian Series
瓜海胆属/瓜海膽 *Melonechinus*
瓜形蜓/米氏蜓屬 *Doliolina*
寡盐生物/寡鹽生物 oligohaline
寡盐种/寡鹽種 oligohaline species
卦限/卦限 octant
挂图/掛圖 wall map
挂网/過網 screening
挂网负片/網陰片 screen negative
挂网正片/網陽片 screen positive
拐点/拐點,轉折點 inflection point, point of inflexion
拐角频率/[拐]角頻率 corner frequency
拐面/拐面 inflection surface, inflexion surface
拐线/拐線 inflection curve
关/關 mountain pass, check point
关底阶/關底階 Guandian Stage
关底期/關底期 Guandian Age
关键标识符/關鍵識別字 key identifier
关键点法/要點法 key point method
关键构件/關鍵構件 critical member
关键属性/關鍵屬性,主屬性 key attribute
关键种/關鍵種 keystone species, key species
关键字/關鍵字 key word
关键字段/主檻區 key field
关节/關節 articulation
关节半环/關節半環 articulating half-ring
关节的/關節骨 articular
关节沟/關節溝 articulating furrow
关节面/關節面 facet, articulating facet, articulum
关节突/關節炎 articular process
关联对象/關聯對象 related object
关联法/關聯法 correlation method
关联键/關聯鍵 relate key
关联数据/關聯資料 associated data
关联性/脈絡性 contextuality
关贸总协定/關稅暨貿易總協定,關貿協定 General Agreement on Tariff and Trade, GATT
关系/關係 relation, relationship
Z-R 关系/*Z-R* 關係 *Z-R* relationship
关系操作符/關係操作 relational operator
关系代数/關聯式代數 relational algebra
关系管理/關係管理 relate manager
关系类/關係類 relationship class
关系数据库/關聯性資料庫 relational database
关系数据库管理系统/關聯式資料庫管理系統 relational database management system, RDBMS
关系算子/關係操作 relational operator
TS 关系图/TS 圖,温鹽圖 temperature salinity diagram, TS diagram
关系网络/關係網路 networks of relations
关于积累的正统观点/過去積累的正統觀點 orthodox views over accumulation
关注点/關注點 point of interest, POI
关注区/選取區 area of interest
观测/觀測 observation
观测场/觀測場 observation site
观测次数/觀測頻率 observational frequency
观测地震图/觀測地震圖 observed seismogram
观测地震学/觀測地震學 observational seismology
观测点/觀測點 observation spot, observation station, observation point
观测方程/觀測方程式 observation equation
观测高度/觀測高度 observed altitude
观测矩阵/觀測矩陣 observation matrix
观测领域模式/觀測領域模式 observation domain model
观测模式/觀測模式 observation model
观测平台/觀測平臺 observation platform
观测时间/觀測時間 time of observation
观测位移/觀測位移 observer offset
观测误差/觀測誤差 observational error

观测系统/觀測系統 layout, recording geometry
观测仪/觀測儀 observer
观测仪器/觀測儀器 observation apparatus
观测值平差/觀測值平差 adjustment of observations
观测组/觀測組 series of observations
观察点/觀察點,視點 viewpoint
观察器/觀察器,觀察者 viewer
观察者/觀察者,觀察器 viewer
观音座莲目/觀音座蓮目 Marattiales
观音座莲属/觀音座蓮 *Marattia*
官僚体制/科層體制 bureaucracy
冠部/冠[部] crown, corona
冠层温度/冠層溫度 canopy temperature
冠齿型/脊齒型 lophodont
冠脊/冠脊 crest
冠群/冠群 crown group
冠细胞/冠細胞 coronular cell
冠形亚类/冠形亞類 stephanomorphs
冠状骨/冠狀骨 coronary bone
冠状结构/冠狀組織 corona texture
冠状突/喙狀突 coronoid process
冠状突[起]/冠狀突[起] coronal process, crest
冠状物/反應邊 corona
管蚌/管蚌 Solenaria
管胞/管胞 tracheid
管齿目/管齒目 Tubulidentata
管道测量/管線測量 pipe survey
管道定线/管道定線 pipe alignment
管道口群/管道口群 Guandaokou Group
管道综合图/管道合成圖 synthesis chart of pipelines
管海绵/管海綿 Siphonia
管结点/管接合 tubular joint
管咀虫/管咀蟲 Siphonoperta
管孔/管孔 siphonopore, pore
管孔目/環口目 Tubuliporida
管理数据库/管理資料庫 management data base
管理信息系统/管理資訊系統 management information system, MIS
管流/管流 pipe flow
管漏壁珊瑚属/管隔壁珊瑚 *Siphonophyllia*
管内沟珊瑚属/管溝珊瑚 *Siphonophrentis*
管栖动物/管棲動物 tubicolous animal
管珊瑚/管珊瑚 organ-pipe coral
管式罗针/管式羅盤儀 tubular compass
管体/小管,細管 tubule
管辖海域/管轄海域 jurisdictional sea
管星亚纲/管腕海星亞綱 Auloroidea
管涌/管湧 piping
管藻目/管藻目 Siphonales
管藻属/管海綿 *Siphonia*
管制学派/調節學派 regulation school
管轴珊瑚属/環珊瑚 *Syringaxon*
管状水准器/管狀水準器 cylindrical level
管状突起/管狀突起 tubular projection
管状中心柱/管狀中心柱 siphonostele
管足/管足,小花梗 tube foot, podium
贯穿地壳的断裂带/貫穿地殼的斷裂帶 transcrustal fault zone
贯穿辐射/貫穿輻射 penetrating radiation
贯穿双晶/貫入雙晶,穿插雙晶 interpenetration twin, penetration twin
贯通测量/貫通測量 holing through survey, breakthrough survey
贯通融区/貫通融區 open talik, through talik
惯性/慣性 inertia
惯性摆系统/慣性擺系統 inertial pendulum system
惯性波/慣性波 inertial wave
惯性不稳定/慣性不穩度 inertial instability
惯性测量系统/慣性測量系統 inertial surveying system, ISS
惯性导航/慣性導航 inertial navigation
惯性导航系统/慣性導航系統 inertial navigation system
惯性定位系统/慣性定位系統 inertial positioning system
惯性离心力势/慣性離心力勢 inertial centrifugal potential
惯性流/慣性流 inertial current, inertial flow
惯性稳定度/慣性穩定度 inertial stability
惯性预报/慣性預報 inertial forecast
惯性圆/慣性圈 inertial circle
惯性运动/慣性運動 inertial motion
惯性振荡/慣性振盪 inertial oscillation
惯性重力波/慣性重力波 inertia gravity wave
惯性周期/慣性週期 inertial period
惯性坐标系/慣性坐標系統 inertial coordinate system
惯用名/慣用名 conventional name
灌丛/灌叢 shrubs
灌丛沙堆/灌叢沙丘 coppice dune
灌丛沙漠化/灌叢沙漠化 shrubbery-laden desertification
灌丛湿地/灌叢濕地 bush wetland
灌区平面布置图/灌區平面布置圖 irrigation layout plan

灌淤土/灌淤土 irrigation-silting soil
鹳形目/鸛形目 Cicormees
光斑/斑駁 speckle
光饱和/光飽和 light saturation
光饱和点/光飽和點 light saturation point
光泵磁力仪/光泵磁力儀 optical pump magnetometer
光笔/光筆 light pen
光标/游標 cursor
光补偿点/光的平準點 light compensation point
光彩石/光彩石,燐礬石 augelite
光测高温表/光測高温計 ardometer
光差/光差 light equation
光程/光程 optical distance, optical path
光电倍增管/光電倍增管 photomultiplier tube
光电比色计/光電比色計 photoelectric colorimeter
光电测距/光電測距 electro-optical distance measurement, EODM
光电测距导线/電子測距導線 EDM traverse
光[电]测距仪/光[電]測距儀,大地測距儀 electro-optical distance measuring device, electro-optical distance measuring instrument, geodimeter
光电池/光電池 photoelectric cell, photocell, photovoltaic cell
光电等高仪/光電等高儀 photoelectric astrolabe
光电效应/光電效應 photoelectric effect, photoeffect
光电遥感器/光電遥感器 photoelectric sensor
光电中星仪/光電中星儀 photoelectric transit instrument
光电转换/光電轉换 photoelectric conversion
光度计/光度計,曝光計 photometer
光度学/光度測量學 photometry
光对中/光學垂準 optical plumbing
光干扰/光的干擾 interference of light
光合辐射能/光合輻射能 photosynthetic radiant energy
光合潜力/光合潛力 photosynthetic potential productivity
光合色素/光合色素 photosynthetic pigment
光合速率/光合作用率 photosynthetic rate
光合细菌/光合[細]菌 photosynthetic bacteria
光合有效辐射/光合有效輻射 photosynthetically active radiation, photosynthetic active radiation, PAR
光合作用/光合作用 photosynthesis
光弧/燈弧 light sector
光化层/光化層 chemosphere
光化层顶/光化層頂 chemopause
光化分解/光化[學]分解 photochemical decomposition
光化射线/光化射線 actinic ray
光化吸收/光化吸收 actinic absorption
光化学/光化學 photochemistry
光化学反应/光化學反應,光化作用 photochemical reaction
光化学过程/光化過程 photochemical process
光化学降解作用/光化降解[作用] photochemical degradation
光化学平衡/光化平衡 photochemical equilibrium
光化学污染/光化汙染 photochemical pollution
光化学污染物/光化汙染物 photochemical pollutant
光化学烟雾/光化[學]煙霧 photochemical smog
光化学转化/光化學轉化 photochemical transformation
光化氧化剂/光化氧化劑 photochemical oxidant
光机制版/底片製版法 photomechanical process
光解作用/光解[作用] photolysis
光具座/光具座 optical bench
光缆传输/光纜傳輸 optic cable transmit
光雷达/光達 light detection and ranging, lidar
[光]亮度/亮度 luminance, lightness, brightness
光亮煤/亮煤 bright coal
光鳞鱼/甲鱗 ganoid
光卤石/光鹵石 carnallite
光率体/光率體 indicatrix
光罗盘定向/光羅盤定向 light-compass orientation
光密度/光密度 optical density
光能/光能 luminous energy, light energy, optical energy
光能测定仪/光能測定儀 actinograph
光能利用率/光能利用率 utilization ratio of sunlight energy
光[能]自养生物/光合自營生物,光能自養菌 photoautotroph
光年/光年 light year
光盘/光碟 optical disk, compact disc, CD
光片/光片 polished section
光瓶/光瓶 light bottle
光谱/光譜 spectrum, light spectrum, optical spectrum
光谱测定法/光譜測定法 spectrometry
光谱分辨率/光譜解析度 spectral resolution
光谱辐射计/光譜輻射儀 spectroradiometer
光谱辐照度/光譜輻照度 spectral irradiance
光谱感光度/光譜靈敏度 spectral sensitivity

光谱空间/光譜空間 spectral space
光谱湿度表/光譜測濕計 spectral hygrometer
光谱特征/光譜曲線圖 spectral signature
光谱图/光譜圖 spectrogram
光谱信号/光譜曲線圖 spectral signature
光谱学/光譜學,波譜學 spectroscopy
[光]谱仪/光譜儀 spectrometer
光圈/光圈 aperture
光圈号数/光圈指數,光圈數字 F-number, stop-number
光散射/光散射 light scattering
光栅/光柵 grating
光栅资料/光柵資料 raster data
光束/光束 light beam
光束法空中三角测量/光束法空中三角測量 bundle aerial triangulation
光束法平差/光束法平差 bundle adjustment
光束法区域联合平差/光束法區域聯結平差 simultaneous bundle block adjustment
光束衰减系数/光束衰減係數 beam attenuation coefficient
光束纤维/錐棘柱 aktinofibrils
光速/光速 speed of light, velocity of light
光特性/光態 character of light
光通量/光通量 luminous flux, light flux
光瞳像差/瞳差 pupil aberration
光透射/光透射 light penetration, light transmission
光蜕介/光蜕介 Xistoliberis
光尾球接子属/光尾球接子 *Lejopyge*
光温潜力/光温潛力 photosynthesis-temperature potential productivity
光污染/光汙染 light pollution
光吸收/光吸收 photoabsorption
光线石/光線礦 clinoclase
光线追踪/光線追蹤 ray tracing
光楔/光劈 wedge
光行差/光行差 aberration of light, aberration
光行差常数/光行差常數 constant of aberration
光行差改正/光行差改正 aberration correction
光性方位/光性方位 optical orientation
光性异常/光性異常 optical anormaly
光学测距/光學測距 tachymetry, optical measurement distance
光学测微器/光學測微器 optical micrometer
光学传递函数/光學傳遞函數 optical transfer function, OTF
光学地震仪/光學地震儀 optical seismograph
光学读数经纬仪/光學讀數經緯儀,繼光鏡組 optical reading theodolite, optical relays
光学对中器/光學垂準器 optical plummet
光学符合读数法/光學符合讀角法 optical coincidence reading
光学高度计/光學高度計 optic altimeter
光学海洋学/光學海洋學 optical oceanography
光学厚度/光學厚度 optical depth, optical thickness
光学机械纠正/光學機械糾正 optical-mechanical rectification
光学机械扫描/光學機械[式]掃描 optical-mechanical scan, optical-mechanical scanning
光学机械扫描仪/光學機械式掃描器 optical-mechanical scanner
光学机械投影/光學機械投影 optical-mechanical projection
光学机械投影立体测图仪/光學機械投影立體測圖儀 optical-mechanical projection stereoplotter
光学胶/光學膠 optical cement
光学经纬仪/光學經緯儀 optical theodolite
光学纠正/光學糾正 optical rectification
光学立体模型/光學立體模型,光距儀 optical stereo model, optical square
光学灵敏度/光學靈敏度 optical sensitivity
光[学]密度/光學密度 optical density
光学模型/光學模型 optical model
光学平面/光學平面 optical flat
光学全息测量/光學全像攝影測量 optical hologrammetry
光学扫描仪/光學掃描機 optical scanner
光学深度/光學深度 optical depth
光学水型/光學水型 optical water type
光学水准仪/光學水準儀 optical level
光学条件/光學條件 optical condition
光学投影/光學投影 optical projection
光学投影立体测图仪/光學投影立體測圖儀 optical projection stereoplotter
光学投影仪/光學投影儀 optical projection instrument
光学图解纠正/光學圖解糾正 optical graphical rectification
光学图像处理/光學影像處理 optical image processing
光学相关/光學相關 optical correlation
光学镶嵌/光學鑲嵌 optical mosaic
光学像差/光學像差 optical aberration
光学遥感器/光學感測器 optical sensor
光学[仪器]定位/光學[儀器]定位 optical instrument positioning

光学增益/光學增益 optical gain
光学转绘纠正/光學轉繪糾正 optical-transfer rectification
光氧化作用/光氧化作用 photochemical oxidation
光影地貌/光影地貌 illuminated relief
光诱捕器/燈光誘捕器 light trap
光诱渔法/光誘漁法,火誘漁法 light fishing
光原色/光學三原色 optical primary color
光晕/暈影 halation
光泽/光澤 luster
光照长度/光照長度 illumination length
光照分析函数/光影分析功能 illumination function
光照阶段/光照階段,盛光期 photophase
光[照]强度/光強度 light intensity, luminous intensity
光照[射]量/光照量 light exposure
光折射/光折射 light refraction
光致电离/光[致]電離 photoionization
光致复合/光致複合 photo-recombination
光致激发/光電激發 photo-excitation
光致离解/光解離 photodissociation
光致脱离/光致分離 photodetachment
光周期/光週期 photoperiod
光轴/光軸 optical axis, optic axis
光轴角/光軸角 optic axial angle
光轴面/光軸面 optic plane, plane of optic axis
光柱/光柱 light pencil
光资源/光資源 light resources
光子/光[量]子 photon
广播星历/廣播星曆 broadcast ephemeris, BE
广布种/廣布種,世界種,全球種 cosmopolitan species
广翅目/廣翅目 Megaloptera
广海/開闊海域,外海 open sea
广角反射/廣角反射 wide angle reflection
广角共深度点/廣角共深度點 wide angle common depth point, WACDP
广角航空摄影机/寬角航空攝影機 wide-angle aerial camera
广角镜头/寬角鏡頭 wide-angle lens
广角摄影/寬角攝影 wide-angle photography
广角摄影机/寬角攝影機 wide-angle camera
广角物镜/寬角物鏡 wide-angle objective
广深生物/廣深生物 eurybathic organism
广食性动物/廣食性動物 euryphagous animal
广食性者/廣食性者 food generalist
广适性/廣適性 eurytopic
广适者/廣適者 generalist
广温性/廣温性 eurythermal
广温性生物/廣温性生物 eurythermal organism
广温种/廣温種 eurythermal species
广西螺属/廣西螺 *Kwangsispira*
广西珊瑚属/廣西珊瑚 *Kwangsiphyllum*
广旋光性层/廣光性層 euryphotic zone
广压生物/廣壓生物 eurybaric organism
广延相干簇射/廣延相干射叢 extensive coherent shower
广盐性/廣鹽性 euryhaline, euryhalinity
广盐性生物/廣鹽性生物 euryhalinous organism
广盐种/廣鹽種 euryhaline species
广义反演/廣義逆元 generalized inverse
广义函数/廣義函數 generalized function
广义前震/廣義前震 foreshock in a broad sense
广义射线/廣義射線 generalized ray
广义射线理论/廣義射線理論 generalized ray theory, GRT
广义 G 统计/廣義 G 統計 general G statistic
广义线性反演/廣義線性反演 generalized linear inversion, GLI
广义余震/廣義餘震 aftershock in a broad sense
广域网/廣域網路 wide area network, WAN
广元群/廣元群 Guangyuan Group
归并/原質成煤作用 incorporation
归档储存/歸檔儲存 archival storage
归化纬度/化成緯度 reduced latitude
归算后长度/化成長 reduced length
归算后重力/化成重力 reduced gravity
归算至椭球/化算至橢球體 reduction to the ellipsoid
归心改正/歸心改正,歸心計算 correction for centring
归心计算/歸心計算,歸心改正 correction for centring
归心元素/歸心元素 elements of centring
归一化单位/標準化單位 normalized unit
归一化电场/歸一化電場 normalized electric field
归一化回波强度/常態化回波強度 normalized echo intensity
归一化离水辐亮度/正規化離水輻射度,標準化離水輻射度 normalized water-leaving radiance
归一化植被指数/常態化植被指數 normalized vegetation index, NVI
归一化重力梯度/歸一化重力梯度 normalized total gravity gradient
归一化重力总梯度/歸一化重力梯度 normalized total gravity gradient

龟鳖类/龜鱉類,龜鱉目 testudines
龟鳖目/海龜[屬] Chelonia
龟甲石/龜裂的 septarian
龟龙/龜龍 Oudenodon
龟纹/波紋,雲紋 moire
规定溶液/規定溶液,當量溶液 normal solution
规范/規格 specification
规范化/正規化 normalization
规范性空间思想/規範性空間思想 normative spatial thinking
规划地图/規劃地圖 planning map
规矩线/印記 register mark
规模经济/規模經濟 economies of scales
规则波/規則波 regular wave
规则带模式/一般帶模式 regular band model
规则对称/規則對稱 regular symmetry
规则干扰/規則干擾 regular noise
规则古杯类/規則古杯類 regulares
规则库/規則庫 rule base
规则误差/規則誤差 regular error
硅钡铍矿/矽鋇鈹礦,板鈹礦 barylite
硅钡石/矽鋇石 sanbornite
硅铋石/球矽鉍礦 eulytite
硅鞭藻/矽鞭藻 silicoflagellate
硅钙石/矽鈣石 rankinite
硅钙锡石/矽鈣錫石,矽鈣錫礦 stokesite
硅钙铀矿/矽鈣鈾礦 uranophane, uranophanite, uranotilite
硅锆钙钾石/矽鋯鈣鉀石,鉀鈣板鋯石 wadeite
硅锆钠石/矽鋯鈉石 vlasovite
硅化带型铀矿/矽化帶型鈾礦 silicified zone type U-ore
硅化木/矽化木,瑪瑙木,石化木 petrified wood, agatized wood, silicified wood
硅化[作用]/矽化[作用] silicification
硅灰石/矽灰石 wollastonite
硅灰石膏/矽灰石膏,風硬石 thaumasite
硅甲藻黄素/矽甲藻黃素 diadinoxanthin
硅钾锆石/鋯矽鉀石 dalyite
硅碱指数/矽鹼指數 silic-alkali index
硅胶结/矽膠結 silicinate
硅结砾岩/圓礫岩 kollanite
硅孔雀石/矽孔雀石 chrysocolla
硅磷灰石/鈣矽礬 ellestadite
硅磷镍矿/磷鎳鐵礦 perryite
硅硫磷灰石/碳硫磷灰石,氧矽磷灰石 wilkeite
硅铝层/矽鋁層 sial
硅铝层上[的]/矽鋁層的,矽鋁質的 ensialic
硅铝风化壳/矽鋁風化殼 siallitic weathering crust
硅铝化[作用]/矽鋁化[作用] siallitization
硅铝矿物/矽鋁礦物 salic mineral
硅铝铁钠石/矽鋁鐵鈉石 naujakasite
硅镁层/矽鎂層 sima
硅镁层上[的]/矽鎂質 ensimatic
硅镁铬钛矿/鉻鈦鋇礦 redledgeite
硅镁铅矿/矽鎂鉛礦 molybdophyllite
硅镁石/矽鎂石 humite
硅镁铀矿/矽鎂鈾礦,碎鎂鈾礦 sklodowskite
硅锰铅矿/矽鉛礦 barysilite
硅锰锌矿/褐鋅錳礦 hodgkinsonite
硅钠钡钛石/矽鈉鋇鈦石 joaquinite
硅钠锶镧石/矽鈉鍶鑭石 nordite
硅钠钛钙石/矽鈉鈮石 fersmanite
硅钠钛矿/[褐]矽鈉鈦礦 lorenzenite, ramsayite
硅铌钡钠石/矽鈮鋇鈉石 scherbakovite
硅铌锆钙钠石/鈮鋯鈉石 woehlerite, wohlerite
硅硼钙石/矽鈣硼石 datolite
硅硼钙铁矿/矽硼鈣鐵礦 homilite
硅铍钙锰石/矽鈹鈣錳石,三斜石 trimerite
硅铍钙石/硬沸石 bavenite
硅铍铝钠石/鈹方鈉石 tugtupite
硅铍锰钙石/鎂柱石 harstigite
硅铍钠石/矽鈹鈉石 chkalovite
硅铍石/矽鈹石 phenacite, phenakite
硅铍锡钠石/矽鈹錫鈉石 sorensenite
硅铅锰矿/矽鉛錳礦 kentrolite
硅铅石/鉛灰石 alamosite
硅铅锌矿/矽鉛鋅礦 larsenite
硅三铁矿/矽三鐵礦 suessite
硅砷锰石/矽砷錳石 tiragalloite
硅铈钙钾石/淡紫矽灰石 miserite
硅酸壳/矽藻殼 frustule
硅酸盐/矽酸鹽 silicate
硅钛钙钾石/矽鈦鈣鉀石 tinaksite
硅钛铌钠矿/矽鈦鈮鈉礦 nenadkevichite
硅钛铈铁矿/矽鈦鈰鐵礦 chevkinite
硅钛铁钡矿/矽鈦鐵鋇石 traskite
硅锑锌锰矿/矽銻鋅錳礦 yeatmanite
硅铁钡矿/矽鐵鋇礦 gillespite
硅铁灰石/鐵灰石 babingtonite
硅铁钠钾石/矽鐵鈉鉀石 fenaksite
硅铁钠石/矽鐵鈉石,紫鈉閃石 tuhualite
硅钍钇矿/[矽]釷釔礦 yttrialite
硅橡胶/矽氧橡膠 silicon rubber
硅锌矿/矽鋅礦 willemite
硅锌铝石/矽鋅鋁石 zinalsite

硅氧四面体/矽氧四面體 silicon oxygen tetrahedron
硅英岩/矽英岩 quartzolite
硅铀矿/矽鈾礦 soddyite, soddite
硅藻/矽藻 diatom
硅藻黄素/矽藻黄素 diatoxanthin
硅藻软泥/矽藻軟泥 diatom ooze
硅藻素/矽藻素 diatomin
硅藻土/[板狀]矽藻土 diatomite, diatomaceous earth
[硅]藻细胞壳/矽藻殼 frustule
硅质骨针/矽質骨針 siliceous spicules
硅质海绵/矽質海綿 siliceous sponges, siliceous sponge
硅质海绵纲/矽質海綿綱 Silicispongiae
硅质软泥/矽質軟泥 siliceous ooze
硅质烟囱/矽質煙囪[狀礦體] siliceous chimney
硅质岩/矽質[生物]岩 siliceous rock, silicilith
鲑降钙素/鮭降鈣素 salcalcitonin
鲑疱疹病毒病/鮭皰疹病毒病 herpesvirus salmonis disease
轨道/軌道 orbit
轨道高度/軌道高度 orbital altitude, orbit height
轨道偏心率/軌道偏心率 orbital eccentricity
轨道平面/軌道[平]面 orbital plane, orbit plane
轨道倾角/軌道傾角 orbital inclination
轨道速度/軌道速度 orbital velocity
轨道元素/軌道元素 orbital element
轨道运动/軌道運動 orbital motion
轨道运输/軌道運輸 rail transport
轨道中心/軌道中心 center of track
轨道周期/軌道週期 orbital period
轨道坐标系/軌道坐標系 orbital coordinate system
轨迹/軌跡 trajectory, track
轨迹标示域/軌跡標示域 track identifier field
轨迹连接/軌跡連接 tracking connection
轨径/軌徑 flight path
鬼城/鬼鎮 ghost town
柜台外交易/店頭市場 over-the-counter, OTC
贵金属/貴金屬 noble metal
贵金属矿床/貴金屬礦床 precious metal deposit
贵州角石/貴州角石 Kueichouceras
辊轮求积仪/轅輪求積儀 rolling planimeter
滚动背斜/反轉背斜 rollover anticline
滚浪/拍岸浪 beach comber
滚筒式绘图仪/滚筒式繪圖儀 drum plotter
滚筒式扫描仪/滚筒式掃描器 drum scanner
滚筒印刷机/圓壓式印刷機 cylinder press
滚轴涡旋/滚軸渦旋 roll vortex
滚轴云/滚軸雲 rotor clouds
滚装运输/滚裝運輸 roll-on and roll-off transportation
郭/城廓 outer walled part of a city
锅穴/冰穴或冰鍋 kettle
国道/國道 national trunk way
国际百万分之一地图/國際百萬分之一世界輿圖 international one-in-a-million map
国际标准大气/國際標準大氣 International Standard Atmosphere, ISA
国际标准化组织/國際標準[化]組織 International Standards Organization, ISO, International Organization for Standardization
国际标准米尺/國際標準公尺 international standard meter
国际参考大气/國際參考大氣 international reference atmosphere
国际参考电离层/國際參考電離層 international reference ionosphere
国际测绘联合会/國際測繪聯合會 International Union of Surveying and Mapping, IUSM
国际测量师联合会/國際測量師聯合會 Fédération Internationale des Géométres, FIG
国际磁情记数/國際磁性數 international magnetic character figure
国际大地测量协会/國際大地測量學會 International Association of Geodesy, IAG
国际大地测量与地球物理联合会/國際大地測量學及地球物理學會 International Union of Geodesy and Geophysics, IUGG
国际大陆科学钻探计划/國際大陸科學鑽探計劃 International Continental Scientific Drilling Program, ICDP
国际单位制/國際單位制 system international unit, SI unit
国际地层委员会/國際地層委員會 International Commission on Stratigraphy
国际地层指南/國際地層指南 International Stratigraphic Guide
国际地潮中心/國際地潮中心 International Centre for Earth Tides, ICET
国际地磁参考场/國際地磁參考場 international geomagnetic reference field, IGRF
国际地磁实时观测网/國際地磁即時觀測網 international real-time magnetic observatory network, INTERMAGNET
国际地理联合会/國際地理聯合會 International Geographical Union

国际地球扁率/國際地球原子 international spheroid
国际地球参考架/國際地球參考架 international terrestrial reference frame, ITRF
国际地球物理年/國際地球物理年 International Geophysical Year, IGY
国际地球自转服务局/國際地球自轉服務局 International Earth Rotation Service, IERS
国际地圈-生物圈计划/國際地圈-生物圈計劃 International Geosphere-Biosphere Programme, IGBP
国际地震汇编/國際地震摘要 International Seismological Summary, ISS
国际地震[学]中心/國際地震學中心 International Seismological Centre, ISC
国际电报电话咨询委员会/國際電報電話諮詢委員會 International Telegraph and Telephone Consultative Committee
国际电工委员会/世界電訊科技委員會 International Electrotechnical Committee, IEC
国际[哥本哈根]标准海水/國際[哥本哈根]標準海水 Copenhagen water
国际海道测量局/國際海道測量公會 International Hydrographic Bureau, IHB
国际海道测量组织/國際海道測量組織 International Hydrographic Organization, IHO
国际海底/國際海床 international sea bed
国际海底管理局/國際海底管理局 International Seabed Authority, ISA
国际海里/國際海里 international nautical mile
国际海事卫星组织/國際海事衛星組織 International Maritime Satellite Organization, IMSO
国际海事组织/國際海事組織 International Maritime Organization, IMO
国际海图/國際海圖 international chart
国际海啸警报中心/國際海嘯警報中心 International Tsunami Warning Center, ITWC
国际海洋法/國際海洋法 International Law of the Sea
国际海洋法法庭/國際海洋[法]法庭 International Tribunal for the Law of the Sea, ITLOS
国际海洋考察理事会/國際海洋探測委員會 International Council for the Exploration of the Sea, ICES
国际海洋全球变化研究/國際海洋全球變遷研究 International Marine Global Change Study, IMAGES
国际海洋数据及信息交换/國際海洋數據及訊息交換 International Oceanographic Data and Information Exchange, IODE
国际海洋碳协调计划/國際海洋碳協調計劃 International Ocean Carbon Coordination Project, IOCCP
国际海洋物理科学协会/國際海洋物理科學協會 International Association for the Physical Sciences of the Ocean, IAPSO
国际海洋学院/國際海洋學院 International Ocean Institute, IOI
国际航行海峡/國際航行海峽 straits used for international navigation
国际极移局/國際極移協會 International Polar Motion Service, IPMS
国际减灾十年/國際減災十年 International Decade for Natural Disaster Reduction, IDNDR
国际减灾十年计划/國際減災十年計劃 International Decade for Natural Disaster Reduction, IDNDR
国际科学联盟理事会/國際科學聯合總會 International Council of Scientific Unions, ICSU
国际矿山测量学会/國際礦山測量學會 International Society of Mine Surveying
国际劳动地域分工/國際勞動地域分工 international division of labor
国际陆地参考系/國際陸地參考系統 international terrestrial reference system, ITRS
国际旅游/國際觀光 international tourism
国际贸易地理学/國際貿易地理學 geography of international trade
国际贸易理论/國際貿易理論 international trade theory
国际民航组织/國際民航組織 International Civil Aviation Organization, ICAO
国际民航组织标准大气/國際民航組織標準大氣 ICAO standard atmosphere
国际气象电[传通]信网/國際氣象電傳通信網 International Meteorological Telecommunication Network
国际清算银行/國際清算銀行 Bank for International Settlements
国际热带大西洋合作调查/國際熱帶大西洋合作調查 International Cooperative Investigations of Tropical Atlantic, ICITA
国际日/國際日 universal day
国际日期变更线/國際換日線 International Date Line
国际摄影测量与遥感学会/國際攝影測量與遥感學會 International Society for Photogrammetry and

Remote Sensing, ISPRS
国际深海大洋钻探计划/國際深海大洋鑽探計劃 International Ocean Drilling Project, IODP
国际生物海洋学协会/國際生物海洋協會 International Association of Biological Oceanography, IABO
国际时间局/國際時間局 bureau international de l'heure, BIH
国际水文科学协会/國際水文科學協會 International Association of Hydrological Sciences, IAHS
国际水域/國際水域 international waters
国际[天气]电码/國際天氣電碼 international weather code
国际天球参考架/國際天球參考架 international celestial reference frame, ICRF
国际天文联合会/國際天文學協會 International Astronomical Union, IAU
国际图形交换系统/國際圖形交換系統 international graphics exchange system, IGES
国际椭球[体]/國際橢球體 international ellipsoid
国际纬度局/國際緯度局 International Latitude Service
国际卫星云气候学计划/國際衛星雲氣候計劃 International Satellite Cloud Climatology Project, ISCCP
国际协议原点/國際通用原點 Conventional International Origin, CIO
国际洋中脊研究计划/國際中洋脊研究計劃 InterRidge Project
国际原子时/國際原子時 international atomic time, IAT
国际云图/國際雲圖 international cloud atlas
国际运河/國際運河 international canal
国际植硅体命名准则/國際植矽體命名法則 International Code for Phytolith Nomenclature, ICPN
国际植硅体研究会/國際植矽體研究會 Society for Phytolith Research, SPR
国际制图协会/國際地圖學學會 International Cartographic Association, ICA
国际重力标准网/國際重力標準網 International Gravity Standardization Net, IGSN
国际重力标准网 1971/國際重力標準網 1971 International Gravity Standardization Net 1971
国际重力公式/國際重力公式 international gravity formula
国家/國家 state
国家标准气压表/國家標準氣壓計 national standard barometer
国家地理信息系统/國土資訊系統 national geographic information system, NGIS
国家地理信息系统指导委员会/國土資訊系統推動小組 national geographic information system steering committee, NGISSC
国家地图集/國家地圖集 national atlas
国家地图集信息系统/國家地圖集資訊系統 national atlas information system
1985 国家高程基准/1985 國家高程基準 National Vertical Datum 1985
国家公园/國家公園 national park
国家基础地理信息系统/國家基礎地理資訊系統 national fundamental geographic information system
国家空间数据基础设施/國家空間資料基礎建設 national spatial data infrastructure, NSDI
国家空间信息基础实施/國家空間資訊基礎設施 national spatial information infrastructure
国家学派/國家學派 national schools
国家转换格式/國家轉換格式 national transfer format, NTF
国民生产总值/國民生產毛額 Gross National Product, GNP
国民总收入/國民所得毛額 Gross National Income, GNI
国内地图/本國地圖 domestic map
国内旅游/國内旅遊 domestic tourism
国内生产总值/國内生產毛額 Gross Domestic Product, GDP
国土/國土,領土 territory
国土规划/國土規劃,國土計劃 territorial planning
国土开发/國土發展 territorial development
国土整治/國土整治 territorial management
国土资源/國土資源 territorial resources
国土综合开发规划/國土綜合開發計劃 national comprehensive development plan
果孢子/果孢子,赤藻孢子 carpospore
过饱和/過飽和 supersaturation
过饱和安全系数/過飽和安全係數 supersaturation safety coefficient
过饱和空气/過飽和空氣 supersaturated air
过饱和岩/過飽和岩 oversaturated rock
过程/過程,營歷 process
过度/過度 excess
过度城市化/過度都市化 over-urbanization
过渡层/過渡層 transition layer
过渡点/中間點 intermediate point

过渡季节/過渡季節　transition season
过渡接触/過渡接觸　transitional contact
过渡期/過渡期　transition period
过渡气流/過渡氣流　transitional flow
过渡区/過渡區　transitional area, transition region
过渡区电磁场/過渡區電磁場　electromagnetic field in transient zone, transient field
过渡相/過渡相　transition phase
过渡型地壳/過渡型地殼　transitional crust
过渡型地壳构造域/過渡型地殼構造域　transitional crustal structure domain
过渡型建造/過渡型建造　transitional formation
过渡型褶皱/過渡型褶皺　transition type fold
过渡性示踪剂/過渡性示蹤劑　transient tracer
过渡元素/過渡元素　transition element
过渡状态/過渡狀態,瞬態　transition condition
过碱质/過鹼性　peralkaline
过冷/過冷,冷却過度　supercooling
过冷却雾/過冷霧　supercooled fog
过冷却雨/過冷雨　supercooled rain
过冷水/過冷水　supercooled water
过冷云/過冷雲　supercooled cloud
过冷云滴/過冷雲滴　supercooled cloud droplet
过量反射/超反射　over reflection
过量水熔融作用/過量水熔融作用　melting with excess H_2O
过临界反射/過臨界反射　postcritical reflection
过铝质岩/過鋁質岩　peraluminous rock
过滤/過濾　filtration
过滤模式/濾波模式　filtered model
过滤系统/過濾系統　filtering system
过滤效应/過濾效應　filtration effect
过期/過期　out-of-date
过去天气/過去天氣　past weather
过伸/超搭　overshoot
过剩冰/過剩冰　excess ice
过湿气候/常濕氣候　perhumid climate
过水断面/過水斷面　wetted cross section
过稳定性/超穩度　overstability
过型形成/成態發展　peramorphosis
过中孔型/過中孔型　permesothyrid
过阻尼/過阻尼　overdamping
过钻头超前测井/過鑽頭超前測井　in-advance logging over bit

H

哈布尘暴/哈布風 haboob

哈得来环流[圈]/哈得里胞 Hadley cell

哈得来域/哈得里型 Hadley regime

哈得孙湾/哈得遜灣 Hudson Bay

哈迪-温伯格定律/哈温定律 Hardy-Weinberg law

哈拉米略极性亚期/哈拉米洛極性亞期 Jaramillo polarity subchron

哈拉米略事件/哈拉米諾事件 Jalamillo event

哈朗间断/Harang 間斷,Harang 不連續 Harang discontinuity

哈门粉类/哈門粉類 Hammenia

哈密顿回路/哈密爾敦環線 Hamiltonian circuit

哈密顿路径/哈密爾頓路徑 Hamiltonian path

哈密尔顿特征函数/漢米爾頓特徵函數 Hamilton characteristic function

哈默等积投影/漢麥爾等積投影 Hammer equal-area projection

哈斯克尔模式/哈斯克爾模式 Haskell model

骸晶/骸晶 skeleton crystal

骸晶结构/晶骼組織 skeleton texture

海/海 sea

海岸/海岸,濱海帶 coast, sea coast

海岸测量/海岸測量 coastal survey

海岸带/海岸帶 coastal zone

海岸带地震数据处理/海岸帶地震資料處理 coastal zone seismic data processing

海岸带管理/海岸帶管理 coastal zone management

海岸带管理法/海岸帶管理法 coastal zone management law

海岸带开发/海岸帶開發 coastal zone development

海岸带陆海相互作用研究计划/陸海交互作用帶[計劃] Land-Ocean Interactions in the Coastal Zone, LOICZ

海岸带气候/海岸氣候,沿海氣候 coastal climate

海岸带气象[学]/濱岸氣象[學] coastal meteorology

海岸带水色扫描仪/沿岸海色掃描器 coastal zone color scanner, CZCS

海岸带污染/海岸帶汙染 coastal zone pollution

海岸带资源/海岸帶資源,沿海資源 coastal zone resources

海岸带综合管理/海岸帶綜合管理 integrated coastal zone management

海岸带综合开发与利用/海岸帶綜合開發與利用 comprehensive development and utilization of coastal zone

海岸地/海岸地 sea board

海岸地貌/海岸地形 coastal landform

海岸地貌学/海岸地形學 coastal geomorphology

海岸地形/海岸地形 coastal feature

海岸地形测量/海岸地形測量 coast topographic survey

海岸地震带/海岸地震帶 coastal seismic belt

海岸动力学/海岸動力學 coastal dynamics

海岸防护/海防 coast defense

海岸防护工程/海防工程 coast defense engineering

[海]岸风/[海]岸風 shore wind

海岸锋/岸邊鋒面 coastal front

海岸工程/海岸工程 coastal engineering

海岸管理/海岸管理 coastal management

海岸管理计划/海岸管理計劃 coastal management plan

海岸海洋科学/海岸海洋科學 coastal ocean science

[海岸]后置带/[海岸]後置帶 coastal setback zone

海岸加积/海岸加積 coastal accretion

海岸阶地/海岸階地 coastal terrace, marine terrace

海岸进侵/海岸進侵 coastal encroachment

海岸平衡剖面/海岸平衡剖面 equilibrium of coast, graded profile of coast

海岸侵蚀灾害/海岸侵蝕災害 coastal erosion disaster

海岸三角洲/沿海三角洲 coastal delta

海岸沙丘/海岸沙丘 coastal dune

海岸湿地/海岸濕地 coastal wetland

海岸水利工程损毁/近岸水域保全計劃的破壞 damage of coastal water conservancy project

海岸图/海岸圖 coast chart

海岸线/海岸線,海濱線 coastline

海岸线测量/海岸線測量,海濱線測量 coastline measurement

海岸效应/海岸效應 coastal effect, effect of seaboard

海岸性质/海岸性質 nature of the coast
海岸夜雾/海岸夜霧 coastal night fog
海拔/海拔,平均海水面起算高 height above sea level, elevation, altitude
海百合/海百合 crinoid
海百合纲/海百合綱,海百合[類] Crinoidea
海百合[类]/海百合[類],海百合綱 crinoids
海百合亚门/海百合亞門 Crinozoa
海滨/海濱,岸 shore, seashore
海滨采矿技术/海濱採礦技術 shore mining technology
海滨阶地/海濱階地 shore terrace
海滨平原/海濱平原 coastal plain
海滨气候/海岸氣候 littoral climate
海滨区/海濱區 shore zone
海滨砂矿/海濱砂礦,海灘砂礦,海灘重礦床 beach placer, marine placer
海滨山岳景观/海濱山地地景 seashore mountain landscape
海滨线/濱線 shoreline
海滨浴场/海水浴場 seashore swimming ground, lido
海冰/海冰 sea ice
海冰学/海冰學 marine cryology
海冰遥感/海冰遥測 sea ice remote sensing
海冰预报/海冰預報 sea ice forecast
海冰灾害/海冰災害 sea ice disaster
海槽/海槽 trough
海草/海草 sea grass
海草场/海草床 sea grass bed
海测数据处理系统/海測資料處理系統 hydrographic data processing system
海测图板/海道測量底圖 hydrographic survey sheet
海潮/海洋潮汐 ocean tide
海潮模型/海潮模型 ocean tide model
海潮载荷/海潮載荷 ocean tide loading
海成阶地/海階 marine terrace
海床/海床 seafloor, seabed
海床采样器/海床採樣器 seabed sampler
海床年龄/海床年齡 seafloor age
海带氨酸/海帶氨酸,海帶胺酸,昆布胺酸 laminine
海胆纲/海膽綱 Echinoidea
海胆[类]/海膽[類] echinoids
海胆幼体/海膽幼體 echinopluteus larva
[海]岛/[海]島 island
海岛观光旅游/海島觀光旅遊 island tourism
海岛景观/海島景觀 island landscape
海道测量/水道測量,河海測量 hydrographic survey
海道测量比例尺/海道測量比例尺 scale of hydrographic survey
海道测量标志/海道測量號志 hydrographic signal
海道测量船/水道測量船 hydrographic vessel, surveying ship
海道测量局/海道測量局 hydrographic office, hydrographic service
海道测量学/水道測量學 hydrography
海德堡计算机印刷控制/海德堡電腦控制系統 Heidelberg computer print control
海德堡人/海德堡人 Homo heidelbergensis
海堤/海堤,防波堤 breakwater, sea wall, sea dike
海底/海底,海床 seafloor, ocean bottom
海底白烟柱/海底白色煙囱 white smoker
海底半岛/海底半島 submarine peninsula
海底爆炸/海底爆炸 ocean bottom explosion
海底边界层/海底邊界層 benthic boundary layer
海底变质作用/海底變質作用,洋底變質作用 ocean floor metamorphism
海底波/海底波 water bottom event
海底采矿/海底採礦 submarine mining
海底采硫/海底採硫 submarine sulfur mining
海底测井技术/海底測井技術 seabed logging
海底沉积物磁导率/海底沈積物滲透率 submarine deposit permeability
海底沉积物电导率/海底沈積物電導率 submarine deposit conductivity
海底沉积物电阻率/海底沈積物電阻率 submarine deposit resistivity
海底磁测/海底磁測 sea floor magnetic survey, sea bed magnetic survey
海底磁场/海底磁場 submarine magnetic field
海底大地电磁观测站/海底大地電磁觀測站 ocean bottom magnetotelluric observation station
海底的/海底的,棲底的,底棲的 submarine, benthic, benthonic
海底地层剖面仪/底層剖面儀 subbottom profiler
海底地滑/水下泥流,海底滑動 subsolifluction
海底地貌/海底地形 submarine geomorphology, submarine landform, seafloor topography
海底地貌图/海底地形圖 submarine geomorphologic chart
海底地势图/海底地勢圖 submarine situation chart
海底地形/海底地形,海底起伏 submarine relief, bottom tomography, submarine topography
海底地形测量/水深測量,測深 bathymetric surveying
海底地形大地电磁效应/海底地形大地電磁效應

magnetotelluric effect of ocean bottom terrain
海底地形图/海底地形圖,等深線圖 bathymetric chart, bathymetric map
海底地形影响/海底地形影響 effect of bathymetry
海底地震观测系统/海底地震觀測系統 seismic observation system on the sea floor
海底地震台阵/海底地震臺陣 ocean-bottom seismograph array
海底地质构造图/海底結構圖 submarine structural chart
海底电场/海底電場 submarine electric field
海底电场测量/海底電場測量 sea bed electric field survey
海底电磁场记录仪/海底電磁場記録儀 seafloor electric and magnetic field recorder
海底电缆/海底電纜 submarine cable, ocean-bottom cable, undersea electric cable
海底电缆型地震仪/海底電纜型地震儀 submarine streamer seismograph
海底多次反射/海底複反射 multiple water bottom reflection
海底多年冻土/海底永凍土 offshore permafrost, subsea permafrost
海底高原/海底高原,海底平臺 oceanic plateau, submarine plateau, sea plateau
海底构造学/海底板塊構造學 submarine tectonics
海[底]谷/海底[山]谷 submarine valley
海底观光/海底觀光 submarine view
海底管道/海底管道,海底管線 submarine pipeline, submerged pipeline, undersea pipeline
海底光缆/海底光纜 undersea light cable
海底黑烟囱/海底黑煙囪 submarine black chimney
海底黑烟柱/黑煙囪 black smoker
海底滑塌/海底崩移 submarine slump
海底荒漠化/海底荒漠化 sea bottom desertification
海底火山/海底火山 submarine volcano
海底火山地震/火山海震 volcanic seaquake
海底火山链/海底火山鏈 submarine volcanic chain
海底基岩矿开采/海底岩盤礦床開採 subsea bedrock ore mining
海底急流/海底急流 undersea cataract
海底钾盐矿/海底鉀鹽礦 undersea potassium salt mine, undersea potassium salt deposit
海底胶结作用/海底膠結作用 submarine cementation
海底阶地/海底階地,水下階地 submarine terrace
海底井下地震仪/海底井下地震儀 submarine borehole seismograph
海底军事基地/海底軍事基地 undersea military base
海底控制网/海底控制網 submarine control network
海底矿产资源/海底礦產資源 submarine mineral resources
海底扩张/海底擴張[作用] seafloor spreading
海底扩张说/海底擴張説 seafloor spreading theory
海底冷却模型/海底冷却模型 seafloor cooling model
海底磷灰石矿/海底磷灰石礦 phosphorite of the sea floor
海底流出/海底流出 submarine effusion
海底硫矿/海底硫礦 submarine sulfur mine, submarine sulfur deposit
海底硫酸钡结核/海底硫酸鋇結核 barium sulfide nodule of the seafloor
海底隆起/海底隆起,海底拱起 submarine swell
海底煤矿/海底煤礦 undersea coal mine
海底煤田/海底煤田 undersea coal field
海底锰结核带/海底錳核帶 undersea manganese nodule belt
海底磨蚀/海底磨蝕 submarine abrasion
海底喷发/海底噴發 submarine eruption
海底喷流作用/海底噴流作用 submarine exhalative process
海底喷气孔/海底噴氣孔 submarine fumarole
海底平整/海底整平,海底調平 undersea leveling
海底剖面/海底剖面 subbottom profile
海底剖面探测系统/海底剖面探測系統 subbottom profiling system
海底侵蚀/海底侵蝕 submarine erosion
海底倾斜改正/海底傾斜改正 seafloor slope correction
海底丘/海底丘 knoll
海底区/底棲區 benthic division
海底取芯/海底取岩芯 bottom coring
海底泉/海底泉 underwater spring
海底热流/海底熱流 seafloor heat flow, submarine heat flow, oceanic heat flow
海底热泉/海底熱泉 submarine hot spring
海底热泉喷孔/海底熱泉噴孔 submarine hot spring vent
海底热水/海底熱水 submarine hot water
海底[热]探针/海底[熱]探針 submarine probe
海底热盐水/海底熱鹵水 seafloor hot brine
海底热液/海底熱液 submarine hydrothermal solution

海底热液硫化物/海底熱液硫化物 submarine hydrothermal sulfide
海底热液生物群落/海底熱泉生物群落 hydrothermal vent community, sulphide community
[海底]热液循环/熱液循環 hydrothermal circulation
海底沙波/海底沙波 submarine sand wave
海[底]山/海[底]山,海丘 seamount
海底山脊/海脊 submarine ridge
海底山脉/海底山[脈],洋脊 seamount, ocean ridge, submarine range
海底扇/海底扇 submarine fan
海底声标/海底聲標 acoustic beacon on bottom
海底声呐探测系统/海底聲納探測系統 sea bed sonar survey system
海底施工测量/海底施工測量 submarine construction survey
海底输油气管道/海下輸油氣管線 subsea-oil gas pipeline
海底-水层耦合/海底-水層耦合 benthic-pelagic coupling
海底水温变化/海底水温變化 bottom water temperature variation, BTV
海底隧道/海底隧道 subbottom tunnel
海底隧道测量/海底隧道測量 submarine tunnel survey
海底台地/海底臺地 submarine platform
海底铁矿/海底鐵礦 undersea iron mine, undersea iron deposit
海底通量/海底通量 benthic flux
海底图像系统/海底圖像系統 seafloor imaging system
海底湾/海底囊狀區 sac
海底无氧状态/海底無氧狀態 anoxic bottom condition
海底锡矿/海底錫礦 undersea tin mine
海底峡谷/海底峽谷 submarine canyon
海底烟囱群/海底煙囱群 group of smoker
海底岩盐和钾盐矿开采/海底岩鹽和鉀鹽礦開採 undersea rock salt and potassium salt mining
海底岩盐矿/海底岩鹽礦 undersea rock salt mine, undersea rock salt deposit
海底重晶石矿/海底重晶石礦 undersea barite mine
海底重力仪/海底重力儀,海床重力儀 sea bed gravimeter, seafloor gravimeter
海底资源/海底資源 submarine resources
海底自然电位/海底自然電位 submarine self potential
海娥螺类/海娥螺類 nerineids
海发光/海面磷光 milky sea
海泛面/海泛面 sea flooding surface
海风/海風 sea breeze
海风锋/海風鋒 sea breeze front
海福德椭球/海福特橢球,海福特地球原子 Hayford ellipsoid, Hayford spheroid
海福德效应/海福特效應 Hayford effect
海港/海港 sea port, sea harbor
海沟/海溝 trench, oceanic trench
海谷/海谷 sea valley
海冠纲/海冠綱 Thecoidea
海龟目/海龜[屬] Chelonia
海果纲/海果綱 Carpoidea
海果[类]/海果類 carpoids
海壕/緣溝,海底山溝 moat, sea most
海火/海火,海水發光[現象] sea fire
海鸡冠亚纲/八射珊瑚類亞目 Alcyonaria
海积地貌/海積地形 marine depositional landform
海积阶地/海積階地 marine deposition terrace
海积台地/海成臺地 marine-built terrace
海积夷平岸/海積平夷岸 marine deposition-graded coast
海积作用/海積作用 marine accumulation
海脊/海脊,洋脊 oceanic ridge
海岬/海岬,前陸 foreland, cape
海解[作用]/海解作用,海底風化作用 halmyrolysis
海金沙属/金沙 *Lygodium*
海进/海進,海侵 transgression
海菊蛤属/海菊蛤 *Spondylus*
海军/海軍 navy
海军导航卫星系统/海軍導航衛星系統 Navy Navigation Satellite System, NNSS
海军工程技术/海軍工程技術 naval engineering technology
海军勤务测量/海軍勤務測量 naval service survey
海军系统工程技术/海軍系統工程技術 naval systems engineering technology
海军战略学/海軍戰略學 naval strategies
海槛/海檻 sill
海控点/海控點 hydrographic control point
海况/海況,海象 sea state, sea condition
海况等级/海象等級 state of sea scale
海况信号/海象符號 sea conditional sign
海葵毒素/海葵毒素 anemotoxin
海葵素/海葵素 anthopleurin
海兰高精度绍兰导航系统/海蘭 Hiran high-precision shoran
海浪/海浪 ocean wave, sea wave

海浪[的]角散/海浪角度擴散,海浪角度擴展 ocean waves angular spreading
海浪[的]弥散/海浪色散,波浪分散 ocean waves dispersion
海浪警报/波浪警報 wave warning
海浪客观预报/客觀波浪預報 objective wave forecast
海浪[能]谱/海浪能譜 ocean wave spectrum
海浪实况图/波浪分析圖 wave chart
海浪统计预报/統計波浪預報 statistical wave forecast
海浪要素/波浪元素 wave element
海浪预报/波浪預報 wave forecast
海浪预报因子/波浪預報因子 wave predictor
海浪灾害/波浪災害 wave disaster
海乐萌/海樂萌 halomon
海蕾纲/海蕾綱 Blastoidea
海蕾[类]/海蕾[類] blastoids
海里/浬 nautical mile, sea mile
海力特/海力特 hailite
海量数据存储技术/大量資料存儲技術 mass data storage technique
海量数据压缩技术/大量資料壓縮技術 mass data compression technique
海林檎纲/海林檎綱 Cystoidea, Cystidea
海林檎[类]/海林檎類 cystoids
海岭/海[底山]脊,洋脊 submarine ridge, oceanic ridge
海岭型地震/海嶺型地震 ocean ridge type earthquake
海流/海流,洋流 ocean current
海流发电/洋流發電 ocean current energy generation
海流计/海流儀,流速儀 current meter
海流能/洋流能 ocean current energy
海龙卷/水龍卷 waterspout
海龙类/海龍類 thalattosaurians
海隆/海隆,海底隆起,海洋隆起 rise, oceanic rise
海陆对比/海陸對比 land sea contrast
海陆风/海陸風 land and sea breeze, sea-land breeze
海陆风环流/海陸風環流 sea and land breeze circulation
海陆交替相沉积矿床/海陸交替相沈積礦床 paralic sedimentary deposit
海陆微风/西葡海陸風 virazones
海陆效应/海陸效應 sea-land effect
海-陆转换/海-陸轉換 ocean-continent transition
海绿石/海綠石 glauconite
海伦海沟/海倫海溝 Hellenic Trench
海萝胶/海蘿膠 funoran
海萝聚糖/海蘿膠 funoran
海螺壳/[貝]殼 conch
海绵/海綿 sponge
海绵边界条件/海綿邊界條件 spongy boundary condition
海绵动物/海綿動物,有孔動物 sponge
海绵毒素/海綿毒素 halitoxin
海绵骨针/骨針,冰針 spicules
海绵核苷/海綿核苷 spongosine
海绵尿核苷/海綿尿核苷 spongouridine, ara-U
海绵丝/海綿絲 spongin
海绵胸腺嘧啶/海綿胸腺嘧啶 spongothymidine, ara-T
海绵岩/海綿岩 sponge rock
海绵陨铁结构/海綿狀隕鐵組織 sideronitic texture
海绵状冰/海綿狀冰 shuga
海绵状壳/海綿狀殼 spongy shell
海面变动/海面變動 eustatic fluctuation
海面粗糙度/海面粗糙度 sea surface roughness
海面粗糙度遥感/遥測海面粗糙度 remote sensing of sea surface roughness
海面地形/海面地形 sea surface topography
海面反照率/海面反照率 sea surface albedo
海面风遥感/遥測海面風 remote sensing of sea surface wind
海面辐射/海面輻射 sea surface radiation
海面环流/表面環流 surface circulation
海面回波/海面回跡 sea return
海面起伏/海面起伏 sea surface relief
海面升降运动/海準振動 eustatic oscillation
海面声散射/海面散射 surface scattering
海面水温/海表温,海水表面温度 sea surface temperature, SST
海面温度/海面温度 sea surface temperature, SST
[海面]油膜/油膜 oil slick
海面蒸汽雾/海面蒸汽霧 sea smoke
海难救助/海上救難 marine salvage
海尼蕨属/狼尾藻 *Hyenia*
海泡石/[多水]海泡石 sepiolite
β海泡石/β海泡石 β-sepiolite
海盆/海盆 sea basin
海平俯角/海平俯角 dip of sea horizon
海[平]面/海平面,海水面 sea level
海平面变化/海平面變化,海水位變化 sea level change
海平面等高线/海平面等高線 sea level contour

海平面高度遥感/海平面高度遥測 sea surface height remote sensing
海平面归算/化算至海平面 reduction to sea level
海平面气压/海平面氣壓 sea level pressure
[海平面]气压换算/氣壓海平面訂正 pressure reduction
海平面上升/海平面上昇 sea level rise
海平面上升灾害/海平面上昇災害,海水位上昇災害 sea level rise disaster
海平面升降/全球性海平面昇降 eustasy
海平面升降事件/海平面昇降事件 eustatic event
海平面天气图/海平面氣壓圖 sea level synoptic chart
海平线/海地平 sea horizon
海气边界过程/氣海邊界過程 air-sea boundary process
海气交换/海氣交換 air-sea exchange, ocean-atmosphere exchange
海气界面/海氣介面,氣海介面 air-sea interface
海气耦合模式/海氣耦合模式,氣海耦合模式 air-sea coupled model, ocean-atmosphere coupled model
海气热交换/海氣熱交換 ocean-atmosphere heat exchange
海气通量/海氣通量 air-sea flux
海气相互作用/海氣交互作用,氣海交互作用 air-sea interaction, ocean-atmosphere interaction
海鞘/海鞘 sea squirt
海鞘属/海蛸[屬] *Ascidia*
海鞘素 743/海鞘素 743 ecteinascidin 743
海侵/海侵,海進 transgression
海穹/海拱,海蝕門 sea arch
海丘/海丘 seaknoll
海区/海區 provinces
海区界线/海區界線 sea area boundary line
海区天气预报/海域天氣預報 sea area weather forecast
海区资料调查/海區資料調查 sea area information investigation
海区总图/總圖 general chart of the sea
海色/海色,海洋水色 color of the sea
海山链/海山鏈 seamount chain
海扇/海扇 sea fan
海上安装/海上安裝 marine installation
海上摆仪/海上擺儀 marine pendulum
海上采气/離岸採氣 offshore gas production
海上采油/離岸開採 offshore production
海上采油技术/離岸開採技術 offshore production technology
海上采油平台/離岸開採平臺 offshore production platform
海上采油系统/離岸採油系統 offshore oil production system
海上储油装置/離岸貯油裝置 offshore storage unit
海上磁法测量/海上磁力測勘 ocean magnetic survey
海上地震数据处理/海上地震資料處理 offshore seismic data processing
海上定位/海上定位 marine positioning
海上定位系统/海上定位系統 marine positioning system
海上定向井/離岸定向井 offshore directional well
[海上]焚化区/海上焚化區 incineration area
海上港口/海上人工港 marine artificial port
海上工厂/海上工廠 maritime factory
海上航标/海上航標 seamark
海上航空灯/海空航行燈 aeromarine light
海上机场/海上機場 seadrome
海上评价井/離岸評價井 offshore appraisal well
海上起重机/海上起重機 marine crane
海上桥梁/海上橋梁 maritime bridge
海上丝绸之路/海上絲路 maritime silk route
海上拖运/海上拖運 marine towage
海上微波测距仪/水道微波定位儀 hydrodist
海上吸扬式采矿船/海上吸揚式採礦船 marine suction mining dredger
海上溢油/海上溢油,離岸溢油 marine oil spill, offshore oil spill
海上溢油圈闭/海上油氣捕獲 offshore trap
海上油气开发井/離岸油氣開發井 offshore oil-gas development well
海上油气水处理设备/離岸油氣水處理廠 offshore oil-gas-water processing plant
海上油气水处理系统/離岸油氣水處理系統 offshore oil-gas-water processing system
海上油气水平井/離岸油氣水平井 offshore oil-gas horizontal well
海上油气田/海上油氣田,離岸油氣田 offshore oil gas field
海上油气藏/離岸油氣貯池 offshore oil-gas pool
海上油田生产设施/離岸開採設施 offshore production facilities
海上预探井/離岸預探井 offshore wildcat well
海上运输/海運 marine transportation
海上战场/海上戰場 battlefield at sea
海上走廊/海上走廊 sea corridor

海上钻井隔水管/離岸鑽井昇導管 offshore drilling riser
海上钻井平台/離岸鑽井平臺 offshore drilling rig
海上钻井设施/離岸鑽井設置 offshore drilling installation
海上作业点天气预报/海上施工天氣預報 marine weather forecast for working place
海参/海參 sea cucumber, holothurian
海参毒素/海參毒素,皂苷毒素 holotoxin
海参纲/海參綱 Holothurioidea
海参[类]/海參[類] holothuroids
海参素/海參素 holothurin
海深线/深海線 bathymetric line
海神石属/海神石 *Clymenia*
海蚀凹槽/海蝕凹壁 sea notch
海蚀[壁]龛/海蝕凹壁 sea notch
海蚀地貌/海蝕地形 marine abrasion landform
海蚀洞/海蝕洞,海蝕凹 sea cave
海蚀-海积夷平岸/海蝕-海積平夷岸 marine erosion-deposition graded coast
海蚀阶地/海蝕階地,波蝕階地,浪蝕階地 wave-cut terrace, marine erosion terrace, abrasion terrace
海蚀龛/浪蝕凹壁 wave-cut notch
海蚀面/海蝕面,浪蝕面 abrasion surface
海蚀石/海蝕石 aquafact
海蚀台[地]/海蝕臺地,海蝕[平]臺,波蝕棚 abrasion platform, sea terrace, marine-cut terrace
海蚀穴/海蝕洞,海蝕凹 sea cave
海蚀崖/海崖 sea cliff
海蚀夷平岸/海蝕平夷岸 marine erosion-graded coast
海蚀柱/海蝕柱 sea stack
海蚀作用/海蝕作用 marine erosion
海氏菊石/海氏菊石 Hedenstroemia
海市蜃楼/海市蜃樓,蜃景 mirage
海水/海水 seawater
海水 pH/海水 pH seawater pH
海水保守组分/海水守恆成分 conservative constituent of seawater
海水-沉积物界面/海水-沈積物介面 seawater-sediment interface
海水-沉积物界面作用/海水-沈積物介面作用 seawater-sediment interface reaction
海水成分/海水成分 constituent of seawater
海水成分恒定性/海水成分恆定性 constancy of composition of seawater
海水处理系统/海水處理系統 seawater treatment system
海水磁导率/海水磁導率 seawater permeability
海水淡化/海水淡化,海水脱鹽 seawater desalination
海水淡化厂/海水淡化廠 seawater desalting plant
海水淡化器/海水淡化器 seawater demineralizer
海水淡化业/海水淡化業 seawater desalination industry
海水电池/海水電池 saltwater battery
海水电导率/海水電導率 seawater conductivity
海水电解质/海水電解質 seawater electrolyte
海水电泳/海水電泳 electrophoresis of seawater
海水电子活度/海水電子活度 electron activity of seawater
海水电阻率/海水電阻率 seawater resistivity
海水二氧化碳系统/海水二氧化碳系統 carbon dioxide system in seawater
海水反渗透系统/海水逆滲透系統 seawater reverse osmosis system
海水非保守组分/海水非守恆成分 non-conservative constituent of seawater
海水分析/海水分析 seawater analysis
海水分析化学/海水分析化學 analytical chemistry of seawater, seawater analytical chemistry
海水腐蚀/海水腐蝕 marine corrosion, seawater corrosion
海水腐蚀特性/海水腐蝕特性 corrosive nature of seawater
海水腐蚀习性/海水腐蝕習性 seawater corrosion behavior
海水腐殖质/海水腐殖質 seawater humus
海水光散射仪/海水散射儀 seawater scatterance meter
海水过滤/海水過濾 seawater filtration
海水痕量物质萃取样本/海水痕量物質萃取樣本 seawater trace material extraction sample
海水化学/海水化學 seawater chemistry
海水化学腐蚀/海水化學腐蝕 seawater chemical corrosion
海水化学模型/海水化學模型 chemical model of seawater
海水化学资源/海水化學資源 seawater chemical resources
海水活度系数/海水活度係數 activity coefficient of seawater
海水碱度/海水鹼度 seawater alkalinity
海水介质/海水介質 seawater medium
海水-颗粒物界面/海水-顆粒物介面 seawater-particle interface

海水类型/海水類型 seawater type
海水冷却塔/海水冷却塔 saltwater cooling tower
海水冷却系统/海水冷却系統 seawater cooling system
海水离子缔合模型/海水離子締合模型 seawater ion association model
海水离子迁移率/海水離子遷移率 seawater ion mobility
海水氯化/海水氯化 seawater chlorination
海水密度/海水密度 seawater density
海水密度计/海水密度計 seawater densitometer
海水年龄/海水年齡 age of seawater
海水侵蚀/海水腐蝕 marine corrosion, seawater corrosion
海水取用设备/海水取用設備 seawater intake facility
海水溶解氧测定仪/海水溶氧測定儀 dissolved oxygen meter for seawater
海水入侵/海水入侵 seawater intrusion
海水入侵含水层/海水入侵含水層 seawater intrusion into aquifer
海水熵/海水的熵 entropy of seawater
海水-生物界面作用/海水-生物介面作用 seawater-biology interface reaction
海水衰减率/海水的衰減率 attenuation of seawater
海水水质标准/海水水質標準 seawater quality standard
海水水质污染/海水水質汙染 seawater quality pollution
海水碳酸盐系统/海水碳酸鹽系統 carbonate system in seawater
海水提氘/海水提氘 extraction of deuterium from seawater
海水提碘/海水提碘 extraction of iodine from seawater
海水提钾/海水提鉀 extraction of potassium from seawater
海水提锂/海水提鋰 extraction of lithium from seawater
海水提镁/海水提鎂 extraction of magnesium from seawater
海水提取物/海水提出物 seawater extract
海水提溴/海水提溴 extraction of bromine from seawater
海水提铀/海水提鈾 extraction of uranium from seawater
海水透明度/海水透明度 seawater transparency, ocean transparency
海水透明度盘/賽西氏透明度板 Secchi disk
海水透射率仪/海水透視度儀 seawater transmittance meter
海水 pE-pH 图/海水 pE-pH 圖 pE-pH figure of seawater
海水温差发电/海水温差發電 ocean thermal energy conversion, OTEC
海水温差发电系统/海水温差發電系統 OTEC power system
海水温差能/海洋熱能 ocean thermal energy
海水温度/海洋溫度,海溫 ocean temperature
海水温度距平预报/海水溫度距平預報 sea surface temperature anomaly forecast
海水温度距平预报图/海水溫度距平預報圖 sea surface temperature anomaly forecast pattern
海水温度预报/海溫預報 seawater temperature forecasting
海水温度预报图/海水溫度預報圖 sea surface temperature forecast pattern
海水污染/海水汙染 seawater pollution
海水污染物背景/海水汙染物背景 seawater pollutant background
海水-悬浮粒子界面作用/海水-懸浮顆粒介面作用 seawater-suspended particle interface reaction
海水循环冷却系统/海水循環冷卻系統 recirculating seawater cooling system
海水压缩性/海水壓縮率 compressibility of seawater
海水盐差发电/海水鹽差發電 seawater salinity gradient energy generation
海水盐度/海水鹽度 seawater salinity
海水养殖/海水養殖 mariculture
海水养殖技术/海水養殖技術,淺海養殖技術 mariculture technique
海水养殖污染/海水養殖汙染 marine aquaculture pollution
海水养殖业/海水養殖業,淺海養殖業 mariculture industry
海水异味去除技术/海水異味去除技術 deodorizing technology
海水荧光/海水的螢光 fluorescence of seawater
海水荧光计/海水螢光計 seawater fluorometer
海水营养盐/海水營養鹽 nutrient in seawater
海水域/海水域,鹹水域 saline waters
海水元素/海水元素 element in seawater
海水蒸馏/海水蒸餾 seawater distillation
海水中常量元素/海水中常量元素 major element in seawater
海水中常量元素恒比定律/海水中常量元素恆比定

律 constant principle of seawater major component
海水中大气痕量气体/海水中大氣痕量氣體 atmospheric trace gas in seawater
海水中氮磷比/海水氮磷比 ratio of nitrogen to phosphorus in seawater
海水中硅酸盐/海水矽酸鹽 silicate in seawater
海水中痕量金属/海水中的痕量金屬 trace metal in seawater
海水中痕量元素/海水微量元素 trace element in seawater
海水中胶态/海水膠體 colloidal form in seawater
海水中胶体氮/海水膠體氮 colloidal nitrogen in seawater
海水中胶体磷/海水膠體磷 colloidal phosphorus in seawater
海水中金属络合配位体浓度/海水中金屬螯合基濃度 metal complexing ligand concentration in seawater
海水中颗粒氮/海水顆粒氮 particulate nitrogen in seawater
海水中颗粒态/海水顆粒態 particulate form in seawater
海水中离子对/海水離子對 ion pair in seawater
海水中磷酸盐/海水磷酸鹽 phosphate in seawater
海水[中]络合物/海水錯合物 complex in seawater
海水中纳米粒子/海水中奈米粒子 nano-particle in seawater
海水中溶解氮/海水溶解氮 dissolved nitrogen in seawater
海水中溶解二氧化碳/海水溶解二氧化碳 dissolved carbon dioxide in seawater
海水中溶解态/海水溶解物質 dissolved forms in seawater
海水中溶解温室气体/海水溶解温室氣體 dissolved greenhouse gas in seawater
海水中溶解营养盐/海水溶解營養鹽 dissolved nutrients in seawater
海水中微量元素/海水次要元素 minor element in seawater
海水中无机胶体/海水無機膠體 inorganic colloid in seawater
海水中物质胶体存在形式/海水物質膠體存在形式 colloidal species in seawater
海水中物质无机存在形式/海水無機性物種 inorganic species in seawater
海水中物质形态/海水化學物質形態 chemical substance form in seawater
海水中物质有机存在形式/海水有機物種 organic species in seawater
海水中硝酸盐/海水[中]硝酸鹽 nitrate in seawater
海水中悬浮物观测技术/海水懸浮物觀測技術 observing technology of suspending material in seawater
海水中氧化还原作用/海水[中]氧化還原作用 oxidation-reduction reaction in seawater
海水中液-固界面三元络合物/海水中液-固相介面三元錯合物 liquid-solid interface ternary complex in seawater
海水中一氧化氮/海水一氧化氮 nitric oxide in seawater
海水中有机氮/海水有機氮 organic nitrogen in seawater
海水中有机胶体/海水有機膠體 organic colloid in seawater
海水中有机磷/海水有機磷 organic phosphorus in seawater
海水中元素清除作用/海水中元素清除作用 scavenging action of element in seawater
海水中总氮/海水總氮 total nitrogen in seawater
海水中总磷/海水總磷 total phosphorus in seawater
海水状态方程/海水狀態方程式 seawater state equation
海水浊度仪/海水濁度儀 seawater turbidity meter
海水资源/海水資源 resources of seawater
海水资源开发技术/海水資源開發技術 technology of seawater resources exploitation
海水自净[作用]/海水自淨[作用] seawater self-purification
海水综合利用/海水綜合利用 seawater comprehensive utilization
海水组分/海水組成 seawater composition
海斯隆起/海斯隆起,赫斯海隆 Hess Rise
海松酸石/海松酸石,軟樹脂 refikite
海台/海底高原,海桌山 submarine plateau, guyot
海滩/海灘 beach
海滩冰/海灘冰 beach ice
海滩的海沙转运养护/海灘的海沙轉運養護 by-pasing sands of beach maintenance
海滩剖面/海灘縱剖面 beach profile
海滩沙堤/海灘沙堤,海底暗礁,海灘障壁 beach barrier
海滩喂养/養灘 beach nourishment, beach replenishment
海滩污染/海灘汙染 beach pollution
[海]滩线/灘線 beachline
海滩岩/[海]灘岩,礁島岩 beach rock, cay rock

海滩养护/海灘養護 beach maintenance
海滩淤积作用/海灘淤積作用 beach accretion
海图/海圖,航行圖 marine chart, admiralty chart, nautical chart
海图比例尺/航圖比例尺 chart scale
海图编号/海圖編號 chart numbering
海图编制/海圖編制 chart compilation
海图标题/海圖標題 chart title
海图大改正/海圖大改正 chart large correction
海图分幅/海圖分幅 chart subdivision
海图改正/海圖改正 chart correction
海图[水深]基准面/海圖[水深]基準面 chart datum
海图投影/海圖投影 chart projection
海图图廓/海圖圖廓 chart boarder
海图图式/海圖圖式 symbols and abbreviations on charts
海图小改正/海圖小改正 chart small correction
海图制图/海圖製圖 charting
海图注记/海圖註記 lettering of chart
海兔毒素/海兔毒素 aplysiatoxin
海兔醚/海兔醚 dactylene
海兔素/海兔素 aplysin
海退/海退 regression
海退砾岩/海退礫岩 regression conglomerate
海外领土/海外領土 overseas territory
海湾/海灣 gulf, bay, bight
海湾冰/灣冰 bay ice
海王龙属/長喙龍 *Tylosaurus*
海雾/海霧 sea fog
海西阶段/海西階段 Hercynian stage
海西期/海西期 Hercynian Age
海西造山带/海西造山帶 Hercynian orogenic belt, Hercynides
海峡/海峽 strait, gullet
海下地震/海底地震 submarine earthquake
海下浊度计/海下濁度計 submersible marine nephelometer
海相/海相 marine facies
海相沉积/海相沈積 marine deposit, marine facies sedimentation
海啸/海嘯,海震 tsunami, seismic sea wave
海啸波浪上涨/海嘯波浪上漲 tsunami run-up
海啸波浪上涨高度/海嘯波浪上漲高度 tsunami run-up height
海啸成因地震/海嘯成因地震 tsunamigenic earthquake
海啸地震/海嘯地震 tsunami earthquake
海啸记录器/海嘯記録器 tsunami recorder
海啸流体动力学/海嘯流體動力學 tsunamis hydrodynamics
海啸频散/海嘯頻散 tsunami dispersion
海啸强度/海嘯強度 tsunami intensity
海啸丘状层/海嘯丘狀層 tsunami hummocky layer
海啸预防对策/海嘯預防對策 tsunami protection measure
海啸预警/海嘯預警 tsunami warning
海啸预警系统/海嘯預警系統 tsunami warning system
海啸灾害/海嘯災害 tsunami disaster
海啸震级/海嘯規模 tsunami magnitude
海蝎/海蠍,板足鱟 Eurypterus
海星纲/海星綱 Stelleroidea, Asteroidea
海星[类]/海星[類] stelleroids
海星皂苷/海星皂苷 asterosaponin
海雪/海洋雪花 marine snow
海盐/海鹽 sea salt
海盐核/海鹽核 sea salt nucleus
海盐粒子/海鹽粒子 sea salt particle
海燕蛤/海燕蛤 Halobia
海洋霸权/海洋霸權 maritime superpower, oceanic supremacy
海洋摆仪/海上擺儀 marine pendulum
海洋板块/海洋板塊 oceanic plate
海洋板内地震活动性/海洋板内地震活動性 oceanic intraplate seismicity
海洋板内火山[活动]/海洋板内火山[活動] oceanic intraplate volcanism
海洋保护区/海洋保護區 marine reserve
海洋爆炸源/海上炸藥震源 marine explosive source
[海洋]表面波/[海洋]表面波 marine surface wave
海洋病原体污染/海洋病原汙染 marine pathogenic pollution
海洋波浪遥感/遥测海洋波浪 remote sensing of ocean wave
海洋捕捞/海洋捕撈 marine fishing
海洋捕捞业/海洋捕撈業 marine fishing industry
海洋不可再生资源/海洋不能自生資源 non-renewable marine resources
海洋采矿业/海洋採礦業 marine mining
海洋测绘/海道測量,水道測繪 marine charting, hydrographic survey and charting
海洋测绘数据库/海洋測繪資料庫 marine charting database
海洋测井/離岸測井 offshore well logging
海洋测量/海道測量 marine survey
海洋测量定位/海洋測量定位 marine survey

positioning
海洋测深学/海洋測深學　bathymetry
海洋层化/海洋層化作用　ocean stratification
海洋产业/海洋産業　marine industry，ocean industry
海洋产业布局/海洋産業布局　distribution of marine industries
海洋产业总产值/海洋産業總産值　gross output value of marine industries
海洋沉积声学/海洋沈積聲學　marine sediment acoustics
海洋沉积物/海洋沈積物　marine sediment
海洋沉积物地球化学/海洋沈積物地球化學　geochemistry of marine sediment
海洋沉积学/海洋沈積學　marine sedimentology
海洋沉积作用/海洋沈積作用　marine sedimentation
海洋赤道/海洋赤道　oceanographic equator
海洋磁测/海上磁力測勘　ocean magnetic survey
海洋磁场/海洋磁場　sea magnetic field
海洋磁力测量/海洋磁力測量　marine magnetic survey
海洋磁力梯度仪/海洋磁力梯度儀　marine magnetic gradiometer
海洋磁力图/海洋磁力圖　marine magnetic chart
海洋磁力仪/海洋磁力儀，海上磁力儀　oceanic magnetometer，marine magnetometer
海洋磁力异常/海洋磁力異常　marine magnetic anomaly
海洋磁条带/海洋磁條帶　marine magnetic stripe
海洋丛式井/離岸叢聚井　offshore cluster wells
海洋大地测量[学]/海洋大地測量[學]　marine geodesy，marine geodetic survey
海洋大地电磁测深/海洋大地電磁探測　marine magnetotelluric sounding
海洋大地电磁法/海洋大地電磁法　marine magnetotelluric method
海洋-大陆对比/海洋大陸對比　maritime continental contrast
海洋大气/海洋大氣　marine atmosphere
海洋大气综合数据集/海洋大氣綜合數據集　comprehensive ocean atmosphere dataset，COADS
海洋氮收支/海洋氮收支　oceanic nitrogen budget
海洋岛/海洋島　oceanic island
海洋岛弧/海洋島弧　oceanic island arc
海洋等温线图/海洋等溫線圖　ocean isothermal plot
海洋地层学/海洋地層學　marine stratigraphy
海洋地磁调查/海洋地磁調查　marine geomagnetic survey
海洋地磁异常/海洋地磁異常　marine geomagnetic anomaly
海洋地理信息系统/海洋地理資訊系統　marine geographic information system，MGIS
海洋地理信息系统数据库/海洋地理資訊系統資料庫　marine GIS database
海洋地理学/海洋[地理]學　oceanography，marine geography
海洋地貌/海洋地形　marine landform
海洋地貌学/海洋地形學　marine geomorphology
海洋地壳分层/海洋地殼分層　oceanic layering
海洋地球化学/海洋地球化學　marine geochemistry
海洋地球化学相指标/海洋地球化學相指標　index of marine geochemical facies
海洋地球物理调查/海洋地球物理調查　marine geophysical survey
海洋地球物理勘探/海洋地球物理勘探　marine geophysics prospecting，marine geophysical prospecting
海洋地球物理[学]/海洋地球物理學　marine geophysics
海洋地热流调查/海洋地熱流調查　marine heat flow survey
海洋地震调查/海洋地震調查　marine seismic survey
海洋地震勘探船/海上震測船　marine seismic vessel
海洋地震漂浮电缆/海洋地震漂浮電纜　marine seismic streamer
海洋地震剖面仪/海洋地震剖面儀　marine seismic profiler
海洋地震拖缆/海上震測拖纜　streamer
海洋地震学/海洋地震學，海洋震測　marine seismology，marine seismics
海洋地质[学]/海洋地質學　marine geology
海洋第二产业/海洋次級産業　marine secondary industry
海洋第三产业/海洋三級産業　marine tertiary industry
海洋第一产业/海洋初級産業　marine primary industry
海洋电磁法/海洋電磁法　control source electromagnetics，CSEM
海洋电磁法勘探/海洋電磁法勘探　marine electromagnetic surveying
海洋电磁学/海洋電磁學　marine electromagnetics
海洋电化学/海洋電化學　marine electrochemistry
海洋钓鱼活动/海洋魚釣活動　marine fishing activity

海洋调查/海洋調查 oceanographic survey, oceanographic investigation
海洋调查技术/海洋調查技術 ocean survey technology
海洋动物/海洋動物群 marine faunal group
海洋度/海性度 maritimity, oceanity
海洋断面/海洋斷面 marine observational section, marine transect
海洋法/海洋法 law of the sea
海洋法规/海洋法規 law and regulation of sea
海洋反射地震调查/海洋反射震測調查 marine reflection seismic survey
海洋防灾/海洋防災 marine disaster prevention
海洋仿生学/海洋仿生學 marine bionics
海洋放射生态学/海洋放射生態學 marine radioecology
海洋放射性/海洋放射性 marine radioactivity
海洋放射性污染/海洋放射性汙染 marine radioactive pollution
海洋飞沫/海洋飛沫 sea-spray
海洋废弃物处置/海洋廢棄物拋置 marine waste disposal
海洋分区/海洋區分 ocean province
海洋分析/海洋分析 oceanographic analysis
海洋分析化学/海洋分析化學 marine analytical chemistry
海洋锋/海洋鋒 oceanic front
海洋服务业/海洋服務業 marine service industry
海洋浮游动物垂直分布图/海洋浮游動物垂直分布圖 plot of marine zooplankton vertical distribution
海洋浮游生物量图/海洋浮游生物量圖 plot of marine plankton biomass
海洋腐蚀/海水腐蝕 marine corrosion, seawater corrosion
海洋腐殖质/海洋腐殖質 marine humus
海洋负荷/海洋負荷 oceanic load
海洋负荷潮/海洋負荷潮 oceanic load tide
海洋工程/海洋工程 ocean engineering
海洋工程测量/海洋工程測量 marine engineering survey
海洋工程地质/海洋工程地質[學] marine engineering geology
海洋工程建筑业/海洋工程營建業 ocean engineering construction industry
海洋工程水文/海洋工程水文 engineering oceanology
海洋工程物理模型/海洋工程物理模型 ocean engineering physical model
海洋公园/海洋公園 ocean park, marine park
海洋功能区/海洋功能區 marine function area, marine function zone, marine functional zone
海洋功能区划/海洋功能區劃 marine functional zoning
海洋构筑物/海洋結構物,近海結構物 offshore structure
海洋观测技术/海洋觀測技術 ocean observation technology
海洋观测卫星/海洋觀測衛星 ocean observation satellite
海洋观测站/海洋觀測站 oceanographic station
海洋管理/海洋管理 ocean management
[海洋]惯性重力波/[海洋]慣性重力波 inertia gravitational wave in ocean
海洋光化学/海洋光化學 marine photochemistry
海洋光学/海洋光學 marine optics, ocean optics
海洋光学浮标/海洋光學浮標 marine optic buoy
海洋广角反射地震调查/海洋廣角反射震測調查 marine wide-angle reflection seismic survey
海洋氦光泵磁探仪/海洋氦光泵磁探儀 marine helium optical pumping magnetic detector
海洋航空气象学/海洋航空氣象學 maritime aviation meteorology
海洋航空天气预报/海洋航空天氣預報 maritime aviation weather forecast
海洋航线天气预报/外海航線天氣預報 weather forecast for shipping route
海洋划界/海洋劃界 marine boundary delimitation
海洋划界测量/海洋劃界測量 marine demarcation survey
海洋化工业/海洋化工業 marine chemistry industry
海洋化探/海洋化探 marine geochemical exploration
海洋化学/海洋化學 marine chemistry
海洋化学的化学平衡/海洋化學的化學平衡 chemical equilibrium of marine chemistry
海洋化学品/海洋化學品 marine chemicals
海洋化学特性/海洋化學特性 marine chemical behavior
海洋化学污染物/海洋化學汙染物 chemical pollutant in the sea
海洋化学资源/海洋化學資源 marine chemical resources
海洋环境/海洋環境 marine envrionment
海洋环境保护/海洋環境保護 marine environmental protection
海洋环境保护法/海洋環境保護法 marine environmental protection law

海洋环境保护技术/海洋環境保護技術 marine environmental protection technology
海洋环境背景值/海洋環境背景值 marine environmental background value
海洋环境标准/海洋環境標準 marine environmental standard
海洋环境承载能力/海洋環境承載力 marine environmental carrying capacity
海洋环境地球化学/海洋環境地球化學 marine environmental geochemistry
海洋环境调查/海洋環境調查 oceanographic environmental survey
海洋环境法/海洋環境法 marine environmental law
海洋环境分类/海洋環境分類 classification of marine environment
海洋环境管理/海洋環境管理 marine environmental management
海洋环境荷载/海洋環境負載 marine environmental load
海洋环境化学/海洋環境化學 marine environmental chemistry
海洋环境基线[调查]/海洋環境基線[調查] marine environmental baseline survey
海洋环境基准/海洋環境準則 marine environmental criteria
海洋环境价值/海洋環境價值 marine environmental value
海洋环境监测/海洋環境監測 marine environmental monitoring
海洋环境监测技术/海洋環境監測技術 marine environment monitoring technology
海洋环境科学/海洋環境科學 marine environmental science
海洋环境流体动力学/海洋環境流體動力學 marine environmental hydrodynamics
海洋环境品质/海洋環境品質 marine environmental quality
海洋环境评价/海洋環境評估 marine environmental assessment
海洋环境评价制度/海洋環境評估系統 marine environmental assessment system
海洋环境容量/海洋環境容量 marine environmental capacity
海洋环境图/海洋環境圖 marine environmental chart
海洋环境要素/海洋環境要素 marine environmental element
海洋环境影响/海洋環境影響 marine environmental impact
海洋环境影响报告书/海洋環境影響報告書 marine environmental impact statement
海洋环境影响评价/海洋環境影響評估 marine environmental impact assessment
海洋环境影响评价报告书/海洋環境影響評估報告書 report on assessment for marine environmental impact
海洋环境影响预测/海洋環境衝擊預測 marine environmental impact prediction
海洋环境预报/海洋環境預報 marine environment forecast
海洋环境预报预测/海洋環境預報與預測 marine environmental forecasting and prediction
海洋环境噪声/海洋環境噪音 ambient noise of the sea, ocean ambient noise
海洋环境沾污/海洋環境汙染 marine environmental contamination
海洋环境质量/海洋環境品質 marine environmental quality
海洋环境质量评价/海洋環境品質評估 assessment of marine environmental quality
海洋环境中浮游生物的反应性研究计划/海洋環境中浮游生物的反應性研究計劃 Plankton Reactivity in the Marine Environment, PRIME
海洋环境资料信息目录/海洋環境資訊目録,海洋環境數據和資料查詢系統 marine environmental data and information referral system, MEDI
海洋环流/海洋環流 ocean circulation
海洋环流模式/大氣海洋環流模式 oceanic general circulation model, OGCM
海洋混响/海洋回響 marine reverberation
海洋火山活动/海洋火山活動 oceanic volcanism
海洋激发极化法/海洋引發極化法 marine induced polarization method
海洋极潮/海洋極潮 ocean pole tide
海洋技术/海洋技術 marine technology, ocean technology
海洋减灾/海洋減災 marine disaster reduction
海洋减灾工程/海洋減災工程 marine disaster reduction engineering
海洋减灾救灾管理/海洋減災救災管理 management of marine disaster reduction and relief
海洋交通运输业/海洋交通運輸業 marine communications and transportation industry
海洋界面/海水介面 interface in seawater
海洋界面化学/海水介面化學 marine interfacial chemistry

海洋界面作用/海水介面作用 interface reaction in seawater
海洋经济/海洋經濟 marine economy
海洋经济学/海洋經濟學 marine economics
海洋均衡/海洋均衡 oceanic isostasy
海洋开尔文波/海洋凱爾文波 ocean Kelvin wave
海洋开发/海洋開發,海洋拓展 marine development, ocean exploitation
海洋开发规划/海洋開發規劃 marine development planning
海洋勘测/水道勘測 hydrographic reconnaissance
海洋考古/海洋考古學 maritime archaeology
海洋科学/海洋科學 marine science, ocean science
海洋可控源电磁法/海洋可控源電磁法 marine controlled-source electromagnetic sounding method, MCSEM
海洋可再生资源/海洋可再生資源 renewable marine resources
海洋克拉通/海洋克拉通 thalassocraton
海洋客观分析技术/海洋客觀分析技術 marine objective analysis technique
海洋空间利用/海洋空間利用 ocean space utilization
海洋空间数据/海洋空間資料 marine spatial data
海洋空间数据交换标准/海洋空間數據交換標準 standard for marine spatial data exchange
海洋空间资源/海洋空間資源 marine space resources
海洋空气/海洋空氣 marine air, ocean air
海洋矿产资源开发技术/海洋礦產資源開發技術 technology of marine mineral resources exploitation
海洋扩张中心/海洋擴張中心 oceanic spreading center
海洋冷水圈/海洋冷水圈 psychrosphere
海洋历史地理/海事歷史地理 maritime historical geography
海洋历史文化景观/海洋歷史文化景觀 oceanic historical and cultural landscape
海洋流体动力噪声/海洋流體動力噪音 marine hydrodynamic noise
海洋旅游业/海洋旅遊業 marine tourism
海洋旅游资源/海洋旅遊資源 marine tourism resources
海洋罗斯贝波/海洋羅士培波 ocean Rossby wave
海洋脉动/海洋脈動 oceanic microseism
海洋民俗/海洋民俗 maritime folklore
海洋鸣振/海洋鳴振 offshore ringing
海洋牧场/海洋牧場 aquafarm, marine ranch
[海洋]内波/内波 marine internal wave
海洋能/海洋能 ocean energy
海洋能发电业/海洋能源發電産業 ocean energy power generation industry
海洋能开发技术/海洋能源開發技術 technology of ocean energy exploitation
海洋能利用/海洋能源利用 ocean energy utilization
海洋能农场/海洋能源農場 ocean energy farm
海洋能源/海洋能源 marine energy resources
海洋能转换/海洋能轉換 ocean energy conversion
海洋农场/海洋農場,海洋牧場 marine farm
海洋农药污染/海洋農藥汙染 marine pollution of pesticide
海洋气候声学测温计划/海洋氣候聲學測温計劃 Acoustic Thermometry of Ocean Climate, ATOC
海洋气候学/海洋氣候學 marine climatology
海洋气溶胶/海洋氣溶膠 marine aerosol
海洋气团/海洋氣團 ocean air mass, marine air mass
海洋气团雾/海洋氣團霧 maritime air fog
海洋气雾团/海洋氣霧團 marine air fog
海洋气象电码/海洋氣象電碼 marine meteorological code
海洋气象图/海洋氣象圖 marine meteorological chart
海洋气象学/海洋氣象學 marine meteorology
海洋气象站/海洋氣象[觀測]站 ocean weather station
海洋倾倒/海拋 ocean dumping
海洋倾倒技术/海拋技術 dumping skill at sea
海洋倾倒区/海拋區 dumping area at sea
海洋热力学/海洋熱力學 ocean thermodynamics
海洋热量输送/海洋熱傳[送] ocean heat transport
海洋热能/海洋熱能 ocean thermal energy
海洋热能发电系统/海洋熱能發電系統 ocean thermal power system
海洋热能转换/海水温差發電 ocean thermal energy conversion, OTEC
海洋热能转换系统/海水温差發電系統 OTEC power system
海洋热污染/海洋熱汙染 marine thermal pollution
海洋人文地理/海洋人文地理 maritime cultural geography
海洋生产力/海洋生産力 ocean productivity
海洋生化工程/海洋生化工程 marine biochemical engineering
海洋生化资源/海洋生化資源 marine biochemical resources

海洋生态监测/海洋生態監測 marine ecological monitoring
海洋生态景观/海洋生態景觀 ocean ecological landscape
海洋生态系统/海洋生態系[統] marine ecosystem
海洋生态系统动力学/海洋生態系統動力學 marine ecosystem dynamics
海洋生态系统生态学/海洋生態系統生態學 marine ecosystem ecology
海洋生态学/海洋生態學 marine ecology
海洋生态灾害/海洋生態災害 marine ecological disaster
海洋生物材料/海洋生物材料 marine biomaterial
海洋生物地球化学/海洋生物地球化學 marine biogeochemistry
海洋生物毒素/海洋生物毒素 marine biotoxin
海洋生物毒性试验/海洋生物毒性試驗 test of marine organism toxicity
海洋生物光学/海洋生物光學 oceanic biooptics
海洋生物活性物质/海洋生物活性物質 marine bioactive substances
海洋生物基因工程/海洋生物基因工程 marine genetic engineering
海洋生物技术/海洋生物技術 marine biotechnology
海洋生物普查计划/海洋生物普查計劃 Census of Marine Life, COML
海洋生物声学/海洋生物聲學 marine bioacoustics
海洋生物图/海洋生物圖 marine biological chart
海洋生物污染/海洋生物汙染 marine biological pollution
海洋生物学/海洋生物學 marine biology
海洋生物噪声/海洋生物噪音 marine biological noise
海洋生物制药业/海洋生物製藥業 marine biological pharmacy industry
海洋生物资源/海洋生物資源 marine living resources
海洋生物资源养护/海洋生物資源養護 maintenance of marine living resources
海洋声层析技术/海洋聲層析 ocean acoustic tomography
海洋声散射体/海洋聲散射體 oceanic sound scatterer
海洋声学/海洋聲學 marine acoustics, ocean acoustics
海洋湿地/海洋濕地 marine wetland
海洋石油降解微生物/海洋石油裂解菌 marine petroleum degrading microorganism
海洋石油污染/海洋石油汙染 marine petroleum pollution
海洋石油资源/離岸石油資源 offshore oil resources
海洋实时数据/海洋即時資料 marine realtime data
海洋示踪物/海洋示蹤物 oceanographic tracer
海洋数据/海洋資料 marine data, oceanographic data
海洋数据变换/海洋資料變换 marine data transform
海洋数据操作/海洋資料操作 marine data manipulation
海洋数据格式化/海洋資料格式化 marine data formatting
海洋数据集/海洋資料集 marine dataset
海洋数据库/海洋資料庫 marine database
海洋数据融合技术/海洋資料融合技術 marine data fusion technique
海洋数据同化技术/海洋資料同化技術 marine data assimilation technology
海洋数据文档/海洋資料典藏 marine data archive
海洋数据文件/海洋資料檔 marine data file
海洋数据应用文件/海洋資料應用檔 marine data application file
海洋数据转换/海洋資料轉換 marine data conversion
海洋数字化/海洋數據化 ocean digitization
海洋水产品加工业/海洋水產品加工業 marine aquatic products processing
海洋水色测量/海洋水色測量 sea color measurement, ocean color measurement
海洋水色扫描仪/海洋水色掃描儀 ocean color scanner
海洋水温遥感/海洋水温遥測 ocean temperature remote sensing
海洋水文图/海洋水文圖 marine hydrological chart
海洋水文学/海洋水文學 marine hydrology, marine hydrography
海洋水下技术/水下技術 undersea technology
海洋水质监测仪/多參數水質探測儀 multiparameter water quality probe
海洋水准测量/海洋水準測量 marine leveling
海洋瞬变电磁法/海洋瞬變電磁法 marine transient electromagnetic method
海洋探险/海洋探險 maritime exploration, oceanic adventure
海洋碳酸盐系统/海洋碳酸鹽系統 carbonate system of the ocean
海洋特别保护区/海洋特別保護區 special marine

protected area
海洋天气船/氣象船 ocean weather vessel
海洋天气图/海洋天氣圖 marine synoptic chart
海洋天气预报/海洋天氣預報 marine weather forecast
海洋天然产物/海洋天然產物 marine natural product
海洋天然产物化学/海洋天然產物化學 marine natural product chemistry
海洋天然气水合物/海洋天然氣水合物 marine gas hydrate
海洋天然烃/海洋天然烴 marine natural hydrocarbon
海洋通量/海洋通量 ocean flux
海洋同位素化学/海洋同位素化學 marine isotope chemistry
海[洋]图集/海[洋]圖集 marine atlas
海洋土工试验/海洋大地工程試驗 marine geotechnical test
海洋微表层/海洋表面微層 sea surface microlayer
海洋微生物生态学/海洋微生物生態學 marine microbial ecology
海洋微生物学/海洋微生物學 marine microbiology
海洋卫星/海洋[號]衛星 Seasat, sea sat, sea satellite
海洋卫星合成孔径雷达/海洋衛星合成孔徑雷達 Seasat SAR
海洋卫星系列/海洋衛星系列 sea satellite series, Seasat series
海洋文明/海事文明 maritime civilization
海洋污染/海洋汙染 marine pollution, ocean pollution
海洋污染防治/海洋汙染防治 marine pollution prevention
海洋污染防治法/海洋汙染防治法 marine pollution prevention law
海洋污染化学/海洋汙染化學 marine pollution chemistry
海洋污染监测/海洋汙染監測 marine pollution monitoring
海洋污染监测技术/海洋汙染監測技術 marine pollution monitoring technology
海洋污染科学专家组/海洋汙染科學專家組 Group of Experts on the Scientific Aspects of Marine Pollution, GESAMP
海洋污染控制/海洋汙染控制 marine pollution control
海洋污染累积种/海洋汙染累積種 accumulation species of marine pollution
海洋污染评价种/海洋汙染評估種 critical species of marine pollution
海洋污染生态效应/海洋汙染生態效應 ecological effect of marine pollution
海洋污染生态学/海洋汙染生態學 marine pollution ecology
海洋污染生物监测/海洋汙染生物監測 biological monitoring for marine pollution
海洋污染生物效应/海洋汙染生物效應 biological effects of marine pollution
海洋污染生物学/海洋汙染生物學 marine pollution biology
海洋污染史/海洋汙染史 marine pollution history
海洋污染物/海洋汙染物 marine pollutant
海洋污染物的迁移转化/海洋汙染物的遷移轉化 transport and fate of marine pollutant
海洋污染预报/海洋汙染預報 marine pollution prediction
海洋污染源/海洋汙染源 marine pollution source
海洋污染指示种/海洋汙染指標種 indicator species of marine pollution
海洋污损预报/海洋汙損預報 oceanic fouling forecast
海洋污着/海洋汙[染附]著 marine fouling
海洋无机污染/海洋無機汙染 marine inorganic pollution
海洋物理/海洋物理[學] oceanophysics
海洋物理化学/海洋物理化學 marine physical chemistry
海洋物理学/海洋物理學 marine physics, ocean physics
海洋细菌/海洋細菌 marine bacteria
海洋细菌学/海洋細菌學 sea bacteriology
海洋细微结构/海洋細微架構 fine and microstructure of ocean
海洋响应/海洋反應 ocean response
海洋协会地球深层取样机构/聯合海洋機構地球深層取樣計劃 Joint Oceanographic Institutions for Deep Earth Sampling, JOIDES
海洋信息/海洋資訊 marine information
海洋信息产品/海洋資訊產品 marine information products
海洋信息产品制作技术/海洋資訊產品製作技術 manufacturing technique of marine information products
海洋信息处理/海洋資訊處理 marine information processing

海洋信息处理技术/海洋資訊處理技術 marine information processing technique
海洋信息传输/海洋資訊傳輸 marine information transmission
海洋信息分发系统/海洋資訊分發系統 dissemination system of marine information
海洋信息分类代码/海洋資訊分類代碼 marine information code
海洋信息服务/海洋資訊服務 marine information service
海洋信息服务技术/海洋資訊服務技術 technique of marine information service
海洋信息共享/海洋資訊共享 marine information sharing
海洋信息技术/海洋資訊技術 marine information technology
海洋性冰川/海洋性冰川 maritime glacier
海洋性洄游/海洋性洄游 oceanodromous migration
海洋[性]气候/海洋[性]氣候 marine climate
海洋性气溶胶/海洋氣[懸]膠 maritime aerosol
海洋学/海洋學 oceanography, oceanology
海洋学标准/海洋學標準 oceanographic standard
海洋学和气象学联合技术委员会/海洋學和氣象學聯合技術委員會 Joint Technical Commission for Oceanography and Marine Meteorology, JTCOMM
海洋学联合大会/海洋學聯合大會 Joint Oceanographic Assembly, JOA
海洋岩石层/海洋岩石圈 oceanic lithosphere
海洋研究科学委员会/海洋研究科學委員會 Scientific Committee on Oceanic Research, SCOR
海洋演化/海洋演化 oceanic evolution
海洋遥感/海洋遥測 oceanographic remote sensing, oceanographical remote sensing, ocean remote sensing
海洋遥感观测/海洋遥測觀測 ocean remote sensing observation
海洋药物/海洋藥物 marine drug
海洋要素垂直分布图/海洋垂直分布 marine vertical distribution
海洋要素反演/海洋要素反轉 inversion of oceanographic element, reduction of oceanographic element, retrieval of oceanographic element
海洋叶绿素遥感/海洋葉緑素遥測 ocean chlorophyll remote sensing
海洋油气采收率/離岸油氣回收 offshore oil-gas recovery
海洋油气盆地/離岸油氣盆地 offshore oil-gas bearing basin
海洋油气总资源量/海洋油氣總資源量 gross volume of offshore hydrocarbon resources
海洋有机地球化学/海洋有機地球化學 marine organic geochemistry
海洋有机化学/海洋有機化學 marine organic chemistry
海洋有机碳/海洋有機碳 marine organic carbon
海洋有机物/海洋有機物 marine organic matter, marine organic substance
海洋有机物环境化学/海洋有機物環境化學 environmental chemistry of marine organic matter
海洋渔情预报图/漁況預報圖 plot of fish condition forecasting
海洋渔业/海洋漁業 marine fishery
海洋渔业资源/海洋漁業資源 marine fishery resources
海洋元素地球化学/海洋元素地球化學 marine elemental geochemistry
海洋灾害/海洋災害 marine disaster
海洋灾害基本要素/海洋災害基本要因 basic element of marine disaster
海洋灾害预报和警报/海洋災害預報和警報 marine disaster forecasting and warning
海洋藻类化学/海洋藻類化學 marine algae chemistry
海洋噪声/海洋噪音 sea noise
海洋战略/海洋策略 marine strategy
海洋折射地震调查/海洋折射震測調查 marine refraction seismic survey
海洋政策/海洋政策 marine policy
海洋脂肪酸/海洋脂肪酸 marine fatty acid
海洋制造业/海洋製造業 marine manufacturing industry
海洋质子采样器/海洋質子採樣器 marine bottom proton sampler
海洋质子磁力梯度仪/海洋質子磁力梯度儀 marine proton magnetic gradiometer
海洋质子磁力仪/海洋質子磁力儀 marine proton magnetometer
海洋中尺度涡遥感/衛星量測中尺度渦旋 satellite measurement of mesoscale eddies
海洋中放射性元素同位素/海洋放射性元素同位素 radioactive isotope in ocean
海洋中化学元素垂直分布/海洋化學元素垂直分布 vertical distribution of chemical elements in ocean
海洋中化学元素时间分布/海洋化學元素時間分布 temporal distribution of chemical elements in ocean
海洋中化学元素水平分布/海洋化學元素水平分布

horizontal distribution of chemical elements in ocean
海洋中稳定同位素/海洋穩定同位素 stable isotope in ocean
海洋中元素滞留时间/海洋中元素滯留時間 residence time of elements in seawater
海洋重金属污染/海洋重金屬汙染 marine heavy metal pollution
海洋重力测量[学]/海洋重力測量[學] marine gravimetry
海洋重力调查/海洋重力調查 marine gravity survey
海洋重力仪/海洋重力儀,海上重力儀 marine gravimeter, sea gravimeter
海洋重力异常/海洋重力異常 marine gravity anomaly
海洋重力异常图/海洋重力異常圖 chart of marine gravity anomaly
海洋贮藏/海洋貯藏 ocean storage
海洋专题测量/海洋專題測量 marine thematic survey
海洋资料标准化处理/海洋資料標準化處理 standard processing of marine data
海洋资料文档/海洋資料典藏 marine data archive
海洋资料质量控制/海洋資料品質管理 marine data quality control
海洋资源/海洋資源 marine resources
海洋资源保护/海洋資源保護,海洋資源保育 conservation of marine resources
海洋资源持续利用/海洋資源永續使用 sustainable utilization of marine resources
海洋资源工程委员会/海洋資源工程委員會 Engineering Committee on Oceanic Resources, ECOR
海洋资源管理/海洋資源管理 management of marine resources
海洋资源化学/海洋資源化學 marine resources chemistry
海洋资源经济评价/海洋資源經濟評估 economic evaluation of marine resources
海洋资源经济评价指标/海洋資源經濟評估指標 index of economic evaluation for marine resources
海洋资源开发/海洋資源開發 marine resources exploitation, marine resource development
海洋资源开发布局/海洋資源開發布局 spatial arrangement of marine resources exploitation
海洋资源开发成本/海洋資源開發成本 cost of marine resources exploitation
海洋资源利用/海洋資源利用 marine resources utilization
海洋资源图/海洋資源圖 marine resources chart
海洋资源学/海洋資源學 science of marine resources
海洋资源综合利用/海洋資源綜合利用 integrated use of marine resources
海洋自净能力/海洋自淨能力 marine environmental self-purification capability
海洋自然保护区/海洋自然保留區 marine natural reserves
海洋自然电位法/海洋自然電位法 marine self-potential method
海洋总环流/海洋主環流 general ocean circulation
海洋钻探计划/海洋鑽探計劃 Ocean Drilling Program, ODP
海因里希事件/漂冰碎屑事件 Heinrich event
海萤属/麗仙介 *Cypridina*
海涌雾/海蝕霧 sea fret
海域/海域 sea area
海域地名/海域地名 maritime name
海域地形/海域地形 hydrographic features
海域富营养化控制/海域優養化控制 control of eutrophication in the sea area
海域使用管理/海域使用管理 management on sea area use
海域使用权/海域使用權 right of sea area use
海域使用证/海域使用證 licence of sea area use
海渊/海淵 ocean deep, abyssal deep, abyss
海原群/海原群 Haiyuan Group
海藻床/海藻床,巨藻床 kelp bed, seaweed bed
海藻腐蚀/海藻腐蝕 seaweed corrosion
海藻学/海藻學 marine phycology
海震/海底地震 sea shock, sea-quake
海蜘蛛类/海蜘蛛綱 Pycnogonida
海柱/海柱 stack
亥姆霍兹波/亥姆霍茲波 Helmholtz wave
亥姆霍兹不稳定/亥姆霍茲不穩度 Helmholtz instability
亥姆霍兹分解/亥姆荷茲分解 Helmholtz decomposition
亥维赛函数/Heaviside 函數 Heaviside function
氦[气]/氦 Helium
氦氧潜水/氦氧潛水 helium-oxygen diving
蚶蜊/甘蜊[屬] *Glycymeris*
含冰量/含冰量 ice content
含长结构/含長結構 ophitic texture
含尘量/含塵量 dust loading
含分离维管束中柱/含分離維管束中柱 dictyostele
含灰空气/含灰空氣 ash air

含碱植物/含鹼植物 soda plant
含矿热水溶液/含礦熱水溶液 ore-bearing hydrothermal solution
含量/含量,集中度 concentration, content
含流体体系/含流體體系 fluid-bearing system
含煤建造/含煤建造 coal-bearing formation
含煤岩系/含煤岩系 coal-bearing series, coal measures
含煤岩系古地理/含煤岩系古地理 paleogeography of coal-bearing series
含煤岩系旋回结构/含煤岩系旋回結構 sedimentary cycle in coal-bearing series
含气饱和度/氣體飽和率 gas saturation
含气层系/含氣層系 gas-bearing series
含氢指数/含氫指數 hydrogen-bearing index
含时泊松过程/含時泊松過程 time-dependent Poisson process
含时[的]/時間依持 time-dependent
含时地球发电机/含時地球發電機 time dependence geodynamo
含时概率/含時概率 time-dependent probability
含时预报/含時預報 time-dependent forecast
含水饱和度/水飽和率 water saturation, liquid water content, LWC
含水边界/含水邊界 aquifer boundary
含水层/含水層,供水層 aquifer
含水量/含水量,液態水含量 water content
含水熔融曲线/含水熔融曲線 hydrous melting curve
含水岩系/水系統 aqueous system
含水岩组/含水層 water-leaving formation
含速度与状态的摩擦模型/含速度與狀態的摩擦模型 friction model dependent on velocity and state, velocity-and-state-dependent friction model
含速率与状态的摩擦/含速率與狀態的摩擦 rate-and-state-dependent friction
含铁建造/含鐵層 iron formation
含烃流体包裹体/含烴流體包裹體 hydrocarbon-bearing fluid inclusion
含铜砂岩/含銅砂岩 cupreous sandstone
含铜页岩型矿床/含銅葉岩型礦床 kupferschiefer type deposit
含温度的黏性/含温度的黏性 temperature-dependent viscosity
含盐性/含鹽性 saltiness
含氧量/含氧量 oxygen content
含氧系数/含氧係數 oxygen coefficient
含义地图/意義地圖 Maps of Meaning
含应变/應變相依 strain-dependence
含油饱和度/油飽和率,含油率 oil saturation
含油层系/含油層系 oil-bearing series
含油带/含油帶 oil zone
含油地层/含油地層 oil-bearing formation
含油废水/含油廢水 oily wastewater
含油废物/含油廢物 oily waste
含油废液/含油廢液 oily waste liquor
含油高度/含油高度 oil column thickness
含油量指数/含油量指數 index of oil content
含油面积/含油面積 oil-bearing area
含油气构造/含油氣構造 oil gas structure
含油气盆地/含油氣盆地 petroliferous basin
含油气区/含油氣區 petroleum region
含油气圈闭/含油氣圈閉 oil gas trap
含油气省/含油氣省,含油區 petroleum province, petroliferous province
含油气系统/含油氣系統 petroleum system
含油气系统图表/含油氣系統圖表 diagram of petroleum system
含油污染物/含油汙染物 oily pollutant
含油污水/含油汙水 oily sewage, oily water
含铀硅岩/含鈾矽岩 uranium-bearing silicalite
含铀胶磷矿/含鈾膠磷礦 uraniferous collophane
含铀页岩/含鈾葉岩 uranium-bearing shale
函数/函數 function
γ函数/伽瑪函數 gamma function
τ函数/τ函數 τ function
函数库/函數庫 function library
函数数据库/函數資料庫 functional data base
函数语言/函數語言 function language
焓/焓 enthalpy
涵洞/涵洞 culvert
韩家店群/韓家店群 Hanjiadian Group, Hanchiatien Group
韩母山群/韓母山群 Hanmushan Group
寒潮/寒潮 cold wave
寒潮爆发/寒潮爆發 cold outburst
寒带/寒帶 frigid zone, cold zone, cold belt
寒带种/寒帶種 cold zone species
寒冻风化/寒凍風化 frost weathering
寒冻土/高山凍土 alpine frost soil
寒害/寒害 cold damage
寒极/寒極 cold pole
寒冷气候适应/寒冷氣候適應 cold acclimatization
寒流/冷流 cold current
寒露/寒露 Cold Dew
寒露风/秋季低温損害 low temperature damage in

autumn
寒漠/寒漠 cold desert
寒漠土/高山凍漠土 alpine frost desert soil
寒土/寒土,寒地 cryolic ground
寒武古杯海绵属/寒武古杯蟲 *Cambrocyathus*
寒武纪/寒武紀 Cambrian Period
寒武纪大爆发/寒武紀大爆發 Cambrian explosion
寒武纪底质革命/寒武紀底質大革命 Cambrian substrate revolution
寒武纪演化动物群/寒武紀演化動物群 Cambrian Evolutionary Fauna
寒武系/寒武系 Cambrian System
罕遇地震烈度/罕遇地震烈度 intensity of seldom occurred earthquake
汉中三瘤虫/漢中三瘤蟲 Hanchungolithus
旱年/乾年 dry year
旱农/旱農 rainfed agriculture
旱生化/旱生化 xerophilization
旱生群落/旱生群落 xerophytia
旱生生境/旱生生境 xetic habitat
旱生生物/旱生生物 xerophilous critter
旱生植物/旱生植物 xerophyte
旱灾/旱災 drought damage
旱灾区/旱災區 drought-stricken area
旱震关系/旱震關係 drought-earthquake relation
行/列 row
行结束标志/行結尾 end of line, EOL
行列式/行列式 determinant
航标/航標,航道標志 beacon, navigation aid
航标表/航標表 list of lights
[航标灯]光相/光相 phase of navigational light
航测飞行器/航測飛機 aerial survey craft
航测[记录]/航測[記録],機載測量[儀器] aircraft measurement
航测摄影机/航測攝影機 aerial surveying camera
航测制图摄影/航測製圖攝影 aerial cartographic photography
航测制图摄影机/航測製圖攝影機 aerial mapping camera
航差角/側航角 angle of crab
航磁测量系统/航磁測量系統 aeromagnetic survey system
航次/航次 cruise, voyage
航带/單連續航帶 flight strip
航带变形/航帶變形 strip deformation
航带法空中三角测量/航帶法空中三角測量 strip aerial triangulation
航带法区域网平差/航帶區域平差 block adjustment by strips
航带方程组/航帶聯組 strip formation
航带辐射三角测量/航帶輻射三角測量 strip radial aerotriangulation
航带空中三角测量平差/航帶空中三角平差 strip adjustment of aerotriangulation
航带密度/航帶寬度 strip width
航带平差/航帶平差 strip adjustment
航带摄影/航帶攝影 aerial strip photography
航带摄影机/航帶攝影機 aerial strip camera, continuous strip camera
航带镶嵌图/航線鑲嵌圖 strip mosaic, serial mosaic
航带坐标/航帶坐標 strip coordinates
[航道]进口浮标/外海浮標 farewell buoy, landfall buoy
航道识别/航道辨别 lane identification
航道图/航道圖 navigation channel chart
航道线/航道線 channel line
航道中线/航道軸線 axis of channel
航高/飛行高度 flying height, flight height
航海地图/海圖 nautical map
航海疾病/航海疾病 seafaring disease
航海天文历/航海曆 nautical almanac
航海天文学/航海天文學 nautical astronomy, navigational astronomy
航海通告/航海布告 notice to mariners, NM
航海图/航海圖 nautical chart, sailing chart
航海学/航海學 nautical navigation
航海医学/航海醫學 nautical medicine
航海医学心理学/航海醫學心理學 nautical medical psychology
航迹/航跡 track
航迹恢复/航跡恢復 flight-path recovery
航空磁测/航空磁測 aeromagnetic survey
航空磁力仪/航空磁力儀 aviation magnetometer
航空地图/航空[地]圖 aeronautical chart
航空电磁法/航空電磁法 airborne electromagnetic method, AEM method
航空电磁系统/航空電磁系統 airborne electromagnetic system, AEM system
航空放射性测量/航空放射性測量 airborne radioactivity survey
航空红外扫描仪/航空紅外線掃描儀 airborne infrared scanner
航空化探/航空化探 airborne geochemical exploration
航空气候区划/航空氣候區劃 aeronautical climate regionalization

航空气候学/航空氣候[學] aeronautical climatology, aviation climatology
航空气候志/航空氣候學 aeronautical climatography
航空气象保障/航空氣象保障 aviation meteorological support
航空气象电码/航空氣象電碼 aviation meteorological code
航空气象服务/航空氣象服務 aviation meteorological service
航空气象观测/航空氣象觀測 aviation meteorological observation
航空气象信息/航空氣象資訊 aviation meteorological information
航空气象学/航空氣象學 aeronautical meteorology
航空气象要素/航空氣象要素 aviation meteorological element
航空气象仪/空中氣象儀 aerometeograph
航空区域[天气]预报/航空區域預報 aviation area weather forecast
航空摄谱仪/航空攝譜儀 aerial spectrograph
航空摄影/航空攝影 aerial photography
GPS航空摄影/衛星定位航空攝影 GPS aerial photography
航空摄影测量/航空攝影測量 aerial photogrammetry
航空摄影测量控制/航測控制 aerophotogrammetry control
航空摄影测量学/航空攝影測量學 aerophotogrammetry, aerial photogrammetry
航空摄影机/航攝儀 aerial camera
航空摄影机镜筒/航空攝影機鏡筒 aerial camera cone
航空摄影机座架/航空攝影機座架 aerial camera mount
航空枢纽/航空樞紐 air transport hub
航空天气订正预报/航空天氣預報修正 amendment of aviation weather forecast
航空天气情报/航空氣象資詢 aviation weather information
航空[天气]预报/航空[天氣]預報 aviation weather forecast
航空图/航空圖 aeronautical chart
航空线图/航空線圖 airway map
航空像片/航空像片 airphoto, aerial photograph
航空像片测图/航空像片測圖 aerial photomapping
航空像片纠正/航攝像片糾正 aerial photograph rectification
航空像片镶嵌图/航攝像片鑲嵌圖 aerial photograph mosaic
航空学/航空學 aeronautics
航空遥感/航空遥[感探]测 aerial remote sensing
航空影象/航空相片,航空照片 aerial photograph
航空侦察/空中偵察 aerial reconnaissance
航空侦察摄影/空中偵察攝影 aerial reconnaissance photography
航空重力测量/空中重力測量 airborne gravity measurement, aerial gravity measurement
航空重力仪/航空重力儀 airborne gravimeter
航路指南/航行指南 sailing directions, SD
航片判读/空照判讀,航照判讀 aerial photograph interpretation
航摄队/空照組員 air photographic crew
航摄飞行架次/航攝飛行架次 aerial photographic sortie
航摄飞行图/攝影航線圖 flight map of aerial photography
航摄计划/航攝計劃,飛行計劃 flight plan of aerial photography
航摄景物光谱特性/航攝景物光譜特性 spectral characteristic of aerial photo object
航摄景物亮度特征/航攝景物亮度特性 brightness characteristic of aerial photo object
航摄领航/航攝領航 navigation of aerial photography
航摄漏洞/航照空隙 aerial photographic gap
航摄软片/航攝底片 aerial film
航摄像片/航攝像片,空中照片 aerial photograph
航摄像片测图/航空像片測圖 aerial photomapping
航摄像片覆盖区/航攝像片涵蓋區 aerial coverage
航摄制图/航攝製圖 aerial mapping, aerial cartography
航摄质量/航攝品質 quality of aerophotography
航速/航速 ship speed
航天飞机/太空梭 space shuttle
航天飞机成像光谱仪/太空梭成像光譜儀 shuttle imaging spectrometer
航天飞机成像雷达/太空梭成像雷達 shuttle imaging radar, SIR
航天器/太空飛行器 spacecraft
航天摄影/太空攝影 space photography
航天摄影测量/太空航測術 space photogrammetry
航天遥感/太空遥測,航太遥測 space remote sensing
航位推算法/推算航法 dead reckoning
航线风/航路風 track wind
航线间隔/航線間隔 flight line spacing, strip

interval
航线校正/航道校正 track adjustment
航线[天气]预报/航線[天氣]預報 air route weather forecast, airways forecast
航线图/航線圖 track chart
航向/航向 course
航向重叠/縱向重疊,前後重疊 longitudinal overlap, forward overlap
航向倾角/傾角 longitudinal tilt
航向倾斜/航向傾斜 y-tilt, longitudinal tilt
航行风/航行風 navigation wind
航行计划图/航行計劃圖 planning chart
航行通告/航行通告 notice to navigator
航行危险物/航行危險物 danger to navigation
航行障碍物/航行障礙物 navigation obstruction
航行障碍物探测/航行障礙物探測 observation of navigation obstruction
巷道弹性波层析成像/巷道彈性波層析成像 elastic wave CT for roadway
巷道无线电波透视/巷道無線電波透視 radio wave penetration in roadway
巷道验收测量/巷道驗收測量 footage measurement of workings
巷道音频电透视/巷道音訊電透視 audio frequency electric penetration in roadway
毫巴/毫巴 millibar
毫伽/毫伽爾 milligal
毫高斯/毫高斯 milligauss
毫瓦分贝/毫瓦分貝 decibel milliwatt, dBm
豪斯曼蕨/荷莱蕨 Hausmannia
豪猪属/豪豬 *Hystrix*
豪猪型头骨/豪豬型頭骨 hystricomorphous skull
豪猪型下颌/豪豬型下頜 hystricognathous mandible
豪猪亚目/豪豬亞目 Hystricidea
好望角植物区/好望角植物區 Cape kingdom
好氧/好氧性,嗜氧性 aerobic
好氧细菌/好氧細菌,需氧菌 aerobic bacteria
耗散/消散 dissipation
耗散尺度/耗散尺度 dissipation scale
耗散结构/消散結構 dissipation structure
耗散结构理论/耗散結構理論 dissipative structure theory
耗散率/消散率 dissipation rate
耗散区/消散區 dissipation range
耗水率/耗水率 water consumption rate
耗氧量/耗氧量,氧消耗 oxygen consumption
皓矾/皓礬 goslarite
合/合 conjunction
合并/合并,漸淡溶入 merging, conflation
合并策略/合并策略 merge policy
合并等高线/并合等高線,等高線合并 carrying contour
合成波高度图/合成波高度圖 composite wave height chart
合成潮[汐]/合成潮[汐] synthesized tide
合成地图/合成地圖,綜合地圖 synthetic map
合成地震记录/合成震波圖 synthetic seismogram
合成地震图/合成震波圖 synthetic seismogram
合成风/合成風 resultant wind
合成干涉测量图/合成干涉測量圖 synthetic interferogram
合成孔径长度/合成孔徑長度 length of synthetic aperture
合成孔径法/合成孔徑法 synthetic aperture method
合成孔径雷达/合成孔徑雷達,訊號合成雷達 synthetic aperture radar, SAR
合成孔径雷达干涉测量[术]/合成孔徑雷達干涉測量[術] synthetic aperture radar interferometry, InSAR
合成孔径声呐/合成孔徑聲納 synthetic aperture sonar, SAS
合成立体影像/合成立體像 synthetic stereo images
合成声波测井/合成聲波測井 synthetic sonic log, synthetic sonic loging
合成天线/合成天線 synthetic antenna
合成橡胶/合成橡膠 synthetic rubber
合成影像/合成影像 composite image
合成有机物/合成有機物 synthetic organics
合点/遁點 vanishing point
合点法/遁點法 vanishing point method
合点控制/遁點控制器 vanishing point control
合点自动控制器/遁點自動控制器 automatic vanishing point control
合法化/合法化 legitimation
合工/合工制 job sharing
合弓/合弓 synarcual
合沟/合溝 syncolpate
合迹线/遁跡線 vanishing trace
合荐骨/綜薦骨 synsacrum
合孔沟/合孔溝 syncolporate
合口盖/合口蓋,合褶板 synaptychus
合流/合流 confluence
合声/合聲,合唱 chorus
合纹石/合紋石 plessite
合线/遁線 vanishing line
合子/[接]合子 zygote

和达-贝尼奥夫带/瓦德提-班尼夫帶 Wadati-Benioff zone
和达带/和達帶 Wadati zone
和达图/和達圖 Wadati diagram
和风/和風 moderate breeze
和缓期/和緩期 slowly retardation stage
和谐图/和諧圖 concordia plot
河岸阶地/河岸階地,河岸臺地 river terrace
河岸生物群/河岸生物群 riparian biota
河岸台地/河岸臺地,河岸階地 river terrace
河岸线/河岸線 river shoreline
河蚌类/貽貝,殼菜蛤 mussel
河北角石/河北角石 Hopeioceras
河漕/河漕,水道,航道 waterway, river canal
河床/河床 river bed, river channel
河床变形/河床變形 river bed deformation
河床地貌/河床地形 river channel landform
河床演变/河流作用 fluvial process
河道/河道 stream channel
河道等级/河道等級 channel order
河道流床方程/河床方程 river bed equation
河道坡降/河道坡降 channel gradient
河道整治测量/河道整治測量 river improvement survey
河谷地貌/河谷地形 river valley landform
河谷沼泽/河谷沼澤 valley swamp
河角震级/河角震級 Kawasumi magnitude, MK
河控三角洲/河川主宰三角洲 river dominated delta
河口/河口,坑口,潟湖 river mouth
河口沉积/河口灣堆積 estuarine deposit
河口动力学/河口動力學 estuarine dynamics
河口锋/河口鋒 estuarine front
河口化学/河口化學 estuarine chemistry
河口化学物质保守行为/河口化學物質守恆行爲 conservative behavior of chemical substance in estuary
河口化学物质非保守行为/河口化學物質非守恆行爲 non conservative behavior of chemical substance in estuary
河口环境/河口環境 estuarine environment
河口环流/河口環流 estuarine circulation
河口界面/河口介面 estuarine interface
河口沙坝/河口沙洲 channel mouth bar
河口上升流/河口湧昇流 estuarine upwelling
河口射流理论/河口射流理論 estuarine jet flow theory
河口生物地球化学/河口生物地球化學 estuarine biogeochemistry
河口生物学/河口生物學 estuarine biology
河口水文/河口水文學 estuary hydrology
河口通量/河口通量 estuarine flux
河口湾/河口灣,三角江 estuary
河口湾沉积/河口灣沈積 estuary deposit
河口[湾]三角洲/河口灣三角洲 estuarine delta
河口[湾]相/河口灣相 estuary facies, estuarine facies
河口学/河口學 estuarine science
河口淤泥沉积/河口淤泥堆積 liman
河口余流/河口餘流 estuarine residual current
河口羽状锋/河口羽狀鋒 estuarine plume front
河口直段/河口直段 sea reach
河口治理/河口治理 estuary improvement
河口最大浑浊带/河口最大渾濁帶,河口最大濁度帶 turbidity maximum zone
河口最大浊度带/河口最大濁度帶,河口最大渾濁帶 turbidity maximum zone
河流/河流 river
河流搬运/河流搬運,河流運輸 river transport
河流搬运力/河流搬運力 stream capacity
河流[搬运]物质/河流[搬運]物質 river borne material
河流搬运作用/河流搬運作用 stream transportation
河流补给/河流補給 river feeding
河流沉积/河積物 fluvial deposit
河流等级/河流等級 stream order
河流负荷/河流負載 stream load
河流含沙量/河流含沙量 river sediment concentration
河流阶地/河階,河成階地 river terrace, valley terrace
河流阶地沼泽/河流階地沼澤 river terrace swamp
[河流]径流量/[河流]徑流量 river outflow, river runoff
河流排放/河流流量 river discharge
河流偏移/河流偏移 river deflection
河流剖面/河流剖面 stream profile
河流湿地/河流濕地 river wetland
河流输沙量/河流輸沙量 river sediment discharge
河流数目定律/河川數目定律 law of stream number
河流水化学/河流水化學 hydrochemistry of river
河流水文学/河流學 potamology
河流污染/河流汙染 pollution of river
河流袭夺/河流襲奪,搶水 stream capture, stream piracy, river capture
河流系统/河流系統 river system

河流相/河流相 fluvial facies
河流学/河流學 potamology
河流再充氧作用/河流的再充氧作用 reoxygenation of stream
河流沼泽化/河流沼澤化 river paludification, swampiness of river
河马/河馬 Hippopotamus
河漫滩/河漫灘,泛濫原,谷平地 flood plain, valley flat
河漫滩沼泽/泛濫原沼澤 flood plain swamp
河曲/河曲 meander
河水/河水 river water
河水水位/河川水位 stage of the river
河套角石/河套角石 Ordoceras
河外致密射电源/河外致密射電源 extragalactic compact radio source
河网/河網,水系網 drainage networks
河网密度/河網密度,水系密度 drainage density
河西石/河西石 hoshiite
河相关系/河流水文計測 river hydraulic geometry
河型/河型 river pattern
河源/河源 headwater
河源物质/河源物質 river-born substance
荷马阶/荷馬階 Homerian Stage
荷马期/荷馬期 Homerian Age
荷谟龙/荷謨龍,清龍 Homoeosaurus
荷叶蕨/荷葉蕨 Hausmannia
荷叶状/荷葉狀 patellate
荷叶状的/荷葉狀 patellate
核爆检测/核爆檢測 nuclear explosion detection
核爆试验/核爆試驗 nuclear explosion experiment
核爆效应/核爆效應 nuclear explosion effect
核爆[炸]/核爆炸 nuclear explosion
核爆炸地球物理效应/核爆炸地球物理效應 geophysical effect of nuclear explosion
核爆[炸]地震学/核爆[炸]地震學 nuclear explosion seismology
核爆炸效应/核爆炸效應 effect of nuclear explosion
核爆侦测/核爆偵測 reconnaissance and measurement for nuclear explosion
核测井/核測井 nuclear logging
核磁测井/核磁測井 nuclear magnetic resonance logging, NMR logging
核磁共振/核磁共振 nuclear magnetic resonance, NMR
核磁共振成像测井/核磁共振成像測井 nuclear magnetic resonance imaging logging
核磁共振法/核磁共振 nuclear magnetic resonance, NMR
核弹试验/核彈試驗 nuclear bomb test
核点/核點 epipole
核冬天/核子冬天 nuclear winter
核辐射探测器/核輻射探測器 nuclear radioactive detector
核函数/核函數 kernel function
核化/成核[作用] nucleation
核聚变/核聚變,核融合 nuclear fusion
核磷铝石/核磷鋁石 evansite
核-幔边界/核幔邊界,地核-地函邊界,核函邊界 core-mantle boundary, CMB
核幔构造/核幔構造 core and mantle structure
核-幔耦合/核幔耦合 core-mantle coupling
核幔耦合机制/核幔耦合機制 core-mantle coupling mechanism
核面/核面 epipolar plane
核能/核能 nuclear energy
核年代学/核年代學 nucleochronology
核试验诱发地震/核子試驗誘發地震 nuclear test induced earthquake
核线/核線 epipolar line, epipolar ray
核线相关/核線相關 epipolar correlation
核心-边缘论/核心-邊陲理論 core-periphery theory
核心-边缘模式/核心-邊陲模式 core-periphery model
核心法/核心法 core method
核心-腹地模型/核心-腹地模式 core-hinterland model
核心家庭/核心家庭 nuclear family
核心区/核心區 core area
核形石/核形石 oncolite
核轴/核軸 epipolar axis
核子旋进磁力仪/核子歲差磁力計 nuclear precession magnetometer, proton precession magnetometer
盒式定时器/方盒計時器 box chronometer
盒式分类法/盒式分類法 box classification method
盒式取样器/盒式取樣器,開斯頓岩芯取樣器 Kasten corer
贺兰山虫/賀蘭山蟲 Holanshania
贺兰山岩群/賀蘭山岩群 Helanshan Group Complex
赫德森海星属/哈德遜海星 *Hudsonaster*
赫尔默特分区平差法/赫爾默特分區平差法 Helmert-blocking techniques
赫格洛茨-维歇特-贝特曼法/赫格洛茨-維歇特-貝特曼法 Herglotz-Wiechert-Bateman method

赫格洛兹-维歇特法/赫格洛兹-維歇特法 Herglotz-Wiechert method
赫里福德世界地图/赫里福世界地圖 Hereford World map
赫南特阶/赫南特階 Hirnantian Stage
赫南特期/赫南特期 Hirnantian Age
赫[兹]/赫 hertz
褐潮/褐潮 brown tide
褐硅铈矿/褐矽鈰礦,氟矽鈦鈰礦 mosandrite
褐红土/褐紅土 cinnamon-red soil
褐帘石/褐簾石,黑簾石 allanite
褐硫锰矿/褐硫錳礦 hauerite
褐氯汞矿/氯汞礦 eglestonite
褐煤/褐煤 lignite, brown coal
褐锰矿/褐錳礦 braunite
褐钼铀矿/鉬鈾礦 sedovite, umohoite, uranomolybdatite
褐黏土/褐色黏土 brown clay
褐砷锰石/褐水砷錳礦 flinkite
褐砷镍矿/六方砷鎳礦 orcelite
褐铁矿/褐鐵礦,褐鐵華,紅鋁鐵礦 limonite
褐铜矾/褐銅礬 dolerophanite
褐土/褐土 cinnamon soil
褐锌锑矿/褐銻鋅礦 ordonezite
褐钇铌矿/褐釔鈮礦 fergusonite
褐云母/褐雲母,反黑雲母 anomite
褐藻/褐藻目 Phaeophyceae, brown algae
褐藻单宁/褐藻單寧 phaeophycean tannin
褐藻鞣质/褐藻單寧 phaeophycean tannin
褐藻酸/海藻酸 alginic acid
[褐]藻酸丙二醇酯/海藻酸丙二醇酯 propylene glycol alginate
褐藻酸钠/海藻酸鈉 sodium alginate
褐侏罗统/褐侏羅系 Brown Jura
黑白片/黑白片 black-and-white film
黑白瓶法/光暗瓶法 light and dark bottle technique
黑白球温度表/黑白球溫度計 black-and-white bulb thermometer
黑白摄影/黑白攝影 black-and-white photography
黑铋金矿/銀白鉍金礦 maldonite
黑冰/黑冰,海面薄冰 black ice
黑茶山群/黑茶山群 Heichashan Group
黑潮/黑潮 Kuroshio, Kuroshio Current
黑潮及邻近水域的合作研究/黑潮及鄰近水域的合作研究 Cooperative Study of the Kuroshio and Adjacent Regions, CSK
黑潮逆流/黑潮反流 Kuroshio counter current
黑潮延续流/黑潮延伸流 Kuroshio extension current
黑辰砂/黑辰砂[礦] metacinnabar
黑碲铜矿/黑碲銅礦 weissite
黑电气石/黑電氣石,黑碧[璽],泡沸電氣石 schorlite, schorl, aphrizite
黑钒矿/黑鐵釩礦 montroseite
黑风/黑風 black wind
黑风暴/黑風暴 black storm
黑钙土/黑鈣土 chernozem
黑格兽亚目/黑格獸亞目,魁獸亞目 Hegetotheria
黑硅砷锰矿/黑矽砷錳石 dixenite
黑硅锑锰矿/黑矽銻錳礦,矽鋁鐵錳礦 katoptrite, catoptrite
黑海/黑海 Black Sea
黑琥珀/黑琥珀 black amber
黑华/黑華 black ocher
黑极光/黑極光 black aurora
黑尖晶石/黑晶石 magnalumoxide
黑矿型矿床/黑礦礦床 kuroko deposit
黑磷锰钠石/黑磷錳鈉礦 varulite
黑硫铜镍矿/黑硫銅鎳礦 villamaninite
黑榴石/黑榴石,暗綠玉 melanite
黑垆土/黑壚土 Heilu soil
黑氯铜矿/黑氯銅礦 melanothallite
黑锰矿/黑錳礦 hausmannite
黑钼钴矿/黑鉬鈷礦 pateraite
黑硼锡铁矿/黑硼錫鐵礦 hulsite, paigeite
黑铅铀矿/黑鉛鈾礦 richetite
黑球温度表/黑球溫度計 black-bulb thermometer
黑色版/黑版 black printer
黑色辐射体/黑色輻射體 black body radiator
黑色金属矿床/黑色金屬礦床 ferrous metal deposit
黑色旅游/悲暗旅遊 thanatourism, dark tourism
黑色石灰土/黑色石灰土 rendzina
黑霜/黑霜 black frost
黑钛石/黑鈦石 anosovite
黑碳钙铀矿/黑碳鈣鈾礦 wyartite
黑体/黑體 black body, blackbody
黑体等效温度/黑體等效溫度 equivalent black body temperature
黑体辐射/黑體輻射 black body radiation
黑体辐射体/黑色輻射體 black body radiator
黑铜矿/黑銅礦 tenorite
黑土/黑土 phaeozem, black soil
黑钨矿/黑鎢礦,錳鐵鎢礦 wolframite
黑钨矿-石英脉矿床/黑鎢礦-石英脈礦床 wolframite-quartz vein
黑雾/黑霧 black fog

黑稀金矿/黑稀金礦,複稀金礦 euxenite
黑烟囱/黑煙囪 black smoker
黑烟囱复合体/黑煙囪複合體 black smoker complex
黑曜岩/黑曜岩 obsidian
黑硬绿泥石/複鐵變雲母,鐵絨硬泥石 stilpnomelane, chalcodite
黑雨/黑雨 black rain
黑云母/黑雲母 biotite
黑侏罗统/黑侏羅統 Black Jura
黑柱石/黑柱石 ilvaite
黑子[活动]双周期/太陽黑子雙週期 double sunspot cycle
黑子群/黑子群 sunspot group
黑子相对数/[太陽]黑子相對數 sunspot relative number
痕量成分/痕量成分 trace component, trace constituent
痕量分析/痕量分析 trace analysis
痕量金属富集/痕量金屬富集 trace metal enrichment
痕量金属污染/痕量金屬汙染 trace metal pollution
痕量污染/痕量汙染 trace contamination
痕量污染物/痕量汙染物 trace contaminant
痕量元素/痕量元素,微量元素 trace element
痕量元素类型/痕量元素類型 trace element pattern, TEP
亨尼亚木属/狼尾藻 *Hyenia*
亨特快门/亨特快門 Hunter shutter
恒定波/恆定波 permanent wave
恒定流/恆定流 steady flow
恒定气体/永久氣體 permanent gas
恒定生物/恆定生物 regulator organism
恒河羊齿/圓舌羊齒 Gangamopteris
恒化培养/恆化培養 chemostatic culture
恒温带/恆溫帶 constant temperature zone
恒温生物/恆溫生物 homeotherm
恒温性/恆溫性 homeothermy
恒向线/恆向線 rhumb line, loxodrome
[恒]星际空间/[恆]星際空間 interstellar space
恒星焦点/恆星焦點 sidereal focus
恒星年/恆星年 sidereal year
恒星日/恆星日 sidereal day
恒星摄影机/恆星攝影機 stellar camera
恒星时/恆星時[記] sidereal time
恒星时角/恆星時角 sidereal hour angle
恒星原子核合成/星體內的核合成 nucleosynthesis in star
恒星月/恆星月 sidereal month
恒星中天测时法/恆星中天測時法 method of time determination by star transit
恒星钟/恆星時針,恆星時表 sidereal clock
恒有种/恆有種,恆存種 constant species
横靶/泡沫組織,鱗板 dissepiment
横板/横板,横隔,隔板 diaphragm, tabula
横板间室/横板間質 intertabulum
横波/横波,剪力波 S-wave, transverse wave, shear wave
横波反射率/横波反射率 S-wave reflectivity
横波速度/横波速度 transverse wave velocity
横波型面波/横波型面波 surface S wave
横波阻抗/横波阻抗 S-wave impedance
横槽/横槽 transversal trough
横测线偏移/横測線偏移 crossline migration
横磁场极化/横磁場極化 transverse magnetic polarization
横刺/横棒 synapticula
横荡/横盪 sway
横电场极化/横電場極化 transverse electrical polarization
横断层/横[向]斷層 cross fault
横断裂/横斷裂 cross fracture
横断面/横斷面 transverse profile, cross section
横断面测量/横斷面測量 cross-section survey
横断面测深线/横截測深線 cross-section lines of sounding
横断面水准测量/横斷面水準測量 cross-section leveling
横断面图/横斷面圖 cross-section profile
横方里线/横方格線 northing line
横隔板/横隔,隔板 diaphragm, tabula
横隔膜/横隔膜,横板,隔脊 diaphragm
横隔片/横隔片 trabecula
横沟/横溝 horizontal groove, transverse furrow
横谷/横谷 transverse valley, cross valley
横管/横管 crossing canal
横贯南极山脉/横貫南極山脈,南極横斷山脈 Trans Antarctic Mountains
横基尺测距法/横桿測距法 distance measurement with subtense bar
横基尺视差导线/横距尺視角導線 substense traverse
横脊/横脊,旋脊 transverse ridge, chomata
横节理/横節理,交錯劈理,Q 節理 transverse joint, Q-joint, cross joint
横截/穿越線 transect

横截面/横斷面　transverse profile, cross section
横距/横距　transfer
横距闭合差/横距閉合差　closing error in departure
横距杆/横距桿　subtense bar
横口目/横口目,鯊目鮫類　Selachii
横跨褶皱/横跨褶皺　cross fold
横肋/[横]肋　pila, rib, costa
横梁/横棒　synapticula
横梁外壁/聯桿壁　synapticulotheca
横列组织/横列組織　transverse tissue
横瘤/横瘤　bulla
横脉/横脈　crossvein
横沙洲/横沙洲　cross bar
横索/索節　funicle
横推断层/横推斷層　transverse fault
横弯褶皱/横彎褶曲　transversal bending fold
横卧褶皱/横臥褶皺　traverse fold
横向岸线/横向岸線　transverse coastline
横向[电]测井/横向測井　electrical lateral curve logging
横向电阻/横向電阻　transverse resistance
横向分辨率/横向解析[度]　lateral resolution, transversal resolution, transverse resolution
横向分带/横向分帶　transversal zoning
横向分量/横[向]分量　transverse component
横向海岸/横向海岸　latitudinal coast, transverse coast
横向沙丘/横沙丘　transverse dune
横向生芽/横向生芽　lateral gemmation
横向相干函数/横向相干函數　transverse coherence function
横向折射/横向折射　lateral refraction
横向整合/横向整合,水平整合　horizontal integration
横摇/横摇,摇擺　roll
横摇补偿系统/摇擺補償系統　roll compensation system
横圆柱正形地图投影/横圓柱正形地圖投影　inverse cylindrical orthomorphic map projection
横轴墨卡托投影/横麥卡托投影　transverse Mercator projection
横轴投影/横軸投影　transverse projection
横坐标/横坐標　abscissa
横坐标轴/横坐標軸　axis of abscissas
衡重气压仪/衡重氣壓儀　weight barograph
烘烤接触检验/烘烤接觸檢驗　baked contact test
红铵铁盐/氯鉀銨鐵礦　kremersite
红白带纹玛瑙/紅白帶紋瑪瑙　carneolonyx
红宝石/紅寶石　ruby, red corundum, oriental ruby
红层/紅色岩層　red bed
红橙石/紅橙石　attakolite
红碲铁石/鐵碲礦　blakeite
红豆杉纲/紫杉綱　Taxopsida
红钒钙铀矿/水鈣釩鈾礦　rauvite
红铬铅矿/紅鉻鉛礦　phenicochroite, phoenicochroite
红硅钙锰矿/紅矽鈣錳礦　inesite
红硅镁石/紅矽鎂石　spadaite
红硅锰矿/紅矽錳礦,紅矽錳石,紅錳變雲母　parsettensite, manganostilpno-melane
红海/紅海　Red Sea
红海葵/紅海葵　Actinia
红海葵目/海葵目　Actiniaria
红肌/紅肌　red muscle
红钾铁盐/紅[氯]鉀鐵鹽　erythrosiderite
红帘石/紅簾石　piemontite
红磷锰矿/紅磷[鐵]錳礦,肉色錳磷石　hureaulite
红磷铁矿/紅磷鐵礦　strengite
红磷铁镁矿/次碳酸鎂鐵礦　brugnatellite
红旗营子群/紅旗營子群　Hongqiyingzi Group
红铅铀矿/紅鉛鈾礦　wolsendorfite
红壤/紅壤　red earth, red soil
红色石灰土/脱鈣紅土　terra rosa
红杉属/巨人杉,世界爺　*Sequoia*
红闪石/紅閃石　katophorite
红砷钙锰石/紅砷鐵礦　arseniopleite
红砷锰矿/紅砷錳礦,粒砷錳礦　sarkinite
红砷镍矿/紅砷鎳礦　nickeline, niccolite
红砷锌锰矿/紅砷鋅錳礦　holdenite
红石灰藻/紅石灰藻　Lithothamnium
红石矿/紅石礦,銅鉑礦　hongshiite
红树林/紅樹林　mangrove, avicennia
红树林海岸/紅樹林海岸　mangrove coast
红树林生物群落/紅樹林生物群落　mangrove community
红树林沼泽/紅樹林沼澤　mangrove swamp
红树林植被/紅樹林植被　mangrove vegetation
红水晶/紅水晶　rubasse, rubace
红铊矿/紅鉈礦　lorandite
红苔钒矿/紅苔釩礦　alaite
红钛锰矿/紅鈦錳礦　pyrophanite
红锑矿/紅銻礦,硫氧銻礦　kermesite
红锑镍矿/[紅]銻鎳礦　breithauptite
红锑铁矿/紅銻鐵礦,正方銻鐵礦　schafarzikite
红铁矾/紅鐵礬　amarantite
红铁铅矿/水綠鐵鉛石　hematophanite
红外测距仪/紅外線測距儀　infrared EDM

instrument
红外辐射/紅外線輻射,紅外光輻射　infrared radiation
红外辐射计/紅外輻射計　infrared radiometer
红外感光板/紅外線感光板　infrared plates
红外光谱学/紅外光譜學　infrared spectroscopy
红外滤光片/紅外濾光片　infrared filter
红外片/紅外線感光片　infrared film
红外扫描仪/紅外掃描儀,紅外線掃描器　infrared scanner
红外摄影/紅外線攝影　infrared photography
红外摄影机/紅外攝影機　infrared camera
红外图像/紅外線影像　infrared imagery
红外温度表/紅外溫度計　infrared thermometer
红外温度廓线辐射仪/紅外溫度剖線輻射計　infrared temperature profile radiometer, ITPR
红外线/紅外線　infrared ray
红外线辐射温度计/紅外線輻射溫度計　infrared radiation thermometer, IRT
红外遥感/紅外遙感,紅外遙[感探]測,紅外線感應　infrared remote sensing, infrared remote sense
红外遥感技术/紅外遙測技術　infrared remote sensing technology
红外遥感器/紅外遙感器,紅外線感測器　infrared remote sensor
红外夜视系统/紅外夜視系統　infrared night-vision system
红外云层影像/紅外線雲層影像　infrared cloud image
红外云图/紅外雲圖　infrared cloud imagery
红硒铜矿/紅硒銅礦　umangite
红纤云母/紅纖雲母　schernikite
红线/紅線　redlining
红榍石/紅榍石　greenovite
红锌矿/紅鋅礦　zincite
红钇石/紅矽釔石　thalenite
红银矿/紅銀礦　ruby silver, red silver ore
红铀矿/紅鈾礦　fourmarierite
红雨/紅雨　red rain
红云母/紅雲母　rubellan
红藻氨酸/紅藻氨酸　kainic acid
红藻纲/紅藻　Rhodophyceae
红噪声/紅噪　red noise
红柱石/紅柱石,交叉石　andalusite
红浊沸石/紅粒濁沸石　caporcianite
宏/巨集　macro
宏编程/巨集程式設計　macro programming
宏观[的]/宏觀[的]　macroscopic
宏观地域结构/宏觀地域結構　macroscopic structure of region
宏观地震参数/宏觀地震參數　macroseismic parameter
宏观地震调查/宏觀地震調查　macroseismic survey
宏观地震调查表/宏觀地震調查表　questionnaire for macroseismic survey
宏观地震观测/宏觀地震觀測　macroscopic seismic observation
宏观地震前兆/宏觀地震前兆　macroscopic earthquake precursor
宏观地震效应/宏觀地震效應　macroseismic effect
宏观地震资料/強震資料　macroseismic data
宏观化石/巨體化石,大化石　macrofossil
宏[观]进化/宏觀進化,巨演化　macroevolution
宏观经济学/總體經濟學　macro-economics
宏观黏滞度/粗黏度　macroviscosity
宏观震中/宏觀震中　macro-epicenter, macroscopic epicenter
宏系统/巨集系統　macro-system
宏语言/巨集語言　macro language
ARC 宏语言/ARC 巨集語言　ARC macro language, AML
虹/虹　rainbow
虹管/體管,水管　siphon
虹吸气压表/虹吸氣壓計　siphon barometer
虹吸[式]雨量计/虹吸雨量儀　siphon rainfall recorder
洪峰流量/洪峰流量　peak discharge
洪积层/洪積層　diluvium
洪积砂矿/洪積砂礦　proluvial placer
洪积扇/洪積扇　proluvium fan
洪积物/洪積物　proluvium, proluvial deposit, diluvial deposit
洪涝灾害/洪澇災害　flood waterlogging damage
洪流/急流　torrent
洪水/洪水　inundation, flood
洪水重现期/洪水復現期,洪水回歸期　flood recurrence interval
洪水调查/洪水調查　flood survey
洪水位/洪水位　flood stage
侯氏泡沫珊瑚/侯氏珊瑚　Holmophyllum
喉/咽部　larynx
喉鳔型/喉鰾型　physostome
后凹/後凹,後竇　posterior sinus
后凹型椎体/後凹椎體　opisthocoelous centrum
后凹椎/後凹椎　opisthocoelous vertebra
后板/後板　metaplax

后绑定/後綁定 late binding
后背侧片/後背側片 posterior dorsolateral plate
后背角/後背角 postero-dorsal angle
后鼻片/後鼻片 postnasal plate
后边缘/後邊緣 posterior border
后滨/後濱,濱後 backshore
后哺乳下纲/後獸亞綱,歸異獸類 Metatheria
后侧片/後側片 posterolateral plate
后侧翼/後側翼 posterior area of fixigena
后撤冲断层序列/後撤衝斷層序列 overstep thrust sequence
后成合晶/後成合晶 symplectite, symplektite
后成河/後成河,次成河,走向河 subsequent river, subsequent stream
后翅/後翅 hind wing
后冲断层/背衝斷層 back thrust
后处理/後處理 post processing
后代/後代,後裔 descendant
后顶甲/後頂甲 postparietal shield
后额骨/後額骨 postfrontal
后耳骨/後耳骨 opisthotica
后方交会/後方交會法,三向定位法 resection, trilinear surveying
后方交会法/輻射交會法 radial intersection method
后福特主义/後福特主義 post-Fordism
后附尖/後附尖 metastyle
后腹侧片/後腹側片 posterior ventrolateral plate
后工业化城市/後工業城市 post-industrial city
后工业化社会/後工業社會 post-industrial society
后沟/後溝 posterior canal, metastria
后构造期结晶[作用]/後構造期結晶[作用] post-tectonic crystallization
后关节突/後關節突 postzygapophysis
后环/後環 posterior loop
后脊/後脊 metaloph
后脊角/後脊角 angle of the posterior carina
后夹板骨/後夾板骨 postsplenial
后颊类面线/後頰類面線 opisthoparian suture
后颊目/後頰目 Opisthoparia
后尖/後尖 metacone
后尖后棱/後尖後棱 postmetacrista
后尖前棱/後尖前棱 premetacrista
后剪面/後剪面 postvallum
后交测站/後方交會測站 resection station
后交空中摄站/後方交會空中攝影站 resected air station
后焦点/後焦點 real focus, back focal point
后节点/後節點 rear nodal point
后颈式/後頸式 retrochoanitic
后孔颅/後孔顱 parasidan of skull
后口动物/後口動物 deuterostomia, deuterostome
后口式/後口式 opisthognathous type
后眶骨/後骨 postorbital
后眶下片/後眶下片 postsuborbital plate
后历史世界/後歷史的世界 post-history world
后榴辉岩洋壳/後榴輝岩洋殼 post-eclogitic ocean crust
后陆/背地 hinterland
后马克思主义社会学/後馬克思社會學 post-marxist sociology
后期幼体/後幼生 post larva
后倾槽/後傾槽 backward tilting trough
后躯/後軀 metasoma
后曲锢囚/後曲錮囚 back-bent occlusion
后韧带/後韌帶 opisthodetic
后鳃目/後鰓目 Opisthobranchiata
后伸型耻骨/後腰型恥骨 opisthopubic
后生变态/後生變態 coenogenesis
后生变形/後期變形 deuteromorphic
后生成岩[作用]/後生成岩作用 anadiagenesis
后生的/後生的,後成的 epigenetic
后生动物/後生動物 metazoa, metazoan
后生多年冻土/後生永凍土 epigenetic permafrost
后生矿床/後成礦床,後成堆積 epigenetic deposit
后生异常/後生異常 epigenetic anomaly
后生作用/後成作用,後生成岩作用,晚期成岩作用 epigenesis
后视/後視,反覘 backsight
后视标定方位/後視標定方位,全向磁方位 orientation by backsighting
后视法/後視法 backsight method
后兽次亚纲/後獸亞綱,歸異獸類 Metatheria
后兽类/後獸類,後獸亞綱 metatherians
后司尺员/後尺手 rear tapeman
后松果片/後松果片 postpineal plate
后退冰川/後退冰川 receding glacier
后退波/後退波 retrograde wave
后退海岸线/後退海岸線 retrograding shoreline
后退碛/後退磧 recessional moraine
后退式潜穴/後退式潛穴 retrusive burrow
后现代/後現代 postmodern
后现代地理学/後現代地理學 postmodern geography
后现代社会/後現代社會 postmodern societies
后现代世界/後現代世界 postmodern world
后现代性/後現代性 postmodernity

后现代主义/後現代主義 postmodernism
后现代主义世界/後現代主義者之世界 postmodernist world
后现代主义者/後現代主義者 postmodernist
后向辐射/反輻射 back radiation
后向联系/後向連鎖 backward linkage
后向散射/後向散射,反[向]散射 backscatter, backscattering
后向散射激光雷达/反散射光達 backscattering lidar
后向散射截面/反散射截面 backscattering cross-section
后向散射率/後向散射率 backward scatterance
后向散射系数/後向散射係數,反散射係數 backscattering coefficient
后向散射消光比/反散射消光比 backscatter to extinction ratio
后向散射效率/反散射效率 backscattering efficiency
后向散射紫外光谱仪/後散射紫外分光計 backscatter ultraviolet spectrometer, BUV
后小尖/後小尖 metaconule
后小尖后棱/後小尖後棱 postmetaconule crista
后小尖前棱/後小尖前棱 premetaconule crista
后斜齿板/後斜齒板 receding plate
后型/後型 post type
后胸/後胸 metathorax
后延相关法/落後相關 lag correlation
后沿/尾隨邊緣 trailing edge
后眼窝骨眶/後骨 postorbital
后验概率/後驗機率 posterior probability
后移/後移 post-displacement
后裔/後裔,後代 descendant
后翼/後翼 back limb, proximal limb
后缘片/後緣片 postmarginal plate
后造山相/後造山相 postorogenic phase
后造山作用/後造山作用 post orogenesis
后褶/後褶 metaflexus
后殖民研究/後殖民研究 post-colonial studies
后殖民主义/後殖民主義 post-colonialism
后中背片/後中背片 posterior median dorsal plate
后转面/後轉面,後轉板 palintrope, palitrope
后足/後腿 hind leg
厚壁珊瑚属/厚壁珊瑚 *Thecosmilia*, *Tachylasma*
厚壁筒结点/厚壁筒接合 heavy wall joint
厚齿目/厚齒目 Pachyodonta
厚齿型/厚齒型 pachyodont
厚度平流/厚度平流 thickness advection
厚度图/厚度圖 thickness chart
厚度线/厚度線 thickness line
厚甲龙/厚甲龍 Scolosaurus
厚角组织/厚角組織 collenchyma
厚壳的/原殼的 trachyostracous
厚壳蛤类/厚殼蛤類 rudist
厚囊蕨亚纲/厚囊蕨亞目 Eusporangiatae
厚皮构造/厚皮構造 thick-skinned tectonics
厚透镜/厚透鏡 thick lens
厚烟层/厚煙層 smoke pall
厚垣孢子/厚壁孢子,厚膜孢子 chlamydospore
候/候,五日 pentad
候选模型/候選模型 candidate model
鲎/鱟 King crab
呼吸/呼吸 respiration
呼吸根/呼吸根,浮囊體 pneumatophore
呼吸率/呼吸率 respiratory rate
呼吸色素/呼吸色素 respiratory pigment
呼吸商/呼吸商 respiratory quotient
呼吸树/呼吸樹 respiratory tree
滹沱群/滹沱群 Hutuo Group
滹沱系/滹沱系 Hutuoan Group
狐猴类/狐猴亞目 Lemuroidea
弧/弧 arc
弧定义/弧定義 arc definition
弧度/弧度,弳度 radian
弧度测量/弧度測量 arc measurement
弧段/弧段,弧線 arc
弧-沟间隙/弧-溝間隙 arc-trench gap
弧光灯/弧光燈 arc lamp
弧光放电/弧形放電 arc discharge
弧后/弧後 back arc
弧后俯冲/弧後俯衝,弧後隱没 back-arc subduction
弧后扩张/弧後擴張 back-arc spreading
弧后盆地/弧後盆地 back-arc basin
弧后体系/弧後體系 back-arc system
弧后隐没/弧後隱没,弧後俯衝 back arc subduction
弧-弧碰撞/弧-弧碰撞 arc-arc collision
弧间盆地/弧間盆地 interarc basin
弧-结点结构/弧-節點結構 arc-node structure
弧-结点数据模型/弧-節點資料模式 arc-node data model
弧-结点拓扑关系/弧-節點拓撲學,弧線節點位相關係 arc-node topology
弧菌/弧菌 vibrio
弧-陆碰撞/弧-陸碰撞 arc-continent collision
弧秒/弧秒 arc-second
弧内盆地/弧内盆地 intra arc basin
弧前/弧前 fore-arc
弧前槽/弧前槽 fore-arc trough

弧前裂片运动/弧前裂片運動 fore-arc sliver motion
弧前盆地/弧前盆地 fore-arc basin
弧前区/弧前區 fore-arc zone
弧弦改正/弧弦改正 arc-sine correction
弧形断裂/弧形斷裂 curviplanar fracture
弧形构造/聚合分散花構造 cymoid structure
弧形三角测量/弧形三角測量 arc triangulation
弧形三角洲/弧形三角洲 arcuate delta
弧胸型肩带/固胸型肩帶 firmisternal pectoral girdle
弧状构造/弧形構造 bogen structure
弧状云/弧狀雲 arc cloud
弧状云线/弧狀雲線 arc cloud line
胡安德富卡板块/皇安德富卡板塊 Juan de Fuca plate
胡安斐尔南德斯板块/胡安斐爾南德斯板塊 Juan Fernandez plate
胡焕庸线/胡煥庸線 Hu's line
胡克定律/虎克定律 Hooke law
胡克固体/胡克固體 Hooke solid
胡克应力/胡克應力 Hooke stress
胡乐阶/胡樂階 Hulean Stage
胡乐期/胡樂期 Hulean Age
β胡萝卜素/β胡蘿蔔素 β carotene
胡斯台贝属/胡斯臺貝 *Hustedia*
胡桃属/胡桃 *Juglans*
胡桃叶属/胡桃葉 *Juglandiphyllum*
壶腹/壺腹,壺狀體 ampulla
壶螺属/壺腹貝 *Ampullaria*
壶穴/壺穴 pothole
湖北鳄类/湖北鱷類 hupehsuchians
湖风/湖風 lake breeze
湖锋/湖鋒 lake front
湖积平原/湖積平原 lacustrine plain
湖流/湖流 lake current
湖面波动/湖面振動 seiche
湖南石燕属/湖南石燕 *Hunanospirifer*
湖南珠网珊瑚属/湖南網珊瑚 *Hunanoclisia*
湖盆/湖盆 lake basin
湖泊/湖泊 lake
湖泊测量/湖泊測量 lake survey
湖泊潮汐/湖泊潮汐 lake tide
湖泊地貌/湖泊地形 lacustrine landform
湖泊富营养化/湖泊優養化 lake eutrophication
湖泊湿地/湖泊濕地 lake wetland
湖泊水量平衡/湖泊水平衡 lake water balance
湖泊水文学/湖泊水文學 lake hydrology
湖泊污染/湖泊汙染 pollution of lake
湖泊相/湖相 lacustrine facies
湖泊蓄水量/湖泊蓄水量 lake storage
湖泊沼泽化/湖泊沼澤化 lake paludification, swampiness of lake
湖蚀崖/湖蝕崖 lacustrine cliff
湖水环流/湖水環流 lake circulation
湖相沉积/湖相沈積 lacustrine deposit
湖沼学/湖沼學 limnology
湖震/湖震 seismic seiche
蝴蝶虫/蝴蝶蟲 Blackwelderia
糊版/髒版 scumming
虎眼石/虎眼石,虎睛石 tigerite, tiger's eye, tiger-eye
琥珀/琥珀,密蠟,樹脂石 amber
互补理论/權衡理論 trade-off theory
互补色/[互]補色 complementary color, anaglyph
互补色地图/互補色立體圖 anaglyphic map
互补色法/互補色法 anaglyph process
互补色观察法/互補色立體觀察法 anaglyphic method
互补色镜/互補色眼鏡 anaglyphoscope
互补色立体测图仪/互補色立體測圖儀 anaglyphic plotter
互补色立体地图/互補色立體地圖 anaglyphic stereoscopic map
互补色立体观察/互補色立體觀測 anaglyphical stereoscopic viewing
互补色立体显示/互補色立體顯示 anaglyphic presentation
互补色立体像片/互補色立體像片 anaglyph
互补色像片图/互補色立體像片圖 anaglyphic photomap
互补色影像/互補色影像 complementary image
互补色原理/互補色原理 anaglyphic principle, complementary color principle
互补性/互補性 complementarity
互操作/交互操作,互動作用性 interoperability
互操作程序/互動作用程式 interoperability program
互操作程序报告/互動作用程式報告 interoperability program report
互换点/互換點 interlocking point
互惠共生/互惠共生 mutualism, reciprocal symbiosis
互利共生/互利共生 mutualism
互联网/網際網路 internet
互联网＋地球物理/互聯網＋地球物理 internet＋Geophysics
互联网地图/網際網路地圖 internet map
互扭中轴/互扭中軸 streptocolumella

互谱/交叉譜 cross spectrum
互嵌状/互嵌狀 aphroid
互切/互切 touches each other
互通珊瑚属/互通珊瑚 *Thamnastraea*
互通状/互通狀 thamnasterioid, thamnastraeoid
互文性/互爲文本性 intertextuality
互相关/互相關[係] cross-correlation
互相关法/互相關法 cross-correlation method
互相关函数/交叉相關函數 cross-correlation function
互易性/互易性 reciprocity
互易原理/互换性原理 principle of reciprocity
户外游憩/户外遊憩 outdoor recreation
护岸工程/海岸防護工程 shore protection engineering
护面块体/護面塊 armor unit, armor block
护坡/護坡 side slope protection work
笏状石英/笏石英 sceptre-quartz
花斑岩/文像斑岩 granophyre
花瓣海百合/花瓣海百合 petalocrinus
花瓣区/瓣區 petaloid area
花瓣突起/花瓣突起 petaloid process
花瓣状步带/花瓣狀步帶 petaloid ambulacra
花费距离/花費距離 cost distance
花粉分析/花粉分析 pollen analysis
花岗斑岩/花崗斑岩 granite porphyry
花岗变晶结构/花崗變晶狀結構 granoblastic texture
花岗结构/花崗岩結構 granitic texture
花岗绿岩区/花崗綠岩區 granite-greenstone terrain
花岗片麻岩/花崗偉晶岩 granite pegmatite
花岗片麻岩区/花崗片麻岩區 granite-gneiss terrain
花岗闪长岩/花崗閃長岩 granodiorite
花岗伟晶岩/花崗偉晶岩 granite pegmatite
花岗细晶岩/花崗細晶岩 granite-aplite
花岗岩/花崗岩,花崗岩 granite
花岗岩化成矿说/花崗岩化成礦説 theory of granitization metallization
花岗岩化作用/花崗岩化[作用] granitization
花岗岩-绿岩带/花崗岩-緑岩帶 granite-greenstone belt
花岗岩三元系相图/花崗岩三元系相圖 ternary diagram of granite
花岗质混合片麻岩/花崗質混合片麻岩 granitic migmatite gneiss
花岗质片麻岩/花崗片麻岩 granitic gneiss
花岗质岩石/花崗質岩石,花崗岩類 granitic rock
花梗/小花梗 pedicel
花鳞鱼类/腔鳞[魚]類 thelodonts
花鳞鱼属/花鱗魚 *Thelodus*
花球接子属/花球接子 *Lotagnostus*
花神介/公主介 Callistocythere
花石山群/花石山群 Huashishan Group
花纹[结构]/花紋[結構] arabesquitic
花形口缘/花形口緣 floscelle
花样叠加/花樣疊加 diversity stack
花园城市运动/花園城市運動 Garden Cities movement
"花园门"悬挂法/花園門懸掛 "garden gate" suspension
花柱珊瑚属/多角花珊瑚 *Stylidophyllum*
花状构造/花狀構造 flower structure
华/華 corona
华北板块/華北板塊 Northern China plate, NC
华北锢囚锋/華北囚錮鋒 North China occluded front
华北克拉通/華北克拉通 Northern China craton
华莱士线/華萊士線 Wallace line
华力西阶段/華力西階段 Variscan stage
华力西期/華力西期 Variscan Age
华丽美木目/華麗木目 Callistophytales
华南地块/華南古地塊 South China block
华南准静止锋/華南準靜止鋒 South China quasi stationary front
华夏构造体系/華夏構造體系 Cathaysian structural system
华夏古大陆/華夏古陸 Cathaysia
华夏羊齿/華夏羊齒 Cathaysiopteris
华夏植物群/華夏植物群,華夏植物相 Cathaysian flora
滑道/滑道 slipway, skid way
滑动/滑動 slide, slip
滑动波/滑動波 slip wave
滑动断块/滑動斷塊,滑塊 sliding block
滑动断裂/滑動斷裂 slide fault
滑动分配/滑動分配 slip partitioning
滑动构造/滑動構造 sliding structure
滑动构造结构/滑動構造結構 configuration of the sliding structure
滑动函数/滑脱函數 slip function
滑动角/傾[斜]角 rake
滑动接触法测井/滑動接觸法測井 scratcher electrode logging
滑动可预测[地震]模式/滑動可預測[地震]模式 slip-predictable earthquake model
滑动面/滑動面 slip surface, plane of sliding

滑动摩擦角/滑動摩擦角 angle of sliding friction
滑动摩擦系数/滑動摩擦係數 coefficient of sliding friction
滑动片区/滑動片區 slip patch
滑动弱化/滑動弱化 slip-weakening
滑动扫描/滑動掃描 slip sweep
滑动时间/滑動時間 flip time
滑动收支/滑動收支 slip budget
滑动系统/滑動系統 sliding system
滑动向量/滑移向量 slip vector
滑动型裂纹/滑動型裂紋 sliding mode crack
滑覆构造/滑移岩冪,滑移推覆體 gliding nappe
滑痕/滑痕 slide mark
滑距骨目/滑距骨目 Litopterna
滑距马属/塗鴉獸 *Thoatherium*
滑块-阻塞模式/滑塊-阻塞模式 slider-block model
滑离断层/滑斷層 slip fault
滑绿泥石/滑綠泥石 steatargillite
滑抹晶体/滑抹晶體 smeared out crystal
滑坡/滑坡,地滑,山崩 landslide, landslip
滑石/滑石 talc
滑石板阶/滑石板階 Huashibanian Stage
滑石板期/滑石板期 Huashibanian Age
滑石片岩/滑石片岩 talc schist
滑塌/崩陷,塌陷崩塌 collapse, slump
滑塌沉积/崩移堆積,滑陷堆積 slump deposit
滑塌堆积/滑塌堆積 olistostrome
滑塌构造/崩塌構造 slump structure
滑塌作用/崩陷 collapse
滑体/滑體 slip mass
滑体两栖类/滑體兩棲類,無甲類 lissamphibians
滑脱层/滑脱斷層,脱卸斷層 detachment fault
滑脱[构造]/滑脱[構造] detachment
滑脱型盆地/滑脱型盆地 slip type basin
滑脱褶皱/滑脱褶皺 decollement fold
滑行运动/滑行運動 gliding motility
滑雪旅游/滑雪 skiing
滑移对称面/滑移對稱面 glide symmetrical plane
滑[移]流/滑流 slip flow
滑移流动/滑動流動,次生流動 gliding flow
滑移面/滑落面 slip plane, slip face
滑移双晶/滑動雙晶 glide twin
滑移系/滑移系統 slip system
滑移线/滑移線 slip line
滑移线场/滑移線場 slip line field
滑移作用/滑移作用 glide
滑褶皱/滑褶皺 slip fold
滑走坡/滑走坡 slip-off slope
滑嘴贝属/滑嘴貝 *Leiorhynchus*
化感作用/異株克生,相克作用 allelopathy
化合反应/化合 combination
化合价/化合價 valence
化合菌/化合細菌 chemosynthetic bacteria
化合物/化合物 compound
化合物比活度/化合物比活度 compound specific activity
化隆群/化隆群 Hualong Group
化能[生物]合成/化學[生物]合成 chemosynthesis
化能营养/化學營養[階] chemotrophy
化能自养菌/化合自營生物 chemoautotroph
化能自养生物/化合自營生物 chemoautotroph
化石/化石 fossil
化石标记/化石標記 fossil marker
化石冰/化石冰 fossil ice
化石藏卵器/化石藏卵器 gyrogonite
化石层序律/化石層序律 law of faunal succession
化石成岩作用/化石成岩作用 fossil diagenesis
化石磁化[强度]/化石磁化 fossil magnetization
化石磁小体/化石磁小體 fossil magnetosome, magnetofossil
化石定年学/化石定年學,生物年代學 biochronology
化石堆积库/化石堆積庫 Kozentrat-Lagerstätten
化石构造/化石構造 fossil structure
化石海藻/化石海藻 gymnosolen
化石化组织/組織置換作用 histometabasis
化石化作用/化石化作用 fossilization
化石记录/化石記録 fossil record
化石库/化石庫 Fossil-Lagerstätten
化石密集/化石密集 fossil concentration
化石能源/化石能源 fossil energy
化石趋磁细菌/化石趨磁細菌 fossil magnetotactic bacteria
化石群集/化石群落 fossil-coenosis, oryctocoenosis
化石群落/化石群落 fossil-coenosis, oryctocoenosis
化石燃料/化石燃料 fossil fuel
化石生物学/化石生物學,[純]古生物學 palaeobiology
化石蓄水层/化石蓄水層 fossil aquifer
化石洋脊/化石洋脊 fossil mid oceanic ridge
化石足迹/化石足印,含化石足印岩石 ichnite, ichnolite
化学爆炸/化學爆炸 chemical explosion
化学边界层/化學邊界層 chemical boundary layer
化学剥蚀/化學剥蝕 chemical denudation
化学测井/化學測井 chemical logging

化学层/光化層　chemosphere
化学层顶/光化層頂　chemopause
化学沉积矿床/化學沈積礦床　chemical sedimentary mineral deposit
化学沉积物/化學沈積物　chemical sediment
化学成分/化學成分　chemical composition
化学成岩作用/化學成岩作用　chemical diagenesis
化学传输/化學傳輸　chemical transport
化学地层学/化學地層學　chemostratigraphy
化学地理区划/化學地理區域化　regionalization of chemicogeography
化学地理生物效应/化學地理生物效應　biological effect of chemicogeography
化学地理学/化學地理學　chemical geography
化学地球动力学/化學地球動力學　chemical geodynamics
化学地球温度计/化學地質溫度計　chemical geothermometer
化学动力学/化學動力學　chemical kinetics
化学堵水/化學堵水　chemical water plugging
化学风化[作用]/化學風化[作用]　chemical weathering
化学各向异性/化學各向異性　chemical anisotropic
化学固沙/化學固沙　chemical dune stabilization
化学海洋学/化學海洋學　chemical oceanography
化学化石/化學化石　chemical fossil
化学礁体系/化學礁體系　chemoherm complexes
化学径流/化學徑流　chemical runoff
化学抗性/化學抗性　chemico-resistance
化学磨版/化學磨版　chemical graining
化学平衡/化學平衡　chemical equilibrium
化学迁移/化學遷移　chemical migration
化学侵蚀/化學侵蝕　chemical erosion
化学清除/化學清除　chemical scavenging
化学清洗/化學清洗　chemical cleaning, chemical picking
化学驱/化學泛流[法]　chemical flooding
化学日射表/化學日射計　chemical actinometer
化学生成反应/化學生成反應　chemogenic reaction
化学生物带/化學生物帶　chemobiotic zone
化学剩磁/化學殘磁化　chemical remanent magnetization, CRM
化学湿度表/化學濕度計,吸收濕度　chemical hygrometer
化学示踪剂/化學示蹤劑　chemical tracer
化学势/化學[位]勢,化學位能　chemical potential
化学势差/化學勢差,化學位能差　chemical potential difference
化学污染/化學汙染　chemical pollution
化学污染物/化學汙染物　chemical pollutant
化学物种形成/化學成種作用　chemical speciation
化学吸附/化學吸附　chemisorption
化学需氧量/化學需氧量　chemical oxygen demand, COD
化学烟气/化學煙霧　chemical smoke
化学印刷/化學印刷　chemical printing
化学荧光/化學熒光　chemiluminescence
化学荧光臭氧分析仪/化學熒光臭氧分析儀　chemiluminescent ozone analyzer
化学荧光[臭氧]探空仪/化學熒光[臭氧]送　chemiluminescent sonde
化学元素地层/化學元素地層　chemical dement strata
划带效应/分區效應　zoning effect
桦木属/樺樹　*Betula*
淮阳地盾/淮陽地盾　Huaiyang shield
槐叶苹科/槐葉蘋科　Salviniaceae
槐叶苹属/槐葉蘋　*Salvinia*
踝/踝　malleolus
踝节类/踝節類　condylarths
还原环境/還原化環境　reducing environment
还原论[研究]取向/化約論[研究]取向　reductionlist approach
还原性脱硫/還原性脱硫　reductive desulfuration
还原性脱卤/還原性脱鹵　reductive dehalogenation
还原障/還原障　reduction block
环/環[線]　circuit, loop, ring
环北方/環北方　circumboreal
环齿兽/環齒獸　*Amphilestes*
环带/環帶,殼環　girdle
环带结构/環帶結構　zonal texture
环地平弧/日承　circumhorizontal arc
环电流/環形電流　ring current
环甲鲎/環甲鱟,角甲鱟　*Anglaspis*
环礁/環礁　atoll, reef atoll
环礁岛/環礁島,環狀珊瑚島　atoll island
环礁结构/環[礁]狀組織　atoll texture
环礁圈/環礁圈　atoll ring
环角石式壳/環角石[狀]殼　gyroceracone
环角锥/環角錐　gyrocone
环节动物/環蟲　annelid
环节动物门/環蟲動物門　Annelida
环节珠沉积/環節珠沈積　annulosiphonate
环晶沸石/環晶[沸]石　dachiardite
环颈沉积/環頸沈積　circulus, supporting ring
环境/環境　environment

环境保护/環境保護　environmental protection, environmental conservation
环境背景[值]/環境背景　environmental background
环境变化的人文面向/環境變化的人文面向　human dimension of environmental change
环境变量/環境變量　environment variable
环境变迁/環境變遷　environmental changes, environmental transition
环境变异/環境變異　environmental variation
环境标准/環境標準　environmental standard, environmental criteria
环境承载力/環境承載力　environmental carrying capacity
环境储库/環境儲庫　environmental reservoir
环境磁学/環境磁學　environmental magnetism
环境大气/環境大氣　ambient atmosphere
环境大气品位/環境空氣品質　ambient air quality
[环境]大气质量监测/大氣品質監測　environment atmospheric quality monitoring
环境地理学/環境地理學　environmental geography
环境地球化学/環境地球化學　environmental geochemistry
环境地球物理探测/環境地球物理探測　environment geophysics exploration
环境地球物理[学]/環境地球物理[學]　environmental geophysics
环境地图/環境地圖　environmental map
环境地学/環境地學　environmental geoscience
环境地震学/環境地震學　environment seismology
环境地质学/環境地質學　environmental geology, geoecology
环境电法/環境電法　environmental electrical method
环境动力学/環境動力學　environmental dynamics
环境恶化/環境惡化　environmental deterioration
环境法规/環境法規　environmental legislation
环境放射性[学]/環境活性　environmental activity
环境分析/環境分析　environmental analysis
环境风险/環境風險　environmental risk
环境风险评价/環境風險評估　environmental risk assessment
环境感知/環境識覺　environmental perception
环境干扰/環境失調　environmental disturbance
环境工程地质学/環境工程地質學　environmental engineering geology
环境工程[学]/環境工程[學]　environmental engineering
环境管理/環境管理　environmental management
环境归宿/環境歸宿　environmental fate
环境规划/環境規劃　environmental planning
环境海洋学/環境海洋學　environmental oceanography
环境痕量分析/環境痕量分析　environmental trace analysis
环境化学/環境化學　environmental chemistry
环境化学演化/環境化學演化　chemical evolution of environment
环境回顾评价/環境回顧評估　assessment of the previous environment
环境基准/環境基準　environmental criteria
环境监测/環境監測　environmental monitoring
环境监视/環境監視　environmental surveillance
环境建模/環境建模　environmental modeling
环境健康风险评价/環境健康風險評估　environmental health risk assessment
环境结构/環境結構　environmental structure
环境介质/環境介質　environmental medium
环境界面/環境介面　environmental interface
环境界面地球化学/環境介面地球化學　environmental interface geochemistry
环境决定论/環境決定論　environmental determinism
环境决定论者/環境決定論者　environmentalist
环境科学数据库/環境科學資料庫　environmental science database
环境可计算一般均衡/環境可計算一般均衡　environmental computable general equilibrium
环境空气/環境空氣　ambient air
环境空气监测/環境空氣監測　ambient air monitoring
环境空气质量/環境空氣品質　ambient air quality
环境空气质量标准/環境空氣品質標準　ambient air quality standard
环境矿物学/環境礦物學　environmental mineralogy
环境伦理/環境倫理　environmental ethnics
环境模拟/環境模擬　environmental simulation
环境年代学/環境年代學　environmental chronology
环境评价/環境評價,環境評估,環評　environmental assessment
环境气候/環境氣候　environment climate
环境气候学/環境氣候學　environment climatology, environmental climatology
环境气象学/環境氣象學　environmental meteorology
环境区划/環境區劃　environmental regionalization
环境认知/環境認知　environment cognition
环境容量/環境容量,環境容忍力　environment

capacity, environmental capacity
环境设计/環境設計 environmental design
环境设置/環境設置 environment settings
环境生态毒理学/環境生態毒理學 environmental ecotoxicology
环境生物影响/環境生物影響 environmental biological impact
环境史/環境史 environmental history
环境数据/環境資料 environmental data
环境数据库/環境資料庫 environmental database
环境水文地质/環境水文地質 environmental hydrogeology
环境水文学/環境水文學 environmental hydrology
环境水质/環境水質 ambient water quality
环境探测卫星/環境探測衛星 environmental survey satellite
环境特性/環境特性 environmental characteristic
环境条件/環境條件 environmental condition
环境调节/環境調節 environmental conditioning
环境退化/環境退化 environmental degradation
环境卫星/環境衛星 environmental satellite, ENVISAT
环境温度/環境温度 ambient temperature, environmental temperature
环境问题/環境問題 environmental problem
环境污染/環境汙染 environmental pollution, environment contamination
环境污染地图/環境汙染圖 environmental pollution map
环境污染负荷/環境汙染負荷 ambient pollution burden
环境污染问题科学委员会/環境汙染問題科學委員會 Scientific Committee on Pollution of Environment, SCOPE
环境武器/環境武器 environmental weapon
环境系统/環境系統 environmental system
环境小生境/環境小生境 environmental niche
环境效应/環境效應 environmental effect
环境胁迫/環境脅迫 environmental stress
环境信息/環境資訊 environmental information
环境遥感/環境遥[感探]測 environmental remote sensing
环境要素/環境要素 environmental element
环境异常/環境異常 environmental abnormality, environmental anomaly
环境意识/環境意識 environmental consciousness
环境因素工程[学]/人因工程 human factor engineering, HFE
环境因子/環境因子,環境因素 environmental factor
环境影响/環境影響 environmental impact, environmental influence, environmental consequence
环境影响评价/環境影響評估 environmental impact assessment, EIA
环境影响研究/環境影響研究 environment impact study, EIS
环境有机地球化学/環境有機地球化學 environmental organic geochemistry
环境预测/環境預測 environmental forecasting
环境阈值/環境閾值 environmental threshold
环境灾害监测/環境災害監測 environmental disaster control
环境噪声/環境噪聲,環境雜訊 environmental noise
环境噪声法规/環境噪聲法規 environmental noise legislation
环境战/環境戰 environmental war
环境政策/環境政策 environmental policy
环境直减率/環境直減率 environment lapse rate, environmental lapse rate
环境制图数据/環境製圖資料 environmental mapping data
环境质量/環境品質 environmental quality
环境质量报告/環境品質報告 environmental quality statement
环境质量参数/環境品質參數 environmental quality parameter
环境质量评价/環境品質評估 environmental quality assessment
环境质量评价图/環境品質評價圖 environmental quality assessment map
环境质量指数/環境品質指數,環境品質指標 environmental quality index
环境资源/環境資源 environmental resources
环境资源信息网/環境資源資訊網路 environmental resources information network, ERIN
环境自净/環境自淨[作用] environmental self-purification
环口目/圓口目 Cyclostomata
环流/環流 circulation
环流定理/環流定理 circulation theorem
环流圈/環流胞 circulation cell
环流调整/環流調整 adjustment of circulation
环流型/環流型 circulation pattern
环流指数/環流指數 circulation index
环梦海绵/環夢海綿 *Girtyocoelia*
环圈/環狀,環帶 annulus
环绕细胞/環繞細胞 encircling cell

环热带种/環熱帶分布種 circumtropical species
环台面/環臺面 loop
环太平洋成矿带/太平洋成礦帶 circum-Pacific metallogenic belt
环太平洋地热带/環太平洋地熱帶 circum-Pacific geothermal belt
环太平洋地震带/環太平洋地震帶 circum-Pacific seismic belt
环太平洋[火山]带/環太平洋火山帶,環太平洋火圈 circum-Pacific volcanic belt
环太平洋岩区/環太平洋岩區 circum-Pacific province
环太平洋造山带/環太平洋造山帶 circum-Pacific orogenic zone
环太平洋造山区/環太平洋造山區 circum-Pacific orogenic region
环天顶弧/日戴 circumzenithal arc
环线闭合差/環線閉合差 circuit closure
环线旅游/巡迴觀光 circuit tourism
环形测深/環形測探 loop-shaped sounding
环形城市/環狀城市 ring city
环形极化/圓形極化 circular polarization
环形棘皮纲/環形棘皮綱 Cycloidea
环形胶片/環形影帶 movie loop
环形壳/環角錐 gyrocone
环形泥炭沼泽/環形泥炭沼澤 atoll moor
环形区域/環形區域 annular region
环型/環型 toroidal
环型[学]说/環流胞説 cell theory
环型振荡/環型振盪 toroidal oscillation
环月轨道/環月軌道 lunar orbit
环柱/環柱 ring pillar
环状断层/環狀斷層 ring fault
环状构造/環狀構造 ring structure
环状硅酸盐/環矽酸鹽 cyclosilicate, ring silicate
环状矿体/環狀礦體 ring-like orebody
环状双晶/環狀雙晶 ring-shaped twin
环状水系/環狀水系 annular drainage
环状岩墙/環狀岩脈 ring dyke, ring dike
锾-钍测年法/鍰-釷定年法 ionium thorium method of dating
缓齿鱼目/緩齒魚目 Bradyodonti
缓冲带/緩衝帶,緩衝區 buffer zone
缓冲区/緩衝區,環域[區],緩衝帶 buffer, buffer zone
缓冲区分析/緩衝區分析,環域分析 buffer analysis
缓冲容量/緩衝容量,緩衝能力 buffer capacity
缓冲溶液/緩衝溶液 buffer solution
缓冲作用/緩衝作用 buffering
缓存/快取區 cache
缓和曲线/緩和曲線,介曲線 transition curve, easement curve
缓和曲线测设/緩和曲線測設 spiral curve location, transition curve location
缓和曲线起点/緩和曲線起點 point of tangent to spiral
缓流/静流 tranquil flow
缓慢滑动事件/緩慢滑動事件 slow slip event, SSE
缓慢扩张[洋]脊/緩慢擴張[洋]脊 slow-spreading ridge
缓坡/逆衝地塹 ramp
缓蚀剂/緩蝕劑 corrosion inhibitor
缓始/緩啟 emersio
缓始磁暴/緩始磁暴 gradual commencement magnetic storm
幻龙属/幻龍,孽子龍 *Nothosaurus*
幻龙亚目/幻龍類,孽子龍亞目 Nothosauria
幻日环/幻日環 parhelic circle
幻想世界/想像世界 fictive world
幻月环/幻月環 paraselenic circle
换汇/外匯換匯 FX swaps
换能器/换能器,變頻器,轉换器 transducer
换能器吃水改正/换能器吃水改正 correction of transducer draft
换能器动态吃水/换能器動態吃水 transducer dynamic draft
换能器基线/换能器基線 transducer baseline
换能器基线改正/换能器基線改正 correction of transducer baseline
换能器静态吃水/换能器静態吃水 transducer static draft
换算/换算,坐標轉换 reduction, transformation
换羽/换羽 molt
荒川C网格/荒川C網格 Arakawa C grid
荒漠/荒漠 desert
荒漠草原/沙漠草原 desert steppe
荒漠动物/荒漠動物群 desert faunal group
荒漠化/荒漠化,沙漠化 desertification, sandy desertification, desertization
荒漠漆/沙漠岩漆 desert varnish
荒漠气候/荒漠氣候 desert climate
荒漠土壤/沙漠土壤 desert soil
皇城/皇城 imperial city
皇冠形齿/皇冠形齒 stephanodont
皇家园林/皇家園林 royal garden
皇翁戎螺/皇翁戎螺,帝翁戎螺 *Mikadotrichus*

黄钡铀矿/黄鋇鈾礦 billietite
黄秉维模型/黄秉維模式 Huang model
黄长煌斑岩/橄輝煌斑岩 alnoite
黄长石/[矽]黄長石 melilite
黄长岩/黄長岩 melilitite
黄赤交角/黄赤交角 obliquity of the ecliptic
黄氮汞矿/黄銨汞礦 mosesite
黄道/黄道 ecliptic，zodiac
黄道带/黄道帶 zodiac，zodiacal band，zodiacal belt
黄道面/黄道面 plane of the ecliptic
黄道平行圈/黄道平行圈 ecliptic parallel
黄道子午圈/黄道子午圈 ecliptic meridian
黄道坐标/黄道坐標 ecliptic coordinates
黄道坐标系/黄道坐標系 ecliptic system of coordinates
黄碲矿/黄碲礦，碲赭石 tellurite
黄碘银矿/黄碘銀礦 miersite
黄钙铀矿/深黄鈾礦 becquerelite
黄铬钾石/黄鉻鉀石 tarapacaite
黄硅铌钙石/黄矽鈮鈣石 niocalite
黄海/黄海 Yellow Sea
黄海冷水团/黄海冷水團 Huanghai Cold Water Mass，Yellow Sea Cold Water Mass
黄海暖流/黄海暖流 Huanghai Warm Current
黄海平均海[水]面/黄海平均海[水]面 Huang Hai mean sea level
黄海沿岸流/黄海沿岸流 Huanghai Coastal Current，Yellow Sea Coastal Current
黄河角石/黄河角石 Huanghoceras
黄河矿/黄河石 huanghoite
黄褐土/黄褐土 yellow-cinnamon soil
黄昏鸟/黄昏鳥 Hesperornis
黄昏鸟类/黄昏鳥類，黄昏鳥目 hesperornithiform
黄极/黄極 ecliptic pole
黄极距/黄極距 ecliptic polar distance
黄钾铁矾/黄鉀鐵礬 jarosite
黄金分割法/黄金分割法 method of golden section
黄经/黄經 ecliptic longitude，celestial longitude
黄磷铅铀矿/黄磷鉛鈾礦 renardite
黄磷铁钙矿/[黄]磷鐵鈣礦 xanthoxenite
黄氯汞矿/黄氯汞礦 terlinguaite
黄马青群/黄馬青群 Huangmaqing Group
黄绵土/黄綿土 loessal soil
黄铅矾/黄鉛礦 lanarkite
黄壤/黄壤 yellow earth，yellow soil
黄色素/黄色素 yellow pigment
黄[色物]质/黄[色物]質 yellow substance
黄砷榴石/黄砷榴石 berzeliite
黄水钒铝矿/黄水釩鋁礦 satpaevite
黄水河群/黄水河群 Huangshuihe Group
黄锑华/黄銻華，黄銻礦 stibiconite
黄锑矿/黄銻礦，黄銻華，銻赭石 cervantite
黄铁矿/黄鐵礦 pyrite
黄铜矿/黄銅礦 chalcopyrite
黄土/黄土 loess
黄土沉积/黄土沈積 loess deposit
黄土地貌/黄土地形 loess landform
黄[土]风/黄[土]風 yellow wind
黄土梁/黄土樑 liang，loess ridge
黄土峁/黄土峁，黄土丘 loess hill，mao
黄土湿陷性/黄土濕陷性 collapsibility of loess
黄土塬/黄土塬 yuan，loess tableland
黄纬/黄緯 ecliptic latitude，celestial latitude
黄雾/沙霾 bai
黄硒铅石/黄硒鉛礦 kerstenite
黄锡矿/黄錫礦，不純錫石 stannite
黄雪/黄雪 yellow snow
黄钇钽矿/鉭釔鈮礦 formanite
黄银矿/黄銀礦 xanthoconite
黄雨/黄雨 sulfur rain，yellow rain
黄玉/黄玉，[濁]黄玉 topaz
黄浊沸石/黄粒濁沸石 leonhardite
黄棕壤/黄棕壤 yellow-brown soil
湟源群/湟源群 Huangyuan Group
湟中群/湟中群 Huangzhong Group
煌斑结构/煌斑結構 lamprophyric texture
煌斑岩/煌斑岩 lamprophyre
灰白冰/灰白冰 gray white ice
灰冰/灰冰 gray ice
灰尘沉降/灰沈降 ash fall
灰度/灰度，灰階 grayscale，gray scale
灰度等级/灰度等級，灰階 gray level
灰度分辨率/灰階解析度 grayscale resolution
灰度级/灰度等級，灰階 gray level
灰度模式/灰度模式 gray model
灰度图/灰階地圖 grayscale map
灰钙土/灰鈣土 sierozem
灰硅钙石/灰矽鈣石 spurrite
灰褐土/灰褐土 gray cinnamon soil
灰黑土/灰黑土，灰色森林土 grayzem，gray forest soil
灰化层/灰化層 spodic horizon
灰化淋溶土/灰化淋溶土 podzoluvisol
灰化土/灰化土 podzolic soil
灰化[作用]/灰化[作用] podzolization
灰阶/灰階，灰度等級 gray level，grayscale，gray

scale
灰卡/灰卡 gray chip
灰蓝页岩/灰藍灰岩 calp
灰芒硝/[灰]芒硝 wattevillite
灰漠土/灰漠土 gray desert soil
灰壤/灰壤 podzol
灰色平衡/灰色平衡 gray balance
灰色平衡表/灰色平衡表 gray balance chart
灰色置换/灰色置换 gray component replacement, GCR
灰体/灰體 gray body
灰体辐射/灰體輻射 gray body radiation
灰吸收体/灰吸收體 gray absorber
灰楔/灰楔 gray wedge, optical wedge
灰质簇/骨質簇 sclerodermites
灰质骨骼/灰質骨骼 sclerynchyme
灰棕漠土/灰棕漠土 gray-brown desert soil
挥发分/揮發分,揮發物 volatile matter
挥发性成分/揮發性成分 volatile component
挥发性有机碳/揮發性有機碳 volatile organic carbon, VOC
恢复/複原 restore
恢复生态学/復原生態學,復育生態學 restoring ecology, restoration ecology
恢复相/恢復相 recovery phase
珲春矿/琿春礦 hunchunite
辉铋矿/輝鉍礦 bismuthinite, bismutinite
辉铋铅矿/輝鉛鉍礦 galenobismutite
辉铋铜矿/銅輝鉍礦 cuprobismutite
辉长结构/輝長結構 gabbro texture
辉长细晶岩/輝長細晶岩 beerbachite
辉长岩/輝長岩 gabbro
辉长岩-榴辉岩转换/輝長岩-榴輝岩轉換 gabbro-to-eclogite transformation
辉碲铋矿/輝碲鉍礦 tetradymite
辉沸石/輝沸石 stilbite
辉光放电/生輝放電 glow discharge
辉绿结构/輝綠結構 diabasic texture
辉绿岩/輝綠岩 diabase
辉木属/輝木 *Psaronius*
辉钼矿/輝鉬礦 molybdenite
辉砷镍矿/輝砷鎳礦 gersdorffite
辉砷铜矿/輝砷銅礦 lautite
辉石-角岩相/輝石角頁岩相 pyroxene-hornfels facies
辉石[类]/輝石類 pyroxene
辉石岩/輝石岩 pyroxenite, pyroxenolite
辉锑钴矿/輝銻鈷礦 willyamite
辉锑矿/輝銻礦 stibnite
辉锑镍矿/輝銻鎳礦 ullmannite
辉锑铅矿/輝銻鉛礦 zinkenite
辉锑铅银矿/輝銻鉛銀礦 diaphorite
辉锑锡铅矿/輝銻錫鉛礦 franckeite
辉锑银矿/[單斜]輝銻銀礦 miargyrite
辉锑银铅矿/輝銻銀鉛礦 ramdohrite
辉铜矿/輝銅礦 chalcocite
辉铜银矿/輝銅銀礦 jalpaite
辉钨矿/輝鎢礦 tungstenite
辉硒银矿/輝硒銀礦 aguilarite
辉叶石/輝葉石 ganophyllite
辉银矿/輝銀礦 argentite
回波成像/回聲測深圖,音測圖 echogram
回波分析/回波分析 echo analysis
回波复合体/回波複合體 echo complex
回波高度/回波高度 echo height
回波厚度/回波深度 echo depth
回波畸变/回波變形 echo distortion
回波墙/回波牆 echo wall
回波特征/回波特徵 echo character
回波移动/回波移動 echo movement
回波振幅/回波振幅 echo amplitude
回波综合图/回波綜合圖 echo synthetic chart
回春/回春現象,還童現象 rejuvenescence
回春作用/回春作用 rejuvenation
回返/倒轉 inversion
回顾性检验/回顧性檢驗 retrospective test
回贯/回閃擊 return stroke
回灌水/回灌水 recharge water
回归/回歸 regression
回归潮/回歸潮 tropic tide
回归大潮潮差/大回歸潮差 great tropic range
回归低潮不等/回歸低潮不等 tropic low water inequality
回归方程/回歸方程 regression equation
回归分析/回歸分析 regression analysis
回归高潮不等/回歸高潮不等 tropic high water inequality
回归估计/回歸估計 regression estimation
回归年/回歸年 tropical year, equinoctial year
回归系数/回歸係數 coefficient of regression
回归线/回歸線 tropic
回归因子/回歸因子 regressor
回归预报方程/回歸預報方程 regression prediction equation
回归月/回歸月 month tropical
回击/回閃擊 return stroke

回流/回流，底流 return flow, undertow
回流天气/回流天氣 returning flow weather
回声/回聲 echo
回声测距/回聲測距，回音測距，回聲定位 echo ranging
回声测深/回聲測深法，回音測深，音波測深法 echo sounding, sonic sounding
回声测深器/回聲測探器 echo sounding apparatus
回声测深仪/回聲測深儀，超音波測深儀 echo sounder, echosounder
回声定位/回聲定位 echolocation
回声深度记录器/回聲深度記録器 echograph
回声图/回聲測深圖，水深線圖 echogram, fathogram
回收率/回收率 percentage recovery
回填/回填 back fill
回头曲线测设/回頭曲線測設 hair-pin curve location
回线源的电磁场/回線源的電磁場 ring source electro-magnetic field
回旋线曲率/克羅梭曲線 clothoid curve
回照器/回照器，太陽觀測鏡 helioscope
回折波偏移/回折波偏移 turning wave migration
回转波/反向分枝 reverse branch
回转式水准仪/回[轉]式水準儀 level reversible, reversion level
回转效应/恩可效應 Umkehr effect
洄游/洄游 migration
洄游路线/洄游路線 migration route
洄游鱼类/洄游魚類 migratory fishes
毁动物群/毀動物群 defaunation
汇/匯 sink
汇编语言/組合語言 assembly language
汇合/合流 confluence
汇聚带/輻合帶 convergence zone, convergence belt
汇聚流/匯聚流 convergent current
汇聚型地热带/匯聚型地熱帶 convergent-type geothermal belt
汇聚移动带/滙聚移動帶 converging mobile belt
汇流/匯流，合流，集流 confluence, flow concentration
汇水面积测量/集水域測量 catchment area survey
汇水盆地/集水域 catchment basin
汇水区/集水區 catchment area, watershed
汇源关系/匯源關係 sink source relationship
汇种群/匯族群 sink population
会话状态/會話狀態 session state
会聚边界/匯聚邊界，聚合邊界 convergent boundary
会聚边缘/匯聚邊緣，聚合邊緣 convergent margin
会聚透镜/會聚透鏡 convergent lens
会理群/會理群 Huili Group
会议旅游/會議旅遊 convention travel
绘龙/繪龍 *Pinacosaurus*
绘神介属/繪神介 *Limnocythere*
绘图/繪圖 plot, drawing, drafting
绘图板/繪圖板 drawing board
绘图比例尺/繪圖比例尺 drafting scale
绘图程序库/繪圖程式庫 plot program bank
绘图尺寸/繪圖尺寸，繪圖圖面大小 drawing size
绘图单位/繪圖單位，繪圖單元 drawing unit
绘图单元/繪圖單元，繪圖單位 drawing unit
绘图定位/繪圖套合 drawing registration
绘图范围/繪圖範圍 drawing extent
绘图格网/繪圖網格 drawing grid
绘图机/繪圖機 plotter
绘图基元/繪圖基元 plotting primitives
绘图交换格式/繪圖交換格式 drawing exchange format, drawing interchange format
绘图界限/繪圖界限 drawing limit
绘图配准/繪圖套合 drawing registration
绘图实体/繪圖實體 drawing entity
绘图术/平面藝術 graphic arts
绘图图面大小/繪圖圖面大小，繪圖尺寸 drawing size
绘图文件/繪圖文件，繪圖檔案 plotting file, drawing file
绘图仪/繪圖儀 plotter
绘图优先级/繪圖優先性 drawing priority
绘图纸/繪圖紙 cartridge paper
绘晕线/繪暈線 hatching
彗星/彗星 comet
彗星虫/彗星蟲 *Encrinurus*
彗[形像]差/彗形像差 coma
惠更斯[次级]源/惠更斯[次級]源 Huygens secondary source
惠更斯原理/惠更斯原理 Huygens principle
惠于龙虫/惠於龍蟲 Hoeglundina
喙/喙 beak
喙部/嘴狀物 beak
喙部腔/喙部腔 umbonal cavity
喙脊/喙脊 beak ridge
喙壳类/喙殼類 rostroconchs
喙头龙属/啄頭龍 *Rhynchosaurus*
喙头目/啄頭目 Rhynchocephalia
喙嘴翼龙/鳥龍 Rhamphorhynchus
浑沌/混沌 chaos

浑水/渾水，濁水 turbid water
浑浊层/渾濁層 opaque layer
浑浊沉积物/混濁沈積物 nepheloid sediment
浑浊因子/濁度因子 turbidity factor
混波器/混波器 mixer
混齿类/混齒類 mixodonts
混叠/折疊效應 aliasing
混沌/混沌 chaos
混沌动力系统/混沌動力系統 chaotic dynamical system
混沌吸引子/渾沌吸子 chaotic attractor
混合白云石化[作用]/混合白雲石化作用 dorag dolomitization
混合半日潮/混合半日潮 mixed semidiurnal tide
混合比/混合比 mixing ratio
混合侧片/混合側片 mixilateral plate
混合层/混合層 mixing layer, mixed layer
混合层模式/混合層模式 mixed layer model
混合层声道/混合層聲道 mixed layer sound channel
混合长/混合長度 mixing length
混合长度/混合長度 mixing length
混合潮/混合潮 mixed tide
混合潮港/混合潮港 mixed tidal harbor
混合改正/複合校正 complex correction
混合花岗岩/混合花崗岩 migmatitic granite
混合基底/混合底 mixground
混合晶体/混合晶，雜晶 mixed crystal
混合列表/混合列表 mixed list
混合流/混合流 combined flow
混合流体/混合流體 mixed fluid
混合罗斯贝重力波/羅士比重力混合波 mixed Rossby-gravity wave
混合凝结高度/混合凝結高度，混合凝結高層 mixing condensation level, MCL
混合农业/混合農業 mixed farming
混合片麻岩/混合片麻岩 migmatitic gneiss
混合漂移/混合漂移 compositive drift
混合区/混合區 mixing zone
混合驱动储油层/綜合驅動油層 combination drive reservoir
混合全日潮/混合全日潮 mixed diurnal tide
混合溶蚀/混合溶蝕 mixture corrosion
混合溶蚀效应/混合溶蝕效應 mixture corrosion effect
混合深度/混合[層]深度 mixing depth
混合式防波堤/合成式防波堤 composite breakwater
混合数据结构/混合資料結構 hybrid data structure
混合水/混合水 admixing water
混合位错/混合位錯 mixed dislocation
混合雾/混合霧 mixing fog
混合系数/混合係數 mixing coefficient
混合相位/混合相位 mixed phase
混合相位反卷积/混合相位反卷積 mixed phase deconvolution
混合像素/混合像素 mixed pixel
混合像元/混合像元 mixed pixel
混合岩/混合岩，混成岩 migmatite
混合岩带/混合岩帶 migmatite zone
混合岩化矿床/混合岩化礦床 migmatitic mineral deposit
混合岩化前锋/混合岩化前鋒 migmatitic front
混合岩化作用/混合作用，混成作用 migmatization
混合岩浆/混合岩漿 migma
混合岩浆深成体/混合岩漿深成體 migma pluton
混合营养生物/混合營養生物 mixotroph
混合杂岩/混合雜岩 migmatitic complex
[混合]增密/混合加密 mixing caballing
混合组合/混合組合 mixed assemblage
混合作用/混合作用 mixing action
混合坐标/混合坐標 hybrid coordinate
混龙亚纲/混龍亞綱 Synaptosauria
混乱天空/混亂天空 chaotic sky
混凝剂/混凝劑 coagulate flocculating agent
混凝土平台/混凝土平臺 concrete platform
混色/色混合 color mixing
混淆误差/混淆誤差 aliasing error
混养/混養 polyculture
混语性/混語性 creolisation
混缘型壳/混緣型殼 mixoperipheral shell
混杂堆积/混同層 melange
混杂陆源沉积岩/陸源混積岩 diamictite
混杂模型/混雜模式 hybrid model
混杂认同/混雜認同 hybrid identity
混杂系统/混雜系統 hybrid system
混杂性/雜化 hybridity
活动板块/活動板塊 active plate
活动板块边缘/活動板塊邊緣 active plate margin
活动边缘/活動邊緣，主動邊緣 active margin
活[动]冰川/活[動]冰川 active glacier
活动层/活動層 active layer
活动大陆边缘/活動大陸邊緣，主動大陸邊緣 active continental margin
活动带/活動帶 mobile belt, active zone
活动地块/活動地塊 active tectonic block
活动地热系统/活動地熱系統 active geothermal system

活动地震区/活動地震區　active seismic zone
活动[冻土]层/活凍層　active layer
活动断层/活斷層　active fault
活[动]断层带/活[動]斷層帶　active fault zone
活动断块/活動斷塊　active block
活动断裂带/活動斷裂帶　active fault belt
活动断裂网络/活動斷裂網路　active fault network
活动断裂系/活動斷裂系　active fault system
活动构造/活動構造[作用]　active tectonics
活动构造带/活動構造帶　active tectonic belt
活动构造单元/活動構造單元　active tectonic element
活动构造体系/活動構造體系　active structural system
活动构造型式/活動構造型式　active tectonic pattern
活动构造学/活動構造學　active tectonics
活动构造与新构造学/活動構造與新構造學　active tectonics and neotectonics
活[动]火山/活火山　active volcano
活动极光/活躍極光　active aurora
活动颊/活動頰,自由頰,游離頰　free cheek, librigena
活动空间/活動空間　activity space
活动裂谷/活動裂谷　active rift
活动裂隙/活動裂隙　active fissure
活动论/活動論　mobilism
活动配置模型/活動分攤模式　activity allocation model
活动圈/活動圈　home range
活动日志调查/活動日誌調查　activity diaries survey
活动上滑锋/活躍上滑鋒　active anafront
活动温度/活動積温　active temperature
活动下滑锋/活躍下滑鋒　active katafront
活动性指数/活性指數　activity index
活动元素吸收系数/活動元素吸收係數　mobile element adrsorption coefficient, MAC
活动褶皱/活動褶皺　active fold
活动中心/活動中心　center of action
活动组分/活性組分　mobile component
活度/活度,活性　activity
活度图/活動圖　activity diagram
活化/活化　activation
活化分析/活化分析　activation analysis
活化伽马射线/活化伽瑪射線　active gamma ray
活化能/活化能　activation energy
活化石/活化石　living fossil
活化台地/活化臺地　activity platform
活化台块/活化臺塊　activitizing platform block
活化转移成矿作用/活化轉移成礦作用　ore-forming process by remobilization
活火山/活火山　active volcano
活镜水准仪/轉鏡水準儀,Y型水準儀　wye level, Y level
活塞-缸筒设备/活塞-缸筒設備　piston-cylinder apparatus
活塞流/活塞流　piston flow
活塞取芯器/活塞式岩芯採樣器　piston corer
活体测量/活體測量　somatometry
活性发射材料/放射性材料　active emitting material
活性硅酸盐/活性矽酸鹽　reactive silicate
活性磷酸盐/活性磷酸鹽　reactive phosphate
活性炭/活性碳　active carbon
活性碳法/活性碳法　absorbent charcoal method
活性污泥/活性汙水　activated sewage
活性污泥法/活性汙泥法　activated sludge process
活性污水/活性汙水　activated sewage
活性铀/活性鈾　mobile uranium
活页地图/活頁地圖　loose-leaf map
活跃季风/活躍季風　active monsoon
火成岩/火成岩　igneous rock
火成岩体/火成岩體　igneous body
火成岩系列/火成岩統　igneous-rock series
火成岩相/火成岩相　facies of igneous rocks
火地垭群/火地埡群　Huodiya Group
火红银矿/火色硫銻銀礦　pyrostilpnite
火花放电/火花放電　spark discharge
火环/火環　Ring of Fire, RF
火箭探测/火箭探空　rocket sounding
火箭探空仪/火箭送,火箭探空儀　rocket sonde
火箭状闪电/火箭狀閃電　rocket lightning
火山/火山　volcano
火山雹石/火山雹石　volcanic hailstone
火山爆发地震/火山爆發地震　volcanic eruption earthquake, volcanic explosion earthquake
火山爆发指数/火山爆發指數　volcanic explosivity index, VEI
火山崩流/火山崩流　fire avalanche
[火山]玻屑/[火山]玻屑　vitric pyroclast
火山尘/火山塵　volcanic dust
火山沉积矿床/火山沈積礦床　sedimentary volcanogenic mineral deposit, volcano-sedimentary deposit
火山-沉积碎屑岩/火山-沈積碎屑岩　volcano clastic sedimentary rock
火山沉积[物]/火山沈積物　volcanic sediment
火山沉积型矿床/火山沈積型礦床　volcano-

sedimentary deposit
火山沉陷/火山口沈陷作用 cauldron subsidence
火山成矿作用/火山成礦作用 volcanogenic ore-forming process
火山成因矿床/火山成因礦床 volcanogenic mineral deposit
火山带/火山帶 volcanic belt
火山弹/火山彈 volcanic bomb
火山岛/火山島 volcanic island
火山岛弧/火山島弧 volcanic island arc
火山[的]b值/火山[的]b值 volcano b value
火山地堑/火山塹 volcanic graben
火山地热区/火山地熱區 volcano-geothermal region, volcanic geothermal region
火山地热系统/火山地熱系統 volcanic geothermal system
火山地震/火山地震 volcanic earthquake
火山地震学/火山地震學 volcano seismology
火山地质[学]/火山地質學 volcanic geology
火山豆石/火山豆石 volcanic pisolite
火山堆积/火山堆積 volcanic pile, volcanic deposit
火山堆积说/火山堆積説 accumulation theory of volcano
火山风/火山風 volcanic wind
火山风暴/火山風暴 volcanic storm
火山构造/火山構造 volcanic structure
火山-构造拗陷/火山構造性陷落地 volcano-tectonic depression
火山构造地震/火山構造地震 volcanic-tectonic earthquake
火山观测所/火山觀測所 volcano observatory
火山管/火山管 volcanic pipe
火山喉管/火山喉管 volcanic throat
火山弧/火山弧 volcanic arc
[火山]灰/火山灰 volcanic ash
火山灰暴/陣灰 ash shower
[火山]灰层/火山灰層 ash bed
火山灰构造/火山灰構造 ash structure
[火山]灰环/[火山]灰環 ash ring
[火山]灰流/火山灰流,熔灰流 ash flow
火山灰土/火[山]灰土 andisol
[火山]灰雨/火山落灰 ash fall, ash shower
火山活动/火山活動 volcanic activity, volcanic action, volcanic event
火山活动[性]/火山活動[性] valcanic activity
火山机体/火山機體 volcanic edifice
火山集块岩/火山塊集岩 volcanic agglomerate
火山间隙/火山間隙 volcanic gap
火山角砾/火山角礫岩 volcanic breccia
火山角砾结构/火山角礫結構 volcanic breccia texture
火山角砾岩/火山角礫岩 volcanic breccia
[火山]晶屑/[火山]晶屑 crystal pyroclast
火山颈/火山頸 volcanic neck
火山口/火山口 volcanic crater, crater
火山口湖/火口湖 crater lake
火山口组合体/火山臼雜岩 caldera complex
火山雷鸣/火山雷 volcanic thunder
火山砾/火山礫 volcanic gravel, lapilli
火山链/火山鏈 volcanic chain
火山泥球/火山泥球 volcanic mud ball
火山泥[石]流/火山泥流 lahar, volcanic mudflow
[火山]凝灰岩/[火山]凝灰岩 ash rock, volcanic tuff
火山喷发/火山爆發 volcanic eruption
火山喷发体/火山爆發 volcanic eruption
火山喷发物/火山抛出物 volcanic ejecta, volcanic emanation
[火山]喷发预报/[火山]噴發預報 forecasting eruption
火山喷口/火山噴口 volcanic orifice
火山喷气/火山噴氣 volcanic exhalation
火山喷气型硼矿床/火山噴氣型硼礦床 volcanic exhalative-type boron deposit
火山气/火山氣體 volcanic gases
火山气溶胶/火山氣溶膠 volcano aerosol
火山气[体]/火山氣[體] volcanic gas
火山穹丘/火山[穹]丘 volcanic dome
火山泉/火山泉 volcanic spring, gushing spring
火山群/火山群 volcanic cluster
火山热泉/火山熱泉 volcanic hot spring
火山热溶液/火山熱液 volcanic hydrothermal solution
火山砂/火山砂 volcanic sand
火山山前/火山山前 valcanic front
火山闪电/火山閃電 volcanic lightning
火山水/火山水份,火山源水 volcanic water
火山碎屑/火山碎屑,火山噴出物 tephra, pyroclastic, volcanic debris
火山碎屑结构/火山碎屑組織 pyroclastic texture
火山碎屑流/火山碎屑流 pyroclastic flow, ash flow
火山碎屑岩/火山碎屑岩 pyroclastic rock
火山塌陷/火山陷落 volcanic collapse
火山通道/火山道,火山管,岩漿道 volcanic conduit, conduit, volcanic vent
火山突变/火山突變 volcanic accident

火山陷落/火山陷没　volcanic engulfment
火山型被动大陆边缘/火山型被動大陸邊緣　volcanic type passive continental margin
火山型张裂边缘/火山型張裂邊緣　volcanic rifted margin
火山旋回/火山旋回,火山輪回　volcanic cycle
火山学/火山學　volcanology
火山岩/火山岩,噴出岩　volcanic rock
火山岩构造组合/火山岩構造組合　tectonic assemblage of volcanic rocks
火山岩建造/火山岩建造　volcanic formation
火山岩相/火山岩相　volcanic facies
[火山]岩屑/[火山]岩屑　lithic pyroclast
火山岩屑物/火山碎屑物　pyroclastics
火山预测/火山預測　volcanic prediction
火山云/火山雲　volcanic cloud
火山韵律/火山韻律　volcanic rhythm
火山渣/火山渣　volcanic cinder
[火山]渣块/火山滓塊　blob of slag
火山渣泥[流]/洪災　alluvion
火山渣锥/火山渣錐　cinder cone
火山渣锥排列/火山渣錐排列　cinder cone alignment
火山中心/火山中心　volcanic center
火山锥/火山錐　volcanic cone
火山作用/火山作用,火山現象　volcanism
火石玻璃/火石玻璃　flint glass
火星/火星　Mars
火星震/火星震　Marsquake
火焰状构造/火焰狀構造　flame structure
货币虫的/貨幣蟲的　Nummulitic
货币虫属/貨幣石　*Nummulite*
货币地理学/貨幣地理學　geography of money
货币交换/貨幣交换　currency swaps
货币市场/貨幣市場　money markets
货币与金融地理/貨幣與金融地理學　geography of money and finance
货郎行程问题/銷售人員外出推銷路線問題,旅行推銷員問題　traveling salesman problem, TSP
货流地理/貨流地理　geography of goods flow
货物分装点/貨物分裝點,轉運點　break-of-bulk
获取/獲取,採集　capture, cull
霍尔电导率/霍爾導電率　Hall conductivity
霍尔效应/哈爾效應　Hall effect
霍夫函数/霍夫函數　Hough function
霍夫曼编码/霍夫曼編碼　Huffman code
霍夫曼变换/霍夫曼轉換　Huffman transformation
霍普分岔/霍普夫分歧　Hopf bifurcation
霍普金生物气候律/霍普金生物氣候律　Hopkin bioclimatic law
霍邱岩群/霍邱岩群　Huoqiu Group Complex
霍特林过程/霍特林作用　Hotelling process
霍县岩群/霍縣岩群　Huoxian Group

J

击变玻璃/擊變玻璃,撞擊玻璃 diaplectic glass
击变岩/撞擊石 impactite
叽声讯号/唧聲訊號 chirp
饥饿地理/飢餓地理學 geography of famine
饥螺属/苔守螺 *Bulininus*
机场测量/機場測量 airport survey
机场跑道测量/機場跑道測量 airfield runway survey
机场特殊天气报告/機場特殊天氣報告 aerodrome special weather report
机场[天气]预报/機場[天氣]預報 aerodrome forecast
机场危险天气警报/機場危險天氣警報 aerodrome hazardous weather warning
机场预约天气报告/機場預約天氣報告 appointed airdrome weather report
机场最低气象条件/機場最低氣象條件 aerodrome meteorological minima
机电传感器/電子機械感應器 electromechanical sensor
机-电转换系数/機-電轉換係數 mechanical-electrical transition coefficient
机会种/隨機種 opportunistic species
机器编码/機械編碼 machine encoding
机器语言/機器語言 machine language
机上直接制版/機上直接製版 on press imaging
机械地震仪/機械式地震儀 mechanical seismograph
机械分涂/手工分色稿 mechanical separation
[机械]淋移作用/[機械]淋移作用 mechanical eluviation, lessivage
机械模片辐射三角测量/機械模片輻射三角測量 mechanical template triangulation
机械能/機械能 mechanical energy
机械迁移/機械遷移 mechanical migration
机械扫描仪/機械式掃描 mechanical scanner
机械剩磁/機械剩磁,機械殘磁 mechanical remanence
机械双晶/機械雙晶 mechanical twin
机械投影/機械投影 mechanical projection
机械投影立体测图仪/機械投影立體測圖儀 mechanical projection stereoplotter
机械湍流/機械性亂流 mechanical turbulence
机械制造/機械製造 machinofacture
机遇种/隨機種 opportunistic species
机载侧视雷达/飛機側視雷達,側視空載雷達 side looking airborne radar, SLAR
机载测量[仪器]/機載測量[儀器],航測[記録] aircraft measurement
机载定位系统/機載定位系統 airborne positioning system
机载多光谱扫描仪/空載多譜段掃描儀 airborne multispectral scanner
机载辐射温度仪/機載輻射溫度計 airborne radiation thermometer, ART
机载光谱仪/機載徑譜計 airborne spectrometer
机载激光测深/機載雷射測深 airborne laser sounding
机载激光测深仪/空載雷射測深儀 hydrographic airborne laser sounder
机载激光雷达/機載雷射雷達 airborne laser radar
机载控制测量/空中控制測量 airborne control survey
机载控制系统/空中控制系統 airborne control system
机载雷达/機載雷達 airborne radar
机载平台/航空平臺 airborne platform
机载剖面记录仪/空中縱斷面記録儀 airborne profile recorder
机载剖面热量计/空中剖面熱量計 airborne profile thermometer
机载声呐/空載聲納 airborne sonar
机载搜索雷达/機載[搜索]雷達 airborne search radar
机载投弃式温深仪/空載投棄式溫深儀 aerial expendable bathythermograph, AXBT
机载遥感器/空載遥感器 airborne sensor
机载直接辐射表/機載日射計 aircraft actinometer
机助地图制图/電腦輔助編圖 computer-assisted cartography, CAC
机助分类/電腦輔助分類 computer-assisted classification
肌隔/肌隔 myophragm

肌痕/肌痕 muscle scar
肌红蛋白/肌蛋白 myoglobin
肌迹/肌跡 muscle track
矶海绵酮/磯海綿酮 renierone
鸡冠状突起/雞冠狀突起 crista
鸡西群/雞西群 Jixi Group
鸡血石/雞血石,血滴石,血石髓 bloodstone
奇壁珊瑚属/奇壁珊瑚 *Allotropiophyllum*
奇角鹿/奇角鹿 Synthetoceras
奇偶性/奇偶性 parity
奇鳍/奇鰭 unpaired fin
奇蹄类目/奇蹄目 Perissodactyla
奇蹄目/奇蹄類 Odd-toed
积冰/積冰 icing
积存热量法/積存熱量法 stored heat method
J积分/J積分 J-integral
积分变换/積分轉換 integral transform
积分法倾角时差校正/積分法傾角時差校正 integral dip-moveout correction
积分方程法/積分方程式法 integral equation method, IEM
积分时间/積分時間 integration time
积光计/積光計 integrating light meter
积聚态/積聚模 accumulation mode
积温/積温 accumulated temperature
积温曲线/積温曲線 accumulated temperature curve
积雪/雪量,覆雪 snow cover
积雪日数/積雪日數 days with snow cover
积雪水文学/積雪水文學 snow hydrology
积雪线/積雪線 snow cover line
积雪总量/[高山]年雪量 snow pack
积雨云/積雨雲 cumulonimbus, Cb
积雨云模式/積雨雲模式 cumulonimbus model
积云/積雲 cumulus, Cu
积云对流/積雲對流 cumulus convection
积云[对流]加热/積雲[對流]加熱 cumulus heating
积云性层积云/積雲性層積雲 stratocumulus cumulogenitus, Sc cug
积云性高积云/積雲性高積雲 altocumulus cumulogenitus, Ac cug
积状云/積狀雲 cumuliform cloud
基/基 radical
基板/基板 basal plate, basal lamina
基本比例尺/主比例尺 principal scale, basic scale
基本测试/基本測試 basic test
基本层序/基本層序 basic sequence
基本方位/基本方位 cardinal, cardinal points
基本方位点/基本方位點 cardinal points
基本方向/基本方向 cardinal, cardinal direction
基本航向/基本航向 base course
基本恒星视位置/基本恆星視位置 apparent places of fundamental stars
基本活动/基礎性活動 basic activities
基本教义主义/基本教義主義 fundamentalism
基本空间单元/基本空間單元 basic spatial unit, BSU
基本控制/基本控制 basic control
基本矿物/主要礦物 essential mineral
基本烈度/基本烈度 basic intensity
基本气流/基本流 basic flow
基本圈/基準圈 fundamental circle
基本天气观测/基本綜觀觀測 principal synoptic observation
基本天气观测时间/標準[天氣圖]時間 synoptic time, main standard time
基本图形元素/基本圖形要素 primary graphic elements
基本文件/基本文件 base document
基本星表/基本星[位]表 Fundamental Catalogue
基本种/基本種,原種 elementary species
基本重力点/基本重力點 basic gravimetric point
基部/基部,底部 base
基层/基層 foot layer
基础/基礎 foundation
基础标准/基本標準 base standard
基础代谢率/基礎代謝率 basal metabolic rate, BMR
基础地图/基本圖 base map
基础工业/基礎工業 basic industry
基础宏观经济模型/基礎宏觀經濟模型 macro economy base model
基础设施破坏/基礎設施破壞 infrastructure damage
基础图层/基礎圖層 base layer
基床/層理 foundation bed, bedding
基底/基底,基盤,底層 base, basement
基底成熟度/基底成熟度 basement maturity
基底断块/基底斷塊 foundational fault block
基底断裂/基底斷裂 foundational fault, basement fault
基底构造/基底構造 basement structure
基底胶结/基底膠結 basal cement
基底热流/基底熱流 basement heat flow
基底岩石/基岩 basement rock
基底杂岩/基盤,[基盤]雜岩 basement complex, basement
基点/基點 base station

基蝶骨/基蝶骨 basisphenoid bone
基督教/基督教 protestant churches
基端/基端，主端 cardinal extremity
基尔霍夫定律/克希何夫定律 Kirchoff law
基尔霍夫积分偏移/基希何夫積分偏移 Kirchhoff integration migration
基尔霍夫偏移/克希何夫移位 Kirchhoff migration
基尔诺斯地震仪/基爾諾斯地震儀 Kirnos seismograph
基跗节/基跗節 basitarsus
基-高比/基線航高比 base-height ratio
基关节/基關節 basal articulation of braincase and palate
基角/基角，主基 cardinal angle
基节/基節 coxa
基坑/基坑，基底凹窩 basal pit
基流/基流 base flow
基流指数/基流指數 base flow index
基龙/基龍 Edaphosaurus
基默里奇阶/啟莫里階 Kimmeridgian Stage
基默里奇期/啟莫里期 Kimmeridgian Age
基盘隆起/基盤隆起，基盤高地 basement uplift, basement high
基盘翘曲/基盤翹曲 basement warp
基数/基數 cardinality
基铁矾/基鐵礬 butlerite
基铜矾/基性銅鋅礦 ktenasite
基位种/基位種 basal species
基线/基線 baseline
基线比/基線比 base ratio
基线测量/基線測量 baseline measurement
基线测量尺/基線測量尺 base measuring apparatus
基线尺/基線[卷]尺 base apparatus, base tape
基线定位/基線定位 basal orientation
基线端点/基線終測站 base terminals
基线方程/長方程式 length equation
基线飞行/基線飛行 base line flying
基线高度/基準高程 base height
基线航高比/航高基線比 base height ratio
基线扩大/基線擴大 base expansion, baseline extension
基线扩大网/三角法基線延長網 base extension triangulation network, base extension triangulation
基线内/基線内 base-in
基线平面/基線平面 basal plane
基线外/基線外 base-out
基线网/基線網 baseline network
基性岩/基性岩 basic rock
基性岩化/基性岩化 basification
基性异性石/基性異性石 lovozerite
基亚曼反极性超时/基亞曼反極性超時 Kiaman reversal polarity superchron, KRPS
基亚曼间段/基亞曼間隔 Kiaman interval
基岩/基岩，母岩，底岩 bedrock
基岩海岸/基岩海岸，岩石海岸 rock coast
基因/基因 gene
基因沉默/基因静默 gene silencing
基因的/進化的，遺傳學 genetic
基因库/基因庫 gene pool
基因流/基因流動 gene flow
基因频率/基因頻率 gene frequency
基因型/基因型 genotype
基因源流/進化血統 genorheithrum
基因综合体/基因複雜體 gene complex
基因组/基因體 genome
基因座/基因座 locus
基于拉普拉斯变换的方法/基於拉普拉斯變換的方法 Laplace transformation based method, LTM
基于起伏参考面叠前深度偏移/基於起伏参考面疊前深度偏移 prestack depth migration from udulated datum
基于位置服务/定位服務 location dependent services, location-based services, LBS
基元/基元，元素 primitive
基站/基站 base station
基质/基質，石基，底質 groundmass, matrix, substrate
基质势/基底勢能 matric potential
基柱/柱狀體，中軸，軸柱 columella
基柱层/鼓錘狀紋理 pilum
基桩检测仪/基樁檢測儀 pile detector
基准变换/基準轉換 datum transformation
基准点/基準點，水準點 datum point, benchmark, fiducial point
基准海平面/基準海平面 sea level datum, SLD
基准井/示準井 key well, stratigraphic well
基准[面]/基準面 datum plane, datum level, datum
基准面底点/基準面底點 datum nadir point
基准面静校正/基準面静校正 datum static correction
基准面主点/基準面主點 datum principal point
基准面主线/基準面主縱線 datum principal line
基准气候站/基本氣候站 reference climatological station
基准台/標準臺 standard station

基准纬度/基準緯度 latitude of reference
基准温度/基本温[度] base temperature
[基]准线/準線 lubber line
基准原点/基準原點 origin of datum, datum origin
基准重力点/基準重力點 gravity datum point
基准转换/基準轉换 datum transformation
基准站/基準站 standard station
基座/基座 base
基座阶地/基岩階地 rock-seated terrace
基座型齿/基座型齒 pedicellate tooth
畸变/畸變,變形 distortion
畸变补偿板/畸變差補償板 distortion compensating plate
畸变差改正/畸變差校正 correction for distortion
畸变校正/失真校正 distortion correction
畸变曲线/畸變差曲線 distortion curve
畸变效应/畸變效應 distortion effect
畸零地/畸零地 deformed land
畸羊齿类/畸羊齒類,畸羊齒型 mariopterids
畸羊齿属/美瑞羊齒 *Mariopteris*
箕状构造/箕狀構造 half graben
畿/首都近郊 environs of capital city
激电仪/激電儀 intensification-polarization instrument
激发极化测深/激發極化測深 sounding of induced polarization
激发极化场/激發極化場 polarization induced electric field
激发极化法/激發極化法 induced polarization method, IP method
激发极化效应/激發極化效應 induced polarization effect
激发作用/激發作用 trigger action
激光/雷射 laser
激光测高仪/雷射測高儀 laser altimeter
激光测距/雷射測距 laser ranging
激光测距仪/雷射測距儀,雷射大地 laser distance measuring instrument, laser ranger
激光测深仪/雷射測深儀 laser sounder
激光测月/雷射測月 lunar laser ranging, LLR
激光成像/雷射成像 laser imaging
激光打印机/雷射印表機 laser printer
激光地形仪/雷射地形儀 laser topographic position finder
激光二极管/雷射二極管 laser diode, LD
激光高度计/雷射高度計 laser altimeter
激光绘图机/雷射繪圖機 laser plotter
激光经纬仪/雷射經緯儀 laser theodolite
激光雷达/激光雷達,光達,雷射雷達 laser radar, lidar
激光目镜/雷射目鏡 laser eyepiece
激光扫描数字化器/雷射掃描數化器 laser scan digitizer
激光扫平仪/雷射掃平儀 laser swinger
激光水准仪/雷射水準儀 laser level
激光投点/雷射投點 laser plumbing
激光外差光谱仪/雷射外差式光譜儀 laser heterodyne spectrometer
激光遥感/雷射遥感 laser remote sensing
激光荧光传感器/雷射螢光感測器 laser flurosensor
激光云幂仪/雷射雲幂計 laser ceilometer
激光照排机/雷射排版機 image setter
激光指向仪给向/雷射指向儀給向 setting-out of driving workings direction by laser guide instrument
激光准直法/雷射準直法 method of laser alignment
激光准直仪/雷射準直儀 laser collimator
激活要素/激活要素 enabled feature
激进地理学/激進地理學 radical geography
激进地理学家/激進地理學者 radical geographers
激浪/激浪,磯波 surf
激烈期/激烈期 maximum mobility period
激流/急流 torrent
激碎波/洶湧型碎波 surging breaker
吉布斯函数/吉布士函數 Gibbs function
吉布斯能量/吉布斯能 Gibbs energy
吉布斯现象/吉布斯現象,吉布士現象 Gibbs phenomenon
吉尔伯特[反极性]期/吉伯[反向極性]期 Gilbert reversed polarity epoch
吉尔里 C 数/吉爾里 C 數 Geary C
吉尔绍事件/吉爾薩事件 Gilsa event
吉赫/十億赫 gigahertz, GHz
吉维阶/吉維特階 Givetian Stage
吉维期/吉維特期 Givetian Age
吉字节/十億位元組 gigabyte, GB
级/級 scale
0 级风/無風,静風 calm
1 级风/軟風 light air
2 级风/輕風 light breeze
3 级风/微風 gentle breeze
4 级风/和風 moderate breeze
5 级风/清風 fresh breeze
6 级风/強風 strong breeze
7 级风/疾風 neargale
8 级风/大風 gale
9 级风/烈風 strong gale

10 级风/風暴　storm
11 级风/暴風　violent storm
12 级风/颶風　hurricane
级联簇射/級聯簇射,級聯射叢,宇宙線射叢　cascade shower
级联过程/級聯過程,串級過程　cascade process
级联滤波/串級過濾　cascade filtering
级联模型/層階模式　cascade model
级联偏移/級聯偏移　cascade migration
级数/級數　series
极/極　pole
极半径/極半徑　polar radius
极潮/極潮　pole tide
极大风速/極大風速　extreme wind speed
极大陆性冰川/極大陸性冰川　supercontinental glacier
极大值/極大值　maximum value
极低频/極低頻率,超低頻　extremely low frequency, ELF
极地/極區　polar region
极地冰/極冰　polar ice
极地冰川/極地冰川,極區冰川　polar glacier
极地冰原/極地冰原　polar ice sheet
极地大陆空气/極地大陸空氣　polar continental air
极地大陆气团/極地大陸氣團　continental polar air mass
极地低压/極地低壓,極性低壓　polar low pressure, polar low
极地东风[带]/極地東風[帶]　polar easterlies
极地动物/極地動物　polar faunal group
极地反气旋/極地反氣旋　polar anticyclone
极地高压/極地高壓,極區高壓　polar high
极地海洋气团/極地海洋氣團　polar marine air, maritime polar air mass
极地环流/極地環流胞　polar cell
极地科学/極地科學　polar science
极地空气/極地空氣　polar air
极地气候/極地氣候　polar climate
极地气候类/極地氣候　polar climate
极地气团/極地氣團　polar air mass
极地气象学/極地氣象學　polar meteorology
极地气旋/極地氣旋　polar cyclone
极地涡旋/極地低壓　polar low
极端气候/極端氣候　extreme climate
极端气候灾害/極端氣候災害　extreme climatic disaster
极端天气事件/極端天氣事件　extreme weather event
极端温度/極端溫度　extreme temperature
极风/極風　polar wind
极锋/極鋒　polar front
极锋爆发/極鋒入侵　polar outbreak
极锋急流/極鋒噴射流　polar front jet stream
极锋理论/極鋒説　polar front theory
极锋学说/極鋒説　polar front theory
极盖[区]/極地冰帽　polar cap
极盖吸收/極冠吸收,極地冰帽吸收　polar cap absorption, PCA
极高频/至高頻　extremely high frequency, EHF
极光/極光　aurora
极光暴/極光暴　auroral storm
极光带/極光帶　auroral band, auroral belt
极光带电集流/極光[帶]電子噴流　auroral electrojet
极光带电集流指数/極光帶電集流指數　auroral electrojet index
极光弧/極光弧　auroral arc
极光帘/極光幔　auroral draperies
极光卵形环/極光橢圓區,極光同現區　auroral oval
极光幔/極光幔　auroral draperies
极光冕/極光冕　auroral corona
极光千米波辐射/極光千米波輻射　auroral kilometric radiation, AKR
极光吸收/極光吸引　auroral absorption
极光亚暴/極光次暴　auroral substorm
极轨[道]/極軌[道]　polar orbit
极轨气象卫星/極軌氣象衛星　polar orbiting meteorological satellite
极轨卫星/繞極[軌道]衛星　polar orbiting satellite, POS
极化/極化　polarization
TE 极化/TE 極化　transverse electrical polarization
TM 极化/TM 極化　transverse magnetic polarization
极化度/極化度　degree of polarization
极化过程/極化過程　polarization process
极化镜/極化鏡,偏充鏡　polarizer
极距/極距　polar distance
极平面四次方等积投影/平極四分等積投影　flat polar quartric equal-area projection
极谱滴定[法]/極譜滴定[法]　polarometric titration
极谱法/極譜法　polarography
极谱分析/極譜分析[法]　polarographic analysis
极谱图/極譜　polarogram
极谱仪/極譜儀　polarograph
极浅水波/極淺水波　very shallow water wave
极区冰川学/極區冰川學　polar glaciology
极区冕洞/極區冕洞　polar coronal hole

极区图/極區圖 polar chart
极区系数/極區係數 apocolpium index
极圈/極圈 polar circle
极软水/極軟水 very soft water
极珊瑚/極珊瑚,錐頂珊瑚 Acrophyllum
极盛时期/古生物的極盛期 hemera
极微震/極微震 ultra-microearthquake, ultramicroseism
极位/極位 polar aspect
极涡/極地渦旋 polar vortex
极系/極系,頂系 apical system
极隙/裂[隙] cleft, cusp
极限/極限 limit
极限安全地震动/極限安全地震動 ultimate safety ground motion
极限承载力/極限承載能力 ultimate bearing capacity
极限环/極限環 limit cycle
极限强度/極限強度 ultimate strength
极限容许浓度/極限容許濃度 permissible concentration limit
极限误差/誤差界限 limit error
极限应变/極限應變 ultimate strain
极限圆/中心圈 limiting circle
极向/極性 polarity
极相漂移/極相轉移 polar phase shift
极小值/最小值 minimum value
极型/極型 poloidal
极型振荡/極型振盪 poloidal oscillation
极性/極性 polarity
极性超代/地磁極性超期,地磁極性超時 polarity superchron
极性倒转/極性倒轉 polarity reversion
极性反转/極性反向 polarity reversal
极性过渡/極性過渡帶 polarity transition
极性间段/極性間隔 polarity interval
极性年代/地磁極性時,地磁極性期 polarity chron
极性年代测定/極性年代測定,極性年齡測定 polarity dating
极性偏向/極性偏向 polarity bias
极性期/極性期,磁期 polarity epoch
极性事件/極性事件 polarity event
极性序列/極性序列 polarity sequence
极性亚代/地磁極性亞時,地磁極性亞期 polarity subchron
极夜/極夜 polar night
极夜急流/極夜噴流 polar night jet
极移/極移,極動 polar motion, polar wandering, polar wander
极移路径/極移路線 polar wander path, PWP
极移曲线/極移曲線 polar wander curve
极移效应/極移效應 polar motion effect
极硬水/極硬水 very hard water
极右旋/極右旋 ultradextral
极震区/極震區,強震區 meizoseismal area
极直径/極直徑 polar diameter
极值/極[端]值 extreme value
极值分析/極端值分析 extreme value analysis
极值统计/極值統計學 statistics of extremes
极中潮位/極點半潮 mid-extreme tide
极轴/極軸 polar axis
极昼/極晝 polar day, polar daytime
极左旋/極左旋 ultrasinistral
极坐标/極坐標 polar coordinates
极坐标定位/極坐標定位 polar coordinate positioning
极坐标定位系统/極坐標定位系統 polar positioning system, azimuthdistance positioning system
极坐标求积仪/極式圓盤求積儀 disc polar planimeter
极坐标缩放仪/極坐標縮放儀 polar pantograph
极坐标系统/極坐標系統 polar coordinate system
急流/噴流 jet stream
急流冲刷/急流沖刷 avulsion
急流带/流濺帶,沖濺帶,沖流帶 swash zone
急流核/噴流心 jet stream core
急流云[系]/噴流雲 jet stream cloud system
急流轴/噴流軸 axis of jet stream
急始/突發 sudden commencement
急始磁暴/突發磁暴 sudden commencement magnetic storm
急湍/急湍 rapids
急折点/急折點 knickpoint
疾病地理/疾病地理學 geography of disease
疾病潜在威胁/疾病潛在威脅 potential menace of disease
疾病人群分布/病人分布 population distribution of disease
疾病社会环境/疾病社會環境 social environment of disease
疾病医疗地图/疾病醫療地圖 medical disease map
疾病再扩散/疾病再擴散 disease re-diffusion
疾病再现/疾病再現 reemergence of disease
疾病自然环境/疾病自然環境 natural environment of disease
棘刺亚类/棘刺亞類 acanthomorphs

棘辐肛参苷/棘輻肛參苷 echinoside
棘海胆/棘海膽 Brissus
棘海林檎/棘海林檎 Echinosphaerites
棘皮动物/棘皮動物[類] echinoderm
棘皮动物门/棘皮動物[門] echinoderm, Echinodermata
棘皮动物亚门/游移亞門 Eleutherozoa
棘皮类/棘皮動物門 Echinodermata
棘片/棘片 spinal plate
棘鱼类/棘魚類 acanthodians
棘鱼目/棘魚目 Acanthodiformes
棘鱼型鳞/棘魚型鱗 Acanthodes type scale
棘状鳞/棘狀鱗,支骨 fulcra
棘椎式迷齿类/棘椎式迷齒目,棘椎式曲齒類 Rachytomous labyrinthodontia
集安群/集安群 Jian Group
3S集成/3S集成 3S integration, integration of GPS, RS and GIS technology
集成地理信息系统/整合式地理資訊系統 integrated geographical information system
集成空间信息系统/整合式空間[資訊]系統 integrated spatial system
集成数据层/整合式資料層 integrated data layer
集成数据库/整合[型]資料庫 integrated data base
集成数据库管理系统/整合式資料管理系統 integrated database management system
集成信息系统/整合式資訊系統 integrated information system
集成要素数据集/整合式圖徵資料集 integrated feature dataset
集成预报/集成預報 consensus forecast
集合函数/集合函數 set function
集合平均/系集平均 ensemble average
集合群落/關聯群聚 metacommunity
集合预报/系集預報 ensemble forecast
集合种群/關聯族群 metapopulation
集聚/集塊作用,凝聚 agglomeration
集聚经济/聚集經濟 agglomeration economy
集块结构/集塊結構 agglomeratic texture
集块熔岩/集塊熔岩,塊集熔岩 agglomerate lava
集块岩/集塊岩 agglomerate
集料/集合體 aggregate
集宁岩群/集寧岩群 Jining Group Complex
集群/群聚,聚集,群集 cluster, assemblage
集群计算机/叢集計算機 cluster computer
集群绝灭/大滅絶 mass extinction
集群控制器/叢集控制單元 cluster control unit
集群灭绝/大滅絶 mass extinction
集群死亡/集體死亡,大量死亡 mass mortality
集市/市集 fair
集市周期/市集週期 periodicity of fair
集水盆地/集水盆地 retaining basin
集水区/集水區 watershed
集水区水文循环/集水區水文循環 drainage basin hydrological cycle
集体价值/集體價值 collective value
集体认同/集體認同 collective identities
集体意识/集體意識 collective consciousness
集线器/集線器 hub
集油面积/接收面積 collecting area
集约的/集約的 intensive
集约农业/集約農業,精耕農業 intensive agriculture
集约养殖/集約[式]養殖 intensive culture
集中的离心化/集中的離心化 concentrated decentralization
集中度/集中度 concentration grade
集中化与中心化/集中化與中心化 concentration and centralization
集中载荷/集中負載 concentrated load
集中指数/集中指數 index of concentration
集装箱船/貨櫃船 container ship
集装箱革命/貨櫃革命 container revolution
集装箱货船/貨櫃船 container ship
集装箱运输/貨櫃運輸 container transport
几丁虫类/幾丁蟲 *Chitinozoa*
几丁石/幾丁石,胞石 chitinozoans
几丁质/幾丁質 chitin
几何变换/幾何變換,幾何轉換 geometric transformation
几何大地测量学/幾何大地測量學 geometric geodesy
几何地平/幾何地平線 geometric horizon
几何地图投影/幾何投影 geometric map projection
几何地震学/幾何地震學 geometric seismology
几何电磁测深法/幾何電磁測深法 geometric electromagnetic sounding method
几何定向/幾何定向 geometric orientation
几何对象/幾何物件 geometric object
几何法/幾何法 geometric method
几何反转原理/幾何反轉原理 principle of geometric reverse
几何高/幾何高 geometric height
几何基元/幾何基元 geometric primitive
几何畸变/幾何畸變 geometric distortion
几何校正/幾何校正,幾何糾正 geometric correction, geometric rectification

几何结晶学/幾何結晶學 geometrical crystallography
几何纠正/幾何糾正,幾何校正 geometric correction, geometric rectification
几何扩散/幾何擴展 geometric spreading
几何扩散校正/幾何擴散校正 geometric spreading correction
几何扩散因子/幾何擴散因子 geometry spreading factor
几何模型/幾何模型 geometric model
几何配准/幾何套合 geometric registration
几何平均值/幾何平均值 geometric mean
几何射线理论/幾何射線理論 geometric ray theory
几何条件/幾何條件 geometric condition
几何网络/幾何網路 geometric network
几何卫星大地测量学/衛星大地測量幾何法 geometric satellite geodesy
几何学/幾何學 geometry
几何一致性/幾何一致性 geometric coincidence
几何元素/幾何元素 geometric elements
挤出构造/擠出構造 extrusion tectonics
挤出构造模型/擠出構造模型 extrusion tectonic model
[挤]压脊/[擠]壓脊 pressure ridge
挤压盆地/擠壓盆地,擠陷盆地 compressional basin
挤压缩短模型/擠壓縮短模型 compression and shorten model
挤压推覆/擠壓推覆體 compressive nappe
济南虫属/濟南蟲 *Tsinania*
给水度/給水度,比出水量 specific yield
给纸/給紙 feeder
脊/脊 wedge, crest, keel
脊板/脊板 carina
脊板包珊瑚属/脊板包珊瑚 *Amplexicarinia*
脊板珊瑚/脊板珊瑚 Heliophyllum
脊顶/脊峰線 ridge crest
脊索/脊索 notochord
脊索动物/脊索動物 chordate
脊索动物[门]/脊索動物[門] Chordata
脊索型椎体/脊索型椎體 notochordal centrum
脊线/脊線 ridge line
脊型齿/脊型齒 lophodont
脊轴/脊軸 ridge axis
脊状腹/脊狀腹 carinate venter
脊状卷云/脊椎狀鉤卷雲 cirrus vertebratus, Ci ve
脊状突起/脊 ridge
脊状印模/脊狀印模 ridge impression
脊椎/椎骨 vertebra
脊椎动物/脊椎動物 vertebrate
脊椎动物[门]/脊椎動物[門] Vertebrata
戟贝属/戟貝屬,戟蜿 *Chonetes*
戟龙属/多角龍 *Styracosaurus*
戟状的/戟狀的,箭頭狀的 hastate
pH 计/酸鹼計 pH meter
计步器/計步器,步測計,步度計 pace counter, fally register
计尘器/計塵器 dust counter
KTB 计划/KTB 計劃 KTB borehole project
计量地形学/計量地形學 quantitative geomorphology
计量革命/計量革命 quantitative revolution
计量史/計量史 quantitative history
计曲线/計曲線 index contour
计时/計時 timing
计时表/時計 chronometer
计数风速表/計數風速計 counting anemometer
计数管/計數器 counter
计算不稳定/計算不穩度 computational instability
计算地理学/計算地理學 computation geography
计算地球化学/計算地球化學 computational geochemistry
计算地球物理[学]/計算地球物理[學] computational geophysics
计算地震学/計算地震學 computational seismology
计算复杂性/計算複雜性 computational complexity
计算工具/計算工具 computation tool
计算机层析成像/電腦化斷層掃描 computational tomography, computerized tomography, CT
计算机出版系统/電腦出版系統 computerized publishing system, CPS
计算机地图出版系统/電腦地圖出版系統 computer map publish system
计算机地图概括/電腦地圖概括 computer map generalization
计算机地图制图/電腦製圖 computer mapping, computer cartography
计算机辅助地图制图/電腦輔助製圖 computer aided mapping, CAM
计算机辅助工程/電腦輔助工程 computer aided engineering, CAE
计算机辅助检索/電腦輔助檢索 computer assisted retrieval
计算机辅助评价/電腦輔助評估 computer assisted assessment
计算机辅助软件工程/電腦輔助軟體工程 computer aided software engineering, CASE

计算机辅助设计/電腦輔助設計 computer aided design，CAD
计算机集成制造系统/電腦整合製造系統 computer integrated manufacture system，CIMS
计算机兼容磁带/電腦兼容磁帶 computer compatible tape，CCT
计算机排版/電腦排版 computerized type-setting
计算机拼版/電腦拼版 computer page-make up system，CPMS
计算机视觉/電腦視覺 computer vision
计算机图形核心系统/圖形核心系統 graphics kernal system，GKS
计算机图形技术/電腦繪圖科技 computer graphics technology
计算机图形学/電腦圖學 computer graphics
计算机图形元文件/CGM 檔，電腦製圖元件 computer graphic metafile，CGM
计算机网络/電腦網路 computer network
[计算机]文件/檔案 file
计算机油墨控制系统/電腦控墨系統 computer control inker system
计算机照相排版/電腦照排作業 computer photocomposition work
计算机直接制版/電腦直接製版 computer to plate
计算机制图/計算機製圖 computer mapping
计算机制图综合/電腦製圖簡化 computer cartographic generalization
计算机综合测试设备/電腦綜合測試設備 computer integrated test equipment，CITE
计算模[态]/計算模[態] computational mode
计算视点/計算機觀點 computational viewpoint
计算网络/計算網路 computation network
计算稳定度/計算穩定度 computational stability
计算状态/計算狀態 computation state
记簿/記簿 notekeeping
记录/記錄 record
记录高差仪/記録高差儀 reading statoscope
XML 记录文档/XML 記録文件 XML recordset document
记时计/記時儀 chronograph
记时仪/計時器 chronograph
记忆丧失性贝毒/失憶性貝毒 amnesic shellfish poison，ASP
记载法测量/記載測圖法 method of recording
纪/紀 Period
技巧[评]分/技術得分 skill score
技术创新/技術創新 technological innovation
技术革新/技術革新 technical innovation
技术密集型工业/技術密集工業 technology-intensive industry
技术视点/技術觀點 technology viewpoint
技术性失业/技術性失業 technological unemployment
季风/季風 monsoon
季风爆发/季風爆發 monsoon burst，burst of monsoon
季风槽/季風槽 monsoon trough
季风潮/季風潮 monsoon surge
季风带/季風帶 monsoon zone
季风低压/季風低壓 monsoon depression
季风辐合带/季風輻合帶 monsoon convergence zone
季风[海]流/季風[海]流 monsoon current
季风环流/季風環流 monsoon circulation
季风季节/季風季 monsoon season
季风建立/季風肇始 monsoon onset
季风空气/季風空氣 monsoon air
季风气候/季風氣候 monsoon climate
季风气候区/季風區 monsoon region
季风气象学/季風氣象[學] monsoon meteorology
季风区/季風區 monsoon region
季风试验/季風試驗 Monsoon Experiment，MONEX
季风雾/季風霧 monsoon fog
季风雨/季風雨 monsoon rain
季风雨量/季風雨量 monsoon rainfall
季[风]雨林/季[風]雨林 monsoon forest
季风雨林气候/季風雨林氣候 monsoon rainforest climate
季风云团/季風雲族 monsoon cluster
季风指数/季風指數 monsoon index
季风中断/季風中斷 monsoon break
季风转换/季風反轉 reversal of the monsoon
季节/季[節] season
季节变化/季節變化 seasonal change，seasonal variation
季节冻结层/季節凍結層 seasonally frozen layer
季节冻土/季節凍土 seasonally frozen ground，seasonal frozen soil
季节风/週年風 anniversary wind
季[节]际变率/季際變率 interseasonal variability
季节融化层/季節融化層 seasonally thawed layer
季节调整/季節調整 seasonal adjustment
季节性/季節性 seasonality
季节性冰带/季節性冰帶 seasonal ice zone
季节性风/季節性風 seasonal wind
季节性河口/季節性河口 seasonal estuary

季节性河流/臨時河 ephemeral stream
季节性湖泊/季節性湖泊 ephemeral lake
季节性温跃层/季節性温躍層 seasonal thermocline
季节性滞后/季節性落後 seasonal lag
季节预报/季節預報 seasonal forecast
剂量当量/等價劑量,當量劑量 dose equivalent
剂量计/劑量計 dosemeter
既有线站场测量/既有線站場測量 survey of existing station yard survey
继承/繼承性 inheritance
继承式地槽/繼承式地槽 inherited geosyncline
继承性/繼承性 conformity
寄居蟹/寄居蟹 hermit crab
寄生/寄生 parasitism
寄生虫病分布/傳染性寄生蟲病分布 infectious parasitic diseases distribution
寄生共振/寄生共振 parasitic resonance
寄生[火山]锥/寄生火山錐 parasitic cone
寄生物/寄生物,寄生者 parasite
寄生游泳动物/寄生游泳動物,附著浮游生物 epinekton
寄生植物/寄生植物 parasite
[寂]静地震/[寂]静地震 silent earthquake
蓟县纪/薊縣紀 Jixianian Period
蓟县矿/薊縣礦,水鐵鎢鉛礦 jixianite
蓟县群/薊縣群 Jixian Group
蓟县系/薊縣系 Jixianian System
加标注/邊簽置放 labeling
加常数/加常數 addition constant
加达漂移/加達漂移 Gardar excursion
加点/加樁 plus stake, plus point
加工成本/製造成本 processing cost
加工活动/製造活動 processing activities
加工设计/組裝設計,裝配設計 fabrication design
加厚壳质/瓣殼質 inductura
加积波痕/加積波痕 accretion ripple mark
加积层/加積層,增積層 accretion bed
加积地形/加積地形 accretion topography
加积海滩面/加積海灘面,增積海灘面 accretion beach face
加积[作用]/填積[作用],積夷 aggradation
加拉帕戈斯板块/加拉帕戈斯板塊 Galapagos plate
加勒比海/加勒比海 Caribbean Sea
加勒比海流/加勒比海流 Caribbean current
加里东阶段/加里東階段 Caledonian stage
加里东期/加里東期 Caledonian
加里东造山带/加里東寧構造帶 Caledonides
加利福尼亚海流/加利福尼亞海流 California Current
加利津地震仪/加立津地震儀 Galitzin seismograph
加罗林板块/加羅林板塊 Caroline plate
加密探测/加密探測 development examination
加密网/密度網 densification network
加拿大地理信息系统/加拿大地理資訊系統 Canada Geographic Information System, CGIS
加那利海流/加那利海流 Canary Current
加权/加權,權重 weighting, weight
加权叠加/加權疊加,加權重合 weighted stack
加权观测/加權觀測 weight observation
加权滤波器/加權濾波器 weight filter
加权平均/加權平均 weighted mean
加权余量法/加權剩餘法 weighted residual method
加权最小二乘反演/加權最小二乘反演 weighted least square inversion
加权最小二乘解/加權最小二乘解 weighted least square solution
加色/加色 additive color
加色法/加色法 additive process
加色法三原色/加色法三原色 additive primary colors
加色混合/加色混合 additive color mixing
加属性标记/屬性標示 attribute tagging
加斯马吐龙属/加斯馬吐龍 *Chasmatosaurus*
加速度反应谱/加速度回應譜 acceleration response spectrum
加速度拾震器/加速度感應器 acceleration sensor
加速度图/加速度圖 accelerogram
加速度仪/加速度地震器 accelerograph
加速发生/加速性發生 tachygenesis
加速矩释放/加速矩釋放 accelerated moment release, AMR
加速器质谱仪/加速器質譜儀 accelerator mass spectrometer, AMS
加速侵蚀/加速侵蝕 accelerated erosion
加填矿脉/填加脈 accretion vein
加压试验/加壓試驗 compression test
加压系统/加壓系統 compression system
加压治疗/加壓治療 compression therapy
加注标记/加注標記 tagging
加桩/加樁 plus stake, plus point
夹层/夾層 intercalation
夹层构造/夾層構造,疊層構造 sandwitch structure
夹矸/夾層 parting
夹骨/夾骨 splenial
夹紧状鼻/挾緊狀鼻 pinched nose
夹卷/逸入 entrainment

夹卷率/逸入率　entrainment rate
夹卷系数/逸入係數　entrainment coefficient
夹皮沟岩群/夾皮溝岩群　Jiapigou Group Complex
夹竹桃叶状结构/夾竹桃葉組織　Oleander-leaf texture
家庭重构/家庭重構　family reconstitution
家庭废物/生活廢棄物　domestic waste
家庭类型/家庭類型　family types
家庭作业/居家工作　home-working
荚状层积云/莢狀層積雲　stratocumulus lenticularis, Sc len
荚状高积云/莢狀高積雲　altocumulus lenticularis, Ac len
荚状积云/莢狀積雲　cumulus lenticularis, Cu len
荚状卷积云/莢狀卷積雲　cirrocumulus lenticularis, Cc len
颊/頰　gena, cheek
颊部/頰部　genal region
颊齿/頰齒,臼齒　cheek teeth
颊刺/頰刺　genal spine
颊角/頰角　genal angle
甲板减压舱/甲板減壓艙　deck decompression chamber, DDC
甲板装置/甲板裝置　deck unit
甲村群/甲村群　Jiacun Group, Chiatsun Group
甲壳/甲殼　crusta
甲壳动物/甲殼動物　crustacean
甲壳动物学/甲殼動物學　carcinology
甲壳纲/甲殼綱　Crustacea
甲壳质/幾丁質　chitin
甲龙类/甲龍類　ankylosaurians
甲龙属/[背]甲龍　*Ankylosaurus*
甲龙亚目/甲龍亞目,背甲龍類　Ankylosauria
甲烷/甲烷　methane
甲烷喷口/甲烷噴泉　methane vent
甲烷水合物/甲烷水合物　methane hydrate
甲烷碳当量/甲烷-碳含量　methane carbon content
甲烷碳含量/甲烷-碳含量　methane carbon content
甲胄鱼类/甲胄魚綱,介皮類,甲皮鯱類　Ostracodermi, ostracoderms
岬角/岬角,地岬　foreland, headland, cape
岬角锋/岬角鋒　promontory front, cape front
贾耽/賈耽　Jia Dan
贾敏效应/賈氏效應　Jamin effect
钾冰晶石/鉀冰晶石　elpasolite
钾长石/鉀長石　potash feldspar, potassium feldspar
钾沸石/鉀沸石,矽鉀鋁石　offretite
钾光泵磁力仪/鉀光泵磁力儀　optically pumped potassium magnetometer
钾光泵航空磁力仪/鉀光泵航空磁力儀　optically pumped potassium airborne magnetometer
钾交代型铀矿/鉀交代型鈾礦　potassic-metasomatism type uranium deposit
钾蓝矾/鉀藍礬　cyanochroite
钾镁矾/鉀鎂礬　leonite
钾锰盐/鉀錳鹽　chlormanganokalite
钾明矾/鉀明礬　potassium alum, potassalumite
钾钠地热温标/鉀鈉地熱溫標　sodium-potassium geothermometer
钾钠铅矾/鉀鈉鉛礬,硫鉀鈉鉛礦　palmierite
钾石膏/鉀石膏　syngenite, kaluszite
钾石盐/鉀[石]鹽　sylvite
钾铁矾/鉀鐵礬　krausite
钾铁盐/鹼鐵鹽　rinneite
钾霞石/鉀霞石　kaliophilite
钾硝石/[鉀]硝石　niter
钾-氩测年/鉀-氬定年[法]　potassium argon dating, K-Ar dating
钾-氩计时/鉀-氬定年[法]　potassium argon dating, K-Ar dating
钾盐镁矾/鉀鹽美礬　kainite
钾质交代作用/鉀質交代作用　potassic metasomatism
假板钛矿/假板鈦礦,鐵板鈦礦　pseudobrookite
假包珊瑚属/假包珊瑚　*Pseudamplexus*
假蓖羽叶/假櫛羽葉　*Pseudoctenis*
假壁/外殼　mantle
假玻璃熔岩/假玄武玻璃　pseudotachylite
假捕获粒子/假俘獲粒子,擬捕獲粒子　pseudo-trapped particle
假彩色/假[彩]色,僞造色,虛擬色　false color, pseudo color
假彩色合成/合成假彩色像片　false color composite
假彩色红外/假色紅外　false color infrared
假彩色摄影/假色攝影　false color photography
假彩色[图像]/假色[圖像]　false color image
假彩色云图/假色雲圖　false color cloud picture
假彩色增强/假色增強　pseudocolor enhancement
假彩色转换/假色轉換　pseudocolor transform
假侧齿/假側齒,假側牙　pseudolateral tooth
假层理/假層理　pseudostratification, false bedding
假层状地质体/假層狀地質體　pseudostratified geologic body
假潮/港浪,漾　seiche
假潮灾害/盪漾災害　seiche disaster
假匙板/假匙板　pseudospondylium

假赤道/假想赤道 fictitious equator
假虫管/假蟲管 pseudozooidal tube
假窗板/假三角板 pseudodeltidium
假次生包裹体/假次生包裹體 pseudosecondary inclusion
假等时线/假等時線 pseudoisochron
假定高程基点/假定高程基點 assumed vertical datum
假定平面坐标/假定平面坐標 assumed plane coordinates
假定坐标系/假定坐標系 assumed coordinate system
假多形虫属/假多形蟲屬 *Pseudopolymorshina*
假鳄亚目/擬鱷亞目 Pseudosuchia
假浮游生物/假浮游生物 pseudoplankton
假腹棱角石属/假腹棱角石 *Pseudogastrioceras*
假钙铀云母/假鈣鈾雲母 pseudo-autunite
假隔壁/假隔膜 pseudoseptum
假根/假根 rhizome, rhizoid
假沟/假溝 pseudocolpus
假古肉食附目/假古肉食附目 pseudocreodi
假瓜形蜓属/假瓜形蜓 *Pseudodoliolina*
假硅灰石/假矽灰石 pseudowollastonite
假海底/假海底 false bottom, phantom bottom
假化石/假化石,僞化石 pseudofossil
假几丁质/假幾丁質 pseudochitin
假几丁质壳/假幾丁質殼 pseudochitinous
假髻蛤属/假髻蛤 *Pseudomonotis*
假铰合面/假交合面,雙假尖合面 pseudointerarea
假茎/假莖 cauloid
假菊面石属/假菊面石,假鋸菊石 *Pseudoceratites*
假绝热过程/假絶熱過程 pseudo adiabatic process
假绝热图/假絶熱圖 pseudo adiabatic diagram
假绝热直减率/假絶熱直減率 pseudo adiabatic lapse rate
假喀斯特/假喀斯特 pseudokarst
假孔/假孔 pseudopore
假孔雀石/假孔雀石 pseudomalachite
假蓝宝石/假藍寶石 sapphirine
假冷锋/假冷鋒 pseudo cold front
假流状构造/假流狀構造 pseudofluidal structure
假龙脊/假龍脊 pseudokeel
假轮虫属/假輪蟲 *Pseudorotalia*
假灭绝/假滅絶,假消光 pseudoextinction
假囊/假囊 pseudosaccus
假年/虚年 fictitious year
假频/假頻 aliasing
假谱方法/假譜法 pseudo spectral method
假脐/假臍 pseudoumbilicus
假潜育土/假潛育土 pseudogley soil, pseudogley
假球接子属/假球接子 *Pseudagnostus*
假球粒/假球粒 pseudospherulite
假日/僞日 false sun
假设/假設 hypothesis
假设地平/假地平 artificial horizon
假设-演绎/假設-演繹 hypothetico-deductive
假湿球位温/假濕球位温 wet bulb pseudo potential temperature
假湿球温度/假濕球温度 wet bulb pseudo temperature
假史塔夫蜓属/假斯氏蜓,假斯氏紡錘蟲 *Pseudostaffella*
假双曲形/假雙曲形 pseudoresupinate
假苏铁叶/假蘇鐵葉 cycadites, Pseudocycas
假塑性流体/假塑性流體 pseudoplastic fluid
假太阳/假太陽 fictitious sun
假尾神介属/假金星介 *Pseudocytherura*
假乌拉尔珊瑚属/假烏拉珊瑚 *Pseudouralinia*
假希氏瓦格蜓属/假希氏蜓,假希氏紡錘蟲 *Pseudoschwagerina*
假下次尖/假下次尖 pseudohypoconid
假下跟座/假下跟突 pseudotalonid
假下内尖/假下内尖,假下内錐 pseudoentoconid
假相当位温/假相當位温 pseudo equivalent potential temperature
假象/假象,假晶 pseudomorph
假旋脊/假旋脊 pseudochomata
假盐生植物/僞鹽生植物 pseudohalophyte
假叶/假葉 phylloid
假异常/假異常 false anomaly
假游泳生物/假游泳生物 pseudonekton
假幼枝/假幼枝 pseudocladium
假余震/假餘震 pseudo-aftershock
假月/假月,幻月 paraselene
假褶皱/假褶皺 deceptive fold
假疹壳/假疹殼 pseudopunctate shell
假整合/假整合 disconformity
假栉虫/假櫛蟲 Pseudasaphus
假中轴/假中軸 pseudovirgula
假主齿/假主齒,擬主齒 pseudocardinal tooth
架状硅酸盐/架狀矽酸鹽,網狀矽酸鹽 tectosilicate
尖笔石/尖筆石 Akidograptus
尖点/尖點 cusp
尖端放电/尖端放電 point discharge
尖峰/尖峰 monticule
尖礁/尖礁[石],峰礁 pinnacle

尖角坝/尖頭沙壩,三角沙壩 cuspate bar
尖晶橄榄石/尖晶橄欖石 ringwoodite
尖晶石/[紅]尖晶石,巴西紅寶石 spinel
γ尖晶石/γ尖晶石 γ spinel
尖棱菊石属/尖稜角石 *Manticoceras*
尖灭/尖滅 pinch
尖舌褶皱/尖舌褶皺 apex-lobate fold
尖翼石燕属/尖翼石燕 *Mucrospirifer*
尖圆褶皱/尖圓褶皺 cuspate-lobate fold
坚膜剂/堅膜液 hardener
坚珊瑚/堅珊瑚 Plasmophyllum
坚头类/堅頭類 stegocephala, stegocephalians
坚尾龙类/堅尾龍類 tetanurans
坚叶杉属/堅葉杉 *Pagiophyllum*
间冰期/間冰期,次冰期 interstadial period, interglacial stage
间冰期状况/間冰期狀況 interglacial condition
间侧片/間側片 interolateral plate
间层/層間,互層 interbed
间带/間帶 interzone
间辐板/間輻板 interradial, interradial plate
间沟/交互溝 intertrough
间颊刺/間頰刺 intergenal spine
间肋沟/間肋溝 interpleural furrow
间粒结构/粒間組織 intergranular texture
间马属/間馬 *Mesohippus*
间片构造/間片構造,間隱構造 interseptal structure
间鳍棘/間鰭棘 intermediate spine
间曲线/間曲線,半距等高線 half-interval contour
间腕板/間腕板 interbrachial, interbrachial plate
间小羽片/間小羽片 intercalated pinnule
间隐结构/充填組織,填間組織 intersertal texture
间羽枝板/間羽肢板 interpinnular
间雨期/間雨期 interpluvial
间质/間質 mesenchyme
间中骨/間中骨 intermedium
间椎体/間椎體,椎間體 intercentrum
肩/肩 shoulder
肩胛骨/肩胛骨 scapula
肩胛乌喙骨/髆喙骨 scapulocoracoid
监测/監測 monitoring
监测器/監測器 monitor
监测台/監測臺 monitor station, check station
监测网/監測網 monitoring network
监察区/監察區 supervisory region
监督分类/監督分類[法],監督式分類 supervised classification
监视记录/監控記録 monitor record
监视雷达设备/監視雷達設備 surveillance radar equipment, SRE
兼捕渔获物/混獲 bycatch
兼容性/相容性 compatibility
兼性厌氧型/兼性厭氧型 facultative anaerobic type
兼营农业/兼營農業 part-time farming
检波/檢波 detection
[检波器]排列/排列 spread
[检波器]倾斜噪声/[檢波器]傾斜雜訊 tilt noise
W 检测/*W* 檢測 *W*-test
检查线/檢核線 check line
检定/檢定 verification
检定基线/檢定基線 calibration baseline
检定焦距/檢定焦距 calibrated focal length
检定曲线/檢準曲線 calibration curve
检核测量/檢核測量 check survey
检核导线/檢核導線 checking traverse
检校点/檢核點 check point
检校量测/檢校量測 as-built measurement
检流计/檢流計 galvanometer
检索/查詢,搜尋 query, inquiry, search
检验/檢驗 checkout
t 检验/*t* 檢定 *t*-test
χ^2 检验/χ^2 檢驗,卡方檢驗 chi square test
检疫锚地/檢疫錨地 guarantine anchorage
检影器/檢影器 viewfinder
减薄法/減薄法 abate process
减薄液/減薄液 cutting reducer
减幅周期/減幅週期,阻尼週期 damped cycle
减缓坡度/減緩坡度 grade elimination
减轻地震灾害/減輕地震災害 mitigation of earthquake disaster
减轻污染/減輕汙染 pollution reduction
减色法/減色法 subtractive process
减色法三原色/三原色 subtractive primary colors
减色印刷/減色印刷 reducing color printing
减压现象/減壓現象 decompression
减压性骨坏死/減壓性骨壞死 dysbaric osteonecrosis
减灾/減災 disaster mitigation, disaster reduction
减重力/減重力 reduced gravity
减重力模式/減重力模式 reduced gravity model
剪辑/剪輯 clipping
剪节理/剪節理 shear joint
剪裂/切應裂面,剪破裂 shear fracture
剪面/剪面 shearing surface
剪劈理/剪劈理 shear cleavage
剪切/裁切 clip
剪切波/剪切波,剪力波 shear wave

剪切波速层析成像/剪切波速層析成像 shear wave velocity tomography
剪切波速度/剪切波速度 shear wave velocity
剪切窗口/裁取視窗 clipping window
剪切带/剪切帶,斷層帶 shear zone
剪切断层/剪斷層 shear fault
剪切畸变差/剪形畸變差 shear distortion
剪切力/剪力 shear
剪切流/剪流 shear flow
剪切模量/剪力模數 shear modulus
[剪切耦合]PL 波/[剪切耦合]PL 波 shear coupled PL waves
剪切耦合[的]/剪切耦合[的] shear coupled
剪切破坏/剪切破壞 shear failure
剪[切]破裂/剪破裂,切應裂面 shear fracture
剪切强度/剪力強度 shear strength
剪切熔融/剪切熔融 shear melting
剪[切]位错/剪[切]位錯 shear dislocation
剪[切]应变/切應變,剪應變 shear strain
剪[切]应力/剪應力,切應力 shear stress, shearing stress, tangential stress
睑板/瞼板 tarsus
简闭珊瑚属/半閉珊瑚 *Phaulactis*
简单边要素/簡單邊特徵 simple edge feature
简单布格[重力]异常/簡單布格[重力]異常 simple Bouguer gravity anomaly
简单测量值/簡單測量值 simple measurement
简单对象/單一物件 simple object
简单关系/簡單關係 simple relationship
简单棘皮亚门/簡單棘皮亞門 Haplozoa
简单交叉点要素/簡單交叉點特徵 simple junction feature
简单结点/簡單接合 simple joint
简单克利金法/簡單克利金法 simple Kriging
简单裂开/簡單裂開 simple rupture
简单气候模式/簡單氣候模式 simple climate model
简单条件值/簡單條件值 simple conditional value
简单突起/簡單突起 simple process
简单要素/簡單特徵 simple feature
简单要素模型/簡單圖徵模式 simple feature model
简单暂时时间/簡單暫時時間 simple temporal event
简单转换/簡單轉換 simple transformation
简化/概括化 simplification
简化儒略日期/約簡儒略日,修正儒略日 modified Julian date, MJD
简化生物圈模型/簡化生物圈模型 simplified biosphere model
简谐平面波/簡諧平面波 harmonic plane wave
简谐震颤/簡諧震顫 harmonic tremor
简易立体测图仪/簡易立體測圖儀 stereo comparagraph
简约法/簡約[性] parsimony
简枕/轅枕 bearer
简正振型/簡正振型,簡正震動模式 normal mode
简正振型层析成像/簡正振型層析成像 normal mode tomography
简正振型合成地震图/簡正振型合成地震圖 normal mode synthetic seismogram
碱/鹼 alkali, base
碱度/鹼度 alkalinity, basicity
碱度率/鹼度率 alkalic rate
碱钙岩系/鹼鈣岩系 alkali-lime series
碱钙指数/鹼鈣指數 alkali-calcic index, alkali-lime index
碱湖/鹼湖,蘇打湖 natron lake
碱化[作用]/鹼化[作用] solonization
碱交代型铀矿/鹼交代型鈾礦 alkalic-metasomatism type uranium deposit
碱金属/鹼金屬 alkali metal
碱金属蒸汽磁力仪/鹼金屬蒸汽磁力儀 alkali vapor magnetometer
碱菱沸石/[鹼]菱沸石 herschelite
碱流岩/鹼流岩,鹼性流紋岩 pantellerite
碱敏性/鹼敏性 alkali sensitivity
碱铁矾/鹼鐵礬 ungemachite
碱土/鹼土 solonetz
碱土金属/鹼土金屬 alkaline earth metal
碱性安山岩/鹼性安山岩 alkali andesite
碱性长石/鹼性長石 alkali feldspar, alkalic feldspar
碱性尘雾/鹼性煙霧 alkali fume
碱性花岗岩/鹼性花崗岩 alkali granite
碱性环境/鹼性環境 alkaline environment
碱性辉长岩/鹼性輝長岩,霞輝二長岩 essexite
碱性火山岩/鹼性火山岩 alkaline volcanic rock
碱性泉/鹼性泉 alkaline spring
碱性系列/鹼性系列 alkaline series
碱性玄武岩/鹼性玄武岩 alkali basalt
碱性岩/鹼性岩 alkali rock
碱玄岩/鹼玄岩 tephrite
碱玄质响岩/鹼玄質響岩 tephritic phonolite
碱质交代作用/鹼質交代作用 alkaline metasomatism
20°间断/20°間斷 20° discontinuity
间断分布/間斷分布 disjunction
间隔/間距 spacing, spacer

间隔壁脊/間隔壁脊 interseptal ridge
间隔带/間隔帶 interval zone, interbiohorizon zone
间隔劈理/間隔劈理 spaced cleavage
间隔墙/間隔牆 interwall
间隔墙孔/間隔牆孔 interpore
间接潮/引致潮 induced tide
间接法纠正/間接法糾正 indirect scheme of digital rectification
间接分色法/間接分色法 indirect process
间接观测平差/間接觀測平差 adjustment of indirect observation
间接环境梯度/間接環境梯度 indirect environmental gradient
间接环流[圈]/間接環流 indirect circulation
间接交互作用/間接交互作用 indirect interaction
间接旅游/間接旅遊 indirect tourism
间接水准测量/間接高程測量 indirect leveling
间接梯度分析/間接梯度分析 indirect gradient analysis
间接效应/間接效應 indirect effect
间接印刷/間接印刷 indirect printing
间色/二次色 second color
间隙/間隙 gap
间隙动物/間隙動物 interstitial fauna
间隙分析/間隙分析 gap analysis
间隙孔/間隙孔 mesopore
间隙卤水/間隙鹵水 interstitial brine
间隙缺陷/間隙缺陷 interstitial defect
间隙生物/間隙生物 interstitial organism
间隙水/間隙水,孔隙水 interstitial water, pore water
间隙物质/間隙物質 interstitial material
间隙液体/填隙流體 interstitial fluid
间歇分带/間歇分帶 intermittent zoning
间歇河/間歇河 intermittent stream
间歇泉/間歇泉 geyser, intermittent spring
间歇泉区/間歇泉區 geyserland
间歇熔融/間歇熔融 batch melting
间歇性河口/間歇性河口 intermittent estuary
间歇性降水/間歇性降水 intermittent precipitation
间歇性雨/間歇性雨 intermittent rain
建成区/建成區 built-up area
建德群/建德群 Jiande Group
建构理论/建構理論 theory of structuration
建构主义原则/建構主義原則 principles of structuration
建模/建模 modeling
建模器/建模器 model builder
建模语言/模型語言 modeling language
建瓯群/建甌群 Jianou Group
建平岩群/建平岩群 Jianping Group Complex
建设地理学/重構地理學 reconstruction geography
建设性板块边缘/建設性板塊邊緣 constructive margin
建水矿/建水礦 jianshuiite
建造/建造,構造 construction
建造平均方向/建造平均方向 formation mean direction
建造系列/建造系列 formation series
建制市/建制市 designated city
建制镇/建制鎮 designated town
建筑测量/建築測量 building surveying
建筑工程测量/建築工程測量 architectural engineering survey
建筑红线/建築線 building line, property line
建筑基地面积/建築基地面積 area of construction base
建筑抗震规范/建築抗震規範 aseismic building code
建筑抗震设计规范/建築抗震設計規範 building code for seismic design, code for seismic design of buildings
建筑气候/建築氣候 building climate
建筑气候区划/建築氣候區劃 building climate demarcation
建筑气候学/建築氣候[學] building climatology
建筑气象学/建築氣象學 architectural meteorology
建筑日照/建築日照 building sunshine
建筑摄影测量/建築攝影測量 architectural photogrammetry
建筑水准仪/建築水準儀 builder's level
建筑物测量/建物測量 building survey
建筑物测量图/建物測量圖 building layout plan
建筑物沉降观测/建築物沈降觀測 building subsidence observation
建筑物倒塌救助/建築物倒塌救助 building collapse rescue
建筑物复测/建物複丈 building revision
建筑物覆盖率/建蔽率 building coverage ratio, site coverage
建筑物平面图/建物平面圖 building plan
建筑物位置图/建物位置圖 building location map
建筑用地/建築用地 building land
建筑用地测量/建地測量 building-site survey
荐肋/薦肋 sacral rib
荐前棒/薦前棒 presacral rob

荐前椎/薦前椎 presacral vertebra
荐椎横突/薦椎横突 sacral diapophysis
剑板/尖板 lancet plate
剑柄构造/柄狀結構 manubrium
剑齿兽属/劍齒獸 *Xiphodon*
剑齿象属/劍齒象 *Stegodon*
剑岭支脉/劍嶺支脈 cuchilla
剑龙类/劍龍類,劍龍亞目 Stegosauria, stegosaurians
剑龙属/劍龍 *Stegosaurus*
剑丘/劍丘 seif dune
剑尾目/劍尾目 Xiphosura
剑形齿/劍形齒 machairodont
健康岛/健康島 health island
健康地理/健康地理 geography of health
健康海水养殖/健康海水養殖 healthy mariculture
健康生态学/健康生態學 ecology of health
健康效应/健康影響 health effect
健康与保健地理学/健康與保健地理學 geography of health and health care
健康指标/健康指標 health indicator
渐变论/漸變說,漸進論 gradualism
渐变群/漸變群,梯度變異 cline
渐长区间/漸長區間 projection interval
渐长纬度/漸長緯度 meridional parts
渐进律/累進法 progression rule
渐进射线/漸近波線 asymptotic ray
渐进射线理论方法/漸近波線論 asymptotic ray theory, ART
渐进式地震预报/漸進式地震預報 progressive type earthquake prediction
渐近经度/漸近經度 asymptotic longitude
渐近纬度/漸近緯度 asymptotic latitude
渐近转换点/漸近轉換點 asymptotic conversion point, ACP
渐渗杂交/漸滲雜交 introgression hybridization
渐新马属/間馬 *Mesohippus*
渐新世/漸新世 Oligocene Epoch
渐新统/漸新統 Oligocene Series
渐晕/漸暈,色調漸淡法 vignetting
渐晕滤光镜/調光濾光片 vignetting filter
溅蚀/濺蝕 splash erosion
键盘输入/鍵盤輸入 key entry
箭齿兽属/古噩 *Toxodon*
箭齿兽亚目/箭齒亞目 Toxodontia
箭石/箭石 belemnitids, belemnites
箭头虫属/波里成蟲 *Bolivina*
箭头图/箭頭圖 arrow plot
江河测量/江河測量 river survey
江河平均水位/平均河水位 mean river level
江河水位/河水位 river stage
江河图/江河圖 river chart
江淮气旋/江淮氣旋 Changjiang-Huaihe cyclone
江淮切变线/江淮切變線 Changjiang-Huaihe shear line
江山阶/江山階 Jiangshanian Stage
江山期/江山期 Jiangshanian Age
江西贝属/江西貝 *Kiangsiella*
江心洲/江心洲 central bar
浆式吸附/漿式吸附 slurry adsorption
疆界/疆界 boundary
奖励旅游/獎勵旅游 incentive travel
降尘/降塵 dustfall
降低地震灾[害风]险/降低地震災[害風]險 earthquake risk mitigation
降海洄游/降海洄游 catadromous migration
降河洄游/降河洄游 catadromous migration
降交点/降交點 descending node, DN
降解[作用]/降解[作用] degradation
降频扫描/降頻掃描,向下掃描 down sweep
降水/降水 precipitation
降水持续时间/降水延時 precipitation duration
降水大陆度/降水陸性率 hygrometric continentality
降水化学/降水化學 precipitation chemistry
降水回波/降水回波 precipitation echo
降水机制/降水機制 precipitation mechanism
降水季节特征/降水型 precipitation regime
降水量/降水量 amount of precipitation, precipitation
降水量图/降水圖 precipitation chart
降水率/降水率 precipitation rate
降水逆减/降水[量]逆變 precipitation inversion
降水强度/降水強度 precipitation intensity
降水区/降水區 precipitation area
降水日/降水日,雨日 precipitation day
降水衰减/降水衰減 precipitation attenuation
降水酸度/降水酸度 precipitation acidity
降水物理学/降水物理學 precipitation physics
降水型概率/降水型機率 probability of precipitation type
降水蒸发比/降水蒸發比 precipitation evaporation ratio
降水指数/降水指數 precipitation index
降温/失溫 hypothermia
降雨/降雨 rainfall
降雨频率/降雨頻率 rainfall frequency

降雨强度/降雨強度　rainfall intensity
降雨侵蚀/雨蝕[作用]　rainfall erosion
降雨区/降雨區　rainfall area
降雨时数/降雨時數　rainfall hour
降雨因子/降雨因子　rainfall factor, rain factor
绛县群/絳縣群　Jiangxian Group
交比定律/交比定律　law of anharmonic, cross ratio
交变场清洗/交變場清洗　alternating field cleaning, AF cleaning
交叉表格/交叉表格　cross tabulation
交叉测深线/交叉測深線　cross lines of sounding
交叉点/交叉點　junction
交叉距离/横跨距離,超前距離　crossover distance
交叉耦合效应/交叉耦合效應　cross-coupling effect
交叉谱/交叉譜　cross spectrum
交叉丝/交合絲　cross hair
交叉调制/交叉調變,交互調制,交互調變　cross-modulation
交叉网线/交叉網線　cross-ruling
交叉相关/交叉相關　cross correlation
交叉相关函数/交叉相關函數　cross correlation function
交叉站/交叉站　cross-line unit
交错层/交錯層　cross stratum
交错层理/交錯層理,交互成層　cross-bedding, cross-stratification
交错格式/交錯格式　staggered scheme
交错山嘴/交錯山嘴　interlocking spurs
交错网格/交錯網格　staggered grid
交代斑状结构/交代斑狀結構　metasomatic porphyritic texture
交代变质作用/換質作用　metasomatism
交代残余结构/交代殘餘結構　metasomatic-relict texture
交代蚕蚀结构/交代蠶蝕結構　metasomatic corrosion texture
交代穿孔结构/交代穿孔結構　metasomatic perforation texture
交代反条纹结构/交代反條紋結構　metasomatic antiperthitic texture
交代骨/交代骨,代換骨　replacement bone
交代假象结构/交代假象結構　metasomatic pseudomorph texture
交代结构/交代組織　metasomatic texture
交代净边结构/交代淨邊結構　metasomatic edulcoration-border texture
交代矿床/交代礦床　metasomatic mineral deposit
交代热液成矿[作用]/交代熱液成礦　metasomatic hydrothermal metallogenesis
交代蠕虫结构/交代蠕蟲結構　metasomatic myrmekitic texture
交代似文象结构/交代似文象結構　metasomatic graphoid texture
交代条纹结构/交代條紋結構　metasomatic perthitic texture
交代作用/換質[作用],交代變質　metasomatism
交点/交點　point of intersection
交点退行/交點退行,節點退行　regression of the node
交点线/交點線　line of nodes
交点月/交點月　draconic month, nodical month
交点周期/交點週期　node cycle
交叠轨道/交疊軌道　crossover orbit
交沸石/交沸石　harmotome
交互地图/互動式地圖　alternant map, interactive map
交互沟/交互溝　intertrough
交互脊/交互脊　interridge
交互模式/互動模式　interactive mode
交互式编辑/互動式編輯　interactive editing
交互式处理/互動式處理　interactive processing
交互式矢量化/互動式向量化　interactive vectorization
交互式数字化/互動式數位化　interactive digitizing
交互式拓扑处理/互動式位相處理　interactive topology
交互式制图/互動式製圖　interactive graphics
交互数据库/交户關聯資料庫　cross-reference database
交互速度分析/交互速度分析　interactive velocity analysis
交互[作用]/交互作用　interaction
交换格式/交換格式　interchange format
交换[合约]/交換[合約]　swaps
交换平衡/交換平衡　exchange equilibrium
交换系数/交換係數　austausch coefficient
交会/交會　intersection
交会点/前方交會點　intersection station
交会法[曲线测设]/交會法[曲線測設]　intersection method
交会摄影机/交會攝影機　convergent camera
交会图/對照圖示　crossplot
交混回响/回響,水振盪　reverberation
交集/交集　intersection
交迹滑距/層跡滑距　trace slip
交角/交角　angle of intersection

交接/連接,結合 conjoin
交流理论/溝通理論,通訊理論 communication theory
交流退磁/交流退磁,交流去磁 alternating current demagnetization, AC demagnetization
交面控制/交線控制 control of intersection of plans
交配器/交配器 copulatory organ
交切法/交切法 location intersection technique
交切夷平面/交切平夷面 intersected plantain surface
交生/交生,共生 intergrowth
交替扫描/交替掃描 flip-flop sweep
交替作用/交替[置換]作用 replacement
交通地理信息系统/運輸地理資訊系統 geographic information system-transportation, GIS-T
交通工程学/交通工程學 traffic engineering
交通流理论/交通流理論 traffic flow theory
交通区位/交通區位 traffic location
交通圈/交通圈 transport circle
交通枢纽城市/交通樞紐城市 traffic hub city
交通图/交通圖 communications map, traffic map
交通信息系统/運輸資訊系統 transportation information system, TIS
交通运输布局/交通運輸配置 allocation of communication and transportation
交通运输地理学/交通運輸地理學 geography of communication and transportation
交通运输地图/交通運輸地圖 transportation map
交通运输区划/交通運輸區劃 transportation regionalization
交通噪声/交通噪音 traffic noise
交线条件/交會條件,賽因福祿條件 condition of intersection, Scheimpflug condition
交向摄影/交會攝影[像片] convergent photography, convergent photographs
交向摄影机/雙傾斜攝影機 split camera
交向摄影像片/雙傾斜垂直攝影像片 split vertical photograph
交易成本理论/交易成本理論 transaction cost theory
交织结构/交織結構 pilotaxitic texture
郊/市郊 suburb, outskirts
郊区/郊區 suburb
郊区化/郊區化 suburbanization
娇娇虫/嬌蟲 Jujuyaspis
胶版印刷机/橡皮印刷機 offset press
胶东岩群/膠東岩群 Jiaodong Group Complex
胶结成冰/膠結成冰 cement ice formation
胶结壳/膠結殼 agglutinated test
胶结类型/膠結類型 type of cementation
胶结态/膠凝態 colloid
胶结物/膠結物 cement
胶结指数/膠結指數 cementation index
胶结作用/膠結作用 cementation
胶磷矿/膠磷礦 collophane
胶磷铁矿/水磷鐵石 delvauxite
胶南岩群/膠南岩群 Jiaonan Group Complex
胶黏装订/膠装 adhesive binding, perfect binding
胶凝态有机质/膠凝態有機質 colloidal organic material
胶凝作用/膠凝作用,膠化作用 colloidization, gelation
胶片仿射变形/底片仿射伸縮 affine film shrinkage
胶溶[作用]/膠溶作用 peptization
胶体/膠體 colloid
胶体不稳定性/膠體不穩度 colloidal instability
胶体沉积/膠體沈積 colloidal deposition
胶体分散/膠體彌散 colloidal dispersion
胶体化学沉积矿床/膠體化學沈積礦床 colloidal agglutination mineral deposit
胶体微粒/膠體微粒,膠粒 colloid particle
胶体遮蔽作用/膠體遮蔽作用 colloid masking
胶印/平版印刷,反印 offset printing, offset
胶质浮游生物/膠質浮游生物,膠囊浮游生物 gelatinous plankton, kalloplankton
胶质海绵目/膠質海綿類 Myxospongia
胶状构造/凝膠狀構造 colloform structure
胶状悬浮[体]/膠凝態懸浮,膠凝懸體 colloidal suspension
焦点/焦點 focus, focal point
焦距/焦距 focal length
焦煤/焦煤 coking coal
焦面框/焦面框 focal plane frame
焦平面/焦點面 focal plane
焦散效应/散焦效應 defocusing effect
焦深/焦深,焦點深度 focal range, focal depth
焦兽目/焦齒獸 Pyrotheria
焦油球/焦油球,瀝青球 tar ball
焦油砂/含油砂 tar sand
蕉叶贝/蕉葉貝 Lyttonia
礁岛岩/礁島岩,海灘岩 cay rock
礁后[区]/礁後[區] backreef
礁湖/環礁潟湖 atoll lake, atoll lagoon
礁前/礁前 reef front
礁圈闭[构造]/礁圈閉[構造] reef trap structure
礁乳/礁乳石 reef milk

礁[石]/礁[石] reef
礁滩/礁灘,礁坪 reef flat
礁潟湖/礁潟湖 velu
礁相/礁相 reef facies
礁缘扁石堆/礁緣扁石堆 shingle rampart
角斑岩/角斑岩 keratophyre
角鼻龙类/角鼻龍類 ceratosaurians
角柄/果柄,肉茎 pedicle
角齿鱼属/角齒魚 *Ceratodus*
角动量/角動量 angular momentum
角动量平衡/角動量平衡 angular momentum balance
角动量守恒/角動量守恆,角動量保守 conservation of angular momentum
角[度]/角[度] angle
角度闭合差/角度閉合差 angular error of closure, angular misclosure
角度不整合/交角不整合 angular unconformity
角度测量/角度測量 angular measurement
角度交会法/角度交會法 angular intersection
角度较差/角度較差 angular discrepancy
角度误差/角度誤差 angular error
角反射器/角反射器 cube corner reflector, corner reflector
角方程/角方程式 angle equation
角分辨率/角解析[度] angular resolution
角分解力/角分解力 angular resolving power
角峰/角峰 horn
角管虫类/角管蟲類 cornulites
角海绵目/角海綿目 Keratosa
角环/角環 burr
角颊类面线/角頰類面線 gonatoparian suture
角甲鲎/角甲鱟,環甲鱟 Anglaspis
角剪应变/角剪應變 angular shear strain
角镜/角鏡 angle mirror
角距离/角距[離] angular distance
角孔/角孔 corner pore
角框标/角框標 corner fiducial mark
角棱镜/角棱鏡 angle prism
角砾熔岩/角礫熔岩 breccia lava
角砾滩/角礫灘 rubble beach
角砾岩/角礫岩 breccia
角砾状构造/角礫[狀]構造 brecciated structure
角砾状混合岩/角礫混合岩 agmatite
角龙类/角龍類 ceratopsians
角龙亚目/角龍亞目 Ceratopsia
角频率/角頻率 angular frequency
角平差法/角平差法 angle method of triangulation adjustment, angular adjustment
角铅矿/角鉛礦 phosgenite
角腔式/角腔式 cornucavate
[角]鲨烯/[角]鯊烯 squalene
角珊瑚目/角珊瑚目 Antipatharia
角珊瑚属/柳珊瑚 *Gorgonia*
角闪片麻岩/角閃片麻岩 hornblende gneiss
角闪片岩/角閃片岩 hornblende schist
角闪石/[角]閃石群 amphibole
角闪石-角岩相/角閃角頁岩相 hornblende-hornfels facies
角闪石岩/角閃石岩 hornblendite
角闪岩相/角閃岩相 amphibolite facies
角视立体图/角視立體圖 corner cube display
角速度/角速度 angular velocity
角条件/角條件 angle condition, angular condition
角岩/角[頁]岩 hornfels
角岩状结构/角岩狀結構 hornfels texture
角银矿/角銀礦 chlorargyrite
角应变/角應變 angular strain
角圆枕/角圓枕 angular torus
角展宽/角展 angular spreading
角质体/角質體 cutinite
角状珊瑚/角狀珊瑚 horn coral
角锥棱镜/四方角鏡 corner cuber
绞结/吻合,接合 anastomosis
铰板/鉸[合]板 hinge plate
铰边/鉸合緣,鉸合線 hinge margin
铰齿/鉸合齒,[牙]齒 hinge tooth, teeth
铰窗低板/腕基支柄,腕基支板 fulcral plate
铰合/鉸合,轉樞 hinge
铰合板/鉸[合]板 hinge plate
铰合部/鉸合,轉樞 hinge
铰合面/鉸合面 interarea
铰合区/絞合面,基面,主面 cardinal area
铰合线/鉸合線,轉樞線,樞紐線 hinge line
铰棱/鉸棱 cardinal crura
铰链/鉸鏈,轉樞,鉸合線 hinge
铰窝/鉸窩,矛槽 socket
铰窝板/鉸窩板 socket plate
矫顽力/矯頑力 coercivity
脚本/腳本 script
脚本文件/指令碼檔案 script file
脚趾/趾部 toe
校对符号/校對符號 proofreader's marks
校核图/檢核繪圖 check plot
校准/校準,檢校,校正 calibration, adjustment
校准器/校準器 calibrator

校准曲线/校準曲線 calibration curve
教区/教區 parish
教学地图/教學地圖,學校地圖 school map
教育地理学/教育地理學 geography of education
教育地图集/教育地圖集 education atlas
阶/階[段],期 stage
阶步/階步 step
阶地/階地,臺地 terrace
阶地变形/階地變形 terrace deformation
阶地错位/階地錯位 terrace dislocation, terrace displacement
阶段浮游生物/季節浮游生物 meroplankton
阶段加温/階段加溫 stepwise heating
阶段性表下漂浮生物/階段性表下漂浮生物 merohyponeuston
阶段性沉降/間歇性沈降 episodic subsidence
阶级联盟/階級聯盟 class alliances
阶级意识/階級意識 class consciousness
阶梯函数[模式]/階梯函數 step function model
阶梯透镜/梯狀棱鏡 echelon lens
阶梯状断层/階狀斷層 step fault, multiple fault
接边/圖幅接邊,邊緣媒合 edge matching
接触[变质]晕/接觸[變質]暈 contact metamorphic aureole
接触变质作用/接觸變質[作用] contact metamorphism
接触场/接觸場 contact field
接触带温泉异常/接觸帶溫泉異常 hot spring anomaly of contact zone
接触激发极化法/接觸激發極化法 contact induced polarization method
接触交代矿床/接觸交代礦床 contact metasomatic deposit
接触交代作用/接觸交代[作用],接觸換質[作用] contact metasomatism
接触胶结/接觸膠結 contactal cement
接触区/接觸區 contact area
接触泉/接觸泉 contact spring
接触晒印/接觸曬像 contact printing
接触式唇瓣/共同型唇瓣 conterminant hypostome
接触双晶/接觸雙晶 contact twin
接触网屏/接觸網目屏 contact screen
接触网屏法/接觸網屏法 contact screen method
接触压平板/焦面板 focal plane plate
接触印刷/接觸曬像[機] contact print
接触应变带/接觸應變帶 zone of contact strain
接地/接地 ground, GND
接地线/接地[線] grounding line, GND
接点法/接點法 junction point method
接合贝属/接合貝 *Composita*
接合面/接合面,接合線 composition plane
接合子囊/配偶子囊 gametangium
接口/介面 interface
接口定义语言/介面定義語言 interface definition language
接目镜/接目透鏡 eye lens
接收道密度/接收道密度 receiver density
接收二极管/接收二極體 reception diode
接收函数/接收函數 receiver function
接收机/接收機 receiver
GLONASS 接收机/GLONASS 接收機 GLONASS receiver
GPS 接收机/GPS 接收機 GPS receiver
接收机[噪声]温度/接收器溫度 receiver noise temperature
接收线方向/接收線方向 inline
接收线圈/接收線圈 receive coil
接收中心/接收中心 receiving center
接图表/接圖表,圖幅關係位置圖 chart relationship
街道网/街道網 street network
街道制图/街道製圖 street-based mapping
街道中心线/街道中心線 street centerline
街坊/街廓 housing block, street block corner
街区/街區,區塊 block
街区编号/街區編號 block number
街区编号区/街區編號區 block numbering area
街区标示点/街區標示點 block point
街区降级/街廓房地產炒作 blockbusting
街区属性/街區屬性 block attribute
孑遗/孑遺 relic, relict
节/節 knot
节表/節表 section table, SEC
节点/節點 nodal point, node
节点捕捉/節點抓取 node snap
节点区/節點區 nodal region
节点退行/節點退行 regression of the node
节房虫属/節房蟲 *Nodosaria*
节甲鱼类/節甲魚類,節頸魚類 arthrodiran, arthrodires
节间/節間 internode
节茎迹/蠕蟲遺跡 arthrophycus
节颈鱼目/節甲魚目 Arthrodira
节蕨门/節蕨門 Arthrophyta, Articula
节理/節理 joint
节理等密图/節理等密圖 contour diagram of joint
节理极点图/節理極點圖 point diagram of joint

节理玫瑰图/節理玫瑰圖 rose diagram of joint
节理频度/節理頻度 joint frequency
节理图/節理圖 joint diagram
节理系统/節理系統 joint system
节理羽列/節理羽列 joint pinnate
节理组/節理組 joint set
节面/節[平]面 nodal plane
节气/節氣 solar terms
节细胞/結節細胞 nodal cell
节下痕/節下溝 infranodal canal
节肢动物/節足動物類 arthropod
节肢动物门/節肢動物門 Arthropoda
节奏光/節奏光 rhythmic light
节足动物门/節肢動物門 Arthropoda
杰弗里斯-布伦走时表/傑-布氏走時表 Jeffreys-Bullen seismological table, Jeffreys-Bullen travel time table, JB table
杰克逊[浊]度/傑克遜濁度計 Jackson turbidity unit, JTU
杰拉阶/傑拉階 Gelasian Stage
杰拉期/傑拉期 Gelasian Age
拮抗作用/拮抗作用 antagonism
[结]冰期/結冰期 freezing ice period
结缔组织/締結組織 connective tissue
结点/結點 node
结点平差/結點平差 adjustment by method of junction point
结构/結構,紋理,質地 texture
结构成熟度/組織成熟度 textural maturity
结构腐殖体/結構腐殖體 humotelinite
结构功能主义/結構功能主義 structural functionalism
结构函数/結構函數 structure function
结构化查询语言/結構化查詢語言 structured query language, SQL
结构化理论/造構理論 structuration theory
结构镜质体/結構鏡質體 telinite
结构面/結構面 structural plane
结构水/結構水 constitution water
结构体/結構體 structural body
结构易损性分类/結構易損性分類 structure vulnerability classification
结构易损性指数/結構易損性指數 structure vulnerability index
结构主义/結構主義 structuralism
结构主义运动/結構主義運動 structuralist movement
结合蕨纲/群囊蕨綱,群囊蕨目 Coenopteridopsida
结合水/結合水,化合水 bound water, hydration water
结合图/結合圖 junction figure
结合资料图/接合資料圖 junction detail
结核/結核,固結 concretion
结核状水合物/核狀水合物 nodular hydrate
结茧/結繭,胼胝,繭皮 callus
结节/結,節結,突起 tubercle
结节龙属/結節龍 *Nodosaurus*
结节性/結節性 nodality
结晶池/結晶池 crystal pool
结晶度/結晶度 crystallinity
结晶分异矿床/結晶分異礦床 crystallization-differentiation deposit
结晶分异作用/結晶分異作用 crystallizatiion-differentiation
结晶构造/結晶構造 crystalline structure
结晶灰华/灰華 travertine
结晶基底/結晶基底 crystalline basement
结晶片理/結晶片理 crystallization schistosity
结晶片岩/結晶片岩 crystalline schist
结晶剩磁/結晶剩餘磁化強度,結晶殘磁化 crystallization remanence, crystallization remanent magnetization
结晶[石]灰岩/結晶[石]灰岩 crystalline limestone
结晶水/結晶水 crystal water, water of crystallization
结晶顺序/結晶順序,結晶次序,晶出順序 order of crystallization, sequence of crystallization
结晶学/結晶[構造]學,晶體學 crystallography
结晶指数/結晶指數 crystallization index
结晶轴/[結]晶軸 crystallographic axis
结晶[作用]/結晶[作用] crystallization
结壳/結殼 incrustation
结裂牙/結裂牙,瘤切牙 tuberculo-sectorial teeth
结皮/層皮結核 breadcrust
截层线/截層線 cut off line
截点/穿越線 transect
截断误差/截斷誤差,截尾誤差 truncation error
截角/截角 cut-off corner, truncated corner
截接/截接 interposition
截距-慢度表示法/截距-慢度標記法 intercept-slowness representation
截距系数/截距係數 numerical intercept
截留/截留 interception
截面/截面 cross-section
截面差改正/截面差改正 correction from normal section to geodesic

截面图/截面圖 sectional view
截止刚度/截止剛度 cut-off rigidity
截止滤光片/止透濾光片 cut-off filter
截止频率/截止頻率 cut-off frequency
姐妹群/姊妹群 sister group
解冻/解凍,冰裂 debacle
解冻季节/解凍季節,溶冰季 thawing season
解冻指数/解凍指數,溶冰指數 thawing index
解卷积/反褶積 deconvolution
解离程度/離解程度 degree of dissociation
解理/解理 cleavage
解码/解碼 decoding
解耦/解耦,去耦 decoupling
解释性地理学/解釋性地理學 explanatory geography
解释学/詮釋學 hermeneutics
解体/崩解[作用] disintegration
解吸附[作用]/解吸附,脱附 desorption
解析测图/解析測圖 analytical mapping
解析测图仪/解析測圖儀,解析繪圖儀 analytical plotter
解析定向/解析定位 analytical orientation
解析辐射三角测量/解析法輻射三角測量 analytical radial triangulation
解析构造学/解析構造學 analytical tectonics
解析解/解析解 analytic solution
解析纠正/解析糾正 analytical rectification
解析空中三角测量/解析空中三角測量,解析像片三角測量 analytical aerotriangulation, analytical phototriangulation
解析立体测图仪/解析立體測圖儀 analytical stereo-plotter
解析模式/解析模式 analytical model
解析三角测量/解析三角測量 analytical triangulation
解析摄影测量/解析攝影測量學 analytical photogrammetry
解析图根点/解析圖根點 analytic mapping control point
解消假设/虛無假設 null hypothesis
解絮凝[作用]/反絮凝作用,去絮凝作用 deflocculation
解压[缩]/解壓縮 decompression
解阻场/解阻場 unblocking field
解阻温度/解阻温度 unblocking temperature
解组式资本主义/混亂的資本主義 disorganised capitalism
介电测井/介電測井 dielectric logging
介电常数/介電常數 dielectric constant
介甲目/貝甲目 Conchostraca
介间鱼目/介間魚目 Mesichthys
介壳灰岩/介殼石灰岩,殼灰岩,貝殼石灰岩 coquina
介壳质/殼質 conchiolin
介曲线/介曲線,緩和曲線 transition curve, easement curve
介入机会/介入機會,插入機會 intervening opportunity
介形虫类/介形蟲類 ostracodes
介形纲/介形[蟲亞]綱,介型類 Ostracoda
介形类/介形類 ostracods
介质/介質,媒介物 media
介子望远镜/介子望遠鏡 meson telescope
界/界[域],地域 erathem, realm
界碑/界碑 boundary monument
界河口岩群/界河口岩群 Jiehekou Group Complex
界面/介面,邊界面 boundary surface, interface
界面薄膜/介面薄膜 interfacial film
界面波/介面波,邊界波 boundary wave, interfacial wave
界面活性/介面活性 interfacial activity
界面交换过程/介面交換過程 interface exchange process
界面聚合[作用]/介面聚合作用 interfacial polymerization
界面速度/介面速度 boundary velocity
界面现象/介面現象 interfacial phenomenon
界面张力/介面張力 interface tension, interfacial tension
界限层型/界限[地]層型 boundary stratotype
界限含水量/界限含水量 marginal moisture content
界线/界線,經界,邊界 land boundary, border
界线标定/界線標定,界線勘定 boundary demarcation
界线层型/界線層型 boundary stratotype
界线勘定/界線勘定,界線標定 boundary demarcation
界线黏土/界線黏土 boundary clay
界线调整/界線調整,地界整正 boundary adjustment
界址点/界點,界標,四至點 boundary mark, boundary point
界址线/界址線 property line
界桩/界樁,線樁 boundary monument
借坑测量/借坑測量 borrow pit survey
今村-饭田表/今村-飯田表 Imamura-Iida scale

今鸟类/今鳥類　ornithurine
今鸟亚纲/今鳥類,新鳥類　Neornithes
金伯利岩/角礫雲橄岩,角礫雲母橄欖岩　kimberlite
金刚光泽/金剛光澤　adamantine luster
金刚石/金剛石,鑽石　diamond
金刚石压腔/鑽石[加壓]砧　diamond anvil cell
金红石/金紅石　rutile
金绿宝石/金緑寶石　chrysoberyl
金秋头虫/金秋頭蟲　Dikelocephalus
金融市场/金融市場　financial market
金沙江石/金沙江石,矽鈦鈮鐵石　jinshajiangite
金属沉积物/金屬沈積物　metalliferous sediment
金属弹簧式重力仪/金屬彈簧式重力儀　metal spring gravimeter
金属弹簧重力仪/金屬彈簧重力儀　metallic spring gravimeter
金属光泽/金屬光澤　metallic luster
金属晶格/金屬晶格　metallic crystal lattice
金属矿产/金屬礦産　metal minerals
金属矿床/金屬礦床　ore deposit, metallic ore deposit, metallic mineral deposit
金属矿物/金屬礦物　metallic mineral
金属硫蛋白/金屬硫蛋白　metallothionein
金属镍铁/金屬鎳鐵　metal nickel-iron
金属丝撒播/金屬箔種雲　chaff seeding
金属油墨/金屬印墨　metallic ink
金属有机矿化作用/金屬有機礦化作用　metallo-organic matter mineralization
金属有机络合物/金屬有機絡合物　metallo-organic complex
金水口群/金水口群　Jinshuikou Group
金-铁建造/金-鐵建造　gold-iron formation
金相显微镜/金相顯微鏡　metallographic microscope
金星震学/金星震學　Venus seismology
金云母/金雲母　phlogopite
金字塔/金字塔　pyramid
金字塔沙丘/金字塔沙丘　pyramid dune
津/津,渡口　ferry
津波/津波　harbor wave
津格尔[星对]测时法/津格爾[星對]測時法　method of time determination by Zinger star-pair
紧闭褶皱/緊密褶皺　tight fold
紧固作用/緊固作用　tightening
堇青石/堇青石　cordierite
进步/進步　progress
进步的理念/進步的理念　idea of progress
进步意识形态/進步的意識形態　progressive ideology
进厂校准/進廠校準　shop calibration
进潮口/潮流口,入潮口　tidal inlet
进出口依赖度/進出口依賴度　degree of dependence on import and export
进动/進動,旋進　precession
进化/進化,演化　evolution
进积作用/進夷作用,[海岸]進夷,前積作用　progradation
进流/順流　forward flow
进食迹/攝食痕跡　feeding trail, *fodinichnia*
进食率/進食率,覓食率　feeding rate
进水小孔/小孔　ostium
进展因素/進展因素　progressive factor
近岸沉积/近岸沈積　nearshore deposit
近岸[大]洋/近岸洋　coastal ocean
近岸海/近岸海　coastal sea, coastal waters
近岸海洋环境/近岸海洋環境　inshore marine environment
近岸环流/近岸環流　nearshore circulation
近岸流系/近岸流系,近岸海流　nearshore current system, nearshore currents
近岸水域/近岸水域　inshore waters
近滨/近濱,近岸　nearshore
近滨环境/近岸環境　nearshore environment
近场/近場　near-field
近场地震记录/近場地震記録　near-field seismic record
近场地震学/近場地震學　near-field seismology
近场项/近場項　near-field term
近程导航/短程導航,紹南　short range navigation, shoran
近程定位系统/近程定位系統　short range positioning system
近赤道脊/近赤道脊　near-equatorial ridge
近代地壳运动/近代地殼運動　modern crustal movement
近地点/近地點　perigee
近地点潮/近地點潮　perigean tides
近地点潮差/近地點潮差　perigean range
近地点引数/近地點引數　argument of perigee
近地[面]层/近地表層　ground layer, surface layer, near-surface layer
近点角/近點角　anomaly
近点年/近[日]點年　anomalistic year
近点月/近[日]點月　anomalistic month
近点周期/近點週期　anomalistic period
近端/近端,近區　proximity
近端克贝属/近端克貝　*Perigeyerella*

近龟属/蛇頸龜 *Plesiochelys*
近海测量/近海測量 offshore survey
近海工程/離岸工程 offshore engineering
近海海洋动力学/近岸海洋動力學 coastal ocean dynamics
近海环境/海岸環境 coastal environment
近海监测/海岸監測 coastal monitoring
近海勘测/外海探勘 offshore exploration
近海旅游/近海旅遊 nearshore tourism
近海煤型含煤岩系/近海煤型含煤岩系 paralic coal-bearing series
近海面层/海表層 sea surface layer
近海平台/離岸平臺 offshore platform
近海区/近海區,淺海區,近岸區 neritic zone, nearshore zone
近海上升流区生态系统分析计划/沿岸上昇流區生態系統分析計劃 Coastal Upwelling Ecosystems Analysis Program, CUEA
近海设施/海上設施 offshore installation
近海生物/近海生物 neritic organism
近海污染/海岸汙染 coastal pollution
近海渔业/近海漁業,海洋漁業 marine fishery, offshore fishery
近海资源/海岸資源,沿岸資源 coastal resources
近海钻井/離岸鑽井 offshore drilling
近红外/近紅外光 near infrared, NIR
近火山活动金属矿床/近火山活動金屬礦床 proximal ore deposit
近极/近極,頂極 proximal pole
近极盾/近極盾 proximal shield
近极盾晶元/近極盾晶元 proximal shield element
近极面/近極面,近極側 proximal side, proximal surface
近极三角脊/近極三角脊 kyrtome
近脊沟/近脊溝 adcarinal groove
近交/近親繁殖 inbreeding
近结点/近連接點 anchieutectic point
近结系/近結系 anchieutectic system
近景摄影测量/近景攝影測量學 close-range photogrammetry
近距测深/近距測深 near-zone sounding
近模/近似模式標本,近似型 plesiotype
近期地震活动/近代地震活動 recent seismicity
近区电磁场/近區電磁場 electromagnetic field in near zone
近人/更新猿 Plesianthropus
近日点/近日點 perihelion
近似/近似 approximation
WKB 近似/WKB 近似 Wentzel-Kramers-Brillouin approximation, WKB approximation
WKBJ 近似/WKBJ 近似 Wentzel-Kramers-Brillouin-Jeffreys approximation, WKBJ approximation
近似插值/近似内插法 approximate interpolation
近似等高线/近似等高線 approximate contour
近似地形面/地球水準面 telluroid
近似动物/副生動物 parazoa
近似高度/近似高度 approximate altitude
近似级数/近似級數 asymptotic series
近似解法/近似解法 approximate solution
近似平差/近似平差 approximate adjustment
[近似]竖直航空摄影/垂直航空攝影 vertical aerial photography
[近似]竖直航空像片/垂直航攝像片 vertical aerial photograph
[近]碎波/碎波 breaking wave
近心点/近心點 pericenter
近星点/近星點 periastron
近芽式/近芽式 prosoblastic
近缘种集群/種集群,種合群 species flock, species swarm
近源/近源 near-source
近月潮/近地潮 perigean tide
近月点/近月點 perilune, pericynthian
近震/近震 near earthquake
近震源地震学/近震源地震學 near-source seismology
近震走时表/近震走時表 near earthquake travel time table
近周日共振/近週日共振 nearly diurnal resonance
近周日自由摆动/近週日自由擺動 nearly diurnal free wobble
近轴光线/近軸光線 paraxial ray
近子午圈高度/近子午圈高度,近中天高度 circum-meridian altitude, ex-meridian altitude
劲度/勁度 stiffness
晋宁阶段/晉寧階段 Jinningian stage
晋宁期/晉寧期 Jinningian Age
晋宁运动/晉寧運動 Jinning movement
浸染状构造/浸染狀構造 disseminated structure
浸染状硫化物/浸染硫化物 disseminated sulfide
浸染状天然气水合物/浸染狀天然氣水合物 disseminated gas hydrate
浸透检验/滲透[染色]探傷檢驗 penetrant technique, PT
禁飞天气/禁航天氣 unflyable weather, weather

below minimum
禁航区/禁航區 prohibited area, prohibited navigation zone
禁猎保护区/禁獵保護區 game park reserve
禁区界线/禁區界線 forbidden zone boundary line
禁试条约核查/禁試條約核查 Test-Ban Treaty verification
禁渔期/禁漁期,休漁期 closed fishing season, closure period of fishing
禁渔区/禁漁區 closed fishing area
禁渔线/禁漁線 closed fishing line
禁[止抛]锚区/禁[止拋]錨區 anchorage-prohibited area
茎/莖[節],石柱 column, stem
茎板/莖板,中柱,柄節 columnal
茎胞管/莖胞管 stolotheca
茎根/胚根 radicle
茎梗/花梗,穗梗 peduncle
茎茧/莖繭 pedicle callist
茎壳/莖瓣,腹瓣 pedical valve
茎孔/莖孔 foramen, pedicle foramen
茎叶植物/葉莖植物 Cormophyta
京/首都 capital of a country
京都议定书/京都議定書,京都協議書 Kyoto protocol
经差/經差,經距 difference of longitude
经度/經度 longitude
经度地带性/經度地帶性 longitudinal zonality
经度方程/經度方程式,經線方程式 longitude equation
经度起算点/經度起算點 origin of longitude
经度信号/經度信號 longitude signal
经济长程增长模型/經濟長程增長模型 economic growth model
经济地理条件/經濟地理條件 economic geographical conditions
经济地理位置/經濟地理位置 economic geographical location
经济地理学/經濟地理學 economic geography
经济地图/經濟地圖 economic map
经济地图集/經濟地圖集 economic atlas
经济地质学/經濟地質學 economic geology
经济古生物学/經濟古生物學 economic palaeontology
经济活动临海化/經濟活動海岸化 maritimization of economic activities
经济技术开发区/經濟技術開發區 economic and technological development zone
经济距离/經濟距離 economic distance
经济矿床/經濟礦床 economic mineral deposit
经济利润/經濟利潤 economic margin
经济漏损/經濟漏損 economic leakage
经济旅馆/經濟旅館 budget hotel
经济评价/經濟評價 economic appraisal
经济区/經濟區 economic region
经济区划/經濟區劃 economic regionalization
经济区位/經濟區位 economic location
经济全球化/經濟全球化 economic globalization
经济特区/經濟特區 special economic zone
经济协作区/經濟協作區 economic cooperation region
经济中心/經濟中心 economic center
经济转型/經濟轉向 economic turn
经济作物/現金作物 cash crop
经纬度/經緯度 latitude-longitude
经纬度网格/經緯度網格 spherical grid
经纬网格/經緯網格 fictitious graticule
经纬网延伸短线/地理網格短線 graticule ticks
经纬仪/經緯儀 theodolite, transit theodolite
经纬仪测绘法/經緯儀測繪法 mapping method with transit
经纬仪导线/經緯儀導線 theodolite traverse, transit traverse
经纬仪法则/經緯儀法則 transit rule
经纬仪基座/經緯儀三角基座 theodolite tribrach
经线/經線,子午線 meridian, meridian of longitude
经线传输/經線傳輸 meridian transport
经向分布/經[度]向分布 meridional distribution
经向风/經向風 meriodinal wind
经向环流/經向環流 meridional circulation
经向角/經[度]向角,子午線角 meridian angle
经向剖面/經向剖面 meridional cross-section
经向气流/經向氣流 meridional current
经验公式/經驗公式 empirical formula, experiential formula
经验模型/經驗模式 experiential model, empirical model
经验[性]前震概率模型/經驗[性]前震概率模型 empirical foreshock probability model
经验预报/主觀預報 subjective forecast
经验正交函数/經驗正交函數 empirical orthogonal function, EOF
荆山群/荆山群 Jingshan Group
惊蛰/驚蟄 Awakening from Hibernation
晶胞/晶胞 unit cell
晶胞参数/晶胞參數 unit cell parameter

晶畴/晶疇 domain，crystal domain
晶簇/晶簇，晶洞，晶孔 geode，crystal druse，vug
晶簇构造/晶簇構造 druse structure
晶带/晶帶 crystal zone
晶带定律/晶帶定律 zone law
晶带符号/晶帶符號 symbol of crystal zone
晶带指数/晶帶指數 zone index
晶带轴/晶帶軸 zone axis
晶洞/晶洞，晶簇，晶孔 geode，crystal druse，vug
晶洞构造/晶洞構造 miarolitic structure
晶发/髮[雛]晶，毛晶 trichite
晶格/晶格，結晶格子 lattice
晶格态/晶格形態 lattice form
晶格优选取向/晶格優選取向 lattice-preferred orientation，LPO
晶核/[晶]核，原子核 crystal nucleus，nucleus
晶间裂隙/晶間裂隙 intergranular fracture
晶块/人造剛玉 boules
晶棱/晶稜 crystal edge
晶[粒间]界/晶粒界[面] grain boundary
晶粒结构/晶粒結構 crystalline granular texture
晶面/晶面 crystal face，crystal plane
晶面符号/晶面符號 symbol of crystal face
晶面条纹/條紋，擦痕 stria，striation
晶面指数/晶面指數 indices of crystal face
晶内滑动/晶內滑動 intracrystalline slip
晶体/晶體 crystal
晶体包裹物/晶體包裹物 crystal enclosure
晶体测角/測角 crystal goniometry
晶体场理论/晶體場理論 crystal field theory
晶体场稳定能/晶體穩定能量 crystal field stabilization energy
晶体定向/晶體方位 crystal orientation，orientation of crystal
晶体对称/晶體對稱 crystal symmetry
晶体发生学/結晶發生學 crystallogeny
晶体光学/晶體光學，結晶光學，光性結晶學 crystal optics，optical crystallography
晶体滑移/晶體滑移 crystal gliding，translation gliding
晶体化学/結晶化學 crystal chemistry
晶体集合体/結晶集體，晶質集合體 crystalline aggregate
晶体[几何]常数/晶格常數 lattice constant
晶体结构/晶體結構 crystal structure
晶体取向/晶體取向 crystal orientation
晶体缺陷/晶體缺陷 crystal defect
晶体塑性变形/晶體塑性變形 crystal plastic deformation
晶体物理学/晶體物理[學] crystal physics，crystallophysics
晶体习性/晶體習性 crystal habit
晶体形态学/晶體形態學 crystal morphology
晶体学/晶體學，結晶[構造]學 crystallography
晶体衍生作用/晶體衍生作用 epitaxy
晶体印痕/晶印痕 crystal imprint
晶系/[晶]系，體系 crystal system，system of crystallization
晶腺/晶洞，晶簇，晶孔 geode，crystal druse，vug
晶屑凝灰岩/晶體凝灰岩 crystal tuff
晶形/晶形 crystal form
晶芽/晶核 crystal nucleus
晶元/晶元 element
晶质/晶質，結晶物質 crystalline
晶质铀矿/晶鈾礦，方鈾礦 uraninite
晶种/晶種，種晶 seed crystal，crystal seed
晶轴角/晶軸角 crystal axial angle
晶轴面/[晶]軸面 crystal axial plane，axial plane
晶状体/水晶體 lens
晶族/晶族 crystal category
精处理/精確處理 precision processing
精度标准/精度標準 standards of accuracy
K[精度]参数/*K*[精度]參數 *K* precision parameter
精度测试/精度測試 accuracy testing
精度等级/精度等級 order of accuracy
精度估计/精度估計 precision estimation
精度检查/精度檢查 accuracy checking
精度衰减因子/精度衰減因子，精度釋度 dilution of precision，DOP
精耕农业/精耕農業，集約農業 intensive agriculture
精简指令集[计算机]/精簡指令集[電腦] reduced instruction set computer，RISC
精码/精碼，P 電碼 precise code，P code
精密测距/精密測距 precise ranging
精密测距测速系统/精密測距測速系統 Precise Range and Range-rate Equipment，PRARE
精密导线测量/精密導線測量 precise traversing
精[密]度/精[密]度 precision
精密工程测量/精密工程測量 precise engineering survey
精密工程控制网/精密工程控制網 precise engineering control network
精密机械安装测量/精密機械安裝測量 precise mechanism installation survey
精密计时器/精密計時器 precise calculagraph
精密立体测图仪/精密立體測圖儀 precision

stereoplotter
精密水准测量/精密水準測量 precise leveling
精密水准尺/精密水準標尺 precise leveling rod
精密水准仪/精密水準儀 precise level
精密星历/精密星曆,精密天文曆 precise ephemeris
精密影像处理/影像精密處理 precision image processing
精密准直/精密準直 precise alignment
精母细胞/精母細胞 spermatocyte
精[确]度/準確度,精[密]度 accuracy
精细胞/精細胞 spermatid
精养/集約[式]養殖 intensive culture
精益生产/精益生産 lean production
精原细胞/精原細胞 spermatogonium
精装/精裝 hard-cover binding
精子/精子 sperm
精子竞争/精子競争 sperm competition
精子囊/藏精器 antheridium
鲸蜡/鯨蠟 cetin, spermaceti wax
鲸蜡醇/鯨蠟醇 cetol
鲸蜡器/鯨蠟器 spermaceti organ
鲸目/鯨目 Cetacea
鲸须/鯨鬚 baleen
鲸脂/鯨脂,油脂 blubber
井/井 well
井底车场平面图/井底車場平面圖 shaft bottom plan
井底温度/井底溫度 bottom hole temperature, BHT
井间层析反演/井間層析反演 cross-well tomography inversion
井间地震/井間地震 cross-well seismic
井间地震观测/井間地震觀測 borehole-to-borehole measurement
井间反演/井間反演 cross-well inversion
井径测井/井徑測量 caliper survey
井口平台/井口平臺 wellhead platform, WHP
井口时间/井口時間 uphole time
井上下对照图/井上下對照圖 surface-underground contrast plan
井深测量/井深測量 shaft depth survey
井探工程测量/井探工程測量 shaft prospecting engineering survey
井田区域地形图/井田區域地形圖 topographic map of mining area
井筒十字中线标定/井筒十字中線標定 setting-out of cross line through shaft center
井下测量/井下測量 underground survey
井下地震计/井下地震儀 borehole seismometer
井下空硐测量/井下空硐測量 underground cavity survey
[井下]流量计/流量計 flowmeter
井下重力仪/井孔重力儀 borehole gravimeter
井斜/井偏 hole deviation, well deflection, well deviation
井眼补偿声波测井/井眼補償聲波測井 borehole compensated acoustic logging
井液测井/井液測井 well fluid logging
井涌/井湧 pressure kick
井涌水量/井湧水量 well yield
井中-地面方式/井中-地面方式 borehole-surface variant
井中地球物理探测[法]/井中地球物理探測[法] borehole geophysical prospecting
井中电视/裸孔電視,井下聲波電視 borehole televiewer
井中检波器/井孔受波器 borehole geophone
井中-井中方式/井中-井中方式 borehole-borehole variant
井中摄影/鑽孔攝影 borehole photo
井中质子磁力仪/井中質子磁力儀 well proton magnetometer
颈/頸 neck
颈沟/頸溝 occipital furrow
颈环/頸環 occipital ring
颈卵器/藏卵器 archegonium
颈卵器室/藏卵室 archegonial chamber
颈片/頸片,頸板 nuchal plate
颈曲/頸曲 flexure
颈缺/頸缺 nuchal gap
颈状突起/頸狀突起 gula
景观/景觀,地景 landscape
景观地球化学/景觀地球化學,地景地球化學 landscape geochemistry
景观地球化学对比性/地景地球化學對比性 landscape geochemical contrast
景观地球化学类型/地景地球化學類型 landscape geochemical type
景观地图/景觀地圖 landscape map
景观动态/地景動態 landscape dynamics
景观复原/景觀重整 reconstruction of landscape
景观功能/地景功能 landscape function
景观建设/地景建設 landscape architecture
景观结构/地景結構 landscape structure
景观解读/景觀判讀 interpretation of landscape
景观流行病学/地景流行病學 landscape

epidemiology
景观评估/地景評估 landscape evaluation
景观气候学/景觀氣候學 landscape climatology
景观设计/地景設計 landscape design
景观生态规划/地景生態規劃 landscape ecological planning
景观生态学/地景生態學 landscape ecology
景观思想/景域理念 idea of landschaft
景观形态/地景形態 landscape morphology
景观学/地景科學 landscape science
景观预测/地景預測 landscape prognosis
景观诊断/地景診斷 landscape diagnosis
景深/明視距離 depth of field
景物反差/景物反差 object contrast
景域学派/景域學派 landschaft school
警戒水位/警戒水位 warning stage
警示标杆/警示標桿 hazard beacon
α径迹测量/α徑跡測量 α-track etch survey
径迹探测器/徑跡探測器 track detecter
径流变率/徑流變率 runoff variability
径流量/徑流[量] runoff, river runoff
径流模数/徑流模式 runoff modulus
径流年际分配/徑流年際變動 runoff interannual variation
径流年内分配/徑流年内分配 runoff annual distribution
径流深度/徑流深度 runoff depth
径流系数/徑流係數 runoff coefficient
径流形成过程/徑流形成歷程 runoff formation process
径流循环/徑流循環 runoff cycle
径脉/徑脈 radius
径向分量/徑[向]分量 radial component
径向风/徑向風 radial wind
径向畸变/輻射畸變差 radial distortion
径向流入/徑向内流 radial inflow
径向式偶极测深/徑向式偶極測深 radial dipole sounding
径向速度/徑向速度 radial velocity
径向预测滤波[器]/徑向預測濾波[器] radial predictive filter
径向振荡/徑向振盪 radial oscillation
净初级生产力/淨初級生産力 net primary productivity
净初级生产量/淨初級生産量 net primary production
净浮力/淨浮力 net buoyancy
净辐射/淨輻射 net radiation
净辐射表/淨輻射計 net radiometer
净辐射计/淨輻射表 net radiometer
净辐照度/淨輻照度 net irradiance
净光合作用/淨光合作用 net photosynthesis
净化能力/淨化能力 purification ability
净化水/淨化水,已處理的水 treated water
净化水厂/淨水廠 water purification plant, water purification works
净化指数/除汙指數 decontamination index
净化[作用]/淨化[作用],提純[作用] purification
净空区测量/淨空區測量 clearance limit survey
净深/淨深 cleared sweeping
净生产量/淨生産量 net production
净输送/淨輸送 net transport
净水结构/淨水結構 water purification structure
净水站/淨水站 water purification station
胫侧跗骨/脛側跗骨 tibiale
胫腓骨/脛腓骨 tibiofibula
胫跗骨/脛跗骨,脛跗節 tibiotarsus
胫跗骨腓骨脊/脛跗骨腓骨脊 fibular crest of tibiotarsus
胫骨/脛骨 tibia
胫脊/脛脊 cnemial crest
胫节/脛節 tibia
竞争/競爭 competition
竞争互斥理论/競爭互斥原理 principle of competitive exclusion
竞争排斥/競爭排斥 competition exclusion
竞争系数/競爭係數 competition coefficient
竞租曲线/競租曲線 bid-rent curve
敬地情结/敬地情結 geopiety
静磁能/静磁能 magnetostatic energy
静地压力/静地壓力 geostatic pressure, overburden pressure
静电反馈/静電反饋 electrostatic feedback
静电复印/静電印刷 xerography
静电植绒/静電植毛 flocking
静电制版/静電製版 electrostatics platemaking
静风区/風幕 wind shadow
静海石/静海石 tranquillityite
静校正/静校正 static correction, statics
静力不稳定/静態不穩定 static instability
静力不稳定度参数/静力不穩度參數 static instability parameter
静力不稳定[性]/静力不穩度 hydrostatic instability
静力初值化/静力初始化 static initialization
静力触探/静力觸探 static sounding
静力检查/静力檢驗 hydrostatic check

静力能量/静能 static energy
静力平衡/静力平衡 hydrostatic equilibrium, static equilibrium
静力适应过程/静力調整[過程] hydrostatic adjustment process
静力稳定度/静力穩度 static stability
静力载荷试验/静力載荷試驗 static load test
静摩擦系数/静摩擦係數 coefficient of static friction
静水/静水 stillwater
静水压力/静水壓力 hydrostatic pressure
静水压休克/静水壓休克 hydraulic pressure shock
静态变质作用/静力變質 static metamorphism
[静态]地震矩/[静態]地震矩 static seismic moment
静态定位/静態定位 static positioning
静态方法/静態方法 static method
静态放大倍数/静態放大倍數 static magnification
静态辐射计/静態輻射計 static radiometer
静态机械放大倍数/静態機械放大率 statical mechanical magnification
静态漂移/静態漂移 static drift
静态时间校正/静態時間校正 static time correction
静态位移场/静態位移場 static displacement field
静态遥感器/静態遥感器 static sensor
静态应力触发/静態應力觸發 static stress trigging
静[态]应力降/静[態]應力降 static stress drop
静态圆形裂纹/静態圓形裂紋 static circular crack
静位移校正/静位移校正 correction of static shift
静压负荷运动/静壓負荷運動 static load caused movement
静压[力]/静力壓 static pressure
静岩压力/静岩壓力 lithostatic pressure
静载压重/静載壓重 hold down weight
静振/盪漾 seiche
静止板块/静止板塊 inactive plate
静止锋/滯留鋒 stationary front
静止轨道/静止軌道 stationary orbit
静止期/恢復期 resting stage
静止气旋/滯留氣旋 stationary cyclone
境界/境界 boundary
境界线/境界線 boundary line
镜煤/鏡煤 vitrain
镜面/擦面,斷面擦痕,滑面 slickenside
镜面反射/鏡面反射 specular reflection
镜头光圈/鏡頭光圈 lens diaphragm
镜头纸/擦鏡頭薄紙 lens tissue
镜像/鏡中像 mirror image
镜质体反射率/鏡質體反射 vitrinite reflectance
镜质组/鏡煤組,鏡煤素,鏡煤體 vitrinite
纠正/糾正[法] rectification
纠正像片/糾正像片 rectified photograph
纠正像片镶嵌图/糾正像片鑲嵌圖 rectified photograph mosaic
纠正仪/糾正儀 rectifier, transformer
纠正元素/糾正元素 element of rectification
九物镜航空摄影机/九物鏡航空攝影機 ninelens aerial camera
韭闪石/韭閃石,鈣鎂閃石 pargasite
酒精温度表/酒精温度計 alcohol in glass thermometer
旧城改造/都市更新 urban renewal
旧热带界/舊熱帶界 Palaeotropic realm
旧石器时代/舊石器時代 Palaeolithic Age
臼齿/臼齒 molar
臼前齿/臼前齒 antmolar
救生浮具/救生浮具,救生器材 buoyant apparatus, life float
居管/居管 dwelling tube
居里点/居里點 Curie point
居群/種群,族群 population
居群动态学/種群動態學 population dynamics
居住迹/居住跡 dwelling trace
居住迁移/居住行動化 residential mobility
居住区规划/居住區規劃 residential district planning
居住区位/居住區位 residential location
居住提升/居住提昇 incumbent upgrading
居住投资计划/住宅投資計劃 housing investment program
居住循环/住宅循環 residential cycle
局部背景/局部背景 local background
局部变质作用/局部變質作用,接觸變質作用 local metamorphism
局部磁异常/局部磁力異常 local magnetic anomaly
局部导数/局部導數 local derivative
局部地区灭绝/局部地區滅絶 local extinction
局部地址支持/局部地址支持 partial address support
局部分析/局部分析 local analysis
局部高速缓存/局部高速緩存 partial cache
局部回归/局部回歸 local regression
局部畸变/局部畸變 local distrotion
局部检查方法/局部檢查方法 local check method
局部平衡/局部平衡 local equilibrium
局部侵蚀基准面/局部侵蝕基準面 local base level of erosion

局部G统计/局部G統計 local G statistic
局部污染/局部汙染 local pollution
局部异常/局部異常 local anomaly
局部异常图/局部異常圖 figure of local anomaly
局部重力异常/局部重力異常 local gravity anomaly
局地变化/局部變化 local variation
局地各向同性[湍流]/局部均向性[亂流] local isotropic turbulence
局地环流/局地環流,局部環流 local circulation
局地气候/局部氣候,地方氣候 local climate
局地气候学/局部氣候學 local climatology
局地强风暴/局部劇烈風暴 severe local storm
局地区域覆盖/區域面覆蓋 local area coverage, LAC
局地预报/當地預報 local forecast
局地轴/局部軸 local axis
局地作用/局部作用 local action
局限盆地/局限盆地,閉塞盆地 silled basin
局域网/局域網,區域網路 local area network, LAN
局域作用/局部作用 local action
菊面石属/菊面石 *Ceratites*
菊石/菊石 Ammonites
菊石类/菊石[類] ammonoids, ammonites, Ammonites
菊石式缝合线/菊石式縫合線 ammonitic suture
菊石亚纲/菊石亞綱 Ammonoidea
菊石锥壳/菊石殼 ammoniticone
咀嚼式口器/咀嚼式口器 biting mouthparts, chewing mouthparts
矩心矩张量/矩心矩張量 centroid moment tensor, CMT
矩形分幅/矩形分幅 rectangular mapsubdivision
矩形水系/矩形水系 rectangular drainage network
矩张量反演/矩張量反演 moment tensor inversion
矩阵/矩陣 matrix
矩震级/矩震級 moment magnitude
举升能力/舉昇能力 jacking capacity
举隅法/舉隅法,提喻法 synecdoche
榉属/欅樹 *Zelkova*
巨层序/巨層序 gigasequence
巨大地震/巨大地震 giant earthquake, mega-earthquake
巨动物群/大型動物群 megafauna
巨河狸属/巨河貍,大河貍 *Trogontherium*
巨角鹿/巨角鹿,腫骨鹿 megaceros
巨晶结构/巨晶結構 giant crystal structure
巨孔型/巨孔型 megathyrid
巨口鱼总目/棘鰭魚龍 Stenopterygii
巨浪/巨浪 very rough sea
巨雷兽/巨雷獸 titanotherium
巨砾/巨礫 boulder
巨龙/巨齒龍,斑龍 megalosaurus
巨兽类/巨獸類,恐獸亞目 Dinotherioidea
巨头龙亚目/巨頭龍亞目 Dinocephalia
巨犀属/靈獸 *Indricotherium*
巨蜥代龙属/蜥代龍 *Varanosaurus*
巨系统/巨系統 huge system
巨星介属/大金星蟲介 *Macrocypris*
巨型底栖生物/巨型底棲生物 megabenthos
巨型浮游生物/巨型浮游生物 megaplankton
巨旋回/兆週 megacycle
巨猿/巨猿,巨型猿人 gigantopithecus
巨灾/劇變 catastrophe
巨灾保险/巨災保險 assurance of huge disaster
巨灾再保险/巨災再保險 catastrophe reinsurance
巨灾债券/巨災債券 catastrophe bonds
句法/句法,語法 syntax
具槽圆柱状管胞型/具槽圓柱型管胞 cylindric sulcate tracheid
具翅胸节/生翅胸節 pterothorax
具沟的/具胚槽的 colpate
具较小叶的/具較小頁的 meiophyllous
具两原木质群的/具兩原木質群的 diarch
具饰弓脊孢类/具飾弓脊孢類 Apiculiretusispora
具体情形/實際境遇 concrete situations
具细齿状/具細齒狀 denticulate
具缘纹孔/具緣紋孔,重紋孔 bordered pit
具足面盘幼体/後期被面子幼體 pediveliger larva
炬木/炬木 Dodoxylon
距/距 spur
距角/距角 elongation
距今/距今 before present, BP
距离采样数/範圍樣本的數量 number of range samples
距离测量/距離量測 distance measurement
[距离测量]弹簧秤/[距離測量]彈簧秤 spring-balance
距离成本分析/距離成本分析 cost-distance analysis
距离单位/距離單位 distance units
距离方向/距離方向 range direction
距离分辨率/測距解析[度] range resolution
距离分离同步扫描/距離分離同步掃描 distance-separated synchronous scanning
距离高度显示器/距高指示器 range height indicator, RHI
距离隔离模型/距離隔離模型 isolation by distance

model
距离交会法/距離交會法 intersection by distances
距离解析率/距離解析率 resolution in distance, resolution in range
距离库/距離筐 range bin
距离模糊/距離模糊 range ambiguity
距离摩擦/距離摩擦 friction of distance
距离判决函数/距離判決函數 distance decision function
距离平均/距離平均 range averaging
距离衰减/距離衰減,距衰 range attenuation, distance decay
距离速度显示器/距速顯示器 range velocity display, RVD
距离缩减/距離縮減 distance shrinking
距离弯曲/距離彎曲 range curvature
距离位移/距離徙動 range migration
距离域/距離欄位 distance field
距平/偏差 departure, deviation
距平的/異常[的] anomalous
距平相关/距平相關 anomaly correlation
飓风/颶風 hurricane
锯齿刺目/鋸齒刺目 Prioniodontida
锯齿封木/鋸齒封木 Favularia
锯齿构造/鋸齒[狀],鋸齒形 serration
锯齿龙类/鋸齒龍類 pariasaurids
锯齿形劈理/鋸齒形劈理 serrated cleavage
锯齿型/鋸齒型 prionodont
锯齿状断口/鋸齒斷口,梳狀斷口 hackly fracture
锯齿状接触/鋸齒狀接觸 sutured contact
锯片刺目/鋸片刺目 Prioniodinida
锯牙铰缘/鋸牙紋緣 denticulate hinge
锯叶棕/棕蒲葵 sabal
聚变径迹测年/裂跡定年 fission-track dating
聚波/波浪聚焦 wave focusing
聚光透镜/聚光透鏡 collective lens
聚合/聚合 aggregation
聚合酶链反应/聚合酶鏈式反應 polymerase chain reaction
聚合模型/聚合模型 polymerization model
聚合囊/聚合囊 synangium
聚合土体/聚合土體 polypedon
聚合物/聚合物,聚合體 polymer
聚合眼/聚合眼 aggregate eye, schizochroal eye
聚合域/聚合域 aggregation domain
聚合种/聚合物種 collective species
聚合作用/聚合作用 amalgamation, polymerization
聚环叠层石属/聚環藻 *Collenia*
聚环藻属/聚環藻 *Collenia*
聚积模/聚積模 accumulation mode
聚集/聚集 aggregation
聚集合成天线/聚焦合成天線 focused synthetic antenna
聚焦式日照计/康司日照計 Campbell-Stokes sunshine recorder
聚焦效应/聚焦效應 focusing effect
聚晶/叢晶,集晶 glomerocryst
聚类/聚類 cluster, clustering
聚类编码/叢集編碼 cluster coding
聚类标识/聚類標示 cluster labeling
聚类分区/聚類分區 cluster zoning
聚类分析/集群分析,群落分析,群聚分析 cluster analysis, clustering analysis
聚类列/聚類列 cluster column
聚类容限/聚類容限 cluster tolerance
聚类图/聚類圖 cluster map
聚类压缩/叢集壓縮 cluster compression
聚类指数/聚類索引 cluster index
聚量成种/量子式種化 quantum speciation
聚量演化/數量演化,量子式演化 quantum evolution
聚落/聚落 settlement
聚落地理学/聚落地理學 settlement geography
聚落类型/聚落類型 settlement pattern
聚煤盆地/成煤盆地 coal basin
聚煤期/聚煤期 coal-forming period
聚煤区/聚煤區 coal acumulating region
聚煤作用/聚煤作用 coal accumulation
聚能爆炸/聚能爆炸 energy-gathered shooting
聚凝[作用]/聚凝作用 flocculation
聚片双晶/聚片雙晶 polysynthetic twin
聚铁网纹土/聚鐵網紋土 Plinthosol
聚形/聚形 combinate form
卷柏目/卷柏目 Selaginellales
卷层云/卷層雲 cirrostratus, Cs
卷尺/卷尺 tape
卷尺测锤/卷尺測錘 tape gauge
卷尺测距温度改正/量距溫度改正 temperature correction to taped length
卷尺垂曲/卷尺中陷 sage of tape
卷尺改正/卷尺改正 tape correction
卷尺检定/測尺檢定 calibration of tape
卷尺台/卷尺檯 taping stool
卷尺温度计/卷尺溫度計 tape thermometer
卷尺丈量/卷尺測量 taping
卷出/卷出,逸出 detrainment, detrainment in ocean

卷积/卷積 convolution
卷积滤波/卷積濾波 convolution filtering
卷积云/卷積雲 cirrocumulus，Cc
卷曲层理/卷曲層理 curled bedding，curly bedding
卷曲石/卷曲石，石藤 helictite
卷入/卷入，逸入 entrainment，entrainment in ocean
卷碎波/卷入型碎波 plunging breaker
卷筒纸/卷筒紙 endless paper
卷筒纸印刷/卷筒印刷 web-fed printing
卷心珊瑚/卷心珊瑚 dinophyllum
卷芽式/卷芽式 streptoblastic
卷云/卷雲 cirrus，Ci
卷状铀矿体/卷狀鈾礦體 uranium roll
卷嘴蛎/螺蠣 gryphaea
卷轴地图/卷軸地圖 strip map
绢石/絹石 bastite
绢英带/絹英帶 phyllic zone
绢云母/絹雲母 sericite
绢云母化/絹雲母化 sericitization
眷群/眷群，妻妾群 harem
决策分析/決策分析 decision analysis
决策规则/決策規則，決策法則 decision rule
决策模型/決策模型 decision model
决策树/決策樹 decision tree
决策树分析/決策樹分析 decisional tree analysis
决策支持系统/決策支援系統 decision support system，DSS
决定性要素/物質元素 material elements
决口/決口 avulsion，levee breach
觉醒/除魅化 disenchantment
绝对板块运动/絕對板塊運動 absolute plate motion
绝对变率/絕對變率 absolute variability
绝对标准气压表/絕對標準氣壓計 absolute standard barometer
绝对不稳定/絕對不穩度 absolute instability
绝对地理空间/絕對地理空間 absolute geographical space
绝对[地震]定位法/絕對[地震]定位法 absolute earthquake location method
绝对定位/絕對定位 absolute positioning
绝对定向/絕對方位判定 absolute orientation
绝对定向元素/絕對定向元素 elements of absolute orientation
绝对丰度/絕對豐度 absolute abundance
绝对高程/絕對高程 absolute altitude
绝对高度/絕對高度 absolute altitude
绝对高度表/絕對高度計 absolute altimeter
绝对海[平]面变化/絕對海[平]面變化 absolute sea level change
绝对航高/絕對航高 absolute flying height
绝对黑体/絕對黑體 absolute black body
绝对基准/絕對基準 absolute datum
绝对极值/絕對極端值 absolute extreme
绝对加速度反应谱/絕對加速度反應譜 absolute acceleration response spectrum
绝对角动量/絕對角動量 absolute angular momentum
绝对径向速度/絕對射線速度 absolute radial velocity
绝对距离/絕對距離 absolute distance
绝对立体视差/絕對立體視差 absolute stereoscopic parallax
绝对零度/絕對零度 absolute zero
绝对欧拉矢量/絕對歐拉向量 absolute Euler vector
绝对频率/絕對頻率 absolute frequency
绝对区位/絕對區位 absolute location
绝对渗透率/絕對導磁率，絕對導磁係數 absolute permeability
绝对湿度/絕對濕度 absolute humidity
绝对视差/絕對視差 absolute parallax
绝对速度/絕對速度 absolute velocity
绝对位置/絕對位置 absolute position
绝对温标/絕對溫標 absolute temperature scale，ATS
绝对温度/絕對溫度 absolute temperature
绝对稳定/絕對穩度 absolute stability
绝对涡度/絕對渦度 absolute vorticity
绝对涡度守恒/絕對渦度守恆 conservation of absolute vorticity
绝对误差/絕對誤差 absolute error
绝对星表/絕對星表 absolute star catalog
绝对星等/絕對星等 absolute magnitude
绝对应力/絕對應力 absolute stress
绝对阈/絕對界檻值 absolute threshold
绝对月最高温度/絕對月最高溫 absolute monthly maximum temperature
绝对折射率/絕對折射率 absolute index of refraction
绝对值/絕對值 absolute value
绝对重力/絕對重力 absolute gravity
绝对重力测量/絕對重力測量 absolute gravity measurement
绝对重力加速度/絕對重力加速度 absolute acceleration of gravity，absolute gravity acceleration
绝对重力仪/絕對重力儀 absolute gravimeter
绝对重力值/絕對重力值 absolute gravity value

绝对自行/絶對自行 absolute proper motion
绝对走时/絶對走時 absolute travel time
绝对坐标/絶對坐標 absolute coordinate
绝热变化/絶熱變化 adiabatic change
绝热不变量/絶熱不變量 adiabatic invariant
绝热大气/絶熱大氣 adiabatic atmosphere
绝热[的]/絶熱的 adiabatic
绝热递减率/絶熱遞減率,絶熱直減率 adiabatic lapse rate
绝热方程/絶熱方程 adiabatic equation
绝热干湿表/絶熱乾濕計 adiabatic psychrometer
绝热过程/絶熱過程 adiabatic process
绝热检验/絶熱檢驗 adiabatic trial
绝热解压/絶熱解壓 adiabatic decompression
绝热近似/絶熱近似 adiabatic approximation
绝热冷却/絶熱冷却 adiabatic cooling
绝热模式/絶熱模式 adiabatic model
绝热凝结气压/絶熱凝結氣壓 adiabatic condensation pressure
绝热凝结温度/絶熱凝結温度 adiabatic condensation temperature
绝热膨胀/絶熱膨脹 adiabatic expansion
绝热区/絶熱區 adiabatic region
绝热曲线/絶熱曲線 adiabatic curve
绝热熔化/絶熱熔化 adiabatic fusion
绝热上升/絶熱上昇 adiabatic ascending
绝热图/絶熱圖 adiabatic diagram
绝热尾迹/絶熱凝結尾 adiabatic trail
绝热温度/絶熱温度 adiabatic temperature
绝热温度梯度/絶熱温度梯度 adiabatic temperature gradient
绝热下沉/絶熱下沈 adiabatic sinking
绝热现象/絶熱現象 adiabatic phenomenon
绝热相当温度/絶熱相當温度 adiabatic equivalent temperature
绝热压缩/絶熱壓縮 adiabatic compression
绝热增温/絶熱增温 adiabatic heating, adiabatic warming
绝热直减率/絶熱直減率,絶熱遞減率 adiabatic lapse rate
掘进超前探测/掘進超前探測 boring advanced detection
掘穴/掘穴 burrowing
掘足纲/掘足綱 Scaphopoda
掘足类/掘足類 scaphopod
蕨类植物/羊齒植物 pteridophyte
蕨类植物门/蕨類植物 Pteridophyta
蕨叶/蕨[類的]葉 frond
军港/軍港 naval port
军港工程/軍港工程 naval port engineering
军港航道/軍港航道 channel of naval port
军港疏浚/軍港疏浚,軍港浚渫 naval port dredge
军港污染防治/軍港汙染防治 naval port pollution control
军舰鸟/軍艦鳥 frigate bird
军事地理学/軍事地理學 military geography
军事地球物理环境/軍事地球物理環境 military geophysical environment
军事地球物理[学]/軍事地球物理[學] military geophysics
军事工程测量/軍事工程測量 military engineering survey
军事工程地球物理[学]/軍事工程地球物理[學] military engineering geophysics
军事海洋技术/軍事海洋技術 military ocean technology
军事海洋学/軍事海洋學 military oceanography, military oceanology
军事环境科学/軍事環境科學 military environmental science
军事空间环境/軍事空間環境 military space environment
军事空间天气科学/軍事空間天氣科學 military space weather science
军事气候志/軍事氣候志 military climatography
军事气象保障/軍事氣象支援 military meteorological support
军事气象信息/軍事氣象情報 military meteorological information
军事气象学/軍事氣象學 military meteorology
军事情报地球物理侦测/軍事情報地球物理偵測 geophysical reconnaissance and measurement for militay information
军用地图/軍用地圖 military map
军用海图/軍用海圖 military chart
军用简要天文年历/軍用簡要天文年曆 military abridged ephemeris
均变论/均變説,齊一説,天律不變説 uniformitarianism
均差/均差 inequality
均方差/均方差,平均方根誤差 mean square error, MSE, root mean square error
均方根/均方根 root mean square, RMS
均方根速度/均方根速度 root mean square velocity, RMS velocity
均方根误差/均方根誤差,中誤差 root mean square

error，RMSE
均方误差/均方差 mean square error，MSE
均分笔石/均分筆石 Dichograptus
均分笔石类/均分筆石類，均分筆石科 dichograptids
均腐土/均腐土 isohumic soil，isohumisol
均衡/均衡 equilibrium
均衡补偿/地殼均衡補償 isostatic compensation
均衡[补偿]模型/均衡[補償]模型 isostatic compensation model
均衡大地水准面/均衡大地水準面 isostatic geoid
均衡河流/均夷河[流] graded stream
均衡剖面/均夷剖面 graded profile
均衡期/均衡期 balance stage
均衡区/均衡區 isostatic field
均衡说/[地殼]均衡説 isostasy theory
均衡异常/[地殼]均衡異常 isostatic anomaly
均衡重力改正/地殼均衡重力改正 isostatic gravity correction
均衡重力归算/地殼均衡重力歸算 isostatic gravity reduction
均衡[重力]异常/[地殼]均衡重力異常 isostatic gravity anomaly
均键结构/均鍵結構 isodesmic structure
均流/均匀流 uniform flow
均相[离子交换]膜/均相[離子交换]膜 homogeneous ion exchange membrane
均斜/均斜 homocline
均一法[测温]/均一法[測温] homogenization method
均一温度/均一温度 homogenization temperature
均夷河流/均夷河[流] graded stream
均夷作用/均夷作用，粒級作用，分粒作用 gradation
均匀层/均匀層 homosphere，homogeneous layer
均匀层顶/均匀層頂，均質層頂 homopause
均匀度/均匀度 evenness
均匀分布/均匀分布 uniform distribution
均匀各向同性湍流/均匀均向亂流 homogeneous isotropic turbulence
均匀介质/均匀介質 homogeneous medium
均匀流/均匀流 uniform flow
均匀性/均匀性，均質性 homogeneity
均匀应变/均匀應變 homogeneous strain
均质/均質 isotropic
均质层/均匀層 homosphere，homogeneous layer
均质大气/均匀大氣 homogeneous atmosphere
均质地域/均質地域 homogeneous area
均质改造/均質改造 homogeneous reworking
均质混合岩/均質混合岩 homogeneous migmatite
均质区域/均質區域 homogeneous region
龟裂土/龜裂土 takyr
菌根/菌根 mycorrhiza
菌类体/菌煤素 sclerotinite
菌丝[体]/菌絲[體] mycelium
菌藻植物/藻菌植物 thallophyte，Thallophyta
菌褶/鰓 gill
菌株/菌株 strain
郡县制/郡縣制 system of prefectures and counties
骏河毒素/駿河毒素 surugatoxin
竣工测量/竣工測量 finish construction survey

K

喀喇昆仑造山带/喀喇崑崙造山帶 Karakorum orogenic belt
喀斯特/喀斯特 karst
喀斯特边缘平原/喀斯特邊緣平原 karst margin plain
喀斯特地貌/喀斯特地貌,石灰岩地形 karst landform
喀斯特地貌学/喀斯特地形學 karst geomorphology
喀斯特地形/喀斯特地形 karst topography
喀斯特海岸/喀斯特海岸 karst coast
喀斯特河/喀斯特河,岩溶河 karst river
喀斯特河谷盆地/石灰岩盆地,溶盆 polje
喀斯特湖/喀斯特湖 karst lake
喀斯特景观/喀斯特景觀 karst landscape
喀斯特平原/喀斯特平原 karst plain
喀斯特泉/喀斯特泉 karstic spring
喀斯特水/喀斯特水 karst water
喀斯特水文/喀斯特水文 karst hydrology
喀斯特塌陷/喀斯特塌陷 karst collapse
喀斯特相/喀斯特相 karst facies
喀斯特柱/喀斯特柱 karst pillar
喀斯特作用/喀斯特化,岩溶作用 karstification
卡埃纳事件/凱納事件 Kaena event
α卡测量/α卡測量 α-card survey
卡尔曼滤波/卡爾曼濾波 Kalman filtering
卡尔斯伯格海脊/卡爾斯伯格海脊 Carlsberg Ridge
卡方检验统计/卡方統計 chi-squared statistic
卡计/卡計 calorimeter
卡拉布里亚阶/卡拉布里亞階 Calabrian Stage
卡拉布里亚期/卡拉布里亞期 Calabrian Age
卡拉多克阶/喀拉多克階 Caradocian Stage
卡拉多克期/喀拉多克期 Caradocian Age
卡拉胶/卡拉膠 carrageenan
卡里匹克周期/卡里匹克週期 Callippic cycle
卡[路里]/卡[路里] calorie
卡-洛变换/KL轉換 Karhunen-Loeve transformation, KLT
卡洛维阶/卡洛夫階 Callovian Stage
卡洛维期/卡洛夫期 Callovian Age
卡门常数/卡門常數 Karman constant
卡门湍流相似理论/卡門湍流相似理論 Karman turbulent similarity theory
卡门涡街/卡門渦列 Karman vortex street
卡尼阶/喀尼階 Carnian Stage
卡尼期/喀尼期 Carnian Age
卡尼亚尔-德胡普法/卡格尼亞德-德胡普法 Cagniard-De Hoop method, Cagniard-De Hoop technique
卡尼亚尔法/卡格尼亞德法 Cagniard method
卡诺定理/卡諾定理 Carnot's theorem
卡诺循环/卡諾循環 Carnot cycle
卡彭铁尔控制器/卡本替爾控制器 Carpentier inverter
卡皮坦阶/卡皮坦階 Capitanian Stage
卡皮坦期/卡皮坦期 Capitanian Age
卡氏尖/卡氏尖,卡臘貝利氏尖,磨牙舌側副尖 Carabelle's cusp
卡氏蜥脚鱼龙/卡氏蜥腳魚龍 Morosaurus camperi
卡斯卡底古陆/卡斯卡底古陸 Cascadia land
卡瓦布拉克群/卡瓦布拉克群 Kawabulak Group
卡西莫夫阶/凱西莫夫階 Kasimovian Stage
卡西莫夫期/凱西莫夫期 Kasimovian Age
卡西尼地图/凱西尼地圖 Cassini's map
卡西尼蒙气差公式/凱西尼濛氣差公式 Cassini refraction formula
卡西尼坐标/凱西尼坐標 Cassini coordinates
卡西尼坐标系/凱西尼坐標系 Cassini coordinate system
卡赞阶/喀山階 Kazanian Stage
卡赞期/喀山期 Kazanian Age
开边界条件/開口邊界條件 open boundary condition
开采沉陷观测/開採沈陷觀測 mining subsidence observation
开采沉陷图/開採沈陷圖 map of mining subsidence
开敞空间/開放空間 open space
开敞系统冻结/開放系統凍結 open-system freezing
开窗/開窗 windowing
开尔文波/克耳文波,凱文波 Kelvin wave
开尔文定理/克耳文定理 Kelvin theorem
开尔文-伏葛特体/克耳文-伏葛特體 Kelvin-Voight body
开尔文-亥姆霍兹波/克赫波 Kelvin-Helmholtz

wave
开尔文-亥姆霍兹不稳定/克赫不穩度 Kelvin-Helmholtz instability
开尔文环流定理/克耳文環流定理 Kelvin's circulation theorem
开尔文温标/克氏溫標,克耳文溫標,絕對溫標 Kelvin temperature scale, absolute temperature scale
开尔文验潮计/克耳文驗潮計 Kelvin-type tide gauge
开发环境/開發環境 development environment
开发井/開發井 development well
开发竞争/剝削競爭 exploitation competition
开发区/開發區 development area
开放城市/開放城市 open city
开放大洋/開闊大洋 open ocean
开放分布式处理参考模型/開放分散式處理的參考模型 reference model for open distributed processing, RM-ODP
开放式地理信息系统/開放式地理資訊系統 open geographic information system, Open GIS
开放式地理信息系统参考模型/開放式地理資訊系統參考模式 open GIS reference model, ORM
开放式地理信息系统抽象规范/開放式地理資訊系統純理論規格 open GIS abstract specification
开放式地理信息系统核心服务/開放式地理資訊系統核心服務 open GIS core services
开放式地理信息系统实现规范/開放式地理資訊服務實施規格 open GIS implementation specification
开放式地理信息系统协会/開放式地理資訊系統協會 Open GIS Consortium, OGC
开放式定位服务/開放式定位服務 open location services, Open LS
开放式界面/開放式介面 open interface
开放式平台/開放式平臺 open platform
开放[式]数据库互联/開放資料庫連接 open data base connectivity, ODBC
Java 开放式数据库互联/Java 資料庫連接 Java data base connectivity, JDBC
开放系统/開放系統 open system
开放系统互联/開放式系統互連 open system interconnection, OSI
开放系统环境/開放式系統環境 open system environment, OSE
开放性地理数据互操作规范/開放式地理資料相互操作規範,開放地理資料互通規格 open geodata interoperability specification, OGIS
开放源码/開放原始碼 open source
开合构造旋回/開合構造旋回 opening closing tectonic cycle
开口钢管桩/開口鋼管樁 open end steel pile
开口型细胞状云/開口胞雲 open cloud cells
开阔地/開敞地,空曠地 open space
开阔海域/開闊海域 exposed waters, open waters
开阔台地/開闊臺地 open platform
开阔褶皱/敞開褶曲,緩斜褶曲 open fold
开滦角石/開灤角石 Kailuanoceras
开曼海沟/開曼海溝 Cayman Trench
开平角石/開平角石 Kaipingoceras
开普勒定律/克卜勒定律 Kepler's law, Kepler's planetary law
开普勒方程式/克卜勒方程式 Kepler's equation
开普勒椭圆/克卜勒橢圓 Kepler ellipse
开普勒元素/克卜勒元素 Keplerian element
开氏温标/凱氏溫標 Kelvin scale
开式循环海水温差发电系统/開式循環海洋溫差發電 open cycle OTEC
开通粉类/開通粉類 Caytonipollenites
开通果属/開通尼亞 *Caytonia*
开通花/開通花 Caytonanthus
开通类/開通目,小開通尼亞 Caytoniales
开通目/開通目,小開通尼亞 Caytoniales
开挖线/開挖線 excavation line
开印样/初版樣張 press proof
凯迪阶/凱迪階 Katian Stage
凯迪期/凱迪期 Katian Age
凯恩斯理论/凱恩斯理論 Keynesian theory
凯拉克提群/凱拉克提群 Kalkti Group
凯纳极性亚期/凱納亞期 Kaena polarity subchron
凯诺拉期/凱洛拉期 Kenoran
铠/鎧 pallet
勘测设计阶段测量/勘測設計階段測量 survey in reconnaissance and design stage
勘测图/勘測圖 reconnaissance map, exploration map
勘查地球化学/探勘地球化學 exploration geochemistry
勘查地质学/探勘地質學 exploration and prospecting geology
勘界/勘界 boundary settlement
勘探地球物理[学]/勘探地球物理學 exploration geophysics
勘探地震学/探勘震測學 exploration seismology

勘探基线/勘探基線 prospecting baseline
勘探深度/勘探深度 exploration depth
勘探网测设/勘探網測設 prospecting network layout
勘探线测量/勘探線測量 prospecting line survey
勘探线剖面图/勘探線剖面圖 prospecting line profile map
坎贝尔-司托克斯日照计/康司日照計 Campbell-Stokes sunshine recorder
坎儿井/坎[兒]井 karez, kariz
坎潘阶/香檳階,坎佩尼階 Campanian Stage
坎潘期/香檳期,坎佩尼期 Campanian Age
康定岩群/康定岩群 Kangding Group Complex
康拉德界面/康拉德不連續面 Conrad discontinuity, Conrad interface
康利-利根模型/康利-利根模式 Conley-Ligon model
康宁克珊瑚属/康寧氏珊瑚 *Koninckophyllum*
康普顿散射/康普頓散射,康卜頓散射 Compton scattering
康普顿效应/康卜吞效應 Compton effect
康索尔海图/無線電導航圖 Consol chart
康韦礁板块/康韋礁板塊 Conway Reef plate
糠虾目/糠蝦目 Mysidacea
糠虾期幼体/糠蝦期幼體,糠蝦幼蟲 mysis larva
抗差估计/抗差估計 robust estimation
抗磁性/反磁性 diamagnetism
抗冻蛋白/抗凍蛋白 antifreeze protein
抗冻蛋白基因/抗凍蛋白基因 antifreeze protein gene
抗冻蛋白基因启动子/抗凍蛋白基因啟動子 promoter of antifreeze protein gene
抗冻性/抗凍性,抗霜性,抗寒性 frost resistance, freezing resistance
抗腐蚀/抗腐蝕 corrosion proof
抗腐蚀性/抗腐蝕性 corrosion resistance
抗干扰/抗干擾,反干擾 anti-interference, anti-jamming
抗滑稳定性/抗滑[動]穩定性 stability against sliding
抗滑桩/抗滑錨柱 spud for anti-slip
抗混淆/抗失真 anti-aliasing
抗混淆滤波[器]/去假象濾波器 anti-aliasing filter
抗剪强度/抗剪強度 shear strength
抗拉强度/抗拉強度,抗張強度 tensile strength
抗裂强度/抗裂強度 rupture strength
抗侵蚀性/抗侵蝕性,防汙著性 resistance to fouling
抗倾稳定性/抗傾覆穩定性 stability against overturning
抗生/抗生[作用] antibiosis
抗生素/抗生素 antibiotics, antibiotic
抗生物附着毒剂/抗生物附著毒劑 anti fouling toxicant
抗生物附着涂层/抗生物附著塗層 anti fouling coating
抗生物附着涂料/抗生物附著塗料 anti fouling paint
抗生物附着系统/抗生物附著系統 anti fouling system
抗污染剂/抗汙染劑 anti pollutant
抗污染系统/抗汙染系統 anti pollution system
抗污染装置/抗汙染裝置 anti pollution device
抗性/抗性 resistance
抗压强度/抗壓強度,擠壓強度 compressive strength
抗盐转基因作物/抗鹽基改作物 transgenic crop with salt-resistance
抗氧化剂/抗氧化劑 antioxidant
抗噪传声器/抗噪傳聲器 antinoise microphone
抗噪声/抗噪聲的,防噪聲的 antinoise
抗张强度/抗張強度,抗拉強度 tensile strength
抗震/抗震,耐震 earthquake-proof, shock resistant
抗震建筑/抗震建築 antiseismic construction, earthquake-proof construction, earthquake-resistant constructure
抗震结构/耐震結構 earthquake-resistant structure
抗震墙/抗震牆 earthquake-resisting wall
抗震设防/抗震設防 earthquake fortification
抗震设防烈度/抗震設防烈度 seismic fortification intensity
抗震设计/抗震設計 anti-earthquake design, anti-seismic design, earthquake-resisting design
抗震性能评估/抗震性能評估 evaluation of seismic capacity
钪绿柱石/鈧綠柱石 bazzite
钪钇石/[矽]鈧釔石 thortveitite
考古地磁[学]/考古地磁學 archaeomagnetism
考古地震学/考古地震學 archaeoseismology
考古摄影测量/考古攝影測量 archaeological photogrammetry
拷贝/複製品 copy
烤版机/烤版機 whirler machine, whirler coating machine
靠船碰垫/靠船緩衝駁船 barge bumper
苛达粉类/苛達粉類 Cordaitina
珂罗版/珂羅版 collotype

珂罗版印刷/珂羅版法 collotype process
珂罗版印刷机/珂羅版印刷機 collotype press
柯本-盖格气候/柯本-蓋格氣候 Koppen Geiger climate
柯本气候分类/柯本氣候分類 Koppen's climate classification
柯本气候分类法/柯本氣候分類[法] Koppen's climatic classification
柯本-苏潘等温线/柯蘇線 Koppen Supan line
柯朗-弗里德里希斯-列维条件/CFL 條件 Courant-Friedrichs-Lewy condition, CFL condition
柯朗条件/柯朗條件 Courant condition
柯林电导率/Cowling 導電率 Cowling conductivity
柯林电流/柯林電流 Cowling current
柯石英/柯石英,柯矽石 coesite
柯氏虫/柯氏蟲 Kolesnikovella
柯斯特洛夫公式/柯斯特洛夫公式 Kostrov's formula
柯梯斯-歌德森近似/柯高近似 Curtis-Godson approximation
柯西公式/柯西公式 Cauchy's formulation
柯西中值定理/柯西均值定理 Cauchy mean value theorem
科/科 family
科布-道格拉斯生产函数/科布-道格拉斯生産函數 Cobb-Douglas production function
科达纲/高特綱 Cordaitopsida
科达果/高特果 Cordaicarpus
科达类/科達類 cordaitopsids
科达木/高特木 Cordaioxylon
科达目/高特目 Cordaitales
科达树/高特樹 Cordattes
科达穗属/高特花 *Cordaianthus*
科迪勒拉型造山带/科迪勒拉型造山帶 Cordillera-type orogenic belt
科尔莫戈罗夫假说/科默果夫假説 Kolmogorov hypothesis
科尔莫戈罗夫相似假说/科莫相似假説 Kolmogorov similarity hypothesis
科克斯板块/科克斯板塊 Cocos Plate
科克苏群/科克蘇群 Keksu Group
科里奥利参数/科氏參數 Coriolis parameter
科里奥利加速度/科氏加速[度],柯氏加速度 Coriolis acceleration
科里奥利力/科[利奥利]氏力,[地球]自轉偏向力 Coriolis force
科里奥利效应/科氏效應 Coriolis effect
科马提岩/科馬提岩,鎂橄玄武岩 komatiite
科纳风暴/可那風暴 kona storm
科纳气旋/可那氣旋 kona cyclone
科尼亚克阶/科尼亞克階 Coniacian Stage
科尼亚克期/科尼亞克期 Coniacian Age
科普法则/柯普法則 Cope's rule
科奇蒂事件/Cochiti 事件 Cochiti event
科氏参数/科氏參數 Coriolis parameter
科氏加速度/科氏加速[度],柯氏加速度 Coriolis acceleration
科氏力/科氏力,科利奥利氏力,[地球]自轉偏向力 Coriolis force
科斯特洛夫自相似圆形裂纹/科斯特羅夫自相似圓形裂紋 Kostrov's self-similar circular crack
科学城/科學城 science town
科学机构/科學機構 science establishment
科学计算可视化/科學計算視覺化 visualization in scientific computing, VISC
科学园/科學園區 science park
棵间土壤蒸发/棵間土壤蒸發 soil evaporation between plants
颗粒/顆粒 granule
颗粒表面结构/顆粒表面結構 grain surface texture
颗粒灰岩/粒灰岩 grainstone
颗粒态磷/顆粒性磷 particulate phosphorus
颗粒碳/顆粒性碳 particulate carbon
颗粒相/顆粒相 particulate phase
颗粒形状/粒形,粒狀 grain shape
颗粒性无机碳/顆粒性無機碳 particulate inorganic carbon, PIC
颗粒性物质/顆粒[性]物質 particulate material
颗粒性有机氮/顆粒性有機氮 particulate organic nitrogen, PON
颗粒性有机磷/顆粒性有機磷 particulate organic phosphorus, POP
颗粒性有机碳/顆粒性有機碳 particulate organic carbon, POC
颗粒性有机质/顆粒性有機質 particulate organic matter, POM
颗粒支撑组构/顆粒支撐組構 grain-supported fabric
颗粒状硫化物/顆粒狀硫化物 particulate sulfide
颗石粒/顆石藻,顆形石,鈣板藻片 coccolith
颗石球/顆石球,球殼 coccosphere
颗石软泥/顆石藻軟泥,球石片,鈣板藻軟泥 coccolith ooze
颗石藻/顆石藻,鱗鞭蟲 coccolithophore
颗石藻类/顆石屬,球石屬 coccolithus
蝌蚪图/蝌蚪圖 tadpole plot
蝌蚪幼体/蝌蚪幼體,蝌蚪幼蟲 tadpole larva

髁节目/古蹄獸目,顆帶目　Condylarthra
壳/[背]殼,背甲　carapace, test
壳瓣/背殼,背甲　carapace
壳瓣构造/殼瓣構造,殼瓣結構　valve structure
壳胞/殼胞　pustulum
壳壁/壁,盤　wall
壳层/殼皮層　ostracum
壳刺/殼刺,刺殼針　capillus, spine
壳底层/底層,殼下層　hypostracum
壳顶/殼頂,頂端,螺頂　apex, umbo
壳顶角/殼頂角　umbonal angle
壳顶腔/殼頂腔　umbonal cavity
壳顶褶曲/殼頂褶曲　umbonal fold
壳缝/殼縫　commissure
壳化作用/殼化作用　crustation
壳喙/殼喙,殼嘴　beak
壳口/殼口,口孔　aperture
壳框/殼框　frame
壳肋/殼肋　carapace costa
壳瘤/殼胞　pustulum
壳饰/殼飾,修飾　ornamentation
壳体/殼[體],殼層　vesicle, tract, test
壳纹/殼線　costellae
壳线/殼線　costae
壳腺/殼腺,小顎腺　shell gland, maxillary gland
壳心构造/殼心構造　core-and-shell structure
壳褶/皺紋,[細]褶皺　plication
壳质/殼質　conchiolin
壳皱/[殼]皺,皺褶　ruga, concentric wrinkle, frill
壳状脊椎/殼狀椎[骨],莢椎　lepospondylous vertebra
壳椎类/殼椎類　lepospondyls
壳椎亚纲/空椎亞綱　Lepospondyli
壳嘴/殼嘴,嘴狀物　beak
可变光阑/可變光欄　iris diaphragm
可变孔径/可變光圈[孔徑]　iris aperture
可持续发展/持續性的發展,永續發展　sustainable development
可持续管理/可持續管理,永續管理　sustainable management
可持续利用/可持續利用,永續利用　sustainable use
可持续旅游/永續觀光　sustainable tourism
可重复性/可重複性　repeatability
可传性/可傳性　transmissibility
可存取性/可存取性,易達性　accessibility
可达性/可達性,易達性　accessibility, reachability
可达性指数/可達性指數,易達性指數　accessibility index
可滴定碱/可滴定鹼　titratable base
可递系统/傳遞系統　transitive system
可访问性/易達性,可存取性　accessibility
可复原剖面/可復原剖面　recovery profile
可更新资源/可更新資源　renewable resources
可供解释录井/鑽探解釋剖面　interpretative log
可供水量/有效供水量　available water supply
可滑动条件/可滑動條件　free slip condition
可恢复的海洋环境影响/可逆式海洋環境衝擊　reversible marine environmental impact
可计算模型/可計算模式　computable model
可计算一般均衡/可計算一般均衡　computable general equilibrium, CGE
可见光/可見光　visible light
可见光辐射/可見光輻射　visible radiation
可见光和红外辐射仪/可見光紅外輻射計　visible IR radiometer
可见光和红外自旋扫描辐射仪/可見光紅外旋掃描輻射計　visible and infrared spin scan radiometer, VISSR
可见光谱/可見光譜　visible spectrum
可见光消光计/可見光消光計　visual extinction meter
可见光遥感/可見光遙測　visual remote sensing
可见光云图/可見光雲圖　visible cloud imagery
可见弧/明弧　arc of visibility
可见日面/可見日面　visible solar disk
可降水量/可降水量　precipitable water
可降水汽量/可降水量　precipitable water vapor
可交换态/交換態　exchangeable form
可交换图像数据格式/可交換圖像資料格式　graphic interchange format, GIF
可靠性检验/可靠性檢驗　reliability test
可靠性示意图/圖料精度表　reliability diagram
可控源地震学/受控源地震學　controlled source seismology
可控增益放大器/可控增益放大器　controllable gain amplifier
可控震源/受控源　controlled source
可控震源反褶积/可控震源反褶積　vibroseis deconvolution
可控震源高保真采集/可控震源高保真採集　high fidelity vibrator seismic acquisition, HFVS
可控震源扫描信号/可控震源掃描信號　vibroseis sweep signal
可控震源相关/可控震源相關　vibroseis correlation
可控震源一致性测试/可控震源一致性測試　vibroseis similarity test

可扩展标记语言/可擴展標記語言,可擴展置標語言 extensible markup language, XML
可扩展性/擴充性 extensibility, scalability
可扩展置标语言/可擴展置標語言,可擴展標記語言 extensible markup language, XML
可能论/可能論 possibilist
可能误差/可能誤差 possible error
可能性界限/可能性界限 possibility boundaries
可能最大暴雨/可能最大降水 probable maximum precipitation, PMP
可能最大洪水/可能最大洪水 probable maximum flood, PMF
可能最大降水/可能最大降水,最大可能降水量 probable maximum precipitation, PMP
可逆反应/可逆反應 reversible reaction
可逆过程/可逆過程 reversible process
可逆绝热过程/可逆絶熱過程 reversible adiabatic process
可逆性/可逆性 reversibility
可逆循环/可逆循環 reversible cycle
可曲海百合亚纲/可曲海百合目 Flexibilia
可燃冰/可燃冰,天然氣水合物 natural gas hydrate, gas hydrate
可燃性生物岩/可燃性生物岩 caustobiolith
可燃性有机岩/可燃性生物岩 caustobiolith
可伸缩/可伸縮 scalable
可生物分解的有机化合物/可生物分解的有機化合物 biologically decomposable organic compound
可视比例范围/可視比例範圍 visible scale range
可视化/視覺化 visualization
可视区/可視區,可視範圍 viewport, visible range
可视性分析/通視分析 visibility analysis
可视域分析/視域分析 viewshed analysis
可缩放矢量图形/可擴展向量圖形 scalable vector graphics, SVG
可调目镜/可調目鏡 adjustable eyepiece
可调座架/可調座架 adjustable mount
可停靠窗口/可停靠視窗 dockable window
可吸入颗粒物/可吸入顆粒物 inhalable particles
可行性研究/可行性研究 feasibility study
可选择层/可選擇層 selectable layers
可压缩流体/可壓縮流體 compressible fluid, compressional fluid
可移动细网格模式/可移動細網格模式 movable fine-mesh model, MFM
可移植的网络图像格式/PNG 點陣圖檔 portable network graphic format, PNG
可移植文档格式/可攜式文件格式 portable document format, PDF
可疑地体/疑似地體 suspect terrane
可疑水深/可疑水深 doubtful sounding
可疑印痕/問題物 problematicum
可以直接看到的克、伊、丕、华四氏岩石分类法/中視的克、伊、丕、華四氏岩石分類法 mesoscopic CIPW system of rock classification
可用度/可用度 availability
可用位能/可用位能 available potential energy, APE
可用预报/可用預報 useful forecast
可预报性/可預報度 predictability
可再生能源/再生能源 renewable energy
可再生资源/可再生資源 renewable resources
可照时数/可照時數 duration of possible sunshine
可执行测试套件/可執行測試套件 executable test suite
可执行文件/執行檔 executable file
可置换觇标座/可置换覘標座 traversing target set
可转移性/可轉移性 transferability
克拉克椭球体/克拉克橢球體 Clarke's spheroid
克拉克值/克拉克值 clarke, Clarke value
克拉珀龙方程/克萊波隆方程式 Clapeyron's equation
克拉珀龙曲线/克萊波隆曲線 Clapeyron curve
克拉珀龙斜率/克萊波隆斜率 Clapeyron slope
克拉梭粉类/克拉梭粉類 Classopollis
克拉索夫斯基椭球/克拉索夫斯基橢球 Krasovsky ellipsoid
克拉通/克拉通,古陸 craton
克拉通化/克拉通化,古陸化 cratonization
克拉通内盆地/古陸[内]盆地 intracratonic basin
克拉通内造山作用/克拉通内造山作用 cratonic orogeny
克莱罗定理/克來勞原理 Clairaut theorem
克劳德子波/克勞德漣波 Klauder wavelet
克劳修斯-克拉珀龙方程/克勞克拉方程 Clausius-Clapeyron equation
克里奥尔人/克里奧爾人 Creole
克里金法/克利金法 Kriging method
克列里奇液/輕重礦分離液 Clerici solution
克林顿矿石/克靈頓礦石,染石,亞麻仁礦 Clinton ore
克隆/克隆,無性繁殖系,選殖 clone, cloning
克隆鱼/複製魚 fish cloning
克鲁格曼空间过程/克魯格曼空間過程 Krugman spatial process
克鲁斯迹遗迹相/克魯斯跡遺跡相 Cruziana ichnofacies

克伦威尔海流/克倫威爾海流　Cromwell Current
克罗马林打样/柯馬林打樣　cromalin proofing
克罗马农人/克魯馬儂人　Cro-magnon man
克罗内克 δ/克羅内克 δ　Kronecker δ
克罗内克 δ 符号/克羅内克 δ 符號　Kronecker δ symbol
克罗泽海盆/克羅澤海盆　Crozet Basin
克罗泽海台/克羅澤海臺　Crozet Plateau
克马德克板块/克馬德克板塊　Kermadec Plate
克马德克海沟/克馬德克海溝　Kermadec Trench
克努森表/克努森表　Knudsen's table
克努森数/克努森數,紐生數　Knudsen number
克山病/克山病　Keshan disease
克什米尔菊石/喀士米菊石　Kashmirites
克氏粉类/克氏粉類　Cranwellia
克氏重液/克氏重液　Klein's solution
克铁蛇纹石/克鐵蛇紋石,绿錐石　cronstedtite
克希霍夫积分/克希霍夫積分　Kirchhoff integral
克希霍夫[面积分]法/克希霍夫[面積分]法　Kirchhoff surface intergral method
克希霍夫偏移/克希霍夫移位　Kirchhoff migration
克希霍夫求和/克希霍夫求和　Kirchhoff summation
刻刀/刻針　scribing point
刻绘/雕繪　scribing
刻蚀痕/刻蝕痕　tool mark
刻蚀平原/刻蝕平原　etched plain
刻蚀夷平面/刻蝕平夷面　etchedplanationsurface
刻蚀作用/刻蝕作用　etching
刻图笔/雕刻筆　pen-type graver
刻图片/雕繪版　scribed plate, scribed sheet
刻图头/雕刻針頭　scriber cursor
刻图仪/雕繪器　scriber
刻图桌/雕刻桌　engraving table
刻针/刻針　scribing point
客观分析/客觀分析　objective analysis
客观预报/客觀預報　objective forecast
客户/客户　client, customer
客户端位置定位/客户端位置定位　client-side address locator
客户概况/客户概況　customer profiling
客户工程师/客户工程師　customer engineer, CE
客户市场分析/客户市場分析　customer market analysis
客户详情/客户詳情　customer prospecting
客户信息控制系统/客户資訊控制系統　customer information control system, CICS
客户样本/客户樣本　client sample
客居工人/客居工人,外籍勞工　Gastarbeiter
客流地理/客流地理學　geography of passenger flow
氪/氪　krypton
肯氏龙属/肯氏龍　*Kentrosaurus*
垦殖指数/墾殖指數　cultivation index
啃牧者/囓食者　browser
坑道/横坑　adit
坑道超前探测/坑道超前探測　tunnel advanced reconnaissance
坑道平面图/坑道平面圖　adit planimetric map
坑岗构造/坑崗構造　pit and mound structure
坑探/試井法探勘　pitting
坑探工程测量/坑探工程測量　adit prospecting engineering survey
空-地传导电流/地空傳導電流　air earth conduction current
空-地电流/地空電流　air earth current
空洞/孔隙量　pore space
空谷阶/空谷爾階　Kungurian Stage
空谷期/空谷爾期　Kungurian Age
空盒气压表/空盒氣壓計　aneroid barometer
空盒气压计/空盒氣壓計,空盒氣壓儀,無液氣壓計　aneroid barometer, aneroid barograph
空基大地测量/空基大地測量　space-based geodetic measurement
空基大地测量学/空基大地測量學　space-based geodesy
空基观测/星載觀測　space-based observation
空基技术/空基技術　space-based technology
空基系统/空基系統　space-based system
空基子系统/空基子系統　space-based subsystem
空棘鱼/腔棘魚　Coelacanthus
空棘鱼类/腔棘魚類　actinistians
空间/空間　space
空间闭塞社会/空間閉塞社會　spatially-restricted society
空间不均衡性/空間不均衡性　spatial inequality
空间参照系/空間參考坐標系統　spatial reference system
空间查询/空間查詢　spatial query
空间差异/空間差異　spatial disparity
空间尺度/空間尺度　spatial scale, space scale
空间崇拜/空間崇拜　spatial fetishism
空间错误/空間錯誤　spatial error
空间大地测量学/空間大地測量學,太空大地測量　space geodesy
空间单元/空間單元　spatial unit
空间档案及交换格式/空間檔案及交換格式　spatial archive and interchange format, SAIF

空间导杆/空間導桿 spatial rod
空间的/空間的 spatial
空间等离子体环境/空間等離子體環境 space plasma environment
空间等离子体效应/空間等離子體效應 space plasma effect
空间地理方程/地理空間方程 spatial equation in geography
空间典范/空間典範 spatial paradigm
空间点模式/點分布形態 spatial point pattern
空间电荷/空間電荷 space charge
空间叠加/空間疊加 spatial overlay
空间叠加分析/空間疊加分析 spatial overlay analysis
空间独占/空間獨占 spatial monopoly
空间对象/空間物件 spatial object
空间分辨率/空間解析度,空間解析率 spatial resolution
空间分布/空間分布 spatial distribution
空间分化/空間分化 spatial ramification
空间分离主义者/空間分離主義者 spatial separatist
空间分析/空間分析 spatial analysis
空间辐射效应/空間輻射效應 space radiation effect
空间改正/自由空間改正 free-air correction
空间改正的调整大地水准面/自由空間協同大地水準面 free-air cogeoid
空间高能粒子辐射环境/空間高能粒子輻射環境 space energetic particle radiation environment
空间格网/空間格網 spatial grid
空间格子/空間晶格,晶子格 space lattice
空间寡占/空間寡占 spatial oligopoly
空间关系/空間關係 spatial relationship
空间惯性/空間慣性 spatial inertia
空间归算/自由空間歸算 free-air reduction
空间函数/空間函數 spatial function
空间后方交会/空間後方交會 resection in space, space resection
空间划分/空間區隔 spatial segregation
空间化学/空間化學 space chemistry
空间环境/太空環境 space environment
空间环境模式/空間環境模式 space environment model
空间环境探测/空間環境探測 space environment exploration
空间环境效应/空間環境效應 space environment effect
空间环境预报/空間環境預報 space environment prediction
空间基准/空間基準 spatial datum
空间极坐标系统/空間極坐標系統 space polar coordinate system
空间技术/太空科技 space technology
空间建模/空間建模,空間模式,空間塑模 spatial modeling
空间校正/空間校正,空間調試 spatial adjustment
空间结构/空間結構 spatial structure
空间结构化查询语言/空間結構化查詢語言 spatial structured query language, SSQL
空间结构理论/空間結構理論 spatial structure theory
空间经济/空間經濟 spatial economy
空间经济学/空間經濟學 spatial economics
空间经验/空間經驗 spatial experience
空间竞争/空間競爭 spatial competition
空间聚集/空間聚集 spatial aggregation
空间均衡/空間均衡 spatial equilibrium
空间科学/太空科學 space science
空间可计算一般均衡/空間可計算一般均衡 spatial computable general equilibrium
空间扩散/空間擴散 spatial diffusion
空间连接/空間連接 spatial join
空间滤波/空間濾波 space filtering, spatial filtering
空间模型/空間模型 spatial model
空间目标/空間目標 spatial object
空间配置/空間組態 spatial configuration
空间偏好/空間偏好 spatial preference
空间频率/空間頻率 spatial frequency
空间平滑/空間平滑 space smoothing
空间平台/太空載臺 space platform
空间气象学/太空氣象學 space meteorology
空间前方交会/空間[前方]交會 space intersection
空间实验室/太空實驗室 spacelab
空间书签/空間書簽 spatial bookmark
空间属性/空間屬性 spatial attribute
空间数据/空間資料 spatial data
空间数据操作语言/空間資料操作語言 spatial data manipulation language, SDML
空间数据基础设施/空間資料基礎設施,空間資料基礎建設 spatial data infrastructure, SDI
空间数据交换网站/空間資料交換中心 spatial data clearinghouse
空间数据结构/空間資料結構 spatial data structure
空间数据库/空間資料庫 spatial database
空间数据库管理系统/空間資料庫管理系統 spatial database management system
空间数据库检验/空間數據庫檢驗 checkout

geodatabase
空间数据库引擎/空間數據庫引擎,空間資料庫引擎 spatial database engine, SDE
空间数据模型/空間資料模式 spatial data model
空间数据挖掘/空間資料挖掘,空間資料探勘 spatial data mining
空间数据转换/空間資料轉換 spatial data transfer
空间数据转换标准/空間資料交換標準 spatial data transfer standard, SDTS
空间思考/空間思考 spatial thinking
空间索引/空間索引,空間檢索 spatial indexing, spatial index
空间天气/太空天氣 space weather
空间同质性/空間均質性 spatial homogeneity
空间统计/空間統計 spatial statistics
空间物理/太空物理學 space physics
空间物理学/太空物理學 space physics
空间相干/空間相干 spatial coherence
空间相关/空間相關,空間關聯 spatial correlation
空间相互作用/空間交互作用,空間互動 spatial interaction
空间斜墨卡托投影/空間斜軸麥卡托投影 space oblique Mercator projection
空间信息/空間資訊 spatial information
空间信息可视化/空間資訊視覺化 visualization of spatial information
空间行为/空間行爲 spatial behavior
空间性/空間性 spatiality
空间需求/空間需求 space requirement
空间研究委员会/太空研究委員會 Committee on Space Research, COSPAR
空间异常/自由空間異常 free-air anomaly
空间预测滤波[器]/空間預測濾波[器] spatial prediction filter
空间域/空間域 space domain, spatial domain
空间缘线/空間邊緣 spatial margin
空间增长模型/空間成長模式 spatial growth model
空间站/太空站 space station
空间直角坐标/空間直角坐標 space rectangular coordinates
空间自相关/空間自相關,空間相關性 spatial autocorrelation
空间组织/空間組織 spatial organization
空间坐标/空間坐標 space coordinates
空间坐标系统/空間坐標系統 space coordinate system
空晶石/空晶石 chiastolite
空旷地比例/空曠地比例 open space ratio, OSR
空气/空氣 air
空气波/空氣波 air wave
空气波影响/空氣波影響 effect of air wave
空气[冲]击波/空氣[衝]擊波 air shock wave
空气吹出法/空氣噴出法 air blow out method
[空气]颠簸/[空氣]顛簸 air bumps
空气动力尾迹/[空]氣動力凝結尾 aerodynamic trail
空气动力学/[空]氣動力學 aerodynamics
空气动力学粗糙度/空氣動力學粗糙度 aerodynamics roughness
空气光/空中光 airlight
空气流泄/空氣洩流 air drainage
空气密度/空氣密度 air density
空气耦合瑞利波/空氣耦合瑞利波 air-coupled Rayleigh wave
空气潜水/空氣潛水 air diving
空气枪/空氣槍 air gun
[空]气室/空氣室 air chamber
空气污染/空氣汙染 air pollution
空气污染标准/空氣汙染標準 air pollution standard
空气污染法规/空氣汙染代碼 air pollution code
空气污染化学/空氣汙染化學 air pollution chemistry
空气污染检查器/空汙檢測器 cacaerometer
空气污染警报/空氣汙染預警 air pollution alert
空气污染模拟/空氣汙染模擬 air pollution modeling
空气污染模式/空氣汙染模式 air pollution model
空气污染物/空氣汙染物 air pollutant
空气污染物含量/空氣汙染物含量 load of air pollutant
空气污染物排放/空氣汙染物排放 air pollutant emission
空气污染物排放标准/空氣汙染物排放標準 air pollutant emission standard
空气污染指数/空氣汙染指數 air pollution index
空气雾化器/空氣霧化器 air atomizer
空气质量标准/空氣品質標準 air quality standard
空气质量判据/空氣品質判據 air quality criteria
空气资源/空氣資源 air resources
空腔辐射计/腔體輻射計 cavity radiometer
空腔谐振器/空腔諧振器 cavity resonator
空腔作用/成腔作用 cavitation
空速/空速 air speed
空位/空位 vacancy
空心化/空洞化 hollowing-out
空悬匙形台/自由匙板 free spondylium
空值/空值 null value

空中磁力调查/空中磁力調查 magnetic airborne survey
空中导航/空中航行術 aerial navigation
空中导线测量/空中導線測量 aeropolygonometry
空中放电/空中放電 air discharge
空中能见度/飛行能見度 flight visibility
空中平台/空中載臺 aerial platform
空中三角测量/空中三角測量 aerotriangulation, aerial triangulation
GPS空中三角测量/GPS空中三角測量 GPS aerotriangulation
空中三角测量平差/空中三角平差 aerotriangulation adjustment
空中摄站/空中攝影站 air station
空中水准测量/空中水準測量 aeroleveling
空中悬浮微粒/空中懸浮微粒 airborne particulate
孔/孔 pore
孔版印刷/孔版印刷 porous printing
孔层构造/孔層構造,海綿層構造 spongiostromate fabric
孔洞/孔[洞],孔隙量 pore space, pore
孔对/孔對 pore pair
孔沟/孔溝[的] colporate
孔径/孔徑 aperture
孔径比/孔徑比 aperture ratio
孔径光阑/孔徑光欄 aperture diaphragm
孔径角/孔徑角 angle of aperture
孔口/孔口 tremata
孔菱/孔菱,菱孔 pore rhomb, rhombic pore
孔菱目/孔菱目 Rhombifera
孔雀石/孔雀石 malachite
孔室/孔室 vestibulum
孔隙/孔[隙] pore
孔隙比/孔隙比,空隙比 void ratio
孔隙冰/孔隙冰 pore ice
孔隙度/孔隙度,孔隙率 porosity
孔隙胶结/孔隙膠結 porous cement
孔隙结构/孔隙結構 pore configuration
孔隙流体/孔隙流體 pore fluid
孔隙-流体模式/孔隙流體模式 pore fluid model
孔隙流体效应/孔隙流體效應 effect of pore fluid
孔隙率/孔隙率,孔隙度 porosity
孔隙气/孔隙氣 porous gas
孔隙溶液/孔隙溶液 pore solution
孔隙水/孔隙水,空隙水 interstitial water, pore water
孔隙水压/孔隙水壓 pore water pressure
孔隙弹性常量/孔隙彈性常量 poroelastic constant
孔隙弹性效应/孔隙彈性效應 poroelastic effect
孔隙体积/孔隙體積,孔隙容量,細孔體積 pore volume
孔隙压[力]/孔隙壓力 pore pressure
孔隙压强实验/孔隙壓力實驗 pore pressure experiment
孔兹岩/榴英矽線變岩 khondalite
孔兹岩系/榴英矽線變岩系 khondalite series
孔嘴贝属/孔嘴貝 *Rhynchotrema*
恐齿猫属/恐齒貓屬,古猋 *Dinictis*
恐角类/恐角獸類 dinoceratans
恐角目/恐角目 Dinocerata
恐龙蛋/恐龍蛋 dinosaur egg, Dinosaurian
恐龙类/恐龍類 dinosaurs
恐龙目/恐龍目 Dinosauria
恐龙型类/恐龍型類,恐龍形類 dinosauromorphs
恐龙足印/[恐]龍足印 dinosaur footprint, Sauropus
恐鸟/恐鳥 moa, Dinornis
恐兽/恐獸,巨獸 Dinotherium
恐兽亚目/恐獸亞目,巨獸類 Dinotherioidea
恐头兽类/巨頭獸類,恐首龍類 dinocephalians
恐象/恐獸,巨獸 Dinotherium
控制/控制 control
控制测量/控制測量 control survey
控制测量分类/控制測量分類 control survey classification
控制测站/控制測站 control station
控制点/控制點 control point
控制点图/控制點圖 control diagram
控制方程/控制方程 governing equation
控制扩展/控制[點]擴展 extension of control
控制论/模控學 cybernetics
控制贸易/控制貿易 controlled trade
控制日/控制日 control day
控制摄影/控制攝影 control photography
控制网/控制網 control network
控制系统/控制系統,作業系統 operating system, control system
控制像片镶嵌图/控制像片鑲嵌圖 controlled photograph mosaic
控制中心/作業中心 operation center
控制[字]符/控制字元 control character
口/口 mouth
口板/口板,唇板 hypostoma, oral plate
口部/口部 oral area
口垂体孔/口垂體孔 buccohypophysial foramen
口道/口道 gutter
口盾/口盾 oral shield

口盖/口蓋,厣 aptychus, operculum
口盖目/口蓋幾丁蟲 Operculatifera
口极/口極 apertural pole
口孔/口孔,殼口 aperture
口令/密碼 password
口面/口面 oral face, apertural face, oral surface
口器/[節肢動物的]口器 mouthparts
口器颚颌/口器顎頜 janis
口前叶/口前葉 prostomium
口塞/口塞 apertural plug
口鳃腔/口鰓腔 oralobranchial chamber
口视/口視 oral view
口述历史/口述歷史 oral history
口围/口圍 peristome
口咽腔/口咽腔 buccopharyngeal cavity
口缘/口緣 peristome
扣齐地极性亚期/扣齊地極性亞期 Kochitti polarity subchron
寇乌气压表/寇烏式氣壓計 Kew barometer
枯竭/枯竭 depletion
枯水/低流量 low flow
枯水年/枯水年 low flow year
枯萎点/枯萎點 wilting point
枯枝落叶/枯枝落葉 litter
窟穴生物/窟穴生物 inbiota
苦橄玄武岩/苦橄玄武岩 picrobasalt
苦橄岩/苦橄岩 picrite
库拉板块/庫拉板塊 Kula plate
库朗数/庫朗數 Courant number
库里-图基算法/庫里-圖基演算法 Cooley-Tukey algorithm
库鲁克塔格群/庫魯克塔格群 Kuruktag Group
库仑破裂/庫侖破壞 Coulomb's failure
库仑应力/庫侖應力 Coulomb stress
库伦堡取芯管/庫倫堡取芯管 Kullenberg corer
库伦-莫尔破坏准则/庫倫-莫爾破壞準則 Coulomb-Mohr failure criterion
库伦[破裂]准则/庫倫[破裂]準則 Coulomb's fracture criterion
库容测量/庫容測量 reservoir storage survey
库什台群/庫什臺群 Kushitai Group
库西姆契克群/庫西姆契克群 Koxemqek Group
夸张立体/誇張立體 exaggerated relief
跨轨扫描仪/跨軌掃描儀 across track scanner
跨河水准测量/渡河水準測量 river-crossing leveling
跨接线/跨帶線 jumper
跨片索引/跨片索引 cross-tile indexing
跨区建筑物/跨區建物 covering districts building
跨水准/跨水準 striding level
跨水准管/跨水準管 striding level
块断构造作用/塊斷構造作用 fault block tectonism
块断区/塊斷區 block-faulted area
块断运动/塊斷運動 block faulting movement
块断作用/斷塊作用 block faulting
块硅镁石/塊矽鎂石 norbergite
块黑铅矿/塊黑鉛礦 plattnerite
块辉铋铅矿/塊輝鉛鉍礦 rezbanyite
块辉铋铅银矿/塊輝鉍鉛銀礦 schirmerite
块磷铝矿/磷鐵鋁礦 berlinite
块硫铋银矿/塊硫鉍銀礦 pavonite
块硫钴矿/塊硫鈷礦 jaipurite
块硫砷铅矿/塊硫砷鉛礦 guitermanite
块码/區碼,字組 block code
块体运动/塊體運動 mass movement
块铜矾/塊銅礬 antlerite, vernadskite
块状/塊狀 massive
块状崩落/塊狀崩落 crumbling
块状鲕石/塊狀鮞石 massive oölith
块状构造/塊狀構造 massive structure
块状硫化物/塊狀硫化物 massive sulfide
块状天然气水合物/塊狀水合物 massive hydrate
块状图/塊狀圖,方塊立體透視圖,方塊圖 block diagram
块状运动/塊狀運動 massive movement
快捷菜单/熱鍵菜單 shortcut menu
快捷键/快捷鍵 keyboard shortcut
快门/快門 shutter
快门开关/快門開關[器] shutter release
快门片/快門片 shutter disc
快门速度/快門速度 shutter speed
快门透光效率/快門曝光效率 efficiency of transmission of a shutter
快门效率/快門效率 shutter efficiency
快视/快視,快速瀏覽 quick look
快速傅里叶变换/快速傅立葉變換,快速傅利葉轉換 fast Fourier transform, FFT
快速傅里叶反变换/快速傅利葉反轉換 inverse fast Fourier transform, IFFT
快速傅里叶逆变换/快速傅立葉逆轉換 fast Fourier transform inverse, FFTI
快速扩张/快速擴張 fast spreading
快速扩张[洋]脊/快速擴張[洋]脊 fast-spreading ridge
快速流/快速流 quick flow
快行冷锋/疾行冷鋒 rapidly moving cold front
快照/[波場]快照 snapshot

宽唇纲/寬唇綱,闊口的 Eurystomata
宽带滤光片/寬帶濾光片 broad bandpass filter
宽带通量发射率/寬帶通量發射率 broadband flux emissivity
宽带网/寬頻網路 broad band networks
宽甸群/寬甸群 Kuandian Group
宽肛道类/寬肛道型 euryproct
宽角地震学/寬角地震學 wide-angle seismology
宽频带/寬頻帶 wide range of frequencies
宽频带地震记录/寬頻地震記録 broadband seismological recording
宽线地震数据处理/寬線地震資料處理 wide-line seismic data processing
宽线剖面/寬線剖面 wide line profile
狂涛/狂濤 very high sea
矿藏地震勘探/礦藏地震勘探 seismic exploration in mine
矿层/礦層 ore bed
矿产/礦物資源 ore, mineral resources, minerals
矿产经济学/礦物經濟學 mineral economics
矿产开发/礦產開發 mineral exploitation
矿产勘查/礦產勘查 mineral exploration
矿产普查/探礦 mineral prospecting
矿产图/礦產圖 map of mineral deposits
矿产资源/礦產資源,礦物資源 mineral resources
矿场平面图/礦場平面圖 mining yard plan
矿巢/礦巢 ore nest
矿床/礦床 mineral deposit
矿床成矿系列/礦床成礦系列 minerogenetic series of mineral deposits
矿床成因类型/礦床成因類型 genetic type of mineral deposit
矿床地球化学/礦床地球化學 mineral deposit geochemistry
矿床地质学/礦床地質學 mineral deposit geology
矿床分带/礦床分帶 mineral zoning of ore deposits
矿床工业类型/礦床工業類型 commercial type of mineral deposit
矿床模式/礦床模式 mineral deposit model
矿床品位/礦床品位 grade of ore
矿床水文地质学/礦床水文地質學 mineral deposit hydrogeology
矿床学/礦床學 study of mineral deposits
矿床组合/礦床組合 ore-deposit association
矿带/礦石帶 ore zone
矿点/礦點 ore occurrence
矿顶相/礦頂相 facies of ore body top
矿根相/礦根相 facies of ore body root
矿化/礦化 mineralizing
矿化程度/礦化程度 degree of mineralization
矿化度/礦化度,總含鹽度 mineralization of water, total dissolved solids, dissolved solids
矿化集中区/礦化集中區 mineralized concentrate district
矿化剂/礦化劑 mineralizer
矿化阶段/礦化階段 mineralization stage
矿化流体/礦液 mineralizing fluid
矿化期/礦化時期,成礦時期 mineralization period
矿化热液/礦化熱液 hydrothermal mineralization solution
矿化水/礦化水 mineralized water
矿化作用/礦化作用,成礦作用 mineralization, ore-forming process minerogenesis
矿浆/含礦岩漿 ore magma
矿浆型铁矿床/礦漿型鐵礦床 ore magma iron deposit
矿井/直井,竪井,竪坑 shaft
矿井疏干/礦井疏乾 shaft draining
矿井双垂线法/礦井雙垂線法 double-plumbing of a shaft
矿坑排水/礦坑排水 mine drainage
矿坑水/礦坑水 mine water, pit water
矿脉/礦脈 vein
矿棉/礦綿,礦物纖維,石纖礦 mineral wool
矿囊/礦囊,礦袋 ore pocket
矿胚/[胚]胎礦 protore
矿区/礦區 ore district
矿区控制测量/礦區控制測量 control survey of mining area
矿泉/礦泉 mineral spring
矿山测量/礦區測量 mine survey, survey in mining panel
矿山测量交换图/礦山測量交換圖 exchanging documents of mining survey
矿山测量图/礦山測量圖 mining map
矿山测量学/礦山測量學 mine surveying
矿山地质学/礦業地質學 mining geology
矿山经纬仪/礦山經緯儀 mining theodolite
矿山陷落地震/礦山陷落地震 mine depression earthquake
矿山诱发地震/礦山誘發地震 mining-induced earthquake, mining-induced seismicity
矿石/礦石,礦砂 ore
矿石矿物/礦石礦物 ore mineral
矿石矿物学/礦石礦物學 ore mineralogy
矿石品位/礦石品級 grade of ore, tenor of ore

矿石[岩石]学/礦石岩石學　ore petrology
矿石自然类型/礦石自然類型　natural type of ore
矿体/礦體　ore body
矿体几何[学]/礦體幾何[學]　mineral deposits geometry
矿体几何制图/礦體幾何製圖　geometrisation of ore body
矿田/礦田,礦區,礦産地　ore field
矿田构造学/礦田構造學　study of orefield structure
矿筒/礦筒　ore pipe, ore chimney
矿物/礦物　mineral
矿物等时线/礦物等時線　mineral isochron
矿物合成/礦物合成　mineral synthesis
矿物化学/礦物化學　mineral chemistry
矿物燃料/礦物燃料　mineral fuel
矿物物理学/礦物物理學　mineral physics
矿物相变/礦物相變　phase transformation of mineral
矿物相律/礦物相律　mineralogical phase rule
矿物学/礦物學　mineralogy
矿物学家/礦物學家　mineralogist
矿物种/礦物種　mineral species
矿物组合/礦物組合,礦物共生,礦物聚合　mineral association, mineral assemblage
矿相显微镜/礦石顯微鏡　ore microscope
矿-岩时差/礦-岩時差　rock-ore formation time interval
矿业城市/礦業城市　mining city
矿异常/礦異常　ore anomaly
矿源层/礦源層　source bed
矿源岩/源岩,母岩　source rock
矿震监测/礦震監測　coal mine seismic monitoring
矿震监测台网/礦震監測臺網　coal mine seismic monitoring network
矿柱/礦柱　ore pillar
框标/框標　fiducial mark
框标点/框標點　fiducial point
框标坐标轴/像框坐標軸　fiducial axis
框幅摄影机/像框攝影機　frame camera
框架/架構,體系　framework
框架数据/架構資料　framework data
框式水准计/框式水準器　block level, frame level
眶后片/眶後片　postorbital plate
眶后缩窄/眶後縮窄,眶後狹窄　postorbital constriction
眶前窗/眶前窗　antorbital fenestra
眶前片/眶前片　preorbital plate
眶前窝/眶前窩　antorbital vacuity
眶上沟/眶上溝　supraorbital sulcus
眶上突/眶上突　superorbital notch
眶上圆枕/眶上圓枕　supraorbital torus
眶下孔/眶下孔　infraorbital foramen
眶下片/眶下片　suborbital plate
亏损地幔/虧損地幔　depleted mantle, DM
盔甲鱼类/盔甲魚類　galeaspids
盔菊石/盔菊石　Hoplites
盔龙属/[盔]龍屬,雞頭龍　*Corythosaurus*
盔形虫属/盔形蟲[有孔蟲]　*Cassidulina*
盔籽目/盔籽目　Corystospermales
魁人/大猿,巨猿,碩猿人　*Meganthropus*
昆布/昆布,巨藻　kelp
昆布氨酸/昆布胺酸,海帶胺酸,海帶氨酸　laminine
昆虫/昆蟲　insect
昆虫纲/昆蟲綱　Insecta
昆虫类/昆蟲綱　Insecta
昆仑造山带/崑崙造山帶　Kunlun orogenic belt
昆明兽/昆明獸　Kumminia
昆明准静止锋/昆明準静止鋒　Kunming quasi-stationary front
昆阳群/昆陽群　Kunyang Group
扩容说/擴容説　dilatancy hypothesis
扩散/擴散　diffusion
扩散板块边界/擴散板塊邊界　diffuse plate boundary
扩散常数/擴散常數　diffusion constant
扩散方程/擴散方程　diffusion equation
扩散分馏/擴散分餾　diffusional fractionation
扩散函数/擴散分析功能　spread function
扩散交代作用/擴散交代作用　diffusive metasormasm
扩散流动/擴散流動　diffusive flow
扩散率/擴散率　diffusivity
扩散模式/擴散模式　diffusion model
扩散曲线/擴散曲線　diffusion curve
扩散蠕变/擴散蠕變,擴散潛變　diffusion creep
扩散湿度表/擴散濕度計　diffusion hygrometer
扩散物质迁移/擴散物質遷移　diffusion mass transfer
扩散系数/擴散係數　coefficient of diffusion, diffusion coefficient
扩散效应/擴散效應　diffusion effect
扩散型产卵生物/釋放型産卵生物　broadcast spawner
扩散晕/擴散暈　diffusion halo
扩散云室/擴散雲室　diffusion chamber
扩散障碍/擴散障礙　diffusion barriers

扩散中心/擴散中心　dispersal center
扩散转印/擴散轉印　diffusion transfer
扩散作用/擴散[作用]　diffusion
扩展 F/擴展 F　spread F
扩展地震剖面法/延伸地震剖面法,延伸震測剖面法　extended seismic profiling, ESP
扩展扩散/擴展擴散　expansion diffusion
扩展实体数据/擴展實體數據　extended entity data, XData
扩展适应/延伸適應　exaptation
扩展颜色/擴展顏色　extended color
扩展游标/伸展游標　extended vernier
扩张/擴張　expansionary, spreading
扩张板块边缘/張裂板塊邊緣界　spreading plate boundary
扩张带/擴張帶　zone of extension
扩张极/擴展極　pole of spreading, spreading pole
扩张脊/擴張脊　spreading ridge
扩张裂谷/擴張裂谷　spreading rift
扩张[速]率/擴張速率　spreading rate
扩张中心/擴張中心　spreading center
扩张轴/擴張軸　spreading axis
蛞蝓属/蛞蝓　Aeolis
阔鼻猴亚目/廣鼻類　Platyrrhini
阔弓类/闊弓綱,廣弓亞綱　Euryapsida
阔口龙/加斯馬吐龍　Chasmatosaurus
阔石燕/闊石燕　Euryspirifer
廓道/廊道　corridor
廓线/剖線　profile
廓线仪/剖線儀　profiler

L

拉斑系列/矽質玄武岩系列　tholeiitic series
拉斑[玄武]结构/矽質玄武組織　tholeiitic texture
拉斑玄武岩/拉斑玄武岩,矽質玄武岩　tholeiite
拉布拉多尔海/拉布拉多海　Labrador Sea
拉布拉多[冷]海流/拉布拉多海流　Labrador current
拉长叠层石/拉長疊層石　elongate stromatolite
拉长石/拉長石,中鈣長石　labradorite
拉尺器/拉尺器　tape stretcher
拉德洛世/拉德洛世,羅德洛世　Ludlovian Epoch, Ludlow Epoch
拉德洛统/拉德洛統,羅德洛統　Ludlovian Series, Ludlow Series
拉丁阶/拉丁階　Ladinian Stage
拉丁期/拉丁期　Ladinian Age
拉冬变换/雷冬變換　Radon transform
拉多兽/拉多獸　Letoverpeteron
拉分/拉裂[構造]　pull-apart
拉分盆地/拉張盆地　pull-apart basin
拉格朗日插值/拉格朗日内插　Lagrange interpolation
拉格朗日法/拉格朗日法,拉觀法　Lagrangian method
拉格朗日方程/拉格朗日方程　Lagrangian equation
拉格朗日平流格式/拉格朗日平流格式　Lagrangian advective scheme
拉格朗日投影/拉格朗日投影　Lagrange projection
拉格朗日相关/拉格朗日相關　Lagrangian correlation
拉格朗日行星运动方程/拉格朗日行星運動方程　Lagrange variational equation
拉格朗日坐标/拉格朗日坐標　Lagrangian coordinates
拉近/納近[法]　nudging
拉柯斯特-隆贝格重力仪/拉-羅氏重力儀　LaCoste-Romberg gravimeter
拉科斯特海洋重力仪/拉-羅氏海洋重力儀　LaCoste sea gravimeter
拉科斯特悬挂法/LaCoste 懸掛　LaCoste suspension
拉力架/拉力架　straining trestle
拉硫砷铅矿/砷硫鉛鉈礦　rathite
拉梅常数/拉梅常數　Lamé constants
拉锰矿/直錳礦　ramsdellite
拉姆萨尔湿地公约/拉姆薩爾濕地公約　Ramsar Convention on Wetlands
拉尼娜/反聖嬰[現象]　La Niña
拉普拉斯变换/拉普拉斯轉換　Laplace transform
拉普拉斯潮汐方程/拉卜拉士潮汐方程　Laplace tidal equation
拉普拉斯点/拉普拉斯點　Laplace point
拉普拉斯方程[式]/拉普拉斯方程式,拉卜拉士方程　Laplace equation
拉普拉斯方位角/拉普拉斯方位角　Laplace azimuth
拉普拉斯算符/拉普拉斯算符　Laplacian
拉普拉斯条件/拉普拉斯條件　Laplace condition
拉且尔蜓属/拉且爾蜓屬　*Reichelina*
拉尚漂移/拉尚飄移,拉尚偏移　Laschamp excursion
拉尚事件/拉尚事件　Laschamp event
拉伸/拉伸,伸長　stretch
拉伸纪/拉伸紀　Tonian Period
拉伸破坏/拉伸損壞　tension failure
拉伸系/拉伸系　Tonian System
拉乌尔定律/拉午耳定律　Raoult's law
拉张边界带/拉張邊界帶　extensional boundary zone
拉张盆地/拉張盆地　pull-apart basin
拉张偏应力/拉張偏應力　extensional deviatoric stress
喇叭角石/喇叭角石　Lituites
喇叭角石式壳/喇叭角石式殼　lituiticone, lituicone
喇叭孔珊瑚属/煙斗珊瑚[屬]　*Aulopora*
喇叭蜓属/喇叭蜓,喇叭紡錘蟲　*Codonofusiella*
剌笔石属/剌筆石屬　*Acanthograptus*
剌菊石属/剌菊石　*Acanthoceras*
剌蕨属/剌蕨屬　*Arthrostigma*
腊玛古猿/拉瑪人猿　Ramapithecus
蜡版/蠟版　wax impression
蜡硅锰矿/矽錳礦　bementite
蜡刻版/蠟刻版　wax engraved plate
蜡蛇纹石/蠟蛇紋石　kerolite
蜡状蛋白石/蠟蛋白石　wax opal
来年冻土/陳年凍層　pereletok
莱德利基虫属/雷氏蟲,萊氏蟲　*Redlichia*
莱河矿/淶河礦,高鐵橄欖石　laihunite

莱曼法/李門氏法 Lehmann's method
莱曼界面/萊曼介面 Lehmann discontinuity
莱曼-α湿度表/萊曼-α濕度計 Lyman-α hygrometer
莱尼蕨类/萊尼蕨類 rhyniophytes
莱斯利矩阵/萊斯利矩陣 Leslie matrix
莱文森递归/李文森遞歸 Levinson recursion
赖利法则/賴利法則 Reilly's law
兰勃特等积方位投影/蘭伯特等積方位投影 Lambert equal-area meridional map projection
兰勃特定理/蘭伯特定理 Lambert theorem
兰勃特方位线/蘭伯特方向線 Lambert bearing
兰勃特投影/蘭伯特投影 Lambert projection
兰勃特正性圆锥投影/蘭伯特正形圓錐投影 Lambert conformal conical projection
兰代洛阶/蘭代洛階 Llandeilian Stage
兰代洛期/蘭代洛期 Llandeilian Age
兰多弗里世/蘭多弗立世 Llandoverian Epoch
兰多弗里统/蘭多弗立統 Llandoverian Series
兰盖阶/蘭蓋階 Langhian Stage
兰盖期/蘭蓋期 Langhian Age
兰金涡旋/阮肯渦旋 Rankine vortex
兰姆波/蘭姆波 Lamb wave
兰婉贝属/李婉貝 *Levenea*
兰维恩阶/蘭威恩階 Llanvirnian Stage
兰维恩期/蘭威恩期 Llanvirnian Age
岚河群/嵐河群 Lanhe Group
拦河坝/攔河壩 barrage
拦门沙/河口沙洲,河口淺灘 estuarine bar, river mouth bar
拦沙堤/攔砂堤,攔砂壩 sediment barrier
拦湾坝/海灣洲 bay bar
蓝奥长石/天藍長石 lazurfeldspar
蓝版/藍版,水系版 blue printing plate, blueline board
蓝宝石/[真]藍寶石 oriental saphire, sapphire
蓝冰/藍冰 blue ice
蓝底图/藍曬圖 blue key, blue print
蓝方石/藍方石 hauyne
蓝硅硼钙石/藍矽硼鈣石 serendibite
蓝辉铜矿/藍輝銅礦,青輝銅礦 blue chalcocite, digenite
蓝堇青石/藍堇青石,水藍寶石 water sapphire
蓝晶石/藍晶石 kyanite
蓝磷铝铁矿/藍磷鋁鐵礦 vauxite
蓝磷铜矿/藍磷銅礦 cornetite
蓝[绿]藻/藍綠藻 blue-green algae
蓝钼矿/藍鉬礦 ilsemannite
蓝色产业/藍色產業 blue industry
蓝色国土/藍色國土 blue state territory
蓝色线划/藍色線 blue line
蓝珊瑚/藍珊瑚 Heliopore
蓝闪石/藍閃石 glaucophane
蓝闪石-绿片岩相/藍閃石-綠片岩相 glaucophane-greenschist facies
蓝[闪石]片岩/藍閃片岩 glaucophane schist
蓝闪石片岩相/藍閃片岩相 glaucophane schist facies
蓝石英/藍石英 sapphire quartz
蓝铁矿/藍鐵土,藍鐵石,自然普鲁士藍 blue-iron earth, blue-iron stone, vivianite
蓝铁染骨化石/齒綠松石 odontolite
蓝铜矾/藍銅礬 langite
蓝铜矿/藍銅礦,石青 azurite
蓝图清绘/藍圖清繪 blueprint drawing
蓝土/藍土,青土 blue earth, blue ground
蓝硒铜矿/藍銅硒礦,硒銅礦 chalcomenite, klockmannite
蓝线版/藍線版 blueline board
蓝线石/藍線石 dumortierite
蓝藻叶黄素/藍藻葉黃素 myxoxanthophyll
蓝柱石/藍柱石 euclase
蓝锥矿/藍錐礦,矽鋇鈦礦 benitoite
澜沧群/瀾滄群 Lancang Group
郎士德珊瑚属/郎氏花珊瑚 *Lonsdaleia*
郎氏定律/郎氏定律 Landolt's law
狼翅鱼属/狼翅魚 *Lycoptera*
狼獾属/狼獾 *Gulo*
廊道/廊道,走廊地帶 corridor
廊道分析/廊道分析 corridor analysis
朗伯漫射面/藍伯漫射面 Lambertian surface
朗伯余弦定理/藍伯[餘弦]定律 Lambert cosine law
朗之万离子/朗日凡離子 Langevin ion
浪潮相互作用/浪潮交互作用 surge-tide interaction
浪高/浪高,波高 wave elevation, wave height
浪花/破浪 breaker
浪积台[地]/浪積臺地,浪積階地 wave built terrace
浪蚀洞/浪蝕洞 nip
浪蚀海岸/浪蝕海岸 wave erosion coast
浪蚀海岸线/浪蝕海岸線 abrasion shoreline
浪蚀基面/波基,波底 wave base
浪蚀基岩面/浪蝕基岩面 abraded bedrock surface
浪蚀阶地/浪蝕階地,波蝕階地,海蝕階地 wave-cut terrace, abrasion terrace
浪蚀三角洲/浪蝕三角洲 wave-cut delta

浪蚀台/波蝕臺,波蝕棚 wave-cut bench
浪蚀台地/浪蝕臺地 wave platform
浪蚀崖/浪蝕崖 wave-cut cliff
劳动地域分工/空間分工 spatial division of labor
劳动力地理学/勞動力地理學 geography of labor
劳动力密集型工业/勞力密集業 labor-intensive industry
劳动力源地/勞工源地 labor shed
劳动生产率/勞工生産力 labor productivity
劳俄构造域/勞俄構造域 laurussia domain
劳里模型/勞里模式 Lowry model
劳磷铁矿/水錳磷鐵礦,水鐵錳緑鐵礦 laubmannite
劳伦古大陆/勞倫古大陸 Laurentia
劳氏笔石属/勞氏筆石 *Loganograptus*
劳亚古[大]陆/勞亞古[大]陸,北方古陸,勞亞大陸 Laurasia
老成土/老成土,淋育土 Ultisol
老红砂岩/老紅砂岩 Old Red Sandstone
老化/陳化 aging
老岭群/老嶺群 Laoling Group
老年冰/老冰 old ice
老年期/老年期 old stage
老挝风/老撾風 Laotian wind
乐昌峡群/樂昌峽群 Lechangxia Group
乐平煤/樂平煤 Loping coal，lopite
乐平世/樂平世 Lopingian Epoch
乐平统/樂平統 Lopingian Series
乐氏珊瑚/樂氏珊瑚 Yohophyllum
勒夫波/勒夫波,洛夫波 Love wave
勒夫数/勒夫數,洛夫數 Love's number
勒拿阶/勒拿階 Lenian Stage
勒拿期/勒拿期 Lenian Age
勒普雷学派/樂普雷學派 Le Play's School
勒让德多项式/勒戎德爾多項式 Legendre polynomial
勒让德函数/勒壤得函數 Legendre function
雷/雷 thunder
雷暴/雷暴 thunderstorm
雷暴单体/雷雨胞 thunderstorm cell
雷暴等时线/等雷線 homobront
雷暴低压/雷暴低壓 thunderstorm depression
雷暴高压/雷暴高壓 thunderstorm high
雷暴回波/雷暴回波 thunderstorm echoes
雷暴活动源地/雷雨活動源地 source of thunderstorm activity
雷暴监测/雷暴監測 thunderstorm monitoring
雷暴日/雷雨日 thunderstorm day
雷暴湍流/雷雨亂流 thunderstorm turbulence
雷暴泄流/雷暴外流 thunderstorm outflow
雷飑/雷颮 thunder squall
雷达/雷達 radar，radio detecting and ranging
MST 雷达/MST 雷達 MST radar
雷达标定/雷達校準 radar calibration
雷达波长/雷達波長 radar wavelength
雷达测风/雷達測風 radar wind sounding
雷达测风仪/雷達探空儀,雷達送 radarsonde
雷达测高仪/雷達測高儀,雷達高度計 radar altimeter
雷达测井/雷達測井 radar logging
雷达测距方程/雷達測距方程式 radar range equation
雷达测距仪/雷達測距儀 radar range finder
雷达常数/雷達常數 radar constant
雷达导航/雷達導航 radar navigation
雷达等效反射率因子/雷達相當反射率因子 radar equivalent reflectivity factor
雷达定位/雷達定位 radar positioning
雷达发射机/雷達發送機 radar transmitter
雷达反射率/雷達反射率 radar reflectivity
雷达反射率因子/雷達反射率因子 radar reflectivity factor
雷达方程/雷達方程 radar equation
雷达分辨体积/雷達分辨體積 radar resolution volume
雷达风暴探测/雷達風暴探測 radar storm detection
雷达浮标/雷達浮標 radar buoy
雷达覆盖区/雷達覆蓋區 radar overlay
雷达高度计/雷達高度計,雷達測高儀 radar altimeter
雷达横截面/雷達截面 radar cross section
雷达回波/雷達回波 radar echo
[雷达]回波相关跟踪法/[雷達]回波相關追蹤法 tracking radar echoes by correlation，TREC
雷达校准/雷達校準 radar calibration
雷达截面/雷達截面 radar cross section
雷达明显目标/雷達顯明目標 radar conspicuous object
雷达气候学/雷達氣候學 radar climatology
雷达气象观测/雷達[氣象]觀測 radar meteorological observation
雷达气象学/雷達氣象[學] radar meteorology
雷达前坡收缩/雷達前坡收縮 radar foreshortening
雷达散射仪/雷達散射計 radar scatterometer
雷达摄影/雷達攝影 radar photography
雷达摄影测量/雷達攝影測量 radargrammetry
雷达视差/雷達視差 radar parallax

雷达视线水平/雷達地平 radar horizon
雷达算法/雷達算法 radar algorithm
雷达探空/雷達探空 radar sounding
雷达探空仪/雷達探空儀 radarsonde
雷达天文学/雷達天文學 radar astronomy
雷达天线罩/雷達天線罩 radar dome
雷达卫星/雷達衛星 radar sat
雷达信号台/雷達訊標 racon
雷达阴影/雷達陰影 radar shadow
雷达影像/雷達影像 radar image
雷达影像比例尺/雷達影像比例尺 radar image scale
[雷达影像]叠掩/疊掩 layover
雷达影像特征/雷達影像特徵 radar signature
雷达影像镶嵌/雷達影像鑲嵌 radar image mosaic
雷达应答器/雷達應答器 radar responder
雷达雨量积分器/雷達雨量積分器 radar rainfall integrator
雷达指向标/雷達標志 radar ramark
雷达组网/雷達網合成 radar network composite
雷德菲尔德比率/瑞德菲爾比率 Redfield ratio
雷电计/[無線電定向]天電儀 ceraunograph
雷电仪/[無線電定向]天電計 ceraunometer
雷公墨/雷公墨 tektite
雷利波/雷利波 Rayleigh waves
雷龙/雷龍 Brontosaurus
雷诺方程/雷諾方程 Reynolds equation
雷诺方法/雷諾方法 Reynolds method
雷诺数/雷諾數 Reynolds number
雷诺通量/雷諾通量 Reynolds flux
雷诺应力/雷諾應力 Reynolds stress
雷士贝属/雷士貝 *Resserella*
雷托夫近似/雷托夫近似 Rytov approximation
雷雨表/雷雨計 brontometer
雷雨计/雷雨儀 brontograph
雷雨云降雨/雷暴降雨 thundery precipitation
雷雨云系/雷暴雲 thundery cloud system
雷阵雨/雷陣雨 thunder shower
累乘晕/累乘暈 multiplicative halo
累积闭合差/累積閉合差 accumulated divergence
累积持续时间/累積持續時間 cumulative duration
累积气油比/累積氣油比 cumulative gas-oil ratio
累积区域/積冰區 accumulation area
累积曲线/累積曲線 cumulative curve
累积误差/累積誤差 accumulated error, cumulative error
累积系数/累積係數 accumulation coefficient
累积因子/累積因子 accumulative factor
累积[作用]/累加作用,積冰量 accumulation, accumulative action
累计概率/累積機率 cumulative probability
累计雨量器/積雨器 accumulative raingauge
累加晕/累加暈 additive halo
累托石/累托石 rectorite
肋/肋,肋[骨]脊 costa, rib
肋笔石属/肋筆石 *Pleurograptus*
肋部/肋部,側剖 pleura, pleural region
肋刺/肋刺 pleural spine
肋刺鲨鱼属/肋刺魚 *Pleurocanthus*
肋房贝属/肋線貝 *Pleurodium*
肋脊/肋,外隔壁,殼粗線 costa
肋节/肋節,肋部,側剖 pleura, pleural segment
肋木属/假鱗木 *Pleuromeia*
肋鹦鹉螺属/肋鸚鵡貝 *Pleuronautilus*
泪骨/淚骨 lachrymal bone
类/類別 category, class
类比模型/類比模式 analogue model
类别/類別 category, class
类别标识符/類別標識符 class identifier
类别视觉感受/類別視覺感受 perceptual groupings
类病毒/類病毒 viroid
类单蕨/類單蕨 Danaeopsis
类地行星/類地行星 terrestrial planet
类固醇/類固醇 steroid
类海枣叶/類海棗葉 Phoenicopsis
类胡萝卜素/類胡蘿蔔素 carotenoid
类金粉蕨/類金粉蕨 Ongchiopsis
类囊体/類囊體 thylakoid
类沙蚕迹遗迹相/類沙蠶跡遺跡相 Nereites ichnofacies
类似属/形式屬 *genomorph*
类萜/萜類 terpenoid
类星体/似星體 quasar, quasi-stellar
类型地图/類型地圖 type map
类型继承/類型繼承 type inheritance
类型库/類型庫 type library
类型图/類型圖 type map
类型学/類型學 typology
类质同象/異質同像,同形現象,異質同晶 isomorphism, allomerism
类准银杏/類銀杏 Ginkgoidium
棱/棱骨 carina, keel
棱海胆/棱海膽 Goniocideris
棱角菊石/棱角石 Goniatites
棱镜/棱鏡 prism
棱镜测距仪/棱鏡測距儀 prismatic telemeter

棱镜等高仪/棱鏡等高儀 prismatic astrolabe
棱镜经纬仪/折射經緯儀 prismatic transit
棱镜立体镜/棱鏡立體鏡 prism stereoscope
棱镜罗盘仪/棱鏡羅盤儀 prismatic compass
棱菊石式缝合线/棱菊石式縫合線 goniatitic suture
棱柱体公式法/棱柱體公式法 prismoidal formula method
棱柱亚类/棱柱亞類 prismatomorphs
冷冰川/冷冰川 cold glacier
冷槽/冷槽 cold trough
冷池/冷池 cold pool
冷带/冷帶 cold belt
冷岛/冷島 cold island
冷低压/冷低壓 cold low
冷地幔柱/冷地幔柱 cold plume
冷冻保存/冷凍保存 freeze preservation
冷冻法测温/冰凍法 freezing method
冷冻过程/凍結過程 freezing process
冷冻脱盐/冷凍脱鹽 freezing desalination
冷度日/冷度日 cold degree day
冷锋/冷鋒 cold front
冷锋波[动]/冷鋒波 cold front wave
冷锋面/冷鋒面 cataphalanx
冷锋切变/冷鋒切變 cold front shear
冷锋云带/冷鋒雲帶 cold front cloud band
冷锋云系/冷鋒雲系 cold front cloud system
冷高压/冷高壓 cold high
冷冠/冷冠 cold cap
冷害/冷害,寒害 cool damage, cold damage
冷季/冷季 cold season
冷空气/冷空氣 cold air
冷平流/冷平流 cold advection
冷气团/冷氣團 cold air mass
冷侵位/冷侵位 cold emplacement
冷区/冷區 cold sector
冷泉/冷泉 cold spring, cold seep
冷却过度/冷却過度,過冷 supercooling
冷却率温度表/冷却率温度計 catathermometer
冷却模型/冷却模型 cooling model
冷却年龄/冷却年齡 cooling age
冷色/冷色 cold color
冷舌/冷舌 cold tongue
冷生构造/冰凍構造 cryostructure
冷生结构/冰凍結構 cryotexture
冷生夷平/冰凍平夷 cryoplanation
冷式锢囚/冷錮囚 cold occlusion
冷式切变/冷性切變 cold type shear
冷水/冷水 cold water
冷水层/冷水圈 cold water sphere
冷水动物群/冷水動物群 cold water fauna
冷水圈/冷水圈 cold water sphere
冷水舌/冷水舌 cold water tongue
冷水种/冷水種 cold water species
冷缩说/冷縮説,收縮説 contraction theory
冷提取/冷提取 cold extracton
冷温带种/冷温帶種 cold temperate species
冷温复合冰川/冷温複合冰川 polythermal glacier
冷涡/冷渦 cold vortex, cold eddy
冷性反气旋/冷性反氣旋 cold anticyclone
冷性锢囚/冷錮囚 cold occlusion
冷性锢囚锋/冷錮囚鋒 cold occluded front
冷性气旋/冷[性]氣旋 cold cyclone
冷性切变/冷性切變 cold type shear
冷休克/冷休克 cold shock
冷血的/冷血的 poikilothermic
冷血动物/冷血動物,變温動物 poikilotherm, ectotherm
冷焰/冷柱 cold plume
冷[洋]流/冷流 cold current
冷源/冷源 cold source
冷云/冷雲 cold cloud
离岸/離岸,近海 offshore
离岸风/離岸風 offshore wind
离岸工程/離岸工程 offshore engineering
离岸后援部门/離岸後援部門 offshore back-offices
离岸礁/堡礁,堤礁 barrier reef
离岸金融中心/離岸金融中心 offshore financial center
离岸流/離岸流,激流 rip current
离堆山/離堆山,離堆丘,曲流丘 meander core, meander spur
离解常数/離解常數 dissociation constant
离解复合[过程]/解離重合 dissociative recombination
离解光致电离/分離光電離 dissociative photoionization
离解性复合/解離性複合 dissociative recombination
离龙类/離龍類 choristoderes
离片椎类/離片椎類 temnospondyls
离散板块边界/分離板塊邊界 divergent plate boundary
离散边界/歧見邊界,分離板塊邊界,擴張邊界 divergent boundary
离散波数法/離散波數法 discrete wavenumber method, DW method
离散波数有限元法/離散波數有限元法 discrete

wavenumber finite element method, DWFE method
离散反演理论/離散反演理論 discrete inverse theory
离散傅里叶变换/離散傅立葉轉換 discrete Fourier transform, DFT
离散傅里叶逆变换/逆[離散]傅立葉轉換 inverse discrete Fourier transform, IDFT
离散化/離散化 discretization
离散谱/不連續譜 discrete spectrum
离散时间序列/離散時間序列 discrete time series
离散数据/離散資料 discrete data
离散要素/離散要素 discrete feature
离散纵标法/離散縱標法 discrete ordinate method
离线/離線 off-line
离向摄影/分向攝影 divergent photography
离心力/離心力 centrifugal force
离心力和向心力/離心力和向心力 centrifugal and centripetal forces
离心力位/離心力位 centrifugal potential
离源初动/離源初動 anaseismic onset
离源角/離源角 take-off angle
离源震/離震源,推進波 anaseism
离子/離子 ion
离子淡化/離子淡化 ionic desalination
离子对/離子對 ion pair
离子活度/離子活度,離子活動性 ionic activity
离子活度积/離子活度積 ion activity product, IAP
离子积/離子度積 ionic product
离子极化/離子極化 ionic polarization
离子计数器/離子計數器 ion counter
离子键/離子鍵 ionic bond
离子交换/離子交換 ion exchange
离子交换膜/離子交換膜 ion exchange membrane, ion permselective membrane
离子交换容量/離子交換容量,離子交換能力 ion exchange capacity
离子交换色谱法/離子交換色層法 ion exchange chromatography
离子交换渗析/離子交換滲析 ion exchange dialysis
离子交换树脂/離子交換樹脂 ion exchange resin
离子晶格/離子晶格 ionic crystal lattice
离子径流/離子徑流 ion runoff
离子浓度电池/離子濃差電池 ion concentration cell
离子迁移/離子移動 ion migration
离子迁移率/離子遷移率 ion mobility
离子清除/離子清除 ion scavenging
离子寿命/離子壽命 ion life
离子水合[作用]/離子水合作用 ionic hydration
离子探针/離子微探針 ion microprobe
离子通量/離子通量 ion flux
离子吸附/離子吸收 ion absorption
离子型聚合/離子聚合作用 ionic polymerization
离子选择电极/離子選擇性電極 ion selective electrode
梨山群/梨山群 Lishan Group
梨属/青梨 *Pyrus*
犁骨/犁骨,鋤骨 vomer
犁骨齿列/犁骨齒列 vomerine tooth row
犁形断层/犁狀斷層,鏟狀斷層,上凹曲面斷層 listric fault
黎曼不变量/黎曼不變量 Riemann invariant
篱笆图解/柵狀剖面圖 fence diagram
礼炮号航天站/禮炮號航太站 Salyut Space Station
李开原理/李開原理 Rieckes principle
李时珍石/李時珍石,紫鐵鋅礬 lishizhenite
李氏野猪/李氏野豬 Sus lydekkeri
李氏叶肢介类/李氏葉肢介類 leaiids
李希霍芬贝属/李氏蜿 *Richthofenia*
李雅普诺夫指数/李雅普諾夫指數 Lyapunov exponent
李亚普诺夫稳定性/李亞普諾夫穩定性 Liapunov stability
李亚普诺夫指数/李亞普諾夫指數 Liapunov index
里阿斯统/里阿斯統 Lias Series
里白木/里白木 Gleichenia
里坊/鄰里居住區 residential area, neighborhood
里克特[震级]标度/里克特[震級]標度 Richter magnitude scale
里氏震级/芮氏地震規模 Richter magnitude
里韦拉板块/里韋拉板塊 Rivera plate, RI
里希特介属/李氏介 *Richterina*
里亚[型]海岸/里亞[型]海岸,灣岬海岸 Ria coastline, Ria coast
理查森数/理查森數 Richardson number
理化环境/理化環境 physical chemical environment
理论潮[汐]/理論潮[汐] theoretical tide
理论地理学/理論地理學 theoretical geography
理论地球化学/理論地球化學 theoretical geochemistry
理论地热学/理論地熱學 theoretical geothermics
理论地图学/理論地圖學 theoretical cartography
理论地震图/理論震波圖 theoretical seismogram
WKBJ[理论]地震图/WKBJ[理論]震波圖 WKBJ theoretical seismogram
理论地震学/理論地震學 theoretical seismology
理论气候学/理論氣候學 climatonomy

理论气象学/理論氣象[學] theoretical meteorology
理论天文学/理論天文學 theoretical astronomy
理论误差/理論誤差 theoretical error
理论重力/理論重力 theoretical gravity
理论最低潮面/最低低潮基準面 lowest normal low water
理论最高潮面/最高正常高潮 highest normal high water
理诺士学派/雷赫西學派 School of Les Roches
理想摆/理想擺 ideal pendulum
理想城市/理想城市 ideal city
理想大地水准面/理想大地水準面 ideal geoid
理想晶体/理想晶體 ideal crystal
理想景观/理想景觀 ideal landscape
理想流体/理想流體 ideal fluid, perfect fluid
理想滤波器/理想濾波器 ideal filter
理想气候/理想氣候 ideal climate
理想气体/理想氣體 perfect gas, ideal gas
理想预报/理想預報 perfect forecast, perfect prediction
理性/理性 ration
理性化/理性化 rationalization
理性形而上学/理性形上學 rational metaphysics
理性主义/理性主義 rationalism
锂冰晶石/鋰冰晶石 cryolithionite
锂电气石/鋰電氣石 elbaite
锂辉石/鋰輝石 spodumene
锂绿泥石/鋰綠泥石,細鱗雲母 cookeite
锂硼绿泥石/矽硼鋰鋁石 manandonite
锂铍脆云母/鋰白榍石 bityite
锂铍石/鋰鈹石 liberite
锂闪石/鋰閃石 holmquistite
锂霞石/鋰霞石 eucryptite
锂硬锰矿/鋰硬錳礦 lithiophorite
锂云母/鋰雲母 lepidolite
锂皂石/水輝石 hectorite
力高/力高 dynamic height
力高改正/力高改正 dynamic correction
力管/力管 solenoid
力管环流/力管環流 solenoid circulation
力能学/能量學 energetics
力偶/力偶 force couple
力平衡式地震仪/力平衡式地震儀 force-balanced seismograph
力平衡式加速度计/力平衡加速度計 force-balanced accelerometer
力学边界层/力學邊界層 mechanical boundary layer
力学尺/力學尺 dynamic meter, geodynamic meter
力学岩石层/力學岩石層 mechanical lithosphere
历/曆 calendar
历年/曆年 calendar year
历史-地理唯物主义/史-地唯物主義,史-地物本論 historical-geographical materialism
历史地理学/歷史地理學 historical geography
历史地理知识论/歷史地理知識論 historical geosophy
历史地貌学/歷史地形學 historical geomorphology
历史地名/歷史地名 historical name
历史地球化学/歷史地球化學 historical geochemistry
历史地图/歷史地圖 historic map, historical map
历史地图集/歷史地圖集 historical atlas
历史地震/歷史地震 historical earthquake
历史地震学/歷史地震學 historical seismology
历史地质学/歷史地質學,地史學 historical geology
历史海洋学/歷史海洋學 historical oceanography
历史环境/歷史環境 historical environment
历史记录/歷史記録 historic record
历史景观/歷史景觀 historical landscape
历史陵区/歷史陵區 historical mausoleum area
历史模型/歷史模型 history model
历史墓碑/歷史墓碑 historical tombstone, gravestone
历史墓葬区/歷史墓葬區 historical grave area
历史年鉴学派/歷史學的年鑒學派 Annals School of History
历史气候/歷史氣候 historical climate
历史气候记录/歷史氣候記録 historical climatic record
历史气候资料/歷史氣候資料 historical climatic data
历史区/歷史區域 historical region
历史生态/歷史生態 historical ecology
历史生物地理学/歷史生物地理學 historical biogeography
历史文化生态/歷史文化生態 historical cultural ecology
历史-形态[研究]取向/歷史-形態[研究]取向 historical-morphological approach
历史性海湾/歷史性海灣 historic bay
历史性水域/歷史水域 historic waters
历史序列/歷史序列 historical sequence
历史学派/歷史學派 historical school
历史哲学/哲學歷史 philosophies of history
历书日/曆[書]日 ephemeris day
历书时/曆書時 ephemeris time, ET

历元/曆元 epoch
历元平极/曆元平極 mean pole of the epoch
历月/曆月 calendar month
厉风/厲風 severe gale
立标/標桿 beacon
立标系统/標桿系統 beaconage
立春/立春 Beginning of Spring, Spring Beginning
立冬/立冬 Beginning of Winter
立方卷积/立方卷積 cubic convolution
立方体/立方體 cube
立方最紧密堆积/立方最密堆積 cubic closest packing
立井导入高程测量/立井導入高程測量 induction height survey through shaft
立井定向测量/竪井定向測量 shaft orientation survey
立井激光指向[法]/竪井雷射指向[法] laser guide of vertical shaft
立秋/立秋 Beginning of Autumn
立体/立體 stereo
立体编辑/立體編輯 stereo compilation
立体编图/立體編圖 stereo compilation
立体测距仪/立體測距儀 stereoscopic range finder
立体测量/立體測量學 stereometry
立体测图仪/立體測圖儀 stereoplotter, stereoscopic plotter
立体重叠/立體重疊 stereo-overlap
立体重叠范围/立體重疊範圍 stereoscopic coverage
立体观测/立體觀測 stereoscopic observation
立体观察/立體觀察 stereoscopy
立体基线/立體基線 stereo-base
立体角/立體角 steradian
立体镜/立體鏡 stereoscope
立体量测仪/立體量測尺 stereometer
立体模片/立體模片 stereotemplet
立体模型/立體模型 relief model, stereo model, stereomodel
立体凝合/立體凝合 stereoscopic fusion
立体判读仪/立體判讀儀 stereointerpretoscope
立体三角测量/立體三角測量 stereotriangulation
立体摄影/立體攝影 stereo photography
立体摄影测量/立體攝影[地形]測量 stereo-photogrammetry, stereo-phototopography
立体摄影机/立體量測攝影機 stereocamera, stereometric camera
立体视差/立體視差 stereoscopic parallax
立体视觉/立體視覺 stereoscopic vision
立体视晰度/立體視晰度 stereoscopic acuity
立体视野半径/立體視域半徑 radius of stereoscopic perception
立体图/立體圖 relief map, alto-relievo map
立体图像/立體圖像 stereogram
立体像对/立體像對 stereopair
立体像片对/立體像片 stereomate
立体印刷/立體印刷 three-dimensional printing
立体影像/立體像,起伏影像 stereoscopic image, relief image
立体原理/立體原理 stereoscopic principle
立体正摄影像/立體[化]正射像片 stereo orthophoto
立体坐标量测仪/立體坐標量測儀,立體坐標測圖儀 stereo comparator
立夏/立夏 Beginning of Summer
立柱/圓柱 column
立柱浮筒式平台/立柱浮筒式平臺 spar platform
丽百合/麗百合 Elegantulites
丽齿兽类/麗齒獸類 gorgonopsians
丽神介/麗神介 Cypretta
丽足介目/麗足目,介形類 Myodocopida
利吉混杂堆积/利吉混雜堆積 Lichi melange
利率交换/利率交換 interest rate swaps
利培壳目/利培殼目 Ribeirioida
利蛇纹石/蜥蛇紋石 lizardite
利他行为/利他行爲 altruistic behavior
利亚诺斯群落/利亞諾斯群落 lianos
利用性竞争/剝削競爭 exploitation competition
沥青/瀝青 asphalt, bitumen
沥青包裹体/瀝青包裹體 bitumen inclusion
沥青湖/瀝青湖 bitumen lake, pitch lake
沥青球/瀝青球,焦油球 tar ball
沥青砂/瀝青砂 tar sand
沥青铀矿/瀝青鈾礦 pitchblende
例外论/例外論 exceptionalism
例外主义者/例外主義者 exceptionalist
栎属/槲 *Quercus*
栎叶属/櫟葉,槲葉 *Quercophyllum*
栗钙土/栗鈣土 chestnut soil, kastanozem
栗蛤型/綾衣蛤 Nucula
栗石蛤属/卵狀蛤 *Nuculites*
栗属/栗樹 *Castanea*
砾浪/礫浪 gravel wave
砾漠/礫漠 gravel desert
砾石/礫石 gravel
砾石检验/礫石測試 conglomerate test
砾滩/礫[石海]灘 shingle beach
砾屑灰岩/礫屑石灰岩 calcirudite

砾屑岩/礫[屑]岩 rudite
砾岩/礫岩 conglomerate
砾质化/礫質化 gravelification
粒度/粒度,粒徑 granularity, grain size, particle size
粒度分布/粒徑分布 particle size distribution
粒度分析/粒度分析,粒徑分析 particle size analysis, grain size analysis
粒硅钙石/粒矽鈣石 tilleyite
粒硅镁石/粒矽鎂石 chondrodite
粒硅锰石/粒矽錳礦 alleghanyite
粒化崩解/粒狀崩解 granular disintegration
粒辉石/粒輝石 coccolite
粒级/粒級 size range, coarse tail grading
粒间环境/粒間環境 interstitial environment
粒径/粒徑 grain size, particle size
粒径分析/粒徑分析,粒度分析 particle size analysis, grain size analysis
粒磷钠锰矿/錳磷礦 fillowite
粒磷铅铀矿/磷鈾鉛礦 dewindtite
粒榴石/粒榴石,細粒錳鐵榴石 allochroite, rothoffite
粒镁硼石/鎂硼石 kotoite
粒泥灰岩/粒泥灰岩 wackestone
粒铁矾/粒鐵礬 roemerite
粒序层理/粒級層理 graded bedding, graded stratification
粒序断层/粒序斷層 fault graded beds
粒雪/粒雪,萬年雪 firn
粒雪冰川/粒雪冰河 snow glacier
粒雪盆/粒雪盆 firn basin
粒雪线/粒雪線 firn line
粒状变晶结构/花岡變晶狀結構 granoblastic texture
粒状结构/粒狀岩理 granular texture
粒[状]雪/粒狀雪 corn snow
粒状装饰/粒狀裝飾 granular sculpture
粒子加速器测量/粒子加速器測量 particle accelerator survey
连唇型气孔/連唇型氣孔 syndetocheilic type stomata
连带数/關連數 associated number
连岛坝/連島沙洲,沙頸岬,陸連島 tombolo
连岛沙坝/連島沙洲 tied bar
连岛沙洲/連島沙洲,沙頸岬,陸連島 tombolo
连接/連接,連結 connection, junction
连接层/連接層,關節層 articulamentum
连接点/連接點,結合點,控制點 pass point, tie point
连接工具/連接工具 link tool
连接环/連[接]環 connecting ring
连接件/連接件,連接器 connector
连接键/連接鍵 concatenated key
连接结点/連接節點 connected node
连接孔/連接孔 connecting pore
连接命令/連接命令 link command
连接器/連接器,連接件 connector
连接事件/連接事件 concatenate events
连接线/連接線 link line
连接线和结点结构/連結線和節點架構 link and node structure
连晒/連曬 step-and-repeat
连锁反应/連鎖反應 chain reaction
连通分析/連接性分析 connectivity analysis
连通规则/連通規則 connectivity rule
连通性/連結性 connectivity
连续变频信号/連續變頻信號 chirp
连续波雷达/連續波雷達 continuous wave radar, CW radar
连续雌雄同体/循序作用的雌雄同體 successive hermaphrodite, sequential hermaphrodite
连续调/連續色調 continuous tone
连续对比/連續對比 successive contrast
连续多年冻土/連續性永凍土 continuous permafrost
连续反演理论/連續反演理論 continuous inverse theory
连续反应/連續反應 continuing reaction, continuous reaction
连续方程/連續方程 continuity equation
连续方式/連續方式 continuous mode
连续观测/連續觀測 continuous observation
连续光谱/連續光譜 continuous spectrum
连续过度松弛法/連續過度鬆弛法 succesive over relaxation method, SOR method
连续函数/連續函數 continuous function
连续航带摄影机/連續航帶攝影機 continuous strip aerial camera
连续航带摄影像片/連續航帶攝影像片 continuous strip aerial photograph
连续航线摄影/連續航帶攝影 continuous strip photography
连续减光板/連續減光板 continuous attenuator
连续介质/連續介質 continuous medium
连续介质力学/連[續]體力學 continuum mechanics
连续培养/連續培養 continuous culture

连续谱/連續譜　continuous spectrum
连续色调摄影/連續調攝影　continuous tone photography
连续色调影像/連續色調影像　continuous tone image
连续摄影/連續攝影　sequence photography
连续数据/連續性資料　continuous data
连续像片衔接/接橋　bridging
连续性/連續性　continuity
连续性降水/連續降雨　continuous precipitation
连续性雨/連續性雨　continuous rain
连续要素/連續圖徵　continuous feature
连续运转的水质监测/連續運轉的水質監測　constinuous on-stream monitoring of water quality
连续栅格/連續網格　continuous raster
帘幕式快门/簾式快門,焦面快門　focal plane shutter, curtain shutter
莲花山阶/蓮花山階　Lianhuashanian Stage
莲花山期/蓮花山期　Lianhuashanian Age
莲花状构造/蓮花狀構造　lotus-form structure
莲叶冰/荷葉冰　pancake ice
涟[漪]波/漣漪　ripple
联邦式数据库/聯邦式資料庫,邦聯式資料庫　federated database
联测/連測　tie in
联测比对/聯測比對　comparison survey
联测定位法/聯測定位法　translocation mode
联合板块/聚合板塊,匯聚板塊,聚斂板塊　convergent plate
联合背椎/脊骨,複合體　notarium
联合反演/共同逆推　joint inversion
联合古陆/聯合古陸,盤古大陸,[古]泛大陸　Pangea
联合国海洋法公约/聯合國海洋法公約　United Nations Convention on the Law of the Sea
联合平差/綜合平差法　combined adjustment
联合剖面法/聯合剖面法　composite profiling method
联合相干函数/聯合相干函數　joint coherence function
联合震源定位/聯合地震定位　joint hypocentral determination
联合震源定位法/聯合震源定位法　joint hypocentral location method
联合作战图/聯合作戰圖　joint operation graphic, JOG
联桁/聯桁　copula
联机/線上　online
联机空中三角测量/聯機空中三角測量　on-line aerophotogrammetric triangulation
联结点/翼點　wing point
联络测线/交叉測線　crossline
联盟号宇宙飞船/聯盟號太空船　Soyuz Spacecraft
联系/關聯　linkage
联系测量/聯繫測量　connection survey
联系三角形法/聯繫三角形法　connection triangle method
联系数/關聯值　correlate
联系数法/係數法　method of correlates
联系性/聯繫性　connectivity
镰刺蕨属/刺蕨　*Arthrostigma*
镰甲鱼/鐮甲魚　Drepanspis
镰菊石/鐮菊石　Harpoceras
镰木/刺蕨　Drepanophycus
镰木目/鐮木目,鐮蕨目　Drepanophycales
恋地情结/戀地情結,鄉土愛　topophilia
链/[錨]鏈　cable, chain
链测法/鏈測法　chaining
链房螺/鏈房螺　Hormotoma
链接/鏈結　link
链结点图/鏈節點圖　chain node graph
链码/鏈碼　chain code
链珊瑚/鏈[狀]珊瑚　chain coral, Halysites
链式迁移/鏈式遷移　chain migration
链式水尺/鏈式水尺　chain gauge
链状硅酸盐/鏈狀矽酸鹽　inosilicate
链状闪电/鏈狀閃電　chain lightning
链状装饰/鏈狀裝飾　chain-like sculpture
凉冲块/浮冰塊　floe
凉季/涼季　cool season
凉泉/涼泉　cool spring
梁龙/梁龍　Diplodocus
量测角/實測角　measured angle
量测距离/實測距離　measured distance
量测立体镜/量測立體鏡　measuring stereoscope
量测摄影机/測量攝影機　surveying camera, metric camera
量测台/觀測臺　measuring platform
量底法/量底法　quantity base method
量角器/袖珍測角儀　goniasmenetre
量距准直改正/量距定直線改正　alignment correction to taped length
量热法/測熱術　calorimetry
量热器/量熱器　calorimeter
量雪尺/雪標　snow depth scale, snow scale
粮林间作/糧林間作　inter-planting of trees and crops

粮食生产基地/糧食生産基地　grain production base
两凹椎/兩凹椎，雙凹椎　amphicoelous vertebra
两板贝/兩板貝　Dialasma
两步法三维偏移/兩步法三維偏移　two step method 3-D migration
两侧对称/兩側對稱　bilateral symmetry
两侧收缩旋环/兩側壓縮旋環　compressed whorl
两层结构/兩層結構　two-tier configuration
两窗型/兩孔型　amphithyrid
两点法/兩點法　two-point problem
两点问题/兩點法　two-point problem
两分类预报/雙分預報　binary prediction
两汉宇宙期/兩漢宇宙期　East Han and West Han dynasties cosmic period
两极分布/兩極分布，雙極性　bipolarity, bipolar distribution
两极同源/兩極分布，雙極性　bipolarity, bipolar distribution
两孔型/兩孔型　amphithyrid
两面角/兩面角　dihedral angle
两年[的]/兩年[的]　biennial
两年振荡/兩年振盪　biennial oscillation
两栖动物/兩棲類　amphibian
两栖纲/兩棲綱　Amphibia
两栖类/兩棲類，兩生類　amphibians
两栖图/兩棲圖　amphibious map
两栖亚目/疑龜目，雙龜目　Amphichelydia
两鳃目/二鰓目　Dibranchiata
两相渗流/兩相滲流　two-phase fluid flow
两形笔石/兩形筆石，雙形筆石　Dimorphogroptus
两性异形/雌雄雙型，性[别]雙型　sexual dimorphism
亮带/亮帶　bright band
亮点/亮點　bright spot
亮度比/亮度比尺　brightness scale
亮度对比/亮度對比　brightness contrast, contrast of luminance
亮度温度/亮度温度，亮温　brightness temperature
亮光油墨/亮光油墨　high gloss ink
亮晶/晶石　spar
亮晶灰岩/亮晶石灰岩，亮晶方解石　sparite
亮煤/亮煤　clarain
亮温度/亮度温度，亮温　brightness temperature
量/[數]量　quantity
量纲方程/因次方程　dimensional equation
量纲分析/因次分析　dimensional analysis
量化/量化　quantizing
量化信号/量化信號　quantized signal
量级/規模　magnitude
量子地球化学/量子地球化學　quanturn geochemistry
量子化/量子化　quantization
晾纸/晾紙　airing paper
辽河群/遼河群　Liaohe Group
疗养地理/療養地理學　geography of sanatorium
疗养气候/療養氣候　convalescent climate
钌铱锇矿/釕銥鋨礦　rutheniridosmine
列/行　column
列孔/列孔　foramen
列联表/列聯表　contingency table
列线图/列線圖，線規圖　nomogram, nomographic chart, nomograms
劣地/惡地　badland
烈度/強度　intensity
烈度表/烈度表，強度表　intensity scale
MCS[烈度]表/MCS[烈度]表　MCS intensity scale
MM[烈度]表/MM[烈度]表　MM intensity scale
MSK[烈度]表/MSK[烈度]表　MSK intensity scale
烈度物理标准/烈度物理標準　physical measure of seismic intensity
捩断层/捩斷層　tear fault
猎豹属/獵豹屬，熊狗　*Cynailurus*
猎星珊瑚属/嵌星珊瑚　*Orionastraea*
裂变径迹/分裂痕跡　fission track
裂变径迹保留年龄/裂變徑跡保留年齡　fission-track retention age
裂变径迹定年/核飛跡定年法　fission-track dating
裂变径迹计时/核飛跡定年法　fission-track dating
裂冰[作用]/裂冰[作用]　calving
裂齿/裂齒，裂牙，裂口　carnassial, slit, carnassial tooth
裂齿凹/裂齒凹　carnassial notch
裂齿类/裂齒獸類，裂牙目　tillodonts
裂齿目/裂齒目　Tillodonta
裂齿型/裂齒[型]　schizodont
裂带/裂帶　selenizone
裂点/裂點　knick point, knickpoint
裂缝/裂縫，裂罅，破裂　slit, fracture
裂缝观测/裂縫觀測　fissure observation
裂沟/裂溝　chasm
裂谷/裂谷，斷陷谷　rift valley
裂谷槽/裂谷　rift valley, rift trough
裂谷带/裂谷帶　rift zone
裂谷地槽/裂谷地槽　rift geosyncline
裂谷地形学/裂谷地形學　rift morphology
裂谷断层/裂谷斷層　rift fault

裂谷构造/裂谷構造,斷裂構造 rift structure
裂谷扩展/裂谷擴展 propagating rift
裂谷隆起/裂谷隆起 rift bulge
裂谷模式/裂谷模式 rift model
裂谷盆地/裂谷盆地 rift basin
裂谷系/裂谷系,斷裂系 rift system
裂谷型被动大陆边缘/裂谷型被動大陸邊緣 rift type passive continental margin
裂谷岩浆活动/裂谷岩漿活動 rift magmatism
裂谷作用/裂谷作用,斷裂作用 rifting
裂脚亚目/裂腳亞目 Fissipodia
裂口/裂口,裂縫,裂罅 slit
裂口火山锥/裂口火山錐 breached cone
裂口鲨类/裂口鯊類 cladoselachids
裂口鲨目/裂口鯊目 Cladoselrchii
裂理/裂理,裂開 parting
裂流/離岸流,激流 rip current
裂流沟道/裂流道,底流溝 rip current channel
裂流水道/離岸水道 rip channel
裂囊蕨/裂囊蕨 Aulacotheca
裂珊瑚亚纲/裂珊瑚亞綱 Schizocorallia
裂纹/裂隙 crack
裂纹产生/裂紋產生 crack generation
裂纹孔隙度/破裂孔隙率 fracture porosity
裂纹扩展/裂痕擴散 crack propagation
裂纹扩展说/裂紋擴展説 crack propagation theory
裂纹模式/裂紋模式 crack model
裂纹生长/裂紋成長 crack growth
裂纹愈合/裂紋愈合 crake healing
裂隙/裂縫,裂紋,乾裂 crack, fissure
裂隙率/裂隙率 fissure rate
裂隙脉/裂[縫]脈 fissure vein, gash vein
裂隙泉/裂縫泉 fissure spring
裂隙式喷发/裂隙噴發,裂縫噴發 fissure eruption
裂隙水/裂隙水,裂縫水,裂罅水 fissure water
裂隙水异常/裂隙水異常 anomaly of crevice-water
裂隙增生说/裂隙增生説 fracture accretion hypothesis
裂线贝属/駝貝,舒克貝 *Schizophoria*
裂线石燕属/裂線石燕 *Schizospirifer*
裂星海胆/裂海膽 Schizaster
裂牙系/裂牙系 schizodont dentition
裂叶蕨属/裂葉蕨 *Schizaea*
裂殖/斷裂生殖 fragmentation
鬣齿兽属/鬣齒獸 *Hyaenodon*
鬣狗/鬣狗,土狼 Hyena
鬣狗属/鬣狗,土狼 *Hyaena*
邻带方里网/鄰帶方里網 grid of neighboring zone
邻幅/鄰幅 contiguous sheet
邻接/相鄰 adjacency
邻接法/鄰接法 neighbor-joining method
邻接分析/相鄰性分析 adjacency analysis
邻接区域/鄰接區域 adjacent areas
邻接图幅/鄰接圖幅 adjoining sheets
邻接效应/鄰接效應 adjacency effect
邻近/相鄰性 contiguity
邻近查询/鄰近查詢 proximity query
邻近度/鄰近度 proximity
邻近多边形/鄰近多邊形 proximity polygon
邻近分析/鄰近[度]分析 proximity analysis, contiguity analysis, proximal analysis
邻近扩散/鄰近擴散 contagious diffusion
邻近网络服务/鄰近網路服務 proximity web service
邻居农户/城居農民 residential farmer
邻里/鄰里 neighborhood
邻里单位/鄰里單元 neighborhood unit
邻里效应/鄰里效應 neighborhood effect
邻里演变/鄰里演變 neighborhood evolution
邻里中心/鄰里中心 neighborhood center
邻图拼接比对/鄰圖拼接比對 comparison with adjacent chart
邻域成种/鄰域種化 parapatric speciation
邻域分析/鄰域分析 neighborhood analysis, neighbor analysis
邻域函数/鄰域函數 neighborhood functions
邻域统计/鄰域統計 neighborhood statistics
邻元法/鄰元法 neighborhood method
林德曼定律/林德曼定律,百分之十定律 Lindeman's law
林冠[层]/林冠[層] canopy
林火/林火 forest fire
林火[天气]预报/林火天氣預報 forest-fire weather forecast
林区/林區 forest region
林伍德石/尖晶橄欖石 ringwoodite
林业测量/森林測量 forest surey
林业基本图/林業基本圖 forest basic map
林业遥感/林業遥[感探]測 forestry remote sensing
临边变暗/臨邊減光 limb darkening
临边反演/臨邊反演 limb retrieval
临边扫描法/臨邊掃描法 limb scanning method
临边增亮/臨邊增亮 limb brightening
临街界线/臨街界線 front of lot
临界波长/臨界波長 critical wavelength
临界层/臨界層 critical layer

临界点/臨界點 critical point
临界反射/臨界反射 critical reflection
临界刚度/臨界剛度 critical stiffness
临界光长/臨界日長,臨界日照 critical day length
临界角/臨界角 critical angle
临界距离/臨界距離 critical distance
临界雷诺数/臨界雷諾數 critical Reynolds number
临界里查森数/臨界理查遜數 critical Richardson number
临界凝析温度/臨界凝析温度 cricondentherm
临界频率/臨界頻率 critical frequency
临界[入射]角/臨界[入射]角 critical angle of incidence
临界瑞利数/臨界瑞利數 critical Rayleigh number
临界深度/臨界深度 critical depth
临界水力梯度/臨界水力梯度 critical hydraulic gradient
临界水深/臨界水深 critical sounding
临界态/臨界態 critical state
临界纬度/臨界緯度 critical latitude
临界温度/臨界温度 critical temperature
临界压/臨界壓力 break down pressure, critical pressure
临界液态含水量/臨界液態水含量 critical liquid water content
临界应变/臨界應變 critical strain
临界折射/臨界折射 critical refraction
临界折射角/臨界折射角 critical angle of refraction
临界值/臨界值 critical value
临界状态/臨界狀態 critical state
临界阻尼/臨界阻尼 critical damping
临近预报/即時預報 nowcasting, nowcast
临近预报系统/即時預報系統 weather integration and nowcasting system, WINS
临时版/試印版 advanced edition
临时版地图/臨時地圖 provisional map
临时窗口/臨時窗口 temporal window
临时水准点/臨時水準點 temporary bench mark
临时文件/臨時文件 temporal file
临时性浮游生物/暫時浮游生物 temporary plankton
临震[地震]预测/臨震[地震]預測 immediate earthquake prediction
临震预报/臨震預報 imminent earthquake forecasting, impending earthquake prediction
淋淀作用/淋澱作用,洗入[作用] eluviation-illuviation
淋积矿床/淋積礦床 leaching deposit
淋溶层/淋濾帶層 eluvial horizon
淋溶土/淋溶土 alfisol
淋溶作用/淋溶作用,洗出[作用] eluviation
淋洗作用/淋溶作用 leaching
淋余土/淋餘土,鐵鋁土 pedalfer
磷钡铝矿/磷鋁鋇石 gorceixite
磷二铵石/磷銨石,氫銨鳥糞石 phosphammite
磷钙钒矿/磷釩鈣礦 sincosite
磷钙铝矾/磷鈣鋁礬 woodhouseite
磷钙铝石/磷鋁鈣石,磷鋁鍶石 goyazite
磷钙锰石/磷錳鈣石 fairfieldite
磷钙锰铁矿/斜磷錳鐵礦,磷鐵錳石 sarcopside, sarcopsite
磷钙铍石/磷鈣鈹石 hurlbutite
磷钙铁矿/土磷鐵礦 borckite
磷钙锌矿/磷鈣鋅礦,磷鈣鋅石 scholzite
磷铬铜铅矿/磷鉻銅鉛礦 vauquelinite
磷光/磷光 phosphorescence
磷硅稀土矿/磷矽稀土礦,菱黑稀土礦 steenstrupine
磷灰石/[藍]磷灰石,腎磷灰石 apatite
磷灰石岩/磷灰石岩 apatitolite, apatitite
磷灰岩/磷灰岩 phosphorite
磷钾铝石/磷鉀鋁石,乳白磷鋁石 taranakite
磷碱锰石/綠鹼磷錳礦 dickinsonite
磷碱铁石/鹹磷鐵石,鈉磷錳鐵石 arrojadite
磷块岩/磷鈣土,磷灰岩 phosphorite
磷铝锂石/磷鋁石,鋰磷石,磷鋰鋁石 amblygonite
磷铝锰石/磷鋁錳石,曙光石 eosphorite
磷铝铅铜矿/磷鋁鉛銅石 rosieresite
磷铝石/磷鋁石 variscite
磷铝铁石/磷鋁鐵[錳]石 childrenite
磷氯铅矿/氯磷鉛礦 pyromorphite, polychrom, green lead ore
磷镁铵石/磷鎂氫銨石 schertelite
磷镁钙矿/磷鎂鈣石 stanfieldite
磷镁铝石/磷鎂鋁石 gordonite
磷镁钠石/隕磷鎂鈉石 panethite
磷锰锂矿/磷[錳]鋰礦,紅磷鋰錳石 lithiophilite
磷锰石/磷錳石,紫磷鐵錳礦 purpurite
磷钠铵石/磷鈉銨石 stercorite
磷钠锰矿/磷鈉錳礦 natrophilite
磷钠铍石/磷鈉鈹石 beryllonite
磷硼锰石/磷硼錳石,硼磷錳礦 seamanite
磷铍钙石/磷鈹鈣石 herderite
磷铅铝矾/磷硫鉛鋁礦,磷鋁鉛鍶礬 hinsdalite
磷铅铁矾/磷硫鉛鐵礦,磷鉛鐵礬 corkite
磷氢镁石/磷氫鎂石,基性磷鎂石 phosphorosslerite
磷铈铝石/磷鋁鈰礦 florencite

磷锶铝矾/磷鍶鋁礬,硫磷鉛鍶礦 svanbergite
磷酸酶/磷酸酶 phosphatase
磷酸盐/磷酸鹽,磷酸酯 phosphate
磷酸盐同化[作用]/磷酸鹽同化[作用] phosphate assimilation
磷酸盐岩/磷鹽岩 phosphate rock
磷酸盐质壳/磷酸鹽質殻 phosphatic-shell
磷铁矾/磷鐵礬,磷鐵華 diadochite
磷铁矿/[斜紅]磷鐵礦,磷鐵鎳礦 phosphosiderite, barringerite
磷铁锂矿/磷鐵鋰礦,鋰藍鐵礦 triphylite, triphyline
磷铁锰矿/磷鐵錳礦 beusite, magniophilite
磷铜矿/磷銅礦 libethenite
磷霞岩/磷霞岩 urtite
磷锌铜矿/磷鋅銅礦 veszelyite
磷循环/磷循環 phosphate circulation
磷叶石/磷葉石 phosphophyllite
磷钇矿/磷釔礦 xenotime
磷质石灰土/富磷鈣質土 phospho-calcic soil
鳞板/鱗板 dissepiment
鳞板带/鱗板帶,鱗狀板 dissepimentarium
鳞板内墙/鱗板内牆 sclerotheca
鳞齿鱼属/皮齒魚 *Lepidotus*
鳞翅目/鱗翅目 Lepidoptera
鳞方解石/鱗方解石 schaum-earth, aphrite
鳞高岭石/大嶺石 pholerite
鳞骨/鱗骨 squamosum
鳞骨上缺口/鱗骨上缺口 suprasquamosal indentation
鳞果蕨属/鱗木籽 *lepidocarpon*
鳞海绿石/塊海緑石 skolite
鳞甲目/鱗甲目 Pholidota
鳞龙型类/鱗龍類 lepidosauromorphs
鳞龙亚纲/鱗龍亞綱 Lepidosauria
鳞绿泥石/鱗緑泥石,鱗綫泥石,鐵蠕緑泥石 owenite, thuringite
鳞木孢类/鱗木孢類 Lycospora-group
鳞木目/鱗木目 Lepidodendrales
鳞木皮/鱗木皮 dragon's skin
鳞木属/鱗木 *Lepidodendron*
鳞木种子/鱗木籽 lepidocarpon
鳞木族/鱗木族 Lepidophytineae
鳞鲵目/鱗鯢目 Microsauria
鳞皮网膜孢/鱗皮網膜孢 Retispora lepidophyta
鳞片/鱗[片] scale
鳞片变晶结构/鱗片狀變晶結構 lepidoblastic texture
鳞片粒状变晶结构/鱗片粒狀變晶結構 lepido-granoblastic texture
鳞片食者/鱗片食者 scale eater
鳞片状变晶结构/鱗片狀變晶結構 lepidoblastic texture
鳞蛇纹石/鱗蛇紋石 thermophyllite
鳞石膏/鱗石膏 schaumgyps
鳞石英/鱗石英,鱗矽石 tridymite
鳞穗果属/鱗木穗 *Lepidostrobus*
鳞霰石/鱗石灰 schaumkalk
鳞羊齿属/瘤被羊齒 *Lepidopteris*
鳞叶/鱗葉 Lepidophyllum
鳞硬石膏/鱗硬石膏 vulpinite
鳞正形贝属/鱗正形目 *Lepidorthis*
鳞状装饰/鱗狀裝飾 scaled sculpture
灵猫/靈貓 Viverra
灵敏度/靈敏度,敏感度 sensitivity
灵敏度时间控制/敏感度時控 sensitivity time control, STC
灵长目/靈長目,靈長類 Primates
凌夷作用/削夷作用,蝕夷 degradation
陵寝/陵寢 imperial mausoleum
陵夷作用/減坡作用 degradation
陵邑/陵邑 mausoleum town
菱沸石/菱沸石 chabazite
菱镉矿/菱鎘礦,碳酸鎘礦 otavite
菱钴矿/菱鈷礦 sphaerocobaltite
菱硅钾铁石/菱鉀鐵石,錳鐵變雲母 zussmanite
菱硫铁矿/菱硫鐵礦 smythite
菱镁矿/菱鎂礦 magnesite
菱镁铁矾/菱鎂鐵礬 slavikite
菱锰矿/菱錳礦 rhodochrosite
菱面体/菱面體 rhombohedron
菱属/菱角 *Trapa*
菱水碳铬镁石/菱水鉻鎂石 stichtite
菱水碳铝镁石/菱水鎂鋁石,水滑石 hydrotalcite
菱水碳铁镁石/菱水鐵鎂石,碳鎂鐵礦 pyroaurite
菱铁矿/菱鐵礦,天藍石,鐵隕石類 siderite
菱锌矿/菱鋅礦,異極礦 smithsonite
菱形截断/菱形截斷 rhomboidal truncation
菱形棱镜/菱形棱鏡 rhomboidal prism
菱形十二面体/菱形十二面體 rhombic dodecahedron
零层/零層 zero layer
零长度弹簧重力仪/零長度彈簧重力儀 zero-length spring gravimeter
零长弹簧/零長彈簧 zero-initial-length spring
零长弹簧重力仪/零長彈簧重力儀 zero-spring gravimeter

零磁空间/零磁空間　magnetic-free space
零[磁]偏线/零[磁]偏線,無磁[偏]差線　agonic line
零地球等时线/零地球等時線　zero geochron
零点/零點　zero point, null point
零点幕/零點幕　zero curtain
零度等温线/冰點等温線　zero isotherm
零风速层顶/零風速層頂　velopause
零炮检距剖面拟合/零炮檢距剖面擬合　zero-offset profile fitting
零偏移距/零偏置,零位偏移　zero-offset
零漂改正/零漂改正　correction of zero drift
零频地震学/零頻地震學　zero-frequency seismology
零倾线/無傾線,零磁線　aclinic line
零售地理学/零售地理學　retailing geography
零售业地理学/零售業地理學　geography of retailing
零售业革命/零售革命　retail revolution
零售引力模式/零售引力模式　model of retailing gravity
零速度层偏移/零速度層偏移　zero velocity layer migration
零填充/墊零　zero padding
零通量面/零通量面　zero flux plane
零维/零維　zero dimension
零维模式/零維模式　zero-dimensional model
零[位]线改正/零[位]線改正　correction of zero line
零温度层/零温度層　zero temperature level
零向量/零向量　null vector
零相位效应/零相位效應　zero-phase effect
零震线/零震線　zero shock line
零重力/零重力　zero gravity
零子午线/原點子午線　zero meridian
岭/嶺　ridge, range
领/領　collarette, collar
领海/領海　territorial sea, territorial waters
领海基点/領海基點　basepoint
领海基线/領海基線　baseline of territorial sea
领海基线测量/領海基線測量　territorial sea baseline survey
领海宽度/領海寬度　breadth of the territorial sea
领海主权/領海主權　sovereignty in the territorial sea
领空/領空　territorial sky
领土/領土,國土,領域　territory
领土割让/領土割讓　cession of territory
领土扩张/領土擴張　territorial expansion
领土性/領土性,領域性　territoriality
领细胞/領細胞,襟細胞　choanocyte, collar cell
领域/領域,領土　domain, territory
领域化/領域化　territorialization
领域性/領域性,領土性　territoriality
另类地理学/另類地理學,替代地理學　alternative geography
另类家庭/另類家庭　alternative households
令/令　ream
令牌/令牌　token
令牌类型值/令牌類型值　token type value
溜硬壳虫/原頭蟲,溜頭殼蟲屬　Aphelaspis
刘易斯数/劉易斯數　Lewis number
浏览器/瀏覽器　browser
留尼汪热点/留尼汪熱點　Reunion hot spot
留尼旺事件/留尼汪事件　Reunion event
留珊瑚/留珊瑚　Menophyllum
流/流　current, flow, stream
流变/流變學　rheology
流变律/流變律　rheology law
流变特性/流變性質　rheological property
流变体/流岩體　rheid
流变限/流變限　rheology limit
流变性/流變性　fluxionality
流变性侵入体/流變入侵,流變侵入體　rheological intrusion
流变学/流變學　rheology
流冰/流冰　drift ice
流槽/[流]槽,溝　flute
流程图/流程圖　flowchart
流出/流出　outflow
流动/流動　flowage, flow
流动地震台/流動地震站　mobile seismic station, portable seismic station
流动构造/流動構造,流動結構　flow structure, flowage structure, fluidal structure
流动人口/流動人口　floating population
流动沙丘/流動沙丘　mobile dune, wandering dune
流动深度/水流深度　flow depth
流管/流管　stream tube
流光/流光　streamer
流函数/流[線]函數　stream function
流痕/流痕　scallop, flow mark
流环/流環,水環　ring
流量/流量,地面下徑流,[廢水]排放　discharge, flow discharge
流量过程线分割/流量歷線的分割　hydrograph separation
流面/流面　stream surface
流面构造/流面構造　planar flow structure, platy flow structure

流模式/連續數化模式 stream mode
流劈理/流劈理 flowcleavage
流碛/流磧 flow till
流容差/流容差 stream tolerance
流沙固定/流沙固定 fixation of shifting sand
流石/流石 flowstone
流式数字化/流式數位化 stream mode digitizing
流逝时间/流逝時間 time elapsed
流水带/冰帶 ice belt
流水地貌/河流地形 fluvial landform
流水地貌学/河流地形學 fluvial geomorphology
流水喀斯特/流水喀斯特 fluviokarst
流水作用/流水作用 fluvial action
流速/流速 current speed, current velocity
流速切变锋/流切鋒 current shear front
流体/流體 fluid
流体包裹体/液色體 fluid inclusion
流体包裹体地质温度显微镜/流體包裹體地質溫度顯微鏡 fluid inclusion geothermometric microscopy
流体包裹体显微温度分析/流體包裹體顯微溫度分析 fluid inclusion microthermometric analysis
流体饱和度/液體飽和率 fluid saturation
流体表面能/流體表面能 surface energy of fluid
流体波/流體波 fluid wave
流体超压/流體超壓 fluid overpressure
流体地球化学/流體地球化學 fluid geochemistry
流体地质动力运动/流體地質動力運動 fluidal geodynamic movement
流体动力学/流體動力學 fluid dynamics
流体对流/流體對流 fluid convection
流体封存箱/流體封存箱 fluid compartment
流体静孔隙压/流體靜孔隙壓 hydrostatic pore pressure
流体静力不稳定度/静力不穩度 hydrostatic instability
流体静力方程/静力方程 hydrostatic equation
流体静力近似/静力近似 hydrostatic approximation
流体静压/流體靜壓力 hydrostatic pressure
流体静应力/流體靜應力 hydrostatic stress
流体力学相似/動力相似 dynamic similarity
流体声学/水聲學 hydroacoustics
流体势/流體勢 fluid potential
流体水准测量/流力水準測量 hydrodynamic leveling
流体速度/流體速度 fluid velocity
流体透过性/流體滲透率 fluid permeability
流体压/流體壓力 fluid pressure
流体压力/流體壓力 fluid pressure
流体-岩石交互作用/流體-岩石交互作用 fluid-rock interaction
流体因子/流體因子 fluid factor
流通网络系统/流通網路體系 circulation network system
流网/流網 flow net
流纹结构/流紋結構 rhyotaxitic texture
流纹岩/流紋岩 rhyolite
流涡/渦流,環流 gyre
流线/流線 streamline, flow line
流线分析/流線分析 streamline analysis
流线构造/線狀流型構造 linear flow structure
流线图/流線圖 streamline chart
流向/流向 flow direction, current direction
流泄风/流洩風,下潰風 drainage wind
流星/流星 shooting star
流星雷达/流星雷達 meteor radar
流星余迹/流星餘跡 meteor trail
流星余迹雷达/流星餘跡雷達 meteor trail radar, MTR
流行病学/流行病學 epidemiology
流行病学转型/流行病學轉型 epidemiologic transition
流行文化/流行的文化 popular cultures
流行性产卵/集體産卵 epidemic spawning
流形/流形 manifold
流型/流型 flow pattern
流序/流序 sequence of current
流域/流域[盆地],滙水盆地 drainage basin, river basin
流域分水线/流域分水嶺 basin divide
流域管理/流域經營 watershed management
流域规划/流域規劃 river basin planning
流域汇流/流域匯流 watershed flow concentration
流域模型/流域模型 watershed model
流域形态/流域形態 watershed morphology
流域蒸发/流域蒸發散 basin evapotranspiration
流周期/潮流週期 current cycle
流状构造/流狀構造 flow structure
流[状]褶皱/流狀褶皺,流褶曲 rheid fold, rheornorphic fold
琉球岛弧/琉球島弧 Ryukyu Island Arc
琉球海沟/琉球海溝 Ryukyu Trench
硫铋镍矿/硫鉍鉛鎳礦 parkerite
硫铋铅矿/硫鉍鉛礦 lillianite
硫铋铜矿/[三]硫鉍銅礦 wittichenite
硫铋银矿/硫鉍銀礦,硫銀鉍礦 matildite

硫铂矿/硫鉑礦 coaperite
硫尘/硫磺粉塵 sulfur dust
硫碲铋矿/硫碲鉍礦 joseite
硫碲铋镍矿/碲硫鉍鎳礦 tellurohauchecornite
硫钙霞石/硫鈣霞石,鹼鈣霞石 sulfatcancrinite, vishnevite
硫镉矿/硫鎘礦 greenockite
硫钴矿/硫鈷礦 linnaeite
硫硅钙铅石/硫矽鈣鉛石,硫矽鈣鉛礦,鉛藍方石 roeblingite
硫硅碱钙石/硫矽[鹼鈣]石,硫矽石 latiumite
硫化氢气孔/硫化氫氣孔 putizze
硫化物堆积体/硫化沈積物 sulfide deposit
硫黄泉/硫磺泉 sulfur spring
硫钌矿/硫釕[鋨]礦 laurite
硫镍钴矿/硫鈷鎳礦 siegenite
硫镍矿/硫鎳礦,輝鎳礦 polydymite, beyrichite
硫钯矿/硫鎳鈀礦 vysotskite
硫硼镁石/硼鎂礬 sulfoborite
硫铅镍矿/硫鎳鉛礦,菱鎳鉛礦 shandite
硫氰钠钴石/硫氰鈉鈷石 julienite
硫砷钴矿/鐵硫砷鈷礦 glaucodot
硫砷矿/硫砷礦 dimorphite
硫砷钌矿/硫砷釕礦 ruarsite
硫砷铅矿/硫砷鉛礦 dufrenoysite
硫砷铊铅矿/硫砷鉈鉛礦,紅鉈鉛礦 hutchinsonite
硫砷锑汞铊矿/硫砷汞鉈礦 vrbaite
硫砷锑铅矿/硫砷銻鉛礦,斜方硫銻鉛礦,砷硫銻鉛礦 geocronite
硫砷铜矿/硫砷銅礦 enargite
硫砷铜银矿/硫砷銅銀礦 pearceite
硫砷锌铜矿/硫砷鋅銅礦 nowackiite
硫酸/硫酸 sulfuric acid
硫酸气溶胶/硫酸氣膠 sulfuric acid aerosol
硫酸软骨素/硫酸軟骨素 chondroitin sulfate
硫酸雾/硫酸霧 sulfuric acid mist
硫酸盐还原菌腐蚀/硫酸鹽還原菌腐蝕 sulfate reducing bacteria corrosion
硫酸盐气溶胶/硫酸鹽氣膠 sulfate aerosol
硫碳镁钠石/複芒硝,雜芒硝 tychite
硫碳铅石/硫碳鉛礦 leadhillite
硫锑铋铅矿/硫鉍銻鉛礦 kobellite
硫锑汞矿/硫銻汞礦,硫汞銻礦 livingstonite
硫锑锰银矿/硫銻錳銀礦 samsonite
硫锑铅矿/硫銻鉛礦 boulangerite
硫锑铊铜矿/[斜方]硫銻銅礦 chalcostibite
硫锑铜银矿/硫銻銅銀礦 polybasite
硫锑银铅矿/硫銻銀鉛礦 andorite
硫铁矿/硫複鐵礦 greigite
硫铁银矿/硫鐵銀礦,硫銀鐵礦 sternbergite
硫铜钴矿/[灰]硫銅鈷礦 carrollite, sychnodymite
硫铜铁矿/硫鐵銅礦 talnakhite
硫铜银矿/硫銅銀礦 stromeyerite, stromeyerine
硫硒铋铅矿/硫硒鉍鉛礦,硫硒鉛鉍礦 platynite, platinite, wittite
硫锡铅矿/硫錫鉛礦 teallite
硫锡砷铜矿/硫釩錫銅礦 colusite
硫细菌/硫細菌 sulfur bacteria, sulfobacteria
硫循环/硫循環 sulfur cycle, sulfur circulation
硫氧化物/硫氧化物 sulfur oxides
硫铟铜矿/硫銦銅礦 roquesite
硫银锡矿/黑硫銀錫礦 canfieldite
硫银锗矿/硫銀鍺礦 argyrodite
硫锗铁铜矿/硫鍺鐵銅礦,硫銅鍺礦 renierite
硫锗铜矿/硫鍺銅礦,鍺石 germanite
硫质气孔/硫[質噴]氣孔 solfatara
榴辉岩/榴輝岩 eclogite
榴辉岩圈/榴輝岩圈 eclogite sphere
榴辉岩相/榴輝岩相 eclogite facies
瘤/隆起 bump
瘤齿/瘤[突] node
瘤菊石/瘤菊石 Cosmoceras
瘤囊粉类/瘤囊粉類 Verrusaccus
瘤泡/瘤泡 tumula
瘤切牙/瘤切牙,結裂牙 tuberculo-sectorial teeth
瘤状构造/瘤狀構造 nodular structure
瘤状饰纹/瘤狀飾紋 pustule
柳珊瑚/柳珊瑚 Gorgonia
柳珊瑚酸/柳珊瑚酸 subergorgin
柳属/柳樹 *Salix*
六八面体/六八面體 hexoctahedron
六八面体晶类/六八面體晶類 hexoctahedral class
六方碲银矿/六方碲銀礦 stutzite
六方晶系/六方晶系 hexagonal system
六方菱形异极体类/六方菱形異極體 hexagonal rhombohedral, hemimorphic
六方氯铅矿/六方氯鉛礦 penfieldite
六方锰矿/六方錳礦 nsutite
六方偏方面体/六方偏方六面體 hexagonal trapezohedron
六方锑银矿/六方銻銀礦 allorgentum
六方无水芒硝/六方無水芒硝,變性無水芒硝 metathenardite
六方锡铂矿/六方錫鉑礦 niggliite
六方异极晶类/六方異極體類 hexagonal hemimorphic class

六方最紧密堆积/六方最密堆積 hexagonal closest packing
六放海绵纲/六射海綿綱 Hexactinellida
六分称面/六分稱面 hexametric faces
六分仪/六分儀 sextant
六分子[骨骼]器官/六分子[骨骼]器官 seximembrate skeletal apparatus
六角海百合/六角海百合 Hexacrinus
六面体/六面體 hexahedron
六射放散虫/六射放散蟲 Hexaconus
六射海绵骨刺/六射海綿骨刺 hexactinellid spicule
六射海绵类/六射海綿類 hexactinellids
六射珊瑚/六射珊瑚綱 Hexacorallia
六十进制度盘/六十分制度盤 sexagesimal circle
六水铵镁矾/銨鎂礬 boussingaultite
六水铁矾/六水鐵礬,水磷鈰礦,針磷釔鉺礦 lausenite
六水泻盐/六水瀉鹽 hexahydrite
龙岗岩群/龍崗岩群 Longgang Group Complex
龙格-库塔法/容庫法 Runge-Kutta method
龙骨板/龍骨板,龍骨瓣,脊板 carinal
龙骨瓣/脊[棱] keel
龙骨突/龍骨,脊 carina, keel
龙脊/龍脊,脊棱 keel
龙介虫属/蛇沙蠶 *Serpula*
龙卷/龍卷 tornado, spout
龙卷风/龍卷風 tornado, twister
龙卷回波/龍卷回波 tornado echoes
龙卷气旋/龍卷氣旋 tornado cyclone
龙马溪阶/龍馬溪階 Longmaxian Stage
龙马溪期/龍馬溪期 Longmaxian Age
龙门板/水平樁 batter board
龙女介/龍女介 Bathocythere
龙泉群/龍泉群 Longquan Group
龙山群/龍山群 Longshan Group
龙山文化层/龍山文化層 Longshan cultural bed
龙首山岩群/龍首山岩群 Longshoushan Group Complex
龙王鲸属/巴氏龍屬 Basilosaurus
龙王庙阶/龍王廟階 Longwangmiaoan Stage
龙王庙期/龍王廟期 Longwangmiaoan Age
龙涎香醇/龍涎香醇 ambrein
龙须羊齿/屬龍鬚蕨 Rhodea
龙爪沟群/龍爪溝群 Longzhaogou Group
龙栉龙/龍櫛龍 Saurolophus
笼形包合物/籠合物,籠合體 clathrate
隆冬/隆冬 midwinter
隆脊/肋條介,隔壁脊,脊棱 costa, keel
隆起/隆起,上昇 uplift
隆起带/隆起帶 uplift belt
隆起区/隆起區 uplift area
隆升/隆起 upheaval, uplift
垄断资本主义/壟斷資本主義 monopoly capitalism
埁土/塿土 tier soil
楼层剪切系数/樓層剪切係數 story shear coefficient
漏报/漏報 failure-to-predict
漏斗板/漏斗板 funnel plate
漏斗海/漏斗海 funnel sea
漏斗海湾/漏斗灣 funnel shaped bay
漏斗腔/内腔,細胞腔,空隙 lumen
漏斗珊瑚/皿珊瑚 Chonophyllum
漏斗弯/膠彎 hyponomic sinus
漏斗云/漏斗雲 funnel cloud
漏隙层积云/漏光層積雲 stratocumulus perlucidus, Sc pe
漏隙高积云/漏光高積雲 altocumulus perlucidus, Ac pe
漏油/漏油 oil leak
露头/露頭 outcrop
卢德福特阶/盧德福特階 Ludfordian Stage
卢德福特期/盧德福特期 Ludfordian Age
芦沟龙/盧溝龍 Lukousaurus
芦茎羊齿目/蘆莖羊齒目 Calamopityales
芦蕨纲/節蕨綱,木賊綱 Equisetinae
芦木科/蘆木科 Calamitaceae
芦木目/蘆木目 Calamitales
芦木属/蘆木 *Calamites*
颅顶甲/頭骨頂 skull roof
颅缝/顱縫 cranial suture
颅骨/顱骨,頭骨 skull
颅骨变形/顱骨變形 cranial deformation
颅骨测量/顱骨測量法,頭蓋測量學 craniometry
颅后骨骼/顱後骨骼 post-cranial skeleton
颅间关节/顱内連合 intracranial joint
颅接型/顱接型 craniostyly
颅容量/顱[腔]容量,顱容積 cranial capacity
颅弯曲/[頂骨]蝶角 basekyphosis
颅像重合/顱像重合,顱像重疊 facial image imposition
颅型/顱型 cranial form
颅指数/顱指數 cranial index
鲈鱼心脏细胞系/鱸魚心臟細胞系 sea perch heart cell line, SPH
卤化氢/鹵化氫 halogen hydride
卤钠矾/鹵鈉礬 schairerite
卤钠石/鹵鈉石,氟硫鹽礬 sulfohalite, sulphohalite

卤砂/鹵砂,銨砂 salammonite, sal ammoniac
卤水/鹵水,鹵素 brine, salt brine, bittern
卤水矿床/鹵水礦床 brine deposit
卤素/鹵素 halogen
卤酸/鹵酸 haloid acid
鲁丹阶/魯丹階 Rhoddanian Stage
鲁丹期/魯丹期 Rhoddanian Age
鲁福德蕨属/茹氏蕨 *Ruffordia*
鲁洛夫斯太阳棱镜/魯洛夫斯太陽棱鏡 Roelofs solar prism
鲁氏角石/魯氏角石 Robsomoceras
陆半球/陸半球 land hemisphere
陆背斜/陸背斜 anteclise, anticlise
陆标/陸標 landmark
陆标要素/地標記號 landmark feature
陆表海/陸緣海 epicontinental sea, pericontinental sea, epeiric sea
陆潮/地潮,地球潮汐,固體潮 solid earth tide, earth tide
陆地动物区划/陸地動物區劃 continental faunal regionalization
陆地辐射/地球輻射,地面輻射 terrestrial radiation
陆地环境/陸地環境 continental environment, land environment, terrestrial environment
陆地水文学/陸地水文學 continental hydrology, land hydrology
陆地水载荷/陸地水載荷 land-water loading
陆地卫星/陸地衛星,大地衛星 Landsat, Land satellite
陆地卫星多光谱扫描仪/陸地衛星多光譜掃描器 landsat multispectral scanner, landsat MSS
陆地卫星数据产品/大地衛星資料產品 landsat data products
陆地卫星系列/陸地衛星系列 landsat series
陆地卫星专题制图仪/陸地衛星主題製圖儀 landsat thematic mapper, landsat TM
陆地沼泽化/陸地沼澤化 land paludification, swampiness of land
陆地重力测量/陸地重力測量 ground gravity measurement
陆风/陸風 land breeze
陆风锋/陸風鋒 land breeze front
陆封种/陸封種 land locked species
陆高海深曲线/陸高海深曲線 hypsographic curve
陆龟属/陸龜 *Testudo*
陆海风/陸海風 land sea breeze
陆海交界/陸海交界 land sea interface
陆架动物/陸棚動物相 shelf fauna
陆架海/陸棚海 shelf seas
陆架坡折/陸架坡折,棚裂 shelf break
陆架生态系统/陸棚生態系統 shelf ecosystem
陆架外缘/陸架外緣,棚緣 shelf edge
陆架相/陸架相,陸棚相 shelf facies, continental shelf facies
陆间裂谷系/陸間裂谷系 intercontinental continental rift system
陆间造山带/陸間造山帶 intracontinental orogenic belt
陆检分量[的]旋转/陸檢分量[的]旋轉 rotation of geophone components
陆解作用/陸解作用 aquatolysis
陆界/陸界,陸圈 geosphere, continental sphere
陆块/陸塊,大陸段 continental segment, land-mass
陆连岛/陸連島 tombolo island, land tied island
陆龙卷/龍卷風 twister
陆隆裙/陸隆堆裙 continental rise apron
陆隆锥/陸隆堆錐 continental rise cone
陆-陆碰撞/陸-陸碰撞 continent-continent collision
陆面蒸发/陸面蒸發 land evaporation
陆内变形作用/陸內變形作用 intracontinental deformation
陆内地震/陸內地震 intracontinantal earthquake
陆内碰撞/陸內碰撞 intracontinental collision
陆内造山带/陸內造山帶 intraplate orogenic belt
陆内褶皱带/陸內褶皺帶 intracontinental fold belt
陆棚水/陸棚水 shelf water
陆坡水/陸坡水 slope water
陆坡水域/陸坡水域 slope waters
陆桥/陸橋 land bridge
陆桥地假说/島嶼跳板假説 stepping-stone hypothesis
陆壳/大陸地殼 continental crust
陆圈/陸圈,陸界 terrestrial sphere, continental sphere
陆上沉积/陸上堆積作用 subaerial deposition
陆上叠层石/陸上疊層石 subaerial stromatolite
陆上侵蚀/陸上侵蝕 subaerial erosion
陆上水域动物群/陸域水棲動物群 aquatic faunal group on the land
陆上油气田/陸上油氣田 onshore oil gas field
陆上预制/陸上預報 land fabrication
陆外渊/陸外淵,前淵 foredeep
陆雾/陸霧 land fog
陆向斜/臺向斜,臺坳 syneclise
陆相/陸相 continental facies
陆相剥蚀/陸相剥蝕 subaerial denudation

陆相沉积/陸相沈積 continental sedimentation
陆相生油/陸相生油 terrestrial origin of petroleum
陆心说/陸心説 heartland theory
陆缘/陸緣,大陸邊緣 continental margin
陆缘海/陸緣海 epicontinental sea, pericontinental sea, epeiric sea
陆缘海冰带/陸緣海冰帶 marginal ice zone
陆缘弧/陸緣弧 continental marginal arc
陆缘说/陸緣説 rimland theory
陆缘湾/陸緣灣 front bay
陆源沉积/陸源沈積 terrigenous deposit
陆源沉积[物]/陸源沈積物 terrigenous sediment
陆源腐殖质/陸源腐殖質 terrigenous humus
陆源污染防治/陸源汙染防治,陸側汙染防治 land based pollution prevention and treatment
陆源污染物/陸源汙染物 terrigenous pollutant
陆源物质/陸源物質 terrigenous material
陆源有机物/陸源有機物 terrigenous organic matter, terrigenous organic substance
鹿角蕨/鹿角蕨 Horneophyton
鹿属/鹿 *Cervus*
路堤边坡/路堤邊坡 bank slope, embankment slope
路拱高度/路拱高度 amount of crown
路基/路基 subgrade, road bed
路肩/路肩 shoulder
路界栅/地界柵 right-of-way fence
路径/路徑 route, path
路径标定/路徑標定 path calibration
路径标识/路徑標識 route identifier
路径参考/路徑參考 route reference
路径测量/路徑測量 route measure
路径测量异常/路徑測量異常 route measure anomaly
路径查找网络服务/路徑查找網路服務 route finder web service
路径分析/路徑分析 route analysis
路径服务/路徑服務 route service
路径服务器/路徑服務器 route server
路径函数/路徑函數 path function
路径距离/路徑距離 route distance
路径事件/路徑事件 route event
路径事件表/路徑事件表 route event table
路径事件源/路徑事件源 route event source
路径束/[時間地理學]徑束 bundle
路径搜索/路徑搜索,路徑搜尋 path-finding
路径位置/路徑位置 route location
路径依赖/路徑依賴 path dependency
路权/路權 right-of-way
路权桩/路權樁 right-of-way stake
路特阶/魯德階 Lutetian Stage
路特期/魯德期 Lutetian Age
路线/路線 path
路线标志/路線標志 path label
路线查找/路線查找 pathfinding
路线-距离分析/路線-距離分析 path distance analysis
路由调查/路徑調查 route investigation, route survey
露/露 dew
露点/露點 dew point
露点测定器/露點測定器 dew point apparatus
露点递减率/露點遞減率 dew point lapse rate
露点锋/露點鋒 dew point front
露点记录仪/露點記錄器 dew point recorder
露点湿度表/露點濕度計 dew point hygrometer
露点[温度]/露點溫度 dew point temperature
露虹/露虹 dewbow
露量表/露量計 drosometer
露水板/露水板 dew plate
露天开采/露天開採 strip mining
露天矿测量/露天礦測量 opencast survey
露天矿矿图/露天礦圖 opencast mining plan
露营/露營 camping
吕德尔剪切/吕德爾剪切 Luder shear
吕德尔线/吕德氏線 Luder line
吕梁阶段/吕梁階段 Lüliangian stage
吕梁期/吕梁期 Lüliangian Age
吕梁群/吕梁群 Lüliangian Group
吕珀尔阶/魯培勒階 Rupelian Stage
吕珀尔期/魯培勒期 Rupelian Age
旅行经销商/旅行經銷商 tour operator
旅行批发商/旅行批發商 tour wholesale
旅行时间/旅時 journey time
旅行作家/旅行作家 travel writer
旅游承载力/旅遊承載量 recreational carrying capacity
旅游城市/旅遊城鎮 tourist town
旅游淡季/旅遊淡季 low season
旅游地理学/旅遊地理學 geography of tourism
旅游地生命周期/旅遊地生命週期 life cycle of destination
旅游地图/旅遊地圖,觀光地圖 tourist map
旅游空间/旅遊空間 tourist space
旅游美学/旅遊美學 tourism aesthetics
旅游潜水/潛水觀光 diving tourism
旅游旺季/旅遊旺季 high season, peak season,

busy season
旅游卫星账户/觀光衛星賬户　tourism satellite account, TSA
旅游吸引物/旅遊吸引物　attraction
旅游系统/旅遊系統　tourism system
旅游陷阱/旅遊陷阱　tourist trap
旅游业集中度/旅遊業集中率　concentration ratio
旅游者期望/旅遊者期望　anticipation
旅游资源/旅遊資源　tourist resources
旅游资源评价/旅遊資源評估　tourist resources evaluation
铝版/鋁版　aluminum plate
铝臭葱石/鋁臭蔥石　aluminoscorodite
铝硅钡石/鋁矽鋇石　cymrite
铝红磷铁矿/鋁紅菱鐵礦,磷鋁鐵石　barrandite
铝硼锆钙石/鋁硼鋯鈣石　painite
铝叶绿矾/鋁葉綠礬　aluminocopiapite
铝铀云母/鋁鈾雲母　sabugalite
铝直闪石/鋁直閃石　gedrite
铝质岩/鋁質岩　aluminous rock
绿刺参苷/綠刺參苷　stichloroside
绿脆云母/綠脆雲母　clintonite
绿带/綠帶　greenbelt
绿岛效应/綠島效應　green island effect
绿地/綠地　green space
绿地蜡/綠地蠟　curtisite
绿钙闪石/富鐵鈉閃石,綠鈉鈣閃石　hastingsite
绿钙藻/綠鈣藻　Halimeda
绿辉石/[翠]綠輝石　omphacite
绿钾铁矾/綠鉀鐵礬　voltaite
绿帘角闪岩相/綠簾石-角閃岩相　epidote amphibolite facies
绿帘石/綠簾石　epidote
绿磷铅铜矿/綠磷鉛銅礦,磷銅鉛礬　tsumebite
绿鳞石/綠鱗石,綠土　celadonite
绿硫钒矿/綠硫釩礦,綠硫釩石　patronite
绿镁镍矿/綠鎂鎳礦　alipite
绿泥石/綠泥石　chlorite
绿泥石化/綠泥石化　chloritization
绿镍矿/綠鎳礦　bunsenite
绿片岩/綠片岩　greenschist
绿片岩相/綠[色]片岩相　greenschist facies
绿坡缕石/綠坡縷石,鎂鋁海泡石,厄帖浦石　attapulgite
绿色革命/綠色革命　green revolution
绿色旅游/綠色旅遊　green tourism
绿色制造/綠色製造　green manufacturing
绿闪石/綠閃石　taramite
绿砷钡铁石/綠砷鐵鋇石,綠砷鈣鐵石,砷鋇星石　dussertite
绿砷铜石/綠砷銅石,綠水砷銅礦　chlorotile
绿松石/綠松石,甸子,土耳其玉　turquoise
绿碳钙铀矿/綠鈾鈣石　liebigite
绿铁矿/綠鐵礦　rockbridgeite
绿铜铅矿/綠銅鉛礦　chloroxiphite
绿铜锌矿/綠[碳]銅鋅礦　aurichalcite
绿脱石/綠脱石,鐵膨潤石　nontronite
绿纤石/綠纖石　pumpellyite
绿岩/綠[色]岩　greenstone
绿岩带/綠岩帶　greenstone belt
绿荧光蛋白/綠螢光蛋白　green fluorescent protein
绿荧光蛋白基因/綠螢光蛋白基因　green fluorescent protein gene
绿铀矿/綠鈾礦　vandenbrandeite
绿藻纲/綠藻綱　Chlorophyceae
绿洲/綠洲　oasis
绿洲开发/綠洲開發　oasis development
绿洲农业/綠洲農業　oasis cultivation
绿洲土壤/綠洲土壤　oasis soil
绿洲效应/綠洲效應　oasis effect
绿柱石/綠柱石　beryl
氯代烃类/氯化碳氫化合物　chlorinated hydrocarbon
氯氮汞矿/氯氮汞礦　kleinite
氯度/體積氯度,氯容　chlorinity, chlorosity
氯氟甲烷/氟氯烷　chlorofluoromethane
氯氟碳化物/氟氯碳化物　chlorofluorocarbons, CFCs
氯氟烃/氟氯碳化物　chlorofluorocarbons, CFCs
氯钙石/氯鈣石　hydrophilite
氯硅钙铅矿/氯矽鈣鉛礦,矽氯鈣鉛礦　nasonite
氯硅锆钠石/氯矽鋯鈉石,鋯鈉異性石　petarasite
氯含量/氯度　chlorinity
氯化碳氢化合物/氯化碳氫化合物　chlorinated hydrocarbon
氯黄晶/氯黄晶　zunyite
氯钾胆矾/綠鉀膽礬,鉀綠膽礬,綠銅鉛礦　chlorothionite
氯钾铁盐/綠鉀鐵鹽　douglasite
氯钾铜矿/氯鉀銅礦　mitscherlichite
氯离子浓度异常/氯離子濃度異常　chloride anomaly
氯磷灰石/氯磷灰石　chlorapatite
氯磷钠铜矿/氯磷鈉[鈣]銅礦　sampleite
氯铝石/氯鋁石　chloraluminite
氯镁石/氯鎂石　chloromagnesite
氯锰石/氯錳礦,鈣鎂橄欖石　scacchite, sacchite
氯硼钠石/氯硼鈉石,碳鈉礬　teepleite
氯铅钾石/氯鉛鉀石,假氯鉛礦　pseudocotunnite

氯铅矿/氯鉛礦 cotunite
氯铅芒硝/氯鉛芒硝 caracolite
氯羟铝石/氯水鋁石 cadwaladerite
氯羟锰矿/氯氧錳礦,水氯錳礦 kempite
氯羟硼钙石/[水]氯硼鈣石 hilgardite
氯容因子/氯容因子 chlorosity factor
氯砷钠铜石/氯砷鈉銅石 lavendulan
氯砷铅矿/氯砷鉛礦 ecdemite
氯碳钠镁石/氯碳鈉鎂石 northupite
氯碳铜铅矾/氯碳硫鉛礬 wherryite
氯铁铝石/氯鐵鋁石 zirklerite
氯铜矿/氯銅礦 atacamite
氯铜铝矾/氯[鋁]銅礬 spangolite
氯铜铅矿/氯銅鉛礦 percylite
氯铜银铅矿/銀銅氯鉛礦,氯銅鉛礦 boleite
氯氧锑铅矿/氯[氧]銻鉛礦,鮮黄石 nadorite
滤波/濾波,過濾 filtering
K 滤波/K 濾波 K-filtering
τ-p 滤波/τ-p 濾波 τ-p filter
滤波模式/濾波模式 filtered model
滤波器/濾波器 filter
滤波器类型/濾波器類型 filter type
滤波去噪法/濾波去噪法 filtering de-noising method
滤波扫描/濾波掃描 filter scanning
滤波系数/濾波係數 filter coefficient
滤光镜/濾光鏡 light filter
滤光片/濾光片 optical filter
滤光片有效透过率/濾光片有效透射率 filter effective transmittance
滤光系数/濾光片係數 filter factor
滤色法/濾色法 color filter method
滤色镜/濾色鏡 color filter
滤色器/濾色器,濾色片 color filter
滤声器/濾聲器 acoustic filter
滤食生物/濾食生物 filter feeder
滤食性动物/濾食者 filter feeder
滤液/濾出液,滲出液 filtrate
滤纸/濾器 filter paper
滦河矿/六方汞銀礦 luanheite
滦县岩群/灤縣岩群 Luanxian Group Complex
卵孢子/卵孢子,受精卵 oospore, oval-cell
卵胞/卵胞 ovicell
卵巢/子房 ovary
卵巢痕/卵巢痕 genital marking
卵黄囊/卵黄囊 yolk sac
卵黄营养幼体/卵黄食性之幼生 lecithotrophic larva
卵生/卵生 oviparity
卵石/瓜礫,粗礫 cobble
卵胎生/卵胎生 ovoviviparity
卵原细胞/藏卵器,卵囊 oogonium
卵轴胎生/卵軸胎生 central placentation
乱卷云/亂卷雲 cirrus intortus, Ci in
伦坡拉群/倫坡拉群 Lunpola Group
伦琴射线谱/倫琴射線譜 Roentgen spectrum
伦琴石/倫琴石,碳氟鈣鈰礦 roentgenite
轮虫/輪蟲 rotifer
轮虫动物/輪蟲動物 wheel animal
轮虫属/車輪蟲 *Rotalia*
轮刺贝/輪刺貝 Echinoconchus
轮耳菊石/輪耳菊石 Rotatoceras
轮角石/輪角石 Trocholitidae
轮廓/輪廓 outline
轮廓矢量化/輪廓矢量化 outline vectorization
轮螺/輪螺 Eccyliopterus
轮生/輪[週發]生 cyclic introduction
轮式双晶/輪式雙晶 cyclic twin
轮旋缝/輪旋縫,螺旋旋回縫 trochospiral suture
轮养/輪養 rotational culture
轮叶/輪葉 Annularia
轮叶属/輪葉 *Annularia*
轮藻类/輪藻,車軸藻 charophyta
轮藻植物/輪藻植物 charophyte
轮藻植物门/輪藻,車軸藻 charophyta
轮周发生/輪[週發]生 cyclic introduction
轮皱贝属/褶面貝 *Plicatifera*
轮转印刷机/輪轉印刷機 wed press
轮状/輪形 rotate
论域/論域,討論範圍 universe of discourse
罗得西亚人/羅得西亞人 Rhodesia man
罗德豪隆起/羅德豪隆起 Lord Howe Rise
罗德阶/羅德階 Roadian Stage
罗德期/羅德期 Roadian Age
罗汉松的/羅漢松的 podocarpean
罗洪先/羅洪先 Lo Hung-shian
罗经/羅盤儀 compass
罗经导线/羅盤儀導線 compass traverse
罗经法则/羅盤儀法則 compass rule
罗经盒/羅盤盒 binnacle
罗经[校正]标/羅經校正標 compass adjustment beacon
罗经座/羅盤座 binnacle
罗兰/羅蘭,羅遠,長程導航[系統] Loran, long-range navigation
罗兰[导航仪]/羅倫,長程導航[系] long-range navigation, LORAN
罗兰-C 定位系统/羅蘭-C 定位系統 Loran-C

positioning system
罗兰海图/諾南圖,遠程雙曲線定點陣圖 Loran chart
罗马帝国[时期]/羅馬帝國[時期] Roman Empire
罗马高卢/羅馬高盧 Roman Gaul
罗马天主教/[羅馬]天主教 Roman Catholicism, Catholicism
罗曼什断裂带/羅曼什斷裂帶,羅曼什破裂帶 Romanche fracture zone
罗曼什海沟/羅曼什海溝 Romanche Trench
罗曼什破裂带/羅曼什破裂帶,羅曼什斷裂帶 Romanche fracture zone
罗镁大隅石/鎂鹼大隅石 roedderite
罗蒙诺索夫海岭/羅蒙諾索夫海脊 Lomonosov Ridge
罗盘经纬仪/羅盤經緯儀 compass theodolite
罗盘[仪]/羅盤[儀] compass
罗盘仪测量/羅盤儀測量 compass survey
罗氏壶腹/羅倫氏壺腹 ampullae of Lorenzini
罗水硅钙石/氫氧矽鈣石 rosenhahnite
罗斯贝半径/羅士培半徑 Rossby radius
罗斯贝变形半径/羅士比變形半徑 Rossby radius of deformation
罗斯贝参数/羅士比參數 Rossby parameter
罗斯贝公式/羅士比公式 Rossby formula
罗斯贝数/羅士比數,羅士培數 Rossby number
罗斯贝图解/羅士比圖 Rossby diagram
罗斯贝域/羅士比型 Rossby regime
罗斯贝指数/羅士培指數 Rossby index
罗斯贝重力混合波/羅士比重力波 Rossby gravity wave
罗斯比波/羅斯比波 Rossby wave
罗斯粉类/羅斯粉類 Rousea
罗斯海/羅斯海 Ross Sea
罗西-福勒[烈度]表/羅西-福瑞[烈度]表 Rossi-Forel intensity scale
逻辑/邏輯 logic
逻辑表达/邏輯表達 logical expression
逻辑查询/邏輯查詢 logical query
逻辑重叠/邏輯套疊 logical overlap
逻辑存储结构/邏輯儲存結構 logical storage structure
逻辑单元/邏輯單元 logical unit
逻辑关系/邏輯關聯 logical relationship
逻辑记录/邏輯記録 logical record
逻辑兼容/邏輯相容 logical consistency
逻辑经验论/邏輯經驗論 logical empiricism
逻辑设计/邏輯設計 logical design
逻辑实证论/邏輯實證論 logical positivism
逻辑数据结构/邏輯資料結構 logical data structure
逻辑数据库/邏輯資料庫 logical data base, LDB
逻辑数据模型/邏輯資料模型 logical data model
逻辑斯谛增长/邏輯斯諦成長,邏輯型成長 logistic growth
逻辑斯谛种群增长/邏輯型[族群]成長,推理型[族群]成長 logistic population growth
逻辑斯蒂模型/邏輯斯蒂模型 logistic model
逻辑算子/邏輯運算子 logical operator
逻辑网络/邏輯網路 logical network
逻辑新实证主义/邏輯新實證主義 logical neo-positivism
逻辑一致性/邏輯一致性 logical consistency
逻辑运算/邏輯運算 logical operation
逻辑指令/邏輯指令 logical order
螺轨虫/螺軌蟲 Orbiculina
螺海参/螺海參 Helicoplacus
螺卷状壳/蝸牛式旋殼 helicoid
螺塔/螺旋部 spire
螺线交点/螺形線交點 point of spiral to spiral
螺形偏角/螺形偏角 spiral deflection angle
螺型位错/螺旋位錯,螺式位錯 screw dislocation
螺旋笔石属/螺旋筆石 *Spirograptus*
螺旋波/螺旋波 spiral wave
螺旋桨流速仪/螺槳流速儀流速計 propeller current meter
螺旋桨[式]风速表/螺[旋]槳風速計 propeller anemometer
螺旋曲线/螺形曲線 spiral curve
螺旋式壳/螺旋式殼 trochospiral test
螺旋苔藓虫/螺旋苔蘚蟲 Archimites
螺旋纹/螺[旋]紋 spiral thread
螺旋细胞/螺旋細胞 spiral cell
螺旋形属/螺旋形屬 *gyroidal group*
螺旋雨带回波/螺旋雨帶回波 spiral rain band echo
螺旋云带/螺旋雲帶 spiral cloud band
螺旋状断口/螺旋狀斷口 helical fracture
螺旋状口器/螺旋狀口器,螺旋萌發孔 spirotreme, spiraperturate
螺状硫银矿/螺狀硫銀礦,斜方輝銀礦 acanthite
裸冰/裸冰 bare ice
裸唇纲/裸唇目 Gymnolaemata
裸地/裸地 bare soil
裸蕨纲/裸蕨綱 Psilophytinae
裸蕨目/裸蕨目 Psilophytales
裸蕨属/裸蕨穗木 *Psilophyton*
裸蕨植物门/裸蕨門 Psilophyta

裸露地盾/裸露地盾 exposed shield
裸露泥炭/露天泥炭 bare peat
裸露型喀斯特/裸露喀斯特地形 bare karst
裸鳃目/裸鰓目 Nudibranchia
裸羽片/裸羽片 sterile pinna
裸子植物/裸子植物 gymnosperm
裸子植物的/裸子植物的 gymnospermous
裸子植物门/裸子植物[亞]門,裸子植物亞綱 Gymnospermae
裸子植物亚门/裸子植物[亞]門,裸子植物亞綱 Gymnospermae
洛赫科夫阶/洛赫科夫階 Lochkovian Stage
洛赫科夫期/洛赫科夫期 Lochkovian Age
洛伦茨曲线/羅倫茲曲線 Lorenz curve
洛伦兹力/勞侖茲力 Lorentz force
洛特卡-沃尔泰拉竞争方程/羅特卡-弗爾特拉模型 Lotka-Volterra equation of competition
洛特卡-沃尔泰拉掠食方程/洛特卡-沃爾泰掠食方程式 Lotka-Volterra equation of predation
洛特卡-沃尔泰拉模型/羅特卡-弗爾特拉模型 Lotka-Volterra model
骆驼亚目/駱駝亞目,駱駝附骨 tylopoda
络合物/絡合物,錯合物 complex
落潮/落潮,退潮 ebb tide, falling tide, ebb
落潮流/落潮流,退潮流 ebb current, ebb stream, ebb tide current
落潮时/落潮時間 duration of fall
落错/落差 throw
落后/落後 lag
落可崇群/落可東群 Luokedong Group
落雷/霹靂 thunderbolt
落水洞/滲穴,溶穴 doline, sinkhole
落叶阔叶林/落葉闊葉林 deciduous broadleaved forest
落叶阔叶与常绿阔叶混交林/落葉闊葉與常綠闊葉混合林 deciduous and evergreen broadleaved forest
落叶雪林气候/落葉雪林氣候 deciduous snow forest climate
落重震源/落重震源 weight drop seismic source

M

麻痹性贝毒/麻痺性貝毒 paralytic shellfish poison, PSP
麻黄纲/麻黄綱 Ephedropsida
麻黄目/麻黄目 Ephedrales, Gnetales
麻坑/麻坑 pockmark
麻粒岩/麻粒岩,顆粒岩 granulite
麻粒岩相/麻粒岩相 granulite facies
麻姆统/麻姆統 Maim series
麻源岩群/麻源岩群 Mayuan Group Complex
马鞭藻烯/馬鞭藻烯 multifidene
马刺/馬刺 pli caballine
马刀虫属/馬刀蟲 *Peneroplis*
马丁贝属/馬丁氏貝 *Martinia*
马尔可夫过程/馬可夫過程 Markov process
马尔可夫链/馬可夫鏈 Markov chain
马尔萨斯模型/馬爾薩斯模式 Malthusian model
马尔萨斯生长/馬爾薩斯成長 Malthusian growth
马盖效应/馬開效應 Macky effect
马格纳斯公式/馬格納斯公式 Magnus formulas
马古列斯公式/馬古列斯公式 Margules formula
马赫数/馬赫數 Mach number
马基斯群落/馬基斯群落 maquis
马克萨斯断裂带/馬克薩斯斷裂帶,馬克薩斯破裂帶 Marquesas fracture zone
马克萨斯破裂带/馬克薩斯破裂帶,馬克薩斯斷裂帶 Marquesas fracture zone
马克思行动主义/馬克思行動主義 Marxist activism
马克思主义地理学/馬克思主義地理學 Marxist geography
马克思主义激进分子/馬克思主義激進分子 Marxist radicals
马克思主义经济学/馬克思主義經濟學 Marxist economics
马克思主义意识形态/馬克思主義意識形態 ideology of Marxism
马兰矿/馬蘭礦,硫銅鉑礦 malanite
马里亚纳板块/馬里亞納板塊 Mariana plate
马里亚纳海槽/馬里亞納海槽 Mariana Trough
马里亚纳海沟/馬里亞納海溝 Mariana Trench
马里亚纳海盆/馬里亞納海盆 Mariana Basin
马里亚纳型俯冲带/馬里亞納型隱没帶 Mariana type subduction zone
马六甲海峡/馬六甲海峽 Strait of Malacca
马鲁古海板块/馬魯古海板塊 Molucca Sea plate
马默思[反向]事件/馬默思地磁反向事件 Mammoth event
马默思极性亚期/馬默思極性亞期 Mammoth polarity subchron
马尼希基海台/馬尼希基海臺 Manihiki Plateau
马努斯板块/馬努斯板塊 Manus plate
马平阶/馬平階 Mapingian Stage
马平期/馬平期 Mapingian Age
马丘比丘宪章/馬丘比丘憲章 Charter of Machupicchu
马赛克效应/馬塞克效果 mosaic effect
马氏距离/馬哈拉諾畢斯距離 Mahalanobis distance
马氏螺属/馬氏螺,左環螺 *Maclurites*
马氏珊瑚/馬氏珊瑚 Mackenzia
马属/馬 *Equus*
马斯洛夫-查普曼理论/馬斯洛夫-查普曼理論 Maslov-Chapman theory
马斯洛夫[渐进射线]法/馬斯洛夫[漸進射線]法 Maslov asymptotic ray method
马斯特里赫特阶/麥斯特里希特階 Maastrichtian Stage
马斯特里赫特期/麥斯特里希特期 Maastrichtian Age
马特贝属/馬特氏貝 *Martellia*
马蹄螺属/班螺 *Trochus*
马蹄型鳞板/馬蹄形鱗板 horseshoe dissepiment
马尾蛤/馬尾蛤 Hippurites
马尾蛤相/馬尾蛤相 Hippuritic facies
马尾丝状构造/馬尾構造 horsetail structure
马尾藻素/馬尾藻素 sarganin
马纬度/馬緯度 horse latitudes
马形亚目/馬形亞目 Hippomorpha
马营矿/馬營礦 mayingite
玛瑙/瑪瑙 agate, agate jasper
玛瑙石化木/瑪瑙木,矽化木 agatized wood
玛瑙研钵/瑪瑙乳鉢 agate mortar
玛瑙珠/瑪瑙珠,瓊塊,玕琪子 agate beads
P码/P電碼,精碼 precise code, P code

码头/碼頭　wharf, pier, quay
埋藏冰/埋藏冰　buried ice
埋藏层/埋藏層　buried horizon
埋藏反馈/埋藏反饋　taphonomic feedback
埋藏洪积扇/埋藏洪積扇　buried proluvial fan
埋藏阶地/埋藏階地　buried terrace
埋藏矿体/埋藏礦體　buried orebody
埋藏泥炭/埋藏泥炭　buried peat
埋藏群落/埋藏群落,屍體群落　taphocoenosis
埋藏山/埋藏山,潛山,埋藏丘　buried mountain, buried hill
埋藏水/埋藏水　embeding water
埋藏土/埋藏土　buried soil
埋藏相/埋藏相　taphofacies
埋藏学/[化石]埋藏學　taphonomy
埋藏植物群/埋藏植物群　taphoflora
埋深/埋入深度　burial depth
埋深变质作用/埋深變質作用　burial metamorphic
霾/霾　haze
买麻藤植物/買麻藤綱　Gnetopsida
迈克尔逊-多普勒成像器/邁克爾遜-多普勒成像器　Michelson-Doppler Imager, MDI
麦德维捷夫-施蓬霍伊尔-卡尔尼克[烈度]表/麥德維捷夫-施蓬霍伊爾-卡爾尼克[烈度]表　Medvedev-Sponheuer-Karnik intensity scale, MSK intensity scale
麦卡利-坎坎尼-西尔伯格[烈度]表/麥卡利-坎坎尼-西爾伯格[烈度]表　Mercalli-Cancani-Sieberg intensity scale, MCS
麦卡利烈度表/麥卡利烈度表　Mercalli intensity scale
麦柯氏软骨/麥克氏軟管　Meckel's cartilage
麦克斯韦弛豫时间/麥克斯韋弛豫時間　Maxwell relaxation time
麦克斯韦方程[组]/馬克士威方程　Maxwell equation
麦克斯韦黏弹性物质/麥克斯韋黏彈性物質　Maxwell viscoelastic material
麦夸里三联点/麥夸里三聯點　Macquarie triple junction
麦夸特算法/麥夸特演算法　Marquardt algorithm
麦夸特阻尼因子/麥夸特阻尼因子　Marquardt damping factor
麦粒蜓属/稻米蜓　*Triticites*
麦氏软骨/Meckel 軟骨,美克耳氏軟骨,第一鰓弓軟骨　Meckelian cartilage
脉冰/脈冰　vein ice
脉翅目/脈翅目　Neuroptera
脉翅羊齿/翅羽羊齒　Neuropteridium
脉冲/脈衝,脈波　pulse
脉冲长度/脈波長　pulse length
脉冲重复频率/脈衝重複頻率,脈衝重現頻率　pulse repetition frequency, pulse recurrence frequency, PRF
脉冲磁力仪/脈衝磁力儀　pulse magnetizer
脉冲反褶积/釘形解迴旋,尖脈衝化反褶積　spike deconvolution, spiking deconvolution
脉冲雷达/脈波雷達　pulse radar
脉冲响应/脈衝反應,脈動響應　impulse response
脉冲星/脈動電波星　pulsar
脉冲压缩技术/脈衝壓縮技術　pulse compression technique
脉动/脈動,微震　pulsation, microseism
脉动暴/微地震擾動　microseismic storm
脉动分带/脈動分帶　pulsative zoning
脉动监测/脈動監測　microseismic monitoring
脉动上涌说/脈動上湧説　pulsation upwelling theory
脉动说/脈動説　pulsation theory
脉动噪声/脈動雜訊　microseismic noise
脉动[作用]/脈動　pulsation
脉弧/山形紋,尖頂形　chevron
脉石/脈石　gangue
脉石矿物/脈石礦物　gangue mineral
脉石英矿床/脈石英礦床　vein quartz deposit
脉锡/脈錫石　lode tin
脉序/脈序,[翅]脈相　venation
脉岩/脈[矸子]岩,牆岩　dike rock
脉羊齿类/脈羊齒類　neuropterids
脉泽/邁射　microwave amplification by stimulatedemission of radiation, MASER
脉状构造/脈狀構造　vein structure
蛮风文化/蠻風文化,哥德式文化　gothic culture
鳗鲡幼体/葉形幼生,狹首幼生　leptocephalus
满潮/滿潮,高潮　high tide, high water
满潮阶地/滿潮階地,高潮階地　high tidal terrace
满珊瑚属/滿珊瑚　*Plerophyllum*
满苏氏虫属/曼氏蟲　*Mansuyia*
满意化行为/滿意化行爲　satisfying behavior
满月蛤式牙系/滿月蛤牙系　lucinoid dentition
满洲角石属/滿洲角石　*Manchuroceras*
满洲兽/滿洲獸　Manchurodon
满洲藻/滿洲藻　Manchuriophycus
曼-肯德尔算法/曼-肯德爾演算法　Mann-Kendall method
曼宁粗糙度/曼寧粗糙係數　Manning roughness coefficient

曼宁方程/曼寧公式 Manning equation
幔源[的]/幔源[的] mantle-derived
漫地流/漫地流 overland flow
漫反射/漫反射 diffuse reflection
漫射/漫射 diffusion
漫[射]辐射/漫輻射 diffuse radiation
漫射衰减系数/漫射衰減係數 diffuse attenuation coefficient
漫射太阳辐射/太陽漫射 diffuse solar radiation
漫游/漫遊,旅程 tour, roam
漫游底栖生物/漫遊底棲生物 vagile benthos
慢地震/慢地震 slow earthquake
慢度/慢度 slowness
慢度法/慢度法 slowness method
慢度矢量/慢度向量 slowness vector
慢速扩张/慢速擴張 slow spreading
慢行冷锋/緩行冷鋒 slowly moving cold front
慢性污染/慢性汙染,長期汙染 chronic pollution
芒塞尔色系/孟塞爾色系,孟塞爾色表 Munsell color system
芒硝/芒硝 mirabilite
芒种/芒種 Grain in Ear
盲断层/盲斷層 blind fault
盲谷/盲谷 blind valley
盲管/盲管 caecum
盲矿/盲礦 blind ore
盲矿体/盲礦體 blind orebody
盲鳗类/盲鰻類,盲鰻科 hagfishes
盲鳗属/盲鰻 *Myxine*
盲色片/消色片 achromatic film
盲砑头虫属/育砑頭蟲 *Typloproetus*
盲蛛目/盲蛛目 Opiliones
猫属/貓 *Felis*
猫熊/貓熊 Ailuropus
猫眼效应/貓眼光 chatoyancy
毛笔石属/毛筆石 *Lasiograptus*
毛翅目/毛翅目 Trichoptera
毛刺/突兀 spike
毛发湿度表/毛髮濕度計 hair hygrometer
毛发湿度计/毛髮濕度儀 hair hygrograph
毛矾石/毛礬石 alunogen
毛沸石/毛沸石 erionite
毛管持水量/毛細持水量 capillary moisture capacity
毛卷层云/纖維狀卷層雲 cirrostratus filosus, Cs fil
毛卷云/纖維狀卷雲 cirrus fibratus, Ci fib
毛克板块/毛克板塊 Maoke plate
毛毛雨/毛毛雨 drizzle
毛面/粗面 matt-surface
毛细波/毛細波,表面張力波 capillary wave
毛细带/毛管帶 capillary zone
毛细管/毛細管 capillary
毛细管绘图笔/毛細管繪圖筆 capillary pen
毛细管水/毛細管水 capillary water
毛[细]管位势/毛細位 capillary potential
毛[细]管现象/毛細現象 capillary phenomenon
毛细管压力/毛細壓力 capillary pressure
毛状叶属/支葉銀杏 *Trichopitys*
矛头虫属/矛頭蟲 *Lonchodomas*
矛尾鱼属/矛尾魚 *Latimeria*
矛羊齿属/矛羊齒 *Lonchopteris*
矛状的/箭頭狀的,戟狀的 hastate
茅口阶/茅口階 Maokouan Stage
茅口期/茅口期 Maokouan Age
锚板/錨板 anchor plate
锚臂/錨臂 anchor arm
锚冰/底冰 anchor ice
锚柄/錨桿 anchor stock
锚泊测站/錨碇測站 anchor station
锚[泊]地/錨泊地 anchorage area, anchorage
锚泊浮标海浪观测/錨碇浮標海浪觀測 fixed buoy wave observation
锚泊结构/錨泊結構 anchored structure
锚泊资料浮标/錨碇資料浮標 moored data buoy
锚槽/滯槽 anchored trough
锚地浮标/錨地浮 anchorage buoy
锚干/錨幹 shaft, shank
锚位/錨位 anchor position
锚形体/錨,固定器 anchor
锚状构造/錨狀構造,錨狀物 ancora
卯西面/主垂面 prime vertical plane
卯西圈/卯酉圈 prime vertical
卯西圈曲率半径/卯酉圈曲率半徑 radius of curvature in prime vertical
冒地槽/次地槽 miogeosyncline
冒地斜/冒地斜 miogeocline
冒汽地面/冒汽地面 fumarolic field, steaming ground
贸易东风/貿易東風 easterly trade wind
贸易区/貿易區 trade area
贸易网络/貿易網路 trade network
帽/帽 cappa
帽角石属/枕角石 *Piloceras*
帽檐/帽檐 peak
帽状幼体/帽狀幼體,帽形幼生 pilidium larva
玫瑰图/玫瑰圖 rose diagram

眉脊/眉脊 brow ridge
眉棱/眉棱,眼骨上棱 Supraorbitalnidge
眉枝/眉叉 brow tine
梅内夫阶/梅內夫階 Menevian Stage
梅内夫期/梅內夫期 Menevian Age
梅氏犀牛/梅氏犀牛 Rhinoceros merki
梅树村阶/梅樹村階 Meishucunian Stage
梅树村期/梅樹村期 Meishucunian Age
梅特罗吉阶/門特羅格階 Maentwrogian Stage
梅特罗吉期/門特羅格期 Maentwrogian Age
梅汛期/梅雨汛期 Meiyu flood period
梅雨/梅雨 Meiyu, plum rain
梅雨锋/梅雨鋒 Meiyu front
梅雨期/梅雨期 Meiyu period
媒介/媒介 intermediary
媒介传染病/媒介傳染病 vector-born disease
媒介物/媒介物 intermedium
媒体/媒體 media
煤变质作用/煤變質作用 coal metamorphism
煤层/煤層 coal seam
煤层对比/煤層對比 correlation of coal seam
煤层分叉/煤層分叉 bifurcation of coal seam
煤层气/煤層氣 coal bed gas, coal seam gas
煤沉积模式/煤沈積模式 sedimantary model of coal
煤成气/煤氣 coal gas
煤成岩作用/煤成岩作用 coal diagenesis
煤地球化学/煤地球化學 coal geochemistry
煤垩/劣煤 smut
煤核/煤[結]核 coal ball
煤华/煤華 blossom
煤化作用/煤化作用,成煤作用 coalification
煤灰人工鱼礁/煤灰魚礁 coal waste artificial reef
煤级/煤級,煤化程度 coal rank
煤精/煤精,煤玉 jet
煤矿地质/煤礦地質 coal mining geology
煤盆地/成煤盆地 coal basin
煤气/煤氣 coal gas
煤[炭]/煤[炭] coal
煤田/煤田 coalfield
煤[田]地质学/煤炭地質學 coal geology
煤相/煤相 coal facies
煤岩层电阻率/煤岩層電阻率 resistivity of coal bed
煤岩学/煤岩學,煤相學 coal petrology, coal petrography
煤油/煤油 kerosene
煤玉/黑琥珀 black amber
酶联免疫吸附测定/酵素免疫吸附法 enzyme linked immunosorbent assay, ELISA
[美国]电气与电子工程师学会/電子電機工程師協會 Institute of Electrical and Electronics Engineers, IEEE
[美国]国家标准及技术协会/美國國家標準及技術協會 National Institute of Standards and Technology, NIST
[美国]国家数字地图数据库/[美國]國家數字地圖資料庫 National Digital Cartographic Database, NDCDB
美国航空航天局/美國太空總署 National Aeronautics and Space Administration
美国信息交换标准码/美國標準資訊交換碼 American Standard Code for Information Interchange, ASCII
美拉尼西亚海盆/美拉尼西亞海盆 Melanesia Basin
美女虫/美女蟲 Eponides
美亚海盆/美亞海盆 Amerasia Basin
美羊齿/美羊齒 Callipteris
美羊齿类/美羊齒類,美形羊齒 Callipteridium, callipterids
美洲板块/美洲板塊 American plate
美洲剑齿虎属/劍齒虎 *Smilodon*, *Machairodus*
[美洲]野牛/野牛,犎牛 Bison
镁电气石/鈉鎂電氣石 dravite
镁毒石/鎂毒石 picropharmacolite
镁鲕绿泥石/鐵葉綠泥石 delessite
镁方铁矿/鎂方鐵礦 magnesiowustite
镁钙闪石/鎂[鈉鐵]閃石 tschermakite
镁橄榄石/鎂橄欖石 forsterite
镁铬铁矿/鎂鉻鐵礦 magnesiochromite
镁黄长石/鎂黃長石 akermanite
镁碱沸石/鎂鹼沸石,鎂鈉針沸石 ferrierite
镁角闪石/鎂角閃石 magnesiohornblende
镁铝矾/鎂鋁礬,鎂明礬 pickeringite
镁铝榴石/鎂鋁榴石 pyrope
镁铝钠闪石/鎂鋁鈉閃石,鎂鐵鈉閃石 eckermannite
镁铝蛇纹石/鎂鋁蛇紋石,鎂綠泥石 amesite
镁钠闪石/鎂鈉閃石 magnesioriebeckite
镁砷铀云母/砷鎂鈾雲母,水砷鎂鈾礦 novacekite
镁钛矿/鎂鈦礦 geikielite
镁铁比值/鎂鐵比值 magnesia-ferro ratio
镁铁榴石/鎂鐵榴石 majorite
镁铁闪石/鎂鐵閃石,褐閃石 cummingtonite
镁铁指数/鎂鐵指數 mafic index
镁铁质结晶岩/鎂鐵質結晶岩 mafic crystalline rock
镁铁质矿物/鎂[鐵]質礦物 mafic mineral
镁铁质侵入糜棱岩/鎂鐵質侵入糜棱岩 mafic instrusive mylonitized rock

镁铁质岩/鎂鐵質岩 mafic rock
镁铀云母/鎂[磷]鈾雲母,水鈾磷鎂石 saleeite
闷热[度]/悶熱[度] sultriness
闷热天气/悶熱天氣 muggy weather
门/門 phylum
门齿/門牙 incisor
门多西诺断裂带/門多西諾破裂帶 Mendocino fracture zone
门多西诺破裂带/門多西諾破裂帶 Mendocino fracture zone
门户城市/門户都市 gateway city
门户网站/入口網站 portal
门槛/門檻 threshold
门类古生态学/門類古生態學 palaeoautecology
萌地槽/萌地槽 embryonic geosyncline
萌地台/萌地臺 embryonic platform
萌发沟/生殖槽,孢槽[孢粉] germinal furrow, furrow
萌发孔/孢膜孔 germ pore
萌发口器/萌發口器 germinal aperture
萌发温度/瞬燃温度 flash temperature
萌芽节理/萌芽節理 bud joint
蒙代尔-弗莱明模型/蒙代爾-弗萊明模式 Mundell-Fleming model
蒙德极小期/蒙德極小期 Maunder Minimum
蒙戈湖漂移/蒙戈湖偏移 Mungo Lake excursion
蒙绘/蒙繪 mask artwork
蒙片/蒙片 mask
蒙气差/濛氣差,天文折射 astronomical refraction
蒙特卡罗法/蒙地卡羅法 Monte Carlo method, MC method
蒙特卡罗理论/蒙地卡羅理論 Monte Carlo theory
蒙特利尔公约/蒙特婁公約 Montreal Protocol
蒙脱石/蒙脱石 montmorillonite
蒙皂石/綠土,膨潤石 smectite, green earth
猛滑阶跃/猛滑階躍 fling step
猛犸象/猛馬象 Mammuthus
蒙古低压/蒙古低壓 Mongolian low
蒙古介属/蒙古介 *Mongloianella*
蒙古块体/蒙古塊體 Mongolia block
蒙古气旋/蒙古氣旋 Mongolian cyclone
蒙古人种/蒙古人種 Mongoloid
蒙陕陆核/蒙陝陸核 Shaanxi Mongolia continental nucleus
锰白云石/錳白雲石,鐵錳雲石 kutnohorite
锰钡矿/錳鋇礦 hollandite
锰矾/錳礬 szmikite
锰斧石/錳斧石 manganaxinite, tinzenite
锰钙铁榴石/細粒錳鐵榴石 rothoffite
锰橄榄石/錳橄欖石 tephroite
锰铬铁矿/錳鉻鐵礦 manganochromite
锰硅灰石/鈣薇薔輝石,鈣薔薇輝石 bustamite
锰红柱石/錳紅柱石 kanonaite
锰黄砷榴石/錳硫砷礦 manganberzelite
锰辉石/斜錳輝石 kanoite
锰钾矿/錳鉀礦,鉀錳氧礦 cryptomelane
锰尖晶石/錳尖晶石 galaxite
锰结核/錳核 manganese nodule
锰壳/錳殼 manganese crust
锰帘石/紅錳簾石 sursassite
锰铝榴石/錳鋁榴石 spessartine
锰绿泥石/錳鋁綠泥石 pennantite
锰绿纤石/錳綠纖石 pumpellyite-Mn
锰帽/錳帽 manganese hat
锰镁闪石/鎂錳閃石 tirodite
锰凝结物/錳凝結物 manganese agglutination
锰铁钒铅矿/錳鐵釩鉛礦,水礬錳鉛礦 brackebuschite
锰铁橄榄石/錳鐵橄欖石 knebelite, manganoan fayalite
锰铁矿/[黑鎂]錳鐵礦 jacobsite
锰铁榴石/錳鐵榴石 calderite
锰铁闪石/錳鐵閃石 dannemorite
锰土/黑華 black ocher
锰叶泥石/錳葉泥石 ekmannite
锰硬绿泥石/錳硬綠泥石 ottrelite
锰质岩/錳質岩 manganese rock
锰柱石/錳柱石 orientite
孟加拉湾风暴/孟加拉灣風暴 Storm of Bay of Bengal
梦景/夢景 dreamscape
弥散极光/彌散極光 diffuse aurora
弥散系数/分散係數,色散係數 coefficient of dispersion
弥散晕/彌散暈 halo of water diffusion
迷齿类/迷齒類 labyrinthodontians
迷齿亚纲/迷齒總目 Labyrinthodontia
迷宫溶洞/迷宮溶洞 labyrinth cave
迷路齿/迷齒 labyrinthodont tooth
猕猴属/獼猴 *Macaca*
糜棱结构/糜棱結構 mylonitic texture
糜棱岩/糜棱岩,磨嶺岩 mylonite
糜棱岩化/糜棱化 mylonitization
米尔恩-萧地震仪/密爾恩-蕭氏地震儀 Milne-Shaw seismograph
米克贝属/米克貝 *Meekella*

米兰科维奇假说/米蘭科維奇假説 Milankovitch hypothesis
米兰科维奇理论/米蘭科維奇理論 Milankovitch theory
米兰科维奇旋回/米蘭科維奇循環 Milankovitch cycle
米勒拟态/米勒擬態 Müllerian mimicry
米勒气候分类法/米勒氣候分類法 Miller's climatic classification
米勒-尤里反应/米勒-尤里反應 Miller-Urey reation
米勒圆柱投影/米勒圓柱投影 Miller cylindrical projection
米勒指数/米勒指數 Miller indices
米木石壳/米木石殼 mimoceracone
米契林角石属/米氏角石 *Michelinoceras*
米契林珊瑚属/米氏珊瑚 *Michelinia*
米[氏]散射/米氏散射 Mie scattering
米氏蜓/米氏䗴 Doliolina
米氏蜓属/米氏䗴,瓜形蟲 *Misellina*
米雪/雪粒 snow grain
觅食迹/攝食痕跡 feeding trail, fodinichnia
觅食行为/覓食行爲 foraging behavior
泌盐盐生植物/泌鹽鹽生植物 secretohalophyte
密度/密度 density
密度表示法/密度表示法 dasymetric representation
密度补偿/密度補償 density compensation
密度测井/密度測井 density logging
密度层/密度層 density layer
密度超量/條件密度 density excess
密度范围/密度範圍 density range, DR
密度分割/密度分割,灰度分割 density slicing, density splitting
密度分区/密度分區 density zoning
密度分异/密度分異 density differentiation
密度计/密度計 densitometer, densimeter
密度岭土/密高嶺土 tetratolite, steinmark
密度流/密度流 density current, density flow
密度-曝光量对数曲线/哈德曲線 H and D curve
密度梯度/密度梯度 density gradient
密度图/密度圖 density map
密度-温度关系/密度-温度關係 density temperature relationship
密[度]跃层/密[度]躍層,斜密層 pycnocline
密度制约/密度相關 density dependent
密度制约死亡率/密度制約死亡率 density dependent mortality
密度转换/密度轉換 density transfer
密集浮冰区/密集浮冰區 pack ice zone
密卷云/密卷雲 cirrus spissatus, Ci spi
密码/密碼 password
密木型木质部/密木型木質部 pycnoxylic xylem
密史脱拉风/密史脱拉風 mistral
密陀僧/密陀僧 litharge
密西西比亚纪/密西西比亞紀 Mississippian Subperiod
密西西比亚系/密西西比亞系 Mississippian Subsystem
密压的/密壓的 appressed
密跃层强度图/密度躍層強度分布 distribution of pycnocline intensity
密云岩群/密雲岩群 Miyun Group Complex
幂次律蠕变/冪律蠕變 power-law creep
幂次律蠕变方程/冪律蠕變方程 power-law creep equation
蜜黄长石/蜜黃長石 meliphanite
蜜蜡石/密蠟石,埋沙錢 mellite
冕洞/[日]冕洞 corona hole, coronal hole
冕流/[日]冕流 coronal streamer
缅甸板块/緬甸板塊 Myanma plate
面/面 face
面板图/面板圖 paneled map
面包虫属/西比西蟲 *Cibicides*
面包圈[形]图像/麵包圈[形]圖像 doughnut shaped pattern
面波/[表]面波 surface wave
面波层析成像/面波層析成像 surface wave tomography
面波反演/面波反演 surface wave inversion
面波构造研究/面波構造研究 surface wave structure study
面波频散/面波頻散 surface wave dispersion
面波衰减/面波衰減 surface wave attenuation
面波震级/面波震級,表面波規模 surface wave magnitude
面波震相/面波震相 surface wave phase
面波震源研究/面波震源研究 surface wave source study
面缓冲区/面環域 area buffer
面积/面積 area
面积测量/面積測量 area measurement
面积加权平均分辨率/面積加權平均解析率 area-weighted average resolution, AWAR
面积注气/面積注氣 dispersed gas injection
面降水[量]/面降水 areal precipitation
面角/面交角 interfacial angle
面角守恒定律/面角守恆定律 law of constancy of

angle
面金属量/面金屬量　areal productivity
面连续性系数/面連續性係數　surface continuity coefficient
面貌复原/面部復原,顏面重建　facial reconstruction
面盘幼体/面盤幼體,被面子幼蟲　veliger larva
面炮记录叠前深度偏移/面炮記録疊前深度偏移　areal shot prestack depth migration
面缺陷/面缺陷　plane defect
面三角/面三角　facial triangle
面水准测量/面水準測量　area leveling
面水准计算法/面積水準[土方]計算法　area leveling method
面谈/面談　interviewing
面网/網　net
面线/面線　facial suture
面线后支/面線後支　posterior branch of facial suture
面线前支/面線前支　anterior branch of facial suture
面向/面向　oriented
面向对象程序设计/物件導向程式設計　object-oriented programming, OOP
面向对象程序设计系统/物件導向程式系統　object-oriented programming system, OOPS
面向对象程序设计语言/物件導向程式語言　object-oriented programming language, OOPL
面向对象关系数据库/物件導向關聯式資料庫　object-oriented relational database
面向对象数据库/物件導向資料庫　object-oriented database, OODB
面向对象数据库管理系统/物件導向資料庫管理系統　object-oriented database management system, OODBMS
面向过程的数据文件/面向過程的資料文件　function-oriented data file
面向用户信息系统/使用者導向資訊系統　user-oriented information system
面心格子/面心格子　face-centered lattice
面型/面型,臉型　facial form
面状符号/面狀符號　area symbol
面状构造/平面構造　planar structure
面状目标/面狀目標　area target
面状数据/面資料　area data
面状要素综合/面概括化　area generalization
苗木石/苗木石　naegite
描述符/描述符號　descriptor, specifier
描述符文件/描述符號檔　descriptor file
描述数据/描述資料,敘述資料　descriptive data
描述性化学海洋学/描述性化學海洋學　descriptive chemical oceanography
描述性气候学/描述氣候學　descriptive climatology
描述性气象学/描述氣象學　descriptive meteorology
描述岩石学/描述岩石學　descriptive petrology
描图纸/描圖紙　tracing paper
瞄直法/瞄直法　sighting line method
瞄准仪/照準儀　alidade
秒差距/秒差距　parsec
妙高阶/妙高階　Miaogaoan Stage
妙高期/妙高期　Miaogaoan Age
灭绝/滅絶　extinction
灭绝动物/絶種動物　extinct animals
灭疟霉素/除瘧黴素　aplasmomycin
灭种/滅種,種族死亡　racial death
民间文化/民俗文化　folk cultural
民间文化地理学/民俗文化地理學　folk cultural geography
民俗旅游/民俗觀光　ethnic tourism
民俗学/民俗學　folklore
民用代码/民用代碼　civilian code
[民用]航空运输/[民用]航空運輸　air transport
民用日/民用日　civil day
民用时/民用時　civil time
民族地理学/民族地理學　ethnic geography
民族聚居区/民族聚居區　ethnic enclaves
民族学/民族學　ethnography
敏感黏土/敏感性黏土　sensitive clay
敏感系数/敏感度比,靈敏度比率　sensitivity ratio
敏感性分析/敏感性分析　sensitivity analysis
敏感性试验/敏感性測試　sensitivity test
名义量表/類别量表　nominal scaling
明暗等高线/光影等高線　illuminated contours
明暗分析/明暗分析　LO-analysis
明调原稿/明調原稿　high-key copy
明度/明度　value lightness
明矾石/明礬石　alunite
明胶/明膠,凝膠[體]　gelatin
明礁/明礁,上昇礁　bare rock, uplifted reef
明清宇宙期/明清宇宙期　Ming-Qing cosmic period
明渠/明渠　open channel
明锐度/明鋭度　sharpness
明神介/明神介　Cytheridea
明显地物点/明顯地物點　outstanding point
明星介/明星介　Orionina
明语气象报告/明語氣象報告　plain language report
鸣沙/鳴沙　hiyal
鸣震/鳴震,振鳴,鳴盪　ringing, singing

冥古宙/冥古宙 Hadean Eon
冥王星/冥王星 Pluto
命令/指令 command
命令程序/指令程序 command procedure
命令行/指令行 command line
命令行窗口/指令行視窗 command line window
命令行界面/指令行介面 command line interface
命令提示窗口/指令提示視窗 command prompt window
命令条/指令列 command bar
命中数目图/命中數目圖 hit count plot
模仿与口授/模仿與口授 imitation and oral instruction
模糊程度/模糊 unsharpness
模糊的/模糊的 fuzzy
模糊分类法/模糊分類法 fuzzy classification method
模糊分析/模糊分析 fuzzy analysis
模糊概念/模糊概念 fuzzy concept
模糊集/模糊集 fuzzy set
模糊集合理论/模糊集合理論 fuzzy set theory
模糊容差/模糊容許[度] fuzzy tolerance
模糊容限/模糊容許[度] fuzzy tolerance
模糊数学/模糊數學 fuzzy mathematics
模糊效应/西格諾-利普斯效應 Signor-Lipps effect
模糊[性]理论/模糊理論 fuzzy theory
模糊影像/模糊影像 fuzzy image
模块/模組,組件 module
模块化软件/模組化軟體 modular software
模块支承桁架/模組支撐桁架 module support frame
模量/模量 modulus
模拟/類比,仿真 analog, emulation
模拟测图仪/類比測圖儀,類比接橋 analog plotter, analog bridging
模拟传输/類比傳輸 analog transmit
模拟磁带/類比磁帶 analog tape
模拟的/假對稱的 mimetic
模拟地图/類比地圖 analog map
模拟地震波/模擬地震波 simulated seismic wave
模拟地震信号/類比地震信號 analogue seismic signal
模拟地震仪/模擬地震儀 analogous seismograph
模拟地震振动台/模擬地震振動臺 earthquake-simulating shaking table
模拟法/類比法 analog method
模拟法测图/類比法測圖 analog photogrammetric plotting
模拟记录/類比記録 analog record
模拟抗混淆滤波[器]/模擬抗混淆濾波[器] analog anti-aliasing filter, AAA filter
模拟空中三角测量/類比空中三角測量 analog aerotriangulation
模拟立体测图仪/類比立體測圖儀 analog stereoplotter
模拟气候/模擬氣候 simulated climate
模拟潜水/模擬潛水 simulated diving
模拟摄影测量/類比攝影測量 analog photogrammetry
模拟实验/模擬實驗 simulation experiment
模拟试验/模擬測試 simulation test
模拟数字转换/類比至數位轉換 analog-to-digital conversion
模拟退火静校正/模擬退火静校正 simulated annealing static
模拟退火[算]法/模擬退火,類比退火演算法 simulated annealing, SA, simulated annealing algorithm
模式/模式 schema, mode, pattern
B-K 模式/B-K 模式 B-K model
DD 模式/DD 模式 DD model
IPE 模式/IPE 模式 IPE model
模式标本/模式標本 type specimen
模式地点/標準地點 type locality
模式地区/標準地區 type area
模式-动作序列/模式-動作序列 pattern-action sequence
模式分辨率/模式解析度 model resolution
模式规则/模式規則 pattern rule
模式类别/模式類别 pattern class
模式年龄/模式年齡 model age
模式剖面/模式剖面 type section
模式生成/模式形成 pattern formation
模式识别/模式認知 pattern recognition
模式输出统计/模式產品統計 model output statistics, MOS
模式输出统计预报/模式產品統計預報 model output statistic prediction
模式属/模式屬 *type genus*
模式种/模式種 type species
模鼠角/模鼠角 Mimomys-kante, Mimomys-ridge
模鼠兔类/模鼠兔類 mimotonids
模树石/松竹石,樹枝石 dendrite
模数/模數 modulus
模-数转换/類比-數位轉換,類比數位轉換 analog-digital conversion, analog to digital conversion, ADC
模数转换装置/類比-數位轉換裝置 analog-digital

device
模态/[波]模 mode
模型/模型,模式 model
MORVEL 模型/MORVEL 模型 MORVEL model
NUVEL-1 模型/NUVEL-1 模型 NUVEL-1
PB2002 模型/PB2002 模型 PB2002 model
RELM 模型/RELM 模型 RELM model
STEP 模型/STEP 模型 STEP model
模型参数/模型參數 model parameter
模型参数化/模型參數化 model parameterization
模型分辨率矩阵/模型解析度矩陣 model resolution matrix
模型连接/模型連接 bridging of model
模型拟合优势度/模式擬合優勢度 model goodness-of-FIT
模型缩放/調整模型比例尺 scaling of model
模型误导/模式誤導 model misspecification
模型应力/模型應力 model stress
模型置平/模型置平,模型改平 leveling of model, model leveling
模型坐标/模型坐標 model coordinates
膜壁/膜壁 phrenotheca
膜成骨/膜骨 membrane bone
膜翅/膜翅 membranous wing
膜翅目/膜翅目 Hymenoptera
膜电位/膜電位 membrane potential
膜海鞘素/膜海鞘素 didemnin
膜痕/膜痕 pallial marking
膜壳/膜殼 vesicle
膜壳腔/膜殼腔 vesicle cavity
膜颅/膜顱,膜化顱骨 dermatocranium
膜颅间关节/膜顱內連合 dermal intracranial joint
膜生物反应器/膜生物回應器 membrane bioreactor
膜蒸馏/膜蒸餾 membrane distillation
摩擦/摩擦 friction
摩擦层/摩擦層 friction layer
摩擦定律/摩擦定律 friction law
摩擦风/摩擦風,滯衡風 antitriptic wind
摩擦辐合/摩擦輻合 frictional convergence
摩擦辐散/摩擦輻散 frictional divergence
摩擦滑动/摩擦滑動 frictional sliding
摩擦镜面/摩擦鏡面 friction mirror
摩擦力/摩擦力 friction force
摩擦力学/摩擦力學 frictional mechanics
摩擦模型/摩擦模式 friction model
摩擦判据/摩擦判據 friction criterion
摩擦强度/摩擦強度 frictional strength
摩擦区/摩擦區 frictional region, FR
摩擦熔融/摩擦熔融 friction melting
摩擦深度/摩擦深度 frictional depth
摩擦速度/摩擦速度 friction velocity
摩擦稳定性/摩擦穩定性 friction stability
摩擦系数/摩擦係數 coefficient of friction, friction coefficient
摩擦曳力/摩擦曳力 frictional drag
摩擦应力/摩擦應力 friction stress
摩尔/莫耳,克分子 mole
摩尔气体常数/莫耳氣體常數 mole gas constant
摩尔消光系数/莫耳消光係數 molar extinction coefficient
摩根齿兽类/摩根齒獸類 morganucodontans
摩天岭群/摩天嶺群 Motienling Group
磨版/磨版 graining
磨版表面/粒紋版面 grained surface
磨版机/磨版機 graining machine, grinding machine
磨[刀]石/砥石,研磨石 grindstone
磨坑/磨坑 wear crater
磨拉石/磨拉石,磨礫層 molasse
磨拉石建造/磨拉石建造 molasse formation
磨面/磨面 abrasion
磨石坪群/磨石坪群 Moshiping Group
磨蚀痕迹/磨蝕痕跡 abrasion mark
磨蚀[作用]/磨蝕[作用] abrasion
磨损/穿損 wearing
磨楔式齿/磨楔式齒 tribosphenic tooth
蘑菇石/蕈[狀]岩 mushroom rock
抹香鲸/抹香鯨 sperm whale
末冰期/晚冰期 kataglacial
末次冰期/末次冰期 Last Glaciation
末次冰盛期/末次冰盛期 Last Glacial Maximum
末端/遠[極]端,頂部 distal end
末期/末期 telophase
末现面/末現面 last appearance datum
莫顿排序/莫頓排序 Morton order
莫顿数/莫頓數 Morton number
莫尔-克努森测定法/莫爾-克努森[氯度]測定法 Mohr Knudsen method
莫尔-库仑破裂包络/莫爾-庫侖破裂包絡 Mohr-Coulomb failure envelope
莫尔斯求倾角法/摩爾斯求傾角法 Morse method of determining tilt
莫尔条纹/錯網花紋 Moire pattern
莫尔图/莫爾圖 Mohr diagram
莫尔韦德投影/摩爾威特投影 Mollweide projection

莫尔圆/莫爾圓 Mohr's circle
莫尔准则/莫爾準則 Mohr criterion
莫合尔山群/莫合爾山群 Mohe'ershan Group
莫湖兽亚目/莫湖獸亞目,始祖象類,蒙内象類 Moeritheriodea
莫霍[不连续]面/莫荷[不連續]面 Moho discontinuity, Moho, Mohorovicic discontinuity
莫霍钻探/[莫荷]超深鑽 Mohole
莫来石/莫來石 mullite
莫兰Ⅰ数/莫蘭Ⅰ數 Moran Ⅰ
莫洛坚斯基改正/莫洛堅斯基改正 Molodensky correction
莫洛坚斯基公式/莫洛堅斯基公式 Molodensky formula
莫洛坚斯基理论/莫洛堅斯基理論 Molodensky theory
莫宁-奥布霍夫长度/莫奧長度 Monin-Obukhov length
莫宁-奥布霍夫相似理论/莫奧相似理論 Monin-Obukhov similarity theory
莫诺湖漂移/Mono 湖偏移 Mono Lake excursion
莫桑比克海盆/莫三鼻克海盆 Mozambique Basin
莫桑比克海峡/莫三鼻克海峽 Mozambique Channel
莫氏硬度/摩氏硬度 Mohs hardness
莫氏硬度计/摩氏硬度計 Mohs hardnesscale
莫斯科阶/莫斯科階 Moscovian Stage
莫斯科期/莫斯科期 Moscovian Age
漠境砾幕/沙漠礫面,漠坪 desert pavement
墨斗/墨斗 duct
墨辊脱墨/脱墨 roller stripping
墨角藻多糖/岩藻多醣 fucoidin, fucan
墨卡托/麥卡托 Gerhardus Mercator
墨卡托地图投影/麥卡托地圖投影 Mercator map projection
墨卡托方位角/麥卡托方位角 Mercator bearing
墨卡托海图/麥卡托海圖 Mercator chart
墨卡托投影/麥卡托投影 Mercator projection
墨绿砷铜石/翠綠砷銅礦,水綠砷銅礦 cornwallite
墨铜矿/墨銅礦 valleriite
墨西哥湾/墨西哥灣 Gulf of Mexico
[墨西哥]湾流/灣流 Gulf Stream
墨西拿阶/墨西拿階 Messinian Stage
墨西拿期/墨西拿期 Messinian Age
默冬周期/麥冬週期 Metonic cycle
默硅镁钙石/斜矽鎂鈣石,鎂薔薇輝石 merwinite
默坎顿[磁]间段/默坎頓[磁]間隔 Mercanton magnetic interval
默认值/預設值 default value
貘形亚目/貘形亞目 Tapiromorpha
模/模 mold
模板/模板,模版,樣板 template
模板链/模版股 template strand
模片/模片 templet
模片法/模片法 templet method
模片切孔机/模片切孔機 templet cutter
模片组合/模片組合 templet assembly
母城/母城 mother city
母体效应/母體效應 maternal effect
母元素/母元素 parent element
母质/母質 parent material
母钟/母鐘 master clock
牡蛎礁/牡蠣礁 oyster reef
木材蓄积量/木材蓄積量 timber storage
木化石/木化石,石化木,化石木 petrified wood, fossil wood
木兰属/木蘭 *Magnolia*
木栓质体/軟木煤素質 suberinite
木髓/髓 pith
木星/木星 Jupiter
木星辐射带/木星輻射帶 Jupiter radiation belt
木贼目/木賊目 Equisetales
木贼属/木賊 *Equisetum*
木栅苔藓虫/木柵苔蘚蟲 Fenestrellina
木质标/木質高標 wooden tower
目/目 order
目标/目標 object, target
目标辨认/目標辨認,目標識別 target recognition
目标不对称/觀標不對稱 asymmetry of object
目标程序/物件程式 object program
目标代码/目的碼 object code
目标点/目標點 target point
目标反射器/目標反射器 target reflector
目标函数/目標函數 objective function
目标计算机/目標計算機 target computer
目标类型/物件類型 object type
目标偏移[量]/目標位移 target offset
目标区/目標區 target area
目标识别/目標識別,目標辨認 target recognition
目标图层/目標圖層 target layer
目标位置显示器/目標位置指示器 target position indicator, TPI
目标像片/單點像片 pin-point photograph
目测/目測 visual inspection, visual observation
目穿孔贝/目穿孔貝 Terebratuljda

目的地管理/目的地管理　destination management
目的地选择/目的地選擇　destination choice
目的论/目的論　finality
目镜/目鏡　eyepiece
目镜测微器/目鏡測微器　ocular micrometer
目镜调焦/目鏡調焦　eyesight adjustment
目镜照明灯/目鏡照明器　eyepiece lamp
目录/目録　catalog, directory
目录服务/目録服務　catalog service, directory service
目录树/目録樹　catalog tree
目视飞行/目視飛行　visual flight
目视飞行天气/目視飛行天氣　contact weather
目视光度计/目視光度計　visual photometer
目视光度学/目視光度術　visual photometry
目视判读/目視判讀,視覺判讀　visual interpretation
目视天顶仪/目視天頂儀　visual zenith telescope
目视星等/目視星等　visual magnitude
目视中心/目視中心　center of vision
牧食迹/牧食跡　grazing trace, pasichnia
牧业区/牧業區　pastoral region
钼铋矿/鉬鉍礦　koechlinite
钼钙矿/鉬鈣礦　powellite
钼华/鉬華　molybdite
钼铅矿/[銘]鉬鉛礦　wulfenite, yellow lead ore
钼铜矿/鉬銅礦　lindgrenite
幕式变化/幕式變化　episodic change
幕式颤动与滑动/幕式顫動與滑動　episodic tremor and slip, ETS

N

拿玛象/拿瑪象 Elephas namadiscus
那高岭阶/那高嶺階 Nagaolingian Stage
那高岭期/那高嶺期 Nagaolingian Age
纳潮量/潮[水]量 tidal prism
纳赤台群/納赤臺群 Naijtal Group
纳近/納近[法] nudging
纳滤/超微過濾 nanofiltration, NF
纳滤膜/奈米過濾膜,超微濾膜 nanofiltration membrane
纳缪尔阶/納繆爾階 Namurian Stage
纳缪尔期/納繆爾期 Namurian Age
纳斯卡板块/納兹卡板塊 Nazca plate, NZ
纳微型浮游动物/微微浮游動物 nanozoopkankton
纳微型浮游生物/微微浮游生物 nanoplankton
纳微型浮游植物/微微浮游植物 nanophytoplankton
纳维方程/納維方程 Navier equation
纳维-斯托克斯方程/納維-斯托克斯方程式,那微史托克方程 Navier-Stokes equation
钠铵矾/鈉銨礬 lecontite
钠层/鈉層 sodium layer
钠长石/鈉長石 albite
钠长石-绿帘石-角岩相/鈉長石-綠簾石-角岩相 albite-epidote-hornfels facies
钠粗安岩/鈉粗安岩 doreite
钠沸石/鈉沸石 natrolite
钠钙锆石/鈉鈣鋯石,鋯鈉石,鋯鉭礦 lavenite
钠铬辉石/鈉鉻輝石,隕鉻石 ureyite, kosmochlor
钠-钾泵/鈉鉀泵,鈉鉀幫浦 sodium potassium pump
钠锂大隅石/鋰鈉大隅石,杉石 sugilite
钠菱沸石/鈉菱沸石 gmelinite
钠明矾/鈉明礬 soda-alum, sodium alum
钠明矾石/鈉礬石 natroalunite
钠硼长石/鈉硼長石 reedmergnerite
钠硼解石/鈉硼解石 ulexite, boronatocalcite
钠膨润土/鈉膨潤土 sodium bentonite
钠闪石/[鐵]鈉閃石 riebeckite
钠砷铀云母/鈉砷鈾雲母,鈉砷鈣鈾礦 sodium uranospinite
钠碳酸岩/鈉碳酸岩,碳酸熔岩 natrocarbonatite, lengaite
钠铁矾/鈉[黄]鐵礬 natrojarosite
钠铁闪石/鈉鐵閃石 arfvedsonite
钠铜矾/鈉銅礬 natrochalcite
钠透闪石/鈉透閃石 richterite
钠硝矾/鈉硝礬,硫鈉硝石 darapskite
钠硝石/鈉硝石,智利硝石 nitratine
钠铀云母/鈉[鈣]鈾雲母 sodium autunite
钠云母/鈉雲母 paragonite, soda-mica
钠珍珠云母/鈉珍珠雲母 ephesite
钠直闪石/鈉直閃石 sodium anthophyllite
钠质交代作用/鈉質交代作用 sodic metasomatism
钠柱石/鈉柱石 marialite
奶源区/集乳區 milkshed
氖[气]/氖 Neon
奈碳钠钙石/直碳鈉鈣石,尼雷爾石 natrofairchildite
耐旱植物/耐旱植物 sclerophylls
耐蚀性/抗腐蝕性 corrosion resistance
耐印力/耐印力 durability
南澳洲海盆/南澳洲海盆 South Australia Basin
南半球/南半球 southern hemisphere
南俾斯麦板块/南俾斯麥板塊 South Bismarck plate
南冰洋/南冰洋,南極洋,南濱洋 Southern Ocean, Antarctic Ocean
南赤道海流/南赤道海流 South Equatorial Current
南赤道逆流/南赤道反流 South Equatorial Counter
南赤道漂流/南赤道漂流 south equatorial drift current
南赤道洋流/南赤道洋流 South Equatorial Current
南磁极/南磁極,磁南極 south magnetic pole
南磁[倾角]极/南磁[傾角]極 south magnetic dip-pole
南大西洋/南大西洋 South Atlantic
南大西洋海流/南大西洋海流 South Atlantic Current
南大西洋异常区/南大西洋異常區 south Atlantic anomaly region
南大洋/南冰洋,南極洋,南濱洋 Southern Ocean, Antarctic Ocean
南丹贝属/南丹貝 *Nantanella*
南丹型/南丹型 Nandan type
南方的/南方 austral
南方古猿/南[方古]猿 Australopithecus

南方古猿属/南方古猿人 *Australopithecus*
南方涛动指数/南方振盪指數 Southern Oscillation Index，SOI
南方有蹄目/南美有蹄目 Notoungulata
南海/南海 South China Sea
南海低压/南海低壓 South China Sea depression
南海地台/南海地臺 South China Sea platform
南海暖流/南海暖流 Nanhai Warm Current，South China Sea Warm Current
南海沿岸流/南海沿岸流 Nanhai Coastal Current，South China Sea Coastal Current
南寒带/南寒帶 south frigid zone
南寒风/南勃斯特風 southerly buster
南华系/南華系 Nanhuan System
南回归线/南回歸線 Tropic of Capricorn，south tropic
南极/南極 south pole，Antarctic Pole
南极板块/南極板塊 Antarctic plate，Antarctica plate，AN
南极半岛/南極半島 Antarctic Peninsula
南极保护区/南極保護區 Antarctic Protected Area
南极表层水/南極表層水 Antarctic Surface Water，AASW
南极冰盖/南極冰層 Antarctic Ice Sheet
南极臭氧洞/南極臭氧洞 Antarctic ozone hole
南极底层水/南極底層水 Antarctic Bottom Water，AABW
南极冬季[残留]水/南極冬季[殘留]水 Antarctic Winter [Residual] Water，AAWW
南极反气旋/南極反氣旋 antarctic anticyclone
南极锋/南極鋒 antarctic front
南极辐合带/南極輻合帶 Antarctic Convergence
南极辐散带/南極輻散帶 Antarctic Divergence
南极光/南極光 aurora australis，Antarctic aurora，Antarctic light
南极[海洋]锋/南極鋒面 Antarctic Polar Front
南极横断山脉/南極橫斷山脈，橫貫南極山脈 Trans-Antarctic Mountains
南极角/南極角 Antarctic Point
南极界/南極界[動物]，南極洲界[測量] Antarctic realm
南极考察科学委员会/南極考察科學委員會 Scientific Committee on Antarctic Research，SCAR
南极磷虾/南極磷蝦 Antarctic krill
南极陆架水/南極陸棚水 Antarctic Shelf Water
南极陆坡锋/南極陸坡鋒 Antarctic slope front
南极气候/南極氣候 Antarctic climate
南极气团/南極氣團 antarctic air mass
南极圈/南極圈 Antarctic circle
南极绕极流/環南極[洋]流 Antarctic Circumpolar Current，ACC
南极涛动/南極振盪 Antarctic Oscillation，AAO
南极条约/南極公約 Antarctic Treaty
南极条约地区/南極公約區 Antarctic Treaty area
南极条约组织/南極公約組織 Antarctic Treaty Party，ATP
南极烟状海雾/南極海煙 Antarctic sea smoke
南极沿岸流/南極沿岸流 Antarctic coastal current
南极洋/南極洋，南冰洋，南濱洋 Southern Ocean，Antarctic Ocean
南极制图/南極製圖 antarctic mapping
南极中间水/南極中層水 Antarctic Intermediate Water，AAIW
南极洲/南極大陸，南極古陸 Antarctica，Antarctic Continent
南极洲板块/南極洲板塊 Antarctic plate
南极洲地盾/南極洲地盾 Antarctica shield
南极洲陨石/南極洲隕石 Antarctic meteorite
南京三瘤虫属/南京瘤蟲 *Nankinolithus*
南京蜓属/南京蟲 *Nankinella*
南距/南距 southing
南岭地槽/南嶺地槽 Nanling geosyncline
南美杉的/南洋杉的 araucarian
南美杉型木属/南洋杉型木 *Araucarioxylon*
南美有蹄类/南方有蹄類 meridiungulates
南美洲板块/南美板塊 South American Plate
南平石/南平石，鋰銫雲母 nanpingite
南三维治板块/南桑威奇板塊 South Sandwich Plate
南三维治岛弧/南桑威奇島弧 South Sandwich Island Arc
南三维治海沟/南桑威奇海溝 South Sandwich Trench
南森海脊/南森海脊，南森海嶺 Nansen Ridge
南森瓶/南森瓶，顛倒式採水器 Nansen bottle，reversing water sampler
南生采水器/南森瓶 Nansen bottle
南太平洋辐合带/南太平洋輻合帶 southern Pacific convergence zone，SPCZ
南太平洋海盆/南太平洋海盆 South Pacific Basin
南太平洋群岛/南太平洋群島 South Pacific Islands
南温带/南温帶 south temperature zone
南楔齿兽类/南楔齒獸類 australosphenids
南雄群/南雄群 Nanxiong Group
南亚高压/南亞高壓 South Asia high
南洋杉型纹孔/南洋杉型紋孔，南洋杉式紋孔 araucarioid pitting

南支急流/南支噴流 southern branch jet stream
南中国海海盆/南中國海海盆 South China Sea Basin
难溶性/難溶性,不溶性 indissolubility
难移动元素/難移動元素 poorly mobile elements
囊孢/孢囊,胞囊 cyst
囊胚/囊胚 blastula
囊胚腔/囊胚腔 blastocoel
囊状构造/囊狀構造 sack-like structure
挠度观测/撓度觀測 deflection observation
挠曲/彎曲,繞曲,翹曲 flexure, warp
挠曲型盆地/撓曲型盆地 flexural basin
铙钹虫/鐃鈸蟲 cymbaloporetta
闹市区/市中心 civic center, downtown
内鞍/内鞍 inner saddle
内板珊瑚属/内板珊瑚 *Endophyllum*
内薄板/内薄板,内殼葉 inner lamella
内鼻孔/内鼻孔 choanal
内鼻鱼亚纲/内鼻魚亞綱 Choanichthyes
内壁/内壁,内膜,内牆 endotheca, intine, inner wall
内边缘/内邊緣 preglabellar field
内变形的/腸形岩構造的 enterolithic
内滨/近岸,近海 inshore
内禀随机性/内稟隨機性 intrinsic randomness
内禀增长率/内在增長率 intrinsic rate of increase
内部等时线/内部等時線 internal isochron
内部定向/内方位判定 interior orientation
内部发展理论/内部成長理論 internal growth theory
内部区域/内部區域 interior area
内部数据结构/内部資料結構 internal data structure
内部数据库文件/内部資料庫檔 internal database file
内部数据模型/内部資料模型 internal data model
内部水/内含水 internal water
内部速度/内部速度 internal velocity
内部要素权重/内部要素權重 interior feature weight
内层/内[胚]層 endoderm
内插/内插法 interpolation
内插误差/内插誤差 interpolation error
内潮/内潮 internal tide
内城/内城 inner city
内唇/内唇 inner lip
内刺/内刺 endospine
内存管理单元/記憶體管理單元 memory management unit
内存缓存/記憶體暫存區 memory cache
内存释放/記憶體釋放 memory leak
内底板/内底板,下底板 infrabasal
内叠阶地/内疊階地 in-laid terrace
内反射/内反射 internal reflection
[内]飞地/[内]飛地 enclave
内分泌干扰物/内分泌干擾物 endocrine disrupter
内缝合线/内縫合線 internal suture
内附尖/内附尖 entostyle
内腹弯/内腹轉 endogastric
内肛动物/内肛動物門,内肛亞綱,内肛苔蘚亞門 Endoprocta, Entoprocta, Kamptozoa
内肛亚纲/内肛動物門 Entoprocta
内港/内港 inner harbor
内隔壁/内隔壁 endoseptum, entosepta
内沟/内溝 septal fossula, fossula
内沟珊瑚属/内溝珊瑚 *Zaphrentis*
内骨骼体/内骨骼 endoskeleton
内鼓骨/内鼓骨 entotympanic bone
内果皮/果皮内層 endocarp
内海/内海 internal sea
内核/内核,[化石中的]石核 inner core, core
内核边界/内核邊界 inner core boundary
内核构造/内核構造 inner core structure
内核旋转/内核旋轉 inner core rotation
内核震相/内核震相 inner core phase
内华达[核]试验场/内華達試驗場 Nevada Test Site
内化/内化 internalization
内环加强结点/内加強環連接點 internal ring joint
内积/内積,純量積 inner product
内脊/内脊 entoloph
内迹/内跡 endochnia, dochnion
内角/内角 interior angle
内角或外角法/内角或外角法 interior angle or exterior angle method
内角石属/内角石 *Endoceras*
内铰合板/内鉸合板 inner hinge plate
内铰窝脊/内鉸窩脊,内牙槽脊 inner socket ridge
内茎管/内莖管 interior pedicle tube
内聚力/内聚[力] cohesive force
内聚[力]模型/内聚[力]模型 cohesive force model
内聚强度/内聚強度 cohesive strength
内壳构造/奥層構造 infrastructure
内壳亚纲/内殼亞綱 Endocochlia
内力/内力 internal force
内联网/内部網路 intranet
内颅腹裂/内顱腹裂 ventral cranial fissure

内陆/内陸 inland
内陆国/内陸國 landlocked state
内陆湖/内陸湖 endorheic lake
内陆架/内陸架,内陸棚 inner shelf
内陆盆地/内陸盆地 inland basin, interior basin
内陆湿地/内陸濕地 inland wetland
内陆水系/内陸水系 interior drainage
内陆水域/内陸水域 inland waters
内陆型含煤岩系/内陸型含煤岩系 limnic coal-bearing series
内罗斯贝尺度/内羅士培尺度 internal Rossby scale
内蒙地轴/内蒙地軸 Inner Mongolian axis
内模/内模 internal mould
内模相/内模相 knorria
内摩擦[力]/内摩擦 internal friction force
内摩擦系数/内摩擦係數 coefficient of internal friction
内胚层/内[胚]層 endoderm
内胚乳/胚乳 endosperm
内胚叶/内[胚]層 endoderm
内皮[层]/内皮層 endodermis
内破裂/内破裂 internal broken
内栖动物群/潛穴動物群 infauna
内栖生物/内棲生物,底内生物,内生生物 endobiont
内墙/内牆,内壁 endowall, endotheca
内墙孔/内牆孔 endopore
内切除滤波/内切除濾波 inside mute filtering
内侵作用/内侵作用 intraplating
内韧带/内韌帶,軟骨 cartilage, internal ligament
内韧托/内韌托 chondrophore
内容表/内容表 table of contents
内生成矿作用/内生成礦作用 endogenic mineralization
内生矿床/内成礦床 endogenic deposit
内生水/内生水 endogenous water
内生异常/内生異常 endogenetic anomaly
内生蒸汽/内生蒸汽 endogenous steam
内生作用/内生作用,内成作用 endogenesis
内室海绵/内室海綿,腔室海綿 thalamid sponges
内水/内水 inner waters, internal waters
内碎屑/内碎屑物 intraclast
内碎屑亮晶灰岩/内碎屑亮晶石灰岩 intrasparite
内碎屑泥晶灰岩/内碎屑微晶石灰岩 intramicrite
内体/内體,内囊,蒴 capsule, inner body
内体房/内體房 endosiphocone
内体管/内體管 endosiphuncle, endosiphon
内体管类/背氣管 intrasiphonata
内调焦/内調焦 internal focussing
内调焦望远镜/内調焦望遠鏡 interfocusing telescope, interior focusing telescope
内透视中心/内透視中心 interior perspective center
内图廓线/内圖廓線,圖框線 neatline, neat line
内温动物/内温動物 endotherm
内纹饰/内紋飾 endosculpture
内行星/内行星 inner planets
内锈菌属/背氣管 *intrasiphonata*
内旋虫/内旋蟲 Endothyra
内旋壳/内旋,内卷 involute
内芽/内芽 inner bud
内业/内業 office work
内业计算/内業計算 office computation
内叶/内葉 inner lobe, internal
内营力/内營力 endogenetic force
内营力作用/内營力作用 endogenic process
内源场/内[在]場 internal field
内脏囊/内臟囊 visceral sac, internal sac
内脏腔/内臟腔,體腔 visceral cavity
内肢/内肢 endopodite
内锥/内椎 endocone
内锥管/内錐管 endosiphuncular tube, endosiphotube
能动断层/能動斷層 capable fault
能级/能階 energy level
能见度/能見度,可見度 visibility
能见度表/能見度計 visiometer, visibility meter
能见度测定表/濁度計 nephelometer
能见度目标物/能見度目標 visibility marker
能见度指数/能見度指數 visibility index
能见范围/視程 visual range
能见距离/能見距離 vision distance
能见距离公式/視程公式 visual range formula
能见敏锐度/能見敏銳度 visibility acuity
能力制约/能力制約 capability constraint
能[量]/能[量] energy
能量串级/能量串跌 energy cascade
能量方程/能量方程 energy equation
能量分布/能量分布 energy distribution
能量回收/能量回收 energy recovery
能量金字塔/能量金字塔 pyramid of energy
能量流动/能量流動 energy flow
能量密度谱/能量密度譜 energy density spectrum
能量平衡/能量平衡 energy balance
能量平衡模式/能量平衡[氣候]模式 energy balance model, EBM
能量释放率/能量釋放率 energy release rate
能量收聚镜/能量收聚鏡 energy collection optics

能量收支/能量收支 energy budget
能量守恒/能量守恆,能量保守 energy conservation
能量图/能量圖 emagram, energy diagram
能量系数/能量係數 energy coefficient
能量学/能量學 energetics
能量循环/能量循環 energy cycle
能量原理/能量原則 energy principle
能量震级/能量震級 energy magnitude, Me
能量指数/能量指數 energy index
能量锥体/能量金字塔 pyramid of energy
能量资源/能量資源,能源 energy resources
能流/能量流 energy flux
能谱/能譜 power spectrum, energy spectrum
能谱测井/能譜測井 spectral logging
γ能谱仪/γ能譜儀 γ spectrometer
能人/能人,巧手人 Homo habilis
能斯特分配定律/能斯特分配律 Nernst distribution law
能源/能源,能量資源 energy sources, energy resources
能源气象学/能源氣象學 energy resources meteorology
能值/能值 emergy
尼安德特人/尼安德特爾人 Neanderthal
尼尔桑叶属/蕉羽葉 *Nilssonia*
尼尔温度/倪耳溫度 Néel temperature
尼古拉耶夫线/尼古拉耶夫線 Nicolaev line
尼奎斯特波数/尼氏波數 Nyquist wavenumber
尼奎斯特频率/奈奎斯頻率 Nyquist frequency
尼罗河三角洲/尼羅河三角洲 Nile Delta
尼日利亚石/尼日錫鋅礦 nigerite
尼氏角石/尼氏角石 Nybyoceras
泥/泥 mud
泥崩/泥流 mud avalanche
泥饼/泥壁 mud cake
泥饼厚度/泥餅厚度 thick of mud cake
泥底辟/泥貫入構造,泥衝頂構造 mud diapir
泥化夹层/泥化夾層 mudded intercalation
泥灰岩/泥灰岩 marl
泥火山/泥火山 mud volcano, hervidero
泥火山口/噴泥池 mud maar
泥火山气/泥火山氣 mud volcano gas
泥火山锥/噴泥丘 mud cone
泥浆测井/泥漿測井 mud logging
泥浆侵入带/泥漿侵入帶 mud invaded zone
泥晶灰岩/泥晶石灰岩,微晶石灰岩 micrite
泥砾/冰礫泥 boulder-clay
泥粒灰岩/泥粒灰岩 packstone
泥裂/泥裂,乾裂 mud crack, shrinkage crack
泥菱铁矿/泥菱鐵礦 pelosiderite
泥流/泥流,土石流 soil flow, mudflow, solifluction
泥螺/泥螺 Bullaria
泥面生物/泥面生物 epipelos
泥漠/泥[質沙]漠 argillaceous desert
泥内生物/泥内生物 endopelos
泥盆纪/泥盆紀 Devonian Period, Devonian
泥盆系/泥盆系 Devonian System
泥丘/泥丘 mudlump
泥丘海岸/泥丘海岸 mudlump coast
泥泉/泥泉 mud spring
泥沙流/泥沙流 current drift
泥沙流通量/泥沙流通量 sediment flux
泥沙平衡/淤砂收支,沈積收支 Sediment budget
泥沙输移比/泥沙遞移率 sediment-delivery ratio
泥沙运动/泥沙運動 sediment movement
泥石流/土石流,岩屑流,碎屑流 debris flow
泥石流堵塞系数/土石流堵塞係數 obstructive coefficient of debris flow
泥凇/泥凇 mud rime
泥滩/泥[質海]灘 mud flat
泥滩群落/泥灘生物群落 ochthium, polochthium
泥炭/泥炭 peat
泥炭沉积率/泥炭沈積率 deposit rate of peat
泥炭导热系数/泥炭導熱係數 heat conductivity of peat
泥炭地/泥炭地 peatland
泥炭多元微肥/泥炭多元微肥 complex microelement fertilizer of peat
泥炭分类/泥炭分類 peat classification
泥炭腐殖酸/泥炭腐殖酸 peat humic acid
泥炭化作用/泥炭形成[作用] peat formation
泥炭矿床/泥炭礦床 deposit of peat
泥炭丘/泥炭丘 peat hill, palsen
泥炭热容[量]/泥炭熱容[量] peat heat capacity
泥炭容重/泥炭容重 unit weight of peat
泥炭收缩系数/泥炭收縮係數 compression index of peat
泥炭土/泥炭土 peat soil
泥炭微生物/泥炭微生物 peat microbe
泥炭形成[作用]/泥炭形成[作用] peat formation
泥炭浴/泥炭浴 peat bath
泥炭沼泽/泥炭沼澤 bog
泥炭植物残体分析/泥炭植物殘體分析 remain analysis of peat plant
泥炭制品/泥炭製品 peat production
泥炭[总]灰分/泥炭[總]灰分 peat ash

泥湾/泥灣 liman
泥线/泥線 mud line
泥屑灰岩/泥屑灰岩 calcilutite
泥屑岩/泥屑岩 lutite
泥岩/泥岩 mudstone, mudrock
泥岩基线/泥岩基線 mudrock line
泥沼地/泥[質海]灘 mud flat
泥质结构/泥質組織 pelitic texture
泥质岩/泥質岩 argillaceous rock
铌钙矿/鈮鈣礦 fersmite
铌锰矿/錳鈮鐵礦 manganocolumbite
铌铈钇钙矿/鈮鈰釔礦,鈮鈦釔鈣礦 polymignite
铌锑矿/鈮銻礦 stibiocolumbite
铌铁金红石/鈮鐵金紅石,鈦金紅石,黑金紅石 ilmenorutile
铌铁矿/[鐵]鈮鐵礦 ferrocolumbite
铌钇矿/鈮釔礦 samarskite
铌钇铀矿/鈮釔鈾礦,石川石 ishikawaite
霓/霓,副虹 secondary rainbow
霓辉石/霓輝石 aegirine-augite
霓石/霓石,錐輝石 aegirine
拟百合纲/副海百合綱 Paracrinoidea
拟包珊瑚属/擬包珊瑚 *Amplexoides*
拟刺葵属/類海棗葉 *Phoenicopsis*
拟丹尼蕨/類單蕨 Danaeopsis
拟断面图/假剖面圖 pseudosection map
拟纺锤蜓属/副蜓,副紡錘蟲 *Parafusulina*
拟观音座莲属/類觀音座蓮 *Marattiopsis*
拟海百合/副海百合 paracrinid
拟合函数/擬合函數 fitting function
拟花瓣状步带板/擬花瓣狀步帶 subpetaloid ambulacra
拟寄生物/類寄生生物 parasitoid
拟箭石/擬箭石 Belemnitella
拟结构的/假對稱的 mimetic
拟卷柏属/擬卷柏 *Selaginellitites*
拟类裂叶蕨属/類裂葉蕨 *Schizaeopsis*
拟里白本/擬里白本 Gleichenites
拟鳞木属/類鱗木 *Lepidodendropsis*
拟轮虫属/準輪蟲 *Pararotalia*
拟木贼/擬木賊 Equisetites
拟内沟珊瑚属/擬内溝珊瑚 *Zaphrentoides*
拟内沟珊瑚亚目/内溝珊瑚亞目,原隔壁亞目 Zaphrehtoidea
拟瓢蛤属/瓢形介,瓢形貝 *Modiolopsis*
拟勺板珊瑚属/擬勺板珊瑚 *Spongophylloides*
拟石松/擬石松 Lycopodiopsis
拟苏铁/擬蘇鐵 Cycadeoidea
拟苏铁纲/擬蘇鐵綱 Cycadeoidopsida
拟莎草蕨属/類裂葉蕨 *Schizaeopsis*
拟态/擬態 mimicry
拟态贝属/擬態貝 *Mimella*
拟态的/假對稱的 mimetic
拟铁树/擬蘇鐵 Cycadeoidea
拟托第蕨属/擬托弟,托弟蕨 *Todites*
拟歪尾鳍/擬歪尾 hemi-heterocercal fin
拟外壁/擬壁,鱗板壁 paratheca
拟稳平差/擬穩平差 quasi-stable adjustment
拟希瓦格蜓/擬希氏蜓,擬希氏紡錘蟲 Paraschwagerina
拟旋脊/副口環,副旋脊 parachomata
拟翼果属/化石翅果 *Samaropsis*
拟玉螺属/似玉螺 *Naticopsis*
拟紫萁属/擬紫萁[屬] *Osmundites*
逆插法/反插法 inverse interpolation
逆潮/逆潮 reversed tide
逆城市化/反向都市化 counter-urbanization
逆冲带/逆衝斷層帶 thrust belt
逆冲岩席/逆衝斷片 thrust sheet, overthrust sheet
逆垂直地震剖面/逆垂直地震剖面 reverse vertical seismic profil, RVSP
逆动校正/逆動校正 inverse normal moveout, INMO
逆读游标/逆讀游標 retrograde vernier
逆断层/逆斷層,反斷層 reverse fault
逆风/逆風 opposing wind, head wind
逆辐射/反輻射 counter radiation
逆沟粉类/逆溝粉類 Anticapipollis
逆合成孔径雷达/逆合成孔徑雷達 inverse SAR
逆扩散通量/逆擴散通量 anti diffusive flux
逆流/對流交换 countercurrent
逆滤波器/逆濾波器 inverse filter
逆 Q 滤波器/逆 Q 濾波器 inverse Q filter
逆牵引/逆向拖曳 reverse drag
逆倾/逆傾 updip
逆射线追踪/逆射線追蹤 inverse ray tracing
逆渗透法/逆滲透法,反滲透法 reverse osmosis process, reverse osmotic method, anti osmotic method
逆湿/濕度逆增 moisture inversion
逆时间法/逆時間法 time-reversal method
逆时偏移/逆時偏移 reverse time migration
逆时针方向读数/反時針方向讀數 anticlockwise reading
逆势观光/逆勢觀光,逆向旅遊 anti-tourism
逆梯度/反梯度 upgradient

逆梯度输送/反梯度傳送 upgradient transport
逆梯度通量/反梯度通量 upgradient flux
逆温/逆温[層] temperature inversion
逆温层/逆温層 inversion layer
逆温层顶/逆温層頂 inversion lid
逆温现象/逆温現象 thermal inversion
逆向地理编码/逆向地理編碼 reverse geocoding
逆向分带/逆向分帶 reserve zoning
逆向河/逆向河,反向河 obsequent river
逆向旅游/逆向旅遊,逆勢觀光 anti-tourism
逆行演替/逆行演替 retrogressive succession
逆中心化/逆中心化 decentralization
逆转点法/逆轉點法 reversal point method
逆转风/逆轉風 backing wind
溺谷/溺谷 drowned valley, submerged valley
溺谷[型]海岸/溺谷海岸,洲潟海岸 lionan coast, liman coast
溺水/沈溺 drowning
1954 年北京坐标系/1954 年北京坐標系 Beijing Geodetic Coordinate System 1954
年变化/年變 annual variation
年变化深度/年變化深度 depth of zero annual amplitude
年表/年表 chronology
年差/週年光行差 annual change of magnetic variation
年超越概率/年超越概率 annual exceedance probability, annual exceeding probability
年代测定/年代測定 age determination
年代地层单位/時代地層單位,時間地層單位 chronostratigraphic unit, time-stratigraphit unit
年代地层学/年代地層學,時間地層學 chronostratigraphy
年代学/年代學 chronology
年际变化/年際變化 interannual variation
年际变率/年際變率 interannual variability
年际气压差/年際氣壓差 year-to-year pressure difference
年际温度差/年際温差 year-to-year temperature difference
年鉴学派/年鑒學派 Annals School
年较差/年較差 annual range
年距平/年距平 annual anomaly
年龄测定/年齡檢定 age determination
年龄谱/年齡譜 age spectrum
年龄与性别结构/年齡與性別結構 age and sex structure
年龄组/年齡組 age class
年轮/年輪 annual ring
年轮密度测定/年輪測密術 ring densitometry
年轮气候学/年輪氣候學,樹木氣候學 tree ring climatology, dendroclimatology
年轮生态学/樹木生態學 dendroecology
年轮学/年輪[年代]學,樹齡學 dendrochronology
年平均/年平均 annual mean
年平均海面/年平均海面 annual mean sea level
年平均径流量/年平均徑流量 annual mean runoff
年平均温度/年平均温度 mean annual temperature
年气候/年氣候 year climate
1984 年世界大地坐标系/1984 年世界大地坐標系 World Geodetic System 1984, WGS84
年温度变化幅度/温度絶對年較差 absolute annual range of temperature
年正常径流/年正常徑流 annual normal runoff
年总量/年總量 annual amount
黏度/黏度 viscosity
黏度计/滯性劑 viscometer
黏度系数/黏度係數 viscous coefficient
黏附/黏附 adhesion
黏附力/黏附力,附著力 adhesive force
黏附器/黏附器官 adhesive organ
黏合剂/黏合劑,黏附物 adhesive
黏滑/黏滑 stick slip
黏滑断层[运动]/黏滑斷層[運動] stick-slip faulting
黏化[作用]/黏化[作用] clayification
黏结叠层石/黏結疊層石 agglutinated stromatolite
黏结灰岩/黏結灰岩 boundstone
黏盲鳗素/黏盲鰻素 eptatretin
黏盘土/磐層土 Planosol
黏弹性/黏彈性 viscoelasticity
黏弹性[的]/黏滯彈性的 viscoelastic
黏弹性-塑性地壳/黏彈性-塑性地殼 viscoelastic-plastic crust
黏弹性体/黏彈性體 viscoelastic body
黏土/黏土 clay
黏土矿物/黏土礦物 clay mineral
黏土粒级/黏粒級 clay fraction
黏土岩/黏土岩 claystone
黏细胞/膠細胞 colloblast
黏性/黏性 adhesiveness, stickness
黏性流体/黏性流體 viscous fluid
黏性卵/黏性卵,黏著卵 viscid egg, adhesive egg
黏性泥石流/黏性泥石流 viscous debris flow
黏性系数/黏性係數,黏滯係數,黏度 coefficient of

viscosity，viscosity coefficient
黏性应力/黏滯應力 viscous stress
黏质砂土/黏土砂 clay sand
黏滞耗散/黏性消散 viscous dissipation
黏滞剩磁/黏滯殘磁化 viscous remanence，viscous remanent magnetization，VRM
黏滞退磁/黏滯退磁 viscous demagnetization
黏滞系数/黏滯係數，黏度 viscosity coefficient，coefficient of viscosity
黏滞性/黏[滯]性 viscosity
黏着力/黏著力 adhesion
捻翅目/撚翅目 Strepsiptera
捻螺类/撚螺類 actaeonellids
念珠藻素/念珠藻素 cryptophycin
鸟粪石/鳥糞石，水磷鎂銨石 struvite，stone guano
鸟粪石磷矿床/鳥糞石磷礦床 guano-type phosphate deposit
鸟纲/鳥綱 Aves
鸟喙骨/喙[狀]骨 coracoid
鸟脚类/鳥腳類 ornithopods
鸟脚亚目/鳥腳亞目 Ornithopoda
鸟瞰图/鳥瞰圖 bird's eye view map，bird's eye map
鸟类/鳥類 birds，Aves
鸟兽脚类/鳥獸腳類 avetheropods
鸟头体/鳥頭體，鳥嘴器，鳥嘴體 Avicularia，avicularium
鸟臀类/鳥臀類 ornithischians
鸟臀目/鳥臀目，鳥龍類 Ornithischia
鸟眼构造/鳥眼構造 bird's eye structure
鸟足[形]三角洲/鳥足狀三角洲 bird foot delta
尿环石/尿環石 uricite
尿嘧啶/尿嘧啶 uracil
尿素/尿素 urea
聂拉木群/聶拉木群 Nyalam Group
聂聂雄拉群/聶聶雄拉群 Nieniexiongla Group
涅水硅钙石/新水矽鈣石 nekoite
啮齿目/嚙齒目 Rodentia
啮虫目/嚙蟲目 Psocoptera
啮痕/嚙痕 grazing mark
啮型类/嚙齒目，嚙齒類 glires
镍磁铁矿/鎳磁鐵礦 trevorite
镍矾/鎳礬 retgersite
镍华/鎳華，水砷鎳礦 annabergite
镍黄铁矿/鎳黃鐵礦，硫鎳鐵礦 pentlandite
镍利蛇纹石/鎳蛇紋石，鎳綠泥石 nepouite
镍钛土/鎳鈦土 Nitisol
镍纹石/鎳紋石 taenite
镍纤蛇纹石/鎳纖蛇紋石 pecoraite
颞孔/顳窩 temporal fossa
宁国阶/甯國階 Ningguoan Stage
宁国期/甯國期 Ningguoan Age
凝固/固化[作用] solidification
凝固潜热/凝固熱 latent heat of solidification
凝固温度/凍結溫度 freezing temperature
凝固指数/凝固指數 solidification index
凝华/昇華 deposition
凝华核/昇華核 deposition nucleus
凝灰角砾岩/凝灰角礫岩 tuff breccia
凝灰结构/凝灰結構，弓形玻屑結構 tuff texture，ash texture
凝灰熔岩/凝灰岩，熔岩質 tufflava
凝灰岩/[火山]凝灰岩 tuff，volcanic tuff
凝灰岩球/凝灰球 tuff ball
凝灰质化学岩/凝灰質化學岩 tuffaceous chemical rock
凝灰质碎屑岩/凝灰質碎屑岩 tuffaceous clastic rock
凝胶/凝膠[體]，凍膠 gel
凝胶化作用/凝膠作用 gelification
凝结高度/凝結高度 condensation level，CL
凝结过程/凝結過程 condensation process
凝结函数/凝結函數 condensation function
凝结核/凝結核 condensation nucleus，CN
凝结核计数器/凝結核計數器 condensation nuclei counter
凝结加热/凝結加熱 condensation heating
凝结潜热/凝結潛熱 latent heat of condensation
凝结水/凝結水，冷凝水 condensed water，condensation water
凝结尾迹/凝結尾 contrail
凝结效率/凝結效率 condensation efficiency
凝结[作用]/凝結[作用] condensation
凝聚/凝聚，撞并 agglomeration，coherence
凝聚层序/凝聚層序 condensed sequence
凝块石/凝塊疊層石 thrombolite
凝析气藏/凝析氣藏 condensate gas reservoir
凝析气田/凝析氣田 condensate field
凝析油/凝析油 condensate oil
凝析油气藏/凝析油氣藏 condensed oil-gas pool
牛齿型/牛牙型齒 taurodont
牛顿成像公式/牛頓透鏡公式 Newton lens equation
牛顿反射式望远镜/牛頓反射望遠鏡 Newtonian reflector
牛顿环/牛頓環 Newton ring
牛顿冷却/牛頓冷却 Newtonian cooling
牛顿流体/牛頓流體 Newtonian fluid

牛顿引力/牛頓引力 Newtonian attraction
牛顿应力公式/牛頓應力公式 Newton stress formula
牛轭湖/牛軛湖,割斷湖,環形湖 cut-off lake, oxbow lake, loop lake
牛磺酸/牛磺酸 taurine
牛津阶/牛津階 Oxfordian Stage
牛津期/牛津期 Oxfordian Age
扭力磁力仪/扭力磁力儀 torsion magnetometer
扭力振荡磁力仪/扭力振盪磁力儀 torsional oscillation magnetometer
扭面贝属/扭面貝 *Strophalosia*
扭曲度/偏[斜]度 skewness
扭心珊瑚属/扭心珊瑚 *Streptelasma*
扭[性]/剪力應變,剪裂面 shear
扭旋式壳/扭旋 streptospiral, plectogyral
扭月贝属/扭月貝 *Strophomena*
扭折带/扭折帶 kind band
扭转项/扭轉項 twisting term
扭转型/扭轉 torsional
扭转型振荡/扭轉振盪 torsional oscillation
纽埃福岛板块/紐埃福島板塊 Niuafo'ou plate
纽齿类/紐齒獸類 taeniodonts
纽虫/紐蟲 nemertine worm
纽虫动物门/紐形動物門 Nemertini
纽芬兰世/紐芬蘭世 Terreneuvian Epoch
纽芬兰统/紐芬蘭統 Terreneuvian Series
农场经济学/農場經濟學 farm economics
农场会计学/農場會計學 farm accounting
农场生态金字塔/農場生態金字塔 farming ecological pyramids
农粮系统/農糧體系 agro-food system
农林边缘土地/農林邊際土地 marginal land between agriculture and forestry
农牧界线/農牧界線 boundary between farming and animal husbandry
农区畜牧业/農區畜牧業 animal husbandry in agriculture regions
农田测量/農地測量 farmland surveying
农田规划/農地重劃 farmland consolidation, farmland readjustment
农田小气候/作物微氣候,田野微氣候 crop microclimate, field microclimate
农学/農藝學 agronomy
农谚/農民諺語 farmer's proverb
农药污染/農藥汙染 agricultural chemical pollution
农业布局/農業配置 allocation of agriculture
农业产业化/農業工業化 agricultural industrialization
农业村镇/農業鎮 agricultural town
农业地理学/農業地理學 agricultural geography
农业地图集/農業地圖集 agricultural atlas
农业地形气候学/農業地形氣候學 agrotopoclimatology
农业地域类型/農業地域類型 areal pattern of agriculture
农业革命/農業革命 agricultural revolution
农业经济学/農業經濟學 agricultural economics
农业旅游/農業觀光 agritourism
农业气候/農業氣候 agroclimate
农业气候分类/農業氣候分類 agroclimatic classification
农业气候分析/農業氣候分析 agroclimatic analysis
农业气候评价/農業氣候評估 agroclimatic evaluation
农业气候区划/農業氣候區劃 agroclimatic demarcation
农业气候区域/農業氣候區 agroclimatic region
农业气候图集/農業氣候圖集 agroclimatic atlas
农业气候相似/農業氣候類比 agroclimatic analogy
农业气候学/農業氣候學 agroclimatology, agricultural climatology
农业气候指标/農業氣候指數 agroclimatic index
农业气候志/農業氣候志 agroclimatography
农业气候资源/農業氣候資源 agroclimatic resources
农业气象产量预报/農業氣象產量預報 agrometeorological yield forecast
农业气象观测/農業氣象觀測 agrometeorological observation
农业气象模式/農業氣象模式 agrometeorological model
农业气象信息/農業氣象訊息 agrometeorological information
农业气象学/農業氣象學 agrometeorology, agricultural meteorology
农业气象预报/農業氣象預報 agrometeorological forecast
农业气象灾害/農業氣象災害 agrometeorological hazards
农业气象站/農業氣象站 agricultural meteorological station
农业气象指标/農業氣象指數 agrometeorological index
农业区/農業區 agricultural region, agricultural zone
农业区划/農業區劃 agricultural regionalization

农业区位/農業區位 agricultural location
农业区位论/農業區位論 agricultural location theory
农业区位模式/農業區位元模式 model of agricultural location
农业商品生产系统/農產品生產體系 agro-commodity production system
农业生产潜力/農業生產潛力 agricultural potential productivity
农业生态系统/農業生態系[統] agricultural ecological system
农业水文学/農業水文學 agricultural hydrology
农业小气候/農業小氣候 agricultural microclimate
农业遥感/農業遥[感探]測 agricultural remote sensing
农业综合企业/農商企業 agribusiness
农艺学/農藝學 agronomy
农用地/農地 farmland
浓差电池/濃差電池 concentration cell
浓差电池腐蚀/濃差電池腐蝕 concentration cell corrosion
浓差电势/濃差電勢 concentration potential
浓差极化/濃差極化 concentration polarization
浓度/濃度 concentration
浓度盖层/濃度蓋層 concentration cap rock
浓度梯度/濃度梯度,濃縮梯度 concentration gradient
浓红银矿/[濃]紅銀礦 ruby silver ore, red silver ore, pyrargyrite
浓积云/濃積雲 cumulus congestus, Cu con
浓集/富集 concentration
浓集克拉克值/富集克拉克值 clarke of concentration
浓集系数/濃度係數 concentration coefficient
浓集中心/濃集中心 concentration center
浓湿雾/嘉魯亞霧 garua
浓缩池/濃縮池 concentrated pool
浓缩段/凝聚地層段,緩積地層段 condensed section
浓缩形式的能源/濃縮型能源 concentrated form of energy
浓缩因子/濃縮因子 concentration factor
浓缩作用/濃縮,漸厚 inspissation
努比亚板块/努比亞板塊 Nubia plate, NB
努尼瓦克事件/努尼瓦克事件 Nunivak event
女权主义地理学/女權主義地理學 feminist geography
女神介/女神介 Cythere
女神蚬/女神蜆屬,仙女蜆屬 Cyrena, Cytaem
女星介属/麗星介 *Cypridea*
钕-锶同位素示踪/釹-鍶同位素示蹤 Nd-Sr isotope tracing
暖池/暖池 warm pool
暖低压/暖低壓 warm low
暖风/暖布勞風 warm braw
暖锋/暖鋒 warm front
暖锋型切变/暖鋒型切變 warm front type shear
暖锋云系/暖鋒雲系 warm front cloud system
暖高压/暖高壓 warm high
暖[海]流/暖流 warm current
暖脊/暖脊 warm ridge
暖季/暖季 warm season
暖流/暖流 warm current
暖平流/暖平流 warm advection
暖气团/暖氣團 warm air mass
暖区/暖區 warm sector
暖色/暖色 warm color
暖舌/暖舌 warm tongue
暖水层/暖水圈 warm water sphere
暖水动物群/暖水動物群 warm water fauna
暖水圈/暖水圈 warm water sphere
暖水舌/暖水舌 warm water tongue
暖水团/暖水團 warm water mass
暖水种/暖水種 warm water species
暖温带种/暖温帶種 warm temperate species
暖涡/暖渦 warm vortex, warm eddy
暖雾/暖霧 warm fog
暖性反气旋/暖反氣旋 warm anticyclone
暖性锢囚/暖囚錮 warm occlusion
暖性锢囚锋/暖囚錮鋒 warm occluded front
暖性气旋/暖氣旋 warm cyclone
暖雨/暖雨 warm rain
暖云/暖雲 warm cloud
挪威海流/挪威海流 Norwegian Current
挪威海深层水/挪威海深層水 Norwegian Sea deep water
诺阿卫星/諾阿衛星 NOAA Satellite
诺尔公群/諾爾公群 Nuorgong Group
诺利阶/諾立克階 Norian Stage
诺利期/諾立克期 Norian Age
诺模图/列線圖 nomogram, nomographic chart
诺宁虫属/多口蟲 *Nonion*
诺硼钙石/四水硼鈣石 nobleite
诺三水铝石/三斜三水鋁石 nordstrandite
诺亚反卷积/諾亞反卷積 Noah's deconvolution
诺依曼线/紐曼線 Neumann line

O

瓯穴/甌穴 giant kettle
欧布鲁斯圆货贝属/圓貨貝 *Obolus*
欧鲽/鰈 plaice
欧几里得几何学/歐幾里德幾何學 Euclidean geometry
欧几里得距离/歐幾里德距離 Euclidean distance
欧几里得距离分析/歐氏距離分析 Euclidean distance analysis
欧几里得空间/歐幾里德空間 Euclidean space
欧拉定理/歐拉定理 Euler's theorem
欧拉法/歐拉法 Eulerian method
欧拉方程/尤拉方程 Euler equation
欧拉方法/尤拉方法 Euler's method
欧拉后差格式/歐拉後向法 Euler backward scheme
欧拉极/歐拉極，尤拉極 Euler pole，Eular pole
欧拉拉格朗日[微分]方程/歐拉拉格朗日方程 Euler-Lagrange differential equation
欧拉矢量/歐拉向量 Euler vector
欧拉相关/歐拉相關 Eulerian correlation
欧拉轴/歐拉軸 Euler axis
欧拉坐标/歐拉坐標 Eulerian coordinates
欧勒极/歐勒極 Euler pole
欧龙布鲁克群/歐龍布魯克群 Olongbluk Group
欧美植物群/歐美植物群 Euramerian flora，Euramerican flora
欧盟/歐[洲聯]盟 European Union，EU
欧姆贝属/肋葉蜿，蕉紋蜿 *Oldhamina*
欧瑞克介属/尤氏介 *Ulrichia*
欧石楠灌丛/歐石楠灌叢 heathland
欧特里沃阶/歐特里階 Hauterivian Stage
欧特里沃期/歐特里期 Hauterivian Age
欧文菊石属/歐文氏菊石 *Owenites*
欧亚板块/歐亞板塊 Eurasia plate，Eurasian plate，Eurasic plate
欧亚大陆/歐亞大陸 Eurasia
欧亚地震带/歐亞地震帶 Euro-Asia seismic belt
欧亚海盆/歐亞海盆 Eurasia Basin
欧洲导航卫星系统/歐洲導航衛星系統 European navigation satellite system，ENSS
欧洲地理信息组织联盟/歐洲地理資訊庇護組織 European Umbrella Organization for Geographic Information，EUROGI
欧洲共同体/歐洲共同體 European Community
欧洲宏观[地震]烈度表/歐洲宏觀[地震]烈度表 European Macroseismic Scale
欧洲季风/歐洲季風 European monsoon
欧洲联盟/歐[洲聯]盟 European Union，EU
欧洲太空署/歐洲太空署 European Space Agency，ESA
欧洲遥感卫星/歐洲遥感衛星，歐洲遥測衛星 Europe Remote Sensing Satellite，ERS
偶发事件过程/偶發事件程序 haphazard processes
偶奇规则/偶奇規則 even-odd regulation
偶极测深/偶極測深 dipole electrode sounding
偶极反气旋/偶極反氣旋 dipole anticyclone
偶极矩/偶極矩 dipole moment
偶极排列/偶極排列 dipole electrode array，dipole-dipole array
偶极排列法/偶極-偶極排列法 dipole-dipole array method
偶极型/偶極型 dipole type
偶极源声波测井/偶極源聲波測井 acoustic dipole logging，dipole acoustic logging
偶极子/偶極 dipole
偶极子坐标/偶極子坐標 dipole coordinate
偶见种/偶見種 incidental species
偶然分布/偶然分布 occasional distribution
偶然浮游生物/暫時性浮游生物 tychoplankton
偶然误差/偶然誤差，不規則誤差 accident error，irregular error，accidental error
偶生叶/偶生葉 adventitious lobe
偶蹄目/偶蹄目 Artiodactyla
耦合/偶合 coupling
耦合反应/偶合反應 coupled reaction
耦合模式/偶合模式 coupling model
耦合系统/偶合系統 coupled system

P

爬虫类/爬蟲類,爬行類 reptiles
爬痕化石/爬痕化石 nereite
爬升波/上衝波 uprush, swash
爬升沙丘/爬昇沙丘 climbing dune
爬行动物时代/爬行動物時代 age of reptiles
爬行纲/爬蟲綱 Reptilia
爬行迹/爬行跡 crawling trace, repichnia
爬行类/爬行類,爬蟲類 reptiles
耙笔石属/耙筆石 *Rastrites*
帕尔岗塔格群/帕爾崗塔格群 Pargangtag Group
帕拉莫群落/帕拉莫群落 paramo
帕兰德模型/帕蘭德模型 Palander model
帕雷塞贝拉海盆/帕雷塞貝拉海盆 Parace Vela Basin
帕什瓦定理/巴斯佛爾定理 Parseval's theorem
帕[斯卡]/帕[斯卡] Pascal, Pa
帕特森反向/帕特生反向 Paterson reversal
拍岸浪/拍岸浪 beach comber
拍频模/拍頻模 beat mode
拍频振荡器/拍頻振盪器 beat frequency oscillator
拍字节(10^{15})/拍位元組,千兆位元組 petabyte, PB
排版/排版,組版 composing
排碧阶/排碧階 Paibian Stage
排碧期/排碧期 Paibian Age
排列/排隊,佇列 queuing
排列系数/排列係數 array factor
排列助手/排列助手 line tester, spread aid
排气/排氣 elimination of air, venting
排驱作用/排出 expulsion
排入海水/排入海洋 ocean discharge
排水采气/排水採氣 gas well production with water withdrawal
排水口/放流 outfall
排水系统/下水道系統 sewer system, sewage system
排烃量/排烴量 quantity of hydrocarbon expulsion
排烃阈值/排烴閾值 critical value of hydrocarbon expulsion, threshold of hydrocarbon expulsion
排序/排序 sort, ordination
派生产品/衍生性商品 derivative
派生地图/衍生地圖,編纂地圖 derived map, derivative map
派生工具/衍生性金融工具 derivative instrument
派生数据/反衍數據,衍生資料 derived data
派生数据层/反衍數據層 derived data layer
派生岩浆/派生岩漿 derived magma
派生值/反衍值 derived value
潘德尔刺目/潘德爾刺目 Panderodontida
潘多拉幼体/潘朵拉幼蟲 pandora larva
潘帕斯群落/潘帕斯群落 pampas
盘肠构造/盤腸構造 enterolithic structure
盘肠褶皱的/腸形岩構造的 enterolithic
盘角石/盤角石 Discoceras
盘龙类/盤龍類,盤龍目 pelycosaurians
盘龙目/盤龍目 Pely cosauria
盘珊瑚/盤珊瑚 Palaeocyclus
盘蛇锥/盤蛇錐 ophicone
盘石/盤石 underground mark
盘星藻类/盤星藻類 discoasterids
盘旋虫属/螺旋蟲 *Spirillina*
盘足龙/盤足龍 Helopus
蟠龙管/蟠龍蟲 Spirorbis
判别分析/判別分析,差別分析 discriminant analysis
判别函数/判別函數,基準函數 criterion function, discriminant function
判草虫属/布列茲蟲 *Brizalina*
判定规则/決策法則 decision rule
判读/判讀,判釋 interpretation
判读要素/判讀要素 interpretation element, interpretation key
判读仪/判讀儀 interpretoscope
判据/判據,條件 criterion
庞加莱波/彭卡瑞波 Poincare wave
庞加莱公式/龐加萊公式 Poincare formula
庞加莱截面/彭卡瑞剖面 Poincare cross section
旁瓣/旁瓣,側瓣 side lobe
旁乳突隆起/旁乳突隆起,近乳突隆起 juxtamastoid eminance
旁扫声呐/側掃聲納 side scan sonar, SSS
旁矢状凹陷/旁矢狀凹陷 parasagittal depression
旁视声呐/側視聲納 side looking sonar, SLS
旁通输沙/迂迴輸沙 sand bypassing

旁线同轴线圈系统/旁線同軸線圈系統 broadside vertical coaxial coils system
旁线装置/旁線裝置 broadside geometry
旁向重叠/[像片]左右重疊 lateral overlap, side lap
旁向倾角/横向傾角 lateral tilt
旁向倾斜像片/側向傾斜像片 lateral oblique photograph
胖边形齿/胖邊形齒 exodaenodont
抛泥区/抛泥區 mud dumping area
抛石/填石 enrockment
抛物面反射镜/抛物面反射鏡 paraboloid reflector
抛物线拉冬变换/抛物線拉冬變换 parabolic Radon transform
抛物线时差/抛物線時差 parabolic moveout
抛物线形沙丘/抛物線沙丘 parabolic dune
咆哮西风带/咆嘯西風帶,四十度咆哮帶 brave west wind belt, roaring forties, brave west wind
跑道能见距离/跑道視程 runway visual range, RVR
跑道视程/跑道視程 runway visual range, RVR
泡铋矿/泡鉍礦 bismutite
泡点/起泡點 bubble point
泡点曲线/起泡點曲線 bubble point curve
泡碱/泡鹼 natron
泡孔目/胞孔目 Cystoporida
泡沫板/泡沫[狀鱗]板 cystose dissepiment, cystosepiment
泡沫板珊瑚/泡沫板珊瑚 Cetophyllum
泡沫复珊瑚属/泡沫複珊瑚 *Rhaphiophyllum*
泡沫坚珊瑚属/泡沫堅珊瑚 *Lithophyllum*
泡沫内沟珊瑚/泡沫内溝珊瑚 Cystiphrentis
泡沫珊瑚/泡沫珊瑚 Cystiphyllum
泡沫柱珊瑚属/泡沫狀珊瑚屬,櫻珊瑚 *Thysanophyllum*
泡沫状鳞板/泡沫[狀鱗]板 cystose dissepiment, cystosepiment
泡沫组织/泡沫組織 vesicular tissue, dissepiment
泡珊瑚属/嵌珊瑚 *Aphrophyllum*
泡状板/泡狀板 cystiphragm
炮兵测量/炮兵測量 artillery survey
炮道密度/炮道密度 shot-receiver density
炮点-检波点偏移/炮點-檢波點偏移 shot-geophone migration
炮点静校正/炮點静校正 shoot statics
炮点下[的]水深/炮點下[的]水深 water depth under shot
炮检距/炮檢距 offset, shot-geophone distance
炮密度/炮密度 shot density

胚根/胚根 radicle
胚壳/胚殼,胚室,原殼 embryonic chamber, protegulum shell
胚孔/胚孔 blastopore
胚胎/胚胎,子芽 embryo
胚胎的/胚胎的 embryonic
胚胎发生/胎體生成 embryogeny
胚胎系统发育/胚胎系統發育 Phylembryogenesis
胚芽/子芽,胚胎 embryo
陪都/陪都 auxiliary capital
培长石/倍長石,富鈣長石 bytownite
裴伟线/裴偉線 Peive line
裴秀/裴秀 Pei Shiou
佩亚诺曲线/皮亞諾曲線 Peano curve
配位场理论/配位子場理論 ligand field theory
配位多面体/配位多面體 coordination polyhedron
配位数/配位數 coordination number
配页/配帖 collating
配置/分派 allocation
配置关键字/配置關鍵字 configuration keyword
配置过程/配置性歷程 allocative processes
配置略图/配置略圖 disposition sketch
配置文件/配置文件 configuration file
配置性资源/配置性資源,分配性資源 allocative resources
配准/對位 registration
配子/配子 gamete
配子母体/配子母體 gamont
配子囊/配[偶]子囊 gametangia, gametangium
配子体/配子體 gametophyte
喷笔/噴筆 air brush
喷出相/噴出相 extrusive facies
喷出岩/噴出岩,火山岩 volcanic rock
喷发/噴發,爆發 eruption
喷发沉积/噴發堆積 eruptive deposit
喷发裂隙/噴發裂隙 eruption fissure
喷发岩/噴發岩,噴出岩 eruptive rock
喷口构造/噴口構造 naotic structure
喷流沉积作用/噴流沈積作用 sedimentary-exhalative processes
喷流矿床/噴氣礦床 exhalative deposit, exhalation deposit
喷墨绘图/噴墨印刷 ink jet printing, IJP
喷墨绘图仪/噴墨式繪圖機 ink jet plotter
喷气孔/[噴]氣孔 blowhole, fumarole
喷气口/噴氣口 gas spout
喷泉/噴泉,噴水池 fountain, fount
喷沙/噴砂 sand blow

喷水孔/噴水孔 spiracle
喷焰/噴焰 bright eruption
盆底扇/盆底扇 basin floor fan
盆地/盆地 basin
盆地中心气藏/盆地中心氣藏 basin-centered gas accumulation
盆岭地貌/盆嶺地形 basin-and-range geomorphic landscape
盆岭构造/盆嶺構造 basin-and-range structure
盆岭区/盆嶺區 basin-and-range province
盆形沉陷/盆形沈陷 basinal subsidence
彭纳投影/彭納氏投影 Bonne projection
彭志忠石/彭志忠礦,彭氏礦,黄錫鋅鐵礦 pengzhizhongite
棚户区/棚户區,非法聚落,違章建築區 squatter settlement, shantytown
蓬莱群/蓬萊群 Penglai Group
硼铵石/硼銨石 larderellite
硼硅钡铅矿/硼矽鋇鉛礦 hyalotekite
硼硅钡钇矿/硼矽鋇釔礦 cappelenite
硼硅钇钙石/鈣鉺釔礦 hellandite
硼硅钇矿/硼矽釔礦 tritomite-(Y)
硼钾镁石/硼鉀鎂石,鉀硼鎂石 kaliborite
硼铝钙石/硼鋁鈣石,水氟硼石 johachidolite
硼铝镁石/硼鋁鎂石 sinhalite
硼铝石/硼鋁石 jeremejevite
硼镁锰矿/硼鎂錳礦 pinakiolite, pinaciolite
硼镁石/硼鎂石 szaibelyite
硼镁铁矿/硼鎂鐵礦 ludwigite
硼锰钙石/[基性]硼錳鈣石 roweite
硼铍铝铯石/硼鈹鋁銫石 rhodizite
硼铍石/硼鈹石 hambergite
硼砂/硼砂 borax
硼钛镁石/硼鈦鎂石,鈦硼鎂鐵石,硼鎂鈦礦 warwickite
硼铁矿/硼鐵礦 vonsenite
硼锡钙石/硼錫鈣石,硼鈣錫礦 nordenskioldine
膨润土/膨[潤]土 bentonite
膨压/膨壓 turgor pressure
膨胀/膨脹,脹縮 dilatation, dilatancy
膨胀波/膨脹波 dilatational wave
膨胀抽吸/膨脹抽吸 dilatancy pumping
膨胀[初动]/膨脹[初動] dilatationonset
膨胀度/膨脹度 turgidity
膨胀计/膨脹計 dilatometer
膨胀计方法/膨脹計方法 dilatometric technique
膨胀-扩散模式/膨脹-擴散模式 dilatancy-diffusion model, DD model
膨胀率/膨脹率 expansion rate
膨胀-失稳模式/膨脹-失穩模式 dilatancy-instability model
膨胀说/膨脹説,熱脹説 expansion theory
膨胀土/膨脹黏土 swelling clay
膨胀系数/膨脹係數 coefficient of expansion, expansion coefficient
膨胀相/膨脹相 expansive phase
膨胀压力/膨脹壓[力] swelling pressure
膨胀仪/膨脹計 dilatometer
膨胀硬化/膨脹硬化 dilatancy hardening
膨胀褶皱/膨脹褶皺 expansion fold
膨转土/膨轉土,反轉土,黏裂土 vertisol
碰并/撞凍,撞并 coagulation
碰撞/碰撞 collision
碰撞边缘/碰撞邊緣 collision margin
碰撞带/碰撞帶 collision zone
碰撞过程/碰撞過程 collison process
碰撞裂谷/碰撞裂谷 collision rift
碰撞[谱线]增宽/碰撞加寬 collision broadening
碰撞系数/碰撞效率 collision efficiency
碰撞型移动带/碰撞型移動帶 mobile belt of collision type
碰撞造山带/碰撞造山帶 collision orogenic belt
批处理/批次處理 batch process
批处理队列/批次佇列 batch queue
批处理模式/批次式 batch mode
批处理文件/批次檔 batch file
批量更新/大量更新 bulk update
批量生产/批量生産,小批生産,量産 batch production, mass production
批判地理学/批判地理學 critical geography
披覆构造/披覆構造 draping structure
披毛贫齿亚目/披毛貧齒亞目 Pilosa
披毛犀/披毛犀 Rhinoceros tichorhinus
披针杉属/披葉杉屬,高枝杉屬 *Elatocladus*
披针形的/披針形,矛狀 lanceolate
劈理/劈理 cleavage
劈理降向/劈理降向 vergence of cleavage
劈裂试验/巴西試驗 Brazilian test
霹雳/霹靂 thunderbolt
皮层/皮層 cortex
皮层厚度/皮層深度 skin depth
皮德森电流/皮德森電流 Pederson current
皮尔逊型分布/皮爾遜型分布 Pearson type distribution
皮骨/膜[成]骨 dermal bone
皮壳状构造/皮殼狀構造 crusty structure

皮壳状脉/皮殼狀脈 crustified vein
皮鳃骨/皮鰓骨 papura
皮温/皮層溫度 skin temperature
皮亚琴察阶/皮亞琴察階 Piacenzian Stage
皮亚琴察期/皮亞琴察期 Piacenzian Age
皮叶克尼斯环流定理/畢雅可尼環流定理 Bjerknes theorem of circulation
皮褶厚度/皮褶厚度,皮膚襞厚度 skinfold thickness
毗连/毗連,并置 juxtaposition
毗连区/毗連區,鄰接區 contiguous zone
铍黄长石/鈹黃長石,方粒鈹礦 aminoffite
铍榴石/鈹榴石 danalite
铍密黄石/鈹黃長石,方粒鈹礦 aminoffite
铍石/鈹石 bromellite
疲竭/疲竭 breakdown
疲劳断裂/疲勞斷裂 fatigue break
匹配/匹配 match, matching
匹配剪面/匹配剪面 matching shearing surfaces
匹配键/匹配鍵 match key
匹配文件/匹配檔案 match file
匹配原则/匹配原則 match rules
偏差/偏差,不符值 deviation, departure
偏方复十二面体/偏方複十二面體 diakisdodecahedron
偏方三八面体/偏方三八面體 trapezohedron, dyakisdodecahedron
偏方十二面体/扁方十二面,偏菱十二面體 deltohedron
偏方形/扁方形,三角形的 deltoid
偏光立体镜/偏極光立體觀察法 polarized light in stereoscope
偏光立体像片/偏極光像片 vectograph
偏光屏/偏振濾光鏡 polar screen
偏光显微镜/偏光顯微鏡 polarizing microscope
偏航测深/偏航測深 drift sounding
偏航改正/偏航修正 off-course correction
偏航角/偏航角 angle of yaw, yaw angle
偏航指示器/偏航觀測器 drift sight
偏角/偏角 deflection angle
偏角导线/偏角導線 deflection angle traverse
偏角法/偏角法 method of deflection angle
偏角法导线测量/偏角法導線測量 running traverse by deflection angle
偏近点角/偏近點角 eccentric anomaly
偏离-份额分析/偏離-額份分析 shift-share analysis
偏离天底角/偏離天底角 off-nadir
偏利共栖/片利共生,共棲 commensalism
偏利共生/片利共生,共棲 commensalism
偏岭石/偏嶺石,氫氧矽鋁石 pianlinite
偏铝质/偏鋁質的 metaluminous
偏摩尔热焓/偏克分子量熱函 partial molal heat content
偏摩尔体积/偏克分子體積 partial molal volume
偏腔式/偏腔式 camocavate
偏三角面体/偏三角面體 scalenohedron
偏珊瑚/偏珊瑚 Zeliophyllum
偏食/偏蝕 partial eclipse
偏提取/偏提取 partial extraction
偏微分方程/偏微分方程 partial differential equation
偏微分系数/偏微分係數 partial differential coefficient
偏微商/偏導數 partial derivative
偏相关/偏相關 partial correlation
偏相关系数/偏相關係數 coefficient of partial correlation
偏向光楔/偏向光楔 deviating wedge
偏斜/偏斜 skew, deviation
偏心半径/偏心半徑 eccentric radius
偏心测站/偏心測站 eccentric station
偏心觇标/偏心覘標 eccentric signal
偏心方向/偏心方向 eccentric direction
偏心改正/偏心改正 eccentric correction
偏心观测/偏心觀測 eccentric observation
偏心归算/偏心[測站]歸算 eccentric reduction
偏心距/偏心距 eccentric distance
偏心率/偏心率,離心率 eccentricity
偏心偶极子/偏心偶極子 eccentric dipole
偏心误差/定心誤差 centering error
偏移/偏移 migration
f-x 偏移/f-x 偏移 f-x migration
ω-x 偏移/ω-x 偏移 omega-x migration
偏移叠加/偏移疊加 stack after migration
偏移距/偏移距 offset
偏移孔径/偏移孔徑 aperture in migration
偏移量/偏移量 offset
偏移速度/偏移速度 migration velocity
偏移速度分析/偏移速度分析 migration velocity analysis
偏移吸收/偏向吸收 deviative absorption
f-k 偏移折叠效应/f-k 偏移折疊效應 wrapround in f-k migration
偏倚/偏倚 bias
偏倚评分/偏倚評分 bias score
偏应力/偏向應力,軸差應力 deviatoric stress
偏应力张量/軸差應力張量 deviatoric stress tensor
偏折棱镜/折光棱鏡 deviation prism

偏振/偏振　polarization
偏振波/極化波　polarized wave
偏振度/極化度　degree of polarization
偏振方向/極化方向　polarization direction
偏[振]光/偏[極]光　polarized light
偏振光立体观察/偏振光立體觀察　vectograph method of stereoscopic viewing
偏振计/偏振計　polarimeter
偏振角/偏振角,偏光角　angle of polarization
偏振滤波/偏光濾光鏡　polarization filter
偏振滤光片/偏極濾光鏡,偏光濾光鏡　polar filter, polarization filter
偏振面/偏極光面　polarization plane
偏振相片/偏極光透明像片　vectograph film
片/片　slice
片冰/片冰　sheet ice
片沸石/片沸石　heulandite
片硅铝石/片矽鋁石,全鋁綠泥石　donbassite
片基/片基　film support
片理/片理　schistosity
片麻理/片麻理,片麻構造　gneissosity
片麻岩/片麻岩　gneiss
片麻岩穹窿/片麻岩穹窿　gneissic dome
片麻杂岩/片麻雜岩　gneiss complex
片麻状构造/片麻狀構造　gneissic structure
片式索引区/片式索引區　index tile area
片岩/片岩　schist
片状齿/片狀齒　lamellar tooth
片状构造/片狀構造　schistose structure
片[状侵]蚀/片[狀侵]蝕,面蝕　sheet erosion
片状闪电/片閃　sheet lightning
漂浮-等待/漂浮-等待　float and wait
漂浮生物/漂浮生物　neuston
漂浮式蒸发皿/浮皿　floating pan
漂浮植物/漂浮植物　planophyte
漂角/漂移角　angle of drift
漂砾/漂礫　boulder
漂流/漂流,偏流,表流　drift current
漂流浮标/漂流浮標　drifting buoy
漂流杆/浮桿,測流漂桿　float rod, drifting pole
漂流卵/漂流卵　drifting egg
漂流生物/漂流生物　drifting organism
漂流杂草/漂流草,漂流藻　drifting weed
漂流藻/漂流藻,漂流草　drifting weed
漂移说/漂移説　allochthonous theory
飘来雨/背風飄雨　spillover
瓢叶目/諾格拉齊蕨目　Noeggerathiales
漂白/漂白　bleaching
漂白土/漂白土　fuller's earth
票券/票券　bills
氕/氕　protium
拼版/拼版　composition
拼版精确性检验/看大樣　ruling up
拼合作用/拼合作用　combination effect
拼接线/接合線　match line
拼贴/拼貼　collage
拼贴作用/拼貼作用　amalgamation
拼图/拼圖　picture mosaic
贫齿类/貧齒類　dysodonts
贫齿目/貧齒目,韌帶牙目　Desmodonta, Edentata
贫齿型/貧齒型　desmodont
贫钙无球粒陨石/貧鈣無球粒隕石　calcium-poor achondrite
贫困的循环/貧困的循環　cycle of poverty
贫困地理/貧困地理學　geography of poverty
贫煤/貧煤　meagre coal
贫民窟清除/貧民區拆除　slum clearance
贫民区/貧民區　skid row, slum
贫气/貧氣　lean gas
贫水硼砂/貧水硼砂,斜方硼砂　kernite
贫氧水/貧氧水　oxygen poor water
贫营养/貧養化　oligotrophication
贫营养水/貧營養水　oligotrophic water
贫种属型海洋/貧屬種型海洋,貧屬種型大洋　oligotaxic ocean
频带/頻帶,頻段　frequency band
频带宽度/頻帶寬度　bandwidth
频度/頻率　frequency
[频繁]倒极电渗析/往復式電透析　electrodialysis reversal, EDR
频率/頻率　frequency
频率-波数多次波衰减/頻率-波數多次波衰減　f-k multiple attenuation
频率波数滤波/頻率波數濾波　frequency wavenumber filtering
频率波数偏移/頻率波數域偏移　frequency-wavenumber migration, F-W migration
频率-波数谱/頻率-波數譜　f-k spectrum
频率-波数域/頻率-波數域　f-k domain
频率-波数域多次波衰减/頻率-波數域多次波衰減　frequency-wavenumber multiple attenuation
频率-波数域滤波/頻率-波數域濾波　frequency-wavenumber filtering
频率-波数域偏移/頻率-波數域偏移　f-k migration
频率-波数域倾角时差校正/頻率-波數域傾角時差校正　frequency-wavenumber dip-moveout

correction
频率测深法/頻率測深法　frequency sounding method
频率磁化率/頻率磁化率　frequent susceptibility
频率电磁测深法/頻率電磁測深法　frequency electro-magnetic sounding method
频率方程/頻率方程　frequency equation
[频率]混淆/頻率混疊　frequency aliasing
频率空间域/頻-空域　f-k domain, frequency-space domain
频率空间域反卷积/頻率空間域反卷積　frequency-space deconvolution
频率空间域反褶积/頻率空間域反褶積　f-x deconvolution
频率-空间域偏移/頻率-空間域偏移　frequency-space migration
频率滤波/頻率濾波　frequency filtering
频率偏移/頻率偏移　frequency offset
频率漂移/頻率漂移　frequency drift
频率曲线/頻率曲線　frequency curve
频率时间分析/頻率時間分析　frequency time analysis
频率-时间分析法/頻率-時間分析法　frequency-time analysis method
频率特性/頻率特性　frequency characteristics
频率图/頻率圖　frequency diagram, frequency plot
频率误差/頻率誤差　frequency error
频率响应/頻率反應,頻率感應　frequency response
频[率]域/頻率域　frequency domain
频谱/頻譜　frequency spectrum
频谱激发极化法/頻譜激發極化法　spectral induced polarization method
频谱拓展/頻譜拓展　spectrum extended
频散/頻散　dispersion
频散波/頻散波　dispersion wave
频散关系/頻散關係,色散關係　dispersion relation, dispersion relationship
频散曲线/色散曲線　dispersion curve
频散瑞利波/頻散瑞利波　dispersive Rayleigh wave
频数/次數　frequency
频域/頻率域　frequency domain
频域法动力分析/頻域法動力分析　frequency domain method of dynamic analysis
频域分析/頻域分析　frequency domain analysis
频域解卷积/頻域解卷積　frequency domain deconvolution
频域滤波/頻域濾波　frequency domain filter
品质因数/品質因數　Q factor, quality factor
平凹版/平凹版　offset deep etch process
平凹版印刷/平凹版法　deep-etched process
平凹透镜/平凹透鏡,凹平透鏡　plano-concave lens, concave-plane lens
平凹锌版/平凹鋅版　zinc deep etch plate
平凹型椎体/平凹椎體　platycoelous centrum
平板测图法/平板測圖法　plane-table method
平板扫描仪/平板掃描儀　flatbed scanner
平板视距测量/平板視距測量　stadia plane-table survey
平板仪/平板儀　plane-table
平板仪测量/平板[儀]測量　plane-table survey
平板仪导线/平板導線測量　plane-table traverse
平板仪定向/平板儀定方位　orientation of plane table
平版/平版　surface plate
平版彩色印刷/平網彩印　flat color printing
平版印墨/平版印墨　offset ink
平版印刷/平版間接印刷法　offset lithography
平层法/平層法　flat layer method
平层介质/平層介質　flat-layered medium
平层近似/平層近似　flat-layer approximation
平差/配賦　balancing
平差点位/平差位置　adjusted position
平差改正/平差改正　adjustment correction
平差高程/平差高程　adjusted elevation
平差计算/平差計算　computation of adjustment
平差角/改正角　adjusted angle
平差值/平差值　adjusted value, adjusted quantity
平潮/平潮　stand, slack tide, still tide
平春分点/平春分點　mean equinox
平错/橫差　heave
平底群落/平底生物群落　level bottom community
平底生物群落/平底生物群落　level bottom community
平顶海山/平頂海[底]山,海桌山,海底平頂山　guyot, tablemount
平顶火山/平頂火山,桌狀火山　table volcano
平顶礁/平頂礁,臺礁,桌[狀]礁　table reef
平顶山/平頂山,方山　mesa
平动能/平動能,平移位能　translational energy
平放水准器/平放水準器　block spirit level
平谷矿/平谷礦　pingguite
平恒星日/平恆星日　mean sidereal day
平恒星时/平恆星時　mean sidereal time
平衡/平衡　equilibrium, balance
平衡棒/平衡棍　halter
平衡常数/平衡常數　equilibrium constant

平衡潮/平衡[太陽]潮　equilibrium tide
平衡锤/平衡器　counterweight
平衡点/平衡點　equilibrium point
平衡电势/平衡電勢　equilibrium potential
平衡方程/平衡方程[式]　balance equation，equation of equilibrium
平衡过程/平衡化　equilibration
平衡邻里/平衡鄰里　balanced neighborhood
平衡剖面/平衡剖面　balanced cross section
平衡器/平衡石囊　statocyst
平衡时间/平衡時間　equilibration time
平衡水汽压/平衡蒸汽壓　equilibrium vapor pressure
平衡条件/平衡條件，平衡狀況　equilibrium condition
平衡系数/平衡係數　equilibrium coefficient
平衡相图/平衡相圖　equilibrium phase diagram
平衡性选择/平衡性天擇　balancing selection
平滑/平滑化，匀滑　smoothing
平滑算子/匀滑算子　smoothing operator
平滑系数/平滑係數　smoothing coefficient
平缓褶皱/平緩褶皺　gentle fold
平极/平極　mean pole
平近点角/平近點角　mean anomaly
平均/平均　average
平均标准权重偏差/平均標準權重偏差　mean standard weighted deviation，MSWD
平均潮面/平均潮位　mean tide level
平均潮升/平均潮昇　mean rise
平均大潮差/平均大潮差　mean spring range
平均大潮低潮面/平均大潮低潮面　mean low water springs，MLWS
平均大潮低低潮/平均大潮較低低潮　mean lower water springs，MLLWS
平均大潮高潮/平均大潮高潮　mean high water springs，MHWS
平均大潮高潮面/平均大潮高潮面　mean high water springs，MHWS
平均大潮升/平均大潮昇　mean spring rise
平均低潮间隙/平均低潮間隔　mean low water interval，MLWI
平均低潮面/平均低潮面　mean low water，MLW
平均低低潮/平均較低低潮　mean lower low water，MLLW
平均地面高程/平均地面高程　mean ground elevation
平均地球椭球/平均地球橢球體　mean earth ellipsoid
平均端面积计算法/平均端面積演算法　average end area method
平均反应谱/平均反應譜　mean response spectrum
平均风速/平均風速　average wind velocity
平均复发时间间隔/平均復發時間間隔　mean recurrence interval
平均高潮/平均高潮　mean high water，MHW
平均高潮间隙/平均高潮間隙，平均高潮間隔　mean high water interval，MHWI
平均高潮面/平均高潮面　mean high water，MHW
平均高高潮/平均較高高潮　mean higher high water，MHHW
平均海面/平均海面　mean sea level，MSL
平均海面测定仪/平均海面儀　medimarimeter
平均海面归算/平均海面歸算　seasonal correction of mean sea level
平均海面水温/平均海面水温　mean sea surface temperature
平均海面水温距平/平均海面水温距平　mean sea surface temperature anomaly
平均海[水]面/平均海水面　mean sea level
平均核/平均核　averaging kernel
平均环流/平均環流　mean circulation
平均黄道/平均黄道　mean ecliptic
平均活度系数/平均活度係數　mean activity coefficient
平均经向环流/平均經向環流　mean meridional circulation
平均粒径/平均粒徑　average grain diameter
平均流速/平均流速　mean velocity
平均年降水量/年平均降水量　mean annual precipitation
平均年温度较差/[月平均]温度年較差　mean annual range of temperature
平均皮肤温度/平均膚温　mean skin temperature
平均偏差/平均偏差　average departure
平均气流/平均流　mean flow
平均球度/平均球度　average sphericity
平均曲率半径/平均曲率半徑　mean radius of curvature
平均日高潮不等/平均日週高潮不等　mean diurnal high water inequality
平均水位/平均水位　mean water level
平均朔望高潮间隙/朔望高潮間隔　high water full and change
平均算子/平均算子　averaging operator
平均停留时间/平均滯留時間　mean residence time
平均纬向环流/平均緯向環流　mean zonal circulation

平均温度/平均溫度　mean temperature
平均误差/平均誤差　average error
平均小潮差/平均小潮差　mean neap range
平均小潮低潮面/平均小潮低潮面　mean low water neaps，MLWN
平均小潮高潮/平均小潮高潮　mean high water neaps，MHWN
平均小潮高潮面/平均小潮高潮面　mean high water neaps，MHWN
平均小潮升/平均小潮昇　mean neap rise
平均信息域/平均資訊場　mean information field，MIF
平均压缩性/平均壓縮率　mean compressibility
平均盐度/平均鹽度　mean salinity
平均应力/平均應力　average stress，mean stress
平均应力循环/平均應力循環　mean stress cycling
平均余弦/平均餘弦　average cosine
平均圆度/平均圓度　average roundness
平均运动/平均運動　mean motion
平均值/平均值　mean value
平均重力异常/平均重力異常　mean gravity anomaly
平均最低潮/最低均潮　lowest normal tide，lowest tide
平坑/平坑　adit
平列型气孔/平行型氣孔　paracytic type stomata
平流/平流　advection
平流变化/平流變化　advective change
平流层/平流層　stratosphere
平流层爆发[性]增温/平流層驟暖　stratospheric sudden warming
平流层臭氧/平流層臭氧　stratospheric ozone
平流层顶/平流層頂　stratopause
平流层对流层雷达/ST 雷達　stratospheric and tropospheric radar，ST radar
平流层光化学/平流層光化學　stratospheric photochemistry
平流层化学/平流層化學　stratospheric chemistry
平流层硫酸盐层/平流層硫酸鹽層　stratospheric sulfate layer
平流层逆温/平流層逆温　stratospheric inversion
平流层耦合作用/平流層耦合　stratospheric coupling
平流层气溶胶/平流層氣膠　stratospheric aerosol
平流层气溶胶和气体实验/平流層氣膠氣體實驗　Stratospheric Aerosol and Gas Experiment，SAGE
平流层上部/高平流層　upper stratosphere
平流层污染/平流層汙染　stratospheric pollution
平流层污染物/平流層汙染物　stratospheric pollutant
平流层引导/平流層駛引　stratospheric steering
平流方程/平流方程　advective equation
平流辐射雾/平流輻射霧　advection-radiation fog
平流过程/平流過程　advection process
平流逆温/平流逆温　advective inversion
平流霜/平流霜　advection frost
平流雾/平流霧　advection fog
平流项/平流項　advective term
平流性雷暴/平流雷暴　advective thunderstorm
f 平面/f 平面　f plane
β平面/β平面，貝他平面　beta plane，β-plane
平面闭合差/平面閉合差　plane error of closure
平面波/平面波　plane wave
平面波几何扩散/平面波幾何擴散　geometric spreading of plane wave
平面测量/平面測量　plane survey
平面测量学/平面測量學　planimetry
平面底图/平面基本圖　planimetric base map
平面电磁波/平面電磁波　plane electromagnetic wave
平面极坐标/平面極坐標　planimetric polar coordinates
平面加密/平面接橋　horizontal bridging
平面剪切裂纹/平面剪切裂紋，[平]面内剪切裂紋　in-plane shear crack
β平面近似/β平面[近似]，貝他平面[近似]　β-plane approximation
平面控制/平面控制　horizontal control
平面控制点/平面控制點　horizontal control point
平面控制基线/平面控制基線　planimetric base
平面控制基准/平面控制基準　horizontal control datum
平面控制网/平面控制測量網　horizontal control network
平面偏振/平面偏極化　plane polarization
平面切变显示器/平面切變指示器　plan shear indicator，PSI
平面球形等高仪/平面球形等高儀　planispheric astrolabe
平面曲线测设/平面曲線測設　plane curve location
平面三角测量/平板三角測量　plane-table triangulation
平面三角形/平面三角形　plane triangle
平面摄影测量/平面攝影測量　planimetric photogrammetry
平面投影/平面投影　planar projection
平面图/平面圖　planimetric map

平面椭圆弧/平面橢圓弧　plane elliptic arc
平面位置显示器/平面位置指示器　plan position indicator, PPI
平面旋转/平轉　horizontal rotation
平面应变/平面應變　plane strain
平面直角坐标/平面直角坐標　plane rectangular coordinates
平面转换/平面轉換　planimetric shift, plane transformation
平面坐标/平面坐標,地平坐標　horizontal coordinates, planar coordinate
平伸式/水平式　horizontal
平石燕属/闊線石燕　*Platyspirifer*
平时钟/平時鐘　mean-time clock
平水年/平水年,平水期　normal flow year
平台/平臺,載臺　platform
平台就位/平臺現場定位　platform positioning on the site
平太阳/平太陽　mean sun
平太阳年/平太陽年　mean solar year
平太阳日/平太陽日　mean solar day
平太阳时/平太陽時　mean solar time
平坦断口/平坦斷口　even fracture
平坦响应/平坦回應　flat response
平坦状断口/平坦斷口　even fracture
平天文子午面/平天文子午面　mean astronomic meridian plane
平凸透镜/平凸透鏡,凸平透鏡　plano-convex lens, convexo-plane lens
平网/平網　tint screen
平位置/平位置　mean place
平稳过程/平穩過程　stationary process
平稳期/平穩期　stationary phase
平稳信号/穩定訊號　stationary signal
平卧褶皱/偃臥褶皺,偃臥褶曲　recumbent fold, recumbent fold
平行/平行　parallel
平行玻璃板/平行玻璃版　parallel plate
平行玻璃板测微器/平行玻璃板測微鏡　parallax glass plate microscope
平行不整合/假整合　disconformity
平行层理/平行層理　parallel bedding
平行分叉/平行分岔　parallel branching
平行管形泡状细胞型/平行管形泡狀細胞型　parallepipedal bulliform cell
平行光管/平行光管　collimator
平行进化/平行演化,平行法則　parallel evolution, parallelism
平行球/天體平面　parallel sphere
平行圈/平行圈　parallel circle
平行群落/平行群落,平行群集　parallel community
平行式偶极测深法/平行式偶極測深法　parallel dipole sounding
平行式水系格局/平行水系型　parallel drainage pattern
平行双面/平行雙面[式],軸面　pinacoid
平行消光/平行消光　parallel extinction, parallel-axial extinction
平行性/平行法則　parallelism
平行演化/平行演化,平行進化　parallel evolution
平旋/平旋,平面旋回　planispiral
平旋壳/平旋殼　planospiral shell
平旋式壳/平旋式殼　planispiral test
平移/平移　translation
平移边界/平移邊界　transcurrent boundary
平移参数/平移元素　translation parameters
平移断层/平移斷層,平錯斷層,横移斷層　wrench fault
平移探空仪/等壓面環球送,環球探空,越洋探空　transosonde
平原/平原　plain
平原地槽/自成地槽　autogeosyncline
平原海岸/平原海岸　plain coast
平原水文/平地水文　flat area hydrology
平原沼泽/平原沼澤　plain swamp
平月型/新月型　lune
平整土地测量/整地測量　survey for land smoothing, survey for land consolidation
平正午/平午正　mean noon
平正形贝属/薄正形貝　*Platyorthis*
平装/平裝　paper-cover binding
平椎/平椎　platycoelous vertebra
T 评分/T 得分　threat score
评估/評估　assessment
评价/評價　assessment
评价井/評價井　evaluation well, appraisal well
评价指标/評價指標　evaluation index
坪年龄/坪年齡　plateau age
屏蔽/屏蔽　shield
屏幕地图/螢幕地圖,螢幕映像　screen map
屏幕拷贝/畫面複製　screen copy
屏幕拷贝设备/螢幕拷貝設備　screen copy device
屏幕排版/幕前排版　screen composition
屏幕数字化/屏幕數字化　heads-up digitizing
屏幕显示字体/螢幕字型　screen font
瓶虫属/瓶子蟲　*Lagena*
瓶节虫属/珠瓶蟲　*Lagenonodosaria*

瓶颈湾/瓶頸灣 bottleneck bay
瓶颈效应/瓶頸效應 bottleneck effect
萍莲草属/萍蓬草 *Nuphar*
坡地/坡地 slopeland
坡度/坡度,梯度,比降 gradient, slope, degree slope
坡度变化率/坡度變率 rate of change of grade
坡度变换点/坡度變换點 point of vertical intersection
坡度测设/坡度測設 grade location
坡度尺/坡度尺 slope scale, slope diagram
坡度点/坡度點 grade point
坡度流/坡[度]流 slope current
坡度图/坡度圖 clinometric map
坡度图像/坡度圖像 slope image
坡度线/坡度線 grade line
坡度斜率/坡度折減率 curve compensation
坡度桩/坡度樁 grade stake
坡风/坡風 slope wind
坡风环流/坡風環流 slope wind circulation
坡积物/坡積物 slope deposit, deluvial
坡脚桩/坡腳樁 batter peg
坡缕石/坡縷石,山軟木[石] palygorskite
坡面/坡面 dome
坡面冲刷/坡面沖刷 slope wash
坡面过程/邊坡作用 slope process
坡面经纬仪/坡面經緯儀 slope theodolite
坡扇/坡扇 slope fan
坡向/坡向 aspect
坡向分析/坡向分析 aspect analysis
坡向图/坡向圖 aspect map
坡印廷矢量/坡印廷向量 Poynting vector
坡折点/坡折點 break of slope
破冰船/破冰船 ice breaker
破坏变形/破壞變形 failure deformation
破坏风速/破壞風速 breaking wind speed
破坏概率/破壞機率 failure probability
破坏过程/失效過程 failure process
破坏强度/破壞強度 failure strength
破坏性板块边缘/破壞性板塊邊緣 destructive margin
破坏性地震/災害性地震 damaging earthquake, destructive earthquake
破坏性地震应急预案/破壞性地震應急預案 emergency response plan senario for destructive earthquake
破坏性经济体制/破壞性經濟學 destructive economy
破坏性试验/破壞性試驗 destructive test
破坏准则/故障準則 failure criterion
[破]火山口/破火山口,火山臼 caldera
[破]火山口断层/[破]火山口斷層 caldera fault
破裂/破裂 rupture
破裂不规则性/破裂不規則性 rupture irregularity
破裂长度/破裂長度 rupture length
破裂传播/破裂傳播 rupture propagation
破裂带/破碎帶,裂隙帶 fracture zone
破裂动力学模拟/破裂動力學模擬 dynamical simulation of rupture
破裂过程/破裂過程 rupture process
破裂[扩展]速度/破裂[擴展]速度 rupture propagation velocity
破裂模式/破裂模式 rupture model
破裂能/破裂能 rupture energy
破裂前沿/破裂前沿 rupture front
破裂强度/破裂強度 rupture intensity
破裂停止/破裂停止 rupture stopping
破裂图型/破裂圖型 rupture pattern
破裂准则/破裂準則 fracture criterion
破裂阻力/破裂阻力 rupture resistance
破裂作用/破裂作用 regmagenesis
破劈理/破劈理 fracture cleavage
破碎/破碎作用 fragmentation
[破]碎波/破浪,碎浪 breaker
破碎波带/破浪帶,碎浪帶 breaker zone
破碎波高/碎波高度 breaker height
破碎带/破裂帶,斷裂帶,壓碎帶 fracture zone, crushed zone
破碎多边形/狹縫多邊形 sliver polygons
破图廓/破圖廓,出面邊 bleeding edge, border break
破图廓地区/破圖廓地區 broken parcel
破相遗迹/破相遺跡 facies breaking trace
剖面/剖面,縱斷面 profile, cross section
剖面探测浮标/剖面浮標 profiling float
剖面图/剖面圖 cross section diagram, profile map
铺管船/布管駁船 pipeline laying barge, lay barge
葡聚糖/葡聚醣 glucan
葡糖胺/葡萄糖胺,氨基葡萄糖 glucosamine
葡萄虫属/葡萄蟲 *Uvigerina*
葡萄石/葡萄石 prehnite
葡萄石-绿纤石相/葡萄石-綠纖石相 prehnite pumpellyite facies
葡萄状构造/葡萄狀構造 botryoidal structure
葡萄状集合体/葡萄狀集合體 botryoidalaggregate
蒲福风级/蒲福風級 Beaufort wind scale
蒲葵/棕蒲葵 Sabal

蒲氏介/蒲氏介 Puriana
普遍法则/普遍法則 universal rules
普遍回返/普遍回返 general inversion
普遍振荡/普遍振盪 universal oscillation
普存矿物/普存礦物,遍有礦物 ubiquitous mineral
普拉烈系统/普拉烈系統 Precise Range and Rangerate Equipment, PRARE
普拉特地壳均衡理论/普拉第地殼均衡理論 Pratt theory of isostasy, Pratt hypothesis of isostasy
普拉特-海福德均衡/普拉特-海福特均衡説 Pratt-Hayford isostasy
普拉特-海福德模型/普拉特-海福特模型 Pratt-Hayford model
普拉特假说/普拉特假説 Pratt hypothesis
普拉特均衡/普拉特均衡假説 Pratt isostasy
普拉特均衡补偿/普拉特均衡補償 Pratt isostatic compensation
普朗克定律/普朗克定律 Planck's law
普朗特混合长理论/普朗特混合長度理論 Prandtl mixing length theory
普朗特数/卜然托數 Prandtl number
普雷斯-尤因地震仪/普雷斯-尤英地震儀 Press-Ewing seismograph
普里多利世/普里多利世 Pridolian Epoch
普里多利统/普里多利統 Pridolian Series
普利亚本阶/樸來阿波階 Priabonian Stage
普利亚本期/樸來阿波期 Priabonian Age
普林格尔瀑布漂移/普林格爾瀑布漂移 Pringle falls excursion
普林尼式喷发/普林尼式噴發 Plinian eruption
普林斯巴赫阶/普林斯巴階 Pliensbachian Stage
普林斯巴赫期/普林斯巴期 Pliensbachian Age
普罗猿/苗猿,原人猿 Proconsul
普那群落/普那群落 puna
普纳鲁漂移/普納魯漂移 Punaruu excursion
普适气体常数/通用氣體常數 universal gas constant
普通地理图/普通地理圖 general geographic map
普通地理学/普通地理學 general geography
普通地图/普通地圖,一覽圖,總圖 general map
普通地图集/普通地圖集 general atlas
普通地图学/普通地圖學 general cartography
普通地质学/普通地質學 physical geology
普通冻土学/普通凍土學 general geocryology
普通海绵纲/普通海綿綱 Desmospongia
普通海绵类/普通海綿類 demospongians
普通辉石/普通輝石 augite
普通火山碎屑岩/普通火山碎屑岩 common pyroclastic rock
普通角闪石/[普通]角閃石 hornblende
普通景观/普通地景 ordinary landscape
普通克利金法/普通克利金法 ordinary Kriging
普通气象学/普通氣象學 general meteorology
普通球粒陨石/普通球粒隕石 ordinary chondrite
普通摄影/普通攝影 ordinary photography
普通许可证/普通許可證 common permit
普通自然地理学/普通自然地理學 general physical geography
谱白化/譜白化 spectral whitening
谱变换法/波譜變换法 spectral transform method
谱参数/譜參數 spectrum parameter
谱带/譜帶,段 band
谱方法/波譜法 spectral method
谱分析/譜分析 spectrum analysis
谱空间/譜空間 spectral space
谱模拟反卷积/譜模擬反卷積 spectrum simulation deconvolution
谱模式/譜模式 spectral model
谱系采样/譜系採樣 hierarchical sampling
谱系带/譜系帶 lineage-zone
谱系年代学/譜系年代學 phylogenetic chronology, phylochronology
谱系枝带/譜系枝帶 lineage-segment-zone
谱元法/譜元法 spectral-element method, SEM
瀑布/瀑布 waterfall
瀑布潭/瀑[布]潭 plunge pool, plunge basin

Q

七分子[骨骼]器官/七分子[骨骼]器官 septimembrate skeletal apparatus
七目鳗属/七鰓鰻,八目鰻 *Petromyzon*
七鳃鳗/七鰓鰻,八目鰻 lamprey
七鳃鳗类/鰓鰻類 lampreys
七十二候/七十二候 seventy-two pentads
七水铁矾/七水鐵礬 tauriscite
栖息地内多样性/棲所内多樣性 within habitat diversity
栖霞阶/棲霞階 Qixian Stage, Chihsian Stage
栖霞期/棲霞期 Qixian Age, Chihsian Age
桤木属/赤楊 *Alnus*
期/期 age
期货/期貨[合約] futures
期望值/期望值 expectation value, expected value
齐次边界条件/齊次邊界條件 homogeneous boundary condition
齐次波动方程/齊次波動方程 homogeneous wave equation
齐次方程/齊次方程[式] homogeneous equation
齐次坐标/齊次坐標 homogeneous coordinates
齐普夫规则/齊普夫法則 Zipf rule
祁连山石/祁連山石 Qilianshan stone
祁连山型/祁連山型 Qilianshan type
祁连造山带/祁連造山帶 Qilian orogenic belt
奇点/奇[異]點 singularity, singular point
奇怪吸引子/奇異吸子 strange attractor
奇梦鱼/奇夢魚 Gemuendina
奇异虫属/兜頭蟲 *Paradoxides*
奇异性/奇異性,特異性 singularity
奇异圆尾虫/奇異圓尾蟲 Xenocyclopyge
奇异值分解/奇異值分解 singular value decomposition
歧点/[分]歧點 bifurcation point
歧化选择/歧化天擇,分裂天擇 disruptive selection
歧叶目/歧葉目 Hyeniales
歧域成种/歧域種化 dichopatric speciation
脐/臍 umbilicus
脐壁/臍壁 umbilical wall
脐孔/臍孔 umbilical perforation
脐棱/臍陵 umbilical shoulder
脐塞/臍塞 umbilical plug
脐隙/臍隙 umbilical gap
脐线/臍線 umbilical seam
脐叶/臍葉 umbilical lobe
脐缘/臍緣 umbilical edge
骑马钉/騎馬釘 saddle stitching
骑田岭矿/騎田嶺礦 qitianlingite
棋盘格式构造/棋盤格式構造 chess-board structure
棋盘型分布/棋盤型分布 tessellation
旗云/旗狀雲 banner cloud
鳍基骨/鰭基骨 basal
鳍棘/鰭棘 fin spine
鳍甲鱼属/盾鰭魚 *Pteraspis*
鳍脚亚目/鰭腳亞目 Pinnipedia
鳍龙类/鰭龍類,蜥鰭類 sauropterygians
鳍龙目/鰭龍目 Sauropterygia
鳍条/鰭條 fin ray
鳍肢/鰭肢 flipper
企业地理学/企業地理學 enterprise geography
企业级地理信息系统/企業級地理資訊系統 enterprise GIS
企业级 Java 组件/企業級 Java 組件 enterprise JavaBeans
企业空间结构/企業空間結構 corporate spatial structure
企业视点/企業觀點 enterprise viewpoint
企业资本主义/企業資本主義 corporate capitalism
启发式法则/啟發式法則 heuristic rule
启发式方法/啟發式方法 heuristics
启蒙运动/啟蒙運動 enlightenment
起点/起點 start point
起飞[天气]预报/起飛預報 taking off weather forecast
起伏/變動 fluctuation
起居处所/起居艙空間 accommodation space
起蒙翳/矇翳 fogging
起泡/起泡 blistering
起泡分离法/起泡分離法 foam flotation method, foaming and separation method
[起]偏振镜/極化鏡,偏充鏡 polarizer
起沙风/起沙風 sand-driving wind

起始方位角/起始方位角 initial azimuth
起始结点/起始節點 from-node
起始经度/起始經度 longitude of origin
起始模型/起始模型 starting model
起始纬度/起始緯度 latitude of origin
起始相/起始相 starting phase
起雾/墨霧 misting
起源中心/種源中心 center of origin
起重船/起重船 floating crane craft, crane barge, crane vessel
起转/生旋起轉 spinup
起转过程/起轉過程 spinup process
起转时间/起轉時間 spinup time
气饱和度/氣體飽和率 gas saturation
气爆震源/氣爆震源 gas exploder
气藏/氣藏 gas pool, gas accumulation
气层/含氣層 gas-bearing bed
气层厚度/氣層厚度 gas reservoir thickness
气层水/氣層水 gas reservoir water
气层组/氣層組 gas set
气成热液矿床/氣成熱液礦床 pneumatolyto-hydrothermal ore deposit
气顶/氣頂 gas cap
气顶气驱储油层/氣頂氣驅儲油層 gas cap drive reservoir
气顶驱动/氣頂驅,氣帽驅 gas cap drive
气固两相流体/氣固兩相流體 gas-solid two-phase fluid
气管/氣道 pneumatic duct
气候背景场/氣候背景場 climatological background field
气候变化/氣候變化,氣候變遷 climatic change
气候变化政府间专门委员会/政府間氣候變化專門委員會 Intergovemmental Panel on Climate Change, IPCC
气候变率/氣候變異度 climatic variability
气候变迁/氣候變化 climatic variation
气候标志/氣候指標 climatic indicator
气候病理学/氣候病理學 climatic pathology
气候波动/氣候擺動 climatic vacillation
气候不连续/氣候不連續 climatic discontinuity
气候不适应[症]/氣候不適應[症] declimatization
气候不稳定性/氣候不穩度 climatic instability
气候策略/氣候策略 climatological strategy
气候持续性/氣候持續性 climatic persistency
气候重建/氣候重建 climate reconstruction, climatic reconstruction
气候带/氣候帶 climatic zone, climatic belt
气候地带性/氣候地帶性 climatic zonation
气候地貌学/氣候地形學 climatic geomorphology
气候对比/氣候對比 climatic contrast
气候恶化/氣候惡化 climatic degeneration
气候反常/氣候異常 climate abnormality
气候反馈/氣候回饋 climate feedback
气候反馈机制/氣候回饋機制 climatic feedback mechanism
气候反馈作用/氣候反饋作用 climatic feedback interaction
气候非传递性/氣候滯性 climatic intransitivity
气候非周期变化/氣候非週期變化 climatic non-periodic variation
气候分界/氣候分界 climate divide
气候分类[法]/氣候分類[法] climatic classification
气候分析/氣候分析 climatic analysis
气候风险/氣候風險 climatic risk
气候风险分析/氣候風險分析 climatic risk analysis
气候锋/氣候鋒 climatological front
气候改良/氣候改良 climatic amelioration
气候概率/氣候機率 climatic probability
气候概述/氣候概述 climatological summary
气候工作者/氣候學家 climatologist
气候共存态/氣候共存態 climatic coexistence
气候观测/氣候觀測 climatological observation
气候环境/氣候環境 climatic environment
气候极值/氣候極[端]值 climatic extreme
气候极值检验/氣候極限檢驗 climatological limit check
气候记录/氣候記録 climatic record
气候监测/氣候監測 climatic monitoring
气候景观/氣候景觀 climatic landscape
气候可递性/氣候可傳遞性 climatic transitivity
气候控制室/生物氣候室 biotron
气候控制[因子]/氣候控制[因子] climatic control
气候疗法/氣候療法 climatic treatment
气候敏感性/氣候敏感性 climatic sensitivity
气候敏感性试验/氣候敏感度實驗 climate sensitivity experiment
气候模拟/氣候模擬 climate simulation, climatic simulation
气候模式/氣候模式 climate model
气候年/氣候年 climatic year
气候诺谟图/氣候諾謨圖 climatic nomogram
气候平均值/氣候平均值 climatological normal
气候评估/氣候評估,氣候評價 climatic evaluation
气候评价/氣候評價,氣候評估 climatic assessment
气候潜势/氣候潛勢 climatic potential

气候情景/氣候情境 climatic scenario
气候区/氣候區 climatic region
气候区划/氣候區劃 climate regionalization
气候趋势/氣候趨勢 climatic trend
气候生产力/氣候生產 climatic productivity
气候生产力指数/氣候生產指數 climatic productivity index
气候生产潜力/氣候生產潛力 climatic potential productivity
气候生理学/氣候生理學 climatic physiology
气候时间序列/氣候時間序列 climatic time series
气候适应/氣候適應,氣候調適,空氣調節 climatic adaptation, acclimatization, climatization
气候适应能力/天氣適應能力 weather resistance
气候适应[期]/氣候適應[期] climatic optimum
气候舒适[度]/氣候舒適[度] climate comfort
气候数值模拟/氣候數值模擬 climatic numerical modeling
气候条件/氣候條件 climatic condition
气候统计/氣候統計 climatic statistics
气候统计学/氣候統計學 climatological statistics
气候突变/氣候巨變,氣候驟變 climate catastrophe, abrupt change of climate
气候图/氣候圖 climatic map, climagraph
气候图集/氣候圖集 climatic atlas
气候系统/氣候系統 climate system, climatic system
气候现象/氣候現象 climatic phenomenon
气候效应/氣候效應 climatic effect
气候心理学/氣候心理學 climatic psychology
气候形成/氣候生成 climatogenesis
气候形成分类法/氣候形成分類法 genetic classification of climate
气候形成因子/氣候形成因子 factors for climatic formation, climatic formation factor
气候型/氣候型 climatological pattern, climatic type
气候学/氣候學 climatology
气候学[方法]预报/氣候學預報[法] climatological forecast
气候学家/氣候學家 climatologist
气候循环/氣候循環 climatic cycle
气候驯化/氣候馴化 climatic domestication
气候演变/氣候演變 climatic revolution
气候遥相关/氣候遥相關 climatic teleconnection
气候要素/氣候要素 climatic element
气候因子/氣候因子 climatic factor
气候影响/氣候影響 climatic impact
气候应力荷载/氣候應力負荷 climatic stress load
气候预报/氣候預報 climatic forecast
气候预测/氣候預測,氣候預報 climatic prediction
气候约束[因子]/氣候約束[因子] climatic constraint
气候韵律/氣候韻律 climatic rhythm
气候灾害/氣候災害 climate damage, climatic disaster
气候栽培界限/氣候栽培界限 climatic cultivation limit
气候噪声/氣候雜訊 climate noise
气候展望/氣候展望 climatic outlook
气候站/氣候站 climatological station
气候障碍/氣候障礙 climatic barrier
气候诊断/氣候診斷 climatic diagnosis
气候振荡/氣候振盪 climatic oscillation
气候振动/氣候波[變]動 climatic fluctuation
气候振幅/氣候振幅 climatic amplitude
气候值/氣候值 climatic value
气候植物区系/氣候植物區 climatic plant formation
气候指示物/氣候指標 climatic indicator
气候指数/氣候指數 climatic index
气候志/氣候志 climatography
气候治疗[学]/氣候治療 climatotherapy
气候周期性/氣候週期性 climate periodicity
气候周期性变化/氣候週期變化 climatic periodic variation
气候转换/氣候轉換 climatic transition
气候状态/氣候狀態 climate state
气候状态矢量/氣候狀態向量 climate state vector
气候资料/氣候資料 climatic data
气候资料库/氣候資料庫 climatological data bank
气候资源/氣候資源 climate resources, climatic resources
气候总体/氣候總體 climatic ensemble
气化热液变质作用/氣化熱液變質作用 pneumatolytic hydrothermal metamorphism
气化热液矿床/氣化-熱液礦床 pneumato-hydrothermal deposit
气晖/氣輝 airglow
气辉/氣輝 airglow
气界/氣界,氣圈 aerosphere
气阱/氣阱 air trap
气举/氣力揚昇 air lifting
气举法/氣舉法 air lift method
气孔构造/氣孔構造,多孔構造 vesicular structure
气块/氣塊 air parcel
气块温度递减率/直減率 lapse rate
气流/氣流 air current

气流表/氣流計 air meter
气煤/氣煤 gas coal
气门/氣門 stigma
气密/氣密 air tight
气苗/氣苗 gas seepage
气囊/[氣]囊,液囊 bladder, saccus, air sac
气囊背基/氣囊背基 dorsal root of sac
气囊腹基/氣囊腹基 ventral root of sac
气囊假说/氣囊假説 gas pocket hypothesis
气凝胶/氣凝膠 aerogel
气泡/氣泡,囊泡 air bubble, vesicle, gas bubble
气泡对流/氣泡對流 bubble convection
气泡痕/泡痕 bubble impression
气泡居中/氣泡居中定平 centering of level bubble
气泡六分仪/氣泡六分儀 bubble sextant
气泡式验潮仪/氣泡式驗潮儀 bubbler gauge, bubble gauge
气泡效应/氣泡效應 bubble effect
气汽比/氣汽比 gas-steam ratio
气迁移元素/氣遷元素 aerial migratory elements
气枪/空氣槍 air gun
气枪气泡脉冲/空氣槍氣泡脈波 air gun bubble pulse
气枪阵列/空氣槍陣列 air gun array
气球/氣球 balloon
气球测风/氣球測風,派保 pibal
气球观测/氣球觀測 balloon observation
气球气象仪/氣球氣象儀 aerostat meteorograph
气球探测/氣球探空,氣球送 balloon sonde, balloon sounding
气圈/氣圈,氣界 aerosphere
气泉/氣泉 air fountain
气溶胶/氣溶膠,氣[懸]膠 aerosol
气溶胶测定器/氣[懸]膠儀 aerosoloscope
气溶胶层/氣[懸]膠層 aerosol layer
气溶胶成分/氣[懸]膠成分 aerosol composition
气溶胶电[学]/氣[懸]膠電學 aerosol electricity
气溶胶分析仪/氣[懸]膠分析儀 aerosol analyzer
气溶胶化学/氣[懸]膠化學 aerosol chemistry
气溶胶检测仪/氣[懸]膠偵測儀 aerosol detector
气溶胶粒子/氣[懸]膠粒子 aerosol particle
气溶胶气候效应/氣[懸]膠氣候效應 aerosol climate effect
气溶胶气候[学]/氣[懸]膠氣候學 aerosol climatology
气溶胶探空仪/氣[懸]膠送 aerosolsonde
气溶[粒子]胶谱/氣[懸]膠徑譜 aerosol particle size distribution
气室沉积/氣室沈積 cameral deposits
气室膜/氣室膜 cameral mantle
气室水准器/氣室水準器 chambered spirit level
气态膜法/氣體薄膜法 gas membrane method
气态烃/氣態烴 gaseous hydrocarbon
气态烃包裹体/氣態烴包裹體 gaseous hydrocarbon inclusion
气体/氣體 gas
气体保留年龄/氣體保持年代 gas retention age
气体常数/氣體常數 gas constant
气体地球化学/氣體地球化學 gas geochemistry
气体地球化学测量/氣體地球化學測量 gas-geochemical survey
气体地热温标/氣體地熱温標 gas geothermometer
气体动力[学]粗糙度/[空]氣動力粗糙度 aerodynamic roughness
气体化学/氣體化學 aerochemistry
气体激光器/氣體雷射器 gas laser
气体交换/氣體交換 gas exchange
气体容量测定仪/氣體容量測定儀 volumetric gas measuring apparatus
气体水合物/氣體水合物 gas hydrate
气体温度表/氣體温度計 gas thermometer
气体污染/氣體汙染 gaseous pollution
气体污染物/氣體汙染物 gaseous pollutant
气田/氣田 gas field
气田气/氣田氣 gas in gas field
气团/氣團,氣圈 air mass
气团保守性/氣團保守性 conservative property of air mass
气团变性/氣團變性 air mass transformation
气团辨认/氣團辨認 air mass identification
气团分类/氣團分類 air mass classification
气团分析/氣團分析 air mass analysis
气团气候学/氣團氣候學 air mass climatology
气团属性/氣團屬性 air mass property
气团雾/氣團霧 air mass fog
气团性降水/氣團降水 air mass precipitation
气团源地/氣團源地 air mass source
气温/氣温 air temperature, temperature
气温直减率/温度直減率 temperature lapse rate
气雾/氣霧 aerial fog
气腺/氣腺 gas gland
气相/氣相 gas phase
气相色谱法/氣相色譜法 gas chromatography
气相色谱仪/氣體色譜儀 gas chromagraph
气相渗流/氣相滲流 gas phase seepage
气象报告/氣象報告 meteorological report

气象病/氣象病 meteorotropic disease, meteoropathy
气象潮/氣象潮,氣候潮 meteorologic tide, weather tide, meteorological tide
气象赤道/氣象赤道 meteorological equator
气象代表误差/氣象代表誤差 meteorological representation error
气象导航/氣象導航 meteorological navigation
气象电码/氣象電碼 meteorological code
气象飞机/氣象飛機 meteorological air plane
气象风洞/氣象風洞 meteorological wind tunnel
气象浮标/海氣象浮標 weather buoy, data buoy
气象观测/氣象觀測 meteorological observation
气象观测平台/氣象觀測平臺 meteorological platform
气象观测员/觀測員 observer
气象官能症/氣象感應 meteorotropism
气象光学/氣象光學 meteorological optics
气象光学视程/氣象光程 meteorological optical range, MOR
气象航线/氣象航線 meteorological shipping route
气象火箭/氣象火箭 meteorological rocket
气象雷达/氣象雷達 meteorological radar, weather radar
气象雷达方程/氣象雷達方程 meteorological radar equation
气象损失/氣象損失 meteorological loss
气象台/氣象臺,測候所 meteorological observatory
气象台站网/氣象臺站網 network of meteorological station
气象图/氣象圖 meteorological chart
气象卫星/氣象衛星 meteorological satellite
气象卫星地面站/氣象衛星地面站 meteorological satellite ground station
气象卫星系列/氣象衛星系列 weather satellite series
气象武器/氣象武器 weather weapon
气象学/氣象學 meteorology
气象谚语/氣象諺語 meteorological proverb
气象要素/氣象要素 meteorological element
气象仪器/氣象儀器 meteorological instrument
气象因子/氣象因子 meteorological factor
气象[影响性]反应/[生理]氣象效應 meteorotropic effect
气象灾害/氣象災害 meteorological disaster
气象噪声/氣象雜訊 meteorological noise
气象战/氣象戰 weather war
气旋/氣旋 cyclone
气旋波/氣旋波 cyclone wave
气旋生成/旋生 cyclogenesis
气旋消散/旋消 cyclolysis
气旋性环流/氣旋式環流 cyclonic circulation
气旋性切变/氣旋式切變 cyclonic shear
气旋性曲率/氣旋式曲率 cyclonic curvature
气旋性涡度/氣旋式渦度 cyclonic vorticity
气旋周环/氣旋週環 pericyclonic ring
气旋族/氣旋群 cyclone family
气压/氣壓 atmospheric pressure, air pressure
气压鼻/氣壓鼻 pressure nose
气压变量/氣壓變化 pressure variation
气压表/氣壓計 barometer
气压表高度/氣壓計高度 barometer level
气压表刻度/氣壓計刻度 barometer scale
气压表压力传感器/氣壓感測器 barometric pressure sensor
气压波/氣壓波 pressure wave
气压测高表/氣壓高度計 pressure altimeter
气压测高仪/氣壓測高計 barometric altimeter
气压层/氣壓層 barosphere
气压层顶/氣壓層頂,大氣層頂 baropause
气压场/氣壓場 pressure field
气压订正/氣壓訂正 barometric correction
气压堆/氣壓丘 pressure dome
气压高程/氣壓高程 barometric elevation
气压高程测量/氣壓高程測量 barometric leveling
气压高程控制/氣壓高程控制 aneroid height control
气压计/氣壓計,氣壓儀 barograph, air pressure gauge
气压开关/氣壓鍵 baroswitch
气压倾向/氣壓趨勢 pressure tendency
气压梯度/氣壓梯度,壓力梯度 barometric gradient, pressure gradient
气压梯度力/氣壓[梯度]力 pressure gradient force
气压温度计/壓温儀 barothermograph
气压系统/氣壓系 pressure system
气压形势/氣壓型 baric topography
气压涌升线/氣壓驟昇線 pressure surge line
气压月际变化/氣壓月際變化 inter-monthly pressure variation
气压转换开关/氣壓轉換開關 baroswitch
气压自记曲线/氣壓自記曲線 barogram
气压自记仪/氣壓自記儀 barometrograph
气压最低值/氣壓最低值 barometric minimum
气压最高值/氣壓最高值 barometric maximum
气压坐标系/氣壓坐標系 pressure coordinate system

气-液包裹体/氣-液包裹體,液色體 gas-liquid inclusion, fluid inclusion
气液固多相流体/氣液固多相流體 fluid of gas-liquid-solid
气油比/氣油比 gas-oil ratio
气柱/氣柱 air column
[气]柱丰度/柱豐度 column abundance
汽车宿营地/拖車式活動房宿營地 caravan park
汽化潜热/汽化潛熱 latent heat of vaporization
汽化[作用]/汽化[作用] vaporization
汽孔/蒸汽裂口 steam vent
汽水分离/汽水分離 steam-water separation
汽油/汽油 gasoline
契干叶/契干葉 Czekanowskia
槭树/槭樹 Acer
器官/器官 organ
器官属/器官屬 *organ genus*
器官系数/器官係數 acropetal coefficient, AC
憩流/憩流 slack water
恰克马克里克群/恰克馬克里克群 Qiakmakelik Group
恰斯群/恰斯群 Qias Group
髂坐骨间孔/髂坐骨孔 ilioischial foramen
千岛岛弧/千島島弧 Kuril Island Arc
千岛海流/千島海流,親潮 Kurile current
千岛海盆/千島海盆 Kuril Basin
千岛-堪察加海沟/千島-堪察加海溝 Kuril Kamchatka Trench
千孔虫/千孔蟲 Millipora
千孔虫类/千孔蟲類 Milliporid
千孔虫属/千孔蟲,多孔水螅 *Millepora*
千枚理/千枚理 phyllitic foliation
千枚岩/千枚岩 phyllite
千枚状构造/千枚狀構造 phyllitic structure
千糜岩/千糜岩,千枚糜棱岩 phyllonite
千米尺/公里尺 kilometer scale
千年生态系统评估/千禧年生態系統評估 millennium ecosystem assessment
千万亿字节/千萬億位元組,千兆位元組 petabyte, PB
千僖人/千禧人 Millennium Man
千兆赫[兹]/吉赫,十億赫 gigahertz, GHz
千字节/千位元組 kilobyte, KB
迁出/遷出 emigration
迁入/遷入 immigration
迁西岩群/遷西岩群 Qianxi Group Complex
迁徙耕作/游耕,輪作 shifting cultivation
迁移/遷移 migration
迁移活性/遷移活性 mobility
迁移扩散/易位擴散 relocation diffusion
迁移农业/游耕農業,輪作農業 shifting agriculture
迁移性的地壳形变/遷移性的地殼形變 migrating crustal deformation
牵引/牽引 drag
牵引构造/牽引構造,拖曳構造 drag structure
牵引褶皱/牽引褶皺,拖曳褶皺 drag fold
铅贝塔石/鉛貝塔石,鉛鈮鈦鈾礦 plumbobetafite
铅笔构造/鉛筆構造 pencil structure
铅垂线/鉛垂線 plumb line
[铅]垂线偏差/鉛垂線偏差 deflection of the plump line
铅丹/鉛丹,氧化鉛 minium
铅矾/鉛礬,硫酸鉛礦 anglesite
铅黄/鉛黄 massicot
铅绿矾/鉛緑礬 caledonite
铅帽/鉛帽 lead hat
铅锰钛铁矿/鉛錳鈦鐵礦 senaite
铅砷磷灰石/砷鉛磷灰石,鈣砷鉛礦,砷鈣鉛礦 hedyphane
铅铁矾/鉛鐵礬 plumbojarosite
铅铁矿/[磁]鉛鐵礦 plumboferrite
铅污染/鉛汙染 lead contamination
铅细晶石/鉛細晶石 plumbomicrolite
铅铀烧绿石/鉛鈾燒緑石 samiresite
铅铀云母/鉛鈾雲母,水磷鈾鉛礦 przhevalskite
铅直断距/垂直位移 vertical displacement
铅直水中检波器电缆/鉛直水中檢波器電纜 vertical hydrophone cable, VHC
铅直运动/垂直運動 vertical movement
铅重晶石/北投石 hokutolite
前凹/前淵,陸外淵 foredeep
前凹型椎体/前凹椎體 procoelous centrum
前凹椎/前凹椎 procoelous vertebra
前孢粉/前孢粉,前花粉 prepollen
前背侧片/前背側片 anterior dorsolateral plate
前被子植物/前被子植物 proangiosperm
前壁/前壁 antetheca
前边尖/前邊尖 anterocone
前边缘/前邊緣 anterior border
前滨/前濱,前峰,前灘 foreshore
前滨滩台/前濱灘臺,前濱灘肩 foreshore berm
前补充期/前加入期 pre recruit phase
前槽/前槽 fore-trench
前槽缘/前槽緣 anterior trough margin
前侧片/前側片 prelateral plate, anterolateral plate
前尺手/前尺手 chain-leader
前齿骨/前齒骨 predentary bone

前翅/前翅 fore wing
前处理/前處理 preprocessing
前触角/第一觸角,小觸角 antennule
前刺/前刺 crochet
前地质时期/前地質時期 astronomic time
前顶点/前頂點 front vertex
前端/趾部 toe
前额骨/前額骨 prefrontal
前耳/耳板[海膽] auricle
前耳骨/前耳骨 prootica
前方交会/前方交會 forward intersection
前方交会法/單交會法 simple intersection method
前放增益/前放增益 preamplification gain
前锋/前鋒 forward
前跗节/前跗節,趾節 pretarsus
前附尖/前附尖 parastyle
前腹侧片/前腹側片 anterior ventrolateral plate
前腹片/前腹片 anterior ventral plate
前工业化城市/前工業化城市 pre-industrial city
前工业化社会/前工業社會 pre-industrial society
前沟/前溝 anterior canal, parastria
前构造期结晶[作用]/前構造期結晶[作用] pre-tectonic crystallization
前关节骨/前關節骨 praearticulare
前关节突/前關節突 prezygapophysis
前海沟/前海溝 fore trench
前寒武纪/前寒武紀 Precambrian Period
前寒武系/前寒武系 Precambrian System
前颌骨/前頜骨,前顎骨 premaxillary bone
前后咬合/前後咬合 propalinal occlusion
前弧/前弧 frontal arc
前环角石属/原圓環角石 *Protocycloceras*
前寰椎/前寰椎 proatlas
前积层/前積層 foreset bed
前积三角洲/前積三角洲 prograding delta
前基角/前基角 anterobasal corner
前脊角/前脊角 angle of the anterior carina
前颊类面线/前頰類面線 proparian suture
前颊属/前頰目 *Proparia*
前甲/前甲 proostracum
前尖/前錐 paracone
前尖后棱/前尖後棱 postparacrista
前尖前棱/前尖前棱 preparacrista
前剪面/前剪面 prevallum
前焦点/前焦點 front focal point
前礁堤/前礁堤 fore barrier
前接合缘/前連合 anterior commissure
前节点/前節點 front nodal point
前进波/前進波 progressing wave, progressive wave
前进冲断层序列/前進衝斷層序列 piggyback thrust sequence
前进海岸/前進海岸 advancing coast
前进轮/前進輪 forwarding roller
前进式潜穴/前進式潛穴 protrusive burrow
前进演化/前進演化,進化 anagenesis
前颈式/前頸式 prochoanitic
前景/前景 foreground
前臼齿/前臼齒,前臼骨 premolar
前科学/前科學 pre-scientific
前坑/前坑,内溝 anterior pit, fossula
前孔目/前孔目,前穴目 Protremata
前口式/前口型 prognathous type
前棱蜥类/前棱蜥類,突嘴龍類 procolophonids
前犁骨/前犁骨 prevomel
前陆/前陸,海岬 foreland, cape
前陆架/前陸棚 foreland shelf
前陆逆冲带/前陸逆衝帶 foreland thrust belt
前陆台地/前陸盆地 foreland basin
前裸子植物/前裸子植物,原裸子植物 progymnosperm
前帽/前帽 anterior cap
前膜/前翅膜 propatagium
前期降水指数/雨前指數 antecedent precipitation index
前倾槽/前傾槽 forwards-tilting trough
前倾型/前傾型 procline
前区/前區 frontal area
前驱波/前驅波 forerunner wave
前鳃盖骨/前鰓蓋骨 praeopercular, preopercular
前鳃类/前鰓亞綱 Prosobranchia
前上颌骨/前頜骨,前顎骨 premaxillary bone
前上新猿/前上新猿 Propliopethecus
前生期化学演化/前生期化學演化 chemical evolution in prebiological period
前视/前視 foresight
前适应/前適應,預先適應 preadaptation
前体/前體[部] prosome
前体目/頸塞幾丁蟲 Prosomatifera
前厅/前廳,前庭 vestibules
前维管植物/前維管植物 protracheophyte
前乌喙突/前烏喙突 procoracoidal process
前显花植物/前顯花植物 Prephanerogam
前向散射/前[向]散射 forward scatter, forward scattering
前向散射滴谱仪探头/前向射徑譜計探測器 forward scattering spectrometer probe, FSSP

前向散射率/前向散射率 forward scatterance
前向散射能见度仪/前向散射能見度計 forward scatter visibility meter
前小尖/前小尖,原小錐 paraconule, protoconule
前小尖后棱/前小尖後棱 postparaconule crista
前小尖前棱/前小尖前棱 preparaconule crista
前囟区隆起/前囟隆起 bregmatic eminance
前胸/前胸 prothorax
前沿沙丘/前沙丘 fore dune
前移/前移 advance, pre-displacement
前移海岸/前移海岸 advanced coast
前翼/前翼,前翅 anterior wing, fore limb
前渊/前淵,前海槽,陸外淵 fore trough, foredeep
前缘断坡/前緣斷坡 frontal ramp
前缘脉/前緣脈 costa
前缘侵蚀/前緣侵蝕 frontal erosion
前造山相/前造山相 preorogenic phase
前瞻性检验/前瞻性檢驗 prospective test
前兆/前兆 precursor
前兆逆向追踪算法/前兆逆向追蹤演算法 reverse tracing of precursor algorithm, RTP algorithm
前兆时间/前兆時間 precursor time
前兆现象/前兆現象 premonitory phenomenon
前兆性滑动/前兆性滑動 premonitory slip
前兆震群/前兆震群 precursory swarm
前褶/前褶 paraflexus
前震/前震[波] foreshock
前肢/前翼 fore limb
前置增幅器/前置增幅器 preamplifier
前置值/前置值 prefix value
前中背片/前中背片 anterior median dorsal plate
前中片/前中片 premedian plate
前缀/前綴 prefix
前足/前腳 fore leg
钱德勒摆动/陳德勒擺動 Chandler wobble
钱德勒晃动/陳德勒擺動 Chandler wobble
钱德勒周期/陳德勒週期 Chandler period, Chandlerian term
钱塘江涌潮/錢塘潮段波 Qiantang River tidal bore
潜标/潛標 submerged buoy, moored subsurface buoy
潜波/潛地波,透入波 diving wave
潜沉/隱没,俯衝[作用] subduction, underthrusting
潜堤/潛堤 submerged dike
潜底动物群/潛穴動物群 infauna
潜伏活动断裂/潛伏活動斷裂 potential active fault
潜火山地震/潛火山地震 cryptovolcanic earthquake
潜火山相/潛火山相 subvolcanic facies
潜火山岩/半深成岩 subvolcanic rock
潜流/潛流,地下[水]流 underflow, underground flow, undercurrent
潜流水道/潛流水道 underflow conduit
潜能/潛能 latent energy
潜热/潛熱 latent heat
潜热释放/潛熱釋放 latent heat release
潜山/潛山,埋藏丘 buried hill
潜山圈闭[构造]/潛山圈閉[構造] buried hill trap sturcture
潜蚀/潛蝕,地下侵蝕 subsurface erosion
潜水/潛水,飽和地下水,不受壓含水層 phreatic water
潜水程序/潛水程序 diving procedure
潜水带/通氣層,盈水層 phreatic zone
潜水含水层/井泉含水層 phreatic aquifer
潜水疾病/潛水疾病 diving disease
潜水加减压程序/潛水加減壓程序 diving compression decompression procedure
潜水减压/潛水減壓 diving decompression
潜水减压病/潛水減壓病 diving decompression sickness
潜水减压停留站/潛水減壓站 diving decompression stop
潜水器/潛水器 submersible
潜水深度/潛水深度 diving depth
潜水生理学/潛水生理學 diving physiology
潜水事故/潛水事故 diving accident
潜水位/潛水位 phreatic water level
潜水医学/潛水醫學 diving medicine
潜水医学保障/潛水醫學保障 diving medical security
潜水员/潛水員,潛水伕 diver
潜水员应急出水/潛水員緊急浮上 going out of surface in emergency
潜水蒸发/地下水蒸發 groundwater evaporation
潜水钟/潛水鐘 diving bell
潜水装备/潛水裝備 diving's equipment
潜水装具/潛水裝備 diving's equipment
潜水作业[计划]/潛水作業計劃 plan of diving operation
潜艇艇员水下救生/潛水艇救援 submarine rescue
潜像/潛像 latent image
潜穴/潛穴,居住構造 burrow, domichnia
潜穴系统/潛穴系統 burrow system
潜影/潛像 latent image
潜涌/上衝,仰衝 obduction
潜育层/潛育層 gley horizon

潜育土/潛育土 gleysol
潜育沼泽/潛育沼澤 gleyization mire
潜育作用/潛育作用 gleyization
潜在不稳定/潛在不穩度 latent instability, potential instability
潜在断层/潛在斷層 potential fault
潜在来源/潛在震源 potential focus
潜在沙漠化土地/潛在沙漠化土地 desertification-prone land
潜在污染/潛在汙染 potential pollution
潜在污染物/潛在汙染物 potential pollutant
潜在震源/潛在震源 potential focus
潜在震源区/潛在震源區 potential earthquake source, potential seismic source
潜在蒸发/潛在蒸發 potential evaporation
潜在蒸散/位蒸散 potential evapotranspiration
潜在住房需求/潛在住房需求 hidden housing
潜在资源/潛在資源 potential resources
浅部构造/淺部構造 shallow structure
浅层次构造/淺層次構造 shallow structure
浅层地下水/淺層地下水 shallow groundwater
浅层地震方法/淺層地震方法 shallow seismic method
浅层地震勘探/淺層地震勘探 shallow seismic investigation
浅层热储/淺層熱儲 shallow geothermal reservoir
浅层热液矿床/淺層熱液礦床 shallow vein zone deposit
浅层水/淺層水 shallow seated groundwater
浅成高温水热矿床/異温礦床 xenothermal deposit
浅成侵入相/淺成侵入相 hypabyssal intrusive facies
浅成岩/淺成岩,半深成岩 hypabyssal rock
浅低压/淺低壓 shallow low
浅地表地球物理[学]/近地表地球物理[學] near-surface geophysics
浅地表调查/近地表調查 near-surface investigation
浅地层剖面仪/海底淺層剖面儀 sub-bottom profiler
浅对流/淺對流 shallow convection
浅对流参数化/淺對流參數化 shallow convection parameterization
浅海沉积[物]/淺海沈積[物] neritic sediment
浅海带/淺海帶,淺海區,近海區 neritic zone
浅海动物/淺海動物 shallow water fauna
浅海分潮/淺海分潮 shallow water component
浅海海底电缆/海底地震電纜 bay cable
浅海区/淺海海域 neritic province
浅海生物群落/淺海生物群落 neritic community
浅海声传播/淺海聲波傳播 shallow water acoustic propagation
浅海声道/淺海聲道 shallow sea sound channel
浅海相/淺海相 shallow marine facies
浅海相沉积矿床/淺海相沈積礦床 neritic sedimentary deposit
浅基础/淺基礎 shallow foundation
浅孔测温/淺孔測温 shallow well thermometry
浅埋[作用]/淺埋作用 shallow burialism
浅潜流带溶洞/淺層[流]帶溶洞 epiphreatic cave
浅倾斜像片/急傾斜像片 low oblique photograph
浅色矿物/淺色礦物 light-colored mineral
浅色调/淡色調 tint
浅色岩/淡色岩 leucocrate
浅闪石/淡閃石 edenite
浅深[变质]带/淺[成]帶 epizone
浅深[变质]带矿床/淺深[變質]帶礦床 epizonal deposit
浅水波/淺水波 shallow water wave
浅水潮汐/淺水區潮汐 shallow water tide
浅水底栖生物/底上底棲生物 epibenthos
浅水方程/淺水方程 shallow water equation
浅水模式/淺水模式 shallow water model
浅水种/淺水[物]種 shallow water species
浅滩/淺灘,沙洲 shoal, riffle
浅滩堡礁/淺灘堡礁 bank barrier
浅滩浮标/沙洲浮 bar buoy
浅滩环礁/淺灘環礁 bank atoll
浅滩礁/淺灘礁 shoal reef
浅源板间地震/淺源板間地震 shallow interplate earthquake
浅[源地]震/淺源地震 shallow-focus earthquake
浅源地震活动性/淺源地震活動性 shallow seismicity
浅状态应用/淺狀態應用 shallowly stateful application
欠抽样/低抽樣 undersampling
欠定参数化/欠定參數化 under parameterization
欠发达/低度發展 underdevelopment
欠就业/低度就業 underemployment
嵌入阶地/嵌入階地 inset terrace
嵌入理论/嵌入理論 embeddedness theory
嵌入片/嵌入片 insertion-plate
嵌入曲流/嵌入曲流 entrenched meander
嵌入式结构化查询语言/嵌入式 SQL embedded SQL
嵌入式系统/嵌入式系統 embeded system
嵌入型洪积扇/嵌入型洪積扇 inset proluvial fan
嵌套/嵌套,巢套 nesting

枪晶石/槍晶石 cuspidine, cuspidite
枪控/槍控 airgun controller
枪阵浮球/槍陣浮球 airgun array floating ball
G腔/G腔 Generator Chamber
I腔/I腔 Injector Chamber
腔笔石目/腔筆石目 Cameroidea
腔壁出水口/腔壁出水口 parietal oscules
腔肠动物/腔腸動物 coelenterate
腔肠动物门/腔腸動物門,刺絲蟲動物門 Coelenterata
腔肠系/腔腸系,消化系 gastrovascular system
腔齿刺纲/腔齒刺綱 Cavidonti
腔骨龙属/虛形龍 *Coelophysis*
腔鳞鱼亚纲/盾鱗目,盾鱗魚類 Coelolepida
腔区/腔區 alveolar region
腔式/腔式 cavate
腔体绝对日射表/腔體直接日射強度計 cavity pyrheliometer
强布拉风/強布拉風 boraccia
强潮河口/高潮差河口灣 macrotidal estuary
强地动/強震 strong motion
强地动地震学/強地動地震學 strong motion seismology
强地面运动/強地動 strong ground motion
强地面运动估计/強地面運動估計 estimation of strong ground motion
强度/強度 strength
强度包络[线]/強度包絡[線] strength envelope
强度弱化/強度弱化 strength weakening
强盖亚/強蓋亞 strong GAIA
强干/堅硬的,堅強的 competent
强干岩层/能乾岩層 competent layer
强[环境]风暴和中尺度试验/劇烈風暴中尺度實驗 Severe Environmental Storms and Mesoscale Experiment, SESAME
强碱性/強鹼性 strong alkaline
强淋溶土/強淋溶土 acrisol
强陆风/強陸風 raggiatura
强热带风暴/強烈熱帶風暴 severe tropical storm
强沙尘暴/強沙塵暴 severe sand and dust storm
强塑性黏土/液化黏土 quick clay
强酸性/強酸 strong acid
强台风/強颱風 severe typhoon
强线近似/強線近似 strong line approximation
强移动元素/強移動元素 strongly mobile element
强荧光水域/強螢光水域 highly fluorescing waters
强余震预测/強餘震預測 strong aftershock prediction
强震/強震[系列] strong earthquake
强震观测/強地動觀測 strong motion observation
强震图/強震圖 strong motion seismogram
强震仪/強震儀 strong motion seismograph
强震仪器/強地動觀測計 strong motion instrument
强制波/強制波 forced wave
强制符合条件/強制符合條件 condition for constrained annexation, constraining condition
强制附合三角网/強制附合三角網 annexed triangulation net
强壮壳目/強壯殼目 Ischyrinioida
蔷薇辉石/薔薇輝石 rhodonite
羟胆矾/水礬膽 brochantite
羟碘铜矿/氫氧碘銅礦 salesite
羟钒铜矿/綠釩銅礦 turanite
羟钒铜铅石/水釩銅鉛石,礬銅鉛礦 mottramite
羟钒锌铅石/水釩鋅鉛石 descloizite
羟钙石/氫氧鈣石 portlandite
羟硅铋铁矿/矽鉍鐵礦 bismutoferrite
羟硅钙铅矿/矽鈣鉛礦 ganomalite
羟硅铝钙石/氫氧矽鋁鈣石 vuagnatite
羟硅锰镁石/水矽錳鎂鋅石,矽鋅錳礦 gageite
羟硅铍石/斜方矽鈹石 bertrandite
羟硅铈矿/矽稀土石,矽鋁鈰礦 tornebohmite
羟硅锑铁矿/矽銻鐵礦,矽鐵銻礦 chapmanite
羟硅铜矿/單斜矽銅礦,藍矽銅礦 shattuckite
7-α羟基岩藻甾醇/7-α羥基岩藻固醇 7-α hydroxyfucosterol
羟磷灰石/氫氧磷灰石 hydroxylapatite
羟磷铝锂石/[水]磷鋰鋁石 montebrasite
羟磷铝钠石/水磷鋁鋰石,葉雙晶石 natromontebrasite
羟磷铝石/氫氧磷鋁石 trolleite
羟磷锰石/水磷錳石,鹼性磷酸錳鐵礦 triploidite
羟磷铍钙石/水磷鈹鈣石,氫氧磷鈹鈣石 hydroxylherderite, hydroherderite
羟磷铅铀矿/水磷鉛鈾礦,水磷鈾鉛礦 dumontite
羟磷铁锰石/水磷鐵錳石,水錳磷鐵礦 kryzhanovskite
羟磷铁石/基性磷鐵錳礦,氫氧磷錳鐵礦,水磷錳鐵礦 wolfeite
羟铝铜铅矾/鋁銅鉛礬,尾去澤石 osarizawaite
羟氯碘铅石/氯碘鉛石 schwartzembergite
羟氯镁铝石/氯氧鎂鋁石,氯鋁鎂鈉石 koenenite
羟氯铅矿/水氯鉛礦,直水氯鉛石 laurionite
羟氯铜铅矿/氫氧鉛銅鹽,水氯鉛銅石 diaboleite
羟锰矿/水錳石 pyrochroite
羟锰铅矿/水錳鉛礦,基性錳鉛礦 quenselite

羟硼锰石/水硼錳石,水硼錳礦 wiserite
羟砷铋石/水砷鉍石,砷鉍礦,砷鉍華 arsenobismite
羟砷锌石/水砷鋅石 adamite
羟砷钇锰矿/砷鈰錳石,砷釔錳石 retzian
羟水铁矾/基性水鐵礬 hohmannite
羟钽铝石/六方鉭鋁石,六方鉭鋁石,鉀鎂紅閃石 simpsonite
羟碳铝石/水碳鋁石 scarbroite
羟碳锌石/水[紅]鋅礦 hydrozincite
羟钍石/矽釷石,黑鈾釷礦 thorogummite, mackintoshite
羟锡锰石/氫氧錫錳石 wickmanite
羟锌镁矾/錳鎂鋅礬 torreyite
羟氧钴矿/水[氧]鈷礦 heterogenite, stainierite
强迫对流/強迫對流 forced convection
强迫振荡/強迫振盪 forced oscillation
跷跷板结构/蹺蹺板結構 seesaw structure
橇装块/滑架,滑動墊木 skid
乔唐日照计/約旦日照計 Jorden sunshine recorder
桥墩定位/橋墩定位 location of pier
桥梁测量/橋位測量 bridge survey
桥梁控制测量/橋梁控制測量 bridge construction control survey
桥梁轴线测设/橋梁軸線測設 bridge axis location
桥式立体镜/橋式立體鏡 bridge-type stereoscope
翘曲/翹曲 warp, flexure
巧恩布拉克群/巧恩布拉克群 Qiaoenbulak Group
壳层规则/殼層規則 shell rule
壳断裂/殼斷裂 crustal fault
壳块/殼塊 crust cupola
壳幔均衡作用/殼幔均衡作用 crust-mantle equilibrium
壳幔热流配分/殼幔熱流配分 partition of crustal and mantle heat flow
壳幔循环/殼幔循環 crust-mantle cycle
壳内高导层/殼內高導層 crustal high conductivity layer
壳下地震/殼下地震 subcrustal earthquake
壳相/介殼相,貝殼相 shelly facies
壳源[的]/殼源[的] crust-derived
壳质组/殼質體 exinite
鞘/鞘,葉莖 guard, rostrum, vagina
鞘翅/翅鞘,背鱗 elytron
鞘翅目/鞘翅目 Coleoptera
鞘角石属/鞘角石 *Vaginoceras*
鞘形亚纲/簡螺目 Coleoidea
鞘褶[皱]/鞘褶[皺] sheath fold
切比雪夫多项式/齊白雪夫多項式,謝比雪夫多項式 Chebyshev polynomial
切边标记/切割線 trim mark
切变/切變,風切 shear
切变波/切變波,風切波 shear wave
切变不稳定/切變不穩度,風切不穩度 shear instability
切变层/剪力層 shear layer
切变流/剪流 shear flow
切变涡度/切變渦度,風切渦度 shear vorticity
切变线/切變線,風切線 shear line
切变项/風切項 shear term
切变重力波/風切重力波 shear-gravity wave
切齿/門牙 incisor
切除补偿/切除補償 mute compensation
切点/切點 point of tangency
切断低压/割離低壓 cut-off low
切断高压/割離高壓 cut-off high
切断山嘴/切斷山嘴 truncated spur
切割注水/切割注水 axial cutting waterflooding
切甲亚纲/切甲亞綱 Entomostraca
切珊瑚属/切珊瑚 *Temnophyllum*, *Temeniophyltum*
切投影/切投影 tangent projection
切线/切線 tangent
切线长/切線長 tangent distance
切线法/正切視距法 tangential method
切线支距法/切線支距法 tangent offset method
切向风/切向風 tangential wind
切向畸变/正切畸變差 tangential distortion, tangential lens distortion
切向畸变差/剪形畸變差 shear distortion
切向加速度/切線加速度 tangential acceleration
切[向]拉力/切[向]拉力 tangential traction
茄甲鱼类/茄甲魚類 pituriaspids
窃蛋龙类/竊蛋龍類 oviraptorosaurs
侵入/侵入 intrusion
侵入冰/侵入冰 intrusive ice
侵入成冰/侵入成冰 intrusive ice formation
侵入带校正/侵入帶校正 invaded zone correction
侵入和演替/侵入和演替 invasion and succession
侵入接触/侵入接觸 intrusive contact
侵入体/侵入[岩]體 intrusive body
侵入岩/侵入岩 intrusive rock
侵入岩相/侵入岩相 intrusive facies
侵蚀地形/溶蝕地形 corrosion topography
侵蚀谷/侵蝕谷 erosional valley
侵蚀海岸/侵蝕海岸 erosion coast
侵蚀海滩/侵蝕海灘 rolling beach

侵蚀火山/侵蝕火山　eroded volcano
侵蚀基面/侵蝕基面　erosion base level
侵蚀基准面/侵蝕基準面　base level of erosion
侵蚀阶地/侵蝕階地　erosional terrace
侵蚀面/侵蝕面　erosion surface
侵蚀泉/侵蝕泉　erosion spring
[侵蚀]相关沉积/[侵蝕]相關沈積　correlating sediments
侵蚀旋回/海準變動回春　eustatic rejuvenation
侵蚀旋回理论/侵蝕輪回理論　theory of erosion cycles
侵蚀循环/侵蝕輪回　erosion cycle
侵蚀周期/侵蝕循環　cycle of erosion
侵蚀[作用]/侵蝕[作用]　erosion
亲潮/親潮　Oyashio, Oyashio Current
亲代抚育/親代撫育　parental care
亲和力/親合力　affinity
亲花岗岩矿床/親花崗岩礦床　granophile deposit
亲气元素/親氣元素,大氣元素　atmophile element
亲生物元素/親生物元素　biophile element
亲石性/親石性　lithophile affinity
亲石元素/親石元素,親岩元素　lithophile element
亲属选择/親屬選擇　kin selection
亲水物/親水物　hydrophile
亲水性表面/親水性表面　hydrophilic surface
亲水性聚合物/親水性聚合物　hydrophilic polymer
亲铁性/親鐵性　siderophile affinity
亲铁元素/親鐵元素　siderophile element
亲铜性/親銅性　chalcophile affinity
亲铜元素/親銅元素　chalcophile element
亲氧过程/好氧程序　aerobic process
亲缘同形种/同胞種　sibling species
秦岭-大别造山带/秦嶺-大別造山帶　Qinling-Dabie orogenic belt
秦岭岩群/秦嶺岩群　Qinling Group Complex
秦-祁-昆成矿域/秦-祁-崑成礦域　Qinling-Qilian-Kunlun metallogenic megaprovince
秦-祁-昆造山带/秦祁崑造山帶　Qinling-Qilian-Kunlun orogenic belt
禽龙类/禽龍類[群]　iguanodontians
青白口纪/青白口紀　Qingbaikou Period
青白口群/青白口群　Qingbaikou Group
青白口系/青白口系　Qingbaikou System
青蛋白石/青蛋白石　girasole, girasol
青岛基准/青島基準　Tsingtao datum
青地虫属/青地蟲　*Aojia*
青海湖科学钻探/青海湖科學鑽探　Qinghai Lake scientific drilling
青河石/青河石　qingheiite
青鲛/青鮫　Isuropsis
青金石/青金石,天青石　lazurite
青龙河群/青龍河群　Qinglonghe Group
青龙群/青龍群　Qinglong Group
青螺/笠貝青螺　Acmaea
青铝闪石/青鋁閃石,鐵鋁閃石　crossite
青磐岩/青磐岩　propylite
青磐岩化/青磐岩化　propylitization
青田石/青田石　Qingtain stone
青铜时代/青銅時代　Bronze Age
青土/青土,藍土　blue earth, blue ground
青藏低槽/青藏低槽　Qinghai-Xizang trough
青藏-滇西造山带/青藏-滇西造山帶　Qinghai-Xizang-Western Yunnan orogenic belt
青藏高压/青藏高壓　Qinghai-Xizang Plateau high
青藏高原季风/青藏高原季風　Qinghai-Xizang Plateau monsoon
青藏块体/青藏塊體　Qinghai-Xizang block
轻度污染带/輕汙染區　zone of mild pollution
轻轨交通/輕軌交通　light rail transit
轻矿物/輕礦物　light mineral
轻浪/小浪　slight sea
轻离子/輕離子　light ion
轻潜水/輕裝備潛水　light weight diving
轻烃/輕煙　lighter hydrocarbon
轻雾/輕霧,靄　thin fog, mist
轻质油/輕[質]油　light oil
轻质原油/輕質原油　light crude oil
氢交代作用/氫交代作用　hydrogen metasomatism
氢离子浓度/氫離子濃度　hydrogen ion concentration
氢离子浓度记录仪/氫離子濃度記録儀　pH recorder
氢氧化合物/水合氧化物　oxyhydroxide
倾伏/傾没　plunge
倾伏褶皱/傾没褶皺　plunging fold
倾滑分量/傾滑分量　dip-slip component
倾角/傾角,偏斜角　dip angle
倾角测井/傾角測井　dipmeter survey
倾角赤道/地磁赤道,磁傾赤道　dip equator
倾角[磁]/磁傾角　inclination
倾角方向/傾角方向　direction of tilt
倾角滤波/傾角濾波　dip filtering
倾角时差/外圍井　stepout
倾竖褶皱/傾豎褶皺　plunging vertical fold
倾向/傾向,傾斜,傾角　dip
倾向定向/傾向定向,傾斜定向　dip orientation

倾向断层/傾向斷層 dip fault
倾向方程/趨勢方程 tendency equation
倾向滑动断层/傾[向滑]移斷層 dip-slip fault
倾向坡/順向坡 dip slope
倾斜/傾斜,傾側 inclination, tilt, tilting
倾斜变换线/傾斜變换線 change line of slope
倾斜潮汐/傾斜潮汐 tidal tilt, tilt tide
倾斜地面摄影像片/地面傾斜攝影像片 oblique terrestrial photograph
倾斜点/傾斜點 tipping-point
倾斜叠加/傾斜疊加,傾斜重合 slant stack
倾斜改正/傾斜改正 correction for inclination, grade correction, tilt correction
倾斜观测/傾斜觀測 oblique observation, tilt observation
倾斜航空像片/航攝傾斜像片 oblique aerial photograph
倾斜角/傾斜角 angle of tilt
倾斜阶跃/傾斜階躍 tilt step
倾斜罗经/傾斜羅盤 inclination compass
倾斜罗盘仪/傾斜羅盤儀 inclinatorium
倾斜能见度/斜能見度 slant visibility
倾斜摄影/傾斜攝影 oblique photography, oblique photograph
倾斜时差校正/傾角時差校正 dip move-out, DMO
倾斜位移/傾斜移位 tilt displacement
倾斜项/傾斜項 tilting term
倾斜像片/傾斜像片 oblique photograph
倾斜像片绘图仪/傾斜像片繪圖儀 oblique photo plotter
倾斜像片转绘仪/傾斜像片草圖測繪儀 oblique sketch master
倾斜仪/傾斜儀,測斜儀,傾斜計 clinometer, tiltmeter
倾斜因子/偏斜因子 obliquity factor
倾斜油水界面/傾斜油水介面 tilted oil-water contact
倾子/傾倒車 tipper
倾子断面图/傾子斷面圖 tipper section
清除/清除 scavenging, scavenge, clear
清绘/清繪 fair drawing
清绘版/清繪版 drafting board
清绘图/清繪圖 fair chart
清绘原图/清繪原圖 ink manuscript
清绘着墨/清繪著墨 pen-and-ink drafting
清理/整理 cleaning
清龙/清龍,荷誤龍 Homoeosaurus
清明/清明 Fresh Green
清声器/清聲器 acoustic clarifier
清晰度/清晰度 definition, articulation
清原岩群/清原岩群 Qingyuan Group Complex
蜻蜓目/蜻蜓目 Odonata
晴/晴,碧[空] clear
晴空回波/晴空回波 clear air echo
晴空降雪/晴空降雪 cloud free snowfall
晴空湍流/晴空亂流 clear air turbulence, CAT
晴空雨/晴天雨 serein
晴天电场/晴空電場 fair weather electric field
晴天电流/晴空電流 fair weather current
请求/要求 request
穹房贝属/穹房貝,小寶貝 *Camarotoechia*
穹窿/穹窿 dome
穹石燕/魚形貝 Cyrtiopsis
穹状空气污染层/穹狀空氣汙染層 pollution dome
穹状沙丘/穹狀沙丘 dome shaped dune
筇竹寺阶/筇竹寺階 Qiongzhusian Stage, Chiungchus-suan Stage
筇竹寺期/筇竹寺期 Qiongzhusian Age, Chiungchus-suan Age
琼胶/洋菜膠,瓊脂 agar
琼脂/瓊脂,洋菜膠 agar
琼脂糖/洋菜粉 agarose
琼州海峡/瓊州海峽 Qiongzhou Strait
丘吉东沟群/丘吉東溝群 Qiujidonggou Group
丘间低地/丘間窪地 interdunal depression
丘陵/丘陵 hill
丘脑/視丘 thalamus
丘奇法/丘奇法 Church method
丘形齿/丘牙型 bunodont
丘月形齿/丘月齒型 bunoselenodont
丘状层理/丘狀層理 hummocky bedding
秋岔群/秋岔群 Qiucha Group
秋分/秋分 Autumn Equinox, Autumnal Equinox
秋分潮/秋分潮 autumnal equinox tide
秋分大潮/秋分大潮 autumnal equinoctial tide
秋分点/秋分點 autumnal equinox, September equinox
求积谱/四分譜 quadrature spectrum
求积仪/[補償]求積儀 planimeter, platometer
求积仪极点/求積儀極點 pole of planimeter
求距角/距離角 distance angle
求心器/求心器,定點器,移點器 plumbing arm, centring bracket
求值程序/求值程序 evaluator
酋邦/酋邦 chiefdom
球度/球度 sphericity

球对称地球模型/球對稱地球模型 spherically symmetric earth model
球纺锤虫属/球紡錘蟲,球蜓 *Sphaerulina*
球分层介质/球分層介質 spherical layered medium
球接子属/球接子 *Agnostus*
球晶/球晶 sphero-crystal
球菌类/球菌類 coccolithids
球颗结构/球顆構造 variolitic structure
球粒结构/球粒結構 spherulitic texture
球粒亮晶灰岩/泥石灰岩 pelsparite
球粒泥晶灰岩/微晶石灰岩 pelmicrite
球粒型/球粒型 globular granulate
球粒[陨石]/球粒隕石 chondrite
球面波/球面波 spherical wave
球面波几何扩散/球面波幾何擴散 geometric spreading of spherical wave
球面度/立弳 steradian
球面发散补偿/球面發散補償 spherical divergence compensation
球面函数/球面函數 spherical function
球面基座/球窩基座 ball socket base
球面角/球面角 spherical angle
球面角超/[旋轉橢]球面角超 spherical excess, spherical of triangle excess
球面扩散补偿/球面擴散補償 spherical divergence compensate
球面扩散因子/球面擴散因子 spherical spreading factor
球面扩散振幅补偿/球面擴散振幅補償 spherical spreading amplitude compensation
球面立体投影图/赤道面投影圖 stereogram, stereographic projection
球面三角形/球面三角形 spherical triangle
球面色像差/球面色像差 spherochromatic aberration
球面天文学/球面天文學 spherical astronomy
球面调和函数/球面調和函數 spherical harmonics
球面投影/球面投影,立體投影,平射投影 stereographic projection
球面透镜/球面透鏡 spherical lens
球面网格/球面網格 spherical net
球面像差/球面像差 aberration of sphericity, spherical aberration
球面谐波/球面諧波 spherical harmonic wave
球面谐波分析/球面調和分析 spherical harmonic analysis
球面坐标系/球面坐標 spherical coordinates, spherical coordinate system
球面坐标系统/球面坐標系統 spherical coordination system
球体/球體 sphere
球蜓属/球蜓,球紡錘蟲 *Sphaerulina*
球头三脚架头/窩球三腳架首 joint tripod head
球土/球[黏]土,強塑性土 ball clay
球窝关节/球窩關節 ball and socket joint
球蚬/球蜆 Sphenolepidium
球心投影/日晷投影 gnomonic projection
球形对称性/球對稱 spherical symmetry
球形天空辐射表/球狀全天空輻射計 ball pyranometer
球形投影/球狀投影 globular projection
球形亚类/球形亞類 sphaeromorphs
球载反射器/球載反射器 balloon borne reflector
球载激光雷达/球載雷射雷達 balloon borne laser radar
球照度/球照度 spherical irradiance
球状风化/球狀風化 spheroidal weathering
球状构造/球狀構造 orbicular structure
球状火山弹/球狀火山彈 spheroidal bomb
球状闪电/球狀閃電 ball lightning
球状突起/圓丘 knob
D 区/D 區 D-region
E 区/E 域 E-region
F 区/F 區,F 域 F-region
区划/區域化 regionalization
区划地图/區域化地圖 regionalization map
区间动物/區間動物 interzonal fauna
区时/區域時 zone time
区位/區位 location
区位比/區位比 location rate
区位-布局模型/區位-布局模型 location-allocation model
区位地租/區位地租 location rent
区位共轭/區位共軛 location consistent conjugation
区位论/區位理論 location theory
区位三角形/區位三角形 location triangle
区位熵/區位熵 quotient of location
区位条件/區位條件 locational condition
区位系数/區位係數 locational coefficient
区位选择/區位選擇 location selection
区位因子/區位因子 locational factor
区位优势/區位優勢 locational advantage
区位自由/區位自由 locational freedom
区域/區域,地域 region
区域背景/區域背景 regional background
区域变质作用/區域變質[作用] regional

metamorphism
区域标准气压表/區域標準氣壓計 regional standard barometer
区域长程增长模型/區域長程增長模型 long-run regional growth model
区域长期发展模型/區域長期發展模式 long-term region development model
区域承载力/區域承載力 carrying capacity of region
区域创新体系/區域創新體系 regional innovation system
区域磁场/區域磁場 regional magnetic field
区域[磁]异常/區域[磁]異常 regional magnetic anomaly
区域大气圈/區域大氣圈,區域的氣氛 atmosphere of regions
区域地理学/區域地理學 regional geography
区域地理学者/區域地理學者 regional geographer
区域地貌学/區域地形學 regional geomorphology
区域地壳稳定性/區域地殼穩定性 regional crustal stability
区域地球化学测量/區域地球化學測量 regional geochemistry survey
区域地图集/區域地圖集 regional atlas
区域地震/區域地震 regional earthquake
区域地震活动性/區域地震活動性 regional seismicity
区域地震走时表/區域地震走時表 regional earthquake travel time table
区域地质调查/區域地質調查 regional geological survey
区域地质图/區域地質圖 regional geological map
区域地质学/區域地質學 regional geology
区域动力变质作用/區域動力變質作用 regional dynamic metamorphism
区域动力学/區域動力學 regional dynamics
区域短程增长模型/區域短程增長模式 short-run regional growth model
区域发展/區域發展 regional development
区域发展周期/區域發展週期 regional development cycle
区域分析/區域分析 regional analysis
区域分异/區域差異 regional differentiation
区域复合体分析/區域複合體分析 regional complex analysis
区域工程地质学/區域工程地質學 regional engineering geology
区域公正/領土正義 territorial justice
区域构造向上挠曲/區域構造向上撓曲 tectonic upwarping
区域管制/區域治制 regional governance
区域规划/區域規劃 regional planning
区域海洋学/區域性海洋學 regional oceanography
区域航空图/區域航空圖 area chart
区域化/區域化 regionalization
区域化学地理/區域化學地理 regional chemicogeography
区域环境/區域環境 regional environment
区域混合岩化作用/區域混合岩化作用 regional migmatization
区域计划/區域計劃 regional plan
区域技术缺口/區域技術落差 regional technology gap
区域降水/區域降水 area precipitation
区域教义/領土教義 territorial doctrines
区域阶级联盟/區域階級聯盟 regional class alliance
区域结构/區域結構 regional structure
区域进化模型/區域演化模式 regional evolution model
区域经济地理学/區域經濟地理學 regional economic geography
区域经济可持续发展/區域經濟永續發展 sustainable development of regional economy
区域科学/區域科學 regional science
区域可供水量/區域供水量 regional water supply
区域可计算一般均衡/區域可計算一般均衡 regional computable general equilibrium
区域联盟化模型/區域結盟模式 regional unification model
区域模式/區域模式 regional model
区域平衡增长/區域平衡成長 regional balanced growth
区域平均雨量/面積平均雨量 area mean rainfall
区域气候/區域氣候 regional climate
区域气候学/區域氣候學 regional climatology
区域趋同/區域趨同 regional convergence
区域热动力变质作用/區域熱動力變質作用 regional dynamothermal metamorphism
区域商业地理学/區域商業地理學 regional commercial geography
区域生成/區域生成 zone generation
区域示意图/圖料表 coverage diagram
区域水文/區域水文 regional hydrology
区域水文地质学/區域水文地質學 regional hydrogeology
区域网空中三角测量/區域空中三角測量 block aerial triangulation

区域网平差/區域平差 block adjustment
区域性地震似然模型/區域性地震似然模型 regional earthquake likelihood model
区域性海水进退/區域性海水進退 regional transgressions and regressions
区域性年代地层单位/區域性年代地層單位 regional chronostratigraphic unit
区域性污染/區域汙染 regional pollution
区域性形变/區域性形變 regional deformation
区域性震中距/區域性震中距 regional distance
区域岩石学/區域岩石學 regional petrology
区域研究/區域研究 regional studies
区域[研究]取向/區域[研究]取向 regional approach
区域遥感/區域遥測 regional remote sensing
区域要素综合/區域概括化 area generalization
区域医学地理/區域醫學地理 regional medico-geography
区域异常/區域性異常 regional anomaly
区域溢出/區域外溢 regional spillover
区域与景观/區域與地景 region and landschaft
区域预报/區域預報 regional forecast
区域重力异常/區域性重力異常 regional gravity anomaly
区域主义/區域主義 regionalism
区域主义复兴/區域主義再起 resurgence of regionalism
区域专业化模型/區域專業化模式 regional specialization model
区域资源综合评价/區域資源綜合評價 comprehensive evaluation of regional natural resources
区域自然地理学/區域自然地理學 regional physico geography
区域综合/區域綜合 regional synthesis
区域组织/領域組織 territorial organization
区站号/區站號 station index number
区中点运算/區中點運算,點在多邊形内運算 point-in-polygon operations
区中心/區中心 district center
曲板/曲板 taenia
曲带鸟/曲帶鳥 Phorusrhacus
曲度/曲度 degree of curve
曲管地温表/曲管溫度計 angle thermometer
曲晶石/曲晶石 cyrtolite
曲靖型/曲靖型 Qujing type
曲流/曲流 meander
曲流河/曲流河 meandering river
曲流环绕岛/離堆丘,曲流丘 meander core
曲流沙坝/曲流沙洲,[河曲]突洲 point bar, meander bar
曲率半径/曲率半徑 radius of curvature
曲率比/曲率比 ratio of curvatures
曲率改正/曲率改正 curvature correction
曲率涡度/曲率渦度 curvature vorticity
曲率项/曲率項 curvature term
曲率效应/曲率效應 curvature effect
曲率中心/曲率中心 center of curvature
曲面/前區 proparea
曲面光滑/曲面光滑 surface smoothness
曲面拟合/表面貼合 surface fitting
曲线/曲線 curve
k-T 曲线/k-T 曲線 k-T curve
P-B 曲线/P-B 曲線 P-B curve
P-Y 曲线/P-Y 曲線 P-Y curve
T-Z 曲线/T-Z 曲線 T-Z curve
曲线板/曲線板,曲線規 circular-arc rule
曲线笔/曲線筆 swivel pen, contour pen
曲线测设/曲線測設 curve setting, arrangement of curve
曲线超高/曲線超高 super-elevation on curve
曲线放样/曲線放樣 layout of curve
曲线光滑/曲線光滑 line smoothing
曲线计/曲線計 opisometer
曲线加宽/曲線加寬 curve widening
曲线螺属/斜線螺 *Loxonema*
曲线拟合/曲線擬合,曲線貼合 curve fitting
曲线起点/曲線起點 beginning of curve
曲线终点/曲線終點 end of curve
曲线坐标/曲線坐標 curvilinear coordinates
曲折定线/曲折定線 crooked alignment
曲柱状/曲柱狀 scolecoid
驱动力/驅動力 driving force
屈曲/撓曲,彎曲 flexure
躯甲/軀甲 trunk shield
趋触性/趨觸性 thigmotaxis
趋磁细菌/趨磁細菌 magnetotactic bacteria
趋肤深度/集膚深度 skin depth
趋肤效应/集膚效應 skin effect
趋肤效应校正/趨膚效應校正 skin effect correction
趋光性/趨光性 phototaxis, phototaxy
趋化性/趨化性 chemotaxis, chemotaxy
趋流性/趨流性 rheotaxis
趋势/趨勢 tendency
趋势分析/趨勢分析 trend analysis
趋势面分析/趨勢面分析 trend surface analysis

趋势图/趨勢圖 tendency chart
趋同/趨同 convergence
趋同进化/趨同進化,趨同演化 convergent evolution
趋同演化/趨同演化,趨同進化 convergent evolution
趋温性/趨溫性 thermotaxis
趋向演化/趨向演化,同型性 homoeomorphism
趋性/趨性 taxis
趋异/趨異 divergence
趋异进化/趨異演化 divergent evolution
渠化导流/渠化導流 channelized traffic
衢江群/衢江群 Qujiang Group
取代/取代 substitution
取景器/檢影器 viewfinder
取土坑/借坑 borrow pit
取土区/取土區 borrowing area
取芯钻进/取芯鑽進,取芯鑽採 core boring
取岩芯/取岩芯 coring
取样器/取樣器 sampler
取样站/取樣站 sampling station
去白云石化[作用]/去白雲石作用,脱白雲石化作用 dedolomitization
去磁/去磁,退磁 degauss
去工业化/去工業化 deindustrialization
去荷节理/去荷節理 unloading joint
去极化/去極化 depolarization
去季节化/去季節性 deseasonalizing
去假频滤波[器]/抗混淆濾波器 anti-alias filter
去离子水/去離子水 deionized water
去气作用/去氣作用 degassification
去石膏化[作用]/去石膏化作用 degypsification
去污流体/除汙流體 decontamination fluid
去污指数/除汙指數 decontamination index
去噪[声]/去噪[聲] noise separation
去殖民地化/去殖民地化 decolonization
圈地/圈地 enclosure
圈角石属/圈角石 *Spyroceras*
权/權,基重 weight
权函数/[加]權函數 weight function, weighting function
权衡/權衡 trade-off
权矩阵/權矩陣 weight matrix
权力/權力 power
权力容器/權力容器 power-containers
权逆阵/權逆矩陣 inverse of weight matrix
权威性资源/權威性資源 authoritative resources
权威制约/權威制約 authority constraint
权重/權重,加權 weighting, weight
权重函数/加權函數 weight function
权[重]系数/加權係數 weight coefficient
权[重]因子/權重因子,加權因子,計權因子 weight factor, weighting factor
全北界/全北界 Holarctic realm
全壁/全壁 holotheca
全波理论/全波理論 full-wave theory
全差分静校正/全差分靜校正 total difference static correction
全齿类/全齒獸類,鈍腳類 pantodonts
全齿亚目/鈍腳類 Pantodonta
全雌鱼育种/全雌魚育種 all female fish breeding
全刺/全牙形刺 holoconodont
全地幔对流/全地幔對流 whole mantle convection
全对称性/全面像 holohedrism
全反射/全反射 total reflection
全方位检波器组合/全方位檢波器組合 omnidirectional geophone pattern
全方位能见度/全方位能見度 all round visibility
全分辨率/全解析度 full resolution
全浮游生物/全浮游生物,終生浮游生物,永久性浮游生物 holoplankton
全辐射/全輻射 total radiation
全骨鱼附纲/全骨總目 Holostei
全骨鱼类/全骨魚類 holosteans
全海式海上生产系统/離岸開採系統 offshore production system
全吉群/全吉群 Quanji Group
全迹/全浮雕 full relief
全晶质/全晶質[組織] holocrystalline, pleocrystalline
全颈式/全頸式 holochoanitic
全景航空摄影/全景航空攝影 panoramic aerial photography
全景绘图/全景透視圖 panoramic drawing
全景畸变差/全景畸變差 panoramic distortion
全景摄影/全景攝影 panoramic photography
全景摄影机/全景攝影機 panoramic camera, panorama camera
全景视图/一覽圖視窗 overview window
全景图/全景圖 panorama sketch
全景像片/全景像片 panoramic photograph
全景圆盘云图/全景圓盤雲圖 full disc cloud picture
全壳口/全殼口 entire aperture
全空间/全空間 whole space
全口螺形/全口螺形 holostomatous
全口式/全口式 holostomatous
全量应变/總應變 total strain
全领鹦鹉螺/全領鸚鵡螺 holochoanites

全密度补偿/全密度補償 density overcompensation
全面检查法/全面檢查法 area test
全面禁止核试验条约/全面禁止核子試驗條約 Comprehensive Nuclear Test Ban Treaty，CTBT
全面禁止核试验条约组织/全面禁止核子試驗條約組織 Comprehensive Nuclear Test Ban Treaty Organization，CTBTO
全面体/全面體 holohedron
全面象/全面像 holohedrism
全面异极象/全面異極像 holohedral hemimorphism
全木树/全木樹 Homoxylon
全木纤维/全木樹 Homoxylon
全能法测图/全能法測圖 universal method of photogrammetric mapping
全能经纬仪/萬用經緯儀 universal theodolite
全脐螺/全臍螺 Euomphalus
全腔式/全腔式 holocavate
全球板块构造/全球板塊構造 global plate tectonics
全球板块运动/全球板塊運動 global plate motion
全球本地化/全球在地化 glocalized
全球变化/全球變遷 global change
全球变暖/全球暖化 global warming
全球大气研究计划/全球大氣研究計劃 Global Atmospheric Research Program，GARP
全球大气研究计划第一次全球试验/全球大氣研究計劃第一次全球試驗 First GARP Global Experiment，FGGE
全球导航定位卫星/全球導航定位衛星 global navigation positioning satellite
全球导航卫星系统/全球導航衛星系統 global navigation satellite system，GNSS
全球地层学/全球地層學 geostratigraphy
全球地壳结构模型(2°×2°)/全球地殼結構模型(2°×2°) CRUST2.0 MODEL
全球地壳结构模型(5°×5°)/全球地殼結構模型(5°×5°) CRUST5.1 MODEL
全球地震/全球地震 global earthquake
全球地震活动性/全球地震活動性 global seismicity
全球地震台网/全球地震臺網 Global Seismograph Network，GSN
全球地震危险性评估计划/全球地震危險性評估計劃 Global Seismic Hazard Assessment Program，GSHAP
全球地震学/全球地震學 global seismology
全球电信系统/全球通信系統 global telecommunication system，GTS
全球定位系统/全球定位系統 global positioning system，GPS
全球多圆锥投影/全球多圓錐投影 world polyconic projection
全球分析/全球分析 global analysis
全球风系/全球風系 global wind system
全球海洋观测系统/全球海洋觀測系統 global ocean observation system，GOOS
全球海洋生态系动力学研究计划/全球海洋生態系動力學研究計劃 Global Ocean Ecosystem Dynamics
全球化/全球化 globalization
全球环境/全球環境 global environment
全球环境变化/全球環境變遷 global environmental change
全球环境变化信息系统/全球環境變化資訊系統 global environment change information system
全球环境遥感监测/全球環境遙測監測 remote sensing monitoring of global environment
全球环流/全球環流 global circulation
全球环流模式/全球環流模式 global circulation model
全球联合海洋通量研究/全球海洋通量聯合研究 Joint Global Ocean Flux Study，JGOFS
全球模式/全球模式 global mode
全球模型/全球模型 global model
全球能量水循环实验/全球能量水循環實驗 Global Energy and Water Cycle Experiment，GEWEX
全球年代地层单位/全球年代地層單位 global chronostratigraphic unit
全球气候/全球氣候 global climate
全球气候观测系统/全球氣候觀測系統 global climatic observation system，GCOS
全球气候系统/全球氣候系統 global climate system
全球数字地图/全球數位地圖，世界數位圖 digital chart of the world，DCW
全球数字地震台网/全球數字地震臺網 Global Digital Seismic Network，GDSN
全球水平探测技术/全球水平探測技術 global horizontal sounding technique，GHOST
全球水文/全球水文 global hydrology
全球碳循环/全球碳循環 global carbon cycle
全球信息基础设施/全球資訊基礎建設 global information infrastructure，GII
全球性地热带/全球性地熱帶 planet-wide geothermal belt
全球性放射性[物质]沉降/全球性放射性[物質]沈降 world wide fallout
全球性海面升降性/全球性海平面昇降性 eustatism
全球性海平面变化/全球性海平面變化 global

sealevel change, world-wide sea level change
全球性海平面升降/全球性海平面昇降 eustasy
全球性海平面升降循环/全球性海平面昇降循環 eustatic cycle
全球遥感/全球遥[感探]测 global remote sensing
全球增温潜势/全球增温潛勢 global warming potential, GWP
全球制图/全球製圖 global mapping
全球制图计划/全球製圖計劃 global mapping plan
全球重力异常/全球重力異常 global gravity anomaly
全球主义/全球主義 globalism
全球转变/全球性轉移 global shift
全球资本主义/全球資本主義 global capitalism
全球自然地理学/全球自然地理學 global physical geography
全球综合观测系统/整合型全球觀測系統 integrated global observation system, IGOS
全球总辐射/全球總輻射 global radiation
全日潮/全日潮 diurnal tide
全日潮流/日週潮流 diurnal current
全色的/全色態的 panchromatic
全色红外片/全色紅外片 panchromatic infrared film
全色片/全色[軟]片,泛色片 panchromatic film
全色扫描/全色掃描 full scan
全色摄影/全色攝影 panchromatic photography
全色印刷/全彩印刷 full-color-printing
全色影像/全色影像 panchromatic image
全食/全蝕 total eclipse
全世界化/全世界化 universalization
全兽类/全獸類 holotherians
全数字化测图/全數值化測圖 fully digital mapping
全数字化测图系统/數位製圖系統 digital mapping system
全天光度计/全天光度計 all sky photometer
全天候/全天候[的] weatherproof
全天候飞行/全天候飛行 all weather flight
全天候机场/全天候機場 all weather airport
全天空照相机/全天照相機 all-sky camera
全头类/全頭類 holocephalans
全头亚纲/全頭亞綱 Holocephali
全息重现/全像圖複製 holographic reproduction
全息地理学/全息地理學 holographic geography
全息复制/全像圖複製 holographic reproduction
全息雷达/全像雷達 hologram radar
全息摄影测量/全像攝影測量,全像干涉量度學 holographic photogrammetry, hologrammetry
全息摄影术/全像攝影術 hologram photography, holography
全息图像/全像術 hologram imagery
全息图像复制/全像圖複製 holographic reproduction
全向导航台/全向導標 omnirange
全向天线/全向天線 omnidirectional antenna
全新世/全新世 Holocene Epoch
全新世暖期/全新世暖期 megathermal
全新统/全新統 Holocene Series
全形/全面形 holohedral form
全形态对称/全形態對稱 holomorphic symmetry
全形褶皱/全形褶皺 holomorphic fold
全型/全型 holotype
全雄鱼育种/全雄魚育種 all male fish breeding
全岩芯分析/全岩芯分析 whole core analysis
全泳生物/全泳生物 holonekton
全缘型壳/全緣型殼 holoperipheral shell
全站仪/全站測量儀 total station
全褶鱼/全褶魚 Holoptychius
全直领类/全直領類 Eurysiphonata
全植型营养/全植物式營養 holophytic nutrition
全椎亚目/全椎目 Stereospondyli
全自形粒状[结构]/全自形粒狀[結構] panidiomorphic granular
全组合测角法/全組合測角法 method in all combinations
泉/泉 spring
泉华沉积/泉華沈積 sinter deposition
泉石华/多水矽鈣石 plombierite
犬齿/犬齒,犬牙 canine
犬齿珊瑚属/犬齒珊瑚 *Caninia*
犬齿珊瑚亚目/犬齒珊瑚亞目,羽層隔壁亞目 Caniniacea
犬齿兽次亚目/犬齒龍類 Cynodontia
犬齿兽类/犬齒獸類 cynodontians
犬齿型/犬齒[型] cynodont
犬颌兽/犬頜獸,犬顎獸 Cynognathus
犬科动物/犬牙,犬齒 canine
犬牙壳目/犬牙殼目 Cynostraca
犬牙石/犬牙石 dog-tooth spar
缺凹/彎凹,中槽,凹陷 sinus
缺弓亚纲/缺弓亞綱,缺甲類 Anapsida
缺甲鱼类/缺甲魚類 anaspids
缺刻/缺口,刻槽 notch
缺裂火山口/裂火山口,馬蹄形火山口 breached crater
缺省接口/預設介面 default interface
缺省数据库/預設資料庫 default database

缺省文件扩展名/預設副檔名 default filename extension
缺省值/預設值 default value
缺氧/缺氧 anoxia
缺氧海盆/缺氧海盆,無氧海盆 anoxic basin
缺氧环境/無氧環境 anoxic environment
缺氧间隙水/無氧間隙水 anoxic pore water
缺氧区/缺氧層,無氧帶 anoxic zone
缺氧水/無氧水[體] anoxic water
缺氧条件/無氧情況 anoxic condition
缺氧症/缺氧症 hypoxidosis
缺氧状态/無氧狀態 anoxic state
雀鳝类/雀鱔類 lepisosteiforms
确定波至/確定波至 defining of an arrival
确定性方法/確定性解析法 deterministic method
确定性解卷积/確定式解迴旋 deterministic deconvolution
确定性模式/確定模式 deterministic model
确定性疲劳分析/確定性疲勞分析 determinate fatigue analysis
确定性预报/確定預報 deterministic forecast
确认/確認 verification
确限度/[棲地]忠誠度 fidelity
裙板/裙板 skirt plate
裙地/裙地 apron
群/群,組 group
群波长/群波長 group wavelength
群岛/群島,列島 archipelago
群岛国/群島國 archipelago state
群岛基线/群島基線 archipelagic baselines
群集/群集,群落 association
群礁/棚礁 shelf reef
群聚/聚集 aggregation
群落/群落,群聚 community
群落成分/群落成分,群集組成 community composition
群落功能/群落功能,群聚功能 community function
群落集/群落集 community group
群落交错区/生態交會區 ecotone
群落结构/群落結構,群聚結構 community structure
群落内多样性/群落内多樣性 within community diversity
群落生境/群落生境,同生地 biotope
群落生态学/群體生態學 synecology, community ecology
群落演替/群集消長,群集演替 community succession
群囊蕨目/薄壁群囊蕨目,壁群囊蕨科 Botryopteridales
群速度/群速[度] group velocity
群体/群體 population, colony
群体补充/群體補充 group recruitment
群体大小/族群大小 population size
群体发育/群動物發育史,群體發生 astogeny
群体珊瑚/群體珊瑚 colonial coral
群体生物/群體生物 colonial organism
群[体]选择/群擇 group selection
群系/群系 formation
群震型地震/群震型地震 group earthquake
群桩/群樁 pile group, skirt pile
群桩效应/群樁效應 pile group effect

R

燃点/燃點 ignition point
燃料矿产/燃料礦物,礦物燃料 mineral fuel
燃料矿床/燃料礦床 mineral-fuel deposit, caustobiolith deposit
燃烧变质作用/燃燒變質作用 burnt metamorphism
燃烧尘/燃燒塵 combustion dust
燃烧核/燃燒核 combustion nucleus
染色体地理学/染色體地理學 chromosome geography
染石/染石,克靈頓礦石,亞麻仁礦 clinton ore
壤土/壤土 loam
壤中流/中間流 interflow, throughflow
壤中水/表層水,地下水 subsurface water
桡骨/橈骨 radius
桡腕骨/橈側腕骨 radiale
桡足类/橈腳亞綱 Copepoda
桡足幼体/橈足類幼生 copepodite, copepodid larva
桡足幼体期/橈足期 copepodid stage
扰动/擾動 disturbance
扰动方程/擾動方程 perturbation equation
扰动高层大气/擾動高層大氣 disturbed upper atmosphere
扰动轨道/擾動軌道,受攝軌道 disturbed orbit
扰动势/擾動勢能 disturbing potential
扰动位能/擾動位能 disturbed potential energy
扰动质量/擾動質量 disturbing mass
扰动重力/擾動重力 disturbing gravity
扰日日变化/擾日日變化 disturbed daily variation
绕极环流/繞極環流 circumpolar circulation
绕极气旋/繞極氣旋 circumpolar cyclone
绕极深层水/繞極深層水 Circumpolar Deep Water, CDW
绕极涡旋/繞極渦旋 circumpolar vortex
绕极西风带/繞極西風[帶] circumpolar westerlies
绕南极洋流/繞南極流 antarctic circumpolar current
绕旋式壳/扭旋式殼 streptospiral test
绕转/繞轉 revolution
热/熱 heat
热泵/熱泵 heat pump
热比容偏差/熱比容偏差 thermosteric anomaly
热边界层/熱邊界層 thermal boundary layer, TBL
热变指数/熱變指數 thermal alteration index, TAI
热变质作用/熱變質作用 thermal metamorphism
热参量/熱參數 thermal parameter
热层/熱氣層,增溫層 thermosphere
热层顶/熱氣層頂,增溫層頂 thermopause
热成低压/熱低壓 thermal low
热成风/熱力風 thermal wind
热成风方程/熱力風方程 thermal wind equation
热成风涡度平流/熱力渦度平流 thermal vorticity advection
热成风引导/熱力風駛引 thermal wind steering
热成高压/熱高壓 thermal high
热成熟成因气/熱成熟成因氣 gas from thermomaturation of organic matter
热成熟[作用]/熱成熟[作用] thermal maturation
热成因气/熱成因氣 thermogenic gas
热成[作用]/熱成[作用] thermogenesis
热赤道/熱赤道 heat equator
热臭石/熱臭石 pyrosmalite
热处理的宝石/燒玉燧 burnt stone
热储/熱儲,地熱儲集層 geothermal reservoir
热储工程/熱儲工程 geothermal reservoir engineering
热传导/熱傳導 heat conduction, thermal conduction
热传导系数/導熱係數 thermal conductivity
热传递作用/熱傳遞作用 heat transfer process
热磁分离/熱磁分離 thermomagnetic separation
热磁曲线/熱磁曲線 thermomagnetic curve
热磁性/熱磁性 thermomagnetism
热粗糙度/熱粗糙度 thermal roughness
热催化作用/熱催化作用 thermocatalysis
热带/熱帶 tropical zone, tropical belt
热带病地理/熱帶病地理 geography of tropical disease
热带草原气候/熱帶草原氣候 tropical savanna climate
热带常湿气候亚类/熱帶多雨氣候 tropical rainy climate
热带沉降/熱帶沈降 tropical submergence
热带大陆气团/熱帶大陸氣團 continental tropical air mass

热带低压/熱帶低壓　tropical depression
热带地理学/熱帶地理學　tropical geography
热带东风带/熱帶東風[帶]　tropical easterlies
热带东风急流/熱帶東風噴[射氣]流　tropical easterlies jet, tropical easterly jet stream
热带冬干气候亚类/熱帶冬乾氣候　tropical winter dry climate
热带对流层空槽/熱帶高對流層槽　tropical upper-tropospheric trough, TUTT
热带对流层上部冷涡/熱帶高對流層冷渦　tropical upper tropospheric cold vortex
热带多雨气候/熱帶多雨氣候　tropical rainy climate
热带风暴/熱帶風暴　tropical storm
热带风暴警报/熱帶風暴警報　tropical storm warning
热带浮游动物/熱帶浮游動物　tropical zooplankton
热带辐合带/間熱帶輻合帶,間熱帶輻合區　intertropical convergence zone, ITCZ
热带高压/熱帶高壓　tropical high
热带海洋空气/熱帶海洋空氣　tropical marine air
热带海洋气团/熱帶海洋氣團　maritime tropical air mass, tropical marine air mass
热带海洋全球大气计划/熱帶海洋全球大氣計劃　Tropical Oceans Global Atmosphere Program, TOGA
热[带]湖/暖湖　warm lake
热带环流/熱帶環流　tropical circulation
热带季风/熱帶季風　tropical monsoon
热带季风气候/熱帶季風氣候　tropical monsoon climate
热带气候/熱帶氣候　tropical climate
热带气候学/熱帶氣候學　tropical climatology
热带气团/熱帶氣團　tropical air mass
热带气团雾/熱帶氣團霧　tropical air fog
热带气象学/熱帶氣象[學]　tropical meteorology
热带气旋/熱帶氣旋　tropical cyclone, tropic cyclone
热带气旋警报/熱帶氣旋警報　tropical cyclone warning
热带扰动/熱帶擾動　tropical disturbance
热带水域/熱帶水域　tropical waters
热带天气学/熱帶天氣學　tropical synoptic meteorology
热带无风带/熱帶無風帶　tropical calm zone
[热带]稀树草原/熱帶疏林高草原　savanna
[热带]雨林/熱帶雨林　tropical rainforest, hylea
热带雨林气候/熱帶雨林氣候　tropical rainforest climate
热带云区/間熱帶雲區　intertropical cloud zone, ITCZ
热带云团/熱帶雲簇　tropical cloud cluster
热带种/熱帶種　tropical species
热导率/導熱係數　thermal conductivity
热岛/熱島　heat island, thermal island
热岛效应/熱島效應　heat island effect
热低压/熱低壓　thermal low
热滴定法/温度滴定法　thermometric titration
热地幔柱/熱地幔柱,熱地函柱　hot plume
热点/熱點　hot spot
热点参考架/熱點參考架　hot spot reference frame
热点地幔柱/熱點地幔柱,熱點地函柱　hot spot plume
热点应力/熱點應力　hot spot stress
热电偶腐蚀/熱電偶腐蝕　thermogalvanic corrosion
热对比/熱對比　thermal contrast
热对流/熱對流　thermal convection
热分辨率/熱解析力　thermal resolution
热分解/熱分解　thermal decomposition
热风/熱風　hot wind
热辐射/熱輻射　thermal radiation
热辐射计/熱輻射計,分光測熱儀　thermal radiometer, bolograph
热辐射仪/熱輻射計　bolometer
热辐射仪自记曲线/分光測熱曲線　bologram
热功当量/熱功當量　mechanical equivalent of heat
热固型油墨/熱固型油墨　heat set ink
热惯量/熱慣量　thermal inertia
热惯性/熱慣性　thermal inertia
热害/熱[傷]害,熱損害　heat damage, thermal damage
热含量/熱含量　heat content
热焓/熱焓　thermal enthalpy
热河龙/熱河龍　Jeholosauripus
热河群/熱河群　Rehe Group
热河生物群/熱河生物群　Jehol biota
热核反应/熱核反應　thermonuclear reaction
热核聚变/熱核聚變　thermonuclear fusion
热红外/熱紅外[光]　thermal infrared, TIR
热红外辐射/熱紅外輻射　thermal infrared radiation, TIR
热红外影像/熱紅外[光]影像　thermal infrared imagery, thermal IR imagery
热汇/熱匯,熱壑　heat sink
热季/熱季　hot season
热键菜单/熱鍵菜單　shortcut menu
热降解作用/熱降解作用　thermodegradation
热结构/温度結構　thermal structure

热解成因甲烷/熱成因甲烷 thermal origin methane, thermogenic methane
热解气/熱解氣 thermal decomposition gas
热解[作用]/熱解作用,高温分解 pyrolysis
热均衡/熱均衡 thermal isostasy
热喀斯特/熱喀斯特 thermokarst
热扩散/熱擴散 thermal diffusion
热扩散率/熱擴散率 thermal diffusivity
热扩散系数/熱擴散係數 thermal diffusion coefficient
热浪/熱浪 heat wave
热雷暴/熱雷雨 heat thunderstorm
热力层结/温度成層 thermal stratification
热力风化/日照風化 insolation weathering
热力高压/熱高壓 thermal high
热力函数/熱力函數 thermodynamical function
热力罗斯贝数/熱力羅士比數 thermal Rossby number
热[力]泡/熱泡 thermal
热力湍流/熱亂流 thermal turbulence
热力学/熱力學 thermodynamics
热力学冰球温度/熱力學冰球温度 thermodynamic ice-bulb temperature
热力学第二定律/熱力學第二定律 second law of thermodynamics
热力学方程/熱力方程 thermodynamic equation
热力学模式/熱力學模式 thermodynamic model
热力学湿球温度/熱力學濕球温度 thermodynamic wet-bulb temperature
热力学霜球温度/熱力學霜點温度 thermodynamic frost-point temperature
热力学图/熱力圖 thermodynamic diagram
热力学温标/熱力學温標,温度熱力標 thermodynamic scale of temperature
热力学温度/熱力温標 thermodynamic temperature
热历史/熱歷史 thermal history
热链接/熱鏈結 hot link
热量单位/熱量單位 thermal unit
热量计/熱量計 calorimeter
热[量]平衡/熱平衡 heat balance, thermal equilibrium
热量收支/熱[量]收支,熱平衡 heat budget
热量守恒/熱量守恆 conservation of heat
热量输送/熱傳[送] heat transfer
热量水分平衡/熱量水分平衡 heat and water balance
热量资源/熱資源 heat resources
热流/熱流 heat flow, thermal current
热流测量/熱流測量 heat flow measurement
热流单位/熱流單位 heat flow unit, HFU
热流校正/熱流校正 heat flow correction
热流量方程/熱流方程 heat flow equation
热流密度/熱流密度 heat flow density
热流区/熱流區 heat flow province
热流闪烁/熱流閃爍 heat shimmer
热流探针/熱流探針 heat flow probe
热流图/熱流圖 heat flow map
热流亚区/熱流亞區 heat flow subprovince
热流佯谬/熱流佯謬 heat flow paradox
热流异常/熱流異常 heat flow anomaly
热流柱/卷流 plume
热卤/熱液鹽水 hydrothermal brine
热卤水/熱鹵水 hot brine
热卤水成矿[作用]/熱鹵水成礦[作用] hot brine metallogenesis
热卤水库/熱鹵水庫 hot brine reservoir
热卤水区/熱鹵水區,熱鹽水區 hot brine area
热敏电阻/熱阻器 thermistor
热敏电阻风速表/熱阻風速計 thermistor anemometer
热敏电阻温度表/熱阻温度計 thermistor thermometer
热能/熱能 thermal energy
热能单位/熱能單位 unit of heat energy
热泥潭/泥沸[温]泉 mud pot
热年代学/熱年代學 thermochronology, thermochronometry
热排水污染/熱排水汙染 thermal water pollution
热喷泉/熱噴泉 spouting hot spring
热膨胀/熱膨脹 thermal expansion
热膨胀系数/熱[膨]脹係數 thermal expansion coefficient
热平衡时间/熱平衡時間 thermal balance time
热气旋生成/熱旋生 thermocyclogenesis
热侵蚀/熱侵蝕 thermal erosion
热清洗/熱清洗 thermal cleaning
热泉/[深海]熱泉 hydrothermal vent
热泉矿床/熱泉沈積 hot spring deposit
热容/熱容[量] heat capacity
热容量/熱容量 thermal capacity
热容量成图辐射计/熱容量成圖輻射計 heat capacity mapping radiometer
热融滑塌/熱融塌陷 thaw slumping
热散射/熱散射 heat scatter
热扫描图像/熱掃描影像 thermal scanning image
热扫描仪/熱掃描器 thermal scanner

热闪/熱閃 heat lightning
热剩磁/熱剩餘磁化強度,熱殘磁性 thermoremanence, thermoremanent magnetization, TRM
热释光测年/熱發光定年[法] thermoluminescence dating
热释光测年法/熱釋光測年法 thermoluminescence dating method
热水/熱水 hot water
热水区/熱水區 hydrothermal area
热水蚀变异常/熱水蝕變異常 anomaly of hot water alteration
热水田/熱水田 hydrothermal field
热松弛/熱弛豫 thermal relaxation
热塔/熱塔 hot tower
热探头/熱探頭 thermal probe
热体制/温度型 thermal regime
热通量/熱[流]通量 heat flux
热通量矢量/熱通量向量 heat flux vector
热退磁/熱退磁 thermal demagnetization
热退磁仪/熱退磁儀 thermal demagnetizer
热涡度/熱渦度 thermal vorticity
热污染/熱汙染 thermal pollution, heat pollution
热线风速表/熱線風速計 hot wire anemometer
热效应/熱效應 thermal effect
热型气候/温度氣候 thermal climate
热休克/熱休克 heat shock
热学岩石层/熱學岩石層 thermal lithosphere
热压转印/熱壓轉印 thermal transfer process
热压[作用]/熱壓[作用] thermal pressurization
热岩石层厚度/熱岩石層厚度 thermal lithospheric thickness
热盐对流/温鹽對流 thermohaline convection
热盐环流/温鹽[環]流 thermohaline currents, thermohaline circulation
热盐流/温鹽流 thermohaline current
热盐水/熱鹽水,熱鹵水 thermal brine
热演化/熱演化 thermal evolution
热焰/熱柱熱羽狀體 hot plume
热液变质作用/熱液變質作用 hydrothermal metamorphism
热液沉积物/熱液沈積物 hydrothermal sediment
热液成矿作用/熱液成礦作用 hydrothermal genesis
热液过程/熱液作用 hydrothermal process
热液合成/熱液合成 hydrothermal synthesis
热液活动/熱液活動 hydrothermal activity
热液交代变质/熱液交代變質 pyrometasomatism
热液交代矿床/熱液交代礦床 pyrometasomatic deposit
热液交换/熱液交換 hydrothermal exchange
热液颈/熱液頸 hydrothermal neck
热液矿化作用/熱液礦化作用 hydrothermal mineralization
热液矿物/熱液礦物 hydrothermal mineral
热液流体/熱液流體 hydrothermal fluid
热液能/熱液能 hydrothermal energy
热液喷口/熱液噴口 hot vent
热液丘/熱液丘 hydrothermal mound
热液蚀变/熱液蝕變 hydrothermal alteration
热液[水]/熱液[水] hydrothermal solution water
热液通道/熱液通道 hydrothermal channel
热液透镜/熱液透鏡 hydrothermal lens
热液型结壳/熱液型結殼 hydrothermal crust
热液岩脉/熱液礦脈 hydrothermal vein
热液羽状流/熱液柱 hydrothermal plume
热液柱/熱液柱 hydrothermal plume
热液自生绿脱石/熱液自生綠脱石 hydrothermal nontronite
热液作用/熱液作用 hydrothermal process
热异常/熱異常 thermal anomaly
热引导/熱駛引 thermal steering
热应力/熱應力 thermal stress
热羽[状]体/熱羽[狀]體 thermal plume
热源/熱源 heat source
热值/卡值 calorific value
热致破裂/熱致破裂 thermally induced rupture
热重分析/重力熱分析 gravitational thermal analysis, GTA
热柱学说/熱柱學説 plume theory
人本主义地理学/人本主義地理學 humanistic geography
人本主义取向/人本主義[研究]取向 humanistic approach
人才资源/人才資源 talent resources
人差/人爲誤差,人爲均分差,人爲視差 personal error, personal equation
人地关系动力学/環境-社會動力學 environmental-societal dynamics
人地关系论/人地關係論 theory of human-nature or man-land relationship
人工拔牙/人工拔牙 intentional tooth, extraction
人工爆炸/人工爆炸 man-made explosion
人工爆炸地震/人工爆炸地震 artificial explosion earthquake
人工编码/人工編碼 manual encoding
人工标志/人造標 artificial target

人工标志点/人工標志點 artificial point, artificial marked point
人工成核作用/人造核化[作用] artificial nucleation
人工磁化法/人工磁化法 artificial magnetization method
人工催化剂/種雲劑 cloud seeding agent
人工岛/人工島 artificial island
人工地热田/人工地熱田 man-made geothermal field
人工地物版/人文版 culture board
人工地震/人工地震 artificial earthquake
人工冻土/人工凍土 artificially frozen soil
人工分涂/手工修整 hand retouching
人工海岸/人工海岸 artificial coast
人工海水/人造海水 artificial seawater
人工海滩/人工海灘 artificial beach
人工环境/人工環境 artificial environment
人工降水/人造降水 artificial precipitation
人工控制天气/天氣控制 weather control
人工雷电抑制/閃電抑制 lightning suppression
人工判读/人工判釋 manual interpretation
人工栖息地/人工棲所 artificial habitat
人工气候/氣候適應 climatization
人工气候室/人工氣候室 climatic chamber, phytotrone
[人工]气候箱/氣候箱 climatic box
人工气晖/人工氣暉 artificial airglow
人工神经网络/人工類神經網路 artificial neural network, ANN
人工湿地/人工濕地 artificial wetland
人工世界/人工世界,人爲世界 artificial world
人工数字化/人工數位化 manual digitizing
人工小气候/人造微氣候 artificial microclimate
人工修版/手工修整 hand retouching
人工牙齿修饰/人工牙齒修飾 intentional tooth modification, artificial modification
人工养滩/[人工]養灘 artificial beach nourishment, beach nourishment
人工引发[的]地震/人工引發[的]地震 artificial stimulated earthquake
人工引发[的]地震活动性/人工引發[的]地震活動性 anthropogenic seismicity
人工影响气候/氣候改造 climate modification
人工影响天气/天氣改造 weather modification
人工鱼礁/人工魚礁 artificial fish reef
人工育滩/[人工]養灘 artificial beach nourishment, beach nourishment
人工源电磁场/人工源電磁場 control source electromagnetic field
人工源极低频电磁法/人工源極低頻電磁法 control source extremely low frequency, CSELF
人工源声频大地电磁法/人工源聲頻大地電磁法 control source audio magnetotellurics, CSAMT
人工凿齿/人工鑿齒 intentional dental, mutilation
人工震颤/人工震顫 artificial tremor
人工震源/人工震源 artificial seismic source
人工智能/人工智慧 artificial intelligence, AI
人机对话数据存取系统/人機交談資料存取系統 Man-Computer Interactive Data Access System, McIDAS
人机交互/人機互動 human computer interaction
人机结合/人機結合 man-machine mix
人机结合天气预报/人機結合天氣預報 man-machine weather forecast
人机界面/人機介面 human computer interface
人境/人境 ecumene
人口地理学/人口地理學 population geography
人口地图/人口地圖 population map
人口地图集/人口地圖集 population atlas
人口分布/人口分布 population distribution
人口金字塔/人口金字塔 population pyramid
人口流动/人口流動 population flow
人口密度/人口密度 population density
人口普查/人口普查 census
人口普查单元/人口普查區塊 census block
人口普查地理/人口普查地理 census geography
人口普查区/人口普查區 census tract
人口迁移/人口遷移 population migration
人口潜力/人口潛力 population potential
人口统计模型/人口統計模型 demographic model
人口统计数据/人口統計資料 demographic data
人口统计数据库/人口統計資料庫 demographic database
人口统计图/人口統計圖 demographic map
人口统计学/人口統計學 demography
人口预测/人口預測 population projection
人口预期寿命/人口預期壽命 life expectance
人口组成/人口組成 population composition
人类测量仪器/人體測量儀器 anthropometric instrument
人类地理学/人類地理學 anthropogeography
人类共同[继承]遗产/人類共同繼承遺産,人類共有遺産 common heritage of mankind
人类纪/人類紀 Anthropogene Period
人类领地/人類的領域 human territory
人类能动性/人類能動性 human agency

人类气候/人類氣候　human climate
人类生态学/人類生態學　anthropecology，human ecology
人类生物气候学/人類生物氣候學　human bioclimatology
人类生物气象学/人類生物氣象學　human biometeorology
人体测量学/人體測量學　anthropometry
人为地貌/人爲地形　anthropogenic landform
人为地质灾害/人爲地質災害　man-made geological disaster
人为分布/人爲散布　anthropochory
人为辐射带/人爲輻射帶　artificial radiation belt
人为干扰/人爲干擾　artificial disturbance
人为激发运动/人爲激發運動　technologic movement，anthropogenic crust movement
人为排放/人爲排放　anthropogenic discharge
人为世界/人爲世界，人工世界　artificial world
人为土/人爲土　Anthrosol
人为土壤/人爲土壤　anthropogenic soil
人为噪声/人爲噪音，人爲雜訊　artificial noise，man-made noise
人为振动/人爲振動　artificial vibration
人文地理/文化地理　cultural geography，human geography
人文地理学/人文地理學　human geography
人文地图/人文地圖　human map
人文要素/人文圖徵　cultural features
人文要素版/人文版　culture board
人眼调节/人眼調節　accommodation of human eye
人仪差/人差儀　personal and instrumental equation
人与生物圈自然保护区/人與生物圈自然保護區　Man and Biosphere Reserve，MAB Reserve
人造放射性[现象]/人造放射性　artificial radioactivity
人造放射性元素/人造放射性元素　artificial radioactive element
人造刚玉/人造剛玉　boule
人造核/人造核　artificial nucleus
人造环境/人造環境　microenvironment
人造矿物/人造礦物　artificial mineral
人造立体观测/人工立體觀察　artificial stereoscopy
人造气候/人造氣候　artificial climate
人造沙漠/人造沙漠　man-made desert
人造卫星/人造衛星　artificial satellite
人造雨/人造雨　artificial rain
人造云/人造雲　artificial cloud
人造[站]资料/人造[資料]，虛擬資料　bogus data
人种/人種，種族　race
人种地理学/人種地理學　racial geography
人字形交错层/魚骨狀交錯紋理　herringbone crosslamination
人字型鳞板/人字形鱗板　herringbone dissepiment
刃脊/刃嶺　arete
刃型位错/刃型位錯，刃狀位錯　edge dislocation
认识论/認識論　epistemology
认同/認同　identity
认知地图/認知地圖　cognitive map
认知距离/認知距離　cognitive distance
认知空间/認知空間　cognitive space
认知制图/認知製圖　cognitive mapping
任向河/任向河，斜向河　insequent river
任意比例尺/任意比例尺　arbitrary scale
任意格网/任意坐標格　arbitrary grid
任意投影/任意投影，折衷投影　arbitrary projection，compromise projection
任意伪圆柱投影/任意僞圓柱投影　pseudocylindric arbitrary projection
任意原点/任意原點　arbitrary origin
任意轴子午线/任意軸子午線　arbitrary axis meridian
韧带/韌帶　ligament
韧带沟/韌帶溝　ligamental groove
韧带肩/彈肩　bourrelet
韧带牙类/韌帶牙目　Desmodonta
韧带牙目/韌帶牙目　Desmodonta
韧皮部/韌皮部　phloem
韧性/韌性，韌度　toughness
韧性变形/延性變形　ductile deformation
韧性材料/延性材料　ductile material
韧性断层/延性斷層　ductile fault
韧性剪切变形/延性剪切變形　ductile shear deformation
韧性剪切带/延性剪切帶　ductile shear zone
韧性流层/延性流層　ductile flow layer
日斑/[太陽]黑子　sunspot
日本海/日本海　Japan Sea
日本海沟/日本海溝　Japan trench
日本海盆/日本海盆　Japan Basin
日本菊石属/日本菊石　*Nipponites*
日本鳗虹彩病毒病/日本鰻虹彩病毒病　iridoviral disease of Japanese eel
日本[暖]海流/日本海流，黑潮　Japan current
日变化/日[夜]變化　diurnal variation
日不等[现象]/週日不等，日潮不等　diurnal inequality

日常城市体系/日常都市體系 daily urban system
日常世界/日常世界 everyday world
日常业务/日常業務 routine
日常用品/日常用品 convenience goods
日潮不等/日週潮不等 diurnal inequality
日潮港/日潮港 diurnal tidal harbor
日承/日承 circumhorizontal arc
日出/日出 sunrise
日磁变/每日磁變 daily magnetic variation
日[地]距/日[地]距 solar distance
日地空间/日地空間 solar-terrestrial space
日地物理[学]/日地物理[學] solar-terrestrial physics
日地相互作用/日地相互作用 solar-terrestrial interaction
日度/度日 day degree, degree day
日尔曼型构造/日爾曼型構造 Germanotype tectonics
日珥/日珥 solar prominence
日风/晝風 day breeze
日光榴石/日光榴石 helvite
日晷/日晷[儀] analemma, sundial, gnomon
日晷海图/日晷圖 gnomonic chart
日晷投影/日晷投影 gnomonic projection
日华/日華 solar corona
日较差/日較差 daily range
日界线/日界線,換日線 date line
日均温/日均温 mean daily temperature
日喀则群/日喀則群 Rikaze Group, Xigazê Group
日冕/日冕 solar crown, solar corona
日冕瞬变/日冕瞬變 coronal transient
日冕物质抛射/日冕物質抛射 coronal mass ejection, CME
日冕物质喷射/日冕巨量噴發 coronal mass ejection
日没/日没 sunset
日内瓦公约/日内瓦公約 Geneva Conventions
日平均/日平均 daily mean
日平均海面/日平均海面 daily mean sea level
日期标记/日期標記 date stamp
日气辉/晝輝 dayglow
日球层/日光層,太陽圈,日圈 heliosphere
日球层电流片/日光層電流片 heliospheric current sheet
日晒法/太陽能蒸發法 solarization
日射表/日射計 insolameter
日射测定法/日射測定術 actinometry
日射测定计/日射儀 actinograph
日射珊瑚属/日射珊瑚 *Heliolites*
日射自记曲线/日射自記圖 actinogram
日射总量表/[總]日射計 solarimeter
日食/日蝕 solar eclipse
[日]食效应/[日]食效應 eclipse effect
日下点/日下點 subsolar point
日耀极光/日照極光 sunlit aurora
日月潮/日月潮 lunisolar tide
日月扰动/日月擾動 lunisolar perturbation
日月岁差/日月歲差 lunisolar precession
日月效应/日月效應 lunisolar effect
日月引力摄动/日月攝動 lunisolar gravitational perturbation
日晕/日暈 solar halo
日载/日載 circumzenithal arc
日照/日照 sunshine
日照百分率/日照百分率 percentage of sunshine
日照计/日照計 sunshine recorder
日照亮斑/日映 sun glint
日照时数/日照時數 duration of sunshine
日照正午/日照正午 solar noon
日振幅/日振幅 diurnal amplitude
日震学/日震學 helioseismology
日志文件/日誌檔案 log file, journal file
日柱/日柱 sunpillar
日最低温度/日最低温 daily minimum temperature
日最高温度/日最高温 daily maximum temperature
荣格谱/榮格譜 Junge size distribution
荣格[气溶胶]层/榮格[氣膠]層 Junge layer
绒毛膜/絨毛膜 chorion
绒枝藻科/傘藻超科 Dasycladaceae
容差/容忍值 tolerance
容错测试/驗收測試 acceptance test
容积/容積,體積 volume
容积率/容積率 floor space ratio, floor area ratio
容矿岩/主岩,母岩 host rock
容量/容量 containment
容量订正/容量訂正 capacity correction
容量分析[法]/容量分析[法] volumetric analysis
[容]量瓶/[容]量瓶 volumetric flask
容器/容器 container
容器处理/容器處理 container process
容水度/含水量 water capacity, moisture capacity
容许承载力/容許承載力 allowable bearing capacity
容许误差/容許誤差,公差 tolerance, permissible error, admissible error
容重/容重,單位重量 unit weight, bulk density
溶洞/溶洞 solution cave
溶洞充填/溶洞充填 solution-cavity filling

溶度积/溶解度積　solubility product
溶沟/岩溝,竪溶隙　grike
溶痕/岩溝,溶溝　karren
溶剂萃取淡化法/溶劑萃取淡化法　desalination by solvent extraction
溶剂萃取法/溶劑萃取法　solvent extraction process
溶剂化[作用]/溶劑化[作用]　solvation
溶剂驱动法/溶劑驅動法　solvent flooding process
溶解/溶解　solution
溶解氮/溶解氮　dissolved nitrogen
溶解动力学/溶解動力學　dissolution kinetics
溶解度/溶解度,可溶性　solubility
溶解度泵/溶解度泵　solubility pump
溶解负荷/溶解負載　dissolved load
溶解负载量/溶解負載量　dissolved load
溶解固体总量/溶解固體總量　total dissolved solid, TDS
溶解角砾岩/溶解角礫岩　solution breccia
溶解力/溶解力　dissolving power
溶解率/溶解率　dissolution rate
溶解劈理/溶解劈理　dissolved cleavage
溶解气/溶解氣　dissolved gas
溶解气驱储油层/溶解氣驅儲油層　depletion drive reservoir
溶解气驱动/溶解氣驅動　solution gas drive
溶解容量/溶解容量　dissolving capacity
溶解蠕变/溶解蠕變　dissolving creep
溶解通量/溶解通量　dissolved flux
溶解无机碳/溶解無機碳　dissolved inorganic carbon, DIC
溶解相/溶解相　dissolved phase
溶解效应/溶解效應　dissolution effect
溶解性固体/溶解性固體　dissolved solid
溶解盐类/溶解鹽類　dissolved salts
溶解氧/溶氧[量]　dissolved oxygen, DO
溶解氧饱和度/溶氧飽和度　dissolved oxygen saturation
溶解氧腐蚀/溶解氧腐蝕　dissolved oxygen corrosion
溶解营养盐类/溶解營養鹽類　dissolved nutrient salts
溶解有机氮/溶解有機氮　dissolved organic nitrogen, DON
溶解有机化合物/溶解有機化合物　dissolved organic compound
溶解有机磷/溶解有機磷　dissolved organic phosphorus, DOP
溶解有机碳/溶解有機碳　dissolved organic carbon, DOC
溶解有机质/溶解有機質　dissolved organic matter, DOM
溶解[作用]/溶解[作用],溶蝕,溶液　dissolution, solution
溶酶体/溶酶體,溶小體　lysosome
溶蚀/溶蝕　corrosion
溶蚀残丘/石灰殘丘　hum
溶蚀裂隙/溶蝕裂隙　corrosion fissure
溶[蚀漏]斗/溶穴,滲穴　doline, sinkhole
溶蚀洼地/溶蝕窪地　solution depression
溶隙/溶隙　solution crack
溶穴/溶蝕窟　cavity
溶氧测定器/溶氧測定器　dissolved oxygen gas analyzer
溶跃层/溶躍層　lysocline
溶跃面/溶躍面　lysocline
溶质势/溶質潛勢　solute potential
榕叶属/榕葉屬　*Ficophyllum*
熔长石/斜長石玻璃　maskelynite
熔点/熔點　fusion point, melting point
熔化/熔化　melting
熔化层/熔化層　molten layer
熔化潜热/融解熱　latent heat of melting
熔结集块岩/熔結集塊岩　clinkering agglomerate
熔结角砾岩/熔結角礫岩　melted breccia
熔结凝灰结构/熔結凝灰結構　welded tuff texture
熔结凝灰岩/熔結凝灰岩,中酸凝灰岩　welded tuff
熔离/分熔作用,液化作用　liquation
熔离矿床/分熔礦床　liquation deposit
熔壳/熔凝殼　fusion crust
熔融曲线/熔點曲線,熔化曲線　melting curve
熔蚀结构/熔蝕結構　melting corrosion structure
熔体/熔體　melt
熔体包裹体/熔體包裹體　melt inclusion
熔岩/熔岩　lava
熔岩高原/熔岩高原　lava plateau
熔岩湖/熔岩湖　lava lake
熔岩流/熔岩流　lava flow
熔岩喷泉/熔岩泉　lava fountain
熔岩平原/熔岩平原　lava plain
熔岩隧道/熔岩隧道　lava tunnel
熔岩台地/熔岩臺地　lava platform
蝾螺属/蠑螺　*Turbo*
蝾螺型/蠑螺型,温帶植物原系　turbiniform
蝾螈/蠑螈　Salamander
蝾螈类/蠑螈　Salamander
融冰流/冰裂　debacle
融出碛/融出磧　meltout

融冻[崩解]作用/凍裂 congelifraction
融冻扰动/凍融擾動 cryoturbation
融冻褶皱/融凍褶皺 periglacial involution
融冻作用/融凍擾動,冰擾作用 congeliturbation
融合/融合,聚合 coalescing
融化测量仪/融化測量儀,冰融儀 ablatograph
融[化]点/融[解]點 melting point
融化固结/融化固結 thaw consolidation
融化下沉/融化下沈 thaw settlement
融化压缩/融化壓縮 thaw compressibility
融化指数/融化指數 thawing index
融解/融解 melting
融土/融土 thawed soil
融雪径流/融雪徑流 snowmelt runoff
冗余/多餘 redundancy
冗余码/冗餘碼 redundant code
冗余信息/冗餘信息 redundant information
冗余资料/冗餘數據 redundant data
柔流褶皱作用/柔流褶皺作用 flexible fold
柔性制造体系/彈性製造體系 flexible manufacturing system
柔性专业化/柔性專業化 flexible specialization
柔荑花序/葇荑花 catkin
揉皱结构/揉皺結構 crumpled texture
肉齿类/[古]肉食亞目 Creodonta
肉茎/肉莖,小花梗 pedicel, pedicle
肉茎沟/[肉]莖溝 pedicle groove
肉茎领/莖領 pedicle collar
肉茎腔/肉莖腔 pedicle cavity, pedicle lumen
肉茎神经/肉莖神經 pedicle nerve
肉鳍鱼类/肉鰭魚類 sarcopterygians
肉色柱石/肉色柱石 sarcolite
肉食齿系/肉食齒系 carnivorus dentition
肉食龙类/肉食龍類 carnosaurs
肉质种皮/肉質種皮 sarcotesta
肉足虫纲/變形蟲目 Sarcodina
铷锶测年/鉫-鍶定年 rubidium strontium dating
铷-锶定年/鉫鍶定年 Rb-Sr dating
铷锶法/鉫-鍶法 rubidium strontium method
铷-锶计时/鉫鍶定年 Rb-Sr dating
儒略历/儒略曆 Julian calendar
儒略年/儒略年 Julian year
儒略日/儒略日 Julian day
儒略日数/儒略日序 Julian day number
儒略时/朱利安時間 Julian time
儒略世纪/儒略世紀 Julian century
儒略星历日/儒略星曆日 Julian ephemeris date
儒略星历日数/儒略星曆日數 Julian ephemeris day number
蠕变/蠕變 creep
蠕变过程/蠕變過程 creep process
蠕变模型/蠕變模型 creep model
蠕变失稳/蠕變失穩 creep instability
蠕变现象/蠕變現象 creep phenomena
蠕变仪/蠕變儀,蠕變計 creepmeter
蠕虫结构/蠕狀組織 myrmekitic texture
蠕虫类/蠕蟲[超門] Vermes, worm
蠕虫状的/蟲形 vermiform
蠕动/蠕動 creeping, peristalsis
蠕[动]流/蠕流 creeping flow
蠕滑/潛移,蠕動 creep
蠕形动物/蠕形動物,蠕蟲[類] vermes
汝阳群/汝陽群 Ruyang Group
乳白景象/白矇天 whiteout
乳白天空/白矇天 whiteout
乳齿/乳齒,乳牙 milk tooth
乳齿象属/乳齒象 *Mastodon*
乳滴状结构/膠液結構 emulsion texture
乳房贝/乳頂貝 Acrothele
乳化/乳化 emulsification
乳胶复型/乳膠複型 latex replica
乳砷铅铜石/乳砷鉛銅礦 bayldonite
乳突型/乳突型 papillae
乳牙/乳牙,乳齒 milk tooth
入海河口/海洋排放管 ocean outfall
入境旅游/入境旅遊 inbound tourism
入口区/入區 entrance region
入流[量]/入流[量] inflow
入梅/入梅 onset of Meiyu
入侵/入侵 invasion
入侵种/入侵種 invasive species
入射波/入射波 incident wave
入射窗/入射視野 entrance window
入射顶点/入射頂點 incident vertex
入射辐射/入輻射 incoming radiation
入射光瞳/入射瞳孔 entrance pupil
入射角/入射角 angle of incidence, incident angle
入射节点/入射節點 incident nodal point
入射面/入射面 incidence plane
入射能/入射能 incoming energy
入射射线/入射線 incident ray
入射余角/入射餘角 grazing angle
入渗/入滲 infiltration
入渗河流/入滲河流,進入流 influent stream
入渗[容]量/入滲容量 infiltration capacity
入渗系数/入滲係數 infiltration coefficient

入水/進水　entering water
入水管/入水管　incurrent siphon
入水管道区/入水前庭區　prosochete
入水孔/入水孔　prosopore
入字型构造/入字型構造　lambda-type structure, λ-type structure
软雹/軟雹　soft hail
软铋矿/軟鉍礦　sillenite
软鳖/鼈　Trionyx
软沉积变形/軟沈積變形　soft sediment deformation
软底质/軟底質　softground
软点/軟[網]點　soft dot
软骨内成骨/軟骨内化骨　endochondral bone
软骨外成骨/軟骨化骨,軟骨膜骨　perichondral bone
软骨硬磷鱼类/軟骨硬鱗魚類　chondrosteans
软骨鱼类/軟骨魚類　chondrichthyans
软骨藻酸/軟骨藻酸　domoic acid
软海绵素/軟海綿素　halichondrin
软黑层/軟沃表育層　mollic epipedon
软化系数/軟化係數　softening coefficient
软钾镁矾/軟鉀鎂礬　picromerite
软件/軟體　software
软件版本升级/昇級　upgrade
软件包/套裝軟體　software package
软件工程/軟體工程　software engineering
软拷贝/軟式拷貝　softcopy
软流层/軟流圈　asthenosphere
软流层静压推动[力]/軟流層静壓推動[力]　asthenospheric static push force
软流圈/軟流圈　asthenosphere
软颅/軟顱　chondrocranium
软旅游/軟性旅遊　soft tourism
软锰矿/軟錳礦,雜硬錳礦,黝錳礦　pyrolusite
软泥/軟泥　ooze, soft ooze
软弱层/軟弱層　soft layer
软弱夹层/軟弱夾層　soft interlayer
软弱性/虚弱　weakness
软舌螺/軟舌螺　Hyolithes
软舌螺属/軟舌螺　*Hyolithes*
软砷铜矿/軟砷銅礦　trippkeite
软式打样/軟式打樣　soft proofing
软水/軟水　soft water
软水铝石/軟水鋁石,水鋁礦,勃姆鋁礦　boehmite
软体动物/軟體動物,貝　Molluska
软体动物门/軟體動物門　Mollusca
软体动物学/軟體動物學　malacology
软洗涤剂/軟洗滌劑　soft detergent
软性底片/軟調底片　soft negative, flat negative
软性像纸/軟調像紙　soft paper
软玉/軟玉　nephrite
锐菱菊石属/銳菊石　*Oxynoticeras*
瑞芬贝属/瑞芬貝　*Rafinesquina*
瑞利-贝纳德对流/瑞本對流　Rayleigh-Benard convection
瑞利波/雷利波,瑞雷波　Rayleigh wave
瑞利波超前检测/瑞利波超前檢測　in-advance Rayleigh wave detection
瑞利定理/雷利定理　Rayleigh's theorem
瑞利方程/瑞立公式　Rayleigh equation
瑞利分馏/瑞立分餾　Rayleigh fractionation
瑞利-金斯辐射定理/雷利-詹氏輻射定理　Rayleigh-Jeans radiation law
瑞利摩擦/瑞立摩擦　Rayleigh friction
瑞利散射/瑞立散射,雷烈散射,雷利散射　Rayleigh scattering
瑞利数/瑞立數　Rayleigh number
瑞利效应/雷烈效應　Rayleigh effect
瑞利准则/瑞利準則　Rayleigh's principle
瑞替阶/瑞替階　Rhaetian Stage
瑞替期/瑞替期　Rhaetian Age
闰年/閏年　intercalary year, leap year
闰日/閏日　intercalary day, leap day
闰月/閏月　intercalary month, leap month
润滑层/潤滑層　lubricating layer
润滑作用/潤滑[作用]　lubrication
润湿系统/潤濕系統　dampening system
润湿性/濕水能　wettability
若虫/若蟲　nymphs
弱潮河口/小潮差河口灣　microtidal estuary
弱齿型/弱齒[型],貧齒型　dysodont
弱单体/弱單胞　weak cell
弱盖亚/弱蓋亞　weak GAIA
弱光层/弱光層,弱光帶　dysphotic zone
弱光带/弱光帶,弱光層　dysphotic zone
弱回波穹窿/弱回波拱腔　weak echo vault
弱回波区/弱回波區　weak echo region
弱碱/弱鹼　weak alkaline
弱酸/弱酸　weak acid
弱透水层/滯水層,阻水層　aquitard
弱线近似/弱線近似　weak-line approximation
弱岩层/弱岩層　incompetent beds
弱移动元素/弱移動元素　weakly mobile elements
弱震/弱震　weak earthquake
弱阻尼系统/次阻尼系统　underdamped system

S

撒哈拉尘/撒哈拉塵　Saharan dust
萨克马尔阶/薩克馬爾階　Sakmarian Stage
萨克马尔期/薩克馬爾期　Sakmarian Age
萨尼特阶/塔内特階　Thanetian Stage
萨尼特期/塔内特期　Thanetian Age
萨瓦纳/莽原　savanna
萨瓦纳气候/莽原氣候　savanna climate
腮裂/鰓裂　gill slit
塞/[堵]塞　plug
塞角石属/塞角石　*Sactoceras*
鳃/鰓　gill
鳃瓣/鰓板　lamella，gill lamella
鳃盖/鰓蓋　gill cover，operculum
鳃迹/鰓跡　branchitellum，branchitella
鳃孔/鰓孔　phyllode
鳃裂/鰓裂　gill slit
鳃龙/鰓龍　Branchiosaurus
鳃足类/鰓脚　Branchiopoda
塞卜哈相/塞卜哈相　Sabkha facies
塞拉瓦莱阶/塞拉瓦萊階　Serravalian Stage
塞拉瓦莱期/塞拉瓦萊期　Serravalian Age
塞兰特阶/塞蘭特階　Selandian Stage
塞兰特期/塞蘭特期　Selandian Age
塞农阶/塞諾階　Senonian Stage
塞农期/塞諾期　Senonian Age
塞诺曼阶/賽諾曼階　Cenomanian Stage
塞诺曼期/賽諾曼期　Cenomanian Age
赛德尔迭代法/賽德爾迭代法　Seidel iteration method
赛黄晶/賽黄晶　danburite
赛璐珞/賽璐珞　celluloid
三北偏角图/方格偏角圖　grid declination diagram
三倍体/三倍體　triploid
三倍体育种技术/三倍體育種技術　triploid breeding technique
三边测量/三邊測量　trilateration survey，trilateration
三边求面积法/三邊法，三線法，三斜法　area by triangles
三边网/三邊測量網　trilateration network
三丙酮胺/三丙酮胺　triacetonamine
三参量[地震]速度分析/三参量[地震]速度分析　3-parameter seismic velocity analysis
三层结构/三層結構　three-tier configuration
三差相位观测/三差相位觀測　triple difference phase observation
三叉沟/叉狀　trichotomocolpate
三叉角石属/三叉角石　*Trifurcatoceras*
三叉裂谷系/三叉裂谷系　three armed rift system
三岔子群/三岔子群　Sanchazi Group
三重立体组/三片立體像　stereo triplet
三次采油/三次石油回收　tertiary oil recovery
三次螺[旋]线/三次螺旋線　cubic spiral
三次运移/三次運移　tertiary migration
三带型/三帶型　trizonal
三带型珊瑚/三帶型珊瑚　triple-zoned coral
三点定位法/三點定位法　three-point fix method
三点法/三點法　three-point method
三点交会解析辐射三角测量/三點交會解析輻射三角測量　analytical three-point resection radial riangulation
三点问题/三點題　three-point problem
三叠纪/三疊紀　Triassic Period，Triassic
三叠蛙属/三疊蛙　*Triado batrachus*
三叠系/三疊系　Triassic System
三斗坪岩群/三斗坪岩群　Sandouping Group Complex
三对型/三對型　trizygoid
三方晶系/三方晶系　trigonal system
三方硫砷银矿/三方硫砷銀礦，輕硫砷銀礦　trechmannite
三方硫碳铅石/硫碳鉛礦，三方碳鉛礬　susannite
三方氯铜矿/三方氯銅礦　paratacamite
三方硼砂/三方硼砂，硼砂石　tincalconite
三方偏方面体/三方偏方面體　trigonal trapezohedron
三方双锥/三方雙錐　trigonal bipyramid
三方水硼镁石/三方水硼鎂石　mcallisterite
三分岔式/三次軸，三位組　triad
三分节虫属/三分節蟲　*Triarthrus*
三分结合/三分結合　tricomposite
三分量磁力仪/三分量磁力儀　three-component

magnetometer
三分量地震图/三分量地震圖 three-component seismogram
三分支/三分支 triplication
三分子[骨骼]器官/三分子[骨骼]器官 trimembrate skeletal apparatus
三缝孢/三縫孢 trilete spore
三氟氯甲烷/三氯氟甲烷 trichlorofluoromethane
三杆分度仪/三臂分度器 three-arm protractor
三个三脚架观测法/三個三足架觀測法 three tripod system of observation
三沟/三溝,有三條溝的[花粉],三槽的 tricolpate
三骨孔/三骨管 triosseal canal
三级隔壁/三級隔壁 tertiary septum
三级环流/三級環流 tertiary circulation
三级结构/三級結構 tertiary structure
三级气候站/三級氣候站 third order climatological station
三级消费者/三級消費者 tertiary consumer
三极测深法/三極測深法 triple electrode sounding
三极排列/極-偶極排列 pole-dipole array
三尖齿理论/三尖齒説,三結齒論 tritubercular theory
三尖齿兽类/三尖齒目,三尖類 Trituberculata
三尖齿兽目/三錐齒目 Triconodonta
三角笔石属/三角筆石 *Trigonograptus*
三角测量/三角測量,三角網劃分 triangulation survey
三角测量觇标/三角測量覘標,三角測量高標 triangulation signal, triangulation tower
三角测量成果表/三角測量成果表 trig list, trig dossier
三角测量方向平差法/三角測量方向平差法 direction method of triangulation adjustment
三角齿兽类/三角齒獸[類] deltatheroidans
三角齿兽属/三角齒獸 *Deltatheridium*
三角带/三角帶 triangle zone
三角点/三角點 triangulation point, triangulation station
三角高程测量/三角高程測量 trigonometric leveling, trigonometric height measurement
三角高程导线/三角高程導線 polygonal height traverse
三角高程网/三角高程網 trigonometric leveling network
三角蛤/三角蛤 Trigonia
三角函数/三角函數 trigonometric function
三角基座/三角基座 tribrach
三角截断/三角截斷 triangular truncation
三角恐龙属/三角龍 *Triceratops*
三角腔/三角腔 delthyrial cavity
三角三八面体/三八面體 triakisoctahedron
三角三边测量/三角三邊測量 triangulateration, angulateration
三角三四面体/三角三四面體,錐形四面體,三角十二面體 triakistetrahedron, pyramidal tetrahedron, trigonal tristetrahedron
三角锁/三角鎖 triangulation chain
三角台形分子/三角臺形分子 anguliplanate element
三角网/三角網,邊角網 triangulation network, triangulation net
三角网数字地形模型/三角網數值地形模型 triangular digital terrain model
三角犀/三角犀 Trigonias
三角形/三角形 triangle
三角形闭合差/三角形閉合差 closure of triangle, closure error of triangle
三角形分子/三角形分子 angulate element
三角形角超/三角形角超 triangular excess
三角舟形分子/三角舟形分子 anguliscaphite element
三角洲/三角洲 delta
三角洲朵体/三角洲朵體,三角洲葉狀體 delta lobe
三角洲平原/三角洲平原 delta plain
三角洲平原复合体/三角洲平原複合體 deltaic plain complex
三角洲前积/三角洲前積,三角洲增長 deltaic progradation
三角洲前缘/三角洲前緣 delta front
三角洲相/三角洲相 delta facies
三角座/三角座,三角形 trigon
三脚架/三角架 tripod
三脚状分子/三腳狀分子 tertiopedate element
三阶应力/三階應力 three-order stress
三玦虫式/三玦蟲式 triloculine
三孔沟/三孔溝 tricolporate
三块虫属/三房蟲 *Triloculina*
三棱板/三棱板 deltoid plate
三棱齿象属/三棱齒象 *Trilophodon*
三联点/三聯接合點,三接點 triple junction
三联点类型/三聯點類型 type of triplejunction
三列齿兽属/三瘤齒龍,三瘤獸 *Tritylodon*
三裂缝/三裂縫 trilete suture
三裂羊齿类/三裂羊齒類 triphyllopterids
三瘤虫属/三瘤蟲 *Trinucleus*
三门马/三門馬 Equus sanmeniensis

三圈[经向]环流/三胞經向環流 three cell meridional circulation
三色分色版/三色版 tricolor separation
三色分色负片/三色分色負片 three separation negative
三射线/三射線 trilete rays
三射型腰带/三射型腰帶 triradiate pelvis
三[矢量]偶极/三[向量]偶極 triple vector dipoles
三水钒矿/纖水釩石 navajoite
三水铝石/三水鋁石 gibbsite
三水碳钙石/三水碳鈣石,三水方解石 trihydrocalcite
三丝水准测量/三絲水準儀測量 three-wire leveling
三台龙属/三臺龍 *Santaisaurus*
三突分子/三突分子 pastinate element
三突台分子/三突臺分子 pastiniplanate element
三维表面模型/三維地表模型 3-dimension surface model
三维大地测量学/三度空間大地測量學 three-dimensional geodesy
三维地带性/三維地帶性 three-dimensional zonality
三维地景仿真/三維地形模擬 three-dimensional terrain simulation
三维地球构造/三維地球構造 three-dimensional earth structure
三维地图/立體地圖 three-dimensional map
三维地震法/三維地震法 3-D seismic method
三维地震勘探观测系统/三維地震勘探觀測系統 survey in 3-D seismic exploration
三维地震数据处理/三維地震資料處理 3-D seismic data processing
三维对流模式/三維對流模式 three-dimension convection model
三维海上地震勘探/三維海上地震勘探 3-D marine survey
三维结构/三維結構 three-dimensional structure
三维可视化/三維視覺化 three-dimensional visualization
三维可视化技术/三維視覺化技術 3-D visualization technology
三维连片处理/三維連片處理 multi-block 3-D data merge processing
三维模型走时曲线/三維模型走時曲線 three-dimensional model traveltime curve
三维偏移/三維偏移 3-D migration
三维数据的面元/三維數據的面元 bin of 3-D data
三维数据体/三維數據體 3-D data volume
三维速度反演/三維速度反演 three-dimensional velocity inversion
三维网/立體網 three-dimensional network
三维显示/三維顯示 3-D display
三维虚拟现实/三維虛擬實境 3-D virtual reality
三维遥相关/三維遥相關 three-dimension teleconnection
三维折射静校正/三維折射静校正 3-D refraction statics corrections
三物镜航空摄影测量/三物鏡航測 trimetrogon aerial photogrammetry
三物镜摄影/三物鏡攝影 trimetrogon photography
三物镜摄影机/三物鏡攝影機 trimetrogon camera
三酰甘油/三醯甘油,三酸甘油酯 triacylglycerol
三线工业/三線工業 Third Front industry
三相点/三相點 triple point
三斜对称/三斜對稱 triclinic symmetry
三斜晶系/三斜晶系 triclinic system, triclinic crystal system
三斜磷钙石/三斜磷鈣石 monetite
三斜磷钙铁矿/三斜磷鈣鐵礦 anapaite
三斜磷铅铀矿/三斜磷鈾鉛礦 parsonsite
三斜磷锌矿/三斜磷鋅礦 tarbuttite
三斜锰辉石/[三斜]錳輝石 pyroxmangite
三斜硼钙石/三斜硼鈣石 meyerhofferite
三斜砷钴钙石/β砷鈷鈣石 roselite-beta
三心兽属/沁獸 *Tricentes*
三叶虫/三葉蟲 trilobite
三叶虫纲/三葉蟲綱 Trilobitae, Trilobita
三叶虫相/三葉蟲相 trilobitic facies
三叶虫形纲/三葉蟲形綱 Trilobitemorpha
三叶式/三葉式,三葉形 trefoil
三叶幼体/三葉蟲幼體 trilobite larva
三元系相图/三元系相圖 ternary diagram
三原色/紅綠藍彩色值 tricolor, red green blue, RGB
三原色印刷/三色版法 color process
三圆测角器/三圓測角計 three-circle goniometer
三源热液成矿说/三源熱液成礦説 three sources hydrothermal hypothesis
三支点雕刻器/三支點雕刻器 rigid graver
三枝蕨类/三枝蕨類 trimerophytes
三趾马/三趾馬 Hipparion
三轴式骨针/三軸型骨針 triaxons
三轴椭球/三軸橢球體 triaxial ellipsoid
三轴应变/三軸應變 triaxial strain
三轴应力状态/三軸應力狀態 triaxial stress state
三柱匙板/三柱匙板 spondylium triplex
三柱匙形台/三柱匙板 spondylium triplex

三锥齿兽属/三錐齒獸 *Triconodon*
散斑/散斑 speckle
散点图/散點圖 scatter chart, scatter plot
散度/散度 divergence
散度定理/輻散定理 divergence theorem
散度方程/輻散方程 divergence equation
散度算子/散度算子 divergence operator
散度涡度比/輻散渦度比 divergence-vorticity ratio
散见E层/散塊E層 sporadic E
散孔材/散孔木 diffuse-porous wood
散列注记/屈曲字列 spaced name
散裂成因核素/散裂成因核素 spallogenic nuclide
散射/散射[作用] scattering, diffuse reflectance
散射比/散射率 scatterance
散射波/散射波 scattered wave
散射γ测井/散射γ射線測井 scattered γ-ray logging
散射测量/散射測量 scatterometry
散射辐射/散射輻射 scattered radiation
散射伽马射线/散射珈瑪線 scattered gamma ray
散射硅硼钙石/葡萄硼石 botryolite
散射截面/散射截面 scattering cross section
散射率/散射率 scatterance
散射射线/散射線 scattered ray
散射衰减/散射衰減 scattering attenuation
散射系数/散射係數 scattering coefficient
散射相函数/散射相函數 scattering phase function
散射仪/散射計 scatterometer
散射噪声/散射雜訊 scattered noise
散系釉质/散系釉質 pauciserial enamel
散布/散布 dispersal
散布图/散布圖 scatter diagram
散布阻限/擴散阻限 dispersal barriers
散落物/散落物 fallout, airborne debris
桑比阶/桑比階 Sandbian Stage
桑比期/桑比期 Sandbian Age
桑顿阶/山唐尼階 Santonian Stage
桑顿期/山唐尼期 Santonian Age
桑基鱼塘/桑基魚塘 mulberry fish pond
桑椹胚[期]/桑椹體期 morula stage
桑思韦特气候分类/桑士偉氣候分類 Thornthwaite's climatic classification
桑维奇板块/桑威奇板塊 Sandwich plate
溞状幼体/溞狀幼體,眼幼蟲 zoea larva
扫海/掃海 sweep
扫海测量/掃海測量 wire drag survey
扫海测深仪/掃海測深儀 sweeping sounder
扫海杆/掃海桿 sweep bar
扫海具/掃海具 sweeper
扫海区/掃海區 swept area
扫海深度/掃海深度 sweeping depth
扫海趟/掃海趟 sweeping trains
扫海拖缆/掃海拖纜 wire drag
扫雷区/掃雷區 mine-sweeping area
扫描/掃描 scanning
扫描半径/掃描半徑 scan radius
扫描重叠率/掃描重疊率 scan overlap rate
扫描地图/掃描圖 scan map
扫描多频道微波辐射计/掃描多頻道微波輻射儀 scanning multichannel microwave radiometer, SMMR
扫描分辨率/掃描解析率 scan resolution
扫描辐射计/掃描輻射計,掃描輻射儀 scanning radiometer, scan radiometer, SR
扫描辐射仪/掃描輻射計,掃描輻射儀 scanning radiometer, scan radiometer, SR
扫描绘图仪/掃描繪圖機 scan plotter
扫描纠正仪/掃描糾正儀 scanning rectifier
扫描偏斜/掃描偏斜 scan skew
扫描器/掃描器 scanner
扫描数字化/掃描數值化 scan digitizing
扫描数字化仪/掃描數化器 scan digitizer
扫描头/掃描機頭 scanning head
扫描位置误差/掃描像位差 scan positional distortion
扫描线/掃描線 scan line
扫描仪/掃描器,掃描機 scanner
扫描影像/掃描影像 scan image
扫描正切校正/掃描正切改正 scan tangent correction
扫描转换仪/掃描轉換器 scan converter
色彩/色彩 color
色彩变化/色相變化 color change
色彩补偿/補償濾色鏡 color compensation
色彩补偿滤色镜/彩色補償濾色片 color compensating filter, CC filter
色彩改正/色彩改正 color correction
色彩管理系统/色彩管理系統 color management system
色彩模型/色彩模型 color model
色彩平衡/色彩平衡 color balance
色层谱仪/色譜儀 chromatograph
色调/階調,明暗度 tone, hue
色调校正/色調修整 color tone correction
色调修整/階調修整 tone modification
色调值/色調值 tonal value

色度/色度,彩度,色品 chroma, chromaticity
色度表/色彩表 color table
色度常数/色度常數 color constant
色度计/色度計 colorimeter
色度图/色品圖 chromaticity diagram
色度学/色度學 colorimetry
色尔腾山岩群/色爾騰山岩群 Sertengshan Group Complex
色环/色環 color wheel
色级/色階,漸層調,顏色梯度 gradation of tone, color ramp
色阶/色階,漸層調,顏色梯度 gradation of tone, color ramp
色觉/色覺 color sense
色空间/顏色空間 color space
色令/色令 color ream
色龙群/色龍群 Selong Group
色品/色品,色度 chromaticity
色品图/色品圖 chromaticity diagram
色品坐标/色品坐標 chromaticity coordinate
色谱/色譜 color guide, color spectrum
色谱法/色層譜,色層分離法,層析法 chromatography
色散/色散 dispersion
色散关系/頻散關係 dispersion relation
色素/色素,色料 pigment
色素单位/色素單位 pigment unit
色素分析/色素分析 pigment analysis
色温/色温 color temperature
色相/色相 hue
色[像]差/色像差 chromatic aberration
铯沸石/銫沸石 pollucite
铯光泵磁力仪/銫光泵磁力儀 optically pumped cesium magnetometer
森林边界线/林線 tree line, forest line, timber line
森林草原/森林草原 forest steppe
森林地图/森林圖 forest map
森林动物群/森林動物群 forest faunal group
森林分布图/森林分布圖 forest distribution map
森林覆盖率/森林覆蓋率 forest coverage
森林古猿/森林蠻猿,森林石猿 Dryopithecus
森林火险天气等级/森林天氣等級 weather grade of forest
森林火灾/森林火災 forest fire
森林火灾气象学/林火氣象學 forest-fire meteorology
森林界限温度/林限温度 forest limit temperature
森林蛮猿/森林蠻猿,森林石猿 Dryopithecus
森林气候/森林氣候 forest climate
森林气象学/森林氣象學 forest meteorology
森林上限/森林上限 forest upper limit
森林湿地/森林濕地 forest wetland
森林石猿/森林石猿,森林蠻猿 Dryopithecus
森林水文学/森林水文學 forest hydrology
森林土壤/森林土壤 forest soil
森林线/森林線,材線 timber line, tree line, forest line
森林小气候/森林微氣候 forest microclimate
森林沼泽/森林沼澤 forest swamp
森林沼泽化/森林沼澤化 forest paludification, swampiness of forest
僧帽环/僧帽環 mitral ring
杀手电子/殺手電子 killer electron
沙坝/沙壩,沙洲,堰洲 bar, barrier
沙坝岛/堰洲島,離岸沙洲島 barrier island
沙壁/沙牆 sand wall
沙波/砂浪 sand wave
沙[波]纹/砂波紋,砂波痕,沙漣 sand ripple
沙蚕毒素/沙蠶毒素 nereistoxin
沙[尘]暴/沙[塵]暴 sandstorm, dust storm
沙尘暴天气/沙塵暴天氣 sand and dust storm weather
沙尘天气/沙塵天氣 sand and dust weather
沙岛/砂島 sand island
沙堤/沙堤,沙壟 sand levee
沙地/沙地 sand land
沙尔定律/沙爾定律,透視旋轉定律 rotation axiom of the perspective, Chasles theorem
沙脊/沙脊,砂脊 dune crest, sand ridge
沙礁/沙礁 sand coral
沙卷/沙卷風 sand devil
沙茨基隆起/沙茨基隆起 Shatsky Rise
沙浪/砂浪 sand wave
沙量平衡/沈積平衡,輸沙平衡 sediment balance
沙龙/沙龍 Salon
沙垅/沙壟,砂脊 dune ridge, sand ridge
沙罗周期/沙羅週期 Saros
沙霾/沙霾 sand haze
沙孟海道/沙孟海道 Samoan Passage
沙面生物/沙面生物 epipsammon
沙漠草原/沙漠草原 desert steppe
沙漠地貌/沙漠地形 desert landform, desert geomorphology
沙漠化/沙漠化 sandy desertification, desertization
沙漠化程度/沙漠化程度 degree of sandy desertification

沙漠化地图/沙漠化地圖　map of sandy desertification
沙漠化防治/沙漠化防治　sandy desertification control, combating desertification
沙漠化过程/沙漠化歷程　sandy desertification process
沙漠化监测/沙漠化監測　sandy desertification monitory
沙漠化逆转/沙漠化逆轉　reversing of sandy desertification
沙漠化评价/沙漠化評價　sandy desertification evaluation
沙漠化土地/沙漠化土地　sandy desertification land
沙漠化指标/沙漠化指標　sandy desertification indicator
沙漠农业/沙漠農業　sandy desert farming
沙漠气候/沙漠氣候　desert climate, sandy desert climate
沙漠图/沙漠圖　map of sandy desert
沙漠相/沙漠相　desert facies
沙漠形成/沙漠形成　sandy desert formation
沙漠学/沙漠學　eremology
沙漠演变/沙漠演變　evolution of sandy desert
沙漠治理/沙漠治理　control of sandy desert
沙内生物/砂棲性生物　endopsammon
沙盘/沙盤地圖　sand map
沙栖生物/沙棲生物　amnicolous
沙丘/沙丘　sand dune
沙丘地/沙丘地　dune field
沙丘分类/沙丘分類　classification of sand dune
沙丘相/沙丘相　dune facies
沙丘形态/沙丘形態　dune morphology
沙丘岩/沙丘岩　sand dune rock
沙丘移动/沙丘移動　dune movement
沙山/巨沙丘　megadune
沙滩/沙[質海]灘　sand beach
沙旋/沙旋　sand whirl
沙洲链/堰洲群　barrier chain
沙嘴/沙嘴　spit, sand spit
沙嘴滩/沙嘴灘　spit beach
纱帽组/紗帽群　Shamao Formation
砂/砂,沙　sand
砂坝/沙洲　sand bar
砂杆虫属/手杖蟲　*Ammobaculites*
砂姜黑土/砂薑黑土　Shajiang black soil
砂颗粒磨圆度/砂粒球度　sand grain sphericity
砂矿[床]/砂礦[床]　placer
砂砾盖面/滞留礫石　lag gravel
砂土/砂,沙　sand
砂土液化/砂土液化　sand liquefaction
砂楔/沙楔　sand wedge
砂屑灰岩/砂屑灰岩　calcarenite
砂屑岩/砂屑岩　arenite
砂性土/紅沙土　Arenosol
砂岩/砂岩　sandstone
砂质海岸/砂質海岸,沙岸　sandy coast
砂质胶结物/砂質膠結物　arenaceous cement
[砂质]沙漠/[砂質]沙漠　sandy desert
砂质土壤/砂質土壤　sandy soil
砂质有孔虫/砂質有孔蟲　arenaceous foraminifera
砂质有孔目/砂質有孔目　Arenaceous Foraminifera
鲨肝醇/鯊肝醇　batylalcohol
鲨目/鯊目鮫類,横口目　Selachii
鲨鱼/鯊　shark
鲨鱼齿状突出/鯊魚齒狀突出　shark-tooth projection
鲨鱼皮状熔岩/鯊魚皮繩狀熔岩　sharkskin pahoehoe
筛板/篩板　sieve plate, madreporite
筛蝶区/篩蝶骨　ethmosphenoid
筛分析/篩分析　sieve analysis
筛骨/篩骨　ethmoic, ethmoid, ethmoid bone
筛管/篩管　sieve tube
筛管细胞/篩管細胞　sieve-tube cell
筛孔/篩孔　mesh
筛口虫/篩口蟲　Cribrostomum
筛选/篩選,篩析,淘選度　screen analysis, grading, sieve
筛状变晶结构/篩狀變晶結構　sieved texture, daiblastic texture
筛状出水口/篩狀出水口　cribriform oscules
晒版/曬版　printing down, plate copying
晒掉片/曬掉片　burn-out mask
晒蓝图/藍曬圖　blue key, blue print
晒融再冻雪面/薄冰殼　sun crust
山崩/山崩　avalanche
山崩湖/山崩湖　landslide lake
山地/山[地]　mountain
山地保留地/山地保留地　aboriginal reserve
山地草甸土/山地草原土　montane meadow soil
山地带/山地帶　montane belt
山地观测/高山觀測　mountain observation
山地海岸/山地海岸　mountainous coast
山地气候/山地氣候　mountain climate
山地气候学/山地氣候[學]　mountain climatology
山地气象学/高山氣象[學]　mountain meteorology

山地水文/山地水文 mountain hydrology
山地土壤/山地土 mountain soil
山地学/山嶽學 orography
山地沼泽/山地沼澤 mountain swamp
山顶/峰頂 peak
山顶面/山頂面 summit surface
山东虫属/山東蟲 *Shantungia*
山东角石/山東角石 Shantungendoceras
山风/山風 mountain breeze
山根/山根 mountain root
山根理论/山根理論 roots of mountain theory
山谷冰川/谷冰河 valley glacier
山谷风/山谷風 mountain-valley breeze
山海绵酰胺/山海綿醯胺 mycalamide
山弧/山弧 mountain arc
山脊/山脊 ridge, crest
山脊线/山脊線 ridge line, crest line
山间拗陷/山間拗陷 intermontane depression
山间盆地/山間盆地 intermountain basin
山麓/山麓 piedmont
山麓冰川/山麓冰川 piedmont glacier
山麓平原/山麓平原 piedmont plain
山麓[侵蚀]面/山足面,岩原 pediment
山麓侵蚀平原/山麓蝕原,山足平原 pediplain
山麓相/山麓相 piedmont facies
山麓夷平作用/山麓平夷[作用] pediplanation
山脉/山脈,山系 mountain range
山毛榉/山毛櫸 Fagus
山帽云/帽狀雲 cap cloud
山坡地/山坡地 slope area
山前拗陷/山麓窪地 piedmont depression
山前梯地/山麓階地 piedmont treppen
山体效应/山體效應 mountain mass effect
山雾/山霧 mountain fog
山西蕨[层]/山西蕨[層] Chasitheca
山西螺属/山西螺 *Shansiella*
山系/山系 mountain system
山虾目/山蝦目,原蝦類 Anaspidacea
山猿/山猿,山嶽古猿 Oreopithecus
山岳冰川/山地冰川 mountain glacier
山足面侵蚀原/山足侵蝕原 piedplanation
山嘴/山嘴 mountain spur
杉型木属/杉形木,紫杉木 *Taxodioxylon*
杉型纹孔/杉型紋孔,落羽杉型紋孔 taxodioid pitting
删除/刪除 delete
删减/刪減 pruning
钐-钕定年/釤-釹計時 Sm-Nd dating
钐-钕计时/釤-釹計時 Sm-Nd dating
珊瑚/珊瑚[蟲] coral
珊瑚暗礁/珊瑚暗礁,珊瑚洲 coral shoal
珊瑚白化/珊瑚白化 coral bleaching
珊瑚-层孔虫岩礁/珊瑚-層孔蟲岩礁 coral stromatoporoid reef
珊瑚虫/珊瑚蟲,水螅 coral polyp, Polyp
珊瑚虫纲/珊瑚[蟲]綱,珊瑚類 Anthozoa, anthozoan
珊瑚虫管/珊瑚蟲管 anthozoan polyp
珊瑚虫类/珊瑚[蟲]綱 Anthozoa
珊瑚带/珊瑚帶 coral zone
珊瑚单体/珊瑚[單]體,珊瑚朵 corallite
珊瑚骼/珊瑚骼,珊瑚體,珊瑚骨[骼]體 corallum
珊瑚个体/珊瑚[單]體,珊瑚朵 corallite
珊瑚海/珊瑚海 Coral Sea
珊瑚海盆/珊瑚海盆 Coral Basin
珊瑚环礁/珊瑚環礁 coral atoll
珊瑚礁/珊瑚礁 coral reef
珊瑚礁海岸/珊瑚礁海岸 coral reef coast
珊瑚礁海岸线/珊瑚礁海岸線,珊瑚礁濱線 coral reef shoreline
珊瑚礁角砾岩/珊瑚礁角礫岩 coral rag
珊瑚礁生物群落/珊瑚礁群落 coral reef community
珊瑚礁潟湖/珊瑚礁潟湖 coral reef lagoon
珊瑚丘/珊瑚丘 coral tableland
珊瑚砂/珊瑚砂 coral sand
珊瑚砂岩/珊瑚洲砂岩 cay sandstone
珊瑚[石]灰岩/珊瑚石灰岩 coralline crag, coral limestone
珊瑚塔/珊瑚塔 coral pinnacle
珊瑚滩/珊瑚灘 coral beach
珊瑚体/珊瑚體,珊瑚骼,珊瑚骨[骼]體 corallum
珊瑚相/珊瑚相 coralline facies
珊瑚芽体/珊瑚芽體 hystero-corallite
珊瑚崖锥/珊瑚崖錐 coral talus
珊瑚藻/珊瑚[海]藻 nullipore, coralline algae
珊瑚藻沉积物/珊瑚藻沈積物 coralgal sediment
珊瑚藻属/珊瑚藻 *Corallina*
珊瑚藻微晶石灰岩/珊瑚藻微晶石灰岩 coralgal micrite
珊瑚藻相/珊瑚藻相 coral algal facies
珊瑚洲/珊瑚洲,珊瑚暗礁 coral shoal
珊瑚柱/珊瑚柱 coral pillar
闪闭法/閃視法 flicker principle
闪闭法立体观察/閃閉法立體觀察 blinking method of stereoscopic viewing
闪长岩/閃長岩 diorite

闪电/閃[電] lightning
闪电电流/閃電流 lightning current
闪电回波/閃[電]回波 lightning echo
闪电通道/閃[電]路 lightning channel
闪光曝光/閃光曝光 flash exposure
闪光法/閃光法 flash method
闪光器/閃光器 flickering device
闪光三角测量/閃光三角測量 flare triangulation
闪光摄影/閃光攝影 flash shot
闪光石英/閃光石英 schiller quartz
闪光质/硬鱗質 ganoin
闪石[类]/閃石[類] amphibole
闪烁/閃爍[現象] scintillation
闪烁法/閃視法 flicker principle
闪烁计/閃爍計 scintillometer
闪烁计数器/閃爍計數器 scintillation counter
闪烁镜/閃爍鏡 scintilloscope
闪烁谱仪/閃爍分光計 scintillation spectrometer
闪烁器/閃爍器 scintillator
闪烁探测器/閃爍探測器 scintillation probe
闪斜煌岩/閃斜煌岩 spessartite
闪锌矿/閃鋅礦 sphaerite, spherite
闪叶石/閃葉石 lamprophyllite
闪蒸/閃蒸 flash distillation
闪正煌岩/閃輝正煌岩,正長煌斑岩 vogesite
扇贝糖胺聚糖/扇貝醣胺聚醣 glycosaminoglycan of pectinid
扇房贝属/扇房貝 *Rhipidomella*
扇阶地/扇階地 fan terrace
扇鳍鱼类/扇鰭魚類,扇鰭目 rhipidistians
扇谐系数/扇諧係數 coefficient of sectorial harmonics
扇蟹/扇蟹 Xantho
扇形边界/扇形邊界 sector boundary
扇形沉积/扇形沈積 fan deposit
扇形城市/扇形城市 sectoral urban pattern
扇形结构/扇形結構 sector structure
扇形理论/扇形理論 sector theory
扇形模型/扇形模式 sectoral model
扇形三角洲/扇形三角洲 fan delta, fan shaped delta
扇形珊瑚/扇形珊瑚 Flabellum
扇形摄影机/扇形攝影機 fan cameras
扇型齿/扇型齒,裂齒 sectorial tooth
扇羊齿属/扇羊齒 *Rhacopteris*
扇状构造/扇狀構造 fan-shaped structure
扇状岩堆/扇狀岩堆 fan talus
扇状褶皱/扇狀褶皺 fan fold
扇浊积岩/扇濁積岩 fan turbidite
伤齿龙类/傷齒龍類 troodontids
商港/商港 commercial port
商路/商路 commercial route
商品流/商品流 commodity flow
商品农业/商業農業 commercial agriculture
商品性生产基地/商品性生産基地 commercial production base
商业城市/商業城市 commercial city
商业地理学/商業地理學 commercial geography
商业区/商業區 commercial district
商业网布局/商業網路配置 allocation of commercial network
商业中心/商業中心 commercial center
熵/熵 entropy
熵编码/熵編碼 entropy coding
上半隔板/上半隔板 superior hemiseptum
上滨缘/上濱緣 supralittoral fringe
上驳分析/裝船分析 loadout analysis
上部结构/上部結構 upper structure
上部扇/上部扇 upper fan
上部水流动态/上部水流動態 upper flow regime
上槽型/對槽緣型 episulcate
上层/上層 upper layer, epipelagic zone
上层浮游生物/上層浮游生物,附生浮游生物 epiplankton
上层鱼类/上層魚類,表層魚類 epipelagic fishes
上层滞水/棲留水 perched water
上层滞水水面/棲留水面 perched water table
上超/上超 onlap
上城区/上城區 uptown
上冲板块/上衝板塊 overthrusting plate
上冲波/上衝波 uprush, swash
上冲断层/逆衝斷層,逆掩斷層 overthrust
上传/上傳 upload
上唇/上唇 labrum
上地幔/上地幔,上地函 upper mantle
上地幔高导层/上地幔高導層 high conductivity layer in upper mantle
上地幔距离地震/上地幔距離地震 upper mantle distance earthquake
上地幔岩/上地幔岩 upper mantle rock
上地幔震中距/上地幔震中距 upper mantle distance
上叠阶地/上疊階地 superimposed terrace, on-laid terrace
上叠扇/上疊扇,疊覆扇 suprafan
上颚/上顎 mandible
上珥/上珥 upper-arcs

上风向/上風　upwind
上风效应/上風效應　upwind effect
上覆板块/上覆板塊　overriding plate
上覆层/上覆層,覆蓋層　superstratum
上桂漂移/上桂漂移　Kamikatsura excursion
上颌骨/上頜骨　maxilla, maxillary bone
上颌骨的齿状突/上頜骨的齒狀突　tooth-like process of maxilla
上颌片/上頜片　superognathal plate
上横脊/上横脊　anachomata
上滑锋/上滑鋒　anabatic front, anafront
上滑冷锋/上滑冷鋒　overrunning cold front
上滑云/上滑雲　upglide cloud
上溅/上濺,沖濺　upwash
上壳/上殼,表壁　epitheca in coral
上孔型/上孔型　epithyrid
上孔亚纲/側弓目　Parapsida
上墨/上墨　inking
上攀式/上攀式　scandent
上盘/上盤　hanging wall
上盘动作/上盤動作　upper motion
上盘制动/上盤制動　upper clamp
上坡风/上坡風　anabatic wind
上腔式/上腔式　epicavate
上曲式/上曲式　reflexed
上色/上色　ink application
上升/上昇　ascent
上升岸/上昇[海]岸,離水海岸　emerged coast
上升海岸线/負性濱線　negative shoreline
上升流/上昇流,湧昇流　upwelling, upward flow
上升流区/上昇流區　upwelling area
上升流生态系统/湧昇流生態系統　upwelling ecosystem
上升坡/上昇坡　acclivity
上升气流/上昇氣流　upward flow
上升曲线/上昇曲線　ascent curve
上升泉/上昇泉　ascending spring
上升时间/上昇時間　rise time
上升洋流成矿作用/上昇洋流成礦作用　upwelling oceanic current mineralization
上升洋流磷矿成矿模式/上昇洋流磷礦成礦模式　upwelling-current model of phosphate deposit
上升翼/上昇翼,漲水翼　rising limb
上升运动/上昇運動　ascending motion
上升准平原/上昇準平原　elevated peneplain
上突/上突　epipophysis
上溪群/上溪群　Shangxi Group
上下导坑法/上下導坑法　top and bottom heading method
上下导引法/上下導坑法　top and bottom heading method
上下视差/縱視差,Y 視差　vertical parallax, Y-parallax
上下运动/垂直動作　vertical motion
上现蜃景/上蜃景　superior mirage
上斜面/斜面　ramp
上斜式/上斜式　reclined
上新马属/上新馬　*Pliohippus*
上新乳齿象属/上新乳象　*Pliomastodon*
上新世/上新世　Pliocene Epoch, Pliocene
上新统/上新統　Pliocene series
上新猿属/上新猿　*Pliopithecus*
上行/上行　upstream
上行波/上行波　upgoing wave
上行段/上行段　upgoing leg
上行辐照度/上行輻照度　upwelling irradiance, upward irradiance
上行线路/上行線聯路　up link
上行效应/上行效應　bottom up effect
上行走时/上行走時　up-dip traveltime
上旋壳/上旋殼　hyperstrophic
上曳气流/上衝流　updraught
上涌地幔物质/上湧地幔物質　upwelling mantle material
上游效应/上游效應　upstream effect
上隅骨/上隅骨　supra-angulare bone
上缘板/上緣板　superomarginal
上猿三角/上猿三角　pliopithecine triangle
上枕骨/上枕骨　supraoccipital bone
上肢[节]/上附肢　epipodite
烧变石/燒玉燧　burnt stones
烧绿石/燒綠石,焦綠石　pyrochlore
烧石膏/燒石膏　bassanite
勺板珊瑚属/勺板珊瑚　*Spongophyllum*
勺形齿/勺形齒　spoon-shaped tooth
勺形断层/勺形斷層　spoon-like fault
勺形耳垂/勺形耳垂　spatulate lappet
少肋粉类/少肋粉類　Raristriatiti
少旋壳/少環殼　paucispira
少云/少雲　partly cloudy
少枝笔石体/少枝筆石體　pauciramous rhabdosome
少种型大洋/貧屬種型大洋,貧屬種型海洋　oligotaxic ocean
少壮海岸/青年期海岸　adolescent coast
绍兰/紹南,短程導航　shoran, short range navigation

绍兰控制摄影/短程控制攝影 shoran-controlled photography
哨声/哨音,電嘯,嘯聲 whistler
哨声导管/哨聲導管 whistler duct
舌笔石类/舌筆石類 glossograptids
舌笔石属/舌筆石 *Glossograptus*
舌颌骨/舌頜骨 hyomandibular bone
舌颌骨内韧带/舌頸軟骨 hyomandibular cartilage
舌接型/舌接型 hyostylic
舌菌迹遗迹相/舌菌跡遺跡相 Glossifungites ichnofacies
舌鳃盖/舌鰓蓋 hyoidean gill-cover
舌下软骨/舌下軟骨 sublingual cartilage
舌形贝类/海豆芽類 lingulids
舌形贝属/舌貝,海豆芽 *Lingula*
舌形沙坝/舌形沙壩 linguoid bar
舌羊齿/舌羊齒 Glosspteris
舌羊齿古植物群/舌羊齒植物群 Glossopteris flora
舌羊齿目/舌羊齒目 Glossopteridales
舌羊齿植物群/舌羊齒植物群 Glossopteris flora
舌状分布/舌狀分布 tongue-like distribution
佘田桥阶/佘田橋階 Shetianqiaoan Stage, Shetianchiaoan Stage
佘田桥期/佘田橋期 Shetianqiaoan Age, Shetianchiaoan Age
蛇腹/蛇腹 bellows, extension bellow
蛇颈龟属/蛇頸龜 *Plesiochelys*
蛇颈类/蛇頸類 pleisiosaurus
蛇颈龙类/蛇頸龍 plesiosaurians
蛇颈龙亚目/蛇頸龍亞目 Plesiosauria
蛇菊石属/蛇菊石 *Ophiceras*
蛇卷壳/蛇卷殼 serpenticone
蛇卷螺/蛇蜷螺 Ophileta
蛇绿混杂堆积/蛇綠混雜堆積 ophiolitic melange
蛇绿岩/蛇綠岩[系] ophiolite
蛇绿岩套/蛇綠岩系 ophiolite suite
蛇曲形遗迹/蛇曲形遺跡 meandering trace
蛇尾纲/蛇尾綱,陽遂足綱 Ophiuroidea
蛇尾[类]/蛇尾[類],蛇尾類的 ophiurian, ophiuroid
蛇尾幼体/蛇尾幼蟲 ophiopluteus larva
蛇纹石/蛇紋石 serpentine
蛇纹岩/蛇紋岩 serpentinite
蛇纹岩化[作用]/蛇紋岩化作用 serpentinization
蛇晰类/蛇蜥目,蜥類 Anguimorpha
蛇蜥目/蛇蜥目,蜥類 Anguimorpha
蛇形排列/蛇形排列 snake spread
蛇[形]丘/蛇[形]丘,蛇狀丘 esker, asar, eschar
蛇螈/蛇螈 Dolichosoma
舍入误差/捨入誤差 rounding error, round-off error
设备空间/設備空間 device space
设备坐标/設備坐標,儀器坐標 device coordinate
设得兰板块/設德蘭板塊 Shetland plate
设定地震/設定地震 scenario earthquake
设计暴雨/設計暴雨 design torrential rain
设计测线网/測深系統線 systems of sounding lines
设计地震动/設計地震動 design ground motion
设计地震系数/設計地震係數 design seismic coefficient
设计洪水/計劃洪水 design flood
设计谱/設計譜 design spectrum
设计水位/設計水位 design water level
设施/設施 facility
设施管理/設施管理 facilities management
设施清单/設施清單 facilities inventories
设施区位/設施區位 facility location
设施区位问题/設施區位問題 facility location problem
设施数据/設施資料 facility data
设施数据管理/設施資料管理 facility data management
设施数据库/設施資料庫 facility database
设施图/設施圖 facility map
设市模式/設市模式 model of designated city
设站/建站 stationing
社会安全体系/社會安全體系 social security system
社会变迁/社會變遷 social change
社会达尔文主义/社會達爾文主義 social Darwinism
社会的形成与演替/社會形成與演替 social formation and succession
社会等级/社會階層 social hierarchy
社会地理学/社會地理學 social geography
社会二元论/社會二元論 social dualism
社会福祉/社會福祉 social well-being
社会公正/社會正義 social justice
社会阶层/社會階層 social hierarchy
社会距离/社會距離 social distance
社会空间/社會空間 social space
社会区分析/社會地域分析 social area analysis
社会权力/社會權力 social power
社会网络/社會網路 social network
社会紊乱/社會紊亂,道德頹廢 anomic
社会物理学/社會物理學 social physics
社会现实/社會現實 social reality
社会性别/[社會]性別 gender
社会需求/社會需求 social demand
社会医学地理/社會醫學地理 social medical

geography
社会运动/社會運動 social movement
社会再生产/社會再生產 social reproduction
社会整合/社會整合 social integration
社会资源/社會資源 social resources
社会组织/社會組織 social organization
社交旅游/社會觀光 social tourism
社区/社區,社群 community
社区发展计划/社區發展項目 community development project
社区游憩/社區遊憩 community recreation
社区中心/社區中心 community center
射齿型/射齒[型],輻射櫛牙 actinodont
射出长波辐射/射出長波輻射 outgoing long-wave radiation, OLR
射电暴/電波爆發 radio burst
射电天文学/電波天文學 radio astronomy
射电源/電波源 radio source
射流/噴流 jet stream
射气测量/射氣測量 emanation survey
射线/裂痕 laesura
α射线/α射線 α-ray
γ射线/γ射線 gamma ray
射线参数/射線參數 ray parameter
γ射线测井/γ射線測井 γ-ray logging
射线场/射線場 ray field
射线传播矩阵/射線傳播矩陣 ray propagator matrix
射线底片/放射線圖像 radiograph
射线地震学/射線地震學 ray seismology
[射线]发射法/[射線]發射法 ray shooting method
射线法/波線法 ray method
β[射线]放射性/貝他[射線]活性,貝他[射線]活度 beta radioactive, beta ray activity
射线格林函数/射線格林函數 ray Green function
射线管/射線管 ray tube
射线合成地震图/射線合成地震圖 ray synthetic seismogram
射线级数法/射線級數法 ray series method
射线几何学/射線幾何學 ray geometry
射线类型/射線類型,聲線類型 ray type
射线理论/射線理論 ray theory
射线路径/射線路徑 ray path
γ射线[频]谱仪/γ射線[頻]譜儀 gamma ray spectrometer
射线谱/射線譜 ray spectrum
α射线谱/α射線譜 α-ray spectrum
β射线谱/β射線譜 bata-ray spectrum
X射线摄影测量/X光攝影測量學 X-ray photogrammetry
射线束/射線束 ray beam
射线速度/射線速度 ray velocity
γ射线探测器/γ射線探測器 gamma.ray detector
γ射线探伤/γ射線探傷 gamma radiography
[射线]弯曲法/[射線]彎曲法 ray bending method
X射线荧光/X射線螢光 X-ray fluorescence
射线展开/射線展開,聲線展開 ray expansion
射线追踪/線軌法 ray tracing
射线追踪法/射線追蹤法 ray tracing method
摄动/攝動 perturbation
摄动轨道/攝動軌道 perturbed orbit
摄动函数/攝動函數 disturbing function
摄动力/攝動力 disturbing force
摄动位/攝動位能 perturbing potential
摄动因素/攝動因素 perturbing factor
摄谱仪/攝譜儀 spectrograph
摄食/攝食 ingestion
摄食食物链/刮食性食物鏈 grazing food chain
摄氏度/攝氏溫度 centigrade
摄氏温标/攝氏溫標 Celsius temperature scale
摄氏温度表/攝氏溫度計 Celsius thermometer
摄像机稳定座架/攝影機穩定座架 stabilized camera mount
摄影比例尺/攝影比例尺 photographic scale
摄影测量/攝影測量 photographic surveying, photogrammetry
摄影测量编图/攝影測量編圖法 photogrammetric compilation
摄影测量方程式/攝影測量方程式 photogrammetric equation
摄影测量基准/攝影測量基準面 photogrammetric datum
摄影测量畸变差/攝影測量畸變差 photogrammetric distortion
摄影测量纠正/攝影測量糾正 photogrammetric rectification
摄影测量内插/攝影測量內插 photogrammetric interpolation
摄影测量数字化/航空測量數位化 photogrammetric digitizing
摄影测量学/攝影測量學,航空測量學 photogrammetry
摄影测量仪器/攝影測量儀器 photogrammetric instrument
摄影测量与遥感学/攝影測量與遥感學 photogrammetry and remote sensing

摄影测量制图/攝影測量製圖　photogrammetric mapping
摄影测量坐标系/攝影測量坐標系　photogrammetric coordinate system
摄影处理/攝影處理　photographic processing
摄影处理过程/攝影法　photographic process
摄影传感器/攝影感測器　photographic sensor
摄影窗口/攝影窗口　camera window, camera port
摄影地形测量/攝影地形測量學　phototopography
摄影地质学/攝影地質學　photogeology
摄影读数经纬仪/攝影讀數經緯儀　camera-read theodolite
摄影分区/攝影分區　flight block
摄影跟踪经纬仪/攝影追蹤經緯儀　kinetheodolite
摄影光谱/攝影光譜　photographic spectrum
摄影航高/攝影航高　flight height for photography
摄影航线/攝影航線　flight line of aerial photography
摄影机/攝影機　camera
摄影机机背/機背　camera back
摄影机机座/攝影機座架　camera mount
摄影机检校/攝影機檢校　camera calibration
摄影机视场角/攝影機視角　camera angle
摄影机轴/攝影機軸　axis of camera
摄影机主距/攝影機主距　principal distance of camera
摄影基线/空中基線,空間基線　photographic baseline, air base
摄影经纬仪/攝影經緯儀,照像經緯儀　phototheodolite, photogrammeter
摄影量角仪/像片改傾測角儀　photoangulator
摄影全方位/攝影全方位　total photo orientation
摄影视场角/攝影視場角　angle of photographic coverage
摄影缩小/攝影縮製　photographic reduction
摄影星等/攝影星等　photographic magnitude
摄影学/攝影學,攝影術　photography
摄影影像/攝影影像　photographic image
摄影[轴]方向/攝影[軸]方向　direction of camera axis
摄站/攝影站　camera station, exposure station
麝香蛸素/麝香章魚素　eledosin, moshatin
申伍德阶/申伍德階　Sheinwoodian Stage
申伍德期/申伍德期　Sheinwoodian Age
伸长/伸長[度],拉伸　stretch, elongation
伸长仪/伸長計,伸展計　extensometer
伸角/伸角　hade
伸缩标尺/伸縮標尺,塔尺　sliding staff
伸缩尺/伸縮尺　extension rod
伸缩接头/伸縮接頭　telescopic joint
伸缩率/伸縮率　shrinkage ratio
伸缩三脚架/伸縮三腳架　extension tripod, split leg tripod
伸缩式脚架/伸縮式腳架　adjustable legs
伸缩仪/伸縮儀　extensometer
伸缩应变/伸縮應變　extensional strain
伸展构造/伸展構造　extensional tectonics
伸展式空中三角测量/伸展式空中三角測量　cantilever aerial triangulation
伸展型盆地/伸展型盆地　extensional basin
伸展褶劈/伸展褶劈理　extensional crenulation cleavage
伸展轴/伸展軸　dilatation axis
伸展作用/伸長作用　stretching
绅士化/紳士化　gentrification
砷/砷　arsenic
砷铋石/砷鉍石,羅斯福石　rooseveltite
砷铋铜石/砷鉍銅石,砷鉍銅礦　mixite
砷铋铀矿/砷鉍鈾礦,砷鈾鉍礦　walpurgite
砷铂矿/砷鉑礦　sperrylite
砷车轮矿/砷車輪礦,硫砷鉛銅礦　seligmannite
砷钙镁石/砷[酸]鈣鎂石　adelite
砷钙石/砷鈣石　haidingerite
砷钙铜石/砷銅鈣石　conichalcite
砷铬铅矿/鉻砷鉛礦　bellite
砷钴钙石/砷鈷鈣石,玫瑰砷鈣石　roselite
砷钴矿/砷鈷礦　modderite
砷钴镍铁矿/砷鈷鐵鎳礦　westerveldite
砷硅铝锰石/矽鋁錳礦,鋁錳矽釩礦　ardennite
砷硅锰矿/砷矽錳礦,砷矽錳石　schallerite
砷华/砷華　arsenolite
砷灰石/砷灰石　svabite
砷硫铁铜矿/砷硫銅鐵礦,硫砷鐵銅礦,紅錳橄石　epigenite
砷氯铅矿/砷氯鉛礦　finnemanite
砷镁钙石/砷鎂鈣石　talmessite
砷锰钙矿/砷錳鈣礦　caryinite
砷锰钙石/砷錳鈣石　brandtite
砷锰铅矿/砷錳鉛礦　trigonite
砷镍石/黃砷鎳礦　xanthiosite
砷硼钙石/水砷硼鈣石　cahnite
砷硼镁钙石/砷硼鎂鈣石　teruggite
砷铅铁石/砷鉛鐵礦　carminite
砷铅铀矿/[水]砷鉛鈾礦,釩鋅鉛礦　huegelite
砷氢镁石/砷氫鎂石　roesslerite
砷锑矿/砷銻礦　stibarsen, allemontite
砷铁矾/砷鐵礬　sarmientite

砷铁钙石/砷鈣鐵石,鈣砷鐵礦　arseniosiderite
砷铁铝石/砷鐵鋁礦　liskeardite
砷铁镍矿/砷鐵鎳礦　oregonite, oregonit
砷铁石/砷鐵石,砷鐵礦　symplesite
砷铁铜石/砷鐵銅礦　chenevixite
砷铜矿/砷銅礦　domeykite
砷铜铅石/砷銅鉛礦　duftite
砷铜银矿/砷銅銀礦　novakite
砷锌矿/砷鋅石　reinerite
砷黝铜矿/砷黝銅礦　tennantite
深拗槽/深拗槽　deep grooves
深[变质]带/深變質帶　katazone
深部地球化学/深部地球化學　geochemistry of deep earth
深部地球物理探测/深部地球物理探測　deep geophysical exploration
深部地震测深法/深部地震測深法　deep seismic sounding method, DSS method
深部电性结构/深部電性結構　deep electric conductivity structure
深部构造/奥層構造　infrastructure
深部构造线成矿说/深部構造線成礦説　metallogeny of deep lineaments
深部流体/深部流體　deep-earth fluid, deep-sourced fluid
深部热储/深部熱儲　deep geothermal reservoir
深部热流体/深部熱流體　deep geothermal fluid, deep-hot fluid
深槽/深槽　deep pool
深层/深層　deep layer, bathypelagic zone
深层次构造/深層次構造　deep structure
深层地下水/深層地下水　deep phreatic water
深层浮游生物/深層浮游生物　bathypelagic plankton
深层流/深層流　deep water current
深层流动/深層流動　bathyrheal underflow
深层水/深層水　deep seated water
深成变质作用/深成變質[作用]　plutonic metamorphism
深成侵入相/深成侵入相　plutonic intrusive facies
深成水/深成岩水　plutonic water
深成岩/深成岩　plutonic rock, plutonite
深地幔柱/深地幔柱,深地函柱　deep mantle plume
深地震测深/深地震測深　deep seismic sounding
深地震反射剖面/深地震反射剖面　deep seismic-reflection profiling
深冻/深凍　deep freeze
深度/深度　depth
深度差/深度差　depth difference
深度带/深度帶　depth zone
深度分层设色/水深分層設色　bathymetric tints
深度基准[面]/深度基準面,測深基準面　depth datum, sounding datum
深度基准面保证率/深度基準面保證率　assuring rate of depth datum
深度计/深度計,測深儀　depth gauge, bathometer
深度判析/深度判析　depth perception
深度偏移/深度偏移,深度移位　depth migration
深度剖面/深度剖面　depth record section
深度-时间转换/深度-時間轉換　depth time conversion
深度说明/深度附記　depth note
深度移位/深度移位,深度偏移　depth migration
深度转换/深度轉換　depth conversion
深断裂/深斷裂　deep-seated fault
深对流/深對流　deep convection
深海/深海　abyss, abyssal sea
深海暴流/深海暴流　deep sea storm
深海测锤/深海測錘　deep-sea lead, dipsey lead
深海测量/深海測量　deep-sea sounding
深海测深/深海測深　deep-sea sounding
深海沉积[物]/深海沈積物　abyssal sediment, deep sea sediment
深海带/深海帶,深海區　bathyal zone
深海底/深海底,深海床　deep sea floor, deep sea bed
深海底栖带/深海底棲帶　abyssal-benthic zone
深海地堑/深海地塹　deep-sea graben
深海地转流/深海地轉流　deep geostrophic current
深海动物/深海動物　bathyal fauna
深海多金属结核/深海多金屬結核　deep-sea polymetal nodules
深海浮游生物/半深海浮游生物　bathyplankton, abyssopelagic plankton
深海工程/深海工程　deep sea engineering
深海沟/深洋隘口　abyssal gap
深海谷地/深海海谷　deep-sea channel
深海海槽/深海海槽　deep-sea trough
深海红土/深海紅土　abyssal red earth
深海环境/深海[環境]　bathyal environment, abyssal environment
深海环流/深海環流　deep sea circulation
深海角介属/白膠介　*Bythoceratina*
深海救助工具/深海救難載具　deep submergence rescue vehicle
深海盆地/深海盆地　abyssal basin, deep-sea basin
深海平原/深海平原,深淵底平原　abyssal plain,

deep-sea plain
深海丘陵/深海丘陵，深海山丘　abyssal hill
深海球形潜水器/球形深海潛水器　bathysphere
深海区/深海海域　depressed area
深海热泉蠕虫/深海熱泉管蟲　vestimentiferan worm
深海软泥/深海軟泥　deep-sea ooze，abyssal ooze
深海散射层/深海散射層　deep scattering layer
深海扇/深海扇　deep-sea fan
深海摄影机/深海攝影機　deep-sea camera
深海生态系统/深海生態系統　deep-sea ecosystem
深海生态学/深海生態學　deep-sea ecology
深海生物相/深海生物相　bathymetric biofacies
深海声传播/深海聲傳播　deep-sea acoustic propagation
深海声道/深海聲道　deep-sea sound channel，sound fixing and ranging channel，SOFAR channel
深海声散射层/深海散射層，深部散射層　deep scattering layer，DSL
深海水道/深海水道　deep-sea channel
深海相/深海相　abyssal facies
深海岩石/深海岩　abyssal rock
深海盐度计/深海鹽度計　bathysalinometer
深海锥/深海錐　deep-sea cone
深海钻井/深海鑽井，深水鑽井　deep water drilling
深海钻探计划/深海鑽探計劃　deep-sea drilling program，DSDP
深红银矿/深紅銀礦　pyrargyrite
深厚描述[研究法]/深厚描述[研究法]　thick descriptions
深空/深部空間，深太空　deep space
深流作用/流變作用　rheomorphism
深绿辉石/深綠輝石　pyrgom，fassaite
深绿磷灰石/深綠磷灰石　staffelite
深绿玉髓/深綠玉髓　plasma
深埋作用/深埋作用　deep burialism
深盆气/深盆氣　deep basin gas
深盆气藏/深盆氣藏　deep-basin gas pool
深潜流带溶洞/深潛流帶溶洞　bathyphreatic cave
深切曲流/切鑿曲流，下切曲流，穿入曲流　incised meander
深熔作用/深熔作用，再熔作用　anatexis
深色矿物/鎂質礦物　melane
深霜/深霜　depth hoar
深水波/深水波　deep water wave
深水导管架/深水導管架　deep water jacket
深水浮游生物/嫌光浮游生物　skoto plankton
深水航路/深水航路　deep water route
深水三角洲/深水三角洲　deep water delta
深水拖体/深水拖體　deep tow
深水温度仪/温深儀　bathythermograph
深水相/深水相　deep water facies
深拖电磁发射源系统/深拖電磁發射源系統　deep tow electromagnetic transmitter system
深拖系统/深拖系統　deep towed system
深渊/深淵　abyssal，abyss，abyssal sea
深渊带/深淵底帶，深海帶　abyssal zone
深[源地]震/深源地震　deep-focus earthquake
深震带/深震帶　deep seismic zone
深震面/深震面　deep seismic plane
深震震相/深震震相　deep earthquake phase
神经棘平台/神經棘平臺　neural spine platform
神经丘/側線神經細胞　neuromast
神经网络/類神經網路　neutral networks
神经网络算法/神經網路演算法　neural network algorithm
神经系统/神經系[統]　nervous system
神经酰胺/神經醯胺　ceramide
神经性贝毒/神經性貝毒　neurotoxic shellfish poison，NSP
神龙翼龙类/神龍翼龍科　azhdarchids
神螺类/神螺類　bellerophontids
神螺属/神螺　*Bellerophon*
神农架群/神農架群　Shennongjia Group
神圣空间与世俗空间/神聖空間與世俗空間　sacred and profane space
神圣性/神聖性　sacrality
审校/校對　correcting，proof-reading
肾硅锰矿/腎矽錳礦　caryopilite
肾状构造/腎狀構造　reniform structure，kidney structure
肾状集合体/腎狀集合體　reniform aggregate
甚长基线干涉测量/甚長基線干涉測量法　very long baseline interferometry，VLBI
甚长基线干涉测量术/甚長基線干涉測量法　Very Long Baseline Interferometry，VLBI
甚长周期地震学/甚長週期地震學　very-long-period seismology
甚长周期地震仪/超長週期地震儀　very-long-period seismograph
甚低频/特低頻　very low frequency，VLF
甚低频波/甚低頻波　very low frequency wave，VLF wave
甚低频带辐射场系统/甚低頻帶輻射場系統　very low frequency band radiated field system
甚低频地震学/甚低頻地震學　very low frequency seismology

甚低频电磁仪/甚低頻電磁儀 VLF electromagnetic sensor
甚低频法/甚低頻法 very low frequency method, VLF method
甚短期[天气]预报/極短期預報 very short-range weather forecast
甚高分辨率辐射仪/特高解輻射計 very high resolution radiometer, VHRR
甚高频/特高頻 very high frequency, VHF
甚高频测向器/可見紅外旋播輻射計 VHF direction finder
甚高频雷达/特高頻雷達 VHF radar
甚宽带/甚寬頻 very broad band
渗出/滲出 seepage
渗矿化化石/化石作用 permineralization
渗流/過溶作用,滲出 seepage flow
渗流带溶洞/滲流溶洞 vadose cave
渗流力学/滲流力學 permeative mechanics
渗流水/滲流水 vadose water, seepage water
渗流速度/滲流速度 seepage velocity
渗漏/滲流,滲漏[作用],下滲 seepage, percolation
渗漏晕/滲漏量 leakage halo
渗滤/滲濾,滲透[作用],滲入[作用] infiltration, percolation
渗滤交代作用/滲濾交代作用 infiltration metasomatism
渗滤系数/滲濾係數 percolation factor
渗入水/入滲水 infiltration water, seeping water
渗透/滲透,滲濾 osmosis, infiltration, permeation
渗透变形/滲透變形 seepage deformation
渗透当量/滲透當量 osmotic equivalent
渗透回流作用/滲透回流作用 seepage-reflux mechanism
渗透理论/滲透理論 percolation theory
渗透流速/滲透速度 seepage velocity
渗透率/滲透率 permeability
渗透滤器/滲透濾器 percolating filter
渗透溶液/滲透溶液 percolating solution
渗透稳定性/滲透穩定性 seepage stability
渗透系数/滲透係數 permeability coefficient, permeability, osmotic coefficient
渗透性/滲透性 permeability
渗透压/滲透壓 osmotic pressure
渗透压梯度/滲透壓梯度 osmotic pressure gradient
渗透压调节/滲透壓調節 osmoregulation
渗透压调节者/滲透壓調節者 osmoregulator
渗透作用/滲透作用 percolation
渗压随变生物/滲透壓順變生物 osmoconformer
渗液/滲液 vadose solution
蜃景/蜃景,海市蜃樓 mirage
升侧/昇側 upthrown side
升度/昇度,負梯度 ascendent
升华/昇華[作用] sublimation
升华碛/昇華磧 sublimation till
升华潜热/昇華熱 latent heat of sublimation
升降系统/昇降系統 jacking system
升交点/昇交點 ascending node, AN
升交点赤经/昇節點赤經 right ascension of ascending node
升频扫描/昇頻掃描,向上掃描 up sweep
生产布局的技术经济评价/生產布局的技術經濟評估 techno-economic appraisal of production allocation
生产测井/生產測録 production logging
生产成本/生產成本 production cost
生产地理学/生產地理學 geography of production
生产[开采]气油比/生產[開採]氣油比 produced recovery gas-oil ratio
生产力/生產力 productivity
生产力布局/生產力配置 allocation of productive forces
生产链/生產鏈 production chain
生产率/生產率 production rate
生产率金字塔/生產率金字塔 pyramid of production rate
生产平台/開採平臺 production platform
生产[油]井/生產井 producing well
生产者/生產者 producer
生产专业化/生產專業化 specialization of production
生成热/生成熱 heat of formation
生成日期/生成日期 creation date
生成时间/生成時間 creation time
生成物/生成物 resultant
生成自由能/生成自由能 free energy of formation
生存空间/生存空間 living space
生存力/生存力,生活力 viability
生存曲线/存活曲線 survivorship curve
生存世界/[生存]體驗 experience
生痕构造/生痕構造,生物遺跡構造 lebensspur structure
生化需氧量/生化需氧量 biochemical oxygen demand, BOD
生化作用/生化作用 biochemical action
生活动力平台/生活及動力供應平臺 accommodation and power platform, APP
生活方式/生活方式 ways of life

生活废水/生活廢水 domestic wastewater
生活空间/生活空間 lived space
生活空间地理学/生活空間地理學 geography of the lived space
生活史策略/生活史對策 life history strategy
生活世界/生存世界 lived-world
生活污水/生活汙水 sewage, domestic sewage
生活型/生活型 life form
生活型谱/生活型譜 life-form spectrum
生活质量/生活品質 quality of life
生活周期/生命週期 life cycle
生境/生境,棲[息]地 habitat
生境破碎/棲地碎裂 habitat fragmentation
生境区/生態[地]區 ecotope
生境碎裂化/棲地破碎化 habitat fragmentation
生境修复/複原 rehabilitation
生境因素/生境因素,生境因數,棲所因數 habitat factor
生理干旱/生理乾旱 physiological drought
生理气候学/生理氣候[學] physiological climatology
生理盐水/生理鹽水 physiological saline
生理应激/生理緊迫 physiological stress
生命表/生命表 life table
生命带/生命帶 life zone
生命期望/生命期望,估計壽命 life expectance
生命搜索/生命搜尋 life searching
生命线地震工程/生命線地震工程 lifeline earthquake engineering
生命元素/生命[必需]元素,生物元素 life element, bioelement
生命元素化学地理/生命元素化學地理 chemicogeography of life elements
生命支持系统/生命支援系統,維生系統 life-support system
生命周期/生命週期 life cycle
生热率/生熱率 heat generation rate, heat production rate
生热率单位/生熱率[單位] heat generation unit
生热元素/産熱元件 heat producing element
生态脆弱带/生態脆弱帶 ecological critical zone
生态等值/生態等值 ecological equivalent
生态地层学/生態地層學 ecostratigraphy
生态地段/生態地段 ecosection
生态地理学/生態地理學 ecogeography
生态地图/生態地圖 ecological map
生态点/生態點 ecosite
生态毒理学/生態毒理學 ecotoxicology
生态分布/生態分布 ecologic distribution
生态风险评价/生態風險評估 ecological risk assessment
生态更替/生態更替 ecological displacement
生态工程/生態工程 ecological engineering
生态过渡带/生態過渡帶 ecotone
生态耗水/生態耗水 ecological water consumption
生态化学地理/生態化學地理 ecochemicogeography
生态环境/生態環境 ecological environment
生态恢复/生態復育 ecological restoration
生态机制/生態機制 ecological mechanism
生态基因组学/生態基因體學 ecological genomics
生态金字塔/生態金字塔 ecological pyramid
生态进化单元/生態進化單元 Ecologic Evolutionary Unit, EEU
生态经济学/生態經濟學 ecological economics
生态领地/生態領域 ecological territory
生态旅游/生態旅遊 ecotourism
生态能/生質能 biofuel
生态能量循环/生態能量循環 energy cycle of ecology
生态农业/生態農業 ecological agriculture
生态平衡/生態平衡 ecological balance, ecologic balance
生态评价/生態評估 ecological assessment
生态气候学/生態氣候學 ecological climatology, ecoclimatology
生态区/生態區,生物群系,生物群區 ecotope, biome
生态区域/生態區域 ecoregion
生态群/生態群 ecogroup
生态热点/生態熱點 ecological hot spot
生态生物地理/生態生物地理學 ecological biogeography
生态生物地理学/生態生物地理學 ecological biogeography
生态时间/生態時間 ecological time
生态水文学/生態水文學 ecological hydrology
生态梯度/生態梯度 ecological gradient
生态危机/生態危機 ecological crisis
生态位/生態[區]位,小生境 niche, biotope
生态位宽度/區位寬度 niche breadth
生态位重叠/區位重疊度 niche overlap
生态系[统]/生態系[統] ecosystem
生态系统地理学/生態系統地理學 ecosystem geography
生态系养殖/生態系養殖 ecosystem culture
生态相/生態相 ecologic facies

生态小区/生態社區 ecodistrict
生态型/生態型 ecotype
生态需水/生態需水 ecological water need, ecological water requirement
生态学/生態學 ecology
生态压力/生態壓力 ecology pressure
生态演替/生態演替 ecological succession
生态用水/生態用水 ecological water use
生态障碍/生態障礙 ecological barrier
生态主义/生態主義 ecologism
生态资源/生態資源 ecological resources
生态足迹/生態足跡 ecological footprint
生物安全/生物安全 biological safety
生物保护/生物保護 biological conservation
生物泵/生物泵,生物幫浦 biological pump
生物庇护所/生物庇護所 refugium
生物标志/生物指標 biomarker
生物冰核/生物冰核 biogenic ice nucleus
生物不可降解物质/生物不可降解物質 non biodegradable material
生物残留群/生物殘體群 liptocoenosis
生物测定/生物檢驗 bioassay
生物层/生物層[礁],生物礁層 biostrome
生物层积学/生物埋藏學,生物遺體沈積學,化石保存學 biostratinomy
生物沉积构造/生物沈積構造 biogenic sedimentary structure
生物沉积[物]/生物沈積物 biogenic sediment
生物成矿作用/生物成礦作用 biogenic mineralization
生物成岩作用/生物成岩作用 biodiagenesis
生物成因的/生物成因的 biogenic
生物成因气/生物成因氣 biogenetic gas
生物成因作用/生物成因作用 biogenic process
生物带/生物帶 biozone
生物淡化法/生物淡化法 biological desalination method
生物地层带/生物地層帶 biostratigraphic zone
生物地层单位/生物地層單位 biostratigraphic unit
生物地层学/生物地層學 biostratigraphy
生物地理大区/生物地理大區,界域,地域 realm, biogeographic realm
生物地理气候/生物地質氣候 biogeoclimate
生物地理区/生物地理區 biogeographic province, biotic province
生物地理学/生物地理學 biogeography
生物地理亚区/生物地理亞區 biogeographic subprovince
生物地理域/生物地理區 biogeographic region
生物地球化学/生物地球化學,生地化學 biogeochemistry
生物地球化学省/生物地球化學區 biogeochemical provinces
生物地球化学循环/生物地球化學循環,生地化循環 biogeochemical cycling
生物地质学/生物地質學 biogeology
生物递变层理/生物遞變層理 biogenic graded bedding
生物电/生物電 bioelectricity
生物堆积灰岩/生物堆積灰岩 bioaccumulated limestone
生物多样性/生物多樣性 biodiversity, biological diversity
生物多样性公约/生物多樣性公約 Convention of Biological Diversity, CBD
生物多样性关键区/生物多樣性關鍵區 critical region of biodiversity
生物多样性热点/生物多樣性熱點 biodiversity hotspot
生物发光/生物發光 bioluminescence
生物发光系统/生物發光系統 bioluminescent system
生物发生律/生物發生律,重演律 biogenetic law
生物反馈/生物反饋 biofeedback
生物放大/生物放大,生物富集[作用] biomagnification
生物分布/生物分布 biochore
生物分解作用/生物分解作用 biolysis
生物分类/生物分類 genetic taxonomy
生物风化作用/生物風化作用 biological weathering
生物复杂性/生物複雜性 biological complexity
生物富集/生物富集,生物濃縮 biological concentration
生物富集法/生物富集法 biological concentration method
生物富集系数/生物富集係數 bio-enrichment coefficient
生物改造作用/生物改造作用 biogenic reworking
生物隔离/生物性的隔離 biological isolation
生物工程[学]/生物工程[學] bioengineering
生物光学区域/生物光學區域 biooptical province
生物光学算法/生物光學算法 biooptical algorithm
生物硅/生物矽 biogenic silica
生物过程/生物過程 biological process
生物海岸/生物海岸 biogenic coast
生物海洋学/生物海洋學 biological oceanography

生物合成/生物合成　biosynthesis
生物[化石]年代单位/化石定年單位　biochronologic unit
生物化学沉积矿床/生物化學沈積礦床　biogenic and biochemical sedimentation mineral deposit
生物化学降解[作用]/生物化學降解[作用]　biochemical degradation
生物化学气/生物化學氣　biochemical gas
生物活力温度界限/生物活動溫度界限　biokinetic temperature limit
生物活性物质/生物活性物質　biologically active substance
生物积累/生物蓄積性　bioaccumulation
生物季节/生物季節　biological season
生物碱/生物鹼類　alkaloid
生物建造灰岩/生物建造灰岩　bioconstructed limestone
生物降解/生物降解　biodegradation
生物礁/生物礁　organic reef
生物礁层/生物礁層　biostrome
生物礁灰岩/生物[骨架灰]岩　biolithite
生物结皮/生物結皮　critter crust
生物净化/生物淨化　biological purification
生物喀斯特/生物石灰岩地形　biokarst
生物[可]利用度/生物可用度,生物有效性　bioavailability
生物[块礁]岩/生物塊礁岩　biohermite
生物矿化[作用]/生物礦化[作用]　biomineralization
生物矿物学/生體礦物學　biomineralogy
生物砾岩/生物礫岩　biomicrorudite
生物量/生物量　biomass
生物量金字塔/生物量金字塔　pyramid of biomass
生物量指标变换/生物量指標變換　biomass index transformation
生物量锥体/生物量金字塔　pyramid of biomass
生物面/生物面　biosurface, biohorizon
生物敏感性/生物敏感性　bio sensitivity
生物膜/生物膜　biofilm
生物泥晶灰岩/生物細晶岩　biomicrite
生物年代学/生物年代學,化石定年學　biochronology
生物黏着/生物黏著　bioadhesion
生物浓缩/生物濃縮,生物富集　biological concentration
生物气/生物氣體　biogas, biogenic gas
生物气候/生物氣候　bioclimate
生物气候定律/生物氣候定律　bio climatic law
生物气候分区/生物氣候分區　bioclimate zonation
生物气候律/生物氣候律　bioclimate law
生物气候室/生物氣候室　biotron
生物气候图/生物氣候圖　bioclimatograph
生物气候学/生物氣候學　bioclimatology
生物气溶胶/生物氣膠　bioaerosol
生物气象学/生物氣象學　biometeorology
生物气象指数/生物氣象指數　biometeorological index
生物迁移/生物遷移　biological migration
生物迁移元素/生物遷移要素　bio-migratory element
生物侵蚀/生物侵蝕　bioerosion
生物清除/生物清除　biological scavenging
生物丘/生物[塊]礁　bioherm, organic mound
生物区系/生物群,生物相　biota
生物去污染/生物去汙染　biological depollution
生物圈/生物圈,生物界　biosphere
生物圈反照率反馈/生物圈反照率反饋　biosphere-albedo feedback
生物圈中的营养级/生物圈中的營養級　trophic levels in biosphere
生物群/生物群,生物相　biota
生物群聚学/生物群聚學　biosociology
生物群落/生物群落,生物群集,生物群系　biome, biotic community, biocommunity
生物群落学/生物群落學,生物群集學　biocoenology
生物群省/生物地理區,植物區系省,動物區系部　biotic province
生物群系/生物群系　biome
生物扰动/生物擾動[作用]　bioturbation
生物扰动革命/生物擾動革命　bioturbation revolution
生物扰动构造/生物擾動構造　bioturbation structure
生物扰动结构/生物擾動結構　bioturbated texture
生物扰动岩/生物擾動岩　bioturbite
生物生产力/生物生產力　biological productivity
生物生态学/生物生態學　bioecology
生物声呐/生物聲納　biosonar
生物尸体群落/遺骸群集,屍體群　thanatocoenosis
生物适应性/生物適應性　biocompatibility
生物输入/生物性輸入　biological input
生物水/生物水　biological water
生物碎屑/生物碎屑　biological detritus, bioclastics
生物完整性/生物完整性　biological integrity
生物微亮晶石灰岩/生物微屑岩　biomicrosparite
生物温度/生物溫度　biotemperature
生物污染物/生物汙染物　biological pollutant
生物污损/生物汙著　biofouling

生物污着/生物汙著　biofouling
生物污着腐蚀/生物汙著腐蝕　biofouling corrosion
生物雾/生物霧　biofog
生物细晶岩/生物細晶岩　biomicrite
生物相/生物相　biofacies
生物相图/生物相圖　biofacies map
生物修复/生物修復　bioremediation
生物需氧量/生物需氧量　biological oxygen demand, BOD
生物絮凝/生物絮凝　bioflocculation
生物学定年法/生物學定年法　biological dating method
生物学零度/生物致死温度　biological zero point
生物学最低温度/生物最低温度　biological minimum temperature
生物循环/生物循環　biocycle, biological cycle
生物遥测[术]/生物遥測,生物追蹤　biotelemetry
生物医学摄影测量/生物醫學攝影測量學　biomedical photogrammetry
生物遗迹/生痕化石　lebensspur
生物遗迹化石/生痕化石　lebensspur
生物异常观测/生物異常觀測　observation of biogenic anomaly
生物异限带/生物異限帶　acrozone
生物噪声/生物噪音　biological noise
生物整治/生物修復　bioremediation
生物质燃烧/生物體燃燒　biomass burning
生物资源/生物資源　biological resources
生物自净/生物自淨　biological self purification
生物钻孔/生物鑽孔　boring by organism
生油量/生油量　oil generating quantity
生油量计算/生油量計算　calculation of oil generating quantity
生油门限/生油門限　threshold of oil generation
生油岩/生油層　source rock, source bed
生油岩评价/生油岩評價　source rock evaluation
生油液态窗/生油液態窗　liquid window of oil generation
生源物/母體化合物　precursor compound
生源物质/生源物質　biogenic material
生长断层/生長斷層　growth fault
生长激素/生長激素　growth hormone, somatotropin
生长期/生長期　duration of growing period
生长条纹/生長條紋　growth striation
生长线/生長線　growth line
生长线瘤/生長線瘤　tubercles on growth line
生长效率/生長效率　growth efficiency
生长型/生長型　growth form
生长轴/生長軸　growth axis
生长皱/生長皺,生長褶　growth rugae
生长组构/生長組構　growth fabric
生殖板/生殖板　genital plate
生殖槽/生殖槽,孢槽[孢粉]　germinal furrow, furrow
生殖对策/生殖對策　reproductive strategy
生殖隔离/生殖隔離　reproductive isolation
生殖个虫/生殖蟲體　gonozooid
生殖个体/生殖個員　gonozooid
生殖洄游/生殖洄游,産卵洄游　spawning migration, breeding migration
生殖价/生殖價　reproductive value
生殖孔/生殖孔　genital pore
生殖力/生殖力,孕卵數　fecundity
生殖潜能/生殖潛能　reproductive potential
生殖[鞘]胞/生殖房　gonotheca
生殖群/生殖聚集　breeding swarm
生殖细胞/生殖細胞　generative cell
生殖腺/生殖腺　sexual gland
声波/聲波　sound wave, acoustic wave
声波测井/聲波測井　acoustic logging, sonic logging
声波测距/聲波測距,音響測距　sound ranging
声波测深仪/聲波測深器　sonoprobe
声波反射云/聲反射雲　acoustic cloud
声波幅度测井/聲波幅度測井　acoustic amplitude logging
声波基盘/聲波基盤　acoustic basement
声波记录仪/聲波記録儀　sonograph
声波全波测井/聲波全波測井　acoustic full-wave logging, acoustic wavetrain logging
声波[速度]测井/聲速測井　acoustic velocity logging, sonic logging
声波探测/聲波測深,聲學探測　acoustic sounding
声波探测法/聲波探測法　acoustic wave exploration
声波条带测绘/聲波條帶測繪　acoustic swath mapping
声波图/聲波圖,聲波記録　sonogram
声波吸收/聲波吸收　acoustic absorption
声波吸收度/聲波吸收度　acoustic absorptivity
声波吸收系数/聲波吸收係數　acoustic absorption coefficient
声波吸收因子/聲波吸收因子　acoustic absorption factor
声测深度/回聲深度　echo depth
声传播异常/聲傳播異常　acoustic propagation anomaly
声带/聲帶　vocal cord

声导率/聲導率,傳聲性　acoustic conductivity
声道/聲道　sound channel
SOFAR 声道/SOFAR 聲道　deep sea sound channel, sound fixing and ranging channel, SOFAR channel
声发射/聲射,聲洩　acoustic emission, AE
声反射/聲反射　acoustic reflection
声反射因子/聲反射因子　acoustic reflection factor
声辐射器/聲輻射器　acoustic radiator
声功率级/聲能級　sound power level
声计/聲計　acoustic gauge
声[雷]达/聲達　sodar, acoustic radar
声呐/聲納　sonar, sound navigation and ranging
声呐导航/聲納導航　sonar navigation
声呐导航定位/聲納導航定位　sonar navigation and positioning
声呐浮标/聲納浮標,音響浮標　sonobuoy
声呐剖面仪/聲納剖面儀　pinger profiler
声呐扫海/聲納掃海　sonar sweeping
声呐图像/聲納圖像　sonar image
声能/音能　acoustic energy
声能通量/聲能通量　sound energy flux
声频大地电磁测深法/聲頻大地電磁測深法　sound frequences electro-magnetic sounding
声频大地电磁法/聲頻大地電磁法,音頻地電磁法　audio magnetotellurics, AMT
声强计/測音計　acoustimeter
声散射/聲散射　acoustic scattering
声闪烁/聲閃爍　acoustical scintillation
声释放器/聲波釋放　acoustic release
声速/聲速　sound speed
声速测井标度/聲速測井標度　calibrate
声速改正/聲速改正　correction of sounding wave velocity
声速计/聲速儀　velociment
声探伤仪/聲探傷儀　acoustic flaw detector
声图判读/聲圖判讀　interpretation of echograms
声吸收/聲吸收　sound absorption
声吸收率/聲波吸收度　acoustic absorptivity
声吸收系数/聲[波]吸收係數　acoustic absorption coefficient, sound absorption coefficient
声吸收因子/聲波吸收因子　acoustic absorption factor
声谐振/[聲]共鳴　acoustic resonance
声谐振器/聲諧振器　acoustic resonance device
声学/聲學　acoustics
声学测高仪/聲學高度表,聲學高度計　acoustic altimeter
声学多普勒海流剖面仪/聲學都卜勒海流剖面儀,都卜勒流剖儀　acoustical Doppler current profiler, ADCP
声学海洋学/聲學海洋學　acoustical oceanography
声学水位计/聲學水位計　acoustic water level
声学探测/聲學探測,聲波測深　acoustic sounding
声学温度表/聲波溫度計　acoustic thermometer
声学相关海流剖面仪/聲學相關海流剖面儀　acoustical correlation current profiler, ACCP
声学效应/聲波效應　acoustic effect
声学应答系统/聲學應答系統　acoustic transponder system
声学雨量计/聲學雨量器　acoustic raingauge
声压/聲音壓力　sound pressure
声遥感/聲波遥測,聲學遥測　acoustic remote sensing
声音逼真度/聲音逼真度　acoustic fidelity
声音强度/聲音強度　sound intensity
声应答器/發訊器,音響詢答機　acoustic transponder, pinger
声折射/聲折射　acoustic refraction
声折射因子/聲折射因子　acoustic refraction factor
声震/聲震　acoustic shock
声重力波/聲重力波　acoustic gravity wave
声重力惯性波/聲重力慣性波　sound inertia-gravity wave
声阻抗/聲阻抗　acoustic impedance
笙珊瑚/管珊瑚　organ-pipe coral
笙状/笙狀　phacelloid
笙状的/笙狀　phacelloid
绳锤水位计/繩錘水位計　wire weight gauge
绳菊石属/繩菊石　*Amaltheus*
绳珊瑚属/繩珊瑚　*Stringophyllum*
绳索测深/鋼索測深　wire sounding
绳状构造/繩狀構造　ropy structure
绳状熔岩/繩狀熔岩　ropy lava
圣安德烈斯断层/聖安德魯斯斷層　San Andreas fault
圣安德烈斯佯谬/聖安德列斯佯謬　San Andres paradox
圣巴巴拉海盆/聖巴巴拉海盆　Santa Barbara Basin
圣诞安娜风/聖塔安那風　Santa Ana
圣河/聖河　sacred river
圣克立托巴海沟/聖克立托巴海溝　San Cristobal Trench
圣罗莎漂移/聖羅莎漂移　Santa Rosa excursion
圣山/聖山　sacred mountain
圣维南方程/聖維南氏方程式　Saint-Venant

equations
盛冰期/盛冰期 severe ice period
盛夏/盛夏 midsummer
盛行风/盛行風 prevailing wind
盛行西风带/盛行西風帶 prevailing westerlies
剩磁/殘磁性 residual magnetism, remanent magnetism
剩磁各向异性/剩磁各向異性 remanence anisotropy
剩磁年龄/剩磁年齡,殘磁年齡 age of remanence
剩余产物/剩餘產物,副產品 residual product
剩余磁化[强度]/剩餘磁化,殘磁[化] remanence, remanent magnetization, residual magnetism
剩余大气/剩餘大氣 residual atmosphere
剩余动校正/剩餘動校正 residual normal moveout correction
剩余偏差/剩餘偏差 residual deviation
剩余热流/剩餘熱流 reduced heat flow
剩余时差分析/剩餘時差分析 residual moveout analysis
剩余视差/剩餘視差 residual parallax
剩余油/剩餘油 remaining oil
剩余重力异常/剩餘重力異常 residual gravity anomaly
尸腐学/壞疽學,屍體分析學 necrology
尸体群/遺體堆 necrocoenosis
失潮/消失潮 vanishing tide
失落空间/失落空間 lost space
失锁/失鎖 lose of lock
失效要素/失效要素 disabled feature
虱目/蝨目 Anoplura
狮鼻贝属/喜斗蜿 *Pugnax*
狮头虫属/獅頭蟲 *Leonaspis*
施工测量/施工測量 construction survey
施工方格网/施工方格網 square control network
施工控制网/施工控制網 construction control network
施工图/施工圖 functional diagram
施工详图/施工詳圖 construction detail
施赖伯法/士賴伯法 Schreiber method
施雷格釉柱带/施雷格釉柱帶,施氏明暗帶 Hunter-Schreger band
施伦伯格[电极]排列/施蘭卜吉電極陣列 Schlumberger electrode array
施密特数/史米特數 Schmidt number
施特伦茨石/纖磷錳鐵礦 strunzite
施瓦茨恰尔德方程/席氏方程 Schwarzchild equation
湿沉降/濕降水 wet deposition
湿地/濕地 wetland
湿地保护/濕地保育 wetland conservation
湿地沉积/濕地沈積 wetland sediment
湿地单要素分类/濕地單要素分類 wetland classification in single element
湿地地貌/濕地地形 wetland landform
湿地调查/濕地調查 wetland investigation
湿地管理/濕地經營 wetland management
湿地过程/濕地過程 wetland process
湿地环境/濕地環境 wetland environment
湿地恢复/濕地恢復 wetland rejuvenation
湿地价值/濕地價值 wetland value
湿地建设/濕地建設 wetland construction
湿地经济/濕地經濟 wetland economics
湿地景观[生态]分类/濕地景觀[生態]分類 wetland landscape classification
湿地开发阈值/濕地開發閾值 threshold value of wetland development
湿地利用/濕地利用 wetland utilization
湿地丧失/濕地喪失 wetland loss
湿地生态安全/濕地生態安全 ecology security of wetland
湿地生态系统/濕地生態系統 wetland ecosystem
湿地生态系统功能/濕地生態系統功能 ecosystem function of wetland
湿地生态系统结构/濕地生態系統結構 ecosystem structure of wetland
湿地生态系统退化/濕地生態系統退化 degradation of wetland ecosystem
湿地生态学/濕地生態學 wetland ecology
湿地生物地球化学/濕地生物地球化學 wetland biogeochemistry
湿地水文/濕地水文 wetland hydrology
湿地土壤/濕地土壤 wetland soil
湿地温室气体/濕地溫室氣體 greenhouse gas of wetland
湿地污染/濕地汙染 wetland pollution
湿地学/濕地學 wetland science
湿地演化/濕地演化 wetland evolution
湿地沼泽海岸/濕地沼澤海岸 wetland swamp coast
湿地资源/濕地資源 wetland resources
湿度/濕度 humidity
湿度表/濕度計 hygrometer
湿度场/濕度場 humidity field
湿度反演/濕度反演 humidity retrieval
湿度计/濕度計,濕度儀 hygrograph, hygrometer
湿度廓线/濕度剖線 moisture profile
湿对流/濕對流 moist convection
湿法分析/濕法分析 wet analysis

湿害/濕害 wet damage
湿寒土/濕寒土 cryopeg
湿季/濕季 wet season
湿静力能/濕静能 wet static energy
湿绝热/濕絶熱 wet adiabatic
湿绝热变化/濕絶熱變化 wet adiabatic change
湿绝热过程/濕絶熱過程 moist adiabatic process
湿绝热线/濕絶熱線 moist adiabat
湿绝热直减率/濕絶熱直減率,濕絶熱遞減率,飽和絶熱直減率 moist adiabatic lapse rate, wet adiabatic lapse rate
湿空气/濕空氣 moist air, wet air, humid air
湿霾/濕霾 damp haze
湿模式/濕模式 moist model, wet model
湿期/濕期 wet spell
湿气/濕氣 wet gas, rich gas
湿气溶胶/濕氣[懸]膠 aqueous aerosol
湿球位温/濕球位温 wet bulb potential temperature
湿球温度/濕球温度 wet bulb temperature
湿球温度表/濕球温度計 wet bulb thermometer
湿热气候/濕熱氣候 warm wet climate
湿润度/水分指數 moisture index
湿润年/豐水年 high flow year
湿润气候/濕潤氣候,潮濕氣候 moist climate, humid climate
湿润外围/濕潤週邊 wet perimeter
湿润温和气候/濕潤温帶氣候 humid temperate climate
湿润指数/濕度指數 moisture index
湿舌/濕舌 moist tongue
湿生长/濕成長 wet growth
湿生植物/濕生植物 hygrophyte
湿式印刷/濕式印刷 wet printing
湿雾/濕霧 wet fog
湿斜压不稳定/濕斜壓不穩度 moist baroclinic instability
湿雪/濕雪 wet snow
湿蒸汽田/濕蒸汽田 wet steam field
湿指数/濕指數 wet index
十进制的/十進位制的 decimal
十进制度/十進位制 decimal degrees
十六进制的/十六進位制的 hexadecimal
十六进制记数法/十六進位記數法 hexadecimal notation
十六进制数/十六進位數 hexadecimal number
十天/旬 dekad
十亿分率/十億分率 parts per billion, ppb
十亿分体积比/十億體積分率 parts per billion by volume, ppbv
十亿字节/十億位元組 gigabyte, GB
十字蕨目/托葉群囊蕨目,托葉群囊蕨科 Stauropteridales
十字军/十字軍 Crusaders
十字珊瑚属/十字珊瑚 *Stauria*
十字石/十字石 staurolite
十字丝/十字絲,叉絲 cross hair, cross wire
十字型/十字型 cross
十足类/十腳類 decapods
十足目/十腳目 Decapoda
石本-饭田公式/石本-飯田公式 Ishimoto-Iida's formula
石笔石/石筆石 pencil-stone
石鳖属/石鱉 *Chiton*
石冰川/石冰川 rock glacier
石带片/殼帶,石網骨片 lithodesma
石底质/石底質 rockground
石房蛤毒素/蛤蚌毒素,渦鞭藻毒素 saxitoxin
石粉/石粉 rock flour
石膏/石膏 gypsum
石膏虫/石膏蟲 Gypsina
石膏化[作用]/石膏化作用 gypsification
石膏帽/石膏帽 gypsum cap
石膏式/石膏式 gypsum type
石膏式矿物/石膏式礦物 gypsoide
石膏试板/石膏[試]板 gypsum plate, selenite plate
石膏双晶/石膏雙晶 gypsum twin
石膏土/石膏土 gypsisol
石膏穴/石膏穴 gypsum cave
石膏岩/石膏岩 gypsum rock
石海/岩海 block field
石海绵/石質海綿類 lithistid
石海绵类/石海綿亞目 Lithistida
石河/石河 stone stream
石化筛选作用/石化篩選作用 fossilization barrier
石化叶/石化葉 lithophyte
石化[作用]/石化作用,岩化[作用] lithification
石环/石環 stone circle
石灰海绵门/石灰海綿綱 Calcispongia
石灰华/石灰華 tufa
石灰岩/[石]灰岩,石灰石 limestone
石灰岩洞穴/石灰岩洞 limestone cave
石灰岩盆地/灰岩盆地 cockpit
石决明/石決明,鮑螺 Haliotis, Ormer
石口阶/石口階 Shikouan Stage
石口期/石口期 Shikouan Age
石蜡/蠟 wax, paraffin wax

石帘/石簾 curtain
石莲/石蓮 Encrinus
石林/石林 stone forest，pinnacle karst
石榴子石/柘榴子石 garnet
石鲈鳍细胞系/石鱸鰭細胞系 grunt fin cell line，GF
石碌群/石碌群 Shilu Group
石面生物/石面生物 epilithion
石漠/石漠 stony desert
石漠化/石漠化 stony desertification
石墨/石墨 graphite
石内生物/岩内生物 endolithion
石牛栏阶/石牛欄階 Shiniulanian Stage
石牛栏期/石牛欄期 Shiniulanian Age
石泡构造/石泡構造 lithophysa structure
石器坡群/石器坡群 Shiqipo Group
石千峰群/石千峰群 Shiqianfeng Group
石珊瑚/石珊瑚 scleractinian
石珊瑚目/石珊瑚目 Madreporaria
石松目/石松目 Lycopodiales
石松亚纲/石松亞科 Lycopodineae
石松植物/石松類 Lycopod
石松子/石松 Lycopodium
石笋/石筍 stalagmite
石炭纪/石炭紀 Carboniferous Period
石炭蜥类/石炭蜥類 anthracosaurians
石炭系/石炭系 Carboniferous System
石铁陨石/鐵石隕石 stony-iron meteorite
石网/石網 stone net，sorted net
石窝/石窩 stone nest
石香肠/石香腸，布丁 boudin
石牙/石牙 solution spike，stone teeth
石盐/石鹽，岩鹽 halite，rock salt
石盐矿床/石鹽礦床 common salt deposit
石盐团块/石鹽團塊 augensalz
石盐岩/[石]鹽岩 halilith，rock salt
石燕/石燕 Spirifer
石燕贝型/石燕貝型 spiriferoid
石叶藻属/泡沫堅珊瑚 *Lithophyllum*
石翼龙/石翼龍 Stenoptergius
石英/石英 quartz
石英安山岩/石英安山岩 quartz andesite
石英摆/石英擺 quartz pendulum
石英斑岩/石英斑岩 quartz porphyry
石英粗面岩/石英粗面岩 quartz trachyte
石英二长岩/石英二長岩 quartz monzonite
石英角斑岩/石英角斑岩 quartz keratophyre
石英喷流岩/石英噴流岩 quartz exhalite
石英片岩/石英片岩 quartz schist
石英砂岩/石英砂岩 quartz sandstone
石英闪长岩/石英閃長岩 quartz diorite
石英弹簧[式]重力仪/石英彈簧[式]重力儀 quartz spring gravimeter
石英温度计/石英温度計 quartz thermometer
石英楔/石英楔 quartz wedge
石英岩/石英岩 quartzite
石英正长岩/石英正長岩 quartz syenite
石英钟/石英鐘 quartz clock
石油/石油 oil，petroleum
石油产状/石油産狀 oil occurrence
石油地球化学/石油地球化學 petroleum geochemistry
石油地质学/石油地質學 petroleum geology
石油聚集/油聚集 oil accumulation
石油勘探测量/石油勘探測量 petroleum exploration survey
[石]油污染/石油汙染 petroleum pollution，oil pollution
石油污染残留物/石油汙染殘留物 oil pollution residue
石油污染观测系统/石油汙染監視系統 oil pollution surveillance system
石油污染检测/石油汙染檢測 oil pollution detection
石油污染控制/石油汙染控制 oil pollution control
石油污染遥感系统/石油汙染遥測系統 oil pollution remote sensing system
石油衍生烃/石油衍生烴 petroleum derived hydrocarbon
石油有机地球化学/石油有機地球化學 petroleum organic geochemistry
石油资源/石油資源 oil resources
石油族组分/石油族組分 group component of petroleum，oil group component
石油组分/油劑組分 oil component，petroleum component
石陨石/石質隕石 stony meteorite
石藻脊/石藻脊 lithothamnion ridge
石藻目/石藻目 Lithothamnion
石针迹遗迹相/石針跡遺跡相 Skolithos ichnofacies
石枝/石枝 helictite
石[质]陨石/石質隕石 stony meteorite
石钟乳/石鐘乳，鐘乳石 stalactite
石柱/石柱 column
石柱珊瑚属/石柱珊瑚 *Lithostrotion*
时/時 chron
时变比例/時變訂比 time variant scaling

时变反卷积/時變解迴旋 time variant deconvolution
时变滤波/時變濾波 time variable filtering
时变倾角时差校正/時變傾角時差校正 time-variant dip-moveout correction
时变系统/時變系統 time varying system
时差/時差 equation of time, moveout
时错相/時錯相,時代錯誤相 anachronistic facies
时带/時帶 chronozone
时段/時距,時間間隔 time interval
时段叠加法/時段疊加法 superposed-epoch method
时号/報時信號 time signal
时号改正数/時號改正數 correction to time signal
S-P 时间/S-P 時間 S-P time
时间标记/時間標記 time stamp
时间参数/時間參數 time parameter
时间参照系/時間參考系 temporal reference system
时间常数/時間常數 time constant
时间尺度/時間尺度 time scale
时间导数/時間導數 time derivative
时间的/時間的 temporal
时间地理学/時間地理學 time geography
时间分辨率/時間解析度,時間解析率 temporal resolution, time resolution
时间分裂积分/時間分隔積分 time splitting integral
时间高度剖面图/時高剖面 time height cross-section
时间归一法/時間標準化 time normalization
时间积分/時間積分 time integration
时间间隔/時間間隔,時距 time interval
时间间隔计/時間間隔器 intervalometer
时间精度/時間精度,時間準確度 temporal accuracy
时间距离/時間距離 time distance
时间可预测[地震]模式/時間可預測[地震]模式 time-predictable earthquake model
时间滤波/時間濾波 time filtering
时间模式/時間模式 time modes
时间平滑/時間平滑 time smoothing
时间平均/時間平均 time average
时间平均模式/時間平均模式 time average model
时间平均[气]流/時間平均流 time mean flow
时间剖面/時間剖面 time record section
时间剖面图/時間剖面圖 time cross section
时间起伏/時間變動 temporal fluctuation
时间切片/時間切面 time slice
时间数据类型/時間資料類型 time data type
时间推移/時移 time lapse
时间维/時間維度,時間尺度 temporal dimension
时间温度指数/時間溫度指數 time temperature index, TTI
时间相干/時間相干 temporal coherence
时间相关/時間相關 time correlation
时间相关函数/時間相關函數 temporal correlation function
时间响应/時間反應 time response
时间项/時間項 time-term
时间项法/時間項法 time-term method
时间性/時間性 temporality
时间序列/時間序列 time series
时间序列分析/時間序列分析 time series analysis
时间预算/時間預算 time budget
时[间]域/時[間]域 time domain
时间[域]偏移/時間移位 time migration
时间滞后/遲延時間,時間落後 lag time, time lag
时间中央差/時間中差 centered time difference
时间准确度/時間準確度,時間精度 temporal accuracy
时角/時角,子午角 hour angle, meridian angle
时角坐标系/時角坐標系 hour angle coordinate system
时距导航系统/時距導航系統 navigation system timing and ranging, NAVSTAR
时距曲面/時距曲面 surface hodograph
时距曲线/時-距曲線 hodograph, time-distance curve, T-X curve
时距日震学/時距日震學 time-distance helioseismology
时空边缘/時空邊緣 time-space edges
时空变率/時空變異度 spatial temporal variability
时空插曲/時空插曲 time-space episode
时空查询/時空查詢 spatio-temporal queries
时空尺度/時空尺度 time and space scale
时空簇/時空簇 space-time manifold
时空地理学/時空地理學 time-space geography
时空点过程/時空點過程 space-time point-process
时空分辨率/時空分辨率,時空解析度 temporal-spatial resolution
时空辐散/時空輻散 time-space divergence
时空复杂性/時空複雜性 spatiotemporal complexity
时空构成/時空構成 time-space constitution
时空关系/時空關係 time-space relations
时空惯例/時空慣例 time-space routine
时空轨迹/時空軌跡 time-space trajectories
时空会聚/時空輻合 time-space convergence
时空结构/時空結構 time-space structure, temporal spatial structure
时空跨度/時空跨度 time-space spans

时空路径/時空路徑 time-space path
时空束缚/時空束縛 time-space constraint
时空数据/時空資料 spatio-temporal data
时空数据库/時空資料庫 spatio-temporal database
时空图样/時空圖像 spatio-temporal pattern
时空相关/時空相關 space time correlation
时空相关性/時空相關性 time-space correlation
时空协调/時空協調 time-space co-ordination
时空序列分析/時空序列分析 spatio-temporal series analysis
时空压缩/時空壓縮 time-space compression
时空延展/時空跨距 time-space distanciation
时空样板/時空樣板 time-space template
时空预算/時空預算 time and space budgets
时空元素/時空元素 spatio-temporal element
时空韵律/時空韻律 time-space rhythms
时空转换/時空轉換 time space transformation
时频电磁法/時頻電磁法 time-frequency domain electromagnetic method，TFDEM
时频分析/時頻分析 time-frequency analysis
时频峰值滤波/時頻峰值濾波 time-frequency peak filtering
时频联合域分析/時頻聯合域分析 joint time-frequency analysis，JTFA
时区/時區 time zone
时圈/時圈 hour circle
时权/時權 timeshare
时深转换/時深轉換 time depth conversion
时态的/時態的 temporal
时态定位/時間定位 temporal position
时态关系/時間關係 temporal relationship
时态观察/時態觀察 temporal observation
时态观察表/時態觀察表 temporal observation table
时态属性/時間屬性 temporal attribute
时态数据集/時態數據集 temporary dataset
时态数据库/時間性資料庫 temporal database
时态特征/時間特徵 temporal characteristic
时态坐标/時間坐標 temporal coordinate
时序分析/時間序列分析 time series analysis
时序模式/時序模式 time-series pattern
时移地震法/時移地震法 time-lapse seismic
时移定理/移位定理 shift theorem
时移双曲线/時移雙曲線 shifted hyperbola
时域电磁法/時域電磁法 time-domain electromagnetic method
时域激电法/時域激電法 time-domain induced polarization，TIP
时展资料/延伸數據 stretched data
时滞/時間延遲 time delay，time lag
时钟频率/時鐘頻率 clock frequency
时子午线/時子午線 time meridian
识别/標識 identity，identification，ID
识别核试验/識別核子試驗 identifying nuclear test
识别码/識別碼 identification code
实测图/實測圖 survey map
实际大气/實際大氣 real atmosphere
实际观测时间/實際觀測時間 actual time of observation
实际航速/實際航速 speed made good，SMG
实际航向/實際航向 course made good，CMG
实际流速/實際流速 actual flowing velocity
实际生态位/實際區位 realized niche
实际误差/實際誤差 actual error
实例/實例 instance
实例化/實例化 instantiation
实麻藤植物/實麻藤植物 Gnetophtya
实麻藤纲/實麻藤綱 Gnetopsida
实时/即時 real time，real-time
实时处理/即時處理 real-time processing
实时[地震]监测/即時[地震]監測 seismic monitoring in real time
实时地震学/即時地震學 real-time seismology
实时地震振幅测量/即時地震振幅測量 real-time seismic amplitude measurement，RSAM
实时定位/即時定位 real-time positioning
实时模式/即時模式 real-time mode
实时频谱图/即時頻譜圖 real-time spectrogram
实时摄影测量/即時攝影測量 real-time photogrammetry
实时数据/即時資料 real-time data
实时数据系统/即時資料系統 real-time data system，RTD system
实时系统/即時系統 real-time system
实时显示/即時顯示 real-time display
实时相关/實時相關 real-time correlation
实体/實體 entity
实体超类/實體超類型 entity supertype
实体点/實體點 entity point
实体对象/實體物件 entity object
实体分类/實體分類 entity classification
实体关系/實體關係 entity relationship，E-R
实体关系方法/實體關聯方法 entity relationship approach
实体关系建模/實體關係建模，實體關係模式 entity relationship modeling
实体关系模型/實體關係模式 entity relationship

model, E-R model
实体关系数据模型/實體關聯資料模型 entity relationship data model
实体关系图/實體關係圖 entity relationship diagram, ERD
实体规划/實體規劃 physical planning
实体化石/實體化石 body fossil
实体集/實體組 entity set
实体集模型/實體組模型 entity set model
实体类/實體類別 entity class
实体类型/實體類型 entity type
实体实例/實體實例 entity instance
实体属性/實體屬性 entity attribute
实体网络/實體網路 physical network
实体子类/實體子類型 entity subtype
实现/實作 execute, implementation
实现规范/實作規格 implementation specification
实现视点/實作觀點 implementation view
实像/實像 real image
实验地貌学/實驗地形學 experimental geomorphology
实验地球化学/實驗地球化學 experimental geochemistry
实验地热学/實驗地熱學 experimental geothermics
实验地震学/實驗地震學 experimental seismology
实验地质学/實驗地質學 experimental geology
实验固体潮模型/實驗固體潮模型 experimental earth tide model
实验矿床学/實驗礦床學 experimental metallogeny
实验矿物学/實驗礦物學 experimental mineralogy
实验流域/實驗流域 experimental watershed
实验小区/實驗社區 experimental plot
实验岩石学/實驗岩石學 experimental petrology
实用标准/實用標準 functional standard
实用天文学/應用天文學 practical astronomy
实用盐标/實用鹽標 practical salinity scale
实用盐度/實用鹽度 practical salinity
实用盐度单位/實用鹽度單位 practical salinity unit, psu
实羽片/可孕性羽片,産孢子羽片 fertile pinna
实在论/實在論 realism
拾震器标定/感應器校正室 sensor calibration
食/食,蝕 eclipse
食贝的/食貝的 molluscivorous
食草动物/草食者 herbivore
食草痕/嚙痕 grazing mark
食草牙/食草牙 herbivorous tooth
食虫目/食蟲目 Insectivora
食道/食道,喉 gullet
食底泥动物/食泥動物,沈積物攝食生物 deposit feeder
食粪动物/食糞動物 coprophaga
食腐动物/食腐動物 saprophage
食腐尸的/食死物的 necrophagous
食腐性/腐食性 saprophagous
食泥生物/食泥動物,沈積物攝食生物 deposit feeder
食年/蝕年 eclipse year
食肉动物/肉食者 carnivore
食尸动物/食屍動物 necrophaga
食尸生物的/食死物的 necrophagous
食碎屑动物/食碎屑動物 detritivore, detritus feeder
食碎屑食物链/碎屑性食物鏈 detritus food chain
食碎屑食物网/碎屑性食物網 detritus food web
食碎屑者/碎屑食者 detritivore
食土的/食土的 geophagous
食微生物的/食微的 microphagous
食物沟/食道溝 food groove
食物金字塔/食物金字塔 food pyramid
食物链/食物鏈 food chain
食物网/食物網 food web
食性/食性 feeding habit
食盐/食鹽 common salt
食用盐生植物/食用鹽生植物 halophytic food plant
食鱼者/魚食者 piscivore
食藻生物/食藻生物,食藻性 algophagous
食植物的/食植[物]的,食草類 phytophagous
食植者/刮食者 grazer
蚀变/蝕變 alteration
蚀变矿物/蝕變礦物 altered mineral
蚀变围岩/蝕變圍岩 altered wallrock
蚀变作用/蝕變作用 alteration
蚀壶穴/蝕壺穴,蝕甌穴 etched pothole
蚀刻染色/腐蝕染色 etching dye
蚀刻者/蝕刻者 ethcher
蚀象/蝕像 etch figure
史前地震/史前地震 pre-historical earthquake
史前期/史前期 prehistoric period
史实性/史實性 historicity
史塔夫蜓属/斯氏蜓,斯氏蟲 *Staffella*
矢部龙属/矢部龍 *Yabeinosaurus*
矢部蜓属/矢部蜓,矢部紡錘蟲 *Yabeina*
矢环/矢環 sagittal ring
矢距/矢距,外距 external distance
矢量/向量 vector
矢量表示/矢量表示 vector representation

矢量场/向量場 vector field
矢量乘积/向量積,外積 vector product
矢量磁力仪/向量磁力儀 vector magnetometer
矢量地图/向量[地]圖 vector map
矢量方程/向量方程 vector equation
矢量分析/矢量分析,向量分析 vector analysis
矢量风标/向量風標 vector vane
矢量函数/向量函數 vector function
矢量化/向量化 vectorization
矢量绘图/矢量繪圖,向量繪圖 vector plotting
矢量模型/向量模式 vector model
矢量偶极/向量偶極 vector dipole
矢量球谐函数/向量球諧函數 vector spherical harmonics
矢[量]势/向量位 vector potential
矢量数据/向量[式]資料 vector data
矢量数据格式/向量式資料格式 vector data format
矢量数据结构/向量資料結構 vector data structure
矢量数据模型/向量資料模式 vector data model
矢量图/向量圖 vector diagram
矢量图像/向量圖檔 vector image
矢量拓扑/向量位相關係 vector topology
矢量雨量器/向風雨量計 vectopluviometer
矢量-栅格转换/向量網格轉換 vector-to-raster conversion
矢势/向量位 vector potential
矢状隆起/矢狀脊 sagittal ridge
使用/使用 usage
使用权/使用權 privilege
使用许可文件/使用許可文件 license file
使用许可证/使用許可證 license
始成土/始成土,弱育土 inceptisol
始等称虫/始等稱蟲 Eoistelus
始端/近[極]端 proximal end
始鳄类/始鱷類 eosuchians
始鳄目/始鱷目 Eosuchia
始费伯克[竹]蜓/始韋氏蟲 Eoverbeekina
始分喙石燕贝/始分喙石燕 Eochoristites
始海百合纲/始海百合綱 Eocrinoidea
始海百合类/始海百合類 eocrinoids
始巨鳄类/始巨鱷獸類 eotitanosuchians
始啮型头骨/始齧型頭骨 protrogomorphous skull
始鳍龙类/始鰭龍類 eosauropterygians
始生动物/始生動物,始生蟲,原生動物 Eozoa
始石燕/始石燕 Eospirifer
始舒氏虫/始舒氏蟲 Eoschubertella
始太古代/始太古代 Eoarchean Era
始太古界/始太古界 Eoarchean Erathem
始蛙目/始蛙目 Eoanura
始先类/始源生物界 Protista
始新世/始新世 Eocene Epoch, Eocene
始新统/始新統 Eocene Series
始芽/始芽,初芽 initial bud
始螈/始螈 Eogyrinus
始正形贝/始正形貝 Eoorthis
始椎类/楔錐目 Embolomeri
始祖马/始馬 Eohippus
始祖鸟/始祖鳥 Archaeopteryx
始祖鸟属/始祖鳥 *Archaeopteryx*
始祖象/始祖象,蒙内象 Moeritherium
始祖象类/始祖象類,莫湖獸亞目,蒙内象類 Moeritheriodea
氏族社会/氏族社會 clan society
示底构造/地殼花瓣狀構造 geopetal structure
示范效应/示範效應 demonstration effect
示坡线/邊坡線 slope line
示误三角形/示誤三角形 triangle of error
示误三角形法/示誤三角形法 triangle of error method
示意图/示意圖 schematic diagram
示源岩相/示源岩相 alimentation facies
示踪持续时间/示蹤持續時間 trace duration
示踪分析/追蹤劑分析 tracer analysis
示踪剂/示蹤劑 tracer
示踪扩散实验/追蹤物擴散實驗 tracer diffusion experiment
示踪同位素/示蹤同位素 tracer isotope
示踪物/示蹤物 tracer
示踪研究/示蹤研究 tracer study
示踪云/示蹤雲 cloud tracer
世/世 Epoch
世代交替/世代交替 alternation of generation
世纪[的]/世紀[的] secular
世界标准数字地震台网/全球數位地震觀測網 Digital World Wide Standardized Seismograph Stations Network, DWWSSN
世界城市/世界城市 world city
世界大地坐标系/世界大地坐標系 world geodetic system, WGS
世界岛/世界島 world island
世界地图集/世界地圖集 world atlas
世界地形模型(1′×1′)/世界地形模型(1′×1′) ETOPO1
世界地形模型(2′×2′)/世界地形模型(2′×2′) ETOPO2
世界地形模型(5′×5′)/世界地形模型(5′×5′)

ETOPO5
世界都市带/世界都市帶,環球都會　ecumenopolis
世界范围标准地震台网/全球標準地震臺網　World Wide Standard Seismograph Network, WWSSN
世界海洋环流实验/世界海洋環流實驗　World Ocean Circulation Experiment, WOCE
世界海洋数据库/世界海洋資料庫　world ocean database, WOD
世界海洋图集/世界海洋圖集　world ocean atlas, WOA
世界气候/世界氣候　world climate
世界气候研究计划/世界氣候研究計劃　World Climate Research Programme, WCRP
世界气象组织/世界氣象組織　world meteorological organization, WMO
世界时/世界時　universal time, UT
世界体系分析/世界體系分析　world-system analysis
世界体系理论/世界體系理論　world-system theory
世界天气监测网/世界氣象守視　World Weather Watch, WWW
世界文化遗产/世界文化遺産　cultural heritage of the world
世界应力图/世界應力圖　World Stress Map, WSM
世界应力图计划/世界應力圖計劃　World Stress Map Project, WSMP
世界植物区系分区/世界植物區系分區　world floristic divisions
世界种/世界種,廣布種,全球種　cosmopolitan species
世界自然保护联盟/世界自然保護聯盟　International Union for Conservation of Nature and Natural Resources, IUCN
世界自然保护联盟红皮书/世界自然保護聯盟紅皮書　IUCN Red Data Book
世界自然保护联盟红色名录/世界自然保護聯盟紅色名録　IUCN Red List
世界自然遗产/世界自然遺産　World Heritage
世界坐标系/世界坐標系　world coordinate system, WCS
世俗化/世俗化　secularization
市场/市場　market
市场超叠/市場重疊　market overlap
市场分析/市場分析　store market analysis
市场经济学/市場經濟學　market economics
市场距离/市場距離　market distance
市场零碎化/市場零碎化　market fragmentation
市场区/市場區　market district
市场区隔化/市場區隔化,市場細分　market segmentation
市场区位/市場區位　market location
市场取向工业/市場取向工業　market-oriented industry
市场渗透/市場滲透　market penetration
市场位势/市場潛勢　market potential
市场细分/市場細分,市場區隔化　market segmentation
市场域/市場域　market area
市带县体制/市帶縣體制　city administratively control over surrounding counties
市地重划/市地重劃　urban land consolidation, urban land readjustment
市界/市界　municipal boundary
市区/市區　urban district, city proper
市区图/市區圖　urban area map
市辖县/市轄縣　counties under the jurisdiction of municipality
市域规划/都市區域規劃　planning of urban region
市政工程测量/公共工程測量　public engineering survey
市中心/市中心　civic center, downtown
势/位[勢]　potential
势场延拓/勢場延拓　continuation of potential field
势函数/位函數　potential function
势能/勢能,位能　potential energy
事故污染/意外汙染　accidental pollution
事件/事件　episode, event
事件表/事件表　event table
事件层/事件層　event layer
事件沉积/事件沈積　event deposit
事件处理/事件處理　event handling
事件地层学/事件地層學　event stratigraphy
事件叠加/事件疊加　event overlay
事件旅游/事件旅遊　event tourism
事件旅游管理/事件旅遊管理　event management
事件时间/事件時間　event time
事件震级/事件震級　event magnitude
事件主题/事件主題　event theme
事实/事實　fact
事务处理/交易處理,異動處理　transaction
事务处理记录/異動記録,交易記録　transaction log
事务处理数据库/交易處理資料庫,異動處理資料庫　transactional database
试车/試車　run testing
试点测量/方位測量　orientation survey
试剂/試劑　reagent

试剂空白/試劑空白 reagent blank
试生产测量/試查,試探調查,先驅調查 pilot survey
试算法/試誤法 trial and error method
试验场/現場試驗,實地試驗 experimental site, test field
试验法/試求法 trial method
试印版/試印版 advanced edition
视岸线/視岸線 apparent shoreline
视差/[光學]視差 parallax, optical parallax
视差测高楔/視差測高楔 parallax wedge
视差测微器/單板測微器 parallax micrometer
视差杆/視差尺 parallax bar
视差角/視差角 angle of parallax
视差较/視差較,視差差數 parallax difference, differential parallax
视差误差/視差誤差 parallactic error
视场/視場,視野 field of view, FOV
视场对比/視場對比 simultaneous contrast
视程表/視程計 videometer
视程计/視程儀 videograph
视程指数/能見度指數 visibility index
视赤经/視赤經 apparent right ascension
视赤纬/視赤緯 apparent declination
视磁化率/視磁化率 apparent magnetic susceptibility
视地平线/視地平[線] apparent horizon
视点/視點,觀察點 viewpoint
视电阻率/視電阻率 apparent resistivity
视电阻率各向异性/視電阻率各向異性 heterogeneity of apparent resistivity
视电阻率拟断面/視電阻率擬斷面 pseudosection of apparent resisitivity
视风/視風 apparent wind
视杆细胞/桿狀細胞 rod cell
视高度/視高度 apparent altitude
视光轴角/假光軸角 apparent optic axial angle
视恒星日/視恆星日 apparent sidereal day
视恒星时/視恆星時 apparent sidereal time
视极移/視極移 apparent polar wander
视极移路径/視極移路線 apparent polar-wander curve, apparent polar-wander path, APWP
视极移曲线/視極移曲線 apparent polar-wander curve
视角/視角 visual angle, vision angle, viewing angle
视角测量/視角測量,定角測量 subtense angle measurement
视距/視距 sight distance
视距标尺/視距標尺 stadia rod
视距表/視距表 stadia table
视距测量/視距測量,定距測量 stadia surveying, distance measurement with fixed length
视距常数/視距常數 stadia constant
视距乘常数/視距乘常數 stadia multiplication constant
视距导线/視距導線 stadia traverse
视距弧/視距弧 stadia circle
视距计算盘/視距計算盤 stadia computer
视距加常数/視距加常數 stadia addition constant
视距间隔/視距間隔 stadia interval
视距间隔因子/視距間隔因子 stadia interval factor
视距经纬仪/視距經緯儀 stadia transit
视距三角高程测量/視距三角高程測量 stadia trigonometric leveling
视距丝/視距絲 stadia hairs, stadia wires
视距图/視距圖 stadia diagram
视觉变量/視覺變數 visual variable
视觉层次/視覺層次 visual hierarchy
视觉对比/視覺對比 visual contrast
视觉分辨敏锐度/視覺分辨敏銳度 resolution acuity
视觉感阈/視覺對比低限 contrast threshold of eye
视觉立体地图/視覺立體地圖 stereoscopic map
视觉平衡/視覺平衡 visual balance
视觉系统响应/視覺系統反應 visual system response
视觉形式/視覺形式 visual form
视觉中心/視覺中心 visual center, optical center
视口/可視範圍 viewport
视敏度/明視度 visual acuity
视模型/視模型 perceived model
视频/視頻 video frequency
视频地图/視頻圖 video map
视频获取/視訊擷取 video capture
视频扫描器/圖像掃描器 video scanner
视倾角/視傾斜,僞傾斜 apparent dip
视热源/視熱源 apparent heat source
视时间/視時 apparent time
视示力/視似力 apparent force
视速度/視速度 apparent velocity
视速度滤波/視速度濾波 apparent velocity filtering
视太阳/視太陽 apparent sun
视太阳日/視太陽日 apparent solar day
视太阳时/視太陽時 apparent solar time
视图/檢視 view
视网膜/視網膜 retina
视为当然之世界/視爲當然之世界 world taken for granted

视位置/視位置 apparent place
视误差/視誤差 apparent error
视线/視線 sight line, visual line, line of sight
视线地图/視線地圖 line of sight map
视线高/視線高 height of instrument
视线高程/視線高程 elevation of sight
视相位拟断面图/視相位擬斷面圖 pseudosection of impedance phase
视星等/視星等 apparent magnitude
视野图/視域 viewshed
视应力/視應力 apparent stress
视域/視域 viewshed
视域图/視域地圖 viewshed map
视正午/視午 apparent noon
视准差/視準差 error of collimation
视准差改正/視準差改正 collimation correction
视准校正/視準校正 collimation adjustment
视准面/視準面 collimation plane
视准线/視準線 line of collimation, line of sight
视准线法/視準線法 collimation line method
视准轴/視準軸,照準軸 collimation axis
视准轴偏心/照準軸之離心誤差 eccentricity of collimation axis
视子夜/視子正 apparent midnight
适度人口/最適人口 optimum population
适旱植物/適旱植物 xerophilous plant
适航天气/適航天氣 weather above minimum
适温生物/嗜温生物 thermophilic organism
适淹礁/適淹礁,適涸岩,平低潮岩石 rock awash
适盐生物/鹽生生物 halophile organism
适宜性模型/適宜性模型 suitability model
适应/適應,調適 adaptation
适应辐射/適應輻射 adaptive radiation
适应过程/適應過程,調整過程 adaptation process, adjustment process
适应时间/調整時間 adjustment time
适应性水平/適應性水平 adaptation level
适用性/適用性 fitness for use, serviceability
室孔/基孔,隔壁孔,週面孔 foramen
室口/口孔,殼口 aperture
室内气候/室内氣候 indoor climate
室内气候学/室内氣候學 cryptoclimatology
室内温度/室内温度 indoor temperature
室内小气候/室内氣候,屋内微氣候 cryptoclimate, house microclimate
铈硅磷灰石/鈰鈰磷灰石,鳳凰石 britholite
铈硅石/矽鈰石 cerite
铈铌钙钛矿/鈰鈮鈣鈦礦 loparite
铈烧绿石/鈰燒綠石,釔燒鋁石 ceriopyrochlore, marignacite
释水系数/貯存係數 storativity, storage coefficient
释重节理/減荷節理 lift joint
嗜冷生物/嗜冷生物 psychrophilic organism
嗜冷细菌/嗜冷細菌 psychrophilic bacteria
嗜热细菌/嗜熱細菌 thermophilic bacteria
嗜温细菌/嗜温細菌 mesophilic bacteria
嗜压细菌/嗜壓細菌 barophlic bacteria
嗜盐细菌/嗜鹽細菌 halophilic bacteria
嗜氧性/向氧性,向氣性 aerotropism
噬菌体/噬菌體 bacteriophage
螯针/螯,刺 sting
收发距/收發距 space between receiver and transmitter
收集/收集,收取,採集 collection
收集器/收集器 collector
收集效率/收集效率 collection efficiency
收敛/收斂 convergence
收敛角/收斂角 convergence angle
收敛条件/收斂條件 convergence condition
收入地理学/所得地理學 geography of incomes
收时/收時 time receiving
收缩式/收縮式 chorate
收缩说/收縮說,冷縮說 contraction theory
收缩型逆断层系/收縮型逆斷層系 contractional reverse fault system
手簿/手簿 record book
手测锤/手測錘 hand lead
手持风速表/手提風速計 hand anemometer
手持水准仪/手持水準儀 hand level
手锤测深/手錘測深 hand lead sounding
手盗龙类/手盜龍類[群] maniraptorans
手盗龙形类/手盜龍形類 maniraptoriforms
手动制动器/手制動器 hand brake
手扶跟踪数字化仪/手動跟蹤數化儀 manual tracking digitizer
手工打样/硬式打樣 hand proofing
手工组版/人工組版 hand setting
手绘模片辐射三角测量/手繪模片輻射三角測量 hand-templet radial triangulation
手机革命/手機革命 Cellular phone revolution
手墨辊/手墨輥 hand roller
手帕地图/手絹圖 handkerchief map
手示信号/手示訊號 hand signal
手提箱农民/手提箱農民 suitcase farmer
手尾虫属/掌尾蟲 *Cheirurus*
手摇干湿表/手搖乾濕計 sling psychrometer

手摇机/手摇機 hand press
手摇温度表/手搖溫度計 sling thermometer
手摇印刷机/手搖印刷機 hand press
守恒/守恆，保守 conservation
守恒方程/守恆方程 conservation equation
守恒格式/保守法 conservation scheme
守恒浓度/守恆濃度 conservative concentration
守恒污染物/守恆性汙染物 conservative pollutant
守恒系统/守恆系統 conservative system
守恒性质/守恆性質 conservative property
守恒元素/守恆元素 conservative element
守时/記時 time-keeping
首波/首波 head wave
首次公开募股/首次公開募股 Initial Public Offerings，IPO
首都近郊/首都近郊 environs of capital city
首都圈地震台网/首都圈地震臺網 Capital Circle Seismograph Network，CCSN
首曲线/首曲線 intermediate contour
首位城市/首要城市 primate city
首要[性]/首要[性] primarcy
艏向/船首向 heading
艏摇/平擺 yaw
寿山石/壽山石，凍石 agalmatolite，figure stone
受变质矿床/變質的礦床 metamorphosed deposit
受波器/受波器 seismic receiver
受精/受精 fertilization
受精卵/受精卵，卵孢子，接合子 oospore，zygote
受限扩散/受限擴散 diffusion-limited
受限扩散生长/受限擴散生長 diffusion-limited growth
受胁物种/受脅[物]種 threatened species
受灾面积/受災面積 damage area
受资助城市/受資助都市 entitlement city
狩猎旅游/狩獵旅遊 safari
授粉[作用]/受粉作用 pollination
GPS 授时仪/GPS 授時儀 GPS synchronization instrument
兽齿亚目/獸齒亞目 Theriodontia
兽脚类/獸腳類 theropods
兽孔类/獸孔類 therapsids
兽孔目/獸孔目 Therapsida
兽类/獸類 therians
兽头附目/獸頭附目 Therocephalia
兽头类/獸頭類 therocephalians
兽形亚纲/獸形目，獸形類 Thermorpha
兽足亚纲/獸腳亞目 Theropoda
瘦煤/瘠煤，貧煤 lean coal
书斜式断层/書斜式斷層 bookshelf faults
枢纽断层/鉸鏈斷層，捩轉斷層 hinge fault
枢纽-网络模型/樞紐-網路模式 hinge-network model
梳颌翼龙类/梳頜翼龍類 ctenochasmatids
梳状分子/梳狀分子 carminate element
梳状构造/梳狀構造 comb structure
梳状台形分子/梳狀臺形分子 carminiplanate element
梳状褶皱/梳狀褶皺 comb fold
梳状舟形分子/梳狀舟形分子 carminiscaphite element
舒伯特蜓属/舒氏蟲 *Schubertella*
舒曼谐振/舒曼諧振 Shuman resonance
舒适度图/舒適圖 comfort chart
舒适气流/舒適氣流 comfort current
舒适温度/舒適溫度 comfort temperature
舒适指数/舒適指數 comfort index
舒依方程/舒依方程 Shuey equation
疏浚工程/疏浚工程，浚渫工程 dredging engineering
疏浚区/挖浚區 dredged area
疏木型木质部/疏木型木質部 manoxylic xylem
疏水键/疏水鍵 hydrophobic bond
疏水水合[作用]/疏水水合作用 hydrophobic hydration
疏水物/疏水物 hydrophobe
疏水性表面/疏水性表面 hydrophobic surface
疏松层/疏鬆層 tectorium
疏松岩性土/疏鬆岩性土 regosol
疏穗苏铁/疏穗蘇鐵 Beania
疏型壳纹/疏線 paucicostellae
输出/輸出 output，export
输出接口/輸出接口 outbound interface
输出目录/輸出目録 output directory
输出生产/輸出生產 export production
输出数据/輸出資料 output data
输出文件/輸出文件 out file
输出信号/輸出信號 output signal
输导组织/輸導組織，維管組織 conducting tissue
输电线路测量/輸電線路測量 power transmission line survey
输入/輸入[的資料] input
输入设备/輸入設備 input device
输入数据/輸入資料 input data
输沙量/輸沙量 sediment yield
输沙率/輸沙率 sand flow rate
输沙模数/輸沙模式 sediment transport modulus
输沙能力/輸沙能力 transportability of sediment

输油管道测量/輸油管道測量 petroleum pipeline survey
熟化/老化,陳化 maturing
属/屬[類] genera, genus
属名/屬名 generic name
属型/屬型,性型,因數型 generotype, genotype
属性/屬性 attribute
属性编码模式/屬性編碼模式 attribute coding schema
属性标记/屬性標記 attribute tag
属性表/屬性資料表 attribute table
属性采样/屬性取樣 attribute sampling
属性操作/屬性操作 attribute manipulation
属性查询/屬性查詢,屬性搜尋 attribute search, attribute query
属性抽样/屬性取樣 attribute sampling
属性处理/屬性處理 attribute processing
属性错误/屬性錯誤 attribute error
属性代码/屬性代碼 attribute code
属性定义/屬性定義 attribute definition
属性分解/屬性分解 attribute disaggregating
属性分类/屬性分類 attribute classification
属性分析/屬性分析 attribute analysis
属性集/屬性集 attribute set
属性精度/屬性精度,屬性準確度 attribute accuracy
属性聚集/屬性聚集 attribute aggregation
属性类型/屬性類型 attribute type, attribute class
属性累计统计/屬性概括統計 attribute summary statistics
属性连接/屬性連接 attribute linkage
属性匹配/屬性匹配 attribute matching
属性数据/屬性資料 attribute data
属性数据文件/屬性資料檔 attribute data file
属性特征选择/屬性特徵選擇 logical selection
属性提取/屬性提取 attribute extraction
属性文件/屬性檔 attribute file
属性页/屬性頁 property page
属性域/屬性域 attribute domain
属性再分类/屬性再分類 attribute reclassification
属性值/屬性值 attribute value
属性准确度/屬性準確度,屬性精度 attribute accuracy
蜀兽类/蜀獸類 shuotheriidans
鼠标/滑鼠 mouse
鼠标模式/滑鼠模式 mouse mode
鼠鲨属/鮫鼠目 *Lamna*
鼠兔属/鼠兔,短耳兔 *Ochotona*
鼠型头骨/鼠型頭骨 myomorphous skull
鼠亚科齿尖/鼠亞科齒尖 tubercles 1-9
鼠亚科小附尖/鼠亞科小附尖 bis
曙暮光/曙暮光 twilight
曙暮光弧/曙暮光弧 arch twilight
曙暮气晖/曙暮氣暉 twilight glow
束缚沥青/束縛瀝青 fixed bitumen
束缚水饱和度/束縛水飽和度 bound water saturation
束式腔/束式腔 fascicolates
束丝藻叶黄素/束絲藻葉黃素 aphanizophyll
束速度/束速度 beam velocity
束状/叢狀 fasciculate
树笔石/樹筆石 Dendrograptus
树挂/高霜 air hoar
树结构/樹狀結構 tree structure
树轮年代学/樹齡學,年輪[紀年]學 dendrochronology
树木年轮气候学/樹木[年輪]氣候學 dendroclimatology
树木年轮气候志/樹木氣候志,年輪氣候志 dendroclimatography
树木线/[森]林線 timber line, tree line, forest line
树线/樹線 tree line
树形笔石类/樹形筆石類 dendroids
树形笔石目/樹筆石目 Dendroidea
树形工具箱/樹形工具箱 toolbox tree
树形石/樹枝石 dendrolite
树芽屯群/樹芽屯群 Shuyatun Group
树枝石/樹枝石 dendrite
树枝状沙垅/樹枝狀沙丘 dendritic dune
树枝状水系[格局]/樹枝狀水系 dendritic drainage, dentric drainage pattern
树枝状装饰/樹枝狀裝飾 dendritic sculpture
树脂光泽/松脂光澤 resinous luster
树脂体/樹脂體 resinite
树状图/樹狀圖 dendrogram
竖井/豎井,直井,豎坑 shaft
竖盘指标差/豎盤指標差 index error of vertical circle, vertical collimation error
竖曲线/豎曲線 vertical curve
竖曲线测设/豎曲線測設 vertical curve location
竖曲线顶点/豎曲線頂點 summit of vertical curve
竖曲线起点/豎曲線起點 point of vertical curve, PVC
竖曲线终点/豎曲線終點 point of vertical tangent, PVT
竖直角/垂直角,縱角,高程角 vertical angle
竖直摄影/垂直攝影 vertical photography

数据/數據,資料 data
数据安全/資料安全 data safety
数据安全性/資料安全性 data security
数据包络分析/資料包絡分析 Data envelopment analysis, DEA
数据保护/資料保護 data protection
数据保密/資料保密 data secrecy
数据编辑/資料編輯 data editing
数据编码/資料編碼 data encoding
数据标记/資料標記 data marker
数据标准/資料標準 data standard
数据标准化/資料標準化 data standardization
数据表/資料表 data table
数据表达/資料表達 data presentation
数据表示/資料表示法 data representation
数据采集/數據採集,資料收集,數據收集 data capture, data acquisition, data collection
数据采集点/資料收集點 data collection point
数据采集平台/資料收集平臺 data collection platform, DCP
数据采集区/資料收集區 data collection zone
数据采集设备/數值轉換器 digital capture device, data acquisition equipment
数据采集系统/資料收集系統 data acquisition system
数据仓库/資料倉庫 data warehouse
数据操作/資料操作 data manipulation
数据操作语言/資料操作語言 data manipulation language, DML
数据层/資料層 data layer, data coverage
数据层级/資料層級 data level
数据查询语言/資料查詢語言 data query language
数据产品/資料產品 data product
数据产品级别/資料產品等級 data product level
数据处理/數據處理,資料處理 data processing, data handling
数据处理系统/資料處理系統 data processing system
数据传出/資料傳出 data roll out
数据传输/資料傳輸 data transmission
数据传输分系统/資料傳輸次系統 data transmission subsystem
数据存储/資料儲存 data storage
数据存储介质/資料儲存媒介 data storage medium
数据存储控制语言/資料儲存控制語言 data storage control language
数据存档及分发系统/資料存檔及分布系統 data archive and distribution system, DADS
数据存取安全性/資料存取安全性 data access security
数据存取控制/資料存取控制 data access control
数据存取装置/資料存取裝置 data access arrangement, DAA
数据代理/資料代理 data surrogates
数据代理商/資料代理商 data broker
数据单元/資料單元 data cell
数据档案/資料典藏 data archive
数据叠加/資料疊加,資料套疊 data overlaying, data overlay
数据叠置/資料套疊 data overlaying
数据定义/資料定義 data definition
数据定义语言/資料定義語言 data definition language, DDL
数据定义域/資料定義域 data universe
数据独立存取模型/資料獨立存取模型 data independence access model
数据讹误/資料繆誤 data corruption
数据发布/資料發布 data dissemination
数据反演/數據反演 data inversion
数据访问安全性/資料存取安全性 data access security
数据访问控制/資料存取控制 data access control
数据分层/資料分層 data layering
数据分割/資料分割 data fragmentation
数据分类/資料分類 data classification
数据分配/資料分配 data distribution
数据分析/資料分析 data analysis
数据分析程序/資料分析程序 data analysis routine
数据服务/資料服務 data services
数据服务单元/資料服務單元 data service unit
[数据]覆盖区/資料覆蓋區,圖層 coverage, layer
数据格式/資料格式 data format
数据更改/資料修正 data modification
数据更新/資料更新 data revision, data update
数据更新率/資料更新率 data update rate
数据更新周期/資料更新週期 data update cycle
数据共享/資料共享,資料共用 data sharing
数据管理/資料管理 data management
数据管理和检索系统/資料管理和檢索系統 data management and retrieval system, DMRS
数据管理结构/資料管理結構 data management structure
数据管理能力/資料管理能力 data management capability
数据管理系统/資料管理系統 data management system, DMS

数据管理员/資料管理員 data administrator
数据规范/資料規範,資料規格 data specification
数据获取设备系统/資料收集設備系統 data acquisition device system, DADS
数据基础设施/資料基礎建設 data infrastructure
数据基元/資料基元 data primitive
数据集/資料集,資料組 data set
数据集比较/資料組比較 data set comparison
数据集成/資料集成 data integration, data aggregation
数据集精度/資料集精度 data set precision
数据集目录/資料集目錄 data set catalog, data set directory
数据集文档/資料集文件 data set documentation
数据集系列/資料集系列 data set series, dataset series
数据集质量/資料集品質 data set quality
数据记录设备/資料記錄設備 data chamber
数据记录仪/資料記錄器 data recorder
数据加密标准/資料加密標準 data encryption standard
数据兼容性/資料相容性 data compatibility
数据检索/資料檢索 data retrieval
数据简化/資料簡化 data simplification
数据建模/資料模組化 data modeling
数据交换/資料交换 data exchange
数据交换格式/資料交换格式 data exchange format
数据交换节点/訊息交换節點 clearinghouse node
数据交换网关/訊息交换閘門 clearinghouse gateway
数据交换网站/情報交换所 clearinghouse
数据结构/資料結構 data structure
数据结构图/資料結構圖 data structure diagram
数据结构转换/資料結構轉换 data structure conversion
数据解释/數據解釋,資料解釋 data interpretation
数据精确度/資料精確度 data accuracy
数据净化/資料清理 data cleaning
数据可操作性/資料可操作性 data manipulability
数据可存取性/資料可存取性 data accessibility
数据可访问性/資料可訪性,資料可存取性 data accessibility
数据可移植性/資料可移植性 data portability
数据控制/資料控制 data control
数据库/數據庫,資料庫 data bank, data base, database
Sybase 数据库/Sybase 資料庫系統 Sybase database
数据库参数操作/資料庫參數操作 database parameter manipulation
数据库层次结构/資料庫層次結構 database hierarchy
数据库查询模块/資料庫查詢模組 database request module
数据库创建/資料庫建置 database creation
数据库对象/資料庫物件 database object
数据库关键字/資料庫關鍵字 database key
数据库管理/資料庫管理 database management, database administration
数据库管理软件/資料庫管理軟體 database management software
数据库管理系统/資料庫管理系統 database management system, DBMS
数据库管理员/資料庫管理員 database manager, database administrator, DBA
数据库规范/資料庫規格 database specification
数据库环境/資料庫環境 database environment
数据库集成程序/資料庫集成器 database integrator
数据库结构/資料庫結構 database architecture
数据库可靠性/資料庫可靠性 database credibility
数据库可信度/資料庫可信性 database credibility
数据库链接/資料庫鏈結 database connection, database link
数据库浏览/資料庫瀏覽 database browse
数据库描述/資料庫描述 database description
数据库模式设计/資料庫模式設計 database schema design
数据库目录/資料庫目錄 database directory
数据库设计/資料庫設計 database design
数据库寿命/資料庫壽命 database longevity
数据库所有者/資料庫所有者 database owner
数据库锁定/資料庫鎖定 database lock
数据库体系结构/資料庫架構 database architecture
数据库完整性/資料庫完整性 database integrity
数据库文件/資料庫檔案 database file, DBF
数据库支持/資料庫支持 database support
[数据]块/資料區塊,基元 data block, block, tile
数据类别/資料類别 data category
数据类型/資料型態 data type
数据粒度/資料粒度,資料細微性 data granularity
数据链接/資料鏈結 data link
数据链接层/資料鏈結層 data link layer
数据链接控制/資料鏈結控制 data link control
数据流/資料流 data stream
数据流方式/資料流模式 data streaming mode
数据密度/資料密度 data density
数据描述记录/資料描述記錄 data description

record
数据描述语言/資料描述語言 data descriptive language
数据敏感性/資料敏感性 data sensitivity
数据模式/資料規格 data schema
数据模型/資料模式 data model
数据目录/資料目録 data catalogue, data directory
数据拼块/資料拼幅 data tile
数据平滑/資料平滑化 data smoothing
数据屏蔽/資料遮罩 data mask
数据窃取/資料窺竊 data voyeur
数据清理/資料清理 data cleaning
数据区/資料區 data area
数据权限/資料許可權 data rights
数据全集/資料全集 data universe
数据日志/資料記録 data logger
数据冗余/資料冗餘 data redundancy
数据入口/資料入口 data entry
数据矢量化/資料向量化 data vectorization
数据视图/資料視圖 data view
数据收集/資料收集,資料獲取 data capture, data acquisition, data collection
数据收集器/資料蒐集器 data collector
数据输出/資料輸出 data output
数据输出选项/資料輸出選項 data output option
数据输入/資料輸入 data input
数据输入程序/資料輸入程序 data entry procedure
数据输入指南/資料輸入指南 data entry guide
数据输入终端/資料輸入終端 data entry terminal
数据属性/資料屬性 data attribute
数据速率/資料速率 data rate
数据缩减/資料縮減 data reduction
数据探测法/資料探測法,資料檢測 data snooping
数据提取/資料提取,資料萃取 data extraction
数据体系结构/資料體系結構 data architecture
数据通道/資料通道 data channel
数据通信/資料通訊 data communication
数据同化/資料同化 data assimilation
数据挖掘/資料挖掘,資料採掘 data mining
数据完整性/資料完整性 data integrity, data completeness
数据网络/資料網路 data network
数据网络标识码/資料網路認證碼 data network identification code
数据位/資料位元 data bit
数据文件/資料檔[案] data file
数据文件维护/資料檔案養護 data file maintenance
数据系统/資料系統 data system
数据显示/資料顯示 data display
数据现势性/資料現勢性 data currency
数据相关性/資料相關性 data relativity
数据项/資料項 data item
数据信号传输率/資料信號傳輸率 data signaling rate
数据形式化/資料制式化 data formalism
数据修正/資料修正 data modification
数据讯息/資料訊息 data message
数据压缩/資料壓縮,資料化算 data reduction, data compression
数据压缩比/資料壓縮比 data compression ratio
数据压缩程序/資料壓縮程式 data compression routine
数据压缩系数/資料壓縮係數 data compression factor
数据掩码/資料遮罩 data mask
数据样品/資料樣品 data sampler
数据一致性/資料一致性 data consistency
数据依赖性/資料相依性 data dependency
数据语言/資料語言 data language
数据语义/資料語義 data semantics
数据域/資料欄[位] data field
数据元素/資料元素 data element
数据源/資料來源 data sources
数据载体检测/資料載具檢測 data carrier detection
数据再聚合/資料重聚合 data reaggregation
数据帧/資料集 data frame
数据真实性/資料真實性 data reality
数据整理/數據整理 clean data
数据志/資料志,資料處理歷程 lineage, data lineage
数据质量/資料品質 data quality
数据质量单位/資料品質單位 data quality unit
数据质量度量/資料品質量測 data quality measure
数据质量检测结果表/資料品質檢測結果表 data quality metrics
数据质量控制/資料品質控制 data quality control
数据质量模型/資料品質模型,資料品質模式 data quality model
数据质量评价过程/資料品質評估流程 data quality evaluation procedure
数据质量评价结果/資料品質評價結果 data quality result
数据质量元素/資料品質元素 data quality element
数据质量值域/資料品質值域 data quality value domain
数据质量综述元素/資料品質綜合元素 data quality overview element

数据中心/資料中心 data center
数据终端设备/資料終端設備 data terminal equipment
数据主题区/資料主題區 data subject area
数据主题组/資料主題組 data subject group
数据转换/資料轉换 data transfer, data conversion
数据转换标准/資料轉换標準 data transfer standard
数据准备/資料準備 data preparation
数据准确度/資料正確性 data accuracy
数据子类/資料子類别 data sub-category
数据字典/資料[字]典 data dictionary
数据字段/資料欄[位] data field
数据综合/資料概括化 data generalization
数据组合/資料組合 data combination
数据组织/資料組織 data organization
数控绘图桌/數值繪圖桌 digital tracing table
数理地理学/數理地理學 mathematical geography
数理气候/數理氣候 mathematical climate
数理统计[学]/數理統計[學] mathematical statistics
数量底色法/計量底色法 quantitative color base method
数量地理学/計量地理學 quantitative geography
数量地貌学/計量地形學 quantitative geomorphology
数量感/數量感 quantitative perception
数量级/數量級 order of magnitude
数量性状/定量性狀 quantitative character
数码/數碼 code figure
数码相机/數位式相機 digital camera
数-模转换/數-模轉换,數位[至類比]轉换 digital-to-analog conversion
数模转换器/數位轉换器,類比轉换器 digital-to-analog converter, DAC
数模转换装置/數位類比轉换裝置 digital-analog device
数学表达式/數學表達式 mathematical expression
数学大地测量学/數學大地測量 mathematical geodesy
数学地图学/數學地圖學 mathematical cartography
数学反演方法/數學反演方法 mathematical inversed technique
数学规划/數學規劃 mathematical programming
数学函数/數學函數 mathematical function
数学模拟/數學模擬 mathematical simulation
数学模型/數學模型 mathematical model
数值/數值 digital number, DN, digital value
数值地籍/數值地籍 numerical cadastre
数值方法/數值方法 numerical method
数值耗散/數值消散 numerical dissipation
数值积分/數值積分 numerical integration
数值解/數值解 numerical solution
数值扩散/數值擴散 numerical diffusion
数值模拟/數值模擬 numerical simulation, numerical modeling
数值模型/數值模式 numeral model
数值频散/數值頻散 numerical dispersion
数值气候分类/數值氣候分類 numerical climatic classification
数值实验/數值實驗 numerical experiment
数值天气预报/數值天氣預報 numerical weather prediction, NWP
数值稳定度/數值穩定度 numerical value stability
数字编码/數位編碼 digital encoding
数字表面模型/數值表面模型,數位地表模型,數位表面模式 digital surface model, DSM
数字彩色打样/數位元彩色打樣機 digital color proof
数字测图/數值測圖 digital mapping
数字城市/數位城市 digital city
数字处理/數位處理 digital process
数字传感器/數字感測器 digital sensor
数字传输/數位傳輸 digital transmit
数字磁带/數值磁帶 digital tape
数字的/數位的 digital
数字等高线图/數位等高線圖 digital contour plot
数字地籍测量/數值地籍測量 numerical cadastral survey
数字地籍数据库/數值地籍資料庫 digital cadastral database, DCDB
数字地理空间数据框架/數位地理空間資料框架,數位地球空間資料框架,數位地理空間資料架構 digital geospatial data framework
数字地理空间元数据内容标准/數位地理空間詮釋資料内容標準 content standard for digital geospatial metadata
数字地理信息交换标准/數位地理資訊交换標準 digital geographic information exchange standard, DIGEST
数字地球/數位地球 digital earth
数字地球空间数据框架/數位地球空間資料框架,數位地理空間資料框架 digital geospatial data framework
数字地图/數值地圖,數位地圖 digital map
数字地图层/數位地圖圖層 digital map layer

数字地图产品标准/數值地圖産品標準 product standard of digital map
数字地图分析/數位地圖分析 digital cartographic analysis
数字地图交换格式/數位地圖交换格式,數位地形圖交换格式 digital cartographic interchange format, DCIF
数字地图模型/數值製圖模型 digital cartographic model
数字地图配准/數位地圖套合,數位地圖註冊 digital map registration
数字地图数据库/數值地圖資料庫,數位地形圖資料庫 digital map data base, digital cartographic database, DCDB
数字地图学/數值地圖學 digital cartography
数字地图制图/數位製圖 digital cartography
数字地形高程数据/數位地形高程資料 digital terrain elevation data, DTED
数字地形模型/數值地形模型,數位地形模式 digital terrain model, DTM
数字地震波形分析/數字地震波形分析 digital seismic waveform analysis
数字地震台网联合会/數字地震臺網聯合會 Federation of Digital Seismic Networks, FDSN
数字地震仪/數位式地震儀 digital seismograph
数字多光谱扫描仪/數位多光譜掃描儀 digital multispectral scanner
数字多路转换接口/數位多工介面 digital multiplexed interface
数字服务单元/數位服務單元 digital service unit
数字高程矩阵/數位高程矩陣 digital elevation matrix
数字高程模型/數位高程模型,數值高程模型,數位高程模式 digital elevation model, DEM
数字海图/數值海圖 digital chart
数字海洋/數位化海洋 digital ocean
数字海洋数据集/數位化海洋資料集 digital oceanographic dataset
数字航海图/數位航海圖 digital nautical chart, DNC
数字化/數位化 digitizing, digitization
数字化板/數位板 digital tablet, data tablet, digitizing board
数字化编辑/數[位]化編輯 digitizing edit
数字化标示器/數化游標 digitizing cursor
数字化地图/數位化地圖 digitized map
数字化工作站/數化工作站 digitizing workstation
数字[化]雷达/數據雷達 digital radar
数字化模式/數化模式 digitizing mode
数字化设置/數字化設置 vectorization settings
数字化世界标准地震台网/數字化全球標準地震臺網,全球數位地震臺網 Digital World Wide Standard Seismograph Network, DWWSSN
数字化视频/數位化視訊 digitized video
数字化图层/數位化圖層 digital map layer
数字化文件/數值化文件 digital file
数字化仪/數化儀,數化板 digitizer
数字化仪菜单/數位儀器選單 tablet menu
数字化仪分辨率/數化板解析度 digitizer resolution
数字化仪精度/數化板正確度 digitizer accuracy
数字化仪选单/數位儀器選單 tablet menu
数字化仪坐标/數位儀器坐標 tablet coordinates
数字化影像/數位化影像,數值影像 digitized image
数字化阈值/數位化門檻值 digitizing threshold
数字化云图/數據雲圖 digitized cloud map
数字化追踪工具/數字化追蹤工具 vectorization trace tool
数字环境/數位環境 digital environment
数字绘图仪/數值繪圖機 digital plotter
数字几何校正/數值幾何校正 digital geometric correction
数字记录/數位記録 digital recording
数字记录器/數位記録器 digital recorder
数字检波器/數字檢波器 digital sensor
数字交换格式/數位交换格式 digital exchange format, DXF
数字经纬仪/數值經緯儀 digital theodolite
数字景观模型/數位景觀模型 digital landscape model, DLM
数字纠正/數值糾正,數位糾正 digital rectification
数字矩阵/數位矩陣 digital matrix
数字卷积/數字卷積 digital convolution
数字抗混淆滤波[器]/數位抗混淆濾波[器] digital anti-aliasing filter, DAA filter
数字控制转移交换/數位控制分枝交换 digital control branch exchange, DCBX
数字[宽频带]地震学/數位[寬頻帶]地震學 digital broadband seismology
数字录音带/數位録音帶 digital audio tape
数字滤波/數位濾波 digital filtering
数字滤波器/數字濾波器,數位濾波器 digital filter
数字模拟/數位模擬 digital simulation
数字模型/數位模式 digital model
数字强震仪/數字強震儀 digital strong-motion seismograph
数字求积仪/數字求積儀 digital planimeter

数字区域/數位區域 digital region
数字摄影测量/數位攝影測量,數值航空攝影測量學 digital photogrammetry
数字摄影测量工作站/數位攝影測量工作站,數值攝影測量工作站 digital photogrammetric work station, DPW
数字摄影测量系统/數位攝影測量系統 digital photogrammetric system, DPS
数字省/數位省 digital province
数字式测高仪/數位電離層探測儀 digisonde
数字数据/數位資料 digital data
数字数据采集/數位資料收集 digital data collection
数字数据库/數位資料庫 digital database
数字数据通信协议/數位資料通訊信息協定 digital data communication message protocol
数字特征分析数据/數位特徵分析資料 digital feature analysis data, DFAD
数字梯度/數位梯度 digital gradient
数字通信/數位通訊 digital communication
数字图像/數位圖像 digital image
数字图像处理/數字影像處理,數位影像處理,數值影像處理 digital image processing, DIP
数字图像分析/數位影像分析 digital image analysis
[数字图像]像元值/波譜值 digital number value, DN value
数字图形处理/數值圖形處理 digital graphic processing
数字文件同步化/數位資料同步 digital file synchronization
数字线划图/數位線化圖 digital line graph, DLG
数字线划图数据格式/數位線圖資料格式 digital line graph, DLG
数字相关/數位相關,數值相關 digital correlation
数字镶嵌/數值鑲嵌,數位鑲嵌 digital mosaic
数字斜率/數位梯度 digital gradient
数字信号/數位訊號 digital signals
数字循环载体/數位循環載具 digital loop carrier
数字循环诊断/數位循環檢查 digital loopback
数字影像/數位影像,數值影像 digital image
数字影像数据库/數位影像資料庫 digital image database
数字语音/數位語音 digital voice
数字增量式绘图仪/增量式數位繪圖儀 digital incremental plotter
数字栅格图/數位網格圖 digital raster graphics, DRG
数字正射影像/數位正射影像,數值正射影像 digital orthoimage, digital orthophoto, digital orthoimagery
数字正射影像图/數字正射影像圖,數位正射影像圖,數值正射影像圖 digital orthophoto map, DOM, digital orthophoto quadrangle
数字制图/數位製圖 digital mapping
数字制图程序/數位製圖程式 digital mapping program
数字制图数据/數位地圖資料 digital cartographic data
数字制图数据标准/數值製圖資料標準 digital cartographic data standard
数字中国/數字中國 digital China
数字资料/數值資料,數位資料 digital data
数组/陣列 array
刷新/圖形重繪 refresh
刷形分子/櫛狀分子,梳狀分子 pectiniform element
刷铸型/帚狀鑄型 brush cast
衰变/蛻變 decay
α衰变/α衰變 α attenuation
衰变产物/衰變產物 decay product, descendant
衰变率/衰變率 decay rate
衰減/衰減,減弱作用 attenuation
衰减常数/衰減常數 attenuation constant, decay constant
衰减截面/衰減截面 attenuation cross section
衰减率/衰減率 attenuance
衰减算符/衰減算符 attenuation operator
衰减算子/衰減運算元 attenuation operator
衰减系数/衰減係數 attenuation coefficient
衰减效应/衰減效應 decay effects
衰落/衰落 fade
衰落区/衰落區 declining area
栓缆/栓纜 tether cable
双凹脊椎/雙凹椎,兩凹椎 amphicoelous vertebra
双凹透镜/雙凹透鏡 double-concave lens
双凹型椎体/雙凹椎體,兩凹椎體 amphicoelous centrum
双瓣腭/雙瓣顎 aptycha
双笔石/雙筆石 Diplograptus
双笔石类/雙筆石類 diplograptids
双笔石属/雙筆石 *Diplograptus*
双标尺水准测量/雙標尺水準測量 double-rodded leveling
双标准纬线投影/雙標準緯線投影 projection with two standard parallels
双波长多普勒雷达/雙波長都卜勒雷達 dual wavelength Doppler radar
双波长雷达/雙波長雷達 dual wavelength radar

双侧断裂/雙側斷裂　bilateral faulting
双侧[破裂]断层/雙側[破裂]斷層　bilateral rupture fault
双侧破裂扩展/雙側破裂擴展　bilateral rupture propagation
双侧向测井/雙側向測井　dual laterolog
双差/二重差分　double difference, DD
双差层析成像/雙差層析成像　double difference tomography
双差定位法/雙差定位法　double difference location method
双差相位观测/雙差相位觀測　double difference phase observation
双潮/雙潮　double tide
双程衰减/雙程衰減　two way attenuation
双程水准测量/往返水準測量　double-run leveling
双翅目/雙翅目　Diptera
双冲构造/雙衝構造　duplex thrust
双重成因矿床/雙重成因礦床　diplogenetic deposit
双重独立地图编码文件/雙重獨立地圖編碼檔　Dual Independent Map Encoding, DIME
双重构造/疊置逆斷層　duplex
双重核共振磁力仪/雙重核共振磁力儀　double nuclear resonance magnetometer, Overhauser magnetometer
双重孔隙介质系统/雙重孔隙介質系統　double-porosity system
双重逆冲构造/雙重逆衝構造　duplex thrust
双重投影/雙重投影法　double projection
[双船]扩展剖面探测/[雙船]擴展剖面探測　expanded spread profiling, expanding spread profiling, ESP
双带型/雙帶型　bizonal
双带型珊瑚/雙帶型珊瑚　double-zoned coralla
双岛硅酸盐/雙島狀矽酸鹽　sorosilicate
双低潮/雙低潮　double low water, double ebb
双地震带/雙地震帶　double seismic zones
双定心法/分中法　bisecting method, double centering
双独立坐标地图编码/雙獨立地圖編碼　dual independent map encoding, DIME
双读数水准测量/雙讀數水準測量　double-simultaneous leveling
双度盘经纬仪/雙度盤經緯儀　double circle theodolite
双断裂夹持区/雙斷裂夾持區　sandwiched area of double fracture zone
双对称面/雙對稱面　disymmetric face
双多普勒分析/雙都卜勒分析　dual Doppler analysis
双耳虫属/安夫蟲,雙凹蟲　*Amphoton*
双二进制编码/雙二進位編碼　duobinary coding
双反射/雙反射　bireflection
双方角石/雙方角石　Diderocera
双房室壳/雙房殼　bilocular test
双分结合/雙分結合　bicomposite
双分子器官/雙分子器官　bimembrate apparatus
双峰分布/雙峰分布　bimodal distribution
双峰矿/雙峰礦　shuangfengite
双峰谱/雙峰譜　bimodal spectrum
双峰系列/雙峰系列　twin peaks series
双腹扭形贝/雙腹扭形貝　Dicoelostrophia
双盖虫属/雙蓋蟲　*Amphistegina*
双感应测井/雙感應測井　dual induction logging
双高潮/雙高潮　double high water, double flood
双高法/雙高法[測距]　two altitudes method
双弓颅/雙孔顱　diapsidian skull
双沟/雙溝　dicolpate
双沟型/雙溝[型海綿]　sycon
双管藻/雙管藻　Multisiphonia
双龟亚目/雙龜目,疑龜目　Amphichelydia
双黑色调/雙黑色調　double-black duotone
双花介属/雙女神介　*Ambocythere*
双环海百合/雙環海百合　dicyclic crinoids
双环式/雙環[式]　dicyclic
双基地激光雷达/雙站光達　bistatic lidar
双基点气压测高法/雙基點法　double-base method
双基气压测高法/雙基準氣壓測高法　two-base method of barometric altimetry
双极虫/雙極蟲　Amphicoryna
双极扩散/雙極擴散　ambipolar diffusion
双极膜/雙極膜　bipolar membrane, BPM
双脊形齿/雙脊齒型　bilophodont
双检电缆/雙檢電纜　dual sensor cable
双交代作用/雙交代作用　bimetasomatism, dimetasomatism
双阶谱/雙階譜　bispectrum
双阶谱分析/雙階譜分析　bispectrum analysis
双接型/雙接型　amphistylic
双介质摄影测量/雙介質攝影測量　two-media photogrammetry, two-medium photogrammetry
双金属片温度计/雙金屬溫度儀　bimetallic thermograph
双经纬仪观测/雙經緯儀觀測　double-theodolite observation
双晶/雙晶,孿晶　crystal twin
双晶缝合线/雙晶縫合線　trace of composition

surface
双晶滑移/雙晶滑移　twinning gliding
双晶律/雙晶定律　twin law
双晶面/雙晶面　twin plane, twinning plane
双晶条纹/雙晶條紋　twinning striation
双晶轴/雙晶軸　twin axis, twinning axis
双精度/雙精度　double precision
双镜立体摄影机/雙鏡立體攝影機　binocular stereo-camera
双玦虫式/雙玦蟲式　biloculine
双壳俯冲模型/雙殼俯衝模型　double crust underthrusting model
双壳类/雙殼貝類,二枚貝類,瓣鰓綱　bivalves, Lamellibranchiata
双孔/雙孔　diporate
双孔沟/雙孔溝　dicolporate
双孔类/雙孔類,雙孔型　diapsids
双孔苔藓虫/雙孔苔蘚蟲　Diplotrypa
双孔型头骨/雙孔型頭骨　diapsid skull
双口盖/雙口蓋,雙褶板　diaptychus
双块虫属/婆哥蟲　*Pyrgo*
双扩散/雙擴散　double diffusion
双扩散不稳定/雙擴散不穩定　double diffusive instability
双肋式/雙肋式　dipleural type
双棱镜/雙稜鏡,複稜鏡　biprism, double prism
双棱亚类/雙稜亞類　dinetromorphs
双棱锥体/雙錐體　dipyramid
双力偶/雙重耦合　double couple, DC
双力偶矩张量/雙力偶矩張量　double-couple moment tensor
双力偶源/雙力偶源　double-couple source
双列/雙列,二列型　biserial
双列藻/雙列藻　Amphiroa
双裂短细胞型/雙葉裂型短細胞　bilobate short cell
双六面体/雙六面體　dihexahedron
双龙脊/雙龍骨　double keel
双门齿目/雙門齒亞目,食草有袋亞目　Diprotodonta
双面标尺/雙面標尺　reversible rod
双名法/雙名法,二名法　binominal nomenclature
双偏振雷达/雙極化雷達　dual polarization radar
双频测深仪/雙頻測深儀　dual-frequency sounder
双频接收机/雙頻接收儀　double frequency receiver
双频雷达/雙頻雷達　dual-frequency radar
双平型椎体/雙平椎體,兩平椎體　amphiplatyan centrum
双鳍鱼/雙鰭魚,雙翼魚　Dipterus
双[气]囊/雙[氣]囊　bisaccate, disaccate
双气旋/雙氣旋　binary cyclones
双腔贝属/露臍貝　*Ambocoelia*
双腔式/雙腔式　bicavate
双桥山群/雙橋山群　Shuangqiaoshan Group
双曲时差/雙曲時差　hyperbolic moveout
双曲线导航图/雙曲線導航圖　hyperbolic navigation chart
双曲线定律/雙曲線定律　hyperbolic law
双曲线定位/雙曲線定位　hyperbolic positioning
双曲线定位系统/雙曲線定位系統　hyperbolic positioning system
双曲线格网/雙曲線格網　hyperbolic positioning grid
双圈游离海百合类/雙圈游離海百合目　Cladoidea
双圈圆顶海百合目/雙圈圓頂海百合目　Diplobathra
双韧型韧带/全韌帶　amphidetic ligament
双色版/雙色調　duotone
双色激光测距仪/雙色雷射測距儀　two-color laser ranger
双色印刷机/雙色印刷機　two-color press
双山子群/雙山子群　Shuangshanzi Group
双神经纲/雙經綱　Amphineura
双水模型/雙水模型　dual water model
双台风/雙颱[風]　binary typhoons
双调和摩擦/雙調和摩擦　biharmonic friction
双调和算子/雙調和運算子　biharmonic operator
双通道雷达/雙頻道雷達　dual channel radar
双头笔石属/雙頭筆石　*Dicranograptus*
双头肋/雙頭肋　bicapitate rib, dichocephalous rib
双凸的/雙凸的　biconvex
双凸透镜/雙凸透鏡　double-convex lens
双维管束双囊粉型/雙維管束雙囊粉型　diploxylonoid
双溪坞群/雙溪塢群　Shuangxiwu Group
双线河/雙線河　double line stream
双线性内插/雙線性內插　bilinear interpolation
双向反射[比]因子/雙向反射因子　bidirectional reflectance factor
双向反射率/雙向反射率　bidirectional reflectance
双向航道/雙向航路　two-way route
双像测距仪/雙像測距儀　double image telemeter, double image range finder
双像[符合]测距/符合測距　coincidence rangefinding
双像符合测距仪/雙像符合測距儀　split-image rangefinder, coincidence rangefinder
双形笔石/雙形筆石,兩形筆石　Dimorphogroptus
双形珊瑚/雙形珊瑚　Diphyphyllum
双形现象/雙形現象,二形性　dimorphism
双芽胞管/雙芽胞管　dicalycal theca

双岩石层/雙岩石層 lithospheric doubling
双眼观察/雙目觀察 binocular vision
双叶/雙結 double-knot
双叶颈/連接部 isthmus
双翼鱼/雙翼魚,雙鰭魚 Dipterus
双影/雙影 slur
双游标/複游標 double vernier
双雨季[的]/雙雨季[的] birainy
双折射/雙折射 birefringence
双褶齿猬亚目/雙褶齒亞目 Dilambdonta
双褶形齿/人字形脊臼齒 dilambdodont
双震/雙震 twin
双支的/二分肢 bifurcate
双置韧带/全韌帶 amphidetic ligament
双周期/雙週期 dicycle
双柱类/雙柱類,雙柱[的] dimyaria, dimyarian
双柱匙板/雙柱匙板 spondylium duplex
双柱匙形台/雙柱匙板 spondylium duplex
双转点水准测量/雙轉點水準測量 bilateral leveling, two turning point leveling
双椎螈/雙椎螈,蜥螈 Diplovertebron
双锥/雙錐面 dipyramid
双锥珊瑚/無刺珊瑚 Diplochone
双子叶植物/雙子葉植物 dicotyledon
双子叶植物纲/雙子葉植物綱 Dicotyledoneae
霜/霜 frost
霜点/霜點 frost point
霜冻/霜害 frost injury
霜降/霜降 First Frost
霜晶石/霜晶石 pachnolite, pyroconite
霜期/霜期 frost period
霜日/霜日 frost day
霜凇/霜凇 hard rime
霜线/永凍線 frost line
水坝诱发地震/水壩誘發地震 dam-induced earthquake
水半球/水半球 oceanic hemisphere, water hemisphere
水边低沙丘/前[灘沙]丘 foredune
[水]表下漂浮生物/水表下漂浮生物 infraneuston, hyponeuston
水彩油墨/水彩印墨 water color ink
水槽/水槽 water reservoir
水槽理论/水槽[學]説 canal theory
水层/水圈 hydrosphere
水层区/水層區 pelagic division
水产业地理学/水産業地理學 geography of fishery
水成结壳/水成結殼 hydrogenic crust
水成物质/水成物質,水生物質 hydrogenous material
水成相/水成相 hydrogenous phase
水成型结核/水成型結核 hydrogenic nodule
水成组分/水成組分 hydrogenous component
水承载物质/水成物質 water borne material
水城菊石属/水城菊石 *Shuichengoceras*
水尺/水[位標]尺,測潮桿 tide staff
水尺组/多桿式水尺 multiple tide staff
水处理/水處理 water treatment, water processing
水处理剂/水處理劑 water treatment chemical
水处理设施/水處理設施 water treatment facility
水处理系统/水處理系統 water treatment system
水导[式]雨量计/電導雨量器 electrical conductivity rain gauge
水道/水道,航路 fairway, channel, channel way
水道测量/水道測量,河海測量 hydrographic survey
水道勘测/水道勘測 hydrographic reconnaissance
水稻土/水稻土 paddy soil
水滴/水滴 waterdrop
水滴破碎理论/水滴破碎説 breaking drop theory
水底电缆/水底電纜 subaqueous cable
水底多次波衰减/水底多次波衰減 water-bottom multiple attenuation
水底生物/底棲生物群 benthon
水底植物/水底植物,底棲植物 benthophyte, phytobenthos
水底重力仪/水底重力儀 water-bottom meter
水碲铁矿/水碲鐵礦 mackayite
水氡/水氡 radon disolved in water
水氡异常/水氡異常 water radon anomaly
水动型海[平]面变化/全球性海平面昇降,海準變動 eustasy
水钒钡石/水釩[錳]鋇石 gamagarite
水钒钙石/水釩鈣石 rossite
水钒铝矿/水釩鋁礦 steigerite
水钒镁矿/水釩鎂礦,水釩鎂石 hummerite
水钒铁矿/水釩鐵礦 fervanite
水钒铜矿/[水]釩銅礦 volborthite
水方硼石/水[合]方硼石 hydroboracite
水分/水分 moisture
水分平衡/水文平衡 water balance
水分收支/水文收支 water budget
水[分]循环/水[文]循環 water cycle
水氟磷铝钙石/水氟磷鹼石,紅磷鈉石 morinite
水钙沸石/水鈣沸石 gismondite
水钙铝榴石/水鈣鋁榴石 hydrogrossular, hibschite
水钙硝石/[水]鈣硝石 nitrocalcite

水管/水管,體管 siphon
水管板/水管板 siphonoplax
水管沟/水管溝 siphonal canal
水管海林檎类/水管亞綱[海林檎] Hydrophoridea
水管系/水管系統 water vascular system
水硅钙钾石/水矽鈣鉀石 reyerite
水硅钙石/纖水矽鈣石,纖維鈣矽酸石 okenite
水硅灰石/水矽灰石,磷矽鈣石 foshallasite
水硅钾铀矿/水矽鉀鈾礦 weeksite
水硅镁镍矿/矽鎳石,鎳葉蛇紋石 genthite
水硅铌钠石/水矽鈮鈉石,矽鈮鈦礦 epistolite
水硅硼钠石/水矽硼鈉石 searlesite
水硅石/水矽石,水石英 silhydrite
水硅钛钠石/水矽鈉鈦石 murmanite
水硅铁石/矽鐵石 hisingerite
水合淡化法/水合淡化法 desalination by hydrate process
水合离子/水合離子 hydrated ion
水合离子半径/水合離子半徑 hydrated ionic radius
水合氢离子/水合氫離子 hydronium ion
水合物/水合物 hydrate
水合物法/水合物[淡化]法 hydrate method
水合物冷冻淡化法/水合物冷凍[淡化]法 hydrate freezing process
水合物栓塞/水合物栓塞 hydrate plug
水合系数/水合數 hydration number
水红砷锌石/水[紅]砷鋅石 koettigite
水化程度/水化程度 extent of hydration
水化学/水化學 hydrochemistry
水化学场/水化學場 hydrochemical field
水化学地理/水化學地理 hydrochemicogeography
水化学类型/水化學類型 hydrochemical type
水化[作用]/水化[作用],水合作用 hydration
水环境承载能力/水環境承載能力 carrying capacity of water environment
水黄长石/水黄長石,水矽鋁鎂鈣石 juanite
水回收/水回收 water recovery
水回收设备/水回收設備 water recovery apparatus
水钾铀矾/水[鉀]鈾礬 zippeite
水监测网/水監測網 water surveillance network
水碱/水鹼石 thermonatrite
水角海绵属/海氏海綿 *Hydnocerus*
水解[作用]/水解[作用] hydrolysis
水晶/水晶 quartz crystal
水净化工程/淨水廠 water purification plant, water purification works
水韭目/水韭目 Isoëales
水韭属植物/水韭 Isoetes
水孔/小噴穴 spiracle
水口/水口 water gap
水库/水庫 reservoir
水库测量/水庫測量 reservoir survey
水库触发地震/水庫觸發地震 reservoir-triggered earthquake
水库渗漏/水庫滲漏 reservoir leakage
水库水位/水庫水位 reservoir level
水库污染/水庫汙染 pollution of reservoir
水库蓄水/水庫蓄水 reservoir filling
水库淹没线测设/水庫淹没線測設 setting-out of reservoir flooded line
水库引发地震/水庫引發地震 reservoir-stimulated earthquake
水库引发地震活动[性]/水庫引發地震活動[性] reservoir-stimulated seismicity, RSS
水库诱发地震/水庫誘發地震 reservoir-induced earthquake
水库诱发地震活动[性]/水庫誘發地震活動[性] reservoir-induced seismicity, RIS
水雷[危险]区/水雷[危險]區 mine dangerous area
水离解/水離解 hydrolytic dissociation
水力半径/水力半徑 hydraulic radius
水力几何形态/水力幾何形態 hydraulic geometry
水力联系/水力聯繫 hydraulic connection
水力侵蚀/沖蝕 hydraulic erosion
水力梯度/水力梯度,水壓梯度,壓力坡 hydraulic gradient
水力提升采矿系统/水力揚昇採礦系統 hydraulic lift mining system
水力学/水力學 hydraulics
水力作用/水力作用 hydraulic action
水利工程测量/水利工程測量 hydrographic engineering survey
水利经济学/水文經濟學 hydroeconomics
水利遥感/水文遥[感探]測 hydrographic remote sensing
水量交换/水交换 water exchange
水[量]平衡/水[量]平衡,水分平衡 hydraulic budget, water balance
水量收支/水量收支 water budget
水磷铵镁石/[水]磷銨鎂石 hannayite
水磷钒铝石/水磷釩鋁石 schoderite
水磷钙铍石/水磷鈣鈹礦 uralolite
水磷钙石/水磷鈣石 isoclasite
水磷钙铁石/鈣磷鐵礦,水鈣磷鐵石 calcioferrite
水磷铝钙镁石/板水磷鋁鈣石,水磷鈣鎂石 overite
水磷铝钾石/水磷鋁鉀石 minyulite

水磷铝碱石/磷鋁鈣鈉石,水磷鹼石 millisite
水磷铝镁石/水磷鋁鎂石,水磷鐵石 souzalite
水磷铝钠石/水磷鋁鈉石 wardite
水磷铝石/水磷鋁石 senegalite
水磷镁石/[水]磷鎂石 newberyite
水磷锰石/水磷錳石,磷錳礦 reddingite
水磷铍锰石/水磷鈹錳石,鹼磷鈣錳鐵礦 roscherite
水磷铈矿/水磷鈰石 rhabdophane
水磷铁锰石/水磷鐵錳石 switzerite
水磷锌铝矿/水磷鋅鋁礦,型磷鋅鋁石 kehoeite
水磷钇矿/水磷鈰礦 churchite
水磷铀矿/水磷鈾礦,人形石 ningyoite
水龄/水齡 water age
水龙卷/水龍卷,海龍卷 water spout
水龙兽属/水龍獸 *Lystrosaurus*
水路交通图/水路交通圖 shipping-line map
水路运输/水運 water transport
水铝钙石/水鋁鈣石 hydrocalumite
水铝镍石/水鋁鎳石 takovite
水铝英石/[水]鋁英石 allophane
水铝铀云母/水鋁鈾雲母 uranospathite
水绿矾/鐵[水]綠礬 iron-melanterite
水氯镁石/水氯鎂石 bischofite
水氯铅石/水氯鉛石,水氯鉛礦 fiedlerite
水氯铜铅矿/水氯銅鉛礦 pseudoboleite
水霉/水黴菌 water mold
水镁矾/水鎂礬,硫鎂礬 kieserite
水镁石/水鎂石 brucite
水镁硝石/[水]鎂硝石 nitromagnesite
水锰矾/水錳礬,白錳礬 mallardite
水锰辉石/水矽錳鐵石 neotocite
水锰矿/水錳礦 manganite
水密/水密 water tight
水面饱和混合比/水面飽和混合比 saturation mixing ratio with respect to weather
水面饱和水汽压/純水面飽和水汽壓 saturation vapor pressure with respect to water
水面涉猎/水面獵食 surface dipping
水面水准/表面水平 surface level
水面下降/水面下沈 settlement
水敏性/水敏性 water sensitivity
水墨平衡/水墨平衡 water and ink balance
水母毒素/水母毒素 physaliatoxin
水母体/水母體[傘蓋體] medusa
水母型/水母型 medusa type
水钠铀矿/水鈉鈾礦 clarkeite
水内冰/水內冰 frazil ice
水能/水力 hydropower
水泥胶结测井/水泥膠結測井 cement bond logging
水泥石灰岩/水泥石灰岩 cement limestone
水柠檬钙石/水檸檬鈣石,水炭氫鈣石 earlandite
水硼铵石/[水]銨硼石 ammonioborite
水硼钙石/八水硼鈣石 ginorite
水硼镁石/水硼鎂石 admontite
水硼锶石/水硼鍶石 veatchite
水漂生物/水漂生物 pleuston
水平摆/水平擺 horizontal pendulum
水平测量/水平測量 water leveling
水平层理/水平層理 horizontal bedding
水平层状各向同性/均匀構造 homogeneous structure
水平层状各向异性/水平層狀各向異性 horizontal anisotropy
水平磁偶极-偶极排列/水平磁偶極-偶極排列 horizontal magnetic dipole-dipole array
水平磁偶极子的电磁场/水平磁偶極子的電磁場 horizontal magnetic dipole electro-magnetic field
水平地带/水平地帶 horizontal belt
水平地面摄影像片/地面水平方向攝影像片 horizontal terrestrial photograph
水平电偶极-偶极排列/水平電偶極-偶極排列 horizontal electric dipole-dipole array
水平电偶极源/水平電偶極源 horizontal electric dipole source
水平度盘/水平度盤 horizontal circle
水平断距/水平變位 horizontal displacement
水平分带/水平分帶 horizontal zoning
水平分量/水平分量 horizontal component
水平风切变/水平風切 horizontal wind shear
水平风矢量/水平風向量 horizontal wind vector
水平合线/水平遁線 vanishing horizon trace
水平滑距/水平滑距 horizontal slip
水平回线法/水平線圈法 horizontal loop method, HLEM
水平混合/水平混合 horizontal mixing
水平极化/水平極化 horizontal polarization
水平降水/水平降水 horizontal precipitation
水平角/水平角 horizontal angle
水平镜/水平鏡 horizon glass
水平距离/水平距離 horizontal distance
水平控制/水平控制 horizontal control
水平控制基准/水平控制基準 horizontal control datum
水平离距/正交[水平]離距 horizontal separation
水平量距法/水平量距法 horizontal taping
水平论/水平論 hypothesis of horizontal movement

水平慢度/水平慢度 horizontal slowness
水平面/水平面 horizontal plane
水平能见度/水平能見度 horizontal visibility
水平偏极化/水平偏極化 horizontal polarization
水平企业/水平企業 horizontal corporation
水平强度/水平強度 horizontal intensity
水平散度/水平輻散 horizontal divergence
水平摄影/地平攝影 horizon photography
水平摄影像片/水平像片 horizontal photograph
水平视距测量/水平視距測量 horizontal stadia
水平探鱼仪/水平聲納儀 horizontal fish finder
水平外资/水平外資 horizontal foreign direct investment
水平位移补偿器/水平位移補償器 horizontal displacement compensator
水平涡流扩散/水平渦動擴散 horizontal eddy diffusion
水平线/水平線,地平線 horizontal line, horizon line
水平向地震计/水平向地震計 horizontal-component seismometer
水平向地震系数/水平向地震係數 lateral seismic factor
水平[向运动的]摆/水平[向運動的]擺 horizontal-motion pendulum
水平形变/水平形變 horizontal deformation
水平岩层/水平岩層 horizontal stratum
水平运动/水平運動 horizontal movement
水平运动补偿器/水平位移補償器 horizontal displacement compensator
水平折光差/地平濛氣差 horizontal refraction error
水平折射/水平折射 horizontal refraction
水平整合/水平整合,横向整合 horizontal integration
水平制动螺旋/水平制動螺旋 horizontal clamp
水平轴/水平軸 horizontal axis
水平轴倾斜/水平軸傾斜 inclination of the horizontal axis
水平轴误差/水平軸誤差 error of horizontal axis
水气界面/水氣介面 water-gas contact, air water interface
水汽/水汽 water vapor
水汽比/水汽比 liquid to steam ratio
水汽带/水汽帶 water vapor bands
水汽反演/水汽反演 water vapor retrieval
水汽辐射仪/水汽輻射儀 water vapor radiometer
水汽廓线/水汽廓線 water vapor profile
水汽圈/水汽大氣 water atmosphere
水汽收支/水汽收支 water vapor budget
水汽[守恒]方程/水汽方程 moisture conservation equation
水汽输送/水汽輸送 transfer of water vapor
水汽通量/水汽通量 vapor flux
水汽-温室耦合/水汽温室耦合 water vapor-greenhouse coupling
水汽-温室效应/水汽温室效應 water vapor-greenhouse effect
水汽学/水汽學 atmology
水汽压/水汽壓 water vapor pressure
水汽压温度表/水汽壓温度計 vapor pressure thermometer
水迁移系数/水遷移係數 coefficient of aqueous migration, water migration coefficient
水迁移元素/水遷移要素 aqueous migratory elements
水枪/水槍 water gun
水羟磷铝石/多水磷鋁石 vashegyite
水羟铝矾石/水基性礬 hydro-basaluminite
水羟锰矿/複水錳礦 vernadite
水羟砷锰石/血纖維石 hemafibrite
水羟砷锌石/水砷鋅石,基性砷鋅石 legrandite
水侵蚀/水侵蝕 water erosion
水驱储油层/水驅儲油層 water drive reservoir
水驱特征曲线/水驅特徵曲線 characteristic curve method of water drive
水驱油效率/水驅油效率 oil-water displacement efficiency
水圈/水圈 hydrosphere
水圈地球化学/水圈地球化學 hydrospheric geochemistry
水热爆炸/水熱爆炸 hydrothermal explosion
水热对流单元/水熱對流單元 convective hydrothermal cell
水热对流系统/熱液對流系統 hydrothermal convection system
水热反应/水熱反應 hydrothermal reaction
水热活动/熱液活動 hydrothermal activity
水热金刚石压腔/水熱金剛石壓腔 hydrothermal diamond-anvil cell
水热矿床/熱液礦床,熱水礦床 hydrothermal deposit
水热矿化/熱液礦化作用 hydrothermal mineralization
水热流体/熱液流體 hydrothermal fluid
水热脉/水熱脈 hydrothermal veining
水热喷发/水熱噴發 hydrothermal eruption
水热区/水熱區,熱液區 hydrothermal area

水热蚀变/熱液蝕變　hydrothermal alteration
水热田/熱液田,熱水田　hydrothermal field
水热通道/水熱通道　hydrothermal channel
水热系统/熱液系統　hydrothermal system
水热循环/熱液循環　hydrothermal circulation
水热资源/熱液資源　hydrothermal resources
水溶胶/水懸膠　hydrosol
水溶气/水溶氣　gas dissolved in water
水溶性催化剂/水溶性催化劑　water soluble catalyst
水溶性分子/水溶性分子　water soluble molecule
水溶性盐/水溶性鹽　water soluble salt
水软化/水軟化　water softening, demineralization of water
水软化工厂/水軟化工廠　water softening plant
水软化剂/水軟化劑　water softening agent
水软化装置/水軟化裝置　water softening apparatus
水色/[海洋]水色　water color, ocean color
水色遥感/海洋水色遥測　ocean color remote sensing
水杉/水杉　Metasequoia
水珊瑚/水螅珊瑚　hydrocoralline
水珊瑚目/水螅珊瑚目　Hydrocorallina
水上景观/水上景觀　superaqual landscape
水砷钙铁矿/水砷鈣鐵礦　yukonite
水砷钴铁石/水砷鈷鐵石　smolianinovite
水砷铝铜矿/水砷鋁銅礦,豆銅礦　liroconite
水砷氢铜石/砷酸銅礦,砷礬鎳銅礦,水砷氫銅礦　lindackerite
水深/水深　water depth, WD
水深测量/水深測量,水深測勘,測深法　bathymetric survey, bathymetry
水深测量自动化系统/水深測量自動化系統　automatic hydrographic survey system
水深点密度/水深點密度　density of soundings
水深归算/水深化算　reduction of soundings
水深检测线/水深檢測線　check lines of sounding
水深校正/測深修正　correction of sounding
水深剖面/水深剖面　water depth profile
水深数字化器/水深數值化器　depth digitizer
水深图/水深圖,深度圖　depth chart, bathymetric chart
水深信号杆/水深信號桿　depth signal pole
水深注记/深度註記,水深點　depth numbers, soundings
水生大型植物/水生大型植物　aquatic macrophyte
水生腐殖质/水生腐殖質　aquatic humic substances
水生环境污染/水生環境汙染　aquatic environmental pollution
水生生态系统/水生生態系統　aquatic ecosystem
水生生物/水生生物　hydrobiont
水生生物群落/水生生物群聚　aquatic community
水生生物学/水生生物學　hydrobiology
水生生物指数/水生生物指數　aquatic organism index
水生微型植物/水生微細藻　aquatic microphyte
水生盐生植物/水生鹽生植物　aquatic halophyte
水生植物/水生植物　hydrophyte, aquatic plant
水生作用/水生作用　aquatic effect
水声定位/水聲定位　acoustic positioning
水声定位系统/水聲定位系統,水下定位系統　acoustic positioning system, hydroacoustic positioning reference system
水声发射器/水下發音器　underwater sound projector
水声换能器/水下聲波轉能器　underwater sound transducer
水声全息系统/水聲全像系統　acoustic holography system
水声应答器/水聲應答器　acoustic responder
水丝铀石/水絲鈾礦,鈾霞石　studtite
水塑性/水塑性　hydroplasticity
水塑性变形/水塑性變形　hydroplastic deformation
水塑性褶皱/水塑性褶皺　hydroplastic fold
水铊/水鉈,測深錘　sounding lead
水碳钙镁铀矿/針鈣鎂鈾礦　rabbittite
水碳钙钇石/水碳鈣釔礦　tengerite
水碳铝钙石/鋁水方解石,鋁水鈣石　alumohydrocalcite
水碳铝镁石/水碳鉛鎂石,水鎂鋁石　manasseite
水碳硼石/水碳硼石　carboborite
水碳铁镁石/水碳鐵鎂石　sjogrenite
水碳铁镍矿/水碳鐵鎳石　reevesite
水碳铀矿/綠碳鈣鈾礦　sharpite
水锑铅矿/水銻鉛礦　bindheimite
水体/水體　water body
水体富营养化/水體富營養化　water eutrophication
水[体]净化/水的淨化　water purification
水体沼泽化/水體沼澤化　water paludification, swampiness of water
水铁矾/水鐵礬　szomolnokite, schmollnitzit
水听器/水聽器,水下麥克風　hydrophorce, hydrophone
水铜铝矾/水銅鋁礬　woodwardite
水头/水頭,水落差　hydraulic head
水头损失/水頭損失　head loss
水团/水團,水體　water mass, water body

水卫生控制/水質衛生控制　water hygiene control
水位/水位　water level, water table
水位分带改正/水位分帶改正　correction of tidal zoning
水位改正/水位改正　correction of water level
水位计/水位計,水位表　water gauge, nilometer
水位降深/水位降落,洩降　drawdown
水位流量关系/水位流量關係　stage-discharge relation
水位曲线/水位曲線　curves of water level
水位遥报仪/水位遥報儀　communication device of water level
水温/水温　water temperature
水温表/水温計　water thermometer
水文变化/水文變化　hydrological change
水文测量学/水文測量學　hydrometry
水文地化测量/水文地化測量　hydrogeochemical survey
水文地理学/水[文地]理學　hydrography, hydrogeography
水文地球化学/水文地球化學　hydrogeochemistry
水文地球化学动态/水文地球化學動態　hydrogeochemical trend
水文地球化学循环/水文地球化學循環　hydrogeochemical cycling
水文地球化学异常/水文地球化學異常　hydrogeochemical anomaly
水文地质单元/水文地質單元　hydrogeological unit
水文地质分区/水文地質分區　hydrogeological division
水文地质勘查/水文地質勘查　hydrogeological investigation
水文地质条件/水文地質條件　hydrogeological condition
水文地质学/水文地質學　hydrogeology
水文观测/水文觀測　hydrometry
水文过程/水文過程　hydrological process
水文过程线/水文歷線　hydrograph
水文基准/水文基準,水文數據　hydrographic datum
水文模型/水文模型　hydrological model
水文年/水文年　water year, hydrologic year
水文年鉴/水文年鑒,水文年報　water yearbook
水文气象/水文氣象　hydrometeorology
水文气象学/水文氣象學　hydrometeorology
水文气象预报/水文氣象預報　hydrometeorological forecast
水文情势/水文情勢　hydrological regime
水文区划/水文區劃　hydrologic regionalization
水文实验/水文實驗　hydrological experiment
水文数据/水文數據,水文基準　hydrographic datum
水文图/水文圖　hydrologic map
水文物理学/水文物理學　hydrophysics
水文系列/水文系列　hydrologic series
水文效应/水文效應　hydrologic effect
水文学/水文學　hydrology
水文遥感/水利遥測　hydrological remote sensing
水文要素/水文要素　hydrologic features
水文制图/水文製圖　hydrologic mapping
水污染/水汙染　water pollution
水污染控制/水質汙染控制　water pollution control
水污染控制法/水質汙染管制法規　water pollution control law
水污染控制法规/水質汙染管制立法　water pollution control legislation
水污染物/水質汙染物　water contaminant, water quality pollutant
水污染源/水質汙染源　water pollution source
水钨华/水鎢華　hydrotungstite
水钨铝矿/水鎢鋁礦　anthoinite
水硒钴石/[水]硒鈷礦　cobaltomenite
水锡石/水錫石　varlamoffite
水螅/水螅　Hydra
水系/水系　hydrographic net, drainage, water system
水系版/水系版,藍版　blue printing plate, blueline board
水系格局/水系型　drainage pattern
水系结构定律/水系結構定律　laws of drainage composition
水系类型/水系類型,水系圖型　channel pattern, drainage pattern
水系[水平]错位/水系[水平]錯位　drainage offset
水系图/水系圖,流域圖　drainage map
水系形态/水系形態　drainage patterns
水系异常/水系異常　drainage anomaly
水下岸坡/水下岸坡,海底岸坡　submarine coastal slope, offshore slope
水下爆破/水下爆破　underwater blasting
水下爆炸/水下爆炸　underwater shooting
水下电视机/水下電視機　underwater TV
水下定位/水下定位　underwater position fixing
水下定位系统/海下定位系統　subsea positioning system
水下工作系统/水下工作系統　underwater work system, UWS
水下焊接/水下焊接　underwater welding

水下滑移[作用]/水下滑移作用 subaqueous gliding, subaqueous slump
水下机器人/水下機器人 underwater robot
水下检波器/水中受波器 hydrophone
水下礁丘/水下礁丘 nab
水下阶地/水下階地,海底階地 submarine terrace
水下勘探/水下探勘 underwater exploration
水下热泉/水下熱泉 submerged hot spring
水下三角洲/水下三角洲 subaqueous delta
水下沙坝/水下沙壩,水下沙洲 submarine bar
水下沙丘/水下沙丘 underwater dune
水下设备/海下作業設備 subsea equipment
水下摄影测量/水中攝影測量 underwater photogrammetry
水下摄影机/水中照相機 underwater camera
水下声速仪/水下聲速儀 underwater sound velocimeter
水下声学定位/水下聲學定位 underwater acoustic positioning
水下声学通信/水下聲學通訊 underwater acoustic communication
水下听觉/水下聽覺 underwater audition
水下通信/水下通訊 underwater communication
水下信标/海下信標 subsea beacon
水下医学/水下醫學 underwater medicine
水下照相机/水下照相機 underwater camera
水锌锰矿/水鋅錳礦 wolftonite, hydroheterolite
水星/水星 Mercury
水星叶石/水星葉石 hydroastrophyllite
水型/水型 water type
水循环/水循環 water cycle, hydrological cycle
水循环系数/水循環係數 water circulation coefficient
水压铁-铁矾/多水鐵礬 louderbackite
水压致裂/高壓液裂,水裂作用 hydrofracturing
水岩反应/水岩反應 rock-water reaction
水岩反应带/岩水反應帶 water-rock interaction zone
水岩作用/岩水反應 water-rock interaction
水盐碱化/水鹽鹼化 water salination
水样/水樣 water sample
水样储存/水樣儲存 water sample storage
水样稳定/水樣穩定 water sample stabilization
水银气压表/水銀氣壓計 mercury barometer
水银温度表/水銀溫度計 mercury thermometer
水银柱唧动/水銀柱唧動 pumping
水映空/水映空 water sky
[水]硬度/水[之]硬度 water hardness, hardness of water
水俣病/水俣病 Minamata disease
水预处理/水預處理 water pretreatment
水域/水域,流域 watershed, water domain
水域保护/水域保護 watershed protection
水源保护/水源保護 water sources protection, water resource protection
水月寺群/水月寺群 Shuiyuesi Group
水跃/水躍 hydraulic jump
水跃值/水力跳躍 hydraulic jump, pressure jump
水云/水雲 water cloud
水云母/水雲母 hydromica
水灾/水災,大澇,洪水 flood catastrophe, flood damage, flood
水再生/水再生 water renovation
水再循环/水再循環 water recycle
水闸/水閘 lock
水蒸气含量/水汽含量 water vapor content, moisture content
水蒸气密度/水汽密度 water vapor density, vapor density
水蒸气压强/水汽壓 water vapor pressure
水[蒸]汽/水汽 water vapor
水脂石/水脂石 euosmite
水质/水質 water quality
水质保持/水質保持 water quality conservation
水质保护/水質保護 water quality protection
水质标准/水質標準 water quality standard, water quality criterion
水质参数/水質參數 water quality parameter
水质分析/水質分析 water quality analysis
水质分析仪/水質測量儀 water quality analyzer
水质改善条例/水質改善條例 water quality improvement act
水质管理/水質管理 water quality management
水质规划/水質規劃 water quality programme
水质监测/水質監測 water quality monitoring
水质监测船/水質監測船 water quality monitoring ship
水质监测系统/水質監測系統 water quality monitoring system
水质检查/水質檢查 water examination
水质结构/水結構 water structure
水质控制/水質控制 water quality control
水质控制系统/水質控制系統 water quality control system
水质模拟研究/水質模擬研究 water quality simulation study

水质目标/水質目標 water quality goal
水质评价/水質評價 water quality evaluation, water quality assessment
水质全分析/水質全分析 complete water quality analysis
水质试验/水質試驗,水質檢驗 water test
水质[数学]模型/水質模式 water quality model
水质条例/水質條例 water quality act
水[质]污染/水[質]汙染 water pollution, water contamination
水质污染监测仪/水質汙染監測儀 water pollution monitor
水质污染研究实验室/水質汙染研究實驗室 water pollution research laboratory
水质污染指数/水質汙染指數 water pollution index
水质要求/水質要求 water quality requirement
水质预测/水質預測 water quality forecast
水质指示剂/水質指示劑 water quality indicator
水质指数/水質指數 water quality index
水质自动监测系统/水質自動監測系統 automatic water quality monitoring system
水质自动监测仪/水質自動監測器 automatic water quality monitor
水中对比度/水中對比度 contrast in water
水中浮子/水下漂流浮標 submerged float
水中检波器/深度控制器 bird hydrophone, depth controller
水准/水準 leveling
水准标尺/水準標尺,高程尺 level rod, elevation meter
水准标尺常数/水準標尺常數 leveling-rod constant
水准测量/水準測量,高程測量 leveling surveying, leveling
水准测量闭合差/水準測量閉合差 error of closure in leveling
水准测线/水準測線 leveling route
水准尺/水準尺 leveling staff
水准尺尺垫/水準尺腳座 leveling plate
水准点/水準點 benchmark
水准点之记/水準點之記 description of benchmark
水准改正/水準改正 level correction
水准环线闭合差/水準環線閉合差 level loop closure, level circuit error
水准基面/水準基面 base level
水准基准面/水準基準面 datum level
水准节点/水準節點 intermediate bench mark
水准路线/水準線 leveling line
水准路线平差/水準路線平差 adjustment of leveling circuit
水准面/水準面 level surface, water level
水准泡检验仪/水準管檢驗器 bubble tester
水准平差/水準平差 leveling adjustment
水准平差改正/水準平差改正 adjustment leveling correction
水准器检测仪/水準管靈敏度檢定器 level tester
水准器检定器/水準管檢定器 level trier
水准器灵敏度/水準器靈敏度 sensitivity of a bubble, sensibility of level
水准椭球/水準橢球體,水準橢圓體 level ellipsoid, level spheroid
水准网/水準網 leveling network
水准温度改正/水準溫度改正 temperature leveling correction
水准仪/水準儀,水平儀 level
水准原点/水準原點 leveling origin
水准折射/水準折射 leveling refraction
水准正高改正/水準正高改正 orthometric leveling correction
水资源/水資源 water resources
水资源保护/水資源保護 water resources protection
水资源承载[能]力/水資源承載能力 water resources carrying capacity
水资源供需平衡/水資源供需平衡 water supply and demand balance
水资源规划/水資源規劃 water resources planning
水资源可利用总量/水資源可利用總量 available water resources
水资源量/水資源量 water resources quantity
水资源评价/水資源評估 water resources assessment
顺岸栈桥式码头/突堤碼頭 open type wharf
顺坝/順壩 longitudinal dike, parallel dike
顺层冲断层/順層衝斷層 bedding-plane thrust fault
顺层断层/層面斷層 bedding fault
顺层滑移/順層滑移 bedding glide
顺层节理/順層節理 bedding joint
顺层面理/順層面理 bedding foliation
顺层劈理/順層劈理 bedding cleavage
顺磁性/順磁性 paramagnetism
顺磁性矿物/順磁礦物 paramagnetic mineral
顺风/順風,尾風 tail wind
顺风潮/下風潮 leeward tide
顺风流/下風流 leeward tidal current
顺浪/順浪 stern sea
顺路观测船计划/自願觀測船計劃 ship of opportunity program, SOOP

顺时针角度/順時針角度 clockwise angle
顺向分带/正常分帶[作用] normal zoning
顺向河/順向河 consequent river
顺行轨道/順行軌道 prograde orbit
顺序表/順序表 turn table
顺序量表/級序量表 ordinal scaling
顺序数据/級序的資料 ordinal data
顺序索引文件/循序索引檔 indexed sequential file
顺序文件/連續檔案 sequential file
顺直型河道/直形河道 straight river channel
顺转/順轉 veering
顺转风/順轉風 veering wind
瞬变/瞬變 transient variation
瞬变波/瞬變波 transient wave
瞬变场法/瞬變場法 transient field method
瞬变电磁场/瞬變電磁場 transient electromagnetic field
瞬变电磁法/瞬變電磁法 transient electromagnetism method, TEM
瞬变电磁仪/瞬變電磁儀 transient electromagnetic instrument
瞬变扰动/瞬變擾動 transient disturbance
瞬变涡动/瞬變渦流 transient eddies
瞬变涡动动能/瞬變渦流動能 transient eddy energy
瞬变涡旋/瞬變渦 transient vortex
瞬变系统/子午儀系統 transit system
瞬间捕捞死亡系数/瞬間漁獲死亡係數 instantaneous fishing mortality coefficient
瞬间地面覆盖/瞬間地面涵蓋 instantaneous ground coverage
瞬间地图/瞬間地圖 twinkling map
瞬时出生率/瞬間出生率 instantaneous birth rate
瞬时地面覆盖/瞬間地面涵蓋 instantaneous ground coverage
瞬时对象/瞬時對象 temporal object
瞬时对象表/瞬時對象表 temporal object table
瞬时极/暫態極 instantaneous pole
瞬时偏移[量]/瞬時位移 temporal offset
瞬时频率/瞬時頻率 instantaneous frequency
瞬时生物量/瞬間生物量 instantaneous biomass
瞬时生长率/瞬間成長率 instantaneous growth rate
瞬时事件/瞬時事件 temporal event
瞬时视场/瞬時視場,瞬間視場,暫態視場 instantaneous field of view, IFOV
瞬时视场角/瞬時視場角 instantaneous field of view, IFOV
瞬时属性/暫態屬性 instantaneous attribute
瞬时死亡率/瞬間死亡率 instantaneous death rate
瞬时网络分析器/瞬時網路分析器 transient network analyzer, TNA
瞬时应变/瞬時應變 instantaneous strain
瞬时增长率/瞬間增長率 instantaneous rate of increase
瞬时自动增益控制/暫態自動增益控制 instantaneous auto gain control, AGC
说明注记/說明註記 explanatory text
朔望/朔望[點] syzygy
朔望潮/朔望潮 syzygial tide
朔望月/朔望月,太陰月 lunation, lunar month, synodical month
蒴果/蒴果 capsule
司尺手/司尺手 chainman, tapeman
司特尼克定纬法/史潑尼克定緯度法 Sterneck method of latitude determination
丝笔石属/線筆石 *Nemagraptus*
丝光沸石/絲光沸石 mordenite
丝绢光泽/絲絹光澤 silky luster
丝绳状熔岩/絲繩狀熔岩 filamented pahoehoe
丝梳/絲梳 ctenolium
丝炭/絲炭,絲煤 fusain
丝炭化作用/絲煤化作用 fusinization
丝锑铅矿/緑銻[酸]鉛礦 monimolite
丝网/絹印孔版 silk screen
丝网印刷/網版印刷,孔版印刷 screen printing, silk-screen printing
丝质体/絲煤素 fusinite
丝状植物[门]/管體植物 Nematophyta
斯蒂芬阶/斯蒂芬階 Stephanian Stage
斯蒂芬菊石属/冠菊石 *Stephanoceras*
斯蒂芬期/斯蒂芬期 Stephanian Age
斯考因迹遗迹相/Scoyenia 遺跡相 Scoyenia ichnofacies
斯科勒斯比叶蕨/斯克靳蕨 Scoresbya
斯科舍板块/蘇格夏板塊 Scotia plate, SC
斯涅耳定律/斯奈爾定律 Snell's law
斯石英/重矽石,施矽石 stishovite
斯特藩-玻尔兹曼常数/史特凡波茲曼常數 Stefan-Boltzmann constant
斯特藩定律/史蒂芬法則 Stefan law
斯特劳哈尔数/司徒哈數 Strouhal number
斯特隆博利式喷发/斯通波利式噴發 Strombolian eruption
斯特隆布利式活动性/斯德隆布利式活動 Strombolian activity
斯特隆阶/斯特隆階 Strunian Stage
斯特隆期/斯特隆期 Strunian Age

斯特默长度/斯特末長度 Stormer length
斯特默锥/斯特末錐 Stormer cone
斯通莱波/史東里波,史東尼波 Stoneley wave
斯图尔特石/斜磷錳礦 stewartite
斯托尔特拉伸/斯托爾特拉伸 Stolt stretch
斯托尔特拉伸因子/斯托爾特拉伸因子 Stolt stretch factor
斯托克斯波/史托克波 Stokes wave
斯托克斯定理/司托克士定理 Stokes theorem
斯托克斯公式/史托克斯公式,史脱克斯公式 Stokes formula
斯托克斯矩阵/史托克矩陣 Stokes matrix
斯托克斯理论/斯托克斯理論 Stokes theory
斯托克斯流函数/史托克斯流函數 Stokes stream function
斯托克斯漂流/史托克漂送 Stokes drift
斯托克斯数/史托克斯數 Stokes number
斯瓦罗浮子/史瓦羅浮子,定深漂流浮標 swallow float
斯韦德鲁普关系/史佛卓關係 Sverdrup relation
斯韦劳事件/瑟瓦拉事件 Thvera event
斯皂石/矽鎂石,滑鎂皂石,斯蒂文石 stevensite
锶沸石/鍶沸石 brewsterite
锶磷灰石/鍶磷灰石 strontianapatite
锶砷磷灰石/鍶砷磷灰石 fermorite
锶铁钛矿/鍶鐵鈦礦,尖鈦鐵礦 crichtonite
撕裂断层/捩斷層 tear fault
撕裂型裂纹/撕裂型裂紋 tear mode crack
撕膜/揭膜 peel, remove coating
撕膜片/揭膜片 open window negative, peel-coat film
撕片法/撕片法,揭片法 peel method
嘶声/嘶聲 hiss
死冰川/死冰川 dead glacier
死火山/死火山 extinct volcano
死区/死區 dead zone
死水/死水 unfree water
死亡率/死亡率 mortality
死亡率表/死亡表 mortality table
死支漫步/走向死亡的演化分支 dead clade walking
四倍体/四倍體 tetraploid
四倍体育种技术/四倍體育種技術 tetraploid breeding technique
四笔石属/四[分]筆石 *Tetragraptus*
四边形/四邊形 quadrangle
四扁齿象/四扁齒象 Tetrabelodon
四不像/四不像 Elaphurus
四不像属/四不像 *Elaphurus*
四叉树/四元樹 quadtree, Q-tree
四川虫/四川蟲 Szechuanella
四川龙属/四川龍 *Szechuanosaurus*
四点法/四點法 four-point method
四方晶系/四方晶系,正方晶系 tetragonal system
四方硫砷铜矿/吕宋礦,塊硫砷銅礦 luzonite
四方羟锡锰石/正方水錫錳石 tetrawickmanite
四方双楔类/正方雙楔體晶族 tetragonal disphenoidal class
四方锥/四方錐,正方錐 tetragonal pyramid
四分孢子/四分孢子 tetraspore
四分量地震径向分量/四分量地震徑向分量 radial component in 4-C seismic
四分日潮/四分潮,小半潮 quarter diurnal tide
四分色/四分色 cyan magenta yellow black, CMYK
四分体/四分體 tetrad
四分体痕/四分體痕,四子痕 tetrad scar, tetrad mark
四分之一潮/四分潮,小半潮 quarter diurnal tide
四分枝分子/四分枝分子 quadriramate element
四分子[骨骼]器官/四分子[骨骼]器官 quadrimembrate skeletal apparatus
四杆测链/甘特鎖 Gunter chain
四沟/四溝 tetracolpate
四国海盆/四國海盆 Shikoku Basin
四季/季[節] season
四阶时差/四階時差 fourth-order moveout
四棱齿象属/四棱齒象 *Tetralophodon*
四列/四列 quadriserial
四六面体/四六面體 tetrahexahedron, tetrakishexahedron
四面体/四面體 tetrahedron
四囊粉类/四囊粉類 Tetrasaccus
四排阶/四排階 Sipaian Stage
四排期/四排期 Sipaian Age
四堡群/四堡群 Sipu Group
四腮亚纲/四腮亞目 Tetrabranchiata
四色印刷/四色印刷 four color printing
四色油墨/四色墨 process color ink
四射骨刺/四射骨刺 tetractinellid spicule
四射珊瑚/四射珊瑚 tetracoral
四射式/四射式 tetrameral
四射型腰带/四射型腰帶 tetraradiate pelvis
四水白铁矾/四水白鐵礬 rozenite
四水锰矾/集晶錳礬 ilesite
四水铜铁矾/四水銅鐵礬,多水銅鐵礬 guildite
四水泻盐/四水瀉鹽,四水鎂礬 starkeyite, leonhardtite

四头海胆/四頭海膽 Tetracidaris
四维地震互均化处理/四維地震互均化處理 cross-equalization in 4-D seismic
四维资料同化/四維資料同化 four-dimensional data assimilation
四轴骨针/四[軸]骨針 tetraxon
四轴式骨针/四軸型骨針 tetraxons
四字粉类/四字粉類,四字粉屬 Quadraeculina
四足动物/四足動物 tetrapod
四足类/四足類,四腳動物 tetrapod, tetrapods
四足形类/四足形類 tetrapodomorphs
似抱球虫/似抱球蟲 Globigerinoides
似瓷质壳/陶瓷式殼 porcellaneous test
似大地水准面/準大地水準面 quasi-geoid
似刀蛏属/似刀蟶 *Soleniscus*
似短耳兔属/似短耳兔,似岩兔 *Ochotonoides*
似方铅矿的/方鉛礦類 galenoid
似纺锤蜓属/似紡蜓,假紡錘蟲 *Quasifusulina*
似腹三角板/似三角板 homoedeltidium
似功群落/同功群落 analogous community
似果穗属/化石穗 *Strobilites*
似海底反射[面]/似海底反射[面] bottom simulating reflector
似矿物/似礦物 mineraloid
似鸟龙类/似鳥龍類 ornithomimosaurs
似棚珊瑚属/似棚珊瑚 *Arachnolasma*
似球果属/球果石 *Conites*
似三角兽/似三角齒獸 Deltatheridoides
似鲨类/似鯊類 shark-like fishes
似石柱珊瑚/似石柱珊瑚 Lithostrotionella
似匙形台/似匙板 spondyloid
似鼠兔属/似岩兔,似短耳兔 *Ochotonoides*
似蜓/似蜓,似紡錘蟲 Fusulinella
似无窗贝/似無窗貝 Athyrisina
似银杏/擬銀杏 Ginkgoites
似釉质/似琺瑯質 enameloid
似查米羽叶属/腹羽葉 *Zamites*
似整合/準整合,平行不整合 paraconformity
饲用盐生植物/餌料用鹽生植物 halophytic fodder plant
松柏类/松形目 Coniferae
松弛源/鬆弛源 relaxation source
松果孔/松果孔,松果窩 pineal foramen
松果片/松果片 pineal plate
松花江群/松花江群 Songhuajiang Group
松球海百合/松球海百合 Cupressocrinus
松散沉积物/鬆散沈積物 loose sediment
松散结构/鬆散結構 loosen texture
松散耦合/鬆散連結 loose coupling
松散耦合服务/鬆散連結服務 loose coupled service
松山反向极性期/松山反向極性期,松山逆極期 Matuyama reversed polarity chron
松山期/松山期 Matuyama epoch
松杉纲/松形植物 Coniferopsida
松杉木属/松杉木 *Pityoxylon*
松氏重液/松氏重液 Sonstadts solution
松鼠型头骨/松鼠型頭骨 sciuromorpous skull
松鼠型下颌/松鼠型下頷 sciurognathous mandible
松尾袋鼠类/松袋鼠 phalanger
松型木属/松型木 *Pinuxylon*
松野格式/松野法 Matsuno scheme
松叶蕨纲/裸蕨部 psilopsida
松叶蕨类/松葉蘭類 Psilotinae
松脂岩/松脂岩 pitchstone
嵩山群/嵩山群 Songshan Group
宋家山群/宋家山群 Songjiashan Group
宋健-于景元模型/宋健-于景元模式 Song-Yu's model
搜救图/搜救圖 search and rescue chart
搜索半径/搜索半徑 search radius
搜索行为/搜索行爲 search behavior
搜索区/搜索區 searching area
搜索阈值/搜索閾值 search tolerance
薮枝虫属/藪枝蟲 *Obelia*
苏长岩/蘇長岩 norite
苏打石/蘇打石 nahcolite
苏岛犀/蘇島犀 Didermocerus sumatrensis
苏库洛克群/蘇庫洛克群 Sukuluok Group
苏拉威西海盆/蘇拉威西海盆 Sulawesi Basin
苏联景域学派/蘇聯景域學派 Soviet landschaft school
苏禄海盆/蘇祿海盆 Sulu Basin
苏门答腊蜓属/蘇門答臘蟲 *Sumatrina*
苏门答腊-爪哇岛弧/蘇門答臘-爪哇島弧 Sumatra Java Island Arc
苏斯效应/蘇斯效應,休斯效應 Suess effect
苏特赛式喷发/蘇特賽式噴發 Surtseyan eruption
苏铁/蘇鐵 Cycas
苏铁杉属/蘇鐵杉,籦木 *Podozamites*
苏铁时代/蘇鐵時代 age of cycads
苏铁植物时代/蘇鐵時代 age of cycads
速测断面图/速測斷面圖 hasty profiles
速测水准测量/速測水準 flying leveling, fly leveling
速度场/速度場 velocity field
速度反应谱/速度回應譜 velocity response spectrum

速度方位距离显示/速度方位距離顯示 velocity azimuth range display，VARD
速度方位显示/速度方位顯示 velocity azimuth display，VAD
速度分布/速度分布 velocity distribution
速度高比值/速高比 velocity to height ratio
速度构造/速度構造 velocity structure
速度滤波/速度濾波 velocity filtering
速度脉动/速度變動 velocity fluctuation
速度模糊/速度模糊 velocity ambiguity
速度谱/速度譜 velocity spectrum
速度强化/速度強化 velocity strengthening
速度弱化/速度弱化 velocity weakening
速度扫描/速度掃描 velocity scanning
速度拾震器/速度感測器 velocity sensor
速度势/速度位 velocity potential
速度随炮检距变化/速度隨炮檢距變化 velocity variation with offset，VVO
速度[型]地震仪/速度地震儀 velocity seismograph
速度[型]强震仪/速度[型]強震儀 velocity-type strong-motion seismograph
速足介目/速足目,介形類 Podocopida
宿松群/宿松群 Susong Group
宿主/宿主 host
塑料片刻图/塑膠片雕繪法 plastic scribing process
塑限/塑限 plastic limit
塑性/塑性 plasticity
塑性变形/塑性變形 plastic deformation
塑性变形机制/塑性變形機制 plastic deformation mechanism
塑性层/塑性層 plastic layer
塑性[的]/可塑的 plastic
塑性冻土/塑性凍土 plastic frozen soil
塑性流动/塑性流動 plastic flow
塑性体/塑性體 plastomer
塑性形变/塑性變形 plastic deformation
塑性形变蠕变失稳/塑性形變蠕變失穩 creep instability of plastic deformation
塑性应变/可塑性應變 plastic strain
塑性指数/塑性指數 plasticity index
溯河鱼类/溯河[產卵洄游]魚類 anadromous fishes
溯源堆积/向源堆積 headward deposition
溯源侵蚀/溯源侵蝕,向源侵蝕,向源侵湖 headward erosion，retrogressive erosion
酸雹/酸雹 acid hail
酸沉降/酸性沈降 acid deposition
酸度/酸度,酸性 acidity
酸度计/酸鹼計 pH meter
酸度系数/酸度係數 coefficient of acidity
酸化/酸化 acidification
酸化作用/酸化作用 acidification
酸碱度/酸鹼值 pH value
酸露/酸露 acid dew
酸敏性/酸敏性 acid sensitivity
酸霜/酸霜 acid frost
酸雾/酸霧 acid fog
酸性白土/酸性白土 acid clay
酸性尘雾/酸煙 acid fume
酸性环境/酸性環境 acid environment
酸性降水/酸性降水 acid precipitation，acid rain
酸性硫酸盐土/酸性硫酸鹽土 acid sulphate soil
酸性泉/酸性泉 acidulous spring
酸性岩/酸性岩 acidic rock
酸雪/酸雪 acid snow
酸雨/酸雨 acid rain，acid precipitation
蒜臭/蒜臭 garlic odor
蒜味/蒜臭的 alliaceous
算法/演算法,算則 algorithm
算术平均/算術平均 arithmetic mean
随机/隨機 random
随机爱尔沙色带模式/隨機愛爾莎色帶模式 random Elsasser band model
随机变量/隨機變量,變數 random variable，stochastic variable
随机采样/隨機採樣 random sampling
随机抽样/隨機抽樣 random sampling
随机存取存储器/隨機存取記憶體 random access memory，RAM
随机点检查/散點檢查法 random spot test
随机动力模式/隨機動力模式 stochastic dynamical model
随机动力预报/隨機動力預報 stochastic dynamic prediction
随机发生/隨機發生 random occurrence
随机访问/隨機存取 random access
随机高速缓存/隨取暫存區 on-demand cache
随机过程/隨機過程,隨機歷程 stochastic process
随机合并方程/隨機合并方程 stochastic coalescence equation
随机畸变[差]/隨機畸變 random distortion
随机交配/逢機交配 panmixis
随机扩增多态脱氧核糖核酸/隨機擴增多態性去氧核醣核酸 random amplified polymorphic DNA，RAPD
随机模式/隨機模式 random model
随机模型/隨機模型 stochastic model

随机强迫/隨機強迫[作用] random forcing
随机取样/隨機取樣 stochastic sampling
随机扰动/隨機擾動 stcchastic perturbation
随机数/隨機數 random number
随机水文学/隨機水文學 stochastic hydrology
随机误差/隨機誤差 random error
随机响应/隨機反應 stochastic response
随机性疲劳分析/隨機性疲勞分析 random fatigue analysis
随机样本/隨機樣本 random sample
随机预报/隨機預報 random forecast
随机噪声/隨機噪音,無規雜訊 random noise
[随]时间变化/[隨]時間變化 temporal variation, time variation
随钻测井/隨鑽量測 logging while drilling, LWD, measurement while drilling
随钻无线传输测井/隨鑽無線傳輸測井 MWD wireless logging, MWD wireless transmission logging
髓/髓 pith
髓弓/髓弓 vertebral arc
髓壳/髓殼 medullary shell
髓模/髓[部内]模 pith-cast
髓木目/髓木目 Medullosales
髓木属/髓木 *Medullosa*
髓射线/髓線 pith ray
遂安石/遂安石 suanite
碎斑结构/碎斑結構 mortar texture
碎冰/碎冰 brash ice
碎波带/碎波帶 surf zone
碎部测量/碎部測量,細部測量 detail survey
碎部点/碎部點 detail point
碎层云/碎層雲 fracto-stratus, Fs, stratus fractus
碎积云/碎積雲 cumulus fractus, Cu fra
碎裂/碎斷 fragmentation
碎裂带/碎裂帶 shatter belt
碎裂结构/壓碎組織,碎裂組織 cataclastic texture
碎裂流动/碎裂流動 cataclastic flow
碎裂岩/壓碎岩 cataclasite
碎裂作用/碎粒作用,壓變作用 cataclasis
碎落/細碎石 chipping
碎石土/礫土 gravel soil
碎屑/碎屑,切屑,岩屑 detritus, clast
碎屑沉积物/碎屑[狀]沈積物 detrital sediment
碎屑磁颗粒/碎屑磁粒 detrital magnetic particle
碎屑惰质体/碎屑惰質體 inertodetrinite
碎屑风化壳/碎屑風化殼 clastic weathering crust
碎屑腐殖体/碎屑腐殖體 humodetrinite
碎屑结构/碎屑結構 clastic texture
碎屑镜质体/鏡質碎屑體 vitrodetrinite
碎屑壳质体/碎屑殼質體 liptodetrinite
碎屑熔岩/碎屑熔岩 pyroclastic lava
碎屑剩磁/碎屑殘磁化 detrital remanence, detrital remanent magnetization, DRM
碎屑稳定体/碎屑殼質體 liptodetrinite
碎屑岩/碎屑岩 clastic rock
碎屑岩墙/碎屑岩牆 clastic dike
碎雨云/碎雨雲 fracto-nimbus, Fn
隧道/隧道 tunnel
隧道波/隧道波 tunneling wave
隧道测量/隧道測量 tunnel survey
隧道超前地震/隧道超前地震 tunnel seismic prediction, TSP
隧道导洞/隧道導洞 pioneer bore
隧道顶截面/隧道頂截面 crown-section of tunnel
燧石[岩]/燧石 chert, flint
穗帽变换/穗帽變換 tasseled cap transformation
孙氏鳄属/孫氏鱷 *Sunosachus*
损失函数/損失函數 loss function
莎草蕨属/裂葉蕨 *Schizaea*
缩短作用/縮短作用 shortening effect
缩放/縮放 zoom
缩略图/縮略圖 thumbnail
缩微地图/縮微地圖 microfilm map
缩微胶片/微縮片,微膠片 microfilm
缩微摄影/縮微攝影 microphotography, microcopying
缩小/縮小 zoom out
缩小仪/縮小儀 photoreducer
所见即所得/所見即所得 WYSIWYG
所罗门海板块/所羅門海板塊 Solomon Sea plate
所罗门海沟/所羅門海溝 Solomon Trench
索齿兽/戴斯莫獸 Desmostylus
索尔库里群/索爾庫里群 Suorkuli Group
索尔瓦阶/索爾瓦階 Solvan Stage
索尔瓦期/索爾瓦期 Solvan Age
索饵场/索餌場 feeding ground
索克氏虫属/索氏蟲 *Saukia*
索伦石/索倫石,直水矽鈣石 suolunite
索马里板块/索馬利板塊 Somalia plate
索马里海流/索馬利海流 Somali Current
索马里急流/索馬利噴流 Somali jet
索米亚那函数/索米亞那函數 Somigliana's function
索米亚那张量/索米亞那張量 Somigliana's tensor
索瑞特效应/索瑞特效應 Soret effect
索引/索引 index

索引格网/索引方格 index grid
索引图/索引圖 index map
索状细带/繖帶,臍帶 funiculus
锁窗贝属/鎖窗貝 *Cleiothyridina*
锁定/鎖定 locking
锁骨/鎖骨 clavicle
锁间[甲]骨/鎖間骨[甲] interclavicula
锁角/内鎖角 interlocking angle
锁紧螺旋/固定螺旋 locking screw
锁止角/鎖角 locking angle

T

他形/他形 xenomorphic, anhedral, allotriomorphic
他形晶/他形晶 xenomorphic texture, anhedral crystal
他形粒状/他形粒狀 xenomorphic granular, allotriomorphic granular
他形粒状结构/他形粒狀結構 allotriomorphic granular texture
他型/他型,異型 allotype
塌积角砾岩/崩陷角礫岩 collapse breccia
塌陷构造/崩陷構造 collapse structure
塔尺/塔尺,伸縮標尺 sliding staff
塔尔科特测纬度法/泰爾各答測緯度法 Talcott method of latitude determination
塔尔科特水准/泰爾各答水準 Talcott level
塔菲石/鈹鋁鎂石 taaffeite
塔礁/塔礁,尖礁 reef pinnacle
塔兰托拉反演理论/塔蘭托拉反演理論 Tarantola inversion theory
塔里木板块/塔里木板塊 Tarim plate
塔里木块体/塔里木塊體 Tarim block
塔螺式壳/塔螺式殼 torticone
塔螺属/錐螺 *Turritella*
塔螺型/塔螺型 turriculate
塔斯马尼亚海道/塔斯馬尼亞海道 Tasmanian Passage, Tasmonion Seaway
塔斯曼海盆/塔斯曼海盆 Tasman Basin
塔昔达坂群/塔昔達阪群 Taxidaban Group
塔状的/葉尖突出的 excurrent
踏勘/踏勘,草測 reconnaissance, sketch survey
胎顶/胎頂 apex of sicula
胎管/胎管,劍盤 sicula
胎管刺/胎管刺 virgella
胎管口刺/胎管口刺 sicular apertural spine
胎管口尖/胎管口尖 rutellum
胎壳/胎殼,初房 prodissoconch, protoconch
胎膜类/胎膜類 Amniota
胎盘/胎盤,胎座 placenta
胎盘的/有胎盤的 placental
胎生/胎生 viviparity
胎锥/圓錐,視錐 conus
胎座/胎座,胎盤 placenta
台背斜/臺背斜 anticlise, anteclise
台地边缘/臺地邊緣 platform margin
台地边缘斜坡/臺地邊緣斜坡 platform margin slope
台地海岸/臺地海岸 platform coast
台风/颱風 typhoon
台风变性/颱風變性 typhoon transformation
台风打转/颱風打轉 typhoon looping
台风风暴潮/颱風風暴潮 typhoon storm surge, typhoon tide
台风风暴潮紧急警报/颱風暴潮緊急警報 typhoon surge emergency warning
台风风暴潮警报/颱風暴潮警報 typhoon surge warning
台风风暴潮预报/颱風暴潮預報 typhoon surge forecasting
台风警报/颱風警報,颶風警報 typhoon warning
台风路径/颱風路徑 typhoon track
台风命名/颱風命名 typhoon nomenclature
台风蛇行/颱風蛇行 typhoon meandering
台风眼/颱風眼 typhoon eye
台风引导气流/颱風導引氣流 typhoon steering flow
台风灾害/颱風災害 typhoon disaster
台风再生/颱風再生 typhoon regeneration
台风转向/颱風反轉 typhoon recurvature
台阶式/臺階式 step, bench
台卡导航仪/笛卡導航器 Decca navigator
台卡定位系统/笛卡定位系統 Decca positioning system
台卡海图/笛卡海圖 Decca chart
台链/臺鏈 station chain
台湾岛弧/臺灣島弧 Taiwan island arc
台湾海峡/臺灣海峽 Taiwan Strait
台湾箭齿兽/臺灣古䵷 Taiwan taiwaniensis
台湾鲸鱼/臺灣鯨魚 Balaemoptera taiwanica
台湾暖流/臺灣暖流 Taiwan Warm Current
台湾强地动一号台阵/臺灣強地震一號陣列 Strong Motion Array in Taiwan Number 1, SMART 1
台湾杉/臺灣杉 Taiwania cryptomerioides
台湾新生代地槽/臺灣新生代地槽 Taiwan Cenozoic geosyncline

台湾造山带/臺灣造山帶　Taiwan orogenic belt
台湾纵谷断裂带/臺灣縱谷斷裂帶　longitudinal valley fault zone in Taiwan
台向斜/臺向斜,臺坳　syneclise
台形分子/臺形分子　planate element
台站校正/臺站校正　station correction
台站型三分量磁通门磁力仪/臺站型三分量磁通門磁力儀　station three-component fluxgate type magnetometer
台褶带/臺褶帶　platform fold belt
台阵处理/陣列處理　array processing
台阵地震计/臺陣地震計　array seismometer
台阵响应/陣列響應　array response
台纸/臺紙　imposition sheet
抬升凝结高度/舉昇凝結高度,舉昇凝結層　lifting condensation level, LCL
抬升指数/舉昇指數　lifting index, LI
抬斜断块/傾斜斷塊　tilted fault block
苔草沼泽/苔草沼澤　sedge mire
苔纲/苔類　Hepaticeae
苔藓笔石属/苔蘚筆石　*Bryograptus*
苔藓虫/苔蘚蟲　bryozoan
苔藓虫素/苔蘚蟲素　bryostatin
苔藓虫幼体/苔蘚蟲幼體　cyphonautes larva
苔原气候/苔原氣候　tundra climate
苔原气候带/苔原區　bryochore
太古宇/太古宇　Archean Eonothem
太古宙/太古宙,太古元　Archean Eon
太华岩群/太華岩群　Taihua Group Complex
太极序列/太極序列　Tai-Ji sequence
太空/太空　space
太空飞行器/太空飛行器　spacecraft
太空摄影机/太空攝影機　space camera
太平[古]大陆/太平[古]大陸　Pacifica Continent
太平洋/太平洋　Pacific Ocean
太平洋板块/太平洋板塊　Pacific plate, PA
太平洋边缘/太平洋邊緣　Pacific margin
太平洋赤道潜流/太平洋赤道潛流　Pacific Equatorial Undercurrent
太平洋非偶极低点/太平洋非偶極低點　Pacific non-dipole low
太平洋高压/太平洋高壓　Pacific high
太平洋年代际振荡/太平洋十年期振盪　Pacific decadal oscillation, PDO
太平洋型大陆边缘/太平洋型大陸邊緣　Pacific-type continental margin
太平洋型海岸/太平洋型海岸　Pacific type coast
太阳潮/太陽潮　solar tide
太阳大气/太陽大氣　solar atmosphere
太阳大气潮/太陽大氣潮　solar atmosphere tide
太阳电子事件/太陽電子事件　solar electron event
太阳反辉/太陽反輝　sun glitter
太阳风/太陽風　solar wind
太阳风暴/太陽風暴　solar storm
[太阳风]高速流/[太陽風]高速流　high speed stream
太阳辐射/太陽輻射,日射　solar radiation
太阳辐射波谱/太陽輻射波譜　solar radiation spectrum
太阳[辐射]加热率/太陽[輻射]加熱率　solar heating rate
太阳辐射衰减/太陽輻射衰減　attenuation of solar radiation
太阳高度/太陽高度　solar altitude
太阳光度计/[感光]日照儀　heliograph
太阳光谱/太陽光譜　solar spectrum
太阳光压摄动/太陽輻射壓　solar radiation pressure perturbation
太阳海石花/太陽海石花　Heliastraea
[太阳]黑子/[太陽]黑子　sunspot
[太阳]黑子循环/[太陽]黑子週期　sunspot cycle
[太阳]黑子周期/[太陽]黑子週期　sunspot period
[太阳]黑子周期性/[太陽]黑子週期性　sunspot periodicity
太阳活动/太陽活動　solar activity
太阳活动低潮/太陽活動低潮　solar ebb
太阳活动区/太陽活動區　active solar region
太阳活动周期/太陽[活動]週期　solar cycle
太阳罗盘/太陽羅盤　sun compass
太阳罗盘仪/太陽羅盤儀,天象羅盤儀　solar compass
太阳能/太陽能　solar energy
太阳能淡化/太陽能淡化　solar desalination
太阳能量粒子/太陽能量粒子　solar energy particle, SEP
太阳能区划/太陽能分界　solar energy demarcation
太阳能蒸馏[淡化]法/太陽能蒸餾[淡化]法　solar distillation process
太阳能装置/太陽稜鏡裝置　solar attachment
太阳能资源/太陽能資源　solar energy resources
太阳年/太陽年　solar year
太阳气候/太陽氣候　solar climate
太阳全日潮/太陽全日潮　solar diurnal tide
太阳扰动/太陽擾動　solar disturbance
太阳热/太陽熱　solar heat
太阳日变化/太陽日變化　solar daily variation

太阳日磁变/太陽日磁變 solar daily magnetic variation
太阳时/太陽時 solar time
太阳视差/太陽視差 solar parallax
太阳同步轨道/太陽同步軌道 sun-synchronous orbit, sun synchronous orbit
太阳同步气象卫星/太陽同步氣象衛星 solar synchronous meteorological satellite
太阳同步卫星/太陽同步衛星 sun-synchronous satellite
太阳同步卫星轨道/太陽同步衛星軌道 sun-synchronization satellite orbit
太阳微粒发射/太陽微粒發射,太陽微粒輻射 solar corpuscular emission
太阳温度/日射溫度 solar temperature
太阳系/太陽系 solar system
太阳系元素丰度/太陽系元素豐度 solar system abundance of element
太阳星云/太陽星雲 solar nebula
太阳耀斑/太陽耀斑,日焰 solar flare
太阳耀斑活动/日焰活動 solar flare activity
太阳耀斑扰动/日焰擾動 solar flare disturbance
太阳仪/太陽儀 heliometer
太阳引潮力/太陽引潮力 solar tidal force
太阳宇宙线/太陽宇宙線 solar cosmic ray
太阳正射点/太陽正射點 subsolar point
太阳直接辐射测量学/日射測量術 pyrheliometry
太阳质子监测仪/太陽質子監測器 solar proton monitor
太阳质子事件/太陽質子事件 solar proton event
太阳紫外线/太陽紫外線 solar ultraviolet
太阴潮/太陰潮 lunar tide
太阴大气潮/太陰大氣潮 lunar atmospheric tide
太阴年/太陰年 lunar year
太阴日/太陰日 lunar day
太阴月/太陰月,朔望月 lunation, lunar month, synodical month
太字节/兆位元組 terabyte, TB
态势地图/態勢地圖 posture map
钛锆钍矿/鈦鋯釷礦 zirconolite, zirkelite
钛硅铈钍矿/鈦矽鈰釷礦,鈦矽釔絶礦,矽鈦鈰鐵石 perrierite
钛榴石/鈦榴石 schorlomite
钛闪石/鈦[角]閃石 kaersutite
钛锑钙石/鈦銻鐵鈣石,銻鈦鈣礦 lewisite
钛铁矿/鈦鐵礦 ilmenite
钛钍矿/鈦釷礦 thorutite
钛钇钍矿/鈦釔釷礦 yttrocrasite
钛铀矿/鈦鈾礦 brannerite
泰国湾/暹邏灣 Gulf of Thailand
泰加林/針葉[泰卡]林 taiga
泰加气候/寒林氣候 Taiga climate
泰勒定理/泰勒定理 Taylor's theorem
泰勒[流体]柱/泰勒柱 Taylor column
泰勒-普鲁德曼定理/泰卜定理 Taylor Proudman theory
泰勒数/泰勒數 Taylor number
泰勒主义/泰勒主義 Taylorism
泰罗斯-N卫星/泰羅斯N衛星 TIROS-N
泰森多边形/徐昇多邊形 Thiessen polygons
泰山岩群/泰山岩群 Taishan Group Complex
坍塌检验/流動度試驗,滑塌檢驗,坍落度試驗 slump test
滩槽/灘槽,潮溝 swale
滩海/灘岸 beach strand
滩脊/灘脊 beach ridge
滩脊[型]潮滩/灘脊,海沼沙脊 chenier
滩脊[型]潮滩平原/灘脊[潮灘]平原 chenier plain
滩间水道/灘間水道 swash channel
滩肩/灘肩,濱堤 beach berm
滩肩脊/灘臺脊 berm crest
滩肩前/前灘肩,前灘臺 foreberm
滩礁/灘礁 bank reef
滩角/灘角,灘尖,灘嘴 beach cusp
滩面/灘面 beach face
滩台脊/灘臺脊 berm crest
滩涂养殖/灘地養殖,潮間帶養殖 tidal flat culture
坛状体/壺腹,壺狀體 ampulla
郯庐断裂带/郯廬斷裂帶 Tancheng-Lujiang fault zone
弹出式窗口/跳出式視窗 pop-up window
弹出式长时间海洋热流观测仪/彈出式長時間海洋熱流觀測儀 pop-up long-term heat flow instrument
弹簧/彈簧 spring
弹簧-盒子模式/彈簧-盒子模式 spring-and-box model
弹塑性/彈塑性 elastico-plasticity
弹塑性变形/彈塑性變形 elastico-plasticity deformation
弹塑性反应谱/彈塑性反應譜 elastic-plastic response spectrum
弹塑性体/彈塑性體 elastic-plastic body, elasticoplasticity material
弹体窝/彈體窩 resilifer
弹性/彈性,彈力儲存性 elasticity, resilience

弹性板块/彈性板塊 elastic plate
弹性变形/彈性變形 elastic deformation
弹性波/彈性波 elastic wave
弹性波场/彈性波場 elastic wave field
弹性波场模拟/彈性波場類比 elastic wave field modeling
弹性波方程/彈性波方程 elastic wave equation
弹性动力学/彈性動力學 elastodynamics
弹性动力学方程/彈性動力學方程 elastodynamics equation
弹性动力学格林函数/彈性動力學格林函數 elastic dynamics Green's function
弹性动力学解/彈性動力學解 elastodynamics solution
弹性刚度/彈性剛性 elastic stiffness
弹性后效/彈性後效 creep recovery, elastic after effect
弹性厚度/彈性厚度 elastic thickness
弹性回跳/彈性回跳 elastic rebound
弹性极限/彈性極限 elastic limit
弹性介质/彈性介質 elastic medium
弹性静力学/彈性靜力學 elastostatics
弹性模量/彈性模量,彈性模數 elastic modulus, modulus of elasticity
弹性生产/彈性生産 flexible production
弹性水压驱动/彈性水壓驅動 elastic water drive
弹性体/彈性體 elastic body
弹性-完全塑性体/彈性-完全塑性體 elastic-perfectly plastic
弹性形变/彈性變形 elastic deformation
弹性岩石层/彈性岩石層 elastic lithosphere
弹性应变/彈性應變 elastic strain
弹性阻抗/彈性阻抗 elastic impedance
谭氏龙属/譚氏龍 *Tanius*
潭滩/潭瀨系列 pool-and-riffle
钽黑稀金矿/鉭黑稀金礦 tanteuxenite
钽锰矿/鉭錳礦,錳鉭鐵礦 manganotantalite
钽锑矿/[鉰]鉭銻礦,銻鉭礦 stibiotantalite
钽铁金红石/鉭鐵金紅石 struverite
钽锡矿/鉭錫礦 thoreaulite
探测/探測 sounding
探测法/探測法 soundex
探测器/檢波器 detector
探地雷达[法]/透地雷達 ground penetrating radar, GPR
探井/探[勘]井 exploratory well
探空测风仪综合探测/探空觀測,雷文送觀測 rawinsonde observation
探空火箭/探空火箭 sounding rocket
探空气球/探空氣球 sounding balloon
探空仪/探空儀 sonde
探空仪观测/雷送觀測 radiosonde observation
探空站/無線電探空站,雷送站 radiosonde station
探空站记录器/探空站記録器 radiosonde station recorder
探索空间/搜索空間 search space
探索空间数据分析/探索空間資料分析 exploratory spatial data analysis, ESDA
探途元素/指引元素 pathfinder element
探险/探險 exploration
探险旅游/探險旅遊 adventure tourism
探鱼仪/魚探儀 fish finder
探针/探測器 probe
DNA 探针/DNA 探針 DNA probe
碳/碳 carbon
碳铵石/碳銨石,銨碳石 teschemacherite
碳钡矿/碳鋇礦,毒重石 witherite
碳池/碳庫 carbon pool
碳定年法/碳定年法 carbon dating
碳氟磷灰石/鹼磷灰石 dehrnite, carbonate-fluorapatite
碳钙镁铀矿/[水]碳鈣鎂鈾礦 swartzite
碳钙铀矿/碳鈣鈾礦 zellerite
碳固存/碳固存 carbon sequestration
碳硅钙石/碳矽鈣石,水碳矽鈉石 scawtite
碳硅石/碳矽石 moissanite
碳硅铈钙石/碳矽釔鈣石,鈣釔鈰礦 kainosite
碳硅钛铈钠石/碳鈦鈰鈉石 tundrite
碳黑/碳黑 carbon black
碳化/碳化 carbonization
碳汇/碳匯 carbon sink
碳获取/碳獲取 carbon acquisition
碳钾钠矾/碳鉀鈉礬,碳酸芒硝 hanksite
碳库/碳庫 carbon pool
碳镁铀矿/碳鎂鈾礦,菱鎂鈾礦 bayleyite
碳钠矾/碳鈉礬 burkeite
碳钠钙石/碳鈣鈉石 shortite
碳钠铝石/碳鈉鋁石,絲鈉鋁石 dawsonite
碳-14 年代学/碳- 14 年代學 carbon-14 chronology
碳硼硅镁钙石/碳硼矽鈣鎂石,[方碳硼]鈣鎂石 harkerite
碳羟磷灰石/碳[水]燐灰石 dahllite
碳氢化合物/碳氫化合物,烴,開鍵構造 hydrocarbon, aliphatic hydrocarbons
碳氢镁石/碳酸鎂石,[三]水碳鎂石 nesquehonite
碳氢钠石/碳氫鈉石 wegscheiderite

碳锶矿/菱鍶礦,碳鍶石 strontianite
碳锶铈矿/碳酸鍶鈰礦,紅碳鍶鈰礦 ambatoarinite, ancylite
碳素纸/碳素紙 carbon paper
碳酸钙补偿深度/碳酸鈣補償深度 calcium carbonate compensation depth
碳酸气孔/碳酸氣孔 mofette
碳酸泉/碳酸泉 carbonated spring
碳酸水/碳酸水 carbonated water
碳酸岩/碳酸岩 carbonatite
碳酸岩造体/碳酸岩造體 carbonate buildup
碳酸盐补偿深度/碳酸鹽補償深度 carbonate compensation depth, CCD
碳酸盐风化壳/碳酸鹽風化殼 carbonate weathering crust
碳酸盐建隆/碳酸岩造體 carbonate buildup
碳酸盐结合态/碳酸鹽結合態 carbonate bounded form
碳酸盐台地/碳酸鹽地臺 carbonate platform
碳酸盐旋回/碳酸鹽循環 carbonate cycle
碳酸盐岩/碳酸鹽岩 carbonate rock
碳酸盐岩化/碳酸鹽化作用 carbonatization
碳酸盐岩铅锌交代矿床/碳酸鹽岩鉛鋅交代礦床 metasomatic lead-zinc deposit in carbonate rocks
碳酸盐岩油气藏/碳酸鹽岩油氣藏 carbonate rock reservoir
碳同化作用/碳同化作用 carbon assimilation
碳同位素/碳同位素 carbon isotope
碳铜钙铀矿/碳銅鈣鈾礦,菱鈾礦 voglite
碳铜铅钙石/碳銅鉛石,銅鉛霰石 schuilingite
碳循环/碳循環 carbon cycle
碳氧比测井/碳氧比測井 carbon-oxygen ratio logging
碳源/碳源 carbon source
碳质球粒陨石/碳質球粒隕石 carbonaceous chondrite
碳质岩/碳質岩 carbonaceous rock, carbonolite
碳质页岩/碳質頁岩 carbonaceous shale
汤加板块/東加板塊 Tonga plate
汤加海沟/東加海溝 Tonga Trench
汤加-克马德克岛弧/東加-克馬得島弧 Tonga Kermadec Island Arc
汤姆森-哈斯克尔矩阵法/湯姆森-哈斯克爾矩陣法 Thomson-Haskell matrix methord
汤霜晶石/湯霜晶石,方霜晶石,鈉方鹵石 thomsenolite
糖蛋白/醣蛋白 glycoprotein
烫金/燙金 hot foil die-stamping
掏蚀/基蝕 undercutting
掏蚀坡/基蝕坡,切割坡 undercut slope
逃逸构造/逃逸構造,逸出結構 escape structure
逃逸构造模型/逃逸構造模型 escape tectonic model
陶普生分光光度计/杜伯生分光光度計 Dobson spectrophotometer
套合/套合 registration
套合不准/套印不準 misregister
套利/套利 arbitrage
套球亚类/套球亞類 disphaeromorphs
套色法/套色法 register color method
套晒/多次套曬 multiple burn
套晒片/套曬片 multiple flats
套筒气枪/套筒氣槍 sleeve airgun
套网格/嵌套網格 nested grid
套网格模式/嵌套網格模式 nested grid model, NGM
套芯钻/套鑽 overcoring
特别建筑物/特別建物 special building
特稠原油/特稠原油 extral-viscous crude oil, unusual special thick crude oil
特大暴雨/特大暴雨 very heavy rainstorm
特大地震/特大地震 great earthquake
特低频/超低頻 ultra-low frequency, ULF
特定年龄出生率/年齡別出生率 age specific natality
特定年龄生命表/年齡別生命表 age specific life table
特定年龄生殖力/年齡別生殖力,年齡別孕卵數 age specific fecundity
特旱区/特旱區 super-drought area
特化中心/特化中心 center of specialization
特克斯群/特克斯群 Tekes Group
特宽角航摄相机/特寬角航空攝影機,超廣角航空攝影機 super-wide angle aerial camera, ultra-wide angle aerial camera
特宽角镜头/特寬角物鏡,超廣角物鏡 super-wide angle objective, ultra-wide angle objective
特里马德克阶/特馬豆階 Tremadocian Stage
特里马德克期/特馬豆期 Tremadocian Age
特列奇阶/特列奇階 Telychian Stage
特列奇期/特列奇期 Telychian Age
特强沙尘暴/特強沙塵暴 extreme severe sand and dust storm
特权/使用權 privilege
特殊地理学/特殊地理學 special geography
特殊函数/特殊函數 special function
特殊水深/特殊水深 special depth

特水硅钙石/矽錳鈣石 truscottite
特提斯[海]/特提斯海,古地中海 Tethys
特提斯[型]造山带/特提斯[型]造山帶 Tethys type orogenic belt, Tethysides
特性层/特性層 significant level
特异保存化石库/特異保存化石庫 Konservat-Lagerstätten
特异性/專一性 specificity
特有现象/在地特有化 endemism
特有种/特有種,地方種 endemic species
特征/圖徵,要素 feature
特征编码/特徵編碼 feature coding
特征变质矿物/特徵變質礦物 characteristic metamorphic mineral
特征标识符/圖徵標識符號 feature identifier
特征波/特性波,有效波高 characteristic wave
特征长度[尺度]/特徵長度[尺度] characteristic length scale
特征尺度/特徵尺度 characteristic scale
特征地震/特徵地震 characteristic earthquake
特征点/特徵點 characteristic point
特征方程/特徵方程[式] characteristic equation, characteristic equation
特征分离/圖徵分離 feature separation
特征高度/特徵高度 characteristic height
特征根/特徵根 characteristic root
特征函数/特徵函數 characteristic function
特征畸变/特徵畸變 characteristic distortion
特征量/特徵量 characteristic quantity
特征码/物件碼,圖徵代碼 feature codes
特征码清单/特徵碼清單 feature codes menu
特征频率/特徵頻率 characteristic frequency
特征曲线/特徵曲線,特性曲線 characteristic curve
特征曲线法/特徵曲線法 method of characteristics
特征时间尺度/特徵時間尺度 characteristic time scale
特征提取/特徵萃取,圖徵萃取 feature extraction
特征镶嵌现象/特徵祖衍鑲嵌 heterobathmy of character
特征向量/特徵向量 characteristic vector
特征选择/特徵選擇,圖徵選取 feature selection
特征转换类/特徵轉换類 turn feature class
特种地图/特種地圖,特殊地圖 special map, special purpose map
特种海图/特種海圖 miscellaneous chart
特重原油/特重原油 superheavy oil
藤本植物/藤本植物 liana
藤壶/藤壺[類] barnacle, acorn barnacle
藤壶属/藤壺 *Balanus*
藤原效应/藤原效應 Fujiwara effect
梯度/梯度,坡度,比降 gradient
梯度变异/梯度變異,漸變群 cline
梯度电极系/梯度電極系 lateral device
梯度分析/梯度分析 gradient analysis
梯度风/梯度風 gradient wind
梯度风方程/梯度風方程 gradient wind equation
梯度理论/梯度理論 ladder development theory
梯索菊石属/假菊面石 *Tissotia*, *Pseudoceratites*
梯形图幅投影/梯形投影 trapezoidal projection
梯状[矿]脉/梯狀脈 ladder vein
梯锥螺属/海蜷 *Batillaria*
锑钯矿/銻鈀礦 stibiopalladinite
锑钙石/銻鈣石 romeite
锑华/銻華 valentinite
锑镁矿/銻鎂礦,單斜磁鐵礦 bystromite
锑钠铍矿/銻鈉鈹礦,銻鈉鋁礦 swedenborgite
锑砷锰矿/銻砷錳礦 manganostibite
锑铁矿/[黄]銻鐵礦 tripuhyite
锑铁钛矿/銻鈦鐵礦 derbylite
锑银矿/銻[三]銀礦 dyscrasite
提罗菊石属/提羅菊石 *Tirolites*
提取/提取 extract
提塘阶/提塘階 Tithonian Stage
提塘期/提塘期 Tithonian Age
提喻法/提喻法,舉隅法 synecdoche
鹈形目/鵜形目 Pelecaniformes
蹄兔/蹄兔 Hyrax
蹄兔目/蹄兔目 Hyracoidea
体/體 solid, volume
体表附着生物/體表附著生物 epizoids
体波/體波 body wave
体波频散/體波頻散 body wave dispersion
体波震级/體波震級,體波規模 body wave magnitude
体长频度分布/體長頻度分布 length frequency distribution
体管沉积/内體管沈積 endosiphuncular deposits
体管孔/體管孔 siphon hole
体管叶/外葉,腹葉 siphonal lobe, ventral lobe
体积/體積 volume
体积极化/體極化 volume polarization
体积计/體積計 stereometer
体积扩散蠕变/體積擴散蠕變 volume diffusion creep
体积氯度/體積氯度,含氯量,氯容 chlorosity, chlorinity

体积模量/體積模量 bulk modulus
体积摩尔浓度/體積莫耳濃度 molar concentration
体积目标/體積目標 volume target
体[积膨]胀系数/體[積膨]脹係數 volume expansion coefficient
体积平均/體積平均 volume average
体积守恒/容量守恆 conservation of volume
体积弹性模量/體彈性模數 bulk modulus
体积吸收系数/體[積]吸收係數 volume absorption coefficient
体积应变/體積應變 volumetric strain
体密度/整體密度 bulk density
体腔/體腔 coelom, visceral cavity
体腔痕/體腔痕 vascular marking
体腔孔/體腔孔 visceral foramen
体腔区/體盤 visceral disc
体散射/體散射,總散射 volume scattering
体散射函数/體散射函數 volume scattering function
体室/殼房,房室 chamber
体素/體素 voxel
体温度/整體溫度 bulk temperature
体温调节/體溫調節 thermoregulation
体系/[體]系,系統 regime, system
体系框架/組織架構 architectural framework
体系域/體系域 system tract
体系域界面/體系域介面 system tract interface
体隙/體隙 blade, endosiphoblade, endosiphuncular blade
体心格子/體心格子 body-centered lattice
体型/體型 body shape
体衍生/體衍生 syntaxy
体液理论/體液理論 Hippocrate's theory of humors
体育地理学/體育地理學 geography of sports
体育旅游/運動旅遊 sports tourism
体元/體元 voxel
替代/替代 alternative
替代地理学/替代地理學,另類地理學 alternative geography
替代模式/替選模式 alternative models
替代数据/可替換性資料 alternative data
替代性/替代性 alterity
替代性旅游/替代性旅遊,另類旅遊 alternative tourism
天波干扰/天波干擾 sky-wave interference
天波修正/天波修正 sky-wave correction
天赤道/天球赤道 celestial equator
天底/天底 nadir, sub-satellite point
天底点/天底點 nadir point
天底点辐射三角测量/天底點輻射三角測量,像底點輻射三角測量 nadir radial triangulation
天底点辐射线/天底點輻射線 nadir radial
天地耦合预测方法/天地耦合預測方法 forecasting method in coupling of cosmic-earth
天地生综合研究/天地生綜合研究 comprehensive study of the mutual relations among cosmos, earth and life
天电/天電 atmospherics
天电干扰/天電干擾 atmospheric noise
天电强度计/天電儀 atmoradiograph
天顶/天頂 zenith
天顶角/天頂角 zenith angle
天顶距/天頂距 zenith distance, zenith angle
天顶盲区/天頂盲區 zenith blind zone
天顶摄影机/天頂攝影機 zenith camera
天顶仪/天頂望遠鏡 zenith telescope
天顶雨/天頂雨 zenith rain
天冬氨酸年龄/天門冬氨酸年齡 aspartic acid age
天冬氨酸外消旋作用/天門冬氨酸外消旋作用 racemization of aspartic acid
天光/天空光 sky light
天河石/天河石,微斜長石 amazonite
天皇海山群/天皇海山群 Emperor Seamount Chain
天基观测/天基觀測,空基觀測 space-based observation
天极/天極 celestial pole
天空辐射/天空輻射 sky radiance, sky radiation
天空辐射表/天空輻射表 sky radiometer diffusometer
天空覆盖/天空覆蓋 canopy
天空光/天光 skylight
天空蓝度/天空藍度 blue of the sky
天空蓝度测定仪/天空藍度計 cyanometer
天空亮度/天空亮[度] sky brightness
天空漫射辐射/天空漫射 diffuse sky radiation
天空实验室/天空實驗室 skylab
天空实验室摄影/天空實驗室攝影 skylab photography
天空状况/天空狀況 sky condition
天蓝石/天藍石,藍晶 blue spar, lazulite
天女罗介/天女羅介 Cytheropteron
天平动/天秤動 libration
天启教/天啟宗教 revealed religion
天气/天氣 weather
天气报告/天氣報告 weather report
天气波/天氣波 synoptic wave
天气尺度/綜觀尺度 synoptic scale

天气尺度系统/綜觀尺度天氣系統 synoptic scale weather system
天气导航/天氣定航 weather routing
天气电码/天氣電碼 synoptic code
天气符号/天氣符號 weather symbol
天气观测/[綜觀]天氣觀測 synoptic weather observation, synoptic observation
天气观测时间/天氣時,綜觀時間 synoptic hour
天气过程/天氣過程 synoptic process
天气回波/天氣回波 weather echo
天气汇报/天氣歸詢 debriefing
天气警报/天氣警報 weather warning
天气雷达/氣象雷達 meteorological radar, weather radar
天气历史顺序/天氣序列 sequence of weather
天气气候学/綜觀氣候學 synoptic climatology
天气实况演变图/氣象記録圖 meteorogram
天气图/天氣圖,綜觀[天氣]圖 synoptic chart, weather chart
天气图传真/天氣傳真 weather facsimile, WEFAX
天气图预报/綜觀預報 synoptic forecast
天气系统/天氣系統,綜觀系統 weather system
天气现象/天氣現象 weather phenomena
天气形势/綜觀形勢 synoptic situation
天气型/綜觀類型 synoptic type
天气学/天氣學 synoptic meteorology
天气谚语/天氣諺語 weather proverb
天气预报/[綜觀]天氣預報 synoptic forecast, weather forecast
天气展望/天氣展望 weather outlook
天气侦察[飞行]/氣象偵察[飛行] weather reconnaissance flight
天气转坏报[告]/天氣轉劣報告 deterioration report
天气资料/天氣資料 synoptic data
天青石/天青石 celestine
天青重晶岩/天青重晶岩,毒重石,碳酸鋇礦 barolite
天穹形状/天空形狀 apparent form of the sky
天球/天球 celestial sphere
天球北极/天球北極 north celestial pole
天[球]赤道/天球赤道 celestial equator
天球赤道坐标系/天球赤道坐標系統 celestial equator system of coordination, equinoctial system of coordinates
天球地平/天球地平 celestial horizon
天球经度/天球經度 celestial longitude
天球纬度/天球緯度 celestial latitude
天球子午圈/天球子午圈 celestial meridian
天球坐标系/天球坐標 celestial coordinate system
天然标石/自然標石 natural monument
天然堤/天然堤,自然堤 natural levee
天然地震波/天然地震波 natural seismic wave
天然电场探测仪/天然電場探測儀 natural electric field meter
天然伽马射线/天然伽瑪線 natural gamma ray
天然胶体/天然膠體 natural colloid
天然焦/天然焦 natural coke
天然卤化有机物/天然鹵化有機物 natural halogenated organics
天然硼酸/天然硼酸 sassolite, sassoline
天然气/天然氣 natural gas
天然气处理系统/天然氣處理系統 natural gas treating system
天然气地球化学/天然氣地球化學 geochemistry of natural gas, natural gas geochemistry
天然气水合物/天然氣水合物 natural gas hydrate, gas hydrate
天然气水合物储层/天然氣水合物貯槽 gas hydrate reservoir
天然气水合物丘/天然氣水合物丘 hydrate mound
天然气水合物稳定带/天然氣水合物穩定帶 gas hydrate stability zone, GHSZ
天然气水合物相图/天然氣水合物相圖 gas hydrate phase diagram
天然气水中扩散/天然氣水中擴散 gas hydrodiffusion
天然气压缩因子/天然氣壓縮因子 compressible factor of natural gas
天然气液/液體天然氣 natural gas liquid
天然气运聚动平衡/天然氣運聚動平衡 migration-accumulation equilibrium
天然气运移方式/天然氣運移方式 way of gas migration
天然热流量法/天然熱流量法 natural heat-flux method
天然色/天然色,原色 natural color
天然剩磁/天然剩磁,天然剩餘磁化強度,自然殘磁 natural remnant magnetism, natural remanent magnetization, NRM
天然水/天然水 natural water
天然水资源/天然水力資源 natural water resources
天然同位素/天然同位素 natural isotope
天然卫星/天然衛星 natural satellite
天然吸附剂/天然吸附劑 natural adsorbing agent
天然盐水/天然鹽水 natural brine
天然药物资源/天然藥物資源 natural medicinal

material resources
[天然]音频磁场法/聲頻磁[場]法 audio frequency magnetic field method, AFMAG
天然震源/磨變岩,糜嶺岩,壓碎岩 natural source
天山龙属/天山龍 *Tianshanosaurus*
天山石/天山石,矽硼鈦錳鋇礦 tienshanite
天山造山带/天山造山帶 Tianshan orogenic belt
天山准静止锋/天山準静止鋒 Tianshan quasi stationary front
天神霉素/天神黴素 istamycin
天生桥/天然橋 natural bridge
天体/天體 celestial body
天体出没方位角/天體出没方位角 amplitude
天体大地测量学/天文大地測量學 celestial geodesy
天体地质学/天體地質學,天文地質學 astrogeology
天体光度测量学/天體測光學 astrophotometry
天体光谱学/天體分光學 astrospectroscopy
天体化学/天體化學 astrochemistry
天体力学/天體力學 celestial mechanics, dynamic astronomy
天体蒙气差/天體濛氣差 celestial refraction
天体射电源/天體射電源 astronomic radio source
天体摄影学/天體攝影學 astrography, astrophotography
天体摄影仪/天體攝影儀 astrograph, astrophotocamera
天体图/天體圖 celestial chart
天体位置线/天體位置線 celestial line of position
天体物理学/天文物理學 astrophysics
天体坐标/天體坐標 celestial coordinates
天王星/天王星 Uranus
天文测量学/天體測量學 astrometry
天文常数/天文常數 astronomical constants
天文潮/天文潮 astronomical tide
天文潮位/天文潮位 astronomical tide level
天文潮因子/天文潮因子 astronomical tide constituents
天文赤道/天文赤道 astronomic equator
天文大地测量参考系/天文大地測量參考系 astronomical geodetic reference system
天文大地垂线偏差/大地天文垂線偏差 astrogeodetic deflection of the vertical
天文大地基准/大地天文基準 astrogeodetic datum
天文[大地]水准/[大地]天文水準測量 astronomical leveling, astrogeodetic method of geoid determination
天文大地网/大地天文網 astrogeodetic network
天文大地网平差/大地天文網平差 adjustment of astro-geodetic network
天文大地坐标系/大地天文坐標系 astrogeodetic coordinate system
天文单位/天文單位 astronomical unit
天文导航/天文導航 astronavigation
天文导线/天文導線 astronomical traverse
天文导线测量/天文導線測量 astronomic traverse
天文地理学/天文地理學 astrogeography, astronomical geography
天文点/天文點 astronomical point
天文定位/天文定位 celestial fix, astronomical fixation
天文定位系统/天文定位系統 astronomical positioning system
天文定向/天文定向 astronomical orientation
天文动力学/天文力學 astrodynamics
天文方位角/天文方位角 astronomical azimuth
天文辐射/天文輻射 extraterrestrial solar radiation
天文高度[角]/天文高度 astronomical altitude
天文观测/天文觀測 astronomic observation, astronomical measurement
天文航海学/天文航海[學] astro-navigation
天文经度/天文經度 astronomical longitude
天文经纬仪/天文經緯儀 astronomical theodolite
天文年/天文年 astronomic year
天文年历/天文年曆 astronomical ephemeris, astronomical almanac
天文气候/天文氣候,太陽氣候 solar climate, astroclimate
天文气候指标/天文氣候指數 astro-climatic index
天文气象学/天文氣象學 astrometeorology
天文日/天文日 astronomical day
天文日期/天文日曆 astronomical date
天文三角形/天文三角形,導航三角形 astronomical triangle, celestial triangle
天文时/天文時 astronomical time
天文时期/天文時期 astronomic time
天文曙暮光/天文曙暮光 astronomical twilight
天文纬度/天文緯度 astronomical latitude
天文纬圈/天文緯圈 astronomic parallel
天文位置/天文位置 astronomic position
天文学/天文學 astronomy
天文钟/天文[時]鐘 astronomical clock, chronometer
天文重力水准/天文重力水準測量 astro-gravimetric leveling
天文子午面/天文子午面 astronomical meridian plane

天文子午线/天文子午線 astronomic meridian
天文作用型海面变化/天文作用型海面昇降 astrolomico-eustatism
天文坐标/天文坐標 astronomic coordinates
天文坐标量测仪/天文坐標量測儀 astronomical coordinate measuring instrument
天文坐标系/天文坐標系 astronomic coordinate system
天线/天線 aerial antenna
天线方向图/天線方向圖 antenna pattern
天线方向性/天線方向性 directivity of antenna
天线高度/天線高度 antenna height
天线伺服系统/天線伺服系統 antenna servo system
天线温度/天線溫度 antenna temperature
天线效率/天線效率 antenna efficiency
天线增益与噪声温度比/天線增益與雜訊溫度比 antenna gain and noise temperature ratio
天主教/[羅馬]天主教 Roman Catholicism, Catholicism
田间持水量/田間容水量,田間含水量 field capacity, field moisture capacity
田间容量/田間容量 field capacity
田猎区/獵區 hunting area
田螺属/田螺 *Viviparus*
田鼠属/鼢鼠 *Siphneus*, *Myospalax*
田谐函数/田諧函數 tesseral harmonics
田谐系数/田諧係數 coefficient of tesseral harmonics
甜水海群/甜水海群 Tianshuihai Group
填充/填充 fill
填充地图/概要圖,輪廓地圖 outline map for filling, outline map
填充图像/填充圖像 picture fill
填方/填方,填土 filling
填方收缩/填土收縮 shrinkage of fill
填海/填海 sea reclamation
填积[作用]/填積作用,積夷,堆砌[方式] aggradation, packing
填墨/塗描 opaquing
填石/填石 enrockment
填图/填圖 chart plotting
填图符号/填圖符號 plotting symbol
填图格式/填圖格式 station model
填洼/填窪 depression
条带/條帶,長條地域 swath
条带测深系统/整排測深系統 swath-sounding system
条带状构造/條帶狀構造 banded structure
条带状硅铁建造/條帶狀矽鐵建造 banded cherty iron formation
条带状含铁建造/帶狀鐵礦床,縞狀鐵礦床 banded iron formation, BIF
条带状混合岩/條帶狀混合岩 banded migmatite
条带状铁建造相/條帶狀鐵建造相 banded iron information facies
条痕/條痕,條紋,殼紋 stria, striation, striae
条痕板/條痕板 streak plate
条痕状混合岩/條痕狀混合岩 streaky migmatite
CFL 条件/CFL 條件 Courant-Friedrichs-Lewy condition, CFL condition
条件表/條件表 condition table
条件表达式/條件表達式 conditional expression
条件不符值/條件不符值 discrepancy in condition equation
条件方程/條件方程式 condition equation
条件概率/條件機率 conditional probability
条件概率密度/條件機率密度 conditional probability density
条件观测/條件觀測 conditional observation
条件观测平差/條件觀測平差 adjustment of condition observation
条件模式/條件型態 conditional pattern
条件平差/條件平差 condition adjustment, constrained adjustment
条件声明/條件聲明 conditional statement
条件算子/條件運算子 conditional operator
条件[性]不稳定/條件不穩度 conditional instability
条件性对称不稳定/條件性對稱不穩度 conditional symmetric instability
条码/條碼 bar code
条码尺/條碼式標尺 bar code rod
条纹/條紋 striate
条纹结构/條紋結構 perthitic texture
条状闪电/條狀閃電 streak lightning
调槽气压表/調槽氣壓計 adjustable cistern barometer
调和分析/調和分析 harmonic analysis
调和函数/調和函數 harmonic function
调和级数/調和級數 harmonic series
调焦改正/調焦改正 focusing adjustment
调焦光学系统/調焦式光學系統 focusing optical system
调焦环/調焦環 focusing ring
调焦螺旋/調焦螺旋 focusing drive knob
调焦圈/調焦環 focusing ring
调焦误差/調焦誤差 error of focusing

调焦旋钮/調焦螺旋 focusing drive knob
调节理论/調節理論 regulation theory
调节系数/調節係數 accommodation coefficient
调节系统/調節體系 system of regulation
调孔型头骨/調孔型頭骨 euryapsid skull
调孔亚纲/闊弓綱,廣弓亞綱 Euryapsida
调频加网/調頻過網 frequency modulation screening, FMS
调试/除錯 debug
调试器/除錯軟體 debugger
调谐厚度/調諧厚度 tuning thickness
调整/調整 adjustment
调整大地水准面/補償大地水準面,補助大地水準面 compensated geoid, cogeoid
调整肌/調整肌,莖肌 adjustor muscle
调制传递函数/調制傳遞函數,調制轉換函數 modulation transfer function, MTF
调制频率/調制頻率 modulation frequency
调制器/調制器 modulator
挑战者号考察/挑戰者號探測 Challenger expedition
跳点法/蛙跳法 leapfrog method
跳点格式/跳點格式 staggered scheme, stagger scheme
跳点网格/交錯網格 staggered grid
跳距/跳越距離 skip distance
跳跃扩散/跳躍擴散 jump diffusion
跳跃理论/跳躍理論 frog-jump development theory
贴加/覆蓋 drape, draping
贴图/貼圖 chart amendment patch
萜烯/萜烯類 terpene
铁白云石/鐵白雲石 ankerite
铁磁性/鐵磁性 ferromagnetism
铁磁性磁化率/鐵磁性磁化率 ferromagnetic susceptibility
铁磁性矿物/鐵磁性礦物 ferromagnetic mineral
铁矾/鐵礬 siderotil, siderotyl
铁钒矿/鐵釩礦 nolanite
铁斧石/鐵斧石 ferroaxinite
铁钙闪石/鐵鎂鈣閃石 ferrotschermakite
铁橄榄石/鐵橄欖石 fayalite
铁铬矾/鐵鉻礬 redingtonite
铁钴矿/鐵鈷礦 wairauite
铁硅灰石/鐵鈣薔薇輝石 ferrobustamite
铁滑石/鐵滑石,水矽鐵石,明尼石 minnesotaite
铁黄碲矿/鐵黃碲礦 ferrotellurite
铁辉石/鐵輝石,低鐵透輝石 ferrosilite
铁尖晶石/鐵尖晶石 hercynite, iron spinel
铁角闪石/棕閃石 barkevikite, barkevicite
铁锂云母/鐵鋰雲母 zinnwaldite
铁路工程测量/鐵路工程測量 railroad engineering survey
铁铝化[作用]/鐵鋁化[作用] ferrallitization
铁铝榴石/鐵鋁榴石,貴榴石 almandine
铁铝蛇纹石/鐵鋁蛇紋石,磁綠泥石 berthierine
铁铝土/鐵鋁土 ferralsol
铁绿松石/鐵綠松石,磷銅鐵礦 chalcosiderite
铁帽/鐵帽 gossan
铁镁指数/鐵鎂指數 ferromagnesian index
铁镁质矿物/鐵鎂質礦物 ferromagnesium minerals
铁钼华/鐵鉬華 ferromolybdite
铁钠透闪石/鐵鈉透閃石,低鐵錳閃石 ferrorichterite
铁镍矿/鐵鎳礦 awaruite
铁器时代/鐵器時代 Iron Age
铁浅闪石/低鐵淡閃石 ferroedenite
铁绒硬泥石/黑硬綠泥石 chalcodite
铁闪石/鐵閃石 grunerite
铁蛇纹石/鐵蛇紋石,土狀矽鐵礦 greenalite
铁石陨石/鐵石隕石 stony iron meteorite
铁树/蘇鐵 Cycas
铁水磷铝碱石/鐵磷鋁鈣石 pallite
铁水镁石/纖鐵水鎂石 nemalite
铁天蓝石/鐵天藍石 scorzalite
铁纹石/鐵紋石,鎳鐵礦 kamacite
铁钨华/高鐵鎢華 ferritungstite
铁细菌腐蚀/鐵細菌腐蝕 iron bacteria corrosion
铁线虫/金線蟲 Gordius
铁盐/鐵鹽 molysite
铁阳起石/低鐵陽起石 ferroactinolite
铁叶云母/鐵葉雲母 siderophyllite
铁英岩/鐵英岩 itabirite
铁铀云母/鐵鈾雲母 bassetite
铁陨石/鐵隕石 iron meteorite
铁质化[作用]/鐵質化[作用] ferruginization
铁质岩/鐵質岩 ferruginous rock
烃类检测/烴[類]指示器,烴[類]指示劑 hydrocarbon indicator, HCI
烃源岩/生油岩,油源岩 source rock
停潮/停潮,憩潮 stand of tide, water stand, slack tide
停靠/停靠 docking
停留时间/停留期 residence time
停息迹/停息跡 resting trace, cubichnia
停止相/停止相 stopping phase
停滞/停滯 stagnation
停滞盆地/停滯盆地 stagnant basin

停滞水/停滯水　stagnant water
通道/通道,頻道,水道　channel, tunnel gallery
通道波/槽波　channel wave
通道构造/樹枝狀生痕,通道狀生痕　fucoid
通道急流/管道噴流　channel jet
通风/通風　ventilation
通风电容仪/通風電容儀　aspirated electrical capacitor
通风干湿表/通風乾濕計　aspirated psychrometer
通风气象计/通風氣象儀　aspiration meteorograph
通风温度表/通風溫度計　aspirated thermometer
通风温跃层/透氣溫躍層　ventilated thermocline
通风系数/通風係數　ventilation coefficient
通过判定/通行判定　pass verdict
通量/通量　flux
E-P 通量/EP 通量　Eliassen-Palm flux
通量里查森数/通量里查遜數　flux Richardson number
通名/通名　generic name
通频带/通頻帶　frequency band
通气带/通氣帶　zone of aeration
通气痕/通氣痕　parichnos cicatricule
通勤/通勤　commuting
通勤带/通勤圈　commuter zone, commuter belt
通视分析/通視分析　visibility analysis
通视分析功能/通視分析功能　intervisibility function
通视图/視線地圖　line of sight map
通信/通信,通訊　communication
通信地理学/通信地理學　geography of telecommunication
通信调查/通訊調查　questionnaire by mail
通信服务接口/通信服務介面　communication service interface, CSI
通用标记语言标准/通用標記語言標準,通用置標語言標準　standard for general markup language, SGML
通用常数/通用常數　universal constant
通用对象模型/COM 模型　common object model, COM
通用分类/通用分類　universal class
通用横[轴]墨卡托投影/世界横麥卡托投影,國際横麥卡脱投影　universal transverse Mercator, UTM
通用极球面投影/全球極球面投影　universal polar stereographic projection, UPS
通用计算机/通用電腦　general purpose computer
通用克里金法/通用克利金法　universal Kriging
通用滤波[器]/通用濾波[器]　universal filter
通用命名标准/通用命名標準　universal naming conversion, UNC
通用模型/通用模型　general models
通用数据结构/通用資料結構　common data architecture
通用水土流失方程式/通用水土流失方程式　universal soil loss equation
通用网关接口/通用閘道介面　common gateway interface, CGI
通用网关接口程序/CGI 指令碼　common gateway interface script, CGI script
通用要素模型/通用物徵模型　general feature model
通用置标语言标准/通用置標語言標準,通用標記語言標準　standard for general markup language, SGML
通用注册搜寻机制/通用註冊搜尋機制　universal description discovery and integration
通用组件模型对象/通用組件模型對象　utility COM object
通则/通則　general laws
同胞种/同胞種　sibling species
同步曝光/同步曝光　simultaneous exposure
同步观测/[同時]觀測法　simultaneous observation
同步气象卫星/同步氣象衛星　synchronous meteorological satellite, SMS
同步数据链接控制/同步資料鏈結控制　synchronous data link control, SDLC
同步水准路线/同向水準路線　simultaneous level line
同步通信/同步通訊　synchronous communication
同步卫星/同步衛星　synchronous satellite
同步验潮/同步驗潮　tidal synobservation
同步遥相关/同步遥相關　synchronous teleconnection
同潮差线/同潮差線　corange line
同沉积断层/同沈積斷層　synsedimentary fault
同沉积褶皱/同沈積褶皺　syndepositional fold
同对称组构的/同對稱組構的　homotactic
[同分]异构体/同分異構物　isomer
同工酶/同功[異構]酶　isozyme
同功/同功　analogy
同功的/同功的　analogous
同功器官/同功器官　analogous organ
同构造期结晶[作用]/同構造期結晶[作用]　syntectonic crystallization, paratectonic crystallization
同化数/同化數　assimilation number
同化效率/同化效率　assimilation efficiency
同化[作用]/同化[作用]　assimilation

同化作用圈层/同化作用圈層,同化帶 zone of assimilation
同极化雷达影像/同極化雷達影像 like polarization radar image
同孔贝属/等頂貝 *Homotreta*
同类相残/同種相食 cannibalism
同离子排斥[作用]/同離子排斥[作用] co ion exclusion
同名光线/共軛像光束,相應光線 conjugate image rays, corresponding image rays
同名核线/相應核線 corresponding epipolar line
同名像点/共軛像點,相應像點 conjugate photo points, corresponding image points
同批人/同批人 cohort
同期沉积/同期堆積 synchronous deposit
同生变形构造/同生構造變形 contemporaneous deformation structure
同生成矿说/同生成礦説 syngenetic ore-forming theory
同生成矿作用/同生成礦作用 syngenetic ore-forming process
同生断层/同生斷層 contemporaneous fault
同生矿床/同生礦床 syngenetic deposit
同生裂谷/同生裂谷 synrift
同生群/同齡群 cohort
同生水热作用/同生水熱作用 syngenetic hydrothermal process
同生异常/同生異常 syngenetic anomaly
同生作用/同生作用 syngenesis, contemporaneous diagenesis
同时雌雄同体/同時雌雄同體 simultaneous hermaphrodite
同时深度比较/同時深度比較 simultaneous comparison of depth
同时相关/同時相關 simulation correlation
同时性/同時性,同步性 synchronism
同塑[性]/同塑 homoplasy
同态反褶积/同態解迴旋 homomorphic deconvolution
同态解卷积/同態解迴旋 homomorphic deconvolution
同尾亚门/同尾亞門 Homolozoa
同位素/同位素 isotope
同位素比值/同位素比值 isotope ratio
同位素标准/同位素標準 isotope standard
同位素测井/放射性同位素測井 radioisotope logging
同位素测年/同位素定年 isotopic dating
同位素测温法/同位素測溫法 isotopic thermometry
同位素地层学/同位素地層學 isotope stratigraphy
同位素地球化学/同位素地球化學 isotope geochemistry
同位素地球温度计/同位素地質溫度計 isotope geothermometer
同位素地质年代学/同位素地質定年學 isotopic geochronology
同位素地质温度计/同位素地質溫度計 isotope geothermometer
同位素地质学/同位素地質學 isotope geology
同位素分馏/同位素分離[作用] isotopic fractionation
同位素分析/同位素分析 isotopic analysis
同位素丰度/同位素豐度,同位素含量 isotopic abundance
同位素封闭体系/同位素封閉體系 closed isotope system
同位素封闭温度/同位素封閉溫度 isotopic closure temperature
同位素伽马常数/同位素伽瑪常數 γ constant of isotope
同位素矿物学/同位素礦物學 isotope mineralogy
同位素年龄/同位素年齡 isotopic age
同位素平衡/同位素平衡 isotopic equilibrium
同位素气候期/同位素氣候期 isotope climatic stage
同位素生理效应/同位素生理效應 isotopic vital effect
同位素省/同位素省 isotopic province
同位素水文地质/同位素水文地質 isotope hydrogeology
同位素水文学/同位素水文學 isotope hydrology
同位素稀释法/同位素稀釋法 isotope dilution method
同位素稀释剂/同位素稀釋劑 isotopic spike
同位素效应/同位素效應 isotope effect
同位素组成/同位素組成 isotope composition
同物异名/同物異名 synonym
[同物]异名录/[同物]異名録 synonymia
同现/同莅 co-present
同线同轴线圈系统/同線同軸線圈系統 inline vertical coaxial coils system
同向断层/順傾斷層 synthetic fault
同心层/同心層,同心片狀 concentric lamella
同心环状构造/同心構造 concentric structure
同心介/同心介 Centrocythere
同心壳饰/同心刻蝕 concentric sculpture
同心线/同心線 concentric line

同心型鳞板/同心[型]鱗板 concentric dissepiment
同心眼壁/同心眼牆 concentric eyewalls
同心圆模式/同心圓模式 concentric zone model
同心圆状节理/同心圓狀節理 concentric circular joint
同心褶皱/同心褶皺 concentrical fold
同形/同形 isomorphism
同形附生体/外假形 epimorph
同型/同型 homotype
同型孢子/等孢子 isospore
同型齿/同型齒,同齒型 homodont
同型接合性/同質接合性,純合性 homozygosity
同型颗石/同晶顆石,同晶球石片 holococcolith
同域成种/同域成種作用,同域種化 sympatric speciation
同域分布/同域分布 sympatry
同域[共存]种/同域[共存]種 sympatric species
同域物种形成/同域種化,同域成種作用 sympatric speciation
同源器官/同源器官 homologous organ
同源群落/同源群落 homologous community
同源特征/同源性,同系物 homologue
同源[性]/同源[性] homology
同源学说/同源學説 homologous theory
同造山期/同造山期 syn-orogenic
同褶皱磁化/同褶皺磁化 syn-folding magnetization
同褶皱检验/同褶皺檢驗 syn-folding analysis
同震[的]/同震[的] coseismic
同震地表断裂/同震地表斷裂 coseismic surface faulting
同震阶段/同震階段 coseismic stage
同震隆升/同震隆昇 coseismic uplift
同震位移/同震位移 coseismic displacement, coseismic dislocation
同震线/同震線 coseismal lines, coseismic lines
同震形变/同震形變 coseismic deformation
同震压[强]变化/同震壓[強]變化 coseismic pressure change
同震应变/同震應變 coseismic strain
同质多象/同質異像,同質異形 polymorphism
同质多象变体/同素異形體 polymorph, allomorph
同质二象/同質二形,二性型 dimorphism
同质区域/同質區域 uniform region
同质三象/同質三形 trimorphism
同质性/同質 homogeneity
同柱目/同柱目 Homoyaria
同足亚纲/同足亞綱 Homopoda
桐梓虫属/桐梓蟲 *Tungtzeella*
铜版纸/銅版紙 art paper
铜靛矾/銅靛石 chalcocyanite
铜矾石/銅明礬 chalcoalumite
铜蓝/銅藍 covellite
铜泡石/銅泡石,藍砷銅礦 tyrolite
铜铅铁矾/銅鉛鐵礬,銅鋁鐵礬 beaverite
铜砷铀云母/翠砷銅鈾礦 zeunerite
铜铁矾/銅鐵礬 ransomite
铜钨华/銅鎢華,銅鎢礦 cuprotungstite
铜硝石/銅硝石 gerhardtite
铜盐/銅鹽 nantokite
铜铀矿/水銅鈾礦 roubaultite
铜铀云母/銅鈾雲母 torbernite
统/統 series
统计/統計 statistics, statistic
统计插值法/統計内插法 statistical interpolation method
统计带模式/統計帶模式 statistical band model
统计地图/統計地圖 statistic map
统计地震学/統計地震學 statistical seismology
统计动力模式/統計動力模式 statistical dynamic model, SDM
统计动力预报/統計動力預報 statistical dynamic prediction
统计方法/統計法 statistical method
统计分析/統計分析 statistical analysis
统计检验/統計檢定 statistical test
统计量/統計量 statistic
统计面/統計表面 statistical surface
统计模式/統計模式 statistical model
统计模型/統計模式 statistical model
统计气候/統計氣候 statistical climate
统计气候学/統計氣候學 statistical climatology
统计特性/統計特性 statistical property
统计图/統計圖 cartogram
统计显著性检验/統計顯著性檢驗 statistical significance test
统计相关/統計相依 statistical dependence
统计[性]解卷积/統計[性]解卷積 statistic deconvolution, statistical deconvolution
统计学/統計學 statistics
统计岩石学/統計岩石學 statistical petrology
统计预报/統計預報 statistical forecast
统领兽类/統領獸類 archontans
统一地理学/統一地理學 unified geography
统一基准/統一基準面 preferred datum
统一几何空间/統一幾何空間 coincident geometry
统一建模语言/統一模式語言 unified modeling

language, UML
统一性领域的理论/統一性領域的理論 unified field theory
统一序列/統一序列 uniform list
统一用户接口/統一使用者介面 unified customer interface
统一用户界面/統一使用者介面 unified customer interface
统一震级/統一震級 unified magnitude
统一资源定位器/統一資源定位器 uniform resources locator, URL
筒状褶皱/圓柱狀褶曲 cylindrical fold
痛痛病/痛痛病,痛痛症 itai-itai disease
头/頭 head
头鞍/頭鞍 glabella
头鞍侧沟/側頭鞍溝 lateral glabellar furrow
头鞍侧叶/側頭鞍葉 lateral glabellar lobe
头鞍沟/頭鞍溝 glabellar furrow
头鞍横沟/横頭鞍溝 transglabellar furrow
头鞍基叶/基頭鞍葉 basal glabellar lobe
头鞍前沟/前頭鞍溝 preglabellar furrow
头鞍前叶/前頭鞍葉 frontal glabellar lobe
头板/頭板 cephalic plate
头笔石属/頭筆石 *Cephalograptus*
头部/頭部 cephalon
头部形成/頭部形成 cephalisation
头顶/[頭]頂,顱頂 vertex
头盖/頭蓋 cranidium
头盖骨/髑髏貝 Crania
头骨/頭骨,顱骨 skull
头骨测量标志点/頭顱測量標記點 craniometric landmarks
头记录/檔頭記録 header record
头甲鱼属/頭甲魚,大頭魚 *Cephalaspis*
头帕海胆属/頭帕海膽 *Cidaris*
头帕目/頭帕目 Cidaroidea
头切迹/頭切跡 capital incisure
头-躯甲关节/頭-胸關節 cranio-thoracic joint
头室/頭室 cephalis
头索动物/頭索動物 cephalochordate
头索亚门/頭索動物綱,無頭綱 Cephalochordata
头文件/標頭檔 header file
头型/頭型 head form
头胸部/頭胸 cephalothorax
头足动物/頭足動物 Cephalopoda
头足纲/頭足綱 Cephalopoda
头足类/頭足類 cephalopods
头足类颚化石/頭足類的顎化石 rhincholites
投弃式温深仪/可棄式溫深儀 expendable bathythermograph, XBT
投入-产出/投入-產出 input-output
投入产出分析/投入產出分析 input-output analysis
投影/投影 projection
投影变换/投影變換,投影轉換 projection transformation, projection change, projection alteration
投影变形/投影變形 distortion of projection, projection distortion
投影差/高程投影差,高差位移 relief displacement, height displacement
投影差改正/投影差改正,高差位移改正 correction for relief displacement, correction for relief
投影方程/投影方程 projection equation
投影器/投影器 projector
投影器主距/投影器主距 principal distance of projector
投影晒印/投影曬像 projection printing
投影数据/投影數據 project data
投影锁/投影鎖 project lock
投影透镜/投影透鏡 projecting lens
投影修改/投影修改 project repair
投影与地图表目录/投影與地圖表目録 project and map sheet catalog, PMC
投影中心/投影中心 center of projection
投影转换/投影轉換 projection transformation
投影坐标/投影坐標 projected coordinates
投影坐标系/投影坐標系 projected coordinate system
投资地理学/投資地理學 geography of investments
透长石/透長石 sanidine
透长石相/透長石相 sanidine facies
透橄岩/透橄岩 tilaite
透光/透光,光的穿透 penetration of light
透光层/透光帶,真光帶,真光層 euphotic zone
透光层浮游生物/嗜光浮游生物 phaoplankton
透光层积云/透光層積雲 stratocumulus translucidus, Sc tr
透光层云/透光層雲 stratus translucidus, St tr
透光度/透光度 transmittance
透光高层云/透光高層雲 altostratus translucidus, As tr
透光高积云/透光高積雲 altocumulus translucidus, Ac tr
透过滤光片/起透濾光片 cut-on filter
透过植被的降水/穿透降水 throughfall
透辉石/透輝石 diopside

透镜/透鏡 lens
透镜虫属/杏仁蟲 *Lenticulina*
透镜方程式/透鏡方程式 lens equation
透镜畸变差/透鏡畸變差 lens distortion
透镜像差/透鏡像差 lens aberration
透镜质量/透鏡品質 lens quality
透镜状层理/透鏡狀層理 lenticular bedding
透镜状壳/透鏡狀殼 oxycone
透镜状矿体/透鏡狀礦體 lensoid ore body, lenticular ore body
透锂长石/透鋰長石 petalite
透磷钙石/鈣磷石 brushite
透绿泥石/透斜綠泥石,無色綠泥石 sheridanite
透明层/透明層 diaphanotheca
透明虫属/玻璃蟲 *Hyalinea*
透明底片架/透明底片架 transparency meter
透明度/透明度 transparency
透明度仪/視程儀 transmissometer
透明负片/透明負片 transparent negative
透明稿/透射稿 transparency
透明软骨/透明軟骨 hyaline cartilage
透明系数/透明係數 coefficient of transparency
透明原稿/透射原稿 transparency copy
透明正片/透明正片 diapositive, transparent positive
透明正片晒像机/透明正片曬像機 diapositive printer
透明纸法/透明紙法 tracing paper method
透明注记/透明註記 stick-up lettering
透墨/透印 strike through, see through
透气率/透氣性 air permeability
透入性/穿透 penetration
透入性构造/透入性構造 penetrative structure
透闪石/透閃石 tremolite
透射/透射,傳遞 transmission
透射函数/透射函數 transmission function
透射矩阵/透射矩陣 transmission matrix
透射率/透射率 transmittance, transmissivity
透射系数/透射係數 transmission coefficient, coefficient of transmission
透砷铅石/透砷鉛石,鉛砷礦 schultenite
透视/透視 perspective
透视法/透視繪法 perspective representation
透视截面法/透視截面法 perspective traces
透视空间模型/透視立體模型 perspective spatial model
透视摄影测量/透視攝影測量 perspective photogrammetry
透视石/透視石,綠銅石,綠銅礦 dioptase
透视视图/透視圖析 perspective view
透视投影/透視投影 perspective projection
透视图/透視圖 perspective chart, perspective view
透视网格制图法/透視網格製圖法 perspective-method of mapping
透视旋转定律/透視旋轉定律,沙爾定律 rotation axiom of the perspective, Chasles theorem
透视中心/透視中心 perspective center
透水层/透水層 permeable layer
透水的/透水的 permeable
透水[流]量/透水[流]量 permeation flux
透水率/透水率 permeability rate
透水速度/透水速度 permeation velocity
透水性/透水性,水滲透率 perviousness, water permeability
透写图/透寫圖 tracing
透岩浆流体/透岩漿流體 tran-magmatic fluid
透印/透印 strike through, see through
凸岸坝/曲流沙洲,[河曲]突洲 meander bar, point bar
凸凹透镜/凸凹透鏡 convexo-concave lens
凸版印刷/凸版印刷 relief printing
凸包/凸殼 convex hull
凸雕模型/凸雕模型 ectype
凸多边形/凸多邊形 convex polygon
凸壳/凸殼 convex hull
凸棱/凸緣 flange
凸轮控制器/凸輪控制器 cam controller
凸透镜/凸透鏡 convex lens
秃积雨云/禿積雨雲 cumulonimbus calvus, Cb cal
突变/突變,巨變,變種 catastrophe, mutations, mutation
突变论/巨變理論,災變論 catastrophe theory
突堤效应/突堤效應 groin effect
突发电离层骚扰/電離層突擾,電離層突發擾動 sudden ionospheric disturbance, SID
突发相/突發相 breakout phase
突发相位异常/相位突然異常,相位突異 sudden phase anomaly, SPA
突发性质/突現性質 emergent property
突发阵风/突變陣風 sharp edged gust
突起/突起,隆起 processes
突起角度接触/突起角度接觸,角突接觸 angular process contact
突起腔/突起腔 process cavity
突水/突水 gush out, water gushing-out
突岩/突岩 tor

图/圖 graph
图阿尔阶/圖阿爾階 Toarcian Stage
图阿尔期/圖阿爾期 Toarcian Age
图案地/圖案地 pattern ground
图斑/局部增補 patch
图斑综合/區域拼湊概括化 area patch generalization
图版/圖版 board chart
图边/圖邊 margin
图标/圖示 icon
图表/圖表 chart
图表数据/表格資料 tabular data
图层/圖層,資料覆蓋區 coverage, layer
图层单元/圖層單位 coverage units
图层范围/圖層範圍 coverage extent
图层更新/圖層更新 coverage update
图层索引/圖層索引 layer index
图层要素类/圖層元素類別 coverage feature class
图层元素/圖層元素 coverage element
图尔讷阶/圖爾訥階 Tournaisian Stage
图尔讷期/圖爾訥期 Tournaisian Age
图幅/圖幅 mapsheet
图幅编号/圖號 sheet designation, sheet number
图幅编号法/圖號系統 sheet numbering system
图幅尺寸/圖幅尺寸 sheet dimension
图幅范围/地圖範圍 map extent
图幅分幅略图/接圖表,圖幅關係位置圖 chart relationship
图幅接边/圖幅接邊 edge matching
图幅接合表/圖幅接合表 index diagram, sheet index
图幅拼接/地圖接合 mapjoin
图幅中心/圖幅中心 center of sheet
图根测量/圖根測量 skeleton surveying
图根点/圖根點,地形測站 mapping control point, topographic station
图根控制/圖根控制 mapping control
图号/圖號 sheet designation, sheet number
图籍/圖籍 map identifications
ACF 图解/ACF 圖解 ACF diagram
AKF 图解/AKF 圖解 AKF diagram
AMF 图解/AMF 圖解 AMF diagram
pH-Eh 图解/pH-Eh 圖解 pH-Eh diagram
图解导线/圖解導線 graphical traverse
图解断面/圖解斷面 diagrammatic section
图解辐射三角测量/圖解輻射三角測量 graphic radial triangulation
图解交会法/圖解交會法 alidade method
图解纠正/圖解糾正法 graphical rectification
图解曲线/圖解曲線 diagrammatic curve
图解三角锁/圖解三角鎖 graphical chain of triangles
图解算法/圖演算法 nomography
图解图根测量/圖解圖根測量 graphic control survey
图解图根点/圖解圖根點 graphic mapping control point
图界/圖界 border of chart
图廓/圖廓 edge of the format, map border
图廓比例尺/圖比例尺 border map scale
图廓点/圖隅點坐標 sheet corner
图廓花边/圖廓花邊 cartouche
图廓外注释/圖廓外資料 border data
图廓线/圖廓線 border line
图廓注记/圖廓註記 border information
图历簿/圖曆簿 mapping recorded file
图例/圖例,圖式 legend, map legend
图论/圖表理論 graph theory
图面底点/圖面底點 map nadir
图面配置/圖面配置 map layout, layout
图面自动注记/圖面自動註記 automatic map lettering
图名/圖名 map title, map name
图硼锶石/四水鍶硼石 tunellite
[图示]表达/描繪 portrayal
[图示]表达服务/描繪服務 portrayal service
图示符号/圖式符號 manual of symbols
图示符号系统/圖式符號系統 set of conventional signs
图示气候学/圖示氣候學 cartographical climatology
图土蚬属/圖土蚌 *tutuella*
图外说明/附註 explanatory note
图外说明注记/圖外說明註記 marginalia
图像/圖像,影像 picture, image, imagery
图像比例尺/影像比例尺 image scale
图像边缘/影像邊界 image boundary
图像编码/影像編碼,影像解碼 image coding, picture encoding
图像变换/影像轉換 image transformation
图像处理/影像處理 image processing
图像处理设备/影像處理設備 image processing facility
图像处理系统/影像處理系統 image processing system
图像存储系统/影像儲存系統 image storage system
图像反差/影像對比 image contrast

图像分辨率/影像解析度　image resolution
图像分割/影像分割　image segmentation
图像分类/影像分類　image classification
图像分析/影像分析　image analysis
图像服务/影像服務　image service
图像服务器/影像伺服器　image server
图像复合/影像套疊　image overlaying
图像复原/影像復原,影像還原,影像回復　image restoration
图像畸变/影像畸變　image distortion
图像几何纠正/圖像幾何糾正　geometric rectification of imagery
图像几何配准/圖像幾何配準　geometric registration of imagery
图像几何学/影像幾何　image geometry
图像校正/影像校正,影像糾正　image rectification
图像结构/影像紋理　image texture
图像理解/圖像理解　image understanding
图像漫游/影像漫遊　image roam
图像描述/影像描述　image description
图像目录/影像目録　image catalog, image directory
图像配准/影像校準,影像套合　image registration
图像匹配/影像匹配　image matching
图像平滑/影像平滑化　image smoothing
图像锐化/影像鋭利化　image sharpening
图像失真/影像失真　image distortion
图像识别/圖像識別,影像識別,圖形識別　image recognition, pattern recognition
图像数据/影像資料　image data
图像数据采集/影像資料蒐集　image data collection
图像数据存储/影像資料儲存　image data storage
图像数据检索/影像資料檢索　image data retrieval
图像数据库/影像資料庫　image data base
图像[数据]压缩/影像資料壓縮　image data compression
图像数字化/影像數值化　image digitization
图像退化/影像衰減,影像衰退　image degradation
图像文件/影像檔案　image file
图像显示系统/影像顯示系統　image display system
图像相关/影像相關　image correlation
图像镶嵌/影像鑲嵌　image mosaic
图像信息学/圖像資訊學　iconic informatics
图像修正/影像修正　image correction
图像学/圖像學　iconography
图像压缩/影像壓縮　image compression, image data compression
图像预处理/圖像預處理　image preprocessing
图像元数据/影像詮釋資料　image metadata
图像增强/影像增強,影像加增,影像強化　image enhancement
图像质量/影像品質　image quality
图像坐标/影像坐標　image coordinate
图形/圖形　graphics
图形-背景辨别/圖形-背景辨別　figure-ground discrimination, F-G discrimination
图形比例尺/圖形比例尺　graphic scale
图形变量/圖形變數　graphic variable
图形表示[法]/圖形表示　graphic presentation
图形操作处理/圖形操作處理　graphic manipulation
图形查询/圖形查詢　graphics inquiry
图形叠置/圖形套疊　graphic overlay, graphic superimposition
图形分辨率/圖形解析度　graphics resolution
图形符号/圖形符號　graphic symbol
图形记号/圖形記號　graphic sign
图形加速卡/圖形加速卡　graphics accelerator
图形简化/圖形概括化　graphic simplicity
图形校正/圖形校正　graphic rectification
图形模式/圖形模式　graphics mode
图形平差/圖形平差　figure adjustment
图形屏幕/圖形螢幕　graphics screen
图形强度因子/圖形強度因子　strength factor
图形权倒数/權倒數　weight reciprocal of figure
图形软件/圖形軟體　graphics software
图形设备接口/圖形設備介面　graphic device interface, GDI
图形设计系统/圖形設計系統　graphics design system
图形识别/圖形識別,圖形辯識　pattern recognition
图形识别技术/圖形識別技術　pattern recognition technique
图形适配器/圖形介面卡　graphics adapter
图形输出设备/圖形輸出單元　graphic output unit
图形输入设备/圖形輸入單元　graphic input unit
图形数据库/圖形資料庫　graphic database
图形数字化板/圖形板　graphics tablet
图形刷新/更新圖形　refresh graphics
图形文本/圖形文字　graphic text
图形显示/圖形顯示　graphic display
图形显示单元/圖形顯示單元　graphics display unit
图形显示终端/圖形顯示終端機　graphics display terminal
图形页面/圖形頁面　graphics page
图形用户界面/圖形使用者介面　graphical user interface, GUI
图形语言/圖形語言　graphics language

图形元素/圖形元素　graphic element, graphic primitive
图形终端/圖形終端機　graphic terminal
图形组件/圖形組件　graphic component
图样/圖樣　pattern
图元/圖元,字形　glyph
图载深度/圖載深度　charted depth
图组/圖組,圖集　chart series, map series
涂布机/鍍膜機　coater
涂料/塗料　coating
涂料纸/塗料紙　coated paper
涂膜/塗布藥膜　coating
涂墨/去背景　blocking-out
土/土壤　soil
土被/覆土　soil cover
土崩/土崩　earth avalanche
土拨鼠/土撥鼠　arctomys
土地/土地,地勢,地形　land, terrain
土地标定/土地標示　land description
土地测量/土地測量　land surveying
土地承载力/土地承載力　land carrying capacity
土地处理/土地處理　land treatment
土地单元/土地單元　land unit
土地登记/土地登記　land registration
土地登记簿/土地登記冊　register of land
土地等级/土地等則　land grades
土地调查/土地調查　land investigation, land survey
土地分级/土地分級　land grading
土地分类/土地分類　land classification
土地复垦/土地復墾　reclamation of land
土地覆被/土地覆被　land cover
土地覆盖/土地覆蓋　land cover
土地改良/土地改良　land improvement
土地功能/土地功能　land function
土地估价/土地估價　land appraisal
土地规划测量/土地規劃測量　land planning survey
土地划分/土地劃分,土地分割　land division
土地可用度/土地可用度　land use capability
土地刻面/土地刻面　land facet
土地类型/土地類型,地類　land type
土地类型图/土地類型圖　land-type map
土地利用/土地利用　land utilization, land use
土地利用调查/土地使用調查　land use inventory, landuse survey
土地利用分类/土地利用分類,土地利用類別　land use category
土地利用分区/土地使用分區　land use districts
土地利用规划/土地利用規劃　land use planning
土地利用计划书/土地使用計劃　land use plan
土地利用类别/土地利用類別,土地利用分類　land use category
土地利用模式/土地使用模式　land use pattern
土地利用数据/土地利用數據　land use data
土地利用图/土地利用圖,土地使用圖　land use map, land utilization map
土地利用现状图/土地利用現狀圖　present land-use map
土地利用综合区/土地使用綜合區　land use joining
土[地]链/土鏈　land catena, soil catena
土地评价/土地評價　land evaluation, land appraisal
土地潜在人口承载力/土地潛在人口承載力　potential capacity of land for carrying population
土地沙化/土地沙化　land sandification
土地沙漠化/土地沙漠化　land desertification
土地社会经济属性/土地社會經濟屬性　social economic attribute of land
土地生产力/土地生產力　land capacity
土地生产率/土地生產率　land productivity
土地生态系统/土地生態系統　land ecosystem
土地适宜性/土地適宜性　land suitability
土地收益递减规律/土地收益遞減規律　decrease of marginal returns of land
土地属性/土地屬性　land attributes, terrain characteristics
土地特性/土地特性　land characteristics
土地退化/土地退化　land degradation
土地系统/土地系統　land system
土地限制性/土地限制性　land limitation
土地信息系统/土地資訊系統　land information system, LIS
土地要素/土地要素　land element
土地征收/土地徵收　land expropriation
土地整理/土地重劃　land consolidation, land readjustment
土地质量/土地品質　land quality
土地资源/土地資源　land resources
土地资源遥感/土地資源遥測　remote sensing of land resources
土地自然属性/土地自然屬性　natural attribute of land
土方分配图/土方分配圖,土積圖　mass diagram
土方计算/土方計算　earthwork computation, earth mass estimate
土方累积图/土積圖,土方分配圖　mass diagram
土氟磷铁矿/膠氟磷鐵礦　richellite
土纲/土綱　soil order, soil class

土工织物/地工織物　geotextile, geofabric
土狼/土狼,鬣狗　hyena
土类/土類　soil group
土棱子介属/巴爾特介　*Bairdia*
土力学/土壤力學　soil mechanics
土流/土流　earth flow
土隆群/土隆群　Tulong Group
土伦阶/土侖階,土崙階　Turonian Stage
土伦期/土侖期,土崙期　Turonian Age
土壤/土壤　soil
土壤饱和含水量/土壤飽和含水量　saturated soil moisture
土壤表面温度/土壤表面溫度　temperature of the soil surface
土壤不透水层/土壤不透水層　watertight stratum
土壤层次/土[壤]層,土壤化育層　soil layer, soil horizon
土壤单元/土壤單元　soil unit
土壤地层单位/土壤地層單位　soil stratigraphic unit
土壤地带性/土壤地帶性　soil zonality
土壤地理学/土壤地理學　soil geography
土壤地球化学/土壤地球化學　soil geochemistry
土壤调查/土壤調查　soil survey
土壤发生层/土壤化育層　soil genetic horizon
土壤发生分类/土壤化育分類　soil genetic classification
土壤发生过程/成土作用　pedogenic process
土壤分布/土壤分布　soil distribution
土壤分类/土壤分類　soil classification
土壤风蚀/土壤風蝕　soil wind erosion
土壤复区/土壤複區　soil complex
土壤富集/土壤富集　soil enrichment
土壤改良/土壤改良　soil amelioration
土壤概查/土壤概查　generalized soil survey
土壤干旱/土壤乾旱　soil drought
土壤管理/土壤管理　soil management
土壤含水量/土壤含水量,土壤水含量　soil water content
土壤化学地理/土壤化學地理　pedochemicogeography
土壤环境容量/土壤環境容量　soil environment capacity
土壤给水度/土壤給水度　soil water specific yield
土壤结构/土壤結構　soil structure
土壤景观/土壤景觀　soil landscape
土壤净化/土壤淨化　soil purification
土壤绝对年龄/土壤絕對年齡　absolute age of soil
土壤孔隙度/土壤孔隙率　soil porosity
土壤类别/土壤類別　soil taxon
土壤类群/土壤類群　major soil grouping
土壤利用/土壤利用　soil utilization
土壤流失/土蝕　soil erosion
土壤毛[细]管上升水/土壤水分毛細上昇　capillary rise of soil moisture
土壤母质/土壤母質　soil parent material
土壤剖面/土壤剖面　soil profile
土壤普查/土壤普查　general detailed soil survey
土壤气/土壤氣體　soil gas
土壤气候/土壤氣候　soil climate
土壤气候学/土壤氣候學　soil climatology
土壤侵入体/土壤侵入體　soil intrusions
土壤侵蚀/土壤侵蝕　soil erosion
土壤圈/土[壤]圈　pedosphere
土壤热通量/土壤熱通量　soil heat flux
土壤生态学/土壤生態學　soil ecology
土壤湿度/土壤水分　soil moisture
土壤数值分类/土壤數值分類　numerical classification of soil
土壤水/土壤水　soil moisture, soil water
土壤水分常数/土壤水分常數　soil water constants
土壤水分平衡/土壤水平衡　soil water balance
土壤水分特征曲线/土壤水分特徵曲線　soil moisture characteristic curve
土壤水力传导度/土壤水力傳導度　soil hydraulic conductivity
土壤水平地带性/土壤水平分帶　soil horizontal zonality
土壤水平衡/土壤水平衡　soil water balance
土[壤]水势/土壤水潛勢,土水勢　soil water potential
土壤水水文学/土壤水水文學　pedohydrology
土壤酸度/土壤酸度　soil acidity
土壤图/土壤圖　soil map
土壤退化/土壤退化　soil degradation
土壤微域分布/土壤微域分布　micro-regional distribution of soils
土壤温度/土壤溫度　soil temperature
土壤温度表/土壤溫度計　soil thermometer
土壤污染/土壤汙染　soil pollution
土壤物理[学]/土壤物理學　soil physics
土壤系统分类/土壤系統分類　soil taxonomy
土壤相对年龄/土壤相對年齡　relative age of soil
土壤相对湿度/土壤相對水分　relative soil moisture
土壤详查/土壤詳查　detailed soil survey
土壤新生体/土壤新生體　soil new growth
土壤信息系统/土壤資訊系統　soil information

system, SIS
土壤形成/土壤生成 soil formation
土壤形成过程/土壤生成過程 soil formation process
土壤形成因素/土壤生成因素 soil formation factor, soil-forming factor
土壤学/土壤學 soil science
土壤亚单元/土壤亞單元 soil subunit
土壤液化/土壤液化 soil liquefaction
土壤有效含水量/土壤有效含水量 available soil moisture
土壤蒸发/土壤蒸發,土壤失水 soil evaporation, soil discharge
土壤蒸发表/土壤蒸發計 soil evaporimeter
土壤蒸发器/土壤蒸發計 soil evaporimeter
土壤整体密度/土壤整體密度 bulk density of soil
土壤-植物-大气系统/土壤-植物-大氣連續體 soil-plant-atmosphere continuum
土壤制图/土壤製圖 soil cartography
土壤制图单元/土壤製圖單元 soil mapping unit
土壤质地/土壤質地 soil texture
土壤中域分布/土壤中域分布 meso-regional distribution of soils
土壤资源/土壤資源 soil resources
土壤自净能力/土壤自淨能力 soil self purification activity
土壤组合/土壤組合 soil association
土砷铁矾/土砷鐵礬 pitticite
土神介/土神介 Ilyocyprimorpha
土属/土屬 soil genus
土体层/土體 solum
土体成冰/土體成冰 ice formation
土体蠕动/土體蠕動,土壤潛移 soil creep
土系/土系 soil series
土相/土相 soil phase
土星/土星 Saturn
土星介属/土星介 *Ilyocypris*
土语/俗名 vernacular
土种/土種 soil local type
土著种/土著種,原生種,本土種 autochthonous species, endemic species, indigenous species
土状光泽/土狀光澤 earthy luster
土族/土族 soil family
钍石/[釷]釷石 thorite
兔属/兔 *Lepus*
兔形目/兔形目,複齒目 Lagomorpha
湍流/湍流,紊流,亂流 turbulence, turbulent flow
湍流半经验理论/湍流半經驗理論 semi-empirical theory of turbulence
湍流边界层/亂流邊界層 turbulent boundary layer
湍流层/亂流層,渦動層 turbosphere
湍流层顶/亂流層頂,渦動層頂 turbopause
湍流尺度应力/亂流尺度應力 turbulent scale stress
湍流惯性次区/亂流慣性次區 turbulent inertial subrange
湍流耗散/亂流消散,渦動消散 turbulent dissipation
湍流混合/亂流混合,擾動混合 turbulent mixing
湍流交换/亂流交換,渦動交換 turbulent exchange
湍流结构/亂流結構 turbulent structure
湍流扩散/亂流擴散,渦動擴散,紊流擴散 turbulent diffusion
湍流 K 理论/亂流 K 理論 K-theory of turbulence, K theory of turbulence
湍流脉动/亂流變動 turbulent fluctuation
湍流能量/亂流能量 turbulence energy
湍流逆温/亂流逆温 turbulence inversion
湍流凝结高度/亂流凝結高度 turbulence condensation level
湍流谱/湍[流]譜,亂流譜,紊流譜 turbulence spectrum, spectrum of turbulence
湍流强度/亂流強度 turbulence intensity
湍流热通量/亂流熱通量 turbulent heat flux
湍流通量/亂流通量,紊流通量 eddy flux, turbulent flux
湍流统计理论/亂流統計理論 turbulent statistical theory
湍流相似理论/亂流相似論 turbulent similarity theory
湍流云/亂流雲 turbulence cloud
团花虫/團花蟲 Florilus
团块/[團]塊 nodule, lump
团粒/團粒,泥丸 pellet
团体包价旅游/團體包價旅遊 group inclusive tour
团体意识/團體意識 group consciousness
推动力/推動力,驅動力 driving force
推覆体/推覆構造,推蔽體,岩幕 nappe
推覆体垛/推覆體垛 nappe pile
推荐航线/推薦航線 recommended route
推进效率/推進效率 propulsive efficiency
推扫式扫描/掃帚式掃描 push broom scan
推扫式扫描仪/推帚式掃描儀 pushbroom scanner
推移质/底載 bed load
推移[作用]/拖引搬運 traction
推帚式扫描/掃帚式掃描 push broom scan
腿口纲/腿口亞綱 Merostomata
退避反射/縮回反射 withdrawal reflex
退潮流/退潮流 ebb current

退磁曲线/退磁曲線 demagnetization curve
退覆/退覆 offlap
退化变质作用/退化變質[作用] retrogressive metamorphism
退化器官/萎退器官,痕跡器官 rudimentary organ, vestigial organ
退化作用圈层/棄却帶 zone of discard
退积海岸/後退海岸 retreating coast
退积[作]用/海洋後退作用,退夷作用 retrogradation
退流/退流 refluence
退偏振比/退極化比 depolarization ratio
退水曲线/退水曲線 recession curve
退稳/減穩作用 destabilization
退行/後退 retrogression
退行轨道/逆行軌道 retrograde orbit
退行性演替/逆行演替 retrogressive succession
退休基金/退休基金 pension fund
蜕变/蜕變,蜕皮 molting, disintegration
蜕晶/蜕晶礦物 metamict
蜕皮/蜕皮 ecdysis, molting
蜕皮激素/蜕皮激素 ecdysone
褪色作用/褪色[作用] decolorization, discoloration
吞口/吞口 swallow hole
吞食性/吞取式 gulping
臀脉/臀脈 anal vein
臀鳍/臀鰭 anal fin
托尔托纳阶/托爾頓階 Tortonian Stage
托尔托纳期/托爾頓期 Tortonian Age
托来南山群/托來南山群 Tuolainanshan Group
托麦人/托麥人 Toumai
托莫特阶/托莫特階 Tommotian Stage
托莫特期/托莫特期 Tommotian Age
托盘贝属/托盤貝 *Paterina*
托普利兹矩阵/托普里茲矩陣 Töplitz matrix
托叶/托葉 stipule
拖船/拖船 tug
拖底扫海/拖底掃海 aground sweeping
拖航/拖航 tow
拖航分析/拖航分析 towing analysis
拖航状态/拖航狀態 towing state
拖架/拖架 towed boom
拖缆/拖纜 streamer
拖网/清淤,挖泥 dredge
拖鞋珊瑚属/拖鞋珊瑚 *Calceola*
拖鞋状/拖鞋狀 calceoloid
拖曳/拖曳 dragging, towing
拖曳波/拖曳波 trailing wave
拖曳部/拖曳部 trail
拖曳船模试验池/船模拖曳水槽 ship model towing tank
拖曳低压/拖曳低壓 drag depression
拖曳电磁发射单元/拖曳電磁發射單元 deep-tow electromagnetic transmitter unit
拖曳痕/引曳痕印 drag mark
拖曳式海底电缆/拖曳式海底電纜 dragged bottom cable
拖曳式可控源系统/拖曳式可控源系統 towed controlled source system
拖曳式温盐深测量仪/拖曳式鹽温深儀 towed CTD
拖曳系数/拖曳係數,曳力係數,阻力係數 drag coefficient
拖曳噪声/拖曳雜訊 traction noise
拖曳褶皱/拖曳褶皺,牽引褶皺 drag fold
拖曳阵列声呐/拖曳陣列聲納 towed array sonar
脱玻化[作用]/脱玻作用 devitrification
脱层/層脱,分層 delamination
脱附/脱附,解吸附 desorption
脱附效率/脱附效率 desorption efficiency
脱钙作用/脱鈣作用 decalcification
脱硅[作用]/脱矽[作用] desilicification
脱机/離線 offline
脱碱作用/脱鹹作用 solodization
脱硫作用/脱硫作用,去硫作用 desulfurization
脱镁叶绿素/脱鎂葉緑素 pheophytin
脱囊/脱囊,出囊 excyst
脱囊缝/脱囊縫 excystment suture
脱囊结构/脱囊結構 excystment structure
脱囊开口/脱囊開口 excystment opening
脱气[作用]/脱氣 degassing, outgassing
脱色/漂白 bleaching
脱水反应/脱水反應 dehydration reaction
脱水反应等变线/脱水反應等變線 dehydration-reaction isogram
脱水剂/脱水劑,乾燥劑 desiccant
脱水熔融作用/脱水熔融作用 dehydration melting
脱水物/脱水物 dehydrate
脱水[作用]/脱水[作用] dehydration, dewatering
脱盐/脱鹽,淡化 desalination
脱盐作用/脱鹽作用 desalinization
脱氧[作用]/脱氧[作用] deoxidation
脱乙酰甲壳质/幾丁聚醣 chitosan
陀螺定向光电测距导线/陀螺定向光電測距導線 gyrophic EDM traverse
陀螺方位角/陀螺方位角 gyro azimuth
陀螺经纬仪/真北經緯儀,方位儀 gyro theodolite,

gyroscopic theodolite
陀螺罗经/電羅經 gyroscopic compass，gyrocompass
陀螺仪/回轉儀 gyroscope
陀螺仪定向测量/陀螺儀定向測量 gyrostatic orientation survey
陀螺状的/闊錐狀 turbinate
陀螺状叠层石/隱藻 Cryptozoon
驼鸟属/駝鳥 *Struthio*
鸵形目/駝形目 Struthicniformes
椭率改正/橢圓率改正,橢圓率修正 ellipticity correction
[椭球]扁率/[地球]扁率 flattening，flattening of ellipsoid
椭球长半轴/長半軸 semi-major axis of ellipsoid
椭球虫/橢球蟲 Ellipsoidina
椭球短半轴/短半軸 semiminor axis of ellipsoid
椭球面大地测量学/橢球面大地測量學 ellipsoidal geodesy
椭球面高/橢球面高 ellipsoidal height
椭球面三角形/橢球球面三角形 spheroidal triangle
椭球偏心率/橢球扁心率 eccentricity of ellipsoid
椭球体/橢球體,球狀體 spheroid，ellipsoid
椭球形反射器/橢球反射器 ellipsoidal reflector
椭球状岩浆/橢球狀熔岩,枕狀熔岩 ellipsoidal lava
椭球坐标系/橢球坐標系 ellipsoidal coordinate system
椭头虫/橢頭蟲 Ellipsocephalus
椭圆/橢圓 ellipse
椭圆海林檎属/橢圓海林檎 *Oocystis*
椭圆极化/橢圓極化 elliptical polarization
椭圆率/橢圓率 ellipticity，ellipticity of an ellipse
椭圆偏振/橢圓極化 elliptical polarization
椭圆体/橢圓體 ellipsoid
椭[圆性]角/橢圓化角 ellipticity angle
椭圆余摆线波/橢圓餘擺線波 elliptical trochoidal wave
椭圆余弦波/橢圓函數波 cnoidal wave
拓扑编码/位相編碼 topological coding
拓扑错误/拓撲錯誤,位相錯誤 topological error
拓扑地图/拓撲地圖 topological map，topologic map
拓扑叠加/拓撲疊加,位相套疊 topological overlay
拓扑方位/拓撲方位 topology fix
拓扑分析/拓撲分析 topological analysis
拓扑关联数据库/位相聯結資料庫 topologically linked database
拓扑关系/拓撲關係,位相關係 topological relation，topological relationship
拓扑规则/拓撲規則 topology rule
拓扑缓存/拓撲緩存 topology cache
拓扑基元/位相基元 topological primitive
拓扑检索/拓撲檢索 topological retrieval
拓扑结构/拓撲結構,位相結構 topological structure
拓扑结构化数据/位相結構資料 topologically structured data
拓扑空间/位相空間 topological space
拓扑连接/拓撲連接 topological association
拓扑数据/位相資料 topological data
拓扑数据结构/位相資料結構 topological data structure
拓扑数据模型/位相資料模型 topological data model
拓扑特征/拓撲特徵 topological feature
拓扑统一地理编码参考文件/地理區編碼對照整合系統,位相整合地理編碼與參考系統,泰格爾系統格式 Topologically Integrated Geographic Encoding and Referencing，TIGER
拓扑[学]/拓撲,位相 topology
拓扑衍生/順構換質衍生,同位轉化 topotaxy
拓殖/拓殖 colonization

W

挖方/挖方 cut, excavation
挖泥船/挖泥船 dredger
洼地/窪地 depression
洼地等高线/窪地等高線 depression contour
洼状层理/窪狀層理 swaley bedding
蛙属/蛙 *Rana*
蛙跳法/蛙跳法,跳蛙法 leapfrog method, leapfrog scheme
蛙跃发展/蛙躍發展 frog-jumped development
蛙嘴龙类/無尾顎翼龍類[群] anurognathids
瓦根贝属/瓦氏貝 *Waagenoconcha*
瓦根菊石/瓦氏角石 Waagenoceras
瓦根珊瑚属/瓦氏珊瑚 *Waagenophyllum*
瓦硅钙钡石/矽鈣鋇石 walstromite
瓦兰吟阶/瓦蘭吟階 Valanginian Stage
瓦兰吟期/瓦蘭吟期 Valanginian Age
瓦劳特日光温度表/瓦勞特日光温度計 Vallot heliothermometer
瓦硼镁钙石/多水硼鎂鈣石 wardsmithite
瓦水砷锌石/三斜水砷鋅石 warikahnite
瓦提左路人/瓦提左路人 Vertesszollos man
瓦维斯海脊/瓦維斯海脊 Walvis Ridge
瓦维斯湾/瓦維斯灣 Walvis Bay
瓦牙克人/瓦牙克人 Wadjak man
瓦因-马修斯假说/瓦因-馬修斯假說 Vine Matthews hypothesis
瓦因-马修斯-莫莱假说/瓦因-馬修斯-莫萊假説 Vine-Matthews-Morley hypothesis
瓦兹利石/瓦茲利石 wadsleysite
歪长石/歪長石,[鈉微]斜長石 anorthose, anorthoclase
歪晶/歪晶 distorted crystal
歪斜褶皱/傾斜褶皺 inclined fold
歪型尾/歪形尾,異型尾 heterocercal tail
歪嘴蛎/大貝蛤 Exogyra
外鞍/外鞍 siphonal saddle
外包体系/外包體系 subcontracting system
外胞管组织/外胞管組織 extrathecal tissue
外薄板/外薄板,外殼葉 outer lamella
外壁/外壁,表壁,外皮 epitheca, outer wall, exine
外壁内层/外壁内層,[花粉膜的]中層 nexine
外壁内下层/外壁内膜層 endexine
外壁外部层/外壁外層,表外膜 ectexine, ektexine
外壁外层/外壁外層,外表層 sexine, exoexine
外滨/濱外,岸外,離岸 offshore
外波/外波 external wave
外部边界/外部邊界 enclosure
外部参考文件/外部參考文件 external reference file
外部程序/外部程序 external program
外部定向/外方位判定 exterior orientation
外部多边形/外部多邊形 external polygon
外部环境/外部環境 external envrionment, EE
外部经济/外部經濟 external economies
外部误差/外在誤差 external error
外部重力异常/外重力異常 external gravity anomaly
外层/外[胚]層,外包部分 ectoderm, envelope
外层空间/外層空間 outer space
外层空间源沉积物/外太空源沈積物,地外沈積物 extraterrestrial sediment
外插/外插法 extrapolation
外肠幼体/外腸仔魚 exterilium larva
外场观测/外場觀測 field observation
外成的/後成的,後生的 epigenetic
外唇/外唇 outer lip
外磁场/外磁場 external magnetic field
外岛弧/外弧 outer arc
外动力/外[營]力 exogenetic force
外多边形/外多邊形 universe polygon
[外]飞地/[外]飛地 exclave
外缝合线/外縫合線 external suture, external suture line
外腹弯/外腹彎 exogastric
外肛动物/外肛動物,外肛亞綱 Ectoprocta
外港/外港 outer harbor
外隔壁/外隔壁,肋,隔壁脊 Costa, exosepta
外骨骼/[體]外骨骼,體外甲殼 exoskeleton
外鼓骨/外鼓骨 ectotympanic bone
外轨超高/外軌超高 superelevation of outer rail
外国地名/外國地名 foreign placename
外海捕捞/近海捕撈 offshore fishing
外核/外[地]核 outer core

外核构造/外核構造 outer-core structure
外环加强接点/外加強環接點 external ring joint
外汇/外匯 foreign exchange，FX
外激素/費洛蒙 pheromone
外脊/外脊 ectoloph
外寄生物食者/外寄生蟲食者 ectoparasites eaters
外颊角/外頰角 external suture line
外假形/外假形 epimorph
外键/外部鍵 foreign key
外角/外角 exterior angle
外铰板/外鉸合板 outer hinge plate
外铰窝脊/外鉸窩脊，外牙槽脊 outer socket ridge
外接矩形/外接矩形 bounding rectangle
外茎管/外莖管 exterior pedicle tube
外距/外距，矢距 external distance
外壳/體外骨骼，體外甲殼 exoskeleton，utricle
外壳亚纲/外殼亞綱 Ectcochlia
外来堆积体/外來堆積體，移積物 allochthonous deposit
外来劳工/外勞 guest workers
外来生物/外來生物 adventive
外来物/外來物 allogene
外来系统/外部系統 external system
外来岩块/外來岩塊 exotic block
外来岩体/外來岩體，移置岩體 allochthon
外来语地名/外來名地名 exonym
外来种/外來種，非本地種 exotic species
外力/外力 external force
外流湖/外流湖 exorheic lake
外陆架/外陸架，外陸棚 outer shelf
外罗斯贝尺度/外羅士培尺度 external Rossby scale
外模/外模，外鑄型 exocast，external mould
外膜/外皮 exine
外膜化石/結殼 incrustation
外胚层/外[胚]層 ectoderm
外皮/表壁[珊瑚] epitheca
外皮骨/膜[成]骨 dermal bone
外皮条带/外皮條帶 cortical bandage
外皮组织/外皮組織 cortical tissue
外墙/外牆 exowall
外墙孔/外牆孔，花粉外孔 exopore
外强迫/外強迫 external forcing
外鞘/表壁[珊瑚] epitheca
外群比较/外群比較 out-group comparison
外韧带/外韌帶 external ligament
外生成矿作用/外生成礦作用 exogenic mineralization
外生迹/外跡 exichnia
外生矿床/外生礦床 exogenic deposit
外生作用/外生作用 exogenesis
外套窦/套彎 pallial sinus
外套腔/套腔 brachial cavity，mantle cavity
外套渠/外套渠，外套管道 pallial canals
外套湾/套彎 pallial sinus
外套线/套線 pallial line，mantle line
外体管/外體管，腹氣管 ectosiphuncle，extrasiphonata
外调焦/外調焦 external focusing
外调焦望远镜/外調焦望遠鏡 exterior focusing telescope
外透视中心/外透視中心 exterior perspective center
外图廓/外圖廓 exterior frame
外推/外延法 extrapolation
外推法/外推法 extrapolation method
外围设备/週邊設備 peripheral device
外向型/外向型 outward-looking
外向型城市化/外向型都市化 exo-urbanization
外心透视投影/外心透視投影 external perspective projection
外行星/外行星 superior planet
外旋/外旋 outward turning
外业草图/外業草圖 field sketch，field chart
外业控制/實測控制 field control
外业手簿/外業手簿，野簿 field book
外叶/外葉 external lobe
外[逸]层/外氣層 exosphere
外翼骨/外翼骨 ectoptery goid
外引力势/外引力勢 external gravitational potential
外营力/外[營]力 exogenic agent，exogenetic force
外营力地质作用/外營力地質作用 exogeneous geological process
外营力作用/外營力作用 exogenic process
外营效应/外營效應 exogene effect
外应力/外應力 external stress
外缘隆起/外緣隆起 outer swell，outer arch
外源场/外場 external field
外源沉积/外源堆積 adventitious deposit
外源[磁]场/外場 external field
外源种/外來種 alien species
外枕骨/外枕骨 exoccipital bone
外肢节/外肢節 exopodite
外质内网/膠泡内網 sarcoplegma
弯/彎 sinus
弯贝介属/斜殼介 *Loxoconcha*
弯道加宽/彎道加寬 widening on curve
弯管水准器/曲管水準器 bent tubular level

弯喙石燕/彎喙石燕 Cyrtospirifer
弯颈式/弓頸式 cyrtochoanitic
弯流褶皱[作用]/流動撓褶 flexural flow folding
弯曲沙洲/彎曲沙洲,彎曲沙壩 curved bar
弯曲褶皱[作用]/彎曲褶皺[作用] buckle fold
弯线地震剖面/彎線地震剖面 crooked seismic profile
弯月型透镜/彎月型透鏡,新月型透鏡 meniscus shaped lens
弯嘴龙属/加斯馬吐龍 *Chasmatosaurus*
湾流/灣流 Gulf Stream
湾头滩/灣頭灘 point beach
湾湾角石属/灣灣角石 *Wanwanoceras*
蜿蜒型河道/蜿蜒河道 meandering river channel
完齿/完齒類 teleodont
完全布格[重力]异常/完全布格[重力]異常 completed Bouguer gravity anomaly
完全地形重力改正/完全地形重力改正 complete topographic gravity correction
完全反射体/完全反射體 absolute reflector
完全方向观测组/完全方向觀測組 complete sets of direction
完全辐射/理想輻射 perfect radiation
完全高速缓存/完全高速緩存 full cache
完全混合湖/完全混合湖 holomixed lake
完全守恒格式/完全守恆格式 complete conservation scheme
完全吸收体/完全吸收體,理想吸收體 perfect absorber
完全预报/理想預報 perfect forecast, perfect prediction
完人属/得藍人 *Telanthrupus*
完整井/全穿透井 fully penetrating well, complete penetrating well
完整性/完整性 completeness, integrity
顽辉石/頑火輝石 enstatite
顽辉石球粒陨石/頑輝石球粒隕石 enstatite chondrite
顽火辉石/頑火輝石 enstatite
烷基苯系列化合物/烷基苯 alkyl benzenes
烷基菲系列化合物/烷基菲系列化合物 alkyl phenanthrenes
烷基联苯化合物/烷基聯苯化合物 alkyl biphenyls
烷基萘系列化合物/烷基萘系列化合物 alkyl naphthalenes
烷烃馏分/烷烴餾分 aliphatic fraction
烷烃[族]/烷烴 alkanes, paraffins
挽近地壳运动/挽近地殼運動 neoid crust movement
晚冰期气候/晚冰期氣候 late glacial stage climate
晚期残余岩浆型矿床/晚期殘餘岩漿型礦床 late residual magma-type deposit
晚期岩浆矿床/晚期岩漿礦床 late magmatic mineral deposit
晚期智人/晚期智人,現代人 Late Homo sapiens
晚期资本主义/晚期資本主義 late capitalism
晚时电磁场/晚時電磁場 late time electromagnetic field
晚时视电阻率/晚時視電阻率 later apparent resistivity
晚霜/晚霜 late frost
碗状尘暴/塵暴區 dust bowl
万维网/全球資訊網 world wide web, WWW
万维网表单/萬維網表單 web form
万维网地图服务器规范/網路地圖服務規範 web map server specification
万维网服务/網路服務 web service
万维网服务描述语言/網路服務描述語言 web service description language, WSDL
万维网服务目录/萬維網服務目録 web service catalog
万维网服务器/萬維網服務器 web server
万维网控件/萬維網控件 web control
万维网浏览器/萬維網瀏覽器 web browser
万维网门户/萬維網門户,萬維網入口 web portal
万维网入口/萬維網入口,萬維網門户 web portal
万维网协会/網際網路協會 world wide web consortium
万维网要素服务器/網路圖徵服務 web feature server, WFS
万维网应用/萬維網應用 web application
万维网应用模板/萬維網應用模板 web application template
万维网站点/萬維網站點 web site
万维网制图/網路製圖 web mapping
万维网注册服务/網路註冊服務 web registry service
万物有灵论/萬物有靈論 animism
万向接头/萬象接頭 knuckle joint
万亿分率/兆分率 parts per trillion, ppt
万亿分体积比/兆體積分率 parts per trillion by volume, pptv
万亿字节/兆位元組 terabyte, TB
万有引力/萬有引力 universal gravitation
万有引力常数/萬有引力常數 universal gravitational constant

万有引力定律/萬有引力定律 universal gravitational law
腕/腕,觸臂,觸手 arm, brachiole
腕板/腕板 arm-plate, brachial, brachial plate
腕棒/腕棒,腕鉤 crura
腕棒基/腕鉤基 crural base
腕棒突起/腕鉤尖,腕鉤突[起] crural point, crural process
腕棒窝/腕鉤窩 crural fossette
腕棒支板/腕鉤支板 crural plate
腕钩槽/腕鉤槽 crural trough
腕骨/腕骨 brachidium
腕骨滑车/腕骨滑車 carpal trochlea
腕痕/腕痕 brachial scar
腕环/腕環 loop
腕基/腕基 brachiophore
腕基突起/腕基突[起] brachiophore process
腕基支板/腕基支板,腕基支柱 brachiophore plate, brachiophore
腕壳/腕瓣 brachial valve
腕龙/腕龍 Brachiosaurus
腕螺/腕螺 Spiralia, spiralium
腕锁/腕鎖 jugum
腕锁突/腕鎖突[起] jugum process
腕掌骨/腕掌骨 carpometacarpus
腕栉/腕櫛 arm comb
腕足动物/腕足動物 brachiopod
腕足动物颅形贝属/髑髏貝 *Crania*
腕足动物门/腕足動物門 Brachiopoda
腕足动物相/腕足類相 brachiopodous facies
蔓枝/蔓肢,卷肢 cirrus
蔓足亚纲/蔓足亞綱 Cirripedia
王冠虫属/王冠蟲 *Coronocephalus*
王雷兽/雷獸 Brontotherium
王氏群/王氏群 Wangshi Group
网胞/網胞 brochus
网笔石/網[格]筆石 Dictyonema
网采浮游动物/網採浮游動物 net zooplankton
网采浮游生物/網採浮游生物 net plankton
网点/網點,方格網 stipple, dots, lattice
网点百分率/網點百分率 percentage dot area
网点扩大/網點擴大 dot gain
网格/網格,網狀 grid, reticulate
网格版法/方格板法 grid plate method
网格北/方格北 grid north
网格笔石/網[格]筆石 Dictyonema
网格编号/方格數字 grid number
网格参考系统/網格參考系統 grid reference system, GRS
网格测量/網格法測量 grid survey
网格测量法/方格測量法 grid survey method
网格尺度/方格尺度 grid scale
网格磁偏角/方格磁偏角 grid variation
网格单元/網格單元 grid cell bin
网格导航/方格航行法 grid navigation
网格地图/方格地圖 grid map
[网]格点/[網]格點 grid point
网格短线/方格短線 grid ticks
网格法/方格法 grid method
网格方位角/方格方位角 grid azimuth
网格构造/網格構造 boxwork
网格计算/方格計算 grid computation
网格间距/方格間距 grid interval
网格结构/網格結構 grid structure
[网]格距/格距 grid distance
网格偏角/方格偏角 grid declination
网格摄影机/網格攝影機 reseau camera
网格位置/方格位置 grid position
网格系统/方格系統 grid system
网格值/方格值 grid value
网格指示线/方格指示線 grid representation lines
网格注记/方格註記 grid identification note, grid note
网格子午线/方格子午線 grid meridian
网关服务/閘道服務 gateway service
网脊/網脊 muri
网络/網[路] network, net
网络层/網路圖層 network layer
网络地理信息系统/網路地理資訊系統 network GIS
网络动力学/網路動力學 network dynamics
网络分析/網路分析 network analysis
网络分析层/網路分析層 network analysis layer
网络附属元素/網路附屬元素 network ancillary role
网络节点/網路節點 network node
网络结构/網路[式]結構 network structure
网络理论/網路理論 network theory
网络链接/網路鏈結線 network links
网络流/網路流 network flow
网络密度/網路密度 network density
网络模式/網路模式,網狀模式 web model
网络模型/網路模型 network model
网络属性/網路屬性 network attribute
网络数据/網路資料 network data
网络数据集/網路數據集 network dataset
网络数据库/網路資料庫 network database

网络拓扑/網路拓撲 network topology
网络文件系统/網路檔案系統 network file system, NFS
网络协议/網路協定 network protocol
网络要素/網路要素 network feature
网络元素/網路元素 network element
网络指数/網路指數 network index
网络追踪/網路追蹤 network trace
网脉状矿石带/網脈狀礦石帶 stockwork ore zone
网目/篩孔 mesh
网屏/網屏 screen
网屏角度/網屏角度 screen angle
网式大地电磁法/網式大地電磁法 network-MT
网索/網索 list
网围养殖/網圍養殖 net enclosure culture
网纹/網紋,網狀組織 reticulation
网纹墨辊/網紋墨輥 anilex roller
网纹片/網紋片 transparent foil
网线/網線 parvicostellae
网箱/箱網 net cage
网箱养殖/箱網養殖 net cage culture, cage culture
网眼/内腔,細胞腔,空隙 lumen
网羊齿属/網羊齒,網蕨 *Linopteris*
网叶蕨/網葉蕨 Dictyophyllum
网羽叶苏铁/網羽葉蘇鐵 Dictyozamites
网状层积云/網狀層積雲 stratocumulus lacunosus, Sc la
网状多边形/網狀多邊形 tesscral
网状高积云/網狀高積雲 altocumulus lacunosus, Ac la
网状构造/網狀構造 reticulated structure
网状骨针/網狀針骨 desma
网状河流/網狀河流 braided stream
网状混合岩/網狀混合岩 dictyonite
网状卷积云/網狀卷積雲 cirrocumulus lacunosus, Cc la
网状矿脉/網狀脈 stockwork, network deposit, stringer lode
网状脉硫化物/網狀脈硫化物 stock work sulfide
网状饰纹/網紋,網狀 reticulate, cancellate
网状数据模型/網路資料模式 network data model
网状装饰/網狀裝飾 reticulate sculpture
往测/往測 direct run
往复流/往復流 alternating current, rectilinear current
往日地理/往日地理 past geography
望远镜/望遠鏡 telescope
望远镜放大率/望遠鏡放大率 power of telescope
望远镜偏心距/望遠鏡偏心距 eccentricity of telescope
望远镜水准仪/望遠鏡水準器 telescope level
望远镜照准仪/望遠鏡照準儀 telescope alidade
危机先驱种/危機先驅種 crisis progenitor species
危险半圆/危險半圓 dangerous semicircle
危险沉船/礙航沈船 dangerous sunken wreck
危险界线/警戒線 limiting danger line
危险天气警报/危險天氣警報 severe weather warning
危险天气通报/危險天氣通報 hazardous weather message
危险线/危險線 danger line
威达学派/維達學派 Vayda school
威儿纳投影/威爾納投影 Werner projection
威尔莫地震仪/威爾摩地震儀 Willmore seismograph
威尔威转变/費耳威相變 Verwey transition
威尔逊旋回/威爾遜旋回,威爾遜循環 Wilson cycle
威廉逊苏铁属/韋廉松蘇鐵 *Williamsonia*
威廉逊-亚当斯方程/威廉遜-亞當斯方程 Williamson-Adams equation
威宁群/威寧群 Weining Group
威斯康星冰期/威斯康辛冰期 Wisconsin Glaciation
威斯特法阶/西伐利亞階 Westphalian Stage
威斯特法期/西伐利亞期 Westphalian Age
威特光电测距仪/威特光波測距儀 distomat
微暗煤/微暗煤,暗煤岩 durite
微巴/微巴 barye
微板块/小板塊 microplate
微波/微波 microwave
微波测距/微波測距 microwave distance measurement
微波测距仪/微波測距儀 microwave distance measuring instrument
微波辐射/微波輻射 microwave radiation
微波辐射计/微波輻射計,微波輻射儀 microwave radiometer
微波辐射仪/微波輻射儀,微波輻射計 microwave radiometer
微波激射器/邁射 microwave amplification by stimulated emission of radiation, MASER
微波全息摄影/微波全像攝影 microwave holography
微波散射计/微波散射儀 microwave scatterometer
微波图像/微波圖像 microwave imagery, microwave image
微波遥感/微波遥感 microwave remote sensing

微波遥感器/微波感测器，微波遥测器 microwave remote sensor
微玻璃陨石/微玻璃隕石 microtektite
微层化/微層化 microstratification
微层序/微層序 microsequence
微差水准测量/逐差水準測量 differential leveling
微承压水/微承壓水 micro-artesian water
微大陆/微大陸 microcontinent
微地理变异/微地理的變異 microgeographic variation
微地震/微地震 microseismic
微地震事件/微地震事件 microseismic event
微电成像测井仪/微電成像測井儀 micro-electrical imaging logging tool
微电极测井/微測井，微電阻率測録 micrologging, microresistivity logging
微电阻率测井/微距電測 microlog, microresistivity logging
微动/微動 fine movement
微动螺旋/微動螺旋，正切螺旋 slow motion screw, tangent screw
微动气压计/微差高程儀，精密氣壓計 statoscope
微惰煤/微惰煤 inertite
微分/微分 differential
微分法测图/微分法測圖，分工法測圖 differential method of photogrammetric mapping
微分反射率/差分反射率 differential reflectivity
微分方程/微分方程 differential equation
微分分析/差值分析 differential analysis
微分光行差/微差光行差 differential aberration
微分纠正/微分糾正 differential rectification, differential correction
微分平差/微差平差法 differential adjustment
微分散射截面/差分散射截面 differential scattering cross section
微分吸收法/差異吸收技術 differential absorption technique
微分吸收激光雷达/差異吸收光達 differential absorption lidar, DIAL
微分吸收湿度计/差異吸收濕度計 differential absorption hygrometer
微幅波/小振幅波 small amplitude wave
微观地域结构/微觀地域結構 microscopic structure of region
微观地震前兆/微觀地震前兆 microscopic earthquake precursor
微观地震效应/微觀地震效應 microseismic effect
微观地震学/微震學 microseismology
微观观测/顯微觀察 microscopic observation
微观经济学/個體經濟學 micro-economics
微海洋学/微海洋學 micro oceanography
微机磁力仪/微機磁力儀 computer magnetometer
微碱钙霞石/微鹼鈣霞石，細柱霞石 microsommite
微结构/微結構，顯微構造 microstructure
微进化/微進化 microevolution
微晶/微晶 microlite
微晶结构/微晶結構 microlitic texture
微晶砷铜矿/微晶砷銅礦，直砷銅礦 algodonite
微镜惰煤/鏡惰煤岩 vitrinertite
微镜煤/微鏡煤 vitrite
微壳煤/微穩定煤，微亮質煤 liptite
微粒/微粒 particulate
微粒辐射/微粒輻射 corpuscular radiation
微粒结构/微粒結構 microgranular texture
微粒食/微粒食 corpuscular eclipse
微粒体/微晶粒 micrinite
微粒显影剂/微粒顯影劑 fine-grain developer
微亮煤/微亮煤 clarite
微量滴定法/微量滴定法 micro titration
微量滴管/微量滴定管 microburette
微量元素/微量元素，痕量元素 trace element
微量元素地球化学/微量元素地球化學 geochemistry of trace element
微量元素地质温度计/微量元素地質溫度計 geothermometer of trace element
微量元素地质压力计/微量元素地質壓力計 geobarometry of trace element
微量元素定量模型/微量元素定量模型 quantitative model of trace elements
微裂缝/微裂 microcrack
微裂纹/微裂縫 microcrack
微裂纹形成/微裂紋形成 microcrack formation
微裂纹演化/微裂紋演化 microcrack evolution
微脉动/微脈動 micropulsation
微锰核/微錳核 micro manganese nodule
微秒/微秒 microsecond
微囊粉类/微囊粉類，微囊粉屬 Parvisaccites
微囊介属/小囊介 *Microcoelonella*
微囊藻素/微囊藻素 microsystin
微配子体/小配子體 microgametophyte
微片石/微片石 microschist
微片石法/微片石法 microschist method
微气象学/微氣象[學] micrometeorology
微球形聚焦测井/微球形聚焦測井 micro-sphericallly focused logging
微球型壳/微球型殼 microspheric test

微三合煤/微三合煤,三煤素質 trimacerite
微生境/微棲所 microhabitat
微生态系统/微生態系統 microecosystem
微生物成矿/微生物成礦 microbial metallogenesis
微生物成因甲烷/微生物成因甲烷 microbial methane
微生物地质作用/微生物地質作用 microbiogeological process
微生物腐蚀/微生物腐蝕 bacterial corrosion, microbial corrosion
微生物钙华/微生物鈣華,微生物石灰華 microbial tufa
微生物骨架岩/微生物骨構灰岩 microbial framestone
微生物黏结岩/微生物黏結灰岩 microbial boundstone
微生物区系/微生物群 microflora
微[生物]食物环/微[生物]食物環 microbial food loop
微生物碳酸盐/微生物碳酸鹽 microbial carbonate
微生物污染/微生物汙染 microbial contamination
微生物席/微生物墊,水底 microbial mat
微生物席成因构造/微生物席沈積構造 microbially induced sedimentary structures, MISS
微生物相/微生物相 microbiofacies
微生物岩/微生物岩 microbolite
微生物作用/微生物作用 microbial action
微食物网/微食物網 microbial food web
微体古生物学/微體古生物學 micropaleontology
微体化石/微體化石,小化石 microfossil
微调/微調 fine drive
微调螺旋/微調螺旋 drive screw
微卫星/微衛星 microsatellite
微稳定煤/微穩定煤,微亮質煤 liptite
微细结构/細結構 fine structure
微下击暴流/微爆流 microburst
微咸水/微鹹水,半鹹水 brackish water
微咸水沉积/半鹹水堆積 brackish deposit
微小叠层石/微小疊層石 ministromatolite
微斜长石/微斜長石 microcline
微型底栖生物/微型底棲生物 microbenthos
微型底栖植物/微型底棲植物 microphytobenthos, benthic microphyte
微型动物/微型動物相 microfauna
微型浮游动物/微型浮游動物 microzooplankton
微型构造/微型構造 microscopic structure
微型计算机/微電腦 microcomputer
微型壳纹/網線 parvicostellae
微型生态池/微型生態池 microcosm
微需氧生物/微氧生物 microaerophil
微压计/微壓計,微壓儀 microbarograph
微演化/微演化 microevolution
微异地生成煤/微異地生成煤 hypautochthonous coal
微陨星/微隕石 micrometeorite
微震/微震 microearthquake
微震仪/微震儀 microvibrograph
微植物化石群/微體植物化石群 microfossil flora
微种/微徵種 microspecies
微重力测井/微重力測井 microgravity logging
微重力测量[学]/微重力測量[學],微重量測量學 microgravimetry
韦伯工业区位模型/韋伯工業區位元模式 Weber's industrial location model
韦伯模型/韋伯模式 Weber model
韦德尔海/威德爾海 Weddell Sea
韦德尔海豹/威德爾海豹 Weddell seal
韦德尔海底层水/威德爾海底層水 Weddell Sea bottom water
韦宁·迈内兹均衡/維寧·莫尼茲均衡説 Vening Meinesz isostasy
韦宁·迈内兹模型/維寧·莫尼茲模型 Vening Meinesz model
韦硼镁石/二水硼鎂石 wightmanite
韦氏线/韋氏線 Westoll-line
围肛部/肛圍 periproct
围隔/圈隔 enclosure
围隔生态系/圈隔式生態系 enclosure ecosystem
围海胆目/易裂海膽目 Perischoechinoidea
围脊/緣脊 marginal ridge
围脊贝属/内板貝 *Marginifera*
围尖/圍尖 pericone
围口部/口圍 peristome
围鳃腔/圍鰓腔 atrium
围填海工程/填海工程 sea reclamation works
围斜构造/圍斜構造 periclinal structure
围压/圍壓,受限壓力,封閉壓力 confining pressure
围芽式/包芽式 pericalycal type
围岩/圍岩 wall rock, country rock
围岩蚀变/圍岩蝕變 wallrock alteration
围堰/圍堰,堰艙 cofferdam
唯物主义/唯物主義 materialism
唯一解/唯一解法 unique solution
帷幕灌浆/帷幕灌漿 curtain grouting
维/維 dimension
维德曼施泰滕相/維德曼施泰滕相 Widmannstatten

pattern
维恩单波分配定律/汾因分布[定]律 Wien distribution law
维恩定律/汾因法則 Wien law
维恩辐射定律/汾因輻射[定]律 Wien law of radiation
维恩位移定律/汾因位移[定]律 Wien displacement law
维管痕/體腔痕 vascular marking
维管束/維管束 vascular bundle
维管束痕/維管束痕 vascular bundle scar
维管植物维/維管植物,管束植物 Tracheophyta, vascular plant
维管组织/維管組織,輸導組織 conducting tissue
维护更新/維護更新 maintenance renewal
维护深度/維持深度 maintained depth
维护许可/維護許可 maintenance license
维硫铋铅银矿/重硫鉍鉛銀礦 vikingite
维硫锑铊矿/三斜硫銻鉈礦 weissbergite
维玛断裂带/維瑪斷裂帶,維瑪破裂帶 Vema fracture zone
维玛海沟/維瑪海溝 Vema Trench
维玛破裂带/維瑪破裂帶,維瑪斷裂帶 Vema fracture zone
维曼规律/維曼規律 Wiman rule
维纳-勒文森反卷积/維納-勒文森反卷積 Weiner-Levinson deconvolution
维纳滤波/維納濾波器 Wiener filter
维纳频谱/維納頻譜 Wiener spectrum
维尼狄可夫[分析]法/維尼狄可夫[分析]法 Venedikov's method
维铌钙矿/氧鈮鈣鈰礦 vigezzite
0 维气候模型/0 維氣候模式 0 dimension climate model
维羟硼钙石/氫氧硼鈣石 vimsite
维塞阶/韋先階 Visean Stage
维塞期/韋先期 Visean Age
维氏硬度/維氏硬度 Vickers hardness, VHN
维歇特地震仪/魏氏地震儀 Wiechert seismograph
维也纳标准平均海水/維也納標準平均海水 Vienna Standard Mean Ocean Water
维也纳学圈/維也納學圈[派] Vienna circle
伟鳄兽/偉鱷獸,巨鱷龜 Titanosuchus
伟晶结构/偉晶結構 pegmatitic texture
伟晶蜡石/偉晶蠟石,山油脂 mountain tallow
伟晶岩/偉晶[花崗]岩 pegmatite
伪彩色/僞色,假色 pseudo color, pseudocolor
伪彩色图像/假色影像 pseudo-color image
伪彩色云图/僞色雲圖 pseudo-color cloud picture
伪等值线地图/僞等值線地圖 pseudo-isoline map
伪动力试验/僞動力試驗 pseudo-dynamic test
伪多边形/虛擬多邊形 pseudo polygon
伪反应谱/僞反應譜 pseudo response spectrum
伪方位投影/僞方位投影 pseudo-azimuthal projection
伪回声/假回聲 false echo
伪加速度反应谱/擬加速度回應譜 pseudo-acceleration response spectrum
伪节点/假節點 pseudo node
伪静力试验/僞静力試驗 pseudo-static test
伪距测量/僞距測量 pseudo-range measurement
伪距差/虛擬距離差 pseudo-range difference
伪卷云/僞卷雲 cirrus nothus, Ci not
伪谱法成像/僞譜法成像 pseudo spectrum imaging
伪瑞利波/擬似雷利波 pseudo-Rayleigh wave
伪三轴载荷/僞三軸載荷 pseudo tri-axial loading
伪视差/假視差 false parallax
伪速度反应谱/擬速度回應譜 pseudo-velocity response spectrum
伪随机噪声/僞隨機噪聲 pseudo-random noise, PRN
伪蝎目/假蠍目 Pseudoscorpionida
伪原点/假定原點 false origin
伪圆柱投影/僞圓柱投影 pseudocylindrical projection
伪正形贝/僞正形貝 pseudo-orthis
伪重力异常/僞重力異常 pseudogravity anomaly
伪足/僞足,疣足 parapodium, pseudopodium
伪坐标/假定坐標 false coordinates
尾板/尾板 tail plate
尾波/尾波 coda
尾波衰减/尾波衰減 coda attenuation
尾波震相/尾波震相 coda phase
尾波 Q 值/尾波 Q 值 coda Q
尾部/尾部 pygidium, trailing edge
尾锤/尾錘 tail-club
尾刺系统/尾刺系統 tail stinger system
尾附器/尾部附肢,尾突 caudal appendage
尾杆骨/尾桿骨 urostyle
尾骨/尾骨 coccyx
尾骨鱼属/尾骨魚 *Coccosteus*
尾海兔素/尾海兔素 dolastatin
尾脊属/尾脊蟲[介] *Caudites*
尾迹/尾跡 trail
尾荐椎/尾薦椎 caudosacral vertebra
尾茎纲/尾腔綱 Pygocaulia

尾壳顶/棘狀突起,短尖頭 mucro
尾肋/尾肋 pygopleura
尾流/尾流 wake flow
尾流捕获/尾流捕捉 wake capture
尾[流]低压/尾流低壓 wake depression, wake low
尾流区/尾流區 wake stream region
尾膜/尾膜 uropatagium, tail membrane
尾鳍/尾鰭 caudal fin
尾腔纲/尾腔綱,有鉸綱 Pygocaulia
尾沙/尾沙 tail
尾翼/尾翼,尾鰭,尾舵 tail vane
尾云/尾雲 tail cloud
尾轴/尾軸末節 pygorachis
尾轴末节/尾軸 terminal axial piece
尾综骨/尾綜骨 pygostyle
尾综骨状结构/尾綜骨狀結構 pygostyle-like structure
纬差/緯差 difference of latitude
纬度/緯度 latitude
纬度测定/緯度測定 latitude determination
纬度方程/緯度方程式 latitude equation
纬度分布/緯度分布 latitudinal distribution
纬度校正/緯度改正,緯度修正 latitude correction
纬度水准仪/緯度水準器 latitude level
纬度梯度/緯度梯度 latitudinal gradient
纬度效应/緯度效應 latitude effect
纬度自变量/緯度引數 argument of latitude
纬圈/緯圈 parallel
纬向对称模式/緯向對稱模式 zonally symmetric model
纬向风/緯向風 zonal wind
纬向风速廓线/緯向風剖線 zonal wind profile
纬向环流/緯向環流 zonal circulation
纬向环流指数/緯向環流指數 zonal circulation index
纬向平均/緯向平均 zonal mean
纬向剖面图/緯向剖面圖 zonal cross section
纬向指数/緯流指數 zonal index
萎蔫点/枯萎點 wilting point
萎蔫系数/枯萎係數 wilting coefficient
卫勒贝属/衛露氏貝 *Wellerella*
卫生气象学/衛生氣象學 hygiene-meteorology
卫星/[人造]衛星 satellite
CHAMP 卫星/CHAMP 衛星 Challenge Mini-satellite Payload satellite, CHAMP satellite
GOCE 卫星/GOCE 衛星 Gravity recovery and steady-state Ocean Circulation Explorer satellite, GOCE satellite
GRACE 卫星/GRACE 衛星 Gravity Recovery and Climate Experiment satellite, GRACE satellite
SPOT 卫星/SPOT 衛星 SPOT satellite
卫星测高/衛星測高法 satellite altimetry
卫星测高仪/衛星測高儀,衛星測高計 satellite altimeter
卫星城/衛星城 satellite town
卫星磁测仪器/衛星磁測儀器 satellite magnetic instrumentation
卫星磁力仪/衛星磁力儀 satellite magnetometer
卫星大地测量学/衛星大地測量[學] satellite geodesy
卫星导航系统/衛星導航系統 satellite navigation system
卫星地面[接收]站/衛星地面接收站 satellite ground receive station
卫星定位/衛星定位 satellite positioning
卫星定位摄影测量/衛星定位攝影測量學 GPS photogrammetry
卫星定位系统/衛星定位系統 satellite positioning system
卫星多普勒定位/衛星都卜勒定位 satellite Doppler positioning
卫星多普勒观测/衛星多普勒觀測 satellite Doppler observation
卫星多普勒[频移]测量/衛星都卜勒[頻移]測量 satellite Doppler shift measurement
卫星覆盖范围/衛星覆蓋範圍 satellite coverage
卫星覆盖区/衛星覆蓋範圍 satellite coverage
卫星高度/衛星高度 satellite altitude
卫星跟踪摄影机/衛星追蹤攝影機 satellite-tracking camera
卫星跟踪卫星/衛星跟蹤衛星 satellite-satellite tracking
卫星跟踪卫星技术/衛星跟蹤衛星技術 satellite-to-satellite tracking, SST
卫星跟踪站/衛星跟蹤站 satellite tracking station
卫星共振分析/衛星共振分析 analysis of satellite resonance
卫星构形/衛星分布圖 satellite configuration
卫星-惯导组合定位系统/衛星-慣導組合定位系統 satellite-inertial guidance integrated positioning system
卫星轨道改进/衛星軌道改進 improvement of satellite orbit
卫星轨迹/衛星軌跡 satellite trail
卫星海洋观测系统/衛星海洋觀測系統 satellite oceanic observation system

卫星海洋学/衛星海洋學 satellite oceanography
卫星海洋遥感/衛星海洋遥測 satellite ocean remote sensing
卫星红外光谱仪/衛星紅外分光計 satellite infrared spectrometer
卫星激光测距/衛星雷射測距 satellite laser ranging，SLR
卫星激光测距仪/衛星雷射測距儀 satellite laser ranger
卫星激光定位/衛星雷射定位 satellite laser positioning
卫星气候学/衛星氣候學 satellite climatology
卫星气象学/衛星氣象[學] satellite meteorology
卫星三角测量/衛星三角測量 satellite triangulation
卫星三角测量站/衛星三角測量站 satellite triangulation station
卫星闪电探测器/衛星閃電感應器 satellite lightning sensor
卫星摄影/衛星攝影 satellite photography
卫星摄影测量/人造衛星攝影測量 satellite photogrammetry
卫星-声学组合定位系统/衛星-聲學組合定位系統 satellite-acoustics integrated positioning system
卫星受摄运动/衛星受攝運動 perturbed motion of satellite
卫星探测/衛星探空 satellite sounding
卫星探测反演/衛星探空反演 inversion of satellite sounding
卫星像片/衛星像片 satellite photo
卫星像片图/衛星像片圖 satellite photo map
[卫星]星下点/[衛星]星下點 subsatellite point，SSP
卫星星座/衛星星座 satellite constellation
卫星影像/衛星影像 satellite image
卫星云迹风/衛星[雲導]風 satellite cloud tracked wind，satellite derived wind
卫星云图/衛星雲圖 satellite cloud picture
卫星云图分析/衛星雲圖分析 satellite cloud picture analysis
卫星运动方程/衛星運動方程 equation of satellite motion
卫星种/衛星種，追隨種 satellite species
卫星重力测量/衛星重力[測量]學 satellite gravimetry
卫星重力梯度测量/衛星重力梯度測量 satellite gradiometry，satellite gravity gradiometry，SGG
卫星重力异常/衛星重力異常 satellite gravity anomaly
卫星姿态/衛星姿態 satellite attitude
未饱和卤/未飽和鹵 non-saturated bittern
未补偿盆地/淺積盆地，飢餓盆地 starved basin
未测到底水深/不到底水深 no-bottom sounding
未测站/未測站 unoccupied station
未成熟期/未成熟期，幼期 immature stage，young stage
未充分成长风浪/未完全發展風浪 not fully developed sea
未初始化流方向/未初始化流方向 uninitialized flow direction
未冻水/未凍水 unfrozen water
未及/未搭 undershoot
未经研磨版材/未研磨版材 ungrained plate
未纠正像片镶嵌图/未糾正像片鑲嵌圖 unrectified photograph mosaic
未开发区/低發展區 underdeveloped area
未勘测界/未勘測界 unsurveyed border
未侵蚀带/未侵蝕帶 belt of no erosion
未污染河流/未沾汙的河流 uncontaminated stream
未污染水/未沾汙水 uncontaminated water
未修版像片/未修版像片 unretouched photograph
未知点/未知點 unknown points
位/位[元] bit
位场空间换算/位場空間換算 potential-field space conversion
位场延拓/位場延拓 continuation of potential field
位错/錯位，斷層，錯斷 dislocation
位错壁/位錯壁 dislocation wall
位错滑移/位錯滑移 dislocation glide
位错理论/位錯理論 dislocation theory
位错面/表面移位 dislocation surface
位错攀移/位錯攀移 dislocation climb
位错蠕变/位錯蠕變 dislocation creep
位错速度/位元錯速度 dislocation velocity
位每秒/每秒位元數 bits-per-second，bps
位密/位[勢]密度，潛[勢]密度 potential density
位模模式/位元模模式 dislocation model
位模式/位元型態 bit pattern
位能/位能，勢能 potential energy
位屏蔽/位元遮罩 bitmask
位深/位元數 bit depth
位矢/位置向量 position vector
位势高度/位勢高度，重力位高度，動力高度 geopotential height，potentional height
位势米/重力位公尺 geopotential meter
位势密度/位[勢]密度，潛[勢]密度 potential density

位势深度/位勢深度,動力深度 potentional depth
位势涡度/位渦 potential vorticity
位图/點陣圖 bit map
位温/位温,潛温,勢温 potential temperature
位温坐标/位温坐標 θ-coordinate
位涡/位渦 potential vorticity
位涡方程/位渦方程 potential vorticity equation
位涡拟能/位渦擬能 potential enstrophy
位涡守恒/位渦守恆 conservation of potential vorticity
位相差/位相差 phase difference
位相谱/相位譜 phase spectrum
位移/位移,偏移量 displacement, migration, offset
位移测高法/位移測高法 displacement method of height determination
位移反应谱/位移回應譜 displacement response spectrum
位移观测/位移觀測 displacement observation
位移求倾角法/位移求傾角法 displacement method of tilt determination
位移长度/位移長度 displacement length
位置/位置 position, location
M位置/M位置 M position
P位置/P位置 P position
S位置/S位置 S position
位置参照/位置參考 locational reference
位置查找/位置查找 find places
位置服务/位置服務 location service
位置函数/位置函數 position function
位置级差地租/位置級差地租 differential land rent by site
位置角/位置角 position angle
位置精度/位置精度 positional accuracy
位置配置/區位分配 location-allocation
位置起动钮/位置起動鈕 site starter
位置探测/位置探測 site prospecting
位置误差/位置誤差 location error
位置线/位置線 line of position, LOP
位置线方程/位置線方程 equation of LOP
位置线交角/位置線交角 intersection angle of LOP
位置准确度/位置準確度 positional accuracy
胃道/腹孔 gastropore
胃皮层/胃皮層,腸皮層 gastrodermis
胃石/胃石 stomach stone, gastrolith
猬属/刺蝟 *Erinaceus*
魏德肯珊瑚属/魏氏珊瑚 *Wedekindophyllum*
魏德肯蜓属/魏氏蜓 *Wedekindellina*
魏格纳假说/魏格納假説,大陸漂移假説 Wegner hypothesis, continental drift hypothesis
魏斯顿贝属/魏斯頓貝 *Westonia*
温标/温標 temperature scale, thermometric scale
温冰川/温冰川 temperate glacier
温差/温度差 temperature difference
温差电偶/温差電偶 thermal couple
温带/温帶 temperate zone, temperate belt
温带冰川/溶期冰川,温帶冰河 temperate glacier
温带地区/温帶地區 temperate region
温带冬雨气候/温帶冬雨氣候 temperate climate with winter rain
温带多雨气候/温帶多雨氣候 temperate rainy climate
温带风暴潮/温帶風暴潮 typhoon tide
温带风暴潮紧急警报/温帶暴潮緊急警報 extra storm surge emergency warning
温带风暴潮警报/温帶暴潮警報 extra storm surge warning
温带风暴潮预报/温帶暴潮預報 extra storm surge forecasting
温带浮游动物/温帶浮游動物 temperate zooplankton
温带气候/温帶氣候 temperate climate
温带气旋/温帶氣旋 extratropical cyclone
温带西风带/温帶西風[帶] temperate westerlies
温带夏雨气候/温帶夏雨氣候 temperate climate with summer rain
温带雨林/温帶雨林 temperate rainforest
温带种/温帶種 temperate species
温度/温度 temperature
温度表/温度計 thermometer
温度补偿假说/温度補償假説 temperature-depletion compensation hypothesis
温度测井/温度測井,井温測井 temperature logging
温度场/温度場 temperature field
温度垂直断面[图]/温度垂直斷面[圖] vertical section of temperature, vertical temperature section
温度垂直廓线辐射仪/垂直温度剖線輻射計 vertical temperature profile radiometer, VTPR
温度订正/温度訂正 temperature correction
温度对比/温度對比 temperature contrast
温度反演/温度反演 temperature retrieval
温度分辨率/温度解析度,温度解析率 temperature resolution
温度计/温度儀 thermograph
温度计测高法/温度計測高法 thermometric altimetry
温度校正系数/温度校正因子 temperature

correction factor, TCF
温度较差/温度較差 temperature range
温度距平/温度距平,温度異常 temperature anomaly
温度廓线/温度剖面 temperature profile
温度链/温度串 thermistor chain
[温度]露点差/温度露點差 depression of the dew point
温度平流/温度平流 temperature advection
温度日较差/温度日較差 daily range of temperature
温度深度仪/温度深度儀 bathythermograph, bathythermometer, BT
温度势/温度勢 temperature potential
温度梯度/温度梯度 temperature gradient
温度系数/温度係數 temperature coefficient
温度压力图/温度壓力圖 temperature pressure diagram
温度盐度计/温度鹽度計 thermosalinograph
温度异常/温度異常,温度距平 temperature anomaly
温度因素/温度因素 temperature factor
温度影响/温度影響 temperature influence
温度月际变化/温度月際變化 inter-monthly temperature variation
温度滞后/熱滯後[現象] thermal hysteresis
温度自记曲线/温度自記曲線 thermogram
温和期/温和期 miothermic period
温和气候/温和氣候 mild climate
温克勒[溶解氧]测定法/温克勒[溶解氧]測定法 Winkler method
温氯深记录仪/温氯深記録儀 temperature chlorinity depth recorder
温纳测深法/温納測深法 Wenner sounding
温纳排列/温納排列 Wenner array
温泉/温泉,熱泉 thermal spring, hot spring
温泉群/温泉群 Wenquan Group
温桑周期性/温度週期感應性 thermoperiodism
温熵图/温熵圖 tephigram
温深记录图/温深記録圖 bathythermogram
温深仪/温深儀 bathythermograph
温湿计/温濕儀 hygrothermograph
温湿仪/温濕器 hygrothermoscope
温湿指数/温濕指數 temperature-humidity index
温室气候/温室氣候 greenhouse climate
温室气体/温室氣體 greenhouse gas
温室效应/温室效應 greenhouse effect
温血动物/温血動物 warm-blooded animal
温压场/温壓場 temperature pressure field
温压地球化学/温壓地球化學 thermobarogeochemistry
温盐关系/温鹽關係 T-S relation
温盐环流/温鹽環流 thermohaline circulation
温盐曲线/温鹽曲線 temperature salinity curve, thermohaline curve
温盐深[测量]仪/鹽温深儀 conductivity-temperature-depth probe, CTD probe
温盐深记录仪/温鹽深記録儀 conductivity-temperature-depth recorder, CTD recorder
温-盐图解/温鹽圖,TS 圖 temperature salinity diagram, T-S diagram
温盐相关曲线/温鹽相關曲線 T-S correlation curve
温跃层/温[度]躍層,斜温層 thermocline
温跃层厚度图/温躍層厚度圖,斜温層厚度圖 thermocline thickness chart
温跃层强度图/斜温層強度分布 distribution of thermocline intensity
温周期[性]/温度週期感應性 thermoperiodism
文本/文字 text
文本窗口/文字視窗 text window
文本对象/文字物件 text object
文本符号/文本符號 text symbol
文本格式标记/文本格式標記 text formatting tag
文本框/文字矩形區 text rectangle
文本属性/文字屬性 text attribute
文本数据/文字資料 text data
文本文件/文本文件 text file
文本样式/文字樣式 text style
文采尔珊瑚属/文氏珊瑚 *Wentzelella*
文昌鱼属/文昌魚 *Amphioxus*
文档/文件 document
文档窗口/文件視窗 document window
文档文件/文件檔案 document file
文档文件图标/文件檔案圖示 document-file icon
文德系/文德系 Vendian Series
文德杂岩/文德雜岩 Vendian Series
文蛤属/文蛤 *Meretrix*
文化/文化 culture
文化霸权/文化霸權 cultural hegemony
文化边际/文化邊際 cultural margin
文化边界/文化邊界 cultural boundary
文化冲击/文化衝擊 culture shock
文化岛/文化島 cultural island
文化地理学/文化地理學 cultural geography
文化地图/文化地圖 cultural map
文化动力学/文化動力學 cultural dynamics
文化多样性/文化多樣性 cultural diversity

文化分析/文化分析 cultural analysis
文化功能区/機能區 functional region
文化归化/文化歸化[同化] cultural naturalization
文化过程/文化過程 cultural process
文化核心区/文化核心區 cultural core area
文化汇融/文化互化 transculturation
文化汇融区/跨文化區 transculturational region
文化接触/文化接觸 culture contact
文化进化/文化演化 cultural evolution
文化景观/文化景觀 cultural landscape
文化决定论/文化决定論 cultural determinism
文化控制区/文化控制區 cultural dominating region
文化旅游/文化觀光 cultural tourism
文化模式/文化類型 cultural pattern
文化偏好/文化偏好 cultural preference
文化区/文化區 culture area
文化区位/文化區位 cultural setting
文化趋同/文化趨同 cultural convergence
文化圈/文化圈 culture circle
文化群体/文化群體 cultural groups
文化融合/文化融合 culture fusion
文化社区/文化社群 cultural community
文化生态学/文化生態學 cultural ecology
文化生物地理学/文化生物地理學 cultural biogeography
文化适应/文化適應 cultural adaptation
文化特质/文化特質 cultural traits
文化通道/文化通道 cultural channel
文化衍生/文化對合 cultural involution
文化遗产/文化遺産 cultural heritage
文化因子/文化因子 cultural factor
文化影响区/文化影響區 cultural effect region
文化源地/文化源地 cultural hearth
文化整合/文化整合 cultural integration
文化政治学/文化政治學 cultural politics
文化主义/文化主義 culturalism
文化转向/文化轉向 cultural turn
文化转移/文化轉移 cultural transfer
文化资本/文化資本 cultural capital
文化自然地理学/文化自然地理學 cultural physical geography
文化综合体/文化綜合體 cultural complex
文化组成/文化組成 cultural constituent
文件/文件 document
DBF 文件/DBF 文件 DBF file
文件编制/文件編纂 documentation
文件传输/檔案傳輸 file transfer
文件传输协议/檔案傳輸協定 file transfer protocol, FTP
文件服务器/檔案伺服器 file server
文件服务器协议/檔案伺服器協定 file server protocol
文件格式/檔案格式 file format
文件管理/檔案管理 file management
文件管理系统/檔案管理系統 file manager system
文件夹/檔案夾 folder
文件夹连接/檔案夾連接 folder connection
文件结构/檔案結構 file structure
文件结束标志/檔案結尾 end of file, EOF
文件扩展名/副檔名 file name extension
文件名/檔案名稱 file name
文件名后缀/副檔名 file name extension
文件属性/檔案屬性 file attribute
文件索引/檔案索引 file indexing
文件锁定/檔案鎖定 file locking
文件图像处理/文件影像處理 document image processing, DIP
文件系统/檔案系統 file system
文件压缩/檔案壓縮 file compression
文件阅读器/文件閱讀器 document reader
文洛克世/温洛克世 Wenlockian Epoch
文洛克统/温洛克統 Wenlockian Series
文明群体/文明群體 civilized groups
文明社会/文明社會 civilized societies
文砷钯矿/砷銻鈀鉑礦 vincentite
文石/文石,霰石 aragonite
文石泥/德羅軟泥,霰石軟泥 drewite
文象斑岩/文象斑岩 granophyre
文象花岗岩/文象花崗岩 graphic granite
文象结构/文象結構,文象組織 graphic texture
文学旅游/文學旅遊 literary tourism
文艺复兴时代/文藝復興時代 Renaissance period
文珠鳄属/文珠鱷,滿州鱷 *Monjurosuchus*
文字说明/説明文字 descriptive text
纹层/紋層 lamina
纹理/紋理 lamination
纹理分析/紋理分析 texture analysis
纹理年代学/紋理年代學 varve chronology
纹理映射/紋理映射 texture mapping
纹理增强/紋理增強 texture enhancement
纹理坐标/紋理坐標 texture coordinate
纹泥/紋泥,季候泥 varved clay
纹泥测年/季候泥定年 varved-clay dating
纹泥年代学/紋泥年代學 varve chronology
纹饰/紋飾,修飾,刻蝕 ornamentation, sculpture
吻/吻 proboscis

吻部/吻部 rostrum
吻虫/吻蟲 proboscis worm
吻骨/吻骨,喙骨 rostral bone
吻脊/吻脊 rostral ridge
吻孔/排水孔,吸附器官,吸盤 oscule
吻片/吻片,腹邊緣板 rostral plate
吻切轨道/密切軌道 osculating orbit
吻切椭圆/密切橢圓 osculating ellipse
吻臀距/吻臀距 snout-pelvis length
紊流/紊流,湍流 turbulent flow
稳定边界层/穩定邊界層 stable boundary layer, SBL
稳定波/穩定波 stable wave
稳定的大陆地区/穩定的大陸地區 stable continental region
稳定地块/穩定地塊 stable mass
稳定度/穩定 degree of stability
稳定度指数/穩度指數 index of stability
稳定风压/恆定風壓 steady wind pressure
稳定解/恆定解 steady state solution
稳定空气/穩定空氣 stable air
稳定矿物/穩定礦物 stable mineral
稳定流/穩定流,穩態流 steady flow
稳定年龄分布/穩定年齡分布 stable age distribution
稳定平台/穩定平臺 stabilized platform
稳定气团/穩定氣團 stable air mass
稳定渗流/穩定滲流 steady seepage
稳定水位/穩定水位 steady water level
稳定条件/穩定條件 stability condition
稳定同位素/穩定同位素 stable isotope
稳定同位素地层学/穩定同位素地層學 stable isotope stratigraphy
稳定同位素地球化学/穩定同位素地球化學 stable isotope geochemistry
稳定系数/穩定係數 coefficient of stability
稳定性/穩定性,穩度 stability
稳定性检验/穩定性試驗 stability test
稳定性理论/穩定性理論 stability theory
稳定[性]选择/穩定[型]天擇 stabilizing selection
稳定元素/穩定元素 stable element
稳定种群/静止的族群 stationary population
稳定周期/穩定週期 stable cycle
稳定组/殼質體 exinite
稳滑/穩滑 stable slip, stable sliding
稳渗/穩滲 stable infiltration
稳态/穩態,恆定狀態 steady state, homeostasis
稳态泊松过程/穩態泊松過程 stationary Poisson process
稳态泊松模型/穩態泊松模型 stationary Poisson model
稳态测温/穩態測温 temperature measurement in equilibrium
稳态摩擦/穩態摩擦 stable friction
稳态蠕变/穩態蠕變 steady state creep
稳相法/穩相法 stationary phase method
翁戎螺属/翁戎螺 *Pleurotomaria*, *Entemnotrochus*
翁通爪哇海台/翁通爪哇海臺 Ontong Java Plateau
瓮安动物群/瓮安動物群 Weng'an fauna
涡传导/渦旋傳導 eddy conduction
涡动传导率/渦流傳導率 eddy conductivity
涡动动量通量/渦流動量通量 eddy momentum flux
涡动动能/渦流動能 eddy kinetic energy
涡动交换系数/渦流交換係數 eddy exchange coefficient
涡动拟能/渦度擬能 enstrophy
涡动黏滞率/渦流黏性,渦黏滯度 eddy viscosity
涡动平流/渦流平流 eddy advection
涡动切应力/渦流切應力 eddy shearing stress
涡动热通量/渦流熱通量 eddy heat flux
涡动通量/紊流通量,亂流通量 eddy flux, turbulent flux
涡动相关/渦流相關 eddy correlation
涡动应力/渦流應力 eddy stress
涡度/渦度 vorticity
涡度方程/渦度方程 vorticity equation
涡度平流/渦度平流 vorticity advection
涡度输送理论/渦度傳送説 vorticity transport theory
涡度通量/渦度通量 vorticity flux
涡管/渦管 vortex tube
涡环/渦環 vortex ring
涡街/渦街 vortex street
涡流/渦流 vortex flow
涡流扩散/渦流擴散 turbulence diffusion, eddy diffusion
涡流扩散系数/渦流擴散係數,渦動擴散係數 coefficient of eddy diffusion
涡流黏滞系数/渦流黏滯係數,渦動黏滯係數 coefficient of eddy viscosity
涡流侵蚀/渦流侵蝕,甌穴侵蝕 eversion
涡流尾迹/渦列 vortex trail
涡螺属/滑螺 *Voluta*
涡线/渦線 vortex line
涡旋/渦旋,旋渦,渦流 eddy
涡旋解析模式/渦旋解析模式 eddy resolving model

涡旋云系/渦旋雲系 vortex cloud system
涡旋状回波/渦旋狀回波 whirling echo
涡源/渦度源 vorticity source
窝螺/窩螺 Coleoloides
沃德阶/沃德階 Wordian Stage
沃德期/沃德期 Wordian Age
沃顿海盆/沃頓海盆 Wharton Basin
沃尔博思螺属/弗氏角石 *Volborthella*
沃尔夫数/沃爾夫[黑子]數 Wolf number
沃尔什变换/沃爾什變換 Walsh transformation
沃克环流/沃克環流 Walker circulation
沃罗诺伊模式/沃羅諾伊模型 Voronoi pattern
沃罗诺伊图/沃羅諾伊圖 Voronoi diagram
沃硼钙石/水硼鈣鉀石 volkovskite
沃氏粉类/沃氏粉類,沃氏粉屬 Wodehouseia
沃氏螺属/沃氏螺 *Worthenia*
沃天测高仪/沃天測高儀 W and T surveying altimeter
乌尔曼相互作用理论/烏爾曼相互作用理論 Ullman's bases for interaction
乌尔卡诺式喷发/弗卡諾式噴發 Vulcanian eruption
乌喙骨肩臼/烏喙骨肩臼 scapular cotyla of coracoid
乌拉尔山阻塞高压/烏拉山阻塞高壓 Ural blocking high
乌拉尔世/烏拉爾世 Cisuralian Epoch
乌拉尔统/烏拉爾統 Cisuralian Series
乌拉山岩群/烏拉山岩群 Wulashan Group Complex
乌来组/烏來群 Wulai Formation
乌鲁木齐兽属/烏魯木齊獸 *Urumchia*
乌曼杉/烏曼杉 Uumannia
乌硼钙石/烏硼鈣石 uralborite
乌什南山群/烏什南山群 Wushinanshan Group
乌苏里菊石属/烏蘇里菊石 *Ussuria*
污泥/汙泥,泥漿 sludge
污泥处理/汙泥處理 sludge treatment, sludge handling
污泥处理过程/汙泥處理過程 sludge handling process
污泥腐殖质/汙泥腐殖質 sludge humus
污泥利用/汙泥利用 sludge utilization
污泥氧化/汙泥氧化 sludge oxidation
污染/汙染 contamination, pollution
污染程度/汙染程度 extent of pollution
污染带/汙染帶,浸汙帶 contaminated zone, zone of pollution
污染防治法/汙染防治法 antipollution law
污染负荷/汙染負載 pollution load
污染公害/汙染公害 pollution nuisance
污染海水腐蚀/汙染海水腐蝕 polluted seawater corrosion
污染含水层/汙染含水層 contaminated aquifer
污染河口/汙染河口 polluted estuary
污染河流/汙染河流 polluted stream
污染后果/汙染後果 pollution contribution
污染化学/汙染化學 pollution chemistry
污染类型/汙染類型 pollution type
污染气流/空氣汙染柱 pollution plume
污染气象学/汙染氣象學 pollutant meteorology
污染区[域]/汙染區 contaminated area
污染生物指标/汙染生物指標 pollution organism indicator
污染水/汙染水 contaminated water, polluted water
污染水道/汙染的水道 polluted waterway
污染水域/汙染水域 polluted waters
污染水藻/汙染水藻 polluted water alga
污染损害赔偿责任/汙染損壞賠償責任 liability and compensation for pollution damage
污染物/汙染物 contaminant, pollutants
污染物处置/汙染物棄置 pollutant disposal
污染物达标排放/汙染物排放標準 pollutant discharge under certain standard
污染物分类/汙染物分類 classification of pollutant
污染物扩散/汙染物擴散 pollutant dispersion
污染物浓度/汙染物濃度 pollutant concentration
污染物排出/汙染物排出 pollutant discharge
污染物排放/汙染物排放 pollutant emission
污染物清除/汙染物排除 contaminant removal
污染物输送/汙染物傳送 pollutant transport
污染物衰减/汙染物衰減 decay of pollutant
污染物指数/汙染物指數 pollutant index
污染物转化/汙染物轉換 transformation of pollutant
污染物总量控制/汙染物總量管制 total amount control of pollutant
污染演化/汙染演化 evolution of pollution
污染影响/汙染影響 effect of pollution
污染预测/汙染預測 pollution prediction
污染源/汙染源 pollution source
污染指数/汙染指數 pollution index, contamination index, index of pollution
污水/汙水 sewage
污水池/汙水池 sewage tank
污水初步处理/汙水初步處理 primary treatment of sewage
污水处理厂/汙水處理廠 sewage treatment plant, sewage disposal works

污水处理构筑物/汙水處理構築物 sewage treatment structure
污水处理过程/汙水處理過程 sewage treatment process, sewage disposal process
污水处理系统/汙水處理系統 sewage treatment system, sewage disposal system
污水分析/汙水分析 sewage analysis
污水负荷量/汙水負荷量 sewage loading
污水工程/汙水工程 sewage works
污水管/汙水管 sewer pipe
污水管线/汙水管道 sewer line
污水过滤器/汙水過濾器 sewage filter
污水海洋处置技术/海洋汙水處理技術 marine sewage disposal technology
污水净化设备/汙水淨化設備 sewage purifier
污水颗粒/汙水顆粒 sewage particulate
污水流/汙水流道 sewage stream, sewage flow
污水流量/汙水流量 sewage rate
污水氯化作用/汙水氯化作用 sewage chlorination
污水排放/汙水排放 sewage discharge, sewage outfall
污水排放标准/汙水排放標準 sewage drainage standard
污水排水设备/汙水排水設備 sewerage
污水排水系统/汙水排水系統 sewerage system
污水曝气/汙水曝氣 sewage aeration
污水水质/汙水水質 water quality of sewage
污水条例/汙水條例 sewer ordinance
污水污泥/汙水汙泥,下水汙泥 sewage sludge
污水污泥处理/汙水汙泥處置 sewage sludge disposal
污水污泥气体/下水汙泥氣體 sewage sludge gas
污水污染/汙水汙染 sewage pollution
污水系统/汙水系統 sewage system
污水消化/汙水消化 sewage digestion
污水氧化/汙水氧化 sewage oxidation
污水再生法/汙水再生法 water renovation process
污水终沉槽/汙水最終沈降槽 sewage final settling tank
污水终沉池/汙水最終沈降池 sewage final settling basin
污损/汙損 fouling
污损膜/汙損膜 fouling film
污着[生物]群落/汙損生物群落 fouling community
钨铋矿/鎢鉍礦 russellite
钨华/鎢華,黑鎢礦 tungstite
钨锰矿/鎢錳礦 huebnerite
钨铅矿/鎢鉛礦 stolzite
钨丝灯/鎢絲燈 tungsten lamp
钨铁矿/鎢鐵礦 ferberite
钨锌矿/鎢鋅礦 sanmartinite
无版印刷/無版印刷 plateless printing
无标石水准点/無標石水準點 non-monument bench mark
无柄古银杏/無柄古銀杏 Sphaenobaiera
无肠目/無腸目 Acoela
无潮点/無潮點,中潮點,潮節點 nodal point, amphidromic point
无潮区/無潮區 amphidromic region
无潮系统/無潮系統 amphidromic system
无尘大气/無塵大氣 dust-free atmosphere
无齿型/無齒型,貧齒型 adont
无齿翼龙类/鳥掌翼龍總科 pteranodontids
无齿翼龙属/蝙蝠龍 *Pteranodon*
无翅类/無翅亞綱 Apterygota
无翅亚纲/無翅亞綱 Apterygota
无窗贝属/無窗貝,盤骨蜿貝 *Athyris*
无窗贝型/無窗貝型 athyroid
无磁场空间/無[磁]場空間 magnetic field-free space
无刺/無毛 glabrous
无刺珊瑚/無刺珊瑚 Diplochone
无氮有机质/無氮有機質 nitrogen-free organic matter
无地方社区/非地方社區 non-place community, non-place realm
无地方性/無地方性,非地方性 placelessness
无定向磁强计/無定向磁力儀,反穩定磁力儀 astatic magnetometer
无定向导线/展開導線 open traverse, unclosed traverse
无定向重力仪/無定向重力儀,不穩型重力儀 astatic gravimeter, unstable gravimeter
无洞贝/無孔蜿,無穴蜿 Atrypa
无洞贝型/無洞貝型 atrypoid
无毒赤潮/無毒赤潮 non toxic red tide
无颚类脊椎动物/無頜綱 Agnatha
无反射区/無反射區 reflection-free area
无方向网络流/無方向網路流 undirected network flow
无风带/無風帶 calm belt
无风逆温污染/無風逆温汙染 calm inversion pollution
无缝/無縫 alete
无缝集成/無縫集成,無瑕整合 seamless integration
无缝数据库/無接縫資料庫 seamless database

无辐散层/非輻散層,非輻散高度 non-divergence level
无辐散运动/無輻散運動 nondivergent motion
无腐蚀性/無腐蝕性 non-corrosiveness
无感地震/無感地震 feltless earthquake, unfelt earthquake
无根褶皱/無根褶皺 rootless fold
无沟/無溝[的] acolpate
无骨材壳体/無構架殼體結構 unframed shell, unstiffened shell
无光层/無光帶,無光區 aphotic zone
无光带/無光帶,無光區 aphotic zone
无光海洋环境/無光海洋環境 aphotic marine environment
无规行走/隨機漫步 random walk
无害通过/無害通過 innocent passage
无颌类/無頜類 agnathans
无花果属/無花果[螺] *Ficus*
无滑移条件/不可滑動條件 no slip condition
无机成因气/無機成因氣 inorganic genetic gas
无机地球化学/無機地球化學 inorganic geochemistry
无机环境/無機環境 inorganic environment
无机起源/無機成因 inorganic origin
无机污染物/無機汙染物 inorganic pollutant
无机污染源/無機汙染源 inorganic pollution source
无机物质/無機物質 inorganic matter
无机营养盐/無機營養鹽 inorganic nutrient
无脊椎动物/無脊椎動物 invertebrate
无脊椎古生物学/無脊椎古生物學 invertebrate palaeontology
无脊椎脊索动物/無脊椎之脊索動物 invertebrate chordate
无家可归者/游民 homeless
无甲目/無甲目 Anostraca
无角犀/無角犀 Aceratherlum
无铰纲/無絞綱 Inarticulata
无铰壳/無絞殼 inarticulate
无节幼体/無節幼體,無節幼蟲 nauplius larva
无节幼体期/無節幼生期 nauplius stage
无结构腐殖体/無結構腐殖體 humocollinite
无结构镜煤/無結構鏡煤,純鏡煤 euvitrain
无结构镜质体/無結構鏡質體,無結構凝膠質 collinite, euvitrinite
无结构亮煤/無結構亮煤 colloclarite
无结构铁陨石/角礫斑雜岩,中鎳鐵隕石,鎳菱鐵礦 ataxite
无颈式/無頸式 achoanitic, aneuchoanitic
无净旋转/無淨旋轉 no net rotation, NNR
无净旋转参考架/無淨旋轉參考架 NNR reference frame
无净旋转欧拉矢量/無淨旋轉歐拉向量 NNR Euler vector
无孔贝/無孔目,無穴目 Atremata
无孔类/無孔類 aporatids, anapsids
无孔颅/無孔顱 inarticulate shell
无孔型头骨/無孔型頭骨 anapsid skull
无控制像片镶嵌图/無控制像片鑲嵌圖 uncontrolled photograph mosaic
无口器的/無口的,無萌發孔的 inaperturate
无口器粉类/無口器粉類 Aletes
无棱角石/無棱角石 Agoniatites
无棱菊石式缝合线/無棱菊石式縫合線 agoniatitic suture
无粒古铜橄榄陨石/球粒狀古橄隕石 amphoterite
无量纲变量/無因次變量 dimensionless variable
无量纲参数/無因次參數 dimensionless parameter
无量纲方程/無因次方程 non-dimensional equation
无量纲数/無因次數 dimensionless number
无脉树目/無脈樹目 Aneurophytales
无能源卫星/無能源衛星 passive satellite
无黏聚性/無黏性 cohesionless
无偏估计/無偏估計 unbiased estimate
无球粒陨石/無[球]粒隕石 achondrite
无人潜水器/無人潛水器 unmanned submersible
无散射大气/無散射大氣 non-scattering atmosphere
无伸缩面/無伸縮面 retractable surface
无伸缩线/無伸縮線 retractable line
无饰环腰式/無飾環腰式 akrate
无霜带/無霜帶 verdant zone, frostless zone
无霜期/無霜期 duration of frost-free period, frost-free period
无霜日/無霜日 day without frost
无水钾锰矾/無水鉀錳礬,錳鉀礬 manganolangbeinite
无水芒硝/無水芒硝 thenardite
无水钠镁矾/斜鈉鎂礬 vanthoffite
无水平版/無水平版 waterless lithography
无损检验/非破壞性檢驗 nondestructive testing, NDT
无损压缩/無損壓縮 lossless compression
无体腔目/無腸目 Acoela
无条件模式/無條件模式 unconditional pattern
无铁陨石/無鐵隕石 asiderite
无通量边界条件/無通量邊界條件 no flux boundary condition

无托叶的/無托葉的 estipulate
无尾类/無尾類 anurans
无尾目/無尾目 Anura
无细胞骨/綿馬素 aspidine
无细孔有孔虫目/無細孔有孔蟲目 Imperforate Foraminifera
无限维管束/無限維管束 open bundle
无限小应变/無限小應變 infinitesimal strain
无限小应变理论/無限小應變理論 infinitesimal strain theory
无线参考信号/無線參考信號 radio reference
无线地震数采系统/無線地震數採系統 wireless seismic data acquisition system
无线电报时信号/無線電報時信號 radio time signal
无线电波的极光吸收/無線電波的極光吸收 auroral absorption of radio wave
无线电测风/無線電測風 radio wind finding
无线电测风观测/無線電測風觀測 radiowind observation
无线电导航/無線電導航 radio navigation
无线电导航系统/無線電導航系統 radio navigation system
无线电地平线/無線電地平 radio horizon
无线电定位/無線電定位 radio positioning
无线电定位系统/無線電定位系統 radio positioning system
无线电航行警告/無線電航行警告 radio navigational warning
无线电经度测定法/無線電定經度法 radio method of longitude determination
无线电经纬仪/無線電經緯儀 radio theodolite
无线电气候学/無線電氣候學 radio climatology
无线电气象学/無線電氣象[學] radio meteorology
无线电蜃景/無線電幻波 radio mirage
无线电声探测系统/電聲探測系統 radio-acoustic sounding system, RASS
无线电时号/無線電報時信號 radio time signal
无线电水位计/無線電水位計 radio gauge
无线电探空/無線電探空 radio sounding
无线电探空测风仪/探空儀,雷文送 rawinsonde
无线电探空仪/[無線電]探空儀,雷送 radiosonde
无线电相位法/無線電相位法 radio-phase method
无线电信标/無線電信標 radio beacon
无线电源/電波源 radio source
无线电指向标表/無線電指向標表 list of radio beacon
无线网地理信息系统/無線應用通訊協定 GIS wireless application protocol GIS, WAP GIS
无线遥测地震台网/無線遥測地震臺網 wireless telemetered seismic network
无线中继器/無線中繼器 wireless repeater
无效叠加作用/無效疊加作用 ineffective duplicate effect
无形飑/白飈 white squall
无性繁殖动物/無性繁殖群體動物 clonal animal
无性芽/無性芽狀體 gemma
无序结构/無序結構 disordered structure
无序数字化/流線數字化 spaghetti digitizing
无旋波/無旋波 irrotational wave
无旋应变/無旋應變 irrotational strain, nonrotational strain
无旋运动/無旋運動,非旋轉運動 irrotational motion
无穴贝/無穴目,無孔目 Atremata
无穴蜿/無穴蜿,無孔蜿 Atrypa
无烟煤/[硬煤]無煙煤 anthracite, hard coal
无羊膜类动物/無羊膜目 Anamnia
无氧带/無氧帶,缺氧層 anoxic zone
无叶舌亚门/無葉舌亞門 Eligulate
无意义多边形/狹縫多邊形 sliver polygons
无意义异常/無意義異常 non-significant anomaly
无羽笔石属/無羽筆石 *Callograptus*
无源遥感器/被動式遥測器 passive remote sensor
无约束反演/無約束反演 unconstrained inversion
无约束平差/内平差 inner adjustment
无运动层/不動[水]層 level of no motion, LNM
无疹壳/無疹殼,無細孔殼 impunctate, impunctate shell
无振荡罗经/呆羅經 deadbeat compass
无震带/無震帶 aseismic belt
无震地面形变/無震地面形變 aseismic ground deformation
无震地壳运动/無震地殼運動 aseismic crustal movement
无震断层滑动/無震斷層滑動 aseismic fault slip
无震断层位移/無震斷層位移 aseismic fault displacement
无震海岭/無震海嶺,無震洋脊 aseismic ridge
无震滑动/無震滑動 aseismic slip
无震脊/無震洋脊,無震海嶺 aseismic ridge
无震前缘/無震前緣 aseismic front
无震区/無震區 aseismic zone, aseismic region
无震形变/無震形變 aseismic deformation
无震形变率/無震形變率 aseismic deformation rate
无震暂态震颤/無震暫態震顫 aseismic transient tremor

无政府主义/無政府主義 anarchism
无政府主义者/無政府主義者 anarchists
无滞剩磁/非磁滞剩磁,非磁滞殘磁化 anhysteretic remanent magnetization, ARM
无中隔壁/無隔壁,無隔膜 aseptate
无轴亚纲/無軸亞綱 Axonolipa
无足类/無足類,無足目 apodans
无阻尼卫星/無阻力衛星 drag-free satellite
无阻尼振荡/無阻尼振盪 undamped oscillation
吴家坪阶/吴家坪階 Wujiapingian Stage, Wuchiapingian Stage
吴家坪期/吴家坪期 Wujiapingian Age, Wuchiapingian Age
五边石藻类/五邊石藻類 braarudosphaerids
五顶角石属/五頂角石 *Wutinoceras*
五房贝属/五房貝 *Pentamerus*
五分仪/五分儀 quintant
五分子[骨骼]器官/五分子[骨骼]器官 quinmembrate skeletal apparatus
五峰阶/五峰階 Wufengian Stage
五峰期/五峰期 Wufengian Age
五佛山群/五佛山群 Wufoshan Group
五跗性/五輻性,五幅性 pentamerism
五隔珊瑚/五隔珊瑚 Pentaphyllum
五河群/五河群 Wuhe Group
五角海百合期/五角海百合期 Pentacrinoid stage
五角海百合属/五角海百合 *Pentacrinus*
五角海蕾属/五角海蕾 *Pentremites*
五角棱镜/五角棱鏡 pentaprism
五角三八面体/五角三八面體 pentagonal trioctahedron
五角十二面体/五角十二面體 pentagonal dodecahedron, pyritohedron
五玦虫式/五玦蟲式 quinqueloculine
五玦虫属/五玦蟲 *Quinqueloculina*
五棱齿象属/五脊齒象 *Pentalophodon*
五水碳镁石/五水菱鎂礦,多水菱鎂礦 lansfordite
五水泻盐/五水瀉鹽 pentahydrite
五台阶段/五臺階段 Wutaian stage
五台期/五臺期 Wutaian
五台群/五臺群 Wutai Group
五柱木目/五柱木目 Pentoxylales
五柱木属/五柱木 *Pentoxylon*
伍德-安德森地震仪/伍德-安德森地震儀 Wood-Anderson seismograph
伍德-安德森[扭力]地震仪/伍德-安德森[扭力]地震儀 Wood-Anderson torsion seismograph
伍德拉克板块/伍德拉克板塊 Woodlark plate
武当山群/武當山群 Wudangshan Group
兀龙/兀龍 Gyposaurus
物端棱镜/物鏡棱鏡 objective prism
物方焦点/物方焦點 focus in object space
物方节点/物方節點 object nodal point
物[方]空间/物空間 object space
物[方]空间坐标系/物方空間坐標系 object space coordinate system
物候分区/物候分區 phenological division
物候关系/物候關係 phenological relation
物候观测/物候觀測 phenological observation
物候季节/物候季 phenological season
物候历/物候曆 phenological calendar
物候模拟/物候模擬 phenological simulation
物候谱/物候譜 phenological spectrum, phenospectrum
物候期/物候期 phenophase, phenological phase
物候日/物候日期 phenodate
物候图/物候圖 phenological chart, phenogram
物候学/物候學 phenology
物镜/物鏡 objective
物镜分辨率/物鏡分辨力 resolving power of lens
物镜角/物鏡角 objective angle
物镜孔径/物鏡孔徑 objective aperture
物镜筒/物鏡筒 object slide
物距/物距 object distance
物理摆/複擺 compound pendulum, physical pendulum
物理大地测量学/物理大地測量學 physical geodesy
物理地球化学/物理地球化學 physical geochemistry
物理动力气候学/物理動力氣候學 phsico-dynamical climatology
物理风化[作用]/物理風化[作用] physical weathering
物理过程/物理程序 physical process
物理海洋学/物理海洋學 physical oceanography
物理模拟的相似[性]理论/物理類比的相似[性]理論 theory of similarity in physical simulation
物理模[态]/物理模 physical mode
物理模型/物理模式 physical model
物理频散/物理頻散 physical dispersion
物理气候/物理氣候 physical climate
物理气候学/物理氣候[學] physical climatology
物理气象学/物理氣象[學] physical meteorology
物理时间/自然時間 physical time
物理统计预报/物理統計預報 physical statistic prediction
物理吸附/物理吸附 physical adsorption

物理系统/物理系統 physical system
物理性污染/物理汙染 physical pollution
物理印刷/物理印刷 physical printing
物理主导模式/物理主導模式 physical master model
物流/物流,後勤學 logistics
物流配送/物流配送 logistics distribution
物探观测系统设计/物探觀測系統設計 survey design of geophysical prospecting
物质流/物質流 material flow
物质坡移/塊體崩移 mass wasting
物质全球生物地球化学循环/物質全球生地化循環 substance global biogeochemical circulation
物质世界/物質世界 material world
物质守恒定律/物質守恆定律,物質不滅定律 law of conservation of matter
物质循环/物質循環 material cycle
物种/[物]種 species
物种多度曲线/物種多度曲線,物種豐度曲線 species abundance curve
物种多样性/物種多樣性 species diversity
物种丰度/物種豐[富]度 species richness
物种恒定性/物種恆定性 fixity of species
物种均匀度/物種[均]勻度 species evenness
物种库/物種庫 species pool
物种冗余/物種冗餘 species redundancy
物种入侵/物種入侵 species invasion
物种形成/物種形成,成種[作用] speciation
物种选择/物種選擇 species selection
物种组成/種類組成 species composition
误差/誤差 error
误差表/誤差表 error table
误差传播/誤差傳播,誤差傳遞 error propagation, propagation of errors
误差传播方程/誤差傳播方程 propagation of error equation
误差定律/誤差定律 law of error
误差方程式/誤差方程式 error equation
误差分布/誤差分布 distribution of error
误差函数/誤差函數 error function
误差检验/誤差檢驗 error test
误差矩阵/誤差矩陣 error matrix
误差理论/誤差理論 theory of errors
误差椭圆/誤差橢圓 error ellipse
雾/霧 fog, brume
雾堤/霧堤 fog bank
雾滴/霧滴 fog-drop
雾迷状混合岩/雲霧岩 nebulite
雾凇/霧凇 soft rime, rime
雾凇冰/凇冰 rime ice
雾[信]号/霧[信]號 fog signal
雾状层/霧狀層,濁狀層 nepheloid layer
雾状带/霧狀帶 nepheloid zone
雾状高层云/霧狀高層雲 altostratus nebulosus, As neb
雾状水/霧狀水,濁狀水 nepheloid water

X

夕卡岩/矽卡岩　skarn
夕线石/矽線石　sillimanite
1980 西安坐标系/1980 西安坐標系　Xi'an Geodetic Coordinate System 1980
西北太平洋海盆/西北太平洋海盆　Northwest Pacific Basin
西贝鳄属/西貝鱷　*Sebecus*
西贝鳄亚目/西貝鱷亞目　Sebecusuchia
西边界流/西邊界流　western boundary current
西伯利亚板块/西伯利亞板塊　Siberia plate
西伯利亚高压/西伯利亞高壓　Siberian high
西伯利亚菊石属/西伯利亞菊石　*Siberites*
西磁差/西偏　west declination
西大距/西距角　west elongation
西杜杰尔事件/西杜傑爾事件　Sidutjall event
西菲律宾海盆/西菲律賓海盆　West Philippine Basin
西风爆发/西風爆發　west burst
西风波/西風波　westerly wave
西风槽/西風槽　westerly trough
西风带/西風帶　westerly belt, westerlies
西风急流/西風噴流　westerly jet
西风漂流/西風漂流　west wind drifting current
西格陵兰海流/西格陵蘭海流　West Greenland Current
西距角/西距角　west elongation
西卡罗林海盆/西卡羅林海盆　West Caroline Basin
西康群/西康群　Xikang Group
西里伯斯海盆/西里伯斯海盆　Celebes Basin
西洛可风/西洛可風　Sirocco
西盟矿/西盟石,磷鉍礦　ximengite
西南[低]涡/西南渦　Southwest China vortex
西南风带/西南風[帶]　southwesterlies
西南季风/西南季風　southwest monsoon
西涅缪尔阶/西涅繆爾階　Sinemurian Stage
西涅缪尔期/西涅繆爾期　Sinemurian Age
西欧海盆/西歐海盆　West European Basin
西偏差/西偏　west declination
西蜀鳄属/西蜀鱷　*Hsisosuehus*
西太平洋造山带/西太平洋造山帶　Western Pacific orogenic belt
西烃石/西烴石,十九烴石　simonellite
西蜥螈属/西蒙螈　*Seymouria*
西乡群/西鄉群　Xixiang Group
西向漂移场/西向漂移場　westward-drifting field
西藏硬齿鱼属/西藏硬齒魚　*Tibetodus*
吸附等温线/吸附等溫線　adsorption isotherm
吸附方程/吸附方程　adsorption equation
吸附过程/吸附過程　adsorption process
吸附剂/吸附劑　adsorbent
吸附率/吸附率　adsorption rate
吸附气/吸附氣　adsorbed gas
吸附水/吸著水　adsorptive water
吸附土/吸附土　adsorptional earth
吸附铀/吸附鈾　adsorption uranium
吸附[作用]/吸附[作用],吸收作用　adsorption
吸管柱珊瑚属/管柱珊瑚　*Siphonodendron*
吸力锚/吸力式錨　suction anchor
吸声/聲吸收　sound absorption
吸声特性/吸聲特性　sound absorption characteristic
吸声系数/聲吸收係數　sound absorption coefficient
吸湿性核/吸水核　hygroscopic nuclei
吸收/吸收　absorption, assimilation, uptake
吸收比/吸收比　absorptance
吸收波段/吸收波段　absorption band
吸收波光片/吸收濾光片　absorption filter
吸收[光]谱/吸收譜　absorption spectrum
吸收[光谱]带/吸收帶　absorption band
吸收光谱仪/吸收分光計　absorption spectrometer
吸收函数/吸收函數　absorption function
吸收剂/吸附劑　scavenger
吸收截面/吸收截面　absorption cross section
吸收率/吸收率　absorptivity, absorptance
吸收谱/吸收譜　absorption spectrum
吸收[谱]线/吸收線　absorption line
吸收色谱学/吸附層析法　adsorption chromatography
吸收湿度计/吸收濕度計　absorption hygrometer
吸收系数/吸收係數　absorption coefficient, coefficient of absorption
吸收[性]/吸收性,吸收率　absorption, absorptivity
吸收因子/吸收因素　absorption factor
吸收指数/吸收指數　absorption index

吸收作用/吸收作用 absorption
吸水率/吸水率 water absorption
吸吮式/吸吮式 suctioning
吸引力/吸引力 attraction
吸引子/吸子 attractor
吸着水/吸著水,保持水 hygroscopic water, hydroscopic water
希尔伯特变换/希伯特轉換 Hilbert transform
希尔伯特-黄变换/希爾伯特-黄變換 Hilbert-Huang Transform, HHT
希尔特规律/希氏法則 Hilt's rule
希腊地理学/希臘地理學 Greek geography
希望畸形/希望怪物,突變怪物 hopeful monster
析离体/異離體 schlieren
息痕化石/息痕化石 Ruhespuren
硒钯矿/硒鈀礦,銻鈀礦 allopalladium
硒铋矿/硒鉍礦 guanajuatite
硒汞矿/[灰]硒汞礦 tiemannite
硒黄铜矿/硒黃銅礦,銅硒鐵石 eskebornite
硒硫铋铅矿/輝硒鉍鉛礦 weibullite
硒硫碲铋矿/硫碲礦,雜硒碲鉍礦 csiklovaite
硒铅矿/硒鉛礦 clausthalite
硒铊银铜矿/硒鉈銀銅礦 crookesite
硒铁矿/硒鐵礦 achavalite
硒铜钴矿/硒銅鈷鎳礦 tyrrellite
硒铜蓝/硒銅藍,硒銅礦 klockmannite
硒铜镍矿/硒銅鎳礦 penroseite
硒银矿/硒銀礦 naumannite
稀底质/稀底質 soupground
稀碱金属/稀鹼金屬 rare alkaline metal
稀释/稀釋 dilution
稀释比/稀釋比 dilution ratio
稀释剂/稀釋劑 spike, diluting agent
稀释介质/稀釋介質 dilute medium
稀释水/稀釋水,沖淡水 diluted water
稀释旋回/稀釋循環 dilution cycle
稀疏波/稀疏波 rarefaction wave
稀疏矩阵/稀疏矩陣 sparse matrix
稀土矿物/稀土礦物 rare-earth mineral
稀土配分/稀土配分 partitioning of rare earths
稀土元素/稀土元素 rare earth elements
稀土元素丰度/稀土元素豐度 abundance of rare earth element
稀土元素配分/稀土元素配分 rare earth elements assemblage
稀性泥石流/稀性土石流 micro-viscous debris flow
稀有气体/稀有氣體,惰性氣體 noble gas, rare gas
稀有元素/稀有元素 rare element
稀有种/稀有種,罕見種 rare species
犀牛属/犀牛 *Rhinoceros*
锡钯矿/錫鈀[礦] stannopalladinite
锡霍特-阿林造山带/錫霍特-阿林造山帶 Sikhote-Alin orogenic belt
锡矿脉/脈錫石 lode tin
锡矿山阶/錫礦山階 Xikuangshanian Stage
锡矿山期/錫礦山期 Xikuangshanian Age
锡锰钽矿/鉭鈮錫錳礦 wodginite
锡石/錫石 cassiterite
锡铁钽矿/錫鐵鉭礦,鈳鉭鐵礦,錳焊礦 ixiolite
蜥脚类/蜥腳類 sauropods
蜥脚型类/蜥腳型類 sauropodomorphs
蜥脚亚目/蜥腳亞目 Sauropoda
蜥臀类/蜥臀類 saurischians
蜥臀目/蜥臀目 Saurischia
蜥螈/蜥螈,雙椎螈 Diplovertebron
蜥螈亚目/西蒙螈目,西蒙螈形兩棲類 Seymouriamorpha
膝刺/膝刺 genicular spine
膝角/小膝 geniculum
膝上腹缘/膝上腹緣 supragenicular wall
膝下腹缘/膝下腹緣 infragenicular wall
膝折/急折 kink
膝折带/急折帶 kink band
膝折褶皱/膝折褶皺 kink fold
膝状双晶/曲膝雙晶 geniculate twin
习惯的力量/習慣的力量 strength of habits
习惯化/習慣化 habituation
习见种/常見種 common species
习性/習性 habitus
席基底/席底 matground
席理构造/席理構造 sheeting structure
席状矿体/席狀礦體 manto
席状沙洲/席狀沙洲 sheet bar
席状岩墙群/席狀岩牆群 sheeted dyke swarm, sheeted dyke complex
袭产产业/襲產產業 heritage industry
袭夺/襲奪,搶水 piracy
袭夺河/襲奪河,搶水河 capturing river
袭夺湾/襲奪灣 elbow of capture
喜暗生物/暗層生物 stygobiotic organism
喜饼虫/喜餅蟲 Lepidocyclina
喜峰矿/矽鐵礦 xifengite
喜钙植物/親鈣植物,鈣土植物 calciphyte
喜旱植物/喜旱植物 xerophilous plant
喜马拉雅大陆汇聚带/喜馬拉雅大陸滙聚帶 Himalayan continental convergence zone

喜马拉雅阶段/喜馬拉雅階段 Himalayan stage
喜马拉雅碰撞带/喜馬拉雅碰撞帶 Himalayan collision zone
喜马拉雅期/喜馬拉雅期 Himalayan
喜马拉雅运动/喜馬拉雅運動 Himalayan movement
喜马拉雅造山带/喜馬拉雅造山帶 Himalaya orogenic belt
喜温有机体/嗜温有機體 thermophilic organisms
系泊设施/繫泊設施,碇泊設施 mooring facilities
系留浮标/自記浮臺 automatic floating station
系留气球/繫留氣球 captive balloon
系留气球探测/繫留氣球探測 captive balloon sounding
系留探空仪/繫留送,有線探空儀 wiresonde
系列地图/系列地圖 series maps
系列条件值/系列條件值 series of conditional values
系列制图/系列製圖 systematic mapping
系数矩阵/係數矩陣 coefficient matrix
UNIX 系统/UNIX 作業系統 UNIX
系统地理学/系統地理學 systematic geography
系统地图学/系統地圖學 systematic cartography
系统发生带/系統發生帶 lineage zone
系统发生生物地理学/親緣地理學 phylogeography
系统发育/系統進化,祖孫系列 phyletic series
系统发育学/譜系學,親緣關係學 phylogenetics
系统分类学/系統分類學 systematics
系统分析/系統分析 systems analysis
系统古生物学/系統古生物學 systematic paleontology
系统畸变/系統畸變,系統扭曲 systematic distortion
系统集成/系統整合 system integration
系统聚类/階層聚集 hierarchical clustering
系统矿物学/系統礦物學,礦物系統學 systematic mineralogy
系统树/譜系樹,親緣樹 genealogical tree, phylogenetic tree
系统水文学/系統水文學 systematic hydrology
系统网络结构/系統網路架構 system network architecture, SNA
系统误差/系統誤差 systematic error, systematical error
系统性误差评分/偏倚評分 bias score
系统延迟/系統延遲 system delay
细胞/胞 cell
细胞对流/胞狀對流 cellular convection
细胞分裂/細胞分裂作用 cell division
细胞沟/細胞溝 cellular furrow
细胞环流/胞狀環流 cellular circulation
细胞脊/細胞脊 cellular ridge
细胞间沟/細胞間溝 intercellular furrow
细胞间脊/細胞間脊 intercellular ridge
细胞状白云岩/細胞狀白雲岩 cellular dolomite
细胞状的/細胞狀[結構] cellular
细胞状云/胞狀雲 cell cloud
细胞状云型/胞狀雲型 cellular cloud pattern
[细胞]自溶/細胞自溶 autolysis
细碧角斑岩建造/細碧角斑岩建造 spilitic keratophyre formation
细碧结构/細碧組織 spilitic texture
细碧岩/細碧岩 spilite
细碧岩套/細碧岩套 spilitic suite
细部地形/細致地形 fine texture topography
细长隔壁/細長隔壁 attenuated septum
细齿/小齒 denticle
细齿型/細齒型 entomodont
细沟/細溝,紋溝,小谷 rill
细沟侵蚀/紋溝侵蝕 rill erosion
细河群/細河群 Xihe Group
细化/細線化 thinning
细晶结构/細晶結構 aplitic texture
细晶石/微晶石 microlite
细晶岩/細晶岩 aplite
细菌/細菌 bacteria
细菌作用/細菌作用 bacteria action
细砾/細礫,小礫 granule
细粒结构/細粒結構 fine-grained texture
细粒物/細粒沈積岩,細積物 pulverite
细网/細網 reticula
细网笔石属/細網筆石屬 *Retiolites*
细网格/細網格 fine-mesh grid
细线贝属/細線貝 *Striatifera*
细雨/毛毛雨 drizzle
潟湖/潟湖 lagoon
潟湖沉积/潟湖堆積 lagoon deposit
潟湖建造/潟湖建造 lagoonal formation
潟湖相/潟湖相 lagoon facies
虾虎鱼/蝦虎魚 Gobius
虾黄素/蝦黃素,蝦青素,蝦紅素 astaxanthin
虾青素/蝦青素,蝦黃素,蝦紅素 astaxanthin
峡部/峽部 isthmus
峡谷/峽谷 gorge, gulch, canyon
峡谷风/峽谷風 gorge wind
峡谷淤积/峽谷充填物 canyon fill
峡江/小峽灣 fjard

峡湾/峽灣 fjord
峡湾海岸/峽灣海岸 fjord coast
狭鼻亚目/狹鼻類 catarrhini
狭长地带/狹長地帶 strip
狭唇纲/狹唇綱,狹管苔蘚綱 Stenolaemata
狭带纪/狹帶紀 Stenian Period
狭带系/狹帶系 Stenian System
狭分布种/狹適應種類 stenotopic species
狭缝光阑/縫隙光孔 slit aperture
狭缝快门/縫隙快門 slit shutter, slotted shutter
狭肛道类/狹肛道型 stenoproct
狭管效应/狹管效應 canalization
狭深生物/狹深生物 stenobathic organism
狭适性的/狹適性的 stenotopic
狭温性/狹溫性,定溫 stenothermal
狭温[性]生物/狹溫性生物 stenothermal organism, stenotherm
狭温种/狹溫種 stenothermal species
狭盐性/狹鹽性[的] stenohaline
狭盐种/狹鹽種 stenohaline species
狭义铁磁性矿物/鐵磁性礦物 ferromagnetic mineral
霞/霞 twilight color
霞辉二长岩/霞輝二長岩,鹼性輝長岩 essexite
霞霓钠辉岩/鈉輝霞霓岩,暗霓霞岩 melteigite
霞石/霞石 nepheline
霞石岩/霞石岩 nephelinite
霞石正长斑岩/霞石正長斑岩 nepheline syenite porphyry
霞石正长岩/霞石正長岩 nepheline syenite
霞斜岩/霞斜岩 theralite
下半隔板/下半隔板 inferior hemiseptum
下层浮游生物/下層浮游生物 hypo-plankton
下超/下超,下覆 downlap
下沉/下沈 subsidence, sink, sinking
下沉海岸/下沈海岸,侵蝕海岸 submerged coast, sinking coast
下沉力/下沈力 sinking force
下沉逆温/下沈逆溫 subsidence inversion
下沉气流/下衝流 downdraught, downward flow
下冲断层/俯衝斷層 underthrust
下窗孔型/下孔型 hypothyrid
下垂额/下垂頭 sinking crown
下垂式/下垂的,懸垂型 pendent
下唇/[下]唇 labium
下次沟/下次溝 hypostriid
下次脊/下次脊 hypolophid
下次尖/下次尖 hypoconid
下次小尖/下次小尖 hypoconulid
下次褶/下次褶 hypoflexid
下地幔/下地幔,下部地函 lower mantle
下垫面/下墊面 underlying earth surface, underlying surface
下垫面反照率/下墊面反照率 albedo of underlying surface
下伏系统/下伏系統 underlying system
下附突/下跗突 hypotarsus
下跟座/下跟突,下臼齒後尖 talonid
下颌垂直支/下頜上昇枝 ascending ramus
下颌角/下頜角 mandibular angle
下颌片/下頜片 inferognathal plate
下横脊/下横脊 catachomata
下后沟/下後溝 metastriid
下后脊/下後脊 metalophid
下后尖/下後尖 metaconid
下后褶/下後褶 metaflexid
下滑风/下坡風 katabatic wind
下滑锋/下滑鋒 katabatic front
下击暴流/下爆流 downburst
下江群/下江群 Xiajiang Group
下降岸/下降岸,沈降海岸 submerged coast
下降流/下降流,沈降流,下沈流 downwelling, downward flow
下降盘/下降盤,降側 downthrown side
下降坡/下降坡 declivity
下降泉/下降泉 descending spring
下降翼/下降翼 falling limp
下壳/下殼 hypotheca
下孔类/下孔類,下孔型 synapsids
下孔型头骨/下孔型頭骨 synapsid skull
下孔亚纲/單弓目 Synapsida
下口式/下口式 hypognathous type
下拉选单/下拉選單 pull-down menu
下落断块/下落斷塊 downthrown block
下马刺/下馬刺 pli caballinid
下内尖/下内尖,下内錐 endoconid, entoconid
下内小尖/下内小尖 endoconulid
下盘/下盤 footwall
下盘动作/下盤動作 lower motion
下盘制动/下盤制動 lower clamp
下坡风/下坡風 downslope wind
下前边尖/下前尖 anteroconid
下前沟/下前溝 parastriid
下前尖/下前尖 paraconid
下前褶/下前褶 paraflexid
下腔式/下腔式 hypocavate
下切侵蚀/下[切侵]蝕,向下侵蝕 downcutting,

incision
下切[作用]/下蚀 downcutting
下倾断块/下傾斷塊 downdip block
下倾型/下傾型 catacline
下曲式/下曲式 deflexed
下三角座/下三角座 trigonid
下水分析/下水分析 launching analysis
下水桁架/下水桁架 launching truss
下投式探空仪/投落送 dropsonde
下外附尖/外附尖 ectostylid
下外脊/下外脊 ectolophid
下现蜃景/下蜃景 lower mirage
下斜脊/下斜脊 oblique cristid
下斜坡/下坡 downslope
下斜式/下傾式 declined
下行/下行 downstream
下行波/下行波 downgoing wave
下行段/下行段 downgoing leg
下行辐照度/下行輻照度 downwelling irradiance, downward irradiance
下行控制/下行控制 top down control
下行链路/下行線聯路 down link
下行效应/下行效應 top down effect
下行走时/下行走時 down-dip traveltime
下延的/向下與莖連生物 decurrent
下曳气流/下衝流 downdraught, downward flow
下一代天气雷达/下一代氣象雷達 next generation weather radar, NEXRAD
下游效应/下游效應 downstream effect
下原脊/下原脊,小原錐 protoconid, protolophid
下原尖/下原尖,下原錐 protoconid
下缘/下翼 lower limb
下缘板/下緣板 inferomarginal
下缘片/下緣片 submarginal plate
下载/下載 download
下中沟/下中溝 mesostriid
下中尖/下中尖 mesoconid
下中天/下中天 lower culmination, lower transit, inferior transit
下中褶/下中褶 mesoflexid
下椎弓突-下椎弓凹辅助关节/下椎弓突-下椎弓凹輔助關節 hyposphene-hypantrum auxillary articulation
下足迹/下足跡 undertrack
夏半年/夏半年 summer half year
夏半球/夏半球 summer hemisphere
夏干区/夏季乾區 summer dry region
夏干温暖气候/夏乾温暖氣候 warm climate with dry summer
夏[季]/夏[季] summer
夏季风/夏季[季]風 summer monsoon
夏卵/夏卵 summer egg
夏眠/夏眠 aestivation
夏特阶/夏特階 Chattian Stage
夏特期/夏特期 Chattian Age
夏威夷[地幔]焰/夏威夷[地幔]焰 Hawaiian plume
夏威夷海脊/夏威夷海脊,夏威夷海嶺 Hawaiian Ridge
夏威夷科学钻探/夏威夷科學鑽探 Hawaii scientific drilling
夏威夷式火山/夏威夷式火山 Hawaiian type volcano
夏威夷式喷发/夏威夷式噴發 Hawaiian eruption
夏威夷岩/中長玄武岩 hawaiite
夏雾/夏霧 summer fog
夏禹宇宙期/夏禹宇宙期 Xia Yu dynasties cosmic period
夏蛰/夏蟄 aestivation
夏至/夏至 summer solstice
仙女介/仙女介 Cytherella
仙女蚬/仙女蜆屬,女神蜆屬 Cyrena, Cytaem
仙掌藻/綠鈣藻 Halimeda
先成河/先成河 antecedent river
先存活动断层/先存活動斷層 pre existed active fault
先导计划/領航計劃 pilot project
先导流/導閃流 pilot streamer, leader streamer
先导闪击/導閃擊 leader stroke
先锋植物/先鋒植物,先驅植物 pioneer plants
先锋种/先驅種 pioneer species
先进大气探测成像辐射仪/先進大氣探測成像輻射計 advanced atmospheric sounding and imagingradiom, AASIR
先进地球观测卫星/先進地球觀測衛星 advanced earth observing satellite, ADEOS
先进光电摄相机系统/先進光電攝影系統 advanced vidicon camera system
先进甚高分辨率辐射仪/進階極高解析度輻射儀 advanced very high resolution radiometer, AVHRR
先进泰罗斯-N卫星/先進泰洛斯N衛星 advanced TIROS-N
先进微波探测装置/先進微波探測裝置 advanced microwave sounding unit, AMSU
先进先出算法/先進先出算法 first in first out algorithm, FIFO algorithm
先进云风系统/先進雲風系統 advanced cloud wind

system
先驱/先驅,前驅 forerunner
先行涌/前驅湧 forerunner
先验概率/先驗機率 prior probability
先验估计/先驗估計 a priori estimate
先验中误差/先驗中誤差 a priori mean square error
纤钡锂石/纖鋇鋰石 balipholite
纤笔石属/纖筆石 *Leptograptus*
纤铋铀矿/纖鉍鈾礦,纖鈾鉍礦 uranosphaerite
纤钒钙石/纖釩鈣石 fernandinite
纤沸石/纖沸石 gonnardite
纤硅钡铁矿/矽鋇鐵礦,纖矽鋇鐵石 taramellite
纤硅钙石/纖矽鈣石,單矽鈣石 riversideite
纤硅锆钠石/纖矽鋯鈉石,鈉鋯石 elpidite
纤硅碱钙石/水矽鹼鈣石 rhodesite
纤硅铜矿/纖矽銅礦 plancheite
纤猴褶/纖猴褶,原尖後褶 Nannopithex-fold
纤磷钙铝石/纖磷鈣鋁石,假銀星石 crandallite, seudowavellite
纤磷铅铀矿/纖磷鋁鈾礦 ranunculite
纤硫锑铅矿/[纖]硫銻鉛礦 robinsonite
纤毛/纖毛 cilium
纤毛虫/纖毛蟲[類] ciliate
纤毛虫纲/纖毛蟲綱,有纖毛的 ciliate, Infusoria
纤毛虫土/[板狀]矽藻土 infusorial earth
纤毛冠/纖毛冠 corona
纤毛环/纖毛環 lophophore
纤锰柱石/纖錳柱石,纖錳閃石 carpholite
纤钠明矾/鈉明礬,水鈉鋁礬 mendozite
纤钠铁矾/纖鈉鐵礬 sideronatrite, urusite
纤蛇纹石/溫石綿 chrysotile
纤砷铁石/纖砷鐵礦 ferrisymplesite
纤碳铀矿/纖碳鈾礦 rutherfordine
纤铁矿/纖鐵礦 lepidocrocite
纤铁柱石/鐵纖錳閃石 ferrocarpholite
纤维菱镁矿/纖菱鎂礦 artinite
纤维石/纖維石,石膏 cebollite
纤维素胶/纖維素膠 cellulose gum
纤维用盐生植物/纖維用鹽生植物 halophytic fiber plant
纤维状集合体/纖維狀集合體 fibrous aggregate
纤锌矿/纖鋅礦 wurtzite
纤锌锰矿/纖鋅錳礦 woodruffite
纤重钾矾/重鉀礬 misenite
氙[气]/氙 Xenon
闲置用地/空地 vacant lot
弦定义/弦定義 chord definition
弦杆/弦桿 chord
弦偏角/弦偏角 chord deflection angle
弦偏距/弦偏距 chord deflection
弦切角/弦切角 chord tangent angle
弦线偏距法/弦線偏距法 chord deflection method
弦线支距法/弦線支距法 chord off-set method
咸泉/鹽泉 saline spring
咸水/海水,鹽水 salt water, saline water
咸水湖/鹹水湖 saltwater lake
咸水沼泽/鹹水沼澤,鹽沼澤 saline bog
衔接误差/接橋誤差 bridging error
衔接仪器/接橋儀器 bridging instrument
嫌光浮游生物/負趨光浮游生物 koto plankton
嫌氧过程/嫌氣過程 anaerobic process
显窗孔贝/顯窗貝 Delthyris
显格式/顯式[算]法 explicit scheme
显花植物/開花植物 flowering plants
显晶岩/顯晶岩 phanerite
显晶质/顯晶質 phanerocrystalline, phaneritic
显脐型/顯臍型 phaneromphalous
显球型壳/顯球形殼 megalospheric test
显生宇/顯生宇 Phanerozoic Eonothem
显生宙/顯生宙 Phanerozoic Eon
显示比例尺/顯示比例尺 display scale
显示单位/顯示單位 display units
显示类型/顯示類型 display type
显示器/顯示器 display, display device
显式差分格式/顯式差分法 explicit difference scheme
显微构造/顯微構造 microstructure
显微裂隙/顯微裂隙 microfracture
显微脉/顯微脈 micropulse
显微煤岩类型/微煤岩型 microlithotype
显微摄影/顯微攝影 photomicrography
显微文象结构/微文象組織 micrographic texture
显微组分/煤的顯微組分,煤素體,煤素質 maceral
显微组构/顯微組構 microfabric
显像蒙翳/化學矇翳 chemical fog
显影/顯影 developing
显影过度/顯影過度 over development
显影剂/顯影劑 developing agent
显影温度/顯影溫度 development temperature
显域土/顯域土,定域土 zonal soil
显著地震/顯著地震 remarkable earthquake
k 显著曲线/*k* 顯著曲線 *k*-dominance curve
显著性/顯著度 significance
显著性检验/顯著性測驗,顯著性檢定 significance test
显著性水平/顯著[性]水平 level of significance,

significance level
险恶地/危險地 foul ground
险礁/危險石 dangerous rock
蚬牙系/蜆牙系 cyrenoid dentition
藓类/蘚類,苔[蘚] moss, Musci
藓类泥炭/苔蘚泥煤 moss peat
藓类湿地/蘚類濕地 moss wetland
藓类沼泽/蘚類沼澤 moss bog
县级市/縣級市 county-level city
现场比容/現場比容 specific volume in situ
现场测量法/現場測量法 field measuring technique
现场观测/原位觀測 in situ observation
现场密度/現場密度 density in situ
现场温度/現場溫度 temperature in situ
现存量/現存量,静態生產量 standing crop
现代病/現代病 modern diseases
现代沉积物/現代沈積物 modern sediment
现代城市设想/概念上的現代城市 conceptual modern city
现代垂直运动/現代垂直運動 recent vertical movement
现代地表运动/現代地表運動 modern surface movement
现代地理学/現代地理學 modern geography
现代地壳垂直运动/現代地殼垂直運動 recent vertical crust movement
现代地壳水平运动/現代地殼水平運動 recent horizontal crust movement
现代地震/現代地震 contemporary earthquake
现代宏观经济学/現代總體經濟學 modern macro-economics
现代建筑国际学派/現代建築國際學派 international school of modern architecture
现代理性形而上学/現代理性形上學 modern rational metaphysics
现代气候/近代氣候 present climate
现代人起源/現代人起源 modern human origin
现代性/現代性 modernity
现代演化动物群/現代演化動物群 Modern Evolutionary Fauna
现代遗迹学/現生生痕學 neoichnology
现代综合论/現代綜合論 Modern Synthesis
现实核心/真相核心 heart of reality
现实埋藏学/現行埋藏學 actuotaphonomy
现实世界模式化/現實世界模式化 modelization of reality
现实世界现象/真實世界現象 real world phenomenon
现势地图/最新地圖 up-to-date map
现势性/即時性 currency
现象地理学/現象地理學 phenomenological geography
现象环境/現象環境 phenomenal environment
现象学/現象學 phenomenology
现有数据/現有資料 existing data
现在天气/現在天氣 present weather
限度/限度 limit
限航区/禁區 restricted area
限航深度/限航深度 controlling depth
限内适应/容忍性的適應 capacity adaptation
限区/限區 urochishche
限珊瑚属/限珊瑚 *Metriophyllum*
限制核试验条约/限制核子試驗條約 Limited Test Ban Treaty, LTBT
限制性片段长度多态性/限制性片段長度多態性 restriction fragment length polymorphism, RFLP
线/線 line
线变形/線性畸變 linear distortion
线程/線程 thread
线虫动物门/圓蟲動物門 Nemathelminthes
线虫纲/線蟲綱 Nematoda
线串/線串 line string
线段/線段 segment
线段交叉/線條交會 line intersection
线对流/線狀對流 line convection
线管/細管 nema
线光滑/線平滑化 line smoothing
线划地图/線劃地圖 line map
线划图/線劃圖,線條稿 line map, line graph
线金属量/線金屬量 linear productivity
线宽/線寬權重 line weight
线框/線框 wire frame
线理/線理,線狀構造 lineation
线连接/線連接 line connection
线连续性系数/線連續性係數 line continuity coefficient
线路测量/路線測量 route surveying
线路界桩/路線界樁 route border stake
线路平面图/線路平面圖 route plan
线路水准测量/線路水準測量 route leveling
线路中线测量/中線測量 center line survey, location of route
线模式/線數化模式 line mode
线黏性定律/線黏性定律 law of linear viscosity
线频率/線性頻調 linear frequency
线缺陷/線缺陷 line defect

线扫描仪/線掃描儀,線掃描機 linear scanner, whisk broom scanner
线弹性/線性彈性 linear elasticity
线条简化/線條簡化 line simplification
线条摄影/線條照相 line photography
线头形虫/頭帶蟲 Ampyx
线图层/線圖層 line coverage
线纹长身贝属/紋線長身蜿[貝] *Linoproductus*
线纹米尺/線紋公尺 standard meter
线线层叠加/線圖層疊合 line-on-line overlay
线形动物类/線形動物綱 Nematomorpha
线形动物门/圓蟲動物門 Nemathelminthes
线形市场/線形市場 linear market
线形锁/線形鎖 linear triangulation chain
线形网/線形網 linear triangulation network
线型/線型 line pattern
线性闭合差/線性閉合差 linear error of closure
线性变换/線性轉換 linear transformation
线性变换波动方程叠前深度偏移/線性變換波動方程疊前深度偏移 linearly transformed wave equation prestack depth migration
线性波/線性波 linear wave
线性参考/線性參考 linear referencing
线性参照系/線性參考系統 linear reference system
线性插值/線性內插 linear interpolation
线性单元/線性單元 linear unit
线性叠加/線性重疊 linear superposition
线性反演/線性反演 linear inversion
线性规划/線性規劃 linear programming
线性极化/線性極化,線性偏光 linear polarization
线性偏振/線性偏光 linear polarization
线性沙丘/線狀[沙]丘,縱沙丘 linear sand dune, longitudinal dune
线性失真/線性失真 linear distortion
线性时差/線性時差 linear moveout
线性特征/線性特徵 linear feature
线性调频脉冲/線性調頻脈衝 chirp
线性维/線性維度日 linear dimension
线性系统/線性系統 linear system
线性相关/線性相關 linear correlation
线性相位滤波器/線性相位濾波器 liner phase filter
线性相移/線性相位移 linear phase shift
线性要素/線性圖徵 linear feature
线性噪声/線音源 linear noise
线元素/線元素 line element
线阵遥感器/線狀陣列感應器,掃帚式感應器 linear array sensor, push-broom sensor
线状摆/線狀擺 filar pendulum, string pendulum
线状地物/線狀地物 linear features
线状符号/線符號 line symbol
线状符号法/線狀符號法 line symbol method
线状构造/線狀結構 linear structure
线状基线尺/線狀基線尺 base measuring wire
线状行迹/線狀構造 lineament
线状亚类/線狀亞類 nematomorphs
线状要素/線狀圖徵 line feature
线状褶皱/線狀褶皺 linear fold
线综合/線簡約化 line generalization
陷落地震/陷落地震 collapse earthquake
腺介幼体/腺介幼蟲 cypris larva
霰/霰,軟雹 graupel
霰石/霰石,文石 aragonite
乡村城市化/鄉村都市化 rural urbanization, rurbanization
乡村地理学/鄉村地理學 rural geography
乡村规划测量/鄉村規劃測量 rural planning survey
乡村景观/鄉村景觀 rural landscape
乡村旅馆/鄉村旅館 country house hotel
乡村社区/鄉村社區 rural community
乡土景观/鄉土地景 vernacular landscape
乡土文化学/鄉土文化學 laography
乡土学/鄉土學 Heimatkunde
相当位温/相當位溫 equivalent potential temperature
相当温度/相當溫度 equivalent temperature
相当正压大气/相當正壓大氣 equivalent barotropic atmosphere
相当正压模式/相當正壓模式 equivalent barotropic model
相对板块运动/相對板塊運動 relative plate motion
相对道均衡/相對道均衡 relative trace balancing
相对地理空间/相對地理空間 relative geographical space
相对地应力测量/相對地應力測量 relative ground stress measurement
相对[地震]定位法/相對[地震]定位法 relative earthquake location method
相对定位/相對定位 relative positioning
相对定向/相對方位判定 relative orientation
相对定向元素/相對定向元素 elements of relative orientation
相对丰度/相對豐度,相對含量 relative abundance
相对高度/相對高度 relative height
相对海[平]面变化/相對海[水]面變化,海平面相對變化 relative sea level change, relative change of sea level

相对航高/相對航高 relative flying height
相对角动量/相對角動量 relative angular momentum
相对介电常量/相對介電常數 relative dielectric constant
相对介电常数/相對介電常數 relative dielectric constant
相对精度/相對精度 relative accuracy
相对距离/相對距離 relative distance
相对孔径/相對孔徑,相對光圈 relative aperture
相对扩散/相對擴散 relative diffusion
相对路径/相對路徑 relative path
相对论改正/相對論改正 relativistic correction
相对年龄/相對年齡 relative age
相对年龄测定/相對年齡測定 relative age dating
相对欧拉矢量/相對歐拉向量 relative Eule vector
相对倾角/相對傾角 relative tilt
相对区位/相對區位 relative location
相对日照/相對日照 relative sunshine
相对渗透率/相對滲透率 relative permeability
相对升降波/相對昇降波 relative elevator-subsidence wave
相对湿度/相對濕度 relative humidity, RH
相对时代/相對年代 relative age
相对时间/相對時間 relative time
相对速率检验/相對速率檢驗法 relative-rate test
相对位置/相對位置 relative position
相对稳定地块/相對穩定地塊 relatively stable groundmass
相对涡度/相對渦度 relative vorticity
相对误差/相對閉合差 relative error
相对形势/厚度型 relative topography
相对振幅保持/相對振幅保持 relative amplitude preserve
相对重力/相對重力 relative gravity
相对重力测量/相對重力測量 relative gravity measurement
相对重力仪/相對重力儀 relative gravimeter
相对重力值/相對重力值 relative gravity value
相对准确度/相對準確度 relative accuracy
相对走时/相對走時 relative traveltime
相对坐标/相對坐標 relative coordinates
相干存储滤波器/相干存儲濾波器 coherent memory filter, CMF
相干叠加/相干疊加 coherence stack
相干反射/相關反射 coherent reflection
相干反射系数/相關反射係數 coherent reflection coefficient
相干辐射/同調輻射 coherent radiation
相干光雷达/相干雷射雷達 coherent ladar
相干函数/相干函數 coherence function
相干回波/同調回波 coherent echo
相干加强/相干性加強 coherence emphasis
相干雷达/同相雷達 coherent radar
相干滤波/相干濾波 coherence filtering
相干谱/相干譜 coherence spectrum
相干散射/同調散射 coherent scattering
相干散射函数/相關散射函數 coherent scattering function
相干声呐测深系统/相干聲納測深系統 interferometric seabed inspection sonar
相干视频信号/相關視頻信號 coherent-video signal
相干线性噪声/相干線性雜訊 coherent linear noise
相干性/相干性,同調 coherence
相干[性]反演/相干[性]反演 coherency inversion
相干噪声/相干雜訊 coherent noise
相干噪声滤波/相干雜訊濾波 coherence noise filtering
相关/相關,關聯 correlation
相关点/關聯點 correlation correspondence
相关方程式/關聯值方程式 correlate equation
相关分析/相關分析 correlation analysis
相关函数/相關函數 correlation function
相关平差/相關觀測平差 adjustment of correlated observation
相关器/相關器 correlator
相关系数/相關係數,關聯係數 correlation coefficient
相关效应/相關效應 coherence effect
相关性/相關性 correlation
相关因子/相關因子 correlation factor
相关预报/相關預報 correlation forecasting
相关噪声/相關雜訊 correlated noise
相互依赖/互依 interdependence
相互依赖陷阱/相互依賴陷阱 interdependence trap
相互作用/交互作用 interaction
相接的/相接的 conterminous
相邻地图/接邊地圖 adjacent map
相邻航线/相鄰航線 adjacent flight line
相邻模型/相鄰模型 adjacent model
相邻图幅/相鄰圖幅,鄰接圖幅 continuation sheet, adjoining sheet
相容性/相容性 compatibility
相容元素/相容元[素] compatible element
相似定律/相似定律 similar law
相似法/類比法 analog method

相似分析/相似分析 similar analysis
相似理论/相似理論 similarity theory
相似条件/相似條件 conditions of similarity
相似性/相似性 similarity
相似原理/相似原理 similarity principle
相似褶皱/相似褶皺,同型褶皺 similar fold
相同气候/同候站 homoclime
相消干涉/相消干涉 destructive interference
香港菊石/香港菊石 Hongkongites
香花石/香花石 hsianghualite
香农理论/向農理論 Shannon theory
香农-维纳指数/向農-威納指數 Shannon Wiener index
香溪组/香溪群 Xiangxi Formation
湘江铀矿/湘江鈾礦,水鐵鋁鈾礦 Xiangjiangite
箱尺/箱尺 box staff
箱间扩散模型/箱間擴散模型 box-diffusion model
箱模式/箱形模式 box model
箱式取样器/箱式採岩器 box snapper, box corer
箱形峡谷/箱形峽谷 box canyon
箱状褶皱/箱形褶皺 box fold
镶边/鑲邊 edging, fringe margin
镶边褶皱/鑲邊褶皺 cascade fold
镶嵌/鑲嵌圖 mosaic
镶嵌地块/安定地塊 tessera
镶嵌构造格局/鑲嵌構造格局 mosaic tectonics framework
镶嵌构造机制/鑲嵌構造機制 formation mechanism of mosaic tectonics
镶嵌结构/鑲嵌組織 mosaic texture
镶嵌片/鑲嵌片 tesserae
镶嵌式数据模型/棋盤式資料模式 tessellation data model
镶嵌索引图/索引鑲嵌圖 index mosaic
镶嵌图版/鑲嵌圖板 mosaicing board
详探井/佐證井,估證井 detailed prospecting well
详细规划/詳細規劃 detail planning
详细设计/細部設計 detail design
响岩/響岩 phonolite
响岩结构/響岩結構 phonolitic texture
响盐/響鹽 cracking salt
响应/回應 response
响应函数/反應函數 response function
响应时间/回應時間,反應時間 response time
想当然的世界/視爲理所當然的世界 taken-for-granted world
向岸风/向岸風 onshore wind
向岸流/向岸流 onshore current
向岸质量运输/向岸質量運輸 shoreward mass transport
向东横坐标/向東横坐標 easting
向甫鲁条件/交會條件,賽因福禄條件 condition of intersection, Scheimpflug condition
向后差分/後差 backward difference
向量重力测量/向量重力測量 vector gravimetry
向陆蚀退作用/[海岸]退夷 retrogration
向内爆炸源/向内爆炸源 implosion source
向前差分/前差 forward difference
向上大气辐射/向上大氣輻射 upward atmospheric radiation
向上地球辐射/向上地球輻射 upward terrestrial radiation
向上[全]辐射/向上[全]輻射 upward total radiation
向上热量输送/向上熱傳送 upward heat transport
向上延拓/向上延伸 upward continuation
向外长波辐射/向外長波輻射,出長波輻射 outgoing longwave radiation, outgoing long-wave radiation, OLR
向下大气辐射/向下大氣輻射 downward atmospherical radiation
向下侵蚀/向下侵蝕,下切侵蝕 downcutting
向下[全]辐射/向下輻射 downward total radiation
向下延拓/向下延伸 downward continuation
向斜/向斜 syncline
向斜盆地/向斜盆地 synclinal basin
向斜油气藏/向斜油氣藏 synclinal hydrocarbon reservoir
向心加速度/向心加速度 centripetal acceleration
向心力/向心力 centripetal force
向心倾斜/向心傾斜 centroclinal
向心水系/向心狀水系 centripetal drainage
向形/似向型構造 synform
向形背斜/向型背斜 synformal anticline
向阳扇区/向陽扇區 toward sector
向源初动/向源初動 kataseismic onset
向源侵蚀/向源侵湖,溯源侵蝕 retrogressive erosion
向源震/向源震動,向震源 kataseism
项/項目 item
项环虫/項環蟲 Gyroidina
相/相,態 phase, facies
相变/相變 phase change, facies change
相变面/相變面 phase transition surface
相变说/相變説 facies change hypothesis
相常数/相常數 phase constant
相分析/[層]相分析 facies analysis

相函数/相位函數　phase function
CCD 相机/CCD 相機　CCD camera
相机蛇腹/照相機蛇腹　camera bellows
相机伸长度/相機伸長度　camera extension
相机原稿架/相機原稿架　camera copyboard
相机座/照相機臺座　camera pad
相角/相角　phase angle
相空间/相空間　phase space
相律/相律　phase rule
相平衡/相平衡　phase equilibrium
相平面/相平面　phase plane
相速[度]/相速[度]　phase velocity
相速度曲线/相速度曲線　phase velocity curve
相图/相圖　phase diagram, facies map
pH-Eh 相图/pH-Eh 相圖　phase diagram of pH-Eh
β相瓦茨利石/β相瓦茨利石　β phase wadsleyite
相位/相位　phase
相位差/相[位]差　phase difference, phase lag
相位超前/相位超前　phase lead
相位传递函数/相位傳遞函數　phase transfer function, PTF
相位多值性/相位多值性　phase ambiguity
相位观测/相位觀測　phase observation
相位激电测深法/相位激電測深法　phase IP sounding method
相位激发极化法/相位激發極化法　phase induced polarization method
相位检测器/相位檢測器　phase detector
相位角/相角　phase angle
GPS 相位码/GPS 相位碼　code phase GPS
相位模糊度解算/相位模糊度解算　phase ambiguity resolution
相位偏移/相移　phase shift
相位漂移/相位漂移　phase drift
相位[频率]响应/相位[頻率]回應　phase frequency response
相位谱/相位譜　phase spectrum
相位算法/相位演算法　phase algorithm
相位调整/相位調整　phase adjustment
相位同调/相位同調　phase coherence
相位稳定性/相位穩定性　phase stability
相位相关函数/相位相關函數　phase correlation function
相位信息/相位資訊　phase information
相位张量/相位張量　phase tensor
相位滞后/相滯　phase lag, phase delay
相位周值/相位週值　phase cycle value, lane width
相移/相移　phase shift
相移加校正/相移加校正　phase-shift-plus-correction
相移加校正法/相移加校正法　phase shift plus correction, PSPC
相移偏移/相移偏移　phase-shift migration
象鸟/象鳥,隆鳥　elephant bird, Aepyornis
象限/象限　quadrant
象限角/象限角　bearing
象限罗盘仪/象限羅盤儀　quadrant compass
象限仪/象限儀　quadrant
象形符号/象形符號　replicative symbol
象州型/象州型　Xiangzhou type
像差/像差　aberration
像场角/視場角　objective angle of image field, angular field of view
像等角点/像等角點　isocenter of photograph
像底点/像底點,天底點　photo nadir point
像底点解析空中三角测量/像底點解析空中三角測量　analytical nadir-point aerotriangulation
像地平线/像片地平線　image horizon
像点/像點　image point, picture point
像点横坐标/像點橫坐標　abscissa of image point
像点接合法/像點接合法　point-matching method
像点投影线/影像射線　image ray
像点位移/像點位移　displacement of image
像点纵坐标/像點縱坐標　ordinate of image point
像对/像對　photo pair, homologous photographs
像对共面[条件]/像對共面[條件]　basal coplane
像对水平共面/水平共面　horizontal coplane
像方节点/像方節點　nodal point of image space
像幅/像幅　picture format
像空间坐标系/像空間坐標系　image space coordinate system
像片/像片　photo, photograph
像片比例尺/像片比例尺　photo scale
像片边缘注记/像片邊緣註記　margin data of photograph
像片编号/像片編號　exposure number
像片测图仪/像片測圖儀　paper-print plotting instrument
像片垂线/像片垂線　photograph perpendicular
像片打印号/像片號碼　photo print number
像片导线/像片三角導線　phototrig traverse
像片底图/像片基本圖　photo base map, photo basemap
像片地质判读/像片地質判讀　geological interpretation of photograph
像片方位角/像片方位角　azimuth of photograph
像片方位元素/像片方位元素　photo orientation

elements
像片光轴点/像片光軸點　foot of the optical axis
像片基线/像片基線　photo base
像片基准面/像片基準面　photographic datum
像片角锥体/像片角錐體　photo pyramid
像片纠正/像片糾正　photo rectification
像片控制点/像片控制點　picture control point, photo control point
像片控制索引图/像片控制點索引圖　photo control index, photo control diagram
像片量角编图/像片量角編圖　photoalidade compilation
像片略图/複合像片　composite photograph
像片描绘/像片描繪　photo delineation
像片内方位元素/像片內方位元素　elements of interior orientation
像片判读/像片判讀,空照閱讀　photo interpretation, aerial photograph reading
像片判读样片/像片判讀範例　photo-interpretation key
像片平均比例尺/像片平均比例尺　mean scale of photograph
像片平面图/有註記像片鑲嵌圖　photoplan
像片倾角/像片傾角　tilt angle of photograph
像片三角测量/像片三角測量　triangulation from photographs
像片识别/像片認點　photo identification
像片视准量角仪/像片量角儀　photoalidade
像片索引图/像片索引圖　photo index map
像片图背参考图/像片圖背參考圖　photomap back-up
像片外方位元素/像片外方位元素　elements of exterior orientation
像片镶嵌/[像片]鑲嵌　photo mosaic, mosaic
像片镶嵌图/像片鑲嵌圖,像片并合圖　photo mosaic, photo mosaic assembly
像片修测/像片修測　photo revision
像片修测图/像片修測圖　photo revised map
像片旋角/像片旋角　swing angle
像片野外调绘/像片野外調繪　photograph field classification
像片阅读/像片閱讀　photographic reading
像片中心/像片中心　photograph center
像片主距/像主距　principal distance of photo
像片转绘仪/像片草圖測繪儀,像片繪圖儀　sketch master, camera-lucida
像片坐标/像片坐標　photograph coordinates
像片坐标轴/像片坐標軸　axis of the image
像平面/像平面　image plane
像平面坐标系/像平面坐標系　photo coordinate system
像散/像散　astigmatism
像水平线/像横線　photograph parallel
像素/像素,像元,圖元　pixel, cell, picture element
像素复制/畫素複製　pixel copy
像素坐标系统/像素坐標系統　pixel coordinate system
像移补偿/像移補償,影像移動補償　image motion compensation, IMC
像元/像元,圖元,像素　pixel, cell, picture element
像元尺寸/像元尺寸　cell size
像元分辨率/像元分辨率　cell resolution
像元复制/畫素複製　pixel copy
像元结构/像元結構　cell structure
像元码/網格碼　cell code
像元统计/像元統計　cell statistics
像元图/像元圖　cell map
像元选择/像元選擇　cell selection
像主点/像主點　principal point of photograph
像主点三角测量/像主點三角測量　principal point triangulation
像主点误差/像主點誤差　principal point error
像主横线/像主横線　principal parallel
像主距误差/像主距誤差　principal distance error
像主纵线/像主縱線　principal line of photograph
橡皮布/橡皮布　blanket
橡皮滚筒/橡皮轆筒　blanket cylinder
橡皮拉伸/橡皮伸縮　rubber sheeting, rubber banding, scrubbing
削减/截切,削截　truncation
削截/削截,截切　truncation
消磁/去磁,退磁　degauss
消费地理学/消費地理學　consumer geography
消费商品弹性值/消費商品彈性值　elasticity of consumer commodity
消费者/消費者　consumer
消光/消光　extinction
消光角/消光角　extinction angle
消光位/消光位,消光方向　direction of extinction
消光系数/消光係數　extinction coefficient
消耗/消耗　consumption
消化道内含物/胃内含物　gut content
消化腔/消化[循環]腔　gastrovascular cavity
消化系/消化系,腔腸系　gastrovascular system
消减/隱沒　subduction
消减边界/消減邊界　consuming boundary

消减带/消減帶,隱没帶 subduction belt, subduction zone
消减型地热带/消減型地熱帶,隱没型地熱帶 subduction-type geothermal belt
消减[噪声]/消減 mute
消灭边界/消滅邊界 destructive boundary
消球差放大镜/消球差放大鏡 aplanatic magnifier
消球差透镜/消球差透鏡,慧差透鏡 aplanatic lens
消球差性/消球差性 aplanatism
消融/消冰,冰融 ablation
消融角砾岩/消融角礫岩 ablation breccia
消融仪/冰融儀,融化測量儀 ablatograph
消融锥/消融錐 ablation cone
消散波/消散波,衰減波 evanescent wave
消色差双透镜/消色雙透鏡 achromatic double lens
消色差透镜/消色差透鏡,濾色透鏡 achromatic lens
消雾/霧消 fog dissipation
消像差反射望远镜/消像差反射望遠鏡 anaberrational reflector telescope
消像散透镜/消像散透鏡 anastigmat lens, anastigmatic lens
消云/消雲 cloud dissipation
消振/消振 shock absorption
消转/消轉 spindown
消转时间/消旋時間 spindown time
消转效应/消旋效應 spindown effect
萧条区/蕭條區 depressed area
硝化细菌/硝化菌 nitrifying bacteria
硝化[作用]/硝化[作用] nitrification
硝酸/硝酸 nitric acid
硝酸盐/硝酸鹽 nitrate
硝酸盐再生作用/硝酸鹽再生[作用] nitrate regeneration
销钉定位法/打孔定位法 stud registration
小安地列斯岛弧/小安地列斯島弧 Lesser Antilles Island Arc
小鞍/小鞍 foliole
小板块/小板塊 microplate
小孢子/小孢子 small spore, microspore
小孢子囊/小孢子囊 microsporangium
小孢子体/小孢子體 microsporophyte
小孢子叶/小孢子葉 microsporophyll
小比例尺/小比例尺 small-scale
小比例尺地图/小比例尺地圖 small-scale map
小臂螈属/小鯢螈 *Microbrachis*
小边大壳虫属/小邊大殼蟲 *Megalaspidella*
小冰块/分裂冰 calf
小冰期/小冰[河]期 Little Ice Age
小冰山/冰山塊 bergy bit
小波/小波 wavelet
小波变换/小波轉換 wavelet transformation
小波分析/小波分析 wavelet analysis
小长身贝属/小長身蜿 *Productella*
小潮/小潮 neap tide
小潮差/小潮差 neap range
小潮低潮/小潮低潮 neap low water
小潮高潮/小潮高潮 neap high water
小潮升/小潮昇 neap rise
小尺度系统/微尺度[天氣]系統 microscale weather system
小齿/小齒 denticle
小虫室/苔蘚蟲室 zooecium, zooecia
小船海图/小船海圖,遊艇用圖 yacht chart
小刺/小刺,脊 crista
小村/小村莊 hamlet
小带/小帶,小環 zonule
小滴水虫/滴水蟲 Guttulina
小东北虫属/滿洲蟲 *Manchuriella*
小动物群/小動物群 faunule
小范围有感地震/小範圍有感地震 earthquake of small felt-area
小房室/[氣]室,房 camerae
小纺锤虫/小紡錘蟲,小蜓 Fusiella
小纺锤蜓/似紡錘蟲,似蜓 Fusulinella
小幅海图/輔助圖 chartlet
小盖/小蓋 tegillum
小沟肋虫/小溝肋蟲 Solenopleurina
小骨/小骨 ossicle
小骨针/小針骨 microsclere
小国开放经济模型/小國開放經濟模式 small open economy model
小寒/小寒 Lesser Cold
小荷尔介/小荷爾蟲 Hollinella
小壶穴/小壺穴 cuphole
小回归潮差/小回歸潮差 small tropic range
小彗星虫/小彗星蟲 Encrinurella
小棘/棘狀突起,短尖頭 mucro
小间断/小間斷,沈積停頓 diastem
小礁岛/小礁島 cay, kay
小角度法/小角度法 minor angle method
小菌落/小菌落 microcolony
小壳化石/小殼化石 small shelly fossil
小孔/小孔 ostium
小孔贝属/短盾貝 *Brachythyrina*
小栗蛤属/灣錦蛤 *Nuculana*
小笠原-马里亚纳岛弧/小笠原-馬里亞納島弧

Bonin-Mariana Island Arc
小瘤/[節]結,突起 tubercle
小满/小滿 Lesser Fullness
小满洲虫属/滿洲蟲 *Manchuriella*
小帽贝属/小帽貝 *Micromitra*
小鲵目/鱗鯢目 Microsauria
小女神介/仙女介 Cytherella
小瓯穴/小甌穴 cuphole
小泡虫属/波羅密蟲 *Bulimina*
小泡沫珊瑚属/小泡沫珊瑚 *Microplasma*
小配子/小配子 microgamete
小配子体/小配子體 microgametophyte
小批生产/小批生產,批量生產 batch production
小平板仪/小平板儀 traverse table
小气候/微氣候 microclimate
小气候测量/微氣候測量 microclimatic measurement
小气候观测/微氣候觀測 microclimatic observation
小气候热岛/微氣候熱島 microclimatic heat island
小气候学/微氣候學 microclimatology
小气候因子/微氣候因子 microclimatic factor
小浅野氏虫/小淺野氏蟲 Asanonella
小球形虫属/似球蟲 *Sphaeroidinella*
小区/社區 district
小区划/小區劃,小區域劃分 microregionalization, microzonation
小群落/小群落 microcommunity, microcenose
小扰动/小擾動 small perturbation
小扰动法/微擾法 perturbation method
小日潮差/小日潮差 small diurnal range
小三角测量/三角圖根測量 topographical triangulation
小珊瑚礁/小珊瑚礁,小環礁 faro
小蛸枕属/小鞘枕 *Micraster*
小舌形贝属/小舌貝 *Lingulella*
小社区/小社區 small community
小神介/小神介 Cythereis
小生境/小生境,生態區位 microhabitat, niche
小石孔藻属/泡灰藻 *Lithoporella*
小石燕属/小石燕 *Spiriferella*
小适宜气候期/小最適氣候[期] Little Climatic Optimum
小手指/小手指 minor digit
小暑/小暑 Lesser Heat
小数的/小數的 decimal
小双弓贝/小雙弓貝 Meristells
小苏维伯贝属/小索氏貝 *Sowerbyella*
小粟属虫/粟米蟲 Miliola
小滩角/小灘角 cusplet
小蜓/小蜓,小紡錘蟲 Fusiella
小湾/小[河]灣 cove
小尾型三叶虫/小尾類 micropygous
小卫星/小衛星 minisatellite
小魏兰德苏铁属/魏蘭蘇鐵 *Wielandiella*
小像幅航空摄影/小像幅航空攝影 small format aerial photography, SFAP
小行星/小行星 planetoid, minor planets, asteroid
小型底栖生物/小型底内底棲生物 meiobenthos
小型动物/小型動物 meiofauna
小型浮游生物/小型浮游生物,微體浮游生物 microplankton
小型化/縮小化 miniaturize
小型计算机/小型電腦 minicomputer
小型实验生态系/微型生態池 microcosm
小型双筒望远镜/小雙筒望遠鏡 opera glasses
小型叶/小型葉 microphyll
小型有孔虫/小型有孔蟲 smaller foraminifera
小型藻类/微型藻類 microalgae
小型蒸发器/蒸發皿 evaporation pan
小雪/小雪 Light Snow
小叶/小葉 lobule
小叶的/小葉的 microphyllous
小翼掌骨/小翼掌骨 alular metacarpal
小翼掌骨伸突/小翼掌骨伸突 extensor process of alular metacarpal
小翼指/小翼指 alular digit
Java小应用程序/小程式 applet
小油栉虫属/奥氏蟲 *Olenellus*
小羽片/小羽片,羽狀小葉 pinnula, pinnule
小雨/小雨 light rain
小圆/小圓 small circle
小圆货贝属/小圓貨貝 *Obolella*
小月面/小月面 lunule
小泽蜓属/小澤蜓 *Ozawainella*
小掌骨/小掌骨 minor metacarpal
小折射/小折射 weathering refraction
小针刺/口針,小針 stylet
小振幅波/小振幅波 small amplitude wave
小震/小震 minor earthquake, small earthquake
小枝/小枝 branchlet
小植物群/小植物群 florule
小栉虫属/小櫛蟲 *Asaphellus*
小柱/柱 pillar
小锥石/小錐石 Cornularia
小咀贝属/小咀貝,小咀蜿 *Rhynchonella*
β效应/β效應,貝他效應 beta effect, β-effect

楔/楔 wedge
楔蚌属/楔形蚌 *Cuneopsis*
楔齿蜥类/楔齒蜥類,楔齒蜥科 sphenodontids
楔冲断层/楔衝斷層 wedging thrust
楔角石/楔角石 Gomphoceras
楔块系统/楔入系統 wedge system
楔形/楔形 sphenoid
楔形半面像/楔形半面像 sphenoidal hemihedry, sphenoidal hemihedrism
楔形泡状细胞型/楔形泡狀細胞型 cuneiform bulliform cell
楔形体类/楔形體類 sphenoidal class
楔羊齿类/楔羊齒類 sphenopterids
楔羊齿属/楔羊齒 *Sphenopteris*
楔叶纲/楔葉綱 Sphenophyllineae
楔叶类/舌葉綱 Articulatae
楔叶目/楔葉目 Sphenophyllales
楔叶属/楔葉 *Sphenophyllum*
楔叶穗属/楔葉穗 *Sphenophyllostachys*
楔叶植物门/楔葉植物門 Sphenophyta
楔状挤出/楔狀擠出 wedge shaped extrusion
楔状裂缝/楔狀裂縫 cuneate crack
蝎目/蠍目 Scorpionidea
协方差/協方差,共變數,共方差 covariance
协方差函数/協方差函數 covariance function
协方差矩阵/協方差矩陣 covariance matrix
协谱/協譜,共譜 cospectrum
协调世界时/協調世界時,世界標準時 universal time coordination, UTC, coordinate universal time
协调世界时时号/協調世界時時號 time signal in UTC
协调褶皱/同向褶曲 accordant fold
协同进化/協同進化,共[同]演化 coevolution
协同克里金法/聯合克利金法 co-Kriging
协同学/協同學 synergetics
协同演化/協同進化,共同[演]化 coevolution
协议/協定 protocol
斜板/側板 tabella
斜半面像/斜半面像 inclined face hemihedrism
斜槽/斜槽 tilted trough
斜层/斜層 dipping layer
斜层法/斜層法 dipping layer method
斜层理/傾斜層理,交傾層地 inclined bedding
斜长花岗岩/斜長花崗岩 plagiogranite
[斜长]角闪岩/角閃岩 amphibolite
斜长石/斜長石,鈣藍石 plagioclase, plagioclase feldspar, anorthose
斜长岩/斜長岩 anorthosite, plagioclasite
斜赤道/斜赤道 oblique equator
斜赤经/斜赤經 oblique ascension
斜床板/斜床板 clinotabula
斜笛卡儿坐标系/斜笛卡爾坐標系 oblique Cartesian coordinates system
斜断层/斜斷層 diagonal fault
斜断坡/斜斷坡 oblique ramp
斜发沸石/斜髮沸石 clinoptilolite
斜方碲铁矿/直方碲鐵礦 frohbergite
斜方对称/斜方對稱 rhombic symmetry
斜方硅钙石/斜方矽鈣石 foshagite
斜方辉橄岩/斜輝橄欖岩,正輝橄欖岩,斜方輝石橄欖岩 harzburgite
斜方辉石/直輝石類 orthopyroxene
斜方辉石岩/斜方輝石岩 orthopyroxenite
斜方晶系/斜方晶系,正交晶系 trimetric system
斜方氯砷铅矿/日葉石 heliophyllite
斜方砷钴矿/斜方砷鈷礦,直砷鈷礦 safflorite
斜方砷镍矿/斜方砷鎳礦,直砷鎳礦 rammelsbergite
斜方砷铁矿/直砷鐵礦,低砷鐵礦 loellingite
斜方水锰矿/錳榍石 groutite
斜方钛铀矿/正鈦鈾礦 orthobrannerite
斜方铁辉石/鐵灰石,鈔鐵石 orthoferrosilite
斜房虫/斜房蟲 Loxostomum
斜钙沸石/斜鈣沸石 wairakite
斜锆石/斜鋯石 baddeleyite
斜硅钙石/斜矽鈣石,甲型矽灰石,鈣橄欖石 larnite
斜硅镁石/斜矽鎂石 clinohumite
斜蚶属/笠蚶 *Limopsis*
斜滑断层/斜移斷層 oblique-slip fault
斜钾铁矾/斜鉀鐵礬 yavapaiite
斜节理/斜節理 diagonal joint
斜截面法/斜截面法 oblique traces
斜经度/斜經度 oblique longitude
斜晶石/斜晶石 clinohedrite
斜颈式/斜頸式 loxochoanitic
斜距/斜距 slope distance, slant distance, slant range
斜距法/斜距法 diagonal offsetting, diagonal setting
斜距分辨率/斜距解析度 slant-range resolution
斜壳介/斜殼介 Loxoconcha
斜棱/斜棱 oblique crist
斜列/梯形,雁行 en echelon
斜磷锌矿/斜磷鋅礦 spencerite
斜硫砷钴矿/硫砷鈷礦 alloclasite
斜硫砷银矿/斜硫砷銀礦 smithite
斜硫锑铅矿/斜硫銻鉛礦 plagionite
斜率/斜率 percent slope
斜绿泥石/斜綠泥石 clinochlore

斜锰硅石/斜矽錳石,氟矽錳石 sonolite
斜钠明矾/[三]斜鈉明礬 tamarugite
斜能见度/斜能見度 slant visibility
斜硼钠钙石/斜硼鈉鈣石 probertite
斜坡量距法/斜坡量距法 slope taping, slope chaining
斜坡排水/斜坡排水 slope drain
斜坡式防波堤/斜坡式防波堤 sloping breakwater, mound breakwater
斜羟砷锰石/砷水錳礦 allactite
斜倾型/斜傾型 apsacline
斜铁辉石/斜鐵輝石 clinoferrosilite
斜钍石/矽釷石 huttonite
斜拖/斜拖 oblique haul
斜歪褶皱/斜歪褶皺 inclined fold
斜顽辉石/斜頑輝石 clinoenstatite
斜纬度/斜緯度 oblique latitude
斜温[性]/斜温[性] thermocline
斜卧褶皱/斜臥褶皺 reclined fold
斜钨铅矿/斜鎢鉛礦 raspite
斜线螺属/斜線螺 *Loxonema*
斜向俯冲/斜向隱没 oblique subduction
斜向海岸/斜向海岸 insequent coast
斜向剪切/斜向剪切 oblique shear
斜向扩张/斜向擴張 oblique spreading
斜向墨卡托投影/斜麥卡托投影 oblique Mercator projection
斜像差/斜像差 oblique aberration
斜消光/斜消光 oblique extinction
斜压波/斜壓波 baroclinic wave, barocline wave
斜压不稳定/斜壓不穩定 baroclinic instability
斜压大气/斜壓大氣 baroclinic atmosphere
斜压过程/斜壓過程 baroclinic process
斜压海洋/斜壓海洋 baroclinic ocean
斜压模式/斜壓模式 baroclinic model
斜压模[态]/斜壓模 baroclinic mode
斜压扰动/斜壓擾動 baroclinic disturbance
斜压性/斜壓度 baroclinity
斜黝帘石/斜黝簾石 clinozoisite
斜羽叶属/斜羽葉 *Ptilophyllum*
斜照晕渲/斜照暈渲 oblique hill shading
斜[轴]投影/斜軸投影,傾斜投影 oblique projection
斜紫苏辉石/斜紫蘇輝石 clinohypersthene
斜自然硫/斜自然硫,γ-硫,丙型硫 rosickyite
谐波/諧波 harmonic wave
谐波分析/諧波分析 harmonic analysis
谐波简正振型/諧波簡正振動模式 overtone normal mode
谐函数/諧函數 harmonic function
谐量/調和量 harmonics
谐调褶皱/和諧褶皺 harmonic fold
谐振参量/諧振參數,共振參數 resonance parameter
携螺贝属/小螺貝 *Spirigerella*
鞋带状沉积体/鞋帶狀沈積體 shoe string sedimentary body
泄漏振型/漏溢模態,漏能階 leaking mode, leaky mode
泄水构造/洩水構造 water escape structure
泄殖腔/洩殖腔 cloaca
泻利盐/瀉利鹽,七水鎂礬 epsomite
卸载/卸載 unloading
谢尔普霍夫阶/謝爾普霍夫階 Serpukhovian Stage
谢尔普霍夫期/謝爾普霍夫期 Serpukhovian Age
榍裂石/榍裂石 sphenoclase
榍石/[白]榍石,白鈦石 castellite, sphene
蟹珊瑚/中解珊瑚 Carcinophyllum
蟹手藻属/雙列藻 *Amphiroa*
心笔石属/心筆石 *Cardiograptus*
心动过缓/心搏舒緩 bradycardia
心房/心房 atrium
心菊石属/心菊石 *Cardioceras*
心理视觉冗余/視覺心理多餘度 psychovisual redundancy
心灵空间/心靈空間 noosphere
心皮/心皮,單子房 carpel
心土层/心土層 subsoil layer
心象地图/心象地圖,心智圖 mental map
心形的/心形的 cordate
心形海胆/鳥海膽 Echinocardium
心血管病分布/心血管病分布 cardiovascular distribution
心羊齿属/心羊齒 *Cardiopteris*
心脏地带/心臟地帶 heartland
心籽属/心果 *Cardiocarpus*
辛硫砷铜矿/辛硫砷銅礦 sinnerite
辛普森法则/辛甫生公式 Simpson's rule
辛普森三分法/辛甫生三分之一定則 Simpson's one-third rule
辛普森指数/辛普森指數 Simpson's index
辛羟砷锰石/鉛砷錳礦,水砷鉛錳礦 synadelphite
辛氏粉类/辛氏粉類 Singhipollis
锌版/鋅版 zinc plate
锌赤铁矾/鋅赤鐵礦 zincobotryogen, zinkbotryogen
锌矾/鋅礬 zinkosite, zincosite
锌矾石/鋅礬石,鋅明礬 zincaluminite
锌钙铜矾/[鈣]鋅銅礬 serpierite

锌黄长石/鋅黄長石 hardystonite
锌尖晶石/[鐵]鋅尖晶石 gahnite
锌孔雀石/斜方绿銅鋅礦 rosasite
锌铝矾/錳鐵鋅礬 dietrichite
锌镁矾/鎂錳鋅礬 mooreite
锌锰矿/鋅錳礦 hetaerolite
锌日光榴石/鋅日光石 genthelvite
锌水绿矾/鋅水绿礬 zinc-melanterite
锌铁尖晶石/鋅鐵尖晶石 franklinite
锌皂石/鋅皂石,矽鈉鋅鋁石 sauconite
新版海图/新版海圖 new edition of chart
新北界/新北界 Neoarctic realm
新庇里贝/新庇里貝 Neopilina
新冰期/新冰期,新冰川作用 neoglaciation
新不列颠海沟/新不列顛海溝 New Britain Trench
新层型/新層型 neostratotype
新产业区/新工業區 new industrial district
新厂阶/新廠階 Xinchangian Stage
新厂期/新廠期 Xinchangian Age
新成土/新成土,未育土 entisol
新城/新市鎮 new town
新翅类/新翅類 Neotera
新达尔文学说/新達爾文學説,新達爾文主義 neo-Darwinism
新袋鼠属/新袋鼠 *Caenolestes*
新袋鼠亚目/新袋鼠亞目 Caenolestoidea
新低噪模式/新低噪模式 new low-noise model, NLNM
新地理学/新地理學 new geography
新地理学会/新地理學會 new Geographical Societies
新碟贝/新碟貝,新帽貝 Neopilina galathea
新颚类/新顎類,新頜總目,新頜類 Neognathae
新副型/新副型 neoparatype
新腹足目/新腹足亞綱 Neogastropoda
新高噪模式/新高噪模式 new high-noise model, NHNM
新构造/新構造 neotectonic
新构造差异性/新構造差異性 neotectonic difference
新构造单元/新構造單元 neotectonic element
新构造类型/新構造類型 neotectonic type
新构造期/新構造期 neotectonic period
新构造区划/新構造區劃 neotectonic zonation
新构造图/新構造圖 neotectonic map
新构造[学]/新構造學 neotectonics
新构造运动/新構造運動 neotectonic movement
新国际劳动分工/新國際分工 new international division of labor
新豪猪属/中新豪豬 *Neoreomys*
新颌超目/新頜總目,新頜類,新顎類 Neognathae
新颌龙/新頜龍,扁顎龍 Compsoganthus
新颌龙属/新頸鳥 *Caenagnathus*
新赫布里底板块/新赫布里底板塊 New Hebrides Plate
新赫布里底群岛板块/新赫布里底板塊 New Hebrides plate
新红砂岩/新紅砂岩 New Red Sandstone
新华夏构造体系/新華夏式系 Neocathaysian structural system
新鲛目/新鮫目,新鰩目 Batoidea
新近纪/新第三紀 Neogene Period, Neogene
新近系/新第三系 Neogene System
新经济/新經濟 new economy
新经济地理学/新經濟地理學 new economic geography
新骏河毒素/新駿河毒素 neosurugatoxin
新孔目/新孔目,新穴目 Neotremata
新矿物/新礦物 new mineral
新拉马克学说/新拉馬克學説 neo Lamarckism
新芦木属/新蘆木 *Neocalamites*
新模/新模式標本 neotype
新年代学/新年代學 new chronology
新鸟类/新鳥類 neornithine
新鳍鱼类/新鰭魚類 neopterygians
新全球构造/新全球構造 new global tectonics
新热带界/新熱帶界 Neotropic realm
新热带植物区/新熱帶植物區 Neotropic kingdom
新人文地理学/新人文地理學 new human geography
新三趾马属/新三趾馬 *Neohipparion*
新勺板珊瑚属/新勺珊瑚 *Neospongophyllum*
新生变形[作用]/新生變形作用 neomorphism
新生产力/新生產力 new productivity
新生代/新生代 Cenozoic Era, Cenozoic
新生断层/新生斷層 new generation fault
新生构造/新生構造 neogenic structure
新生界/新生界 Cenozoic Erathem
新生茎菜植物/新生莖菜植物 Neocormophyta
新生晶/新生晶,次生晶 neocryst
新生面理/新生面理 newformative foliation
新石器时代/新石器時代 Neolithic Age
新石燕属/新石燕 *Neospirifer*
新实证论/新實證論,新實證主義 neo-positivism
新实证主义/新實證主義,新實證論 neo-positivism
新实证主义认识论/新實證主義認識論 neo-positivist epistemology

新世界地理学/新世界地理學 new universal Geography
新太古代/新太古代 Neoarchean Era
新太古界/新太古界 Neoarchean Erathem
新特提斯/新特提斯 Neo-Tethys, Neotethys
新特有种/新特有種 neoendemic
新仙女木期/新仙女木期 Younger Dryas
新仙女木事件/新仙女木事件,YD事件 Younger Dryas event, YD event
新兴工业化国家/新興工業化國家 newly industrializing countries, NICs
新性发生/變化祖性遺傳,新形發生 cenogenesis
新鳐目/新鰩目,新鮫目 Batoidea
新有甲目/新有甲目,新有甲類 Neoloricata
新元古代/新基生代 Neoproterozoic Era
新元古界/新基生界 Neoproterozoic Erathem
新月片/前月面 lunule
新月形曲线/新月形物,弧影 lunula
新月形沙垄/新月形沙壟 barchan bridge
新月形沙丘/新月[形砂]丘 barchan, crescent dune, barkan
新月形沙丘链/新月丘鏈 barchan chain
[新]月型齿/月型齒 selenodont
新灾变论/新災變説 neocatastrophism
新殖民主义/新殖民主義 neocolonialism
新栉齿型/新櫛齒型 neotaxodont
信标/信標,指向標 beacon
信度/可信度 degree of confidence
信风/信風 trade wind
信风赤道槽/信風赤道槽 trade wind equatorial trough
信风带/信風帶 zone of trade wind, trade wind belt, trade wind zone
信风锋/信風鋒 trade wind front
信风海流/信風流 trade wind current
信风环流/信風環流 trade wind circulation
信风逆温/信風逆溫 trade wind inversion
信号/信號,訊號 signal
信号处理/訊號處理 signal processing
信号放大/信號放大 signal amplification
信号杆/信號桿 signal pole
信号控制/信號控制 signal control
信号调制/信號調變 signal modulation
信号增强/信號增強 signal enhancement
信石介/信石介 Hermanites
信息/資訊 information
信息安全/資訊安全 information safety, information security
信息标准化/資訊標準化 information standardization
信息采集/資訊蒐集 information collection
信息产业地理/資訊産業地理 geography of information industry
信息场/資訊場 information field
信息城市/資訊城市 information city
信息存储接口/訊息儲存介面 information storage interface, ISI
信息港/資訊港 information hub
信息革命/資訊革命 information revolution
信息格式/資訊格式 information format
信息管理/資訊管理 information management
信息管理系统/資訊管理系統 information management system, IMS
信息化/資訊化 informationalization
信息技术/資訊技術 information technology, IT
信息检索系统/資料檢索系統 information retrieval system
信息结构/資訊結構 information structure
信息[科学]/資訊[科學] information science
信息空间/資訊空間 cyberspace
信息量/資訊量 contents of information
信息论/資訊[理]論 information theory
信息率/資訊速率 information rate
信息内容/資訊内容 information contents
信息融合/資訊融合 information fusion
信息设备/資訊設備 information appliance
信息社团/資訊社群 information community
信息失真/信息失真 information distortion
信息时/信息時 information time
信息视点/資訊觀點 information viewpoint
信息属性/資訊屬性 information attribute
信息素/費洛蒙 pheromone
信息提取/資訊萃取 information extraction
信息体系/資訊系統 information system
信息系统/資訊系統 information system
信息学/資訊學 informatics
信息有序网络/資訊有序網路 information ordered network
信息有序性/信息有序性 information orderliness
信息预测/資訊預測 information prediction
信息约束/資訊約束 information constraints
信息增益/資訊增益 information gain
信息资源/資訊資源 information resources
信息资源管理/資訊資源管理 information resources management, IRM
信息资源字典系统/資訊資源字典系統 information

resources dictionary system, IRDS
信噪比/信號噪聲比,信號雜訊比,訊噪比　signal-to-noise ratio, signal-noise ratio, SNR
兴安石/矽鈹礦　Xinganite
兴安型/興安型　Xingan type
兴地塔格群/興地塔格群　Xingditag Group
兴隆山群/興隆山群　Xinglongshan Group
兴业区/企業發展區　enterprise zone
星表/星表　star catalogue
FK4 星表/FK4 星表　Fourth Fundamental Catalogue, FK4
FK5 星表/FK5 星表　Fifth Fundamental Catalogue, FK5
星等/星等　magnitude
星等比度/星等比度　magnitude scale
星粉类/星粉類　Asteropollis
星蜂巢珊瑚/星蜂巢珊瑚　Favosites
星根/星狀溝　astrorhiza
星根沟/星根溝　astrorhizal canal
星海胆/星海膽　Holaster
星海绵属/星海綿,星海膽　*Astraeospongia*
星际尘/星際塵埃　interstellar dust
星甲鱼类/星甲魚類　astraspids
星节状沉积/星節狀沈積　actinosiphonate deposits
星历[表]/星曆表　ephemeris
星历秒/星曆秒　ephemeris second
星芦木类/星蘆木類　Asterocalamitaceae
星芦木属/星蘆木　*Asterocalamites*
星轮虫/星輪蟲　Asterorotalia
星芒海绵素/星芒海綿素　stelletin
星木属/星木　*Asteroxylon*
星囊蕨属/星囊蕨　*Asterotheca*
星球测图/地球外測圖　extra terrestrial mapping
星沙钱/星沙錢　Astriclypeus
星射状/星射狀　aster, astreoid
星苔藓虫属/星苔蘚蟲　*Constellaria*
星体演化/星體演化論　evolution of stars
星图/星圖　star chart, star map
星团/星團　star cluster
星位角/星位角　parallactic angle
星下点/星下點　substellar point, sub-satellite point
星星峡群/星星峽群　Xingxingxia Group
星叶木/星葉木　Astrophyllites
星叶属/星葉　*Asterophyllites*
星云/星雲　nebula
星云母/星雲母　star mica, hallite
星云说/星雲説　nebular hypothesis
星载多普勒定轨定位系统/星載多普勒定軌定位系統　Doppler Orbitography and Radiopositioning Integrated by Satellite, DORIS
星载遥感器/星載遥感器　satellite-borne sensor
星状城市形态/星狀都市形態　constellating urban pattern
星状动物/海星亞門　Asterozoa
星状分子/星狀分子　stellate element
星状构造/星狀構造　stellate structure
星状沙丘/星狀沙丘　star dune
星状台形分子/星狀臺形分子　stelliplanate element
星状舟形分子/星狀舟形分子　stelliscaphite element
星子假说/星子假説　planetesimal hypothesis
星子群/星子群　Xingzi Group
星座/星座　constellation
星座图/星座圖　planisphere
行波/移行波　traveling wave
行波管/移行波管　traveling wave tube
行差/行差　run error
行动地理学/行動地理學　active geography
行动空间/行動空間　action space
行动者/行動者　actor
行迹/徑跡　trackway
行为地理学/行爲地理學　behavioral geography
行为方法/行爲研究法　behavioral approach
行为环境/行爲環境　behavioral environment
行为矩阵/行爲矩陣　behavioral matrix
行为学/行爲學　ethology
行星/行星　planet
行星边界层/行星邊界層　planetary boundary layer, PBL
行星波/行星波　planetary wave
行星测量学/行星圖測製　planetary geodesy
行星尺度/行星尺度　planetary scale
行星尺度系统/行星尺度系統　planetary scale system
行星大气/行星大氣　planetary atmosphere
行星地理学/行星地理學　planetary geography
行星地质学/行星地質學　planetary geology
行星多年冻土/行星多年凍土　planetary permafrost
行星反照率/行星反照率　planetary albedo
行星风/行星風　planetary wind
行星风带/行星風系　planetary wind belt, planetary wind system
行星风系/行星風系　planetary wind belt, planetary wind system
行星光行差/行星光行差　planetary aberration
行星几何学/行星幾何學　planetary geometry
行星际尘[埃]/[行]星際塵　interplanetary dust

行星际磁场/[行]星際磁場 interplanetary magnetic field, IMF
行星际激波/行星際激波 interplanetary shock
行星际间断/行星際間斷 interplanetary discontinuity
行星际空间/行星際空間 interplanetary space
行星际闪烁/行星際閃爍 interplanetary scintillation
行星气晖/行星氣暉 planetary airglow
行星岁差/行星歲差 planetary precession
行星卫星/行星衛星 planetary satellite
行星温度/行星溫度 planetary temperature
行星涡度/行星渦度 planetary vorticity
行星涡度效应/行星渦度效應 planetary vorticity effect
行星系/行星系 planetary system
行星演化/行星演化 planetary evolution
行星震/行星震 planetary earthquake
行星震学/行星震學 planetary seismology
行星重力波/行星重力波 planetary-gravity wave
形变/形變 deformation
形成年龄/形成年齡 formation age
V形等压线/V型等壓線 V-shaped isobar
V形低压/V型低壓 V-shaped depression
形而上学和目的论风格/形上學和目的論風格 metaphysical and theological flavor
U形谷/U形谷 U-shape valley
V形谷/V形谷 V-shape valley
形胜/有利地形 advantageous or favorable terrain
形式化解释/形式化解釋 formal interpretation
形式属/形式屬 *genomorph*
形态发生分类/形態[發生]分類 morphogenetic classification
形态属/形態屬 form genus
形态线/形態線 form lines
形态学/形態學 morphology
形体构型/體型呈現 body plan
形心/形心 centroid
形状/形狀 shape
形状分析/形狀分析 shape analysis
形状阻力/形狀阻力 form drag
陉/陘,山口 mountain pass
A型俯冲/A型俯衝 A-subduction
B型俯冲/B型俯衝 B-subduction
G型管胞/G型管胞 G-type tracheid
P型管胞/P型管胞 P-type tracheid
S型管胞/S型管胞 S-type tracheid
K型结点/K型接合 K joint
T型结点/T型接合 T joint
X型结点/X型接合 X joint
Y型结点/Y型接合 Y joint
Y型连岛坝/Y型連島沙洲 Y tombolo
Y型连岛沙洲/Y型連島沙洲 Y tombolo
U型潜穴/U型潛穴 U-shaped burrow
S型生长曲线/S型成長曲線 sigmoid growth curve
型式/型[式] pattern
Y型水准仪/Y型水準儀,轉鏡水準儀 Y level, wye level
A型显示器/A示波器 A scope
SH型运动/SH型運動 SH motion
兴趣点管理器网络服务/興趣點管理器網路服務 points of interest manager web service
杏仁虫/杏仁蟲 Lenticulina
杏仁孔/杏仁孔 amygdule
杏仁珊瑚属/杏仁珊瑚 *Amygdalopyllum*
杏仁[状]构造/杏仁狀構造 amygdaloidal structure
杏仁状辉绿岩/杏仁狀輝綠岩,鎂灰岩 dunstone
杏仁状玄武岩/杏仁狀玄武岩 amygdaloidal basalt
幸存先驱种/幸存先驅種 survivor-progenitor species
幸存者/幸存者 survivor
幸运阶/幸運階 Fortunian Stage
幸运期/幸運期 Fortunian Age
性比/性比 sex ratio
性别地理学/性别地理學 gender geography
性别控制技术/性别控制技術 sex control technique
性角色逆转/性角色逆轉 sex role reversal
性能/性能 performance
性能测试/性能測試 capability test
性逆转/性别轉換 sex reversal
性腺成熟系数/性腺成熟係數 coefficient of maturity
性信息素/性費洛蒙 sex pheromone
性选择/性擇 sexual selection
性与地理学/性與地理學 sexuality and geography
性早熟/初期形成 progenesis
性状替代/特徵置換,性狀替換 character displacement
性状替换/性狀替換,特徵置換 character displacement
凶猛捕食者/有齒之掠食者 raptoriales
胸/胸部 thorax
胸部/胸部 thorax
胸窗/胸窗 pectoral fenestra
胸苷/胸腺嘧啶核苷 thymidine
胸骨侧前突/胸骨側前突 craniolateral process of sternum
胸骨侧突/胸骨側突 lateral trabecula of sternum

胸骨肋突/胸骨肋突 costal process of sternum
胸节/胸節 thoracic segment
胸膜/胸膜,肋部 brachiopatagium, pleura
胸鳍/胸鰭 pectoral fin
胸室/胸室,胸廓,胸堂 thorax
胸足/胸腳 thoracic leg
雄核发育技术/雄核發育技術 androgenesis technique
雄黄/雄黄 realgar, red arsenic
雄配子/雄配子,小配子 male gamete, microgamete
雄性先熟/先雄後雌 protandry
熊耳群/熊耳群 Xionger Group
熊狗/熊狗 Cynailurus
休耕/休耕[地] fallow
休疗养城市/休閒療養城鎮 resort and recuperate town
休梅期/休梅期 break of the Meiyu period
休眠/休眠 dormancy
休眠孢子/休眠孢子 resting spore
休眠断层/休眠斷層 dormant fault
休眠火山/休[眠]火山 dormant volcano
休眠卵/休眠卵,滯育卵 dormant egg, resting egg, diapause egg
休闲地理学/休閒地理學 geography of leisure
休闲旅游者/休閒旅遊者 leisure tourist
休闲商场/休閒商場 leisure malls
休渔期/休漁期,禁漁期 closed fishing season, closure period of fishing
修版/修版 retouching
修测/修測 revision
修船码头/修船碼頭 repairing quay
修订的麦卡利[烈度]表/修飾麥卡里震度分級 modified Mercalli intensity scale, MM intensity scale
修改液/修塗液 opaque
修水群/修水群 Xiushui Group
修正地磁坐标/修正地磁坐標 corrected geomagnetic coordinate
秀山阶/秀山階 Xiushanian Stage
秀山期/秀山期 Xiushanian Age
袖珍经纬仪/袖珍經緯儀 pocket transit
袖珍立体镜/袖珍立體鏡 pocket stereoscope
袖珍罗盘仪/袖珍羅盤儀 pocket compass
袖珍天文表/袖珍天文表 pocket chronometer
锈孢子/銹芽胞 aecidiospore
锈铁带/鐵銹帶 Rust Belt
溴化银/溴化銀 bromide silver
溴化[作用]/溴化[作用] bromination
溴银矿/溴銀礦 bromargyrite
须鲸亚目/鬚鯨亞目 Mystacoceti, Mysticeti
虚报/假警報 false alarm
虚地磁极/虚[擬]地磁極 virtual geomagnetic pole, VGP
虚反射/虚反射 ghost reflection
虚高/虚高[度],視在高度 virtual height
虚骨龙类/虚骨龍類 coelurosaurs
虚拟表/虚擬表 virtual table
虚拟地景/虚擬地景 virtual landscape
虚拟地球物理观测/虚擬地球物理觀測 virtual geophysical observatory
虚拟地图/虚擬地圖 virtual map
虚拟距离差/虚擬距離差 pseudo range difference
虚拟路径/虚擬路徑 virtual directory
虚拟内存/虚擬記憶體 virtual memory
虚拟现实/虚擬實境 virtual reality, VR
虚拟研究区/虚擬研究區 virtual study area
虚拟页/虚擬頁 virtual page
虚拟仪器/虚擬儀器 virtual instrument
虚拟终端机/虚擬終端機 virtual terminal
虚拟桩/虚樁 virtual stake
虚拟[资料]/虚擬資料,人造[資料] bogus data
虚拟子午线/虚子午線 fictitious meridian
虚偶极矩/虚偶極矩 virtual dipole monent, VDM
虚实分量法/虚實分量法 imaginary-real component method
虚网点/軟[網]點 soft dot
虚位移原理/虚位移 virtual displacement principle
虚温/虚温 virtual temperature
虚线/虚線 dashed line
虚线等高线图/示形線圖 form-line plot, dashed-line contour plot
虚像/虚像 virtual image
虚晕/暈點 vignetted dots
虚轴向偶极矩/虚軸向偶極矩 virtual axial dipole monent, VADM
需求门槛/需求閾值 threshold of demand
需水关键期/需水關鍵期 critical period of crop water requirement
需水管理/需水管理 water demand management
需水量/需水量 water demand, water requirement
需氧/好氧性,嗜氧性 aerobic
需氧菌/需氧菌,好氧細菌 aerobic bacteria
需氧量/需氧量 oxygen requirement
徐庄阶/徐莊階 Xuzhuangian Stage, Hsuchuangian Stage
徐庄期/徐莊期 Xuzhuangian Age, Hsuchuangian

Age
序贯分析/逐次分析 sequential analysis
序贯平差/序貫平差 successive adjustment, sequential adjustment
序贯区域平差/序列區域平差 sequential block adjustment
序列/序列 series
序列化/序列化 serialization
序列剖面/序列剖面 sequence cross-section
序列像片/連續像片 series photograph
叙述摄影测量学/敘述攝影測量學 descriptive photogrammetry
畜牧气象学/畜牧氣象學 animal husbandry meteorology
畜牧业地域类型/畜牧業區地域類型 areal type of livestock farming
畜牧折合系数/畜牧轉換係數 conversion coefficient of livestock
续发地震损失评估/續發地震損失評估 loss assesment of consequent earthquake
续至波/S波,次達波 secondary wave
絮凝带/絮凝帶 flocculent zone
絮凝点/絮凝點 flocculation point
絮凝化/絮凝化 flocculating
絮凝结构/絮凝構造,毛絮構造 flocculated structure
絮凝物/絮凝物 flocculate
絮凝状沉淀/絮凝狀沈澱 flocculent deposit
絮状高积云/絮狀高積雲 altocumulus floccus, Ac flo
絮状卷积云/絮狀卷積雲 cirrocumulus floccus, Cc flo
絮状卷云/絮狀卷雲 cirrus floccus, Ci flo
蓄满产流/飽和徑流 runoff generation under saturated condition
蓄水工程/蓄水工程 water storage project
蓄水容量/儲水能力 storage capacity
宣传地图/宣傳地圖 propaganda map
玄武安山岩/玄武安山岩 basaltic andesite
玄武粗安岩/玄武粗安岩 basaltic trachyandesite
玄武岩/玄武岩 basalt
悬冰川/懸冰川 hanging glacier
悬垂回波/懸垂回波 overhang echo
悬锤水位计/懸錘水位計 suspended weight gauge
悬磁型磁变仪/懸磁型磁變儀 suspended-magnet type variometer
悬吊式测深/懸吊式測深 trolley sounding
悬浮/懸浮 suspension
悬浮尘埃/懸浮塵埃 suspended dust
悬浮灰分/懸浮灰 suspended ash
悬浮胶体/懸浮膠體 suspended colloid
悬浮颗粒[物]/懸浮顆粒 suspended particle
悬浮粒子/懸浮顆粒 suspended particle
悬浮体/懸浮固體,懸浮物質 suspended solid, suspended matter
悬浮体采样/懸浮物採樣 sampling of suspended load
悬浮铁矿物/懸浮鐵礦物 suspended iron mineral
悬浮物/懸浮物[質],懸浮固體 suspended matter, suspended solid
悬浮物搬运/懸浮物搬運 suspension transport
悬浮物散射光/空中光 airlight
悬浮物摄食者/懸浮物攝食者 suspension feeder
悬浮细泥/懸浮細泥 suspended mud
悬浮相/懸浮相 suspended phase
悬浮载荷/懸浮物質,懸浮荷重 suspended load
悬谷/懸谷 hanging valley
悬挂/懸突 dangle
悬挂弧段/懸突弧段 dangling arc
悬挂结点/懸突節點 dangle node
悬挂泉/懸掛泉 suspended spring, hanging spring
悬挂容差/懸突容差 dangle tolerance
悬挂式唇瓣/懸掛式唇瓣,游離型唇瓣 natant hypostome
悬链改正/懸鏈改正 catenary correction to tape
悬链锚腿系泊/懸鏈式錨腿繫泊 catenary anchor leg mooring, CALM
悬链线/懸鏈線 catenary
悬式经纬仪/懸式經緯儀 suspension theodolite, handing theodolite
悬式水准仪/懸式水準器 hanging level
悬崖/懸崖,陡岸 cliff, bluff
悬叶/懸葉 suspensive lobe
悬移泥沙荷载/懸移淤砂荷載,懸移質 suspended sediment load
悬移质/懸移質 suspended load
悬移作用/懸浮搬運 suspension transport
旋壁/旋壁,腕帶 spire lamella, spirotheca
旋齿鲨类/旋齒鯊類 edestids
旋度/旋度 curl
旋房虫/旋房蟲 Spiroculina
旋光性/光性 optical activity
旋衡风/旋轉風 cyclostrophic wind
旋衡辐合/旋轉輻合 cyclostrophic convergence
旋衡辐散/旋轉輻散 cyclostrophic divergence
旋回层/旋回層,週期堆積,韻律層 cyclothem
旋回层序/旋回層序 cyclic sequence

旋回沉积作用/旋回沈積作用 cyclic sedimentation
旋回地层学/旋回地層學 cyclostratigraphy
旋回面/旋回面 vortical surface
旋脊/旋脊,口環 spiral ridge, spiral rib, choma
旋桨式/螺槳流速儀流速計 propeller current meter
旋桨式流速计/螺槳流速儀流速計 propeller current meter
旋菊石属/三義菊石 *Perisphinctes*
旋卷/旋卷圈作用 convolution
旋圈/旋卷圈作用 convolution
旋圈虫/蟠龍蟲 Spirorbis
旋涡/旋渦,渦[旋] vortex
旋涡状缝/旋卷狀縫,環狀縫 circinate suture
旋向副隔壁/旋向副隔壁 spiral septulum
旋像棱镜/旋像棱鏡 rotating prism
旋转/旋轉 rotation
旋转变形/旋轉變形 rotational deformation
旋转波/旋[轉]波 rotational wave
旋转参数/旋轉參數 rotation parameters
旋转潮波系统/無潮系統 amphidromic system
旋转磁力仪/旋轉磁力儀 spinner magnetometer
旋转地震学/旋轉地震學 rotational seismology
旋转定律/旋轉定律 theorem of rotation
旋转断层/旋轉斷層 rotary fault, rotational fault
旋转反伸对称/旋轉反伸對稱 rotation inversion
旋转反伸轴/旋[轉倒]反軸 rotoinversion axis
旋转反映轴/旋轉反射軸 rotation reflection axis, rotatory reflection axis
旋转构造/旋轉構造 rotational structure
旋转滑动/旋轉地滑,弧形地滑 rotational slide
旋转角/旋轉角 angle of swing
旋转结构/旋轉結構 rotary texture
旋转雷诺数/旋轉雷諾數 rotating Reynolds number
旋转流/旋轉流 rotary current
旋转扭动构造体系/旋轉扭動構造體系 structures system from rotation and shearing
旋转剩磁/旋轉剩磁,旋轉殘磁 rotational remanence, rotational remanent magnetization, RRM
旋转双晶/旋轉晶 rotation twin
旋转椭球偏心率/旋轉橢球體偏心率 eccentricity of spheroid of revolution
旋转椭球体/旋轉橢球體 ellipsoid of rotation, oblate ellipsoid of rotation
旋转椭球体面角/旋轉橢球體面角 spheroidal angle
旋转椭球坐标/旋轉橢球坐標 spheroidal coordinates
旋转位/回轉位 rotational potential
选层型/選層型 letctostratotype
选单/選單,功能表 menu
选单按钮/選單按鈕 menu button
选单盒/選單盒 menu box
选单控制程序/選單控制程式 menu controlled program
选单条/選單列 menu bar
选单项/選單項目 menu item
选举地理学/選舉地理學 electoral geography
选模/選模標本 lectotype
选取限额/選取限額 norm for selection
选取指标/選取指標 index for selection
选权迭代法/選權迭代法 iteration method with variable weights
选型交配/選擇性交配 assortative mating
选择/選擇[權] selection, options
K 选择/K 選擇 K-selection
r 选择/r 選擇,r 型選汰 r-selection
选择 γ-γ 测井/選擇 γ-γ 測井 selective γ-γ logging
选择萃取/選擇萃取 selective extraction
选择集/選擇集 selected set
选择可用性/選擇性效應 selective availability, SA
选择连接的图元对话框/選擇連接的圖元對話框 select connected cells dialog box
选择起点/選擇起點 selection anchor
选择透性/選擇透性 selective permeability
选择文件/選擇文件 selection file
选择吸附/選擇吸附 selective adsorption
选择吸收/選擇吸收 selective absorption
选择性腐蚀/選擇腐蝕 selective corrosion
选择值/選擇值 selected values
渲染/轉譯 rendering
渲染器/渲染器 renderer
薛氏脊/賽爾維[氏]脊 Sylvian crest
学派地理学/學派地理學 school geography
学术地理学/學術地理學 academic geography
学习[型]经济/學習[型]經濟 learning economy
雪/雪 snow
雪暴/雪暴,暴風雪 snow storm, snowstorm
雪暴风/雪暴風 blizzard wind
雪崩/雪崩,岩崩 avalanche, snow avalanche
雪带/雪帶 nival belt
雪堆/雪堆 snow drift
雪幡/雪旛 snow virga
雪盖/覆雪,雪罩 snow cover, snow mantle
雪盖冰/雪蓋冰 snow covered ice
雪硅钙石/雪矽鈣石 tobermorite
雪荷载/雪荷載 snow load
雪花/雪花 snowflake

雪晶/雪晶 snow crystal
雪卡毒素/雪卡藻毒素 ciguatoxin
雪量/雪量 snowfall
雪林气候/雪林氣候 snow forest climate
雪盲/雪盲[症] snow blindness
雪密度/雪密度 snow density
雪面波纹/雪面波紋,雪脊 sastrugi
雪球构造/雪球構造 snowball structure
雪球假说/雪球世界假説 snowball earth hypothesis
雪日/雪日 snow day
雪深/雪深 snow depth
雪蚀/雪蝕 nivation
雪蚀冰斗/雪蝕冰斗 nivation cirque
雪水/雪水 snow water
雪水当量/雪水當量 eater equivalent of snow
雪松型木/雪松型木 Cedroxylon
雪丸/霰 snow pellets
雪线/雪線 snow line
雪原/雪原 snow field
雪原气候/雪地氣候 snow climate
雪灾/雪害 snow damage
血管形成抑制因子/血管形成抑制因子 angiogenesis inhibiting factor, AGIF
血红蛋白/血紅素 hemoglobin
血红质/血紅質 hemoerythrin
血蓝蛋白/血藍素,血青素 hemocyanin
血绿蛋白/血綠蛋白 chlorocruorin
血雪/紅雪 blood snow
血雨/血雨 blood rain
熏烟纸记录图/熏煙紙記録 smoked paper record
旬/旬 dekad
旬平均/旬平均,十天平均 ten day average
寻北器/尋北器 north-finding instrument, polar finder
寻常波/尋常波 ordinary wave
寻径分析功能/尋徑分析功能 seek function
寻像圈/尋星度盤 finder circle
寻星度盘/尋星度盤 finder circle
寻星镜/尋星鏡 finder
寻址/尋址 find addresses, addressing
巡航测深/航跡水深線 track line of sounding, cruise line of sounding
循环/循環 recursion, cycle
循环处理/循環處理 cycle process
循环磁化[强度]/循環磁化,週期磁化 cyclic magnetization
循环公式/遞推公式 recurrence formula
循环示踪剂/循環示蹤劑 circulation tracer
循序雌雄同体/循序作用的雌雄同體 successive hermaphrodite, sequential hermaphrodite
鲟形类/鱘形類,鱘形目 acipenseriforms
鲟形目/鱘形目 Acipenseroidei
训练/訓練 training
训练区/訓練區 study area, training area
训练样本/訓練樣本 training sample
汛期/汛期,潦期 flood Period
驯化/[生物]馴化 acclimatization, acclimation
巽他板块/巽他板塊 Sunda Plate
巽他海沟/巽他海溝 Sunda Trench
蕈珊瑚/蕈珊瑚 Fungia
蕈岩/蕈岩 pedestal rock
蕈状海鞘素/蕈狀海鞘素 eudistomin

Y

压扁层理/壓扁層理 flaser bedding
压扁褶皱/壓扁褶皺 flattened fold
压扁状/壓扁狀 compressed
压扁作用/壓扁作用 flattening
压舱水/壓艙水 ballast water
压磁效应/壓磁效應 piezo-magnetic effect
压磁性/壓磁性 piezomagnetism
压电效应/壓電效應 piezoelectric effect
压电性/壓電的 piezoelectrics
压高公式/壓高公式 barometric height formula
压固作用/壓固作用 compaction
压管风速计/壓管風速儀 anemobiagraph
压剪/轉換擠壓作用 transpression
压剪性断层/壓剪性斷層 transpressional fault
压刻痕/刻蝕痕 tool mark
压力/壓力 pressure
压力传导系数/壓力傳導係數 coefficient of pressure conductivity
压力校正/壓力校正 pressure calibration
压力[谱线]增宽/氣壓加寬 pressure broadening
压力融化/壓力融化 pressure-melting
压力渗析淡化法/壓力滲析淡化法 desalination by pressure dialysis, desalination by piezodialysis
压力渗析法/壓力滲析法 pressure dialysis
压力梯度/壓力梯度 pressure gradient
压力退磁/壓力退磁 pressure demagnetization
压力验潮仪/水壓式驗潮儀 pressure gauge
压力影/壓力影構造 pressure shadow, pressure fringe
压力轴/壓力軸 P-axis, pressure axis
压密/土壤壓實 soil compaction
压密变形/壓密變形 compaction deformation
压密土/壓密土 compact soil
压密系数/壓密係數 coefficient of compaction
压扭/壓扭 compression torsion
压扭作用/轉換擠壓作用 transpression
压汽蒸馏/壓汽蒸餾 vapor compression distillation
压强/壓力 pressure
压强容器/壓力容器 confining pressure vessel
压溶缝合线/壓溶縫合線 pressure dissolving suture
压溶构造/壓溶構造 pressure solution structure
压溶面理/壓溶面理 pressure solution foliation
压溶劈理/壓溶劈理 pressure solution of cleavage
压溶[作用]/壓溶作用 pressure solution
压剩磁/壓剩磁,壓殘磁 piezo-remanence, piezo-remanent magnetization, PRM
压实/壓實,壓密 compaction
压实[作用]/壓縮作用 compaction
压水试验/壓水試驗 packer permeability test
压碎结构/壓碎組織,碎裂組織 cataclastic texture
压缩/壓縮 compression
压缩波/壓縮波,縱波 compressional wave
压缩波速度/壓縮波速度 compressional wave velocity
压缩层/壓縮層 compression layer
压缩[初动]/壓縮[初動] compression onset
压缩磁盘/光碟 optical disk, compact disc, CD
压缩带/壓縮區 compression zone
压缩构造/壓縮構造 compressional tectonics
压缩率/壓縮率 compressibility
压缩脉冲雷达高度计/壓縮脈波雷達高度計 compressed pulse radar altimeter
压缩模量/壓縮模數 compression modulus
压缩偏应力/壓縮偏應力 compressive deviatoric stress
压缩曲线/壓縮曲線 compression curve
压缩试验/壓縮試驗 compression test
LZW 压缩算法/LZW 壓縮技術 lempel-zif-welch, LZW
压缩系数/壓縮係數 coefficient of compressibility
压缩性/壓縮性,可壓性 compressibility
压缩应力/壓縮[應]力 compressive stress
压缩指数/壓縮指數 compression index
压缩轴/收縮軸 axis of contraction
压温湿表/壓溫濕計 baro-thermo-hygrometer
压温湿风计/壓溫濕風儀 baro-thermo-hygro-anemograph
压型化石/壓型化石 compression
压性节理/壓性節理 compressional joint
压性双重构造/壓性雙重構造 compressional double structure
压载/壓載 ballast

压载水/壓艙水 ballast water
垭口/埡[口] pass
鸭咀龙属/鴨咀龍,粗龍 *Trachodon*
鸭嘴龙类/鴨嘴龍類 hadrosaurids
牙槽/牙槽,褶,槽[蜓] tooth socket, alveolus
牙槽板/牙槽板 socket plate
牙槽脊/牙槽脊 socket ridge
牙齿/牙齒,鉸齒 tooth
牙[间]隙/牙虚位 diastema
牙鲆鳃细胞系/比目魚鰓細胞系 flounder gill cell line, FG
牙鲆弹状病毒病/彈狀病毒病 hirame rhabdoviral disease
牙式/牙式 dentition formula
牙形刺/牙形刺,牙形蟲,牙形石 conodont
牙形刺纲/牙形刺綱 Conodonti
牙形动物/牙形動物 conodont animal
牙形石/牙形石,牙形蟲,牙形刺 Conodont
牙形石目/牙形蟲動物門 Conodontophoridia
芽孢生殖/芽孢生殖 spore reproduction
芽体/無性芽狀體 gemma
崖/崖 cliff, scarp
崖底侵蚀/崖底侵蝕 undercutting
崖坡/崖坡 scarp slope
哑层/啞層 barren interval, barren zone
雅丹/雅丹,雅爾當 Yardang
雅典宪章/雅典憲章 Charter of Athens
雅可比法/賈可比法 Jacobi method
雅可比行列式/函數行列式,亞可比式 Jacobian determinant
雅浦海沟/雅浦海溝 Yap Trench
亚胞管/亞胞管 metatheca
亚胞管褶/亞胞管褶 metathecal fold
亚暴/亞暴 substorm
亚暴电流楔/亞暴電流楔 substorm currrrent wedge
亚北方气候晚期/亞北氣候晚期 Late Subboreal Climatic Phase
亚北方早期[气候]/早亞寒期氣候 Early Subboreal Climatic Phase
亚北方中气候期/中亞北氣候期 Middle Subboreal Climatic Phase
亚北极区/亞北極區 subarctic zone
亚层序/次序列 subsequence
亚成体/亞成體,次成體 subadult, adolecent
亚穿孔贝型/亞穿孔貝型 subterebratulid
亚大陆性冰川/亞大陸性冰川 subcontinental glacier
亚带/亞帶 subzone
亚丁斯克阶/亞丁斯克階 Artinskian Stage
亚丁斯克期/亞丁斯克期 Artinskian Age
亚纲/亞綱,亞目 suborder, subclass
亚高山带/亞高山帶 subalpine belt
亚寒带种/亞寒帶種 subcold zone species
亚化石/亞化石,準化石 subfossil
亚极光带/亞極光帶 subauroral zone
亚碱性系列/亞鹼性系列 subalkalic series
亚晶粒/亞晶粒 subgrain
亚晶粒边界/亞晶粒邊界 subgrain boundary
亚精胺/亞精胺 spermidine
亚巨孔型/亞巨孔型 submegathyrid
亚类/亞類 subgroup
亚历山大地图/亞歷山大地圖 Alexandrian map
亚历山大阶/阿力山得統[早志留紀] Alexandrian Stage
亚临界反射/亞臨界反射 subcritical reflection
亚鳞木属/亞鱗木 *Sublepidodendron*
亚铝质/副鋁質的 subaluminous
亚门/亞門 subphylum
亚南极区/亞南極[海]區 subantarctic zone
亚前缘脉/亞前緣脈 subcosta
亚热带/副熱帶 subtropics, subtropical zone
亚热带种/亞熱帶種 subtropical species
亚氏提灯/亞里士多德氏提燈 Aristotle's lantern
亚速尔高压/亞速高壓 Azores high
亚胎管/亞胎管,變胎胞管 metasicula
亚太区域地理信息系统基础设施常设委员会/亞太區域地理資訊系統基礎設施常設委員會 Permanent Committee on GIS Infrastructure for Asia and the Pacific, PCGIAP
亚稳边缘/亞穩邊緣 metastable wedge
亚翁贝属/亞翁貝 *Avonia*
亚系/亞系 subsystem
亚硝酸盐/亞硝酸鹽 nitrite
亚型浮游动物/亞型浮游動物 metazooplankton
亚雪带/亞雪帶 subnival belt
亚直颈式/亞直頸式 suborthochoanitic
亚中孔型/亞中孔型 submesothyrid
亚种/亞種 subspecies
亚种群/亞族群 subpopulation
亚洲鲈鱼属/亞洲鱸魚 *Sinamia*
砑头虫属/曲盾蟲 *Proetus*
氩/氬 argon
氩-氩计时/氬-氬計時 Ar-Ar dating
咽喉/喉,食道 gullet
咽喉齿/咽[頭]齒 pharyngeal tooth
烟/煙[霧] smoke, smog
烟囱排放物/煙囪排出物 stack effluent

烟囱有效高度/有效煙囪高度 effective stack height
烟灰沉降/煤煙沈降 sootfall
烟灰云/煙灰雲 ash cloud
烟迹/煙跡 smoke trail
烟流/煙流 plume
烟霾/煙霾 smoke haze
烟煤/煙煤 bituminous coal
烟幕/煙幕 smoke screen
烟雾/煙霧 smog
烟雾层顶/煙霧地平 smog horizon
烟雾高度/煙霧地平 smog horizon
烟雾气溶胶/煙霧氣膠 smog aerosol
烟雾指数/煙霧指數 smog index
烟羽/煙羽 smoke plume
烟羽高度/煙流高度 plume height
烟羽类型/羽狀類型 plume type
烟羽抬升/煙羽上昇 plume rise
烟云/煙雲 smoke cloud
淹没/淹没 inundation
淹没岸/沈溺海岸,沈降海岸 drowned coast
燕山阶段/燕山階段 Yanshanian stage
燕山期/燕山期 Yanshanian
燕山运动/燕山運動 Yanshan orogeny
燕山褶皱带/燕山褶皺帶 Yanshan fold belt
延长群/延長群 Yanchang Group
延长[性]/延長性,伸長 elongation
延迟/延遲,滯後 delay, lag
延迟发育/延滯發育 retardation
延迟时间/延遲時間,延滯時間 time lag, retention time
延迟误差/遲滯誤差 lag error
延伸距离/延伸距離 extended distance
延伸预报/展期預報 extended forecast
延伸重合带/延伸重合帶 concurrent-range zone
延生叶/延生葉 enation leaf
延时图像传输/延時圖像傳輸 delay picture transmission, DPT
延时组合/光束偏轉 beam steering
延髓/延腦 medulla oblongata
延限带/延限帶 range zone
延性/韌的 ductile
延性[流动]区/延性[流動]區 ductile flow regime
延性破裂/延性斷裂 ductile fracture
延性强度/延性強度 ductile strength
延展纪/延展紀 Ectasian Period
延展系/延展系 Ectasian System
严冰/嚴冰 winter ice
严冬/嚴冬 severe winter
严冻/殺凍 killing freeze
严寒/嚴寒 severe cold
严酷气候/嚴酷氣候 stern climate
严密平差/嚴密平差 rigorous adjustment
严霜/嚴霜 severe frost
严重破坏性地震/嚴重破壞性地震 severely damaging earthquake, severely destructive earthquake
岩鞍/岩鞍,岩脊 phacolith
岩岸/岩[礁]岸 rocky coast, rocky shore
岩爆[现象]/岩爆 rock burst
岩崩/岩崩,落石,雪崩 rock fall, rockfall, avalanche
岩崩地震/岩崩地震 rock-fall earthquake
岩崩事件/岩崩事件 rock-fall event
岩床/岩床,海脊 sill
岩洞/岩洞 shelter cave
岩盖/岩蓋 laccolith
岩骨前板/岩骨前板,岩骨前片 anterior lamina of petrosal
岩关阶/岩關階 Yanguanian Stage, Aikuanian Stage
岩关期/岩關期 Yanguanian Age, Aikuanian Age
岩化作用/岩化作用 lithification
岩基/岩基,岩磐 batholith
岩基成矿说/岩基成礦説 batholith mineralization hypothesis
岩浆/岩漿 magma
岩浆包裹体/岩漿包裹體 magmatic inclusion
岩浆背景/岩漿背景 magma setting
岩浆边界层/岩漿邊界層 magma boundary layer
岩浆成矿作用/岩漿成礦作用 magmatic ore-forming process
岩浆冲击说/岩漿衝擊説 magma impact hypothesis
岩浆-大气水水热系统/岩漿-大氣水水熱系統 magmatic-meteoric hydrothermal system
岩浆底辟作用/岩漿底闢作用 magmatic diapirism
岩浆底侵[作用]/岩漿底侵[作用] magma underplating
岩浆顶蚀作用/岩漿頂蝕作用 magmatic stoping
岩浆房/岩漿房,岩漿庫,岩漿儲源 magma chamber, magma reservoir
岩浆分异作用/岩漿分異[作用] magmatic differentiation
岩浆贯入型矿床/岩漿貫入型礦床 magmatic injection-type deposit
岩浆弧/岩漿弧 magmatic arc
岩浆环流/岩漿環流 magmatic circulation
岩浆挥发分/岩漿揮發分 magmatic volatile
岩浆建造/岩漿建造 magmatic formation

岩浆矿床/岩漿礦床 magmatic mineral deposit
岩浆囊/岩漿庫 magma chamber, magmatic pocket
岩浆黏滞性/岩漿黏滯性 magmatic viscosity
岩浆期后矿床/岩漿期後礦床 post-magmatic mineral deposit
岩浆热动力构造/岩漿熱動力構造 magma thermodynamic structure
岩浆热源/岩漿熱源 magma heat source
岩浆水/岩漿水,初生水 juvenile water, magmatic water
岩浆通道/岩漿通道 magma conduit
岩浆晚期分异型矿床/岩漿晚期分異型礦床 late magmatic differentiation-type mineral deposit
岩浆物理学/岩漿物理學 magma physics
岩浆系列/岩漿系列 magmatic series
岩浆型地热资源/岩漿型地熱資源 magma-type geothermal resources
岩浆旋回/岩漿旋回 magmatic cycle
岩浆岩/岩漿岩 magmatic rock
岩浆岩成矿专属性/岩漿岩成礦專屬性 metallogenic specialization of magmatic rocks
岩浆运移/岩漿運移 magma migration
岩浆再生作用/[岩漿]再生作用,重熔作用 palingenesis
岩浆阻塞/岩漿阻塞 magmatic stopping
岩浆作用/岩漿作用 magmatism
岩礁/岩礁,岩丘 lithoherm, rock cay
岩颈/岩頸 neck
岩块孔隙度/岩石孔隙率 rock porosity
岩类学/記録岩石學 descriptive petrology
岩镰/岩鐮 harpolith
岩瘤/岩瘤 boss
岩脉/岩脈 vein
岩漠/岩漠 rocky desert, hamada
岩内流体/岩內流體 intrarock fluid
岩内流体运动/岩內流體運動 fluid flow in rock
岩盆/岩盆 lopolith
岩墙/岩牆,岩脈 dike, dyke
岩墙群/岩脈群 dyke swarm
岩群/岩群 group complex
岩溶/岩溶 karst
岩溶地貌/岩溶地貌 karst landform
岩溶地形/喀斯特地形 karst topography
岩溶沟/岩溝 lapies
岩溶河/岩溶河,喀斯特河 karst river
岩溶景观/喀斯特景觀 karst landscape
岩溶裂隙水异常/岩溶裂隙水異常 anomaly of karst water
岩溶率/岩溶率 factor of karst
岩溶泉/岩溶泉 karstic spring
岩溶水/喀斯特水 karst water
岩溶塌陷/岩溶塌陷 karst collapse
岩溶现象/岩溶現象 karst phenomena
岩溶陷落柱/岩溶陷落柱 karst collapse breccia pipe
岩溶相/岩溶相 karst facies
岩溶柱/岩溶柱 karst pillar
岩溶作用/岩溶作用,喀斯特化 karstification
岩塞/岩塞 plug
岩沙海葵毒素/沙海葵毒素 palytoxin
岩省/岩省 rock province
岩石/岩[石] rock
岩石变形模量/岩石變形模量 deformation modulus of rock
岩石层/岩石層 lithosphere
岩石层板块/岩石圈板塊 lithospheric plate
岩石层沉降/岩石層沈降 lithospheric subsidence
岩石层基底深度/岩石層的基底深度 lithospheric basement depth
岩石层冷却/岩石層冷却 lithospheric cooling
岩石层强度/岩石層強度 lithospheric strength
岩石层屈曲/岩石層屈曲 lithospheric flexure
岩石层热结构/岩石層熱結構 lithospheric thermal structure
岩石成因论/岩石成因論,岩石發展學 petrogenesis
岩石成因学说/岩石成因論,岩源學 lithogenesis, lithogeny
岩石磁性/岩石磁性 rock magnetism
岩石地层单位/岩性地層單位 lithostratigraphic unit
岩石地层学/岩石地層學 lithostratigraphy
岩石地球化学/岩石地球化學 petrogeochemistry, rock geochemistry
岩石断裂力学/岩石斷裂力學 rock fracture mechanics
岩石辐射遥感/岩石輻射遥感 rock radiation remote sensing
岩石化学/岩石化學,石油化學 petrochemistry
岩石阶地/岩石階地 rock terrace
岩石摩擦/岩石摩擦 rock friction
岩石破裂/岩石破裂 rock rupture
岩石漆/岩石漆 rock varnish, desert varnish
岩石区/岩石區 petrographic province
岩石圈/岩石圈 lithosphere
岩石圈板块/岩石圈板塊 lithospheric plate
岩石圈断裂/岩石圈斷裂 lithospheric fault
岩石蠕变/岩石潛移 rock creep
岩石声发射/岩石聲發射 rock acouctic emission

岩石性质/岩石性質 rock property
岩石学/岩石學 petrology
岩石学岩石层/岩石學岩石層 petrological lithosphere
岩石异常/岩石異常 rock anomaly
岩石质量指标/岩石品質指標 rock quality designation，RQD
岩石组构/岩石組構 fabric，petrofabric
岩滩/岩灘，棚地 bench，rocky beach
岩套/岩套，岩群組 rock suite
岩体/岩體 rock mass
岩体工程地质力学/岩體工程地質力學 engineering geomechanics of rock mass
岩体力学/岩石力學 rock mechanics
岩体稳定性/岩體穩定性 rock mass stability
岩土工程/大地工程 geotechnical engineering
岩土锚杆/岩土錨桿 rock soil anchor
岩席/岩席，岩片 sheet
岩相/岩相 lithofacies
岩相图/岩相圖 lithofacies map
岩相学/記録岩石學 descriptive petrology
岩屑/岩屑 lithic pyroclast
岩屑崩坍/岩屑墜落 debris fall
岩屑凝灰岩/石屑凝灰岩，石質凝灰岩 lithic tuff
岩屑砂岩/岩屑砂岩 lithic sandstone
岩屑锥/岩屑錐 debris cone
岩芯标本/岩芯標本 core sample
岩芯捕捉器/岩芯捕捉器，岩芯爪 core catcher
岩芯采取器/岩芯採取器，取岩芯器 corer
岩芯分析/岩芯分析，核心分析 core analysis
岩芯管/岩芯管 core barrel
岩芯切割机/岩芯切割機 core cutter
岩芯切片/切片岩芯 slabbed core
岩芯取样率/岩芯取芯率 core recovery
岩芯筒/岩芯管 core barrel
岩芯柱状图/岩芯柱狀圖，岩芯記録圖 coregraph
岩芯钻/岩芯鑽 core drill
岩芯钻头/岩芯鑽頭，取芯鑽頭 core bit
岩性圈闭/岩性圈閉，岩性封閉 lithologic trap
岩性学/岩性學 lithology
岩性油气藏/岩性油氣藏 lithologic hydrocarbon reservoir
岩藻多糖/岩藻多醣，聚海藻醣 fucoidin，fucan
岩渣锥/火山渣錐 cinder cone
岩针/岩針 rock needle
岩枝/岩枝 apophysis
岩钟/岩鐘，深成鐘狀岩 cupola
岩钟成矿说/岩鐘成礦説 cupola hypothesis of mineralization
岩株/岩株，岩幹 stock
岩组/岩組 petrofabric
岩组定向标本/岩組定向標本 rock group oriented specimen
岩组对称性/岩組對稱性 petrofabric symmetry
岩组分析/岩組分析，組構分析 petrofabric analysis，fabric analysis
岩组学/岩組學 petrofabrics
岩组轴/岩組軸 petrofabric axis
炎热干旱区/炎熱乾旱區 hot arid zone
沿岸测量/沿岸測量 coastwise survey
沿岸带/沿岸帶，濱海帶 littoral zone
沿岸底栖生物/沿岸底棲生物 littoral benthos
沿岸动物/沿岸動物相 littoral fauna
沿岸海流/海岸海流 littoral current
沿岸航路指南/沿海水路志 coast pilot
沿岸流/沿岸流 coastal current，littoral current，alongshore current
沿岸漂砂/沿岸漂沙 littoral drift
沿岸漂移/沿岸漂移 littoral drift
沿岸沙坝/沿岸沙洲 longshore bar
沿岸水/近岸水 coastal water
沿岸水域污染/沿岸水域汙染 coastal waters pollution
沿岸运输/沿岸搬運，沿岸輸送 longshore transportation
沿岸沼泽/沿岸沼澤 flotant
沿滨泥沙流/沿濱漂砂 longshore drift
沿层速度分析/沿層速度分析 horizon velocity analysis
沿革地理学/演化地理學 evolution of past geography，evolutionary geography
沿轨扫描/沿軌掃描 along-track scanning
沿轨扫描仪/沿軌掃描儀 along-track scanner
沿海城市/沿海城市 coastal city
沿海港口业/沿海港口業 coastal port industry
沿海国/沿海國 coastal state
沿海运输业/沿海運輸業 coastal transportation industry
沿茎水流/樹幹徑流 stem flow
研究与开发区位/研發區位 R and D location
盐边群/鹽邊群 Yanbian Group
盐差能/鹽差能 salinity gradient energy
盐差能转换/鹽差能轉換 salinity gradient energy conversion
盐场/鹽場 saltern，salt pan
盐沉积物/鹽沈積物 saline sediment

盐成土/鹽[漬]土 halomorphic soil
盐度/鹽度,含鹽量 salinity
盐度测定/鹽度測定 salinity determination
盐度垂直断面[图]/鹽度垂直斷面[圖] vertical section of salinity
盐度计/鹽度計,鹽度儀 salinometer
盐度梯度/鹽度梯度 salinity gradient
盐度遥感/鹽度遥測 salinity remote sensing
盐粉播撒/鹽粉種雲 salt seeding
盐分/鹽分 saline matter
盐分平衡/鹽分平衡,鹽[量]平衡 salt balance
盐分守恒/鹽量守恆 conservation of salt
盐风灾害/鹽風災害 salty wind damage
盐干扰误差/鹽干擾誤差 salt error
盐构造/鹽構造 salt structure
盐海水/鹽海水 sea brine
盐害/鹽害 salt damage
盐含量/鹽含量 salt content
盐核/鹽核 salt nucleus
盐湖/鹽湖 salt lake, saline lake
盐化工/鹽工業 chemical industry of salt
盐化[作用]/鹽化作用,土壤鹽化,鹽漬化 salinization
盐碱湿地/鹽鹼濕地 saline-alkaline wetland
盐碱滩/産鹽地 salina, saline
盐碱洼地/鹽鹼窪地 saline-alkali depression
盐碱沼泽/鹽鹼沼澤 saline-alkaline marsh
盐结晶作用/鹽結晶作用 salt crystallization
盐井群/鹽井群 Yanjing Group
盐量测定法/鹽量測定法 salometry
盐敏性/鹽敏感性 salt sensitivity
盐漠/鹽漠 salt desert
盐浓度/鹽濃度 salt concentration
盐穹/鹽穹,鹽壘 ekzema
盐丘/鹽丘 salt dune, salt dome
盐丘海岸/鹽丘海岸 salt dome coast
盐丘圈闭[构造]/鹽丘圈閉[構造] salt dome trap structure
盐溶液/鹽溶液 salt solution
盐[入]侵/鹽入侵 salt invasion
盐舌/鹽舌 salinity tongue
盐生灌丛/鹽生灌叢 halophyte bush vegetation
盐生生物/嗜鹽生物 halobiont
盐生植物/鹽生植物 halophyte
盐生植物拒盐性/鹽生植物拒鹽性 halophyte salt rejection
盐生植物泌盐性/鹽生植物泌鹽性 halophyte salt secretion
盐生植物耐盐性/鹽生植物耐鹽性 halophyte salt tolerance
盐生植物生态学/鹽生植物生態學 halophyte ecology
盐生植物生物学/鹽生植物生物學 halophyte biology
盐生植物稀盐性/鹽生植物稀鹽性 halophyte salt dilution
盐生植物引种驯化/鹽生植物引種馴化 halophyte domestication
盐收缩/鹽收縮 saline contraction
盐输入/鹽輸入 saline influx
盐水/鹽水,鹵水 brine, salt water, salt brine
盐水处理/鹵水棄置 brine disposal
盐水淡化/鹽水淡化 saline water demineralization
盐水浮游生物/鹽水浮游生物 haliplankton
盐水腐蚀/鹵水腐蝕 brine corrosion
盐水环境/鹽水環境 saline environment
盐水入侵界/鹽水入侵 saline water intrusion
盐[水]楔/鹽[水]楔 salt water wedge
盐水楔河口/鹽楔河口 salt wedge estuary
盐水转化装置/鹽水轉化裝置 salt water conversion facility
盐滩/鹽灘 salt flat
盐透过率/鹽透過率 salt passage
盐土/鹽土 solonchak
盐土植物/耐鹽植物 salt plant
盐误/鹽干擾誤差 salt error
盐析/鹽析 salting out
盐析色谱法/鹽析色譜法 salting out chromatography
盐析洗脱色谱法/鹽析洗脱色譜 salting out elution chromatography
盐析效应/鹽析效應 salting-out effect
盐腺/鹽腺 salt gland
盐楔效应/鹽楔效應 salt wedge effect
盐跃层/鹽躍層,斜鹽層 halocline, salinocline
盐跃层强度图/鹽躍層強度分布 distribution of halocline intensity
盐沼/鹽沼 salt marsh
盐沼生物/鹽沼生物 salt marsh organism
盐沼植物/鹽沼植物 salt marsh plant
盐指/鹽指 salt finger
盐渍化/鹽漬化 salinization
盐渍土壤/鹽漬土 salt-affected soil
颜色梯度/顏色梯度,色階 color ramp
颜色指数/比色指數 color index
衍射/繞射 diffraction

衍射波/繞射波　diffracted wave，diffraction wave
衍射光栅/繞射柵　diffraction grating
衍射图样/繞射型　diffraction pattern
衍射系数/繞射係數　diffraction coefficient
衍生性金融商品/衍生性金融商品　financial derivatives
衍生岩浆/衍生岩漿　derived magma
衍征/衍徵　apomorphy，derived characteristic
掩护水域/遮蔽水域　sheltered waters
掩始/入掩　immersion
掩星/掩星　occultation
掩星测量/掩星測量　occultation surveying
掩星法/掩星法　occultation method
掩星仪/月掩星觀測儀　occultation instrument
厣/厴，口蓋　operculum
眼板/眼板　ocular plate
眼耳平面/法蘭克福平面　Frankfurt horizontal plane
眼高修正/眼高修正　height of eye correction
眼沟/眼溝　palpebral furrow
眼骨上棱/眼骨上棱，眉棱　Supraorbital ridge
眼基距/眼距　interocular distance
眼基线/眼基線　eye base
眼脊/眼脊　eye ridge
眼睑骨/眼瞼骨　palpebral bone
眼睑式快门/眼瞼式快門　eyelid shutter，eyepiece shutter
眼节点/眼節點　eye tubercle
眼镜虫属/眼鏡蟲　*Phacops*
眼镜猴属/眼鏡猴　*Tarsius*
眼孔/眼孔　ocular pore
眼粒/眼粒，眼突[起]　eye tubercle
眼球状构造/眼球狀構造　augen structure
眼球状混合岩/眼球狀混合岩　augen migmatite
眼色/眼色　eye color
眼石/眼石　eye stone
眼台/眼臺　eye socle
眼台沟/眼臺溝　eye socle furrow
眼叶/眼葉　palpebral lobe，eye lobe
眼褶/眼褶　eye fold
眼殖系统/眼殖系統　oculogenital system
演变/演變　evolution
演化/演化　evolution
演化发育生物学/演化發生生物學　evolutionary developmental biology，evo-devo
演化古生态学/演化古生態學　evolutionary paleoecology
演化时间/演化時間　evolutionary time
演化线/演化線　development line
演化新质/進化新徵　evolutionary novelty
演替/演替，消長　succession
演替阶段/演替階段　stage of succession
演替系列/演替系列　sere
演习区/操演區　exercise area
厌氧层/缺氧層　anaerobic layer
厌氧沉积物/缺氧沈積物　anaerobic sediment
厌氧处理/厭氧處理　anaerobic treatment
厌氧的/嫌氧的　anaerobic
厌氧废水/缺氧廢水　anaerobic wastewater
厌氧分解/厭氧分解　anaerobic decomposition
厌氧腐蚀/缺氧腐蝕　anaerobic corrosion
厌氧菌/厭氧[性細]菌，嫌氧菌　anaerobe，anaerobic bacteria
厌氧情况/缺氧情況　anaerobic condition
厌氧生态系统/厭氧生態系統　anaerobic ecosystem
厌氧消化[作用]/厭氧消化[作用]　anaerobic digestion
厌氧性/厭氧性　anaerobic
厌氧氧化/缺氧氧化　anaerobic oxidation
艳包方解石/艷包方解石　brunnerite
验潮/驗潮潮汐觀測　tidal observation
验潮杆/潮標　tidal pole
验潮记录图/驗潮記録圖　mareogram
验潮井/驗潮井，穩定井　tide gauge well
验潮水准点/驗潮水準點　tidal bench mark
验潮仪/驗潮儀，測潮計　tide register，mareograph，tide gauge
验潮站/驗潮站　tidal station，tide gauge station
验潮站零点/驗潮站零點　zero point of the tidal station
验流浮标/驗流浮標　drift float
验收测量/驗收測量　final evaluation survey
验证/驗證　validation
验证规则/有效規則　validation rule
验证统计/校驗統計　verification statistics
验证样本/校驗取樣　verification sample
堰塞湖/堰[塞]湖　imprisoned lake，barrier lake，dammed lake
堰洲海岸/堰洲海岸，沙壩海岸　barrier coast
堰洲群/堰洲群　barrier chain
雁列/雁行，梯形　en echelon
雁列带/雁列帶　en echelon zone
雁列角/雁列角　en echelon angle
雁列节理/雁行節理　en echelon joints
雁列式断裂/雁行式斷裂　en echelon cracks
雁列褶皱/雁行褶皺　en echelon fold
雁列注记/雁行字列　sloping name

雁形目/雁形目 Anseriformes
焰囱/焰囱 flare stack
燕蛤属/燕蛤 *Avicula*
燕尾双晶/燕尾雙晶 swallow-tail twin
扬吉布拉克群/揚吉布拉克群 Yangjibulak Group
扬沙/揚沙 blowing sand
扬子板块/揚子板塊 Yangtze plate
扬子克拉通/揚子克拉通 Yangtze craton
扬子目/揚子[錐]目 Yangtzeconioidea
羊背石/羊背石 Roche moutonnée, sheepback rock
羊齿类时代/羊齒類時代 age of ferns
羊角贝壳/羊角貝殼 Criocone
羊角菊石/羊角菊石 Crioceras
羊角蕨属/羊齒蕨 *Rhynia*
羊膜/羊膜 amnion
羊膜类/胎膜類 Amniota
阳/陽 positive
阳极/陽極,正[電]極 anode, positive electrode
阳极保护/陽極防蝕 anodic protection
阳极溶出伏安法/陽極析出伏安測定法 anodic stripping voltammetry
阳离子/陽離子 cation
阳离子交换量/陽離子交换容量 cation exchange capacity, CEC
阳离子交换膜/陽離子交换膜 cation exchange membrane, cation permselective membrane
阳离子交换树脂/陽離子交换樹脂 cation exchange resin
阳离子型表面活性剂/陽離子表面活性劑 cationic surfactant
阳坡/向陽坡 adret, sunny slope
阳起龙属/起螈 *Actinodon*
阳起片岩/陽起石片岩 actinolite schist
阳起石/陽起石 actinolite
阳伞效应/傘效應 umbrella effect
阳像/正像 positive image
杨铨蜓属/楊銓氏蟲 *Yangchienia*
杨氏模量/楊氏模量,楊氏係數 Young's modulus
杨子贝属/楊子貝 *Yangtzeella*
洋/[海]洋 ocean
洋葱状风化/洋蔥狀風化 onion-skin weathering
洋岛拉斑玄武岩/洋島拉斑玄武岩,洋島矽質玄武岩 oceanic island tholeiite, OIT
洋岛玄武岩块/洋島玄武岩塊 ocean island basalt
洋岛岩浆共生组合/洋島岩漿組合 oceanic island magmatic association
洋底/洋底[環境] ocean floor, fondo
洋底变质作用/洋底變質作用,海底變質作用 ocean floor metamorphism
洋底沉积/洋底沈積,洋底岩層 fondothem
洋底磁异常条带/洋底磁異常條帶 striped magnetic anomalies in sea floor
洋底断裂带/洋底斷裂帶 ocean-floor fracture zone
洋底扩张/洋底擴張 ocean floor spreading
洋底破裂带/洋底破裂帶,洋底斷裂帶 oceanic fracture zone
洋底热泉/海底熱泉 submarine hot spring
洋底增生期/洋底增生期 ocean floor accretionary stage
洋底增生区/洋底增生區 ocean floor accretionary area
洋脊/洋脊,海脊 oceanic ridge
洋脊变格/洋脊變格 pattern change of ridges
洋脊错距/洋脊錯距 ridge offset
洋脊-岛弧转换断层/洋脊-島弧轉型斷層 ridge arc transform fault
洋脊地震/洋脊地震 ridge earthquake
洋脊分段/洋脊分段 ridge segmentation
洋脊拉斑玄武岩/洋脊拉斑玄武岩,洋脊矽質玄武岩 oceanic ridge tholeiite
洋脊跳位/洋脊跳位 location jump of ridges
洋脊推动[力]/洋脊推動[力] ridge push force
洋脊推动模型/洋脊推動模型,脊推模型 ridge push model
洋脊型地震/洋脊型地震 ridge-type earthquake
洋脊-洋脊转换断层/洋脊-洋脊轉型斷層 ridge-ridge transform fault
洋脊载荷应力/洋脊載荷應力 ridge loading stress
洋流/洋流,海流 ocean current
洋陆转换带/洋陸轉換帶 continent-ocean transition, COT
洋内弧/洋内弧 intraoceanic arc
洋盆/洋盆,海洋盆地,海盆 oceanic basin, ocean basin
洋壳/洋殼,海洋地殼,大洋型地殼 oceanic crust
洋壳增生/洋殼增生 oceanic crust accretion
洋中槽/洋中槽 mid-ocean trough, MOT
洋中脊/中洋脊 mid-ocean ridge
洋中脊跨学科全球实验/中洋脊跨領域全球試驗 Ridge Inter Disciplinary Global Experiments, RIDGE
洋中脊速度模型/洋中脊速度模型 mid-ocean ridge velocity model
洋中隆/洋中隆 mid-ocean rise
仰冲/仰衝,逆衝,上衝 obduction
仰冲侵位/仰衝侵位 obduction emplacement

仰角/仰角　elevation angle，altitude angle，angle of elevation
仰角位置显示器/仰角位置顯示器　elevation position indicator，EPI
养分耗竭/營養鹽耗竭　nutrient depletion
养分摄取/營養鹽吸收　nutrient uptake
养分收支/養分收支　nutrient budget
养分循环/營養物循環，營養鹽循環　nutrient cycle
养路测量/養路測量　maintenance survey
氧分布/氧分布　oxygen distribution
氧化钡/重晶岩　baria
氧化反应/氧化反應　oxidizing reaction
氧化分解/氧化分解　oxidative decomposition
氧化还原电位/氧化還原電位　oxidation reduction potential
氧化还原电位不连续层/氧化還原電位不連續層　redox potential discontinuity，RPD
氧化还原指示剂/氧化還原指示劑　oxidation reduction indicator
氧化还原作用/氧化還原作用　reduction-oxidation
氧化环境/氧化環境　oxidizing environment
氧化剂/氧化劑　oxidant，oxidizer
氧化降解/氧化降解　oxidative degradation
氧化铝版/陽極氧化鋁版　anodized aluminum plate
氧化率/氧化率　oxidation rate
氧化能力/氧化能力　oxidative capacity
氧化侵蚀/氧化侵蝕　oxidative attack
氧化倾向/氧化傾向　oxidation tendency
氧化实验/氧化實驗　oxidation test
氧化数/氧化數　oxidation number
氧化态/氧化態　oxidation state
氧化土/氧化土　oxisol
氧化性能/氧化性能　oxidation susceptibility
氧化障/氧化障　oxidation block
氧化作用/氧化作用　oxidation
氧解离曲线/氧解離曲線　oxygen dissociation curve
氧浓度/氧濃度　oxygen concentration
氧[气]/氧　oxygen
氧同位素比值/氧同位素比　oxygen isotope ratio
氧同位素地层学/氧同位素地層學　oxygen isotope stratigraphy
氧同位素古温度/氧同位素古温度　oxygen isotope paleotemperature
氧同位素期/氧同位素期，氧同位素階　oxygen isotope stage
氧硒石/氧硒石　downeyite
氧循环/氧循環　oxygen cycle
氧逸度/氧逸度　oxygen fugacity
氧中毒/氧中毒　oxygen toxicity
氧最大层/氧最大層，最大含氧層　oxygen maximum layer
氧最小层/氧最小層，最小含氧層　oxygen minimum layer
样本/樣本，色樣　swatch，sample
样本函数/樣本函數　sample function
样本量/樣本量　sample size
样方分析/網格分析　quadrate analysis
样式/形式　style
样式表/樣式表，樣式模板　style sheet
样式管理器/樣式管理器　style manager
样式模板/樣式模板，樣式表　style sheet
样条/樣條　spline
样条插值/樣條插值，仿樣內插[法]　spline interpolation
样条函数展开/樣條函數展開　spline function expansion
B样条曲线/B平滑曲線　B-spline
样图/樣圖　sample plot
样张/樣張　proof copy
腰鞭毛类/渦鞭毛蟲綱　Dinoflagellata
腰带/腰帶　girdle
遥测/遙測，電子測量　remote measurement，telemetry
遥测地震台网/遙測地震臺網　telemetered seismic network
遥测地震仪/遙測地震儀　telemetric seismic instrument
遥测光度计/遙測光度計　telephotometer
遥测平台/遙測載臺　platform for remote sensing
遥测温度表/遙測溫度計　telemetering thermometer，distance thermometer
遥测温度计/遙測溫度計　telemetering thermometer，distance thermometer
遥测雨量计/遙測雨量計　distance rainfall recorder
遥感[测量]/遥[感探]测　remote sensing
遥感测深/遙感探測　remote sensing sounding
遥感机理/遙感機制　mechanism of remote sensing
遥感技术/遙測技術　remote sensing technology，remote sensing technique
遥感模式识别/遙感模式識別　pattern recognition of remote sensing
遥感平台/遙感平臺　remote sensing platform
遥感器/遙測器　remote sensor
遥感数据获取/遙感資料獲取　remote sensing data acquisition
遥感水文/遙測水文　remote sensing hydrology

遥感探鱼/遥測魚探 fish finding by remote sensing
遥感图像处理/遥感探測影像處理 remote sensing image processing
遥感系列制图/遥測系列製圖 remote sensing series mapping
遥感信息/遥測資訊 remote sensing information
遥感信息制图/遥測資訊製圖 remote sensing information mapping
遥感影像/遥測影像 remote sensing image, remote-sensing imagery
遥感影像制图/遥感圖像製圖 mapping from remote sensing image
遥感应用/遥感探測應用,遥測應用 remote sensing application
遥感制图/遥測製圖 remote sensing mapping
遥感专题图/遥測專題圖 thematic atlas of remote sensing
遥控潜水器/遥控潛水器,遥控水下載具 remotely operated vehicle, remote operated vehicle, ROV
遥控装置/輔機 remote unit
遥相关/遥相關,遥聯[繫] teleconnection
咬迹/咬跡 biting trace, gnawing trace
咬口/咬口邊 leading edge
药材土/藥材土 sphragidite, sphragide
药膜对片基接触晒印/藥膜對片基曬印法 emulsion to base
药膜对药膜接触晒印/藥膜對藥膜曬印法 emulsion to emulsion
药膜面/藥膜面 coated side
药用盐生植物/藥用鹽生植物 halophytic medical plant
要素/要素,圖徵 feature
要素标识符/特點識別字 feature-ID
要素层/圖徵圖層 feature layer
要素分类/圖徵分類 feature classification
要素服务/圖徵服務 feature service
要素服务器/圖徵伺服器 feature server
要素集合/圖徵集合 feature collection
要素类/圖徵類別 feature class
要素类型/圖徵類型 feature type
要素流/圖徵流 feature streaming
要素码/要素碼 feature code
要素目录/圖徵目録 feature catalog
要素属性/圖徵屬性 feature attribute
要素数据/圖徵資料 feature data
要素数据集/圖徵資料集 feature dataset
要素综合/圖徵縮編 feature generalization
钥孔蝛螺超科/鑰孔蝛螺目 Archaeotremariacea
冶里角石属/冶里角石 *Yehlioceras*
野复理石/混雜複理層 wildflysch
野鸡山群/野雞山群 Yejishan Group
野马南山群/野馬南山群 Yemananshan Group
野牛/野牛 wild buffalo
野生型/野生型 wild type
野外补测/野外補測 field completion
野外地质图/野外地質圖 field geological map
野外调查/野外調查,田間調查 field survey
野外调绘/野外調繪 field classification
野外考察/野外實察,田野調查 field work
野外实测等高线/野外實測等高線 field contouring
野外填图/野外填圖 field mapping
野外修测图/野外修測圖 field correction copy
野外原图/野外原圖 field sheet
野外重力测量/野外重力測量 field gravity measurement
野营虫属/野居蟲 *Agraulos*
业务预报/作業預報 operational forecast
叶瓣状/葉瓣狀 lobe
叶笔石属/葉筆石 *Phyllograptus*
叶齿型/葉齒型 lobodont
叶袋角石属/袋角石 *Thylacoceras*
叶碲铋矿/葉碲鉍礦 wehrlite
叶碲金矿/葉碲[金]礦 nagyagite
叶痕/葉痕 leaf scar
叶黄素/葉黃素 xanthophyll
叶迹/葉跡 leaf trace
叶脚目/葉腳目 Phyllopoda
叶节点/葉節點 leaf node
叶结构分析/葉結構分析 leaf architectural analysis
叶菊石属/葉菊石 *Phylloceras*
叶蜡石/葉蠟石 pyrauxite, pyrophyllite
叶理/葉理 foliation
叶硫砷铜石/雲母銅礦 chalcophyllite
叶绿矾/葉綠礬 copiapite
叶绿泥石/葉綠泥石 penninite
叶绿素/葉綠素 chlorophyll
叶绿素体/葉綠素體 chlorophyllinite
叶脉/葉脈 vein
叶面蒸发/葉面蒸發 leaf transpiration
叶片/葉片 vane
叶片状构造/葉片狀構造 leaf-like structure
叶羟硅钙石/葉水矽鈣石 zeophyllite
叶鞘/葉莖 vagina
叶舌/葉舌 leaf ligule, ligule
叶舌穴/葉舌穴,葉舌痕 ligular scar, lingular pit, ligular pit

叶蛇纹石/葉蛇紋石,苦臭石 antigorite
叶属/槲葉 *Dryophyllum*
叶温/葉温 leaf temperature
叶隙/葉隙 leaf gap
叶相/葉相 leaf physiognomy
叶镶嵌/葉鑲嵌 leaf mosaic
叶序/葉序 phyllotaxy
叶印痕/石化葉 lithophyte
叶肢介/葉肢介,介甲類 clam shrimp, conchostracans, Estheria
叶状体/葉狀體 thallus
叶状幼体/葉狀幼體,葉形幼生 phyllosoma larva
叶状黏土/葉狀黏土 leaf clay
叶状枝/假葉 phylloid
叶状植物/藻菌植物 thallophyte, Thallophyta
叶子植物亚纲/葉子植物亞綱 Phyllospermae
叶足类/鰓腳 Branchiopoda
叶足目/葉腳目 Phyllopoda
叶座/葉墊 leaf cushion
页面单位/頁面單位 page units
页面描述语言/頁面描述語言 PostScript, page description language
页面阅读器/頁面閱讀器 page reader
页岩/頁岩 shale
页岩气/葉岩氣 shale gas
页岩油/葉岩油 gabianol
页状剥离/鱗剥穹丘 exfoliation dome
页状剥落/鱗剥[作用] exfoliation
曳力/曳力 drag
曳鳃动物门/曳鰓動物門 Priapulida
曳式锋/拖曳鋒 trailing front
夜光/夜光 night sky light, night sky luminescence
夜光虫/夜光蟲 noctiluca
夜光云/夜光雲 noctilucent cloud
夜间辐射/夜間輻射 nocturnal radiation
夜间急流/夜間噴流 nocturnal jet
夜间能见度/夜間能見度 night-time visibility
夜间摄影/夜間攝影 night photography
夜[气]辉/夜輝,恆定極光 nightglow, permanent aurora
夜视范围/夜視程 night visual range
液固两相流体/液固兩相流體 liquid-solid two-phase fluid
液核/液核 liquid core
液核共振/液核共振 liquid-core resonance
液化/液化 liquefaction
液化角砾岩/液化角礫岩 liquefied breccia
液化卷曲变形/液化卷曲變形 liquefied crinkled deformation
液化流/液化流 liquefied flow
液化天然气/液化天然氣 liquefied natural gas, LNG
液化指数/液化指數 liquefaction index
液泡/液泡 vacuole
液态不混溶作用/液體不可混性,液體不混合性 liquid immiscibility
液态窗/液態窗 liquid window
液态含水量/液態水含量 liquid water content, LWC
液态水簇团模型/液態水簇團模型 cluster model of liquid water
液体包裹体/液包體 liquid inclusion
液体罗盘/液體羅盤 spirit compass
液限/液限 liquid limit
液相/液相 fluid phase
液相线/液相線 liquidus
液相线矿物/液相線礦物 liquidus mineral
液相线温度/液相温度 liquidus temperature
液性指数/液性指數 liquid index
一般气候模型/一般氣候模式 general climate model
一般气候站/普通氣候站 ordinary climatological station
一雌多雄制/一雌多雄制 polyandry
一次反射/一次反射 primary reflection
一次散射/一次散射 primary scattering
一等导线测量/一等導線測量 first order traverse
一等三角测量/一等三角測量 first order triangulation
一等水准测量/一等水準測量 first order leveling
一对多/一對多 one-to-many
一对多关系/一對多關係 one-to-many relationship
一级隔壁/一級隔壁,長隔 major septum
一级腕板/一級腕板 primibrach costal
一阶逆转曲线/一階逆轉曲線 first-order reversal curve, FORC diagram
一阶应力/一階應力 first-order stress
一类水体/第一類水體 case 1 water
一年冰/一年冰,首年冰 first year ice
一水蓝铜矾/一水銅礬 posnjakite
一体化数据结构/統一資料結構 unified data structure
一跳传播/一跳傳播 one-hop propagation
一维反演/一維反演 one dimensional inversion
一维基准/一維基準面 one-dimensional datum
一维滤波/一維濾波 one-dimensional filtering
一维模型/一維模型 one-dimensional model

一维模型走时曲线/一維模型走時曲線 one-dimensional model traveltime curve
一维射线追踪/一維射線追蹤 one-dimensional ray tracing
一维速度反演/一維速度反演 one-dimensional velocity inversion
一雄多雌制/一雄多雌制 polygyny
一氧化氮/一氧化氮 nitric oxide
一氧化二氮/氧化亞氮 nitrous oxide
一氧化碳/一氧化碳 carbon monoxide
一元时间序列/一元時間序列 univariate time series
一致/一致 coincident
一致年龄/一致年齡 concordia age
一致熔融/一致熔融 congruent melting
一致性/一致性,恆定性 consistency, conformance
一致性测试/一致性測試,一致性檢定 conformance testing
一致性测试报告/一致性測試報告 conformance test report
一致性测试套件/符合測試與指導套件 conformance test suite
一致性检验/一致性檢驗 consistency check
一致性评价/一致性評估 conformance assessment
一致性实现/一致性實作 conforming implementation
一致性条款/一致性條款 conformance clause
一致性质量等级/一致性品質水準 conformance quality level
一轴晶/單軸晶體 uniaxial crystal
伊迪波/伊迪波 Eady wave
伊迪模型/伊迪模型 Eady model
伊丁玄武岩/伊丁玄武岩 carmeloite
伊豆-小笠原海沟/伊豆-小笠原海溝 Izu Bonin Trench
伊尔文准则/伊爾文準則 Irwin criterion
伊朗板块/伊朗板塊 Iran Plate
伊勒瓦拉反向/伊拉瓦拉反向 Illawarra reversal
伊里亚古陆/伊里亞古陸 Eria land
伊利石/伊利石,伊萊石 illite
伊珀尔阶/以卜累斯階 Ypresian Stage
伊珀尔期/以卜累斯期 Ypresian Age
伊瑞蕨目/伊瑞蕨目 Iridopteridales
伊斯兰教/伊斯蘭教 Islam
伊塔数/伊塔指數 eta index
衣着指数/衣著指數 clothing index
医疗气候学/醫療氣候學 medical climatology
医疗气象学/醫療氣象學 medical meteorology
医学地理学/醫療地理學 medical geography
医学气象学/醫療氣象學 medical meteorology
依附带/依賴帶 zone of dependence
依赖/依賴性 dependency
依需印刷/依需印刷 on-demand printing
铱锇矿/銥鋨礦 iridosmine
铱异常/銥異常 iridium anomaly
仪器/儀器 apparatus
仪器地震学/儀器地震學 instrumental seismology
仪器对中/儀器定心 centering of instrument
仪器校正/儀器校正 instrument adjustment
仪器偏心距/儀器偏心距 eccentricity of instrument
仪器视差/儀器視差 instrument parallax
仪器误差/儀器誤差 instrument errors
仪器响应/儀器回應 instrument response
仪器响应反卷积/儀器回應反卷積 instrument response deconvolution
仪器噪声/儀器雜訊 instrumental noise
仪器震源/儀器震源 instrument hypocenter
仪器中心/儀器中心 center of instrument
仪器坐标/儀器坐標 machine coordinates, instrument coordinates
夷平海岸/夷平海岸,平直海岸 rectification coast
夷平面/平夷面 planation surface, graded surface
夷平作用/夷平作用,平夷作用 planation
沂水岩群/沂水岩群 Yishui Group Complex
贻贝类/貽貝,殼菜蛤 mussel
贻贝属/貽貝 *Mytilus*
移点器/移點器,求心器,定點器 plumbing arm, centring bracket
移动/移動,横向定位,位移 migration, movements, translocation
移动边界/移動邊界 moving boundary
移动波/移動波 wave of translation
移动船舶站/移動船舶站 mobile ship station
移动平均滤波[器]/移動平均濾鏡 moving average filter
移动沙洲/移動沙洲 shifting bar
移动式地理服务器/移動式地理伺服器 geo mobility server
移动式钻井平台/移動式鑽井平臺 mobile drilling platform
移动位置逆向识别/移動位置逆向識別 reverse floating position specifier
移动性反气旋/移動反氣旋 traveling anticyclone
移动性气旋/移動氣旋 traveling cyclone
移积物/移積物,外來堆積體 allochthonous deposit
移迹/爬跡 trail
移距/位移 displacement

移民劳动力/移民勞動力　migrant labor
移位地体/移位地體　displaced terrain
移液管/移液管,吸量管　pipette, pipet
移置体/移置岩體,外來岩體　allochthon
移置推覆体/移置推覆體　allochthonous nappe
遗传/遺傳　heredity, inheritance
遗传变异/遺傳[性]變異　hereditary variation
遗传标记/遺傳標記　genetic marker
遗传单位/遺傳單位　hereditary unit
遗传的/遺傳學,進化的　genetic
遗传多态性/遺傳多態性　genetic polymorphism
遗传多样性/遺傳多樣性,基因多樣性　genetic diversity
遗传分化系数/遺傳分化係數　genetic differentiation coefficient
遗传革命/遺傳性[的]革命　genetic revolution
遗传距离/遺傳距離　genetic distance
遗传力/遺傳力　heritability
遗传率/遺傳力　heritability
遗传漂变/遺傳漂變　genetic drift
遗传算法/遺傳演算法,基因演算法　genetic algorithm, GA
遗传同类群/遺傳亞族群,基因亞族群　genodeme
遗传修饰生物体/基改生物　genetically modified organism, GMO
遗传学/遺傳學　genesiology, genetics
遗迹/化石足印　ichnite
遗迹地层学/遺跡地層學　ichnostratigraphy
遗迹分类群/遺跡分類群　ichnotaxon
遗迹分类学/遺跡分類學　ichnotaxonomy
遗迹化石/遺跡化石,痕跡化石,跡印化石　trace fossil, ichnofossil
遗迹孔/遺跡孔,殘跡孔　relict pore
遗迹群落/遺跡群落,痕跡化石群體　ichnocoenosis
遗迹属/遺跡屬　*ichnogenus*
遗迹相/遺跡相　ichnofacies
遗迹学/遺跡學,生痕學　ichnology
遗迹种/遺跡種　ichnospecies
遗迹组构/遺跡組構　ichnofabric
遗漏扫描线/遺漏掃描線　dropped scan line
遗漏误差/遺漏誤差　omission error
遗漏性误差/遺漏誤差,漏列　error of omission, omission error
颐骨/頤骨　mentomeckelian bone
颐片/頤片　mental plate
疑存/疑有　existence doubtful
疑迹/問題物　problematicum
疑位/疑位　position doubtful
疑源类/疑源類　acritarchs
乙烷/乙烷　ethane
已知含油气系统/已知含油氣系統　known petroleum system
以太网/乙太網路　Ethernet
钇硅磷灰石/金土磷灰石,阿武隈石　britholite-(Y)
钇褐帘石/釔褐簾石　allanite-(Y)
钇铌铁矿/釔鈮鐵礦　yttrocolumbite
钇钽铁矿/釔鉭礦　yttrotantalite
钇钨华/釔鎢華　yttrotungstite
钇榍石/釔榍石　keilhauite, yttrian sphene
钇铀烧绿石/釔鈾燒綠礦　yttropyrochlore, obruchevite
刈幅/刈幅　swath
异孢植物/異孢植物　Heterosporophytes
异剥辉石/異剝輝石　diallage
异步/非同步　asynchronism
异步化/異步化,非同步化　asynchronization
异步请求/非同步請求　asynchronous request
异步通信/非同步通訊　asynchronous communication
异步转换/非同步轉換　asynchronous transfer
异常/異常[度]　anomaly, abnormality, exception
异常衬度/異常襯度　anomaly contrast
异常传播/異常傳播　abnormal propagation
异常磁变/異常磁變　abnormal magnetic variation
异常的/異常[的]　anomalous
异常地层压[强]/異常地層壓力　abnormal formation pressure
异常地震区/異常地震區　anomalous seismic zone
异常规模/異常規模　anomaly dimension
[异常]海啸地震/[異常]海嘯地震　anomalous tsunami earthquake
异常回波/異常回波　angel echo
异常孔隙压力/異常孔隙壓力　abnormally pore fluid pressure
异常强度/異常強度　anomaly intensity
异常时差/異常時差　abnormal moveout
异常衰减模式/異常衰減模式　anomaly decay pattern
异常宇宙线/異常宇宙線　anomalous cosmic ray
异常值/超出值　outlier
异齿龙类/異齒龍　heterodontosaurids
异齿目/異牙目　Heterodonta
异齿系/異齒系,異牙系　heterodent dentition
异齿型/異齒型　heterodont
异虫室/異蟲室　heterozooecium
异底板/異底板　azygous basal plate
异地保育/異地保育　ex situ conservation

异地埋藏/異地埋藏 heterochthonous burial
异地社会/異地社會 foreign societies
异地生成煤/移積煤 allochthonous coal
异地同名/異地同名 homonym
异地岩块/移置岩塊,外來斷塊 allochthonous block
异盖虫/異蓋蟲 Heterostegina
异个虫/異個蟲 heterozooid
异构化作用/異構化作用 isomerization
异关节目/異關節類 Xenarthra
异化颗粒/異化顆粒 allochem
异极/異極 heteropolar
异极矿/異極礦 hemimorphite
异极象/異極像,異極性 hemimorphism
异极象族/異極像族 hemimorphic class
异甲亚纲/異甲目 Heterostraci
异甲鱼类/異甲[魚]類 heterostracans
异金星介/異金星介 Hemicytherura
异精雌核发育技术/異精雌核發育技術 allogynogenesis technique
异离体/異離體 schlieren
异亮氨酸差向异构作用/異亮氨酸差向異構化[作用] epimerization of isoleucine
异列型气孔/不等型氣孔,不等形氣孔 anisocytic type stomata
异龙/異[特]龍 Allosaurus
异脉蕨属/古馬通 *Phlebopteris*
异木属/異木 *Xenoxylon*
异谱/異譜 heterospectrum
异生物质/異生物質,外來化合物 xenobiotics
异生营养/異營型營養 heterotrophic nutrition
异时发育/非時發育,異時發生,異時性 heterochrony
异兽类/多峰齒獸類 Allotheria
异兽亚/後獸亞綱,歸異獸類 Metatheria
异速成长原则/異速成長原則 allometric principles
异速生长/異速生長 allometry
异凸贝属/奇凸貝 *Thaumatrophia*
异物同名/異物同名 homonym
异物同形/異物同形 homeomorph
异相[离子交换]膜/異相膜 heterogeneous ion exchange membrane
异形珊瑚/別珊瑚 Heterophyllia
异型/異型,他型 allotype
异型齿/異齒型 heterodont
异型颗石/異晶顆石,異晶球石片 heterococcolith
异性石/異性石 eudialyte
异旋回/異旋回 allogenic cycle
异旋壳/異旋殼 heterostrophic
异牙系/異牙系,異齒系 heterodent dentition
异养生物/異養生物 heterotrophic organism
异叶蕨属/奇葉蕨[屬] *Thaumatopteris*
异羽叶/異羽葉 Anomozamites
异域成种/異域成種作用,異域物種形成,異域種化 allopatric speciation
异域分布/異域分布 allopatry
异域物种形成/異域物種形成,異域成種作用,異域種化 allopatric speciation
异源学说/異源世代交替學説 antithetic theory
异藻蓝蛋白/别藻藍蛋白,異藻藍素 allophycocyanin
异质地志/異質地志 heterotopology
异质核化/異質成核 heterogeneous nucleation
异质空间/異質空間 heterotopia
异质同晶[现象]/同型性,趨向演化 homoeomorphism
异质种群/關聯族群 metapopulation
异柱类/異柱[的] anisomyarian, heteromyarian
异柱目/異柱[總]目 Anisomyaria, Heteromyaria
抑制作用/抑制作用 inhibition
邑/邑,市鎮聚落 town-settlement
易变硅钙石/易變矽鈣石 tacharanite
易变辉石/易變輝石 pigeonite
易地保护/異地保育 ex situ conservation
易解石/易解石 aeschynite
易裂海胆目/易裂海膽目 Perischoechinoidea
易熔辉石/易熔石 eulite
驿道/驛道 post road
驿舍/驛舍 post house
益生菌/益生菌 probiotics
逸度/[易]逸度,易逸性 fugacity
逸散层/外氣層 exosphere
逸散层底/外氣層底 exobase
意外污染/意外汙染 accidental pollution
意外泄漏/意外洩漏 accidental spillage
溢出/溢出 overflow
溢出冰川/溢出冰川 outlet glacier
溢出带/溢出帶 overflow zone
溢出点/溢出點 spill point
溢出列表/溢出列表 overflow list
溢出泉/溢流泉 overflow spring
溢出效应/溢出效應 spilling effect
溢洪道/溢洪道 floodplain scour routes, spillway
溢晶石/溢晶石,鎂鈣鹽 tachyhydrite
溢流管道系统/溢流管道系統 overflow piping system
溢流泉/溢流泉 overflow spring
溢流玄武岩/洪流玄武岩,高原玄武岩 flood basalt

溢油/溢油 oil spill
溢油化学处理技术/漏油之化學處理 oil spill chemical treatment
溢油去除器/漏油消除器 oil spill remover
溢油生物处理技术/漏油之生物處理 oil spill biological treatment
溢油探测/漏油測量 oil spill detection
溢油物理处理技术/漏油之物理處理 oil spill physical treatment
溢油灾害/漏油災難 oil spill disaster
溢油治理技术/漏油處理 oil spill treatment
缢/縊,縮窄 stricture
翼/翼 limb
翼笔石/翼筆石 Pterograptus
翼骨/翼骨 pterygoid bone
翼环亚类/翼環亞類 pteromorphs
翼间窝/翼間窩 interpterygoid cavity
翼间穴/翼間窩 interpterygoid cavity
翼壳/翼片,頸板,翅膜 patagium
翼龙/翼龍 pterosaurs
翼龙目/飛龍目 Pterosauria
翼膜/翼膜 wing membrane
翼梢系统/翼端系統 wing-tip system
翼手龙/翼手龍 Pterodactylus
翼手龙类/翼手龍類[群] pterodactyloids
翼手龙亚目/翼手龍亞目 Ptereodactyloidea
翼手目/翼手目 Chiroptera
翼掌骨/翼掌骨 wing metacarpal
翼肢鲎属/翼鱟 *Pterygotus*
翼指骨/翼指骨 wing digit
翼指节/翼指節 wing phalanx
翼状分子/翼狀分子 alate element
翼状骨/翼骨 pterygoid bone
翼状突出/翼狀突出 aliform apophysis
翼状突起/翼狀突起 alar process
翼足类/翼足類 Pteropods
翼足类软泥/翼足類軟泥,翼足蟲軟泥 pteropod ooze
翼足目/翼足目 Pteropoda
因次分析/因次分析 dimensional analysis
因果[的]/因果的 causal
因果模型/因果模型 causal model
因果批判/因果批判 criticism of causality
因果性/因果律,因果關係 causality
因普特法/因普特法 INPUT method
因特网/網際網路 Internet
因瓦/鎺鋼 invar
因瓦标尺/鎺鋼標尺 invar rod
因瓦带尺/鎺鋼帶尺 invar tape
因瓦基线尺/鎺鋼基線尺 invar baseline wire
因瓦线尺/鎺鋼線尺 invar wire
C 因子/*C* 因子 *C*-factor
k 因子/*k* 因子 *k*-factor
因子分析/因子分析 factor analysis
因子生态/因子生態 factorial ecology
因子生态方法/因子生態方法 factorial ecology approach
阴极/陰極,負[電]極 cathode, negative electrode
阴极保护/陰極防蝕 cathodic protection
阴极发光/陰極發光 cathodoluminescence
阴极射线/陰極射線 cathode ray, cathode stream
阴极射线管/陰極射線管 cathode ray tube, CRT
阴离子交换膜/陰離子交換膜 anion exchange membrane, anion permselective membrane
阴历/陰曆 lunar calendar
阴坡/陰坡 ubac, shady slope
阴山石/陰山石 yinshanite
阴山-燕山造山带/陰山-燕山造山帶 Yinshan-Yanshan orogenic belt
阴天/陰天 overcast sky
阴像/陰像 negative image
阴像改正/陰像改正 negative correction
阴影测高法/陰影測高法 shadow method of height determination
阴影带/陰影帶 shadow zone
阴影区/陰影區,投影面積 shadow area
阴影象征/陰影象徵 shade symbol
阴影消除图像/陰影消除圖像 shaded relief image
阴影状混合岩/雲霧岩 nebulite
音频大地测深/音訊大地測深 audio magnetotelluric, AMT
音响方位/音波方位 sonic bearing, acoustic bearing
音响渔法/音響漁法 acoustic fishing
银大麻哈鱼疱疹病毒病/銀鮭皰疹病毒病 herpesviral disease of coho salmon
银道面/銀道面 galactic plane
银汞齐/汞膏 amalgam
银河宇宙线/銀河宇宙射線 galactic cosmic ray
银鲛类/銀鮫組 Chimaerae
银金矿/銀金礦 electrum
银铁矾/銀鉀鐵礬 argentojarosite
银星石/銀星石 wavellite
银杏/銀杏,公孫樹 Ginkgo
银杏纲/銀杏綱,公孫樹綱 Ginkgopsida
银杏化石属/擬銀杏 *Ginkgoites*
银杏目/銀杏目,公孫樹目 Ginkgoales

银鱼沟群/銀魚溝群 Yinyugou Group
尹石笔石/尹石筆石 Yinograptus
引潮力/引潮力,生潮力,起潮力 tide-generating force, tide-producing force
引潮[力]势/引潮勢,起潮勢 tide potential
引潮力-重力波相互作用/潮-重力波相互作用 tide gravity wave interaction
引潮位/引潮位,生潮位勢 tide-generating potential
引导/舉動 conduct
引导高度/駛引高度 streeing level
引导气流/駛流 steering flow
引点/引點 derived point, side shot
引航/引水 pilot
引航船/引水船 pilot vessel
引航锚地/引水錨地 pilot anchorage
引航图/航跡圖 pilot trace
引航图集/引航圖集 pilot atlas
引进种/外來種 introduced species
引力/[萬有]引力 gravitation
引力波/引力波 gravitational wave
引力常量/引力常數 gravitational constant, gravitation constant, G
引力潮/引力潮 gravitational tide
引力模型/引力模式 gravity model
引力势/引力勢 gravitational potential
引力位/引力位 gravitational potential
引入种/外來種 introduced species
引水/引水 pilot
引水工程/引水工程 water diversion project
引张线法/引張線法 method of tension wire alignment
引震应力/起震應力 earthquake-generating stress
饮用水/飲用水 potable water
饮用水水质标准/飲用水水質標準 water quality standard for drinking water
隐孢子/隱孢子 cryptospore
隐蔽圈闭/隱蔽圈閉 subtle trap
隐藏线/隱藏線 hidden line, invisible line
隐藏线消除/隱藏線消除 hidden line removal
隐藏岩内生物/隱藏岩内生物 cryptoendolith
隐存种/隱存種 cryptic species
隐缝/隱縫 cryptosuture
隐伏断层/隱伏斷層 hidden fault
隐伏矿/隱伏礦 buried ore
隐伏矿勘查/隱伏礦勘查 exploration of concealed ore deposit
隐伏矿体/隱伏礦體 concealled orebody
隐格式/隱式算法 implicit scheme
隐海百合/隱海百合 Cryptocrinus
隐含变量/隱含變數 hidden variable
隐含属性/隱含屬性 hidden attribute
隐花植物/隱花植物 cryptogam
隐晶岩/隱晶岩,非顯晶岩 aphanite
隐晶质/隱晶質,潛晶質 cryptocrystalline
隐孔贝属/後孔貝 *Hypothyridina*
隐口目/隱口[苔蘚蟲]目 Cryptostomata, Cryptostomida
隐口苔藓虫目/隱口苔蘚蟲目 Cryptostomata
隐没带/隱没帶,俯衝帶 subduction zone, subduction belt
隐没侵蚀/隱没侵蝕 subduction erosion
隐匿石/隱匿石 cryphiolite
隐脐型/隱臍型 anomphalous
隐球粒/隱球粒 cryptoglobule
隐生藻/隱藻 Cryptozoon
隐石燕/隱石燕 Cryptospirifer
隐式[差分]格式/隱式[差分]法 implicit difference scheme
隐域土/隱域土 intrazonal soil
隐域性/隱域性 intrazonality
隐喻/隱喻 metaphor
隐藻层/隱藻層 cryptalgalaminate
隐藻纹层岩/隱藻紋層岩 cryptalgalaminite
隐中隔壁/隱隔壁 cryptoseptate
印澳板块/印澳板塊 India-Australia plate, Indian-Australian plate, IA
印第安夏/秋老虎 Indian summer
印度-澳大利亚板块/印度-澳大利亞板塊 India-Australia plate
印度板块/印度板塊 India plate, Indian plate, IN
印度潮面/印度潮面 Indian tide plane
印度大潮低潮/印度大潮低潮 Indian spring low water
印度低压/印度低壓 Indian low
印度季风/印度季風 Indian monsoon
印度阶/印度階 Induan Stage
印度空间研究组织/印度太空研究組織 Indian Space Research Organization, ISRO
印度期/印度期 Induan Age
印度洋/印度洋 Indian Ocean
印度洋板块/印度洋板塊 Indian Ocean Plate
印度洋赤道潜流/印度洋赤道底流 Indian Equatorial Undercurrent
印度洋季风/印度洋季風 Indian Ocean monsoon
印度洋中脊/印度洋中[洋]脊 Central Indian ridge
印痕化石/印痕化石 impression

印记/印記,銘印　imprinting
印加骨/印加骨　Inca bone
印缅低槽/印緬槽　Indian and Burma trough
印刷/印刷　printing
印刷版/印刷版,様張版　printing plate, press plate
印刷成本估价/印刷成本估價　printing cost estimating
印刷成品/完成印件　finished print
印刷程序/印刷色序　printing sequence
印刷废品/印刷耗損　press spoilage
印刷技术/印刷技術　printing technique
印刷科学/印刷科學　printing science
印刷品/印刷品　printed matter
印刷适性/印刷適性　printability
印刷业/印刷工業　printing industry
印刷原图/印刷原圖　smooth-delineation copy
印刷质量/印刷品質　printed matter quality
印堂/頭鞍　glabella
印支阶段/印支階段　Indosinian stage
印支期/印支期　Indosinian
印支运动/印支運動　Indosinian movement
印支造山运动/印支造山運動　Indosinian orogeny
印支褶皱带/印支褶皺帶　Indosinian fold belt
应得权力/應得權力　condign power
英安斑岩/英安斑岩　dacite-porphyry
英安岩/英安岩,石英安山岩　dacite
英尺烛光/呎燭光　foot candle
1英寸地图/1吋地圖　one inch map
英吉利海峡/英吉利海峽　English Channel
英寻/嚎,拓　fathom
英云闪长岩/英雲閃長岩,英閃岩　tonalite
英制热量单位/英制熱單位　British thermal unit, BTU
缨翅目/纓翅目　Thysanoptera
樱蛤形/櫻蛤形　telliniform
樱尾目/櫻尾目　Thysanura
鹦鹉螺类/鸚鵡類　nautiloids
鹦鹉螺式壳/鸚鵡螺[式]殼　nautilicone
鹦鹉螺属/鸚鵡貝　*Nautilus*
鹦鹉螺亚纲/鸚鵡貝目　Nautiloidea
鹦鹉嘴龙属/鸚鵡[嘴]龍　*Psittacosaurus*
鹰粉类/鷹粉類　Aquilapolles
鹰头贝/鷹奴貝　Gypidula
鹰阳关群/鷹陽關群　Yingyangguan Group
迎风差分/逆風差分　upwind difference
迎风差格式/逆風格式　upstream scheme
迎风潮/上風潮　windward tide
迎风法/上風法　upwind scheme
迎风格式/上風法　upwind scheme
迎风坡/迎風坡　windward slope
荧光/螢光　fluorescence
荧光测定法/螢光測定法　fluorometry, fluorimetry
荧光地图/螢光地圖　fluorescent map
荧光分析/螢光分析　fluorescence analysis
荧光抗体技术/螢光抗體技術　fluorescent antibody technique
荧光密度测定法/螢光密度測定法　fluodensitometry
荧光物质/螢光物質　fluorescent material
荧光指示剂/螢光指示劑　fluorescence indicator
萤光素/螢光素　luciferin
萤光素酶/螢光酵素　luciferase
萤石/螢石,氟石　fluorite, fluorspar
营救效应/營救效應　rescue effect
营销地理学/行銷地理學　marketing geography
营销原则/行銷原則,市場原則　marketing principle
营养病分布/營養病分布　nutritional disease distribution
营养不足/營養不足,營養[鹽]缺乏　nutrient deficiency
营养地理/營養地理學　geography of nutrition
营养繁殖/營養繁殖　vegetative reproduction, vegetative propagation
营养负荷/營養負荷　nutrient loading
营养个体/營養個員　gastrozooid
营养化学/營養化學　nutrient chemistry
营养级/營養階層,食性階層　trophic level
营养价值/營養[價]值　nutritive value
营养结构/營養結構　trophic structure
营养链/營養鏈　trophic chain
营养物/營養物質,營養素　nutrient
营养性顶枝/營養性頂枝　sterile telome
营养需要/營養需要　nutritional requirement
营养盐/營養鹽　nutrient salt
营养盐污染/營養鹽汙染　nutrient pollution
营养盐现场自动分析仪/營養鹽現場自動分析儀　autonomous nutrient analyzer in situ, ANAIS
营养元素/營養元素　nutrient element
影带/陰帶　shadow band
影区/影區,陰區　shadow zone
影响半径/影響半徑　radius of influence
影像/影像　image, imagery
影像变形/影像變形　image deformation
影像测量学/影像測量學　ikonogrammetry, iconogrammetry
影像处理/影像處理　image processing
影像地图/像片圖　photomap, image map

影像地形图/像片地形圖　photo-contour map
影像地质图/像片地質圖　geological photomap
影像分辨力/地面解像力　image resolution, resolving power of image
影像分类/影像分類　image classification
影像金字塔/影像金字塔　image pyramid
影像亮度/影像明亮度　image brightness
影像亮度增强系统/影像亮度加強系統　image intensifier system
影像密度分析仪/影像濃度分析器　image density analyzer
影像判读/影像判讀　image interpretation
影像批处理/影像粗處理　bulk image processing
影像匹配/影像匹配　image matching
影像平面/影像平面　image plane
影像清晰度/影像清晰度　definition of image, image sharpness
影像融合/影像融合,影像凝合　image fusion
影像数据/影像資料　image data
影像数据库/影像資料庫　image database
影像数据压缩/影像資料壓縮　image data compression
影像衰减/影像衰減　image degradation
影像特征/影像特徵　image feature
影像相关/影像相關,影像關聯　image correlation
影像预处理/影像預處理　image preprocessing
影像质量/影像品質　image quality
影像主观质量/影像主觀品質　image subjective quality
应变/應變　strain
应变标志/應變標志　strain marker
应变标志物/應變標志物　strain indicator
应变场/應變場　strain field
应变潮汐/應變潮汐　strain tide
应变重新分布/應變重新分布　strain redistribution
应变地震图/應變地震圖　strain seismogram
应变分析/應變分析　strain analysis
应变积累/應變積累　strain accumulation
应变阶跃/應變階躍　strain step
应变率/應變率　strain rate
应变莫尔圆/應變莫爾圓　Mohr strain circle
应变能/應變能　strain energy
应变软化/應變軟化　strain-softening
应变速率/應變速率　strain rate
应变椭球体/應變橢圓狀　strain ellipsoid
应变-位移关系/應變-位移關係　strain-displacement relationship
应变仪/應變儀,應變計　strainmeter
应变硬化/應變硬化　strain hardening
应变张量/應變張量　strain tensor
应变轴比/應變比　strain ratio
应变主平面/應變主平面　strain main plane
应答浮标/應答浮標　recall buoy
应急救援/應急救援　rescue of emergency response
应力/應力　stress
应力比/應力比　stress ratio
应力差/應力差　stress difference
应力场/應力場　stress field
应力潮汐/應力潮汐　stress tide
应力触发/應力觸發　stress trigging
应力触发地震/應力觸發地震　stress triggering earthquake
应力过量/應力過量　stress glut
应力恢复法/應力恢復法　stress recovery method
应力集中/應力集中　stress concentration
应力迹线/應力軌跡　stress trajectory
应力解除/應力消除,應力解弛,應力釋放　stress relief, stress release
应力解除法/應力解除法　stress relief method
应力矿物/應力礦物　stress mineral
应力路径/應力路徑　stress path
应力驱动作用/應力驅動作用　stress-driving effect
应力条纹/應力條紋　stressed cord
应力椭球体/應力橢球體,應力橢圓球　stress ellipsoid
应力位错/應力位錯　stress dislocation
应力仪/應力計　stressmeter
应力-应变关系/應力應變關係　stress-strain relation
应力-应变滞后[效应]/應力-應變滯後[效應]　stress-strain hysteresis
应力状态/應力狀態　stress state
应堂阶/應堂階　Yingtangian Stage
应堂期/應堂期　Yingtangian Age
应用孢粉学/應用孢粉學　applied palynology
应用程序/應用程式　application program
应用程序集/應用集合　application assembly
应用程序间通信/應用程式間通訊　inter-application communication, IAC
应用程序接口/應用程式介面　application programming interface, API
应用程序开发人员/程式開發人員　application developer
应用程序可移植性/應用程式轉移　application portability
应用程序快捷键/應用程式快捷鍵　application shortcut key

应用地理学/應用地理學　applied geography
应用地貌学/應用地形學　applied geomorphology
应用地球化学/應用地球化學　applied geochemistry
应用地球物理[学]/應用地球物理學　applied geophysics
应用地热学/應用地熱學　applied geothermics
应用地图学/應用地圖學　applied cartography
应用地震学/應用地震學　applied seismology
应用服务/應用程式服務　application service
应用服务商/應用伺服器業者　application server provider, ASP
应用古生物学/應用古生物學　applied palaeontology
应用集成/應用整合　application integration
应用技术卫星/應用技術衛星　application technology satellite, ATS
应用矿物学/應用礦物學　applied mineralogy
应用领域模型/應用領域模型　application domain model
应用模式/應用綱要　application schema
应用模型/應用模型　application model
应用平台/應用程式平臺　application platform
应用气候学/應用氣候學　applied climatology
应用气象学/應用氣象學　applied meteorology
应用软件/應用軟體　application software
应用软件包/應用套裝軟體　application package
应用系统/應用系統　application system
应用自然地理学/應用自然地理學　applied physical geography
映绘/映繪　fair tracing
硬底[质]/硬底[質]　hardground
硬调/硬調　hard tone
硬度/硬度,剛度,剛性　hardness, stiffness
硬鲕绿泥石/硬鰤綠泥石　baralite
硬腐泥/硬腐[殖]泥　saprocol
硬骨鱼类/硬骨魚類　osteichthyans
硬硅钙石/硬矽鈣石　xonotlite
硬果皮/硬質種皮　sclerotesta
硬海绵类/硬海綿類　sclerospongians
硬化剂/堅膜液　hardener
硬架系统/剛架系統　rigid boom system, rigid frame system
硬件/硬體　hardware
硬件钥/硬體鎖　hardware key
硬鲛目/硬鮫目　Stegoselachii
硬拷贝/硬式拷貝　hard copy
硬壳/硬質種皮　sclerotesta
硬蜡/硬蠟　geocerite, geocerain, geocerin
硬鳞/硬鱗　ganoid scale
硬鳞鱼/甲鱗　ganoid
硬鳞质/硬鱗質,閃光質　ganoin, ganoine
硬路面/硬路面　hard pavement
硬旅游/硬旅遊,大眾旅遊　hard tourism
硬绿泥石/硬綠泥石　chloritoid
硬煤/硬煤無煙煤　hard coal
硬锰矿/硬錳礦,黑赤鐵礦　manganese hydrate, psilomelane
硬目标/硬目標　hard target
硬泥灰岩/硬泥灰岩　marlite
硬硼钙石/硬硼鈣石,重硼鈣石　colemanite
硬片/攝影硬片　photographic plate
硬石膏/硬石膏　anhydrite
硬水/硬水　hard water
硬水铝石/水硬鋁石　diaspore
硬铁绿泥石/蔥綠泥石　metachlorite
硬硒钴矿/硬硒鈷礦,方硒鈷礦　trogtalite
硬洗涤剂/硬洗滌劑　hard detergent
硬性像纸/硬調像紙　contrast paper
硬叶林/硬葉林　sclerophyllous forest
硬玉/硬玉　jadeite
硬柱石/硬柱石　lawsonite
拥挤/擁擠　congestion
慵夹板骨/慵夾板骨　angulosplenial bone
永冻层上限/永凍土上限,永凍層面　permafrost table
永冻气候亚类/永凍氣候　perpetual frost climate
永冻土/永凍土　neve frozen soil, permafrost
永冻作用/永凍[作用]　pergelation
永高冠齿/永高冠齒　hypselodont
永久冰雪/陳年雪　neve
永久潮汐/永久潮汐　permanent tide
永久冻土/永凍土,永凍層　permafrost
永久积雪/永久積雪　firn snow cover
永久积雪作用/陳年雪作用　firnification
永久数据集/永久數據集　permanent dataset
永久水准点/永久水準點　permanent bench mark
永久形变/永久變形　permanent deformation
永久[性]低压/永久性低壓　permanent depression
永久性反气旋/永久性反氣旋　permanent anticyclone
永久性高压/永久性高壓　permanent high
永久性温跃层/永久[恆定]溫躍層　permanent thermocline
永久许可证/永久許可證　permanent license
永久雪线/陳年雪線　firn line
永久硬度/永久硬度　permanent hardness
永康群/永康群　Yongkang Group

永宁群/永寧群 Yongning Group
涌潮/湧潮,怒潮 tidal bore
涌浪噪声/湧浪雜訊 swell noise
涌流构造说/湧流構造説 surge tectonic hypothesis
涌泉/自流泉 artesian spring
涌升流/湧昇流 upwelling current
涌水量/出水量 water yield
蛹/蛹 pupa
用户/使用者 user
用户标识码/使用者識別碼 user identifier, user identification code
用户工作区/使用者工作區 user work area
用户化/用户化 customization
用户接口/使用者介面 user interface, UI
用户界面/使用者介面 user interface, UI
用户界面控制/用户介面控制 UI control
用户名/用户名 user name
用户命令/用户指令 user command
用户软件/用户端軟體 customer software
用户识别代码/使用者識別代碼 user identification code
用户文件目录/使用者檔案路徑 user file directory, UFD
用户需求/用户需求 user requirement
用户需求分析/使用者需求分析 user requirement analysis
用户坐标系/使用者坐標系 user coordinate system, UCS
用于收发邮件的后台程序/用於收發郵件的後臺程序,常駐程式 daemon
优地槽/優等地槽 eugeosyncline
优势场所/優勢場所 dominant locales
优势顶极/優勢極相 prevailing climax
优势度/優勢度 dominance
优势流/優勢流 dominant flow
k 优势曲线/*k* 顯著曲線 *k*-dominance curve
优势通道/優勢通道 preferential path
优势种/優勢種 dominant species
优势种控制群落/優勢種控制之群聚 dominance controlled community
优势周期/優勢週期,顯著週期 preferred period, predominant period
优先律/優先律 law of priority
尤因垂向[运动]摆/尤因垂向[運動]擺 Ewing vertical motion pendulum
尤因地震仪/尤因地震儀 Ewing seismograph, Ewing seismometer
尤因他兽属/伍塔獸 *Uintatherium*
邮政编码/郵遞區號 postcode, zipcode
邮政地理学/郵政地理學 geography of postal services
邮政地图/郵務圖 postal map
油藏/油藏,儲油層,油儲 oil pool
油藏地球化学/油藏地球化學 reservoir geochemistry
油藏描述/油藏描述 reservoir characterization
油藏驱动/油藏驅動 flooding type
油层单元/油層單元 pay zone unit
油层对比/油層對比 correlation of oil layers
油层驱动/儲集層驅動 reservoir drive
油层水/油層水 oil reservoir water
油层物理学/油層物理學 petroleum reservoir physics
油层压[强]/油層壓[強] sand pressure
油层有效厚度/油層有效厚度 effective pay thickness
油层组/油層組 pay set, petroleum set
油[储]组/油[儲]組 reservoir group
油矿地质学/油礦地質學 geology of oil deposit
油苗/油苗 oil seepage
油膜扩散/油膜擴散 oil slick spread
油膜探测/油膜檢驗,油膜探查 oil slick detection
油墨槽/墨槽 ink fountain
油墨干燥抑制剂/印墨乾燥抑制劑 ink anti-skinning
油墨结构/印墨結構 construction of ink
油墨黏度/印墨黏度 ink tack
油气藏保存条件/油氣藏保存條件 reservoir preservation condition
油气藏参量/油氣藏參量 parameters of oil-gas deposits
油气成藏/油氣成藏 accumulation of oil and gas, hydrocarbon accumulation
油气储量/油氣儲量 oil and gas reserve
油气地质储量/油氣地質儲量 oil and gas geological reserve
油气分离/油氣分離 gas-oil separation
油气工厂废水/油氣工廠廢水 oil gas mill wastewater
油气界面/油氣介面 oil-gas contact
油气开采/油氣開採 exploitation of oil and gas
油气开发/油氣開發 development of oil and gas
油气可采储量/油氣可採儲量 oil and gas recoverable reserve
油气苗/油氣苗 surface indication of oil and gas
油气生成和演化/油氣生成和演化 origin and evolution of oil and gas

油气生储盖层/油氣生儲蓋層 reservoir and cap layers of oil and gas, source
油气蚀变/油氣蝕變 oil and gas alteration
油气探明储量/油氣探明儲量 oil and gas proven reserve
油气田开发/油氣田開發 oil-gas field development
油气有效渗透率/油氣有效滲透率 effective permeability of oil and gas
油气远景资源量/油氣遠景資源量 oil and gas prospective resources
油气运移/油氣運移 oil-gas migration
油气资源量/油氣資源量 oil and gas resources extent
油乳胶浆/油乳化泥漿 oil emulsion mud
油砂/油砂 oil sand
油砂体/油砂體 body of oil sand
油水边界/油-水邊界 oil water boundary
油水分离/油水分離 oil separation
油水分离器/油水分離器 oil water separator, oil and water trap
油水界面/油水接觸 oil-water contact
油-水-岩相互作用/油-水-岩相互作用 oil-water-rock interaction
油田/油田 oil field
油田卤水/油田鹵水 oil-field brine
油田水/油田水 oil-field water
油田水化学成分/油田水化學成分 chemical components of oil-field water
油田水矿化度/油田水礦化度 total salinity of oil-field water
油田水有机成分/油田水有機成分 organic components of oil-field water
油吸收剂/油吸收劑 oil absorber
油-岩对比/油-岩對比 oil-rock correlation
油页岩/油頁岩 oil shale
油-油对比/油-油對比 oil-oil correlation
油脂状冰/油脂狀冰 grease ice
油栉虫属/油櫛蟲 *Olenus*
油栉虫统/油櫛蟲統 Olenidian Series
油柱高度/油柱高度 oil column height
疣饰/疣[狀突起] verruca
疣突/瘤狀物 boss
疣足/疣足 Parapodium
疣足幼体/疣足幼體 nectochaeta larva
铀地球化学旋回/鈾地球化學旋回 geochemical cycle of uranium
铀矾/鈾鈣礦 uranopilite
铀还原带/鈾還原帶 uranium reduction zone
铀黑/鈾黑 uranium black
铀活化/鈾活化 uranium mobilization
铀矿地质学/鈾礦地質學 uranium geology
铀-镭平衡/鈾-鐳平衡 U-Ra equilibrium
铀烧绿石/鈾燒綠石,鈾鉭鈮礦 uranpyrochlore
铀石/鈾石 coffinite
铀-[钍-]铅定年/鈾釷鉛定年 U-Th-Pb dating
铀-[钍-]铅计时/鈾釷鉛定年 U-Th-Pb dating
铀系定年/鈾系定年 uranium series dating
铀系法测年/鈾系定年 uranium series dating
铀系计时/鈾系定年 uranium series dating
铀细晶石/鈾細晶石 uranmicrolite
铀氧化带/鈾氧化帶 uranium oxidized zone
铀氧化-还原过渡带/鈾氧化-還原過渡帶 redox transitional zone of uranium
游标/游標 vernier, cursor
游[标]尺/游[標]尺 vernier scale, vernier
游标重合误差/游標重合誤差 vernier alignment error
游标分度尺/游標分度尺 vernier protractor
游标卡尺/游標卡尺 vernier calliper
游标罗盘仪/游標羅盤儀 vernier compass
游标水准仪/游標水準器 vernier level
游标显微镜/游標顯微鏡 vernier microscope
游程编码/連續均值編碼法 run-length coding
游荡型河道/擺盪型河道 wandering river channel
游动精子/游動精子 spermatozoid
游动期/遊走生活期 motile stage
游客信息中心/遊客資訊中心 information center
游离颊/游離頰,活動頰 free cheek
游离气/游離氣 free gas
游牧/山牧季移,遷移性放牧 transhumance
游憩/遊憩 recreation
游憩机会谱/遊憩機會序列 recreation opportunity spectrum, ROS
游憩商业区/遊憩商業區 recreation business district
游艇港/遊艇港 marina
游艇用图/遊艇用圖,小船海圖 yacht chart
游移/游移,漫游 vagile
游移底栖生物/游移底棲生物 vagrant benthos
游移湖/游移湖 wandering lake
游移类/游移類 eleutherozoan
游泳底栖生物/游泳底棲生物 nektobenthos
游泳浮游性的/游泳浮游性的 nektoplanktonic
游泳生物/游泳生物,自游生物 nekton
游泳水漂生物/游泳水漂生物 nektopleuston
游泳性的/游泳性的 nektonic
游在亚门/游移亞門 Eleutherozoa

有柄亚门/有柄亞門 Pelmatozoa
有潮港/潮汐港 tidal harbor
有潮河/感潮河 tidal river
有潮河口/潮汐河口灣 tidal estuary
有翅亚纲/有翅亞綱 Pterygota
有刺的/多刺的 echinate
有袋类/有袋類 marsupials
有袋目/有袋目 Marsupialia
有毒赤潮/有毒赤潮 toxic red tide
有毒物质/有毒物質 poisonous substance
有毒元素/有毒元素 toxic element
有短柔毛的/多柔毛的 pubescent
有肺亚纲/有肺目 Pulmonata
有感半径/有感半徑 radius of felt area
有感地震/有感地震 felt earthquake
有感地震区/有感地震區 area of perceptibility
有沟壳/有溝殼 grooved shell, interrupted shell
有骨材壳体/有構架殼體結構 framed shell, stiffened shell
有害藻华/有害藻華 harmful algal bloom, HAB, harmful algal red tide
有航摄资料的地区/像片涵蓋圖 photo coverage
有颌类/有頜類,有顎類 Gnathostomata, gnathostomes
有花植物/開花植物 flowering plants
有机包裹体/有機包裹體 organic inclusion
有机沉积物/有機沈積物 organic sediment
有机成分/有機成分 organic constituent
有机成因[说]/有機成因[說] organic origin
有机地球化学/有機地球化學 organic geochemistry
有机分析/有機分析 organic analysis
有机分子起源/有機分子起源 origin of organic molecules
有机含硫化合物/有機含硫化合物 sulfur-containing organic compound
有机化学污染物/有機化學汙染物 organic chemical pollutant
有机缓冲溶液/有機緩衝溶液 organic buffer
有机降解/有機降解 organic degradation
有机胶体/有機膠體 organic colloid
有机矿物/有機礦物 organic mineral
有机溶质/有機溶質 organic solute
有机碳/有機碳 organic carbon
有机涂层/有機覆蓋層 organic coating layer
有机土/黑織土 histosol
有机污染物/有機汙染物 organic pollutant
有机污染源/有機汙染源 organic pollution source
有机污水/有機汙水 organic sewage
有机吸收剂/有機吸收劑 organic absorbent
有机相/有機相 organic facies
有机盐/有機鹽 organic salt
有机营养活性/有機營養活性 organotropic activity
有机质/有機質 organic matter
有机质层/有機質層 organic horizon
有机质成熟度/有機質成熟度 maturity of organic matter
有机质抽提物/有機質抽提物 organic extractive
有机质-硫化物结合态/有機質-硫化物結合態 organic matter-sulfide bounded form
有机质热模拟/有機質熱模擬 thermo-simulation of organic matter
有机质演化/有機質演化 organic matter evolution
有棘皮的/多刺的 echinate
有棘亚门/海膽目[亞門] Echinozoa
有甲类/有甲目 Loricata
有尖的/尖頭的 cuspidate
有角的/有角的 corniculate
有铰纲/有鉸綱 Articulata
有铰腕足类/有鉸腕足類 articulate brachiopods
有节的/有節的 articulate
有界导数法/有界導數法 bounded derivative method
有茎的/多葉莖的 caulescent
有壳的/殼片的 shelly
有壳类/有甲目 Loricata
有孔虫/有孔蟲[類] foraminifera, foraminifer, foraminifers
有孔虫类/有孔蟲目 Foraminifera
有孔虫软泥/有孔蟲軟泥 foraminiferal ooze
有孔虫岩/有孔蟲岩 foraminite
有孔带/有孔帶 poriferous zone
有孔类/有孔類 poratids
有理指数定律/有理指數定律 law of rational indices
有利地形/有利地形 advantageous or favorable terrain
有鳞类/有鱗類 squamates
有鳞目/有鱗目,蜥蛇類 Squamata
有鳞屑的/鱗狀的 lepidote
有明显边界水团/有明顯邊界水團 well defined water mass
有腔型/有腔型 cloacates
有色金属矿床/有色金屬礦床 nonferrous metal deposit
有生物区/苔原區 bryochore
有声地图/有聲地圖 talking map
有损压缩/有損壓縮 lossy compression
有胎盘类/有胎盤類 Placentalia, placentals

有外韧皮中柱/有外韌皮中柱,有外韌皮組織的 ectophloic
有尾的/有尾的 caudate
有尾类/有尾類 urodeles
有尾目/有尾目 Urodela
有尾螈/有尾螈 Urcodylus
有限差分法/有限差分法 finite difference method, FDM
有限差分模式/有限差分模式 finite difference model
有限差分偏移/有限差分偏移 finite difference migration
有限差分正演模拟/有限差分正演模擬 finite-difference forward modeling
有限区模式/有限域模式 limited area model, LAM
有限区域细网格模式/有限區域細網格模式 limited area fine mesh model, LFM
有限性变换/有限性變換 finiteness transform
有限性校正/有限性校正 finiteness correction
有限性因子/有限性因子 finiteness factor
有限移动源/有限移動源 finite moving source
有限应变/有限應變,大應變 finite strain
有限元/有限元素 finite element
有限元法/有限元素法 finite element method, FEM
有限振幅/有限振幅 finite amplitude
有限振幅波/有限振幅波 finite amplitude wave
有线遥测地震仪器/有線遙測地震儀器 cable telemetric seismic instrument
有向连接/方向性連接線 directed link
有向图/有向圖 digraph
有向网络图/方向性網路 directed network flow
有效波/有效波,顯著波 significant wave, effective wave
有效波波高/有效波高,示性波高 height of significant wave
有效波高遥感/示性波高遙測 remote sensing of significant wave height
有效传输线法/有效傳輸線法 effective transmission line method
有效大气透射/有效大氣透射 effective atmospheric transmission
有效地球半径/有效地球半徑 effective earth radius
有效风能/可用風能 available wind energy
有效风速/有效風速 effective wind speed
有效峰值加速度/有效峰值加速度 effective peak acceleration, EPA
有效峰值速度/有效峰值速度 effective peak velocity, EPV
有效辐射/有效輻射 effective radiation
有效积温/有效積溫 effective accumulated temperature
有效降水[量]/有效降水量 effective precipitation
有效距离/有效距離 effective distance
有效孔径/有效孔徑 effective aperture
有效孔隙度/有效孔隙率 effective porosity
有效面积/有效面積 effective area
有效模型/有效模型,重疊區 neat model, gross model
有效能见度/有效能見度 effective visibility
有效能量/可用能量 available energy
有效渗透率/有效滲透率 effective permeability
有效生油岩/有效生油岩 active source rock
有效水分/可用水[分] available water
有效速度/有效速度 effective velocity
有效太阳辐射/可用日射 available solar radiation
有效弹性厚度/有效彈性厚度 effective elastic thickness, EET
有效围压/有效圍壓 effective confining pressure
有效位能/可用位能 available potential energy, APE
有效温度/有效溫度 effective temperature
有效性/有效性 validity
有效烟囱高度/有效煙囪高度 effective stack height
有效夜间辐射/有效夜間輻射 effective nocturnal radiation
有效应力/有效應力 effective stress
有效载荷/有效負載,酬載 effective load
有效蒸散/有效蒸散[量] effective evapotranspiration
有效值表/有效值表 valid value table, VVT
有效种群大小/有效族群大小 effective population size
有序参照系/級序參考系統 ordinal reference system
有序的/級序的 ordinal
有序度/有序度 degree of order
有序化/有序化 ordering
有序结构/指令結構 order structure
有序时间标度/級序時間尺度 ordinal time scale
有旋应变/有旋應變 rotational strain, pure rotation
有氧呼吸[作用]/有氧呼吸[作用] aerobic respiration
有氧消化[作用]/有氧消化[作用] aerobic digestion
有叶舌亚纲/有葉舌類 Ligulatae
有仪器以前的地震学/有儀器以前的地震學 pre-dated instrumented seismology
有意义异常/有意義異常 significant anomaly

有翼的/翼側的　alate
有翼岬角/翼岬　winged headland
有源散射气溶胶粒谱仪/主動氣[懸]膠徑譜儀　active scattering aerosol spectrometer
有源遥感器/主動式遥測感應器　active remote sensor
有源元件/主動元件　active element
有爪纲/有爪動物門　Onychophora
有褶的/褶疊的　plicated
有轴亚目/有軸亞綱　Axonophora
黝方石/黝方石　nosean
黝帘石/黝簾石　zoisite
黝铜矿/黝銅礦　tetrahedrite
右步/右步　right-stepping
右阶/右階　right-stepping
右行断层/右移斷層　right lateral fault, dextral fault
右形/右形　right-handed form
右旋/右旋　right-hand turning
右旋叠瓦状/右旋疊瓦狀　dextral imbrication
右旋角/右旋角　angle to right
右旋角导线/右旋測角導線　angle to right traverse
右旋晶体/右晶　right-handed crystal
右旋壳/右旋殼　dextral shell
右旋轮藻目/毛鱗藻目　Trochiliscales
右旋位移/右旋位移　dextral displacement
右旋走滑/右旋走滑　dextral slip, right-lateral slip
右转角导线/右旋角導線　traverse by angles to the right
幼虫期/幼生時期　larval stage
幼年期/幼年期　youth stage
幼年土壤/幼年土　young soil
幼年游泳生物/幼年游泳生物　meronekton
幼期/幼期,未成熟期　young stage, immature stage
幼态延续/幼態持續,幼體延續,幼期性熟　neoteny
幼体/幼體,幼生　larva
幼体发育/早期發生,幼形遺留　paedomorphosis, proterogenesis
幼体期/幼生時期　larval stage
幼体生殖/幼體生殖　paedogenesis
幼型/幼形遺留　pedomorphosis, paedomorphosis
幼型形成/幼形保存,幼形遺留　paedomorphosis
幼枝/幼枝　cladium
诱导反渗透/誘導反滲透　induced reverse osmosis
诱导反应/誘導反應　induced reaction
诱发地震/誘發地震　induced earthquake
诱发地震活动性/誘發地震活動性　induced seismicity
诱惑者/誘引者　lurer
釉质/釉質,琺琅質　enamel
鼬龙次亚目/鼬龍目　Ictidosauria
迂回扇/卷軸型　scroll pattern
[淤]泥质海岸/泥質海岸　muddy coast
余摆线波/餘擺線波　trochoidal wave
余差环流/剩餘環流　residual circulation
余赤纬/餘赤緯　codeclination
余滑/餘滑　afterslip
余角/餘角　complementary angle
余流/[殘]餘流,淨流　residual current
余纬/餘緯　colatitude
余震/餘震,後震　aftershock
余震区/餘震區　aftershock area, aftershock zone
余震衰减规律/餘震衰減規律　aftershock attenuation regulation
余震统计性质/餘震統計性質　aftershock statistical property
鱼洞子岩群/魚洞子岩群　Yudongzi Group Complex
鱼肝油/魚肝油　fish liver oil
鱼骨状构造/人字形構造　herringbone structure
鱼骨状交错层理/魚骨狀交錯層理,人字形交錯層理　herringbone cross-bedding
鱼骨状交错纹理/魚骨狀交錯紋理　herringbone crosslamination
鱼骨状结构/魚骨狀結構　herringbone texture
鱼怀卵量/魚育卵量　fish brood amount
鱼精蛋白/魚精蛋白　protamine
鱼类病理学/魚類病理學　fish pathology
鱼类免疫学/魚類免疫學　fish immunology
鱼类年龄鉴定/魚類年齡鑒定　fish age determination
鱼类年龄组成/魚類年齡組成　fish age composition
鱼类体长组成/魚類體長組成　fish length composition
鱼类药理学/魚類藥理學　fish pharmacology
鱼鳞贝属/鱗貝　*Squamularia*
鱼鳞蛤/魚鱗蛤　Daonella
鱼鳞天/魚鱗天　mackerel sky
鱼龙类/魚龍類　ichthyosaurians
鱼龙属/魚龍　*Ichthyosaurus*
鱼卵岩/魚卵石　roe stone
鱼鸟类/魚鳥類,魚鳥目　ichthyornithiform
鱼鸟属/魚鳥　*Ichthyornis*
鱼石螈类/魚被類　ichthyostegids
鱼石螈目/魚螈目　Ichthyostegalia
鱼石螈属/魚螈　*Ichthyostega*
鱼藤坪砂岩/魚藤坪砂岩　Yuteng ping sandstone
鱼腥藻毒素 a/魚腥藻毒素 a　anatoxin a

鱼形贝/魚形貝　Cyrtiopsis
鱼形测锤/魚形測錘　fish lead
鱼形虫属/白金介　*Paijenborchella*
鱼形水铊/魚形測錘　fish lead
鱼形总纲/魚綱　Pisces
鱼眼镜头/魚眼透鏡　fish-eye lens
鱼眼石/魚眼石　apophyllite
鱼油/魚油　fish oil
渔场/漁場　fishing ground
渔港/漁港　fishery port, fishing harbor
渔礁/魚礁　fishing rock
渔猎模型/漁獵模式　fishing model
渔期/漁期,漁汛　fishing season
渔网叶属/開通葉　*Sagenopteris*
渔乡蚌虫形/漁鄉蚌蟲形　limnadiform
渔汛/漁汛,漁期　fishing season
渔堰/漁堰　fishing haven
渔业/漁業　fishery
渔业保护区/保育區　conservation zone
渔业生物学/漁業生物學　fishery biology
渔业受灾/漁業受災　fishery damaged by disaster
渔业养护权/漁業養護權　fishing maintenance right
渔业用图/漁業用圖　fishing chart
渔栅/漁柵　fishing stake
渔政管理/漁政管理　fishery administrative management
逾渗带/逾滲帶　percolation zone
逾渗过程模式/逾滲過程模式　percolation process model
逾渗现象/逾滲現象　percolation phenomenon
榆属/榆　*Ulmus*
舆图/輿圖　chorographic map
与地震相关的电磁现象/與地震相關的電磁現象　electric and magnetic phenomena related to earthquake
与俯冲有关的地震/與俯衝有關的地震　subduction-related earthquake
宇/宇　eonothem
宇航地图/太空導航圖　astronavigation map
宇航[空间]环境/宇航[空間]環境　aerospace envrionment
宇宙/宇宙　universe, cosmos
宇宙背景辐射/宇宙背景輻射　cosmic background radiation
宇宙尘/宇宙塵　cosmic dust
宇宙成因核素/宇宙成因核素　cosmogenic nuclide
宇宙地质学/宇宙地質學,太空地質學,天文地質學　space geology, cosmic geology
宇宙丰度/宇宙豐度　cosmic abundance
宇宙航行学/宇宙航行學　astronautics
宇宙化学/宇宙化學　cosmochemistry
宇宙颗粒/宇宙球粒　cosmic spherule
宇宙矿物学/宇宙礦物學　cosmic mineralogy
宇宙论[观]/宇宙論[觀]　cosmology
宇宙年代学/宇宙紀年學　cosmochronology
宇宙年龄/宇宙年齡　age of universe
宇宙期/宇宙期　period of the universe
宇宙[射电]噪声/宇宙[射電]雜訊,宇宙無線電噪音　cosmic radio noise
宇宙[射]线/宇宙線　cosmic ray
宇宙线暴/宇宙線暴　cosmic ray storm
宇宙线暴露年龄/宇宙線暴露年齡　cosmic ray exposure age
宇宙线赤道/宇宙線赤道　cosmic ray equator
宇宙线簇射/宇宙線射叢　cosmic ray shower
宇宙线丰度/宇宙線豐度　cosmic ray abundance
宇宙线集流/宇宙射線流　cosmic ray jet
宇宙线膝/宇宙線膝　cosmic ray knee
宇宙学/宇宙學　cosmology, cosmography
宇宙学者/宇宙志學者　cosmographer
宇宙原子核合成/宇宙原子核合成　nucleosynthesis in universe
宇宙源成矿说/宇宙源成礦説　cosmogenic hypothesis of mineralization
宇宙噪声吸收仪/游離層輻射吸收計　riometer
宇宙志/宇宙志　cosmography
宇宙制图/宇宙製圖　cosmic mapping
羽笔石属/羽筆石　*ptilograptus*
羽层状组织/羽層狀組織　fibro-lamellar tissue
羽锥晶/羽錐晶　scopulite
羽簇/羽簇,羽束　fascicle, fibre fascicle
羽痕构造/羽痕構造　plume structure, plumose structure
羽裂蕨纲/羽裂蕨綱　Rhachophytopsida
羽毛状水系格局/羽毛狀水系型　featherlike drainage pattern
羽片/羽片,鰭　pinna
羽歧叶目/羽叉葉目　Pseudoborniales
羽饰/羽狀　plumose
羽腕幼体/羽腕幼體　bipinnaria larva
羽梢/羽梢　trabecula
羽叶植物/羽葉植物[門]　pteropsid, Pteropsida
羽枝/羽枝　pinnule
羽枝板/羽肢板,羽枝節　pinnular
羽状水系/羽狀水系　pinnate drainage pattern
羽状[体]/羽狀[體],舌狀[體]　plume

雨/雨 rain
雨层云/雨層雲 nimbostratus，Ns
雨带/雨帶 rain band
雨滴谱/雨滴徑譜,雨滴粒徑分布 raindrop size distribution
雨滴谱仪/重力雨滴譜儀 disdrometer
雨滴侵蚀/雨滴侵蝕 raindrop erosion
雨幡/雨旛 rain virga
雨幡回波/雨幡回波 streamer echoes
雨痕/雨痕,雨滴 raindrop imprint，rain print
雨季/雨季 rainy season
雨夹雪/雨夾雪,霰,冰珠 rain and snow，sleet
雨量/雨量 rainfall amount
雨量测定/雨量測定術 pluviometry
雨量器/雨量計 raingauge
雨量图/降水圖 precipitation chart
雨量指数/雨量指數 pluvial index
雨林/雨林 rainforest
雨林气候/雨林氣候 rainforest climate
雨期/雨期 pluvial
雨期湖/雨期湖 pluvial lake
雨强计/雨強記録器 rainfall intensity recorder
雨区/雨區 rain area
雨日/雨日 rain day
雨蚀/雨蝕 rain erosion
雨水/雨水,天水 Rain Water，meteoric water
雨凇/雨凇,明冰 glaze
雨土/雨土 dust fall
雨团/雨胞 rain cell
雨洗/雨洗 rainwash
雨影/雨蔭 rain shadow
雨云/雨雲 nimbus，Nb
雨云卫星/雨雲衛星 NIMBUS
语法/語法 syntax
Java 语言/Java 語言 Java program language
语言地理学/語言地理學 linguistic geography
语言接触/語言接觸 language contact
语言区/語言區 language area
语言学者/語言學者 linguists
语言演变/語言演變 language change
语义信息/語義訊息 semantic information
语义转换器/語義轉換 semantic translator
玉符山石/玉符山石 californite
玉螺属/玉螺 *Natica*
玉米带/玉米帶 maize belt
玉石/玉 jade
玉髓/玉髓 chalcedony
芋螺毒素/芋螺毒素 conotoxin，CTX
郁江阶/鬱江階 Yujiangian Stage，Yukiangian Stage
郁江期/鬱江期 Yujiangian Age，Yukiangian Age
育苗室/育苗室 phytotrone
育幼场/育幼場 nursing ground
预白化/預先白訊化 prewhitening
预报/預報 prediction
预报潮汐/預報潮汐 predicted tide
预报地图/預報地圖 prognostic map
预报方程/預報方程 prediction equation
预报检验/預報校驗 forecast verification
预报量/預報值 predictand
预报评分/預報得分 forecast score
预报区/預報區 forecast area
预报时效/預報時效 period validity
预报图/預報圖 forecast chart
预报因子/預報因子 predictor
预报责任区/預報責任區 responsible forecasting area
预报准确率/預報準確率 forecast accuracy
预测地图/預測地圖 forecast map
预测反卷积/預測解迴旋 predictive deconvolution
预测反褶积/預測解迴旋 predictive deconvolution
预测方法/預測方法 forecasting method
预测滤波器/預測濾波器 prediction filter
预测模式/預測模式 forecasting mode
预测[误差]滤波器/預測[誤差]濾波器 prediction error filter
预测延迟/預測遲延 prediction lag
预处理/預處理,前處理 preprocessing
预处理缓冲区/預處理緩衝區 preprocessed cache
预打样图/初版樣張 pre-press proof
预叠加数据/預疊加數據 prestack data
预防措施/預防措施 preventive measure
预防性处理/預防性處理 preventive treatment
预估校正法/估校法 predictor corrector method
预警/預警 early-warning
预警雷达/預警雷達 early-warning radar，EWR
预览/預覽 preview
预期地震效应/預期地震效應 expected earthquake effect
预探井/預探井 preliminary prospecting well
预应力/預[應]力 prestress
预制符号/預製符號 preprinted symbol
预制感光版/預塗式感光版 presensitized plate
域/範圍,[網]域 domain
τ-p 域/τ-p 域 τ-p domain
域名服务器/網域名稱伺服器 domain name server，DNS

域元/域元　field pixel
域值区间/網域區間　domain range
阈温/低限温度　threshold temperature
阈值/閾值,門檻值,低限　threshold
阈值范围分析/閾值範圍分析　threshold ring analysis
阈值禁试条约/閾值禁試條約　Threshold Test Ban Treaty，TTBT
阈值温度/低限温度　threshold temperature
御路/御道　imperial road
愈合/愈合　healing
愈合荐椎/愈合薦骨　synsacrum
愈合前沿/愈合前沿　healing front
元胞自动机/元胞自動機,細胞自動機　cellular automata
元地理学/元地理學　metageography
元地图学/元地圖學　metacartography
元古代/元古代,元生代　Proterozoic Era
元古宇/元古宇　Proterozoic Eonothem
元古宙/元古宙,元古元　Proterozoic Eon
元数据/元資料,詮釋資料　metadata
元数据服务/詮釋資料服務　metadata service
元数据服务器/詮釋資料伺服器　metadata server
元数据集/詮釋資料集　metadata set
元数据浏览器/詮釋資料瀏覽器　metadata explorer
元数据模式/詮釋資料模式　metadata schema
元数据实体/詮釋資料實體　metadata entity
元数据元素/詮釋資料元素　metadata element
元数据元素字典/詮釋資料元素字典　metadata element dictionary
元数据专用标准/詮釋資料內容　metadata profile
XML 元数据转换/XML 詮釋資料轉換　XML metadata interchange
元数据子集/詮釋資料項　metadata section
元素/元素　element
元素比值/元素比值　element ratio
元素存在形式/元素存在形式　mode of element occurrence，existing form of element
元素地球化学/元素地球化學　element geochemistry
元素地球化学行为/元素地球化學行爲　geochemical behavior of element
元素定性分析/元素定性分析　qualitative elementary analysis
元素对/元素對　element pair
元素分布/元素分布　distribution of element
元素分配/元素分配　partition of elements
元素分散/元素分散　dispersion of element
元素分析/元素分析　elementary analysis
元素丰度/元素豐度　element abundance，abundance of element
元素富集/元素富集　element enrichment，enrichment of element
元素共生组合/元素的共生組合　association of elements
元素活动性/元素活動性　mobility of element
元素集中/元素集中　concentration of element
元素拮抗作用/元素拮抗作用　element antagonism
元素亏损/元素虧損　depletion of element
元素年龄/元素年齡　age of element
元素凝聚/元素凝聚　condensation of elements
元素浓度/元素濃度　concentration of element
元素起源/元素起源　origin of element
元素迁移/元素遷移　migration of elements，element migration
元素迁移能力/元素遷移能力　element migrational ability
元素迁移序列/元素遷移序列　element migrational series
元素迁移转化/元素遷移轉化　element transportation and transformation
元素生物吸收序列/元素生物吸收序列　element bio-absorbing series
元素协同作用/元素協同作用　element synergism
元素置换/元素置換　element substitution
元素组合/元素共生組合　element association
元资料/元資料,詮釋資料　metadata
元组/記録　tuple
沅江矿/沅江錫金礦　yuanjiangite
垣曲群/垣曲群　Yuanqu Group
袁复礼石/袁復禮石,袁氏石　yuanfuliite
袁氏珊瑚属/袁氏珊瑚　*Yuanophyllum*
原板/原板　protoplax
原胞管/原胞管　protheca
原胞管褶/原胞管褶　prothecal fold
原壁/單壁　autophragm
原饼菊石/原餅菊石　Propopanoceras
原肠胚/原腸胚　gastrula
原齿象属/原齒象　*Archidiskodon*
原地槽/原生地槽　primary geosyncline
原地测量/原地測量,現場量測　in situ measurement
原地沉积/原地堆積　autochthonous deposit
原地堆积/原地堆積　autochthonous deposit
原地花岗岩/原地花崗岩　autochthonous granite
原地埋藏/原地埋藏　autochthonous burial
原地生成煤/原地生成煤　autochthonous coal
原地剩磁/原地剩磁,原地殘磁　site remanence

原地台/原地臺 protoplatform
原地台形成大阶段/原地臺形成大階段 megastage of protoplatform formation
原地微生物生成模式/原地微生物氣水形成模式 microbial-gas-generation model in situ
原地系统/原地系統 autoehthonous system
原地岩体/原地岩體 autochthon, autochthone
原地应力/原地應力 in situ stress
原地应力测量/原地應力測量 in situ stress measurement
原点/原點,起源地 origin, point of origin
原颚龟属/原始鼈 *Proganchelys*
原鳄属/原鱷 *Protosuchus*
原鳄亚目/原鱷目 Protosuchia
原附节虫属/原隱蔽蟲 *Proasaphiscus*
原稿相片/圖像原稿 picture original
原古杯海绵目/古杯綱 Archaeocyathida
原骨骼/原骨骼 primary skeleton
原核生物/原核生物 prokaryote
原脊/原脊 protoloph
原钾霞石/六方鉀霞石 kalsilite
原尖/原尖,原錐 protocone
原尖后棱/原尖後棱 postprotocrista
原尖前棱/原尖前棱 preprotocrista
原剑珊瑚属/原劍珊瑚 *Prosmilia*
原角龙属/原角龍 *Protoceratops*
原口动物/原口動物 Protostomia, protostome
原雷兽属/原雷獸 *Protitanotherium*
原理/原理 principle
原沥青/原瀝青,原有機質 protobitumen
原料指向/原料指向 material orientation
原领鹦鹉螺类/原領鸚鵡貝類 protochoanites
原龙类/原龍類 protorosaurians
原龙目/原龍類,前嘴龍目 Protorosauria
原龙属/原龍 *Protorosaurus*
原马属/原馬 *Protohippus*
原囊/原囊,自孢囊 autoblast, autocyst
原鸟/原鳥 Protoavis
原鸟属/原鳥,古鳥 *Archaeornis*
原女神介/原女神介 Protocythere
原潘德尔刺目/原潘德爾刺目 Protopanderodontida
原鳍/原鰭 archipterygium
原气管亚纲/原氣管亞綱 Protrocheata
原禽龙/原禽龍 Proiguanodon
原鳃腹足类/原鰓腹足類 Protobranchiate gastropods
原鳃目/原鰓目 Protobranchia
原溞状幼体/前眼幼體,前溞狀幼蟲 protozoea larva
原色/原色,原光 primary color
原生包裹体/原生包裹體 primary inclusion
原生层/原生層 primary layer
原生沉积构造/原生沈積構造 primary sedimentary structure
原生磁化[强度]/原生磁化 primary magnetization
原生大气/原生大氣 primordial atmosphere
原生地槽/原生地槽 primary geosyncline
原生地震地表破裂/原生地震地表破裂 primary earthquake surface rupture
原生地震灾害/原生地震災害 primary earthquake disaster
原生动物/原生動物,始生蟲,始生動物 Eozoa
原生动物浮游生物/原生動物浮游生物 protozooplankton
原生动物门/原生動物門 Protozoa
原生动物学/原生動物學 protozoology
原生隔壁/原生隔壁 primary septum, protoseptum
原生构造/原生構造 primary structure
原生构造岩/原生構造岩 primary tectonite
原生[海]岸/原生海岸 primary coast
原生环境/原生環境 primary environment
原生节理/原生節理 primary joint
原生结构面/原生結構面 primary structure plane
原生蕨属/原始蕨 *Protopteridium*
原生空气/原生空氣 primary air
原生孔/原生孔 primary pore
原生矿物/原生礦物 primary mineral
原生气体/初生氣,岩漿氣體 juvenile gas
原生生物/始原生物 protist
原生生物界/始源生物界 Protista
原生剩磁/原生剩磁,原生殘磁 primary remanent magnetization
原生水/原生水,一次水,初生水 juvenile water
原生污染/原生汙染 primary pollution
原生污染物/原生汙染物,初始汙染物 primary pollutant
原生岩浆/原生岩漿 primary magma
原生岩浆构造/原生岩漿構造 primary magmatic structure
原生演替/原生演替 primary succession
原生异常/原生異常 primary anomaly
原生晕/原生暈 primary halo
原生植物/原生植物 protophyte
原生植物演替/原生植物演替 primary plant succession
原生质/原生質 protoplasm
原生自然环境/原生自然環境 primary natural

environment
原始被子植物/原始被子植物 Protangiospermae
原始壁角石/原始壁角石 Proterocameroceras
原始标准海水/原始標準海水 primary standard seawater
原始层/原胞管 protheca
原始地形/原始地形 initial form
原始顶枝/原始頂枝 archetelome
原始方程/原始方程 primitive equation, PE
原始方程模式/原始方程[模式] primitive equation model
原始方程组/原始方程組 primitive equation, PE
原始鼢鼠属/原始鼢鼠 Prosiphneus
原始负片/原始負片 original negative
原始格子/單純晶格 primitive lattice, simple lattice
原始海绵属/原始海綿 Protospongia
原始海洋/原始海洋 proto ocean
原始合作/原始合作 protocooperation
原始核种/原始核種,原始核素 primordial nuclide
原始环虫动物/原環蟲綱 Archiannelida
原始节蕨纲/原始節蕨綱 Protoarticulatae
原始介属/原始介 Primitia
原始蕨类/原始蕨類 primofilicales
原始蕨类植物/原始蕨類植物 Protopteridiales
原始林/原始林 virgin forest
原始鳞木目/原始鱗木目 Protolepidodendrales
原始鳞木属/原始鱗木 *Protolepidodendron*, *Protolepidodendrales*
原始裸子植物/原始裸子植物 Archigymnospermae
原始牛/原牛 Bos primigenius
原始气油比/原始氣油比 initial gas-oil ratio
原始生物期/原始生物期 initial life-stage
原始石松类/原始石松類 prolycopods
原始松粉类/原始松粉類,原始松粉屬 Protopinus
原始髓木目/原髓蕨目 Protopityales
原始同位素组成异常/原始同位素組成異常 primitive isotopic anomaly
原始土壤/原始土壤 primitive soil
原始乌毛蕨属/烏毛蕨羊齒 *Protoblechnum*
原始误差/原始誤差 original error
原始岩浆/[母]原始岩漿,原岩漿,母岩漿 primitive magma
原始油层压强/原始油層壓力 original reservoir pressure
原始枝/原始枝 primary stipe
原始植物类/原生植物門 Protophyta
原始种型/祖先 ancestor
原始资料/原始資料 primary data
原兽亚纲/原獸亞綱 Prototheria
原水/原水 raw water
原索动物/原[脊]索動物 protochordate
原索动物门/原[脊]索動物門 Protochordata
原索克虫属/原索克蟲 *Prosaukia*
原胎管/前胎管,原劍盤 prosicula
原胎腔/尾 cauda
原体腔/原體腔 primary body cavity
原图/原圖,原稿,稿圖 artwork, original copy, manuscript map
原蛙目/原蛙目 Proanura
原尾鳍/原尾鰭 dephycercal fin
原位孢子/原位孢子 spore in situ
原位孢子花粉/原位孢子花粉 spore and pollen in situ
原位测试/現地實驗 in situ test
原蜥脚类/原蜥腳類 prosauropods
原虾类/原蝦類,山蝦目 Anaspidacea
原型/原型 prototype, prototyping, archetype
原牙形刺目/原牙形石目 Proconodontida
原岩年龄/原岩年齡 protolith age
原叶体/原葉體 prothallium
原叶[体]细胞/原葉體細胞 prothallial cell
原油/原油 crude oil
原油采收率/原油採收率 oil recovery factor
原油成因类型/原油成因類型 genetic type of crude oil
原油的有效渗透率/原油的有效滲透率 effective permeability to oil
原油混合[作用]/原油混合[作用] oil mixing
[原油]体积系数/地層體積係數 formation volume factor
原油污染/原油汙染 crude oil pollution
原油有机相/原油有機相 organic facies of crude oil
原幼枝/原幼枝 procladium
原则/原則 principle
原正形贝/原正形貝 Apheoorthis
原植体植物/菌藻植物 thallophyte
原种/系群 stock
原住民/原住民 indigenous people
原子核/原子核 nucleus
原子化/原子化 atomized
原子晶格/原子晶格 atomic crystal lattice
原子秒/原子秒 atomic second, AS
原子时/原子時 atomic time, AT
原子吸收分光光度法/原子吸收分光光度法 atomic absorption spectrophotometry
原子吸收分光光度计/原子吸收分光光度計 atomic absorption spectrophotometer
原子荧光光度法/原子螢光光度法 atomic

fluorescence spectrophotometry
原子值/原子值 atomic values
原子钟/原子鐘 atomic clock
原罪/原罪 original sin
圆/圓 circle
圆贝形/圓貝形 cycladiform
圆币虫/圓幣蟲 Orbilina
圆齿型/圓齒型 gongylodont
圆顶海百合亚纲/圓頂目,海百合 Camerata
圆度/圓度 roundness
圆蛤珊瑚/圓[蛤]珊瑚 Gangamophyllum
圆管苔藓虫/圓管苔蘚蟲,筩苔蘚蟲 Fistulipora
圆弧/圓弧 circular arc
圆弧形阶地/劇場河階 amphitheater river terrace
圆极化/圓形極化 circular polarization
圆角/圓角 fillet
圆口/圓口,通孔 pylome
圆口类/圓口類動物,圓口綱 Cyclostomata, cyclostomes
圆砾岩/圓礫岩 kollanite
圆鳞/圓鱗 cycloid scale
圆盘贝/圓盤貝 Discina
圆盘虫/圓盤蟲 Discorbis
圆皮海绵内酯/圓皮海綿內酯 discodermolide
圆偏振光/圓偏光 circularly polarized light
圆片虫/圓片蟲 Orbitolinoides
圆频率/圓頻率 circular frequency
圆丘/圓丘 knoll
圆球虫/圓球蟲 Globirotalia
圆曲线/圓曲線 circular curve
圆曲线测设/圓曲線測設 circular curve location
圆珊瑚/圓[蛤]珊瑚 Gangamophyllum
圆舌羊齿/圓舌羊齒 Gangamopteris
圆水准器/圓水準器 spherical level vial, circular level
圆凸贝属/圓凸貝 *Orbiculoidea*
[圆心法]曲线测设/圓心法[曲線測設] circular center method
圆形宝石/橢圓形寶石 cabochon
圆形断层/圓形斷層 circular fault
圆形构造/圓形構造 circular structures
圆形轨道/圓形軌道 circular orbit
圆形裂纹/圓形裂紋 circular crack
圆形破裂/圓形斷裂 circular rupture
圆型尾/圓形尾 Diphycercal tail
圆旋虫/圓餅蟲 Discocyclina
圆-圆定位/圓-圓定位 range-range positioning
圆藻颗石/圓藻石 Cyclococcolithus
圆藻山群/圓藻山群 Yuanzaoshan Group
圆枕/[孔膜中的]圓節,花托 torus
圆枕上沟/圓枕上溝 supratoral sulcus
圆柱投影/圓柱投影 cylindrical projection
圆柱状断层/圓柱狀斷層 cylindrical fault
圆柱状褶皱/圓柱狀褶曲 cylindrical fold
圆锥辐射表/圓錐輻射計 cone radiometer
圆锥投影/圓錐投影 conic projection, conical projection
圆锥型/圓錐型 rondel
圆锥状褶皱/圓錐狀褶皺 conical fold
缘/隆起緣 costa
F1 缘/F1 緣 F1 edge
缘结节/緣結節 marginal tubercle
缘口虫属/緣帶蟲 *Marginulina*
缘膜构造/緣膜構造,緣膜結構 velate structure
缘片/緣片,緣板 marginal plate
源表/源表 source table
源点/源 source
源-接收点距离/源受支距 source-receiver offset
源同步系统/源同步系統 source synchronization system
源种群/源族群 source population
远岸带/下潮帶 infralittoral zone
远岸缘/下濱緣 infralittoral fringe
远参考道/遠程參考 remote reference
远参考道大地电磁法/遠參考道大地電磁法 remote reference magnetotellurics, RRMT
远场/遠[源]場 far-field
远场面波/遠場面波 far-field surface wave
远场体波/遠場體波 far-field body wave
远场位移/遠場位移 far-field displacement
远场项/遠場項 far-field term
远成热液矿床/遠成熱液礦床 telethermal deposit
远程程序调用/遠端程序呼叫 remote procedure call, RPC
远程触发/遥控觸發 remote triggering
远程登录/遠端登入程式 telnet
远程定位系统/遠端定位系統 long-range positioning system
远程工作/遠距工作 teleworking
远程航行图/長程航行圖 long-range navigation chart
远程倾斜摄影/長距傾斜攝影 long-range oblique photography, LOROP
远程摄影像片/長焦距像片 LOROP photograph
远程[双曲线]导航系统/長程導航[系],羅倫 long-range navigation, LORAN
远程通信/遠距通訊 remote communication
远程信息处理/遠端處理 teleprocessing

远程医学地理/遠距醫學地理　telemedical geography
远地点/遠地點　apogee
远地点潮/遠地潮　apogean tide
远拱点/遠吸力點　apoapsis
远海测量/遠海測量　pelagic survey
远红外/遠紅外[輻射]　far infrared，FIR
远幻日/遠幻日　paranthelion
远幻月/遠幻月　parantiselene
远火山活动金属矿床/遠火山活動金屬礦床　distal ore deposit
远极/遠側極，底極　distal pole
远极薄壁区/遠極薄壁區　leptoma，cappula，analept
远极盾/遠極盾　distal shield
远极盾晶元/遠極盾晶元　distal shield element
远极面/遠極面　distal side，distal surface
远景区/採勘區　prospect
远区电磁场/遠區電磁場　electromagnetic field in far zone
远日点/遠日點　aphelion
远闪/遥閃　distant flash
远藤兽/遠藤獸　Endotherium
远心点/遠心點　apocenter
远星点/遠星點　apastron
远洋捕捞/遠洋捕撈　distant fishing
远洋沉积[物]/遠洋沈積[物]　pelagic deposit
远洋带/遠洋帶　pelagic zone
远洋环境/遠洋環境　pelagic environment
远洋黏土/遠洋黏土　eupelagic clay
远洋相/遠洋相　eupelagic facies
远月潮/遠月潮　apogean tide
远月点/遠月點　apolune，apocynthion
远震/遠震，遥震　distant earthquake，far earthquake，teleseism
远震地震波/遠震地震波　teleseismic wave
远震定位/遠震定位　location of teleseismic event
远震震相/遠震震相　teleseismic phase
远震震中距/遠震震中距　teleseismic distance
远重心点/遠吸力點　apoapsis
远轴的/背部離軸的　abaxial
远足旅游/遠足旅遊　hiking
约化法方程式/約化法方程式　reduced normal equation
约化改正数方程式/約化改正數方程式　reduced residual equation
约化重力/約化重力　reduced gravity
约化重力模式/約化重力模式　reduced gravity model
约束/約束，限制　restriction，constraint
月波/月波　monthly wave
[月潮]低潮间隙/太陰低潮間隔　low water lunitidal interval，LWI
月潮高潮间隙/月潮高潮間隔，太陰高潮間隔　high water lunitidal interval，HWI
月潮间隙/月潮間隙，月潮間隔　lunitidal interval
月潮流间隙/月潮流間隔　lunicurrent interval
月池/月池，船井　moonpool
月齿型/月型齒　selenodont
月光反照器/月光反照器　selenotrope
月海/月海　Mare
月核/月核　lunar core
月华/月華　lunar corona
月际变率/月際變率　inter-monthly variability
月角差/月角差　parallactic inequality
月亮潮/太陰潮　lunar tide
月亮交点黄经/月之黄交點　longitude of moon's node，longitude of the node
月幔/月幔　lunar mantle
月平均/月平均　monthly mean
月平均等值线/月平均等值線　isomenal
月平均海面/月平均海面　monthly mean sea level
月平均温度/月均温　mean monthly temperature
月平均最高温度/月平均最高溫度　monthly mean maximum temperature
月壳/月殼　lunar crust
月壳构造/月球構造學　lunar tectonics
月球/月球　moon
月球磁场/月球磁場　lunar magnetic field
月球地质学/月球地質學　lunar geology
月球古磁学/月球古磁學　lunar paleomagnetism
月球轨道飞行器/月球軌道飛行器　lunar orbiter
月球环形山/月球圓坑　lunar crater
月球角距/月角距　lunar distance
月球日磁变/月球日磁變　lunar daily magnetic variation
月球时差/月球間隔　lunar interval
月球视差/月球視差　lunar parallax
月球天体赤道/月球天體赤道　lunar celestial equator
月球卫星/月球衛星，地球同月衛星　lunar satellite
月球位置摄影法/月球位置攝影法　Moon position camera method
月球学/月質學　selenology
月球延迟/月之延遲　lunar retardation
月球岩石圈/月球岩石圈　lunar lithosphere
月球引潮力/月球引潮力　lunar tidal force
月球陨石/月球隕石　lunar meteorite
月壤/月壤，月土　lunar regolith
月食/月蝕　lunar eclipse

月温差/月溫差 monthly temperature range
月行差/月球均差 lunar inequality, evection
月牙构造/月牙構造 lunarium
月岩/月岩 lunar rock
月掩星/月掩星 occultation
月掩星测量/月掩星測量 occultation surveying
月运周期/陰曆週期 lunar cycle
月晕/月暈 lunar halo
月震/月震 moonquake
月震图/月震圖 lunar seismogram
月震学/月震學 lunar seismology
月震仪/月震儀 moon seismograph
月总量/月總量 monthly amount
钺石/鉞石 punamustone
跃动/跳動 saltation
跃移[作用]/躍移 saltation
越赤道气流/[跨]赤道氣流 cross-equatorial flow
越冬/越冬 overwintering
越冬地/越冬地 wintering area
越冬洄游/越冬洄游,冬季洄游 overwintering migration
越流/越流 leakage
越尾电流/越尾電流 cross-tail current
云/雲 cloud
云层/雲層 cloud layer
云[层]分析/雲分析 nephanalysis
云[层]分析图/雲分析 nephanalysis
云簇/雲簇 cloud cluster
云催化剂/種雲劑 seeding agent
云带/雲帶 cloud band
云的人工影响/雲改造 cloud modification
云堤/雲堤 cloud bank
云滴/雲滴 cloud drop
[云滴]并合/合並 coalescence
云滴采样器/雲粒取樣器 cloud particle sampler
云滴凝结器/測雲器,凝雲儀 nepheloscope
云滴谱/雲滴譜 cloud drop size spectrum
云滴谱仪/雲滴譜儀 cloud droplet collector
云滴取样器/雲滴取樣器 cloud drop sampler
云底/雲底 cloud base
云底高度指示器/雲高指示器 cloud height indicator
云底亮度图/天空[亮度]圖 sky map
云地[间]放电/雲地放電 cloud-to-ground discharge
云顶/雲頂 cloud top
云顶高度/雲頂高度 cloud top height, CTH
云顶温度/雲頂溫度 cloud top temperature
云动力学/雲動力學 cloud dynamics
云发光率/雲輝光 cloud luminance
云反馈/雲反饋 cloud feedback
云反照率/雲反照率 cloud albedo
云放电/雲放電 cloud discharge
云分类/雲分類 cloud classification
云风/雲風 cloud winds
云覆盖区/雲區 cloud coverage
云高/雲高 cloud height
云高表/雲高計 nephohypsometer
云高测定法/測雲幕術 ceilometry
云含水量/雲的垂直範圍 vertical extent of a cloud
云厚度/雲回波 cloud echo
云煌岩/雲煌岩 minette
云回波/雲回波 cloud echo
云际放电/雲際放電 intercloud discharge, cloud-to-cloud discharge
云街/雲街 cloud street
云结构/雲結構 cloud structure
云开群/雲開群 Yunkai Group
云类/雲變形 cloud variety
云量/雲量 cloud amount
云林/雲林 cloud forest
云幔/維洛雲 velo cloud
云模式/雲模式 cloud model
云母/雲母 mica
云母片岩/雲母片岩 mica schist
云母试板/雲母試板 mica plate
云幂/雲幕 cloud ceiling
云幂灯/雲幕燈 ceiling projector
云幂高度/雲幕高 ceiling height
云幂气球/雲幕氣球 ceiling balloon
云幂仪/雲幕儀 ceilograph
云南贝属/雲南貝 *Yunnanella*
云南龙属/雲南龍 *Yunnanosaurus*
云南头虫属/雲南頭蟲 *Yunnanocephalus*
云内放电/雲內放電 intracloud discharge
云凝结核/雲凝結核 cloud condensation nuclei, CCN
云墙/雲牆 cloud wall
云区/雲場 cloud field
云群/雲群 cloud group
云纱/雲巾 cloud veil
云杉属/雲杉 *Picea*
云杉型木属/雲杉型木 *Piceoxylon*
云室/雲室 cloud chamber
云属/雲屬 cloud genus
云衰减/雲衰減 cloud attenuation
云[水]化学/雲化學 cloud chemistry
云[水]酸度/雲酸度 cloud acidity
云素/雲[元]素 cloud element
云图动画/雲圖動畫 cloud image animation

云图集/雲圖集 cloud atlas
云团/雲簇 cloud cluster
云微物理学/雲微物理學 cloud microphysics
云物理学/雲物理學 cloud physics
云系/雲系 cloud system
云线/雲線 cloud line
云斜煌岩/雲斜煌岩 kersantite
云形虫属/雲形蟲 *Sigmoidella*
云型/雲型 cloud type
云英岩/雲英岩 greisen
云涌/雲湧 cloud surge
云运动矢量/雲運動向量 cloud motion vector
云中放电/雲內放電 cloud discharge
云种/雲類 cloud species
云状/雲狀 cloud form
云族/雲族 cloud family
匀光/匀光曬印 dodging
郧西群/鄖西群 Yunxi Group
允许环境极限/允許環境極限 acceptable environment limit
允许剂量/允許劑量 acceptable dose
允许浓度/允許濃度 acceptable concentration
允许侵蚀量/允許侵蝕量 acceptable erosion
陨氮钛石/隕氮鈦石 osbornite
陨磷铁矿/隕磷鐵鎳礦,磷鐵石 schreibersite
陨硫钙石/隕硫鈣石 oldhamite
陨硫铬铁矿/隕輝鉻鐵,鉻鐵硫隕石 daubreelite
陨硫铁/隕硫鐵 troilite
陨氯铁/隕氯鐵 lawrencite
陨石/隕石 meteorite
陨石冲击成矿说/隕石衝擊成礦說 hypothesis of meteorite impact mineralization
陨石坑率/隕石坑率 cratering rate
陨石落地年龄/隕石落地年齡 terrestrial age
陨石学/隕石學 meteoritics
陨石雨/隕石雨 meteorite shower
陨[石撞]击坑/隕石坑 meteorite crater
陨[石撞]击作用/隕石衝擊 meteorite impact
陨碳铁矿/鈷碳隕石 cohenite
陨星致地震的/隕星致地震的 meteoric seismic
孕震/孕震 earthquake preparation
孕震构造体系/孕震構造體系 earthquake pregnant tectonic systems
孕震区/孕震區,孕震帶 seismogenic zone
运筹学/運籌學 operational research
运动/運動 movements
运动摆/運動擺 working pendulum
运动补偿设备/運動補償設備 motion compensation equipment
运动方程/運動方程 equation of motion
运动方程分析解/運動方程分析解 analytical solution of motion equation
运动方程数值解/運動方程數值解 numerical solution of motion equation
运动构造地质学/運動構造地質學 movement structural geology
运动黏滞系数/運動黏性係數 kinematic viscosity coefficient
运动线法/[運]動線法 arrowhead method, flowing method
运动学边界条件/運動邊界條件 kinematic boundary condition
运动学解析/運動學解析 kinematic analysis
运动学模式/運動學模式 kinematic model
运动学相似/運動相似性 kinematic similarity
运河/運河 canal
运河测量/運河測量 canal survey
运积表土/運積岩屑 transported regolith
运输方式/運輸方式 transport mode
运输分析/運輸分析 transportation analysis
运输联系/運輸聯繫 transport linkage
运输链/運輸鏈 transportation chains
运输枢纽/運輸樞紐 transport junction
运输弹性系数/運輸彈性係數 elastic coefficient of transportation
运输网络/運輸網路 transport network
运输系数/運輸係數 coefficient of transported product
运输原则/運輸原則 transport principle
运行安全地震动/運行安全地震動 operational safety ground motion
运行时间/運行時間 run time, running time
运移方向/運移方向 migratory direction
运移通道/運移通道 migration pathway
运移相态/運移相態 migration phase
晕/暈 halo
晕船/暈船 seasickness
晕滃/暈滃 caterpillar, hachure
晕滃法/暈滃法 hachuring, hachure method
晕线/暈線 hatch
晕渲/暈渲 brush shade, hill shading
晕渲法/暈渲法,山部暈渲 hill shading, shaded-relief method
晕渲图/起伏地圖 relief map
晕影/暈影 halation
韵律层理/韻律層理 rhythmic bedding
蕴藏量/蘊藏量 standing stock
蕴震构造/蘊震構造 seismic structure

Z

杂赤铁土/基石盤 plinthite
杂钙纳镁石/隱匿石 cryphiolite
杂合性/雜合性,異質接合性 heterozygosity
杂合子/雜合子,異型合子 heterozygote
杂化/混成[作用] hybridization
杂基/填充物,間質,基質 matrix
杂基支撑组构/雜基支撐組構 matrix-supported fabric
杂交/雜交 hybridization
杂交繁殖/遠親繁殖 outbreeding
杂磷锌矿/板狀磷鋅礦 hibbenite
杂领鹦鹉螺类/雜領鸚鵡螺類 mixochoanites
杂卤石/雜鹵石 polyhalite
杂砂岩/雜砂岩,混濁砂岩 graywacke
杂食动物/雜食性者 omnivore
杂岩/雜岩 complex
杂种带/雜種帶 hybrid zone
杂种群/雜種群 hybrid swarm
杂种优势/雜種優勢 heterosis, hybrid vigor
杂状冷生构造/角礫狀冰晶構造 ataxitic cryostructure, breccia-like cryostructure
灾变/[大]災變 catastrophe
灾变论/災變論,災變説 catastrophism, convulsionism
灾变说/巨變説 catastrophism
灾变性事件/災難性事件 catastrophic event
灾度/災度 degree of disaster
灾[风]险分摊/風險分擔 risk sharing
灾害地理学/災害地理學 hazard geography
灾害地图/災害地圖 disaster map
灾害观/災害觀 calamity view
灾害链/災害鏈 disaster chain
灾害群发期/災害群發期 period of clusting catastrophes
灾害性天气/災害性天氣 disastrous weather
灾害性天气征兆指数/災害性天氣預兆指數 severe weather threat index
灾害学/災害學 catastrophology
灾后泛滥/災後泛濫 disaster
灾后泛滥种/災後泛濫種 disaster species
灾民转移/災民轉移 displacement of the disaster victims
灾难性塌陷/劇變崩陷 catastrophic collapse
灾区重建/災區重建 disaster-affected area reconstruction
再沉积[作用]/再沈積[作用] resedimentation, redeposit
再城市化/再都市化 re-urbanization
再磁化/再磁化 remagnetization
再磁化圆[弧]/再磁化圓[弧] remagnetization circle
再分布/再分布,再分配 redistribution
再分结构/再分結構 subdivisional organization
再结晶[作用]/再結晶[作用] recrystallization
再破裂作用/再破裂作用 rerupture
再生冰川/再生冰川 regenerated glacier
再生晶体/再生晶體 regenerated crystal
再生矿床/再生礦床 regenerated deposit
再生生产/再生生産 regeneration production
再生水/再生水,後生水 epigenetic water
再生性氮/再生性氮 regenerated nitrogen
再生循环/再生循環 regeneration cycle
再生[作用]/再生[作用] regeneration
再水化[作用]/再水化[作用] rehydration
再顺[向]河/再順[向]河 resequent river
再拓殖/重新拓殖 recolonization
再现/重放 playback
再现立体感比例/誇大立體感比例 appearance ratio
再悬浮/再懸浮 resuspension
再循环/再循環 recycle
再循环水/再循環水 recirculating water
再移茎孔/再移莖孔 remigrant foramen
再造/重建 reconstruction
在板块下方俯冲/在板塊下方俯衝 subduction underplating
在位分析/在位分析 in place analysis
在位观测/原位觀測 in situ observation
在线/連線 on line
在线帮助/線上説明 on line help
在线查询/線上查詢 on line query
在线存取/線上存取 on line access
载波/載波 carrier wave, carrier
载波辅助跟踪/載波輔助跟蹤 carrier-aided tracking

载波频率/載波頻率 carrier frequency
载波通道/載波通道 carrier routes
载波相位 GPS/載波相位 GPS carrier phase GPS
载波相位测量/載波相位測量 carrier phase measurement
载波相位观测值/載波相位觀測值 carrier phase measurement
载荷/荷重,負荷 load
载荷潮/負荷潮 load tide
载荷格林函数/載荷格林函數 load Green's function
载荷勒夫数/負荷洛夫數 load Love's number
载名模式/具名模式 name-bearing type
载人潜水器/載人潛水器 manned submersible
载籽叶/載子葉 phyllosperm
载籽枝/載子枝 cladosperm
暂不使用建筑/暫不使用建築 temporarily unresidential building
暂存空间/暫存空間 scratch space
暂存文件/暫存檔案 scratch file
暂时城市化/暫時都市化 temporary urbanization
暂时硬度/暫時硬度 temporary hardness
暂态蠕变/暫態潛變,過渡潛變 transient creep
暂态形变/暫態形變 transient deformation
赞克尔阶/贊克爾階 Zanclean Stage
赞克尔期/贊克爾期 Zanclean Age
脏颅/臟顱,咽顱 splanchnocranium
凿井施工测量/鑿井施工測量 construction survey for shaft sinking
早阪珊瑚/早阪珊瑚 Hayasakaia
早阪珊瑚属/早阪氏蟲 *Tetrapora hayasakaia*
早期被子植物/早期被子植物 early angiosperm
早期维管植物/早期維管植物 early vascular plant
早期岩浆分凝型矿床/早期岩漿分凝型礦床 early magmatic segregation-type deposit
早期岩浆矿床/早期岩漿礦床 early magmatic mineral deposit
早期油藏描述/早期油藏描述 early reservoir description
早期指示者/早期指標生物 early indicator
早期智人/早期智人,古智人 Archaic Homo sapiens
早期注水/早期注水 early-stage waterflooding
早时电磁场/早時電磁場 early time electromagnetic field
早时视电阻率/早時視電阻率 early time apparent resistivity
蚤目/蚤目 Siphonaptera
藻饼/藻餅 algal biscuits
藻尘/藻塵 algal dust
藻丛/藻席 algal mat
藻丛构造/藻類構造 algal structure
藻胆蛋白/藻膽蛋白 phycobiliprotein
藻胆蛋白基因/藻膽蛋白基因 phycobiliprotein gene
藻胆[蛋白]体/藻膽體 phycobilisome
藻胆蛋白荧光探针/藻膽蛋白螢光探針 phycofluor probe
藻胆素/藻膽素 phycobilin
藻堤/藻堤,藻灘 algal bank
藻毒素/藻毒素 algal toxin
藻海/藻海 sargasso sea
藻海滩/藻海灘 algal beach
藻红蛋白/藻紅素 phycoerythrin
藻红蓝蛋白/藻紅藍素 phycoerythrocyanin
藻红素/藻紅素蛋白 phycoerythrobilin
藻华/藻華 bloom
藻环/藻缘礁 algal rim
藻脊/藻脊,藻嶺 algal ridge
藻胶/藻膠 phycocolloid
藻礁/藻礁 algal reef
藻礁沉积[物]/藻礁沈積 algal reef sediment
藻结砂坪/藻結砂坪 algal bound sand flat
藻菌植物/菌藻植物 thallophyte
藻蓝蛋白/藻藍素 phycocyanin
藻蓝素/藻藍素蛋白 phycocyanobilin
藻类/藻[類] algae
藻类化学/藻類化學 algal chemistry, phycochemistry
藻类生物岩礁/藻類生物岩礁 algal bioherm
藻[类石]灰岩/藻[類石]灰岩 algal limestone
藻类体/藻煤素 alginite
藻类学/藻類學 phycology
藻粒/藻粒 algal pellet
藻岭/藻嶺,藻脊 algal ridge
藻煤/藻煤 boghead coal
藻丘/藻丘 algal mound
藻球/藻餅 algal biscuits
藻酸双酯钠/硫酸多醣 polysaccharide sulfate, PSS
藻滩/藻灘,藻堤 algal bank
藻碳酸盐/藻碳酸鹽 algal carbonate
藻席/藻席 algal mat
藻穴/藻穴 algal pit
藻缘礁/藻緣礁 algal rim
藻质腐泥/藻質腐泥 algal sapropel
藻烛煤/藻燭煤 torbanite
皂石/皂石 saponite
造标/造標 construction of signal
造波/造波,起浪 wave generation

造波机/造波機 wave generator, wave maker
造构/造構論 structuration
造构主义学派/造構主義學派,脈絡主義學派 structurationist school
造礁珊瑚/造礁珊瑚 hermatypic coral
造礁生物/造礁生物 hermatypic organism
造陆运动/造陸運動,造陸作用 epeirogeny, epeirogenesis
造陆作用/造陸作用,造陸運動 epeirogeny, epeirogenesis
造山变质作用/造山變質作用 orogegnic metamorphism
造山带/造山帶 orogen, orogenic belt
造山带塌陷/造山帶塌陷 orogenic collapse
造山带弯曲/弧形造山帶 orocline
造山地热带/造山地熱帶 orogenic geothermal belt
造山纪/造山紀 Orosirian Period
造山幕/造山相 orogenic phase
造山期/造山期 orogenic epoch
造山期后/造山期後 postorogenic
造山侵蚀作用/造山侵蝕作用 orogenic erosion processes
造山系/造山系 Orosirian System
造山旋回/造山循環 orogenic cycle
造山运动/造山運動,造山[作用] orogenesis, orogeny, tectogenesis
造山作用/造山[作用],造山運動 orogenesis, orogeny, tectogenesis
造岩矿物/造岩礦物 rock-forming mineral
造岩元素/造岩元素 rock-forming element
噪声/噪音,雜訊 noise
噪声背景/噪音背景,雜訊背景 noise background
噪声背景场/雜訊背景場 ambient noise field
噪声等效反射率差/雜訊等效反射率差 noise equivalent reflectivity difference
噪声等效温差/雜訊等效溫差 noise equivalent temperature difference
噪声环境/雜訊環境 noise circumstance
噪声计数/雜訊計數 noise count
噪声水平/雜訊級 noise level
噪声系数/雜訊係數 noise coefficient
噪声压制/抑噪 noise suppression
[噪声]抑制/静音 muting
噪声抑制检波器/雜訊抑制檢波器 humbucking geophone
噪声振幅/雜訊大小 noise amplitude
燥红土/燥紅土 dry red soil, savanna red soil
择伐/擇伐 selective cutting
泽/湖 lake
泽德费尔德图/澤德費爾德圖 Zijderveld diagram
增量应变/增量應變 incremental strain
增强模式/增顯模式 enhanced mode
增强图像/增顯後影像 enhanced imagery
增强图形适配器/增顯圖形接合器 enhanced graphics adapter, EGA
增强显示云图/強化影像 enhanced image
增强型地热系统/增強型地熱系統 enhanced geothermal system
增强型图像文件/增強型圖像文件 enhanced meta file, EMF
增强型专题制图仪/增顯主題製圖儀 enhancement thematic mapper, ETM
增强[云]图/強化圖 enhanced cloud picture
增生/增生 accretion
增生板块边界/增生型板塊邊界,增積板塊邊界 accreting plate boundary
增生边界/增生邊界 accretive boundary
增生带/增積帶,加積帶 accretionary belt
增生地体/增生地體 accreted terrane
增生俯冲复合体/增積隱沒複合體 accretionary subduction complex
增生构造/增生構造 accretionary tectonics
增生海岸/增積海岸,加積海岸 accretionary coast
增生海脊/增積海脊 accretionary ridge
增生火山[泥]砾/增積火山泥礫 accretionary lapilli
增生盆地/增積盆地 accretionary basin
增生熔岩球/增積熔岩球 accretionary lava ball
增生沙坝/加積砂壩,增積砂壩 accretionary bar
增生楔/增積楔形體,增積岩體 accretionary prism
增生型板块边界/增生型板塊邊界,增積板塊邊界 accreting plate boundary
增生杂岩/增生雜岩 accretion complex
增碳[作用]/增碳作用,再滲碳 recarburization
增温期气候变化/增溫期氣候變化 anathermal climatic change
增益/增益 gain
增长极理论/成長極理論 growth pole theory
扎根研究/扎根研究 grounded research
渣尔泰山群/渣爾泰山群 Zhartaishan Group
栅笔石属/柵筆石 *Climacograptus*
栅壁亚类/柵壁亞類 herkomorphs
栅格/網格 grid
栅格地图/網格式地圖 raster map
栅格后处理/網格後處理 raster postprocessing
栅格化/網格化 rasterization
栅格绘图/網格繪圖 raster plotting

栅格交集/網格交集 raster intersection
栅格模型/網格模式 raster model
栅格扫描/網格掃描 raster scan
栅格-矢量转换/網格-向量轉換 raster-to-vector conversion
栅格数据/網格資料 raster data
栅格[数据]层/網格圖層 raster layer
栅格数据格式/網格資料格式 raster data format
栅格数据集/網格資料集 raster dataset
栅格数据结构/柵格資料結構,網格資料結構 raster data structure
栅格数据库/網格資料庫 raster database
栅格数据模型/網格資料模式 raster data model
栅格图像/網格圖檔 raster images
栅格要素层/網格圖徵層 rasterized feature layer
栅格预处理/網格預處理 raster preprocessing
栅格追踪/網格追蹤 raster tracing
栅棘鱼类/柵棘魚類 climatiforms
栅鱼属/柵魚 *Climatius*
栅状图解/柵狀剖面圖 fence diagram
窄波束测深仪/窄音束測深儀 narrow-beam echo sounder
窄带波光片/窄帶濾光片 narrow bandpass filter
窄水道/窄航道 pass
债券/債券 bonds
沾污/混合[作用],汙染 contamination
粘缝虫/粘縫蟲 Symphysops
粘壳虫属/粘殼蟲 *Symphysurus*
粘连亚类/粘連亞類 synaplomorphs
展点/展點 plot
展绘/展繪 plotting
展肌/展肌 diductor muscle
展肌痕/展肌痕 diductor scar
展开立体图/立方體展開圖 open cube display
栈桥/棧橋 trestle
战术航海图/作戰航圖 operational navigation chart
站/[車]站,駐地 station
站圈/站圈 station circle
站心坐标系/地形中心坐標系統 topocentric coordinate system
站址/測站位置 station location
张八岭群/張八嶺群 Zhangbaling Group
张弛法/鬆弛法 relaxation method
张剪/張剪,張扭 transtension
张剪性断层/張剪性斷層 transtensional fault
张节理/膨脹節理,延長節理 expansion joint, extension joints
张力/張力 tension, tensional axis, T-axis
张力腿平台/張力腳平臺 tension leg platform, TLP
张力轴/張力軸 T-axis, tension axis
张量不变量/張量不變數 tensor invariant
张量大地电磁阻抗/張量大地電磁阻抗 magnetotelluric impedance tensor
张裂/伸長破裂 extension fracture
张裂[的]大陆边缘/張裂[的]大陸邊緣 rifted continental margin
张位错/張位錯 tensile dislocation
张夏阶/張夏階 Zhangxian Stage, Changhsian Stage
张夏期/張夏期 Zhangxian Age, Changhsian Age
张性构造/張性構造 extensional tectonics
张性角砾岩/張性角礫岩 tensile breccia
张性面/張性面 tensile plane
张性双重构造/張性雙重構造 tensional double structure
张性正断层系/張性正斷層系 extensional normal fault system
张应力/張應力 tensile stress
章动/章動 nutation
章动常数/章動常數 constant of nutation
章氏硼镁石/章氏硼鎂石 hungchaoite
章鱼/章魚 Octopus
章鱼毒素/章魚毒素 cephalotoxin
长老会鸟/普瑞斯比鳥,火鶴鴨 Presbyornis
长者智人/長者智人 Homo sapiens idaltu
涨潮/漲潮 flood tide, rising tide, flood
涨潮流/漲潮流 flood current, flood stream, ongoing stream
涨潮时/漲潮時間 duration of rise
涨落潮间隙/漲落潮時間間隔 duration of tide
涨落潮流间隙/漲落潮流間隔 duration of flood and duration of ebb
掌骨/掌骨 metacarpus, metacarpal bone
掌骨间孔/掌骨間孔 intermetacarpal space
掌骨切迹/掌骨切跡 metacarpal incisure
掌间突/掌間突 intermetacarpal process
掌鳞杉科/手鱗樹 Cheirolepidiaceae
掌状分枝/掌狀分支 palmate branching
掌状叶/掌狀葉 palm-like lobe
丈量误差/丈量誤差 chaining error
帐幕石燕属/幕帳石燕 *Tenticospirfer*
账号/賬號 account
账号名/賬號名 account name
障碍/障礙 barrier
障碍海滩/障島海灘,海濱障島 shore barrier, barrier beach
障碍体[震源模式]/障礙體[震源模式] barrier

source model
障碍物/障礙物 obstruction
障碍效应/障礙效應 barrier effect
障壁岛/堰洲島,離岸沙洲島 barrier island
障积灰岩/障積灰岩 bafflestone
爪哇海沟/爪哇海溝 Java Trench
爪哇猿人/爪哇人 Java man
找矿矿物学/找礦礦物學 prospecting mineralogy
沼气/沼氣 marsh gas
沼泽/沼澤 marsh, swamp, bog
沼泽草丘/沼澤草丘 swamp grass hill
沼泽分类/沼澤分類 swamp classification
沼泽环境/沼澤環境 swamp environment
沼泽检波器/沼澤檢波器 marsh geophone
沼泽率/沼澤率 rate of swamp
沼泽生态系统/沼澤生態系統 swamp ecosystem
沼泽湿地/沼澤 marsh
沼泽水文学/沼澤水文學 mire hydrology
沼泽土/冰沼土 bog soil
沼泽相/沼澤相 swamp facies
沼泽演化/沼澤演化 marsh revolution
兆字节/百萬位元組 megabyte, MB
赵池沟群/趙池溝群 Zhaochigou Group
照相凹版/照相凹版 photo gravure
照相分色/照相分色 photography color separation
照相排字机/攝影排版機 phototypesetter
照相乳剂粒度/照相乳劑粒度 photographic graininess
照相原稿/照相原稿 camera copy
照相制版/照相製版 photographic platemaking
照相制版镜头/複照透鏡 printer lens, process lens
照叶林/照葉林 laurel forest
照准部偏心/照準規偏心距 eccentricity of alidade
照准点/照準點 sighting point
照准点归心/照準點歸心,偏心覘標歸算 sighting centering, reduction of eccentric signal
照准误差/照準誤差 aiming error
照准线/照準線 aiming line, pointing line
照准仪/指方規 alidade
照准轴/照準軸,視準軸 collimation axis
罩螺目/罩螺目 Tryblidioidea
遮蔽/繪影 shading
遮盖/遮蓋 shield
遮盖层/遮蓋層 draped layer
遮光法/遮光法 mask method
遮光纸/遮光紙 goldenrod paper
折尺/折合標尺 folding staff
折点/頂點 vertex
折叠地图/折式地圖 accordion
折叠游标/折疊游標 bolded vernier
折反式望远镜/折反射望遠鏡 catodioptric telescope
折合摆长/折合擺長 reduced pendulum length
折合热流量/折合熱流量 reduced heat flow
折合走时/修化走時 reduced travel time
折角/折角 break angle
折镜经纬仪/折鏡經緯儀 broken transit
折镜子午仪/折鏡子午儀 broken-telescope transit
折射/折射[作用] refraction
折射波/折射波 refracted wave
折射波对比法/對比折射法 refraction correlation method
折射波法/折射測勘 refraction survey
折射波法地震数据处理/折射波法地震資料處理 seismic refraction data processing
折射波近地表模型反演/折射波近地表模型反演 refraction static correction-based near surface model inversion
折射地震测量/折射地震調查 refraction seismic survey
折射地震学/折射地震學 refraction seismology
折射定律/折射定律 law of refraction
折射光/折射光 refracted light
折射角/折射角 angle of refraction
折射静校正/折射静校正 refraction static correction
折射理论/折射理論 refraction theory
折射旅行时层析成像/折射旅行時層析成像 refraction traveltime tomography
折射率/折射率,折射指數,折光率 refractive index, refraction index, refractivity
折射式望远镜/折光望遠鏡 refracting telescope
折射图/折射圖 refraction diagram
折射系数/折射係數 coefficient of refraction, refraction coefficient
折射指数/折射指數 refractive index
折线要素/折線要素 polyline feature
折页/折頁 folding
折中主义/折中主義 eclecticism
哲学家/哲學家 philosopher
褶壁珊瑚属/褶杯珊瑚 *Ptychophyllum*
褶边/殼皺 frill
褶翅蛤属/褶翅蛤 *Myophoria*
褶盾虫属/褶盾蟲 *Ptychaspis*
褶沟/凹角,重入角 reentrant angle
褶脊/殼褶 plica
褶颊虫属/褶線蟲 *Ptychoparia*
褶角/凸角 salient angle

褶面贝属/褶面貝 *Plicatifera*
褶劈/夾皺劈理 crenulation cleavage
褶石燕贝属/褶石燕 *Plectospirifer*
褶皱/褶皺,褶曲 fold
褶皱包络面/褶皺包絡面 enveloping surface of fold
褶皱鼻/褶皺鼻 nose of fold
褶皱变动/褶皺變動 plicated dislocation
褶皱波长/褶皺波長 wavelength of fold
褶皱槽/褶皺槽 trough of fold
褶皱槽面/褶皺槽面 trough plane of fold, trough surface of fold
褶皱槽线/褶皺槽線 trough line of fold
褶皱层/褶皺層,褶襉層 plicated layer
褶皱带/褶皺帶 fold belt
褶皱地震/褶皺地震 fold earthquake
褶皱顶/褶皺頂 apex of fold
褶皱顶点/褶皺頂點 apex
褶皱对称性/褶皺對稱性 fold symmetry
褶皱干涉图像/褶皺干涉圖像 interference pattern of fold
褶皱高/褶皺高 fold high
褶皱拐点/褶皺拐點 fold inflection
褶皱核/褶皺核 core of fold
褶皱回返/褶皺回返 folding inversion
褶皱基底/褶皺基底 fold basement
褶皱脊/褶皺脊 crest of fold
褶皱脊线/褶皺脊線 crest line of fold
褶皱检验/褶皺檢驗 fold test
褶皱幕/褶皺幕 folding phase
褶皱期/褶皺期 fold period
褶皱倾伏/褶曲傾没 plunge of fold
褶皱山/褶皺山,褶曲山 folded mountain
褶皱世代/褶皺世代 fold generation
褶皱枢纽/褶皺樞紐 hinge line of fold
褶皱系/褶皺系 fold system
褶皱形态/褶皺形態 fold morphology
褶皱旋回/褶皺旋回 folding cycle
褶皱样式/褶皺樣式 fold style
褶皱要素/褶皺要素 elements of fold
褶皱翼/褶皺翼 fold limb
褶皱翼间角/褶皺翼間角 interlimb angle of fold
褶皱运动/褶皺運動 folding movement
褶皱轴/褶曲軸 fold axis
褶皱轴迹/褶皺軸跡 axial trace of fold
褶皱轴面/褶皺軸面 axial plane of fold, axial surface of fold
褶皱主波长/褶皺主波長 dominant wavelength of fold
蔗基鱼塘/蔗基魚塘 fish pond surrounded by sugarcane fields
针刺目/小針刺目 Bellodellida
针碲金银矿/針碲金銀礦 sylvanite
针钒钙石/薄晶釩鈣石 hewettite
针沸石/針沸石,馬賽沸石 mazzite
针硅钙铅石/針矽鈣鉛礦 margarosanite
针硅钙石/水矽鈣石 hillebrandite
针碱钙石/針鹼鈣石 yuksporite
针孔状装饰/針孔狀裝飾,斑點狀裝飾 punctate sculpture
针阔叶混交林/針闊葉混合林 coniferous and broad-leaved mixed forest
针硫铋铅矿/針硫鉍鉛礦,針硫鉛礦 aikinite
针绿矾/針綠礬,皓礬 coquimbite
针钠钙石/針鈉鈣石 pectolite
针钠锰石/針錳鈉石 serandite
针钠铁矾/針鈉鐵礬石 ferrinatrite
针镍矿/針[硫]鎳礦,針白鐵礦 millerite
针珊瑚属/闊杯珊瑚 *Acanthophyllum*
针束/針束,刺束 spiculose fringe
针碳钠钙石/單斜鈉鈣石 gaylussite
针铁矿/針鐵礦,針鐵石英,纖鐵礦 goethite
针突/針突 stylus
针吻鱼目/劍鼻目 Aspidorhynchiformes
针叶林/針葉林 coniferous forest
针叶树/針葉樹 conifer
针叶树材/無纖維木 softwood
针柱石/針柱石 dipyre
针状毛细胞型/針狀毛細胞型 acicular hair cell
侦察摄影/偵察攝影 reconnaissance photography
珍珠构造/珍珠構造 perlitic structure
珍珠光泽/珍珠光澤 pearl luster
珍珠石/珍珠陶土 nacrite
珍珠岩/珍珠岩 perlite, pearlstone
珍珠云母/珍珠雲母 margarite
真瓣鳃亚纲/真瓣鰓目 Eulamellibranchia
真北/真北,地理北 geographical north, true north
真鼻龙/正犀龍 Eurhinosaurus
真彩色/真彩色 true color
真彩色影像/全彩影像 true color image
真齿/真齒,真牙 dermal tooth
真赤道/真赤道 true equator
真春分点/真分點 true equinox
真地表叠前深度偏移/真地表疊前深度偏移 prestack depth migration from real surface
真地平线/真水平 true horizon
真鲷虹彩病毒病/真鯛虹彩病毒病 iridoviral disease

of red sea bream
真鲷鳍细胞系/嘉鱲鰭細胞系　red sea bream fin cell line, RSBF
真鳄亚目/真鱷亞目　Eusuchia
真方位/真方向角　true bearing
真风/真風　true wind
真浮游生物/真浮游生物　euplankton
真高/真高度,標高　true height
真古兽类/真古獸類　eupantotherians
真骨鱼次亚纲/真骨魚目　Teleostei
真骨鱼类/真骨魚類　teleosts
真光带/真光帶,透光帶,真光層　euphotic zone
真航向/真航向　true course
真核生物/真核生物　eukaryote
真黄道/真黄道　true ecliptic
真角质层/真角質層　cuticle proper
真金星介/真金星介　Eucytherura
真近点角/真近點角　true anomaly
真茎叶植物/真莖葉植物　Eucormophyta
真菌/真菌　fungus
真菌浮游生物/真菌浮游生物　mycoplankton
真空过滤[作用]/真空過濾[作用]　vacuum filtration
真空晒版机/真空曬版框　vacuum plate
真空晒像框/真空曬版框　vacuum plate
真空吸气版/真空吸氣板　vacuum suction plate
真肋/真肋　true rib
真脉/真脈　true vein
真女神介/真女神介　Schizocythere
真倾角/真傾斜　true dip
真软甲类/真軟甲類　Eumalacostraca
真三尖齿兽类/真三尖齒獸類　eutriconodontans
真三轴载荷/真三軸載荷　real tri-axitial loading
真实标记/真實標記　truth in labeling
真实地球模型/真實地球模型　realistic earth model
真实孔径长度/真實孔徑長度　length of real aperture
[真]实孔径雷达/真實孔徑雷達　real-aperture radar, RAR
真实气体/實際氣體　real gas
真兽类/真獸類　eutherians
真兽亚纲/真獸亞綱,真獸目　Eutheria, Theria
真双子叶植物/真雙子葉植物　eudicot plant
真水平线/真水平　true horizon
真速度/真實速度　true velocity
真太阳/真太陽　true sun
真太阳日/真太陽日　true solar day
真太阳时/真太陽時　apparent solar time, true solar time
真维管植物/真維管植物　eutracheophyte
真位置/真位置　true position, true place
真[误]差/真差,結果誤差　true error, resultant error
真牙/真牙,真齒　dermal tooth
真盐生植物/真鹽生植物　euhalophyte
真叶植物/真葉植物　euphyllophyte
真应变/真應變　true strain
真游泳生物/真游泳生物　eunekton
真掌鳍鱼/新翼魚　Eusthenopteron
真正寄生物/真正寄生生物　true parasite
真值/真值　true value
真子午线/真子午線　true meridian
砧骨/砧骨　incus
砧状积雨云/砧狀積雨雲　cumulonimbus incus, Cb inc
砧状云/砧狀雲　anvil cloud
诊断层/診斷層　diagnostic horizon
诊断方程/診斷方程　diagnostic equation
诊断分析/診斷分析　diagnosis analysis
诊断模式/診斷模式　diagnostic model
诊断特性/診斷特性　diagnostic characteristics
诊断性前兆/診斷性前兆　diagnostic precursor
枕骨隆突/枕骨隆突　occipital bunning
枕髁/枕[骨]髁　occipital condyle
枕乳脊/枕乳脊　occipitomastoid crest
枕圆枕/枕骨圓枕　occipital torus
枕状构造/枕狀構造　pillow structure
枕状熔岩/枕狀熔岩　pillow lava
疹石燕属/疹石燕　*Punctospirifer*
疹质壳/有疹殼　punctate shell
阵风/陣風　gust
阵风持续时间/陣風延時　gust duration
阵风度/風陣性　gustiness
阵风锋/陣風鋒面　gust front
阵风探空仪/陣風探空儀,陣風送　gustsonde
阵风性/風陣性　gustiness
阵风载荷/陣風負荷　gust load
阵风振幅/陣風振幅　gust amplitude
阵列处理器/陣列處理器　array processor
阵列摄像机/陣列攝影機　array camera
阵列声波测井仪/陣列聲波測井儀　array sonic tool
阵列天线/陣列天線　antenna array
阵性降水/陣性降水　showery precipitation
阵雪/陣雪　showery snow
阵雨/陣雨　shower
振荡/振盪,游移　oscillation, vacillation
M-J 振荡/麥儒振盪　Madden-Julian oscillation

振荡持续时间/振盪時間　duration of oscillation
振荡级数/振盪級數　oscillation series
振荡说/振盪説,顫動説　oscillation theory
振荡体/振盪體　oscillating body
振荡样品磁力仪/振動樣品磁強計　vibrating sample magnetometer, VSM
振荡运动/振盪運動　oscillatory movement
振荡周期/振盪週期　oscillation period
振动/振動　vibration, oscillation
振动取芯器/振動取岩芯器　vibratory corer
振动台/振動表　shake table
振动位移/振動位移　displacement of vibration
振动液化/振動液化　vibrating liquefaction
振动源/振盪震源　vibroseis
振[动]子/振子　oscillator
振幅/振幅　amplitude
振幅包络/振幅包絡　amplitude envelope
振幅[频率]响应/振幅-頻率回應　amplitude frequency response
振幅谱/振幅譜　amplitude spectrum
振幅随偏移距变化/振幅-支距關係,振幅支距變化,振幅-炮檢距關係　amplitude variation with offset, AVO
振幅随偏移距的变化分析交汇图/振幅隨偏移距的變化分析交匯圖　crossplotting in amplitude variation with offset analysis, crossplotting in AVO analysis
振幅随入射角变化叠前反演/振幅隨入射角變化疊前反演　pre-stack amplitude variation with incident angle inversion, AVA inversion
振幅相关函数/振幅相關函數　amplitude correlation function
振幅信息/振幅資訊　amplitude information
振幅因子/振幅因子　amplitude factor
振幅自动增益控制/振幅自動增益控制　amplitude auto gain control, AGC
振型/[波]模　mode
振型-射线双重性/振型-射線雙重性　mode-ray duality
振源控制电子箱体/震源控制電子箱體　vibrator control electronics, VCE
震波成像/震波成像　seismic imaging
震波迹象/震波跡象　seismic event
震波收录/震波收録　seismic acquisition
震测基盘/震測基盤　seismic basement
震磁效应/震磁效應　seismomagnetic effect
震旦纪/震旦紀　Sinian Period, Sinian
震旦矿/鉬鈮易解石　sinicite
震旦系/震旦系　Sinian System
震旦赞美虫/震旦贊美蟲　Sinocybele
震电效应/震電效應　seismoelectric effect
震动持续时间/震動持續時間　duration of shaking
震害/震災,地震災害　earthquake damage, earthquake hazard, seismic hazard
震害指数/震害指數　earthquake damage index
震后弛豫/震後弛豫　post-seismic relaxation
震后[的]/震後[的]　post-seismic
震后滑动[量]/震後滑動[量]　post-seismic slip
震后滑动事件/震後滑動事件　post-seismic slip event
震后恢复/震後恢復　post-earthquake recovery
震后阶段/震後階段　post-seismic stage
震后救援/震後救援　post-earthquake relief
震后趋势判定/震後趨勢判定　evaluation of post-earthquake trend
震后效应/震後效應　post-seismic effect
震后形变/震後形變　post-earthquake deformation
震后重建/震後重建　post-earthquake reconstruction
震积岩/地震岩　seismite
震级/震級,地震規模　earthquake magnitude, magnitude
震级饱和/震級飽和　magnitude saturation
震级标度/震級標度　magnitude scale
震级分布/震級分布　magnitude distribution
[震级]量规函数/[震級]量規函數　magnitude calibration function
震级-频度关系/震級-頻率關係　magnitude-frequency relation
震间阶段/震間階段　interseismic stage
震间形变/震間形變　interseismic deformation
震前次声波/震前次聲波　infrasonic wave before earthquake
震前[的]/震前[的]　preseismic, pre-seismic
震前滑动/震前滑動　preseismic slip
震前阶段/震前階段　preseismic stage
震前形变/震前形變　pre-earthquake deformation
震情/震情　seismic regime
震情会商/震情會商　consultation on earthquake situation
震群/[地]震群　earthquake swarm
T震相/T[震]相　T phase
震相辨别/震相鑑别　phase discrimination
震相标志/震相標志　mark of seismic phase
震相分析/震相分析　analysis of seismic phase
震相识别/震相識别　phase identification
震相特征/震相特徵　characteristic of seismic phase

震源/震源,[震]波源 hypocenter, seismic source
震源参数/震源参數 hypocenter parameter, seismic source parameter
震源尺度/震源尺度 focal dimension
震源弹/震源彈 source bomb
震源定位/震源定位 hypocentral location
震源动力学/震源動力學 seismic source dynamics
震源反子波/震源反子波 inverse of the source wavelet
震源分布/震源分布 hypocenter distribution
[震源]峰值力/[震源]峰值力 peak force
震源辐射效应/震源輻射效應 source radiation effect
震源过程/震源過程 focal process
[震]源函数/源函數 source function
震源机制/震源機制 earthquake source mechanism, focal mechanism
震源机制解/震源機制解 focal mechanism solution
震源检测/震源檢測 source detect
震源距/震源距 hypocentral distance, focal distance
震源理论/震源理論 theory of earthquake source, theory of seismic source
震源力/震源力 focal force
震源力学/震源力學 earthquake source mechanics
震源模式/震源模式 earthquake source model
震源能量/震波能源 seismic energy source
震源平板加速度信号/震源平板加速度信號 base-plate acceleration, BPA
震源破裂方向性效应/震源破裂方向性效應 focal rupture directivity effect
震源谱/訊源譜,音源譜 source spectrum
震源球/焦球 focal sphere
震源区/震源區 focal region
震源深度/震源深度 focal depth, earthquake depth
震源深度分布/震源深度分布 focal depth distribution
震源时间函数/波源時間函數 source time function, STF
震源体积/震源體積 focal volume, hypocentral volume
震源物理过程/震源物理過程 physics process of seismic source
震源物理模式/震源物理模式 physical model of earthquake source
震源物理实验/震源物理實驗 experiment of seismic source physics
震源物理[学]/震源物理[學] physics of earthquake source, physics of seismic source
震源运动学/震源運動學 seismic source kinematics
震源重锤加速度信号/震源重錘加速度信號 reaction mass acceleration, RMA
震源子波反卷积/震源子波反卷積 signature deconvolution, source wavelet deconvolution
震灾/震災,地震災害 earthquake damage, earthquake hazard, seismic hazard
震灾预防/震災預防 prevention of earthquake disaster
震中/震央 earthquake epicenter, epifocus
震中对跖点/震中對點,震央對點 anticenter, anti-epicenter
震中方位角/震央方位角 epicenter azimuth
震中分布/震央分布 epicenter distribution
震中距/震央距 epicentral distance
震中烈度/震中烈度,震央強度 epicenter intensity
震中迁移/震中遷移,震央遷移 epicenter migration
震中所在地/震中所在地 place of epicenter
震中所在地名/震中所在地名 place name of epicenter
震中位置/震中位置 epicenter location, epicentral location
镇/鎮 town
征兆地质学/徵兆地質學 omen geology
蒸发/蒸發[作用] evaporation
蒸发泵作用/蒸發泵作用 evaporative pumping
蒸发沉积矿床/蒸發礦床 evaporite deposit
蒸发过程/蒸發過程 evaporation process
蒸发计/蒸發儀 evaporograph
蒸发量/蒸發[容量],蒸發率 evaporation capacity
蒸发皿/蒸發皿 evaporation pan
蒸发[潜]热/蒸發[潛]熱 latent heat of evaporation, evaporation heat
蒸发霜/蒸發霜 evaporation frost
蒸发速率/蒸發速率 evaporation rate
蒸发尾迹/蒸發尾 evaporation trail
蒸发雾/蒸發霧 evaporation fog
蒸发系数/蒸發係數 evaporation coefficient
蒸发岩/蒸發岩 evaporite
蒸发仪/蒸發計 evaporimeter, atmidometer
蒸发蒸腾[作用]/蒸散 evapotranspiration
蒸馏/蒸餾 distillation
蒸馏法/蒸餾法 distillation process
蒸气/蒸氣 vapor
蒸气处理/蒸氣處理 vapor treatment
蒸气喷发/蒸氣噴發 phreatic eruption
蒸汽田/蒸汽田 steam field
蒸汽温度/蒸汽温度 steam temperature

蒸汽雾/蒸汽霧 steam fog
蒸汽压/蒸汽壓 steam pressure
蒸汽压缩式蒸馏淡化法/蒸汽壓縮式蒸餾淡化法 desalination by vapor compression distillation
蒸散/蒸散 evapotranspiration
蒸散表/蒸散計 evapotranspirometer
蒸腾/蒸騰,蒸散[作用] transpiration
蒸腾率/耗水比 water use ratio
整合/整合 conformity
整合侵入体/整合侵入體 concordant intrusion
整接海岸线/整接海岸線,順向海岸線 concordant coastline
整列鳞/整列鱗,層狀鱗,齒鱗 cosmoid scale
整列质/整列質,層鱗質 cosmine
整数定律/整數定律 law of whole numbers
整体边界层/總體邊界層 bulk boundary layer
整体大地测量/整體大地測量 integrated geodesy
整体分析/整體分析 global analysis
整体感/整體感 associative perception
整体结构/整體結構 extensional organization
整体空气动力学方法/整體氣動法 bulk aerodynamic method
整体空气动力学公式/整體空氣動力學公式 bulk aerodynamic formula
整体里查森数/總體里查遜數 bulk Richardson number
整体平差/整體平差 adjustment in one case
整体平均/總體平均 bulk average
整体区域网平差/區域聯解平差 simultaneous block adjustment
整体输送/整體輸送 bulk transport
整体水参数化/整體水物參數化 bulkwater parameterization
整体思维/整體思維 whole thinking
整体性/整體性 totality
整体[研究]取向/全觀法[研究]取向 holistic approach
整形滤波器/整形濾波器 shaping filter
整型/整數 Integer
整站/整站,整樁 full station
正/正 positive
正胞管/正胞管 autotheca
正笔石类/正筆石類 graptoloids
正笔石属/正筆石 *Orthograptus*
正变压线/昇壓線 anallobar
正变压中心/昇壓中心 anallobaric center
正变质岩/正變質岩 ortho-metamorphic rock
正层型/正層型 holostratotype
正层序/正層序 orthosequence
正长花岗岩/正長花崗岩 syenogranite
正长辉长岩/正長輝長岩 syenogabbro
正长石/正長石,普通長石 orthoclase
正长岩/正長岩 syenite
正常背景/正常背景 normal background
正常层序/原層序 original order
正常大地位数/正常重力位數 spheropotential number, normal geopotential number
正常[的]/正常,常態,標準 normal
正常地貌/正常地形 normal landform
正常[电]场/正常磁場 normal field
正常高/正常高,法線高 normal height
正常火山碎屑岩/正常火山碎屑岩 ordinary pyroclastic rock
正常基线/正常基線 normal baseline
正常空间重力异常/正常空間重力異常 normal free-air anomaly
正常力高/正常力高 normal dynamic height
正常密度/正交密度 normal density
正常灭绝/正常滅絕,自然滅絕 normal extinction
正常[深度]地震/正常地震 normal earthquake
正常时差/垂直隔距時差 normal moveout, NMO
正常水准椭球/水準橢球體 normal level ellipsoid
正常翼/正常翼 normal limb
正常引力势/正常引力位 normal gravitational potential
正常引力位/正常引力位 normal gravitational potential
正常折射/正常折射 normal refraction
正常值/標準值 normal value
正常重力/正常重力 normal gravity
正常重力场/正常重力場 normal gravity field
正常重力公式/正常重力公式,理論重力公式 normal gravity formula, formula for theoretical gravity
正常重力矢量/正常重力向量 normal gravity vector
正常重力势/正常重力位 normal gravity potential
正常重力位/正常重力位 normal gravity potential
正常重力位函数/正常重力位函數 spheropotential function
正常重力位面/正常重力位面 spheropotential surface, spherop
正常重力线/正常重力線 normal gravity line
正常重力[值]/正常重力 normal gravity
正常状态/正常狀態 normal state
正齿质/正常齒質 orthodentine
正锤[线]观测/正錘[線]觀測 direct plummet

observation
正磁异常/正磁異常 positive magnetic anomaly
正带/正化石帶 orthozone
正倒镜/縱轉望遠鏡 plunging the telescope
正地槽/正地槽 orthogeosyncline
正地貌/正地形 positive landform
正电荷/正電荷 positive charge
正电子/正電子 positron
正叠弧/正疊弧 positive superposed arc
正定的/正定的 positive definite
正断层/正斷層 normal fault
正反馈/正反饋,正回饋 positive feedback
正反射/正反射 normal reflection
正方位投影/正方位投影 zenithal projection
正方形分幅/正方形分幅 square map-subdivision
正房贝/正房貝 Orteshotichia
正浮力/正浮力 positive buoyancy
正高/正高 orthometric height
正高度/正高度 positive altitude
正高改正/正高改正 orthometric correction
正高误差/正高誤差 orthometric error
正割/正割 secant
正割投射/正割投射 secant projection
正构造/正地槽構造 orthotectonics
正规化雷达截面积/正規化雷達截面 normalized radar cross section, NRSC
正规[晶]组/正規晶組,全面型晶族,全對稱晶族 normal class
正规模[态]/正規模 normal mode
正规模[态]初值化/正規模初始化 normal mode initialization
正硅酸盐/正矽酸鹽 orthosilicate
正海百合/正海百合 Homocrinus
正海胆/正海膽 Echinoneus
正海蕾纲/正海蕾綱 Eublastoidea
正横距/正橫距 departure east, departure plus
正花状构造/正花狀構造 positive flower structure
正环流/正環流 positive circulation
正交多项式/正交多項式 orthogonal polynomials
正交函数/正交函數 orthogonal functions, orthogonal function
正交极化雷达影像/正交極化雷達影像 cross polarization radar image
正交偏移/正交偏移,正射偏移 orthogonal offset
正交剖面/正交剖面 orthogonal section
正交性/正交性 orthogonality
正角/正角 positive angle
正角法导线测量/正角法導線測量 running traverse by direct angle
正镜/正鏡 direct telescope, normal telescope, face left
正镜读数/正鏡讀數 direct reading
正拉力/正拉力 normal traction
正立体效应/正射投影立體觀察 orthostereoscopy
正面/正面 obverse view
正模/正型標本 holotype
正南龟/正南龜 Eunotosaurus
正片/正片 positive
正片麻岩/正片麻岩 ortho-gneiss
正频散/常態頻散 normal dispersion
正切螺旋/正切螺旋,微動螺旋 slow motion screw, tangent screw
正切面/切平面 tangent plane
正倾型/正傾型 anacline
正区/正區 positive area
正确性/正確性 correctness
正色片/正色片 orthochromatic film
正射纠正/正射糾正 orthographic rectification, orthocorrection, orthorectification
正射模型/正立體模型 orthoscopic model
正射偏移/正射偏移,正交偏移 orthogonal offset
正射视图/正射視圖 orthographic view
正射投影/正射投影,正射攝影 orthographic projection, orthophotography
正射投影仪/正射投影儀 orthoscope
正射图像/正射影像 orthoimage
正射像片/正射[投影]像片 orthophoto, orthophotograph
正射像片图/正射像片圖 orthophoto
正射像片镶嵌图/正射像片鑲嵌圖 orthophoto mosaic
正射影像/正立體像 orthoscopic image
正射影像地图/正射影像圖,正射像片圖 orthophoto map, orthophotomap
正射影像技术/正射影像技術 orthophoto technique
正射影像立体配对片/正射影像立體配對片 orthophoto stereomate
正射影像投影仪/正射像片製圖儀 orthophotoscope
正射影像图/正射像片 orthophotoquad
正态分布/正態分布,常態分布 normal distribution
正态概率分布/常態概率分布 normal probability distribution
正条纹结构/正條紋結構 positive stripe structure
正透镜/正透鏡 positive lens
正图像/正圖像 right reading image
正烷烃分布/正烷烴分布 distribution of n-alkanes

正烷烃奇偶优势/正烷烴奇偶優勢 odd-even predominance of n-alkanes
正尾鳍/正尾[鰭] homocercal fin
正温[大气]模式/正温模式 thermotropic model
正涡度平流/正渦度平流 positive vorticity advection, PVA
正吸附/正吸附 positive adsorption
正弦投影/正弦投影 sinusoidal projection
正弦状构造/正弦狀構造 sinusoidal structure
正向构造/正向構造 positive structure
正向河口/正性河口 positive estuary
正向极性/正向極性 normal polarity
正像读数/正像讀數 right-reading
正像蓝图/正像藍圖 white-line print
正像棱镜/正像棱鏡 erecting prism
正像目镜/正像目鏡 erecting eyepiece
正[斜长]角闪岩/正[斜長]角閃岩 ortho-amphibolite
正形贝属/正形蜿 *Orthis*
正形目/正形目 Centrechinoidea
正形投影/正形投影 orthomorphic projection, conformal projection
正形投影地图/正形地圖 orthomorphic map
正形转换/正形轉換 Helmert transformation
正型粉类/規則花粉類 Normapolles
正型尾/正型尾 Homocercal tail
正压波/正壓波 barotropic wave
正压不稳定/正壓不穩定,正壓不穩度 barotropic instability
正压大气/正壓大氣 barotropic atmosphere
正压海洋/正壓海洋 barotropic ocean
正压模式/正壓模式 barotropic model
正压模[态]/正壓模 barotropic mode
正压扰动/正壓擾動 barotropic disturbance
正压涡度方程/正壓渦度方程 barotropic vorticity equation
正压性/正壓 barotropy
正延长/延性正 length slow, positive elongation
正岩浆矿床/正岩漿礦床 orthomagmatic mineral deposit
正演模式/正向模式 forward model
正演算法/正向演算法 forward algorithm
正[演]问题/正演問題 forward problem
正异常/正異常 positive anomaly
正应力/正應力 normal stress
正羽/羽片,鰭 pinna
正原蜥属/清龍,荷謨龍 *Homoeosaurus*
正则轨道/正常軌道 normal orbit
正直摄影/垂直攝影 normal case photography
正轴投影/正軸投影 normal projection
正轴透视圆柱投影/正軸透視圓柱投影 perspective normal cylindrical projection
正转/正轉,順行 prograde
郑和航海图/鄭和航海圖 Zheng He's Nautical Chart
郑和下西洋/鄭和下西洋 Zheng He's Expedition
政府间海洋学委员会/政府間海洋學委員會 Intergovernmental Oceanographic Commission, IOC
政府间气候变化专门委员会/政府間氣候變遷委員會 Intergovernmental Panel on Climate Change, IPCC
政区/政區 administrative region
政治地理学/政治地理學 political geography
政治地图/行政區域圖 political map
政治分肥/政治分肥 pork barrel
政治社会学/政治社會學 political sociology
政治生态学/政治生態學 political ecology
政治算术/政治算術 political arithmetic
政治哲学/政治哲學 political philosophy
之字形线路/之形路線 zigzag route
支壁/拱壁 buttress
支承结构/支承架構 supporting structure
支导线/展開導線 open traverse, unclosed traverse
支骨/支骨,棘狀鱗 fulcra
支距法/支距法 offset method
支流/支流 tributary
支水准路线/支水準線 spur leveling line
支线/支線 branch line
支线水准测量/支線水準測量 branch line leveling
支序分类学/支序[分類]學,分歧學 cladistics
支序图/支序圖,分支圖 cladogram
支柱/支柱 pillar
支柱产业/支柱產業 pillar industry
支柱根/支持根 prop root
芝罘群/芝罘群 Zhifu Group
芝加哥箭石标准/芝加哥箭石標準 Peedee belemnite standard, PDB standard
芝加哥学派/芝加哥學派 Chicago School
枝根/胚根 radicle
枝角目/枝角目 Cladocera
枝蕨纲/枝蕨綱 Cladoxylopsida
枝脉蕨/支脈蕨 Cladophlebis
枝木属/枝木 *Cladoxylon*
枝形分子/枝形分子,枝狀分子 ramiform element
枝状/分枝狀 dendroid
枝状冰晶/枝狀冰晶 dendritic crystal

枝状闪电/條狀閃電　streak lightning
枝状雪晶/枝狀雪晶　dendritic snow crystal
知识库/知識庫　knowledge base
知识库系统/知識庫系統　knowledge base system, KBS
肢/肢　limb
肢口纲/腿口亞綱　Merostomata
织羊齿/織羊齒　Emplectopteris
脂肪烃/開鏈構造,碳氫化合物　aliphatic hydrocarbons
脂镍皂石/鎳膨潤石,鎳滑石　pimelite
执行/實作　execute, implementation
直布罗陀海峡/直布羅陀海峽　Strait of Gibraltar
直尺测距法/直桿測距法　distance measurement with vertical staff
直翅目/直翅目　Orthoptera
直达波/直達波　direct wave
直读标尺/直讀標尺　direct-reading rod
直读式地面站/直收地面站　direct read-out ground station
直读式温度表/直讀溫度計　direct reading thermometer
直读游标/順讀游標　direct vernier
直方图/直方圖　histogram
直方图等化/直方圖等化　histogram equalization
直方图规格化/直方圖規格化　histogram specification
直方图均等化扩展/直方圖等化擴展　histogram equalized stretch
直方图均衡[化]/直方圖均衡,直方圖等化　histogram equalization
直方图拉伸/直方圖拉伸　histogram stretch
直方图匹配/直方圖匹配　histogram match
直方图调整/直方圖調整　histogram adjust, histogram adjustment
直方图线性化/直方圖線性化　histogram linearization
直方图正态化/直方圖正規化　histogram normalization
直氟碳钙铈矿/直碳鈣鈰礦　synchysite
直管地温表/管式地熱儀　tube-typed geothermometer
直角尺/直角器　cross staff
直角棱镜/直角稜鏡　prism square, right angle prism
直角石式壳/直角石式殼　orthoceracone
直角石属/直角石　*Orthoceras*
直角坐标/直角坐標　rectangular coordinate
直角坐标网/方格網　rectangular grid
直角坐标展点仪/直角坐標展點儀　rectangular coordinatograph
直接测量/直接量測　direct measurement
直接潮/直接潮　direct tide
直接电导率/直接導電率　direct conductivity
直接定位/直接定位　direct positioning
直接法纠正/直接法糾正　direct scheme of digital rectification
直接访问/直接存取　direct access
直接分色法/直接分色法　direct color separation method
直接辐射/直接輻射　direct radiation
直接辐射表/日射強度計　pyrheliometer
直接观测/直接觀測　direct observation
直接观测平差/直接觀測平差　adjustment of direct observation
直接环境梯度/直接環境梯度　direct environmental gradient
直接环流/直接環流　direct circulation
直接交互作用/直接交互作用　direct interaction
直接接触式脱硫/直接接觸式脫硫　direct contact desulfurization
直接接收地面站/直收地面站　direct read-out ground station
直接冷冻淡化法/直接冷凍淡化法　direct freezing desalination
直接连接/直接連接　direct connect
直接氯化作用/直接氯化作用　direct chlorination
直接评价方法/直接評估方法　direct evaluation method
直接日射测量学/日射測量術　pyrheliometry
直接扫描摄影机/直接掃描攝影機　direct-scanning camera
直接数字彩色打样/直接數位元化彩色打樣　direct digital color proofing, DDCP
直接水准测量/直接水準測量　direct leveling
直接线性变换/直接線性變換　direct linear transformation, DLT
直接溴化作用/直接溴化作用　direct bromination
直接印刷/直接印刷　direct printing
直接制版/直接製版　direct plate making
直颈式/直頸式,直短領鸚鵡貝類　Orthochoanites, orthochoanitic
直壳/直角錐　orthocone
直孔贝属/直窗貝　*Rectithyris*
直立行走/雙足步行　bipedalism
直立轮藻目/直立輪藻目,直立輪藻類　Sycidales

直立人/直立[猿]人 Homo erectus
直立式防波堤/直立式防波堤 vertical wall breakwater, upright breakwater
直立同轴线圈系统/直立同軸線圈系統 vertical coaxial coils system
直立猿人/直立猿原人,爪哇原人 Pithecanthropus erectus
直立褶皱/直立褶皺 upright fold
直隶角石属/直隸角石 *Chihlioceras*
直流[场]清洗/直流[場]清洗 direct current cleaning, DC cleaning
直流超前探测/直流超前探測 in-advance DC detection
直倾型/直傾斜 orthocline
直珊瑚属/直珊瑚 *Orthophyllum*
直闪石/直閃石 anthophyllite
直升机起降场/直昇機起降點 helipad
直视测云器/直視測雲器 direct vision nephoscope
直丝绺/長絲流 long grain
直辖市/直轄市 municipality directly under the central government
直线方向/直線方向 straight-line direction
直线基线/直線基線 straight baseline
直线距离/直線距離 straight-line distance, linear distance
直向演化/直向演化,定向演化 orthogenesis
直移断层/直[移]斷層 translational fault, translatory fault
直移运动/直移運動 translational movement
直展云/直展雲 heap cloud
直照晕渲/直照暈渲 vertical hill shading, vertical system of shading
值/值 value
a 值/a 值 a value
b 值/b 值 b value
K 值/K 值 K-value
p 值/p 值 p value
pH 值/pH 值,酸鹼值 pH value
Q 值/Q 值 Q factor
值属性表/值屬性表 value attribute table, VAT
值域/值域 value domain
植被/植被 vegetation cover, vegetation
植被垂直带/植被垂直分帶 altitudinal belt of vegetation
植被区划/植被區劃 vegetation regionalization
植被型/植被型[態] vegetation type
植被演替/植被演替 vegetation succession
植被指数/植被指數,植生指標 vegetation index
植硅体/植物岩,植物化石,植物矽石 phytolith, opal phytolith, plant opal
植硅体分析/植矽體分析 phytolith analysis
植龙属/植龍 *Phytosaurus*
植物大化石/植物大化石,大植物化石 megafossil plant
植物大化石群/大型植物群,巨植物群 megaflora
植物带/植物帶 botanical zone
植物地理学/植物地理學 phytogeography
植物地球化学/植物地球化學 botanogeochemistry
植物激素/植物激素,生長素 plant hormone
植物气候学/植物氣候學 phytoclimatology
植物区系/植物群,植物相 flora
植物群/植物群,植物相 flora
植物群丛/植物群叢 plant association
植物群落/植物群落 plant community
植物群系/植物群系 plant formation
植物生态学/植物生態學 plant ecology
植物生物气象学/植物生物氣象[學] phytological biometeorology
植物生长季/生長季 vegetation season
植物[小]气候/植物[微]氣候 phytoclimate
植物修复/植物修復 phytoremediation
植物延伸部/葉尖突出的 excurrent
植物营养物/植物營養物 plant nutrient
植物中型化石/植物中型化石 mesofossil plant
殖民地/殖民地 colony
殖民地地理学/殖民地理學 colonial geography
跖骨/蹠骨 metatarsus
只读存储器/唯讀記憶體 read only memory, ROM
纸板/紙板 binder board
纸房状构造/盒式結構 cardhouse structure
纸色谱法/紙上色層分析法 paper chromatography
纸上定线/紙上定線 paper location
纸条法/紙條法 paper-strip method
纸张结构/紙張結構 construction of paper
纸张调湿/紙張調濕 conditioning paper
指北针/指北針 compass, north arrow
指臂/指臂 index arm
指标/指標 index
指标差/指標差 index error
指标差改正/指標差改正 index correction
指标图/指標圖 indicatrix
指骨/指骨,趾骨 phalanx
指关节着地走/指關節拄地行走 knuckle-walking
指极星/指極星 pointers
指令/指令 command
指令程序/指令程序 command procedure

指南针/指南針　compass
指示摆长/指示擺長　indicating pendulum length
指示界桩/指示界石　indicated corner
指示空速/指示空度　indicated air speed, IAS
指示矿物/指示礦物,指標礦物　index mineral
指示群落/指示群落　indicator community
指示元素/指示元素　indicator element
指示植物/指示植物,指標植物　indicator plant
指示种/指標種　indicator species
指式/指式　phalangeal formula
指数/指數　index, exponent
AE 指数/AE 指數　auroral electrojet index, AE index
Ap 指数/Ap 指數　Ap index
C 指数/C 指數　C index
C9 指数/C9 指數　C9 index
Ci 指数/Ci 指數　Ci index
Dst 指数/Dst 指數　Dst index
EQ 指数/EQ 指數,大腦化指數　encephalization quotient
K 指数/K 指數　K index
Kp 指数/Kp 指數　Kp index
指数变换/指數變換　exponential transform
指数律/指數律　exponential law
指数循环/指數循環　index cycle
指数增长/指數增長　exponential growth
指头虫/指頭蟲,紋頭蟲　Dactylocephalus
DNA 指纹/DNA 指紋　DNA fingerprint
指纹头虫/指頭蟲,紋頭蟲　Dactylocephalus
指相化石/指相化石　facies fossil
指掌状分子/指掌狀分子　digyrate element
指针/指針,指標　pointer
指状城市格局/指狀都市型　finger urban pattern
指状重叠冰/指狀重疊冰　finger rafted ice
指状沙坝/指狀沙壩　finger bar
指状突起/指狀突起　digitation
趾/趾部　toe
趾骨/趾骨,指骨　phalanx
趾式/趾式　phalangeal formula
至点/至點　solstice
至点潮/至點潮　solsticial tide
志丹群/志丹群　Zhidan Group
志留纪/志留紀　Silurian Period, Silurian
志留-泥盆纪冰期/志留泥盆紀冰期　Siluro-Devonian Ice Age
志留系/志留系　Silurian System
志田数/志田數　Shida's number
志愿观测船/自願觀測船　voluntary observation ship, VOS
制版/製版　plate making
制版照相/製版照相　graphic arts photography
制动螺旋/制動螺旋　clamp screw, stop screw
制动误差/制動誤差　clamping error
制动装置/制動裝置　clamping device
制海权/制海權　command of the sea
制图单元/地圖單位　map unit
制图分级/製圖分級　cartographic hierarchy
制图符号/地形圖符號　cartographic symbol
制图符号学/地形圖符號學　cartographic semiology
制图格网数字注记/梯形方格註記　ladder grid numbers
制图简化/製圖簡化,地圖簡化　cartographic simplification
制图建模/地圖模式　cartographic modeling
制图精度/製圖精度　mapping accuracy, cartographic accuracy
制图局部加强/地圖局部加強　cartographic enhancement
制图夸大/製圖誇大　cartographic exaggeration
制图六体/製圖六體　Pei principles geographic description and map making
制图师/製圖師　cartographer
制图卫星/製圖衛星　cartographic satellite, map sat
制图选取/製圖選取　cartographic selection
制图学/製圖學　cartography
制图仪/製圖儀　cartograph
制图应用软件/製圖應用軟體　map-making application software
制图语言/地形圖語言　cartographic language
制图员/[地圖]製圖員　cartographer
制图专家系统/製圖專家系統,地形圖專家系統　cartographic expert system
制图准确度/製圖準確度　mapping accuracy
制图资料/編圖資料　cartographic sources
制图综合/地圖簡化,地圖概括化　cartographic generalization
制造业/製造業　manufacturing
制造业体系/製造系統　manufacturing system
质底法/質底法　quality base method
质点/質點,粒子　particle
质粒/質體　plasmid
质量测试版/品質測試版　quality beta
质量传递/質量傳遞,質量轉移　mass transfer
质量磁化率/質量磁化率　mass magnetic susceptibility
质量底色法/質性底色法　qualitative color base

method
质量感/品質感　qualitative perception
质量监控/品質監控　data quality monitoring
质量控制/品質控制　quality control
质量模式/品質模式　quality schema
质量摩尔浓度/質量莫耳濃度　mass molar concentration
质量浓度/質量濃度　mass concentration
质量平衡/質量平衡　mass balance
质量平衡方程/質量平衡方程式　mass balance equation, mass budget equation
质量迁移现象/質量遷移現象　mass transport phenomenon
质量收支/質量收支　mass budget
质量守恒/質量守恆　mass conservation
质量守恒定律/質量守恆[定]律　law of conservation of mass
质量数/質量數　mass number
质量性状/品質性狀,定性性狀　qualitative character
质量元素/品質元素　quality element
质量转移/質量轉移,質量傳遞　mass transfer
质谱/質譜　mass spectrum
质谱分析/質譜分析　mass spectrometric analysis
质谱仪/質譜儀　mass spectrometer
质心/質量中心　center of mass
质性方法/質性方法　qualitative methods
质子/質子　proton
质子层/質子層　protonosphere
质子磁力仪/質子磁力計　proton magnetometer
质子旋进/質子進動　proton precession
质子旋进磁力仪/質子進動磁力儀　proton-precession magnetometer
质子耀斑/質子耀斑,質子閃焰　proton flare
质子重力梯度仪/質子梯度儀　proton gradiometer
治安地理学/警務地理學　geography of policing
治理结构/統治[管理]權結構,統理結構　governance structure
治疗景观/有療效的景觀　therapeutic landscape
栉板/櫛板帶　ctene
栉齿系/櫛齒系　taxodont dentation
栉齿型/櫛齒型,櫛牙目　merodont, Taxodonta
栉虫属/櫛蟲　*Asaphus*
栉壳虫属/隱現蟲　*Asaphopsis*
栉孔菱/櫛孔菱　pectinirhomb
栉口目[苔藓虫目]/櫛口[苔蘚蟲]目　Ctenostomata, Ctenostomida
栉鳞/櫛鱗,節鱗　ctenoid scale
栉鳃目/櫛鰓目　Ctenobranchia
栉羊齿类/櫛羊齒類　pecopterids
栉羊齿属/櫛羊齒　*Pecopteris*
栉羽叶/櫛羽葉　Ctenis
致癌作用/致癌作用　carcinogenesis
致病力/致病力,毒力　virulence
致病因子/致病因子　pathogenic factor
致畸作用/致畸形性　teratogenicity
致密层/致密層　tectum
致密海百合屑灰岩/致密海百合屑石灰岩　criquinite
致密气/致密氣　tight gas
致命地震/致命地震　deadly earthquake
致死临界温度/致死點　zero point
致死温度/致死温度　thermal death point, killing temperature
秩/秩　rank
秩亏平差/秩虧平差　rank defect adjustment
秩相关/等級相關　rank correlation
蛭石/蛭石　vermiculite
智利海沟/智利海溝　Chile Trench
智利海岭/智利海隆　Chile Rise
智利海盆/智利海盆　Chile Basin
智利型俯冲带/智利型俯衝帶,智利型隱没帶　Chilean type subduction zone
智能工作站/智慧型工作站　intelligent workstation
智能交通系统/智慧型運輸系統　intelligent transportation system, ITS
滞海沉积/滯海沈積,静海沈積　euxinic deposit
滞后/落後　lag
滞后断层/滯後斷層,下盤逆進斷層　lag fault
滞后交叉相关/落後交叉相關　lag cross-correlation
滞后时间/落後時間　lag time
滞后系数/延滯係數,落後係數　lag coefficient
滞留砾石/滯留礫石　lag gravel
滞留时间/滯留時間　residence time
滞[留]水/滯[留]水　perch resident ground water
滞留油/滯留油　retained oil
滞流盆地/滯海盆地,停滯盆地　euxinic basin, stagnant basin
滞流事件/滯流事件　stagnant event
滞碛/滯磧　lodgement till
滞水潜育土/滯水灰黏土　stagnogley soil, stagnogley
滞弹性衰减/滯彈性衰減　anelastic attenuation
滞弹性形变/滯彈性形變　anelastic deformation
滞域成种/静地物種形成　stasipatric speciation
置换符号/排列符號　permutation symbol
置换链接/置換鏈結　displacement link
置平/定平　leveling

置信度/信賴度,可證實性 confidence, confidence degree, verifiability
置信度测试/可信度測試 verification test
置信区间/可信區間 confidence interval
置信水平/置信水平,可信基準 confidence level, level of confidence
置信限/可信限 confidence limit
稚体/稚體 juvenile
中鞍/中鞍 median saddle
中斑晶的/中斑晶的 mediophyric
中板/中板,中隔壁 median plate, mesoplax, median lamella
中板块/中板塊 mesoplate
中背板/中背板 centrodorsal plate
中背片/中背片,中背板 median dorsal plate
中比例尺/中比例尺 medium scale
中比例尺地图/中比例尺地圖 medium-scale maps
中壁/中壁,内側壁 medial wall
中表层/中[胚]層 mesoderm
中部/中心區 central area
中层/中[氣]層 middle layer, mesopelagic zone
中层大气/中層大氣 middle atmosphere
中层大气物理学/中層大氣物理[學] middle atmospheric physics
中层顶/中氣層頂 mesopause
中层浮游生物/幽暗層浮游生物,嫌光性浮游生物 knephoplankton
中层拖网/中層拖網 mid water trawl
中层序/中層序 mesosequence
中层鱼类/中層魚類 mesopelagic fishes
中长石/鉀鈉長石 andesine
中长周期体波震级/長週期體波震級 long-period body-wave magnitude
中场项/中場項 intermediate-field term
中朝板块/中朝板塊 Sino-Korean plate
中潮带/中潮帶 midlittoral zone
中潮河口/中潮河口灣 mesotidal estuary
中程定位系统/中程定位系統 medium-range positioning system
中尺度/中尺度 mesoscale
α中尺度/中尺度α系統 meso-α scale
β中尺度/中尺度β系統 meso-β scale
γ中尺度/中尺度γ系統 meso-γ scale
中尺度背风[坡]涡旋/中尺度背風渦旋 mesoscale lee vortex
中尺度低压/中尺度低壓 mesoscale low
中尺度对流复合体/中尺度對流複合體 mesoscale convective complex, MCC
中尺度对流系统/中尺度對流系統 mesoscale convective system, MCS
中尺度模式/中尺度模式 mesoscale model
中尺度气候学/中氣候學 mesoclimatology
中尺度气象学/中尺度氣象學 mesoscale meteorology
中尺度涡/中尺度渦旋 mesoscale eddy
中尺度系统/中尺度天氣系統 mesoscale system
中尺度运动/中尺度運動 mesoscale motion
中齿质/中齒質 mesodentine
中大西洋裂谷/大西洋中央裂谷 Mid Atlantic Rift Valley
中等硬水/中等硬水 moderately hard water
中等住宅区/中等住宅區,郊外住宅區 dormitory town, bedroom town
中低温地热系统/中低温地熱系統 low-medium temperature geothermal system
中点/中點 middle of curve
中窦/中竇,中凹 median sinus
中度干扰假说/中度干擾假説 intermediate disturbance hypothesis
中断/中斷 break
中断面法/中斷面法 mid-section method
中垩虫/中堊蟲 Miogypsina
中鳄亚目/中鱷亞目 Mesosuchia
中耳/中耳 middle ear
中沸石/中[性針]沸石 mesolite
中腐性生物/中腐水性生物 mesosaprobe
中附尖/中附尖 mesostyle
中腹隔壁/腹中板 median ventral septum
中腹片/中腹片 median ventral plate
中腹足类/中腹足亞綱 Mesogastropoda
中高/中空 medium altitude
中隔板/中[隔]板 median septum
中隔壁/中隔壁 median septum
中隔脊/中脊 median ridge
中沟/中溝 mesostria
中国北极黄河站/中國北極黄河站 Arctic Yellow River Station
中国笔石属/震旦筆石 *Sinograptus*
中国测绘学会/中國測繪學會 Chinese Society of Geodesy, Photogrammetry and Cartography
中国大地测量星表/中國大地測量星表 Chinese Geodetic Stars Catalogue, CGSC
中国大地构造单元/中國大地構造單元 tectonic elements of China
中国地层指南/中國地層指南 Stratigraphic Guide

of China
中国地质学/中國地質學 geology of China
中国第四纪黄土/中國第四紀黄土 Quaternary loess of China
中国龟属/震旦龜 *Sinochelys*
中国国家地震台网/中國國家地震臺網 China National Seismic Network, CNSN
中国海百合属/震旦海百合 *Sinocrinus*
中国海林檎属/震旦海林檎 *Sinocystis*
中国河狸属/中國河貍,震旦河貍 *Sinocastor*
中国角石属/震旦角石 *Sinoceras*
中国肯氏兽属/震旦肯奈氏龜 *Sinokannemeyeria*
中国龙属/震旦龍 *Sinosaurus*
中国前寒武纪成矿域/中國前寒武紀成礦域 Precambrian metallogenic megaprovince of China
中国区域地震台网/中國區域地震臺網 China Regional Seismic Network
中国珊瑚属/震旦珊瑚 *Sinophyllum*
中国石燕属/震旦石燕,彎石燕 *Sinospirifer*
中国数字地震台网/中國數字地震臺網 China Digital Seismograph Network, CDSN
中国索克氏虫属/震旦索氏蟲 *Sinosaukia*
中国犀/中國犀 Sinotherium, Rhinoceros sinensis
中国小长身贝属/震旦小長身蜿[貝] *Sinoproductella*
中国正形贝属/震旦正形蜿[貝] *Sinorthis*
中国重力标准网/中國重力標準網 China Gravity Standardization Net
中海底扇/海底扇中扇 middle fan
中海蕾属/中海蕾 *Mesoblastus*
中和/中和 neutralization
中红外/中紅外 middle infrared
中华半椎鱼属/震旦半椎魚 *Sinosemionotus*
中华尖齿兽/中華尖齒獸 sinoconodonts
中华原始介属/中華原始介屬,震旦原始介 *Sinoprimitia*
中积云/中度積雲 cumulus mediocris, Cu med
中脊/脊[板] carina, medium line
中继单元/中繼站,增音站,轉發站 repeater station
中尖/中尖 mesocone
中间板/中間板 intermediate plate
中间层/中間層,中氣層 mesosphere
中间层顶/中氣層頂 mesopause
中间层环流/中氣層環流 mesospheric circulation
中间尺度天气系统/次綜觀尺度天氣系統 subsynoptic scale system
中间定向/中間定向 intermediate orientation
中间轨道/居中軌道 intermediate orbit
中间激发/中間激發 split shooting
中间极性/中間極性 intermediate polarity
中间视/間視 intermediate sight
中间数据/中間資料 intermediate data
中间梯度法/中心梯度排列法 central gradient array method
中间型游客/中間型遊客 med-centric fourist
中间桩/中間樁 mid peg
中砾/卵礫 pebble
中粒结构/中粒結構 medium-grained texture
中裂/中裂 median split
中瘤刺/中瘤刺 median rod
中龙类/中龍類 mesosaurians
中龙目/中龍目 Mesosauria
中龙属/中龍 *Mesosaurus*
中隆/中隆 fold
中脉/中脈 media
中美海道/中美海道 Middle American Seaway
中美海沟/中美海溝,中亞美利加海溝 Middle American Trench
中盘/中盤 central disc
中胚层/中[胚]層 mesoderm
中皮相/中皮相 aspidiaria
中频/中頻 medium frequency, MF
中期[地震]预报/中期[地震]預報 intermediate-term earthquake forecasting
中期[地震]预测/中期[地震]預測 medium-term earthquake prediction
中期[天气]预报/中期預報 medium-range weather forecast
中气候/中氣候 mesoclimate
中碛/中磧 medial moraine
中腔/中央腔 central cavity
中切面/正中切面 sagittal section, median section
中区/中區 median field
中躯/中體部,前腹部 mesosoma
中色岩/中色岩 mesocratic rock
中山站/中山站 Zhongshan Station
中珊瑚属/中珊瑚 *Mesophyllum*
中深[变质]带/中深[變質]帶 mesozone
中深[变质]带矿床/中深[變質]帶礦床 mesozonal deposit
中深热液矿床/中深熱液礦床 mesothermal ore deposit
中深热液矿脉/中深熱液礦脈 mesothermal vein
中生代/中生代 Mesozoic Era
中生界/中生界 Mesozoic Erathem
中生茎叶/中生莖葉植物 Mesocormophyta

中生盐生植物/中生鹽生植物 meso halophyte
中生植物/中生植物 mesophyte
中石器时代/中石器時代 Mesolithic Age
中世纪/中世紀 Middle Ages, Medieval
中世纪初寒冷期/中世紀初寒冷期 early medieval cool period
中世纪地理学/中世紀地理學 medieval geography
中世纪暖期/中世紀暖期 Medieval Warm Epoch, MWE, medieval warm period
中世纪气候适宜期/中世紀氣候適宜期 Medieval Climate Optimum
中世纪图解航海手册/中世紀航海圖 Portolano
中室/中央腔 central cavity
中丝/中絲 central wire, central thread
中速扩张[洋]脊/中速擴張[洋]脊 intermediate-spreading ridge
中太古代/中太古代 Mesoarchean Era
中太古界/中太古界 Mesoarchean Erahem
中太平洋海底山群/中太平洋海底山群 mid Pacific seamounts
中太平洋隆起/中太平洋隆起,太平洋中隆 mid Pacific rise
中天/中天 culminate, meridian passage
中天法/中天法 transit method
中天观测/子午圈觀測 meridian observation
中条群/中條群 Zhongtiao Group
中铁陨石/中鐵隕石,中隕鐵 mesosiderite
中蛙属/中蛙 *Miobatrachus*
中纬度/中緯度 middle latitude, midlatitude
中纬度波动性气旋/中緯度氣旋波 midlatitude wave cyclone
中纬度法/中緯度法 method of mid-latitude
中位数/中位數 median
中位-中位链/中位-中位鏈 intermediate intermediate link
中位种/中位種 intermediate species
中温气候/中温氣候 mesothermal climate
中温热水/中温熱水 medium temperature hot water
中温水热矿床/中深熱液礦床,中温熱液礦床 mesothermal deposit
中污生物/中腐水性生物 mesosaprobe
中误差/中誤差,均方根誤差 root mean square error, RMSE
中西部学派/中西部學派 Middle West school
中线测量/中線測量 center line survey, location of route
中线浮标/航道浮 mid-channel buoy
中小气候情况/中小氣候情況 climatomesochore
中心测量装置/中心測量裝置 central circle
中心差分/中央差分,中差 centered difference
中心城市/中心城市 central city
中心地/中心地 central place
中心地功能/中地機能 central place function
中心地理论/中地理論 central place theory
中心点/中[心]點 center point, midpoint
中心对称晶体/中心對稱晶體 centrosymmetrical crystal
中心对点法镶嵌/中心重合[鑲嵌]法 center-to-center method
中心方程式/中心方程式 equation of the center
中心管/中心管 central tube
中心极限定理/中限定理 central limit theorem
中心矩/中央動差 central moment
中心快门/中間快門,鏡間快門 between-the-lens shutter, lens shutter
中心囊/中心囊,中央囊 central capsule
中心偶极子/中心偶極子 central dipole
中心式喷发/中心[式]噴發 central eruption
中心体/中心體 central body
中心投影/中心投影 central projection
中心透视/中心透視 central perspective
p 中心问题/p 中心問題 p center problem
中心线/中心線 centerline
中心线矢量化/中心線向量化 centerline vectorization
中心性/中心性 centrality
中心桩/中心樁 center stake
中心子午线中天/中心子午線中天 central meridian passage
中新马/中[新]馬 Hipohippus
中新世/中新世 Miocene Epoch, Miocene
中新统/中新統 Miocene Series
中型孢子/中孢子,中胞子 miospore
中型底栖性/中型底棲性,底内底棲性 mesobenthic
中型浮游生物/中型浮游生物 mesoplankton
中型构造的克、伊、丕、华四氏岩石分类法/中視的克、伊、丕、華四氏岩石分類法 mesoscopi C. I. P. W. system of rock classification
中型骨针/間中骨 intermedium
中型实验生态系/中型生態池 mesocosm
中性岸/中性岸 neutral coast
中性层/中性層 neutrosphere
中性层顶/中性層頂 neutropause
中性点/中性點,中和點 neutral point
中性点温度/中性點温度 neutral point temperature
中性多态现象/中性多態現象 neutral

polymorphism
中性浮标/中性浮標　neutrally buoyant float
中性共生/中性作用　neutralism
中性锢囚锋/中性囚錮鋒　neutral occluded front
中性河口/中性河口　neutral estuary
中性理论/中性理論　neutral theory
中性粒子/中性粒子　neutral particle
中性滤光片/中性濾光片　neutral filter
中性膜电渗析/中性膜電滲析法　neutral membrane electrodialysis
中性气旋/中性氣旋,變性氣旋　neutral cyclone
中性侵入岩/中性侵入岩　intermediate intrusive rock
中性色调/中間調　middle tone
中性稳定/中性穩度　neutral stability
中性岩/中性岩　intermediate rock
中胸/中胸　mesothorax
中压相系/中壓[變質]相系　medium-pressure facies series
中央棒/中央棒　central bar
中央差分法/中央差分法　centered difference scheme
中央处理器/中央處理器　central processing unit, CPU
中央刺/中央刺　central spine
中央地块/中央山地　Massif Central
中央经线/中央經線　longitude of center, central meridian
中央孔/中央孔　central opening
中央棱/中央棱　centrocrista
中央裂谷/中央[裂]谷,洋中裂谷　central rift, median valley
中央盘/中央盤　central disc
中央片/中央片,中央板　central plate
中央腔/中央腔　central cavity
中央桥/中央橋　central bridge
中央商务高度指数/中央商務高度指數　central business height index
中央商务强度指数/中央商務強度指數　central business intensity index
中央商务区/中央商務區　central business district, CBD
中央十字构造/中央十字構造　central cross structure
中央体/中心體　central body
中央网状构造/中央網狀構造　central net structure
中央纬线/中央緯線　latitude of center
中央细胞/中央細胞　central cell
中央小齿/中央小齒　median denticle
中央子午线/中央子午線　central meridian
中叶藻属/中珊瑚　*Mesophyllum*
中翼/中翼　middle wing, middle limb
中雨/中雨　moderate rain
中元古代/中基生代　Mesoproterozoic Era
中元古界/中基生界　Mesoproterozoic Erathem
中源地震/中源地震,中成地震　intermediate-depth earthquake, intermediate-focus earthquake
中源型气孔/中源型氣孔　mesogenous type stomata
中云/中雲　middle cloud
中褶/中褶　mesoflexus
中震/中度地震　medium earthquake, moderate-size earthquake
中值/中值　median
中值滤波器/中數濾波器,中數濾鏡　median filter
中质原油/中質原油　medium crude oil
中周源型气孔/中週源型氣孔　mesoperigenous type stomata
中轴/[中]軸　columella, virgula, axis
中轴骨[骼]/主軸骨骼　axial skeleton
中柱/中柱　columnals, axial column
中柱石/中柱石　mizzonite
中子/中子　neutron
中子测井/中子測井　neutron log
中子-γ测井/中子-γ測井　neutron-γ logging
中子产额/中子產額　neutron productivitiy
中子-超热中子测井/中子-超熱中子測井　neutron-epithermal neutron logging
γ-中子法/γ-中子法　γ-neutron method
中子俘获/中子捕獲　neutron capture
中子-伽马测井/中子-伽瑪測井　neutron gamma ray logging, neutron-γ logging
中子活化测井/中子活化測井　neutron activation logging
中子活化产物/中子活化產物　neutron activation product
中子活化法/中子活化法　neutron activation method, neutron activation technique
中子活化分析/中子活化分析　neutron activation analysis
中子活化辐射/中子活化輻射　neutron activation irradiation
中子-热中子测井/中子-熱中子測井　neutron-thermal neutron logging
中子寿命测井/中子壽命測井　neutron lifetime logging, thermal decay time logging, thermo decay time logging
中子吸收/中子吸收作用　neutron absorption
中子-中子测井/中子-中子測井　neutron-neutron

logging
中足/中腳 median leg, middle leg
终冰期/終冰期 breakup period
终端速度/終端速度 terminal velocity
终级生产力/終級生產力 ultimate productivity
终结点/終點 terminating node
终孔目/終孔目,尾穴目 Telotremata
终碛[垄]/終磧,端[冰]磧 terminal moraine
终生浮游生物/終生浮游生物,全浮游生物,永久性浮游生物 holoplankton
终霜/終霜 latest frost
终雪/終雪 last snow
终止密码子/終止密碼子 termination codon
终止子/終止子 terminator
钟表时间/鐘表時[間] clock time
钟差改正/表差改正 clock correction, chronometer correction
钟偏/鍾偏 clock offset
钟乳石/鐘乳石,石鐘乳 stalactite
钟乳状集合体/鐘乳狀集合體 stalactitic aggregate
钟速/鍾速 clock rate
钟状壳/鐘狀殼 cupola
肿骨类/腫骨類 Euryceros pachyosteus
肿缩构造/脹縮構造 pinch-and-swell structure
肿头龙类/腫頭龍類 pachycephalosaurs
种/[物]種 species
种床区位/種床區位 seed bed location
种的概念/種的觀念 species concept
种-丰度曲线/物種豐度曲線,物種多度曲線 species abundance curve
种间比率/種間關係 interspecific relationship
种间关系/種間關係 interspecific relationship
种间竞争/種間競爭 interspecific competition
种晶/晶種,種子 seed
种类/屬類 genus, variety
种类组成/種類組成 species composition
种鳞复合体/種鱗複合體 seed-scale complex
种-面积假说/種-面積假説 species area hypothesis
种-面积曲线/種-面積曲線 species-area curve
种苗放流/種苗放流 seedling release
种名形容词/種小名 specific epithet
种内关系/種内關係 intraspecific relationship
种内竞争/種内競爭,種内鬥爭 intraspecific competition
种群/種群,族群 population
种群动态/族群動力學 population dynamics
种群指数生长/指數型[族群]成長 exponential population growth
种系发生/系統發生,親緣關係,譜系 phylogeny
种系渐变论/種系漸變論,種系漸變説 phyletic gradualism
种系衰退/種族衰弱 phylogerontism
种子/種子,晶種 seed
种子蕨纲/種子蕨綱 Pteridospermopsida
种子蕨目/種子蕨目 Pteridospermae
种子蕨植物/種子蕨,種子羊齒植物 pteridospermophyte, seed fern, pteridospermae
种子蕨植物门/羽葉種子植物門 Pteridospermophyta
种子植物/種子植物 spermatophyte
种子植物门/種子植物門 Spermatophyta
种植园/栽培業 plantation
种植制度/種植制度 farming system
重锤投点/重錘投點 damping-bob for shaft plumbing
[重磁电]负异常/負異常 negative anomaly
[重磁电]区域异常/區域性異常 regional anomaly
重大地震/重大地震 significant earthquake
重大地震速报/重大地震速報 quick report of significant earthquakes
重氮复印/重氮複印 diazo copying
重点观测区/重點觀測區 area of special observation
重硅线石/重矽線石 xenolite
重金属/重金屬 heavy metal
重金属污染/重金屬汙染 heavy metal pollution
重金属循环/重金屬循環 heavy metal circulation
重晶石/重晶石,重晶岩 baria, barite
重晶石丛/重晶石叢 barite rose
重矿物/重礦物 heavy mineral
重离子/重離子 heavy ion
重力/重力 gravity
重力坝/重力壩 dam of gravity type
重力变化/重力變化 gravity change, gravity variation
重力波拖曳/重力波拖曳 gravity wave drag
重力测量/重力測量,重力測定 gravity measurement
重力[测量]学/重量測量[學] gravimetry
重力测量与气候实验卫星/重力測量與氣候實驗衛星 Gravity Recovery and Climate Experiment satellite
重力测站/重力測站 gravity station
重力常数/重力常數 constant of gravitation
重力场/重力場 gravity field
重力场分离/重力場分離 gravity field separation
重力场数据/重力場數據 gravity field data

重力潮汐改正/重力潮汐改正 correction of gravity measurement for tide
重力垂线偏差/重力垂線偏差 gravimetric deflection of the vertical
重力垂直梯度/重力垂直梯度 vertical gradient of gravity
重力大地测量学/重力大地測量學 gravimetric geodesy
重力大地水准面/重力大地水準面 gravimetric geoid
重力等位面/重力等位面,重力等勢面 equigeopotential surface, equipotential surface of gravity
重力等值线/重力等值線 gravity contour, gravity isogram
重力低/重力低 gravity low, gravity minimum
重力地貌/重力地形 gravitational landform
重力[地质]作用/重力作用 gravitational process
重力点/重力點 gravimetric point
重力调查/重力測量,重力測勘 gravity survey
重力段差/重力段差 gravity segment difference
重力墩/重力墩 gravity pier
重力反演/重力逆推 gravity inversion
重力方向/重力方向 direction of gravity
重力分异/重力分異作用 gravitational differentiation
重力分异说/重力分異説 gravitational differentiation hypothesis
重力复测/重力複測 gravity repeat observation
重力改正/重力改正 gravity correction
重力高/重力高 gravity high, gravity maximum
重力公式/重力公式 gravity formula
重力构造/重力構造 gravity tectonics
重力固体潮观测/重力固體潮觀測 gravity observation of earth tide
重力归算/重力歸算 gravity reduction
重力滑动/重力滑動[作用] gravitational gliding
重力滑动构造/重力滑動構造 gravity gliding tectonics
重力滑移/重力滑移 gravity gliding
重力基线/重力基線 gravimetric baseline
重力基准/重力基準,重力基點 gravity datum, gravitational benchmark
重力计/重力計 gravity meter
重力加速度/重力加速度 acceleration of gravity, gravity acceleration
重力监测网/重力監測網 gravity monitor network
重力校正/重力校正 gravitation correction
重力均衡/重力均衡 gravity isostatic
重力勘探/重力勘探 gravity prospecting
重力流/重力流 gravity current
重力模型/重力模型 gravity model
重力内波/内重力波 internal gravity wave
重力平差/重力平差 gravity adjustment
重力强度/重力強度 intensity of gravity
重力球谐函数/重力球諧函數 gravitational harmonics
重力驱动/重力驅動 gravity drive
重力取芯器/重力取芯器 gravity drop corer
重力扰动/重力干擾 gravity disturbance
重力摄动/重力攝動 gravitational perturbation
重力失稳说/重力失穩説 gravity instability theory
重力式基础/重力式基礎 gravity type foundation
重力式平台/重力式平臺 gravity platform
重力势/重力勢,重力位[能] gravity potential
重力势能/重力勢能,重力位能 gravity potential energy
重力势系数/重力勢係數 gravity potential coefficient
重力数据库/重力資料庫 gravimetric database
重力水/重力水 gravitational water, gravitation water, gravity water
重力水平梯度/重力水平梯度 horizontal gradient of gravity
重力随时间变化/重力隨時間變化 temporal gravity changes
重力台站/重力測站 gravity station
重力-弹性方程/重力-彈性方程 gravito-elastic equation
重力梯度/重力梯度 gravity gradient
重力梯度测量/重力梯度測量 gravity gradient measurement, gradiometry, gravity gradient survey
重力梯度带/重力梯度帶 gravity gradient zone
重力梯度仪/重力梯度儀,重力偏差計,傾度計 gravity gradiometer
重力梯度异常/重力梯度異常 gravity gradient anomaly
重力外波/外重力波 external gravity wave
重力网/重力網 gravity network
重力位/重力位[能],重力勢 gravity potential
重力位势地形/重力位地形 geopotential topography
重力位势距平/重力位異常 geopotential anomaly
重力位势面/重力位面 geopotential surface
重力位势异常/重力位異常 geopotential anomaly
重力物理模型实验/重力物理模型實驗 gravity physical model experiment
重力系统/重力系統 gravity system

重力泄油储油层/重力洩油儲油層 gravity drive reservoir
重力仪/重力儀 gravimeter
重力仪测程/重力儀測程 gravimeter span
重力仪常量/重力儀常量 gravimeter constant
重力仪读数/儀表讀數 instrument reading
重力仪零漂/重力儀零漂 gravimeter drift
重力仪零漂改正/重力儀零點漂移改正 gravimeter drift correction
重力异常/重力異常 gravity anomaly
重力异常低/重力異常低 gravity anomaly low
重力异常高/重力異常高 gravity anomaly high
重力异常阶方差/重力異常階方差 degree variance of gravity anomaly
重力异常图/重力異常圖 gravity anomaly map
重力载荷/重力負荷 gravitational loading
重力正演/重力正演 gravity forward
重钠矾/重鈉礬 matteuccite
重铌铁矿/正方鈮鉭礦 mossite
重潜水/重裝備潛水 heavy gear diving
重氢/重氫 deuterium
重砂矿床/重砂礦床 heavy mineral deposit
重烧绿石/重燒綠石,等軸鉭鈣石 koppite
重钽铁矿/重鉭鐵礦 tapiolite
重碳地蜡/重碳地蠟 koenlite, koenleinite
重碳钾石/重碳鉀鹽 kalicinite
重烃/重烴 heavy hydrocarbon
重心/重心 barycenter
p 重心问题/p 中位問題 p median problem
重心坐标/重心坐標 barycentric coordinates
重心坐标系统/重心坐標系統 barycentric coordinate system
重要气象信息/重要氣象訊息 significant meteorological information
重要天气/顯著天氣 significant weather
重要天气报告/顯著天氣[報告] significant weather report
重油/重油 heavy oil
重质原油/重質原油 heavy crude oil
舟形分子/舟形分子 scaphite element
舟形亚类/舟形亞類 netromorphs
舟牙形石/牙形刺 Gondolella
周壁/週壁 perisporium, perine
周壁粉类/週壁粉類,週壁粉屬 Perinopollenites
周环倾斜/週環傾斜 circumferential tilt
周面沟/週面溝,散溝 pericolpate, pantocolpate
周面孔/週面孔,散孔 periporate, pantoporate
周面孔沟/週面孔溝,散孔溝 pericolporate, pantocolporate, pantoaperturate
周年波/週年波 annual wave
周年磁变/磁年變 magnetic annual change, annual rate, annual change
周年风/週年風 anniversary wind
周年视差/週年視差 annual parallax
周皮相/週皮相 bergeria
周期倍/倍週期 period doubling
周期倍分岔/倍週期分歧 period doubling bifurcation
周期变化/週期變化 periodic variation
周期变形/週期變形 cyclomorphosis
周期表/週期表 periodic table
周期方程/週期方程 period equation
周期风/週期風 periodic wind
周期函数/週期函數 periodic function
周期谱/週期譜 period spectrum
周期摄动/週期攝動 periodic perturbation
周期图/週期圖 periodogram
周期图分析/週期圖分析 periodogram analysis
周期误差/週期性誤差 periodic error
周期信号/週期信號 periodic signal
周期性/週期性 periodicity
周期运动/週期運動 periodic motion
周期振动/週期振動 periodic oscillation
周腔式/週腔式 circumcavate
周日变风/日變風 diurnal wind
周日波/日波 diurnal wave
周日光行差/週日光行差 diurnal aberration, daily aberration
周日[平行]圈/自轉圈 diurnal circle
周日视差/週日視差 diurnal parallax
周日太阳潮/日太陽潮 diurnal solar tide
周日运动/週日運動 diurnal motion
周跳/週跳 cycle slip
周围细胞/週圍細胞 peripheral cell
周缘/週緣,週邊 periphery
周缘盆地/週緣盆地 peripheral basin
周缘前陆盆地/週緣前陸盆地 peripheral foreland basin
周源型气孔/週源型氣孔 perigenous type stomata
周转/週轉,替代 turnover
周转率/週轉率,週轉速度 turnover rate
周转时间/週轉時間 turnover time
洲/洲 continent
轴板/軸板 axillare
轴部构造/中軸結構,軸粒結構 axial structure, axis structure
轴部褶升区/軸褶昇 axial culmination

轴唇/軸唇 columellar lip
轴带/軸帶 crestal zone, axial zone
轴对称/軸對稱 axial symmetry
轴对称海上重力仪/軸對稱海上重力儀 axially symmetric sea gravimeter
轴沟/軸溝 axial furrow
轴管/軸管 aulos
轴管珊瑚/軸星珊瑚 Aulina
轴环节/軸環節 axial ring
轴积/軸積 axial fillings
轴迹/軸跡 axial trace
轴角/軸角 axial angle, optic angle
轴颈误差/軸頸誤差 error of pivot
轴率/軸率,軸比 axial ratio
轴面/軸面 axial plane
轴面劈理/軸面劈理 axial plane cleavage
轴囊/軸囊 virgular sac
轴平面/軸平面 axial plane
轴切面/軸向剖面 axial section
轴向粗脊/螺層,凸棱 varix
轴向地心偶极场/軸向地心偶極場 geocentric axial dipole field, GAD
轴向分带/軸向分帶 axial zoning
轴向副隔壁/軸向副隔壁 axial septulum
轴向色差/縱向色差 axial color aberration, longitudinal chromatic aberration
轴旋褶/軸旋褶,軸襞 columellar fold
轴柱/中軸,軸心 columella
轴子植物的/軸子植物的 stachyspermous
轴子植物亚纲/軸子植物亞綱 Stachyospermae
轴子植物亚门/軸子植物亞門 Stachyospermophytina
肘脉/肘脈,尺骨 cubitus
肘状双晶/肘狀雙晶 elbow twin
帚状节理/帚狀節理 brush joint
帚状矿脉/帚狀礦脈 broom-like veins
帚状褶皱/帚狀褶皺 broom-like fold
宙/宙,元 Eon
昼长/晝長 daylength
昼风/晝風 day breeze
昼气晖/晝輝 dayglow
昼行性/晝行性,日行性 diurnality
昼夜垂直移动/晝夜垂直遷移 diurnal vertical migration
昼夜周期/晝夜週期 day night cycle
皱壁蜓属/皺壁䗴,皺壁紡錘蟲 *Rugosofusulina*
皱边/皺紋,縐縮 crimp
皱皮熔岩/皺皮熔岩 dermolithic lava
皱纹的/褶疊的 plicated
皱纹构造/皺紋構造 plicated structure, puckered structure
皱羊齿目/皺皮木目 Lyginopteridales
皱状纹饰/皺狀紋飾 regulate
朱里桑贝属/朱里桑貝 *Juresania*
朱龙关群/朱龍關群 Zhulongguan Group
朱森珊瑚/朱森珊瑚 Chusenophyllum
朱森蜓/朱森䗴 Chusenella
朱思本/朱思本 Ju Sz-ben
侏罗纪/侏羅紀 Jurassic Period, Jurassic
侏罗系/侏羅系 Jurassic System
珠蚌属/河蚌 *Unio*
珠角石/珠角石 Armenoceras, Actinoceras
珠角石属/珠角石 *Armenoceras*, *Actinoceras*
珠孔/珠孔 micropyle
珠母云/貝母雲 nacreous clouds
珠穆朗玛群/珠穆朗瑪群 Zhumulangma Group
珠状闪电/珠狀閃電,球狀閃電 pearl lightning, beaded lightning
猪背脊/豬背脊 hogback ridge
猪背岭/豬背嶺,豚背山 hogbacks
猪牙石/豬牙石 hog-tooth spar
猪亚目/豬亞目 Suina
蛛网珊瑚属/蛛網珊瑚 *Clisiophyllum*
蛛形纲/蛛形綱 Arachnoidea
蛛形类/蜘蛛綱 Arachnida
蛛形珊瑚属/叢嵌珊瑚 *Arachniophyllum*
竹尺/竹[卷]尺 bamboo tape
竹叶状灰岩/竹葉礫石,竹葉礫岩 edgewise conglomerate
竺可桢曲线/竺可楨曲線 Zhou's curve
逐步订正法/逐步修正分析 successive correction analysis
逐步回归/逐次回歸 successive regression
逐步回归分析/逐步回歸分析 stepwise regression analysis
逐步判别法/逐步判別分析 stepwise discriminatory analysis
逐点爆炸/逐點爆炸 roll-along shooting
烛煤/燭煤 cannel coal
主比例尺/主比例尺 principal scale, basic scale
主边界断层/主界斷層 main boundary fault
主表/主表 primary table
主波束/主波束 main beam
主部/主部 cardinal quadrant
主参考数据/主參考數據 primary reference data
主测线/主測線,本線 main line

主测站/主測站 principal station
主潮/主潮 primary tide
主成分分析/主成分分析 principal component analysis
主齿/主齒,主牙 cardinal tooth, cusp
主齿柱/主齒柱 pretrite
主垂面/像主平面 principal plane of photograph, principal vertical plane
主磁场/主磁場 main field
主导产业/主導產業 leading industry
主导地震/主導地震 master earthquake
主导地震定位法/主導地震定位法 master earthquake location method
主导[地震]事件/主導[地震]事件 calibration seismic event, master seismic event
主导风向/主要風向 predominant wind direction
主导化石/主導化石,標準化石 guide fossil
主动充填/主動充填 active fill
主动大陆边缘/主動大陸邊緣,活動大陸邊緣 active continental margin
主动定位系统/主動定位系統 active location system, active positioning system
主动跟踪系统/主動式追蹤系統 active tracking system
主动雷达校准器/主動雷達校準器 active radar calibrator
主动散布/主動散布 active dispersal
主动[式]传感器/主動探測器,主動感測器 active sensor
主动[式]卫星/主動人造衛星 active satellite
主动[式]遥感/主動式遥感 active remote sensing
主动式遥感器/主動式遥測感應器 active remote sensor
主动数据库/主動式資料庫 active database
主动微波/主動微波 active microwave
主动遥感技术/主動[遥測]法 active remote sensing technique
主动源地震学/主動源地震學 active source seismology
主动源[方]法/主動源方法 active source method
主端/主端 cardinal extremities, cardinal extremity
主分量变换/主分量變換 principal component transformation
主分量分析/主成分分析 principal component analysis
主锋/主鋒 principal front
主干断裂/主幹斷裂 major fault
主隔壁/主隔壁 cardinal septum
主关键字/主鍵 primary key
主观分析/主觀分析 subjective analysis
主观估计/主觀評估 subjective assessment
主观评价/主觀評估 subjective assessment
主合点/主遁點 principal vanishing point
主核面/主核面 principal epipolar plane
主核线/主核線 principal epipolar line
主虹/[主]虹 primary rainbow
主机账号/主機賬號 server account
主基/主基 cardinalia
主级环流/主環流 primary circulation
主极大/主極大 primary maximum
主极小/主極小 primary minimum
主脊/主脊 cardinal ridge
主角/主基,基角 cardinal angle
主壳刺/主殼刺 cardinal spine
主梁/主梁 main girder
主面/主面,基面 cardinal area
主内沟/主内溝,基内溝 cardinal fossula
主频/主頻 peak frequency
主切线/主切線 main tangent
主权/主權 sovereignty
主权[财富]基金/主權[財富]基金 sovereign-wealth fund
主色/主色 essential color
主事件法/主事件法 master event method
主属性/主屬性,關鍵屬性 key attribute
主台/主站 main station
主题/主題 thematic, theme
主题公园/主題樂園 theme park
主突/主突 cardinal process
主突起/主突起 cardinal process
主腕板/主腕板 main axil
主位移带/主位移帶 principal displacement zone
主温跃层/主斜温層 main thermocline
主相/主相 main phase
主像片/主像片 master photograph, master print
主行星/主行星 principal planet
主穴/小窩,齒槽 alveolus
主牙/主牙 cardinal tooth
主验潮站/主驗潮站 primary tide station
主要成分/主要成分 essential component
主要构件/主要構件 primary member
主要排放/主要排放 primary emission
主[要]元素/主[要]元素 major element
主要站点/主要網站 master site
主应变/主應變 principal strain
主应变轴/主應變軸 principal strain axis

主应力/主應力　principal stress
主应力轴/主應力軸　principal stress axes
主缘/主緣，鉸合緣　cardinal margin
主站/主站　master station
主折射率/主折射率　principal refractive index
主震/主震　main shock
主枝/主枝　main stipe
主钟/母鐘　master clock
主轴/主軸　principal axis，major axis
主轴线测设/主軸線測設　setting-out of main axis
主子午线/主子午線　principal meridian
助鞍/助鞍　auxiliary saddle
助动重力仪/助動重力儀　astatic gravimeter
助航标志/導航設備　aids to navigation
助航设施/助航設施　navigational aid
助曲线/助曲線　extra contour
助线系/輔助線系　auxiliary series
助叶/輔助葉　auxiliary lobe
住室/住室，住房　body chamber，living chamber
住宅小气候/住宅微氣候　apartment microclimate
贮粉室/花粉房　pollen chamber
贮水系数/貯存係數　storativity，storage coefficient
注册对象/註冊物件　registry object
注册服务/註冊服務　registry services
注册模型/註冊模式　registry model
注记/註記　annotation
注记编辑工具/註記編輯工具　edit annotation tool
注记配置透明片/註記套印圖　annotation overprint
注记透明片/地名覆蓋圖　names overlay
注入混合岩/注入混合岩　injection migmatite
注入片麻岩/注入片麻岩，灌注片麻岩　injection gneiss
注入水法/注入水法　method for injecting liquid
注入蒸气法/注入蒸氣法　method for injecting a vapor
注入作用/注入　injection
注释/註釋　comment
注释正射像片/註記正射像片　annotated orthophoto
注水/注水法　water injection，waterflooding
注水井/注水井　waterflood input well
注水试验/注水試驗　water injection test
注水[油]井/注水[油]井　water injection well
注液/注液　liquid injection
驻波/駐波　standing wave
驻云/駐雲　standing cloud
柱/柱　prism
柱齿兽类/柱齒獸類　docodontans
柱丛珊瑚属/堅柱珊瑚　*Cionodendron*
柱沸石/柱沸石　epistilbite
柱管珊瑚属/中柱管珊瑚　*Aulophyllum*
柱红石/柱紅石　priderite
柱辉锑铅矿/柱輝銻鉛礦，硫銅銻礦　fuloppite
柱尖/柱尖　stylocone
柱尖架/柱尖架　stylar shelf
柱晶石/柱晶石　kornerupine
柱磷锶锂矿/柱磷鍶鋰礦　palermoite
柱面波/柱面波　cylindrical wave
柱面波几何扩散/柱面波幾何擴散　geometric spreading of cylindrical wave
柱[面]透镜/柱狀透鏡　cylindrical lens
柱面坐标/圓柱坐標　cylindrical coordinates
柱模式/柱模式　column model
柱钠铜矾/柱鈉銅礬　kroehnkite
柱硼镁石/柱硼鎂石　pinnoite
柱塞/柱塞，活塞　plunger
柱水钒钙矿/柱水釩鈣礦　sherwoodite
柱头/柱頭　stigma
柱突/柱突，花柱　style，stylet
柱星叶石/柱星葉石　neptunite
柱铀矿/柱鈾礦　schoepite
柱状变晶结构/纖狀變晶質結構　nematoblastic texture
柱状层/柱狀體　columella
柱状节理/柱狀節理　columnar joints
柱状图[表]法/柱狀圖方法　cart diagram method
柱状文石结构/柱狀文石結構　prismatic aragonite structure
柱状雪晶/柱狀雪晶　columnar snow crystal
铸型/鑄型　cast
抓斗式挖泥船/抓斗式挖泥船　grab dredger
爪角石/爪角石　Plectroceras
专家系统/專家系統　expert system，ES
专名/專名　specific name
专色/特別色　special color
专食性者/專食性者　food specialist
专属经济区/專屬經濟區，專屬經濟水域　exclusive economic zone，EEZ
专属经济区划界/專屬經濟區劃界　delimitation of the exclusive economic zone
专属渔区/專屬漁區　exclusive fishing zone，exclusive fishery zone
专题/主題　thematic，theme
专题表/專題表　theme table
专题层/主題層　thematic overlap
专题地图/專題地圖，專用地圖，主題圖　applied map，thematic map

专题地图集/專題地圖集,主題地圖集 thematic atlas
专题地图学/專題地圖學,主題地圖學 thematic cartography
专题海图/主題海圖 thematic chart
专题判读/專題判讀,主題判讀 thematic interpretation
专题属性/專題屬性,主題屬性 thematic attribute
专题数据/專題數據 thematic data
专题数据库/主題資料庫 thematic data base
专题图/主題地圖 thematic map
专题影像/主題影像 theme image
专题制图/主題式製圖,主題地圖製圖 thematic mapping
专题制图仪/專題製圖儀,主題製圖儀 thematic mapper, TM
专性厌氧型/專性厭氧型 obligate type of anaerotropism
专业化/專業化 specialization
专业印刷/特殊印刷 specialty printing
专用标准/專用標準 profile
专用地图/專用地圖,特種地圖 applied map, special use map
专用图例/專用圖例 tailored legend
专用系统/專用系統 dedicated system
砖红壤/磚紅壤 laterite, latosol
转变温度/轉變溫度 transition temperature
转潮/潮轉向 change of tide
转点/轉點 turning point
转点仪/像片轉點儀 point transfer device
转化/轉化 translation
β-γ 转化/β-γ 轉化 β-to-γ transformation
转换/轉換 conversion, turn
转换[板块]边界/轉形板塊邊界 transform plate boundary
转换板块边缘/轉形板塊邊界 transform plate boundary
转换边界/轉換邊界 transform boundary
转换波/轉換波 converted wave
转换[波]震相/轉換[波]震相 converted phase
转换程序/轉換程式 transformation program
转换断层/轉形斷層,轉型斷層,換形斷層 transform fault
转换断层地震/轉換斷層地震 transform earthquake
转换断层型移动带/轉換斷層型移動帶 mobile belt of transform fault type
转换格式/轉換格式 transfer format
转换规则/轉換規則 transit rule
转换函数/轉移函數 transfer function
转换挤压作用/轉換擠壓作用 transpression
转换拉张/轉換拉張 transtension
转换脉冲起始/脈衝起始 start of conversion pulse, SOC
转换模式/轉換規格 transformation schema
转换事件/轉換事件 transform events
转换压缩/轉換壓縮 transpression
转换阻抗/轉換阻抗 turn impedance
转基因生物/基因轉殖生物 transgenic organism
转基因鱼/基因轉殖魚 transgenic fish
转角羚羊属/轉角羚羊 *Spirocerus*
转节/轉節 trochanter
转镜照准仪/轉鏡照準儀 tube-in-sleeve slidade
转流/潮流顛轉 turn of tidal current
转位构造/轉位構造 transpositional structure
转向/轉向 recurvature
转移常数/轉移常數 transfer constant
转运点/轉運點,貨物分裝點 break-of-bulk
转折点/轉換點,轉向點 turning point
转折端/鉸合帶 hinge zone
转折线/斷線 breakline
转杯风速表/轉杯風速計 cup anemometer
转动/轉動 rotation
转动惯量/轉動慣量 moment of inertia
转动极/轉動極 pole of rotation
转动谱带/轉動帶 rotation band
转盘实验/轉盤實驗 rotating dishpan experiment
庄屯虫/莊屯蟲 Chuangia
桩贯入深度/樁貫入深度 pile penetration
桩基/樁基 pile foundation
桩套筒/樁套 pile sleeve
桩腿/錨柱腿 spud leg
桩靴/樁基腳 footing
桩正法/木樁校正法 peg adjustment
装版/裝版 plate mounting
装订/裝訂 binding
壮年期/壯年期 mature stage
状态/狀態 state
状态变化/狀態變化 change of state
状态并发模型/狀態并發模式 state-contingent model
状态方程/狀態方程 equation of state
状态空间/狀態空間 state space
状态向量/狀態向量 state vector
状态-压力-响应/狀態-壓力-回應 status-pressure-response
撞冻[增长]/撞凍 accretion

撞击采样器/撞擊器 impactor
撞击构造/撞擊構造 impact structure
撞击角砾岩/撞擊角礫岩 suevite
撞击坑/撞擊圓坑 impact crater
撞裂锥/碎裂錐 shatter cone
追猎者/追獵生物 chaser
追踪/追蹤 tracing
椎板/椎板 vertebral laminae
椎骨/脊椎骨 vertebra
椎体下突/椎下突 hypapophysis
椎铸型/刺狀鑄型 prod cast
锥/方錐,錐形 pyramid
锥冰晶石/錐冰晶石 chiolite
锥顶珊瑚/錐頂珊瑚,極珊瑚 Acrophyllum
锥管苔藓虫属/錐管苔蘚蟲 *Stomatopora*
锥管藻属/化石海藻 *gymnosolen*
锥辉石/錐輝石 acmite
锥角石式壳/錐角石式殼 trochoceroid conch
锥晶石/晶錐石 lacroixite
锥面/錐面 pyramidal face
锥面波/錐面波,錐形波 conical wave
锥鸟壳目/錐鳥殼目 Conocardioida
锥石类/方殼水母 conulariid
锥石目/錐石目 Conularida
锥石属/錐石 *Conularia*
锥头温度表/錐頭溫度計 conical-head thermometer
锥形冰雹/錐形雹 conical hail
锥形船用雨量器/錐形船用雨量器 conical marine raingauge
锥形过渡段/錐形漸變段 conical transition
锥叶蕨属/錐葉蕨 *Coniopteris*
锥中杯/圓錐形岩杯 cone cups
锥状三角洲/錐狀三角洲 cone delta
锥状褶皱/圓錐褶皺 conical fold
准残留沉积/變餘沈積物 palimpsest sediment, metarelict sediment
准单畴颗粒/準單疇顆粒 pseudo-single-domain particle
准地槽/準地槽,副地槽 parageosyncline
准地台/[副]地臺 paraplatform
准地转理论/準地轉理論 quasi-geostrophic theory
准地转流/準地轉流 quasi-geostrophic current, quasi-geostrophic flow
准地转模式/準地轉模式,準地衡模式 quasi-geostrophic model
准地转平衡/準地轉平衡 quasi-geostrophic equilibrium
准地转运动/準地轉運動 quasi-geostrophic motion
准动态圆形裂纹/準動態圓形裂紋 quasi-dynamic circular crack
准二年震荡/準兩年振盪 quasi-biennial oscillation, QBO
准噶尔翼龙类/準噶爾翼龍類 dsungaripterids
准构造/準構造 paratectonics
准古剑珊瑚/準古劍珊瑚 Parasmilia
准横传播/準横傳播 quasi-transverse propagation
准晶体/準晶體 quasicrystal
准静力近似/準静力近似 quasi-hydrostatic approximation
准静态触发/準静態觸發 quasi-static triggering
准静止锋/準静止鋒,準滯留鋒 quasi-stationary front
准距常数/消加常數,準距性 anallatism
准距点/準距點,準距中心 anallatic center
准距式照准仪/自化照準儀 self-reducing alidade
准距透镜/返原透鏡 anallatic lens
准距望远镜/返原望遠鏡 anallatic telescope
准距性/準距性,消加常數 anallatism
准距中心/準距中心,準距點 anallatic center
准块状构造/準塊狀構造 para-massive structure
准力高/準力高 quasi-dynamic height, quasi-dynamic elevation
准两年振荡/準兩年振盪 quasi-biennial oscillation, QBO
准平原/準平原 peneplain
准平原作用/準平原作用 peneplanation
准确度/準確度 accuracy
准确度评价/準確度評估 accuracy assessment
准三年振荡/準三年振盪 quasi-triennial oscillation
准太阳同步轨道/近日同步軌道 near sun synchronous orbit
准同生变形构造/準同生構造變形 penecontemporaneous deformation structure
准同生作用/準同生作用 penesyndiagenesis, penecontemporaneous diagenesis
准弯曲褶皱[作用]/準彎曲褶皺[作用] quasi-flexural folding
准腕孔贝属/短盾貝 *Brachythyrina*
准无辐散/準非輻散[的] quasi-nondivergence
准小钩形贝属/仿倒鉤貝 *Uncinunellina*
准原地埋藏/微異地埋藏 hypautochthonous burial
准云南贝属/小雲南貝 *Yunnanellina*
准则/基準 criterion
准则函数/基準函數 criterion function
准直/視準 collimation, collimate
准直镜/視準鏡 collimation lens

准直望远镜/視準望遠鏡 collimating telescope
准直仪/準直儀 collimator
准周期/準週期 paracycle
准周期性/準週期性[的] quasi-periodic
准周期性复发/準週期性復發 quasi-periodic recurrence
准纵传播/準縱傳播 quasi-longitudinal propagation
桌面出版[系统]/桌上出版 desktop publishing, DTP
桌面地理信息系统/桌面地理資訊系統,桌上型地理資訊系統 desktop GIS
桌面信息与显示系统/桌面資訊與顯示系統 desktop information and display system
桌面制图/桌上型製圖 desktop mapping
浊度/[混]濁度 turbidity
浊度表/濁度表 turbidity meter
浊度[测定]法/濁度測定法 nephelometry
浊沸石/濁沸石 laumontite
浊沸石相/[濁]沸石相 laumontite facies
浊积扇/濁流扇 turbidite fan
浊积岩/濁積岩,濁流岩 turbidite
浊积岩层序/濁積岩層序,濁流岩層序 turbidite sequence
浊流/濁流 turbidity current
着陆跑道/起落地帶 landing strip
着陆[天气]预报/降落預報 landing weather forecast
着墨/上墨 inking
吱声/吱聲 tweak
咨询性预报/警示預報 advisory forecast
姿态/姿態 attitude
姿态参数/姿態參數 attitude parameter
姿态测量遥感器/姿態測量遥感器 attitude-measuring sensor
姿态控制系统/姿態控制系統 attitude control system
资金密集型工业/資金密集型工業 capital-intensive industry
资料/資料,數據 data
资料参数化/資料參數化 data parameterization
资料处理/資料處理 data processing
资料加权矩阵/資料加權矩陣 data-weighting matrix
资料空间/資料空間 data space
资料空间反演/資料空間反演 data space inversion
资料库/資料庫 data bank
资料收集/資料收集 data acquisition
资料剔除/資料剔除 data rejection
资料同化/資料同化 data assimilation
资料同化系统/資料同化系統 data assimilation system
资源/資源 resources
资源保护/資源保育 resource conservation, conservation of resources
资源承载力/資源承載力 resource carrying capacity
资源储量/資源儲量 resource extent
资源存在价值/資源存在價值 existence value of natural resources
资源地理学/資源地理學 resource geography
资源地图/資源地圖 resource map
资源动态监测信息系统/資源動態監測資訊系統 information system for resource dynamic monitoring
资源分布/資源分布 resource distribution
资源分配/資源分配 resource allocation
资源分区/資源分區 resource division
资源丰富地区/儲存庫 resource repository
资源共享/資源共享 resource sharing
资源供需平衡/資源供需平衡 balance of natural resources between supply and demand
资源管理/資源管理 resource management
资源开发/資源開發 resource development
资源开发利用/資源開發利用 exploitation and utilization of natural resources
资源勘探/資源勘探 resource exploration
资源可持续利用/資源永續利用 sustainable use of natural resources
资源利用/資源運用 resource utilization
资源配置/資源配置 resource allocation
资源评估/資源評估 resource assessment
资源潜在价值/自然資源潛在價值 potential value of natural resources
资源区位/資源區位 location of natural resources
资源生态系统/資源生態系統 resources ecosystem
资源使用价值/資源使用價值 use value of natural resources
资源态势/資源態勢 resource situation
资源信息管理/資源資訊經營 resource information management
资源遥感/資源遥測 resource remote sensing
资源优化利用/資源最適化利用 optimum use of resources
资源与环境遥感/資源與環境遥感 remote sensing for natural resources and environment
资源增殖/資源增殖 stock enhancement
资源综合利用/資源綜合利用 integrated use of natural resources
子波处理/子波處理 wavelet processing

子城/子城 small city within larger one
子房/子房 ovary
子类型/子類型 subtype
子区/子區域 subarea
子午角距/子午角距 meridian angle distance
子午距/子午[圈弧]距 meridian distance
子午距改正/子午距改正 reduction to the meridian
子午面/子午面 meridian plane
子午圈/子午圈 meridian, meridian circle
子午圈高度/子午圈高度 meridian altitude
子午圈曲率半径/子午圈曲率半徑 radius of curvature in meridian
子午卫星定位系统/子午衛星定位系統 radial satellite positioning system
子午卫星系统/子午衛星系統 transit
子午线/子午線,經線,子午圈 meridian, meridian line
子午线测量/子午線測量 meridian determination
子午线间隔/子午線間隔 meridional interval
子午线收敛角/子午線收斂角,製圖角 meridian convergence, mapping angle
子午线支距/子午線支距 meridional offsets
子午仪/子午儀 astronomical transit
子系统/次系 subsystem
子叶/子葉 cotyldeon
子钟/子鐘 slave clock
仔鱼/仔魚 larval fish
籽鳞木科/籽鱗木科,鱗籽類 Lepidocarpaceae
紫碧硒/西伯利亞菊石 Siberites
紫脆石/紫脆石,紫脆雲母 ussingite
紫方钠石/紫方鈉石 hackmanite
紫硅铝镁石/紫矽鎂鋁石 yoderite
紫荆属/紫荆 *Cercis*
紫硫镍矿/紫硫鎳礦 violarite
紫萁科/薇科 Osmundaceae
紫色土/紫色土 purple soil
紫杉的/紫杉的 taxinean
紫苏花岗岩/紫蘇花崗岩 charnockite, hypersthene granite
紫苏辉石/紫蘇輝石 hypersthene
紫铁矾/紫鐵礬 quenstedtit
紫外辐射表/紫外輻射計 ultraviolet radiation meter
紫外辐射后向散射法/後向散射紫外線技術 backscatter ultraviolet technique
紫外辐射仪/紫外線輻射儀 UV radiometer
紫外光/紫外光 ultraviolet light
紫外光谱仪/紫外分光計 ultraviolet spectrometer
紫外光影像/紫外線影像 ultraviolet image
紫外线/紫外[線] ultraviolet, UV, ultraviolet ray
紫外线表/紫外線計 UV dosimeter
紫外[线]辐射/紫外線輻射 ultraviolet radiation
紫外线光谱法/紫外線光譜法 ultraviolet spectroscopy
自变质作用/自變質作用 autometamorphism
自虫室/獨立蟲室 autozooecium
自虫室界壁/自蟲室界壁,獨立個蟲室界壁 autozooecial wall boundary
自定义/用户 custom
自定义对象/用户對象 custom object
自定义数据类型/自定義數據類型 user-defined data type
自定义要素/用户要素 custom feature
自动安平水准测量/補正器水準測量 compensator leveling
自动安平水准仪/自動水準儀 automatic level, compensator level
自动曝光定时器/自動曝光定時器 automatic exposure timer
自动测波站/自動測波站 automatic wave station
自动测试系统/自動測試系統 automatic test system, ATS
自动冲版机/自動沖版機 plate processing machine
自动冲片机/自動沖片機 image processing machine
自动垂直度盘指标/自動垂直度盤指標 automatic vertical index
自动地名配置/自動名稱配置 automated name placement
自动地图制图/自動化製圖 automated cartography
自动地图制图系统/自動製圖系統 automated cartographic system
自动给纸器/自動給紙器 automatic feeder
自动跟踪/自動追蹤 automatic tracking
自动归零/自動歸零 automatic zero-point correction
自动归算视距仪/自化視距儀 automatic tacheometer
自动化地图学/自動化地圖學 automated cartography
自动化[地图]制图/自動化地圖製圖 automatic cartography
自动回波器/自動回訊器 transponder
自动绘图/自動繪圖 automatic plotting
自动绘图机/自動繪圖機 automated plotter
自动绘图系统/自動繪圖系統 automated drafting system
自动加网胶片/自我網點軟片 autoscreen film
自动加药系统/自動加藥系統 automatic chemical

addition and control system
自动检测/自動閱讀 automatic reading
自动检查/自動檢查 automated inspection
自动纠正仪/自動糾正儀 automatic rectifier
自动空中三角测量/自動空中三角測量 automatic triangulation
自动立体测图仪/自動立體測圖儀 automated stereoplotter
自动气象观测系统/自動天氣觀測系統 automated weather observing system, AWOS
自动气象观测站/自動氣象測站 automatic meteorological observation station
自动气象站/自動氣象站 automatic meteorological station
自动气压记录器/自動氣壓記録器 barograph
自动矢量化/自動向量化 automated vectorization
自动视差检测/視差自動檢測 automatic parallax detection
自动售货机/自動販賣機 automats
自动数据处理/自動資料處理 automated data processing
自动数据获取/自動資料獲取 automatic data acquisition, ADA
自动数字化/自動數位化 automated digitizing
自动数字化系统/自動數化系統 automated digitizing system, ADS
自动送片装置/自動送片裝置 automatic film advanced mechanism
自动索引技术/自動索引技術 automated indexing technique
自动特征识别/自動特徵識别 automated feature recognition
自动天气站网/自動天氣網站 automated weather network, AWN
自动调光/自動調光 auto-dodge
自动调焦/自動調焦 automatic focusing
自动调焦纠正仪/自動調焦糾正儀 autofocus rectifier
自动调焦装置/自動調焦裝置 autofocus mechanism
自动图像传输/自動圖像傳輸,自動圖像傳送 automatic picture transmission, APT
自动相关/自動關聯 automatic correlation
自动相关器/自動關聯器 automatic correlator
自动验潮仪/自動驗潮儀 automatic tide gauge
自动要素识别/自動化特徵辨識 automated feature recognition
自动影像相关器/自動影像關聯器 automatic image correlator
自动制图/自動製圖 automated mapping
自动制图软件/自動製圖軟體 automated cartography software
自动制图系统/自動製圖系統 automated cartographic system
自动坐标数字化仪/自動坐標數化器 automated coordinate digitizer
自动坐标仪/自動坐標儀 automatic coordinatograph
自动坐标展点仪/自動坐標展點儀 automatic coordinate plotter
自读式标尺/自讀式標尺 self-reading rod
自发磁化/自發磁化 spontaneous magnetization
自发定居区/自發定居區 spontaneous settlement
自发[断层]破裂/自發[斷層]破裂 spontaneous fault rupture
自发光/自發光 self luminescence
自发裂变/自發[核]裂變,自發[核]分裂 spontaneous fission
自反向/自倒轉 self-reversal
自封闭/自封閉,自密封的 self-sealing
自浮式/自浮式 pop-up type
自感/自感 self-sensing
自个虫/獨立個蟲 autozooid
自功率谱/自功率譜 auto-power spectrum
自归算视距测量/自化視距測量 self-reducing stadia survey
自回归法/自回歸[法] autoregression method
自回归滑动平均/自回歸移動平均 autoregressive moving-average, ARMA
自回归积分滑动平均/自回歸積分移動平均 autoregressive integrated moving average
自回归模型/自回歸模式 autoregression model
自给/自給 subsistence
自给性农业/自給型農業 subsistence agriculture
自计流量计/水流記録器 water flow recorder
自计气压计/自計氣壓計 self-recording barometer
自记测风器/風記録器 wind recorder
自记测流仪/自記驗流儀 recording current meter
自记记录/自記記録 autographic record
自记水位计/自記水位計 automatic gauge, automatic water gauge, recording gauge
自记验潮仪/潮位計,自記水位計 marigraph, mareograph
自记雨量计/自記雨量計 recording pluviometer, udomograph
自检校/自檢校 self-calibration
自接型/自接型,全接形 autostylic
自净作用/自淨作用 self-purification

自扩散作用/自擴散 self-diffusion
自流井/自流井 artesian well
自流渗漏/自流滲漏 artesian leakage
自流水/自流水 artesian water
自流水盆地/自流井盆地 artesian basin
自幂作用/自冪作用 self-mulching
自切/自割 autotomy
自然/自然[界] nature
自然钯/[自然]鈀 palladium, Pd
自然保持/自然保存 natural preservation
自然保护区/自然保護區,自然保留區 nature reserve, reseravation area
自然铋/自然鉍 bismuth
自然铂/自然鉑,[粗]鉑 platinum
自然地带/自然地理帶 physico-geographic zone
自然地理尺度/自然地理尺度 scales in physical geography
自然地理单元/地文單位 physiographic unit
自然地理动态/自然地理動態 physical geographic dynamics
自然地理过程/自然地理歷程 physical geographic process
自然地理环境/自然地理環境 physical geographic environment
自然地理结构/自然地理結構 physical geographic structure
自然地理界面/自然地理介面 physical geographic interface
自然地理界线/自然地理界線 physical geographic boundary
自然地理系统/自然地理系統 physical geographic system
自然地理学/自然地理學,地文學 physiography, physical geography
自然地图/自然地[理]圖,地文圖 physical map
自然地图集/自然地圖集 physical atlas
自然地域单元/自然領域單元 natural territorial unit
自然地域分异规律/自然領域差異化規則 rule of physical territorial differentiation
自然[地域]资源结构/自然資源結構 natural resources structure
自然地质灾害/自然地質災害 nature geological disaster
自然电场/自然電場 spontaneous electric field
自然电位测井/自然電位測井 self-potential logging, SP logging
自然电位法/自然電位法 self-potential method
自然对流/自然對流 natural convection
自然锇/鋨 osmium
自然伽马测井/自然伽瑪測井 natural gamma-ray logging
自然伽马能谱测井/自然伽瑪能譜測井 natural gamma spectral logging
自然铬/鉻 chromium
自然环境/自然環境,物理環境 physical environment, natural environment, nature environment
自然环境保护哲学/保育論哲學 conservationist philosophy
自然集群/自然群集 natural assemblage
自然-技术地理系统/自然-科技地理系統 natural-technical geosystem
自然胶结/自然膠結 natural cementation
自然节律/自然韻律 natural rhythms
自然金/自然金 gold
自然景观/自然景觀 natural landscape
自然历/自然曆 natural calendar
自然立体观察/天然立體觀察 natural stereoscopy
自然钌/釕 ruthenium
自然邻域/自然鄰域 natural neighbors
自然硫/自然硫 sulfur
自然旅游/自然旅遊 nature tourism
自然频率/自然頻率 natural frequency
自然坡角/自然坡角 nature angle of repose
自然铅/自然鉛 lead
自然侵蚀/自然侵蝕 natural erosion
自然区/自然區 natural area
自然区划/自然區域化 physical regionalization
自然区划等级系统/自然區劃等級系統 hierarchic system of physical regionalization
[自然]沙漠化/沙漠化 desertization
自然生产潜力/自然生產潛力 potentially natural productivity
自然湿地/自然濕地 natural wetland
自然时[间]/自然時[間] natural time
自然释放/自然釋放 natural release
自然衰减/自然衰減 natural attenuation
自然锑/自然銻 antimony
自然天气季节/自然天氣季節,自然綜觀[天氣]季 natural synoptic season
自然天气区/自然綜觀[天氣]區 natural synoptic region
自然天气周期/自然綜觀[天氣]週期 natural synoptic period
自然铁/自然鐵 iron
自然通量/自然通量 natural flux

自然铜/自然銅 copper
自然土壤/自然土壤 natural soil
自然物候/自然物候 natural seasonal phenomena
自然硒/硒 selenium
自然选择/自然選擇,天擇 natural selection
自然循环/自然循環 natural circulation
自然铱/自然銥 iridium
自然疫源地/自然疫源地 natural epidemic focus
自然银/自然銀 silver
自然应变/自然應變 natural strain
自然应变增量/自然應變增量 natural strain increment
自然游道/自然步道 nature trail
自然与文化混合遗产/自然與文化遺産,混合遺産 natural and cultural heritage, mixed heritage
自然语言/自然語言 natural language
自然灾害/自然災害,天然災害 natural calamity, natural hazard, nature disaster
自然振荡/自然振盪,固有振盪 natural oscillation
自然周期/自然週期,固有週期 natural period
自然资源/自然資源 natural resources
自然[资源]保护/自然保育 nature conservation
自然资源经济评价/自然資源經濟評價 economic evaluation of natural resources
自然资源类型/自然資源類型 natural resources type
自然资源评价/自然資源評量 natural resources evaluation
自然资源区划/自然資源區域化 regionalization of natural resources
自然资源属性/自然資源屬性 natural resources attribute
自然资源系统/自然資源系統 natural resources system
自然资源质量评价/自然資源品質評價 evaluation of natural resources quality
自然综合体/自然綜合體 natural complex
自然坐标[系]/自然坐標 natural coordinates
自升式钻井船/舉昇式平臺 jack up rig
自升式钻井平台/舉昇式鑽井平臺 jack up drilling rig
自生沉积[物]/自生沈積物 authigenic sediment
自生矿物/自生礦物 authigenic mineral
自适应叠加/自適應疊加 adaptive stack
自适应滤波/自適應濾波 adaptive filtering
自适应时窗/自我調整時窗 adaptive length of the time window
自私基因/自私基因 selfish gene
自随钻测井/自隨鑽測井 self-recording MWD logging
自碎结构/自碎結構 autoclastic texture
自体受精/自體受精 self fertilization
自吞作用/自吞作用 self-swallowing
自下而上城市化/自下爾上城市化 bottom-up urbanization
自相关/自相關 autocorrelation
自相关函数/自相關函數 autocorrelation function
自相关谱/自相關譜 autocorrelation spectrum
自相关图/自相關圖 autocorrelogram
自相关系数/自相關係數 autocorrelation coefficient
自相似[性]/自相似性 self-similarity
自协方差/自協方差,自協變量 autocovariance
自协方差谱/自協方差譜,自協變量譜 autocovariance spectrum
自行/自行 proper motion
自形/自形的 automorphic
自形晶/自形晶 euhedral crystal
自形褶皱/自形褶皺 idiomorphic fold
自旋磁力仪/自旋磁力儀 pinner magnetometer
自旋回/自旋回 autogenic cycle
自旋回波法/自旋回波法 spin-echo method
自养/自養,自營[作用] autotrophy
自养生物/自營生物 autotroph
自养[细]菌/自營[細]菌 autotrophic bacteria
自氧化/自氧化 auto oxidation
自由边缘/自由邊緣 free margin
自由表面/自由表面 free surface
自由波/自由波 free wave
自由测站法/自由測站法 method of free station
自由场地震动/自由場地震動 free-field ground motion
自由大气/自由大氣 free atmosphere
自由地下水/自由地下水 unconfined groundwater
自由度/自由度 degree of freedom
自由对流/自由對流 free convection
自由对流高度/自由對流高度,自由對流層 level of free convection, LFC
自由基/自由基,游離基 free radical
自由基反应/自由基間反應 radical reaction
自由空气梯度/自由空氣梯度 free-air gradient
自由空气异常/自由空氣異常,自由空間異常[重力] free air anomaly, free air gravity anomaly
自由空气[重力]异常/自由空間重力異常 free air gravity anomaly
自由肋/自由肋 free rib
自由落体重力仪/自由落體重力儀 free-fall

gravimeter
自由贸易区/自由貿易區 free trade area
自由平差/自由平差 free adjustment
自由曲流/自由曲流 free meander
自由水/自由水,重力水 free water, gravitational water, gravity water
自由位错/自由位錯 free dislocation
自由旋转摆/自由旋轉擺 free-swinging pendulum
自由振荡/自由振盪,自由振動 free oscillation
自由振荡衰减/自由振盪衰減 free oscillation attenuation
自由主义/自由主義 liberalism
自由主义经济学/自由派經濟學 liberal economics
自游生物/自游生物,游泳生物 nekton
自治地理学/自治地理學,自主地理學 autonomous geography
自治区/自治區 autonomous region
自治式潜水器/自主式水下載具 autonomous underwater vehicle, AUV
自重力/自身重力,自吸引 self-gravitation
自重应力/自重應力 self-weight stress
自转/自轉 rotation
自转圈/自轉圈 diurnal circle
自准直/自動視準 autocollimation
自准直目镜/自動視準目鏡 autocollimating eyepiece
自准直望远镜/自動視準望遠鏡 autocollimating telescope
自准直仪/光軸自動檢定儀,自動照準檢驗儀 auto collimator
字段/欄位 field
字符/字元 character
字符串/字元串,線段串 string, character string
字符集/字元集 character set
字符数字/文數字 alphanumeric
字符数字符号/文數字符號 alphanumeric symbol
字符图像/字元圖像 symbol image
字节/位元組 byte
10^6 字节/百萬位元組 megabyte, MB
10^9 字节/十億位元組 gigabyte, GB
10^{12} 字节/兆位元組 terabyte, TB
10^{15} 字节/千兆位元組 petabyte, PB
字母形/字母形 ipsiloform
字体/字形 font
字体大小/字形大小 font point size
渍水/積水 waterlogging
宗地/宗地 land parcel, parcel, cadastral parcel
宗地号/地號 parcel number
宗地识别码/宗地識別號碼 parcel identification number, PIN
宗地图/宗地圖 cadastral plan, parcel map
宗教地理学/宗教地理學 geography of religion
宗教显露/宗教啟示 religious revelation
综合/綜合 generalization
综合测绘系统/綜合測繪系統 general surveying system
综合大洋钻探计划/綜合大洋鑽探計劃 Integrated Ocean Drilling Program, IODP
综合地层学/綜合地層學 integrative stratigraphy
综合地理学/複合地理學 complex geography
综合地图/明細圖 comprehensive map
综合地图集/綜合地圖集 comprehensive atlas, complex atlas
综合断层面解/綜合斷層面解 composite fault-plane solution
综合法测图/綜合法測圖 photo planimetric method of photogrammetric mapping
综合分辨率/綜合解析度,合成解析度 synthetic resolution
综合分布模式/綜合分布模式 composite distribution model
综合分析/綜觀分析 synthetic analysis
综合服务数字网/整體服務數位網路 integrated services digital network, ISDN
综合古生态学/綜合古生態學,古群落生態學 palaeosynecology
综合交通运输网/綜合交通運輸網 integrated transport network
综合结构系数/綜合結構係數 comprehensive textural coefficient
综合评价地图/綜合評價地圖 comprehensive evaluation map
综合气候学/綜合氣候學 complex climatology
综合权重/綜合權重 composite weight
综合物探系统/綜合地球物理系統 integrated geophysical system
综合运输/綜合運輸 integrated transportation
综合震级量规函数/綜合震級量規函數 seismic synthetic magnitude calibrating function
综合制图/綜合製圖,複合製圖 composite mapping, complex mapping
综合柱状图/綜合柱狀圖 synthesis cylindrical diagram
综合自然地理学/綜合自然地理學 integrated physical geography
综合自然区划/綜合自然區劃 integrated physical regionalization

棕钙土/棕鈣土 brown calcic soil
棕红壤/棕紅壤 brown-red soil
棕榈树构造/棕櫚樹構造 palm tree structure
棕漠土/棕漠土 brown desert soil
棕木属/棕木 *Palmoxylon*
棕壤/棕壤 brown soil
棕色版/棕色版 sepia board
棕色尘雾/棕煙 brown fume
棕色霾/棕霾 brown haze
棕色石灰土/脱鈣棕色土 terra fusca
棕色针叶林土/棕色針葉林土 brown coniferous forest soil
棕闪石/棕閃石 barkevikite, barkevicite
鬃积雨云/髮狀積雨雲 cumulonimbus capillatus, Cb cap
总变形/總變形 total deformation
总部区位/總部區位 headquarter location, HQ location
总初级生产力/總初級生產力 gross primary productivity
总初级生产量/基礎生産總量 gross primary production
总磁异常强度/總磁異常強度 total intensity of magnetic anomaly
总次级生产量/總次級生產量 gross secondary production
总氮/總氮量 total nitrogen
总辐射/總輻射,全天空輻射量 global radiation, total radiation
总辐射表/全天空輻射計 pyranometer
总辐射功率/總輻射功率 total radiation power
总纲/超綱 superclass
总高程校正/總高程校正 combined elevation correction
总光合作用/總光合作用 gross photosynthesis
总光通量/總光通量 total light flux
总滑距/總滑距 net slip
总碱度/總鹼度 total alkalinity
总角动量/總角動量 total angular momentum
总磷/總磷量 total phosphorus
总能量方程/總能量方程 total energy equation
总鳍鱼类/總鰭魚類 crossopterygians
总鳍鱼目/總鰭目 Crossopterygii
总鳍鱼亚纲/總鰭目 Crossopterygii
总侵蚀基准面/一般侵蝕基準面 general base level
总热剩磁/總熱剩餘磁化強度,總熱殘磁性 total thermoremanent magnetization
总散射系数/總散射係數 total scattering coefficient
总生产效率/總生產效率 gross production efficiency
总时间函数持续时间/總時間函數持續時間 total time function duration
总岁差/總歲差 general precession
总体/全體 population
总体参数化/整體參數化 bulk parameterization
总体规划/總體規劃,綜合計劃 general plan, master plan, comprehensive plan
总体速度/整體速度 bulk velocity
总体[弹性]模数/統體[彈性]模數 bulk modulus of elasticity
总体性质/整體性質 bulk property
总铁量/總鐵量,全鐵 total iron
总烃/總烴,總碳氫化合物 total hydrocarbons
总图/全覽圖 general chart, overview map
总吸收/總吸收 total absorption
总吸收率/總吸收率 total absorptance
总线/滙流排 bus
总线驱动器/線條驅動器 line driver
总压/總壓力 total pressure
总应变/有限應變,大應變 finite strain
总硬度/總硬度 total hardness
总有机氮/總有機氮量 total organic nitrogen
总有机碳量/總有機碳[量] total organic carbon, TOC
总有机物/總有機物量 total organic matter
总云量/總雲量 total cloud cover
总蒸发/蒸散 evapotranspiration
总纵向电导/總縱向電導 total longitudinal conducance
纵波/縱波,壓[縮]波 longitudinal wave, P wave, compressional wave
纵波速度/壓縮波速度 compressional wave velocity
纵波阻抗/縱波阻抗 P-wave impedance
纵荡/湧浪 surge
纵断层/縱斷層 longitudinal fault
纵断面测量/縱斷面測量 profile survey
纵断面图/縱斷面圖,縱斷面紙 profile diagram
纵方里线/縱方格線 easting line
纵风/射程風 range wind
纵谷/縱谷 longitudinal valley
纵横比/縱横比 aspect ratio
纵横波转换/縱横波轉換 P-to-S conversion
纵脊/縱脊 longitudinal ridge
纵脊沟/縱脊溝 longitudinal furrow
纵节理/縱向節理 longitudinal joint
纵距/縱距 latitude
纵距闭合差/縱距閉合差 closing error in latitude

纵棱/縱棱,縱脊 strigation, longitudinal ridge
纵瘤/縱瘤 clavus
纵脉/縱脈 longitudinal vein
纵坡/縱坡 longitudinal grade
纵剖面/縱剖面 longitudinal profile
纵线/縱線 longitudinal line
纵向岸线/縱向岸線 longitudinal coastline
纵向电导/縱向電導 longitudinal conductance
纵向分辨率/縱向解析度 longitudinal resolution
纵向分带/縱向分帶 longitudinal zoning
纵向海岸/縱[向海]岸 longitudinal coast
纵向集成/垂直整合 vertical integration
纵向侵蚀/縱向侵蝕 longitudinal erosion
纵向扫描/順沿路徑掃描,沿軌掃描 along-track scanning
纵向收缩/縱向收縮 longitudinal shrinkage
纵向整合/垂直整合 vertical integration
纵旋纹/旋紋 lira
纵摇/縱摇 pitch
纵坐标/縱坐標 ordinate
纵坐标轴/縱坐標軸 axis of ordinates
走滑边界带/走滑邊界帶 strike-slip boundary zone
走滑断层/平移斷層 strike-slip fault
走滑分量/走滑分量 strike-slip component
走滑挤压作用/走滑擠壓作用 transpression
走滑拉张作用/走滑拉張作用 transtension
走廊/走廊,通道 corridor
走廊叠加/走廊疊加 corridor stack
走时/走時 traveltime
走时表/走時表,時距表 seismological table, traveltime table
IASPEI91 走时表/IASPEI91 走時表 IASPEI91 seismological table
J-B[走时]表/J-B[走時]表 JB table
走时残差/走時殘差 traveltime residual
走时差/走時差 traveltime difference
走时方程/走時方程 traveltime equation
走时曲线/走時曲線,時距曲線 traveltime curve
走时曲线反演/走時曲線反演 traveltime curve inversion
走时曲线分枝/走時曲線分枝 branch of traveltime curve
走向/走向 strike
走向定向/走向定向 strike orientation
走向断层/走向斷層 strike fault
租界/租界 leased territory, concession
足迹/足跡 track
足迹化石/含化石足印岩石 ichnolite
足球振型/足球振動模式 football mode
足丝/足絲 byssus
足丝凹口/足絲凹口 byssus notch
足丝凹曲/足絲凹曲 byssus sinus
族群城市/群聚城市 cluster city
阻挡时间/阻擋時間,阻塞時間 blocking time
阻挡体积/阻擋體積 blocking volume
阻挡温度/阻擋溫度 blocking temperature
阻挡直径/阻擋直徑 blocking diameter
阻垢剂/阻垢劑 scale inhibitor, deposit control inhibitor
阻抗差/阻抗差 impedance difference
阻抗界面/阻抗介面 impedance interface
阻抗模型/阻力型態 impedance model
阻抗探针/阻抗探頭 impedance probe
阻抗相位/阻抗相位 impedance phase
阻抗张量/阻抗張量 impedance tensor
阻力/阻力 resistance
阻尼/阻尼 damping
阻尼器/阻尼器 damper
阻尼因子/阻尼因素 damping factor
阻尼振荡/阻尼振盪 damped oscillation
阻尼最小二乘解/阻尼最小二乘解 damped least square solution
阻塞/阻塞 block
阻塞高压/阻塞高壓 blocking high
阻塞-滑动模式/阻塞-滑動模式 block-slip motion model
阻塞形势/阻塞情況 blocking situation
阻应力/阻應力 resisting stress
组/層 formation
组成/組成 composition
组构/組構 fabric
组构要素/組構因素 fabric elements
组合/組合 assemblage
组合爆炸/組合震測 pattern shooting
组合带/組合帶,團帶,群集帶 assemblage zone
组合地图/組合地圖 homeotheric map
组合定位/組合定位 integrated positioning
组合关系/組合關係 composite relationship
组合检波/檢波器組合,多波器陣列 geophone array
组合框/下拉式組合方塊 combo box
组合面/接合面 plane of composition, composition
组合算子/組合運算子 combinatorial operator
组合透镜/組合透鏡 combination of lens
组合要素/組合圖徵 composite feature
组合源/震源組合,波源陣列 source array
组合制约/組合制約,耦合限制 coupling constraint

组件/元件 component
组件对象类/組件對象類 coclass
组件对象模型/組件對象模型，元件物件模型 component object model，COM
组件对象模型兼容语言/COM 相容語言 COM-compliant language
组件对象模型接口/COM 介面 COM interface
组件目录/元件目録 component category
组件目录管理员/元件目録管理員 component category manager
组件软件/元件軟體 componentware
组件式地理信息系统/組件式地理資訊系統 component GIS
组件式 GIS 开发技术/元件式 GIS 開發技術 GIS development technology
组距/級距 class interval
组织化资本主义/組織式資本主義 organized capitalism
组织培养/組織培養 tissue culture
组装成本/組裝成本，裝配成本 assembly cost
祖虫室/原始蟲室 ancestrula
祖龙亚纲/祖龍亞綱，初龍類 Archosauria
祖母绿/祖母緑 emerald
祖征/祖徵 plesiomorphy
钻孔/鑽孔 boring，drill hole
钻孔记录/鑽孔記録，鑽井記録 driller's log
钻孔迹遗迹相/鑽孔遺跡相 Trypanites ichnofacies
钻孔径迹测量/鑽孔徑跡測量 track survey on borehole
钻孔生物/鑽孔生物 borer，boring organism
钻孔声呐成像/鑽孔聲納成像 borehole sonar imaging
钻孔位置测量/鑽孔位置測量 borehole position survey
钻孔温度/井孔温度 borehole temperature
钻孔形变计/鑽孔變形量規，鑽孔變形測量器 borehole deformation gauge
钻孔应变计/鑽孔應變計，鑽孔應變儀 borehole strainmeter
钻孔应力计/鑽孔應力計 borehole stressmeter
钻蚀生物/鑽孔生物 borer，boring organism
钻探/鑽探 drilling
钻探船/鑽探船，鑽井船 drilling vessel
钻井/鑽井 drilling
钻井平台/鑽井平臺 drilling platform
钻石/鑽石，寶石，金剛石 precious stone，diamond
钻柱运动补偿器/鑽柱運動補償器 drill string compensator，DSC
最大不模糊距离/最大不模糊距離 maximum unambiguous range
最大潮流/最大潮流 strength of current
最大持续渔获量/最大持續生產量 maximum sustainable yield，MSY
最大地震/最大地震 maximum earthquake
最大冻土深度/最大凍土深度 maximum depth of frozen ground
最大防护距离/最大雲盾距離 maximum shelter distance
最大分子含水量/最大分子含水量 maximum hydroscopic moisture，maximum molecular moisture capacity
最大风速/最大風速 maximum wind speed
最大风速层/最大風高度 maximum wind level
最大风压/最大風壓 maximum wind pressure
最大[覆盖]范围/最大[覆蓋]範圍 max extent
最大概率地震/最大概率地震 maximum probable earthquake
最大含氧层/最大含氧層，氧最大層 oxygen maximum layer
最大获利者/最大獲利者 maximizer
最大剪[切]应力/最大切應力 maximum shear stress
最大简约法/最大簡約法 maximum parsimony method
最大降水量/最大降水 maximum precipitation
最大近地点大潮/最大近地點大潮 maximum perigee spring tide
最大可用频率/最高可用頻率 maximum usable frequency，MUF
最大落潮流/最大退潮流 ebb strength
最大落潮流间隙/最大退潮流間隔 ebb interval
最大密度/最大密度 maximum density
最大平均日潮差/大日週潮差 great diurnal range
最大前震/最大前震 largest foreshock
最大熵解卷积/最大熵解褶積 maximum entropy deconvolution
最大熵模型/最大熵模式 maximum entropy model
最大设计平均风速/最大設計風速 maximum design wind speed
最大似然法/最大似然法，最大概似法 maximum likelihood method
最大似然分类/最大似然分類 maximum likelihood classification
最大瞬时风速/最大瞬間風速 maximum instantaneous wind speed
最大误差圆/不定圓 circle of uncertainty

最大有感距离/最大有感距離 maximum distance of perceptibility
最低大潮低潮面/最低大潮低潮面 lowest low water springs
最低低潮/最低低潮 lowest low water
最低气象条件/最低氣象條件 meteorological minimum
最低天文潮位/最低天文潮[位] lowest astronomical tide
最低温度表/最低温度計 minimum thermometer
最低值/最低[值] minimum
最短路径/最短路徑 shortest route
最短路径分析/最短路徑分析 shortest path analysis
最短路径跟踪算法/最短路徑追蹤演算法 minimum path tracing algorithm
最概然值/最或是值 most probable value
最高生长温度/最高生長温度 maximum growth temperature
最高天文潮位/最高天文潮[位] highest astronomical tide
最高温度/最高温度 maximum temperature
最高温度表/最高温度計 maximum thermometer
最佳分辨率/最佳解析度 optimum resolution
最佳航线/最佳航線 optimum track route, optimum track line
最佳化/最佳化 optimization
最佳滤波器/最佳濾波器 optimum filter
最佳拟合模型/最佳擬合模型 best-fitting model
最佳拟合矢量/最佳擬合向量 best-filting vector
最佳气候/最佳氣候 optimum climate
最佳线性无偏估计/最佳不偏線性推估 best linear unbiased estimate, BLUE
最近似现代种/最近似現代種 nearest living relatives, NLRs
最近相邻分析/最近鄰分析 nearest neighbor analysis
最经济处理/最經濟處理 parsimony in processing
最邻近重采样/最鄰近重採樣 nearest neighbor resampling
最少存取时间/最短存取時間 minimum access time
最少访问时间/最短存取時間 minimum access time
最适度/最適度,最適量 optimum
最适摄食理论/最適攝食理論 optimal foraging theory
最适渔获量/適當生產量 optimum yield
最小变化摆/最小變化擺 minimum pendulum
最小成本路径/最少成本路徑 least-cost path
最小地图单元/最小地圖單元 minimum map units
最小读数/最小讀數 least count
最小二乘法/最小自乘法,最小平方法 least squares method
最小二乘法纠正/最小二乘法糾正 least squares corrections
最小二乘法调整/最小自乘平差法 least squares adjustment
最小二乘逆滤波[器]/最小平方逆濾波器 least-squares inverse filter
最小二乘配置法/最小平方配置法 least squares collocation
最小二乘相关/最小二乘相關 least squares correlation
最小风区/最小風域 minimum fetch
最小风时/最小延時 minimum duration
最小含氧层/最小含氧層,氧最小層 oxygen minimum layer
最小进化法/最小進化法 minimum evolution method
最小距离分类/最小距離分類 minimum distance classification
最小可存活种群/最小可存活族群 minimum viable population, MVP
最小可觉差/恰可察覺差 just noticeable difference, JND
最小流量/最小流量 minimum discharge
最小深度/最小深度 least depth
最小时间求和/最小時間求和 minimum-time summation
最小外包矩形/最小外包矩形 minimum bounding rectangle
最小外接四边形/最小外接四邊形 enclosing rectangle
最小相位/最小相位 minimum phase
最小相位滤波器/最小相位濾波器 minimum phase filter
最小约束平差/最小約制平差 adjustment using minimal constraints
最小值/最小[值] minimum
最小制图单元/最小製圖單元 minimum mapping unit
最优插值法/最佳插值法 optimum interpolation method
最优化/最佳化 optimization
最优解/最佳解 optimal solution
最终偏移量/最終偏移量 end offset
最终应力/最終應力 final stress
最终用户/最終用户 end user

遵化岩群/遵化岩群 Zunhua Group Complex
左步/左步 left-stepping
左阶/左階 left-stepping
左行断层/左移斷層 left lateral fault
左行平移断层/左移斷層 left lateral fault
左形/左形 left-handed form
左旋/左旋 left-hand turning
左旋叠瓦状/左旋疊瓦狀 sinistral imbrication
左旋晶体/左旋晶體,左晶 left-handed crystal
左旋轮藻目/輪藻目 Charales
左旋走滑/左旋走滑 sinistral slip, left-lateral slip
左翼地理学者/左翼地理學者 left wing geographers
左右对映形/左右對映形 enantiomorphic form
左右视差/地平視差,横視差 horizontal parallax, x-parallax
左右拓扑/左右位相 left-right topology
佐硅钛钠石/直矽鈦鈉石 zorite
佐普利兹方程/佐普里兹方程 Zöppritz equation
佐普利兹-特纳[走时]表/佐普里兹-特納[走時]表 Zöppritz-Turner traveltime table
作物布局/作物配置 allocation of crops
作物轮作/作物輪作 crop rotations
作物气候/作物氣候 crop climate
作物气候界限/作物氣候限 climatic limite of crops
作物-气候生产潜力/作物-氣候生産潛力 crop-climatical potential productivity
作物气候生态型/作物氣候生態型 crop climatic ecotype
作物气候适应性/作物氣候適應性 crop climatic adaptation
作物气象/農作物氣象 meteorology of crops
作物预测/收穫預測 crop forecast
作物组合/作物組合 crop combination
作业进展略图/作業進度圖 progress sketch, Gantt chart
作战[地]图/作戰[地]圖 operation map, war map
作者原图/原稿圖 drafted original
坐标/坐標 coordinate
z 坐标/z 坐標 z-coordinate
σ 坐标/σ 坐標 σ-coordinate
坐标参照系/坐標參考系統 coordinate reference system, CRS
坐标尺/坐標尺 coordinate scale
坐标地籍/坐標地籍 coordinate cadastre
坐标点/坐標點 coordinate point
坐标法/坐標法 coordinate method
坐标方位角/方格方向角 grid bearing
坐标放样法/坐標放樣法 coordinate layout method
坐标格网/坐標網格 coordinate grid
坐标几何/坐標幾何[學] coordinate geometry, COGO
坐标计算/坐標計算 computation of coordinates
坐标控制点/配準控制點 tic
坐标量测仪/坐標量測儀 comparator, coordinate measuring instrument
坐标平差/坐標平差 adjustment by coordinates
坐标系/坐標系[統] coordinate system
坐标仪/坐標儀 coordinatograph
坐标原点/坐標原點 origin of coordinates
坐标增量/坐標增量 increment of coordinates
坐标增量闭合差/坐標增量閉合差 closing error in coordinate increment
坐标增量表/導線計算表 traverse tables
坐标中误差/坐標中誤差 mean square error of coordinates
坐标转换/坐標轉換 coordinate transformation
坐耻骨间窝/坐恥骨窩,坐恥窗 ischiopubic fenestra
坐底式钻井平台/坐底式鑽井平臺 submersible drilling platform
坐底稳定性/坐底穩定性 sit on bottom stability
坐骨/坐骨,座節 ischium
坐骨背突/坐骨背突 dorsal process of ischium
座海星动物类/座海星動物類 edrioasteroids
座位/座位 seat
座延羊齿/真羊齒 Alethopteris
座延羊齿类/座延羊齒類 alethopterids

附录

国际单位制

1. 国际单位制(Le Système International d'Unités)及其国际简称 SI 是在 1960 年第 11 届国际计量大会上通过的。国际单位制单位由基本单位、导出单位(包括辅助单位在内的具有专门名称的导出单位和组合形式的导出单位,组合形式的导出单位本附录不予收录)及其倍数单位构成。

2. 圆括号中的名称,是它前面的名称的同义词。

3. 无方括号的量的名称与单位名称均为全称。方括号中的字,在不致引起混淆、误解的情况下,可以省略。去掉方括号中的字即为其名称的简称。

表 1 基本单位

量的名称	单位名称	单位符号
大陆名/台湾名	**大陆名/台湾名**	
长度/長度	米/公尺	m
质量/質量	千克(公斤)/公斤	kg
时间/時間	秒/秒	s
电流/電流	安[培]/安培	A
热力学温度/熱力學溫度	开[尔文]/克耳文	K
物质的量/物[質]量	摩[尔]/莫耳	mol
发光强度/發光強度	坎[德拉]/燭光	cd

表 2 包括辅助单位在内的具有专门名称的导出单位

量的名称	导出单位		
	单位名称	单位符号	换算关系
大陆名/台湾名	**大陆名/台湾名**		
[平面]角/[平面]角	弧度/弧度,弳度	rad	1 rad=1 m/m=1
立体角/立體角	球面度/立弳	sr	1 sr=1 m^2/m^2=1
频率/頻率	赫[兹]/赫	Hz	1 Hz=1 s^{-1}
力/力	牛[顿]/牛頓	N	1 N=1 kg·m/s^2
压力,压强,应力/壓力,壓強,應力	帕[斯卡]/帕斯卡	Pa	1 Pa=1 N/m^2
能[量],功,热量/能[量],功,熱[量]	焦[耳]/焦耳	J	1 J=1 N·m
功率,辐[射能]通量/功率,輻射能通量	瓦[特]/瓦特	W	1 W=1 J/s
电荷[量]/電荷量	库[仑]/庫侖	C	1 C=1 A·s
电压,电动势,电位,(电势)/電壓,電動勢,電位,(電勢)	伏[特]/伏特	V	1 V=1 W/A
电容/電容	法[拉]/法拉	F	1 F=1 C/V
电阻/電阻	欧[姆]/歐姆	Ω	1 Ω=1 V/A
电导/電導	西[门子]/西門	S	1 S=1 $Ω^{-1}$

（续表）

量的名称	导出单位		
	单位名称	单位符号	换算关系
大陆名/台湾名	大陆名/台湾名		
磁通[量]/磁通量	韦[伯]/韋伯	Wb	1 Wb=1 V·s
磁通[量]密度，磁感应强度/磁通[量]密度，磁感應強度	特[斯拉]/特士拉	T	1 T=1 Wb/m^2
电感/電感	亨[利]/亨利	H	1 H=1 Wb/A
摄氏温度/攝氏溫度	摄氏度/攝[氏溫]度	℃	1 ℃=1 K
光通量/光通量	流[明]/流明	lm	1 lm=1 cd·sr
[光]照度/照度	勒[克斯]/勒克斯	lx	1 lx=1 lm/m^2

表 3 由于人类健康安全防护需要而确定的具有专门名称的导出单位

量的名称	导出单位		
	单位名称	单位符号	换算关系
大陆名/台湾名	大陆名/台湾名		
[放射性]活度/放射活性	贝可[勒尔]/貝克	Bq	1 Bq=1 s^{-1}
吸收剂量/吸收劑量 比授[予]能/比授能 比释动能/比釋動能	戈[瑞]/戈雷	Gy	1 Gy=1 J/kg
剂量当量/等價劑量，當量劑量	希[沃特]/西弗	Sv	1 Sv=1 J/kg

表 4 国际单位制词头

因数	词头名称	词头符号
	大陆名/ 台湾名	
10^{24}	尧[它]/ 佑	Y
10^{21}	泽[它]/ 皆	Z
10^{18}	艾[可萨]/ 艾	E
10^{15}	拍[它]/ 拍	P
10^{12}	太[拉]/ 太，兆	T
10^{9}	吉[咖]/ 吉，十億	G
10^{6}	兆/ 百萬	M
10^{3}	千/ 千	k
10^{2}	百/ 百	h
10^{1}	十/ 十	da
10^{-1}	分/ 分	d
10^{-2}	厘/ 厘	c

（续表）

因数	词头名称 大陆名/ 台湾名	词头符号
10^{-3}	毫/ 毫	m
10^{-6}	微/ 微	μ
10^{-9}	纳[诺]/ 奈	n
10^{-12}	皮[可]/ 披,微微	p
10^{-15}	飞[母托]/ 飛,毫微微	f
10^{-18}	阿[托]/ 阿,微微微	a
10^{-21}	仄[普托]/ 介	z
10^{-24}	幺[科托]/ 攸	y

注:词头与基本单位、导出单位共同组成一个新单位,即构成倍数单位。词头只用于构成倍数单位,不单独使用。

表 5 可与国际单位制单位并用的计量单位

量的名称 大陆名/台湾名	单位名称 大陆名/台湾名	单位符号	换算关系
时间/時間	分/分	min	1 min=60 s
	[小]时/[小]時	h	1 h=60 min=3 600 s
	日,(天)/日,天	d	1 d=24 h=86 400 s
[平面]角/[平面]角	度/度	°	1°=(π/180) rad
	[角]分/[角]分	′	1′=(1/60)°=(π/10 800) rad
	[角]秒/[角]秒	″	1″=(1/60)′=(π/648 000) rad
体积/體積	升/公升	L,(l)	1 L=1 dm^3=10^{-3} m^3
质量/質量	吨/公噸	t	1 t=10^3 kg
	原子质量单位/ 原子質量單位	u	1 u≈1.660 540×10^{-27} kg
旋转速度/轉速	转每分/每分鐘轉速	r/min	1 r/min=(1/60) s^{-1}
长度/長度	海里/海里,浬	n mile	1 n mile=1 852 m(只用于航行)
速度/速度	节/節	kn	1 kn=1 n mile/h=(1 852/3 600) m/s (只用于航行)
能/能	电子伏/電子伏[特]	eV	1 eV≈1.602 177×10^{-19} J
级差/位準差	分贝/分貝	dB	
线密度/線密度	特[克斯]/德士	tex	1 tex=10^{-6} kg/m
面积/面積	公顷/公頃	hm^2	1 hm^2=10^4 m^2

注:1. 平面角单位度、分、秒的符号,在组合单位中采用(°)、(′)、(″)的形式。例如,不用°/s,而用(°)/s。

2. 升的符号中,小写字母 l 为备用符号。

3. 公顷的国际通用符号为 ha。

希腊字母表

大写	小写	名　称	大写	小写	名　称
Α	α	阿尔法	Ν	ν	纽
Β	β	贝塔	Ξ	ξ	克西
Γ	γ	伽马	Ο	ο	奥米克戎
Δ	δ	德尔塔	Π	π	派
Ε	ε	艾普西隆	Ρ	ρ	柔
Ζ	ζ	泽塔	Σ	σ	西格马
Η	η	伊塔	Τ	τ	陶
Θ	θ	西塔	Υ	υ	宇普西隆
Ι	ι	约(yāo)塔	Φ	φ	斐
Κ	κ	卡帕	Χ	χ	希
Λ	λ	拉姆达	Ψ	ψ	普西
Μ	μ	谬	Ω	ω	奥米伽

地质年代表

宙 Eon	代 Era	纪 Period	世 Epoch	生物发展阶段 Development of Organisms	距今时间(百万年) Time(Ma BP)
显生宙(PH) Phanerozoic	新生代(Kz) Cenozoic	第四纪(Q) Quaternary	全新世(Q_h) Holocene	现代人类出现。	0.0117
			更新世(Q_p) Pleistocene	生物绝大部分与现在类似。智人出现。	2.58
		新近纪(N) Neogene	上新世(N_2) Pliocene	生物面貌与现在接近，哺乳类形体变大。直立人出现。	5.333
			中新世(N_1) Miocene	类人猿出现。	23.03
		古近纪(E) Paleogene	渐新世(E_3) Oligocene	哺乳类迅速发展，被子植物繁盛。	33.9
			始新世(E_2) Eocene		56.0
			古新世(E_1) Paleocene		66.0
	中生代(Mz) Mesozoic	白垩纪(K) Cretaceous		被子植物出现，末期恐龙等大批生物绝灭。	～145.0
		侏罗纪(J) Jurassic		鸟类出现，爬行类及苏铁等裸子植物繁盛。	201.3±0.2
		三叠纪(T) Triassic		哺乳类出现。	251.902±0.024
	古生代(Pz) Paleozoic	二叠纪(P) Permian		无脊椎动物和裸子植物发展。	298.9±0.15
		石炭纪(C) Carboniferous		爬行类出现，蕨类植物繁盛。	358.9±0.4
		泥盆纪(D) Devonian		昆虫、原始鱼类、蕨类和原始裸子植物出现。	419.2±3.2
		志留纪(S) Silurian		原始鱼类、原始陆生植物出现。	443.4±1.5
		奥陶纪(O) Ordovician		无颌类脊椎动物出现，海生藻类发育。	485.4±1.9
		寒武纪(∈) Cambrian		小壳动物出现，藻类、三叶虫开始繁盛。	541.0±1.0
前寒武纪 Precambrian	元古宙(PT) Proterozoic			藻类、细菌繁盛，软体无脊椎动物出现。	2500
	太古宙(AR) Archean				4000
冥古宙 Hadean					～4600

注：本表各地质时代的距今时间按国际地层委员会2018年8月资料。其中未经全球地质年龄测定的标准方法确定的用近似值表示(数字前加"～")。

元素周期表

原子序数 — 1 H — 元素符号
大陆中文名称 — 氢 / 氫 — 台湾中文名称
hydrogen — 元素英文名称
[1.007, 1.009] — 标准原子量

周期 \ 族	1/IA	2/IIA	3/IIIB	4/IVB	5/VB	6/VIB	7/VIIB	8/VIIIB	9/VIIIB	10/VIIIB	11/IB	12/IIB	13/IIIA	14/IVA	15/VA	16/VIA	17/VIIA	18/VIIIA	电子壳层	层电子数
1	1 H 氢 / 氫 hydrogen [1.007, 1.009]																	2 He 氦 / 氦 helium 4.003	K	2
2	3 Li 锂 / 鋰 lithium [6.938, 6.997]	4 Be 铍 / 鈹 beryllium 9.012											5 B 硼 / 硼 boron [10.80, 10.83]	6 C 碳 / 碳 carbon [12.00, 12.02]	7 N 氮 / 氮 nitrogen [14.00, 14.01]	8 O 氧 / 氧 oxygen [15.99, 16.00]	9 F 氟 / 氟 fluorine 19.00	10 Ne 氖 / 氖 neon 20.18	L K	8 2
3	11 Na 钠 / 鈉 sodium 22.99	12 Mg 镁 / 鎂 magnesium [24.30, 24.31]											13 Al 铝 / 鋁 aluminium 26.98	14 Si 硅 / 矽 silicon [28.08,28.09]	15 P 磷 / 磷 phosphorus 30.97	16 S 硫 / 硫 sulfur [32.05, 32.08]	17 Cl 氯 / 氯 chlorine [35.44, 35.46]	18 Ar 氩 / 氬 argon 39.95	M L K	8 8 2
4	19 K 钾 / 鉀 potassium 39.10	20 Ca 钙 / 鈣 calcium 40.08	21 Sc 钪 / 鈧 scandium 44.96	22 Ti 钛 / 鈦 titanium 47.87	23 V 钒 / 釩 vanadium 50.94	24 Cr 铬 / 鉻 chromium 52.00	25 Mn 锰 / 錳 manganese 54.94	26 Fe 铁 / 鐵 iron 55.85	27 Co 钴 / 鈷 cobalt 58.93	28 Ni 镍 / 鎳 nickel 58.69	29 Cu 铜 / 銅 copper 63.55	30 Zn 锌 / 鋅 zinc 65.38(2)	31 Ga 镓 / 鎵 gallium 69.72	32 Ge 锗 / 鍺 germanium 72.63	33 As 砷 / 砷 arsenic 74.92	34 Se 硒 / 硒 selenium 78.96(3)	35 Br 溴 / 溴 bromine [79.90, 79.91]	36 Kr 氪 / 氪 krypton 83.80	N M L K	8 18 8 2
5	37 Rb 铷 / 銣 rubidium 85.47	38 Sr 锶 / 鍶 strontium 87.62	39 Y 钇 / 釔 yttrium 88.91	40 Zr 锆 / 鋯 zirconium 91.22	41 Nb 铌 / 鈮 niobium 92.91	42 Mo 钼 / 鉬 molybdenum 95.96(2)	43 Tc 锝 / 鎝 technetium	44 Ru 钌 / 釕 ruthenium 101.1	45 Rh 铑 / 銠 rhodium 102.9	46 Pd 钯 / 鈀 palladium 106.4	47 Ag 银 / 銀 silver 107.9	48 Cd 镉 / 鎘 cadmium 112.4	49 In 铟 / 銦 indium 114.8	50 Sn 锡 / 錫 tin 118.7	51 Sb 锑 / 銻 antimony 121.8	52 Te 碲 / 碲 tellurium 127.6	53 I 碘 / 碘 iodine 126.9	54 Xe 氙 / 氙 xenon 131.3	O N M L K	8 18 18 8 2
6	55 Cs 铯 / 銫 caesium 132.9	56 Ba 钡 / 鋇 barium 137.3	57 — 71 镧系元素 / 鑭系元素 lanthanoids	72 Hf 铪 / 鉿 hafnium 178.5	73 Ta 钽 / 鉭 tantalum 180.9	74 W 钨 / 鎢 tungsten 183.8	75 Re 铼 / 錸 rhenium 186.2	76 Os 锇 / 鋨 osmium 190.2	77 Ir 铱 / 銥 iridium 192.2	78 Pt 铂 / 鉑 platinum 195.1	79 Au 金 / 金 gold 197.0	80 Hg 汞 / 汞 mercury 200.6	81 Tl 铊 / 鉈 thallium [204.3, 204.4]	82 Pb 铅 / 鉛 lead 207.2	83 Bi 铋 / 鉍 bismuth 209.0	84 Po 钋 / 釙 polonium	85 At 砹 / 砈 astatine	86 Rn 氡 / 氡 radon	P O N M L K	8 18 32 18 8 2
7	87 Fr 钫 / 鍅 francium	88 Ra 镭 / 鐳 radium	89 — 103 锕系元素 / 錒系元素 actinoids	104 Rf 𬬻 / 鑪 rutherfordium	105 Db 𬭊 / 𨧀 dubnium	106 Sg 𬭳 / 𨭎 seaborgium	107 Bh 𬭛 / 𨨏 bohrium	108 Hs 𬭶 / 𨭆 hassium	109 Mt 鿏 / 䥑 meitnerium	110 Ds 𫟼 / 鐽 darmstadtium	111 Rg 𬬭 / 錀 roentgenium	112 Cn 鿔 / 鎶 copernicium	113 Nh 鿭 / 鉨 nihonium	114 Fl 𫓧 / 鈇 flerovium	115 Mc 镆 / 鏌 moscovium	116 Lv 𫟷 / 鉝 livermorium	117 Ts 鿬 / 鿬 tennessine	118 Og 鿫 / 鿫 oganesson	Q P O N M L K	8 18 32 32 18 8 2

镧系元素	57 La 镧 / 鑭 lanthanum 138.9	58 Ce 铈 / 鈰 cerium 140.1	59 Pr 镨 / 鐠 praseodymium 140.9	60 Nd 钕 / 釹 neodymium 144.2	61 Pm 钷 / 鉕 promethium	62 Sm 钐 / 釤 samarium 150.4	63 Eu 铕 / 銪 europium 152.0	64 Gd 钆 / 釓 gadolinium 157.3	65 Tb 铽 / 鋱 terbium 158.9	66 Dy 镝 / 鏑 dysprosium 162.5	67 Ho 钬 / 鈥 holmium 164.9	68 Er 铒 / 鉺 erbium 167.3	69 Tm 铥 / 銩 thulium 168.9	70 Yb 镱 / 鐿 ytterbium 173.1	71 Lu 镥 / 鎦 lutetium 175.0
锕系元素	89 Ac 锕 / 錒 actinium	90 Th 钍 / 釷 thorium 232.0	91 Pa 镤 / 鏷 protactinium 231.0	92 U 铀 / 鈾 uranium 238.0	93 Np 镎 / 錼 neptunium	94 Pu 钚 / 鈽 plutonium	95 m 镅 / 鋂 americium	96 Cm 锔 / 鋦 curium	97 Bk 锫 / 鉳 berkelium	98 Cf 锎 / 鉲 californium	99 Es 锿 / 鑀 einsteinium	100 Fm 镄 / 鐨 fermium	101 Md 钔 / 鍆 mendelevium	102 No 锘 / 鍩 nobelium	103 Lr 铹 / 鐒 lawrencium

注：1. 标准原子量的数值选自 Pure Appl. Chem. 85, 1047-1078 (2013) 中的表 4（http://dx.doi.org/10.1351/PAC-REP-13-03-02）。

2. 族号 1/IA，前者为国际纯粹与应用化学联合会（IUPAC）推荐标法，后者为中国大陆较为通用的标法。

3. 元素“铝”和“铯”的英文名称“aluminum”和“aluminium”、“cesium”和“caesium”都可使用。